norma

Diccionario Escolar Ilustrado PLUS

norma

Barcelona, Buenos Aires, Caracas, Guatemala, Lima, México, Panamá, Quito,
San José, San Juan, San Salvador, Santafé de Bogotá, Santiago

REALIZACIÓN EDITORIAL:
Libros de Referencia
Grupo Editorial Norma

ILUSTRADORES:
Gloria Cárdenas
Pedro Duque
Henry González
Nancy Granada
Marcela Morales
Alba Lucía Paredes
Gloria Quintana
Camilo Sanín
Fabio Torres

EDICIÓN A CARGO DE:
Eugenia Arce L.

DISEÑO Y COORDINACIÓN DE ARTE:
Inés Téllez M.

© 1998 Editorial Norma S.A.
Reservados todos los derechos.
Prohibida la reproducción total o parcial de esta obra sin permiso
escrito de la Editorial.

ISBN: 958-04-4117-0
C.C.: 03743063

Impreso por Cargraphics S.A. - Imprelibros
Impreso en Colombia - Printed in Colombia

PRESENTACIÓN

El Diccionario Escolar Ilustrado de la lengua española es un instrumento pedagógico, pues tiene en cuenta las necesidades académicas de los usuarios durante el proceso de enseñanza-aprendizaje. Da al usuario la posibilidad de encontrar una respuesta clara y completa a todas y cada una de sus dudas e inquietudes frente al conocimiento.

Es una herramienta indispensable para el manejo del idioma, al hablar o al escribir en el aula o fuera de ella. Ayuda a aumentar el conocimiento del idioma, ya que contiene más de 50.000 palabras definidas y actualizadas cuando fue necesario. Aquella acepción que pertenece a un campo temático específico lleva una abreviatura temática, lo que permite un uso más preciso del significado de la palabra.

Este Diccionario está totalmente ilustrado, algunas ilustraciones con textos explicativos. Complementa la información un apéndice a todo color.

El Diccionario Escolar Ilustrado difiere de otros diccionarios en que incluye: neologismos (aceptados por la Real Academia de la Lengua), tecnicismos (al día con los avances de la ciencia), extranjerismos (aquellos que hacen parte de nuestro idioma determinados por el uso), americanismos (palabras que adquieren su significado en la geografía del continente americano).

Las definiciones son sencillas y claras, con más información, ilustran el uso de ciertas voces con ejemplos, para la utilización correcta de las palabras de acuerdo con la necesidad comunicativa.

Indicaciones para el uso del Diccionario

Para facilitar el uso del Diccionario se siguió el orden alfabético.

Las palabras homónimas con diferente etimología van en entradas distintas y numeradas.

nuclear¹ *adj.* Relativo al núcleo.

nuclear² *tr. y prnl. Amér.* Agrupar, reunir.

La estructura del artículo se compone de la palabra (entrada), más su definición (cuerpo).

grillos *m. pl.* Par de grilletes que se colocaban en los pies de los presos, 2 fig. Cosa que molesta o dificulta el movimiento.

La entrada (palabra por definir) aparece en letra negrita de mayor tamaño.

nacionalidad *f.* Condición y carácter peculiar de los pueblos e individuos que pertenecen a una nación. 2 Estado propio del nacido o nacionalizado en una nación.

El cuerpo de la voz comprende la definición de la palabra, donde el usuario encuentra una completa información acerca del concepto buscado.

numerar *tr.* Marcar con números. 2 Contar por el orden de los números. 3 expresar numéricamente una cantidad.

La abreviatura de categoría gramatical, que informa al usuario que función gramatical cumple la palabra, aparece en letra cursiva, después de la entrada.

nuclear² *tr.* y *prnl. Amér.* Agrupar, reunir.

Las acepciones (los diferentes significados de la palabra), aparecen precedidas de un número de orden. La primera acepción no se numera.

lenguaje *m.* Capacidad adquirida del hombre para expresarse con sonidos articulares. 2 Lengua o conjunto de palabras con que se expresa un país o nación. 3 Manera específica de hablar de determinados grupos de personas: *el lenguaje de los niños, de los campesinos.* 4 Estilo y manera de expresarse de un escritor: *el lenguaje de Cervantes.*

La abreviatura regional que permite identificar la zona de uso de la palabra, aparece en letra cursiva, después de la abreviatura gramatical.

nagual *m.* *Hond.* y *Nicar.* Animal que una persona tiene como compañero inseparable. 2 *Méx.* Brujo, hechicero.

La abreviatura temática se emplea en voces cuya definición pertenece a un campo específico del conocimiento, aparece en letra versalita.

unilocular *adj.* BOT Que tiene un solo lóculo o cavidad.

pal *m.* HERÁLD Partición y mueble del escudo. 2 MAR Linguete grande.

Las indicaciones del nivel de uso de la palabra están representadas por una abreviatura.

noviciote *m.* fam. Novicio entrado en años.

Verbos, conjunciones, preposiciones, adverbios y adjetivos presentan ejemplos de uso e ilustración del significado (aparecen en letra cursiva), para aclarar y completar la definición.

noche *f.* Tiempo en que falta la luz solar. 2 Tiempo meteorológico durante el período nocturno: *noche lluviosa, noche clara.*

Abreviaturas usadas en este Diccionario

a.C.	antes de Cristo	c.	ciudad
act.	actual, actualmente	°C	grado centígrado
Acúst	acústica	cap.	capital
adj.	adjetivo	cast.	castellano
Adm	administración	cat.	catalán
adv.	adverbio, adverbial	CEI	Comunidad de Estados Independientes
adv. af.	adverbio de afirmación	Cetr	cetrería
adv. c.	adverbio de cantidad	Cineg	cinegética
adv. d.	adverbio de duda	Cinem	cinematografía
adv. l.	adverbio de lugar	Cir	cirugía
adv. m.	adverbio de modo	cm	centímetro
adv. neg.	adverbio de negación	Coc	cocina
adv. ord.	adverbio de orden	*Col.*	Colombia
adv. t.	adverbio de tiempo	*com.*	nombre de género común
Aer	aeronáutica		
Agr	agricultura	Com	comercio
al.	alemán	*comp.*	comparativo -va
Álg	álgebra	*conc.*	concesivo -va
Alq	alquimia	*conj.*	conjunción
amb.	nombre ambiguo	*conj. advers.*	conjunción adversativa
Amér.	América		
Amér. Central	América Central	*conj. cond.*	conjunción condicional
Amér. Merid.	América Meridional		
Anat	anatomía	*conj. cop.*	conjunción copulativa
angl.	anglicismo	*conj. disy.*	conjunción disyuntiva
ant.	anticuado -da, antiguamente, antiguo -gua	Const	construcción
		C. Rica	Costa Rica
		CV	caballo de vapor
Ant.	Antillas		
Antrop	antropología	d.C.	después de Cristo
aprox.	aproximadamente, aproximado -da	*def.*	verbo defectivo
		dem.	demostrativo
ár.	árabe	Dep	deportes
Arg.	Argentina	depart.	departamento
Arit	aritmética	Der	derecho
Arq	arquitectura	*dim.*	diminutivo
Arqueol	arqueología	*distr.*	distributivo -va
art.	artículo		
Astron	astronomía		
Astronáut	astronáutica	E	este
aum.	aumentativo	Econ	economía
Aut	automóvil	*Ecuad.*	Ecuador
aux.	verbo auxiliar	Electr	electricidad
		Electrón	electrónica
		El Salv.	El Salvador
barb.	barbarismo	Equit	equitación
Biol	biología	Esgr	esgrima
Bioq	bioquímica	esp.	español
Bol.	Bolivia	etc.	etcétera
Bot	botánica	etim.	etimología
Brom	bromatología		

EUA	Estados Unidos de América	*interj.*	interjección
		interr.	interrogativo -va
excl.	exclamación, exclamativo -va	*intr.*	verbo intransitivo
		inv.	invariable
expr.	expresión	*irreg.*	irregular
expr. elípt.	expresión elíptica	it.	italiano
expr. proverb.	expresión proverbial		
		kg	kilogramo
f.	nombre femenino	km	kilómetro
fam.	familiar	km²	kilómetro cuadrado
FARM	farmacia		
fig.	figurado -da	l	litro
FIL	filosofía	lat.	latín
FILOL	filología	LING	lingüística
FÍS	física	LIT	literatura
FISIOL	fisiología	LITUR	liturgia
FON	fonética	*loc.*	locución
FOTOGR	fotografía	*loc. lat.*	locución latina
fr.	francés	local.	localidad
fr.	frase	LÓG	lógica
frec.	verbo frecuentativo		
fr. proverb.	frase proverbial	m	metro
		m²	metro cuadrado
		m³	metro cúbico
g	gramo	m.	muerto -ta
galic.	galicismo	*m.*	nombre masculino
gall.	gallego	MAR	marina
GENEAL	genealogía	MAT	matemáticas
GEOD	geodesia	MEC	mecánica
GEOF	geofísica	MED	medicina
GEOGR	geografía	METEOR	meteorología
GEOL	geología	MÉTR	métrica
GEOM	geometría	*Méx.*	México
gr.	griego	MICROB	microbiología
GRAM	gramática	MIL	milicia
Guat.	Guatemala	min	minuto
		MIN	minería
		MINERAL	mineralogía
h.	hacia	MIT	mitología
ha	hectárea	mm	milímetro
hab.	habitantes	MONT	montería
HERÁLD	heráldica	mun.	municipio
HIDRÁUL	hidráulica	MÚS	música
HIST	historia		
Hond.	Honduras	n.	nacido -da
		n.	nombre sustantivo
íd.	ídem	N	norte
il.	ilativo -va	NÁUT	náutica
impers.	impersonal	NE	noreste
IMPR	imprenta	*neg.*	negación, negativo -va
indef.	indefinido -da	*Nicar.*	Nicaragua
indet.	indeterminado -da	NO	Noroeste
INDUM	indumentaria	NUMISM	numismática
INFORM	informática		
ing.	inglés	O	oeste
INGEN	ingeniería	ÓPT	óptica
insep.	inseparable		

PALEONT	paleontología	S	sur
Pan.	Panamá	SE	sureste
Par.	Paraguay	sing.	singular
PAT	patología	SO	suroeste
PEDAG	pedagogía	SOCIOL	sociología
p. ej.	por ejemplo	ss.	siglos
pers.	personal	Sto. Dom.	República Dominicana
PINT	pintura	suf.	sufijo
pl.	plural	superl.	superlativo
pob.	población		
POLÍT	política		
port.	portugués	t	tonelada métrica
pos.	posesivo	TAUROM	tauromaquia
pref.	prefijo	TEAT	teatro
PREHIST	prehistoria	TÉCN	técnica
prep.	preposición	TELEC	telecomunicaciones
P. Rico	Puerto Rico		
prnl.	Verbo pronominal	TEOL	teología
pron.	pronombre	TOPOGR	topografía
prov.	provincia	tr.	verbo transitivo
PSICOL	psicología	TRANSP	transportes
PSIQUIAT	psiquiatría	TV	televisión
QUÍM	química		
		URB	urbanismo
RADIO	radiodifusión	URSS	Unión de Repúblicas Socialistas Soviéticas
R. Plata	Río de la Plata		
REL	Religión	Urug.	Uruguay
relat.	relativo		
rep.	república	vasc.	vascuence
RET	retórica	Venez.	Venezuela
RSFSR	República Socialista Federativa Soviética Rusa	VETER	veterinaria
		vulg.	vulgar, vulgarismo
s	segundo	ZOOL	zoología
s.	siglo	ZOOT	zootecnia

a[1] *f.* Primera letra del abecedario castellano, y primera de las vocales, la más abierta.

a[2] *prep.* Precede al complemento directo si es nombre de persona, nombre propio de animal o cosa personificada. **2** Señala la dirección o término, el lugar o situación de una persona o cosa.

ababol *m.* Amapola. **2** fig. Persona simple.

ábaco *m.* Pieza de madera con diez alambres paralelos y bolas ensartadas y movibles, que sirvió para contar y que se utiliza en el aprendizaje de los rudimentos de la aritmética. **2** Parte superior del capitel en que descansa el arquitrabe. **3** MIN Artesa para lavar los minerales.

abad *m.* Título del superior de un monasterio o de algunas colegiatas.

abadejo *m.* Bacalao. **2** Reyezuelo. **3** Carraleja. **4** Cantárida, insecto. **5** Pez de las Antillas.

abadía *f.* Dignidad de abad o de abadesa. **2** Monasterio o iglesia regido por quien tiene dignidad de abad.

abalanzar *tr.* Impulsar, lanzar hacia delante. **2** *prnl.* Arrojarse sobre algo temerariamente y sin pararse en dificultades o inconvenientes.

abaldonar *tr.* Envilecer. **2** Ofender, afrentar.

abalear[1] *tr.* Separar el grano aventado de los granzones.

abalear[2] *tr. Amér.* Tirotear.

abalorio *m.* Conjunto de cuentas que, ensartadas, forman un adorno o labor.

abanderado *m.* Oficial encargado de llevar la bandera de un regimiento o batallón. **2** El que lleva la bandera en actos públicos. **3** El que se distingue en la defensa de una causa.

abandonar *tr.* Desamparar a una persona o cosa. **2** Dejar un lugar o alguna ocupación emprendida. **3** *tr.* y *prnl.* Apoyar, reclinar con dejadez. **4** *prnl.* Confiarse a alguien. **5** Dejarse dominar por una pasión o un vicio. **6** Descuidar los propios intereses o el aseo. **7** Rendirse ante las adversidades o contratiempos.

abandono *m.* Acción y efecto de abandonar. **2** DER Renuncia a un derecho de posesión o de tutela por parte del abandonante.

abanico *m.* Instrumento de tela o papel sobre varillas, de forma semicircular, para hacer o hacerse aire.

abanico

abaratar *tr.* y *prnl.* Disminuir el precio de una cosa, hacerla barata.

abarca *f.* Calzado de cuero o de caucho que protege la planta del pie y se sujeta al tobillo con correas o cuerdas.

abarcar *tr.* Rodear con los brazos o con la mano alguna cosa. **2** Contener, encerrar en sí. **3** Alcanzar con la vista. **4** Comprender, ceñir. **5** Ocuparse a la vez de varias cosas. **6** *Amér.* Acaparar.

abarrotar *tr.* Cargar un barco hasta los topes. **2** Atestar de géneros un almacén. **3** Llenar de gente un lugar.

abarrote *m. pl. Amér.* Artículos de primera necesidad. **2** *Amér.* Tienda en que se venden.

abasto *m.* Provisión de las cosas necesarias. **2** Abundancia. **3** *Amér.* Tienda de comestibles. **4** Matadero público.

abate *m.* Clérigo de órdenes menores del s. XVIII. **2** Sacerdote francés o italiano.

abatido -da *adj.* Desanimado. **2** Despreciable. **3** Se dice de la mercancía que ha perdido valor.

abatimiento *m.* Humillación. **2** Depresión, postración.
abatir *tr.* y *prnl.* Derribar, demoler. **2** Humillar. **3** Hacer perder el ánimo, deprimir. **4** *tr.* Hacer bajar algo.
abdicar *tr.* e *intr.* Renunciar a la dignidad de soberano, o traspasarla a otro.
abdomen *m.* Cavidad del cuerpo de los vertebrados, limitada en los mamíferos por el diafragma, y las vísceras contenidas en ella.
abecedario *m.* Serie de las letras de un idioma y en su orden respectivo. **2** Alfabeto. **3** Librito con las letras para enseñar a leer. **4 IMPR** Orden de las signaturas de los pliegos cuando se marcan con letras. **5** Abecé, rudimentos de alguna cosa.
abeja *f.* Nombre común de varias especies de insectos himenópteros. **2** fig. Persona laboriosa.
□ **ZOOL** Las abejas son insectos solitarios o sociales. Estos últimos forman colonias (de hasta 70.000 individuos) y construyen nidos *(panales).* La *reina* (hembra fértil) pone dos tipos de huevos dentro de las celdas del panal: no fecundados, de los que surgen *zánganos* (machos) y fecundados, de los que surgen *obreras* (hembras estériles) o reinas, según el tipo de alimentación que reciban. Las abejas tienen un aparato bucal chupador apto para recoger néctar y polen, que acumulan después en unos pelos especiales de las patas para transportarlo al nido.

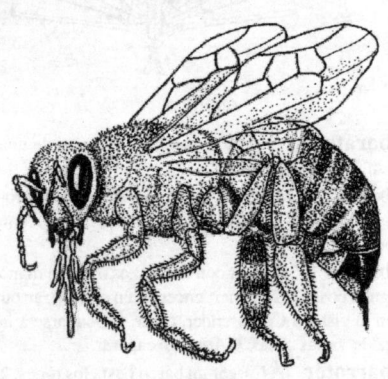

abeja

abejaruco *m.* Ave trepadora de la familia de los merópidos, de pico curvo y plumaje vistoso, que se alimenta principalmente de abejas.
abejorro *m.* Nombre de varias especies de insectos, himenópteros y coleópteros, que se caracterizan por su fuerte zumbido al volar y que son particularmente nocivos a olmedas y pinares. **2** fig. Persona de conversación tediosa.
aberración *f.* Desviación extremada de lo que se considera normal o conveniente. **2** Disparate,

equivocación grave. **3 ASTRON** Desvío aparente de los astros producido por la velocidad de la luz y por el movimiento de la Tierra. **4 BIOL** Desviación de un carácter morfológico o fisiológico respecto del normal. **5 ÓPT** Imperfección introducida en las imágenes por los sistemas ópticos.
abertura *f.* Acción de abrir. **2** Boca, agujero. **3** Terreno abierto entre dos montañas. **4** Ensenada. **5 FON** Amplitud que dejan al paso del aire los órganos articulatorios. **6 ÓPT** Diámetro útil de un anteojo u objetivo.
abeto *m.* Árbol de las abietáceas, propio de la alta montaña; puede alcanzar hasta 50 m de altura. Su madera no es muy resistente, pero se cotiza por su blancura y tamaño.
abierto -ta *adj.* Desembarazado, llano, dilatado. **2** No fortificado. **3** Sincero, franco. **4** Comprensivo y tolerante.
abigarrado -da *adj.* De muchos colores mal combinados. **2** Heterogéneo e inconexo. **3** Alegre, vistoso.
abigeo *m.* El que hurta ganado o bestias.
abismal *adj.* Profundo, incomprensible.
abismar *tr.* y *prnl.* Hundir en el abismo. **2** Confundir, trastornar. **3** *prnl.* Sumergirse en una idea o sentimiento.
abismo *m.* Profundidad grande. **2** Precipicio. **3** Infierno. **4** Diferencia u oposición tajante entre personas o cosas. **5** Cosa insondable o incomprensible.
abjurar *tr.* e *intr.* Renunciar solemnemente a una creencia.
ablación *f.* Acción y efecto de cortar, separar, quitar, en especial un órgano. **2** Desgaste de la superficie terrestre por efecto de la erosión. **3** Fusión del hielo en el final de un glaciar.
ablandar *tr.* y *prnl.* Reblandecer o poner blanda una cosa. **2** Suavizar la oposición, la severidad o el enfado. **3** *prnl.* Conmoverse por la emoción o la ternura. **4** Acobardarse.
ablativo *m.* Caso de la declinación latina que en castellano se construye con preposición y que indica las relaciones de origen, distancia, materia, situación, instrumento, modo y tiempo, siendo el caso circunstancial por excelencia.
ablución *f.* Acción de lavarse, lavatorio. **2** En algunas religiones, rito de purificación de manos u objetos sagrados.
abnegación *f.* Actitud de quien afronta cualquier sacrificio en favor de una persona, una creencia o un ideal.
abnegar *tr.* y *prnl.* Renunciar a los propios deseos o intereses en favor de otros.
abocado -da *adj.* Expuesto a un peligro inminente, o cercano a una determinada situación. **2** *adj.* y *m.* Se dice del vino aromático, mezcla de seco y dulce.

abogado -da *m.* y *f.* Persona licenciada en derecho. **2** La legalmente autorizada que en el juicio representa a una de las partes. **3** Intercesor o medianero en un asunto. **4** Patrón, patrono o protector.

abogar *intr.* Defender en juicio. **2** Interceder en favor de alguna persona o causa.

abolengo *m.* Ascendencia o conjunto de antepasados, por lo general ilustres, de una persona. **2** DER Patrimonio heredado de los abuelos.

abolicionismo *m.* Doctrina que defendía la supresión de la esclavitud.

abolicionista *adj.* y *com.* Que procura dejar sin vigor un precepto o costumbre.

abolir *tr.* Derogar, dejar sin vigor una ley o una costumbre.

abolladura *f.* Depresión producida por un golpe.

abominar *tr.* Condenar y rechazar enérgicamente. **2** Aborrecer.

abonado -da *adj.* Que es de fiar. **2** Dispuesto a hacer o decir alguna cosa. **3** *m.* Acción y efecto de abonar la tierra.

abonar[1] *tr.* Acreditar como buena a una persona o cosa. **2** Responder de la honradez y fiabilidad de alguien o de la veracidad de una declaración. **3** Echar abono a una tierra.

abonar[2] *tr.* Pagar, y especialmente los vencimientos de una venta o préstamo a plazos. **2** Asentar cierta cantidad en el haber de una cuenta corriente. **3** *tr.* y *prnl.* Inscribir, mediante pago, a una persona para que pueda asistir a algún espectáculo o recibir algún servicio periódico.

abono *m.* Sustancia con que se abona la tierra.

abordar *tr.* e *intr.* Acercarse un barco a otro hasta tocarlo a propósito o de manera fortuita. **2** Atracar un barco. **3** fig. Acercarse a alguien para proponerle o tratar con él un asunto. **4** Acometer algo que ofrezca dificultad o peligro. **5** *intr.* Tomar puerto, llegar a una costa, isla, etc.

aborigen *adj.* Originario del país en que vive. **2** *adj.* y *com.* Morador primitivo de éste.

aborrecer *tr.* Sentir aversión hacia una persona o cosa. **2** Abandonar los animales sus crías. **3** *tr.* y *prnl.* Aburrir, molestar.

abortar *tr.* e *intr.* Parir un feto no viable o muerto. **2** *intr.* Interrumpir el embarazo voluntariamente. **3** Malograrse el desarrollo de algún órgano de la planta. **4** Fracasar alguna empresa. **5** *tr.* Producir algo deforme o repugnante.

aborto *m.* Acción de abortar. **2** Ser o cosa abortada. **3** Cosa deforme, monstruo.

abotagarse o **abotargarse** *prnl.* Hincharse el cuerpo o una parte de él. **2** Estar atontado.

abotonar *tr.* y *prnl.* Meter el botón por el ojal cerrando la prenda. **2** *intr.* Echar botones las plantas.

aborigen

abra *f.* Bahía pequeña. **2** Abertura amplia entre dos montañas. **3** Grieta del suelo producida por movimientos sísmicos. **4** *Amér.* Calvero en un bosque y trocha entre la maleza.

abracadabra *m.* Palabra cabalística que, escrita en un triángulo de once renglones, tenía propiedades mágicas.

abrasar *tr.* y *prnl.* Reducir a brasa, quemar. **2** Secar una planta el calor o frío excesivo. **3** Destruir los ácidos un tejido. **4** *tr.* Sentir dolor o picor, especialmente a causa de la sed. **5** *tr.* e *intr.* Calentar demasiado. **6** *prnl.* Alimentar una pasión violenta.

abrasión *f.* Acción y efecto de desgastar algo por roce o raspado. **2** Proceso de desgaste de la corteza terrestre por los agentes externos. **3** MED Ulceración no profunda por quemadura o traumatismo.

abrazar *tr.* y *prnl.* Rodear con los brazos. **2** *tr.* Ceñir algo dentro de unos límites. **3** Contener, incluir. **4** Adherirse a una idea o partido.

abreboca *m. Amér.* Aperitivo. **2** *Arg.* Persona tontorrona o muy distraída.

abrevadero *m.* Estanque, pilón o paraje en que bebe el ganado. **2** *Col.* Mina inundada.

abrevar *tr.* Dar de beber al ganado. **2** Remojar las pieles para adobarlas. **3** Dar de beber, especialmente un brebaje.

abreviado -da *adj.* Reducido, compendiado.

abreviar *tr.* Acortar, reducir a tiempo o espacio menores. **2** *tr.* e *intr.* Acelerar, apresurar. **3** *prnl. C. Rica.* Darse prisa.

abreviatura *f.* Representación escrita de las palabras con sólo una o varias letras. **2** Compendio o resumen.

abrigar *tr.* y *prnl.* Resguardar del frío. **2** Resguardar la nave del mar o del viento. **3** fig. Alentar esperanzas, proyectos o sospechas.

abrigo *m.* Defensa contra el frío. **2** Cosa que abriga. **3** Prenda larga y gruesa, con mangas, que se pone sobre las demás. **4** Paraje a resguardo de los vientos. **5** Covacha natural poco profunda. **6** Amparo, auxilio.

abrigo

abril *m.* Cuarto mes del año (30 días). **2** fig. Primera juventud. **3** *pl.* Años juveniles.

abrillantar *tr.* Labrar en facetas como las de los brillantes las piedras preciosas.

abrir *tr., intr. y prnl.* Hacer patente o dejar libre lo cerrado u oculto: separar del marco la hoja de la puerta, descorrer el cerrojo, etc. **2** Iniciar una actividad, un ejercicio. **3** Establecer una cuenta corriente. **4** Ir a la cabeza de una fila o columna. **5** Publicar las condiciones de un concurso, suscripción, etc. **6** Extender lo encogido o plegado. **7** *prnl.* Hablando del vehículo o del conductor, tomar una curva por la parte exterior de ésta. **8** Clarear o serenarse el tiempo. **9** Confiarse a alguien. **10** *Amér.* Salir huyendo. **11** *Amér.* Desistir de algo, volverse atrás.

abrochar *tr. y prnl.* Cerrar o sujetar dos partes de una prenda con broches, botones o corchetes. **2** *Amér.* Agarrarse en la pelea cuerpo a cuerpo. **3** *Chile y Ecuad.* Regañar, castigar.

abrogar *tr.* Abolir, revocar una ley o disposición.

abrojo *m.* Nombre de varias especies de plantas cigofiláceas, de flores amarillas y fruto espinoso. **2** Dicho fruto.

abrumar *tr.* Agobiar con un peso excesivo. **2** Molestar en exceso. **3** Apabullar con alabanzas o burlas desproporcionadas.

abrupto -ta *adj.* De gran pendiente, quebrado y de difícil acceso. **2** Áspero, violento.

absceso *m.* Acumulación de pus en los tejidos orgánicos.

abscisión *f.* Separación de una porción pequeña de un cuerpo hecha con instrumento cortante.

absentismo *m.* Costumbre de residir el propietario lejos de sus fincas. **2** No asistencia deliberada al trabajo.

absolución *f.* Acción de absolver, especialmente el tribunal al acusado en juicio y el confesor al penitente.

absolutismo *m.* Sistema de gobierno absoluto y doctrina que lo defiende.

absoluto -ta *adj.* Que excluye toda relación. **2** Lo que no admite restricción o atenuación.

absolutorio -ria *adj.* Se dice de la sentencia o declaración que absuelve o declara inocente.

absolver *tr.* Declarar libre de algún cargo u obligación. **2** Perdonar a un penitente sus pecados.

absorber *tr.* Captar un cuerpo sólido moléculas de otro en estado líquido o gaseoso, como hacen la esponja con el agua y las plantas con el oxígeno. **2** Consumir por entero. **3** Asumir, incorporar una entidad a otra. **4** Cautivar, atraer la atención. **5** Amortiguar una radiación o vibración.

absorción *f.* Penetración de una sustancia en otra, generalmente gas o vapor en un líquido, que da lugar a una disolución. **2** Disminución de la intensidad de una radiación, de ondas o de partículas al atravesar un medio o chocar con él.

absorto -ta *adj.* Pasmado de admiración.

abstemio -mia *adj. y n.* Que no bebe vino ni licores.

abstención *f.* En política, no ejercer el derecho al voto.

abstenerse *prnl.* Privarse de alguna cosa. **2** No participar en algo, especialmente en una votación.

absterger *adj.* Limpiar una herida de materias viscosas o pútridas.

abstinencia *f.* Renuncia a un goce por motivos de virtud o de religión. **2** Privación de comer carne en cumplimiento del precepto de la Iglesia o por voto.

abstracción *f.* Cosa irreal. **2** En filosofía, acto mental por el que se considera aisladamente una parte de la realidad, prescindiendo del todo al que pertenece para considerarla en su esencia.

abstracto -ta *adj.* Que indica una cualidad con independencia del sujeto en el que puede darse. **2** Se dice del arte o del artista que no pretenden representar cosas concretas.

abstraer *tr.* Separar mentalmente las cualidades de un objeto para considerarlas en sí. **2** *intr. y prnl.* Con la preposición *de,* prescindir de algo. **3** *prnl.* Ensimismarse en el propio pensamiento.

absurdo -da *adj.* Contrario a la lógica o a la razón. **2** *m.* Lo ilógico o disparatado.

abuchear *tr.* Reprobar con murmullos o gritos y silbidos una actuación pública.

abuelo -la *m.* y *f.* Cada uno de los progenitores del padre o de la madre respecto a los hijos. **2** Hombre o mujer ancianos. **3** *pl.* Los antepasados.

abulia *f.* Falta de voluntad o de energía para emprender algo o para actuar.

abultar *tr.* y *prnl.* Aumentar el bulto de una cosa. **2** Encarecer y exagerar algo. **3** *intr.* Tener o formar bulto.

abundancia *f.* Gran cantidad. **2** Por extensión, riqueza.

abundar *intr.* Tener o hallarse en abundancia. **2** Adherirse o persistir en una idea.

aburrimiento *m.* Cansancio, fastidio.

aburrir *tr.* y *prnl.* Cansar, fastidiar. **2** *tr.* Abandonar las aves sus crías. **3** *prnl.* Hastiarse de algo.

abusar *intr.* Hacer uso excesivo o indebido de una cosa o de una persona. **2** Forzar a una persona a satisfacer el propio apetito sexual.

abusivo -va *adj.* Se dice de lo que constituye un abuso. **2** *adj.* y *n.* Abusón.

abuso *m.* Acción y efecto de abusar. **2** Cosa abusiva.

acá *adv. l.* Indica un lugar cercano menos preciso que el que denota *aquí;* por ello admite grados de comparación *(más acá, muy acá, tan acá).* **2** En este mundo, por contraposición al ultraterreno.

acabado -da *adj.* Perfecto, completo. **2** Malparado o roto. **3** *m.* Retoque último de una obra.

acabar *tr.* y *prnl.* Terminar algo, esmerarse en concluirlo. **2** Consumir por entero. **3** *intr.* Rematar, finalizar *(acaba en punta).* **4** Morir.

acacia *f.* Árbol de las mimosáceas, de ramas espinosas, madera bastante dura, flores olorosas en racimo y fruto en legumbre.

academia *f.* Sociedad científica, literaria o artística establecida con autoridad pública. **2** Sede en que se reúnen los académicos. **3** Institución en que se forman los mandos militares. **4** Establecimiento privado en que se instruye a quienes han de seguir una carrera o profesión determinada. **5** ARTE Estudio de una figura desnuda y de cuerpo entero, tomada del natural y que no pertenece a una composición.

académico -ca *adj.* Perteneciente o relativo a una academia. **2** Se dice de los estudios o títulos universitarios y de otros equivalentes. **3** Se dice de la obra de arte que sigue rigurosamente los criterios clásicos. **4** *m.* y *f.* Miembro de una academia.

acaecer *intr.* Ocurrir, producirse un hecho de manera espontánea.

acalorar *tr.* Causar o dar calor. **2** *tr.* y *prnl.* Ponerse rojo por el excesivo calor o ejercicio. **3** Enardecerse por la mucha pasión o enojo.

acampar *tr.* e *intr.* Instalarse en el campo con o sin tiendas de campaña.

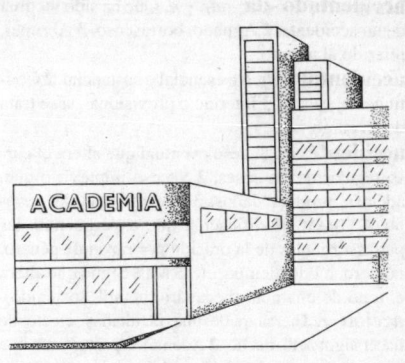

academia

acantilado -da *adj.* y *m.* Se dice del fondo escalonado del mar. **2** Se aplica a la costa cortada verticalmente o a plomo. **3** Escarpa muy pronunciada en un terreno.

acantonar *tr.* y *prnl.* Distribuir y alojar tropas en diversos poblados.

acaparar *tr.* Acumular mercancías en cantidad superior a las necesidades, encareciendo así el mercado. **2** Llevarse la mayor parte de una cosa, como la atención o los aplausos.

acápite *m. Amér.* Párrafo aparte.

acariciar *tr.* y *prnl.* Tratar con cariño. **2** Rozar suavemente una cosa a otra. **3** Complacerse en algo con el deseo o esperanza de conseguirlo.

acarrear *tr.* Transportar en carro, y por extensión, de cualquier otra manera. **2** Ocasionar o traer consigo consecuencias desgraciadas.

acaso *m.* Casualidad, suerte. **2** *adv. d.* Quizá. **3** *adv. m.* Accidentalmente.

acatable *adj.* Digno de acatamiento o respeto.

acatar *tr.* Rendir sumisión o respeto a una persona, a sus órdenes o consejos.

acaudalar *tr.* Hacer o reunir caudal. **2** Atesorar conocimientos o cualidades.

acaudillar *tr.* Dirigir como caudillo. **2** Conducir un grupo.

acceder *intr.* Mostrarse conforme con la petición o el parecer ajenos. **2** Ceder uno en su opinión. **3** Tener acceso a un lugar o a un cargo.

accesible *adj.* Que tiene acceso. **2** De fácil acceso o trato.

acceso *m.* Acción de acercarse. **2** Entrada o paso. **3** Acometida o ataque de una enfermedad o de un estado anímico. **4** Cópula sexual. **5** ASTRON Acercamiento aparente del Sol al ecuador.

accesorio -ria *adj.* Que depende de lo principal o se agrega a él. **2** Secundario.

accidentado -da *adj.* y *n.* Que ha sido víctima de un accidente. 2 Agitado, borrascoso. 3 Abrupto, referido al terreno.

accidental *adj.* No esencial o sustancial. 2 Contingente, casual. 3 Interino o provisional, si se trata de un cargo.

accidente *m.* Suceso eventual que altera el curso regular de las cosas. 2 Suceso imprevisto que, además, produce daños: 3 Irregularidad del terreno. 4 GRAM Modificación que experimentan las partes variables de la oración por razón de género, número, modo, tiempo, etc. 5 MÚS Signo que altera el tono de una nota (becuadro, bemol, sostenido).

acción *f.* Ejercicio de una facultad y efecto de hacer algo: acto, hecho. 2 Ademán o postura con que se acompañan las palabras. 3 Participación en el capital de una sociedad mercantil, y título que la acredita. 4 Combate entre fuerzas poco numerosas. 5 En novelas y películas, el argumento o trama. 6 Postura del modelo natural para dibujarlo o pintarlo.

accionar *tr.* Poner en funcionamiento un mecanismo. 2 *intr.* Hacer movimientos y gestos para indicar algo o dar más fuerza a la palabra, canto, etcétera.

accionista *com.* Dueño de acciones en alguna compañía comercial o industrial.

acechar *tr.* Espiar, observar cautelosamente a alguien con un propósito determinado.

acecho *m.* Acción de acechar. 2 Lugar desde el que se acecha.

acéfalo -la *adj.* Sin cabeza. 2 fig. Se dice de la sociedad o secta que no reconoce a jefe alguno.

aceite *m.* Grasa extraída de algún vegetal (aceituna, algodón, almendra, cacahuete, maíz, soja, etc.). 2 Por extensión, grasa animal o mineral, de viscosidad más o menos densa, no miscible con el agua y en general combustible.

aceituna *f.* Fruto del olivo.

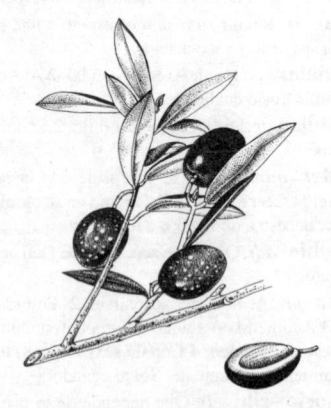

aceituna

aceleración *f.* MEC Variación de la velocidad de un móvil por unidad de tiempo. 2 Prisa.

acelerador -ra *m.* Mecanismo que en los automóviles regula la entrada de la mezcla explosiva y permite acelerar el régimen de revoluciones del motor.

acelerar *tr.* y *prnl.* Aumentar la velocidad de una marcha o de un proceso.

acendrar *tr.* Depurar en la cendra los metales por la acción del fuego. 2 fig. Purificar de cualquier mancha; intensificar.

acento *m.* Modalidad fónica del lenguaje, que afecta a la intensidad, cantidad, timbre y tono de los sonidos. 2 Inflexión particular de cada país o región en el modo de hablar. 3 Elemento que marca el ritmo del verso. 4 Modulación de la voz. 5 Énfasis que se pone en algo.

acentuar *tr.* Dar acento prosódico a las palabras, o ponerles el acento ortográfico. 2 Recalcar las palabras pronunciándolas lentamente. 3 *tr.* y *prnl.* Resaltar, poner de relieve alguna cosa. 4 Aumentar.

acepción *f.* Significado en que se toma una palabra o frase que tiene varios.

aceptable *adj.* Digno de ser aceptado. 2 No demasiado malo.

aceptación *f.* Acción y efecto de aceptar. 2 Aprobación o éxito de una persona o cosa.

aceptar *tr.* Recibir voluntariamente algo que se da o encarga. 2 Admitir a una persona o cosa tal como se presenta. 3 Aprobar, dar por bueno. 4 Obligarse a pagar una letra de cambio. 5 *tr.* y *prnl.* Soportar con resignación una desgracia. 6 Afrontar un reto.

acequia *f.* Zanja para conducir las aguas. 2 *Amér.* Arroyo.

acera *f.* Orilla pavimentada y algo elevada de la calle, destinada al tránsito de peatones.

acerado -da *adj.* De acero o parecido a él. 2 Muy resistente. 3 Incisivo, mordaz.

acerar *tr.* Transformar el hierro en acero.

acerbo -ba *adj.* Áspero al paladar. 2 fig. Cruel, amargo (un sufrimiento).

acercar *tr.* y *prnl.* Aproximar, poner cerca o más cerca en el espacio o en el tiempo, y también en sentido figurado.

acerería o **acería** *f.* Fábrica de acero.

acero *m.* Aleación de hierro y carbono, de notable dureza y elasticidad. 2 fig. Arma blanca.

acérrimo -ma (superlativo de *acre.*) *adj.* Muy fuerte o tenaz.

acertar *tr.* Atinar, dar en el blanco. 2 *tr.* e *intr.* Encontrar, hallar. 3 Adivinar por intuición. 4 Hacer algo con acierto. 5 Con la preposición *a* y un infinitivo, ocurrir por casualidad. 6 Arraigar y crecer bien las plantas.

acertijo *m*. Adivinanza o enigma que se propone como pasatiempo. **2** Afirmación o cosa muy compleja y problemática.
acervo *m*. Montón de cosas menudas, como las simientes. **2** Conjunto de bienes de propiedad común de un grupo (socios, herederos, acreedores). **3** Patrimonio cultural o moral.
acetato *m*. QUÍM Sal en que se combinan el ácido acético y una base.
acezar *intr*. Jadear. **2** Sentir anhelo o codicia vehemente.
achacar *tr*. Atribuir o imputar una cosa.
achacoso -sa *adj*. Que padece achaques o está habitualmente enfermo, aunque no de gravedad. **2** Que tiene algún defecto o fallo.
achantar *tr. y prnl*. Apabullar, acoquinar. **2** *prnl*. fam. Agazaparse mientras pasa el peligro. **3** Callarse por resignación o por cobardía. **4** Conformarse con algo.
achaparrado -da *adj*. Se dice de las cosas bajas y extendidas. **2** Se dice de la persona rechoncha. **3** *Hond*. Se aplica a la persona apocada.
achaque *m*. Indisposición habitual, propia sobre todo de los ancianos. **2** Indisposición ligera. **3** fam. Menstruación o embarazo de la mujer. **4** Defecto físico o moral. **5** Ocasión, apariencia o pretexto.
achatar *tr. y prnl*. Poner chata una cosa, aplastarla. **2** *prnl*. *Amér*. Acoquinarse.
achicar *tr. y prnl*. Amenguar una cosa, hacerla más pequeña. **2** Intimidar a alguien, acoquinar. **3** *tr*. Extraer el agua de una embarcación, una mina, etc. **4** *Col*. Matar a alguien.
achinado -da *adj*. Con rasgos de chino. **2** *Amér*. De costumbres groseras. **3** *R. Plata*. Mestizo de marcados rasgos indígenas.
acicalar *tr*. Bruñir, especialmente las armas blancas. **2** Pulir al máximo una pared. **3** fig. Afinar las potencias espirituales. **4** *tr. y prln*. Engalanar en extremo.
aclamar *tr*. Vitorear. **2** Designar la multitud a voces a alguien para un cargo. **3** aplaudir estruendosamente.
aclaración *f*. Explicación.
aclarar *tr. y prnl*. Hacer algo más claro. **2** Aumentar los espacios entre una cosa y otra. **3** Poner en claro, explicar. **4** *tr*. Volver a lavar la ropa con agua sola. **5** Hacer más perceptible y clara la voz. **6** Aguzar las facultades mentales. **7** Lavar por segunda vez los minerales. **8** *intr*. Amanecer. **9** Disiparse las nubes. **10** *prnl*. Desfruncir el ceño. **11** Abrirse a alguien. **12** Posarse en un líquido las partículas en suspensión.
acmé *f*. Período de máxima intensidad en una enfermedad. **2** Período adulto o de máximo vigor en la vida de un individuo o una especie.

acné o acne *f*. Enfermedad de la piel, especialmente en la cara y en la espalda, por inflamación de las glándulas sebáceas.
acobardar *tr. y prnl*. Amedrentar, quitar el ánimo o sentir temor.
acodar *tr. y prnl*. Apoyar los codos. **2** AGR Enterrar el vástago de una planta sin separarlo del tronco, para que arraigue la parte enterrada. **3** Doblar en ángulo una varilla o tubería. **4** Poner codales para apoyo o para comprobar si una superficie está plana. **5** VETER Herrar mal desviando los clavos hacia las partes sensibles.
acodo *m* Accion de acodar las vides. **2** Vástago acodado. **3** Moldura que rodea un vano.

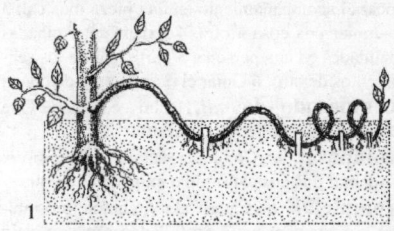

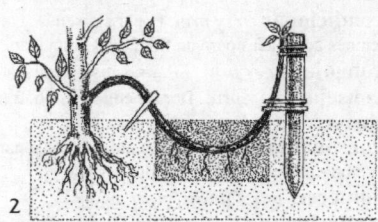

acodos: 1. De arco múltiple. 2. En cesta

acoger *tr*. Admitir a una persona en la propia casa o compañía. **2** Dar refugio, proteger. **3** Recibir de cierta manera. **4** *prnl*. Refugiarse. **5** Invocar ciertos derechos. **6** Valerse de algún pretexto como cobertura.
acogido -da *m. y f*. Persona admitida en un centro de beneficencia. **2** *f*. Acción y efecto de acoger. **3** Afluencia de aguas. **4** Refugio, asilo.
acogollar[1] *tr*. Proteger las plantas contra los fríos con plásticos, esteras, etc.
acogollar[2] *intr. y prnl*. Echar cogollos las plantas.
acolitado *m*. La superior de las cuatro órdenes menores del sacerdocio.
acólito *m*. Persona que ayuda al sacerdote en las funciones litúrgicas. **2** Partidario y servidor de una persona.
acometer *tr*. Embestir, atacar con ímpetu. **2** Emprender una cosa. **3** Aparecer repentinamente

una enfermedad o un estado anímico. **4** Comunicar una cañería con otra.

acomodar *tr*. Colocar una cosa ajustándola a otra. **2** Disponer personas o cosas de modo que quepan y estén cómodas. **3** fig. Concertar ideas o sentimientos. **4** Proporcionar un empleo. **5** *tr*. e *intr*. Agradar o ser conveniente alguna cosa. **6** *tr*. y *prnl*. Amoldarse a un estado o situación. **7** *prnl*. Avenirse a una idea o proyecto.

acompañamiento *m*. Conjunto de personas o cosas que acompañan. **2** En el teatro, comparsa. **3** MÚS Sostén armónico de una melodía principal por medio de uno o más instrumentos o voces.

acompañar *tr*. y *prnl*. Ir o estar con alguien. **2** Tocar el acompañamiento en una pieza musical. **3** *tr*. Juntar una cosa a otra. **4** Existir determinadas cualidades en una persona. **5** Participar en los sentimientos de otro. **6** Guiar el movimiento de algo.

acompasado -da *adj*. Hecho a compás. **2** Que habla o actúa con reposo y mesura.

acompasar *tr*. Compasar, acomodar a compás. **2** Adaptar una cosa al ritmo o exigencias de otra.

acomplejar *tr*. Causar algún complejo o inhibición a una persona. **2** *prnl*. Padecer un complejo psíquico.

acondicionar *tr*. y *prnl*. Poner algo en las condiciones adecuadas para un fin. **2** *tr*. Climatizar.

acongojar *tr*. y *prnl*. Afligir, causar angustia.

aconsejar *tr*. y *prnl*. Dar o pedir consejo. **2** *tr*. Advertir con tono levemente amenazador.

aconsonantar *intr*. Ser una palabra consonante de otra. **2** *tr*. Emplear ese tipo de rima.

acontecer *intr*. Ocurrir, pasar algo.

acontecido -da *adj*. Afligido o triste.

acontecimiento *m*. Suceso importante.

acoplado *m*. *Amér*. Vehículo remolcado.

acoplar *tr*. y *prnl*. Unir dos piezas, máquinas, etc., de modo que ajusten perfectamente. **2** Parear dos animales para que formen tronco o yunta. **3** Hacer que dos animales se apareen sexualmente. **4** Encontrar acomodación o empleo a una persona. **5** Unir a dos o más personas discordes. **6** *prnl*. fam. Encariñarse dos personas.

acoquinar *tr*. y *prnl*. Acobardar, intimidar.

acordar *tr*. Resolver de común acuerdo o por mayoría. **2** Decidir algo después de pensarlo. **3** Conciliar distintas opiniones. **4** Templar las voces o los instrumentos musicales para que no desafinen entre sí. **5** Combinar adecuadamente los colores de una pintura. **6** Caer en la cuenta. **7** *intr*. Convenir una cosa con otra. **8** *prnl*. Traer a la memoria, recordar.

acorde *adj*. De acuerdo, coincidente. **2** Armonioso, en consonancia. **3** *m*. MÚS Conjunto de varios sonidos combinados armónicamente.

 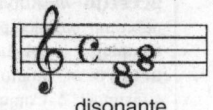

natural   disonante

acordes

acordeón *m*. Instrumento de viento formado por un fuelle, provisto en sus extremos de un teclado y de unos botones que dan acordes fijos.

acordeonista *com*. Persona que toca el acordeón.

acordonar *tr*. Ceñir o sujetar con un cordón. **2** Formar el cordoncillo en el canto de las monedas. **3** *Cuba*. Preparar un terreno para la siembra.

acorralar *tr*. y *prnl*. Encerrar el ganado en el corral. **2** *tr*. Meter a personas o animales en un sitio del que no pueden escapar. **3** Dejar a alguien sin respuesta posible, confundirle. **4** Intimidar, acobardar.

acortar *tr*., *intr*. y *prnl*. Disminuir la longitud, duración o cantidad de una cosa. **2** *prnl*. Quedarse corto, apocarse.

acosar *tr*. Perseguir a una persona o un animal sin darle descanso.

acostar *tr*. y *prnl*. Echar o tender a alguien para que descanse. **2** Arrimar. **3** Acercar el costado de una embarcación a algún sitio. **4** *intr*. y *prnl*. Llegar a la costa. **5** Ladearse hacia un costado. **6** fig. Inclinarse por algo. **7** *prnl*. Tener relaciones sexuales.

acostumbrar *tr*. y *prnl*. Hacer adquirir costumbre. **2** *intr*. Soler hacer una cosa.

acotación *f*. Nota al margen de un escrito. **2** Anotación sobre la manera de representar una obra de teatro.

acotar *tr*. Marcar con cotos o de otra manera el aprovechamiento reservado de un terreno. **2** Reservar, prohibir o limitar de otro modo. **3** Tomar algo por suyo. **4** Atestiguar algo con testimonios o documentos. **5** Citar autoridades. **6** Poner notas marginales a un texto.

ácrata *adj*. y *com*. Partidario de la supresión de toda autoridad. **2** Anarquista.

acre *adj*. Se dice del sabor u olor áspero y picante. **2** fig. Áspero y desabrido, refiriéndose al carácter o al lenguaje. **3** Se aplica a la fiebre acompañada de picor.

acrecentar *tr*. y *prnl*. Aumentar. **2** *tr*. Mejorar.

acrecer *tr*., *intr*. y *prnl*. Hacer mayor, aumentar.

acreditado -da *adj*. Que tiene crédito o buena reputación.

acreditar *tr*. y *prnl*. Dar fe de que una persona o cosa es lo que representa, o que está facultada para alguna misión. **2** Abonar en el haber de una cuenta. **3** *prnl*. Adquirir crédito o fama.

acreedor -ra *adj. y n*. Que tiene derecho a que se le satisfaga una deuda. **2** Merecedor de algo.
acreencia *f. Amér*. Crédito, deuda que uno tiene a su favor.
acribillar *tr*. Llenar de agujeros una cosa, ponerla como una criba. **2** Herir o picar repetidamente. **3** fam. Molestar, importunar mucho.
acriminar *tr*. Acusar de algún crimen o delito. **2** Imputárselo a alguien. **3** Abultar la gravedad de una culpa. **4** *prnl. Chile*. Experimentar un daño físico de consideración.
acrimonia *f*. Calidad de acre, referida especialmente a olores y sabores. **2** agudeza del dolor. **3** Desabrimiento en el carácter o causticidad en el lenguaje.
acriollarse *prnl. Amér*. Portarse el extranjero como un criollo, como un nativo del país.
acrisolado -da *adj*. Se dice de las cualidades humanas buenas que, puestas a prueba, se depuran y salen mejoradas. **2** Íntegro, intachable, aplicado a personas.
acrisolar *tr*. Purificar los metales en el crisol mediante el fuego. **2** *tr. y prnl.* fig. Aquilatar o depurar la verdad o la virtud con testimonios y pruebas.
acritud *f*. Acrimonia. **2** Estado del metal sin ductilidad ni maleabilidad.
acrobacia *f*. Acrobatismo. **2** Cada uno de los ejercicios del acróbata con su cuerpo o con un avión. **3** fig. Actitud diplomática para no comprometerse.
acróbata *com*. Persona que hace ejercicios de singular habilidad y equilibrio en el trapecio, la cuerda floja o con un avión.

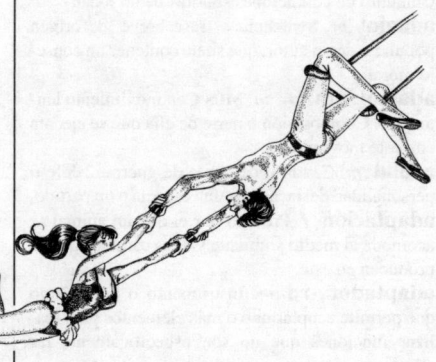

acróbata

acrofobia *f*. Horror a las alturas, vértigo.
acrópolis *f*. En las ciudades griegas, el sitio más alto y fortificado.

acróstico -ca *adj. y m*. Se aplica a la composición poética.
acta *f*. Relación escrita que certifica lo tratado en una reunión o junta. **2** Certificación en que constan los resultados de la elección para algún cargo. **3** Documento público que da fe de un hecho.
actitud *f*. Posición del cuerpo, especialmente la que es reflejo de una determinada disposición anímica. Se aplica tanto al hombre como al animal. **2** Disposición de ánimo manifestada de modo perceptible.
activar *tr*. Avivar, hacer que algo se haga con mayor rapidez o energía. **2** Hacer radiactiva una sustancia bombardeándola con determinadas partículas.
actividad *f*. Capacidad para realizar una acción. **2** Conjunto de acciones y movimientos de una persona o cosa.
activista *com*. Persona que defiende la primacía de la acción.
activo -va *adj*. Que obra o tiene la virtud de hacerlo. **2** Que obra con mucha energía y eficacia. **3** *m*. Importe total de los bienes de una persona o empresa.
acto *m*. Hecho o acción. **2** Hecho público o solemne. **3** Cada una de las partes principales de una obra de teatro, separadas por un entreacto. **4** Disposición legal.
actor -ra *adj. y n*. Se dice de la parte demandante o acusadora en juicio.
actor -triz *m. y f*. Persona que representa un papel en una obra teatral, cinematográfica o televisiva. **2** Persona que sabe simular sus sentimientos. **3** Protagonista de un hecho o suceso.
actuación *f*. Acción y efecto de actuar. **2** *pl*. Conjunto de autos o diligencias en un procedimiento judicial.
actual *adj*. De ahora, presente. **2** Real y efectivo, en oposición a potencial. **3** GEOL Se aplica al período geológico más reciente, en el que todavía nos encontramos, y que se inició hace unos diez mil años.
actualidad *f*. Tiempo presente. **2** Hecho o suceso que centra la atención de la gente en un determinado momento.
actualizar *tr*. Poner en acto. **2** *tr. y prnl*. Hacer actual, dar actualidad a una cosa.
actuar *intr*. Poner o ponerse en acción. **2** Conducirse de una determinada manera. **3** Ejercer actos propios de su naturaleza o las funciones de su cargo. **4** Proceder judicialmente. **5** Trabajar un actor o una compañía en un lugar y tiempo precisos.
acuarela *f*. Pintura sobre papel o cartón con colores diluidos en agua y utilizando para el blanco el fondo del papel. **2** Técnica de esta pintura. **3** *pl*. Colores con los que se realiza.
acuarelista *com*. Pintor de acuarelas.

acuario *m.* Depósito de agua con paredes transparentes, donde se conservan vivos animales y plantas acuáticos. 2 Edificio destinado a la exhibición de animales acuáticos vivos.

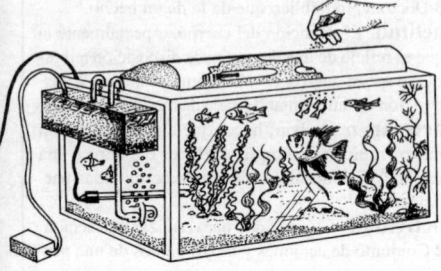

acuario

acuartelar *tr.* y *prnl.* Alojar a la tropa en cuarteles. 2 Dividir un terreno o escudo en cuarteles o cuarterones.
acuatizar *intr.* Posarse un hidroavión en el agua.
acuchillar *tr.* y *prnl.* Dar cuchilladas hiriendo o matando con el cuchillo o con otra arma blanca. 2 *tr.* Hender o cortar el aire. 3 Alisar con cuchilla la superficie de un mueble de madera o del entarimado. 4 fig. Hacer ciertas aberturas en los vestidos y especialmente en las mangas. 5 Aclarar las plantas en los semilleros.
acuciar *tr.* Dar prisa, apremiar. 2 Desear algo con vehemencia. 3 Estar acosado por una necesidad.
acucioso -sa *adj.* Diligente, solícito. 2 Ansioso.
acuclillarse *prnl.* Ponerse en cuclillas.
acudir *intr.* Ir a un sitio por haber sido llamado o tener la obligación de hacerlo. 2 Socorrer, ayudar. 3 Recurrir a una persona o valerse de ella. 4 Replicar, objetar.
acueducto *m.* Construcción para conducir agua, en especial para el abastecimiento de una población y salvando alguna depresión del terreno.
acuerdo *m.* Arreglo o convenio entre varias personas. 2 Resolución que toma una sola persona tras madura reflexión. 3 Cosa que se decide en un tribunal o en una junta. 4 Concordia de pareceres. 5 Armonía entre varias cosas. 6 *Amér.* Reunión de una autoridad gubernativa con sus colaboradores inmediatos, para tomar conjuntamente una decisión.
acuífero -ra *adj.* Que contiene agua, ya sea una capa del terreno, un tejido u un órgano vegetal.
acuitar *tr.* y *prnl.* Poner en apuro, afligir.
aculturación *f.* Proceso por el que un pueblo abandona sus formas de cultura, adoptando otras foráneas.

acumulador -ra *adj.* y *n.* Que acumula. 2 *m.* Fís Pila que, al cargarse, almacena energía y que la restituye en parte al descargarse.
acumular *tr.* Amontonar cosas en un sitio. 2 Imputar algún delito.
acumulativo -va *adj.* Que acumula.
acunar *tr.* Mecer al niño en la cuna y, por extensión, balancearlo en los brazos para que se duerma.
acuñar[1] *tr.* Imprimir y sellar monedas y medallas mediante un troquel. 2 Poner en circulación palabras o expresiones que hallan acogida.
acuñar[2] *tr.* Meter cuñas. 2 *Venez.* Esforzarse por acabar algo.
acuoso -sa *adj.* Abundante en agua o que se le asemeja. 2 De mucho jugo.
acupuntura *f.* Método terapéutico, originario de China, consistente en clavar agujas metálicas en puntos de la piel especialmente relacionados con órganos internos y vitales.
acurrucarse *prnl.* Encogerse, hacerse un ovillo, para ocultarse o defenderse del frío.
acusación *f.* Discurso o escrito en que se acusa. 2 Fiscal, en el lenguaje de los tribunales.
acusado -da *adj.* Que destaca de lo normal, resultando muy perceptible. 2 *m.* y *f.* Persona a la que se acusa.
acusar *tr.* y *prnl.* Imputar un delito o algo vituperable. 2 *tr.* Denunciar, delatar. 3 Exponer ante el tribunal los cargos y pruebas contra el demandado. 4 Reconvenir, censurar. 5 Descubrir alguna cosa los aparatos o dispositivos adecuados. 6 Notificar el recibo de una carta o de un oficio.
acústico -ca *adj.* Favorable a la producción o difusión del sonido. 2 *f.* Parte de la física que estudia la formación y propagación de los sonidos. 3 Conjunto de condiciones sonoras de un local.
adagio[1] *m.* Sentencia o frase breve, de origen popular o de un autor, que suele contener un consejo moral.
adagio[2] (it.) *adv. m.* MÚS Con movimiento lento. 2 *m.* Composición o parte de ella que se ejecuta con este movimiento.
adalid *m.* Caudillo de gente de guerra. 2 Jefe o personalidad destacada de una escuela o un partido.
adaptación *f.* Proceso por el que un animal se acomoda al medio ambiente y a los cambios que se producen en éste.
adaptador -ra *m.* Instrumento o mecanismo que permite acoplar uno o más elementos para realizar funciones que no son específicamente las suyas.
adaptar *tr.* y *prnl.* Acomodar o ajustar una cosa a otra. 2 *prnl.* Avenirse a determinada situación o circunstancias.
adecuado -da *adj.* Pertinente o apropiado a determinadas circunstancias.

adecuar *tr.* y *prnl.* Acomodar una cosa a otra.
adefesio *m.* fam. Despropósito, extravagancia.
adelantado -da *adj.* Aventajado, excelente. **2** Precoz, persona con un desarrollo físico o intelectual superior a su edad. **3** Imprudente, audaz.
adelantar *tr.* y *prnl.* Mover o llevar hacia delante. **2** Apresurar. **3** Hacer algo antes de lo que corresponde. **4** Anticipar dinero. **5** Exceder a alguien. **6** Aumentar, mejorar. **7** *tr.* Hacer progresar algo.
adelante *adv. l.* Más allá, más cercano a la meta. **2** *adv. t.* Con preposición antepuesta puede significar tiempo futuro.
adelanto *m.* Anticipo.
adelgazar *tr., intr.* y *prnl.* Afinar, poner más delgado. **2** Depurar una sustancia. **3** fig. Discurrir agudamente.
ademán *m.* Movimiento o gesto corporal que revela un sentimiento o una intención.
además *adv. c.* A más de; encima de. **2** También.
adentrarse *prnl.* Penetrar en la parte más interna de alguna cosa. **2** Estudiar algo con profundidad, meterse de lleno en un asunto.
adentro *adv. l.* Hacia o en el interior.
aderezar *tr.* y *prnl.* Adornar, componer. **2** Preparar, arreglar algo. **3** *tr.* Guisar, condimentar los alimentos. **4** Componer el vino o algunos licores. **5** Dar apresto a ciertos tejidos. **6** Acompañar una acción con algo que la realza.
adeudar *tr.* Deber algo, no haber pagado una deuda contraída.
adherencia *f.* Fís Resistencia tangencial en la superficie de contacto de dos cuerpos al deslizarse uno sobre el otro. **2** MED Cada una de las bridas de tejido conjuntivo que unen a las vísceras entre sí o con las paredes del tronco y entorpecen su función.
adherente *adj. m.* Adhesivo, lo que sirve para unir cosas.
adherir *tr., intr.* y *prnl.* Pegar una cosa a o con otra. **2** *tr.* y *prnl.* Mostrar conformidad o simpatía con una idea o partido.
adhesión *f.* Adherencia. **2** Fís Fuerza de atracción que mantiene unidas moléculas de distinta especie química.
adhesivo -va *adj.* y *n.* Aglutinante, capaz de pegarse. **2** *m.* Sustancia que sirve para pegar. **3** Objeto que, provisto de una sustancia pegajosa, puede adherirse a una superficie.
adicción *f.* Hábito de quien se deja dominar por el uso de alguna droga.
adición *f.* Acción y efecto de añadir. **2** Añadidura. **3** Suma.
adicional *adj.* Se dice de aquello que se añade a una cosa.
adictivo -va *adj.* Se dice de aquello cuyo uso repetido crea una dependencia.

adicto -ta *adj.* Muy inclinado a una persona o doctrina. **2** Partidario. **3** Adjunto a algún cargo o ministerio. **4** Persona dependiente de una droga.
adiestrar *tr.* y *prnl.* Hacer diestro, ejercitar en un arte. **2** Guiar, encaminar.
¡adiós! *interj.* Indica despedida o saludo. En determinados contextos puede indicar decepción y hasta desesperación.
adiposo -sa *adj.* Grasiento, con excesiva grasa o gordura. Se dice especialmente del tejido en cuyas células se acumula la grasa.
aditivo -va *adj.* Que puede o que debe añadirse. **2** MAT Se dice de los términos de un polinomio precedidos del signo más (+). **3** *m.* Sustancia que se agrega a otras para darles cualidades que no tienen o para mejorar las que poseen.
adivinanza *f.* Acertijo.
adivinar *tr.* Conocer una cosa oculta o predecir el futuro por artes mágicas. **2** Descubrir algo por conjeturas. **3** Vislumbrar de forma confusa. **4** Acertar un enigma.
adivino -na *m.* y *f.* Persona que conoce lo oculto o predice el futuro.
adjetivación *f.* Transformación en adjetivos de palabras que no lo son.
adjetivar *tr.* y *prnl.* Dar al nombre valor de adjetivo. **2** Calificar, apodar.
adjetivo -va *adj.* Que dice relación a una cualidad o accidente. **2** Que no tiene existencia independiente. **3** *m.* Palabra que se junta al nombre para indicar alguna cualidad o determinar la extensión de éste.
adjudicar *tr.* y *prnl.* Declarar una cosa como perteneciente a alguien y asignársela o conferírsela.
adjunto -ta *adj.* Que va o está unido a otra cosa. **2** *adj.* y *n.* Se dice de la persona que acompaña a otra como auxiliar en un cargo o función. **3** *m.* Aditamento.
adminículo *m.* Lo que sirve de ayuda. **2** *m.* Pequeño objeto que se lleva en prevención de una necesidad.
administración *f.* Cargo de administrador y conjunto de sus funciones. **2** Oficina o despacho en que el administrador trabaja. **3** Gobierno de una entidad pública.
administrador -ra *adj.* y *n.* Que administra. **2** *m.* y *f.* Persona que administra los bienes e intereses de una empresa o de un particular.
administrar *tr.* Dirigir la economía de una empresa o de una persona. **2** Gobernar un territorio y a las personas que lo habitan, cuidando sus intereses. **3** Ejercer un cargo. **4** Proporcionar o distribuir algo; se aplica especialmente a los medicamentos y a los sacramentos de la Iglesia. **5** Dosificar una cosa para su mejor rendimiento.

admiración *f.* Acción de admirar. **2** Cosa admirable. **3** Signo ortográfico (¡!) que se pone antes y después de la palabra o frase para expresar admiración, queja, etc.

admirar *tr. y prnl.* Causar sorpresa una cosa por su aspecto o cualidades extraordinarias o raras; asombrar, extrañar mucho. **2** Ver o considerar a alguien o algo con sentimiento de gran estimación por sus dotes descollantes.

admisible *adj.* Que puede ser admitido.

admisión *f.* Trámite judicial en el que se decide llevar o no adelante una querella, recurso, etc.

admitir *tr.* Recibir o dar entrada. **2** Aceptar algo que se ofrece. **3** Tener por legítima o válida una cosa, idea, etc. **4** Permitir, consentir.

admonición *f.* Amonestación. **2** Reconvención.

admonitor -ra *m. y f.* Religioso o religiosa que amonesta o exhorta.

admonitorio -ria *adj.* Que contiene una admonición, exhortación o consejo.

adobado *m.* Acción de adobar o poner en adobo la carne.

adobar *tr.* Poner una vianda en adobo. **2** Guisar. **3** Curtir las pieles aplicándoles determinadas sustancias. **4** Componer y aderezar una cosa para que produzca un efecto determinado.

adobe *m.* Ladrillo de barro sin cocer, que a veces se mezcla con paja, y que se emplea en la construcción. **2** *Arg.* Pie muy grande.

adobo *m.* Acción y efecto de adobar. **2** Caldo o salsa con que se sazona y conserva una vianda. **3** Mezcla de varios ingredientes para curtir las pieles o dar cuerpo a las telas. **4** Afeite o maquillaje de la cara.

adocenado -da *adj.* Vulgar y de poco mérito.

adoctrinar *tr.* Enseñar, y de manera especial instruir en la forma de comportarse.

adolecer *intr.* Caer enfermo o padecer una enfermedad crónica. **2** Estar sujeto a determinadas pasiones o vicios. **3** Tener algún defecto.

adolescencia *f.* Edad de la vida que se extiende desde la pubertad hasta el desarrollo pleno del adulto.

adolescente *adj. y com.* Que está en la adolescencia.

adonde *adv. l.* A qué parte, a la parte que. En el primer caso es interrogativo, y lleva acento fónico y ortográfico: *¿adónde vas?* **2** Donde.

adopción *f.* Acción de adoptar o prohijar.

adoptar *tr.* Recibir legalmente como hijo al que no lo es por naturaleza. **2** Tomar como propias ideas, modas, etc., creadas por otros. **3** Tomar una actitud o acuerdo después de examinarlos.

adoptivo -va *adj.* Se dice de la persona que adopta o que es adoptada. **2** Se dice de lo que uno elige como propio no siéndolo por naturaleza: *patria adoptiva*.

adoquín *m.* Piedra labrada en forma de prisma rectangular, para empedrar calles y carreteras. **2** *fam.* Persona torpe y negada. **3** *Perú.* Trozo de hielo de uso doméstico.

adoquinado *m.* Suelo empedrado con adoquines. **2** Acción de adoquinar un suelo. **3** Conjunto de adoquines para solar una superficie.

adorable *adj.* Digno de adoración y amor.

adoración *f.* Acción de adorar. **2** Amor ilimitado.

adorar *tr.* Rendir culto a Dios como ser supremo. **2** Reverenciar con postraciones u otros signos a personas o cosas sagradas: la eucaristía, la cruz, el Papa. **3** Amar extremadamente a una persona. **4** Gustar mucho de una cosa. **5** *intr.* Hacer oración.

adoratorio *m.* Retablillo portátil. **2** Templo de algún ídolo de los amerindios.

adormecer *tr. y prnl.* Causar somnolencia. **2** Acallar, calmar (un rumor, un dolor, una pena). **3** *prnl.* Entumecerse o insensibilizarse un miembro. **4** Enviciarse.

adormidera *f.* Planta de las papaveráceas, originaria de Oriente, de hojas dentadas y grandes y fruto en cápsulas, de las que por incisión se obtiene el opio, y de sus semillas se extrae un aceite. **2** Fruto de esta planta.

adormilarse *prnl.* Adormecerse, quedarse medio dormido.

adornar *tr. y prnl.* Engalanar, poner adornos. **2** Tener alguien grandes cualidades. **3** *tr.* Dotar a un ser de perfecciones físicas o morales.

adorno *m.* Lo que confiere mayor hermosura o mejor apariencia a personas o cosas.

adosar *tr. y prn:l.* Colocar o poner una cosa junto a otra por su espalda o envés.

adquirir *tr.* Obtener alguna cosa, que puede ser buena o mala. **2** Comprar. **3** Apropiarse de algo que no tiene dueño.

adquisición *f.* Acción de adquirir. **2** Persona o cosa adquirida, destacando la forma ventajosa en que se ha logrado o las calidades excelentes de lo que se adquiere.

adquisitivo -va *adj.* Que jurídicamente sirve para adquirir algo, como un título, una prescripción.

adrede *adv. m.* Deliberadamente, de propósito.

adrenalina *f.* Hormona secretada por las glándulas suprarrenales. Regula aspectos del metabolismo, actúa también sobre el aparato circulatorio, el respiratorio y el sistema nervioso central. Es producida sobre todo en estados que conllevan esfuerzo o tensión.

adscribir *tr.* Atribuir algo a una persona o cosa asignándolo como suyo. **2** Destinar a alguien a un determinado departamento o servicio. **3** *prnl.* Adherirse.

aduana *f.* Oficina estatal situada en las fronteras y en los puertos, que fiscaliza las mercancías que se importan y exportan y cobra los impuestos que le adeudan.

aduanero *m. y f.* Persona empleada en una aduana.

aducir *tr.* Alegar pruebas o razones en favor de algo.

adueñarse *prnl.* Apoderarse de algo; apropiarse de una cosa. **2** Predominar algo en una persona o en un conjunto de personas.

adular *tr.* Alabar de manera inmoderada y por interés a una persona. **2** Deleitar.

adulterar *tr. y prnl.* Viciar o falsificar una cosa quitándole su autenticidad. **2** *intr.* Cometer adulterio.

adulterino -na *adj.* Procedente de adulterio o relativo a éste. **2** Falso, falsificado.

adulterio *adj.* Relación sexual de una persona casada con quien no es su cónyuge.

adúltero -ra *adj. y n.* Que comete adulterio. **2** Perteneciente al adulterio o a quien lo comete. **3** Corrompido, mistificado, falseado.

adulto -ta *adj. y n.* Se dice de la persona o animal que ha llegado a su pleno crecimiento y desarrollo. **2** Por extensión, se aplica también a cosas que han alcanzado su perfección.

adunar *tr. y prnl.* Unir, juntar, congregar.

adusto -ta *adj.* Ardiente, quemado. **2** Serio, austero, poco acogedor.

advenedizo -za *adj. y n.* Extranjero o forastero. **2** Se dice de la persona que alcanza una condición social o profesional que en realidad no le corresponde.

advenimiento *m.* Llegada de personas o cosas, sobre todo si es esperada o solemne.

advenir *intr.* Llegar, suceder. **2** Subir al trono un pontífice o un monarca.

adventicio -cia *adj.* Extraño o casual por oposición a lo natural y propio. **2** Se dice del órgano o parte de los animales o vegetales cuyo desarrollo no es constante, sino ocasional y fuera de su lugar ordinario.

adverbio *m.* Parte invariable de la oración que desempeña, respecto del verbo, del adjetivo o de otro adverbio, funciones parecidas a las del adjetivo respecto del nombre.

adversario -ria *m. y f.* Persona que lucha contra otra, de la que es contraria o enemiga. **2** Contrario a una determinada idea. **3** *m.* Conjunto de personas opuestas.

adversativo -va *adj.* Se aplica a expresiones, conjunciones, adverbios, etc., que indican oposición o contrariedad de sentido.

adversidad *f.* Desgracia, infortunio.

adverso -sa *adj.* Contrario, desfavorable. **2** Colocado en la parte opuesta.

advertencia *f.* Nota aclaratoria, aviso.

advertido -da *adj.* Avisado. **2** Experimentado, experto.

advertir *tr. e intr.* Fijarse en algo, observar. **2** *tr.* Llamar la atención sobre algo, hacer ver. **3** Aconsejar, recomendar.

advocación *f.* Título que se da a un templo, capilla, altar o imagen, según el santo o el misterio religioso al que están dedicados. **2** Cada uno de los nombres con que se venera a la Virgen.

adyacente *adj.* Que está tocando a otra cosa, como los ángulos que tienen un lado común. **2** Situado en las inmediaciones, que está próximo.

aéreo -a *adj.* Perteneciente o relativo al aire o la atmósfera. **2** Relativo a la aerodinámica o a la aeronáutica. **3** En, a través o por medio del aire. **4** Ligero, sutil, sin peso.

aerobio -bia *adj. y n.* Se aplica al organismo, y especialmente al microbio, que necesita del oxígeno para subsistir.

aerodeslizador *m.* Vehículo terrestre o acuático que se desliza sobre un colchón de aire que él mismo produce.

aerodinámico -ca *adj.* Perteneciente o relativo a la aerodinámica. **2** De buena forma aerodinámica. **3** *f.* Parte de la mecánica que estudia los fenómenos físicos de los gases y su acción sobre los cuerpos sólidos en movimiento.

aeródromo *m.* Campo llano con las pistas e instalaciones necesarias para el despegue y aterrizaje de aviones comerciales, militares o deportivos.

aerofobia *f.* Temor anormal al aire.

aerógrafo *m.* Pistola de pintor que lanza los colorantes en forma de aerosol.

aerolínea *f.* Compañía de transporte aéreo, también llamada línea aérea.

aerolito *m.* Fragmento de un bólido o meteorito que cae sobre la Tierra.

aeromodelismo *m.* Deporte que consiste en la construcción y prueba de modelos de aviones a escala reducida.

aeronáutico -ca Ciencia y técnica de la navegación aérea. **2** Conjunto de personas, instalaciones y medios técnicos que hacen posible el transporte aéreo y cuanto con él se relaciona.

aeronaval *adj.* Relativo a la aviación y a la marina conjuntamente. Se dice especialmente de las operaciones militares en que participan fuerzas aéreas y navales.

aeronave *f.* Cualquier vehículo capaz de navegar por el aire.

aeroplano *m.* Avión en su aspecto específico de instrumento o utensilio mecánico.

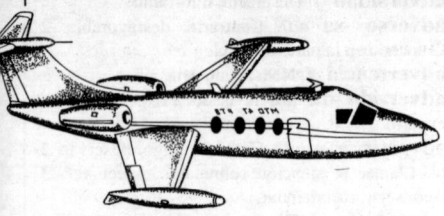

aeronave

aeropostal adj. Relativo al correo aéreo.

aeropuerto m. Aeródromo dotado de instalaciones, edificios y servicios para el tráfico aéreo regular.

aerosol m. Suspensión de partículas coloidales de sólidos o líquidos en el aire o en otro gas. 2 Líquido almacenado a presión que se expulsa en forma de aerosol, y que se utiliza en medicina (inhalaciones), en perfumería, pintura, etc.

aerostática f. Parte de la mecánica que estudia el equilibrio y comportamiento de los gases y de los sólidos inmersos en ellos.

aeróstato o **aerostato** m. Globo capaz de flotar en el aire por ir lleno de un gas más ligero que aquél.

afamado -da adj. Persona famosa en alguna actividad, o cosa con fama de buena.

afán m. Trabajo penoso por exceso o intensidad. 2 Deseo vehemente. 3 Tenacidad en un trabajo o actividad. 4 pl. Penalidades.

afanador -ra adj. y n. Que afana o se afana. 2 m. y f. vulg. Ratero. 3 Méx. Persona que en los establecimientos públicos (cárceles, hospitales, etc.) se encarga de las faenas más penosas.

afanar intr. y prnl. Atarearse, entregarse al trabajo con solicitud. 2 Perseguir algo con vehemencia. 3 Amér. Ganar dinero. 4 tr. Trabajar a uno, apurarle. 5 vulg. Hurtar algo con habilidad y sin violencia.

afanoso -sa adj. Penoso, agobiante. 2 Que se afana.

afasia f. Pérdida, total o parcial, del habla por lesiones del cerebro.

afear tr. y prnl. Hacer que alguien o algo aparezca feo o más feo. 2 tr. Vituperar o reprochar alguna cosa.

afección f. Impresión que una cosa produce sobre otra alterándola. 2 Afición o inclinación. 3 Alteración de un órgano, enfermedad.

afectación f. Falta de naturalidad.

afectado -da adj. Que adolece de afectación. 2 Aparente, fingido. 3 Aquejado de una enfermedad o impresionado por una noticia. 4 adj. y n. Perjudicado.

afectar tr. Actuar de manera artificiosa, sin naturalidad. 2 Fingir, simular. 3 Atañer, tocar. 4 Anexar.

5 Perjudicar, menoscabar. 6 Producir alteración o cambio en alguna cosa. 7 Apetecer y procurar alguna cosa con ahínco. 8 Imponer el dueño de una cosa un gravamen u obligación sobre ésta, con efectos frente a terceros. 9 tr. y prnl. Causar sensación o impresión una cosa en una persona.

afectividad f. Conjunto de los fenómenos afectivos.

afectivo -va adj. Perteneciente o relativo al afecto. 2 Perteneciente o relativo a la sensibilidad.

afecto -ta adj. Inclinado a una persona o cosa. 2 Adscrito a un determinado servicio. 3 Se dice de los bienes sometidos a alguna carga u obligación. 4 m. Sentimiento o pasión en sentido amplio. 5 Afección, dolencia.

afectuoso -sa adj. Cariñoso, efusivo.

afeitar tr. y prnl. Rasurar la barba o el pelo de cualquier parte del cuerpo. 2 Adornar y hermosear, especialmente el rostro. 3 tr. Esquilar a las caballerías. 4 Igualar el follaje de una planta. 5 Limar las puntas de los cuernos a los toros de lidia. 6 fam. Pasar algo rozando.

afeite m. Cosmético. 2 fig. Artificio exagerado en cualquier orden de cosas.

afeminado -da adj. y m. Se dice del hombre de aspecto, modales, etc., femeninos. 2 adj. Que parece de mujer.

aféresis f. Supresión de una o varias letras al comienzo de una palabra: *norabuena* por *enhorabuena, bus* por *autobús.*

aferrado -da adj. Obstinado.

aferrar tr. e intr. Agarrar con fuerza. 2 tr. Asegurar la embarcación echando el ancla. 3 Plegar las velas. 4 Atrapar con el garfio. 5 intr. y prnl. Insistir con tenacidad en algo.

afianzar tr. Dar fianza por alguien. 2 tr. y prnl. Fijar, asegurar una cosa. 3 Asir, agarrar.

afición f. Inclinación hacia una persona o cosa. 2 Ahínco, eficacia. 3 Conjunto de aficionados a las corridas de toros o a cualquier espectáculo.

aficionado -da adj. y m. Se dice del que cultiva un arte por gusto y no como oficio. 2 Que practica un deporte sin remuneración. 3 Que siente entusiasmo por un espectáculo.

aficionar tr. y prnl. Gustar mucho de una persona o cosa.

afiebrarse prnl. Amér. Acalenturarse. 2 Sentir gusto repentino y pasajero por algo.

afijo -ja adj. y m. Se dice del pronombre personal pospuesto y unido al verbo, y de las preposiciones y otras partículas que se emplean en la formación de palabras compuestas y derivadas. El afijo se llama *prefijo* cuando se antepone a la palabra originaria, *infijo* cuando va insertado en ella y *sufijo* cuando se le pospone.

afilador -ra *adj.* Que afila. **2** *m.* y *f.* Persona que tiene por oficio afilar instrumentos cortantes. **3** Utensilio para afinar el filo. **4** *R. Plata.* Persona que gusta de flirtear.

afilar *tr.* Sacar filo a una cosa o afinar el que ya tiene. **2** Aguzar, sacar punta. **3** Afinar la voz. **4** vulg. *Chile.* Realizar el acto sexual. **5** *R. Plata.* Requebrar, flirtear. **6** *prnl.* Adelgazarse. **7** *Bol.* y *Méx.* Prepararse, disponerse cuidadosamente para algo.

afiliar *tr.* y *prnl.* Asociar a alguien a un grupo, partido, etc.; ingresar uno mismo en ellos.

afín *adj.* Contiguo, cercano. **2** Que tiene afinidad con otra cosa. **3** *com.* Pariente por afinidad.

afinador -ra *adj.* Que afina. **2** *m.* y *f.* Persona que afina pianos y otros instrumentos musicales. **3** *m.* Llave para templar instrumentos de cuerda.

afinar *tr.* y *prnl.* Poner fina o más fina una cosa. **2** Ganar una persona en finura y cortesía. **3** Dar el último toque a una cosa, perfeccionar. **4** *tr.* Igualar la cubierta el encuadernador. **5** Poner los instrumentos de música en su tono justo, acordarlos entre sí. **6** *tr.* e *intr.* Cantar o tocar con entonación. **7** Aquilatar, apurar la calidad, condición o precio de algo.

afincar *intr.* y *prnl.* Adquirir fincas. **2** *tr.* y *prnl.* Fijar, asegurar, establecer la residencia en un lugar.

afinidad *f.* Proximidad, analogía o semejanza de una cosa con otra. **2** Adecuación de caracteres, opiniones o gustos que se da entre dos o más personas. **3** Parentesco que el matrimonio establece con los consanguíneos del otro cónyuge. **4** Impedimento matrimonial que de ese parentesco se deriva. **5** QUÍM Tendencia que muestran los átomos y moléculas a combinarse con otros.

afirmación *f.* Acción y efecto de afirmar. **2** Proposición positiva. **3** Palabra o gesto para asegurar algo.

afirmar *tr.* Asegurar, dar por cierta una cosa. **2** Golpear. **3** *tr.* y *prnl.* Dar firmeza a una cosa, asegurarse en algo. **4** *prnl.* Ratificarse uno en lo dicho.

aflicción *f.* Efecto de afligir. **2** Pena, tristeza.

aflictivo -va *adj.* Que causa aflicción.

afligimiento *m.* Aflicción, pena.

afligir *tr.* y *prnl.* Causar daño. **2** Apesadumbrar. **3** *tr. Méx.* Pegar, azotar.

aflojar *tr.* y *prnl.* Disminuir la presión o la tirantez de algo. **2** *tr.* fam. Soltar dinero u otra cosa, por lo general a regañadientes. **3** *intr.* y *prnl.* Disminuir la intensidad de algo. **4** *prnl.* vulg. Ventosear, defecar. **5** *Sto. Dom.* Acobardarse.

afloramiento *m.* Acción y efecto de aflorar. **2** Mineral que aparece.

aflorar *intr.* Salir a la superficie un filón o depósito de mineral. **2** Brotar el agua subterránea. **3** Apuntar o empezar a percibirse ciertos sentimientos o cualidades. **4** *tr.* Cerner los cereales para obtener la flor de harina.

afluencia *f.* Abundancia de algo, y en especial de la facundia o riqueza de lenguaje.

afluente *adj.* Que afluye. **2** Facundo, rico en palabras. **3** *m.* Río o arroyo que desemboca en otro, con independencia de su caudal.

afluir *intr.* Concurrir en abundancia personas o cosas a un sitio determinado. **2** Desembocar un río o arroyo en otro, en un lago o en el mar.

aflujo *m.* Afluencia de un líquido a un órgano en cantidad superior a lo normal.

afonía *f.* Falta o pérdida de la voz.

afónico -ca *adj.* Sin voz a causa de alguna afección.

aforar *tr.* Dar o tomar a foro o censo una heredad. **2** Otorgar fueros. **3** Valuar las mercaderías para el pago de derechos. **4** Medir el caudal de una corriente. **5** Calcular la capacidad de un local. **6** *Col.* Facturar. **7** *intr.* Cubrir el decorado de un teatro lo que ha de estar oculto al público.

aforismo *m.* Máxima o sentencia breve.

aforo *m.* Acción y efecto de aforar. **2** Capacidad de un local, en especial del que se destina a espectáculos públicos.

afortunado -da *adj.* Que tiene buena suerte o fortuna. **2** Feliz. **3** Acertado.

afrancesar *tr.* Hacer tomar carácter francés, o inclinar a las cosas francesas. **2** *prnl.* Volverse afrancesado.

afrecho *m.* Salvado, cáscara del cereal.

afrenta *f.* Deshonor resultante de un hecho o dicho, o de alguna pena. **2** Deshonra.

afrentar *tr.* Causar afrenta. **2** Sobrepujar, humillar. **3** *prnl.* Sonrojarse.

africanismo *m.* Gusto o predominio de las cosas de África en arte, costumbres, etc. **2** Voz o expresión de una lengua africana que pasa a otra lengua.

africanista *com.* Persona que se dedica al estudio de temas relacionados con África.

afroamericano -na *adj.* Se dice de los descendientes de los negros africanos transplantados a América, y por extensión, de su folclor y de la literatura que inspira.

afrodisíaco -ca o **afrodisiaco -ca** *adj.* y *m.* Se dice de la sustancia o medicamento que estimula el apetito sexual.

afrodita *adj.* Se dice de las plantas que se reproducen de modo asexual.

afrontar *tr.* e *intr.* Encarar o encararse a una persona, cosa o situación comprometida.

afuera *adv. l.* Fuera del sitio en que se está, indicando tanto la ubicación como la dirección de un movimiento. **2** *f. pl.* Alrededores de una población.

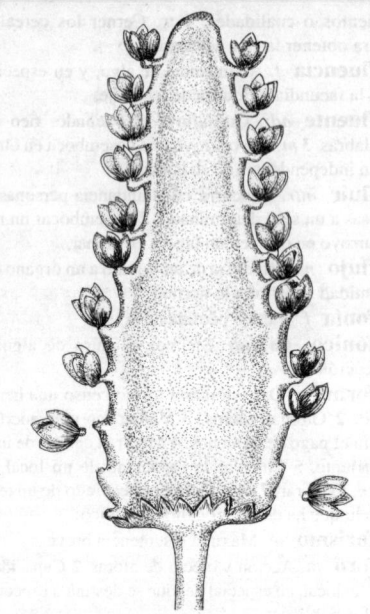
afrodita

agachada *f.* Acción de agacharse. **2** Subterfugio. **3** *Amér.* Reverencia hecha con la cabeza o con el cuerpo. **4** *R. Plata.* Pretexto para no hacer una cosa.
agachado -da *adj. Amér. Central.* Taimado. **2** *Perú.* Servil. **3** *adj.* y *m. Méx.* Cornudo.
agachar *tr.* Inclinar o bajar alguna parte del cuerpo, especialmente la cabeza. **2** *tr.* y *prnl.* Encoger el cuerpo doblándolo hacia tierra. **3** *prnl.* fig. Evadirse, dejar pasar algún contratiempo. **4** *Amér.* Ceder, someterse.
ágape *m.* Banquete comunitario de los primeros cristianos. **2** Banquete para celebrar algún acontecimiento especial.
agarradero *m.* Asa o mango y cualquier tipo de asidero para agarrar alguna cosa. **2** fam. Protección o recurso para conseguir alguna cosa.
agarrado -da *adj.* fam. Miserable, mezquino. **2** *adj.* y *m.* Se dice del baile en que la pareja va estrechamente enlazada.
agarrar *tr.* y *prnl.* Asir fuertemente con la mano y, en general, de cualquier modo. **2** Conseguir lo que se quería. **3** Oprimir o sorprender a una persona un apuro, contratiempo o daño, o vencerle el sueño. **4** *intr.* y *prnl.* Arraigar las plantas. **5** *Amér.* Utilizado en lugar de *coger*, que resulta malsonante.
agarre *m.* Acción de agarrar o agarrarse. **2** Acción de agarrar los perros la res que se defiende. **3** fam. Enchufe, excusa.

agarrotar *tr.* Apretar una cosa fuertemente. **2** Oprimir material o moralmente. **3** Aplicar la pena del garrote o estrangulación. **4** *prnl.* Ponerse o quedarse rígido. **5** Funcionar mal un mecanismo por falta de engrase.
agasajar *tr.* Tratar con atención y cariño. **2** Dar hospitalidad. **3** *tr.* y *prnl.* Halagar con regalos o muestras de consideración afectuosa.
agasajo *m.* Acción de agasajar. **2** Regalo o muestra de consideración.
ágata *f.* Cuarzo duro y traslúcido, con franjas onduladas y concéntricas, cuyas variedades dan origen a diferentes nombres. Se emplea en joyería.
agazapar *tr.* fam. Agarrar a alguien. **2** *prnl.* Encoger el cuerpo contra el suelo para ocultarse de los perseguidores, como hace el gazapo.
agencia *f.* Oficina en que se gestionan o prestan determinados servicios. **2** Despacho del agente. **3** Delegación de una empresa. **4** *Chile.* Casa de empeños.
agenciar *tr.* e *intr.* Hacer las diligencias conducentes al logro de una cosa. **2** *tr.* y *prnl.* Procurar algo con habilidad.
agenda *f.* Cuaderno en que se anotan, a modo de recordatorio, las cosas que han de hacerse. **2** Relación de los asuntos que han de tratarse en una junta.
agente *adj.* Que obra o tiene virtud de obrar. **2** *adj.* y *m.* Se dice del elemento gramatical que realiza la acción significada por el verbo. **3** *com.* Persona que actúa con los poderes de otro. **4** Persona que tiene a su cargo una agencia de gestión de servicios. **5** Policía.
ágil *adj.* Ligero, expedito, capaz de moverse con soltura y rapidez. **2** Vivo, pronto en las respuestas.
agilidad *f.* Calidad de ágil. **2** En la teología cristiana, una de las dotes del cuerpo glorioso, por la que puede trasladarse instantáneamente de un lugar a otro.
agitador -ra *m.* Instrumento o aparato que sirve para revolver líquidos. **2** *m.* y *f.* Persona que promueve el descontento y provoca disturbios, generalmente por motivos políticos o sociales.
agitar *tr.* y *prnl.* Mover repetidamente y con fuerza. **2** Inquietar, turbar. **3** Provocar inquietud social o política.
agite *m. Amér.* Tumulto, motín, perturbación grave de orden social o político.
aglomeración *f.* Amontonamiento. **2** Complejo urbano.
aglomerado *m.* Cualquier producto obtenido por aglomeración. **2** Prisma hecho en molde con carbón de piedra menudo y alquitrán, que se emplea como combustible.
aglomerar *tr.* y *prnl.* Amontonar, reunir cosas.
aglutinante *adj.* Se dice de las lenguas que fijan sus relaciones gramaticales por aglutinación a las raíces de afijos diversos.

aglutinar *tr.* y *prnl.* Unir, pegar, adherir.
agobiar *tr.* y *prnl.* Encorvar hacia tierra la parte superior del cuerpo. **2** *tr.* Pesar demasiado una cosa sobre otra o sobre una persona, haciendo que se incline o doble. **3** Abrumar alguna cosa. **4** Causar gran molestia, abatimiento o sensación de impotencia. **5** Humillar, rebajar.
agobio *m.* Acción y efecto de agobiar o agobiarse. **2** Sofocación, angustia.
agonía *f.* Lucha, y especialmente la del moribundo, con la angustia consiguiente. **2** Congoja o aflicción extrema. **3** Deseo vehemente.
agónico -ca *adj.* Relativo a la agonía del moribundo. **2** por extensión, lo que reviste caracteres de lucha esforzada.
agonizante *adj.* y *com.* Que agoniza. **2** *adj.* y *m.* Se dice del religioso que asiste a los moribundos.
agonizar *intr.* Entrar el enfermo en agonía. **2** Extinguirse una cosa. **3** Sufrir angustiosamente.
ágora *f.* Plaza de las ciudades griegas en que se celebraban las asambleas públicas, y cada una de tales asambleas.
agorar *tr.* Predecir el futuro, y especialmente el calamitoso.
agorero -ra *adj.* y *n.* Que adivina por agüeros. **2** Que predice sin fundamento.
agostar *tr.* y *prnl.* Abrasar el excesivo calor las plantas. **2** Marchitar, perder vigor. **3** *tr.* Labrar la tierra en el mes de agosto. **4** Cavar bastante hondo la tierra para plantar viña. **5** *intr.* Pastar el ganado en rastrojeras.
agotar *tr.* y *prnl.* Extraer por completo el agua o líquido de un sitio. **2** Consumir una cosa, gastarla por entero. **3** Cansar extremadamente.
agraciado -da *adj.* Que tiene gracia o es gracioso. **2** *m.* y *f.* Persona que gana un premio en la lotería, un concurso, etc.
agradable *adj.* Que produce agrado o complacencia. **2** Que tiene complacencia o gusto.
agrado *m.* Gusto que produce en el ánimo lo que agrada o complace. **2** Amabilidad en el trato con los demás. **3** *Amér.* Regalo.
agrandar *tr.* y *prnl.* Hacer que algo sea o parezca más grande.
agrario -ria *adj.* Relativo al campo, rural. **2** *adj.* y *n.* Que en política defiende o representa los intereses de la agricultura.
agravante *adj. amb.* Que agrava. **2** Se dice de lo que hace más grave una situación o un crimen por las circunstancias especiales que concurren en ellos.
agravar *tr.* y *prnl.* Hacer más grave o pesado algo. **2** *tr.* Oprimir con gravámenes o tributos.
agraviar *tr.* Ofender, hacer agravio de obra o de palabra. **2** *prnl.* Mostrarse ofendido por algún agravio.

agravio *m.* Dicho o hecho con que se ofende a una persona, su fama o su honra. **2** Ofensa o perjuicio que se deriva de tal afrenta.
agredir *tr. def.* Cometer agresión lanzándose contra alguien para hacerle daño. **2** Ofender de palabra.
agregado -da *adj.* y *n.* Adscrito, añadido. **2** *m.* y *f.* Empleado no titular. **3** Funcionario que tiene a su cargo alguna especialidad (comercial, cultural, militar, naval). **4** *m.* Conjunto de cosas que forman un todo, aunque sin perder sus propiedades específicas. **5** Añadidura, anejo. **6** *Amér.* Inquilino, y especialmente el rural que paga con dinero o con trabajo en la finca del dueño.
agregar *tr.* y *prnl.* Añadir y juntar unas personas o cosas a otras. **2** *tr.* Añadir algo a lo ya dicho o escrito. **3** Destinar de manera transitoria a una persona a determinado servicio. **4** *prnl.* Anexarse.
agregativo -va *adj.* Se dice de las píldoras compuestas de diversos purgantes.
agresión *f.* Acto de agredir para hacer daño. **2** Acto contrario al derecho de otro. **3** Ataque armado y contra derecho de una nación a otra. **4** Ataque rápido y por sorpresa.
agresividad *f.* Tendencia a agredir a otros, y que es característica de hombres y animales.
agresivo -va *adj.* Que tiende a acometer y atacar. **2** Que implica provocación o ataque. **3** Propenso a ofender o provocar a los demás.
agreste *adj.* Relativo al agro o al campo. **2** Tosco, grosero, dicho de personas.
agriar *tr.* y *prnl.* Poner agria una cosa. **2** *fig.* Exasperar los ánimos. **3** *fig.* Volver insociable.
agricultor -ra *m.* y *f.* Persona que labra o cultiva la tierra.

agricultor

agricultura *f.* Acto de labrar la tierra. **2** Arte de cultivar la tierra.
▫ **AGR** Las tierras cultivadas ocupan una décima parte de la superficie terrestre, y el trabajo agrícola sigue siendo el recurso fundamental de más de la mitad de la pob. mundial, sobre todo en los países en vías de desarrollo. A grandes rasgos, puede afirmarse que los cereales caracterizan el paisaje de las zonas templadas (llanuras norteamericana y euroasiática, Pampa argentina, S de Australia), mientras que en las áreas tropicales de América, África y el SE asiático predominan las plantaciones de café, tabaco, cacao o azúcar.

agrimensor -ra *m.* y *f.* Persona que se dedica a la agrimensura.

agrimensura *f.* Arte de medir terrenos.

agrimonia *f.* Planta perenne de las rosáceas, de tallos vellosos, hojas ásperas y flores pajizas. Las hojas se utilizan en medicina y curtiduría.

agrio -gria *adj.* De gusto u olor ácido. **2** Abrupto, referido al terreno. **3** Desabrido, áspero. **4** No dúctil, quebradizo, dicho de metales. **5** Duro, aplicado a sufrimientos o castigos. **6** *adj.* y *m.* Se aplica al colorido no armonioso. **7** *m.* Zumo ácido. **8** *m. pl.* Conjunto de frutas agrias o agridulces, cítricos.

agronomía *f.* Estudio del cultivo y la explotación de la tierra.

agrónomo -ma *adj.* y *n.* Persona perita en agronomía o que la ejercita.

agropecuario -ria *adj.* Relacionado con la agricultura y la ganadería.

agrupación *f.* Acción y efecto de agrupar. **2** Conjunto de personas o instituciones que se juntan o asocian. **3** MIL Unidad homogénea equivalente a un regimiento.

agrupar *tr.* y *prnl.* Formar un grupo, apiñar. **2** Constituir una agrupación.

agua *f.* H_2O. Sustancia formada por dos átomos de hidrógeno y uno de oxígeno, líquida entre 0 y 100 °C, inodora, insípida, en pequeñas cantidades incolora y verdosa o azulada en grandes masas.
▫ **BIOL** El agua constituye el medio esencial para el desarrollo de los procesos químicos que se producen en el interior de los seres vivos (metabolismo). Todos los organismos contienen agua como principal elemento constituyente de su cuerpo, desde un 50% en algunos insectos hasta más del 90% en las medusas (los seres humanos están formados por un 58,5% de agua).
▫ **GEOL** El agua surgió en la Tierra por condensación de las nubes de vapor de la atmósfera primitiva, que al caer enfrió poco a poco la corteza del planeta. Constituye uno de los principales agentes modeladores de la morfología terrestre, actuando como medio en el que se producen reacciones químicas y como elemento erosionador por su acción mecánica. En su mayor parte (98,72%) se encuentra en los mares en forma líquida; el resto se distribuye entre los hielos polares, los ríos, los lagos y el vapor de la atmósfera. El agua líquida no es pura, sino que contiene diversas sales y sustancias en disolución.
▫ **QUÍM** Compuesto de peso molecular 18,0154, formado por dos átomos de hidrógeno y uno de oxígeno que constituyen una molécula polar y que en condiciones normales se presenta en forma líquida. Un litro de agua pura pesa 1 kg a 4 °C, temperatura a la que presenta su máxima densidad. A la presión normal, alcanza el punto de ebullición a los 100 °C, y a los 0 °C el de congelación. Tiene un calor específico alto, por lo que conserva muy bien el calor, y es un mal conductor de la corriente eléctrica.

aguacate *m.* Árbol americano de las lauráceas, que alcanza unos 10 m de altura; hojas coriáceas siempre verdes y fruto en forma de pera grande, mantecoso e insípido, que se sazona con sal. **2** Fruto de este árbol.

aguacero *m.* Chaparrón, lluvia intensa, repentina y de escasa duración. **2** Amonestación, riña. **3** *Col.* Lluvia fuerte y continua. **4** *Cuba.* Especie de luciérnaga.

aguada *f.* Sitio con agua potable. **2** Acción y efecto de aprovisionarse de agua potable. **3** Agua potable que lleva un buque. **4** Inundación total o parcial de las labores de una mina. **5** Color diluido en agua sola, o en agua con ciertos ingredientes. **6** Pintura que se ejecuta con colores preparados de esta.

aguado -da *adj.* Que tiene agua. **2** Abstemio. **3** Se dice de la caballería enferma por haber bebido sudando. **4** *Amér.* Desfallecido, flojo. **5** *adj.* y *n. Perú.* Se dice de la persona sin gracia.

aguafuerte *amb.* Lámina obtenida mediante el grabado con ácido nítrico o agua fuerte.

aguantar *tr.* Sostener una cosa para que no caiga o se doble. **2** Resistir pesos, trabajos o penalidades. **3** Tolerar a disgusto algo desagradable. **4** *intr.* Durar una cosa.

aguante *m.* Paciencia, capacidad de sufrimiento. **2** Fuerza para resistir pesos, trabajos, etc.

aguar *tr.* y *prnl.* Rebajar la fuerza o calidad de una bebida echándole agua. **2** Interrumpir, frustrar algo agradable. **3** Atenuar. **4** Echar al agua. **5** *prnl.* Llenarse de agua algún sitio o terreno.

aguardar *tr.* e *intr.* Esperar. **2** *tr.* Dar un plazo para algo, como el que se otorga al deudor para que pague. **3** Estar algo reservado a una persona en el futuro. **4** Tener la esperanza de que algo suceda. **5** *prnl.* Detenerse, retardarse.

aguardiente *m.* Bebida espiritosa de alta graduación, que se obtiene del vino, cereales, frutos, etc., por fermentación.

agudeza *f.* Calidad de agudo. **2** Perspicacia o viveza de los sentidos o del ingenio. **3** Fuerza penetrante del dolor. **4** Dicho agudo, chiste, donaire.

agudizar *tr.* y *prnl.* Hacer aguda una cosa. **2** Adquirir carácter agudo una enfermedad o una situación.

agudo -da *adj.* Afilado, delgado, referido al corte o la punta de armas u otros instrumentos. **2** Perspicaz, fino (los sentidos, el ingenio). **3** Se dice de la enfermedad grave y breve. **4** Se dice del olor subido y del sabor penetrante. **5** Ligero, veloz. **6** Alto, hablando de un sonido. **7** Se dice de la palabra cuyo acento prosódico carga sobre la última sílaba. **8** Ingenioso u ocurrente, aplicado a personas o dichos.

agüerista *adj.* y *com. Amér.* Que cree en agüeros.

agüero *m.* Presagio que se hacía a partir del canto o vuelo de los pájaros, o a través de otros indicios y fenómenos naturales. **2** Pronóstico favorable o adverso.

aguijón *m.* Punta del palo con que se aguija. **2** Púa que el escorpión, las abejas, las avispas y otros himenópteros tienen en el extremo del abdomen, con la que pican e inyectan veneno. **3** Espuela, acicate. **4** *fig.* Estímulo.

águila *f.* Ave rapaz diurna de las falconiformes, de pico ganchudo, cabeza y tarsos emplumados, gran envergadura, vista muy aguda, musculatura fuerte y vuelo muy raudo. Comprende varias especies.

águila

aguinaldo *m.* Regalo que se hace en las fiestas de Navidad, y por extensión, paga extraordinaria de Navidad. **2** Villancico de Navidad.

aguja *f.* Barrita de metal, hueso o madera, aguzada por un extremo y con un ojo o agujero en el otro, por el que se pasa el hilo para coser. **2** Tubito cortado a bisel por el extremo libre y provisto en el otro de un casquillo que se enchufa en la jeringuilla para poner las inyecciones.

agujero *m.* Abertura más o menos redondeada que atraviesa una cosa. **2** Alfiletero.

aguzar *tr.* Sacar punta o filo a una cosa o afinar la que ya tiene. **2** *fig.* Estimular. **3** Aplicar con intensidad el entendimiento o los sentidos, para que se hagan más perspicaces.

ahí *adv. l.* Señala un lugar cercano al que habla y al que escucha: *en ese lugar* o *ese lugar*. **2** Con las preposiciones *de, desde, hacia, hasta* y *por* conserva el valor demostrativo y equivale a *esto* o *eso*: *ahí está la dificultad*.

ahijado -da *m.* y *f.* Cualquier persona respecto de sus padrinos. **2** Protegido.

ahijar *tr.* Adoptar por hijo al que no lo es por generación. **2** Acoger la oveja u otro animal a una cría que no es la suya. **3** Atribuir a alguien la obra o cosa que no ha hecho. **4** *intr.* Procrear. **5** Echar la planta retoños.

ahincar *tr.* Instar con ahínco, apretar. **2** *prnl.* Apresurarse, darse prisa.

ahínco *m.* Empeño o diligencia grande en hacer o solicitar una cosa.

ahíto -ta *adj.* Que padece indigestión de estómago por haber comido en exceso. **2** Que nada en la abundancia y el bienestar; lleno de cualidades o defectos. **3** Cansado, fastidiado. **4** *m.* Indigestión.

ahogadizo -za *adj.* Fácil de ahogar. **2** Se dice de la fruta difícil de tragar, por su aspereza. **3** Se dice de la madera que, por ser muy pesada, se hunde.

ahogado -da *adj.* Sin ventilación. **2** Apurado, en difícil situación. **3** *m.* y *f.* Persona que muere por falta de respiración, especialmente en el agua. **4** *m. Amér.* Guiso estofado de diversas formas.

ahogar *tr.* y *prnl.* Matar cortando la respiración, ya sea por sumersión, ya por estrangulamiento. **2** Dañar a las plantas el exceso de agua, el apiñamiento o la acción de otras simientes. **3** Controlar un sentimiento para que no se adueñe de uno. **4** *tr.* Dominar el fuego, apagarlo. **5** Sumergir en el agua, encharcar. **6** *Amér.* Estofar. **7** Soslayar un asunto. **8** En el juego del ajedrez, acosar, moverse sin quedar en jaque. **9** *tr., intr.* y *prnl.* Oprimir, acongojar, fatigar. **10** *prnl.* Sentir sofocación o ahogo. **11** Embarcar un buque agua por la proa por exceso de escora. **12** En los motores de explosión, anegarse el carburador por exceso de combustible.

ahogo *m.* Dificultad para respirar. **2** *fig.* Congoja, aflicción grande. **3** Apremio, prisa.

ahondar *tr.* Hacer más hondo un agujero o cavidad. **2** Excavar. **3** *tr., intr.* y *prnl.* Introducir una cosa más dentro de otra. **4** *tr.* e *intr.* Profundizar en una ciencia o asunto.

ahora *adv. t.* Indicar el momento presente con mayor o menor precisión: el instante en que se habla, la época actual, la vida presente. **2** Expresa el pasado reciente o el futuro inmediato: *ahora me lo han*

ahorcado

dicho, ahora te lo diré. **3** Repetido, es conj. distributiva. **4** *conj. advers.* Pero, sin embargo.

ahorcado -da *m. y f.* Persona colgada en la horca.

ahorcar *tr. y prnl.* Estrangular a uno colgándole del cuello. **2** Dejar la vida religiosa, abandonar los estudios o cualquier otra actividad.

ahorrado -da *adj.* Horro, exento. **2** Que ahorra o economiza.

ahorrar *tr.* Economizar, reservar una parte del dinero que se gana. **2** Evitar un gasto o consumo mayor. **3** *tr. y prnl.* Evitar algún trabajo o disgusto.

ahorro *m.* Acción de ahorrar o no gastar en exceso. **2** Acción de ahorrar, evitar un trabajo. **3** Lo que se ahorra.

ahuecar *tr.* Poner hueca o cóncava una cosa. **2** *tr. y prnl.* Mullir algo haciéndolo menos compacto o apretado. **3** Adquirir la voz un tono afectado y campanudo. **4** *intr. fam.* Ausentarse, largarse. **5** *prnl. fam.* Hincharse, engreírse.

ahuevar *tr.* Dar forma de huevo. **2** Clarificar los vinos con claras de huevo. **3** *intr. Amér.* Aovar, poner huevos. **4** *prnl.* Acobardarse, entontecerse.

ahumar *tr.* Exponer una cosa al humo, en particular los alimentos. **2** *tr. y prnl.* Llenar de humo. **3** *intr.* Echar o despedir humo. **4** *prnl.* Tomar los guisos sabor a humo. **5** Ennegrecerse una cosa por el humo. **6** *fam.* Emborracharse.

ahuyentar *tr.* Hacer huir a personas o animales. **2** Desechar ideas, afectos o pasiones que molestan. **3** *prnl.* Salir huyendo.

aimaras o **aymarás** *m. pl.* Pueblo amerindio, de las mesetas andinas del Perú y Bolivia, en la cuenca del lago Titicaca. Dedicados a la agricultura (papas, maíz), practican en menor escala la ganadería (alpacas y llamas) y la pesca.

aire *m.* Mezcla de gases que constituye la atmósfera de la Tierra. **2** Viento. **3** Parecido o semejanza. **4** Engreimiento o afectación en el porte o en las palabras. **5** Gracia en el modo de moverse o de actuar. **6** Frivolidad o inconsistencia de alguna cosa. **7** Andadura de las caballerías. **8** Ataque de parálisis: *le dio un aire.* **9** Ritmo con que se canta o ejecuta una pieza musical. **10** Tonada o canción popular.

☐ QUÍM En general, la composición del aire es invariable cerca de la superficie terrestre (salvo por la cantidad de vapor de agua, que depende de la temperatura, y los contaminantes disueltos en él). Está formado (de mayor a menor, en tanto por ciento en volumen) por 78,03 de nitrógeno, 20,99 de oxígeno, 0,94 de argón, 0,035 de dióxido de carbono, 0,0024 de otros gases nobles y 0,00005 de hidrógeno. En él se encuentran también trazas de gases de origen industrial, polvo y partículas en suspensión, además de microorganismos. El aire se licúa *(aire líquido)* a una temperatura de -197,5 °C; para separarlo en sus constituyentes se le puede someter entonces a un proceso de destilación.

airear *tr.* Ventilar una cosa. **2** Dar publicidad o actualidad a una cosa. **3** *prnl.* Exponerse al aire. **4** Resfriarse.

airoso -sa *adj.* Se aplica al tiempo o lugar en que hace mucho aire. **2** *fig.* Garboso o gallardo. **3** *fig.* Que lleva a cabo algo con éxito y lucimiento.

aislacionismo *m.* Política por la que un país se repliega sobre sí mismo, desligándose de compromisos o alianzas internacionales.

aislado -da *adj.* Separado, suelto.

aislador -ra *adj.* Que aísla. **2** *m.* Pieza de material aislante (vidrio, porcelana o plástico) que sirve para soportar o sujetar un conductor eléctrico.

aislante *adj.* Que aísla. **2** *adj. y m.* Se dice del cuerpo que intercepta el paso del calor, de la electricidad, etc.

aislar *tr.* Rodear el agua por todas partes un lugar. **2** Colocar aislantes para evitar que se propague la electricidad, el sonido, el calor, etc. **3** Separar un elemento químico de un compuesto del cual forma parte. **4** *tr. y prnl.* Dejar a una persona o cosa sola y separada de otras.

ajar *tr. y prnl.* Quitar la lozanía y lustre a una cosa maltratándola o manoseándola. **2** Humillar a alguien de palabra. **3** *prnl.* Aviejarse una persona o cosa por la edad, la enfermedad o el uso.

ajedrecista *com.* Persona diestra en el ajedrez o aficionada a este juego.

ajedrez *m.* Juego entre dos, en que cada jugador dispone de 16 piezas movibles sobre un tablero de 64 escaques o casillas de colores alternos.

ajenjo *m.* Planta perenne de las compuestas, de ramas y hojas tupidas, afelpadas y de un verde claro, muy amarga y algo aromática. **2** Bebida alcohólica aderezada con esencia de ajenjo. **3** *fig.* Pesadumbre, amargura.

ajeno -na *adj.* Perteneciente a otro. **2** De otra clase o condición. **3** Extraño, distante. **4** Libre de una cosa.

ajetrear *tr. y prnl.* Molestar con órdenes o trabajos excesivos que obligan a moverse sin descanso de un lado para otro.

ají *m.* Variedad de pimiento muy picante. **2** Salsa hecha con ají, ajiaco. **3** *Cuba.* Tumulto.

ajiaco *m.* Salsa de ají, que se usa mucho en América. **2** Especie de olla podrida con ají, carne y legumbres. **3** *Amér.* Guiso de carne, papas, cebolla y ají picante; los ingredientes varían de país a país.

ajo *m.* Planta de la familia de las liliáceas, de 30 a 40 cm de altura, de hojas ensiformes y bohordo con flores pequeñas y blancas. El bulbo, blanco, redondo y de olor fuerte, se usa como condimento. **2** Cada una de las partes o dientes en que está dividido el bulbo o cabeza de ajo. **3** Palabrota.

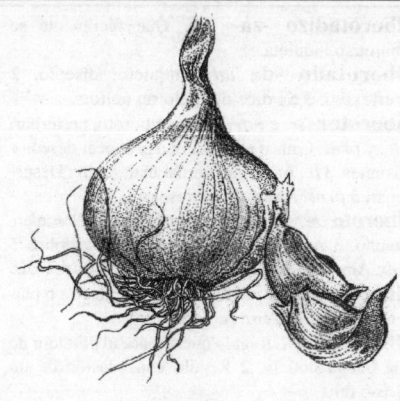
ajo

ajuar *m.* Conjunto de alhajas, muebles y ropa que aporta la mujer al matrimonio. **2** Conjunto de muebles, ropas y menaje de una casa. **3** Canastilla con el equipo para un recién nacido.

ajustar *tr.* y *prnl.* Adaptar una cosa a otra de modo que encajen perfectamente. **2** Acomodar y poner de acuerdo cosas u opiniones distintas. **3** *tr.* Llegar a un acuerdo determinando las condiciones: la paz, un casamiento, un empleo. **4** Reconciliar personas o actitudes enfrentadas. **5** En una cuenta, hacer que casen el haber y el debe. **6** *Amér.* Acometer a alguien una enfermedad. **7** *Col.* Escatimar, ahorrar.

ajusticiar *tr.* Ejecutar la pena de muerte impuesta a un reo por un tribunal.

al Contracción de la preposición *a* y del artículo *el*.

ala *f.* Cada una de las extremidades anteriores de las aves, de que se sirven para volar. **2** Cada apéndice lateral de los insectos, con la misma finalidad. **3** Por extensión, se dice de los elementos laterales, en forma más o menos aguzada o laminar, como contrapuestos al cuerpo o bloque central: así se habla del ala del sombrero, de las alas (aletas) de la nariz, de un avión, de un edificio. **4** Tendencia especial dentro de un partido u organización. **5** Vela pequeña suplementaria para tiempo bonancible. **6** Cada una de las paletas de la hélice. **7** Tropa que ocupa los extremos en un despliegue por orden de batalla. **8** Unidad aérea equivalente a un regimiento terrestre. **9** *pl.* Audacia o aspiraciones de una persona.
□ AER Superficie técnicamente eficaz de un avión que por la acción de las corrientes del medio en que se mueve (aire) experimenta un empuje (fuerza aerodinámica de sustentación) que, al equilibrar el peso del aparato, permite su sustentación en el seno del aire.
□ ZOOL El ala es un elemento locomotor muy extendido en el reino animal. Consiste básicamente en una superficie sustentadora con la que es posible una traslación activa (vuelo) o pasiva (planeo). Las alas más perfeccionadas son las de los insectos y las aves.

alabado *m.* Motete en alabanza del Santísimo Sacramento. **2** *Amér.* Canto con que los trabajadores del campo suelen iniciar y terminar las tareas del día.

alabanza *f.* Acción de alabar o alabarse. **2** Expresión o conjunto de expresiones con que se alaba.

alabar *tr.* y *prnl.* Elogiar, decir cosas que indican aprobación y aplauso. **2** *intr. Amér.* Cantar el alabado. **3** *prnl.* Jactarse.

alacena *f.* Especie de armario, generalmente empotrado, con puerta y anaqueles, para guardar alimentos y enseres.

alacrán *m.* Arácnido pulmonado cuyo abdomen termina en una uña venenosa, que clava en sus presas; también llamado escorpión. **2** Ganchito para fijar los botones de metal. **3** Pieza del freno del caballo que fija la barbada al bocado. **4** fam. Persona que se dedica a hablar mal de los demás.

alacridad *f.* Estado de ánimo en que se mezclan la alegría y el espíritu emprendedor.

alado -da *adj.* Que tiene alas. **2** En forma de ala. **3** Ligero, veloz.

alamanes *m. pl.* Grupo de pueblos germanos confederados, originarios del territorio de Brandeburgo.

alambicar *tr.* Destilar con alambique. **2** Apurar el sentido de algo examinándolo con atención. **3** Emplear un lenguaje demasiado exquisito. **4** Afinar al máximo el precio de un producto.

alambique *m.* Aparato para destilar, consistente en una caldera, que contiene el líquido, y un conducto y serpentín en la parte superior, por el que sale y se refrigera el líquido tratado.

alambrada *f.* Valla de alambres gruesos y espinosos, para impedir o dificultar el avance del enemigo.

alambrar *tr.* Cercar un lugar con alambre. **2** Poner cencerros a una yeguada o recua.

alambre *m.* Hilo metálico. **2** Conjunto de cencerros de un hato de ganado.

alameda *f.* Sitio poblado de álamos. **2** Paseo con álamos o cualquier otro tipo de árboles.

álamo *m.* Árbol de las salicáceas, de hojas anchas con largos pecíolos, que alcanza gran altura; su madera, blanca, ligera y resistente al agua, tiene muchos usos industriales.

alarde *m.* Ostentación que se hace de alguna cosa. **2** Revista militar por parte de un jefe. **3** Revisión periódica que hacen los tribunales de los asuntos pendientes.

alardear *intr.* Hacer alarde, presumir de alguna cualidad.

alargar

alargar *tr.* y *prnl.* Hacer más larga una cosa. **2** Prolongarla en el tiempo, haciendo que dure más. **3** Referido al tiempo, retardar. **4** *tr.* Alcanzar todo y dárselo a quien está más distante. **5** Soltar poco a poco una cuerda, cable, etc. **6** Aplicado a las extremidades o a ciertos sentidos, extender. **7** Alejar, retirar. **8** *prnl.* Excederse, salirse del justo límite. **9** Mudar de dirección el viento, inclinándose a popa.

alarido *m.* Grito desgarrado de dolor, terror o rabia. **2** MIN Albañil. **3** *R. Plata.* Persona avispada, pícaro.

alarma *f.* Señal que llama a las armas, al combate. **2** Señal o voz que avisa de un peligro. **3** Dispositivo que advierte de algo. **4** Inquietud o sobresalto provocado por algún riesgo o amenaza.

alarmar *tr.* Dar la voz o señal de alarma. **2** *tr.* y *prnl.* Sobresaltar, preocupar.

alarmismo *m.* Tendencia a propagar peligros imaginarios o a exagerar los reales.

alba *f.* Amanecer. **2** Primera luz del día antes de salir el Sol. **3** Vestidura o túnica blanca que usan los sacerdotes en la celebración de los oficios divinos.

albacea *com.* Persona que ejecuta un testamento por voluntad del testador o por designación del juez.

albañil *m.* Maestro u oficial de albañilería.

albañilería *f.* Arte de la construcción en que se emplean piedras, ladrillos, arena, cal, cemento, yeso u otros materiales semejantes. **2** Obra de albañilería.

albedrío *m.* Facultad del hombre para obrar por propia decisión. **2** Capricho, antojo. **3** Costumbre jurídica no escrita.

alberca *f.* Estanque artificial hecho de mampostería. **2** Balsa para empozar el cáñamo. **3** Edificio sin techar.

albergar *tr.* Dar hospedaje. **2** Conservar, en lo más hondo de sí, proyectos, sentimientos, etc. **3** *intr.* y *prnl.* Tomar albergue.

albergue *m.* Edificio o lugar que proporciona hospedaje o resguardo. **2** Cubil.

albinismo *m.* Anomalía congénita del pigmento, que da a ciertas partes del organismo del hombre y de los animales (piel, cabello, ojos, plumaje, etc.) un color más o menos blanco.

albóndiga *m.* Bola pequeña de carne o pescado picados, huevos batidos y especias, trabado todo ello con ralladuras de pan.

albor *m.* Albura, blancura. **2** Luz del alba. **3** Comienzo de una cosa. **4** Infancia, juventud.

alborada *f.* Tiempo en que raya el día. **2** Toque militar al romper el alba. **3** Música de amanecida para festejar a una persona. **4** Composición poética o musical de saludo al alba.

alborear *intr.* Amanecer o rayar el día.

albornoz *m.* Bata de tela de toalla, amplia y larga, que se utiliza después del baño. **2** Especie de capote con capucha.

alborotadizo -za *adj.* Que fácilmente se alborota o inquieta.

alborotado -da *adj.* Inquieto, díscolo. **2** Irreflexivo. **3** Se dice del pelo revuelto.

alborotar *tr.* e *intr.* Armar alboroto, perturbar. **2** *tr.* y *prnl.* Causar excitación o provocar deseos e ilusiones. **3** *tr. Arg.* Liar, enmarañar. **4** *intr.* Desordenar. **5** *prnl.* Agitarse, encresparse.

alboroto *m.* Vocerío o estrépito. **2** Desorden, tumulto. **3** Asonada, motín. **4** Inquietud, zozobra. **5** *Méx.* Alborozo. **6** *pl. Amér. Central.* Rosetas de maíz.

alborozar *tr.* y *prnl.* Causar gran alegría o placer, provocar una risa ruidosa.

albricias *f. pl.* Regalo que se hace al portador de una buena noticia. **2** Regalo con ocasión de un suceso feliz.

álbum *m.* Libro en blanco para coleccionar fotografías, sellos, autógrafos, etc.

albur[1] *m.* Pez teleósteo fluvial, llamado también mújol.

albur[2] *m.* Las dos primeras cartas que en el juego del monte saca el banquero. **2** Contingencia o azar a que se fía el resultado de una empresa. **3** *Méx.* Retruécano. **4** *pl.* Juego de cartas. **5** *P. Rico.* Mentiras, calumnias.

alcahuete -ta *m.* y *f.* Persona que concierta o encubre relaciones amorosas irregulares. **2** Correveidile, chismoso. **3** *m.* Telón que, en el teatro, indica que el entreacto será muy corto.

alcahuetear *tr.* Hacer papel de alcahuete o mediador. **2** Chismorrear, llevando o trayendo noticias de la vida privada de las personas.

alcalde *m.* Presidente del ayuntamiento y primera autoridad gubernativa de un municipio. **2** Persona que dirige una cuadrilla, o que marca el ritmo en algunos bailes populares. **3** En algunos juegos de naipes, el que da las cartas y no juega, pero manda jugar y elige palo.

alcaldía *f.* Oficio o cargo de alcalde. **2** Territorio de su jurisdicción. **3** Oficina del alcalde o ayuntamiento.

alcalino -na *adj.* Con las propiedades del álcali, que son contrarias a las del ácido.

alcaloide *m.* Compuesto orgánico nitrogenado de origen vegetal, aunque también se obtiene por síntesis química de los aminoácidos. Es tóxico y con aplicaciones en medicina. Alcaloides son la nicotina del tabaco, la morfina, la cocaína, etc.

alcance *m.* Distancia a que llega la acción o influencia de una cosa (el brazo, un arma de fuego, un telescopio, una emisora, etc.). **2** Seguimiento, persecución. **3** Correo extraordinario que se envía para que alcance al ordinario. **4** Noticia o sección de noticias que llegan a un periódico a última hora. **5** Capacidad o talento (se emplea más en plural). **6** Déficit en una cuenta o pérdida en un negocio.

alcancía *f.* Vasija cerrada, con una hendidura estrecha, por donde se echan monedas para guardarlas. **2** *Amér.* Cepillo en que se depositan las limosnas.

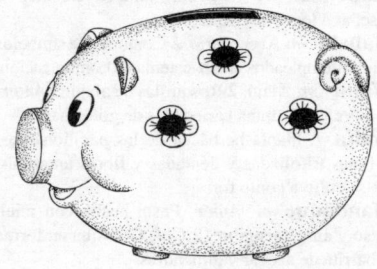

alcancía

alcantarilla *f.* Paso abierto debajo de un camino o carretera, para que fluyan las aguas de un lado al otro. **2** Sumidero para recoger las aguas llovedizas o sucias y darles paso. **3** *Méx.* Casilla o depósito de agua para distribuirla.
alcantarillado *m.* Conjunto de alcantarillas. **2** Obra en forma de alcantarilla.
alcanzable *adj.* Fácil de alcanzar, asequible.
alcanzado -da *adj.* Falto o escaso de una cosa. **2** Empeñado, endeudado. **3** *Col.* Cansado.
alcanzar *tr.* Llegar a juntarse con alguien o algo que va delante. **2** Tocar o coger alguna cosa alargando la mano. **3** Llegar a percibir algo con la vista, el oído o el olfato.
alcaraván *m.* Ave zancuda, de cuello y pico largos, cuerpo rechoncho y plumaje pardo rayado de blanco, que vive sobre todo en zonas tropicales.
alcázar *m.* Fortaleza, recinto fortificado. **2** Palacio o residencia del soberano. **3** Espacio que, en la cubierta superior de los buques, se extiende desde el palo mayor hasta la popa.
alce[1] *m.* Anta, rumiante parecido al ciervo.
alce[2] *m.* Acción de alzar. **2** En algunos juegos de naipes, porción de cartas que se corta después de barajarlas. **3** *Cuba.* Acción de recoger la caña de azúcar cortada.
alcista *adj.* Perteneciente o relativo al alza de los valores en la bolsa. **2** *com.* Persona que juega al alza en la bolsa.
alcoba *f.* Aposento para dormir. **2** Mobiliario de este aposento. **3** Caja, pieza de las balanzas.
alcohol *m.* Líquido volátil, inflamable, incoloro, de sabor urente y olor muy fuerte, que se obtiene por destilación de productos de fermentación de sustancias azucaradas o feculentas. **2** Bebida alcohólica. **3** Polvillo negro que usan las mujeres árabes como cosmético.

□ **QUÍM** Los alcoholes son compuestos derivados de un hidrocarburo por sustitución de un átomo de hidrógeno por un grupo funcional -OH. Suelen ser líquidos incoloros, con el punto de ebullición más alto que el de los ésteres y solubles en diverso grado en agua. Se oxidan con facilidad. Salvo los alcoholes etílico y metílico, los restantes aparecen en la naturaleza sólo unidos a los ácidos grasos (formando aceites esenciales y ceras).
alcohólico -ca *adj.* Relativo al alcohol o que lo contiene. **2** *adj.* y *n.* Alcoholizado.
alcoholismo *m.* Abuso de bebidas alcohólicas. **2** Enfermedad, aguda o crónica, producida por tal abuso.
alcoholizar *tr.* Mezclar un líquido con alcohol. **2** Alcoholar. **3** *tr.* y *prnl.* Contraer alcoholismo.
alcurnia *f.* Ascendencia, linaje.
aldaba *f.* Pieza metálica que se pone en las puertas, como llamador. **2** Barra metálica o travesaño de madera para asegurar postigos y puertas una vez cerrados.
aldea *f.* Pueblo de escaso vecindario, que suele carecer de jurisdicción propia.
aldeano -na *adj.* y *n.* Natural de una aldea. **2** *fig.* Rústico, inculto.
aleación *f.* Acción y efecto de alear o fundir metales. **2** Producto homogéneo, de propiedades metálicas, compuesto de dos o más elementos, uno de los cuales, al menos, debe ser un metal.
alear[1] *intr.* Mover las alas. **2** Por extensión, mover los brazos a modo de alas. **3** Recuperarse el convaleciente.
alear[2] *tr.* Producir una aleación, fundiendo dos o más metales.
aleatorio -ria *adj.* Que depende del azar o de la suerte.
aleccionar *tr.* y *prnl.* Instruir, enseñar, amaestrar. **2** *tr.* Castigar.
aledaño -ña *adj.* Que confina con otra cosa. **2** *m. pl.* Alrededores de un lugar.
alegar *tr.* Citar algún hecho, dicho o ejemplo en apoyo de lo que se defiende. **2** Aducir méritos con miras a lograr algo. **3** *Amér.* Altercar, disputar.
alegoría *f.* Representación de una cosa por otra en virtud de alguna relación que media entre ellas. **2** Obra artística o literaria en que las ideas abstractas se representan o describen por medio de figuras concretas.
alegrar *tr.* Causar alegría. **2** Avivar una cosa dándole un esplendor nuevo o nueva fuerza (la luz, el fuego, los colores). **3** Aliviar el peso de una embarcación para que trabaje menos. **4** TAUROM Excitar al toro para que acometa. **5** *prnl.* Ponerse contento, sentir satisfacción por alguna cosa. **6** Achisparse un poco con la bebida.

alegre *adj.* Que tiene alegría. **2** Que causa alegría o que la demuestra (la noticia, el rostro). **3** Vivo, si se trata de un color. **4** *fig.* Ligeramente excitado por la bebida. **5** Ligero, frívolo, especialmente de una mujer de vida sexual libre (mujer alegre o mujer de vida alegre). **6** Se aplica al juego en que se arriesga más de lo debido.
alegría *f.* Sentimiento de gozo y satisfacción por algún motivo halagüeño. **2** Estado de ánimo de quien se siente bien y a gusto. **3** Acto ligero e irresponsable. **4** Sésamo, planta. **5** *pl.* Canto y baile andaluces de movimiento vivo y gracioso.
alelado -da *adj.* Se dice de la persona lela o tonta.
aleluya *amb.* Voz que usa la Iglesia cristiana en demostración de júbilo, en especial para celebrar la resurrección de Jesús y otras festividades gozosas. **2** *m.* Tiempo de Pascua. **3** *f.* Cada una de las estampitas que contiene un pliego de papel, con la explicación del asunto, generalmente en versos pareados. **4** Pareado de versos octosílabos, por lo general de carácter popular o vulgar. **5** *fig.* y *fam.* Persona o animal de extremada delgadez. **6** Planta perenne de las oxalidáceas, de hojas trifoliadas y flores blancas; comestible y de gusto ácido, de ella se saca la sal de acederas. **7** Planta malvácea de sabor ácido, que se emplea en Cuba para salsas, dulces y refrescos. **8** *Amér.* Marrullería. **9** *interj.* Expresa júbilo.
alentado -da *adj.* Animoso, valiente. **2** Altanero. **3** Se dice de la persona que ha mejorado de una enfermedad. **4** *Amér.* Fuerte, sano.
alentar *intr.* Respirar. **2** *tr.* e *intr.* Continuar teniendo vida. **3** *tr.* y *prnl.* Infundir aliento, dar ánimo o valor. **4** *tr. Col.* y *Ecuad.* Jalear, aplaudir. **5** *prnl.* Recuperarse de una enfermedad. **6** *Amér. Central* y *Col.* Dar a luz la mujer.
alergia *f.* FISIOL Modificación de la reactividad de un organismo por contacto previo con una sustancia extraña, llamada alergeno. **2** Por extensión, sensibilidad extremada y contraria respecto a ciertas cosas o personas.
alero *m.* Extremo inferior y saliente del tejado.
alerta *adj.* Atento, vigilante. **2** *adv. m.* Con vigilancia y atención. **3** *interj.* Voz para excitar a la vigilancia.
alertar *tr.* y *prnl.* Poner alerta, poner en guardia, avisar de algún peligro.
aleta *f.* Diminutivo de ala. **2** Ala de la nariz. **3** Apéndice, de forma laminar, de peces, sirenios y cetáceos, con las cuales se ayudan para nadar. **4** Guardabarros de los coches. **5** Membrana que se adapta a los pies para nadar con mayor facilidad.
aletear *intr.* Agitar las alas las aves sin levantar el vuelo. **2** Mover los peces repetidas veces las aletas fuera del agua. **3** *fig.* Cobrar fuerzas. **4** *Amér.* Andar falto de recursos.

alevosía *f.* Cautela que toma el que comete un delito para actuar impunemente, lo que, según el derecho, es circunstancia agravante. **2** Traición, perfidia.
alfabetizar *tr.* Ordenar alfabéticamente. **2** Enseñar a leer y escribir.
alfabeto *m.* Abecedario. **2** Conjunto de símbolos y signos empleados en un sistema de comunicación.
alfajor *m.* Alajú. **2** Rosquillas de alajú. **3** *Amér.* Nombre de distintas variedades de golosinas.
alfalfa *f.* Planta herbácea de las papilionáceas, de hojas trifoliadas y dentadas y flores amarillas, que se cultiva como forraje.
alfandoque *m. Amér.* Pasta hecha con miel, queso y anís o jengibre. **2** *Col.* Golosina en forma de barrita de azúcar y almendras.
alfanje *m.* Sable corto y curvo, con un solo filo, excepto en la punta. **2** Pez espada.
alfanumérico -ca *adj.* INFORM Se aplica al código que usa al mismo tiempo letras y números.
alfarería *f.* Arte de fabricar vasijas de barro. **2** Obrador en que se hacen. **3** Tienda en que se venden.
alfeñique *m.* Barrita de caramelo alargada y retorcida. **2** Persona de complexión delicada. **3** Remilgo artificioso, afeite.
alférez *m.* Oficial del ejército español que sigue al teniente en categoría. **2** *Amér.* Persona que sufraga los gastos de una fiesta. **3** *Bol.* y *Perú.* Cargo municipal en los pueblos indios. **4** *Guat.* y *Hond.* Compadre.
alfil *m.* Pieza del ajedrez que se mueve en diagonal; son dos por cada jugador, y cada uno de ellos puede recorrer de una vez todas las casillas que halla libres.

alfil

alfiler *m.* Barrita metálica muy fina, que sirve para sujetar alguna prenda o adorno. **2** Joya parecida al alfiler común y con finalidad similar. **3** Juego de niños consistente en cruzar con la uña del pulgar un alfiler sobre otro. **4** Árbol de Cuba, de las leguminosas, cuya madera compacta y amarillenta se emplea en la construcción. **5** *Col.* y *Cuba.* Carne del lomo de las reses.

alfombra *f.* Tejido grueso de lana o de otras materias, y de diversos dibujos y colores, que se tiende en el suelo para abrigo y adorno.

alforja *f.* Tira de tela fuerte con dos bolsas en sus extremos, que se lleva al hombro o se carga sobre las caballerías, y que sirve para transportar cosas y especialmente alimentos.

alforza *f.* Pliegue que se hace en algunas prendas como adorno o para acortarlas.

alga *f.* Planta inferior, de organización unicelular o pluricelular, cuyo cuerpo vegetativo (la «planta») se denomina *talo.* Todas las especies de algas contienen clorofila, pero presentan también otros pigmentos, por lo que su color es muy variable. La reproducción puede ser sexual (mediante gametos) o asexual (por división, esporas, gemación, etc.). La mayoría de las especies son marinas, algunas de agua dulce y unas pocas terrestres. Cuando viven en asociación (simbiosis) con hongos, forman *líquenes* y son capaces de colonizar regiones desérticas.

algarabía *f.* Lengua árabe. **2** Gritería y alboroto en que nada se entiende.

álgebra *f.* Rama de la matemática que se ocupa de los procesos que conducen a la resolución de ecuaciones.

algo *pron. indef.* Designa genéricamente una cosa como contrapuesta a nada: *leeré algo, hay algo que no entiendo.* **2** Cantidad indeterminada, generalmente pequeña. **3** *adv. c.* Un poco, hasta cierto punto, no del todo: *algo mejor, algo escaso de dinero, entiende algo el alemán.*

algodón *m.* Planta de las malváceas, con tallos verdes, que enrojecen al florecer, y flores amarillas. El fruto es una cápsula que contiene varias semillas envueltas por filamentos amarillentos. **2** Fibras que recubren las semillas de esta planta y que, limpias y esterilizadas, formando franjas, bolas, etc., se utilizan para diversos usos, especialmente en medicina.

algoritmo *m.* Conjunto ordenado de operaciones que permite solucionar un problema matemático.

alguacil *m.* Oficial inferior de justicia, que ejecuta las órdenes de un tribunal. **2** Antiguo gobernador de una ciudad o comarca, con jurisdicción civil y criminal. **3** Especie de araña de patas cortas, que devora las moscas.

alguien *pron. indef.* Designa de forma imprecisa a una persona.

algún *adj.* Apócope de *alguno.* Se antepone siempre a nombres masculinos.

alguno -na *adj.* Se aplica indeterminadamente a una persona o cosa con respecto a varias o muchas. **2** En frases de sentido negativo equivale

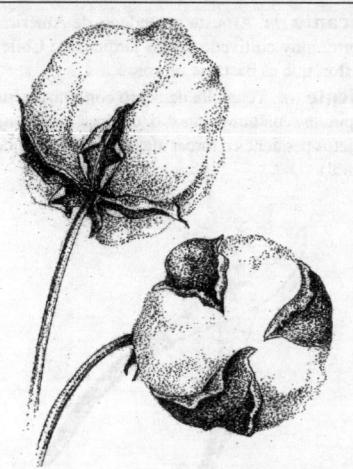

algodón

a 'ninguno': *en modo alguno.* **3** Bastante. **4** *pron. indef.* Equivale a 'alguien'.

alhaja *f.* Joya u objeto de adorno de material precioso, y por extensión, objeto de bisutería. **2** Persona, animal o cosa de grandes cualidades.

alhajar *tr.* Adornar con alhajas. **2** Amueblar una casa con todo lo necesario.

alharaca *f.* Manifestación exagerada de un sentimiento mediante gestos o palabras.

alharma o **alhárgama** *f.* Planta de las zigofiláceas, de flores blancas, muy olorosas, y cuyas semillas se usan como condimento, o se comen tostadas.

alhelí *m.* Planta vivaz de las crucíferas, ornamental, con flores de varios colores y muy olorosas.

alhorre *m.* Excremento de los niños recién nacidos. **2** Erupción cutánea y poco duradera que les sale a los recién nacidos en rostro, nalgas y muslos.

aliado -da *adj.* y *n.* Unido o coligado con otro u otros. **2** *m. pl.* Se dice del conjunto de países que lucharon contra Alemania en las dos guerras mundiales.

alianza *f.* Acción de aliarse dos o más personas, gobiernos o naciones. **2** Pacto o convención. **3** Anillo matrimonial o de boda.

aliar *tr.* Poner de acuerdo para un fin. **2** *prnl.* Unirse o coligarse unos con otros mediante pacto o alianza.

alias *m.* Apodo. **2** *adv.* De otro modo, por otro nombre.

alicaído -da *adj.* Caído de alas. **2** fig. Falto de fuerzas. **3** Desanimado, abatido. **4** Que ha decaído de su posición social o de su poder.

alicanto *m.* Arbusto procedente de América del Norte, muy cultivado en los jardines de Chile por su flor, que es bastante olorosa.

alicate *m.* Tenacilla de acero con brazos curvos y puntas cuadrangulares o cónicas, para sujetar objetos pequeños o torcer alambres. (Se usa más en plural).

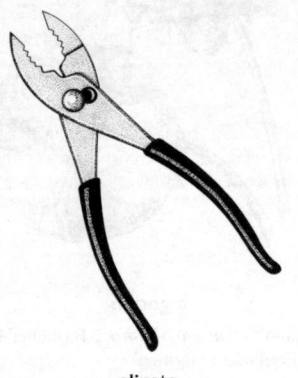

alicate

aliciente *m.* Estímulo o incentivo para hacer una cosa.

alicorto -ta *adj.* De alas cortas o cortadas. **2** fig. De escasa imaginación o de aspiraciones modestas; de visión estrecha.

alienación *f.* Proceso por el que una persona o una comunidad pierden sus características propias o se sienten ajenos a su realidad específica.

aliento *m.* Acción de alentar. **2** Respiración. **3** Vigor del ánimo, capacidad emprendedora.

aligerar *tr.* y *prnl.* Hacer ligero o menos pesado.

alimaña *f.* Animal dañino para la caza menor o para el ganado. **2** fig. Persona malvada y sin escrúpulos.

alimentación *f.* Acción y efecto de alimentar o alimentarse. **2** Conjunto de lo que se toma o se proporciona como alimento. **3** BIOL La alimentación es el proceso mediante el cual un organismo toma sustancias simples o complejas del entorno y las utiliza para sintetizar la materia orgánica de su propia estructura, para producir otras sustancias necesarias, o como combustible.

alimentar *tr.* y *prnl.* Dar alimento. **2** *tr.* Suministrar a una máquina, sistema o proceso la energía o los datos que necesitan para su funcionamiento. **3** Fomentar, sostener sentimientos, afectos, etc. **4** DER Suministrar a una persona lo necesario para su sustento, de acuerdo con su condición social y demás circunstancias.

alimenticio -cia *adj.* Que alimenta o tiene la propiedad de alimentar.

alimento *m.* Toda sustancia que contribuye a la nutrición de los seres vivos. **2** *pl.* DER Renta que se da a una persona para su sustento adecuado.

alinear *tr.* y *prnl.* Poner en línea recta. **2** *tr.* Incluir a un jugador en un equipo, hacer que juegue. **3** *prnl.* Unirse, imitar, adaptarse.

aliñado -da *adj.* Arreglado, dispuesto. **2** *m. Cuba y Venez.* Aguardiente aromatizado con especias.

aliñar *tr.* Aderezar, componer, adornar. **2** Condimentar un manjar.

aliño *m.* Condimento con que se sazona la comida. **2** Aseo y buen orden en la limpieza de personas y cosas. **3** *pl. Guat.* y *Hond.* Sudaderos que se ponen debajo del aparejo de las bestias.

alisador -ra *adj.* y *n.* Que alisa. **2** *m.* Instrumento de madera compacta, que utilizan los cereros para alisar las velas. **3** *Venez.* Peine de púas finas, para alisar el cabello.

alisar *tr.* y *prnl.* Poner lisa una cosa. **2** *tr.* Arreglar el cabello con un toque ligero del peine. **3** Planchar ligeramente la ropa.

alisios *adj.* y *m. pl.* Se dice de los vientos de la zona tórrida que soplan de NE a SO en el hemisferio norte y de SE a NO en el hemisferio sur.

alistador *m. C. Rica* y *Nicar.* Operario que prepara y cose las piezas del calzado.

aliteración *f.* Figura retórica que mediante la repetición de determinados fonemas pretende determinados efectos expresivos *(el ruido con que rueda la ronca tempestad).*

aliviadero *m.* Vertedero o desagüe de las aguas sobrantes de un embalse o canal.

aliviar *tr.* Aligerar, hacer menos pesado. **2** Hacer que disminuya el dolor o que remita la enfermedad.

aljibe *m.* Cisterna. **2** Buque o camión acondicionados para el transporte de agua. **3** Pozo de agua. **4** *Perú.* Mazmorra.

allá *adv. l.* Allí, señalando un lugar alejado relativamente del que habla y circunscribiéndolo menos, por lo que admite ciertos grados de comparación: *más allá, muy allá.* **2** El alejamiento puede referirse al tiempo: *allá en mi infancia.*

allanar *tr., intr.* y *prnl.* Poner llana o lisa una cosa. **2** *tr.* Vencer o superar alguna dificultad o inconveniente. **3** Entrar a la fuerza en casa ajena y registrarla sin el consentimiento de su dueño.

allegado -da *adj.* Cercano, próximo. **2** Agrupado, reunido.

allegar *tr.* y *prnl.* Acercar unas cosas a otras. **2** Agregar, añadir. **3** Recoger, juntar.

allí *adv. l.* En aquel lugar, a aquel lugar, señalando un punto que se concibe alejado del que habla y del que escucha. **2** En correlación con *aquí* tiene valor distributivo. **3** A veces tiene sentido temporal: *allí fue el llanto.*

alma *f.* Parte espiritual del hombre, por la que toma conciencia de sí mismo y de cuanto le rodea, y en la que se sitúa, desde el platonismo, la sede de la inteligencia, la voluntad y la sensibilidad. Para el cristianismo y otras religiones, es elemento inmortal.

almacén *m.* Local en que se guardan géneros o mercancías para su ulterior distribución y venta. 2 Establecimiento de grandes dimensiones y distribuido por secciones, según los artículos que en ellas se venden al público. 3 Hueco de un arma automática donde se aloja el cargador. 4 *R. Plata.* Tienda de comestibles.

almacenaje *m.* Derecho que se paga por guardar géneros en un almacén o depósito.

almacenar *tr.* Guardar productos en un almacén. 2 Reunir o acumular muchas cosas.

almagre *m.* Óxido rojo de hierro, abundante en la naturaleza, y que se usa en pintura. 2 fig. Marca, señal.

almajara *f.* Terreno abonado con estiércol reciente para la pronta germinación de las semillas.

almanaque *m.* Registro que incluye todos los días del año, distribuidos por meses, con datos astronómicos y noticias del santoral, fiestas civiles, etc.

almarraja o **almarraza** *f.* Vasija de vidrio con el vientre agujereado, empleada como regadera.

almeja *f.* Nombre común de varios moluscos lamelibranquios, que viven en los fondos fangosos del mar y de los ríos, de valvas gruesas de distintos colores y surcos concéntricos, cuya carne es comestible. Las conchas de las almejas fluviales se utilizan en la fabricación de botones de nácar.

almenara *f.* Fogata que se hacía en las atalayas o torres, para avisar de alguna cosa. 2 Candelero para los candiles de varias mechas, con que se iluminaban los aposentos.

almendra *f.* Fruto del almendro y su semilla; la dulce es comestible y tiene numerosas aplicaciones en pastelería y en la industria de bebidas refrescantes; el aceite de la amarga se utiliza en cosmética. 2 Cada una de las piezas de cristal, sobre todo las de formas poliédricas, que adornan arañas y candelabros. 3 Moldura ornamental en figura de almendra.

almíbar *m.* Azúcar disuelto en agua y cocido al fuego hasta que toma consistencia de jarabe.

almibarar *tr.* Bañar o cubrir con almíbar. 2 fig. Suavizar hábilmente las palabras para ganarse a alguien.

almidón *m.* ($C_6 H_{10} O_5$)$_n$. Polisacárido de alta polimerización constituido por moléculas de glucosa. Se obtiene principalmente de los cereales y de las papas y otros tubérculos.

almidonado -da *adj.* Preparado con almidón. 2 fam. Se dice de la persona de elegancia envarada o de carácter un tanto estirado y orgulloso. 3 *m.* Acción y efecto de almidonar.

almirantazgo *m.* Alto tribunal o consejo de la armada.

almirante *m.* Jefe que en la marina tiene un grado equivalente al de teniente general en el ejército de tierra.

almirez *m.* Utensilio de cocina consistente en un mortero de metal o de otro material duro, para machacar o moler.

almizcle *m.* Secreción abdominal, grasa, de olor intenso y sabor amargo, que segregan algunos mamíferos; por extensión, se aplica también a la sustancia que segregan ciertas aves en la glándula debajo de la cola. Se utiliza en cosmética. 2 *Col.* fig. Tufo, vaho.

almocafre *m.* Instrumento para escardar y limpiar la tierra, y para transplantar.

almohada *f.* Colchoncillo para reclinar sobre él la cabeza en la cama. 2 Cojín para sentarse.

almohadilla *f.* Acerico para sujetar agujas y alfileres. 2 Cojincillo que hay en las guarniciones de las caballerías de tiro y en las sillas de montar, para no lastimar a los animales. 3 Cojín para los asientos duros, que suele alquilarse al entrar en las plazas de toros o en los campos de fútbol. 4 Tampón empapado en tinta, para impregnar los sellos. 5 *Bol.* Cojincillo para borrar lo escrito en la pizarra.

almohadón *m.* Colchoncillo a modo de almohada, que se pone en asientos, divanes, taburetes, etc.

almohaza *f.* Especie de cepillo de hierro con un asa de madera, que sirve para la limpieza de las caballerías.

almojábana *f.* Torta de queso y harina. 2 Fruta de sartén o buñuelo, que se hace con huevo, azúcar y manteca.

almorrana *f.* Hemorroide, tumorcillo sanguíneo que se forma en la parte exterior del ano o en el extremo del intestino grueso. Se usa más en plural.

almorzar *intr.* Tomar el almuerzo.

almuerzo *m.* Comida que se toma por la mañana. 2 Comida del mediodía.

alocado -da *adj.* Que tiene cosas o aspecto de loco. 2 Aturdido o que va de un lado para otro sin rumbo fijo. 3 Se aplica a las acciones y conducta carentes de cordura y sensatez.

alocución *f.* Discurso por lo común breve y dirigido por un superior o jefe a sus subordinados o seguidores.

alófono *m.* FON Cada una de las variantes en la pronunciación de un mismo fonema, según su posición, contexto, etcétera.

alógeno -na *adj.* y *n.* De raza diferente. 2 Se dice de los elementos geológicos que no se han formado en la roca donde se encuentran.

aloja *f.* Bebida hecha con agua, miel y especias. 2 *Amér.* Chicha, bebida fermentada. 3 *Arg.* Bebida refrescante cuya base es la algarroba blanca, fermentada y molida.

alojamiento *m.* Lugar donde alguien se hospeda. **2** Sitio en que acampa la tropa.

alojar *tr.* y *prnl.* Hospedar o aposentar. **2** Colocar una cosa en determinada cavidad. **3** *prnl.* Situarse las tropas en algún punto.

alondra *f.* Ave de los aláudidos, de 15 a 20 cm de largo, cola ahorquillada y color terroso y blanco, que anida en los sembrados y se alimenta de granos e insectos.

alondra

alongar *tr.* Hacer más larga una cosa. **2** *tr.* y *prnl.* Alejar, prolongar.

alopecia *f.* Caída del pelo transitoria o permanente, parcial o total.

aloque *adj.* De color rojo claro. **2** *adj.* y *m.* Se aplica al vino resultante de la mezcla de blanco y tinto.

alpaca[1] (quechua *paco*) *f.* Mamífero rumiante de los camélidos, de pelo largo y rojizo, que es una variedad doméstica de la vicuña y vive en Suramérica. **2** Tela de algodón brillante y fresca.

alpaca[2] *f.* Metal blanco formado por una aleación de níquel, cinc y cobre, que se utiliza en orfebrería y para instrumentos quirúrgicos.

alpargata *f.* Calzado rústico en forma de sandalia, de tela o lona y con suela de cáñamo o esparto, que se fija con cintas a la garganta del pie.

alpinismo *m.* Deporte que consiste en escalar montañas.

alpiste *m.* Planta de las gramíneas, que sirve para forraje y cuyas semillas menudas se dan a los pájaros como alimento.

alquilar *tr.* Ceder por algún tiempo el uso u ocupación de una cosa, una finca o una vivienda, mediante el pago convenido. **2** *prnl.* Ponerse a servir a otro por cierto estipendio.

alquiler *m.* Acción de alquilar. **2** Precio en que se alquila una cosa.

alquimia *f.* Nombre dado al conjunto de prácticas y teorías, desarrolladas desde la antigüedad hasta la Edad Moderna, encaminadas a obtener un resultado material o espiritual a base del estudio y la manipulación de los elementos de la naturaleza.

alquitrán *m.* Sustancia viscosa, oscura y maloliente, compuesta de resinas y aceites obtenidos por destilación de la hulla y de la madera de las coníferas. Se utiliza para calafatear buques, pavimentar carreteras, impermeabilizar tuberías, y también en medicina.

alrededor *adv. l.* Indica la situación de personas o cosas que rodean a otras, o la dirección en que se mueven para rodearlas. **2** *adv. c.* Aproximadamente, poco más o menos. **3** *m. pl.* Contorno de un lugar, y especialmente de una población.

alta *f.* En los hospitales, declaración del médico para que un enfermo ya curado pueda abandonar el centro. **2** Ingreso de una persona en un cuerpo, asociación o carrera. **3** Documento que acredita la entrada en servicio activo de un militar. **4** Declaración que hace el contribuyente notificando a Hacienda del ejercicio de industrias o profesiones sujetas a impuesto.

altanero -ra *adj.* Se dice del halcón y de otras aves rapaces de alto vuelo. **2** fig. Orgulloso, soberbio.

altano *adj. y n.* Se dice del viento que sopla alternativamente del mar a la tierra y viceversa.

altar *m.* Monumento de piedra o mampostería, que en casi todas las religiones constituye el centro del culto y en el que se ofrecen los sacrificios. **2** En el culto católico, ara o piedra consagrada sobre la que se celebra el sacrificio de la misa.

altavoz *m.* Aparato que refuerza los sonidos o que transforma en ondas sonoras las ondas hertzianas captadas por radio.

alteración *f.* Acción de alterar o alterarse. **2** Sobresalto, inquietud, movimiento de una pasión. **3** Tumulto, motín. **4** Desorden, disputa. **5** Modificación.

alterar *tr.* y *prnl.* Cambiar la esencia o forma de una cosa. **2** Perturbar, trastornar, inquietar. **3** Estropear. **4** *prnl. Col.* Padecer sed.

altercado *m.* Riña, disputa.

alternador *m.* Generador de corriente alterna.

alternar *tr.* Realizar cosas diversas por turnos y sucesivamente. **2** *intr.* y *prnl.* Turnarse. **3** *intr.* Tener trato con personas de mayor categoría social.

alternativo -va *adj.* Opción entre dos cosas. **2** Cada una de las cosas entre las cuales se opta.

alterno -na *adj.* Alternativo. **2** Que sucede o se hace cada dos días.

alteza *f.* Altura, elevación de un cuerpo. **2** Sublimidad, excelencia de una persona, idea o conducta.

3 Tratamiento que se dio a los reyes en España, hoy reservado a príncipes e infantes.
altibajo *m.* Desigualdad de un terreno. **2** Alternativa de sucesos prósperos y adversos.
altillo *m.* Habitación, por lo general aislada, en la parte alta de la casa. **2** Piso intermedio que se construye en un almacén, aprovechando la altura excesiva de la planta original. **3** *Arg.* y *Ecuad.* Desván.
altiplanicie *f.* Meseta extensa y elevada.
altitud *f.* Altura en todas sus acepciones, y especialmente la de un punto de la Tierra con relación al nivel del mar.
alto[1] **-ta** *adj.* Que está verticalmente alejado de la Tierra o de cualquier otro término de comparación. **2** Se dice de la persona o cosa de mucha estatura o que se destaca por su dimensión vertical. **3** fig. Se dice de la persona o del cargo de superior categoría. **4** Se aplica al sonido agudo. **5** Dicho del precio, elevado, caro. **6** *m.* Altura, dimensión. **7***adv. l.* En lugar o parte superior. **8** *adv .m.* En voz fuerte o que suene bastante.
alto[2] *m.* Detención, parada. **2** Voz de mando para detener la marcha de la tropa. **3** Voz con que el centinela ordena detenerse *(dar el alto).*
altoparlante *m. Amér.* Altavoz, aparato.
altorrelieve *m.* Figura escultórica que sobresale del plano más de la mitad de su bulto.
altruismo *m.* Disposición a preocuparse de los demás aun a costa del propio sacrificio.
altura *f.* Elevación de un cuerpo respecto de la superficie de la Tierra. **2** Dimensión perpendicular de un cuerpo respecto de su base. **3** Altitud sobre el nivel del mar. **4** Referido a los sonidos o la voz, su tono o elevación resultante de la frecuencia de vibraciones.
alucinación *f.* Sensación subjetiva que no va precedida de impresión en los sentidos.
alucinar *tr., intr.* y *prnl.* Producir sensaciones o percepciones imaginarias. **2** Cautivar de forma irresistible. **3** Atraer algo la atención con fuerza, produciendo una gran impresión.
alucinógeno -na *adj.* y *m.* Que produce alucinación; se dice especialmente de las drogas.
alud *m.* Masa de nieve que se desprende de los montes con estrépito y violencia. **2** Conjunto de trabajos u obligaciones que desbordan a una persona.
aludir *tr.* Referirse a una persona o cosa sin nombrarla. **2** Referirse a una persona determinada, nombrándola, o hablando de sus hechos, opiniones o doctrinas.
alumbrado -da *adj.* Iluminado. **2** Conjunto o sistema de luces que iluminan un lugar o una población.
alumbramiento *m.* Acción y efecto de alumbrar o iluminar. **2** Parto de la mujer.

alumbrar *tr.* e *intr.* Llenar de luz y claridad. **2** *tr.* Iluminar o proyectar luz sobre un sitio. **3** fig. Sacar a alguien de la ignorancia o del error. **4** Potenciar las facultades mentales de alguien. **5** *intr.* Dar a luz la mujer, parir.
aluminio *m.* (Al) Metal trivalente de color blanco argénteo. En la naturaleza aparece en forma de caolín, feldespato, alúmina y bauxita (alúmina hidratada); este último es el producto de partida más importante en la obtención del metal.
alumno -na *m.* y *f.* Persona que aprende respecto de la persona que le enseña, de la materia que aprende o del centro de enseñanza en que estudia.
alusión *f.* Acción de aludir. **2** Figura retórica por la que se hace referencia a una persona o cosa.
aluvión *m.* Avenida fuerte de agua. **2** fig. Cantidad de personas o cosas que se agolpan.
alveolar *adj.* y *f.* Se dice del sonido que se pronuncia aplicando la lengua a los alveolos de los incisivos superiores, y de la letra que representa ese sonido *(l, n, r, s).*
alveolo o **alvéolo** *m.* Cada una de las celdillas de un panal de abejas. **2** Cada una de las cavidades en que se engastan los dientes de los vertebrados.
alza *f.* Aumento del precio de alguna cosa. **2** Regla graduada fija en la parte posterior del cañón de las armas de fuego, para precisar la puntería.
alzado -da *adj.* Rebelde, amotinado. **2** *Amér.* Se dice del animal doméstico que se hace montaraz o que está en celo. **3** Orgulloso, insolente. **4** *f.* Altura del caballo.
alzar *tr.* Levantar, mover hacia arriba. **2** Construir un edificio. **3** Levantar el sacerdote la hostia y el cáliz después de consagrarlos. **4** Elevar un precio.
ama *f.* Señora de la casa o familia. **2** Dueña de una cosa. **3** La que tiene uno o más criados, respecto de ellos. **4** Criada principal de una casa.
amable *adj.* Digno de ser amado. **2** Afable, afectuoso.
amadrigar *tr.* Acoger a alguien generosamente. **2** fig. Llevar una vida retirada, sin salir de casa.
amaestrado -da *adj.* Dispuesto con arte y astucia. **2** Que posee ciertas habilidades.
amaestrar *tr.* y *prnl.* Adiestrar. **2** Domar a los animales.
amagar *tr.* e *intr.* Dejar ver la intención de ejecutar próximamente alguna cosa. **2** Amenazar con hacer algo.
amainar *intr.* Perder fuerza el viento, aflojar. **2** fig. Ceder el ímpetu de una pasión o un deseo.
amalgama *f.* Aleación de mercurio con otro metal. **2** fig. Mezcla de cosas heterogéneas.
amamantar *tr.* Dar de mamar.
amancebarse *prnl.* Unirse un hombre y una mujer en amancebamiento o fuera de matrimonio.

amanecer *m.* Tiempo en que clarea el alba. **2** Origen, principio.
amanerado -da *adj.* Afeminado. **2** *Ecuad.* Atento, afable.
amansador -ra *adj.* y *n.* Que amansa. **2** *m. Amér.* Domador de caballos.
amansar *tr.* y *prnl.* Hacer manso a un animal, domesticarlo. **2** Apaciguar, sosegar.
amante *adj.* y *n.* Que ama. **2** *com.* Persona con la que se mantienen relaciones sexuales sin mediar matrimonio.
amañar *prnl.* Darse maña, tener habilidad para hacer algo.
amaño *m.* Disposición para hacer con maña alguna cosa. **2** Traza o artificio para conseguir algo. **3** *pl.* Instrumentos o herramientas a propósito para alguna maniobra.
amapola *f.* Planta anual de las paveráceas, de grandes flores rojas de cuatro pétalos y semilla negruzca, que crece en los sembrados.

amapola

amar *tr.* Sentir amor por las personas, animales o cosas. **2** Desear, aspirar al goce del ser amado.
amargado -da *adj.* Se dice de la persona resentida por haber sufrido alguna frustración, desengaño, etc.
amargar *tr.* y *prnl.* Sentir resentimiento hacia las personas o la vida por los fracasos sufridos. **2** *intr.* Tener alguna cosa sabor o gusto amargo.
amargo -ga *adj.* Del sabor característico del acíbar, la hiel, la quinina, etc. **2** Que produce aflicción o disgusto. **3** Áspero y de genio desabrido. **4** *m.* Sustancia de sabor amargo. **5** *R. Plata.* Mate sin azúcar.

amargor *m.* Sabor amargo. **2** fig. Aflicción, disgusto.
amarillo -lla *adj.* y *m.* Se dice del tercer color del espectro solar; es el color de la cáscara de limón, del oro, de la flor de la retama.
amarrar *tr.* Sujetar un buque con amarras, anclas, cadenas, etc. **2** Atar algo con cuerdas o maromas. **3** *Amér. Central* y *Col.* Amarrársela, pescar una borrachera. **4** *Nicar.* y *El Salv.* Casarse.
amartillar *tr.* Martillar. **2** Poner en el disparador un arma de fuego, montarla.
amasar *tr.* Formar una masa consistente y homogénea mezclando cosas sólidas con algún líquido. **2** Combinar, reunir.
amasijo *m.* Porción de masa de harina para hacer pan. **2** Acción de amasar. **3** Mezcla de dos cosas hetereogéneas.
amatista *f.* Piedra preciosa consistente en cuarzo transparente de manganeso, de color violeta.
amazona *f.* Mujer de ánimo varonil. **2** Mujer que monta a caballo.
ámbar *m.* Resina fósil, amarilla, traslúcida, quebradiza y electrostática, conocida desde la antigüedad en las orillas del mar Báltico, y que se emplea para collares, boquillas, etc. **2** Perfume delicado.
ambición *f.* Deseo ardiente y tenaz de poder, fama o riquezas.
ambicionar *tr.* Tener ambición, desear ardientemente una cosa.
ambidextro -tra *adj.* Que utiliza la mano izquierda con la misma habilidad que la derecha.
ambientador -ra *adj. m.* Producto que se utiliza para eliminar los malos olores.
ambientar *tr.* Proporcionar el ambiente adecuado para algo. **2** *tr.* y *prnl.* Adaptar una persona a un ambiente o medio desconocido o guiarla u orientarla en él.
ambiente *adj. m.* Atmósfera que rodea los cuerpos. **2** Conjunto de condiciones físicas o de circunstancias morales en que se mueven o están personas, animales o cosas. **3** *Amér.* Aposento, habitación.
ambiguo -gua *adj.* Que admite varias interpretaciones, especialmente el lenguaje, por lo que resulta equívoco.
ambir *m.* Jugo que sale del tabaco al fumarlo. **2** *Venez.* Extracto de hojas secas de tabaco perfumado con vainilla.
ámbito *m.* Espacio comprendido dentro de unos límites precisos.
ambivalencia *f.* Condición de lo que se presta a dos interpretaciones distintas y aun contrarias. **2** Estado anímico en el que coexisten dos emociones o sentimientos opuestos.
ambos -bas *adj. pl.* El uno y el otro, los dos.
ambulancia *f.* Vehículo destinado al transporte de heridos o enfermos. **2** Hospital móvil.

ambulante *adj.* Que va de un sitio a otro, sin tener un puesto fijo.
ameba *f.* Nombre común a diversas especies de protozoos rizópodos, que se trasladan mediante seudópodos, se reproducen por simple escisión y viven en el agua o en terrenos húmedos, cuando no son parásitos.
amedrentar o **amedrantar** *tr.* y *prnl.* Asustar, infundir miedo.
amén *m.* Voz que se dice al final de las oraciones como forma de asentimiento. 2 Aquiescencia a lo que otro dice, o deseo de que algo suceda.
amenazar *tr.* Dar a entender con palabras o gestos la intención de ocasionar algún daño a otro. 2 *intr.* Haber indicios de que va a ocurrir algo de inmediato, y especialmente algo desagradable.
amenizar *tr.* Hacer ameno algo: un sitio, un discurso, una reunión.
amerengado -da *adj.* Semejante al merengue. 2 fig. Remilgado, empalagoso.
americanismo *m.* Calidad o condición de americano. 2 Vocablo o giro específico del castellano de América. 3 Afición a las cosas de América, su historia, costumbres, etcétera.
amerindio -dia *adj.* y *n.* Se dice de los pueblos de raza mongoloide de América (excepto los esquimales), y de lo perteneciente o relativo a ellos.
ametrallador -ra *adj.* y *f.* Arma de fuego automática que dispara de forma continua y rápida; se monta sobre un trípode y su uso requiere al menos dos personas.
amigable *adj.* Que convida a la amistad, o la muestra.
amígdala *f.* Órgano en forma de almendra, constituido por la reunión de numerosos nódulos linfáticos. Por el órgano al que afectan, las amígdalas pueden ser faríngeas, linguales y palatinas.
amigo -ga *adj.* y *n.* Que tiene amistad. 2 Aficionado a una cosa. 3 Partidario de una idea o conducta.
amiguero -ra *adj.* y *n. Amér.* Que fácilmente hace amistades.
amilanar *tr.* Intimidar a alguien hasta el punto de aturdirle y dejarle sin capacidad de acción. 2 *prnl.* Acobardarse, hundirse en el abatimiento.
aminorar *tr.* Minorar, disminuir.
amistad *f.* Afecto y relación entre amigos, que se caracteriza por su desinterés y reciprocidad.
amistar *tr.* y *prnl.* Unir en amistad. 2 Reconciliar a los enemistados.
amnesia *f.* Pérdida total o parcial de la memoria por lesiones patológicas de la corteza cerebral o por senilidad.
amnistía *f.* Perdón de los delitos políticos decretado por un gobierno.
amo *m.* Cabeza de una casa o familia. 2 Dueño de una cosa. 3 El que tiene criados, respecto de ellos.

4 Persona con fuerte ascendiente sobre otras. 5 Patrono, capataz.
amolar *tr.* Sacar corte o punta en la muela a un instrumento o arma. 2 *tr.* y *prnl.* Adelgazar, enflaquecer. 3 Fastidiar de manera persistente.
amoldar *tr.* y *prnl.* Ajustar una cosa al molde. 2 Ajustar la propia conducta o manera de pensar a determinados criterios.
amonestación *f.* Acción y efecto de amonestar. 2 Advertencia del árbitro o juez a un jugador o atleta que ha cometido una falta.
amonestar *tr.* Llamar la atención sobre alguna cosa o conducta. 2 Reprender exhortando a corregir el mal hecho. 3 Publicar en la iglesia los nombres de quienes van a contraer matrimonio, para que si alguien conoce algún impedimento, lo denuncie a tiempo.
amoníaco o **amoniaco** *m.* NH_3. Gas incoloro, de olor penetrante, que se utiliza comercialmente en forma líquida, comprimido a 8-9 bar y a una temperatura de 20 ºC dentro de botellas de acero.
amontonar *tr.* y *prnl.* Juntar y mezclar varias especies sin orden ni elección. 2 *prnl.* Ocurrir muchos sucesos en un breve espacio de tiempo.
amor *m.* Sentimiento de afecto que el hombre experimenta hacia otra persona (o cosa personificada, como la humanidad, la virtud, la patria, etc.), por el que desea su felicidad y anhela su presencia. 2 Atracción afectiva entre dos personas, que suele conllevar una carga pasional y erótica.
amoral *adj.* y *com.* Que no se atiene al sentido moral.
amordazar *tr.* Poner mordaza. 2 fig. Impedir mediante coacción la libre expresión de ideas y opiniones.
amorfo -fa *adj.* Sin forma regular y precisa. 2 No cristalizado. 3 fig. Carente de iniciativa, sin personalidad.
amortiguador -ra *adj.* y *n. m.* Resorte mecánico que, en las carrocerías de los vehículos o en los barómetros marinos, disminuye el efecto de las sacudidas bruscas.
amortiguar *tr.* y *prnl.* Rebajar la fuerza, intensidad o violencia de alguna cosa.
amortizar *tr.* Redimir o extinguir el capital de un censo o préstamo. 2 Recuperar o compensar los fondos invertidos en alguna empresa.
amotinar *tr.* Alzar en motín a un cierto número de personas. 2 *prnl.* Levantarse contra la autoridad constituida mediante protestas o acciones violentas. 3 *tr.* y *prnl.* Perturbar.
amparar *tr.* Favorecer, proteger a los débiles. 2 *prnl.* Acogerse al favor de alguien. 3 Defenderse, cobijarse.
amparo *m.* Acción y efecto de amparar o ampararse. 2 Abrigo o defensa.

amortiguador

amperio *m.* Unidad de intensidad de corriente eléctrica en el sistema internacional.

ampliar *tr.* Agrandar una cosa agregándole algo en extensión, eficacia o número; dilatar. **2** Reproducir fotos, planos o textos en tamaño mayor que el original.

amplificación *f.* Desarrollo retórico de una idea, presentándola desde diversas perspectivas y enumerando sus distintas aplicaciones, a fin de conmover o persuadir.

amplificador -ra *m.* Dispositivo que permite aumentar la amplitud o intensidad de un fenómeno físico, variando la energía externa que lo alimenta.

amplificar *tr.* Ampliar, extender. **2** Aumentar la amplitud o intensidad de un fenómeno físico.

amplitud *f.* Calidad de amplio, extensión. **2** fig. Capacidad de comprensión intelectual o moral.

ampolla *f.* Vejiga formada por el levantamiento de la piel a causa de quemaduras o roces, y que se llena de un líquido acuoso. **2** Pequeño recipiente de vidrio herméticamente cerrado, que contiene un medicamento inyectable o bebible.

ampuloso -sa *adj.* Hinchado y redundante, aplicado al estilo, a un autor.

amputar *tr.* Cercenar quirúrgicamente parte o la totalidad de un órgano. **2** Suprimir o quitar una parte de un todo.

amueblar *tr.* Dotar a un local o edificio de los muebles adecuados.

amuleto *m.* Talismán u objeto portátil al que se atribuyen poderes sobrenaturales, para protección de quien lo lleva.

anabolismo *m.* Proceso por el cual las sustancias simples se convierten en compuestos más complejos merced a la acción de células vivientes.

anaconda *f.* Reptil de la familia de las boas, que alcanza 10 m de longitud y tiene grandes mandíbulas. Abunda en las cuencas del Amazonas y del Orinoco.

anacronismo *m.* Error por el que se atribuyen hechos, costumbres, objetos, etc., a una época o fecha que no les corresponde.

anacrusa *f.* Sílaba o sílabas átonas que preceden al primer acento rítmico de un verso.

ánade *m.* Pato y cualquiera de las aves de características similares, de patas cortas y pies palmeados.

anaerobio -bia *adj.* y *n.* Se aplica al ser vivo que, como ciertas bacterias, puede vivir y desarrollarse sin oxígeno.

anáfora *f.* Repetición, figura retórica.

anafrodita *adj.* y *n.* Que se abstiene de toda actividad sexual.

anagrama *m.* Transformación de una palabra en otra trasponiendo sus letras: *amor-Roma*.

anal *adj.* Relativo al ano. **2** En psicoanálisis, se dice del período de desarrollo afectivo del niño comprendido entre el segundo y tercer año de vida.

analfabeto -ta *adj.* y *n.* Que no sabe leer. **2** fig. Ignorante, sin los conocimientos elementales.

analgésico -ca *adj.* y *m.* Se dice del fármaco o medicamento que produce analgesia.

análisis *m.* Examen de una cosa mediante la separación de sus partes o componentes. Se aplica a todos los campos: ideas, sustancias químicas, problemas matemáticos, enfermedades, gramática, etc. **2** Estudio detallado de un asunto.

analizar *tr.* Hacer análisis de una cosa. **2** *prnl.* Estudiarse a fondo una persona para conocerse mejor.

analogía *f.* Relación de semejanza y diferencia entre dos seres; es el concepto medio entre univocidad y equivocidad. **2** Semejanza formal entre elementos lingüísticos de igual función o con alguna coincidencia de significado.

análogo -ga *adj.* Que tiene analogía con otra cosa.

ananás *m.* Planta de las bromeliáceas, de hojas rígidas y puntiagudas, flores moradas y fruto fragante, amarillento y carnoso en forma de piña,

ananás

rematada en un penacho de hojas. También llamada piña americana.

anaquel *m*. Cada una de las tablas puestas horizontalmente en un muro o en un armario, para depositar cosas.

anarquía *f*. Falta de gobierno. **2** Desorden, confusión, por ausencia o flaqueza de la autoridad. **3** Por extensión, desorden, barullo.

anatema *amb*. Excomunión. **2** Maldición.

anatomía *f*. Disección o separación artificiosa de las partes del cuerpo de un animal o de una planta, y especialmente del humano. **2** Ciencia que trata del número, estructura, situación y relaciones de las diferentes partes de los cuerpos orgánicos.

anca *f*. Cada una de las dos mitades laterales de la parte posterior de las caballerías y otros animales. **2** Parte superior de la pierna de una persona; cadera. **3** fam. Nalga.

ancestral *adj*. Perteneciente o relativo a los antepasados remotos.

ancheta *f*. Pequeña porción de mercancía. **2** Ganancia que se obtiene en un trato. **3** *Col*. y *R. Plata*. Simpleza.

ancho -cha *adj*. Que tiene más o menos anchura, o que la tiene en exceso. **2** Holgado, tratándose de vestidos. **3** *m*. Anchura, dimensión.

anchura *f*. En contraposición a la longitud, la dimensión menor de las cosas planas. **2** Amplitud, extensión o capacidad grande. **3** Holgura.

anciano -na *adj. y n* De muchos años, en su matiz respetuoso.

ancla *f*. Instrumento de hierro en forma de arpón doble, que, aferrándose al fondo del mar, sujeta la embarcación.

andador -ra *adj. y n*. Que anda de una parte a otra sin parar en ninguna. **2** *m*. Ministro inferior de justicia. **3** Pollera, para que los niños aprendan a andar. **4** *pl*. Tirantes para sostener al niño cuando aprende a andar.

andamio *m*. Armazón de tablones horizontales sobre pies verticales o colgado de cuerdas, desde el que se trabaja en la construcción, pintura, reparación, etc., de edificios.

andar *intr*. Ir a pie de un lugar a otro, trasladarse. **2** Moverse o desplazarse un artefacto. **3** Funcionar un mecanismo. **4** Hablando del tiempo, pasar o correr. **5** En muchas expresiones familiares sustituye a los verbos *estar* y *haber*.

andén *m*. Acera a los lados de las vías en las estaciones del ferrocarril o del metro, a lo largo de un muelle, etc. **2** Acera de un puente. **3** *Amér*. Central. Acera de la calle.

andinismo *m*. Alpinismo en los Andes.

andrajo *m*. Jirón de ropa muy usada. **2** fig. Persona o cosa muy despreciable.

androceo *m*. Conjunto de los estambres de la flor que constituyen su órgano sexual masculino.

andrógeno -na *adj. y m*. Se dice de la hormona sexual masculina que origina los caracteres sexuales secundarios.

andrógino - na *adj. y m*. Se dice del individuo del sexo masculino con caracteres sexuales externos femeninos. **2** Se dice del animal de orden inferior que reúne los dos sexos, pero que para reproducirse necesita el concurso de otro individuo de la misma especie.

anécdota *f*. Relato breve de algún rasgo o hecho curioso.

anegar *tr*. y *prnl*. Ahogar sumergiendo en el agua. **2** Inundar un terreno o local. **3** *prnl*. Naufragar un buque.

anejo -ja *adj*. Propio, inherente a algo. **2** *m*. Grupo de población rural unido a otro u otros, para formar un municipio. **3** Iglesia parroquial de un lugar sujeta a otra principal, que suele ser la parroquia de la misma población o la de otra vecina.

anemia *f*. Empobrecimiento de la sangre por pérdida de ésta en las hemorragias, o por enfermedad que disminuye la cantidad de hemoglobina o el número de glóbulos rojos.

anémona o **anemone** *f*. Planta ornamental y vivaz de las ranunculáceas, de raíz en bulbo o cebolla y flores vistosas de seis pétalos.

anestesia *f*. Privación parcial o total de la sensibilidad, provocada por causas patológicas o de forma artificial.

anestesiar *tr*. Privar total o parcialmente de la sensibilidad por medio de la anestesia.

anexar *tr*. Unir una cosa a otra haciéndola depender de ella.

anfetamina *f*. Fármaco estimulante del sistema nervioso central. Aumenta el rendimiento psico-

anfibio

motor, produce hipertensión y disminución del apetito. Origina dependencia psíquica y tolerancia.
anfibio -bia *adj.* y *n.* Se aplica a los animales y plantas que pueden vivir dentro y fuera del agua. **2** Se dice de los vehículos capaces de circular por tierra y por agua.
anfiteatro *m.* Edificio oval o circular con gradas alrededor de la arena central, en que se celebraban luchas u otros espectáculos. **2** Conjunto de asientos, por lo general dispuestos en gradas, de las aulas, teatros, cines.
ánfora *f.* Vasija alta, de cuello estrecho y con dos asas, usada por los antiguos griegos y romanos. **2** *Amér.* Urna para votaciones. **3** *pl.* Jarritas, por lo general de plata, en que el obispo consagra los óleos el Jueves Santo.
ángel *m.* En algunas religiones, espíritu celeste y bueno al servicio de Dios. En el arte se representan con rostro infantil o juvenil y con alas. **2** Persona buena e inocente. **3** Gracia, simpatía personal. **4** En el billar, lance en que el jugador puede subirse a la mesa para golpear mejor las bolas con la punta del taco. **5** *Amér.* Micrófono que se sostiene con la mano.
angelical *adj.* Parecido a los ángeles por su hermosura, candor o inocencia. **2** Que parece de ángel: *voz angelical*.
angina *f.* Inflamación de las amígdalas o de éstas y de la faringe.
anglosajón -na *adj.* y *n.* Se dice de los individuos y pueblos de origen y lengua ingleses. **2** *m.* Lengua de los antiguos anglosajones y de la cual procede el inglés.
angosto -ta *adj.* Estrecho.
angostura *f.* Calidad de angosto. **2** Estrechura o paso estrecho. **3** *fig.* Estrechez mental o moral.
ángulo *m.* GEOM Cada una de las dos porciones de plano limitadas por dos semirrectas que parten de un mismo punto (vértice). **2** Rincón. **3** *fig.* Punto de vista o aspecto desde el que se puede considerar alguna cosa.
angustia *f.* Aflicción, congoja por la amenaza de un peligro o desgracia. **2** Desazón o agobio por el trabajo excesivo o por el desorden circundante. **3** Malestar físico intenso que se traduce en una respiración fatigosa, sin que se deba a causa física determinada.
anhelar *tr.* e *intr.* Tener ansia, estar ávido de algo. **2** *intr.* Respirar con dificultad, jadear.
anidar *intr.* y *prnl.* Hacer nido las aves o vivir en él. **2** Habitar, morar. **3** *tr.* Albergar, acoger. **4** *intr.* Encontrarse algo dentro de una persona o cosa.
anilla *f.* Anillo para correr o descorrer las cortinas. **2** *pl.* Aros pendientes de cuerdas o cadenas en que se practican ciertos ejercicios gimnásticos.
anillo *m.* Aro pequeño, formado por un filamento o varilla de cualquier material, curvado y cerra-

do. **2** Por antonomasia, el que se lleva en los dedos de la mano como símbolo de estado civil, oficio o simplemente por adorno (anillo de boda o alianza, anillo de obispo). **3** Cada uno de los segmentos del cuerpo de los gusanos y artrópodos.

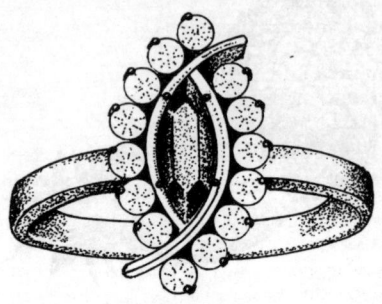

anillo

ánima *f.* Alma del hombre. **2** Alma de difunto, y especialmente la que pena en el purgatorio. **3** En las armas de fuego, el hueco del cañón.
animación *f.* Vivacidad en los movimientos, acciones o palabras. **2** Técnica cinematográfica para dar movimiento a los dibujos.
animado -da *adj.* Dotado de alma. **2** Alegre, divertido. **3** Concurrido.
animadversión *f.* Enemistad, ojeriza. **2** Crítica o advertencia severa.
animal[1] *m.* Ser orgánico que vive, siente y se mueve por propio impulso. **2** Animal irracional, por contraposición a lo racional o espiritual.
animal[2] *adj.* y *com.* fig. Se dice de la persona incapaz, grosera o muy ignorante.
animar *tr.* Infundir ánima o vida a un ser y, más en concreto, vivificar el alma al cuerpo. **2** Infundir valor a alguien, incitar a la acción. **3** Dar a las cosas inanimadas, especialmente en las obras artísticas, una apariencia de vida.
ánimo *m.* Alma o espíritu como principio de la actividad humana, como asiento de las impresiones y como sede de las decisiones y actitudes específicas del hombre. **2** Valor, brío, entusiasmo. **3** Intención o propósito de algo.
aniquilar *tr.* Reducir a la nada, destruir o arruinar por completo. **2** *tr.* y *prnl.* Anonadar, humillar profundamente.
anís *m.* Planta anual de las umbelíferas, de tallo ramoso, florecillas blancas y semillas verdosas, menudas, aromáticas y de sabor agradable.
aniversario -ria *adj. m.* Día en que se cumplen años de algún suceso.
ano *m.* Extremo inferior del tubo digestivo, consistente en un orificio formado por un esfínter.

anochecer[1] *m.* Tiempo durante el cual anochece, el paso del día a la noche.

anochecer[2] *intr.* Hacerse de noche, oscurecer cuando empieza a faltar la luz del día. **2** Estar en un lugar, situación o circunstancia determinados al caer la noche.

anomalía *f.* Irregularidad, discrepancia de una regla.

anómalo -la *adj.* Irregular, extraño.

anonadar *tr.* y *prnl.* Aniquilar, reducir a la nada. **2** Impresionar fuertemente, privando de iniciativas y energías. **3** Humillar, abatir.

anónimo -ma *adj.* y *m.* Se aplica a la obra o escrito que no lleva el nombre de su autor. **2** Se dice del autor desconocido. **3** *m.* Carta o papel sin firma en que, por lo general, se dice algo ofensivo o desagradable.

anorexia *f.* Falta anormal de ganas de comer.

anormal *adj.* Que está fuera de la norma, de su estado normal y natural. **2** *com.* Persona cuyo desarrollo intelectual o físico no corresponde a su edad.

anotar *tr.* Poner notas en un escrito, cuenta o libro.

ansia *f.* Congoja o fatiga que causa en el cuerpo inquietud o agitación violenta. **2** Angustia o aflicción del ánimo. **3** Deseo vehemente. **4** *pl.* Náuseas.

ansiedad *f.* Estado de agitación o inquietud del ánimo. **2** Angustia que acompaña a ciertas neurosis.

antagonismo *m.* Rivalidad, oposición, especialmente en doctrinas y opiniones.

antártico -ca *adj.* Relativo o cercano al polo antártico. **2** Meridional.

ante[1] *m. Amér. Central* y *Méx.* Almíbar hecho con harina de garbanzos, frijoles, etc. **2** *Méx.* Postre de bizcocho, huevo, coco y almendras. **3** *Perú.* Bebida hecha con frutas, vino, azúcar y especias.

ante[2] *prep.* Delante de, en presencia de. **2** En comparación con, respecto de. **3** Se emplea como prefijo inseparable: *anteayer, antesala, antepalco,* indicando precedencia en el tiempo o en el espacio.

anteayer *adv. t.* En el día que precedió inmediatamente al de ayer.

antebrazo *m.* Parte del brazo desde el codo hasta la muñeca.

antecámara *f.* Pieza que precede a la sala o salas principales de un palacio o casa grande. **2** Pieza que precede al despacho de una persona importante.

antecedente *adj. m.* Acción, dicho o circunstancia anterior que sirve para juzgar hechos posteriores.

antecesor -ra *adj.* Anterior en tiempo. **2** *m.* y *f.* Persona que ha ocupado un puesto o ha desempeñado un cargo respecto de la que le sigue. **3** Antepasado, ascendiente.

antejardín *m. Col.* Área libre entre la línea de demarcación de una calle y la línea de construcción de un edificio.

antelación *f.* Anticipación en el tiempo de una cosa respecto de otra.

antemano *adv. t.* Con anticipación.

antena *f.* Conjunto de elementos metálicos que se utiliza para la emisión o recepción de ondas de radio. **2** Cada uno de los apéndices articulados que, en número de dos o de cuatro, tienen en la cabeza los insectos, los miriápodos y los crustáceos.

anteojo *m.* Instrumento óptico para ver objetos lejanos. **2** Gafas antiguas, sin patillas.

□ ÓPT El anteojo es un sistema óptico en el que un objetivo genera una imagen, la cual se observa gracias a un ocular, empleado para la observación de objetos lejanos (telescopio).

antepasado -da *adj.* Se dice del tiempo anterior a otro tiempo ya pasado. **2** *m.* y *f.* Ascendiente (persona).

antepenúltimo -ma *adj.* Inmediatamente anterior al penúltimo.

anterior *adj.* Que precede en lugar o tiempo.

antes *adv. t.* y *l.* Indica prioridad en el tiempo o en el espacio, respecto al momento o punto en que se habla, y frecuentemente se completa su construcción con las partículas *que* y *de: antes de amanecer, antes de que salga el sol.*

antibiótico -ca *adj.* y *m.* En general, cualquiera de las sustancias que tienen propiedades específicas contra numerosos microorganismos patógenos.

anticipar *tr.* Adelantar una cosa a su tiempo regular o señalado de antemano.

anticipo *m.* Anticipación. **2** Dinero adelantado.

anticonceptivo -va *adj.* y *m.* Se dice del medio, método o agente que impide la concepción. Los anticonceptivos pueden ser mecánicos o químicos.

anticristo *m.* Personificación apocalíptica de las fuerzas hostiles a Jesucristo, que dejará sentir su influencia maléfica de seducción y perversión antes del fin del mundo.

anticuado -da *adj.* Que está fuera de moda y uso.

anticuario -ria *m.* y *f.* Persona entendida en antigüedades. **2** Persona que las colecciona o vende.

antideslizante *adj.* y *m.* Se dice del dispositivo que impide o reduce el deslizamiento, y especialmente del que llevan los neumáticos.

antídoto *m.* Fármaco que contrarresta los efectos de un veneno. **2** Remedio contra cualquier mal o vicio.

antifaz *m.* Velo o máscara con que se cubre la cara. **2** Pieza de tela negra con que se cubren los ojos contra la luz.

antigüedad *f.* Tiempo antiguo, y específicamente el que precedió a la Edad Media. **2** Tiempo que una persona lleva en un empleo o desempeñando un cargo. **3** Período inicial de la historia de una civilización. **4** *pl.* Objetos artísticos antiguos.

antiguo -gua *adj.* Que existe desde hace mucho tiempo. **2** Que existió o sucedió en tiempo remoto. **3** Se dice del que lleva mucho tiempo en un empleo.
antipatía *f.* Sentimiento o aversión más o menos intenso hacia una persona, animal o cosa.
antiséptico -ca *adj.* y *m.* Se dice de lo que destruye los microbios o evita su existencia.
antojarse *prnl.* Convertirse una cosa en objeto de un deseo vehemente y caprichoso. Sólo se emplea en las terceras personas con alguno de los pronombres personales.
antología *f.* Florilegio o colección de trozos literarios de uno o varios autores.
antónimo -ma *adj.* y *m.* Se dice de la palabra que dice lo contrario respecto de otra: *virtud-vicio, útil-inútil, antes-después*.
antorcha *f.* Hacha, trozo de materia combustible que sirve para dar luz.
antro *m.* Caverna, cueva. **2** Establecimiento o vivienda de aspecto lóbrego o de reputación dudosa.
antropófago -ga *adj.* y *n.* Que come carne humana.
antropología *f.* Ciencia que trata del hombre como ser animal y social.
antropólogo -ga *m.* y *f.* Persona que profesa la antropología o que tiene especiales conocimientos sobre ella.
antropomorfo -fa *adj.* Que tiene forma o apariencia humana.
anual *adj.* Que sucede cada año o que dura un año entero.
anudar *tr.* y *prnl.* Hacer nudos. **2** fig. Juntar, unir. **3** *prnl.* Ahogarse la voz.
anular[1] *adj.* Relativo al anillo o que tiene forma de tal. **2** *adj.* y *m.* Se dice del dedo contiguo al meñique, en el que es costumbre llevar los anillos.
anular[2] *tr.* Invalidar, dejar sin fuerza y efecto una ley, un testamento, un contrato, etc. **2** *tr.* y *prnl.* Incapacitar o desautorizar a alguien. **3** *prnl.* Perder la propia capacidad para desenvolverse; humillarse, retraerse. **4** MAT Adquirir valor cero una cantidad o una función.
anunciar *tr.* Dar noticia o aviso de alguna cosa; publicar, hacer saber. **2** Pronosticar. **3** Hacer saber el nombre de un visitante a la persona por quien desea ser recibido. **4** *tr.* y *prnl.* Dar publicidad a un producto con fines de propaganda comercial.
anverso *m.* En las monedas y medallas, haz o cara principal, por llevar en ella la efigie de alguna persona o el dibujo más representativo. **2** Cara en que va impresa la primera página de un pliego.
anzuelo *m.* Arponcillo o garfio metálico en que se fija el cebo para pescar. **2** fig. Atractivo, aliciente.

añadidura *f.* Lo que se añade a alguna cosa, y en particular lo que el vendedor agrega sobre el peso justo, como propina.
añadir *tr.* Agregar una cosa a otra. **2** Aumentar, acrecentar, ampliar.
añejo -ja *adj.* Se dice del vino o de ciertos alimentos que tienen uno o varios años, con la connotación positiva de estar asentados y curados. **2** fig. Viejo, que tiene mucho tiempo, con un matiz negativo.
añicos *m. pl.* Pedazos muy pequeños de una cosa al romperse.
año *m.* Tiempo que la Tierra emplea en dar una vuelta alrededor del Sol. **2** Período de doce meses, comprendido entre el 1º de enero y el 31 de diciembre, ambos inclusive.
añorar *tr.* e *intr.* Recordar con sentimiento de pena la ausencia de una persona o cosa querida.
aorta *f.* Arteria principal del cuerpo, que en los vertebrados nace del ventrículo izquierdo del corazón y lleva la sangre a todo el organismo, menos a los pulmones.

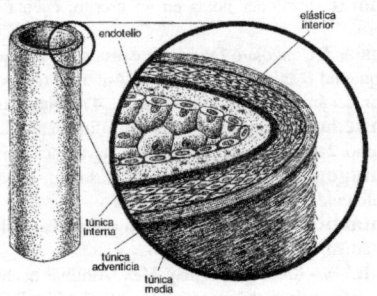

aorta

aovar *tr.* y *prnl.* Dar o adquirir forma de huevo.
apabullar *tr.* Dejar a uno confuso y sin saber qué decir; aplastar.
apacentar *tr.* y *prnl.* Dar pasto al ganado, pastorearlo mientras pace.
apacible *adj.* Manso, de condición y trato agradable, dicho de personas. **2** Tranquilo, bonancible, aplicado a cosas.
apaciguar *tr.* y *prnl.* Poner en paz, sosegar, aquietar.
apagado -da *adj.* Apocado, falto de entusiasmo. **2** Poco vivo, si se trata de colores; sordo, si se refiere a sonidos.
apagar *tr.* y *prnl.* Extinguir el fuego o la luz. **2** Aplacar, calmar sensaciones, pasiones, etc. **3** Desconectar un circuito eléctrico. **4** Rebajar en los cuadros el color o la luz demasiado intensos y vivos.
apalear *tr.* Golpear con un palo o cosa semejante. **2** Sacudir alfombras, mantas, etc., para quitarles el polvo.

apañar *tr.* Tomar o apoderarse de algo para apropiárselo. **2** Recoger frutos con la mano. **3** Remendar o componer algo que está roto.

aparato *m.* Artificio mecánico compuesto de diferentes piezas, que se combinan para obtener un fin determinado; así se llama aparato al avión, al receptor telefónico, radiofónico o televisivo. **2** Conjunto de órganos que en los animales o en las plantas concurren al desempeño de una misma función: *aparato digestivo, respiratorio,* etc. **3** Apósito, vendaje o artificio que se aplica con fines curativos u ortopédicos. **4** fig. Pompa, ostentación.

aparcar *tr.* Colocar un vehículo en un aparcamiento, o dejarlo debidamente estacionado en los puntos de calles o plazas destinados a ese fin.

aparear *tr.* Ajustar una cosa con otra de forma que quedan iguales. **2** *tr.* y *prnl.* Juntar una cosa con otra formando par. **3** Juntar las hembras con los machos para que críen.

aparecer *intr.* y *prnl.* Manifestarse, dejarse ver, por lo general de repente. **2** Encontrarse, parecer, hallarse.

aparejar *tr.* Preparar, disponer, prevenir. **2** Poner el aparejo a las caballerías. **3** *prnl. Amér. Central.* Emparejarse.

aparejo *m.* Preparación, disposición de lo necesario para un fin. **2** Arreos de las caballerías. **3** *pl.* Instrumentos y materiales necesarios para cualquier oficio o maniobra.

aparentar *tr.* Fingir o simular una cualidad, situación o sentimiento que no se dan realmente.

aparición *f.* Acción y efecto de aparecer o aparecerse. **2** Visión de un espectro o fantasma.

apariencia *f.* Aspecto exterior de una persona o cosa. **2** Verosimilitud, probabilidad de que algo ocurra. **3** Cosa que parece y no es.

apartado -da *adj.* Retirado, distante. **2** *m.* Lugar de la oficina de correos en que se deposita la corrrespondencia para que los destinatarios la retiren personalmente. **3** Habitación de la casa alejada y fuera de uso. **4** Párrafo de un escrito, de una ley o de un reglamento, que estudia un aspecto concreto. **5** Conjunto de operaciones para purificar el oro sacado de su mena.

apartamento *m.* Vivienda, por lo general reducida, dentro de un edificio donde existen otras viviendas análogas.

apartar *tr.* y *prnl.* Separar, desunir, dividir. **2** Quitar a una persona o cosa del lugar donde estaba, para dejarlo desembarazado. **3** Alejar, distanciar. **4** Desviar la vista o la atención de una cosa. **5** *prnl.* Retirarse, recluirse.

aparte *adv. l.* En otro lugar, desde lejos. **2** *adv. m.* Separadamente, con distinción.

apasionar *tr.* y *prnl.* Provocar alguna pasión o entusiasmo fuerte. **2** *prnl.* Enamorarse de una persona, entusiasmarse con una idea u objeto. **3** Dejar de ser imparcial.

apatía *f.* Impasibilidad del ánimo, indiferencia. **2** Falta de decisión, dejadez, indolencia.

apear *tr.* y *prnl.* Desmontar una caballería o bajarse de un vehículo. **2** Calzar un vehículo arrimando una piedra o leño a la rueda para que no ruede. **3** Señalar los límites de una finca. **4** Talar un árbol por el pie. **5** fig. Disuadir a alguien de sus opiniones y creencias. **6** *Amér. Central.* Desaprobar y reprender la conducta de una persona.

apedrear *tr.* Tirar piedras contra alguien o algo.

apego *m.* Afición o afecto especial a una persona o hacia alguna cosa.

apelar *intr.* Recurrir a un tribunal superior para que revoque, enmiende o anule la sentencia de un tribunal inferior. **2** Acudir a alguien en una dificultad o apuro.

apelativo -va *adj.* Se aplica a una de las funciones expresivas básicas del lenguaje. **2** *adj.* y *m.* Se dice del sobrenombre que se da a una persona. **3** *m. Amér.* Apellido.

apellido *m.* Nombre de familia con que se identifican y distinguen las personas. **2** Nombre particular que se da a ciertas cosas. **3** Sobrenombre o apodo.

apenas *adv. m.* Casi no. **2** *adv. t.* Luego que, en seguida, al punto que.

apéndice *m.* Parte accesoria de otra cosa, de la que es prolongación o saliente. **2** fig. Persona que imita y sigue a otra. **3** BOT Conjunto de escamas que tienen en su base algunos pecíolos. **4** ZOOL Parte del cuerpo animal unida o contigua a otra principal.

apendicitis *f.* Inflamación del apéndice vermicular del intestino ciego.

apercibir *tr.* y *prnl.* Prevenir, disponer lo necesario para una cosa. **2** *tr.* Amonestar a alguien que ha incurrido en falta.

apercollar *tr.* fam. Agarrar por el cuello.

aperitivo *adj.* y *m.* Que abre el apetito. **2** *m.* Bebida, generalmente alcohólica, que acompañada de tapas apetitosas se toma antes de la comida principal.

apertura *f.* Acción de abrir, que se aplica tanto a las cosas físicas (una puerta) como a las actividades humanas (el curso, una asamblea).

apestar *tr.* y *prnl.* Transmitir la peste. **2** fig. Corromper, viciar. **3** fig. Fastidiar a alguien. **4** *intr.* Heder, oler muy mal. **5** Abundar mucho una cosa. **6** *prnl. Col.* y *Perú.* Resfriarse.

apetecer *tr.* Desear una cosa. **2** *intr.* Gustar algo.

apetencia *f.* Apetito en general, y en concreto el de comer.

apetito *m.* Impulso instintivo del hombre que le lleva a satisfacer sus necesidades y deseos en todos los órdenes de la existencia. **2** Gana de comer.

ápice *m.* Punta en que termina una cosa. **2** Tilde, acento y cualquier signo ortográfico que se pone sobre las letras. **3** Porción mínima, nonada. **4** El punto más arduo de un asunto.

apicultura *f.* Arte de criar abejas para aprovechar sus productos.

apiñar *tr.* y *prnl.* Juntar apretadamente personas o cosas.

apio *m.* Planta de las umbelíferas, de tallo jugoso, hueco y lampiño, hojas largas y hendidas y florecillas blancas, que es comestible en caldos y ensaladas.

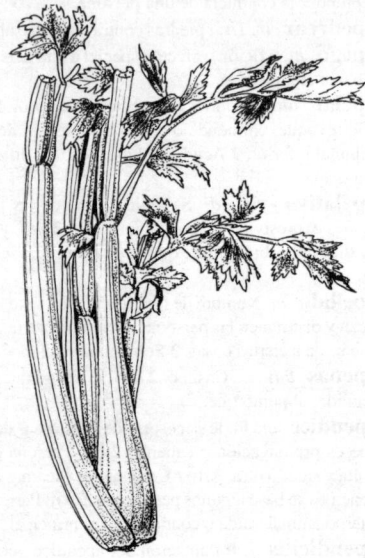

apio

aplacar *tr.* y *prnl.* Amansar, apaciguar haciendo disminuir la violencia o el enfado.

aplanar *tr.* Allanar o poner algo llano. **2** Abatirse física o moralmente una persona.

aplastar *tr.* y *prnl.* Deformar una cosa por presión o a golpes, reduciendo su grueso o altura. **2** Derrotar por completo. **3** Apabullar y abrumar a alguien dejándole confuso.

aplaudir *tr.* Dar palmadas en señal de aprobación o de entusiasmo. **2** Celebrar con palabras o gestos a personas o cosas.

aplazar *tr.* Diferir un acto, retrasarlo. **2** Convocar, citar. **3** *Amér.* Suspender un examen.

aplicado -da *adj.* Que muestra aplicación o asiduidad en la realización de una cosa.

aplicar *tr.* Poner una cosa sobre otra de forma que queden adheridas. **2** Emplear una cosa para algo a lo que en principio no estaba destinada. **3** Atribuir a un individuo lo que se ha dicho de otro. **4** Destinar, adjudicar.

aplomo *m.* Gravedad, serenidad. **2** Verticalidad.

apocar *tr.* Minorar una cosa haciéndola pequeña. **2** Limitar, estrechar. **3** *tr.* y *prnl.* Abatir, humillar.

apoderar *tr.* Dar poderes una persona a otra para que la represente. **2** *prnl.* Adueñarse de una cosa poniéndola bajo su poder.

apodo *m.* Sobrenombre que suele darse a una persona por algún defecto físico o rasgo peculiar.

apogeo *m.* Punto más distante en que se halla la Luna respecto de la Tierra. **2** Cima o punto culminante en un estado o proceso.

apología *f.* Defensa oral o escrita de una persona o de una institución. **2** Por extensión, se aplica a la exaltación y alabanza de alguien o de algo.

aporrear *tr.* y *prnl.* Golpear con una porra o de otra forma. **2** Importunar, molestar.

aportar *tr.* Contribuir con su parte a una empresa común. **2** Aducir razones o testimonios en favor de alguna causa.

aporte *m.* Contribución, participación.

aposento *m.* Habitación de una casa, y especialmente la ocupada por una persona. **2** Hospedaje.

apostar *tr.* Convenir entre sí dos o más personas en que la que no acierte pagará una determinada cantidad o realizará algún servicio. **2** Arriesgar cierta cantidad de dinero a un número o a un resultado. **3** *intr.* Competir, rivalizar.

apóstol *m.* Título que se da a cada uno de los doce primeros discípulos de Jesús, y que se aplica también a san Pablo y san Bernabé. **2** Por extensión, toda persona que difunde el cristianismo.

apoyar *tr.* y *prnl.* Hacer que una cosa descanse sobre otra. **2** Sostener o confirmar una opinión reforzándola de alguna manera. **3** Favorecer, patrocinar.

apoyo *m.* Lo que está debajo de una cosa como base, sosteniéndola. **2** Protección, auxilio. **3** Fundamento de una doctrina.

apreciar *tr.* Poner precio o tasa a las cosas vendibles después de sopesar sus condiciones y calidades. **2** Reconocer el mérito de personas o cosas. **3** Sentir afecto por alguien.

aprehender *tr.* Prender a una persona, o capturar alguna cosa, en especial si es de contrabando.

aprehensivo -va *adj.* Relativo a la facultad mental de aprehender. **2** Perspicaz para percibir las cosas.

apremio *m.* Acción y efecto de apremiar. **2** Procedimiento ejecutivo para el cobro con recargo de los impuestos no pagados.

aprender *tr.* y *prnl.* Adquirir el conocimiento de algo y recordarlo. **2** *intr.* Educarse, instruirse.

aprendiz -za *m.* y *f.* Persona que aprende algún arte u oficio. **2** A efectos laborales, el operario antes de pasar a oficial.
aprendizaje *m.* Acción de aprender algún arte u oficio. **2** Conjunto de conocimientos, prácticas, etc., para aprenderlo. **3** Tiempo que lleva el adquirirlos.
aprensión *f.* Aprehensión. **2** Escrúpulo, recelo de relacionarse con alguien o algo por miedo irreflexivo al contagio o cualquier otro peligro.
apresar *tr.* Asir, prender, hacer presa las fieras con garras y colmillos. **2** Aprisionar a una persona.

apóstol

aprestar *tr.* y *prnl.* Aparejar y disponer lo necesario para una cosa. **2** *tr.* Aderezar las telas.
apresurar *tr.* y *prnl.* Dar prisa, acelerar.
apretar *tr.* Estrechar una cosa contra el pecho, o ceñir con la mano o los brazos. **2** Presionar con fuerza alrededor de algo, como los vestidos muy ajustados alrededor del cuerpo. **3** Estrechar alguna cosa para aumentar su tirantez. **4** Activar algo; acelerar el paso. **5** Angustiar, afligir. **6** Obligar a alguien con ruegos o amenazas. **7** Ser una persona muy exigente o una cosa muy fuerte (el frío, el calor). **8** *intr.* Esforzarse más de lo debido.
apretón *m.* Apretadura muy fuerte y rápida. **2** Intensificación del esfuerzo en algo. **3** Acometida violenta. **4** fam. Necesidad repentina de hacer de vientre. **5** fam. Carrera violenta y corta. **6** fam. Ahogo, conflicto.
apretujar *tr.* fam. Apretar mucho o con reiteración. **2** *prnl.* Apretarse muchas personas en un sitio muy reducido.
aprieto *m.* Apretura de la gente. **2** Apuro, conflicto.

aprisa *adv. m.* De prisa, con presteza.
aprisionar *tr.* Poner en prisión o poner prisiones. **2** Atar, sujetar.
aprobado -da *adj.* Aceptado. **2** *m.* Calificación mínima de idoneidad en los exámenes.
aprobar *tr.* Dar por bueno. **2** Asentir a una doctrina o a una resolución. **3** Declarar hábil y competente. **4** Superar un examen con la calificación mínima.
apropiado -da *adj.* Proporcionado al fin a que se destina.
apropiar *tr.* Convertir una cosa en propiedad de alguien. **2** Acomodarla a un fin o situación determinados. **3** *prnl.* Adueñarse de algo.
aprovechado -da *adj.* Se dice del que saca provecho de todo, y más aún del que lo hace sin escrúpulos. **2** Aplicado, diligente.
aprovechar *tr.* Emplear algo con provecho. **2** *intr.* Servir alguna cosa de provecho. **3** *intr.* y *prnl.* Avanzar en estudio, virtud, etc. **4** *prnl.* Sacar utilidad de alguna cosa. **5** vulg. Magrear, propasarse con alguien.
aprovisionar *tr.* y *prnl.* Abastecer.
aproximación *f.* Acción y efecto de aproximar o aproximarse. **2** Premio que en la lotería obtienen los números anterior y posterior al que ha conseguido el premio mayor.
aproximar *tr.* y *prnl.* Poner cerca una cosa de otra. **2** *tr.* Efectuar una aproximación.
aptitud *f.* Cualidad por la que personas o cosas se acomodan a un fin determinado. **2** Idoneidad para ocupar y desempeñar un cargo.
apto -ta *adj.* Que tiene aptitud; hábil, idóneo.
apuesto -ta *adj.* Gallardo, de buena presencia, especialmente el hombre joven y guapo. **2** Elegante. **3** *f.* Acción y efecto de apostar una cantidad. **4** Cosa que se apuesta.
apuntador -ra *adj.* y *n.* Que apunta. **2** *m.* y *f.* Persona que apunta a los actores, si les falla la memoria. **3** Persona que en puertos y almacenes confecciona la lista y cantidad de mercancías que se cargan o descargan.
apuntalar *tr.* Sostener algo con puntales. **2** *tr.* y *prnl.* Reforzar una cosa.
apuntar *tr.* Tomar apuntes o notas de alguna cosa por escrito. **2** En un escrito, marcar con alguna señal palabras o frases. **3** Hacer un apunte o dibujo rápido. **4** Asestar un arma arrojadiza o de fuego. **5** Señalar con el dedo o de otro modo hacia un punto. **6** Sacar punta a un objeto. **7** Unir o fijar ligeramente por medio de puntadas. **8** En los teatros y entre los estudiantes, ejercer de apuntador. **9** Insinuar o tocar ligeramente un tema. **10** *tr.* y *prnl.* Inscribirse en un curso u otra actividad. **11** *intr.* Empezar a manifestarse alguna cosa (la luz del día). **12** *prnl.* Picarse el vino. **13** Lograr tantos o triunfos en un juego o deporte.

apunte *m.* Acción y efecto de apuntar. **2** Asiento por escrito de alguna cosa. **3** Dibujo rápido tomado del natural. **4** Apuntador y traspunte en el teatro. **5** Manuscrito del que se sirve el apuntador del teatro. **6** Punto, tanto. **7** *pl.* Extracto que toman los alumnos de las explicaciones del profesor.

apuñalar *tr.* Dar de puñaladas.

apurar *tr.* Depurar o purificar material o espiritualmente, tendiendo a la pureza originaria o máxima. **2** Desentrañar una verdad o exponerla sin omisiones. **3** Agotar una cosa. **4** *tr.* y *prnl.* Poner en apuros. **5** Apremiar, dar prisa. **6** *prnl.* Acongojarse por lo excesivo del trabajo o de las preocupaciones.

apuro *m.* Aprieto, escasez grande. **2** Aflicción, conflicto. **3** Prisa, urgencia. **4** Vergüenza, embarazo.

aquejar *tr.* Afectar a una persona un dolor o una enfermedad.

aquel -lla -llo -llos -llas Formas del pronombre demostrativo en los tres géneros (*m., f.* y *neutro*) y en los dos números *(sing.* y *pl.)*. Las formas masculina y femenina se emplean también como adjetivo, concertando en género y número con el sustantivo. En oposición a *este-ese*, indica personas o cosas que están alejadas, en el tiempo o en el espacio, de la persona que habla y de la que escucha. Sólo llevan acento escrito las formas masculinas y femeninas del pronombre, cuando hay riesgo de confusión. **2** *m.* fam. Indica una cualidad que no se quiere o no se acierta a decir. Por lo general equivale a gracia, encanto: *Juan tiene su aquel*.

aquí *adv. l.* Indica una situación de proximidad al que habla: en este lugar, a este lugar. **2** Equivale a *en esto/eso*, o a *esto/eso*, precedido de las preposiciones de o *por: de aquí la dificultad; por aquí puede conocerse*. **3** En correlación con *allí* indica un sitio indeterminado y tiene valor distributivo. **4** *adv. t.* Ahora, en el tiempo presente. **5** Entonces: *aquí no se pudo contener Don Quijote*.

aquiescencia *f.* Consentimiento, conformidad.

aquietar *tr.* y *prnl.* Apaciguar, tranquilizar.

aquilino -na *adj.* Parecido al águila; se dice especialmente del rostro o nariz humanos.

ara *f.* Altar. **2** Piedra consagrada sobre la cual el sacerdote celebra misa.

árabe *adj.* y *n.* Natural de Arabia. **2** *m.* Lengua de esa región asiática. **3** *pl.* Conjunto de pueblos originarios de tal región, que hablan esa lengua.

arabesco -ca *adj.* Arábigo. **2** *m.* Adorno arquitectónico formado por cenefas, tracerías y otras figuras geométricas.

arábigo -ga *adj.* Árabe, perteneciente o relacionado con Arabia. **2** Lengua árabe.

arado *m.* Apero agrícola, consistente en una o varias rejas de hierro, con que se labra la tierra abriendo surcos. **2** Reja, labor. **3** *Col.* Tierra labrada. **4** Huerto.

arancel *m.* Tarifa oficial que marca los derechos que han de cobrarse por determinados servicios o impuestos. **2** Tasa, valoración, norma, ley.

arandela *f.* Pieza a modo de disco horadado o tacilla, que se pone en la parte superior del candelero para recoger la cera. **2** Anillo metálico o de otro material de uso frecuente en las máquinas, para evitar el roce entre dos piezas.

araña *f.* ZOOL Nombre común de las especies pertenecientes al orden araneidos. **2** Arañuela, planta. **3** Planta gramínea de las Antillas, de hojas largas y ásperas y flores en espigas casi alternas, en racimos terminales. **4** Lámpara de brazos de los que penden piezas de cristal.

arañar *tr.* y *prnl.* Herir a alguien hundiéndole las uñas en la piel. **2** *tr.* Raspar la piel o una superficie con las uñas o algo punzante. **3** *tr.* Recoger con esfuerzo y de varias partes lo necesario para completar algo.

arañazo *m.* Rasguño o raspadura hecha en la piel con las uñas o algún objeto punzante.

arar *tr.* Remover la tierra con el arado haciendo surcos. **2** Hacer rayas parecidas a los surcos. **3** Deslizarse sobre el agua cortándola.

arawak *m. pl.* Grupo de pueblos amerindios de América del Sur, probablemente originarios de las cuencas del Orinoco y el Negro. Hoy se hallan diseminados desde las costas venezolanas hasta la cuenca del Paraguay; en su primitiva distribución estaban extendidos por el N hasta la península de Florida y las Antillas. Están organizados en clanes o poblados, de cazadores y agricultores. La familia lingüística arawak comprende más de un centenar de lenguas.

arbitrar *tr.* Proceder libremente, usando el propio arbitrio. **2** Juzgar un asunto como árbitro. **3** Hallar recursos para satisfacer las necesidades públicas. **4** Hacer que se cumplan las reglas de un deporte o juego.

arbitrario -ria *adj.* Que depende del arbitrio de uno, y no de la razón o justicia. **2** Que procede con arbitrariedad.

arbitrio *m.* Facultad humana de decidir, prefiriendo una cosa a otra. **2** Resolución de un árbitro. **3** Decisión caprichosa y no fundada en razón. **4** Recurso extraordinario para resolver un asunto.

árbitro -tra *adj.* y *n.* Se dice de la persona que decide por su propia autoridad. **2** *m.* y *f.* Persona que decide quién lleva la razón en un pleito. **3** Persona que aplica el reglamento en las diferentes competiciones deportivas.

árbol *m.* Planta perenne de tronco leñoso, que se ramifica a cierta altura del suelo. **2** Mástil fijo o giratorio que hace de eje en una máquina y transmite la fuerza motriz a otros elementos de ésta. **3** Pie del que arrancan las gradas de una escalera de caracol. **4** Palo de un buque.

arbolar *tr.* Poner los palos a una embarcación. **2** Enarbolar una bandera levantándola con la mano en el aire o poniéndola en un sitio alto. **3** Arrimar y apoyar un objeto alto en una cosa. **4** *intr.* y *prnl.* Elevarse mucho las olas del mar. **5** *prnl.* Encabritarse el caballo.

arborícola *adj.* y *n.* Que vive en los árboles.

arborización *f.* Figura que adoptan ciertos minerales en forma de ramas. **2** Ramificación terminal de las células nerviosas.

arbusto *m.* Planta perenne de tallos leñosos, que suele ramificarse desde el suelo y que alcanza escasos metros de altura.

arca *f.* Caja grande, por lo general de madera y con tapa llana o abovedada, que se fija con bisagras por un lado y con candados o cerraduras por el otro. **2** Caja fuerte. **3** Cada uno de los hornos secundarios en que se calientan o enfrían las piezas de vidrio.

arcaico -ca *adj.* Perteneciente o relativo al arcaísmo. **2** Anticuado. **3** Se dice de la era geológica más antigua y del terreno perteneciente a su primer estadio.

arcaísmo *m.* Calidad de arcaico. **2** Frase o palabra anticuadas. **3** Empleo de estas voces o frases. **4** Imitación de lo antiguo.

arcano -na *adj.* Secreto, reservado. **2** Misterio difícil de conocer.

archipiélago *m.* Parte del mar poblada de islas. **2** Por extensión, se aplica a cualquier conjunto de islas.

archivar *tr.* Guardar documentos y papeles en un archivo o archivador. **2** fam. Arrinconar algo por estar inservible o en desuso. **3** Dar por acabada una cuestión.

archivo *m.* Lugar o mueble en que se guardan documentos públicos o privados. **2** Conjunto de tales documentos.

arcilla *f.* Sustancia mineral compuesta básicamente de silicato de aluminio, de gran plasticidad al mezclarse con agua y de gran dureza al cocerla a altas temperaturas, que históricamente ha servido para la fabricación de cerámica. **2** La llamada figulina, de uso corriente en alfarería, que contiene caliza, arena y óxidos de hierro.

arco *m.* Porción de una curva cualquiera, aunque suele entenderse la de la circunferencia. **2** Arma consistente en una varilla elástica, sujeta por los extremos con un bordón, de modo que forme una curva, y que sirve para disparar flechas. **3** Vara delgada y doblada o corva en sus extremos, en los que se tensan algunas cerdas con cuyo roce se hacen sonar las cuerdas de algunos instrumentos. **4** En algunos deportes, meta o portería.

arder *intr.* Estar encendido o quemándose. **2** Experimentar ardor. **3** fig. Resplandecer, brillar. **4** Estar muy agitado o inquieto por obra de pasiones y sentimientos: *ardía en deseos de conocerla.* **5** *tr.* y *prnl.* Quemar, abrasar.

ardid *m.* Artificio, recurso hábilmente manejado para conseguir alguna cosa.

ardiente *adj.* Que arde. **2** Que causa ardor, como la sed o la fiebre. **3** fig. Fervoroso, activo. **4** Apasionado, vehemente. **5** De color rojo vivo, como el clavel.

ardilla *f.* Mamífero roedor de los esciúridos, de unos 20 cm de largo, de color negro rojizo por el lomo y blanco por el vientre, con cola muy peluda y larga, que vive en los bosques y es de una gran movilidad y viveza.

ardor *m.* Calor muy fuerte. **2** Sensación de quemazón; se dice especialmente de la acidez de estómago. **3** Brillo, resplandor. **4** Encendimiento de las pasiones. **5** Ardimiento, entusiasmo. **6** Intensidad o vehemencia en las cosas: *en el ardor de la disputa.*

ardoroso -sa *adj.* Que tiene ardor. **2** fig. Apasionado, ferviente.

arduo -dua *adj.* Muy difícil, que exige mucho esfuerzo.

área *f.* Extensión de una superficie que presenta una cierta unidad. **2** Medida de superficie equivalente a un cuadrado de diez metros de lado. **3** Campo o esfera de acción o de influencia de una persona, una cultura, una autoridad, etc. **4** Conjunto de materias que forman un sector de la enseñanza: *el área de letras, el área de ciencias.* **5** En algunos juegos, zona especial situada delante de la meta o portería. **6** GEOM Superficie comprendida dentro de un perímetro.

arena *f.* Conjunto de partículas disgregadas de las rocas, abundantes sobre todo en las orillas del mar o de los ríos y en los terrenos de aluvión. **2** Material pétreo de las argamasas, de tamaño inferior a dos milímetros. **3** Palestra en que se desarrolla una competición.

arenal *m.* Extensión de terreno arenoso. **2** Suelo de arena movediza.

arenga *f.* Discurso solemne y vibrante para enardecer a los oyentes. **2** fam. Razonamiento largo y enfadoso. **3** *Chile.* Disputa, riña.

arepa *f. Amér.* Torta de maíz y manteca, que se sirve rellena de carne u otros ingredientes.

arete *m.* Arillo de metal con que las mujeres se adornan las orejas.

argamasa *f.* Mezcla de cal, arena y agua con que se hace el mortero para la construcción.

argolla *f.* Aro grueso, por lo general fijo, que sirve para amarre y asidero. **2** Gargantilla de adorno femenino. **3** *Amér.* Anillo de novios o de matrimonio.

argot *m.* Jerga, jerigonza. **2** Lenguaje especial que usan las personas del mismo oficio.

argucia *f.* Falacia, sofisma; idea falsa expuesta con gran habilidad.

argüir *tr.* Sacar una consecuencia lógica de algo establecido o aceptado. **2** Descubrir, hacer ver con claridad. **3** Argumentar probando la verdad de una doctrina o lo justo de una causa. **4** Echar algo en cara. **5** *intr.* Disputar una sentencia u opinión. **6** Alegar.

argumentar *intr.* Argüir, disputar. **2** Aducir argumentos en favor de una tesis o causa; presentar reparos en contra de alguna doctrina.

argumento *m.* Razonamiento encaminado a probar la verdad o falsedad de una doctrina, y la conveniencia o inconveniencia de una conducta. **2** Asunto o materia de una obra. **3** Compendio de una obra literaria. **4** Señal o indicio de algo.

árido -da *adj.* Seco, sin jugo. **2** Estéril, sin vegetación. **3** Carente de amenidad, aplicado a un discurso o a un escrito. **4** Materiales rocosos que se usan como argamasa.

arisco -ca *adj.* Se dice de la persona o del animal intratable. **2** *Amér.* Miedoso, escurridizo. **3** Rebelde.

arista *f.* Filamento áspero que prolonga el cascabillo de los cereales. **2** Borde de cualquier sólido. **3** Línea en que se cortan dos superficies por la parte exterior del ángulo formado por ellas. **4** *pl.* Dificultades que plantea un problema. **5** Rasgos hoscos y difíciles de una persona.

aristocracia *f.* Gobierno de notables. **2** Conjunto de la clase noble. **3** Por extensión, la clase de gentes que se destacan en algún campo. **4** Distinción en la conducta, modales, etc.

aritmética *f.* Parte de las matemáticas que estudia los números y sus propiedades. La aritmética se ocupa de los sistemas de los números enteros y de aquéllos construidos, de una cierta forma, a partir de los enteros. Estudia también las relaciones establecidas entre dichos números, y el cálculo con ellos mediante las cuatro operaciones fundamentales (suma, resta, multiplicación y división), así como sus extensiones: potenciación (obtención de las potencias de exponente arbitrario) y operaciones con ellas), logaritmación (extracción de logaritmos en cualquier base y las operaciones con ellos) y radicación (cálculo de las raíces de cualquier orden y sus operaciones). La rama de la aritmética que estudia las leyes generales de los números enteros, cuyas bases fueron formuladas por P. Fermat, L. Euler y C. F. Gauss, recibe el nombre de *aritmética superior*.

arma *f.* Instrumento que sirve para atacar o defenderse. **2** Todo lo que de algún modo puede utilizarse como ataque o defensa. **3** *pl.* Fuerzas armadas de un país. **4** Defensas naturales del animal. **5** Conjunto de actividades y pertrechos para la guerra. **6** Hazañas de guerra.

armada *f.* Conjunto de fuerzas navales de un Estado. **2** Línea de cazadores que acechan a las reses forzadas en la batida. **3** *Amér.* Forma de disponer el lazo para lanzarlo.

armado -da *adj.* Que lleva armas o armaduras. **2** Se dice de los animales provistos de defensas naturales (garras, cuernos, etc.). **3** *Méx.* y *P. Rico.* Con mucho dinero. **4** *m.* Hombre vestido de romano que acompaña los pasos de las procesiones en Semana Santa. **5** *Amér. Central.* Armadillo.

armador -ra *m.* y *f.* Persona que arma piezas, muebles, etc. **2** *m.* El que por su cuenta avía o equipa un barco. **3** Jubón.

armadura *f.* Conjunto de piezas de hierro con que se cubrían los guerreros antiguos para su defensa. **2** Conjunto de piezas en que se sostiene un objeto. **3** Armazón de hierros o maderos que sustenta el tejado. **4** *Amér.* Acción y efecto de preparar el lazo.

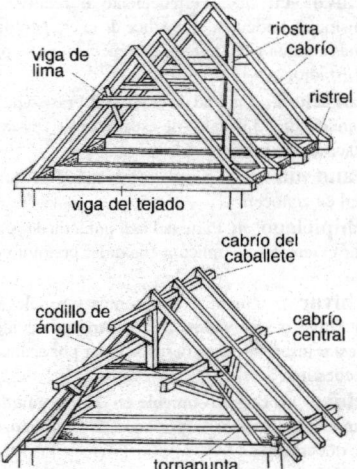

armaduras usadas en construcción

armar *tr.* y *prnl.* Vestir o poner a uno armas ofensivas o defensivas. **2** Preparar y equipar para la guerra. **3** Reforzar una pieza de ropa con algo que la mantenga estirada. **4** Montar las piezas de un mueble o artefacto, como una cama, la tienda de campaña, etc. **5** *fig.* Disponer o producir alguna cosa: un baile, un escándalo, jaleo, alboroto, etc. **6** *prnl.* Ponerse en disposición de hacer algo.

armario *m.* Mueble vertical, generalmente con puertas y provisto en su interior de anaqueles o perchas para guardar ropa y otros enseres.

armatoste *m.* Cualquier objeto o mueble tosco, pesado o demasiado grande, que estorba más

que sirve. **2** Armazón de palos. **3** Ingenio con que se armaban las ballestas.
armazón *amb.* Armadura, conjunto de piezas sobre la que se monta algo.
armisticio *m.* Suspensión pactada de hostilidades entre naciones o ejércitos contendientes.
armonía *f.* Combinación de sonidos acordados. **2** Arte de formar y enlazar los acordes musicales. **3** Belleza resultante de la adecuada combinación de los elementos de un todo, que se aplica especialmente al lenguaje musical. **4** Unión y concordia entre varias personas.
armónico -ca *adj.* Relativo a la armonía o que la tiene. **2** *adj.* y *m.* Se dice del sonido agudo que acompaña a otro fundamental, del que es resonancia por ser su número de vibraciones múltiplo de las de éste. **3** *f.* Instrumento musical de lengüeta con una serie de orificios que se toca soplando y aspirando.
armonizar *tr.* Poner en armonía, combinar adecuadamente dos o más cosas. **2** Poner los acordes correspondientes a una melodía o a un bajete. **3** *intr.* y *prnl.* Estar en armonía con una persona, avenirse con ella.
arnés *m.* Armadura de acero que se sujetaba con correas. **2** *pl.* Aparejos de las caballerías. **3** Conjunto de cosas necesarias para un fin.
aro *m.* Pieza de materia rígida en figura de circunferencia. **2** Armadura de madera que sostiene el tablero de la mesa y en la que se ensamblan los pies de ésta. **3** Juguete que se hace rodar con un palo. **4** *Amér.* Arete, zarcillo.
aroma *m.* Perfume, olor muy agradable. **2** *f.* Flor del aromo, de olor muy fragante. **3** *amb.* Goma, bálsamo o hierba de mucha fragancia.
aromático -ca *adj.* Que tiene un olor agradable.
arpa *f.* Instrumento músico en forma de V, que se apoya en el suelo y cuyas cuerdas verticales se pulsan con ambas manos.
arpegio *m.* MÚS Sucesión más o menos rápida de los sonidos de un acorde o intervalo armónico.
arpía *f.* Monstruo cruel de la mitología, con rostro de mujer y cuerpo de ave rapaz. **2** Mujer de mal carácter y lenguaje. **3** Mujer flaca y fea.
arpón *m.* Instrumento consistente en un astil de madera rematado en uno de sus extremos por una punta ganchuda de hierro, para herir y hacer presa. **2** ARQ Grapa metálica.
arquear[1] *tr.* y *prnl.* Dar figura de arco. **2** *tr.* Sacudir y ahuecar la lana con un arco.
arquear[2] *tr.* Medir la cabida de una embarcación. **2** *Amér.* Hacer el arqueo en una caja o en la contabilidad.
arqueo *m.* Cabida de una embarcación. **2** Verificación de los caudales que hay en caja.

arqueología *f.* Ciencia que estudia los testimonios y monumentos de las civilizaciones antiguas. Se inició en el Renacimiento, cobró gran impulso en el siglo XVIII, y en el s. XX ha alcanzado un gran rigor y precisión.
arqueólogo -ga *m.* y *f.* Persona que realiza excavaciones arqueológicas o que tiene conocimientos especiales en arqueología.
arquero *m.* Soldado que peleaba con arco y flechas. **2** Persona que fabrica arcos para el deporte del disparo con arco. **3** Persona que hace aros para toneles y cubas. **4** *Amér.* Portero, jugador que en algunos deportes defiende la meta de su equipo, especialmente en el fútbol.
arquetipo *m.* Tipo ideal o modelo, que contiene las características esenciales de una especie o de una cosa. **2** Manuscrito que sirvió de base a una o varias copias. **3** Prototipo o primer organismo primitivo del que descienden otros por evolución.
arquitecto -ta *m.* y *f.* Persona que profesa la arquitectura.
arquitectura *f.* Arte y ciencia de proyectar y construir edificios, o de organizar espacios interiores y exteriores. Se especifica y califica por la finalidad (civil, militar, religiosa, etc.) de los edificios. **2** fig. Estructura, modo de estar hecha una cosa.
arrabal *m.* Cualquiera de los sitios extremos de una ciudad. **2** Población anexa a otra. **3** Afueras de una población.
arrabalero -ra *adj.* y *n.* Habitante de un arrabal. **2** fig. y fam. Se dice de la persona, y en especial la mujer, de lenguaje y modales groseros.
arraigado-da *adj.* Enraizado. **2** Que posee bienes raíces.
arraigar *intr.* y *prnl.* Echar raíces las plantas. **2** Afianzarse una costumbre. **3** Depositar una persona, por resolución judicial, ciertos bienes raíces o cierta cantidad de dinero para afianzar la responsabilidad. **4** *tr.* Fijar algo, afincar. **5** *Amér.* Notificar judicialmente a alguien que no salga de un país. **6** *prnl.* Establecerse de forma fija las personas en un lugar.
arraigo *m.* Acción y efecto de arraigar o arraigarse. **2** Bienes raíces. **3** Por extensión, circunstancia de ser una persona considerada en el medio en que vive.
arrancar *tr.* Sacar de raíz una cosa, como una planta o un pelo. **2** Separar violentamente alguna cosa del lugar en que está fija o del que forma parte: una muela, una rama, un clavo. **3** fig. Separar también con cierta violencia a una persona de algún hábito o vicio. **4** Obtener de alguien alguna cosa con habilidad o esfuerzo. **5** *intr.* Partir de carrera, salir de alguna parte. **6** Tener su origen o causa, traer origen de algún punto. **7** *prnl.* Marcharse de un sitio con esfuerzo.

arras *f. pl.* Lo que se da como prenda en un contrato. **2** Las trece monedas que de las manos del novio pasan a las de la novia en el rito del matrimonio.

arrasar *tr.* Allanar una superficie. **2** Destruir violentamente y por entero, no dejar piedra sobre piedra. **3** Igualar con el rasero. **4** Llenar una vasija de líquido o de grano hasta los bordes.

arrastrar *tr.* Transportar una persona, animal o cosa tirando de ella de modo que vaya rozando el suelo. **2** Llevarse algo consigo al moverse rasando el suelo o una superficie cualquiera: el viento a las hojas; el agua a los troncos. **3** Inducir o atraer a alguien al propio dictamen. **4** Acarrear, producir ciertas consecuencias inevitables. **5** Soportar algo penosamente y de mala gana: *arrastra su cruz*. **6** *prnl.* Humillarse de forma vil y sin ninguna dignidad.

arrastre *m.* Transporte de la madera desde el punto en que se cortó hasta aquel en que se carga. **2** Acción de arrastrar en ciertos juegos de naipes. **3** Fuerza impulsora de un líquido en movimiento. **4** Retirada del ruedo del toro muerto en la lidia.

arrear[1] *tr.* Estimular a las caballerías con la voz o de cualquier otra manera. **2** Dar prisa, estimular. **3** *Amér.* Robar ganado. **4** *intr.* Acelerar el paso.

arrear[2] *tr.* Poner arreos, adornar.

arrebatar *tr.* Quitar alguna cosa con violencia y fuerza adueñándose de ella. **2** Empujar violentamente llevándose algo por delante; se aplica a la acción del viento impetuoso, a las riadas, etc. **3** Atraer poderosamente la atención, el afecto, las miradas, provocando el entusiasmo, el embelesamiento. **4** *tr. y prnl.* Agostarse las mieses por el calor excesivo. **5** *prnl.* Cocerse un manjar demasiado deprisa. **6** Sofocarse, irritarse las personas por la fuerza de las pasiones.

arrebato *m.* Arrebatamiento. **2** Éxtasis. **3** *Bol.* Enfermedad súbita.

arrebolar *tr. y prnl.* Poner de color de arrebol, lo que hace el Sol en las nubes y el rubor en la cara de las personas. **2** *prnl. Col.* y *P. Rico.* Excitarse, alarmarse. **3** *Venez.* Acicalarse.

arreciar *tr., intr. y prnl.* Ganar en fuerza o en carnes. **2** Aumentar una fuerza o violencia en fenómeno natural o una pasión: el viento, la fiebre, la cólera. **3** *prnl.* Arrecirse.

arrecife *m.* Camino empedrado o carretera. **2** Banco o bajo formado en el mar, casi a flor de agua, por puntas de roca madrepóricas.

arredrar *tr. y prnl.* Amedrentar, atemorizar. Apenas se usa en su significado originario de echar atrás, hacer volver.

arreglar *tr. y prnl.* Sujetar a regla y modo, regular. **2** Poner las cosas en el orden debido o conveniente. **3** Concertar voluntades u opiniones. **4** Volver a poner en servicio o devolver a su estado originario algo que se había estropeado o roto. **5** Acicalar,

adornar. **6** Acomodarse a determinadas situaciones o forma de vida.

arreglo *m.* Acción y efecto de arreglar o arreglarse, tanto las personas como las cosas. **2** Orden. **3** Avenencia, conciliación. **4** En sentido peyorativo, chanchullo, lío, amancebamiento. **5** Transformación de una obra musical para sus diferentes interpretaciones.

arrellanar *tr.* Nivelar un terreno. **2** *prnl.* Sentarse de forma cómoda y distendida. **3** Ocupar un cargo a gusto y con voluntad de mantenerlo.

arremeter *intr.* Acometer con ímpetu; abalanzarse sobre algo.

arrendador -ra *m. y f.* Persona o entidad que da alguna cosa en arrendamiento.

arrendamiento *m.* Acción de arrendar, alquilar. **2** Contrato que regula ese derecho. **3** Precio en que se estipula.

arrendar *tr.* Ceder el uso temporal de una cosa mediante el pago de una cantidad.

arrendatario -ria *adj. y n.* Que toma en arrendamiento alguna cosa.

arreo *m.* Atavío, adorno. **2** *m. Amér.* Acción y efecto de separar un hato de ganado. **3** *pl.* Guarniciones de las caballerías de montar o de tiro.

arrepentimiento *m.* Acción de arrepentirse. **2** Sentimiento de pesar por haber hecho algo. **3** Corrección que se advierte en la composición y dibujo de algunos cuadros.

arrepentirse *prnl.* Pesarle a uno el haber hecho (comisión) o haber dejado de hacer (omisión) alguna cosa, por mala o por inconveniente. **2** Volverse atrás en una acción emprendida o desdecirse de una promesa o un compromiso.

arrestar *tr.* Detener, apresar. **2** Castigar con prisión corta, especialmente en la milicia. **3** *prnl.* Determinarse, resolverse a una acción.

arresto *m.* Acción y efecto de arrestar. **2** Detención provisional del presunto reo. **3** Reclusión breve como castigo. **4** Arrojo para emprender una cosa ardua. Se usa más en plural.

arriar[1] *tr.* Bajar las velas o banderas izadas. **2** Aflojar o soltar un cabo, cadena, etc.

arriar[2] *tr. y prnl.* Inundar, anegar.

arriba *adv. l.* Señala un lugar alto o más elevado de aquel en que se encuentra el que habla; en lo alto, en la parte alta. La procedencia o dirección se indica con el refuerzo de las preposiciones. *a, de, desde*. **2** En un escrito señala lo que está antes, lo consignado anteriormente. **3** Con cantidades o medidas indica un exceso: *arriba de treinta años*.

arribar *intr.* Llegar la nave a puerto. **2** Fondear en algún puerto o abrigo para protegerse o hacer alguna reparación. **3** Dejarse ir con el viento. **4** Girar abriendo el ángulo que forma la dirección de la qui-

lla con la del viento. **5** Llegar por tierra a cualquier lugar.
arribismo *m*. Ambición de prosperar sin escrúpulos.
arribista *com*. Persona ambiciosa y sin escrúpulos para medrar y mejorar de posición. **2** *Amér*. Advenedizo, extranjero.
arribo *m*. Llegada.
arriero *m*. El que trajina con bestias de carga.
arriesgar *tr*. y *prnl*. Poner a riesgo, aventurar. **2** Apostar una cantidad. **3** Proponer una hipótesis.
arrimar *tr*. y *prnl*. Acercar una cosa a otra. **2** *tr*. Apartar a una persona de algún cargo o empleo. **3** Arrumbar una cosa poniéndola fuera de uso. **4** *prnl*. Acercarse a alguna cosa para apoyarse. **5** Sumarse a un grupo de personas. **6** Amancebarse. **7** Acogerse a la protección de alguien o de algo buscando refugio.
arrinconar *tr*. Poner alguna cosa en un rincón o lugar retirado. **2** Perseguir a una persona o a un animal hasta acorralarlos y que no puedan seguir retrocediendo. **3** Privar a alguien de la confianza o del cargo que disfrutaba. **4** Abandonar un oficio o profesión. **5** *prnl*. Retirarse del trato con la gente.
arriscar *tr*. y *prnl*. Arriesgar. **2** Despeñarse las reses por los riscos. **3** Encresparse, enfurecerse.
arritmia *f*. Falta de ritmo. **2** Ritmo o pulso irregular en las contracciones del corazón.
arroba *f*. Medida de peso equivalente a 25 libras o a 11,502 kg. **2** Medida de líquidos, aunque con variaciones notables de unos lugares a otros.
arrobar *tr*. Embelesar, cautivar a una persona provocando en ella tal sentimiento de placer o admiración que se olvida hasta de sí misma. **2** *prnl*. Enajenarse, quedar fuera de sí por motivos y con efectos que pueden ser naturales o paranormales.
arrodillar *tr*., *intr*. y *prnl*. Hacer que una persona o animal hinque una rodilla o ambas, o ponerse uno mismo. **2** *prnl*. Humillarse.
arrogancia *f*. Calidad de arrogante; actitud del que trata a los demás con altanería. **2** Valentía, fuerza de ánimo para enfrentarse a los poderosos y prepotentes.
arrogante *adj*. Altanero, soberbio. **2** Valiente, brioso. **3** Apuesto, gallardo.
arrojado -da *adj*. Atrevido, imprudente.
arrojar *tr*. Lanzar una cosa con fuerza imprimiéndole un movimiento. **2** Dejarla caer intencionadamente. **3** Despedir, alejar de sí: *lo arrojó como a un perro*. **4** Hacer salir a uno de un lugar o de un cargo. **5** Echar brotes las plantas. **6** Vomitar. **7** Dar una cuenta, documento o inventario unos determinados resultados. **8** *prnl*. Precipitarse de alto a bajo: *se arrojó por la ventana*.
arrojo *m*. Intrepidez.
arrollar *tr*. Envolver o liar una cosa dándole forma de rollo. **2** Devanar hilo o alambre en torno a un carrete dándole forma de ovillo. **3** Atropellar un tren o un vehículo a una persona, animal o cosa. **4** Llevarse el viento o el agua con violencia cuanto encuentran a su paso. **5** Derrotar por completo al enemigo.
arropar *tr*. y *prnl*. Abrigar y cubrir con ropa. **2** Por extensión, tapar alguna cosa.
arrostrar *tr*. e *intr*. Afrontar calamidades o peligros sin muestras de cobardía. **2** Acometer empresas difíciles o peligrosas.
arroyo *m*. Caudal corto de agua, riachuelo que puede salvarse de un salto. **2** Cauce o barranco por el que corre un caudal pequeño. **3** Afluencia de cualquier líquido.
arroz *m*. Planta anual de las gramíneas, de hojas largas, agudas y ásperas y fruto en grano oval, blanco y harinoso. Se cultiva de manera intensiva en las llanuras aluviales de clima cálido, en tierras inundadas o inundables, donde se consiguen de dos a tres cosechas anuales. En las regiones de clima templado con estación cálida suficientemente larga, se cultiva en verano.

arroz

arruga *f*. Pliegue que se forma en la piel. **2** Rugosidad irregular que se hace en los vestidos y en otras superficies flexibles. **3** *Amér*. Estafa.

arrugar *tr.* y *prnl.* Hacer arrugas o dobleces irregulares una cosa. **2** *Amér.* Fastidiar. **3** *prnl.* Encogerse, acobardarse ante alguna dificultad.

arruinar *tr.* y *prnl.* Causar la ruina de alguien o algo. **2** Ser causa de que algo se malogre o se deteriore.

arrullar *tr.* y *prnl.* Atraer el palomo o el tórtolo a la hembra emitiendo un zureo o sonido especial. **2** fig. Adormecer al niño con una suave cantinela. **3** fig. Decir palabras cariñosas a una persona.

arrullo *m.* Canto grave y monótono con que se atraen las palomas y tórtolas. **2** Canto suave con que se adormece a los niños.

arrumaco *m.* Zalamería, demostración de cariño superficial o falsa. **2** Adorno o atavío estrafalario.

arrumbar *tr.* Arrinconar una cosa por inútil, dejarla fuera de uso. **2** Rehuir el trato de alguien.

arsenal *m.* Astillero, atarazana, en que se construyen y reparan los barcos, especialmente los de guerra. **2** Depósito de armas y municiones. **3** Conjunto de ideas, noticias, datos o cosas útiles, y lugar en que se guardan o de donde se sacan.

arsénico *m.* (As) Elemento químico que reúne propiedades de los metales y de los no metales, y que presenta afinidades con el fósforo. Número atómico 33, peso atómico 74,9. Sus compuestos tienen una elevada toxicidad.

arte *amb.* (suele usarse como *m.* en singular y como *f.* en plural) Disposición para hacer alguna cosa. **2** Manera en que se hace. **3** Conjunto de reglas y preceptos para la buena realización de algo. **4** La creación humana, por contraposición a la naturaleza, y en especial la creación de obras bellas que tienen su expresión en alguna de las llamadas bellas artes. **5** Maña, habilidad para hacer bien una cosa o para conseguir algo.

artefacto *m.* Dispositivo, por lo general grande, que combina una serie de piezas adaptándolas a un fin determinado. **2** Armatoste. **3** Cualquier explosivo.

arteria *f.* Cada uno de los vasos que llevan la sangre desde el corazón hasta las demás partes del cuerpo. **2** Calle principal de una población en la que desembocan otras.

arteriosclerosis *f.* Endurecimiento de las arterias con pérdida de elasticidad.

artero -ra *adj.* Astuto, taimado.

artesanía *f.* Arte o trabajo realizado por artesanos, y en el que interviene más la habilidad personal que la precisión y serialización de la máquina.

artesano -na *adj.* Relativo a la artesanía. **2** *m.* y *f.* Persona que ejerce un trabajo manual, aunque con una creatividad que no se da en el obrero fabril.

ártico -ca *adj.* Relativo o cercano al polo Norte.

articulación *f.* Acción y efecto de articular o articularse. **2** Unión de dos miembros en el cuerpo o de dos piezas en una máquina, que permite su movimiento relativo. **3** En las plantas, unión de un órgano con otro, del que puede desgajarse. **4** Posición y movimiento de los órganos que intervienen en la pronunciación de los sonidos. **5** Pronunciación clara y distinta de las palabras.

articulado -da *adj.* Que tiene articulaciones o está unido a través de éstas. **2** *m.* Serie de artículos de una ley o reglamento. **3** *pl.* Se dice de los animales, como insectos, arácnidos y crustáceos, cuyo exoesqueleto está formado por piezas que se ensamblan unas con otras.

articular *tr.* y *prnl.* Unir, ensamblar dos cosas permitiéndoles algún movimiento. **2** *tr.* Colocar los órganos de la voz en la forma que requiere la pronunciación de los sonidos. **3** Pronunciar las palabras de modo claro y distinto.

articulatorio -ria *adj.* Relativo a la articulación de los sonidos del lenguaje.

artículo *m.* Morfema átono y sin significación propia, que acompaña a otras palabras señalando su género, número y extensión en que se emplean. **2** Cada una de las divisiones de un diccionario encabezada por una palabra distinta. **3** Cada una de las disposiciones numeradas de una ley, documento, etc. **4** Escrito de cierta extensión y contenido ideológico publicado en un periódico. **5** Género, mercancía. **6** Cuestión incidental en un juicio. **7** Cada una de las preguntas de un interrogatorio.

artífice *com.* Autor o creador de algo. **2** Autor de una obra bella, artista y especialmente en el campo de las llamadas artes menores (cerámica, orfebrería, textiles).

artificial *adj.* Hecho por arte o mano del hombre. **2** No natural, falso. **3** Afectado, falto de espontaneidad.

artificio *m.* Arte y primor con que está hecha una cosa. **2** Dispositivo ingenioso. **3** Falta de naturalidad. **4** Engaño, simulación.

artillar *tr.* Proveer de artillería a una fortaleza o a un buque. **2** Montar la artillería.

artillería *f.* Arte de la construcción y manejo de las armas de guerra. **2** Conjunto de armas pesadas con que cuenta un ejército, plaza o buque. **3** Cuerpo militar destinado a este servicio.

artilugio *m.* Mecanismo rudimentario; es despectivo de artificio. **2** Ardid para conseguir alguna cosa.

artimaña *f.* Trampa para cazar animales. **2** Astucia para conseguir algo.

artista *com.* Persona que cultiva alguna de las bellas artes. **2** Persona que actúa profesionalmente en algún espectáculo público. **3** Persona que trabaja con gran perfección.

artístico -ca *adj.* Hecho con arte o relacionado con las denominadas bellas artes.

artritis *f.* Inflamación de las articulaciones.

arveja *f.* Algarroba, planta y semilla.

arzobispado *m*. Dignidad de arzobispo. **2** Territorio en que ejerce su jurisdicción. **3** Edificio en que está la curia arzobispal.

as *m*. El número uno de cada palo de la baraja. **2** El punto único en una de las seis caras del dado. **3** Persona que destaca notablemente en un oficio o profesión.

asa *f*. Parte saliente de un objeto, en figura curva o de anillo, que sirve para asirlo.

asadero -ra *adj*. Que se puede asar. **2** *m*. Lugar en que hace mucho calor.

asado *m*. Carne asada. **2** *Amér*. Tira de costillar.

asador *m*. Varilla puntiaguda o parrilla en que se clavan o ponen las viandas para asarlas.

asaetear *tr*. Disparar o herir con saetas. **2** Causar a uno repetidos disgustos o molestias.

asalariar *tr*. y *prnl*. Señalar o pagar salario a una persona.

asaltar *m*. Atacar una fortaleza para tomarla. **2** Acometer por sorpresa.

asalto *m*. Acción y efecto de asaltar. **2** Cada uno de los períodos de tres minutos en que se divide un combate de boxeo.

asamblea *f*. Reunión de personas convocadas para un fin. **2** Cuerpo político y legislativo de congresistas, diputados o senadores.

asar *tr*. Preparar un alimento al fuego directo sobre las brasas o en un horno. **2** *prnl*. Sentir mucho calor.

asaz *adv*. *c*. Bastante, muy.

ascendencia *f*. Serie de antepasados de una persona.

ascender *intr*. Subir a un sitio más alto. **2** Mejorar de categoría o de posición social. **3** Aumentar la temperatura. **4** *tr*. Promover a una categoría superior.

ascendiente *com*. Padre, madre o cualquiera de los antepasados. **2** *m*. Prestigio o autoridad moral de que goza una persona.

ascensión *f*. Acción y efecto de subir a un lugar alto. **2** Fiesta cristiana que recuerda la subida corporal de Jesús al cielo. **3** Exaltación de una persona a una gran dignidad.

ascenso *m*. Subida a un lugar más alto. **2** Promoción a una dignidad mayor. **3** Cada uno de los grados de una jerarquía o profesión.

ascensor *m*. Aparato para llegar a los pisos altos sin utilizar la escalera. **2** Montacargas.

ascensorista *adj*. y *com*. Que construye, monta o repara ascensores. **2** *com*. Persona que maneja el ascensor.

asceta *com*. Persona de vida ascética y retirada. **2** Persona de costumbres austeras.

ascetismo *m*. Doctrina y práctica de la vida ascética, encaminada a la perfección espiritual mediante la mortificación.

asco *m*. Sensación de repugnancia que incita al vómito. **2** Cosa repugnante y la impresión desagradable que produce.

ascua *f*. Cualquier trozo de materia incandescente sin llama.

asear *tr*. y *prnl*. Limpiar, adornar con curiosidad. Dicho de las personas: lavarse, peinarse, etc.

asediar *tr*. Poner cerco a un lugar impidiendo a sus moradores salir de él o que reciban socorro. **2** Importunar insistentemente a una persona con peticiones, requerimientos, preguntas, etc.

asegurado -da *adj*. y *n*. Se dice de la persona o cosa que es objeto de un seguro.

asegurador -ra *adj*. y *n*. Que asegura. **2** Se dice de la persona o empresa que concierta seguros contra determinados riesgos, a cambio de una cuota estipulada.

aseguramiento *m*. DER Conjunto de medidas que el juez adopta para impedir el deterioro o fraude.

asegurar *tr*. Fijar una cosa de manera firme. **2** Garantizar el cumplimiento de una obligación. **3** *tr*. y *prnl*. Infundir confianza. **4** Preservar o resguardar de daño. **5** Concertar un seguro sobre personas o cosas. **6** Prometer.

asemejar *tr*. Hacer semejante una cosa a otra. **2** *intr*. y *prnl*. Parecerse.

asentamiento *m*. Acción y efecto de asentar o asentarse. **2** Instalación de colonos y cultivadores en tierras que se les reparten.

asentar *tr*. y *prnl*. Sentar. **2** Colocar a una persona en determinado lugar o asiento, en señal de posesión de algún empleo o cargo. **3** Poner una cosa de modo que quede fija. **4** Fundar una colonia o ciudad. **5** Anotar algo en un libro. **6** Dejar establecidas las bases o premisas. **7** Dar por cierto un hecho.

aseo *m*. Limpieza, pulcritud con que se hace una cosa. **2** Apostura y compostura con que se presenta una persona.

asequible *adj*. Que se puede alcanzar, que está a la mano.

aserción *f*. Acción y efecto de afirmar una cosa. **2** Proposición o frase que contiene la afirmación.

aserradura *f*. Corte de la sierra. **2** Punto en que se ha hecho el corte. **3** *pl*. Aserrín.

aserto *m*. Afirmación, aseveración. **2**

asesinar *tr*. Matar a una persona con premeditación y alevosía. **2** fig. Causar a alguien disgustos gravísimos. **3** Hacer traición la confianza de alguien.

asesinato *m*. Acción y efecto de asesinar. **2** El delito consiguiente.

asesino -na *adj*. y *n*. Que asesina. **2** Se dice de la cosa que causa un grave daño físico o de orden moral.

asesor -ra *adj*. y *n*. Que asesora. **2** Se dice del abogado que aconseja a un juez que no entiende en leyes.

asesorar tr. Dar consejo o dictamen. **2** prnl. Consultar el dictamen del letrado asesor. **3** Tomar consejo de una persona.

asestar tr. Dirigir un arma hacia el objeto que se quiere alcanzar. **2** Descargar el proyectil o el golpe de un arma contra algo o alguien: *le asestó una puñalada, un lanzazo.*

aseverar tr. Afirmar una cosa de modo cierto.

asexual adj. Sin sexo, ambiguo. **2 BIOL** Se dice de la reproducción en que no intervienen los sexos, como la gemación que se hace sin gametos.

asfaltar tr. Pavimentar con asfalto una superficie.

asfalto m. Mineral negro que se obtiene por destilación natural o artificial de ciertos petróleos crudos. Se emplea para pavimentar carreteras, calles, terrazas, etc.

asfixia f. Muerte por suspensión de la función respiratoria, que priva de oxígeno al organismo. **2** Asma o respiración dificultosa.

así adv. m. De esta o de esa manera. **2** En oraciones desiderativas: ojalá. **3** En oraciones interrogativas tiene sentido de ponderación y extrañeza: *¿Así tratas a tu hermano?* **4** Aunque: *así caigan chuzos de punta, iremos.* **5** Con la conjunción *y* antepuesta, adquiere valor de consecutiva: *nadie le ayudó, y así tuvo que desistir.*

asidero m. Agarradero, lo que sirve para asir una cosa. **2** Apoyo, influencia. **3** Excusa.

asiduo -dua adj. y n. Que asiste con frecuencia y constancia a un lugar. **2** Perseverante.

asiento m. Emplazamiento, lugar en que se asienta un edificio o una población. **2** Cosa adecuada para sentarse en ella. **3** Cada anotación en una cuenta. **4** Estabilidad. **5** Cordura, sensatez.

asignar tr. Señalar lo que corresponde a una persona o cosa. **2** Destinar a una persona para un cargo. **3** Incluir en un grupo o clase.

asignatura f. Cada una de las materias que constituyen un plan de estudios o una carrera.

asilado -da m. y f. Persona acogida a un establecimiento benéfico.

asilar tr. y prnl. Albergar en una institución benéfica. **2** Dar asilo político.

asilo m. Establecimiento benéfico al que se acogen personas menesterosas o desvalidas. **2** Amparo, protección.

asimilar tr. y prnl. Asemejar, equiparar personas o cosas. **2** tr. Otorgar a los individuos de una nacionalidad o de una determinada carrera los derechos de que gozan los individuos de otra. **3** Incorporar las células u organismos sustancias que les son ajenas. **4** Transformar un sonido en otro parecido por la proximidad en que se encuentra dentro de una palabra. **5** Hacer propio un conocimiento entendiéndolo. **6** intr. y prnl. Ser semejante, parecerse.

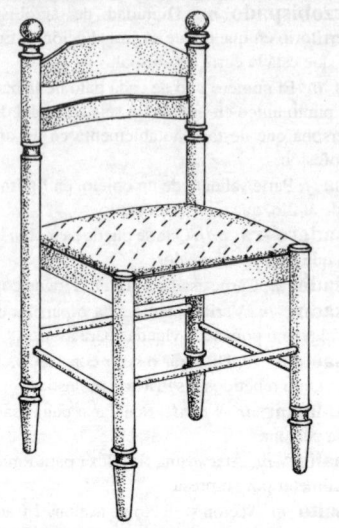

asiento

asimilativo -va adj. Que tiene capacidad para apropiarse determinadas cosas o cualidades.

asimismo adv. m. De este o del mismo modo. **2** adv. af. También.

asir tr. Agarrar una cosa con manos o garras. **2** Sujetar fuertemente una cosa, cualquiera que sea el instrumento con que se realiza la operación. **3** intr. Arraigar las plantas o prender en tierra. **4** prnl. Agarrarse de una cosa para no caer o no ser arrastrado.

asistencia f. Acción de asistir, en la doble acepción de acudir a un sitio o de prestar ayuda. **2** Concurrencia a un lugar: *se ruega su asistencia;* y las personas que concurren a él: *se celebró el acto con una asistencia numerosa.* **3** *Col.* Casa de comidas. **4** Conjunto de personas que atienden a un servicio: los miembros de la Cruz Roja, los mozos de la plaza de toros.

asistente -ta adj. y n. Que asiste, concurre o ayuda. **2** m. Soldado adscrito al servicio personal de un superior. **3** Cualquiera de los dos obispos que ayudan al principal en la consagración de otro. **4** f. Mujer que sirve en una casa a horas y sin residir en ella.

asistir intr. Acudir a un sitio o concurrir con frecuencia. **2** Hallarse presente en un lugar. **3** tr. Servir de forma interina o circunstancial. **4** Socorrer, ayudar. **5** Cuidar a alguien en una enfermedad.

asma amb. Enfermedad causada por la contracción espasmódica de los bronquios, caracterizada por accesos de respiración dificultosa, generalmente nocturnos, sin fiebre y sin expectoración, con estertores sibilantes y labios violáceos. Puede tener como causa una insuficiencia cardíaca o una alergia.

asno *m.* Mamífero ungulado de los équidos, menor que el caballo, de pelaje uniforme y por lo común ceniciento, y de orejas largas. Es sufrido y se le emplea como animal doméstico en trabajos de carga. **2** fam. Persona tosca y de poco entendimiento.

asociación *f.* Acción y efecto de asociar o asociarse. **2** Conjunto de cosas asociadas y la relación que media entre ellas. **3** Conjunto de personas que se asocian de forma estable y con un fin específico, pudiendo adquirir una personalidad jurídica.

asociar *tr.* y *prnl.* Juntar personas o cosas con miras a un fin común. **2** Dar o tomar un compañero que ayude en el desempeño de algún cargo o trabajo. **3** *tr.* Relacionar ideas y recuerdos, que es una forma de comprensión.

asolar[1] *tr.* Echar al suelo una cosa. **2** Destruir por completo arrasándolo todo sin dejar piedra sobre piedra. **3** *prnl.* Posarse los líquidos.

asolar[2] *tr.* y *prnl.* Estropear el calor las plantas o los frutos.

asolear *tr.* Exponer una cosa al sol.

asomar *intr.* Empezar a mostrarse una persona o cosa. **2** *tr.* y *prnl.* Sacar o dejar ver algo por una abertura o por detrás de alguna cosa: una ventana, una rendija, etc. **3** Enterarse de algo por encima y sin profundizar.

asombrar *tr.* Hacer sombra. **2** Oscurecer un color. **3** *tr.* y *prnl.* Causar una admiración grande, asustar, pasmar.

asombro *m.* Acción y efecto de asombrar o asombrarse. **2** Admiración grande, pasmo.

asonancia *f.* Correspondencia entre las vocales de dos palabras después de la sílaba acentuada. **2** Recurso retórico, y a veces defecto, que se da con el empleo de palabras asonantes.

aspa *f.* Figura de X formada por dos palos atravesados. **2** Armazón de madera, en esa forma, que en los molinos de viento sustenta las telas.

aspaviento *m.* Demostración exagerada o afectada de algún sentimiento de admiración, afecto o asombro.

aspecto *m.* Apariencia o manera en que se presentan personas, animales, cosas o asuntos: *aspecto cansado, aspecto del cielo.*

aspereza *f.* Calidad de áspero. **2** Desigualdad del terreno, que lo hace escabroso.

áspero -ra *adj.* Se dice de las superficies rugosas, agrietadas o granuladas. **2** Se aplica al terreno con irregularidades, y por consiguiente, escabroso y abrupto. **3** Se dice de los sonidos, sabores u olores que irritan el oído, el gusto o el olfato. **4** Se dice de la persona de carácter malhumorado y trato adusto. **5** Desabrido, violento.

aspa

áspid *m.* Nombre que se da a diversas especies de víboras y serpientes de los vipéridos, que son muy venenosas. **2** Por extensión, cualquier serpiente venenosa.

aspiración *f.* Acción y efecto de aspirar o inspirar aire en los pulmones. **2** Deseo de conseguir algo.

aspirador -ra *adj.* Que aspira el aire. **2** *f.* Máquina eléctrica que absorbe el polvo y la suciedad de muebles, alfombras y suelos.

aspirante *adj.* Persona que persigue un empleo, premio o título.

aspirar *tr.* Introducir aire en los pulmones. **2** Atraer una máquina polvo, gas, etc., por el vacío producido en su interior. **3** Desear un cargo, un trabajo.

aspirina *f.* Nombre comercial del ácido acetilsalicílico, cuyos principios activos se obtenían originariamente de la hierba *Spiraea ulmaria* (reina de los prados). Nombre y producto son de origen alemán.

asqueroso -sa *adj.* Que causa asco. **2** Se dice de la persona que disgusta con su comportamiento o lenguaje.

asta *f.* Palo de la lanza o pica. **2** Astil de la flecha o venablo. **3** Palo al que se iza la bandera. **4** Tronco principal del cuerno de los cérvidos. **5** Mango de brocha o pincel.

astenia *f.* Debilitamiento general del organismo. **2** Falta específica de fuerza muscular.

asterisco *m.* Signo ortográfico (*) para la llamada de las notas o para señalar el carácter hipotético de una palabra del texto.

astilla *f.* Fragmento irregular que salta o queda de una madera. **2** La que salta de un pedernal o de otros minerales. **3** Propina dada a un funcionario para que adelante el asunto en el que se está interesado.

astillero *m.* Industria en que se construyen y reparan buques.

astral *adj.* Perteneciente o relativo a los astros.

astringente *adj.* y *m.* Se dice de la sustancia que contrae los tejidos orgánicos; por ejemplo, la que deja ásperos la lengua y el paladar. **2** Se aplica al alimento y al fármaco que producen estreñimiento.

astringir *tr.* Apretar, estrechar, contraer una sustancia los tejidos orgánicos. **2** fig. Sujetar, obligar.

astro *m.* Cualquiera de los cuerpos celestes. **2** fig. Persona que destaca en alguna actividad.

astrolabio *m.* Aparato antiguo formado por un disco, provisto de limbos graduados y alidadas con pínulas o anteojos, para medir la altura de los astros y señalar la latitud y la hora.

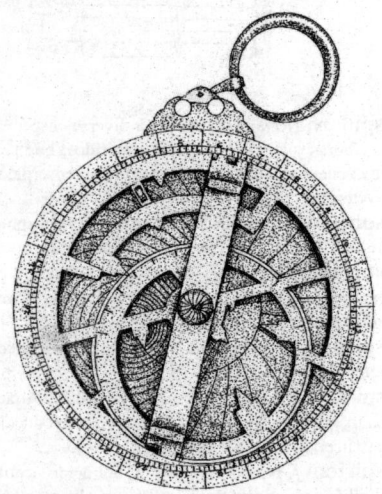

astrolabio

astrología *f.* Ciencia que cultivaron las civilizaciones antiguas en su deseo de vaticinar el futuro por la posición de los astros.

astronauta *com.* Cosmonauta.

astronáutica *f.* Ciencia que tiene por objeto el estudio de la navegación por el espacio exterior.

astronomía *f.* Ciencia que estudia los astros, su estructura y sus movimientos.

□ ASTRON El objeto de la astronomía es el universo físico; es decir, se ocupa de la determinación de las propiedades de los cuerpos que lo constituyen (astros, planetas, cometas, estrellas, materia interestelar e intergaláctica, galaxias, cúmulos, etc.), de los procesos mediante los cuales dichos cuerpos se forman, de las posiciones relativas que ocupan, de las leyes que rigen sus movimientos y de su evolución con el tiempo.

astrónomo -ma *m.* y *f.* Persona que profesa la astronomía o tiene especiales conocimientos de ella.

astroso -sa *adj.* Infausto, desgraciado. **2** Desaseado. **3** Abyecto, vil.

astucia *f.* Calidad de astuto. **2** Recurso engañoso para conseguir algo.

astuto -ta *adj.* Persona hábil para trazar ardides o para evitar engaños, siempre al servicio de lo que pretende.

asueto *m.* Vacación corta, y por extensión cualquier descanso.

asumir *tr.* Tomar para sí o sobre sí determinadas responsabilidades o trabajos.

asunción *f.* Acción y efecto de asumir. **2** Fiesta del 15 de agosto con que la Iglesia católica celebra la elevación de María en cuerpo y alma al cielo.

asunto *m.* Cuestión o cosa de que se trata. **2** Argumento de una obra literaria, de un cuadro o de una escultura. **3** Negocio, ocupación lucrativa. **4** Cosa en la que uno ha de ocuparse.

asustadizo -a *adj.* Que se asusta fácilmente.

asustar *tr.* y *prnl.* Dar un susto, sobresaltar a alguien. **2** Atemorizar, intimidar. **3** Ahuyentar. **4** Causar desagrado o escándalo con la conducta o el lenguaje.

atacar *tr.* Apretar el contenido de un recipiente, como la carga de los barrenos o el taco de un arma de fuego. **2** Apretar, ajustar. **3** Embestir, lanzarse contra alguien para hacerle algún daño. **4** Llevar la iniciativa en una acción bélica. **5** Actuar una sustancia sobre otra combinándose con ella.

atado -da *adj.* Tímido. **2** *m.* Conjunto de cosas atadas, como las ropas o las cartas. **3** *Arg.* Cajetilla de cigarrillos.

atadura *f.* Acción y efecto de atar. **2** Ligadura o cuerda con que se ata algo. **3** fig. Lo que impide hacer algo.

atafagar *tr.* y *prnl.* Sofocar, aturdir, especialmente por medio de olores fuertes.

atajar *intr.* Ir o tomar por el atajo. **2** *tr.* Salir por un atajo al encuentro de personas o animales, cortándoles el paso. **3** Detener, interrumpir a alguien o el proceso de algo.

atajo *m.* Senda por la que se acorta el camino. **2** Procedimiento rápido para lograr algo. **3** Separación o división de alguna cosa.

atalayar *tr.* Registrar el campo o el mar desde una atalaya. **2** Espiar las acciones ajenas.

ataque m. Acción de atacar. **2** Acceso, acometida. **3** Accidente, colapso.
atar tr. Sujetar una cosa a otra con ligaduras. **2** Rodear algo con una cuerda. **3** Anudar una cuerda. **4** prnl. Ligarse a una persona o cosa con la consiguiente pérdida de libertad.
atarantar tr. y prnl. Aturdir. **2** prnl. Amér. Atropellarse, precipitarse.
atardecer intr. Llegar la última hora de la tarde cuando empieza a oscurecer.
atarear tr. Señalar tarea. **2** prnl. Entregarse de lleno al trabajo.
atarugar tr. Asegurar con tarugos o cuñas una ensambladura. **2** tr. y prnl. Llenar, colmar. **3** prnl. Cortarse, azararse.
atascar tr. y prnl. Cegar u obstruir un conducto impidiendo el paso de alguna cosa. **2** Quedar detenido en un barrizal. **3** No poder proseguir un razonamiento o discusión.
atasco m. Impedimento que no permite el paso de una cosa. **2** Obstrucción de un conducto. **3** Embotellamiento de vehículos. **4** Dificultad que impide el avance en un razonamiento o discurso.
ataúd m. Féretro, caja en que se deposita el cadáver de una persona.
ataviar tr. y prnl. Adornar, vestir con elegancia.
atavío m. Adorno, compostura. **2** Conjunto de piezas de vestir. **3** pl. Adornos.
ateísmo m. Doctrina que niega la existencia de Dios o de dioses.
atemorizar tr. y prnl. Causar temor o sentirlo. **2** Intimidar, quitar el ánimo o energía para algo.
atemperar tr. y prnl. Moderar, templar. **2** Acomodar una cosa a otra.
atención f. Facultad y acción de atender. **2** Aplicación de la mente o de la actividad de los sentidos a una persona o cosa. **3** Cortesía o demostración de respeto. **4** pl. Negocios, obligaciones.
atender tr. e intr. Aplicar la mente o los sentidos al conocimiento de alguna cosa. **2** Preocuparse por alguien o algo. **3** Mirar por una persona o cuidar de ella, especialmente si está enferma. **4** En las tiendas, despachar a los clientes.
atenerse prnl. Ajustarse en la forma de pensar o de obrar a determinadas normas, opiniones o circunstancias.
atentado m. Agresión contra la vida o la integridad física de una persona, especialmente si está constituida en dignidad o representa de alguna manera el orden instituido.
atentar tr. Intentar un daño grave contra personas o cosas. **2** intr. Cometer atentado infiriendo ofensa o menoscabo a la dignidad, intereses, etc., de alguien o de algo: los derechos cívicos, la salud, etc.
atento -ta adj. Que presta atención o pone interés en una cosa. **2** Persona cortés o amable.

atenuar tr. Hacer tenue o sutil una cosa. **2** tr. y prnl. Aminorar la gravedad o intensidad de algo.
ateo -a adj. y n. Se dice de quien niega la existencia de Dios.
aterciopelado -da adj. Semejante al terciopelo.
aterramiento m. Terror, humillación.
aterrar tr. Aterrorizar, espantar. **2** Desanimar.
aterrizar intr. Tomar una aeronave contacto con el suelo y posarse.
aterrorizar tr. y prnl. Causar terror, espantar.
atesorar tr. Guardar cosas de valor. **2** Ocultar una cosa grandes valores. **3** Tener una persona grandes cualidades.
atestar tr. Llenar una cosa hueca apretando lo que se mete en ella. **2** Llenar la gente por completo un local. **3** Rellenar con mosto las cubas de vino mermadas por la fermentación. **4** tr. y prnl. fam. Atracar de comida.
atestiguar tr. Deponer como testigo la verdad de alguna cosa. **2** Ser indicio o prueba de la certeza de algo.
atiborrar tr. Llenar de borra, apretándola. **2** Llenar algo con exceso; atestar de cosas inútiles un local. **3** tr. y prnl. Atracar de comida.
atildar tr. Poner tildes a las letras. **2** tr. y prnl. Componer, asear, a veces sugiriendo un cierto exceso o afectación.
atinar intr. Encontrar lo que se busca a tientas. **2** Encontrar lo que se busca, dar en el blanco. **3** Hallar la solución de una adivinanza o problema.
atirantar tr. Poner tirante una cosa. **2** Afirmar con tirantes una construcción.
atisbar tr. Mirar algo con cuidado y disimulo. **2** Vislumbrar o adivinar. **3** prnl. Aparecer una cosa, hacerse visible.
atizar tr. Avivar el fuego removiéndolo o añadiendo combustible. **2** Despabilar la mecha de velas o candiles. **3** fig. Avivar pasiones o discordias. **4** fam. Dar, asestar un golpe. **5** prnl. Comer o beber algo que se estima exagerado.
atlas m. Volumen de mapas geográficos. **2** Colección de láminas correspondientes a un texto. **3** Primera vértebra de las cervicales, unida al cráneo mediante los cóndilos del occipital.
atleta m. Participante en los juegos griegos y romanos de la antigüedad. **2** com. Persona que practica algún deporte que requiere esfuerzo físico. **3** Persona membruda y de fuerzas notables.
atmósfera o **atmosfera** f. Envoltura gaseosa que rodea la Tierra, y por extensión la que rodea cualquier otro planeta. **2** Ambiente de un local cerrado. **3** Espacio al que se extiende la influencia de personas o cosas. **4** Estado anímico acerca de una cuestión.
atolondramiento m. Falta de reflexión.

atleta

atomizar *tr.* y *prnl.* Dividir alguna cosa en partes minúsculas, pulverizar. **2** Pulverizar un líquido finísimamente. **3** *prnl.* Dispersarse.

átomo *m.* La partícula más pequeña de un elemento que conserva las propiedades químicas de éste. **2** fig. Cosa muy pequeña.

atónito -ta *adj.* Pasmado por el asombro o la sorpresa.

átono -na *adj.* Se dice de la vocal, sílaba o palabra que se pronuncia sin acento prosódico.

atontado -da *adj.* Se dice de la persona que es o actúa como un tonto; o de manera aturdida y distraída.

atorar *tr., intr.* y *prnl.* Obstruir, atascar. **2** Atascarse en una conversación sin saber seguir. **3** *Arg.* Atragantarse.

atormentar *tr.* y *prnl.* Dar tormento o dolor, físico o moral. **2** Ocasionar disgustos o molestias.

atornillar *tr.* Fijar un tornillo haciéndolo girar sobre su eje. **2** Sujetar con tornillos alguna cosa. **3** Presionar a una persona. **4** *prnl.* Mantenerse obstinadamente en un cargo u oficio.

atortolar *tr.* y *prnl.* Aturdir, acobardar. **2** *prnl.* Enamorarse acarameladamente.

atosigar[1] *tr.* Envenenar.

atosigar[2] *tr.* y *prnl.* Abrumar con prisas, acuciar con exigencias.

atracadero *m.* Lugar apto para que los barcos se arrimen a tierra sin peligro, y en el que de hecho fondean.

atracador -ra *m.* y *f.* Persona que roba a mano armada. **2** *Cuba.* Sablista.

atracar[1] *tr.* y *prnl.* Hacer comer o beber con exceso.

atracar[2] *tr.* e *intr.* Arrimar, aproximar una embarcación a tierra o a otra embarcación. **2** *tr.* Acercar, arrimar. **3** Acometer a una persona con propósito de robo. **4** *Chile* y *Méx.* Zurrar, golpear, tratar con severidad. **5** *prnl. Amér.* Pelearse.

atracción *f.* Acción de atraer. **2** Fenómeno físico por el que los cuerpos se atraen unos a otros, produciendo la gravitación. **3** *pl.* Espectáculos o diversiones variadas.

atraco *m.* Acción de atracar o asaltar. **2** Pequeña estafa.

atractivo -va *adj.* Con fuerza para atraer y ganarse la voluntad ajena. **2** *m.* Encanto personal para atraerse el afecto o la simpatía de otros.

atraer *tr.* Traer hacia sí, en sentido físico o moral, a personas o cosas: *la propaganda a los compradores, la miel a las moscas, el imán al hierro.* **2** *tr.* y *prnl.* Ganar la simpatía de una persona o conseguir su adhesión a ciertas ideas.

atragantar *tr.* y *prnl.* Sentir ahogos por habérsele tenido algo en la garganta. **2** Causar fastidio o enfado. **3** *prnl.* Cortarse en la conversación sin saber qué decir.

atrancar *tr.* Asegurar la puerta con una tranca. **2** *tr.* y *prnl.* Atascar. **3** *prnl.* Encerrarse asegurando por dentro la puerta con una tranca.

atrapar *tr.* Pillar con movimiento rápido algo que huye o va de prisa. **2** Conseguir alguna cosa con cierta habilidad.

atrás *adv. l.* Hacia la parte que está detrás o a las espaldas: *dar un paso atrás.* **2** En la zona posterior a lo que se toma como referencia. **3** En las últimas filas de un grupo, o en el fondo del un local. **4** En el plano temporal: lo que ya ha pasado o lo que se ha dicho con anterioridad.

atrasado -da *adj.* Retrasado respecto de lo normal o debido. **2** No reciente, no del día: *noticia* o *periódico atrasados.* **3** Que no vive al día o no ha asimilado los logros de la civilización moderna. **4** Alcanzado de dinero, entrampado.

atrasar *tr.* y *prnl.* Retrasar o retardar: el reloj, el momento de celebrar un acto. **2** *intr.* y *prnl.* No marchar el reloj, un tren, etc., con la velocidad debida. **3** *prnl.* Quedarse atrás. **4** No llegar a su completo desarrollo las personas, los animales o las plantas. **5** *Chile.* Estar una mujer encinta.

atraso *m.* Efecto de atrasar o atrasarse. **2** Falta de desarrollo en el progreso alcanzado por otros. **3** Trabajo no realizado que se va amontonando. **4** *pl.* Pagas vencidas y no cobradas.

atravesado -da *adj.* Que bizquea. **2** Se dice del animal cruzado o mestizo. **3** De mala intención o carácter maligno. **4** *Ecuad.* De cuerpo ancho.

atravesar *tr.* Cruzar, hacer pasar un objeto de un lado al opuesto. **2** Pasar de un lado a otro. **3** Colocar una cosa sobre otra oblicuamente. **4** Poner algo que impide el paso. **5** *fig.* Pasar circunstancialmente por una determinada situación próspera o adversa. **6** Apostar algo en el juego. **7** *prnl.* Intervenir en la conversación o en los asuntos de otros. **8** Tener pendencia con alguien, sentir antipatía.
atreverse *prnl.* Osar hacer algo, por arriesgado que sea. **2** Insolentarse perdiendo el respeto debido a personas o cosas.
atrevido -da *adj.* Audaz, insolente, dicho de personas; arriesgado, peligroso o escandaloso, aplicado a cosas.
atribución *f.* Acción de atribuir. **2** Cada una de las facultades inherentes a un cargo.
atribuir *tr.* y *prnl.* Asignar hechos o cualidades a una persona o cosa, aun sin la base suficiente. **2** Señalar una cosa como competencia de alguien. **3** Achacar, imputar.
atribular *tr.* Causar tribulación. **2** *prnl.* Padecerla.
atributivo -va *adj.* Perteneciente al atributo o que hace función de tal: el adjetivo unido al sustantivo mediante cópula, los verbos *ser* y *estar* en su función de asignar al sujeto lo que significa el atributo, y oraciones con tal significado.
atributo *m.* Facultad o cualidad que, por naturaleza o asignación, corresponde a una persona o cosa. **2** Símbolo que representa convencionalmente alguna cosa: *la palma, atributo de la victoria; la balanza, atributo de la justicia.* **3** Oficio que desempeña el adjetivo en posición inmediata al sustantivo, u oraciones enteras formadas generalmente con los verbos *ser* o *estar.* **4** Cada una de las perfecciones de la esencia divina: amor, sabiduría, omnipotencia, etc. **5** *Hond.* Armazón o andas en que se lleva una imagen.
atril *m.* Mueble en forma de plano inclinado para sostener papeles o libros abiertos.
atrincherar *tr.* Fortificar con trincheras. **2** *prnl.* Ponerse en ellas a cubierto del enemigo. **3** *fig.* Refugiarse detrás de la cosa que se expresa. **4** *fig.* Valerse de algo para defenderse de un ataque o mantenerse en una actitud.
atrio *m.* Espacio descubierto y rodeado por columnas que precede a ciertos templos y palacios. **2** Espacio interior rodeado de pórticos que se encuentra en algunos monasterios y conventos.
atrocidad *f.* Crueldad grande. **2** *fam.* Exceso, demasía. **3** Disparate grave.
atrofia *f.* Falta de desarrollo de un órgano.
atronar *tr.* Aturdir con ruido ensordecedor. **2** Dejar sin sentido a una res con un golpe de porra o con verduguillo antes de desollarla. **3** *prnl.* Aturdirse y quedarse como muerto con el ruido del trueno, como les ocurre a los pollos antes de salir del cascarón o a los gusanos de seda del capullo.
atropellar *tr.* Arrollar o derribar a alguien pasándole por encima; se dice especialmente de los vehículos que alcanzan violentamente a personas o animales. **2** Abrirse paso a empujones. **3** Agraviar a alguien con violencia o abuso de fuerza. **4** Proceder sin miramiento a leyes, usos o conveniencias sociales. **5** *prnl.* Obrar o hablar con apresuramiento y agobio.
atroz *adj.* Fiero, inhumano; se aplica tanto al genio de las personas como al dolor, la enfermedad, etc. **2** *fam.* Desmesurado, muy grande.
atuendo *m.* Atavío, vestido. **2** Adorno, ostentación.
atún *m.* Pez teleósteo de los túnidos, que alcanza tres metros de longitud y 500 kg de peso. Vive en aguas profundas del Atlántico y del Mediterráneo, y su carne es muy sabrosa.
aturdimiento *m.* Perturbación de los sentidos por efecto de un golpe, un mareo o un ruido muy fuerte. **2** Desconcierto moral que provoca una desgracia o una mala noticia. **3** Torpeza para hacer alguna cosa.
aturdir *tr.* y *prnl.* Causar aturdimiento o padecerlo. **2** Confundir, desconcertar a alguien.
atusar *tr.* Recortar el pelo con tijeras. **2** Igualarlo pasando el peine mojado. **3** Igualar los jardineros las plantas con tijeras o podaderas. **4** *prnl.* Arreglarse con afectación.
audacia *f.* Atrevimiento, osadía. **2** Insolencia.
audaz *adj.* Osado, atrevido.
audición *f.* Acción de oír. **2** Concierto o lectura en público.
audiencia *f.* Acto de un soberano, autoridad o persona importante, por el que reciben a quienes desean exponer o solicitar alguna cosa. **2** Sesión en que los litigantes exponen ante un tribunal sus causas y alegatos. **3** Lugar en que se celebra ese acto. **4** Auditorio o conjunto de personas que asisten a un discurso o debate, o que, desde sus domicilios, sigue un programa de radio o televisión.
audífono *m.* Aparato para percibir mejor los sonidos.
audiovisual *adj.* Que afecta simultáneamente al oído y a la vista; se aplica a los métodos de enseñanza y a la publicidad que recurren a la palabra y la imagen.
auditor *m.* Revisor de cuentas colegiado. **2** Cada uno de los magistrados del tribunal que recibe las apelaciones contra sentencias eclesiásticas en territorio español. **3** Funcionario del cuerpo jurídico militar que informa sobre las leyes y los procedimientos judiciales en el ejército.
auditoría *f.* Supervisión de las cuentas de una empresa, hecha por decisión de un tribunal o a instancias de particular.

auditorio *m.* Concurso de oyentes. **2** Sala de conciertos o conferencias.

auge *m.* Apogeo, punto culminante en el desarrollo de una cualidad o de un proceso, tanto de personas como de instituciones.

augur *m.* Adivino romano que pronosticaba tras analizar el canto y el vuelo de las aves.

augurar *tr.* Adivinar por el vuelo y canto de las aves. **2** Presagiar, predecir.

augurio *m.* Presagio o anuncio de algo futuro.

augusto -ta *adj.* y *n.* Título sagrado que llevó el emperador Octaviano y que se aplicó después a emperadores y reyes como sinónimo de merecedor de respeto y veneración. **2** *m.* Payaso de circo.

aula *f.* Local que en los centros docentes se destina a dar clases.

áulico -ca *adj.* Perteneciente a la corte o palacio. **2** Cortesano.

aullador -ra *adj.* Que aúlla. **2** *m.* Nombre común a diversos simios platirrinos de los cébidos, de gran tamaño y cola prensil. Producen un bramido muy sonoro y viven en América del Sur.

aullido *m.* Grito quejumbroso que emiten el lobo, el perro y otros animales.

aumentar *tr., intr.* y *prnl.* Hacerse o hacer mayor una cosa en extensión, número o cantidad. **2** Añadir en las labores de punto uno o varios en cada vuelta. **3** *tr.* y *prnl.* Mejorar en posición social.

aumentativo -va *adj.* Que aumenta o puede aumentar. **2** *adj.* y *n.* Se dice de los sufijos en *-on* y *-azo* que indican un tamaño o intensidad mayores. Su empleo en castellano es menos frecuente que el de los diminutivos.

aumento *m.* Acrecentamiento o incremento de una cosa. **2** Cosa añadida. **3** Avance, ascenso. **4** *Méx.* Posdata de una carta.

aun *adv. m.* Hasta, también, inclusive. Indica encarecimiento o ponderación.

aún *adv. t.* Todavía. Se usa en correlación con *cuando.*

aunar *tr.* y *prnl.* Coordinar criterios y voluntades con miras a un fin común. **2** Unificar.

aunque *conj. conc.* Indica una objeción real o posible pese a la cual puede ocurrir o hacerse algo: *aunque estoy en este estado, lo haré.* En ocasiones adquiere un sentido adversativo: *no tengo lo que buscas, aunque sí otras cosas.*

aura[1] *f.* Viento suave, brisa. **2** Soplo, aliento. **3** Aplauso popular. **4** Fenómeno parapsicológico por el que algunos individuos perciben una irradiación luminosa en personas, animales o plantas.

aura[2] *f.* Ave rapaz diurna, de color negro y olor hediondo, que vive en América. Se conoce también como gallinaza o gallinazo.

áureo -a *adj.* De oro o dorado. **2** *m.* Moneda de oro y especialmente la acuñada por los emperadores romanos.

aureola o **auréola** *f.* Círculo luminoso que rodea la cabeza de las imágenes sagradas. **2** Corona sencilla o doble que aparece alrededor de la Luna en los eclipses de Sol. **3** Fama que rodea a una persona.

aurícula *f.* Cada una de las dos cavidades del corazón de batracios, reptiles, aves y mamíferos, que reciben la sangre de las venas. **2** Pabellón de la oreja. **3** Prolongación interior del limbo de las hojas.

auricular *adj.* Perteneciente o relativo al oído o a las aurículas del corazón. **2** *m.* En los aparatos telefónicos, la parte o pieza que se aplica al oído.

aurora *f.* Luz que precede a la salida del Sol. **2** Primeros tiempos de una cosa.

auscultar *tr.* Explorar clínicamente los fenómenos acústicos del organismo aplicando el oído directamente o a través del estetoscopio al tórax, espalda o abdomen. **2** Sondear el pensamiento o la disposición anímica de las personas o la marcha de un negocio.

ausencia *f.* Estado de ausente o tiempo en que alguno lo está. **2** Falta de alguna cosa. **3** Vacío que produce la no presencia de una persona. **4** Estado de distracción de la mente respecto de la situación o acción en que se halla el sujeto pensante.

ausente *adj.* y *com.* Se dice de la persona que no está en el lugar de que se trata, y especialmente de la que está fuera de la población en que habitualmente reside. **2** DER Persona cuyo paradero se desconoce. **3** fam. Familiar difunto.

auspicio *m.* Augurio, presagio. **2** Protección, favor. **3** Iniciativa o impulso. **4** *pl.* Señales que presagian unos resultados prósperos o adversos.

austero -ra *adj.* Sobrio, morigerado, que no se sirve más que de lo necesario. **2** Severo, ajustado a las normas de lo moral. **3** Penitente, mortificado. **4** Áspero al gusto, dicho de sabores.

austral *adj.* Relativo al austro, al hemisferio y al polo meridional. **2** *m.* Unidad monetaria de Argentina; sustituyó al peso de 1985 a 1991.

autarquía *f.* Dominio de sí mismo. **2** En política económica, autoabastecimiento de un país con sus propios recursos.

autenticar *tr.* Legitimar o legalizar alguna cosa, como un documento, una firma. **2** Acreditar.

auténtico -ca *adj.* Legítimo, verdadero, que es realmente como aparece o como dice su nombre. **2** Autorizado o legalizado, que hace fe pública, si se trata de documentos o de sus copias.

autismo *m.* Estado psíquico de atención a la propia intimidad con el consiguiente desinterés por el mundo exterior. Puede alcanzar caracteres patológicos, especialmente en la esquizofrenia.

auto *m.* Resolución judicial sobre cuestiones incidentales para las que no se requiere sentencia. **2** Composición dramática por lo general de carácter alegórico.

auto *m.* Abreviatura de automóvil.

autoabastecerse *adj.* Abastecerse por sí mismo.

autoadhesivo -va *adj. y m.* Que se adhiere sin humedecerlo.

autobiografía *f.* Vida de una persona escrita por ella misma.

autobús *m.* Automóvil de servicio público para muchos pasajeros y con un recorrido fijo.

autocracia *f.* Forma de dictadura en que una persona ejerce un gobierno despótico.

autocrítica *f.* Juicio crítico que alguien emite sobre sus obras o su conducta. **2** Breve reseña que el autor de una obra teatral hace de ella antes de su estreno.

autóctono -na *adj.* Se dice de la persona, animal, cosa o costumbre originaria del lugar en que vive o del que es característico.

autodeterminación *f.* Acto por el que una persona toma sus propias decisiones. **2** Acto por el que los pobladores de una unidad territorial deciden acerca de su futuro estatuto político.

autodidacto -ta *adj. y n.* Que se instruye sin ayuda de maestros.

autódromo *m.* Pista para pruebas y carreras de automóviles.

autoestop *m.* Modo de viajar consistente en parar un coche en la carretera y solicitar del conductor el transporte gratuito.

autógrafo -fa *adj. y n.* Se dice del escrito de mano del propio autor. **2** *m.* Firma que se solicita de un personaje famoso, y que éste traza.

autómata *com.* Instrumento provisto de un mecanismo para realizar determinados movimientos. **2** Aparato que imita los movimientos de un ser animado. **3** Persona que actúa sin atender a lo que hace, o la que no tiene criterio y se deja manejar por otras.

automático -ca *adj.* Relativo al autómata; que se regula por sí mismo sin intervención del hombre. **2** Se aplica especialmente a las armas de fuego que, una vez puestas en funcionamiento, disparan por sí solas. **3** Que se produce indefectiblemente en determinadas circunstancias. **4** Se dice del acto mecánico e indeliberado.

automatizar *tr.* Aplicar a la industria ciertos procedimientos automáticos, que proporciona la electrónica y que facilitan y agilizan enormemente las operaciones de cálculo, selección y ordenación de datos.

automotor -ra *adj. y n.* Se dice del aparato o máquina que ejecuta algunos movimientos sin intervención de agentes externos; se dice especialmente de los vehículos de tracción mecánica. **2** *m.* Unidad ferroviaria con motor de explosión o combustión.

automóvil *adj.* Que se mueve por sí mismo. **2** *adj. y m.* Se dice del vehículo movido por un motor, generalmente de explosión, y que no marcha sobre carriles. Llamado también auto, coche o carro. Se puede utilizar para el transporte de personas (automóvil de turismo) o de mercancías.

automovilismo *m.* Conjunto de conocimientos teóricos y prácticos sobre construcción, funcionamiento y manejo de los automóviles.

autonomía *f.* Estado y condición del individuo o pueblo que se gobierna por sí mismo. **2** Capacidad administrativa y política que dentro del Estado pueden gozar municipios, provincias y regiones, para regir sus intereses peculiares.

autopista *f.* Carretera especial con doble pista y varios carriles y sin cruces, que permite una mayor velocidad de los automóviles.

autopropulsión *f.* Movimiento de una máquina por su propia fuerza motriz.

autopsia *f.* Examen anatómico de un cadáver. **2** Análisis detallado de cualquier asunto.

autor -ra *m. y f.* El que es causa de alguna cosa, la inventa o la hace; se dice especialmente del escritor de un libro o del creador de una obra de arte.

autoridad *f.* Potestad para legislar y gobernar que tiene el poder público y quienes lo representan. **2** Poder que tiene una persona sobre otras que le están subordinadas, como el padre, el tutor, el superior, etc. **3** Persona con algún mando o magistratura. **4** Prestigio de que goza una persona por sus cualidades personales o por su conocimiento en alguna materia. **5** Autor o texto que se citan en favor de la propia opinión o tesis. **6** En lenguaje popular, el guardia o el agente como representantes de una instancia superior.

autoritario -ria *adj. y n.* Que tiende a imponer su voluntad. **2** Que no permite la participación de otros o que gobierna de forma despótica.

autorización *f.* Acción y efecto de autorizar. **2** Permiso para hacer alguna cosa, y el documento que lo consigna.

autorizado -da *adj.* Que goza de prestigio y respeto por sus cualidades personales u otras circunstancias.

autorizar *tr.* Permitir quien tiene autoridad hacer alguna cosa. **2** Dar alguna cualidad o cargo el derecho a actuar de cierto modo. **3** Legalizar el notario la validez de un documento. **4** Aducir el texto de un autor en confirmación de la propia opinión.

autorretrato *m.* Retrato de una persona pintado o dibujado por ella misma.

autoservicio *m.* Sistema de venta en algunos almacenes, en los que el comprador elige por sí mismo lo que le interesa y paga al salir.

autosuficiencia *f.* Estado del que se basta a sí mismo. 2 Presunción orgullosa.

autosugestión *f.* Influencia psíquica del propio sujeto sobre sus estados de ánimo, con independencia de toda influencia externa.

autovía *f.* Automotor de ferrocarril impulsado por un motor de explosión. 2 Carretera de circulación rápida, parecida a la autopista, aunque con cruces en su recorrido.

auxiliar[1] *adj.* y *n.* Que auxilia. 2 *adj.* y *com.* Que colabora con otro en calidad de subordinado. 3 *adj.* Se dice del verbo que interviene en la formación de los tiempos compuestos.

auxiliar[2] *tr.* Prestar auxilio, ayudar, socorrer.

auxilio *m.* Ayuda, socorro prestado a quien está en peligro o necesidad.

aval *m.* Firma puesta al pie de un documento de crédito, comprometiéndose a su pago en el caso de no hacerlo quien está obligado a ello. 2 Escrito en que alguien responde de una persona, especialmente en materia política.

avalancha *f.* Alud.

avalar *tr.* Garantizar por medio de un aval.

avaluar *tr.* Valuar, tasar.

avalúo *m.* Valuación.

avance *m.* Acción de avanzar o mover hacia adelante. 2 Progreso. 3 Anticipo de dinero. 4 Fragmento de una película que, con fines publicitarios, se proyecta antes de su estreno.

avante *adv. l.* y *adv. t.* Adelante.

avanzado -da *adj.* Que aparece en primera línea. 2 Que está lejos de la iniciación de un proceso: *edad avanzada,* alejada del nacimiento o cercana a su final. 3 Progresista.

avanzar *intr.* y *prnl.* Ir hacia adelante. 2 Acercarse a su fin. 3 *intr.* Progresar o mejorar de estado o condición. 4 *tr.* Mover hacia delante. 5 Adelantar o proponer una opinión.

avaricia *f.* Afán desordenado de adquirir riquezas para guardarlas.

avaro -ra *adj.* y *n.* Se dice de la persona ansiosa de adquirir y atesorar riquezas. 2 Mezquino y tacaño en lo que gasta, y más aún en lo que da.

avasallar *tr.* Someter a obediencia, subyugar. 2 *prnl.* Hacerse vasallo o súbdito de alguien por impotencia propia o por prepotencia del poderoso y sin escrúpulos.

ave *f.* Animal vertebrado, ovíparo, de respiración pulmonar y temperatura constante, pico córneo, cuerpo cubierto de plumas, con dos patas y dos alas por lo común aptas para el vuelo.

avecinar *tr.* y *prnl.* Acercar. 2 Avecindar.

avejentar *tr.* y *prnl.* Dar a alguien sus males o disgustos aspecto y estado de viejo sin serlo.

avellana *f.* Fruto del avellano, de unos dos centímetros de diámetro, corteza dura y color canela, comestible y muy sabroso.

avenar *tr.* Dar salida a las aguas muertas o a los terrenos demasiado húmedos mediante zanjas. 2 Recoger un río las aguas de su cuenca.

avenencia *f.* Acuerdo, conformidad.

avenida *f.* Crecida impetuosa de un río o arroyo. 2 Calle ancha con árboles.

avenir *tr.* y *prnl.* Ajustar las partes discordes. 2 *prnl.* Amoldarse, resignarse con algo. 3 Estar en buena relación. 4 Armonizar.

aventajado -da *adj.* Que destaca de lo común y llama la atención elogiosamente. Se aplica especialmente a los estudiantes o a la estatura elevada.

aventajar *tr.* y *prnl.* Adelantar, pasar delante de otro, dejarlo atrás. 2 Ser superior.

aventar *tr.* Dispersar el aire alguna cosa. 2 Echar al aire el grano para separarlo de la paja. 3 Echar a alguien de un sitio. 4 Disipar o hacer que desaparezca el dinero o una fortuna. 5 *Cuba.* En los ingenios, exponer el azúcar al aire y al sol. 6 *prnl.* Llenarse de viento algún cuerpo. 7 *Col.* Arrojarse, lanzarse sobre alguna persona o cosa.

aventura *f.* Suceso o lance extraño. 2 Riesgo o empresa de resultado incierto. 3 Casualidad, contingencia. 4 Relación amorosa pasajera.

aventurar *tr.* y *prnl.* Arriesgar o poner en peligro. 2 Exponer alguna opinión audaz.

aventurero -ra *adj.* y *n.* Que busca aventuras. 2 Se aplica a la persona de vida irregular, sin oficio ni profesión, que trata de medrar con medios ilegales o raros.

avergonzar *tr.* y *prnl.* Causar vergüenza o sentirla.

avería *f.* Daño que impide o dificulta el funcionamiento de un mecanismo, un coche, etc. 2 Menoscabo de una mercancía o un género.

averiar *tr.* y *prnl.* Estropear, causar averías en alguna cosa, mecanismo o género.

averiguar *tr.* Indagar y encontrar la verdad de una cosa. 2 *intr. Amér. Central* y *Méx.* Porfiar.

averno *m.* Designación poética del infierno.

aversión *f.* Antipatía o rechazo hacia alguna persona o cosa.

avestruz *m.* Ave de las corredoras, la mayor de las conocidas, de cabeza y cuello casi desnudos, plumaje suelto y flexible, negro en el macho y gris en la hembra, piernas largas y robustas con dos dedos en cada pata.

avezar *tr.* y *prnl.* Acostumbrar.

aviación *f.* Locomoción aérea con aparatos más pesados que el aire. 2 Cuerpo militar que utiliza este medio para la guerra.

aviador -ra *adj.* y *n.* Que tripula un avión. 2 *m.* Soldado del arma de aviación.

avicultura *f.* Arte de la cría de las aves y del aprovechamiento de sus recursos.
avidez *f.* Ansia, codicia.
ávido -da *adj.* Ansioso, codicioso.
avieso -sa *adj.* Torcido, irregular. **2** De malas inclinaciones.
avilantez *f.* Insolencia, desvergüenza.
avinagrar *tr.* y *prnl.* Poner aceda y agria una cosa; hacerse el vino vinagre. **2** Volverse una persona de mal carácter.
avío *m.* Apresto, preparativo, y especialmente las provisiones para un viaje. **2** Conveniencia o provecho personal. **3** *Amér.* Préstamo en dinero o en efectos a mineros y labradores.
avión *m.* Aeronave más pesada que el aire, que se sustenta en el seno de éste gracias a la fuerza ascensional generada dinámicamente, y que se propulsa mediante hélices, rotores, turbohélices, reactores o cohetes *(grupo propulsor)*.
avioneta *f.* Avión pequeño.
avisar *tr.* Dar una noticia; hacer saber. **2** Aconsejar. **3** Advertir, amenazar. **4** Convocar una reunión. **5** Llamar para algún servicio.
aviso *m.* Acción de avisar y la cosa que se avisa o comunica. **2** Consejo. **3** Amenaza. **4** Anuncio.
avispa *f.* Insecto himenóptero, de cuerpo piloso y amarillo con fajas negras, provisto en su extremidad posterior de un aguijón conectado a unas glándulas venenosas; suele ser social y hace sus panales sin miel bajo tierra o en los árboles.

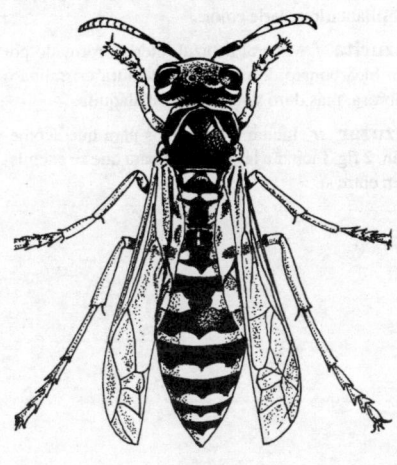

avispa

avispado -da *adj.* Despierto, listo. Se dice especialmente del niño que aprende pronto.
avispar *tr.* Hostigar con látigo a las caballerías. **2** Hacer más despierto y vivo a alguien. **3** *prnl.* Molestarse, desasosegarse.

avispero *m.* Conjunto o enjambre de avispas. **2** Panal que fabrican y sitio en que lo ponen. **3** *fig.* Negocio difícil y que provoca muchos disgustos.
avistar *tr.* Alcanzar con la vista alguna cosa distante. **2** *prnl.* Entrevistarse dos personas.
avivar *tr.* Dar viveza, excitar. **2** Encender, acalorar. **3** Activar o intensificar el fuego, la luz, los colores. **4** Apresurar la marcha. **5** Estimular los sentidos o la inteligencia.
avizorar *tr.* Acechar, escudriñar mirando atentamente y en todas direcciones.
axial *adj.* Relacionado con el eje.
axila *f.* Hendidura en la unión del brazo con el tórax, vulgarmente llamada sobaco. **2** Ángulo que forman las ramas al articularse en el tronco.
axioma *m.* Principio evidente, admitido por todos sin necesidad de demostración.
axis *f.* Segunda vértebra del cuello, en la que se verifica el movimiento de rotación de la cabeza.
ayer *adv. t.* El día anterior a hoy. **2** *m.* Tiempo pasado, o el inmediatamente pasado.
ayuda *f.* Acción y efecto de ayudar. **2** Persona o cosa que presta la ayuda. **3** Lavativa.
ayudante -ta *adj.* Que ayuda. **2** *adj.* y *n.* Se dice del militar o funcionario a las órdenes de un superior.
ayudar *tr.* Prestar colaboración compartiendo el trabajo en función subalterna o socorriendo en caso de necesidad. **2** Apoyar, asistir. **3** *prnl.* Esforzarse por lograr algo y valerse de la cooperación de otros.
ayunar *intr.* Abstenerse total o parcialmente de comer. **2** Practicar el ayuno prescrito por la Iglesia católica en ciertos días.
ayuno -na *adj.* Que no ha comido. **2** Que se priva de algún gusto. **3** Que ignora alguna cosa. **4** *m.* Acción y efecto de ayunar.
ayuntamiento *m.* Acción y efecto de ayuntar o ayuntarse. **2** Corporación municipal formada por el alcalde y los concejales, que administra los intereses de una población.
ayuntar *tr.* y *prnl.* Juntar, unir. **2** *prnl.* Copular.
azabache *m.* Variedad de lignito, dura, negra y susceptible de pulimento. **2** Pájaro de lomo ceniciento, vientre blanco y cabeza y alas negras, llamado también carbonero.
azadón *m.* Azada de pala más larga, estrecha y curva que la común.
azafata *f.* Empleada de las compañías de aviación que atiende a los viajeros en tierra o en vuelo.
azafrán *m.* Planta de las iridáceas, con rizoma en tubérculo, hojas lineales, tres estambres, ovario triangular, estilo filiforme y estigma de color rojo anaranjado, que se usa como condimento y como tinte.
azahar *m.* Flor del naranjo y de otros árboles de la misma familia, blanca y de olor muy intenso, con aplicaciones cosméticas y medicinales.

azar *m.* Acaso, casualidad a la que se atribuye lo que no se debe a una causa adecuada o a la intención humana; de ahí pasa a significar todo lo fortuito o imprevisto. **2** Percance, desgracia inopinada.

azaroso -sa *adj.* Que comporta azar o desgracia. **2** Turbado, temeroso.

azogado -da *adj.* y *n.* Que padece temblor mercurial. **2** *m.* Acción y efecto de azogar.

azogar *tr.* Cubrir con azogue una cosa. **2** *prnl.* Intoxicarse con los vapores del azogue o mercurio. **3** Turbarse mucho.

azorar *tr.* Perseguir el azor a las aves. **2** *tr.* y *prnl.* Turbar, aturdir.

azotar *tr.* y *prnl.* Dar azotes, golpear, apalear. **2** *tr.* Batir, golpear de manera insistente y violenta, como el mar o el viento. **3** Dañar gravemente.

azote *m.* Instrumento de suplicio hecho con cuerdas, que a veces terminaban en puntas o bolitas de plomo. **2** Vara, vergajo. **3** Golpe dado con el azote, o con la mano en las nalgas. **4** Embate del agua o del viento. **5** Calamidad, aflicción.

azotea *f.* Cubierta llana de un edificio en la que se puede estar y pasear. **2** fig. Cabeza.

azteca *adj.* y *com.* Se aplica a un ant. pueblo que en tiempos de la conquista española dominaba el territorio de México. **2** *m.* Lengua hablada por este pueblo, náhuatl.

azúcar *amb.* Sustancia sólida, blanca por lo general, dulce, más o menos cristalina y soluble en agua y alcohol, que se extrae principalmente de la caña de azúcar y de la remolacha.

azucarado -da *adj.* De gusto parecido al azúcar. **2** Se dice de la persona blanda y melosa.

azucarar *adj.* Endulzar o bañar con azúcar. **2** fig. Suavizar una expresión o noticia. **3** *prnl.* Almibarar. **4** *Amér.* Cristalizarce el almíbar de las conservas.

azucarero -ra *adj.* Relativo al azúcar. **2** *amb.* Recipiente en que se sirve el azúcar. **3** *m.* y *f.* Técnico en la fabricación de azúcar. **4** *Amér.* Dueño de un ingenio de azúcar. **5** *m.* Ave tropical de las trepadoras, de pico largo y agudo y colores vistosos, que se alimenta de insectos y de jugos azucarados. **6** *f.* Fábrica de azúcar.

azucena *f.* Planta perenne de las liliáceas, con bulbo, tallo alto y flores terminales grandes, blancas y muy olorosas. Existen algunas variedades con flores rojas, amarillas y moteadas.

azufre *m.* (S) Elemento químico no metálico. Es sólido, quebradizo y de color amarillo. Número atómico 16, peso atómico 32,06. Muy abundante en la naturaleza, libre y combinado (sulfuros, sulfatos).

azul *adj.* y *m.* Se dice del color del cielo, sin nubes; es el quinto color del espectro solar. **2** *m.* El cielo, el espacio. **3** Pasta de añil. **4** Materia colorante hecha con sulfato de hierro, bisulfuro de sodio y arcilla.

azulejo[1] **-ja** *adj.* Diminutivo de azul. **2** *Amér.* Azulado. **3** *m.* Aciano. **4** Carraca, ave. **5** *Amér.* Pájaro de unos 12 cm, de color azul verdoso en la rabadilla y negro en las alas y la cola.

azulejo[2] *m.* Baldosín vidriado de varios colores y formatos, que se emplea en interiores, frisos y fachadas.

azumar *tr.* Poner en el pelo algún líquido, para abrillantarlo o darle color.

azurita *f.* Mineral de azul intenso, formado por un bicarbonato de cobre y de textura cristalina o fibrosa, más duro y raro que la malaquita.

azuzar *tr.* Incitar a los perros para que acometan. **2** fig. Incitar a las personas para que se enemisten entre sí.

b *f.* Segunda letra del abecedario castellano y primera de las consonantes; su nombre es be. En la práctica se confunde con el sonido bilabial de v.
baba *f.* Saliva espesa y abundante del hombre y de algunos mamíferos. **2** Líquido viscoso de ciertas glándulas en los invertebrados. **3** Jugo viscoso de algunas plantas.
babear *intr.* Expeler la baba. **2** fig. y fam. Demostrar un rendimiento excesivo frente a personas o cosas.
babero *m.* Prenda que se pone a los niños sobre el pecho, para evitar que se manchen. **2** Bata o guardapolvos.
bacalao *m.* Pez de los gádidos, muy voraz, cuya carne es objeto de un gran consumo.
bache[1] *m.* Hoyo que se hace en el pavimento. **2** Interrupción accidental de una actividad. **3** Postración súbita y pasajera en la salud, la disposición de ánimo o el curso de un negocio.
bache[2] *m.* Sitio en que se encierra a las ovejas para que suden antes del esquileo.
bachiller -ra *m.* y *f.* Persona que cursa o ha terminado los estudios de enseñanza media.
bachillerato *m.* Estudios necesarios para obtener el grado de bachiller. **2** Este grado académico.
bacilo *m.* Nombre que se da a las bacterias en forma de bastón o filamento. Muchos son de naturaleza patógena.
bacteria *f.* Microorganismo que carece de clorofila, aunque a veces se incluye entre las plantas inferiores.
bactericida *adj.* y *m.* Que destruye las bacterias.
bacteriología *f.* Parte de la microbiología que estudia lo concerniente a las bacterias.
báculo *m.* Bastón o cayado para apoyarse. **2** fig. Alivio y consuelo.
badulaque *adj.* y *com.* fam. Tonto, majadero.
bagaje *m.* Equipaje de un ejército. **2** Bestia que lo transporta. **3** Conjunto de cosas que se llevan en los viajes. **4** fig. Conocimientos de que dispone una persona.

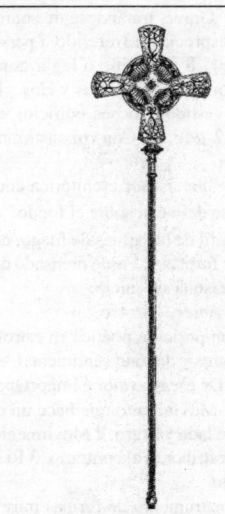

báculo

bagatela *f.* Cosa de poco valor, intrascendente.
bagazo *m.* Cáscara de la baga del lino. **2** Residuo de la caña de azúcar después de triturada.
bahía *f.* Entrada de mar en la costa, menor que el golfo y mayor que la cala.
bailable *adj.* y *m.* Se dice de la música compuesta para bailar.
bailar *intr.* y *tr.* Mover los pies, el cuerpo y los brazos a compás. **2** *intr.* Moverse una cosa sin salir de un espacio determinado. **3** Girar rápidamente en torno a un eje manteniéndose en equilibrio. **4** Retozar.
baile *m.* Acción de bailar. **2** Cada una de las series de mudanzas que hacen los danzantes. **3** Festejo en que se juntan varias personas para bailar.
baja *f.* Disminución del precio de una cosa. **2** Pérdida de un individuo. **3** Acto en que se declara el cese de una industria o de una persona en una institución o carrera.

bajada

bajada *f.* Acción de bajar. **2** Camino por donde se baja.
bajar *tr., intr.* y *prnl.* Ir de un lugar a otro más bajo. **2** Disminuir una cosa. **3** Poner algo en un lugar inferior al que estaba. **4** Rebajar el nivel. **5** Humillar, abatir.
bajel *m.* Buque, barco.
bajeza *f.* Acción indigna o hecho vil. **2** Abatimiento, humillación.
bajo -ja *adj.* De poca altura. **2** Que está en lugar inferior respecto a otra cosa. **3** Inclinado hacia abajo. **4** Se dice del color poco vivo. **5** Se dice de la última etapa de un período histórico: *la baja Edad Media.* **6** Grave, tratándose de sonidos. **7** fig. Humilde, despreciable (referido a personas); vulgar (lenguaje). **8** *m.* Sitio o lugar hondo. **9** Elevación del fondo de los mares y ríos. **10** *pl.* Parte inferior de vestidos, coches, edificios, etc. **11** *adv.l.* Abajo. **12** *adv.m.* Con voz susurrante. **13** *prep.* Debajo de.
bajorrelieve *m.* Labor escultórica con figuras, que apenas se destacan sobre el fondo.
bala *f.* Proyectil de las armas de fuego, de diferentes tamaños y formas. **2** Fardo prensado de mercancías. **3** fig. Persona sin juicio.
balacera *f. Amér.* Tiroteo.
balada *f.* Composición poética en estrofas sobre temas populares y de tono sentimental.
baladí *adj.* De escaso valor e importancia.
balance *m.* Movimiento que hace un cuerpo inclinándose a un lado y a otro. **2** Movimiento de la nave de babor a estribor, o al contrario. **3** Resumen final de un asunto.
balanza *f.* Instrumento de formas muy variadas para medir masas y pesos.
balaustre o **balaústre** *m.* Cada una de las columnitas que forman las barandillas o antepechos.
balay *m. Amér.* Cesta de mimbre.
balbucir *intr. def.* Pronunciar en forma dificultosa y vacilante.
balcón *m.* Hueco abierto desde el suelo de la habitación, cerrado a media altura por una balaustrada y con barandilla saliente.
balconcillo *m.* En los teatros, galería baja delante de la primera fila de palcos. **2** En las plazas de toros, localidad con antepecho ubicada sobre la salida del lugar donde están encerrados los toros.
baldado[1] *m.* En América, contenido de un cubo o balde.
baldado[2] **-da** *adj.* Tullido, impedido.
baldar *tr. y prnl.* Impedir o dificultar una enfermedad o accidente el uso de algún miembro. **2** *tr.* fig. Causar gran contrariedad. **3** *prnl.* Cansarse mucho.
balde[1] *m.* Cubo, por lo general de cuero o lona, que se emplea sobre todo en las embarcaciones.
balde[2] *loc. adv.* Con *de* y *en* forma locuciones adverbiales.
baldío -a *adj.* y *n.* Se dice del terreno sin cultivar. **2** *adj.* Vano, sin fundamento. **3** *m. Amér.* Terreno urbano sin edificar.
baldosa[1] *f.* Antiguo instrumento de cuerda.
baldosa[2] *f.* Ladrillo, por lo común fino, que sirve para pavimentar.
baldosín *m.* Baldosa pequeña, azulejo.
balido *m.* Voz del carnero, el cordero, la oveja, la cabra, el gamo y el ciervo.
balín *m.* Bala de menor calibre que la normal de fusil.
balística *f.* Parte de la física que estudia la trayectoria de los proyectiles y misiles.
baliza *f.* Señal fija o flotante para señalar un punto en el agua. **2** Señal que delimita caminos o pistas de aterrizaje.
ballena *f.* Mamífero de los cetáceos misticetos, que vive en todos los mares y especialmente en los polares. Carece de dientes y respira mediante pulmones. Puede alcanzar 25 m de longitud y 150 t de peso. Su color es oscuro por encima y blanquecino por debajo. **2** Cada una de las láminas córneas y elásticas que tiene la ballena en la mandíbula superior (barbas).
ballenato *m.* Cría de la ballena.
ballenero -ra *adj.* Relativo a la pesca de la ballena. **2** *m.* Barco destinado a la captura de ballenas. **3** Pescador de ballenas.
ballesta *f.* Arma para lanzar flechas, piedras y saetas.
ballet *m.* Combinación de danza y pantomima, que ejecutan varias personas. **2** Conjunto de bailarines y bailarinas. **3** Música que acompaña esa danza y que suele desarrollar un tema.
balneario *adj.* Relativo a los baños públicos. **2** *m.* Establecimiento de aguas medicinales.
balompié *m.* Fútbol.
balón *m.* Pelota grande, hinchada de aire, que se emplea en distintos juegos. **2** Recipiente flexible para cuerpos gaseosos. **3** Recipiente esférico de vidrio. **4** Fardo de mercancías.
baloncesto *m.* Deporte que se practica entre dos equipos de cinco jugadores, los cuales, valiéndose únicamente de las manos, tratan de hacer pasar un balón por una red suspendida de un aro, que constituye la meta contraria. Se juega en un campo de forma rectangular. Fue inventado en Springfield, en 1891, por el estadounidense James A. Naismith.
balonmano *m.* Deporte que se practica entre dos equipos de siete jugadores, los cuales tratan de introducir un balón en la portería contraria, utilizando exclusivamente las manos. Se juega en un campo rectangular.

balonmano

balonvolea *m.* Deporte que se practica entre dos equipos de seis jugadores cada uno, separados por una red por encima de la cual lanzan el balón, golpeándolo con la mano. El balón no debe caer al suelo, ni fuera de los límites del terreno de juego, y cuando permanece en el campo de un equipo, sólo puede ser tocado por sus jugadores hasta tres veces como máximo.
balsa *f.* Hoyo que se llena de agua. **2** En los molinos de aceite, estanque de los desperdicios. **3** Conjunto de maderas que forman una plataforma flotante. **4** Árbol de las bombacáceas y su madera.
bálsamo *m.* Resina aromática, que se obtiene de algunos árboles por incisión. **2** Medicamento preparado con sustancias aromáticas que se aplica en heridas y llagas. **3** fig. Consuelo, alivio.
balsero -ra *m. y f.* Persona que conduce una balsa.
baluarte *m.* Fortificación pentagonal en la parte exterior de la muralla. **2** fig. Amparo y defensa.
bambolear *intr. y prnl.* Balancearse sin cambiar de sitio. **2** *prnl.* fig. Perder poder o autoridad.

bambú *m.* Gramínea tropical de cañas ligeras y flexibles que alcanzan gran altura; se emplea en la construcción y para muebles; los tallos tiernos son comestibles.
banal *adj.* Trivial, insustancial.
banano *m.* Plátano, planta musácea. **2** Fruto de esta planta. **3** Cambur.
banca *f.* Asiento de madera sin respaldo. **2** Conjunto de actividades financieras y crediticias sobre giros, cambios, descuentos, cuentas corrientes y compra-venta de efectos públicos. **3** Masa de hielo que flota en los mares polares. **4** *Amér.* Banco para sentarse.
banco *m.* Asiento estrecho para varias personas. **2** Madero grueso, fijo sobre cuatro patas, que sirve como mesa para labores artesanales. **3** En las embarcaciones de remo, asiento para los remeros. **4** Establecimiento público de crédito con diferentes modalidades. **5** Bajo marino de notable extensión. **6** Grupo de peces que se desplazan juntos.
banda[1] *f.* Cinta ancha que se lleva atravesada desde un hombro al costado opuesto. **2** Zona limitada por las líneas longitudinales de un campo deportivo y otra línea exterior. **3** Lado del barco y cada uno de los lados de la mesa de billar. **4** Faja o lista.
banda[2] *f.* Grupo de gente armada para extorsionar. **2** Gente que favorece el partido de alguno. **3** Conjunto de instrumentos de viento y percusión.
bandada *f.* Conjunto numeroso de aves que vuelan juntas. También se dice de un grupo de peces. **2** fig. Tropel bullicioso de personas.
bandeja *f.* Fuente plana o algo cóncava en que se depositan o sirven cosas. **2** Pieza movible que divide el interior de algunos recipientes.
bandera *f.* Pieza de tela, cuadrada o rectangular, que se asegura por uno de sus lados a un palo largo o asta y que se emplea como insignia o señal. **2** Nacionalidad a que pertenecen los buques mercantes que la ostentan. **3** Trozo de tela o papel de distintos colores que sirve de adorno en las fiestas. **4** Gente que milita bajo una misma enseña.
banderola *f.* Bandera pequeña que se usa en la milicia, la topografía y la marina. **2** Adorno que llevan los soldados de caballería en sus lanzas.
bandido -da *adj. y n.* Se dice del fugitivo de la justicia. **2** *m.* Salteador de caminos. **3** *m. y f.* Persona que engaña o estafa.
bandola *f.* Bandolina, instrumento musical.
bandoneón *m.* Instrumento musical de viento, parecido al acordeón, aunque mayor.
banqueta *f.* Asiento bajo y sin respaldo. **2** Banco corrido y sin respaldo. **3** Andén para limpiar las alcantarillas.
banquete *m.* Comida en la que participan muchas personas. **2** Comida espléndida.

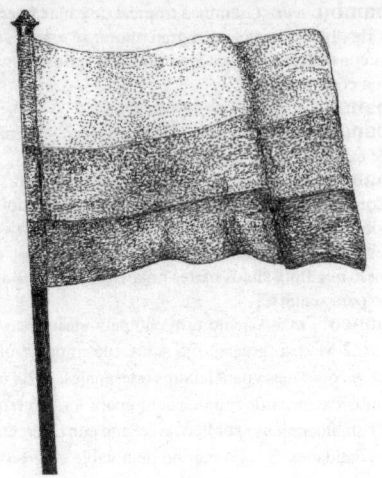
bandera

banquillo *m.* Asiento del reo ante el tribunal.
bañar *tr.* y *prnl.* Sumergir el cuerpo, parte de él o una cosa en agua o en otro líquido. **2** Mojar algo con un líquido. **3** *tr.* Tocar algún lugar el mar o un río. **4** Cubrir una cosa con una capa de otra sustancia. **5** Refiriéndose a la luz o al aire, dar de lleno en una cosa.
bañista *com.* Persona que se baña en sitios públicos. **2** Persona que acude a los balnearios.
baño *m.* Acción y efecto de bañar o bañarse. **2** Exposición intensa o prolongada a un agente físico. **3** Líquido para bañarse. **4** Pila para bañar todo el cuerpo o parte de él. **5** Cuarto de aseo. **6** Sitio en que hay aguas para bañarse. **7** Capa con que queda cubierta la cosa bañada. **8** Mano de color que se da sobre lo ya pintado. **9** fig. Conocimiento superficial de un arte o ciencia. **10** *pl.* Balneario, edificio con aguas medicinales.
baquiano -na *adj.* Experto, perito. **2** *adj.* y *n.* Práctico de los caminos. **3** *m.* Guía para transitar por ellos.
bar *m.* Local con mostrador en que se sirven bebidas. **2** Mueble en que se guardan las bebidas.
baraja *f.* Conjunto de naipes o cartas, que se dividen en 4 palos. La baraja española consta de 48, y la francesa de 52.
barajar *tr.* Mezclar los naipes antes de repartirlos. **2** fig. Calibrar las diferentes soluciones. **3** *Amér.* Detener, impedir. **4** *tr.* y *prnl.* Revolver personas o cosas.
barandal *m.* Cada uno de los listones en que se fijan los balaustres por arriba y por abajo. **2** Barandilla.
barandilla *f.* Antepecho de un vano o de una escalera formado por barandales y balaustres.
barato -ta *adj.* Que se vende a bajo precio. **2** fig. Que cuesta poco esfuerzo. **3** *m.* Venta de efectos a bajo precio. **4** *adv. m.* Por poco precio.
barba *f.* Parte de la cara debajo de la boca. **2** Pelo que nace en esa parte y en las mejillas. **3** En el ganado cabrío, mechón que cuelga de la quijada inferior. **4** Carnosidad que pende del cuello de algunas aves. **5** *pl.* Raíces delgadas de las plantas.
barbaridad *f.* Calidad de bárbaro. **2** Necedad y audacia. **3** Atrocidad, exceso. **4** fam. Gran cantidad de una cosa.
bárbaro -ra *adj.* y *n.* Se dice del individuo de cualquiera de los pueblos que en el s. V abatieron el Imperio romano y se difundieron por la mayor parte de Europa. **2** *adj.* Perteneciente a estos pueblos. **3** Inculto, grosero. **4** Fiero. **5** fam. Grande, extraordinario, magnífico.
barbecho *m.* Tierra para el cultivo que no se siembra en uno o más años. **2** Acción de barbechar.
barbera *f.* Mujer del barbero. **2** *Amér.* Navaja de afeitar.
barbero *m.* El que afeita de oficio, el peluquero masculino. **2** Pez acantopterigio del mar de las Antillas, de piel achocolatada y áspera.
barbilla *f.* Punta de la barba o parte de la cara debajo de la boca. **2** Papada o prominencia inferior del rostro. **3** Apéndice carnoso de algunos peces en la parte inferior de la cabeza.
barca *f.* Embarcación pequeña para pescar en las costas o atravesar los ríos. **2** Columpio de feria.
barcaza *f.* Lanchón de transporte que se emplea en la carga y descarga de buques, así como en el desembarco de tropas y material bélico.
barco *m.* Construcción cóncava y flotante apta para el transporte acuático. **2** Barranco poco profundo.
barítono *m.* Voz media entre la de tenor y la de bajo. **2** Cantante que tiene esta voz.
barlovento *m.* Parte de donde viene el viento.
barniz *m.* Disolución de una resina en un líquido, con el que se protege las superficies delicadas. **2** Baño que se da en crudo a la loza y porcelana y que cristaliza con la cocción. **3** fig. Conocimiento superficial de una ciencia.
barómetro *m.* Instrumento para medir la presión atmosférica; puede ser de mercurio o metálico. Inventado por Torricelli en 1643.
barón *m.* Título nobiliario, de más o menos preeminencia según los países.
baronesa *f.* Mujer del barón.

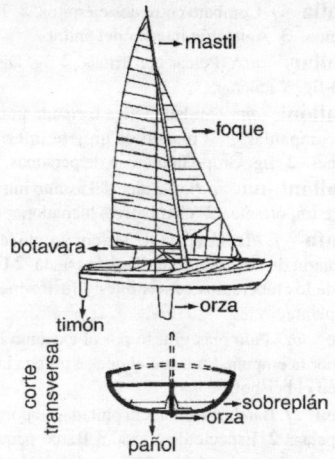

Arriba, partes de una barca.
Abajo, sección a la latura de la orza

barquero -ra *m.* y *f.* Persona que gobierna una barca.

barra *f.* Pieza, generalmente prismática o cilíndrica, mucho más larga que gruesa. 2 Palanca de hierro para mover grandes pesos. 3 Lingote largo sin labrar. 4 Barandilla que en la sala separa al tribunal del público. 5 Mostrador de un bar. 6 *Amér.* Colegio de abogados. 7 *Amér.* Público que asiste a un juicio o asamblea. 8 Pieza de pan alargada.

barraca *f.* Caseta construida toscamente y con materiales ligeros. 2 Caseta provisional en las fiestas populares.

barracuda *f.* Pez acantopterigio de cuerpo alargado y hocico puntiagudo, que habita en los mares templados.

barranco *m.* Precipicio. 2 Quiebra profunda abierta por las aguas. 3 fig. Dificultad grave.

barreno *m.* Instrumento de acero para taladrar. 2 Taladro. 3 Agujero que se llena de pólvora para volar una roca o una obra de fábrica.

barrer *tr.* Limpiar el suelo con la escoba. 2 Llevárselo todo por delante. 3 Aplastar al adversario. 4 Enfocar de pasada con un haz de luz.

barrera[1] *f.* Valla, compuerta u obstáculo con que se cierra un paso. 2 Antepecho de madera que cierra el redondel de las plazas de toros. 3 En ciertos deportes, fila que forman los jugadores delante de su meta, para protegerla. 4 fig. Obstáculo, impedimento.

barrera[2] *f.* Sitio de donde se saca el barro que utilizan los alfareros para fabricar vasijas. 2 Escaparate para guardar vasijas de barro.

barrial *m. Amér.* Barrizal.

barrido -da *m.* y *f.* Acción de barrer. 2 *m.* Exploración sistemática de un espacio por un haz electrónico que transforma la imagen en señales eléctricas transmisibles a distancia, y que constituye la base de la televisión, del radar, etc.

barriga *f.* Cavidad abdominal de los vertebrados. 2 fam. Vientre. 3 Parte central abultada de una vasija o columna. 4 Comba que forma la pared.

barril *m.* Tonel para licores y géneros. 2 Unidad de medida del petróleo (158,98 l).

barrio *m.* Cada una de las zonas en que se dividen las ciudades y pueblos grandes. 2 Arrabal o afueras de una población. 3 Grupo de casas dependientes de otra población, aunque estén separadas de ésta. 4 Zona en que se concentran determinadas actividades.

barro[1] *m.* Mezcla de tierra y agua. 2 Lodo. 3 Vaso u objeto de cerámica o alfarería, hecho de arcilla cocida. 4 fig. Cosa despreciable.

barro[2] *m.* Granillo rojizo en el rostro. 2 Tumorcillo que sale al ganado vacuno y mular.

barroco -ca *adj.* y *m.* Se dice de lo ornamentado en exceso, que es desmesurado y extravagante. 2 Se dice del estilo artístico, caracterizado por la profusión de adornos, que se desarrolló en Europa y América desde fines del s. XVI hasta mediados del XVIII.

barroso[1] **-sa** *adj.* Se dice del terreno o del sitio que tiene barro o en que se forma barro fácilmente. 2 De color de barro.

barroso[2] **-sa** *adj.* Se dice del rostro que tiene barros.

barrote *m.* Barra gruesa. 2 Barra de hierro para asegurar ventanas, mesas, etc.

barruntar *tr.* Prever, conjeturar, presentir por alguna señal o indicio.

barullo *m.* Desorden, confusión.

basal *adj.* Situado en la base de una construcción o de una formación orgánica. 2 Relativo a la cuantía de una función orgánica durante el ayuno y el reposo.

báscula *f.* Aparato para medir pesos, por lo general grandes.

base *f.* Fundamento en que estriba una cosa. 2 Basa de una columna o estatua. 3 Parte inferior de una cosa. 4 Conjunto de personas representadas por un delegado o portavoz. 5 En el juego de béisbol, cada una de las cuatro esquinas del campo que defienden los jugadores.

basílica *adj.* y *f.* Se aplica a una vena del brazo. 2 *f.* Palacio real. 3 Cada una de las trece iglesias más importantes de Roma. 4 Iglesia notable por su amplitud, antigüedad, magnificencia o privilegios.

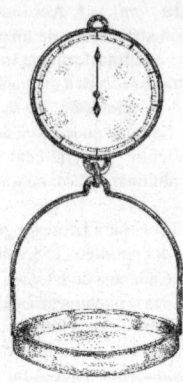
báscula

bastante *adv. c.* Ni mucho ni poco. **2** No poco.
bastar *intr.* y *prnl.* Ser suficiente. **2** Tener en abundancia.
bastardía *f.* Calidad de bastardo. **2** fig. Dicho o hecho indigno del estado o condiciones de alguien.
bastardillo -lla *adj.* y *f.* Se aplica a la letra de imprenta que imita a la manuscrita en su inclinación.
bastardo -da *adj.* Que degenera de su origen o naturaleza. **2** *adj.* y *n.* Se aplica al hijo ilegítimo. **3** *m.* Serpiente americana, la mayor de las conocidas.
bastidor *m.* Armazón de listones o barras para fijar lienzos, vidrieras, etc. **2** Armazón en que se sustenta la decoración del teatro. **3** Armazón que soporta la caja de un vehículo.
basto[1] *m.* Especie de silla de las caballerías de carga. **2** As en el palo de naipes llamado bastos, y cualquiera de los naipes de ese palo. **3** *pl.* Uno de los cuatro palos de la baraja española, representado por leños. **4** *Amér.* Almohadilla de la silla de montar.
basto[2] **-ta** *adj.* Grosero, tosco.
bastón *m.* Vara, por lo común con puño y remate de metal o madera, que sirve para apoyarse. **2** Insignia de mando o autoridad. **3** fig. Apoyo, sostén.
basura *f.* Inmundicia, y especialmente la que se recoge barriendo. **2** Estiércol de las caballerías. **3** fig. Repugnante o despreciable.
basurero -ra *m.* y *f.* Persona que, por oficio, recoge o saca la basura. **2** *m.* Sitio en que se amontona la basura.
bata *f.* Ropa holgada para estar en casa. **2** Guardapolvo de quienes trabajan en hospitales, laboratorios, peluquerías, etc.

batalla *f.* Combate entre dos ejércitos. **2** Justa o torneo. **3** Agitación interior del ánimo.
batallar *intr.* Pelear con armas. **2** fig. Disputar. **3** fig. Vacilar.
batallón[1] *m.* Unidad táctica formada por varias compañías, y al mando de un jefe inferior a coronel. **2** fig. Grupo numeroso de personas.
batallón[2] **-na** *adj.* Se dice del asunto muy reñido e importante. **2** Combativo, luchador.
batata *f.* Planta vivaz de las convolvuláceas, originaria de América y similar a la patata. **2** Cada uno de los tubérculos comestibles y fusiformes de esta planta.
bate *m.* Palo más grueso por el extremo libre que por la empuñadura, con el que se golpea la pelota en el béisbol.
batea *f.* Bandeja de madera pintada, o adornada con pajas. **2** Especie de artesa. **3** Barco pequeño en forma de cajón. **4** Vagón descubierto con los bordes muy bajos. **5** *Amér.* Artesa para lavar.
batería *f.* Conjunto de piezas de artillería dispuestas para hacer fuego. **2** Conjunto de instrumentos de percusión en una orquesta o banda. **3** *m.* Músico que los toca.
batida *f.* Exploración de una zona por parte de varias personas. **2** Acuñación de moneda. **3** Allanamiento de locales o viviendas que la policía realiza por sorpresa.
batido -da *adj.* y *n.* Se aplica al tejido de seda con visos distintos. **2** Se aplica al camino trillado. **3** *m.* Masa con que se hacen hostias y bizcochos. **4** Mezcla de claras y yemas. **5** Bebida resultante de batir varios productos.
batidor -ra *adj.* Que bate. **2** *m.* y *f.* Instrumento para batir. **3** *m.* Explorador de campos o caminos.
batiente *adj.* Que bate. **2** Parte del marco de puertas y ventanas en que baten y se detienen al cerrarse. **3** En los claves y pianos, listón forrado de paño en el cual golpean los macillos. **4** Lugar en que el mar bate el pie de una costa o dique con mucha fuerza.
batir *tr.* Golpear, y concretamente para echar algo por tierra. **2** Mover con ímpetu alguna cosa. **3** Remover alguna cosa para que se condense y trabe, o para que se liquide o disuelva. **4** Derrotar al enemigo. **5** Atacar con la artillería y otras armas de fuego. **6** Acuñar moneda. **7** Reconocer un terreno despoblado, sobre todo con fines cinegéticos o militares. **8** *intr.* Latir violentamente el corazón. **9** *prnl.* Pelear, combatir, y especialmente en duelo.
batiscafo *m.* Aparato submarino autónomo utilizado para la exploración de los fondos oceánicos. El primer batiscafo fue construido en 1947 por A. Piccard.

batisfera *f.* Cámara esférica utilizada para investigaciones submarinas. Es habitable y desciende sujeta a un cable.
batracio *adj.* y *n.* Se dice de los vertebrados de la clase anfibios. **2** fam. Necio, imbécil.
batuta *f.* Varita de madera con que el director de una orquesta, banda o coro marca el compás.
baúl *m.* Mueble parecido al arca, para guardar y conservar ropas.

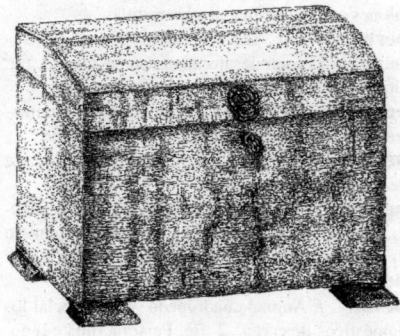

baúl

bautismo *m.* Primero de los sacramentos que confiere el carácter de cristiano e introduce en la Iglesia. **2** Bautizo. **3** fig. Primera experiencia en cualquier actividad.
bautizar *tr.* Administrar el sacramento del bautismo. **2** fig. Poner nombre a una cosa. **3** fam. Apodar. **4** fam. Arrojar sobre una persona agua u otro líquido.
bautizo *m.* Rito del bautismo y la fiesta con que se celebra.
baya *f.* Fruto carnoso y jugoso de ciertas plantas que contiene las semillas rodeadas de pulpa, como la uva, el tomate, la grosella, etc. **2** Planta de la familia de las liliáceas, de raíz bulbosa.
bayeta *f.* Tela de lana poco tupida. **2** Paño para fregar el suelo.
bayo -ya *adj.* y *n.* Se aplica al color blanco amarillento de los caballos. **2** *m.* Mariposa del gusano de seda que se usa como cebo en la pesca con caña.
bayoneta *f.* Arma blanca que se adapta al cañón del fusil.
bazar *m.* En Oriente, mercado público. **2** Tienda de productos muy variados.
bazo -za *adj.* y *m.* De color moreno amarillento. **2** *m.* Víscera impar de los vertebrados, de color rojo oscuro y unos 200 g de peso. Está situada en el lado izquierdo, a la altura de la décima costilla.
be[1] *f.* Nombre de la letra b.

be[2] *f.* Onomatopeya de la voz de la oveja, del carnero y de la cabra. **2** *m.* Balido.
beat *adj.* Se dice de un tipo de música rítmica que surgió en Inglaterra a principios de los años 60. Sus máximos exponentes fueron los Beatles. **2** *m.* En la música de jazz, tiempo, unidad de medida, pulsación rítmica.
beatificar *tr.* Hacer feliz a uno. **2** Hacer respetable una cosa. **3** Declarar el Papa beato a un cristiano difunto, reconociendo que practicó las virtudes en grado heroico, que está en el cielo y que puede recibir culto.
beatitud *f.* Bienaventuranza eterna. **2** Tratamiento que se da al Papa y a algunos patriarcas de la iglesia oriental.
bebé *m.* Nene, niño pequeño.
bebedero -ra *adj.* Que se puede beber. **2** *m.* Vaso en que se echa la bebida a los pájaros de jaula y a otras aves domésticas. **3** Lugar al que acuden a beber las aves. **4** Pico saliente de algunas vasijas para beber. **5** Abrevadero.
bebedizo -za *adj.* Potable. **2** *m.* Bebida medicinal. **3** Bebida a la que se atribuyen virtudes mágicas.
beber[1] *m.* Bebida, líquido que se bebe.
beber[2] *tr.* e *intr.* Ingerir un líquido. **2** *intr.* Brindar por la felicidad de alguien. **3** fig. Abusar de las bebidas alcohólicas. **4** fig. Absorber.
beca *f.* Pensión temporal que se concede para estudios. **2** Plaza gratuita en un colegio.
becario -ria *m.* y *f.* Persona que disfruta de una beca para estudios.
becerro -rra *m.* y *f.* Cría de la vaca hasta los dos años. **2** *m.* Piel curtida de ternero o ternera. **3** Libro en que las iglesias y monasterios antiguos consignaban sus privilegios y pertenencias.
bedel -la *m.* y *f.* Persona que en las universidades y otros centros de enseñanza cuida del orden fuera de las aulas y anuncia el término de la clase.
beduino -na *adj.* y *n.* Se dice de los árabes nómadas que viven de la ganadería y que se trasladan a lomos de camello. Habitan en la península arábiga, Siria y el N de África.
béisbol *m.* Deporte que se practica entre dos equipos de nueve jugadores, que juegan alternativamente a la defensa y al ataque, y han de anotarse recorridos o «carreras» avanzando por las cuatro bases del campo, durante el tiempo en que la pelota es lanzada con un bate por el pitcher y recogida por el receptor o catcher. Originario de EUA, se practica también en los países del Caribe, el Japón, etc.
bejuco *m.* Nombre de varias plantas tropicales, sarmentosas y trepadoras, que por su flexibilidad y resistencia se emplean para jarcias, tejidos y muebles.

belén *m.* Representación del nacimiento de Jesús. **2** Lugar en donde hay mucha confusión. **3** Confusión, enredo. **4** Asunto que puede ocasionar contratiempos.
belfo -fa *adj. y n.* Se dice del que, como los caballos, suele tener más grueso el labio inferior. **2** *m.* Labio del caballo y de otros animales.
belicismo *m.* Tendencia a tomar parte en conflictos armados.
bélico -ca *adj.* Perteneciente a la guerra.
belicoso -sa *adj.* Guerrero. **2** Pendenciero.
beligerante *adj.* Se dice del país que está en guerra.
bellaco -ca *adj. y n.* Malo, pícaro. **2** Astuto.
belleza *f.* Propiedad física o espiritual que deriva de la armonía de las personas o cosas que inspira placer y admiración. **2** Mujer notable por su hermosura.
bello -lla *adj.* Que tiene belleza. **2** Bueno, excelente.
bellota *f.* Fruto de la encina y del roble, que se emplea como alimento del ganado de cerda. **2** Botón del clavel sin abrir.
bemol *m.* Alteración musical que baja la nota un semitono. **2** *pl. fam.* Valor, arrojo, coraje.
bendecir *tr.* Ensalzar. **2** Colmar de bienes a uno la Providencia. **3** Consagrar alguna cosa al culto divino. **4** Invocar el obispo o el sacerdote la protección divina pronunciando ciertas oraciones y haciendo cruces en el aire.
bendito -ta *adj.* Santo o bienaventurado. **2** Dichoso. **3** *adj. y n.* Sencillo.
benefactor -ra *adj. y n.* Bienhechor.
beneficencia *f.* Virtud de hacer el bien a otros. **2** Conjunto de instituciones privadas u oficiales de asistencia social.
beneficiar *tr. y prnl.* Hacer bien. **2** *tr.* Mejorar una cosa haciendo que produzca. **3** Extraer de una mina las sustancias útiles y someterlas al tratamiento metalúrgico. **4** Sacar provecho de algo. **5** *Amér.* Descuartizar una res y venderla al por menor.
beneficiario -ria *adj. y n.* Relativo a quien se da una ventaja. **2** *m. y f.* Persona a la que beneficia un contrato de seguro o una donación.
beneficio *m.* Bien que se hace o se recibe. **2** Provecho. **3** Cultivo que se da a los campos. **4** Acción de beneficiar minas o minerales. **5** *Amér.* Acción de descuartizar una res.
beneplácito *m.* Aprobación.
benevolencia *f.* Buena voluntad hacia las personas.
bengalí *m.* Lengua derivada del sánscrito, hablada por más de 100 millones de personas, en Bengala Occidental y Bangladesh. **2** Pájaro pequeño de colores vivos, propio de las regiones intertropicales asiáticas.
benigno -na *adj.* Afable. **2** Apacible. **3** Se dice de las enfermedades no graves y de los tumores no malignos.
benjamín -na *adj. y n.* Se dice del hijo o la hija menor de una familia. **2** *m. y f.* Miembro más joven de un grupo.
beodo -da *adj. y n.* Borracho.
bermudas *adj. y m. pl.* Se dice de unos pantalones cortos que llegan a las rodillas.
berrear *intr.* Dar berridos los becerros y otros animales. **2** Llorar desaforadamente un niño. **3** *fig.* Gritar o cantar desafinadamente las personas.
berrido *m.* Voz del becerro y de otros animales. **2** *fig.* Grito desaforado o nota desafinada.
berrinche *m.* Enojo grande, especialmente de los niños.
besar *tr.* Tocar con los labios en señal de afecto, amistad y reverencia. **2** Iniciar el ademán sin llegar a tocar. **3** *fam.* Tocar unas cosas con otras.
beso *m.* Acción o ademán de besar.
bestia *f.* Animal cuadrúpedo, y en especial los domésticos de carga. **2** *fig.* Persona ruda e ignorante.
bestialidad *f.* Brutalidad. **2** Gran cantidad.
bestiario *m.* Colección medieval de fábulas sobre animales reales o quiméricos.
bestión *m.* Animal fantástico usado como ornamentación arquitectónica.
best-seller *m.* Libro de gran éxito comercial.
besuquear *tr.* Besar repetidamente.
betún *m.* Nombre de varios compuestos de carbono e hidrógeno, que se encuentran en la naturaleza y que arden con llama y humo espeso. **2** Mezcla para lustrar el calzado.
biberón *m.* Botella con pezón de goma que se emplea para la lactancia artificial. **2** Contenido de ella.
biblia *f.* Volumen que contiene los escritos bíblicos. **2** *fig.* Libro al que se concede especial valor y autoridad.
bibliofilia *f.* Pasión por los libros, especialmente por los raros y curiosos.
bibliografía *f.* Descripción de libros. **2** Catálogo de libros escritos sobre una materia.
bibliología *f.* Estudio del libro en sus aspectos histórico y técnico.
biblioteca *f.* Local en que se guarda un número considerable de libros debidamente ordenados. **2** Estantería en que se colocan los libros. **3** Conjunto de libros. **4** Obra que da cuenta de los escritores de una nación o de una especialidad.
bibliotecario -ria *m. y f.* Persona encargada del cuidado, ordenación y servicio de una biblioteca.

bibliotecología *f.* Estudio de las bibliotecas.
bicameral *adj.* Se dice del sistema parlamentario con dos cámaras legislativas.
bicéfalo -la *adj.* Que tiene dos cabezas.
bíceps *adj. y n.* Se dice de los músculos pares que tienen por arriba dos cabezas, como los braquiales y femorales.
bicho *m.* Cualquier sabandija o animal pequeño. 2 Toro de lidia. 3 fig. Persona de malas intenciones.
bicicleta *f.* Vehículo de dos ruedas iguales, movido por pedales, cuyo movimiento se transmite a la rueda trasera por medio de dos piñones y una cadena.

bicicleta

bicoca *f. fam.* Cosa de escaso valor.
bicolor *adj.* De dos colores.
biela *f.* Mecanismo que transforma el movimiento de rotación en otro de vaivén, o viceversa.
bien *m.* Lo perfecto en su género y que la voluntad apetece. 2 Utilidad, beneficio. 3 Lo que es agradable. 4 *adv. m.* Según es debido, con razón, perfectamente. 5 Con buena salud. 6 Con gusto. 7 Mucho, bastante, antepuesto a otros adverbios, adjetivos o participios. 8 Repetido, tiene valor de conjunción distributiva. 9 *m. pl.* Hacienda, riqueza: *bienes de fortuna*.
bienaventuranza *f.* Prosperidad o felicidad. 2 *pl.* Las ocho bendiciones y felicitaciones de Jesús a sus discípulos en el Sermón de la Montaña.
bienestar *m.* Conjunto de cosas necesarias para vivir bien.
bienhechor -ra *adj. y n.* Que hace bien a otros.
bienvenida *f.* Parabién que se da a alguien por haber llegado felizmente a un lugar.
bifásico -ca *adj.* Se dice del sistema de dos corrientes eléctricas alternas, procedentes del mismo generador.
bifocal *adj.* Relativo a la lente de dos focos, para miopía y vista cansada.

bifurcación *f.* Acción y efecto de bifurcarse. 2 Lugar en que un camino o río se divide en dos.
bifurcado -da *adj.* De figura de horquilla.
bigamia *f.* Estado del hombre o de la mujer casados a la vez con dos personas.
bígamo -ma *adj. y n.* Que se casa por segunda vez viviendo el primer cónyuge.
bigote *m.* Pelo que nace sobre el labio superior.
bilabial *adj. y f.* Se dice del sonido que se emite con los dos labios, como la b y la p.
biliar *adj.* Relativo a la bilis.
bilingüe *adj.* Que habla dos lenguas. 2 Que está escrito en dos idiomas.
bilis *f.* Humor viscoso y amarillento de sabor amargo, que segrega el hígado de los vertebrados en el duodeno durante la digestión o que se almacena en la vesícula.
billar *m.* Juego que consiste en impulsar con tacos unas bolas de marfil sobre una mesa rectangular forrada de paño, con barandas elásticas y eventuales troneras. 2 Lugar en que están la mesa o mesas de este juego.
billarista *com.* Persona que juega al billar.
billete *m.* Tarjeta que da derecho a una localidad en un espectáculo o en un medio de transporte. 2 Papel moneda. 3 Cédula que acredita la participación en una lotería o rifa.
billetero -ra *m. y f.* Cartera de bolsillo para llevar billetes.
billón *m.* Un millón de millones.
bimensual *adj.* Que ocurre o se hace dos veces al mes.
bimestre *m.* Tiempo de dos meses.
bimotor *adj. y m.* Se dice del avión provisto de dos motores.
bingo *m.* Juego de azar a modo de lotería. 2 Lugar en que se juega.
binocular *adj.* Relativo a la visión con ambos ojos.
binóculo *m.* Anteojo con lentes para los dos ojos.
binomio *m.* Unión de dos personajes importantes en cualquier sector de la vida.
bioclimatología *f.* Ciencia que estudia la acción de los climas sobre los organismos vivos.
biodegradable *adj.* Se dice de la sustancia que puede ser atacada por los seres vivos, principalmente microorganismos, transformándose en compuestos más sencillos.
biodinámica *f.* Ciencia de las fuerzas vitales.
bioestratigrafía *f.* GEOL Estudio de los estratos que contienen fósiles.
biofísica *f.* Estudio de los fenómenos vitales con ayuda de la física.

biogeografía

binóculo

biogeografía *f.* Parte de la geografía que estudia la distribución geográfica de plantas y animales.
biografía *f.* Historia de la vida de una persona.
biografiar *tr.* Escribir la biografía de alguien.
biógrafo -fa *m.* y *f.* Autor de una biografía.
biología *f.* Ciencia que estudia los seres vivos. Está dividida en diversas ramas especializadas, dedicadas al estudio de los distintos aspectos que constituyen la vida.
biólogo -ga *m.* y *f.* Persona que estudia la biología o tiene conocimientos especiales de ella.
biombo *m.* Mampara formada por varios bastidores unidos por goznes, que permiten su cierre o despliegue.
biometría *f.* Estudio estadístico de los procesos biológicos.
biónica *f.* Ciencia que estudia las funciones y movimientos de los órganos naturales para su reproducción y aplicación industrial.
biopsia *f.* Examen microscópico de un trozo de tejido tomado de un ser vivo.
bioquímica *f.* Parte de la química que estudia la estructura química de los seres vivos y sus transformaciones.
biorritmo *m.* Variación cíclica en un determinado proceso biológico o fisiológico.
biosfera *f.* Parte de la corteza terrestre y de la atmósfera donde se desarrollan los seres vivos.
biosíntesis *f.* Síntesis de sustancias compuestas que realizan los seres vivos, generalmente a partir de otras más simples.
biota *f.* Conjunto de la fauna y flora de una región.
biotecnología *f.* Conjunto de técnicas industriales que aprovechan la actividad metabólica de determinados microorganismos. Se aplica a la agricultura, las industrias químicas y alimentarias, la sanidad ambiental y la farmacología.
biotipo *m.* Forma característica de un animal o planta que puede considerarse representativa de su especie, variedad o raza.
biotopo *m.* Área de la biosfera en que puede desarrollarse una determinada especie.
bipartidismo *m.* Sistema político basado en el predominio de dos partidos.
bípedo -da *adj.* y *n.* De dos pies. **2** *m.* En los animales de cuatro remos, conjunto de dos miembros, especialmente de un mismo costado u opuestos en diagonal.
biplano *adj.* y *m.* Se dice del avión de cuatro alas dispuestas en dos planos paralelos.
biquini *m.* Bañador femenino de dos prendas.
birlar *tr.* En el juego de bolos, tirar por segunda vez la bola desde el lugar en que se detuvo la primera vez. **2** *fam.* Quitarle la novia o el empleo a otro en forma fraudulenta o con intriga.
birrete *m.* Birreta. **2** Gorro rematado en una borla de distintos colores, que usan los profesores universitarios, magistrados, jueces y abogados en sesiones académicas o en actos judiciales solemnes.
birria *f.* Mamarracho, adefesio.
bis *adv. c.* Indica que una cosa está repetida o ha de repetirse. **2** Se usa como interjección para pedir la repetición de un número musical. **3** *m.* Ejecución o declamación repetida, para corresponder a los aplausos del público, de una obra musical o recitada o de un fragmento de ella.
bisagra *f.* Herraje de dos piezas unidas o combinadas que se fijan una a un sostén fijo y otra a una pieza movible, y que permiten el juego de apertura y cierre de puertas, ventanas, etc. **2** *fig.* Elemento que actúa de mediador entre otros: *grupo bisagra*.
bisecar *tr.* GEOM Dividir en dos partes iguales.
bisección *f.* División de un ángulo en dos partes iguales.
bisel *m.* Corte oblicuo en el borde o extremidad de una lámina o plancha.
bisemanal *adj.* Que pasa o se hace dos veces por semana.
bisexual *adj.* y *com.* Que siente atracción por los dos sexos.
bisiesto *adj.* y *m.* Se dice del año de 366 días, en el que el mes de febrero tiene 29.
bisílabo -ba *adj.* De dos sílabas.
bisonte *m.* Bóvido salvaje de gran tamaño, parte delantera alzada, cabeza voluminosa y cuernos poco desarrollados.
bisoñé *m.* Peluquín que cubre la parte anterior de la cabeza.
bisoño -ña *adj.* y *n.* Se aplica al soldado o tropa nuevos. **2** *fam.* Inexperto en cualquier arte o negocio.
bisté *m.* Bistec, lonja de carne de vaca asada.

bisonte

bisturí *m.* Instrumento quirúrgico en forma de cuchillo pequeño, para seccionar los tejidos blandos.
bisutería *f.* Joyería de materiales no preciosos. **2** Tienda en que se venden dichos objetos.
bit Unidad de medida de la capacidad de memoria de un ordenador.
bituminoso -sa *adj.* Que tiene betún o se le parece.
bizantinismo *m.* Corrupción por exceso de lujo o de ornamentación decorativa. **2** Afición a discusiones intrascendentes.
bizco -ca *adj.* y *n.* Bisojo, de mirada torcida. **2** Por extensión se aplica a las cosas torcidas o desiguales.
bizcocho *m.* Pan sin levadura y recocido del que se abastecen las embarcaciones, porque dura más. **2** Masa de flor de harina, huevos y azúcar que, con diferentes formas, se cuece en hornos pequeños. **3** Objeto de loza después de la primera cochura y antes de recibir ningún esmalte.
bizquear *intr.* Padecer estrabismo. **2** *tr.* Guiñar o cerrar momentáneamente un ojo.
blanca *f.* Moneda antigua de cobre y plata. **2** MÚS Nota que vale la mitad de una redonda.
blanco -ca *adj.* y *m.* Del color de la luz solar; es el de la nieve o el de la leche. **2** Se dice de las cosas que son más claras que otras de su misma especie. **3** Referido a la especie humana, es el color de la raza caucásica. **4** *m.* Lunar o pelo blanco que algunos animales tienen en la cabeza y en el extremo inferior de las patas. **5** Objeto situado lejos para ejercitar la puntería, y por extensión todo aquello sobre lo que se dispara. **6** Fin u objeto al que se dirigen nuestros deseos. **7** Hueco entre dos cosas. **8** Espacio que en los escritos queda sin llenar.
blando -da *adj.* Que cede fácilmente al tacto. **2** fig. Suave, benigno. **3** *adv. m.* Blandamente, con suavidad.
blanquear *tr.* Poner blanca alguna cosa. **2** Poner cal a los edificios. **3** Dar las abejas cierta capa a los panales. **4** Blanquecer los metales. **5** fam. Convertir en dinero legal el obtenido de manera sucia. **6** *intr.* Mostrar una cosa la blancura que posee.
blasfemia *f.* Palabra injuriosa contra Dios, los santos o una persona.
blasón *m.* Arte que explica los escudos de armas. **2** Cada figura o pieza de un escudo. **3** Honor.
bledo *m.* Planta anual de las quenopodiáceas, comestible, de hojas verdes y florecillas rojas. **2** fig. Cosa de poco o ningún valor: *dársele un bledo, importarle un bledo.*
blindado -da *adj.* Recubierto con blindaje. **2** *m.* MIL Vehículo acorazado o blindado, carro de combate.
blindar *tr.* Proteger, especialmente con planchas metálicas, buques, carros armados, etc.
bloc *m.* Conjunto de hojas, para escribir o dibujar, fácilmente separables.
bloque *m.* Piedra grande sin labrar. **2** Sillar artificial de hormigón. **3** Conjunto compacto de cosas. **4** Bloc. **5** Manzana de casas. **6** fig. Lo principal de una cosa que forma conjunto compacto. **7** Agrupación ocasional de varios partidos políticos.
bloquear *tr.* Realizar una operación militar o naval consistente en cortar las comunicaciones de un territorio, de un ejército, etc. **2** Inmovilizar un capital impidiendo que su dueño disponga de él. **3** *tr.* y *prnl.* Frenar un movimiento o proceso. **4** *prnl.* Quedarse sin poder reaccionar.
blues *m.* Canto popular afroamericano, surgido en el s. XIX, por lo general amoroso y muy sensual. De gran influencia en el jazz.
blusa *f.* Prenda de tela fina que cubre la parte superior del cuerpo. **2** Especie de túnica holgada con mangas.
boa *f.* Serpiente de los boidos, no venenosa, que llega a alcanzar 10 m de largo y vive en la América tropical. **2** Prenda femenina de piel o pluma y en forma de serpiente, para abrigo o adorno del cuello.
bobada *f.* Dicho o hecho necio.
bobina *f.* Devanado de hilo, cable o papel sobre un cañón hueco o carrete.
bobo -ba *adj.* y *n.* De muy escasa capacidad intelectual. **2** Pez mugílido de piel negra y sin escamas, que abunda en los ríos de Guatemala y México.
boca *f.* Entrada al tubo digestivo situada en la parte anterior de la cabeza, que se abre y cierra merced a los labios. **2** Toda la cavidad bucal. **3** Abertura de entrada o salida (también en pl.: *las bocas del Ródano*) **4** En ciertas herramientas, la parte afilada de la cara para golpear. **5** Persona o animal al que se mantiene. **6** Pinza con que termina cada pata delantera de los crustáceos. **7** Gusto o sabor de un vino.

boca

bocadillo *m.* Panecillo o trozo de pan relleno con algún manjar apetitoso. **2** Alimento que se toma a media mañana. **3** En teatro, participación de un actor en el diálogo con unas pocas palabras. **4** *Amér.* Dulce de guayaba envuelto en hojas de plátano.

bocanada *f.* Cantidad de aire, humo o líquido que se toma o se expulsa de una vez por la boca. **2** Racha repentina de viento.

bocaza *f.* Boca grande. **2** *com. fam.* Persona que habla más de lo conveniente. (Se usa en plural con valor singular: *un bocazas*.)

bocel *m.* ARQ Moldura lisa y convexa de sección semicircular. **2** Herramienta con que se hace.

boceto *m.* Borrador previo a la ejecución de un cuadro. **2** Modelado de trazos generales y a tamaño reducido de una escultura. **3** fig. Esquema provisional de un asunto o proyecto.

bochinche *m.* Tumulto, alboroto.

bochorno *m.* Viento muy caliente. **2** Calor sofocante. **3** Encendimiento pasajero del rostro. **4** Sofocación por algo que ofende o avergüenza.

bocina *f.* Pieza cónica con que se refuerza el sonido de los aparatos sonoros. **2** Claxon de los automóviles antiguos. **3** Instrumento de viento, especie de cuerno o trompa. **4** *Amér.* Trompetilla para los sordos.

bocio *m.* Tumoración del tiroides que produce un abultamiento en la parte anterior del cuello.

boda *f.* Ceremonia del casamiento y fiesta con que se solemniza.

bodega *f.* Lugar en que se guarda el vino. **2** Tienda de vinos. **3** Sótano que sirve de almacén. **4** Espacio interior de los buques por debajo de la cubierta inferior.

bodegón *m.* Bodega. **2** Tienda de comidas ordinarias. **3** Cuadro que representa viandas y frutos

bofe *m.* Pulmón, sobre todo de las reses muertas.

bofetada *f.* Golpe sonoro en la cara dado con la mano abierta. **2** fig. Desaire u ofensa.

bofetón *m.* Bofetada muy fuerte. **2** Tramoya giratoria con que en el teatro se hacen desaparecer personas o cosas.

boga *f.* Acción de remar. **2** Gusto pasajero y generalizado por algo. **3** *com.* Remero.

bohemio -mia *adj. y n.* Se dice de la persona que lleva una vida desordenada y errante. **2** *m.* Lengua checa.

bohío *m. Amér.* Cabaña de madera, ramas y cañas.

boicotear *tr.* Presionar sobre una persona o sociedad, estorbando sus relaciones y actividades.

boina *f.* Gorra redonda, chata y sin visera.

bojote *m. Amér.* Bulto, paquete.

bola *f.* Cuerpo esférico. **2** Juego que consiste en lanzar una esfera de hierro lo más lejos posible. **3** En los buques, armazón de dos discos negros entrelazados para hacer señales. **4** fig. Mentira. **5** Rumor falso, especialmente el político. **6** fam. Cabeza. **7** *pl.* Juego de las canicas. **8** fam. Los testículos.

bolero *m.* Aire musical popular español, cantable y bailable, en compás ternario y de movimiento solemne. **2** Chaquetilla corta de mujer.

boleta *f.* Cédula que permite el acceso a un lugar. **2** Especie de orden de pago escrita para cobrar algo. **3** *Amér.* Billete de entrada. **4** *Amér.* Papeleta con un número o nombre que se usa en las votaciones o sorteos.

boletín *m.* Boleta. **2** Cédula de suscripción a una obra o empresa. **3** Publicación periódica que informa de determinados asuntos por parte de alguna corporación.

boliche *m.* Bola pequeña en el juego de las bolas o petanca. **2** Adorno torneado en que rematan algunos muebles. **3** Juguete de bola taladrada y sujeta por un cordón, que se lanza al aire y se ensarta en la punta de un palo, o se recoge en una cazoleta. **4** Horno pequeño para fundir minerales de plomo. **5** *Amér.* Pequeño establecimiento de bebidas y comestibles.

bólido *m.* Masa mineral en combustión que cruza la atmósfera y suele estallar, provocando la caída de aerolitos. **2** fig. Vehículo o persona que va a gran velocidad.

bolígrafo *m.* Instrumento para escribir, que en su interior lleva tinta grasa y en la punta una bolita metálica móvil.

bolillo *m.* Palito torneado al que se arrolla el hilo en las labores de encaje. **2** Baqueta de madera o caucho que usa la policía en Colombia. **3** *pl.* Barritas de masa dulce.

bollo *m.* Panecillo esponjoso de harina, azúcar, etc., cocido al horno. **2** Plegado de forma esférica que adorna una tela, vestido o tapicería. **3** fam. Chichón.

bolo[1] *m.* Palo labrado para que se sostenga derecho. **2** Bola, en los juegos de naipes. **3** ARQ Cilindro vertical sobre una armazón. **4** fam. Hombre de escasa habilidad. **5** Actuación de una compañía en provincias, para ver cómo funciona la obra. **6** *pl.*

Juego en que, mediante bolas, cada jugador derriba los bolos que puede.

bolo² *m.* Píldora mayor que la ordinaria.

bolsa *f.* Talego o saco de material flexible para guardar o llevar cosas. **2** Arruga que hace un vestido. **3** Pliegue de la piel bajo los ojos. **4** Cada una de las cavidades del escroto en que se alojan los testículos. **5** Cavidad llena de pus o linfa. **6** Conjunto de operaciones comerciales con efectos públicos. **7** Lugar en que se realizan tales operaciones.

bolsillo *m.* Saquito de tela que se fija, por dentro o por fuera, a los vestidos. **2** Monedero.

bolso *m.* Bolsa de mano en que las mujeres llevan el monedero y otros pequeños enseres.

bomba *f.* Máquina para elevar agua u otro líquido. **2** Cualquier pieza hueca llena de explosivos y provista de detonador para su estallido. **3** En los instrumentos de metal, tubo movible que permite su alargamiento o reducción modificando su sonido. **4** fig. Noticia inesperada. **5** *Amér.* Borrachera.

bombacho *adj. y m.* Se dice del pantalón ancho, con perneras acampanadas, abiertas por los costados y con botones para cerrarlas.

bombardear *tr.* Arrojar bombas desde un avión. **2** Hacer fuego violento y sostenido de artillería. **3** Someter un cuerpo a ciertas radiaciones.

bombardero *m.* Avión especialmente diseñado para el transporte y lanzamiento de bombas. **2** Oficial o soldado al servicio de las fragatas antiguas destinadas a arrojar bombas.

bombero *m.* Miembro del cuerpo encargado de extinguir los incendios y de prestar otras ayudas en casos de siniestro. **2** Persona que trabaja con la bomba hidráulica. **3** El encargado de las bombas y faenas de carga y descarga en un buque tanque. **4** Cañón para disparar bombas.

bombilla *f.* Globo de cristal con una resistencia, que al paso de la corriente adquiere una incandescencia blanca. **2** Farol con un cristal casi esférico y rematado en un anillo para colgarlo que se utiliza en los barcos. **3** *Amér.* Caña delgada para tomar el mate.

bombillo *m.* Sifón que en los desagües evita los malos olores. **2** Tubo ensanchado en su parte inferior, para sacar líquidos. **3** *Amér.* Bombilla eléctrica.

bombón *m.* Dulce de chocolate, relleno de licor o crema. **2** fam. Mujer muy guapa.

bonanza *f.* Tiempo tranquilo en el mar. **2** Filón de mineral muy rico. **3** fig. Prosperidad.

bondad *f.* Calidad de bueno. **2** Disposición natural a hacer el bien. **3** Amabilidad de carácter.

bongo¹ *m.* Canoa de los indios de América Central. **2** Árbol de Panamá, de madera ligera. **3** Antílope de los bóvidos, de gran tamaño y muy veloz. Habita en África occidental.

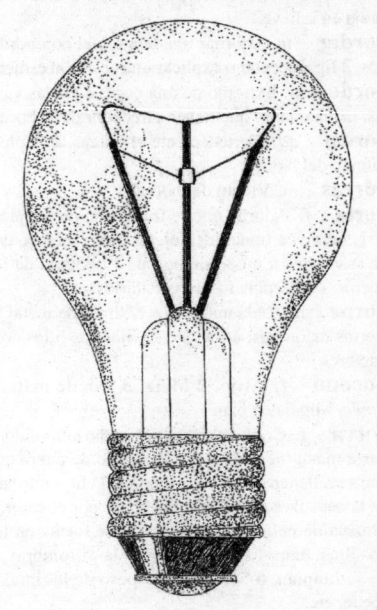
bombilla

bongo² *m.* Instrumento caribeño de percusión, consistente en un tubo de madera cubierto en uno de sus extremos por una piel de chivo bien tensa. Se toca con la palma de la mano o con los dedos.

bonificación *f.* Acción y efecto de bonificar. **2** Descuento; particularmente en algunas pruebas deportivas, descuento en el tiempo empleado.

bono *m.* Tarjeta canjeable por comestibles o dinero.

boñiga *f.* Excremento del ganado mayor.

boom *m.* Éxito espectacular. **2** Alza brusca de valores de bolsa, productos industriales, etc.

boquete *m.* Entrada angosta. **2** Brecha irregular en una pared, cristal, etc.

boquiabierto -ta *adj.* Que tiene la boca abierta. **2** Que está embobado en la contemplación de algo.

boquilla *f.* Boca pequeña. **2** Abertura en las acequias para derivar agua. **3** Pieza pequeña y hueca que se aplica a los instrumentos de viento para soplar por ella. **4** Tubito en cuya parte más ancha se inserta el cigarro o cigarrillo. **5** Parte de la pipa que se introduce en la boca. **6** Ranura en las piezas de madera, para ensamblarlas. **7** Orificio por el que se introduce la pólvora en algunos proyectiles. **8** Portalámpara.

borbotón *m.* Erupción que hace el agua de abajo para arriba, elevándose sobre su superficie.

bordado

bordado *m.* Acción de bordar. **2** Labor de aguja en relieve.
bordar *tr.* Adornar una tela o piel con bordados. **2** fig. Ejecutar o explicar una cosa con esmero.
borde *m.* Extremo de una cosa. **2** En las vasijas, orilla o labio que tienen alrededor de la boca.
boreal *adj.* Perteneciente al bóreas. **2** Septentrional, del Norte.
bóreas *m.* Viento del norte.
borla *f.* Adorno que se forma con un conjunto de hebras o cordoncillos, sujetos por la mitad o uno de sus cabos a modo de botón. **2** Insignia de los doctores y licenciados universitarios.
borne *m.* Cada uno de los botones de metal de ciertas máquinas, a los que se fijan los hilos conductores.
borona *f.* Mijo. **2** Maíz. **3** Pan de maíz. **4** *Amér.* Migaja de pan.
borra *f.* Cordera que tiene un año cumplido. **2** Parte más gruesa de la lana. **3** Pelo de cabra con que se rellenan pelotas y cojines. **4** Pelusa que sale de la cápsula del algodón al abrirse por el calor. **5** Mezcla de pelusilla y polvo que se forma en los bolsillos, entre los muebles y en las alfombras, si no se limpian. **6** Sedimento espeso de la tinta, el aceite, etc.
borrachera *f.* Efecto de emborracharse. **2** Banquete en que se come y bebe con exceso. **3** fig. Exaltación desbordada.
borracho -cha *adj. y n.* Se dice de la persona que se embriaga a menudo. **2** Ebrio. **3** Se aplica a algunos frutos y flores de color morado. **4** Se dice de la persona dominada por alguna pasión. **5** Se dice de algunos pasteles empapados de licor. **6** fam. Atolondrado, sin juicio.
borrador *m.* Primer esquema de un estudio o libro, sujeto a correcciones. **2** Goma de borrar. **3** Utensilio de paño para borrar los encerados o pizarras.
borrar *tr.* Tachar lo escrito. **2** Hacerlo desaparecer por cualquier medio. **3** Hacer que la tinta reciente se corra. **4** fig. Hacer que una cosa desaparezca.
borrasca *f.* Tempestad en el mar. **2** Temporal fuerte en tierra. **3** fig. Peligro o contradicción en un negocio. **4** *Amér.* Carencia de mineral útil en las minas.
borrego -ga *m. y f.* Cría de la oveja hasta los dos años. **2** fig. Persona de carácter excesivamente dócil. **3** *m.* Nubecilla blanca, redondeada. **4** Ola corta y espumosa.
borrico *m.* Asno. **2** Armazón de tres maderos que sirve de banco de trabajo a los carpinteros. **3** fig. Hombre muy necio o bruto.
borrón *m.* Gota o mancha de tinta en un papel. **2** Borrador, esbozo. **3** fig. Imperfección que desluce.

borroso -sa *adj.* No clarificado. **2** Se dice de la escritura, dibujo o pintura de trazos confusos y desvanecidos.
bosque *m.* Sitio poblado de árboles y matas. **2** fig. Abundancia desordenada de algo.
bosquejar *tr.* Pintar o modelar sin precisar los contornos. **2** Preparar una obra sin rematarla. **3** Indicar esquemáticamente y de forma vaga un plan.
bosquejo *m.* Traza primera e imprecisa de cualquier obra plástica. **2** fig. Idea vaga de alguna cosa.
bostezar *intr.* Abrir lenta, prolongada y ruidosamente la boca, sin querer, primero inspirando y luego espirando. Es indicio de sueño, cansancio o tedio.
bota[1] *f.* Cuero vuelto, untado de pez por dentro, cosido en sus bordes y rematado en un cuello de cuerno o madera en que se enrosca el tubo. Se emplea como recipiente de vino. **2** Tonel para guardar vino y otros líquidos.
bota[2] *f.* Calzado que resguarda el pie y parte de la pierna.
botadero *m. Amér.* Punto de un río donde, por su poca profundidad, puede atravesarse a pie.
botado -da *adj. y n. Amér.* Que vive en un orfanato o ha estado en él.
botánica *f.* Rama de la biología que estudia las plantas. Se divide en botánica pura, que estudia los aspectos teóricos del mundo vegetal, y botánica aplicada, que busca la utilidad práctica de estos estudios.
botar *tr.* Arrojar a una persona o cosa. **2** Poner en juego la pelota. **3** *Amér.* fam. Despedir de un cargo o empleo. **4** *Amér.* Malgastar. **5** *intr.* fam. Estar muy indignado o muy alegre.
bote[1] *m.* Golpe que se da con un arma de asta. **2** Salto desde el suelo que dan las personas, los animales o las cosas.
bote[2] *m.* Vasija pequeña y cilíndrica. **2** fam. Propina y lugar donde se deposita.
bote[3] *m.* Barco pequeño y sin cubierta, con tablones cruzados que sirven de asiento a los que reman.

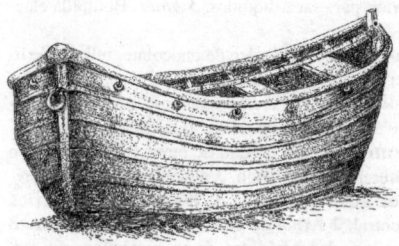

bote

72

botella *f.* Vasija de cuello angosto. **2** Todo el líquido que cabe en una botella.
botica *f.* Farmacia. **2** Gasto en medicamentos durante una enfermedad.
boticario -ria *m. y f.* Persona que profesa la farmacia y que prepara y expende las medicinas. **2** *f.* fam. Mujer del boticario.
botija *f.* Vasija de barro redonda y de cuello corto y angosto. **2** fig. Persona rechoncha y obesa.
botín[1] *m.* Calzado que cubre parte de la pierna, a la que se ajusta con botones o correas.
botín[2] *m.* Despojo como premio de conquista. **2** Conjunto de armas y provisiones de un ejército vencido que pasa al vencedor.
botiquín *m.* Mueble, caja o maletín en que se guardan y transportan las medicinas e instrumental para urgencias. **2** Conjunto de estas medicinas.
botón *m.* Yema de un vegetal. **2** Flor cerrada y cubierta de hojas hasta que se abre. **3** Pieza pequeña de distintas materias y formas que se cose a los vestidos y que, entrando en el ojal, los abrocha y asegura. **4** Resalto de forma cilíndrica que se fija a un objeto y sirve de tirador o de tope. **5** En el timbre eléctrico, pieza que al oprimirla lo hace sonar. **6** En los instrumentos musicales de pistones, pieza circular y metálica que recibe la presión del dedo. **7** En los instrumentos de cuerda, pieza que en la parte inferior sujeta el trascoda.
botones *m.* Muchacho que en bancos, hoteles, etc., hace los recados.
bóveda *f.* Obra de fábrica curvada que cubre el espacio entre dos muros o varios pilares. **2** Recinto abovedado. **3** Cripta.
bovino -na *adj.* Perteneciente al ganado vacuno, formado por mamíferos rumiantes con cuernos de estuche liso, hocico ancho y cola larga con un mechón en el extremo. Son de gran talla y domesticables.
boxeador *m.* Púgil que se dedica al boxeo.
boxeo *m.* Lucha de dos púgiles con las manos enfundadas en guantes especiales y conforme a unas normas que regulan los golpes.
boya *f.* Cuerpo flotante sobre el agua y fijado al fondo, que sirve de señal. **2** Corcho que se pone en las redes para que no se hundan hasta el fondo.
boy-scout *m.* Muchacho que forma parte de una asociación, fundada en 1908 por Baden Powell, cuya finalidad es la formación física y cívica de los jóvenes.
bozal *adj.* fam. Bisoño, inexperto. **2** fig. Necio. **3** Cerril, sin domar. **4** *m.* Esportilla que se pone en la boca a las bestias de tiro o carga impidiéndoles comer. **5** Aparejo de correas que se pone a los perros para que no muerdan. **6** Tableta con púas que se pone a los terneros para que las madres no les den de mamar.

bozo *m.* Vello que sobre el labio superior tienen los muchachos antes de nacerles la barba. **2** Parte exterior de la boca.
bracero -ra *adj.* Se aplica al arma que se arrojaba con el brazo. **2** *m.* Peón, jornalero no especializado. **3** El que tiene buen brazo para lanzar la barra o alguna otra arma arrojadiza. **4** El que da el brazo a otra persona.
braga *f.* Metedor, pañal de los niños. **2** Calzón masculino ancho. Se usa más en plural. **3** *pl.* Prenda interior de las mujeres, que cubre desde la cadera al arranque de las piernas, con aberturas para éstas. **4** Conjunto de plumas que cubren las patas de las aves calzadas.
bragueta *f.* Abertura delantera de calzones y pantalones.
brama *f.* Acción y efecto de bramar. Se aplica al celo de los ciervos y otros animales y al tiempo en que lo tienen.
bramar *intr.* Dar bramidos. **2** Manifestar a voces el dolor o la ira. **3** Resonar con ruido estrepitoso el mar o el viento agitados.
bramido *m.* Voz del toro y de otros animales salvajes. **2** Grito estentóreo de la persona furiosa. **3** Ruido grande del viento o del mar.
branquia *f.* Órgano respiratorio, permanente o temporal, de muchos animales acuáticos, formado por filamentos de origen tegumentario.
brasa *f.* Pedazo de carbón, leña u otra materia combustible.
brasero *m.* Pieza metálica cóncava y circular, en que se hace o pone lumbre para calentarse.
bravo -va *adj.* Valiente. **2** De buena calidad. **3** Fiero y alborotado, según que se aplique a un animal o al mar. **4** De genio áspero y violento.
bravucón -na *adj.* fam. Valiente sólo en apariencia.
brazalete *m.* Aro metálico de adorno alrededor de la muñeca. **2** Brazal, distintivo.
brazo *m.* Miembro del cuerpo humano desde el hombro hasta la extremidad de la mano. **2** En los cuadrúpedos, cada una de las patas delanteras. **3** Cada una de las ramificaciones de un cuerpo central en árboles, balanzas, candelabros, cruces, etc. **4** Cada palo que sale del respaldo del sillón para apoyo de los brazos del que se sienta. **5** Pértiga articulada de una grúa. **6** fig. Valor, esfuerzo. **7** *pl.* Mano de obra.
brea *f.* Líquido viscoso que se obtiene por la destilación al fuego de la madera de ciertos árboles, del alquitrán o del petróleo. **2** Mezcla de este líquido con pez, sebo, etc., que sirve para tapar o cerrar junturas en maderas y jarcias. **3** Tela basta embreada para envolver fardos.
brebaje *m.* Bebida de sabor o aspecto desagradable.

brecha *f.* Rotura abierta en una pared, y especialmente la provocada por disparos de artillería. **2** Rotura de un frente de combate. **3** fig. Duda en las propias convicciones.
bregar[1] *intr.* Luchar, reñir. **2** Trabajar afanosamente. **3** fig. Afrontar ciertos riesgos y dificultades.
bregar[2] *tr.* Amasar.
brete *m.* Cepo de hierro que se ponía a los reos en los pies. **2** fig. Situación difícil.
breva *f.* Primer fruto anual de la higuera, mayor que el higo. **2** Bellota temprana. **3** Cigarro puro aplastado y de tabaco más curado que el corriente. **4** fig. Negocio lucrativo y poco trabajoso. **5** *Amér.* Tabaco de mascar.
breve *adj.* De corta extensión o duración. **2** Documento papal menos solemne que la bula. **3** Nota que dura dos compases mayores.
breviario *m.* Libro con los rezos eclesiásticos de todo el año. **2** Epítome o compendio.
bribón -na *adj. y n.* Pícaro.
bricolaje *m.* Conjunto de reparaciones y trabajos caseros.
brida *f.* Freno del caballo con las riendas y correaje. **2** Reborde en la boca de los tubos para empalmarlos. **3** Filamentos membranosos de los labios de una herida o absceso.
bridge *m.* Juego de naipes entre cuatro jugadores de dos equipos que se reparten todas las cartas de la baraja francesa.
briega *f.* Brega, trabajo realizado con dificultad. **2** Lucha, riña.
brigada *f.* Unidad militar formada por dos o más regimientos de un arma. **2** Grupo de personas que hacen determinado trabajo. **3** Grado militar entre sargento y alférez. **4** Cada una de las secciones de la marinería para servicios militares o marineros.
brigadier *m.* Grado militar antiguo equivalente al actual de general de brigada o de contraalmirante.
brillante *adj.* Que brilla. **2** Admirable o sobresaliente en su línea. **3** *adj. y m.* Se dice del diamante tallado por las dos caras en varias facetas.
brincar *intr.* Dar saltos elevándose en el aire mediante el esfuerzo muscular. **2** fig. Omitir a propósito alguna cosa en la conversación o en la lectura. **3** *tr.* Alzar y bajar sucesivamente a un niño como si brincase.
brindar *intr.* Formular un deseo o voto antes de beber al tiempo que se levanta la copa. **2** Ofrecer alguna cosa confortable. **3** Invitar al aprovechamiento de algo. **4** *prnl.* Ofrecerse a realizar alguna cosa.
brío *m.* Empuje, energía en el andar, el trabajo, etc. **2** fig. Espíritu decidido.

brisa *f.* Viento del noreste contrapuesto al vendaval. **2** Airecillo que en las costas sopla del mar por el día y de la tierra por la noche. **3** Viento suave.
brizna *f.* Parte delgada y pequeña de una cosa. **2** Hebra de plantas o frutos.
broca *f.* Barrena de boca cónica que se aplica a las máquinas de taladrar. **2** Carrete en que ponen los bordadores el hilo de la trama. **3** Clavo redondo y de cabeza cuadrada que en la fabricación o arreglo del calzado sujeta la suela en la horma.

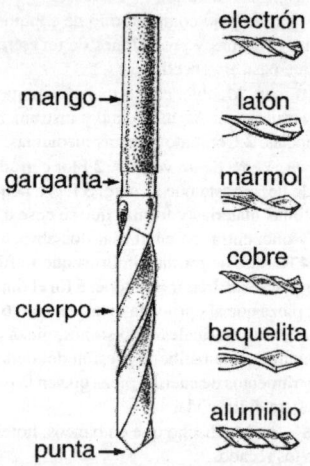

Partes y modelos de una broca

brocado *m.* Tela de seda con flores y dibujos en oro y plata. **2** Tejido sólido de seda con dibujos en color distinto del tono del fondo.
brocha *f.* Escobilla de cerda sujeta a un palito, que sirve para pintar. **2** Escobilla de cerdas con que se extiende el jabón sobre la barba, para el afeitado.
broche *m.* Conjunto de dos piezas de material duro que encajan entre sí. **2** Joya en forma de alfiler o imperdible de adorno.
broma *f.* Algarada, diversión. **2** Chanza. **3** Molusco marino de concha pequeña, cuyas valvas, actuando a manera de mandíbulas, perforan la madera, dañando las embarcaciones.
bronca *f.* Riña ruidosa. **2** Represión áspera. **3** Manifestación colectiva y ruidosa de desagrado en un espectáculo público. **4** En América, enojo, odio.
bronce *m.* Aleación metálica de cobre con estaño y otros materiales; es de color amarillento rojizo, muy resistente y sonoro. **2** Estatua de bronce. **3** Moneda de cobre.
bronquio *m.* Cada uno de los dos conductos fibrocartilaginosos en que se bifurca la tráquea y que penetran en los pulmones. Se usa más en plural.

brontosaurio *m.* Dinosaurio fósil del género *Brontosaurus*, de cabeza pequeña, cuello largo y flexible, tronco voluminoso y gran cola. Medía más de 20 m de longitud y podía pesar unas 30 t. Se han encontrado sus restos en el jurásico y el cretácico de América del Norte.

brotar *intr.* Nacer la planta de la tierra. **2** Nacer renuevos, hojas y flores en la planta. **3** Manar agua de los manantiales. **4** Salir alguna erupción en la piel. **5** Empezar a manifestarse alguna cosa. **6** *tr.* Echar la tierra plantas, flores, etc.

broza *f.* Maleza que se forma con los despojos de las plantas en montes y campos. **2** Desperdicios. **3** fig. Cosas inútiles en un discurso o escrito.

bruja *f.* Mujer vieja, fea y de mal carácter.

brújula *f.* Instrumento de orientación consistente en una barrita imantada, que espontáneamente señala la dirección norte-sur y que colocada sobre un eje que permite su libre movimiento señala sobre dos círculos concéntricos la posición respecto de la rosa de los vientos y el rumbo del buque. **2** Agujerito que concentra la mirada sobre algún objeto.

bruma *f.* Niebla, y en especial la marina. **2** *pl.* fig. Oscuridad y confusión.

bruñir *tr.* Sacar lustre a una cosa.

brusco -ca *adj.* Áspero. **2** Repentino. **3** *m.* Planta perenne de las liliáceas. **4** Lo que se desperdicia por pequeño en las cosechas y vendimias.

brutal *adj.* fig. Enorme, colosal.

brutalidad *f.* Calidad de bruto. **2** Crueldad. **3** Acción desmesurada por falta de prudencia o por apasionamiento excesivo.

bruto -ta *adj.* y *n.* Falto de inteligencia, que obra sin tino y recurriendo a la fuerza física. **2** Se aplica al peso total de un objeto, por oposición a peso neto. **3** Se dice de las cosas sin pulimentar.

bucear *intr.* Nadar manteniéndose debajo del agua. **2** Trabajar como buzo. **3** fig. Ahondar en algún tema o asunto.

buche[1] *m.* En el aparato digestivo de las aves, bolsa en que se reblandece el alimento y que comunica con el esófago. **2** Estómago de algunos cuadrúpedos. **3** Líquido que cabe en la boca. **4** Bolsa, arruga del vestido.

buche[2] *m.* Borrico recién nacido y mientras mama.

bucle *m.* Rizo helicoidal del cabello.

bucólico -ca *adj.* Relativo a la composición poética que versa sobre la vida pastoril y campestre. **2** Relativo a este género de poesía. **3** *adj.* y *n.* Se aplica al poeta que lo cultiva.

buen *adj.* Apócope de bueno, que se antepone al nombre o a un verbo en infinitivo.

buenaventura *f.* Buena suerte. **2** Adivinación del futuro de una persona que las gitanas hacen leyendo la palma de la mano.

bueno -na *adj.* Que es como debe ser en su género. **2** Útil y conveniente. **3** Gustoso, agradable. **4** Hábil, de valor. **5** Sano. **6** Usado como adverbio a manera de exclamación, denota aprobación, satisfacción o sorpresa. **7** *m.* En exámenes, nota superior a la de aprobado, inferior a la de notable.

buey *m.* Toro castrado.

búfalo -la *m.* y *f.* Bóvido salvaje y corpulento, de cuernos deprimidos, con dos especies principales en Asia y África. **2** Bisonte de América.

bufanda *f.* Prenda consistente en una tira de lana o seda, para abrigo del cuello.

bufar *intr.* Resoplar con furor el toro y otros animales. **2** fig. Mostrar de alguna manera un enojo grande. **3** fam. Emborracharse.

bufé *m.* Mesa en que se disponen los manjares y bebidas para una fiesta. **2** Restaurante en que el cliente elige y recoge directamente su comida.

bufete *m.* Mesa de escribir con cajones. **2** Despacho de un abogado. **3** fig. Clientela de un abogado.

buhardilla *f.* Ventana en el tejado para salir a éste o dar luz a los desvanes. **2** Desván.

búho *m.* Ave rapaz nocturna de los estrígidos, de color rojo y negro, ojos grandes y pico corvo, que habita en lugares inaccesibles. **2** fig. Persona huraña.

búho

buitre *m.* Rapaz vultúrida que puede alcanzar dos metros de envergadura, de cuello pelado y cuerpo leonado; es social y se alimenta de animales muertos. **2** fam. Persona egoísta, que se aprovecha de los demás.

bujía *f.* Vela blanca de estearina o esperma de ballena. **2** Candelero en que se sustenta. **3** Unidad de medida de un foco de luz. **4** En los motores de explosión, pieza que produce la chispa eléctrica.
bula *f.* Sello de plomo que autentica ciertos documentos papales. **2** Documento pontificio de interés general para la Iglesia católica.
bulbo *m.* Tallo subterráneo de ciertas plantas, como la cebolla y el lirio, ensanchado en su parte inferior, que contiene las reservas nutritivas.
buldog *adj.* y *m.* Se dice de una raza de perros de presa, oriunda de Inglaterra, de mandíbula sobresaliente y labio superior caído sobre ambos lados.
bulevar *m.* Avenida con árboles.
bulimia *f.* Hambre canina, hambre insaciable.
bulla *f.* Ruido confuso de voces y risas. **2** Concurrencia de mucha gente.
bulldozer *m.* Máquina formada por una pala cortante montada sobre un tractor de orugas, utilizada para el movimiento de tierras.
bullicio *m.* Ruido que produce la presencia de mucha gente en un lugar. **2** Alboroto o tumulto.
bullir *intr.* Hervir un líquido. **2** Agitarse con movimiento parecido al de la ebullición. **3** fig. Agitarse excesivamente, no parar.
bulto *m.* Volumen que ocupa un espacio. **2** Cuerpo que no se distingue perfectamente. **3** Convexidad producida por un tumor, por el calor o por un golpe. **4** Fardo o paquete.
bumerán *m.* Arma arrojadiza de los aborígenes australianos, formada por una lámina de madera encorvada, que con su movimiento giratorio puede volver al punto de partida.
bungalow *m.* Casa pequeña de un solo piso, y con un portal, corredor o galería, alrededor o en el frente.
búnker *m.* Refugio subterráneo para defenderse de los bombardeos. **2** fig. Círculo muy cerrado de personas.
buñuelo *m.* Masa de harina y agua que se fríe en aceite, esponjándose. **2** fig. Chapuza.
buque *m.* Casco de la nave. **2** Barco con cubierta, adecuado para navegaciones o empresas marítimas de importancia.
buqué *m.* Aroma del vino.
burbuja *f.* Glóbulo de aire o de otro gas que se forma en un líquido y sale a la superficie.

burdo -da *adj.* Tosco, grosero.
burgomaestre *m.* Alcalde de algunas ciudades.
burgués -sa *adj.* Perteneciente o relativo a la burguesía. **2** *m.* y *f.* Miembro de esta clase acomodada.
buril *m.* Punzón de acero para grabar metales.
burla *f.* Acción, ademán o palabras con que se procura poner en ridículo a personas o cosas. **2** Chanza. **3** Engaño.
burladero *m.* Valla que en plazas y corrales sirve de refugio al lidiador, que burla así al toro.
buró *m.* Escritorio a modo de cómoda con una parte más alta que el tablero con cajoncitos. Se cierra con una especie de persiana.
burocracia *f.* Clase social de los funcionarios públicos.
burra *f.* Hembra del burro. **2** Mujer de escaso entendimiento.
burro *m.* Asno. **2** Armazón en forma de caballete que sirve de banco de trabajo a los carpinteros. **3** *adj.* y *m.* fam. De escaso entendimiento.
bursátil *adj.* Relativo a la bolsa, a sus operaciones y a los valores cotizables.
bus *m.* Autobús.
busca *f.* Acción de buscar. **2** Tropa de monteros y perros que levanta la caza. **3** Recogida de objetos aprovechables entre escombros y desperdicios.
buscar *tr.* Hacer algo con propósito de encontrar a alguna persona o cosa. **2** *tr.* y *prnl.* Provocar.
buscarruidos *com.* fam. Persona inquieta, alborotadora, pendenciera.
buscón -na *adj.* y *n.* Que busca. **2** Ratero.
busto *m.* Escultura o pintura de medio cuerpo para arriba. **2** Parte superior del cuerpo humano.
butaca *f.* Silla de brazos y respaldo inclinado hacia atrás. **2** La del teatro o cine. **3** Entrada para ocuparla.
buzo *m.* Persona que trabaja bajo el agua con auxilio de aparatos adecuados o conteniendo la respiración.
buzón *m.* Ranura por la que se introducen las cartas y papeles para el correo y el recipiente en que quedan depositadas. **2** Conducto artificial por el que desaguan los estanques. **3** Tapón de cualquier agujero para dar entrada o salida a un líquido. **4** fig. Boca muy grande.

c *f.* Tercera letra del abecedario castellano y segunda de sus consonantes; que se pronuncia «ze». **2** En la numeración romana, y en mayúscula, tiene el valor de 100 (C).
cabal *adj.* Exacto en su peso, medida o precio. **2** Honrado y justo.
cábala *f.* Interpretación esotérica y complicada que hicieron los judíos medievales del Antiguo Testamento, recurriendo al valor numérico de las letras hebreas, a su transposición, etc. **2** Conjetura, suposición.
cabalgar *intr.* Montar en una caballería. **2** Poner una cosa sobre otra.
cabalgata *f.* Conjunto de jinetes. **2** Desfile de jinetes y carrozas.
caballaje *m.* Acción de cubrir el caballo o el burro a la yegua. **2** Precio que se paga por ello.
caballeresco -ca *adj.* Propio de un caballero, galante, generoso. **2** Relativo a la literatura de caballería medieval.
caballería *f.* Cualquier animal solípedo de los équidos que sirve para cabalgar. **2** Cuerpo de ejército formado por jinetes.
caballero -ra *adj.* Que cabalga. **2** *m.* Persona perteneciente a una orden de caballería. **3** Hombre que se comporta de forma cortés y generosa.
caballete *m.* Línea horizontal y saliente del tejado que divide las dos vertientes. **2** Elemento de soporte sostenido sobre dos pies.
caballo *m.* Mamífero de los équidos, de cabeza alargada, cuello arqueado, orejas pequeñas y pelo corto, excepto en el cuello y la cola. **2** Pieza del ajedrez. **3** En la baraja española, una de las cuatro figuras. **4** ZOOL El caballo está especializado en la carrera y provisto de extremidades largas, acabadas en un casco. La gestación es de unos 330 días y llega a vivir hasta 40 años. Es un herbívoro de temperamento manso, que vive formando manadas en praderas o estepas.
cabaña *f.* Casilla rústica. **2** Hato importante de ganado.
cabañuelas *f. pl.* Pronóstico popular del tiempo que va a hacer todos los meses del año a partir

caballo

de las variaciones atmosféricas de los primeros días de enero o de agosto.
cabaret (fr.) *m.* Lugar público en que se canta, se baila y se expenden bebidas.
cabaretera *f.* Mujer que trabaja en un cabaret.
cabe *prep.* Cerca de, junto a.
cabecear *intr.* Mover la cabeza de un lado a otro o inclinarla reiteradamente. **2** Levantar la embarcación alternativamente la proa y la popa. **3** *tr.* Golpear el balón con la cabeza.
cabecera *f.* Principio de una cosa. **2** Lugar principal. **3** Origen de un río.
cabecilla *com.* Persona que dirige una banda, especialmente de gente rebelde. **2** *Amér.* Cualquiera de los fustes de la silla de montar.
cabellera *f.* Pelo de la cabeza. **2** Cola de un cometa.
cabello *m.* Pelo, cada uno de los filamentos que nacen en la cabeza. **2** Conjunto de ellos.
caber *intr.* Poder entrar o contenerse una cosa en otra. **2** Tocarle a uno parte de algo. **3** Ser posible una cosa. **4** *tr.* Tener capacidad, admitir.
cabestrear *intr.* Ser dócil la caballería al cabestro o ramal.

cabestrillo *m.* Banda que pende del cuello o armazón que se apoya en el hombro para sostener el brazo herido o lastimado.

cabestro *m.* Ronzal que se ata a la cabeza o pescuezo de una caballería para manejarla. **2** Buey manso que sirve de guía en las toradas.

cabeza *f.* Parte superior del cuerpo humano o parte superior o anterior de muchos animales, en la que están localizados algunos órganos de los sentidos. A veces incluye también la cara y el cuello. **2** Principio o extremo de una cosa. **3** Extremidad roma de un clavo, alfiler, etc., por contraposición a la punta aguda. **4** Persona que preside y gobierna una familia, una corporación o un país.

cabezo *m.* Cima de una montaña. **2** Otero aislado. **3** Roca redonda que sobresale del agua.

cabildo *m.* Corporación que rige un municipio. **2** Sala en que se reúne. **3** Asamblea en que los religiosos eligen a sus superiores.

cabina *f.* Locutorio o recinto pequeño en que una o varias personas manejan algún aparato.

cable *m.* Entramado de alambres retorcidos que forman una cuerda. **2** Maroma gruesa, y especialmente la del ancla.

cabo *m.* En el ejército, individuo inmediatamente superior al soldado raso. **2** Extremo de una cosa. **3** Lengua de tierra que penetra en el mar.

cabotaje *m.* Navegación siguiendo una derrota de cabo a cabo, sin perder de vista la costa. **2** Navegación entre puertos de la misma nación.

cabra *f.* Mamífero de los bóvidos, doméstico, de cuerpo esbelto y ágil que puede alcanzar un metro de altura, pelo áspero y cuernos retorcidos, de los que a veces carece la hembra. **2** Molusco marino de unos 15 cm de largo y valvas iguales. **3** *Amér.* Trampa en el juego de los dados o del dominó.

cabra

cabrero -ra *m.* y *f.* Pastor o pastora de cabras. **2** *m.* Pájaro de Cuba, de brillante colorido y algo mayor que el canario.

cabrilla *f.* Pez de boca grande con muchos dientes, de color azulado oscuro con cuatro fajas encarnadas y carne blanda e insípida. **2** Trípode en que se sujetan los maderos grandes para labrarlos. **3** Olas pequeñas y espumosas que se levantan cuando el mar empieza a agitarse.

cabriola *f.* Salto de los bailarines cruzando varias veces los pies en el aire. **2** Voltereta. **3** Salto que da el caballo, soltando a la vez un par de coces.

cabrón -na *adj.* vulg. Que hace malas pasadas. **2** *m.* Macho de la cabra. **3** fam. Hombre a quien su mujer es infiel, especialmente si es con su consentimiento.

cabuya *f.* Cuerda, y especialmente la de pita.

cacahuete *m.* Planta originaria de América, de tallo rastrero y flores amarillas. **2** Fruto de la planta.

cacao *m.* Árbol tropical originario de América, que puede alcanzar 12 m de altura. **2** *Amér.* Chocolate.

cacarear *intr.* Emitir el gallo o la gallina su grito característico. **2** Alardear de los méritos propios.

cacatúa *f.* Ave trepadora de las psitácidas, originaria de Oceanía, de pico corto, grueso y dentado, moño eréctil y plumaje blanco y brillante, domesticable y que aprende palabras con facilidad.

cacería *f.* Partida de caza.

cacha[1] *f.* Cada una de las tapas que guarnecen el mango de algunos utensilios o armas blancas y de fuego.

cacha[2] *f. Amér.* Asta, cuerno. **2** *Amér.* Engaño.

cachaco -ca *adj. Amér.* Joven elegante y caballeroso. **2** *Amér.* Petimetre.

cachalote *m.* Mamífero cetáceo que vive en los mares templados, de 15 a 20 metros de largo y con numerosos dientes en la mandíbula inferior.

cacharro *m.* Vasija tosca de arcilla. **2** Vasija de cualquier material o forma. **3** Cachivache.

cachería *f. Amér.* Negocio pequeño.

cachivache *m.* Vasija, trebejo de escaso valor. **2** Trasto inútil o arrinconado. **3** fam. Hombre ridículo, embustero e inútil.

cacho[1] *m.* Pedazo pequeño de algunas cosas, especialmente comestibles. **2** *Amér.* Racimo de bananas.

cacho[2] *m.* Pez fluvial, de cuerpo comprimido, aletas blanquecinas y cola mellada, muy común en los ríos españoles.

cacho[3] *m. Amér.* Cuerno de animal. **2** *Amér.* Vasija de cuerno.

cachondo -da *adj.* Se dice de la perra salida y de otros animales en celo. **2** fam. Se dice de las personas rijosas. **3** Divertido, burlón.

cachorro -rra *m.* y *f.* Perro pequeño. **2** Cría de cualquier mamífero.

cachucha *f.* Lancha pequeña. **2** Especie de gorra.

cacicazgo *m.* Dignidad de cacique o de cacica. **2** Territorio en que la ejerce. **3** fam. Autoridad o poder del cacique de un pueblo o comarca.

cadena

cacique *m*. Jefe de vasallos indios en una población o provincia. **2** Persona que con su influencia y riqueza, especialmente agraria, controlaba la economía y la política de un municipio, región o provincia. **3** *Amér*. Nombre de varias aves paseriformes del tamaño del mirlo y de brillante colorido.
cacosmia *f*. Perversión del sentido del olfato que hace agradables los olores fétidos.
cacto o **cactus** *m*. Planta de las cactáceas en sus varias especies que se caracteriza por las espinas.
cada Pronombre adjetival con valor distributivo: *el pan nuestro de cada día*. **2** Posee valor enfático o ponderativo: *tiene cada ocurrencia*.
cadalso *m*. Tablado en que se ajusticiaba a los reos de pena capital.
cadañero -ra *adj*. Anual. **2** Que dura un año. **3** *adj*. y *f*. Se dice de la hembra que pare cada año.
cadáver *m*. Cuerpo muerto.
cadavérico -ca *adj*. Relativo al cadáver. **2** Muy pálido y amarillento.
cadena *f*. Serie de eslabones, generalmente metálicos, enlazados entre sí. **2** Conjunto de personas que se toman de las manos en la danza o por cualquier otro motivo. **3** Serie de montañas. **4** Sucesión de hechos ligados entre sí.
cadencia *f*. Serie de sonidos o movimientos que se suceden de manera regular. **2** Ritmo que caracteriza una composición musical.
cadeneta *f*. Labor de ganchillo en forma de cadena. **2** Adorno hecho con tiras de papel, para fiestas.
cadera *f*. Cada una de las dos partes salientes de la zona posterolateral de la pelvis, en la que se unen el tronco y las extremidades inferiores.
caducar *intr*. Perder fuerza mental las personas por achaques de la edad, chochear. **2** Perder fuerza las leyes, testamentos o contratos. **3** Prescribir un derecho o una obligación.
caduco -ca *adj*. Se dice de la parte del organismo destinada a caerse, la hoja, la cola, etc.; lo que es caedizo. **2** Por extensión, lo perecedero y poco durable. **3** Decrépito.
caer *intr*. y *prnl*. Moverse una cosa de arriba abajo por su propio peso. **2** Perder un cuerpo el equilibrio hasta dar en tierra. **3** Desprenderse una cosa del sitio en que estaba adherida, con una serie de matices que determinan el empleo de 'caer' o 'caerse': *cae la lluvia, se cae el pelo*, y las *hojas caen o se caen*.
café *m*. Cafeto. **2** Semilla del cafeto. **3** Infusión resultante de cocer la semilla tostada y molida.
cafeína *f*. Alcaloide del café, que se emplea en medicina como tónico y estimulante.
cafetería *f*. Establecimiento en que se sirve café y otras bebidas. **2** *Amér*. Tienda en que se vende al menudeo.
cafetero -ra *adj*. Relativo al café. **2** *adj*. y *n*. Aficionado a beberlo. **3** *m*. y *f*. Persona que recoge la semilla al tiempo de la cosecha. **4** Persona que negocia con el café. **5** *f*. Recipiente en que se hace o se sirve el café.
cafeto *m*. Árbol de las rubiáceas, de hojas perennes y lustrosas, flores blancas y olorosas y fruto en baya roja cuya semilla es el café.
cáfila *f*. fam. Muchedumbre, en especial en movimiento.
cagar *tr*., *intr*. y *prnl*. Evacuar, hacer del vientre. **2** *prnl*. Deslucir o echar a perder una cosa o negocio. **3** Acobardarse.
caída *f*. Acción y efecto de caer. **2** Declinación de un terreno hacia abajo. **3** Forma de colgar y plegarse las colgaduras y los vestidos. **4** Salto de agua.
caído -da *adj*. Abatido, desfallecido. **2** *adj*. y *m*. Muerto en una guerra o en defensa de una causa.
caimán *m*. Reptil americano de los emidosaurios, parecido al cocodrilo aunque algo menor. **2** fig. Persona astuta en el logro de sus intentos.
caja *f*. Recipiente de cualquier material, forma o tamaño, generalmente provisto de tapa, que sirve para guardar cosas. **2** Cubierta que resguarda ciertos mecanismos. **3** Receptáculo de seguridad para guardar dinero y cosas valiosas. **4** Tambor, instrumento de percusión. **5** Oficina en que se efectúan cobros y pagos.
cajero -ra *m*. y *f*. Persona que en los bancos y en los establecimientos comerciales está encargada de la caja y de la entrada y salida de caudales.

cajetilla *f.* Paquete de cigarrillos. **2** Cajita de fósforos. **3** *Amér.* Merengue vaciado y cocido en una especie de cajita de papel.

cajón *m.* Caja grande y tosca, por lo general de madera y sin tapa. **2** Cada uno de los receptáculos correderos de armarios, mesas, cómodas, etc. **3** *Amér.* Ataúd.

cajuela *f.* Árbol de las Antillas, de las euforbiáceas, de madera compacta y fina de color azafranado, muy estimada en ebanistería.

cal *f.* Óxido de calcio, sólido, blanco, cáustico y alcalino, que en estado natural está siempre combinado y que al contacto con el agua se hidrata desprendiendo calor.

calabacín *m.* Calabaza pequeña de corteza verde y carne blanca y tierna.

calabaza *f.* Calabacera, planta. **2** Fruto de la calabaza, de forma y tamaño muy variados, aunque por lo general redondo y grande con numerosas semillas. **3** *fig.* Persona torpe y muy ignorante.

calabozo[1] *m.* Lugar seguro, a veces subterráneo, para encerrar a determinados presos. **2** Celda en que se encierra a los presos incomunicados.

calabozo[2] *m.* Machete de monte.

calado *m.* Bordado o labor de encaje que se hace con aguja. **2** Taladro que se hace en el papel o en otro material siguiendo un dibujo. **3** Altura de la parte de un barco que queda sumergida.

calamaco *m.* Tela de lana delgada y angosta.

calamar *m.* Molusco con concha interna rudimentaria y córnea y con ventosas en todos sus tentáculos; vive en las zonas litorales y en las profundidades marinas.

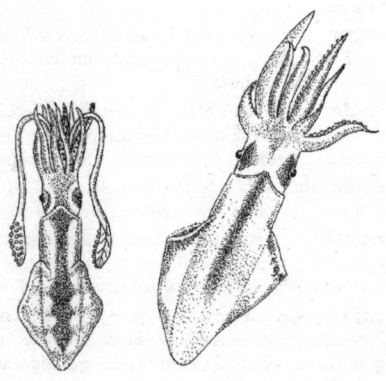

calamares

calamón[1] *m.* Ave zancuda de cabeza roja, lomo verde y vientre violado, que habita en los litorales. **2** Clavo ornamental en forma de botón.

calamón[2] *m.* Parte de la balanza en que se sujeta el vástago del garabato.

calandrajo *m.* Trapo viejo. **2** Andrajo que cuelga del vestido. **3** *fam.* Persona ridícula.

calandria *f.* Ave de las aláudidas, como la alondra, de dorso ocre y vientre blanquecino, que anida en el suelo y vive en Europa meridional. **2** Máquina compuesta de varios cilindros que sirve para planchar o satinar ciertas telas o el papel. **3** Cilindro hueco de madera, que gira alrededor de un eje horizontal y sirve para levantar cosas pesadas.

calar *tr.* Penetrar un líquido en un cuerpo permeable. **2** Atravesar un objeto punzante una cosa de parte a parte. **3** Agujerear repetidas veces un papel, cuero o lámina, formando un dibujo. **4** *intr.* Hundirse un buque en el agua hasta una determinada profundidad.

calavera *f.* Cráneo o esqueleto de la cabeza. **2** Mariposa grande y de vuelo pesado y zumbador, con pintas en el dorso que dibujan una calavera. **3** *m. fig.* Hombre de poco juicio o libertino.

calcar *tr.* Sacar copia exacta de un dibujo o escrito mediante papel transparente o de calco. **2** Apretar con el pie la tierra. **3** *fig.* Imitar o plagiar.

calcetín *m.* Media de punto que cubre el pie y parte de la pierna.

calcificación *f.* Acción y efecto de calcificar o calcificarse. **2** Depósito de sales de cal que se forma en los tejidos, tumores y paredes de los vasos sanguíneos.

calcificar *tr.* Producir carbonato de cal. **2** Dar propiedades calcáreas a un tejido orgánico mediante la adición de sales de calcio. **3** *prnl.* Degenerarse un tejido orgánico por tal proceso.

calcinar *tr.* Convertir en cal viva, mediante el fuego, los minerales calcáreos, privándolos del ácido carbónico. **2** Abrasar, quemar.

calcio *m.* Metal blando y de color blanco. Su presencia es necesaria en los organismos animales.

calco *m.* Copia que se obtiene calcando. **2** Imitación o plagio. **3** Adaptación de una palabra extranjera, traduciendo su significado completo o el de cada uno de sus elementos formantes: *baloncesto*, del inglés *basket-ball*.

calcomanía *f.* Operación por la que se traspasan a un objeto las imágenes preparadas sobre un papel especial. **2** El papel con la figura antes de traspasarla al objeto decorado. **3** La figura resultante de esa operación.

calculador -ra *adj.* y *n.* Que calcula. **2** Interesado, que valora las cosas desde una perspectiva exclusivamente material y en provecho propio.

cálculo *m.* Cómputo o investigación de alguna cosa mediante operaciones matemáticas. **2** Conjetura.

caldear *tr.* y *prnl.* Elevar sensiblemente la temperatura de una cosa, y especialmente de un local. **2** Hacer ascua el hierro para trabajarlo. **3** Excitar el ánimo del que estaba tranquilo o indiferente.

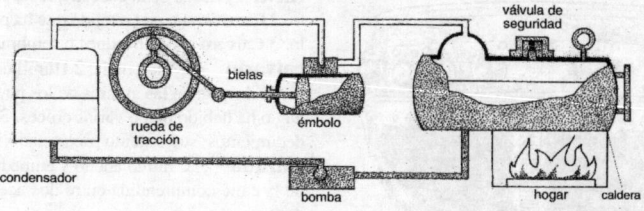
caldera

caldera *f.* Vasija de metal, grande y redonda, que sirve para calentar agua, y especialmente el depósito para tales usos en las máquinas de vapor. **2** Depresión geológica de grandes dimensiones y paredes escarpadas. **3** Parte más baja de un pozo minero a la que afluyen las aguas.
calderón *m.* Cetáceo de los delfínidos, que puede alcanzar 9 m de longitud, de cabeza voluminosa y casi esférica. **2** Signo musical que representa la detención del compás y el floreo que el solista ejecuta a discreción durante ese momento.
calderuela *f.* Vasija en que los cazadores nocturnos llevan la luz para encandilar las perdices.
caldo *m.* Líquido resultante de la cocción de las viandas. **2** Cualquiera de los jugos vegetales extraídos de los frutos, como el vino.
calé *com.* Persona de raza gitana. **2** *m.* Ant. moneda de cobre española.
calefacción *f.* Acción y efecto de calentar o calentarse. **2** Instalación destinada a calentar un edificio o parte de él.
calendario *m.* Almanaque, como registro de los días del año distribuidos en meses y con indicaciones de las horas de salida y puesta del Sol, las fases de la Luna, etc.
calentador -ra *adj.* Que calienta. **2** *m.* Utensilio que sirve para calentar.
calentar *tr.* y *prnl.* Comunicar calor a un cuerpo o espacio aumentando su temperatura. **2** Desentumecer los músculos antes de un ejercicio o deporte. **3** Excitar los ánimos o el apetito sexual.
caleta *f.* Cala pequeña o ensenada minúscula. **2** *Amér.* Barco que toca las calas, fuera de los puertos mayores.
calibrador -ra *adj.* Que sirve para calibrar.
calibrar *tr.* Medir el calibre de las armas de fuego y de otros tubos. **2** Reconocer el grueso de los proyectiles, alambres, chapas, etc. **3** Darles el calibre deseado. **4** fig. Apreciar las cualidades e importancia de alguna persona o cosa.
calibre *m.* Diámetro interior de las armas de fuego; por extensión, diámetro de tubos y cañerías. **2** Diámetro de proyectiles, alambres, chapas, etcétera.
caliche *m.* Costrilla de cal que se desprende del enlucido de las paredes.

calidad *f.* Cualidad, propiedad o naturaleza de una cosa que permite compararla con otras de la misma especie. **2** Por extensión, se dice también de la naturaleza o índole de las personas.
cálido -da *adj.* Que tiene calor o que lo provoca. **2** Caluroso. **3** PINT Se dice del colorido en que predominan los matices dorados o rojizos.
calidoscopio *m.* Tubo provisto de dos o tres espejos y fragmentos irregulares de cristal de varios colores, que al moverlo ofrece una serie de figuras variopintas.
caliente *adj.* Que tiene o produce calor. **2** Dicho de las personas, puede indicar un estado de irritación y enfado, o de sexualidad excitada.
califato *m.* Dignidad de califa. **2** Territorio gobernado por él. **3** Período histórico en que hubo califas.
calificado -da *adj.* En las personas señala su aptitud, dignidad o respeto; en las cosas, la presencia de los requisitos necesarios para su finalidad y destino.
calificar *tr.* Determinar las calidades o circunstancias de personas o cosas. **2** Afectar el adjetivo a un nombre en calidad o cantidad.
calificativo -va *adj.* Que califica o expresa una cualidad.
caligrafía *f.* Arte de escribir a mano con letra bella. **2** Conjunto de rasgos que caracterizan la escritura de una persona o de un documento.
calina *f.* Neblina producida por vapores de agua que enturbian la atmósfera.
cáliz *m.* Vaso sagrado que en la misa cristiana contiene el vino para la consagración. **2** Copa o vaso. **3** Receptáculo de la misma naturaleza que las hojas, y por lo general verde, que constituye la cubierta más extensa de las flores.
callado -da *adj.* Se dice de la persona que no habla ni grita, o que habla poco. **2** Se aplica también a las cosas para indicar la ausencia de ruido: *noche callada, plazuela callada.*
callar *intr.* y *prnl.* No hablar, guardar silencio. **2** Dejar de hablar o de hacer cualquier otra acción ruidosa. **3** *tr.* y *prnl.* Omitir o silenciar una cosa.
calle *f.* Vía en poblado, camino entre casas. **2** Camino entre dos hileras de árboles o plantas. **3** En los juegos de tablero, serie de casillas en diagonal

callejón

cáliz

o paralela a los bordes de éste. **4** Línea de espacios vertical o diagonal que se forma ocasionalmente y que afea una composición tipográfica.

callejón *m*. Calleja. **2** Paso estrecho y largo entre paredes o elevaciones del terreno.

callo *m*. Dureza que se forma sobre todo en pies y manos por el roce del calzado o de alguna herramienta. **2** Cicatriz que se forma al soldar una fractura ósea. **3** *pl*. Trozos del estómago y otros despojos de vaca, ternera o carnero que se comen guisados.

calma *f*. Estado de la atmósfera o del mar cuando no hay viento. **2** Tranquilidad o ausencia de agitación en personas o cosas.

calmar *tr*. y *prnl*. Poner calma o tranquilidad. **2** Aliviar o adormecer el dolor, la violencia, etc.

calmucos *m. pl*. Pueblo mongol del grupo occidental.

caló *m*. Lengua o jerga de los gitanos.

calor *m*. Energía de los cuerpos procedente de la transformación de otras, que produce un estado de agitación de las moléculas y aumento de la temperatura, el volumen, la presión, etc. **2** Sensación que se experimenta al recibir la acción de un cuerpo caliente, como la radiación solar o la del fuego. **3** Ardimiento, entusiasmo con que se ejecuta una cosa.

caloría *f*. Unidad de energía térmica.

calumnia *f*. Acusación falsa contra la reputación.

calumniar *tr*. Acusar falsamente.

calva *f*. Zona de la cabeza que ha perdido el pelo. **2** Parte de una piel o tejido que ha perdido el pelo. **3** Calvero en los bosques o sembrados.

calvario *m*. Vía crucis. **2** Humilladero o lugar, generalmente en las afueras de los pueblos, en que hay o ha habido una o varias cruces. **3** Serie de padecimientos; sufrimiento prolongado.

calzada *f*. Camino ancho y empedrado. **2** Parte de la calle comprendida entre dos aceras. **3** *Amér*. Acera.

calzado -da *adj*. Se decía de los religiosos que usaban algún tipo de calzado cubierto. **2** Se dice del ave con los tarsos cubiertos de plumas hasta el nacimiento de los dedos. **3** *m*. Todo lo que cubre y protege al pie o la pierna.

calzar *tr*. y *prnl*. Cubrir el pie o la pierna con el calzado. **2** Ponerse los guantes, espuelas, etc. **3** *tr*. Colocar una cuña entre el suelo y una rueda o un mueble, de forma que los inmovilice.

calzón *m*. Pantalón especial, por regional o antiguo, que cubre de la cintura a las rodillas, como el de los toreros. **2** Prenda interior femenina.

cama^1 *f*. Mueble para descansar y dormir. **2** En los hospitales, plaza para un enfermo. **3** Mullido de paja o hierba que en los establos sirve para que descanse el ganado y para estiércol. **4** Hoyo que hace en la arena una embarcación varada.

cama^2 *f*. Cada una de las palancas del freno, a cuyos extremos interiores van unidas las riendas. **2** Pieza del arado.

camada *f*. Conjunto de las crías de un mamífero nacidas de un solo parto. **2** Cuadrilla de ladrones o de pícaros. **3** Conjunto de cosas extendidas horizontalmente unas sobre otras.

camafeo *m*. Figura de relieve en ónice u otra piedra preciosa. **2** La misma piedra labrada.

camaleón *m*. Nombre de varias especies de reptiles saurios, caracterizados por cambio de color según el entorno. **2** fig. Persona que cambia fácilmente de opinión.

cámara *f*. Sala o estancia de una casa. **2** En los buques, departamento en que se alojan los jefes, la oficialidad o los pasajeros. **3** Designa muchos objetos que consisten esencialmente en un recinto o recipiente: *cámara fotográfica, frigorífica*. **4** En los sistemas parlamentarios, cada uno de los cuerpos legisladores, congreso y senado.

camarada *com*. Persona que acompaña a otra y come y vive con ella. **2** Persona que mantiene con otra una relación de amistad y confianza. **3** Correligionario de partido político o sindicato.

camarero -ra *m*. y *f*. Persona que sirve en cafés, restaurantes y bares, así como en los barcos de pasajeros. **2** Criado.

camarón *m*. Crustáceo de tres o cuatro centímetros, antenas muy largas y color pardusco. Es

camarero

comestible, y se conoce también con los nombres de quisquilla o esquila. **2** *Amér.* Vehículo de dos ruedas grandes para el transporte de maderas.
cambalache *m.* Trueque, por lo general, de objetos de escaso valor.
cambiar *tr.* e *intr.* Dar una cosa para recibir otra. **2** Trocar una cosa en otra.
cambio *m.* Acción y efecto de cambiar o cambiarse. **2** Dinero menudo. **3** Valor relativo de las monedas de otros países. **4** En un automóvil, mecanismo que permite el paso de una velocidad o marcha a otra.
camelia *f.* Arbusto originario del Extremo Oriente, de hojas perennes y lustrosas de un verde muy vivo y flores blancas, rojas o rosadas inodoras. **2** Flor de este arbusto. **3** *Amér.* Tela de lana muy fina.
camélidos *m. pl.* Familia de mamíferos rumiantes, que carecen de cuernos y tienen en la cara inferior del pie una excrecencia callosa que comprende los dos dedos. Se cuentan entre ellos el camello y el dromedario.
camello *m.* Rumiante de los camélidos, oriundo del Asia central, que puede alcanzar 2 m de altura; tiene cuello largo, cabeza pequeña y dos gibas formadas por tejido adiposo. **2** Mecanismo flotante que disminuye el calado de un buque.
camilla *f.* Cama estrecha y portátil para trasladar enfermos y heridos. **2** Mesa de bastidores plegadizos y con una tarima inferior para el brasero.
caminar *intr.* Ir de un sitio a otro el hombre o el animal. **2** Seguir su curso natural las cosas. **3** *tr.* Recorrer una cierta distancia.
camino *m.* Franja de terreno por la que se transita habitualmente y que suele resultar más cómoda que el terreno adyacente. **2** Cualquier vía que se construye para transitar por ella. **3** Medio para conseguir alguna cosa. **4** Género de vida, conducta.
camión *m.* Automóvil grande y resistente para el transporte de mercancías. **2** *Amér.* Autobús.
camisa *f.* Prenda interior de vestir que cubre el torso. **2** Telilla que recubre directamente algunos frutos, granos y legumbres. **3** Epidermis de los ofidios, la cual cambian periódicamente. **4** Sobrecubierta de un libro.
camiseta *f.* Prenda, ordinariamente de punto, que se lleva pegada al cuerpo.
camote *m. Amér.* Boniato. **2** *Amér.* Enamoramiento. **3** *Amér.* Mentira.
campamento *m.* Acción de acampar o acamparse. **2** Lugar al aire libre dispuesto para instalar las tiendas de campaña, barracas, etc. **3** La tropa acampada.
campana *f.* Instrumento, generalmente de bronce, y de forma troncocónica o de copa invertida, que se golpea con un badajo o con un martillo. **2** Cualquier objeto en forma de campana con la parte inferior abierta y más ancha, como el cáliz de ciertas flores o la chimenea del hogar.
campanario *m.* Espadaña o torre pequeña en que se colocan las campanas.
campaña *f.* Campo llano y sin asperezas. **2** *Amér.* Campo. **3** Conjunto de esfuerzos en favor o en contra de alguna cosa.
campechano -na *adj.* Que trata a todo el mundo con llaneza y buen humor. **2** Dadivoso.
campeón -na *m.* y *f.* Persona vencedora en una lucha o en una competición deportiva. **2** Persona que defiende esforzadamente una causa o doctrina.
campeonato *m.* Certamen o competición deportiva en que se decide el campeón. **2** La primacía obtenida en esa lucha deportiva.
campesino -na *adj.* Perteneciente o relativo al campo. **2** *m.* y *f.* Persona que vive en una población rural y trabaja en las faenas del campo.
campista *com.* Persona que acampa. **2** *Amér.* Persona que arrienda minas.
campo *m.* Terreno fuera de poblado y no ocupado por casas. **2** Tierra laborable, por contraposición al monte y al terreno inculto. **3** Conjunto de determinadas actividades: *el campo de la medicina*. **4** Especialidad o jurisdicción de una persona: *mi campo no es la historia*. **5** Espacio en que se ejerce una acción magnética, eléctrica o gravitatoria.
camuflar *tr.* y *prnl.* Disimular la presencia de tropas, armas, etc., para engañar al enemigo. **2** Encubrir una cosa dándole apariencia engañosa.
cana[1] *f.* Pelo que se ha vuelto blanco. (Se usa más en plural.)
cana[2] *f.* Antigua medida de longitud, equivalente a unas dos varas.

canaco -ca *adj.* y *n. Amér.* Se dice del individuo de raza amarilla, en especial del que regenta un burdel.
canal *m.* Paso estrecho que comunica dos mares o partes de un mar. **2** *amb.* Cauce artificial excavado en el terreno. **3** Parte más profunda de la entrada a un puerto. **4** Teja combada o canalón que recoge las aguas de lluvia en los tejados. **5** Cada una de las bandas de frecuencia en que emite una estación televisiva.
canaleta *f. Amér.* Canalón que recoge el agua de lluvia de los tejados.
canalizar *tr.* Abrir canales. **2** Regularizar el cauce o el caudal de una corriente para la navegación, o el riego mediante canales o acequias. **3** *fig.* Recoger corrientes de opinión, iniciativas, etc., encauzándolas hacia un objetivo.
canalla *f.* Gente ruin, chusma. **2** *com.* Persona vil y miserable. **3** *fam.* Granuja.
canario *m.* Pájaro originario de las islas Canarias de unos 15 cm de longitud y de color verdoso o amarillo, notable por su canto melodioso y sostenido.
canasta *f.* Cesta o banasta grande que suele tener dos asas. **2** Juego de naipes con dos o más barajas francesas entre dos bandos de jugadores. **3** En el juego de baloncesto, cada uno de los anillos que sirven de meta y cada uno de los puntos que se consigue con la introducción de la pelota en ellos.
cáncamo *m.* Tornillo de ojo, y especialmente los grandes que en las embarcaciones sirven para amarrar cabos. **2** *fig. Amér.* Hombre inepto. **3** *fig.* Mujer fea.
cancán *m.* Danza movida y atrevida, que apareció en París en la primera mitad del s. XIX. **2** Enagua de volantes almidonados.
cancelar *tr.* Anular un instrumento público, una obligación, etc. **2** Borrar, abolir, pagar por entero una deuda.
cáncer[1] *m.* PAT Tumor maligno.
cáncer[2] *m.* Constelación del Zodíaco.
cancerbero *m.* Perro mítico de tres cabezas que guardaba la puerta del hades o infierno. **2** *fig.* Guardián severo y de modales bruscos.
cancha (quechua *káncha*, 'recinto', 'cercado') *f.* Explanada o local destinados a ciertos juegos. **2** *Amér.* Terreno llano y desembarazado. **3** Cercado que sirve para depósito de materiales.
canchero -ra *adj.* y *n. Amér.* Que tiene una cancha de juego o que trabaja en ella.
cancho *m.* Peñasco grande. **2** Peñascal.
canciller *m.* En algunos Estados, jefe de gobierno; en otros, ministro de Asuntos Exteriores. **2** Empleado auxiliar de embajadas y consulados.
cancillería *f.* Oficio y dignidad de canciller. **2** Oficina especial en las embajadas, legaciones y consulados. **3** Oficina del Vaticano que registra y expide las disposiciones pontificias.
canción *f.* Composición poética cantada. **2** Música con que se canta.
cancionero *m.* Colección de canciones y poesías, que por lo general son de distintos autores.
cancro *m.* Cáncer. **2** Úlcera que se forma en la corteza de los árboles, por la que segregan un líquido acre y rojizo.
candado *m.* Cerradura suelta, formada por una caja de metal, que mediante dos armellas junta las dos partes que se pretende cerrar.
candela *f.* Vela de alumbrar. **2** *fam.* Cualquier tipo de lumbre o fuego. **3** Flor del castaño, de la encina y del alcornoque.
candelabro *m.* Candelero para velas, de varios brazos, que se sustenta sobre un pie o se fija en la pared.

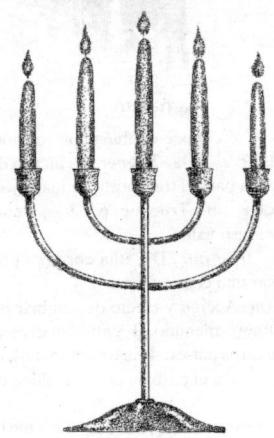

candelabro

candelaria *f.* Gordolobo, planta vivaz.
candelero -ra *m.* y *f.* Persona que hace o vende candelas. **2** *m.* Utensilio, formado esencialmente por un tubo hueco y un pie, que sirve para sostener una vela o candela, y que es más alto que la palmatoria. **3** Velón, lámpara de aceite.
candente *adj.* Se dice del metal cuando, por la acción del calor, se enrojece o blanquea. **2** Se aplica a la noticia de gran actualidad, o a un asunto que suscita un vivo interés.
candidato -ta *m.* y *f.* Persona que pretende algún cargo o dignidad.
candidatura *f.* Propuesta o presentación de una persona para un cargo o premio. **2** Conjunto de candidatos presentados por un partido. **3** Papeleta con el nombre del candidato, o candidatos, que se emplea para votar.
cándido -da *adj.* Blanco. **2** Sencillo y poco advertido. **3** Sin malicia.

candil *m.* Utensilio para alumbrar. **2** Punta alta de las cuernas de los venados.

candor *m.* Blancura suma. **2** Inocencia. **3** Sencillez que puede llegar hasta la ingenuidad.

caneca *f.* Con el significado básico de vasija o recipiente indica, en los diferentes países de habla española, la alcarraza porosa, la licorera cilíndrica de barro vidriado, la vasija de madera para la vendimia, el recipiente de latón para la gasolina, la botella de barro que sirve de calentador y la lata o cubo de la basura.

canéfora *f.* Doncella que en las fiestas griegas llevaba sobre la cabeza un canastillo con flores y ofrendas para los sacrificios.

canela *f.* Corteza de las ramas sin epidermis del canelo, de color rojo amarillento, olor muy aromático y sabor agradable, que se usa como condimento. **2** Cosa fina o de mucho gusto.

canelo *adj.* y *m.* De color de canela, que se aplica sobre todo al pelaje de perros y caballos. **2** *m.* Árbol de tronco liso como el del laurel, que puede alcanzar ocho metros de altura; la canela es la segunda corteza de sus ramas.

canelón *m.* Canalón de tejados. **2** Pasta de harina de trigo con la que se envuelven rellenos de carne o de pescado. **3** Carámbano largo y puntiagudo que forma el agua de los canales al helarse.

cangilón *m.* Recipiente de barro o metal con que se saca agua de las norias o barro en las dragas. **2** *Amér.* Hoyo o zanja en el suelo. **3** *Amér.* Carril del camino.

cangrejo *m.* Cualquiera de las varias especies de artrópodos crustáceos, de abdomen reducido y cámara branquial cerrada. **2** *adj. Amér.* Según los países, significa astuto, pícaro, bobalicón o raquítico.

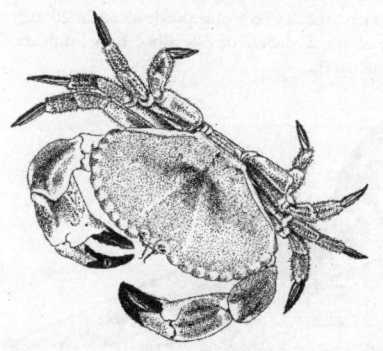

cangrejo

canguro *m.* Mamífero marsupial que anda a saltos apoyándose en las patas traseras, mucho más largas que las anteriores. **2** fig. Persona que cuida niños ajenos a horas. **3** fig. Especie de prenda parecida al anorak.

caníbal *adj.* y *com.* Se dice del hombre o animal que come carne de su misma especie. **2** fig. Bárbaro, cruel.

canica *f.* Bolita de cualquier materia dura. **2** *pl.* Juego de niños consistente en meter bolitas en un hoyito.

canícula *f.* Período más caluroso del año.

cánidos *m. pl.* Mamíferos carnívoros que, como el perro o el lobo, son digitígrados con cinco dedos y uñas no retráctiles en las patas delanteras y con cuatro en las patas posteriores. Se distinguen por su fino olfato, y se cuentan unas 40 especies por todo el mundo.

canilla *f.* Hueso largo y delgado de la pierna o del antebrazo. **2** Parte más delgada de la pierna. **3** Cualquiera de los huesos principales del ala de las aves. **4** Espita en la parte inferior de las cubas o tinajas, para dar salida al líquido.

canino -na *adj.* Relativo al can o perro; se dice especialmente del hambre cuando es excesiva. **2** *m.* Colmillo. **3** *f.* Excremento de perro.

canje *m.* Intercambio, trueque.

canjear *tr.* Hacer un cambio o canje.

canoa *f.* Embarcación estrecha de remo, por lo general de una sola pieza, sin quilla y sin diferencias entre proa y popa. **2** Recipiente alargado de forma y usos similares a los de la artesa.

canon *m.* Regla o norma. **2** Resolución de un concilio de la Iglesia. **3** Composición musical en que las voces van entrando sucesivamente con la misma melodía.

canónico -ca *adj.* Conforme a los cánones o reglas de la Iglesia católica. **2** Que se ajusta a las características de un canon de perfección. **3** Se dice del libro de la Sagrada Escritura que la Iglesia católica reconoce como inspirado por Dios.

canónigo *m.* Eclesiástico titular de una canonjía en una iglesia catedral.

canonizar *tr.* Declarar el Papa solemnemente santo a un siervo de Dios muerto y ya beatificado. **2** fig. Calificar de buena a una persona o cosa.

cansado -da *adj.* Se dice de las cosas que decaen. **2** Se aplica a las personas y cosas que producen cansancio físico o provocan fastidio.

cansancio *m.* Falta de fuerzas que resulta de la fatiga. **2** Sensación que hace pesados el movimiento o el trabajo.

cansar *tr.* y *prnl.* Causar o experimentar cansancio. **2** *tr.* Enfadar, molestar. **3** Agotar la fertilidad de la tierra las plantas o los abonos.

cansino -na *adj.* Se dice de la persona o animal cuya capacidad está disminuida por el cansancio. **2** De movimientos lentos y pesados.

cantaletear *tr. Amér.* Repetir las cosas hasta causar fastidio.
cantar[1] *m.* Copla o composición poética puesta en música.
cantar[2] *tr. e intr.* Emitir personas y animales sonidos melodiosos con la voz, o simplemente emitir sonidos característicos como el gallo o la cigarra. **2** Confesar un secreto.
cántaro *m.* Vasija grande más ancha por el centro o barriga, y con una o dos asas. **2** Líquido que cabe en un cántaro.
cantata *f.* Composición poética de cierta extensión, escrita para ser cantada.
cantear *tr.* Labrar los cantos de una tabla o piedra. **2** Poner de canto piedras, o ladrillos.
cantera *f.* Sitio del que se saca piedra o greda. **2** fig. Lugar o institución que proporciona muchas personas hábiles para una determinada actividad.
cántico *m.* Cada una de las composiciones poéticas con que en la Biblia o en la liturgia católica se exalta a Dios y sus obras. **2** Poesía profana en general.
cantidad *f.* Propiedad de lo que se puede contar y medir. **2** Cierto número de unidades.
cantimplora *f.* Frasco aplanado y revestido de cuero o paja, para llevar la bebida. **2** Vasija para enfriar el agua.
cantina *f.* Local público en que se expenden bebidas y algunas cosas de comer.
cantinero -ra *m. y f.* Propietario de una cantina. **2** Persona que se cuida de las bebidas. **3** *f.* Mujer que servía bebidas a la tropa.
canto[1] *m.* Nombre genérico de la actividad de cantar o emitir sonidos melodiosos o rítmicos. **2** Arte de cantar. **3** Lo que se canta.
canto[2] *m.* Borde o extremidad de una cosa. **2** En el cuchillo o sable, el lado opuesto al filo. **3** Corte del libro opuesto al lomo.
cantón *m.* Esquina de un edificio. **2** Extremo de alguna cosa. **3** Lugar donde se acantonan las tropas.

cantonear *intr.* Andar vagando ociosamente de esquina en esquina.
cánula *f.* Tubo pequeño que se aplica a diversos aparatos de los utilizados en medicina y en los laboratorios, y especialmente el extremo de la jeringa.
canutillo *m.* Cuenta de vidrio alargada, que se usa como adorno en labores de pasamanería. **2** Bobina de hilo para coser.
caña *f.* Planta de las gramíneas, de tallo leñoso, flexible y hueco, que puede alcanzar cuatro metros. **2** Canilla del brazo o de la pierna. **3** Parte de la bota, media o calcetín que cubre la pierna.
cañada *f.* Terreno entre dos alturas de escasa importancia y poco distantes. **2** Vía de los ganados trashumantes que había de tener noventa varas de ancho.
cañafístola *f.* Árbol de las papilionáceas, de tronco ceniciento y ramoso, hojuelas puntiagudas, flores amarillas en racimos colgantes y fruto en vainas cilíndricas de color pardo oscuro y pulpa negruzca y dulce.
cáñamo *m.* Planta anual de las cannabáceas. **2** Filamento textil que se obtiene de esta planta y del que se hacen cuerdas y telas de arpillera.
cañería *f.* Tubería, serie de tubos metálicos que sirven para la conducción del agua o del gas.
caño *m.* Tubo corto, de metal o barro. **2** Canal estrecho aunque navegable.
cañón *m.* Tubo largo, a modo de caña, que forma parte de los objetos más diversos (como un anteojo, una escopeta, un órgano, un fuelle, etc.). **2** Parte inmediata a la raíz del pelo o de la barba. **3** Pluma del ave cuando empieza a nacer. **4** Garganta profunda entre dos montañas, por cuyo fondo suele fluir algún río.
caoba *f.* Árbol americano de las meliáceas, de tronco grueso y recto que puede alcanzar 20 metros de altura. **2** Madera de este árbol, muy estimada en ebanistería.

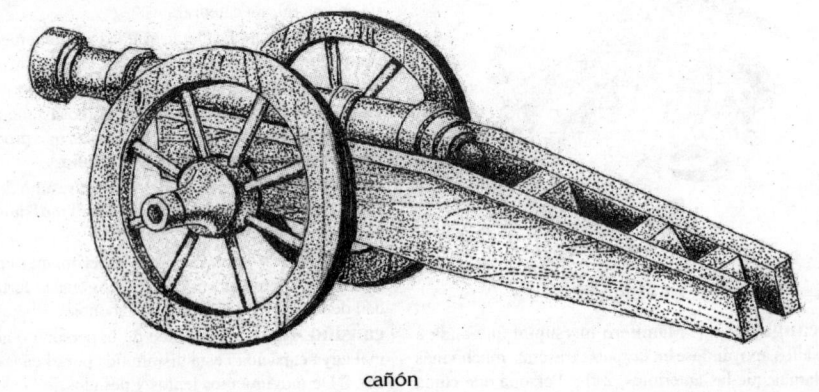

cañón

caos *m*. Estado de confusión originaria del cosmos. **2** fig. Situación o asunto en que reina el desorden.

capa *f*. Prenda de abrigo larga, suelta y sin mangas, que se ensancha hacia abajo y se abre por delante. **2** Cada una de las partes superpuestas de una cosa.

capacidad *f*. Cabida o espacio hueco de alguna cosa o de algún local. **2** Aptitud para hacer algo. **3** Talento o disposición para comprender las cosas.

capar *tr*. Extirpar o inutilizar los órganos genitales de hombres o animales. **2** fig. Disminuir o cercenar.

capaz *adj*. Que tiene espacio suficiente para contener algo. **2** Que tiene aptitud natural para comprender o realizar alguna cosa.

capcioso -sa *adj*. Se dice del razonamiento, palabra, doctrina, etc., falaces y engañosos. **2** Se dice de la pregunta que busca comprometer al contrincante tendiéndole una trampa.

capear *tr*. Torear de capa a una res. **2** Entretener a alguien, dar largas y evasivas para no cumplir algún compromiso u obligación.

capellán *m*. Sacerdote que es titular de una capellanía. **2** Cualquier sacerdote católico.

capellanía *f*. Fundación religiosa que conlleva los servicios y retribución de un sacerdote.

capero *m*. Percha para las capas y abrigos. **2** *Amér*. Cachimbo, músico popular.

caperuza *f*. Gorro con remate en punta hacia atrás. **2** Cualquier pieza que cubre el extremo de algo.

capilar *adj*. Relativo al cabello o su forma. **2** *adj*. y *m*. Se dice de cada uno de los vasos que enlazan las arterias con las venas.

capilaridad *f*. Calidad de capilar. **2** Fenómeno físico por el que un líquido asciende espontáneamente a través de conductos capilares.

capilla *f*. Iglesia pequeña. **2** Cada uno de los departamentos de un templo con su altar propio. **3** Cuerpo de músicos asalariados de una iglesia.

capital *adj*. Relativo a la cabeza. **2** Principal, muy importante o grave; se aplica a ciertos pecados o errores. **3** *adj*. y *f*. Se dice de la letra mayúscula y destacada que empieza capítulo y que a veces se adorna con rasgos especiales. **4** *f*. Población en que reside la autoridad del Estado, de una región o de una provincia. **5** *m*. Hacienda o fortuna de una persona o empresa.

capitalidad *f*. Calidad de una población cabeza de partido, provincia, región o estado.

capitalismo *m*. Sistema económico y social.

capitalista *adj*. Propio del capital o del capitalismo. **2** *com*. Persona que goza de rentas, especialmente en dinero o valores. **3** Persona que participa con su dinero en un negocio o empresa.

capitán -na *m*. y *f*. Jefe de un grupo de personas o un equipo deportivo. **2** Oficial de marina al mando de un buque mercante.

capitel *m*. Parte superior de la columna o pilastra. **2** Chapitel, remate piramidal de las torres.

capitulación *f*. Pacto suscrito entre dos o más personas o partes sobre determinado asunto. **2** Pacto de rendición de un ejército o una plaza. **3** *pl*. Se dice especialmente de los acuerdos que preceden a la celebración de algunos matrimonios.

capítulo *m*. Cada una de las divisiones numeradas de un libro, una obra literaria, un tratado, una ley, etc. **2** Asamblea.

capó *m*. Cubierta del motor del automóvil, o del portaequipajes, si va en la parte anterior.

caporal *m*. El que hace de jefe de un grupo de gente. **2** Cabo de escuadra. **3** El encargado de los animales de labranza. **4** *Amér*. El encargado de una estancia o hacienda rústica.

capota *f*. Cubierta plegable de coches y carruajes. **2** Gorro femenino sin alas que se ata con cintas por debajo de la barbilla. **3** Tela del paracaídas.

capote *m*. Prenda de abrigo a modo de manta con un agujero para pasar la cabeza. **2** Abrigo muy holgado de los militares. **3** Capa corta de los toreros.

capricho *m*. Idea o propósito sin fundamento razonable y que se aparta de las reglas comunes. **2** Deseo vehemente de una cosa y la misma cosa deseada. **3** Obra de arte en que la fantasía creadora rompe con las normas usuales.

caprichoso -sa *adj*. Dicho de personas, la que obra por capricho o que es inconstante en sus gustos; dicho de cosas, la arbitraria y fantasiosa.

cápsula *f*. Cajita cilíndrica de metal con que se cierran herméticamente las botellas. **2** Membrana en forma de bolsa que contiene la semilla de muchas plantas. **3** Membrana en forma de saco que contiene ciertos líquidos u órganos en el cuerpo animal (*cápsula del cristalino, cápsula sinovial*).

capucha *f*. Gorro de tela, en forma de pico, generalmente cosido al hábito, capa, abrigo o impermeable, que abriga o protege de la lluvia y que cuando no se pone sobre la cabeza cae sobre la espalda. **2** Conjunto de plumas o penacho que cubre la cabeza de las aves. **3** Objeto que cubre o protege el extremo de alguna cosa.

capuchino *m*. *Amér*. Café con leche espumosa.

capullo *m*. Envoltura en que se encierra el gusano de seda para transformarse en crisálida. **2** Envoltura similar de las larvas de otros insectos. **3** Flor sin acabar de abrirse.

caquexia *f*. Estado de desnutrición extrema del organismo. **2** Decoloración de las partes verdes de las plantas por falta de luz.

caqui *m*. Tela de algodón o lana, de color que va del amarillo ocre al verde gris. **2** Se dice del color de esa tela.

cara *f*. Parte anterior de la cabeza humana desde el nacimiento del pelo hasta la punta de la barbilla.

carabela 2 Por extensión, se dice también de algunos animales. 3 Semblante, conjunto de las facciones de una persona. 4 Aspecto o cariz de una cosa. 5 Cada una de las dos superficies de un objeto laminar. 6 Anverso de una moneda o medalla.
carabela *f.* Embarcación antigua, larga y estrecha.
carabina *f.* Arma de fuego portátil parecida al fusil, aunque más corta. 2 fam. Señora que acompañaba a las señoritas en sus paseos.
carabinero *m.* Soldado que usaba carabina. 2 Crustáceo comestible algo mayor que la quisquilla.
caracha *f. Amér.* Especie de sarna o roña. 2 Cualquier erupción cutánea con picazón.
caracol *m.* Nombre dado a las especies de moluscos gasterópodos provistas de concha. 2 Concha de ese molusco. 3 Laberinto del oído, que en los mamíferos es un conducto enrollado en espiral.

caracol

carácter *m.* Señal o marca. 2 Conjunto de cualidades psíquicas, heredadas o adquiridas, que constituyen la personalidad de un individuo humano y condicionan su conducta y su manera de ser. 3 Firmeza de ánimo. 4 Estilo personal de la obra literaria o artística. 5 Signo de cualquier sistema de escritura.
característico -ca *adj.* Relativo al carácter. 2 *f.* Rasgo propio de una persona o cosa.
caracterizar *tr.* Dar carácter o distinguir a una persona o cosa en sus atributos y rasgos propios. 2 Representar un actor o actriz su papel de acuerdo con el personaje representado.
carajo *m.* vulg. Pene. 2 Cosa baladí.
caramelo *m.* Azúcar fundido y aromatizado con alguna esencia, de diferentes formas y tamaños y a veces relleno de chocolate, licor, etcétera.
carantoña *f.* Zalamería, y especialmente la que se hace para conseguir algo. (Se usa más en plural.)
carátula *f.* Careta o máscara. 2 Portada de un libro o de una revista.
caravana *f.* Grupo de personas y animales que viajan juntos, especialmente por el desierto. 2 Conjunto de vehículos que marchan a escasa velocidad o se dirigen juntos al mismo sitio.

carbón *m.* Combustible sólido, por lo general negro y con densidad, contenido de carbono y poder calórico variables, que procede de la combustión incompleta de restos vegetales. 2 Brasa o ascua apagada.
carboncillo *m.* Palito vegetal carbonizado que sirve para dibujar. 2 Dibujo hecho de ese modo.
carbonero -ra *adj.* y *n.* Perteneciente al carbón. 2 *m.* y *f.* Persona que lo hace o vende. 3 *m.* Ave insectívora.
carbono *m.* Elemento químico que está presente en todos los organismos, en el suelo y en la atmósfera.
carburación *f.* Acción por la que se combinan el carbono y el hierro para producir el acero. 2 Mezcla de gases.
carburador *m.* Dispositivo que en los motores de explosión mezcla el aire y el combustible volátil de una manera adecuada.
carburar *tr.* Mezclar los gases o el aire con los carburantes gaseosos o los vapores de los carburantes líquidos, para hacerlos combustibles (en los motores) o detonantes (en los explosivos). 2 *intr.* fam. Funcionar bien una cosa.
cárcel *f.* Prisión en que se encierra a los detenidos. 2 Ranura por la que corren los tablones de una compuerta.
carcelero -ra *adj.* Carcelario. 2 *m.* y *f.* Persona que vigila a los presos en la cárcel.
carcoma *f.* Insecto coleóptero de los anóbidos, de color oscuro, que roe y taladra la madera. 2 Polvillo que excrementa dicho insecto. 3 fig. Pesadumbre persistente que consume al que la sufre.
carda *f.* Acción y efecto de cardar. 2 Cabeza de la cardencha empleada para peinar paños. 3 fam. Amonestación, reprensión.
cardamomo *m.* Planta de las zingiberáceas, de semillas aromáticas y sabor algo picante con virtudes carminativas.
cardar *tr.* Preparar una fibra para su hilado. 2 Peinar paños sacándoles el pelo.
cardenal *m.* Cada uno de los miembros del Sacro Colegio de la Iglesia católica, que eligen al Papa y son sus consejeros. 2 *Amér.* Nombre de diversos pájaros cantores, de plumaje variopinto y penacho rojo en forma de mitra.
cardinal *adj.* Principal, fundamental. 2 Se dice del adjetivo numeral que sólo expresa el número, y ningún otro aspecto.
cardo *m.* Planta anual de las compuestas, de hojas grandes y espinosas, flores azules en cabezuela y pencas blancas y tiernas, que se obtienen enterrando la planta y que se comen crudas o cocidas. 2 fig. Persona arisca e insociable. 3 *Amér.* Caraguatá, planta.

carear *tr.* Interrogar a la vez a dos o más personas para apurar la verdad de alguna cosa. **2** Dirigir el ganado a pastar. **3** fig. Cotejar una cosa con otra.
careta *f.* Máscara. **2** Antifaz.

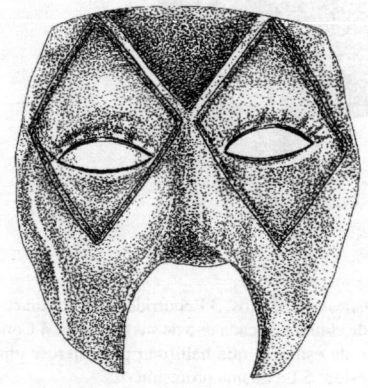

careta

carey *m.* Tortuga marina que alcanza un metro de longitud y de espaldar leonado. **2** Chapa delgada, traslúcida y de gran belleza que se obtiene calentando por debajo las escamas del carey.
carga *f.* Acción y efecto de cargar un vehículo, un arma de fuego o de llenar alguna cosa (una caldera). **2** Cosa que pesa sobre otra o que la llena. **3** Todo lo que grava fiscalmente a una persona o cosa, como deudas, tributos, hipotecas, servidumbres, etc.
cargado -da *adj.* Se dice de la hembra próxima al parto. **2** Bochornoso, referido al tiempo atmosférico. **3** Saturado y fuerte, dicho del café.
cargador -ra *adj.* y *n.* Se dice del instrumento, máquina, etc., que se utiliza para cargar. **2** *m.* y *f.* Persona que embarca o conduce cargas. **3** *m.* Pieza metálica que se introduce en la culata de las pistolas automáticas y que contiene cierto número de cápsulas.
cargar *tr.* Echar algún peso sobre personas, animales o cosas, para que lo aguanten o transporten. **2** Proveer a un artefacto de lo que necesita para funcionar: de pólvora o cartuchos a un arma, de carbón a una caldera, de tinta a una estilográfica, etc. **3** Acumular energía eléctrica en un cuerpo o en una batería.
cargo *m.* Acción de cargar. **2** Carga o peso. **3** Destino, empleo, oficio, y la persona que lo desempeña. **4** Imputación que se le hace a alguien (más frecuente en plural).
carguero -ra *adj.* y *n.* Que lleva carga. **2** *m.* Barco o tren de carga. **3** *Amér.* Mozo de cordel y bestia de carga.
cariado -da *adj.* Se dice de los huesos y en especial de los dientes dañados o podridos.

cariátide *f.* Estatua femenina en traje talar que hace oficio de columna o pilastra.
caribe *adj.* y *com.* De las Antillas. **2** Piraña, pez.
caribú *m.* Reno salvaje del Canadá, de pelaje suave, orejas cortas y cuernos ramificados; gregario y migratorio.
caricatura *f.* Retrato de una persona que deforma intencionadamente sus rasgos. **2** Imitación mala o ridícula de una cosa.
caricia *f.* Roce suave con la mano, como demostración de cariño a una persona o de complacencia con un animal o cosa.
caridad *f.* Máxima virtud teologal con la que se ama a Dios sobre todas las cosas y al prójimo como a nosotros mismos. **2** Sentimiento que induce a la ayuda del necesitado, y la ayuda concreta, como la dádiva o la limosna.
caries *f.* Infección de los huesos, y especialmente de los dientes y muelas. **2** Tizón del trigo.
cariño *m.* Sentimiento amoroso o amistoso hacia alguien. **2** Afición a un animal o a una cosa. **3** *Amér.* Regalo, obsequio.
cariotipo *m.* Conjunto de los cromosomas de una célula, que en la humana son cuarenta y seis.
carisma *m.* Cualidad innata de algunas personas para ganarse la simpatía de los demás.
carlinga *f.* En los aviones, espacio destinado a la tripulación, y por extensión, también el reservado a los pasajeros.
carmelita *adj.* y *com.* Se dice del religioso o religiosa de la orden del carmen.
carmenar *tr.* y *prnl.* Limpiar y desenredar el pelo, la lana o la seda.
carmín *adj.* y *m.* De color rojo. **2** Materia colorante de color rojo intenso que se obtiene principalmente de la cochinilla.
carnal *adj.* Relativo a la carne. **2** Que es pariente por línea colateral.
carnalidad *f.* Sensualidad; sexualidad como placer de la carne en sentido peyorativo.
carnaval *m.* Fiesta popular, alegre y ruidosa con que se celebran días de asueto.
carne *f.* Parte muscular de los animales, y especialmente la comestible. **2** Parte del hombre contrapuesta al espíritu. **3** Parte mollar de la fruta, o pulpa.
carné *m.* Tarjeta que acredita la personalidad de alguien o su pertenencia a un partido o asociación. **2** Librito de notas.
carnero *m.* Macho de la oveja; mamífero rumiante de cuernos huecos y arrollados en espiral y de lana espesa. **2** *Amér.* Llama, rumiante.
carnívoro -ra *adj.* Se dice del animal que se alimenta de carne, por oposición al herbívoro o frugívoro. **2** Se aplica a ciertas plantas que apresan insectos para nutrirse.

carnosidad

carnero

carnosidad *f.* Carne que crece en una llaga o que sobresale de alguna parte del cuerpo.
carnoso -sa *adj.* De muchas carnes. **2** Se dice de los órganos vegetales formados por parénquima blando.
caro -ra *adj.* Se dice de lo que sobrepasa el valor o estimación corriente. **2** De precio elevado, que cuesta mucho dinero. **3** Amado, querido.
carótida *f.* Cada una de las dos arterias principales de los vertebrados que por ambos lados del cuello llevan la sangre a la cabeza.
carpa[1] *f.* Pez teleósteo de boca pequeña y sin dientes, cuerpo con grandes escamas y una sola aleta dorsal; es verdoso por el lomo y blanco por el vientre. Vive en aguas dulces, y es vegetariano; su carne es comestible y estimada.
carpa[2] *f.* Toldo que cubre un circo o cualquier otro recinto amplio. **2** *Amér.* Tienda de campaña y tinglado en el que se representan espectáculos populares.
carpeta *f.* Cartera grande formada por un cartón doblado, forrado de papel o de hule y con gomas para mantenerlo cerrado, en la que se guardan papeles.
carpintería *f.* Taller en que trabaja el carpintero. **2** Oficio de carpintero. **3** Conjunto de elementos de madera en un edificio.
carpintero -ra *m. y f.* Persona que trabaja por oficio la madera.
carpo *m.* Esqueleto de la muñeca, compuesto de ocho huesos dispuestos en dos filas transversales. **2** Conjunto de huesos que forman, en parte, el esqueleto de las extremidades anteriores de anfibios, reptiles y mamíferos.
carrasposo -sa *adj.* Se dice de la persona que carraspea o que tose habitualmente. **2** *Amér.* Áspero al tacto.
carrera *f.* Acción de ir corriendo de un sitio a otro. **2** Competición de velocidad entre personas, animales o vehículos. **3** Recorrido que hace un coche de alquiler en cada uno de sus servicios. **4** Conjunto de estudios que habilitan para ejercer una profesión. **5** La misma profesión.
carreta *f.* Carro alargado y tosco.
carrete *m.* Cilindro, generalmente taladrado en su eje, con dos rebordes o discos en los extremos, que sirve para devanar y mantener arrollados hilos, cables o cintas.
carretilla *f.* Utensilio de transporte, formado por un cajón o artesa que se apoya por delante en una rueda y por detrás en dos patas, con dos varas traseras entre las que se coloca el que la empuja. **2** Buscapiés, cohete.
carriel *m. Amér.* Maletín o bolsa de viaje.
carril *m.* Cada una de las bandas longitudinales de una calzada para el paso de un vehículo. **2** Cada una de las barras sobre las que rueda un tren o un tranvía. **3** Surco hecho por el arado.
carro *m.* Vehículo de transporte, generalmente de dos ruedas, tirado por animales. **2** Carga de un carro. **3** *Amér.* Automóvil; vagón de ferrocarril.
carrocería *f.* Parte de los automóviles en cuyo interior se acomodan las personas o la carga. **2** Establecimiento en que se construyen, venden y componen carruajes.
carroño -ña *adj.* Podrido, corrompido. **2** *f.* Carne podrida, y en especial la de los animales muertos y abandonados en el campo.
carroza *f.* Coche adornado, que desfila en las fiestas populares. **2** Coche lujoso para el transporte oficial de reyes y altos dignatarios en ciertas ceremonias. **3** *Amér.* Coche fúnebre.
carrusel *m.* Espectáculo en el que evolucionan varios jinetes con sus caballos. **2** Tiovivo.
carta *f.* Escrito privado que una persona dirige a otra. **2** Ley fundamental o constitución de un Estado. **3** Cada uno de los naipes de la baraja. **4** Lista de platos y bebidas que puede ofrecer un restaurante.

carro

cartapacio *m.* Cuaderno para tomar apuntes. **2** Carpeta para contener libros y papeles. **3** Carpeta que se coloca sobre la mesa para escribir sobre ella.
cartear *intr.* Jugar cartas de poco valor, para tantear el juego. **2** *prnl.* Escribirse recíprocamente dos personas.
cartel *m.* Papel o cartón con texto y dibujos que se exhibe en lugares públicos con fines publicitarios o de propaganda.
cartelero -ra *adj.* Se dice del autor, artista o espectáculo que atrae al público. **2** *m.* y *f.* Persona que pega carteles. **3** *f.* Armazón para fijar carteles o anuncios. **4** Sección de los periódicos con la lista de espectáculos.
cárter *m.* Caja que en los automóviles protege ciertas partes del motor y a veces sirve de depósito del lubricante. **2** Pieza que protege la cadena de transmisión en las bicicletas.
cartera *f.* Funda de forma rectangular o cuadrada, que se lleva a mano y en la que se guardan documentos, libros, etc. **2** Billetera. **3** Cargo de ministro de un gobierno.
cartílago *m.* Tejido conjuntivo o conectivo, que forma el esqueleto de los mamíferos en el estado embrionario, quedando después reducido a ciertos órganos.
cartilla *f.* Cuaderno con las letras del alfabeto y los primeros rudimentos para aprender a leer. **2** Tratado breve y elemental de cualquier arte u oficio.
cartografía *f.* Arte de trazar mapas o cartas geográficas sobre superficies planas.
cartón *m.* Lámina gruesa y dura hecha con varias hojas de pasta de papel de baja calidad, que se adhieren unas a otras por compresión.
cartucho *m.* Cilindro de cartón o metal con la pólvora y municiones correspondientes a cada tiro de un arma de fuego. **2** Cucurucho. **3** *Amér.* Hombre que no ha tenido relaciones sexuales.
cartulina *f.* Cartón delgado y terso, de mayor calidad y menor grosor que el cartón común, y más grueso que el papel normal.

casa *f.* Local destinado a vivienda, que puede ser todo un edificio o una parte de éste, llamada piso. **2** Domicilio de una unidad familiar.
casaca *f.* Prenda masculina de colores vivos y con adornos que llegaba hasta la rodilla, y que hoy se emplea como uniforme.
casado -da *adj.* y *n.* Se dice de la persona que ha contraído matrimonio. **2** *Amér.* Porción de dos alimentos que se toman a la vez.
casamiento *m.* Acción y efecto de contraer matrimonio. **2** Ceremonia con que se celebra el acto.
casar *intr.* y *prnl.* Contraer matrimonio. **2** Corresponder, cuadrar una cosa con otra.
cascabel *m.* Bolita metálica y hueca que produce un tintineo agradable. Suelen llevarlos al cuello los animales. **2** Serie de anillos córneos, formados por escamas, que tiene en la cola la llamada serpiente de cascabel.
cascabelear *tr.* fig. Alborotar a uno con esperanzas vanas para que ejecute alguna cosa. **2** *intr.* Hacer sonar los cascabeles.
cascada *f.* Caída rumorosa de una corriente de agua por desnivel del terreno. **2** Dispositivo con una serie de elementos en que cada uno actúa sobre el siguiente.
cascajo *m.* Guijo, fragmentos menudos de piedra o de cualquier otra materia dura, como vasijas o ladrillos. **2** Conjunto de frutas de cáscaras secas. **3** Mezcla de grava y arcilla que se echa en la pavimentación.
cáscara *f.* Cubierta exterior de una cosa o de un fruto. **2** Corteza de los árboles.
cascarón *m.* Cáscara de huevo, y en particular la que el polluelo rompe al salir.
casco *m.* Cráneo. **2** Pieza de metal o de otra materia con que se protege la cabeza. **3** Cuerpo de un barco o de un avión. **4** En las caballerías, uña del pie o de la mano.
caseína *f.* Albuminoide de la leche y del queso.

casco

caserna *f.* Fortificación abovedada y a prueba de bombas para alojamiento de soldados y almacén de víveres.

casero -ra *adj.* Que se cría o hace en casa. **2** Se dice de la persona que sale poco y de la especialmente cuidadosa de las cosas de su casa. **3** *m.* y *f.* Propietario (y con menos frecuencia, administrador) de una casa respecto del inquilino.

caseta *f.* Vestuario. **2** Barraca de feria. **3** Casa pequeña y de planta baja.

casete *amb.* Cajita plástica con cinta magnética para el registro del sonido o también para imágenes y su reproducción.

casi *adv. c.* Cerca de, aproximadamente, por poco.

casilla *f.* Casa pequeña o refugio de guardagujas, etc. **2** Cada una de las divisiones de un papel rayado para consignar por separado ciertos datos. **3** Cada uno de los compartimientos de un tablero de ajedrez, etc. **4** Cada una de las divisiones de casilleros, ficheros, estantes y otros muebles.

casillero *m.* Mueble con divisiones para clasificación y archivo de documentos, papeles y otros objetos. **2** Marcador en los campos de deportes.

caso *m.* Suceso, lance u ocasión. **2** Asunto para estudio o consulta. **3** Concreción individual de algo frecuente o epidémico. **4** Cada una de las relaciones sintácticas que el nombre mantiene en una oración según la función que desempeña en ella (sujeto, complemento directo o indirecto).

caspa *f.* Escamilla blancuzca que por descamación córnea se forma en el cuero cabelludo.

casquete *m.* Cualquier prenda que cubre la parte superior de la cabeza. **2** Bisoñé. **3** Casquillo del cartucho.

casta *f.* Ascendencia o linaje de personas o animales. **2** Grupo social que se mantiene apartado en defensa de unos derechos reales o supuestos.

castaña *f.* Fruto del castaño, sabroso y nutritivo, de cáscara correosa de color pardo oscuro. **2** Garrafa abombada. **3** fam. Porrazo, bofetada.

castañuela *f.* Instrumento músico de percusión. **2** Pez de aletas pectorales grandes y color negruzco.

castellano -na *adj.* y *n.* Natural de Castilla o perteneciente a esta región. **2** *m.* Dueño o alcaide de un castillo. **3** Lengua española.

casticista *com.* Purista del idioma.

castigar *tr.* Imponer un castigo. **2** Mortificar. **3** Corregir.

castigo *m.* Pena que se impone por una falta o delito.

castillo *m.* Construcción militar fortificada con murallas, baluartes y fosos. **2** Parte de la cubierta alta de un buque.

castizo -za *adj.* Genuino, auténtico, de buen origen y casta. Se aplica sobre todo al lenguaje depurado de extranjerismos y al escritor que lo cultiva. **2** Popular, desenfadado.

casto -ta *adj.* Puro, recatado, no provocativo.

castración *f.* Extirpación de los genitales.

castrar *tr.* Extirpar o inutilizar los órganos genitales. **2** fig. Mermar las energías de alguna persona, o frenar el crecimiento de algo.

castrense *adj.* Relativo al ejército o a la profesión militar.

casualidad *f.* Hecho no previsto ni provocado. **2** Coincidencia fortuita. **3** Azar.

casuáridos *m. pl.* Familia de aves de los casuariformes que, como el casuario, tienen tres dedos en cada pie y pico comprimido.

casuística *f.* En cualquier ciencia, método de análisis que trabaja con casos particulares, más que con principios universalmente válidos.

catacumbas *f. pl.* Galerías subterráneas, especialmente las de Roma, en que los cristianos sepultaban a sus difuntos y que a veces les sirvieron de refugio provisional. **2** fig. Situación de clandestinidad.

catalejo *m.* Anteojo para larga distancia, consistente en un tubo extensible y provisto de varios elementos ópticos.

catalepsia *f.* Estado patológico transitorio en que se suspenden de forma repentina la sensibilidad y la motricidad voluntaria.

catalizador *adj.* y *m.* Se dice de la sustancia química que, sin cambios por su parte, acelera o retarda la velocidad de una reacción.

catalogar *tr.* Clasificar siguiendo un orden determinado. **2** Incluir en un catálogo.

catapulta *f.* Máquina de guerra con que se lanzaban piedras o saetas. **2** Mecanismo que en los portaaviones permite el despegue de un avión.

catapultar *tr.* Lanzar los aviones con catapulta. **2** Lanzar a alguien o algo de una manera violenta.

catedral

catarata *f.* Cascada, salto grande de agua. **2** Opacidad congénita, traumática o degenerativa del cristalino del ojo.

catarrinos *m. pl.* Grupo de primates antropoides de Asia y África, al que pertenecen los simios más evolucionados. Suelen ser de costumbres arborícolas.

catarro *m.* Inflamación de una membrana mucosa, acompañada de un aumento de secreción. **2** Resfriado.

catarsis *f.* Purificación, según el significado original griego.

catástrofe *f.* Suceso desgraciado de graves consecuencias. **2** fam. Persona dejada, o cosa mal hecha y de escasa calidad.

catear *tr.* Catar, probar. **2** *Amér.* Explorar un terreno en busca de una veta minera.

catecismo *m.* Libro con una explicación elemental de la doctrina cristiana, en forma de preguntas y respuestas. **2** Libro con los rudimentos de cualquier ciencia o arte.

catecúmeno -na *m. y f.* Persona que se instruye en la doctrina cristiana para recibir el bautismo. **2** Persona a la que se adoctrina; principiante.

cátedra *f.* Asiento desde el que explica el profesor. **2** Local en que se explica una asignatura. **3** Materia que se explica.

catedral *f.* Templo cristiano de grandes dimensiones, que es la cabeza de la diócesis y la sede del obispo titular de ella.

catedrático -ca *m. y f.* Titular de una cátedra; se aplica el título a los de las enseñanzas media y superior o universitaria.

categoría *f.* Dignidad o importancia de una persona o cosa. **2** Situación social.

categórico -ca *adj.* Se dice del juicio u opinión que se emite de modo terminante y absoluto, por contraposición a lo hipotético.

catequesis *f.* Enseñanza de la doctrina cristiana o del catecismo.

catequizar *tr.* Instruir en la doctrina cristiana. **2** Inducir a alguien a que cambie de opinión.

cateterismo *m.* Exploración quirúrgica de algún conducto o cavidad del organismo mediante la sonda adecuada.

catleya *f.* Nombre común a varias especies de plantas ornamentales orquidáceas.

cátodo *m.* Electrodo negativo de una cuba electrolítica o de una válvula electrónica.

catolicismo *m.* Conjunto de personas que forman la Iglesia católica. **2** Conjunto de doctrinas características de esta Iglesia.

católico -ca *adj.* Relativo al catolicismo. **2** *adj. y n.* Se dice de quien profesa el catolicismo.

catre *m.* Cama individual y ligera.

cauce   *m.* Lecho de un río o arroyo. **2** Acequia abierta para riego, etc. **3** Procedimiento o norma.
caucho   *m.* Sustancia impermeable, muy elástica y resistente a la abrasión y a la corriente eléctrica. Es el componente sólido del látex de diversas plantas intertropicales.
caución   *f.* Previsión o cautela. **2** Garantía jurídica de lo pactado o mandado.
caudal   *adj.* Caudaloso. **2** *m.* Volumen de agua corriente que discurre por un cauce. **3** Dinero.
caudillaje   *m.* Gobierno de un caudillo.
caudillo   *m.* Capitán o jefe de gente de armas. **2** Militar que se hace con el gobierno de un país mediante un golpe de Estado.
causa   *f.* Lo que contribuye a la producción de algo. **2** Litigio, pleito. **3** Empresa o doctrina que suscita partidarios (y enemigos).
causalidad   *f.* Causa, origen, principio. **2** Relación de causa a efecto.
causar   *tr.* y *prnl.* Ser causa, razón o motivo de algo.
cáustico -ca   *adj.* Se dice de la sustancia que destroza los tejidos animales por corrosión o quemadura. **2** fig. Mordaz, agresivo.
cautela   *f.* Precaución en el obrar, tacto.
cauterio   *m.* Cauterización. **2** fig. Lo que corrige o ataja eficazmente algún mal.
cauterizar   *tr.* Aplicar un cauterio.
cautivar   *tr.* Hacer cautivo, apresar. **2** Influir poderosamente en el ánimo de alguien ganándose su atención, simpatía o afecto.
cauto -ta   *adj.* Que obra con cautela y prudencia.
cava   *f.* Acción de cavar. **2** Bóveda subterránea en que fermenta y se cría el vino. **3** *adj.* y *f.* Se dice de cada una de las dos grandes venas que desembocan en la aurícula derecha.
cavar   *tr.* Mover la tierra con la azada o un instrumento parecido. **2** Abrir un hoyo. **3** *intr.* Profundizar en alguna cosa.
caverna   *f.* Cueva profunda, abierta en el suelo o entre rocas.
cavernario -ria   *adj.* y *n.* Relativo a las cavernas o con sus características. **2** Cavernícola.
cavernícola   *adj.* y *com.* Que vive en cavernas. **2** fig. De mentalidad retrógrada y primitiva.
cavernoso -sa   *adj.* Relativo a la caverna. **2** Sordo, bronco: *voz cavernosa.* **3** Con muchas cavernas.
caviar   *m.* Manjar consistente en huevas de distintos peces.
cavidad   *f.* Hueco en el interior de cualquier cuerpo. **2** Cualquier forma cóncava capaz de acoger alguna cosa.
cavilar   *tr.* Reflexionar de manera profunda o continuada sobre algún asunto.

caviloso -sa   *adj.* Se dice de la persona que por exceso de desconfianza o aprensión anda siempre dando vueltas a las cosas.
cayado   *m.* Bastón corvo por la parte superior, que usan sobre todo los pastores. **2** Báculo de los obispos.
cayo   *m.* Cualquiera de las islas, frecuentes en el mar de las Antillas, bajas y arenosas, cubiertas de manglares.
cayuco   *m. Amér.* Embarcación indígena, plana y sin quilla, menor que la canoa.
caza^1   *f.* Acción de cazar. **2** Conjunto de animales salvajes, cazados o por cazar. **3** *m.* Avión de caza o intercepción de aparatos enemigos.
caza^2   *f.* Lienzo delgado, parecido a la gasa.
cazadero -ra   *adj.* Que puede ser cazado. **2** *m.* Sitio apropiado para la caza.
cazador -ra   *adj.* Se dice de los animales de presa. **2** *adj.* y *n.* Que caza por oficio o diversión. **3** *f.* Chaqueta que se ajusta a la cintura.
cazar   *tr.* Buscar, acosar y apresar animales salvajes, generalmente para comerlos. **2** Conseguir con astucia alguna cosa. **3** Captar rápidamente un asunto.
cazo   *m.* Recipiente de cocina, cilíndrico o más ancho por la boca, con mango y pico para verter.
cazoleta   *f.* Parte de la pipa en que se pone el tabaco. **2** En espadas y sables, pieza de varias formas que se coloca entre la hoja y la empuñadura, para protección de la mano.
cazón   *m.* Pez de unos dos metros, cuerpo cilíndrico, boca grande y piel áspera, que se usa como lija.
cazuela   *f.* Utensilio de cocina redondo y por lo general de barro, más ancho que hondo. **2** Guiso que se hace en ella.
cebada   *f.* Planta anual de las gramíneas, que se cultiva para pienso y para la elaboración de la cerveza.
cebado -da   *adj. Amér.* Se dice del animal salvaje que por haber probado la carne humana es más temible. **2** *m.* Acción de cebar una bomba o un motor.
cebar   *tr.* Alimentar animales para su engorde. **2** Ponerles un cebo o trampa. **3** Poner en ciertas armas, máquinas o motores el combustible o el agua necesarios para su funcionamiento.
cebiche   *m. Amér.* Plato de pescado o marisco crudo, sazonado con limón, cebolla y ají.
cebo   *m.* Comida con que se engorda a los animales o con que se provee el anzuelo, cepo o trampa para capturarlos. **2** Combustible con que se activan, respectivamente, un arma de fuego o una máquina.
cebolla   *f.* Hortaliza de un bulbo blanco o rojizo. **2** Bulbo comestible de esta planta.

cebolla

cebra *f*. Mamíferos del África austral, de pelo blanco amarillento con listas transversales pardas o negras.

cebú *m*. Mamífero de los bóvidos, variedad del toro común con una o dos gibas adiposas en el lomo.

cecina *f*. Carne salada y seca que se come cruda.

cedazo *m*. Aro de madera al que se sujeta una malla tensa y muy clara, que sirve para cribar o tamizar.

ceder *tr*. Transferir a otro alguna cosa o algún derecho. **2** *intr*. Disminuir, debilitarse un fenómeno de la naturaleza, una enfermedad, etc.

cedilla *f*. Letra representada por una c y una virgulilla colgante (ç), que tenía un sonido similar al de la z y que ha desaparecido en castellano, pero que se conserva en otros idiomas, como el catalán y el francés.

cedro *m*. Árbol gigantesco (de unos 50 m de altura), hojas perennes y flores amarillas, cuyo fruto es la cédride y cuya madera es muy apreciada en ebanistería.

cédula *f*. Documento en que se reconoce una deuda o cualquier otra obligación. **2** *Amér*. Tarjeta de identidad.

cefalópodos *m. pl*. Moluscos marinos. Algunas de las especies, como el pulpo y el calamar, son comestibles.

cefeidas *f. pl*. Clase de estrellas variables.

cegar *intr*. Perder la visión por completo. **2** *tr*. Quitar la vista. **3** Cerrar o taponar lo que estaba abierto o hueco.

ceguera *f*. Privación total del sentido de la vista. **2** Ofuscación mental.

ceiba *f*. Árbol corpulento de las bombacáceas; su madera tiene diversos usos.

ceja *f*. Borde superior y prominente de la cuenca del ojo, cubierto de pelo. **2** El pelo que lo cubre, y cada uno de los pelillos. **3** Saliente de muchas cosas.

celador -ra *adj*. Que cela o vigila. **2** *m. y f*. En algunas empresas, persona encargada de la vigilancia.

celaduría *f*. Oficina o despacho del celador.

celaje *m*. Cielo cubierto de nubes sutiles y coloreadas. **2** fig. Presagio, anuncio o principio de lo que se espera o desea.

celda *f*. Habitación pequeña e individual de religiosos, estudiantes o presos. **2** Celdilla de los panales.

celebración *f*. Acción de celebrar. **2** Homenaje, acto de exaltación.

celebrar *tr*. Alabar, aplaudir a personas o cosas. **2** Festejar o conmemorar. **3** Llevar a cabo reuniones o entrevistas, un acto académico, un concierto, etc.

célebre *adj*. Famoso, renombrado. **2** fam. Alegre, de salidas graciosas.

celentéreos *m. pl*. Tipo de invertebrados marinos de estructura muy sencilla.

celeridad *f*. Diligencia, rapidez.

celibato *m*. Soltería.

celo *m*. Diligencia fervorosa con que se actúa. **2** Cuidado en hacer bien las cosas. **3** Exacerbación del apetito sexual en los animales. **3** *pl*. Sentimiento doloroso, mezcla de temor, frustración y envidia.

celtas *m. pl*. Grupo de pueblos de Europa.

célula *f*. Celdilla o pequeña cavidad. **2** BIOL Cada uno de los elementos microscópicos que constituyen las unidades morfológicas, fisiológicas y reproductoras de las plantas y de los animales.

celular *adj*. Relativo a las células. **2** Formado por células.

celulitis *f*. Inflamación del tejido adiposo subcutáneo.

celuloide *m*. Material plástico, sólido, transparente y muy elástico, que se emplea en la fabricación de película fotográfica, peines, juguetes, etc.

cementar *tr*. Calentar un metal en contacto con otro en forma de polvo o pasta, para mejorar su calidad.

cementerio *m*. Terreno murado y descubierto destinado a enterrar a los difuntos.

cemento *m*. Cualquier material que al fraguar sirve para aglutinar cosas. **2** Capa de tejido óseo que cubre el marfil de la raíz de los dientes en los vertebrados.

cena *f*. Última de las comidas formales, que suele tomarse por la noche. **2** Lo que en ella se toma.

cenáculo *m*. Reunión poco numerosa de personas que profesan las mismas ideas.

cenar *intr.* Tomar la cena.
cencerro *m.* Campana cilíndrica y tosca, de hierro o cobre, que suele colgarse del pescuezo de las reses.
cenefa *f.* Franja que adorna el borde de algunas ropas o prendas. **2** Dibujo ornamental a lo largo de muros y techos, que repite el mismo motivo decorativo.
cenicero *m.* Platillo o recipiente para depositar la ceniza y colillas de los cigarros. **2** Espacio en que se recoge la ceniza del hogar.

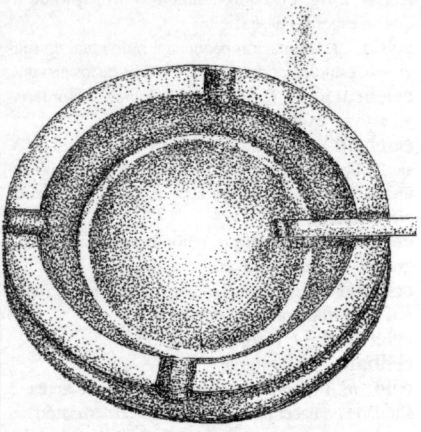

cenicero

ceniciento -ta *adj.* De color ceniza o cubierto de ceniza. **2** *f.* fam. Persona postergada o que carga con los trabajos más penosos.
cenit *m.* Punto del hemisferio celeste vertical a un punto de referencia de la Tierra. **2** Momento de apogeo de una persona o institución.
ceniza *f.* Polvo grisáceo que queda de una combustión. **2** Color ceniza.
cenobio *m.* Monasterio en que vive una comunidad religiosa. **2** Colonia de protozoos cuyas células proceden de la bipartición de una célula inicial.
cenobita *com.* Persona que profesa la vida monástica y vive en un monasterio.
censar *tr.* Registrar en el censo. **2** *intr.* Hacer el empadronamiento de los vecinos de un lugar.
censo *m.* Padrón o registro de los ciudadanos de un Estado. **2** Lista de personas o cosas de cualquier extensión y con cualquier finalidad.
censor -ra *adj.* Que censura. **2** *m.* Magistrado que en la Roma antigua hacía el censo de personas y bienes.
censura *f.* Acción oficial que controla o impide la difusión de determinadas noticias o imágenes. **2** Objeción o reparo a personas o cosas.

censurar *tr.* Examinar obras, noticias, etc., antes de su publicación, con determinados criterios políticos o morales. **2** Juzgar alguna cosa.
centauro *m.* Ser mitológico, mitad hombre y mitad caballo. **2** fig. Buen jinete.
centella *f.* Chispa eléctrica cuando es pequeña. **2** Chispa que salta del pedernal golpeado.
centelleo *m.* Brillo intermitente.
centenario -ria *adj.* Relativo a la centena. **2** *adj.* y *n.* Se dice de la persona que ha cumplido cien años o los ronda. **3** *m.* Día en que se cumplen una o más centenas del nacimiento o muerte de alguien.
centeno *m.* Planta gramínea que se emplea en la alimentación y en la destilación de bebidas alcohólicas.
centígrado -da *adj.* Se dice de la escala termométrica en la cual los grados de calor se dividen en cien. **2** *m.* Unidad de la escala termométrica centígrada (°C).
céntimo -ma *adj.* Centésimo, cada una de las cien partes de un todo. **2** *adj.* y *n.* Centésima parte de la unidad monetaria.
centinela *amb.* Soldado que monta la guardia. **2** Persona que observa alguna cosa.
central *adj.* Relativo al centro o que lo ocupa; que media entre dos extremos. **2** Que ejerce su acción sobre todo un sistema o territorio. **3** Capital, principal.
centrar *tr.* Determinar el centro de una superficie o volumen. **2** Hacer que coincida el centro de una cosa con el de la otra. **3** Situar la mira sobre el objetivo.
centrífugo -ga *adj.* Se dice de lo que en un movimiento circular, y en virtud de la inercia, se aleja del centro.
centrípeto -ta *adj.* Lo que en un movimiento circular tiende e impele hacia el centro.
centro *m.* Punto equidistante de todos los de una circunferencia. **2** Lugar más alejado de los bordes de una cosa. **3** Núcleo o zona de una población en que es mayor la densidad demográfica o más intensa la actividad.
centrocampista *com.* Jugador de fútbol que ocupa el centro del campo y organiza el juego de su equipo, enlazando con la delantera y con la defensa.
centuria *f.* Período de cien años, siglo.
ceñido -da *adj.* Ajustado.
ceñir *tr.* Rodear una cosa ajustándola. **2** Rodear por completo. **3** *tr.* y *prnl.* Ajustar algo al cuerpo.
ceño *m.* Gesto de enfado que se adopta al arrugar la frente y fruncir el entrecejo.
cepa *f.* Tronco que está bajo tierra y en contacto con las raíces. **2** Tronco de la vid. **3** Linaje.
cepillar *tr.* Limpiar, quitar el polvo con un cepillo. **2** Alisar con cepillo la madera o los metales. **3** Adular. **4** *tr.* y *prnl.* Robar.

cerdo

cepillo *m*. Plancha provista de cerdas por una de sus caras para desbastar y alisar la madera.
cepo *m*. Trampa para cazar animales. **2** Instrumento antiguo de tormento.
cera *f*. Sustancia sólida de color amarillo que producen las abejas para hacer los panales. **2** Cualquiera de los hidrocarburos sólidos que se obtienen por la destilación del petróleo.
cerámica *f*. Arte de fabricar objetos de barro, loza y porcelana. **2** Conjunto de objetos de barro seco o cocido.
cerbatana *f*. Arma consistente en un tubo cargado con diversos proyectiles y que se dispara soplando por uno de sus extremos. **2** Antigua culebrina de poco calibre. **3** Trompetilla para los sordos.
cerca[1] *f*. Muro, tapia o seto con que se rodea y aísla un terreno.
cerca[2] *adv. l. y t*. Indica proximidad tanto en el espacio como en el tiempo.
cercanía *f*. Proximidad. **2** *pl*. Alrededores de algún punto o lugar, y especialmente los terrenos próximos a una población.
cercar *tr*. Rodear un terreno con muro o vallado para aislarlo y protegerlo. **2** Asediar una plaza o fortaleza. **3** Rodear a una persona o a un animal, impidiendo que escape.
cercenar *tr*. Cortar una cosa a cercén o de raíz. **2** Recortar o disminuir gastos, atribuciones, etc.
cerda *f*. Hembra del cerdo. **2** Cada uno de los pelos recios de algunos animales.
cerdo *m*. Mamífero de cabeza gruesa, jeta casi cilíndrica, patas cortas y cola delgada, que se domestica fácilmente y que el hombre ha aprovechado por su carne y grasa. **2** Persona sucia o grosera.
cereal *adj. y n*. Se dice de cada una de las especies de las plantas gramíneas, como el trigo, el centeno, la cebada, la avena, el arroz y el maíz.
cerebelo *m*. Órgano del sistema nervioso central y parte del encéfalo, que está situado en la parte posterior de la cavidad craneana y que regula los movimientos del cuerpo.

cerebro *m*. ANAT Parte superior del encéfalo. **2** ZOOL Centro de control del sistema nervioso de los invertebrados. **3** Persona que concibe o dirige un plan.
ceremonia *f*. Acto exterior, de cierta solemnidad y según ciertas reglas, con que se celebra un culto religioso o un acontecimiento profano. **2** Reverencia afectada o excesiva.
ceremonial *adj*. Relativo a las ceremonias. **2** *m*. Conjunto de formalidades que acompañan a una determinada celebración. **3** Libro de ceremonias.
cereza *f*. Fruto del cerezo. **2** *Amér*. Cáscara del grano de café.
cerezo *m*. Árbol frutal de las rosáceas, de tronco liso y ramoso. **2** *Amér*. Chaparro, arbusto.
cerilla *f*. Velilla de cera, madera o papel con cabeza de fósforo, que se enciende por frotación. **2** Cerumen.
cerner *tr*. Separar con cedazo los fragmentos más gruesos de una masa, del polvo más fino. **2** Atalayar, observar. **3** Amenazar un peligro inminente.
cero *m*. Número que designa el cardinal de la cifra no significativa, del conjunto vacío. **2** Signo gráfico con que se representa.
cerrado -da *adj*. Se dice del lugar rodeado por completo, impracticable. **2** *f*. Se dice de la vocal que se emite dejando poco paso al aire entre la lengua y el paladar, como ocurre con i y u.
cerradura *f*. Acción y efecto de cerrar. **2** Mecanismo para cerrar.
cerrar *tr*. Tapar, incomunicar. **2** Juntar las partes. **3** Ajustar. **4** Aproximar los extremos de dos miembros. **5** Poner término a alguna cosa.
cerrazón *f*. Oscuridad que sobreviene antes de una tormenta. **2** Incapacidad para comprender algo por cortedad o prejuicios.
cerro *m*. Elevación del terreno aislada y menor que el monte o montaña. **2** Pescuezo y espinazo del animal.
cerrojo *m*. Barra de hierro con manija, sujeta por dos anillas, para cerrar una puerta o ventana.

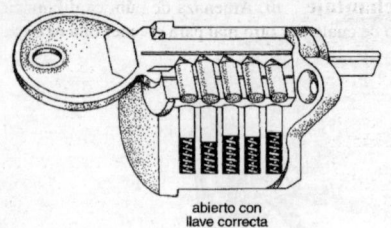

abierto con llave correcta

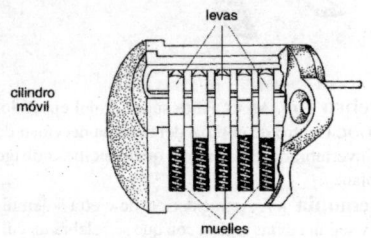

cilindro móvil
levas
muelles
cerradura

certamen *m.* Concurso literario, artístico o científico en que se opta a unos premios. **2** Ceremonia en que se conceden los premios obtenidos.
certero -ra *adj.* Se dice del disparo que da en el blanco o del tirador diestro. **2** Acertado, conforme a lo verdadero.
certeza *f.* Calidad de cierto. **2** Convicción subjetiva que excluye cualquier duda.
certificado -da *adj. y n.* Se dice de la carta o paquete que se envía por correo con especiales garantías. **2** *m.* Documento en que se atestigua alguna cosa por persona autorizada para hacerlo.
certificar *tr. y prnl.* Dar por cierta una cosa o reafirmarla, y especialmente la persona autorizada y con alguna solemnidad o carácter oficial.
cerveza *f.* Bebida alcohólica obtenida de la fermentación de los granos de cebada y de otros cereales y adobada con lúpulo y levadura. Es una de las bebidas más antiguas de la humanidad.
cérvidos *m. pl.* Familia de rumiantes artiodáctilos, con cuernos (por lo general sólo los machos) ramificados y renovables. Pertenecen a ella el ciervo, el reno, el corzo, el gamo, el huemul, etc.
cerviz *f.* Parte dorsal del cuello del hombre y de muchos mamíferos en que se unen el cráneo y la espina dorsal, formada esencialmente por siete vértebras.
cesantía *f.* Situación de cesante. **2** Suspensión disciplinaria de empleo. **3** Subsidio que algunos cesantes perciben.
cesar *intr.* Interrumpirse o dejar de producirse algún hecho o proceso. **2** Darse de baja en algún cargo o empleo.

cesárea *f.* Operación quirúrgica con que se extrae el feto por vía abdominal.
cese *m.* Acción y efecto de cesar.
cesión *f.* Renuncia de alguna cosa o derecho en favor de otra persona.
césped *m.* Hierba menuda y tupida.
cesta *f.* Recipiente hecho de mimbres, juncos, cañas o varillas. **2** Especie de pala cóncava, para una modalidad de juego de pelota. **3** En el baloncesto, canasta y cada entrada del balón en ella.
cetáceos *m. pl.* Orden de mamíferos marinos pisciformes, con aberturas nasales en lo alto de la cabeza, miembros anteriores transformados en aletas y cuerpo terminado en una sola aleta horizontal; como la ballena, el delfín y el cachalote.
cetrería *f.* Arte de la cría y adiestramiento de halcones y otras aves rapaces. **2** Caza realizada con esas aves.
cetro *m.* Vara de material precioso y labrada con primor, símbolo de la autoridad de reyes y emperadores. **2** Percha de la alcándara para las aves de cetrería.
chabacanería *f.* Falta de gusto, vulgaridad. **2** Cosa o dicho groseros.
chabacano -na *adj.* Ordinario, ramplón.
chabola *f.* Choza o casa pequeña.
chacal *m.* Mamífero carnívoro de los cánidos, de tamaño intermedio entre el lobo y la zorra, cola larga y pelaje amarillento.
chachachá *m.* Baile de origen cubano, mezcla de rumba y de mambo.
cháchara *f.* Abundancia de palabras inútiles. **2** Conversación animada y frívola. **3** *pl.* Baratijas, cachivaches.
chacho -cha *m. y f. fam.* Muchacho, muchacha (es aféresis familiar y cariñosa).
chafar *tr. y prnl.* Aplastar. **2** *fam.* Deprimir, preocupar.
chafarote *m.* Alfanje corto, ancho y curvo. **2** *fam.* Sable o espada ancha o muy larga.
chaflán *m.* Plano resultante de eliminar la arista viva de un sólido. **2** Fachada estrecha que sustituye a la esquina de un edificio.
chaguala *f.* Pendiente que los indígenas americanos llevaban en la nariz.
chal *m.* Prenda femenina, especie de bufanda de seda o lana, que se echa sobre los hombros y la espalda.
chalado -da *adj.* Chiflado, que tiene trastornado el juicio. **2** Perdidamente enamorado.
chaleco *m.* Prenda de vestir sin mangas que se lleva encima de la camisa.
chalupa[1] (fr. *chaloupe*) *f.* Embarcación pequeña con dos palos. **2** Lancha.
chalupa[2] (de *chalado*) *adj. fam.* Chiflado. **2** Muy enamorado.

chaleco

chamán *m.* Entre los pueblos siberianos y de Asia central, brujo o hechicero. **2** Por extensión, hechicero, intermediario entre el hombre y la divinidad.

chamanismo *m.* Conjunto de creencias y prácticas relativas a los chamanes, vistos por su entorno social como adivinos y curanderos.

chamarra *f.* Especie de zamarra.

chambón -na *adj.* y *n.* Se dice de la persona que consigue algo de chamba o chiripa. **2** Poco habilidoso en el juego o en la caza. **3** Torpe.

chambonear *intr.* fam. Jugar mal. **2** *Amér.* Hacer chapuzas y cosas de escasa rentabilidad.

chamizo *m.* Árbol o leño medio chamuscado. **2** Choza cubierta de chamiza. **3** fam. Tugurio sórdido, cuchitril.

champaña *m.* Vino blanco y espumoso que se produce en la región francesa de Champaña.

champiñón *m.* Hongo comestible.

chamuscado -da *adj.* Quemado por encima. **2** Que muestra indicios de algún vicio o pasión.

chamuscar *tr.* y *prnl.* Socarrar o quemar superficialmente una cosa.

chancear *intr.* y *prnl.* Hacer chanzas o bromas amables.

chancho -cha *adj. Amér.* Sucio, desaseado. **2** *m.* y *f. Amér.* Puerco, cerdo.

chanchullo *m.* fam. Negocio sucio con apariencias de honorabilidad. **2** Rodeo, razón o motivo aparente.

chancleta *f.* Zapatilla sin talón. **2** *com.* fam. Persona inepta.

chanclo *m.* Zapato de goma o madera que se pone encima del calzado normal para protegerlo del agua o del barro.

chancro *m.* Úlcera contagiosa de origen venéreo o sifilítico.

chantaje *m.* Amenaza de pública difamación o de cualquier otro mal para obtener dinero o cualquier otro provecho.

chantar *tr.* Vestir o poner. **2** Clavar, hincar. **3** Cantar las verdades sin rebozo alguno.

chantre *m.* Director del coro en una catedral y encargado de entonar algunos cantos.

chapa *f.* Lámina delgada y uniforme de metal, madera o plástico, que se emplea sobre todo para revestimiento de estructuras. **2** Lámina pequeña de cualquier material y formato que sirve como contraseña, por ejemplo, en un guardarropa.

chapaleteo *m.* Ruido del agua al chocar con la orilla. **2** Ruido de la lluvia al caer.

chaparro -rra *adj.* Rechoncho. **2** *m.* y *f.* Persona baja y regordeta.

chaparrón *m.* Lluvia torrencial de escasa duración, chubasco. **2** fig. Muchedumbre de cosas que se amontonan, aluvión.

chapeado -da *adj.* Chapado, guarnecido de chapas. **2** *m.* Acción y efecto de chapar.

chapear *tr.* Chapar, cubrir o guarnecer con chapas. **2** *Amér.* Escardar y limpiar el terreno.

chapetón -na *adj.* y *n. Amér.* Inexperto, bisoño. **2** Europeo recién llegado al Nuevo Mundo.

chapotear *tr.* Humedecer repetidas veces una cosa con esponja o paño empapado en un líquido. **2** *intr.* Sonar el agua o el barro.

chapurrear *tr.* Hablar con dificultad una lengua extranjera.

chapuza *f.* Trabajo mal hecho. **2** Trabajo de escasa importancia y de exiguo beneficio. **3** Mentira.

chaqueta *f.* Prenda de vestir, con mangas, que se abotona por delante y cubre el tronco hasta los muslos.

charada *f.* Adivinanza de palabras en que se sugiere el significado, así como el de las palabras que resultan tomando una o varias sílabas de aquellas.

charanga *f.* Pequeña banda de música con instrumentos de viento. **2** Bulla ininterrumpida.

charco *m.* Pequeño hoyo o cavidad lleno de agua o de algún otro líquido.

charla *f.* Acto de charlar. **2** Disertación oral y pública sin excesivas preocupaciones formales.

charlar *intr.* Conversar sin más finalidad que pasar el tiempo.

charlatán -na *adj.* y *n.* Se dice de la persona habladora e indiscreta. **2** Embaucador.

charol *m.* Barniz de gran adherencia y lustre, que se aplica sobre todo en marroquinería. **2** Cuero con este barniz.

chasco *m.* Burla o engaño. **2** Desilusión motivada por un suceso imprevisto o una conducta inesperada por parte de alguien.

chasis *m.* Bastidor que sostiene alguna estructura. **2** Caja del coche.

chaqueta

chasquido *m.* Ruido que produce la lengua al separarla bruscamente del paladar, la madera que se abre o el látigo y la honda al agitarlos en el aire.
chata *f.* Orinal plano para enfermos que no pueden levantarse.
chatarra *f.* Conjunto de hierros viejos para su recuperación. 2 Escoria del mineral de hierro.
chato -ta *adj. y n.* Que tiene la nariz pequeña o aplastada. Usado también como expresión cariñosa. 2 *adj.* Se dice de la nariz de dicha forma.
chepa *f. fam.* Joroba, corcova. 2 *adj. y com. fam.* Jorobado.
cheque *m.* Mandato de pago para cobrar una determinada cantidad de los fondos que quien lo expide tiene disponibles en un banco.
chequear (ing. *to check*) *tr.* Hacer un chequeo. 2 Verificar, comparar. 3 *Amér.* Facturar.
chequeo *m.* Reconocimiento médico general a que se somete una persona.
chequera *f. Amér.* Talonario de cheques. 2 *Amér.* Cartera para guardar el talonario.
chévere *adj. Amér.* Excelente, primoroso, bonito. 2 *m. Amér.* Valentón, lechuguino.
chibcha *adj.* Perteneciente o relativo a la familia lingüística chibcha. 2 *adj. y com.* Se dice del individuo de lengua chibcha.
chicano -na *adj. y n.* Se dice del ciudadano de EUA perteneciente a la minoría de origen mexicano allí existente. 2 *adj.* Perteneciente o relativo a dicha comunidad.

chicha *f. Amér.* Bebida alcohólica que se obtiene de la fermentación del maíz en agua azucarada.
chícharo *m.* Guisante, garbanzo, judía.
chicharra *f.* Cigarra. 2 Juguete hecho con una caña delgada que produce un ruido desapacible. 3 Pez que con sus aletas en forma de ala realiza pequeños vuelos.
chicharrón *m.* Resto que queda al freír las pellas de manteca de cerdo. 2 Carne muy hecha o quemada. 3 Persona muy tostada por el sol.
chichón *m.* Bulto en la cabeza, a causa de un golpe.
chicle *m.* Goma de mascar. 2 Gomorresina del chicozapote o zapote.
chico -ca *adj.* Pequeño, de poco tamaño. 2 *adj. y n.* Niño, muchacho. 3 *m. Amér.* En juegos de mesa, tanda o vez.
chiflado -da *adj.* Se dice de la persona que tiene un tanto perturbado el juicio, que tiene rarezas o que está perdidamente enamorado de alguien o de algo.
chiflar[1] *intr.* Silbar. 2 *tr. y prnl.* Mofar, hacer burla en público.
chiflar[2] *tr.* Adelgazar las pieles y badanas con la chifla, cuchilla.
chiflón *m. Amér.* Viento frío o molesto.
chile *m.* Ají.
chillar *intr.* Emitir chillidos, gritar. 2 Chirriar.
chillido *m.* Sonido inarticulado, agudo y estridente.
chillón -na *adj. y n.* Aficionado a chillar o gritar. 2 *adj.* Agudo y desagradable, dicho de voces o instrumentos. 3 Demasiado vivo o mal combinado, aplicado a colores.
chimenea *f.* Conducto de salida de humos. 2 Hogar para guisar o calentarse con conducto para el humo.
chimpancé *m.* Primate antropoide de los póngidos, algo menor que el hombre, de cabeza grande, cejas prominentes, brazos largos, cuerpo robusto y pelaje oscuro.
china *f.* Piedrecita redondeada.
chinche *f.* Insecto que chupa la sangre taladrando la piel con picaduras irritantes. 2 *com. fam.* Persona chinchosa e impertinente.
chinchilla *f.* Mamífero roedor de pelaje gris, largo y suave, muy estimado en peletería.
chinchorro *m.* Pequeña red barredera. 2 Embarcación pequeña de remos.
chinela *f.* Calzado ligero y sin talón para estar por casa.
chinga *f. Amér.* Mofeta, mamífero.
chingar *tr. y prnl. vulg.* Fastidiar, molestar. 2 *vulg.* Fornicar. 3 *prnl.* Emborracharse.
chino[1] *m.* Se dice de un colador muy fino en forma de embudo. 2 Idioma de los chinos.

chino² -na *adj.* y *n. Amér.* Se dice del individuo con rasgos de indio.

chip *m.* Minicircuito integrado que llevan los ordenadores y otros aparatos electrónicos.

chiquero *m.* Pocilga. **2** Toril.

chiquillada *f.* Acción irreflexiva, propia de niños.

chiquillo -lla *adj.* y *n.* Chico, niño, muchacho.

chirimía *f.* Instrumento músico de viento con embocadura y lengüeta de caña. **2** Tubo de la cornamusa que hace la melodía.

chirimoya *f.* Fruto comestible del chirimoyo.

chirimoyo *m.* Árbol de las anonáceas, cuyo fruto es la chirimoya.

chiripa *f.* Suerte favorable, carambola.

chirriar *intr.* Emitir las cosas un sonido agudo y desagradable, como los ejes de las ruedas o los goznes de las puertas sin engrasar.

chirrido *m.* Acción y efecto de chirriar. **2** Sonido agudo, continuo y desagradable.

chisme¹ *m.* Rumor que se difunde en descrédito de alguien y generalmente de poca importancia.

chisme² *m.* Trasto pequeño, chirimbolo. **2** *pl.* Trebejos, bártulos.

chismear *intr.* Contar chismes, chismorrear.

chismoso -sa *adj.* y *n.* Se dice de la persona aficionada a enterarse de chismes o a contarlos. **2** Se dice de la que indispone a la gente o de la entremetida.

chispa *f.* Partícula que salta del fuego o de un cuerpo incandescente. **2** Descarga eléctrica entre dos cuerpos con diferente potencial. **3** fig. Viveza de ingenio.

chispear *intr.* Echar chispas. **2** Relucir o brillar mucho. **3** Lloviznar.

chistar *intr.* Llamar la atención de alguien con la interjección ¡chis! **2** Decir algo, empezar a hablar.

chistera *f.* Sombrero de copa alta que se lleva en las ceremonias. **2** Cestilla de pescador con la boca angosta.

chivar *tr.* y *prnl.* Acusar, delatar. **2** Fastidiar, importunar.

chivato -ta *m.* y *f.* Soplón, delator. **2** Chivo de pocos meses.

chivo -va *m.* y *f.* Cría de la cabra desde el destete hasta la edad de procrear. **2** *m. Amér.* Enfado, berrinche. **3** *f. Amér.* Barba, perilla.

chocante *adj.* Que choca. **2** Chocarrero, gracioso. **3** *Amér.* Descarado, fastidioso.

chocar *intr.* Topar dos cosas violentamente. **2** Luchar, combatir dos ejércitos, indisponerse dos personas.

chochear *intr.* Tener debilitadas las facultades mentales por achaque de la edad. **2** Mimar en demasía.

chocho¹ *m.* Altramuz, fruto. **2** Canelón, confite de canela. **3** vulg. Vulva.

chocho² -cha *adj.* Que chochea por debilidad mental. **2** Se dice de quien siente gran cariño o simpatía por alguien o algo.

choclo (*quechua*) *m. Amér.* Mazorca tierna de maíz.

chocolate *m.* Pasta hecha con cacao, azúcar y otros ingredientes, muy nutritiva. **2** Bebida que se hace con esta pasta desleída y cocida en agua o en leche.

chocolatina *f.* Tableta fina de chocolate para tomarla en crudo.

chófer o **chofer** *com.* Persona que conduce un automóvil, y especialmente el que lo hace por oficio.

cholo -la *adj.* y *n. Amér.* Se dice del mestizo de sangre europea e indígena. **2** *Amér.* Se dice del amerindio civilizado a la manera de los europeos.

chompa *f. Amér.* Chaqueta de punto.

choque *m.* Encuentro violento entre dos cosas, encontronazo. **2** Riña, disputa.

chorizo *m.* Embutido de carne picada y adobada con pimentón. **2** Balancín de los equilibristas.

chorlito *m.* Ave de unos 25 cm de largo.

chorrear *intr.* Salir un líquido a chorro. **2** Caer gota a gota.

chorrera *f.* Paraje por donde cae una corta porción de agua o de otro líquido. **2** *Amér.* Serie, retahíla.

chorro *m.* Masa de líquido o de gas que sale con cierta presión por algún orificio estrecho. **2** Caudal pequeño de agua que fluye por un cauce.

chotear *tr.* y *prnl.* Burlarse, pitorrearse.

choto -ta *m.* y *f.* Cría de la cabra mientras mama. **2** Ternero.

chova *f.* Avecilla paseriforme de los córvidos, de pico amarillo o rojizo y plumaje negro verdoso.

choza *f.* Cabaña de estacas y ramas. **2** Casucha.

chubasco *m.* Chaparrón corto y con mucho viento. **2** Nubarrón cargado de lluvia o de viento en el mar. **3** fig. Racha de contratiempos.

chúcaro -ra *adj. Amér.* Arisco, bravío, dicho principalmente del ganado.

chuchear *intr.* Cuchichear. **2** Cazar pájaros con reclamo.

chuchería *f.* Cosa delicada de escaso valor. **2** Dulce, golosina.

chucho -cha *m.* y *f.* fam. Perro.

chueco -ca *adj. Amér.* Patituerto. **2** *Amér.* Se dice del calzado con los tacones torcidos.

chulear *tr.* Explotar a una mujer. **2** *prnl.* Presumir. **3** Burlarse.

chuleta *f.* Costilla con carne de ternera, carnero o puerco. **2** fam. Bofetada.

chulo -la *adj.* y *n.* Presumido, elegantón, dicho de personas; vistoso, elegante, referido a co-

chupa

choza

sas. **2** *m*. Mozo de espada del matador de toros. **3** vulg. Proxeneta, rufián.

chupa *f*. fam. Chaqueta. **2** Cazadora. **3** *Amér*. Borrachera.

chupar *tr*. e *intr*. Extraer con los labios el jugo de algo. **2** Embeber los vegetales el agua. **3** *prnl*. Irse consumiendo.

chupete *m*. Pezón de goma elástica que se pone en el biberón o que los niños tienen en la boca sobre todo durante la dentición. **2** *Amér*. Caramelo clavado en un palito que chupan los niños.

chupinazo *m*. Disparo y estallido de un cohete. **2** Cañonazo.

chupón -na *adj*. fig. Que chupa. **2** *adj*. y *n*. Que se aprovecha de los demás.

churrasco *m*. Carne asada a la plancha o a la parrilla.

churro[1] *m*. Fruta de sartén, de forma cilíndrica estriada. **2** fam. Chapuza. **3** Chiripa.

churro[2] **-rra** *adj*. Se dice del ovino de lana larga y basta. **2** Se dice de dicha lana, por contraposición a la merina.

churruscar *tr*. y *prnl*. Asar o tostar demasiado.

churumbela *f*. Especie de chirimía. **2** *Amér*. Bombilla para el mate.

chusco -ca *adj*. y *n*. Que tiene gracia y picardía. **2** Pedazo de pan, mendrugo.

chusma *f*. Conjunto de gente soez. **2** Gentío.

chutar *tr*. e *intr*. Golpear fuerte el balón con el pie. **2** *intr*. fam. Funcionar bien una cosa.

chuzo *m*. Palo con pincho. **2** Carámbano de hielo.

cianosis *f*. Coloración azul o lívida de la piel.

ciático -ca *adj*. Relativo a la cadera. **2** *f*. Neuralgia del nervio ciático, que se manifiesta en la región glútea y se irradia por la extremidad.

cibernética *f*. Ciencia moderna (1948) que estudia el funcionamiento de las conexiones nerviosas en los seres vivos y los sistemas de comunicación, así como la regulación automática de los seres vivos con sistemas electrónicos y mecánicos similares a los suyos.

cicatriz *f*. Señal que queda en la superficie de los tejidos orgánicos después de curada una herida. **2** fig. Huella dolorosa que deja en el ánimo una pena o un desengaño.

cicatrizar *tr*. y *prnl*. Cerrarse por completo una herida.

cíclico -ca *adj*. Relativo a un ciclo.

ciclismo *m*. Deporte de la bicicleta en sus diversas especialidades.

ciclo *m*. Cada uno de los períodos de tiempo en que se agrupan unos fenómenos físicos o históricos de parecidas características.

ciclo-cross *m*. Modalidad deportiva de ciclismo sobre terreno accidentado.

ciclón *m*. Huracán producido por una depresión atmosférica, que en las regiones tropicales suele producirse al final de las estaciones cálidas.

cíclope *m*. MIT Gigante con un solo ojo, situado en medio de la frente.

ciclópeo -a *adj*. Relativo a los cíclopes mitológicos. **2** Gigantesco o de gran solidez.

cicuta *f*. Arbusto de tallo hueco y ramoso, hojas triangulares y dentadas de color verdinegro y olor fétido, florecillas blancas y semilla negruzca, cuyo zumo es venenoso.

cidra *f*. Fruto del cidro, semejante al limón pero de olor desagradable y corteza gruesa con aplicaciones medicinales. **2** Cayote.

ciego -ga *adj*. y *n*. Privado de la vista. **2** *adj*. Ofuscado por alguna pasión, que no ve lo evidente.

cielo *m*. Atmósfera que rodea la Tierra y que aparenta una bóveda azul. **2** Parte superior que cubre algunas cosas.

ciempiés *m*. Miriápodo de cuerpo formado por 21 anillos con un par de patas en cada uno. **2** fam. Obra sin pies ni cabeza; trabajo incoherente.

ciénaga *f*. Terreno cubierto de barro, lodazal.

ciencia *f*. Conocimiento cierto de las cosas por sus principios y causas y con una cierta base experimental, que se diferencia de la elucubración meramente especulativa y de la opinión subjetiva o popular. **2** *pl*. Conjunto de las ciencias exactas, fisicoquímicas y naturales.

ciencia-ficción *f*. Género narrativo (literario y cinematográfico) que describe acontecimientos situados en un futuro imaginario, con un grado de desarrollo técnico y científico muy superior al presente.

cieno *m.* Lodo que se deposita en el cauce de ríos y lagos. **2** Cualquier barro que se forma con la mezcla de tierra y agua.

científico -ca *adj.* Relativo a la ciencia o con sus métodos y criterios. **2** *adj.* y *n.* Que se dedica al estudio de alguna ciencia, especialmente si es exacta o experimental.

cierre *m.* Acción y efecto de cerrar o cerrarse. **2** Lo que sirve para cerrar alguna cosa.

cierto -ta *adj.* Que se conoce como seguro y verdadero. **2** Uno, alguno, precediendo a un sustantivo.

ciervo *m.* Mamífero rumiante artiodáctilo, de dos metros y medio de largo y 130 cm de alto, patas esbeltas y pelo áspero de color rojizo o gris, según las estaciones.

ciervo

cifra *f.* Número y signo con que se representa gráficamente. **2** Escritura con signos convencionales que es preciso interpretar por medio de una clave. **3** Abreviatura.

cigarra *f.* Insecto hemíptero; los machos tienen unos órganos con los que producen un sonido estridente y monótono. **2** Crustáceo marino decápodo.

cigarrillo *m.* Cigarro pequeño de picadura envuelto en papel de fumar.

cigoto *m.* Óvulo fertilizado de animales y plantas, que resulta de la unión de dos gametos.

cigüeña *f.* Ave zancuda de los cicónidos, de aproximadamente un metro de altura, con cuello largo, cuerpo blanco y pico y patas rojas. **2** Hierro en la cabeza de la campana, del que pende la cuerda. **3** Manivela de tornos y otros aparatos.

cilantro *m.* Planta aromática.

cilindro *m.* GEOM Cuerpo con una sección circular idéntica en toda su longitud. **2** Tubo en el que se mueve el émbolo de un motor de explosión y en el que se comprime el carburante. **3** Cualquier rodillo para prensar.

cima *f.* La parte más alta de una montaña o de un árbol. **2** Remate superior de cualquier cosa.

cimarrón -na *adj.* Se dice del animal doméstico que huye al campo y se hace montaraz. **2** Se dice del animal salvaje o de la planta silvestre, por contraposición al doméstico o la cultivada.

cimba *f.* Barquilla antigua con los extremos curvados hacia arriba.

címbalo *m.* Instrumento músico antiguo parecido a los platillos actuales. **2** Cimbalillo.

cimentar *tr.* Echar los cimientos de una construcción. **2** Fundar, edificar. **3** Sentar las bases de una doctrina o de una posición.

cimiento *m.* Parte soterrada de un edificio que sustenta toda la fábrica. **2** fig. Principio en que se apoya una actitud o conducta.

cinc *m.* Metal blanco y blando, de brillo intenso y estructura laminosa.

cincel *m.* Instrumento de acero de 20 a 30 cm de largo, con boca recta y en doble bisel, que se emplea para labrar piedras y metales.

cinchar *tr.* Asegurar la silla de montar o la albarda mediante cinchas.

cine *m.* Cinematógrafo. **2** Técnica, arte e industria de la cinematografía.

cinematografía *f.* Arte de captar y representar imágenes que dan la sensación de movimiento, por medio del cinematógrafo.

cinematógrafo *m.* Sistema óptico y mecánico que registra y proyecta imágenes en movimiento. **2** Local en que se exhiben las películas cinematográficas.

cinético -ca *adj.* Relativo al movimiento. **2** *f.* Parte de la mecánica que estudia el movimiento.

cínico -ca *adj.* Procaz, insolente.

cinismo *m.* Insolencia, desvergüenza frente a los convencionalismos o las conveniencias sociales.

cinta *f.* Tira de tejido, estrecha y larga, para atar o adornar cosas. **2** La impregnada de tinta grasa que se usa en las máquinas de escribir y las calculadoras. **3** Planta ornamental y perenne de las gramíneas, con hojas anchas, listadas de blanco y verde, y flores en panoja alargada. **4** Pez.

cintura *f.* Talle, parte estrecha del cuerpo encima de las caderas. **2** Parte superior de la campana de una chimenea.

cinturón *m.* Cinto que sujeta el pantalón a la cintura o ciñe cualquier vestido ajustándolo al cuerpo por el talle. **2** Cinto del que pende la espada o el sable. **3** Serie de cosas que rodean a otra.

ciprés *m.* Árbol conífero de color verde oscuro.

circo *m.* Local estable o desarmable cubierto de una gran lona, llamada carpa, en que equilibristas, domadores y payasos exhiben sus habilidades ante un público que se sienta en gradas. **2** fam. Cualquier trabajo hecho de manera desordenada; confusión.

circuito *m*. Terreno comprendido dentro de un perímetro. **2** Trayecto cerrado para pruebas y competiciones de coches o motos. **3** Conjunto de conductores eléctricos que forman un anillo cerrado por el que pasa la corriente.

circulación *f*. Acción y efecto de circular. **2** Tránsito de vehículos por carreteras y vías urbanas. **3** Movimiento de la sangre en el organismo vivo, de la savia en las plantas, de moneda y productos comerciales necesarios para el mantenimiento de una economía.

circular[1] *adj*. Perteneciente al círculo o con su figura. **2** *f*. Cada una de las cartas idénticas dirigidas a algunas personas para darles conocimiento de alguna cosa.

circular[2] *intr*. Moverse en derredor. **2** Salir una cosa y volver al mismo punto de partida.

círculo *m*. Superficie plana contenida dentro de la circunferencia. **2** Circunferencia. **3** Corro de gente.

circuncidar *tr*. Cortar circularmente una porción del prepucio. **2** Cercenar, moderar alguna cosa.

circuncisión *f*. Acción y efecto de circuncidar.

circunferencia *f*. Curva plana y cerrada, cuyos puntos equidistan del situado en el centro. **2** Contorno de una superficie o territorio.

circunlocución *f*. Expresión indirecta y con rodeos.

circunnavegación *f*. Navegación alrededor de algún punto determinado.

circunscribir *tr*. Reducir a ciertos límites una cosa. **2** Formar una figura que contenga a otra, tocando el mayor número posible de puntos de ésta. **3** *tr*. y *prnl*. Ceñirse a un punto o tema.

circunspección *f*. Conducta prudente y adecuada a las circunstancias. **2** Decoro y gravedad en palabras y acciones.

circunstancia *f*. Aspecto no esencial de tiempo, lugar o modo, que acompaña a una persona, proceso o cosa.

circunstanciado -da *adj*. Que se refiere o explica circunstancialmente.

circunstancial *adj*. Accesorio, secundario o provisional.

circunvalación *f*. Acción de circunvalar. **2** Vía de comunicación que rodea y evita un núcleo urbano.

cirio *m*. Vela gruesa y larga de cera con un pabilo. **2** fam. Barullo o riña.

cirrosis *f*. Esclerosis patológica de un órgano interno.

ciruelo *m*. Árbol frutal de flores blancas y frutos en drupa, que son las ciruelas.

cirugía *f*. Parte de la medicina que busca la curación interviniendo directamente en la parte afectada.

cisco *m*. Carbón vegetal menudo. **2** fam. Alboroto, reyerta.

cisma *m*. Acto por el que una parte o un grupo de individuos se separan de una comunidad. **2** Discordia, desavenencia.

cisne *m*. Ave palmípeda de los anátidos, de cabeza pequeña, pico anaranjado, cuello muy largo y flexible, patas cortas y alas grandes.

cisne

cisterna *f*. Depósito subterráneo que recoge el agua de lluvia o de algún manantial. **2** Depósito del agua del retrete.

cita *f*. Acuerdo entre dos o más personas para verse en tiempo y lugar determinados. **2** Texto o frase que se alega en favor de lo que se dice. **3** Alusión o mención.

citar *tr*. y *prnl*. Convocar a una entrevista para tratar algún asunto. **2** Alegar algún texto o frase de otro autor o de otra persona en apoyo de la propia teoría u opinión. **3** Notificar el emplazamiento del juez.

citología *f*. Parte de la biología que estudia la estructura y actividad de las células.

cítrico -ca *adj*. Relativo al ácido cítrico o a los cítricos. **2** *m. pl*. Frutas agrias o agridulces, como el limón, el pomelo y la naranja.

ciudad *f*. Población más o menos grande, por contraposición a pueblo o villa. **2** Población urbana, por oposición al mundo rural o agrario.

ciudadano -na *adj*. y *n*. Natural de una ciudad. **2** Relativo a los ciudadanos. **3** *m*. y *f*. Miembro de una comunidad cívica con derechos y obligaciones civiles inherentes a tal condición.

civil *adj*. Sociable, correcto. **2** Se dice de la persona que no es eclesiástico ni militar. **3** Relativo a las relaciones de los ciudadanos entre sí y a sus derechos básicos como tales.

civilización *f.* Acción y efecto de civilizar o civilizarse. **2** Grado de progreso logrado por la humanidad.

civilizar *tr.* y *prnl.* Sacar a personas o pueblos de un estado primitivo. **2** Educar, ilustrar.

civismo *m.* Celo por las instituciones e intereses de la patria. **2** Comportamiento digno de un ciudadano. **3** Urbanidad, cortesía.

cizaña *f.* Planta que crece espontánea en los sembrados. **2** Persona o conducta que malea y daña a otras. **3** Disensión, enemistad.

clamar *intr.* y *tr.* Emitir voces lastimeras expresando quejas o pidiendo auxilio. **2** *tr.* Hablar con vehemencia o de manera solemne.

clamor *m.* Grito o voz esforzada. **2** Voz lastimera. **3** Griterío confuso de mucha gente. **4** Toque de campanas a muerto.

clan *m.* Familia con un tronco común. **2** Tribu. **3** Grupo de personas unidas por un interés común.

clandestino -na *adj.* Se aplica a lo dicho o hecho en secreto. **2** Se dice de la situación de quienes viven ocultos para evitar la acción de la justicia.

clara *f.* Sustancia albuminoidea que rodea la yema del huevo de las aves.

clarear *tr.* Dar claridad. **2** *intr.* Empezar a amanecer. **3** *intr.* y *prnl.* Transparentarse una cosa.

claridad *f.* Calidad de claro. **2** Efecto de la luz que ilumina un espacio. **3** Lucidez con que la inteligencia percibe las ideas y los sentidos corporales las sensaciones.

clarificar *tr.* Iluminar, alumbrar. **2** Esclarecer una cosa con razones o explicaciones. **3** Purgar de heces lo que estaba espeso o turbio.

clarín *m.* Instrumento músico de viento, forjado en metal.

clarinete *m.* Instrumento músico de viento de madera o ebonita.

clarinete

claro -ra *adj.* Bañado con más o menos luz. **2** Limpio, transparente. **3** Poco espeso. **4** No subido, si se trata del color. **5** Fácil de comprender. **6** Se aplica a la persona franca.

claroscuro *m.* Adecuada distribución de luz y de sombras en un cuadro.

clase *f.* Agrupación de individuos con características similares o de cosas con valor parecido. **2** Cada uno de los estratos en que se divide la sociedad. **3** En la enseñanza, grupo de alumnos del mismo nivel, disciplina que les imparte el profesor y local o aula en que la imparte.

clásico -ca *adj.* y *n.* Se aplica al autor o a la obra creativa que se tiene por modelo digno de imitación, por su coherencia y belleza serena. **2** Que no pasa de moda.

clasificador -ra *adj.* y *n.* Que clasifica.

clasificar *tr.* Ordenar por clases. **2** *prnl.* Obtener un puesto en alguna competición o torneo deportivo.

clasista *adj.* y *com.* Partidario de la división en clases de la sociedad.

claudicación *f.* Acción y efecto de claudicar. **2** Cojera transitoria y dolorosa.

claudicar *intr.* Cojear. **2** Ceder en una forma de pensar o de actuar.

claustro *m.* Galería que rodea el patio principal de una iglesia o monasterio. **2** Junta de profesores de un centro docente, y la reunión de ellos.

claustrofobia *f.* Sensación patológica de angustia producida por la permanencia en lugares cerrados.

cláusula *f.* Frase con sentido completo. **2** Cada una de las disposiciones de un contrato, testamento o documento análogo.

clausura *f.* Acción y efecto de clausurar. **2** Acto, solemne por lo general, con que se cierra un congreso o certamen.

clausurar *tr.* Cerrar o dar por terminado un congreso, un acto público o un período de actividad de un tribunal, las cortes, un centro docente, etc.

clavado -da *adj.* Guarnecido con clavos. **2** Fijo, puntual. **3** *m. Amér.* DEP Salto de palanca o trampolín, en natación.

clavar *tr.* Introducir a golpes un clavo o un objeto puntiagudo en un cuerpo o superficie. **2** Asegurar con clavos una cosa en otra. **3** *tr.* y *prnl.* Engañar a alguien o estafarle cobrándole más de lo justo.

clave *m.* Clavicémbalo. **2** *f.* Cifra o significado de signos o expresiones que sólo algunas personas conocen.

clavel *m.* Planta ornamental. **2** Flor de esta planta.

clavicémbalo *m.* Instrumento músico de cuerdas y teclado.

clavícula *f.* Cada uno de los dos huesos transversales y con alguna oblicuidad que en la parte su-

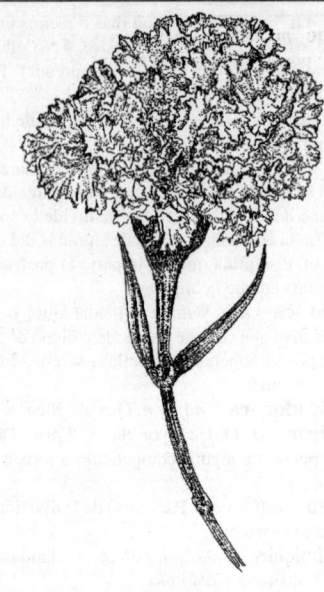
clavel

perior del pecho se articulan por dentro con el esternón y por fuera con el acromion del omóplato.

clavija *f.* Pieza cilíndrica de madera o metal, a modo de clavo, que se emplea para ensamblar dos piezas o para sujetar algo. **2** En los instrumentos músicos de cuerda, pieza con oreja a la que se enrollan las cuerdas para tensarlas.

clavo *m.* Pieza metálica alargada, con cabeza en un extremo y punta en el otro, que se usa para sujetar o colgar cosas. **2** Callo que se forma especialmente en los dedos de los pies. **3** Tumor que sale a las caballerías en la cuartilla.

clemencia *f.* Virtud que modera el rigor de la justicia, inclinando al perdón.

clemente *adj.* Que propende a la clemencia, o que la ejercita.

clérigo *m.* El que ha recibido las órdenes sagradas, empezando por la primera tonsura. **2** En la Edad Media, hombre letrado o sabio.

clero *m.* Conjunto de los clérigos que han recibido las órdenes sagradas en la Iglesia católica.

cliché *m.* Negativo fotográfico para su reproducción por ampliación o contacto. **2** Lugar común que se repite de forma rutinaria.

cliente -ta *m. y f.* Persona que requiere habitualmente los servicios de un profesional o de una empresa. **2** Parroquiano que compra con asiduidad en una tienda o establecimiento.

clientela *f.* Conjunto de clientes de un profesional o de una tienda.

clima *m.* Conjunto de condiciones atmosféricas que caracterizan una región. **2** Ambiente moral en que alguien se desenvuelve.

climaterio *m.* Período de la vida humana en que cesa la función genital, y que en la mujer coincide con la menopausia.

climatizar *tr.* Dar a un espacio cerrado las condiciones climáticas de humedad y temperatura deseadas.

clímax *m.* Gradación retórica ascendente y punto culminante de ésta. **2** Culminación de un proceso. **3** Orgasmo, en el acto sexual.

clínico -ca *adj.* Relativo a la parte práctica de la medicina. **2** *f.* Parte de la medicina que se basa en la observación directa de los pacientes. **3** Establecimiento médico en que se diagnostica y trata a los enfermos.

clipe *m.* Especie de pinza de metal o plástico para sujetar papeles. **2** Horquilla para el pelo. **3** Cierre de broches, pendientes, etc.

clítoris *m.* Órgano genital externo de la mujer, equivalente al pene del varón, consistente en un órgano carnoso y eréctil en la parte anterosuperior de la vulva.

cloaca *f.* Conducto, generalmente subterráneo, que recoge las aguas residuales de una población. **2** Porción final, a modo de saco, en que desembocan los conductos genitales y urinarios de aves, anfibios, reptiles, etc. **3** Lugar inmundo en sentido propio o figurado.

clon *m.* Conjunto de células o individuos procedentes de la división asexuada de una célula primitiva, que presentan el mismo genotipo.

clorofila *f.* Cada uno de los distintos pigmentos que existen en los órganos verdes de las plantas, con los que absorben ciertas radiaciones de luz solar, y con ellas la energía para elaborar, por síntesis, algunos productos orgánicos indispensables para el vegetal.

club *m.* Asociación con fines culturales, deportivos o políticos. **2** Sede de tales asociaciones.

clueco -ca *adj. y n.* Se dice del ave que está dispuesta a incubar los huevos. **2** Se dice de la persona muy débil y casi impedida por la vejez.

coacción *f.* Violencia física o moral que se hace a una persona, para obligarla a actuar de una manera determinada.

coagular *adj. y prnl.* Cuajar un líquido formando coágulos, que se separan de la parte líquida.

coalición *f.* Confederación o liga de personas o instituciones políticas, económicas, etc.

coartada *f.* Circunstancia que se alega en favor del presunto reo.

coartar *tr.* Limitar o restringir la libertad de una persona para hacer algo.

coatí *m.* Mamífero carnívoro, de hocico alargado, cola larga y pelaje pardusco. Vive en los bosques de América del Sur.

cobarde *adj.* y *com.* Miedoso, pusilánime. **2** Se aplica a la persona que hace daño a otros sin dar la cara.

cobardía *f.* Falta de valor.

cobertizo *m.* Tejado saliente. **2** Techo ligero y tosco sostenido por troncos o pilastras.

cobertura *f.* Cubierta que cubre o tapa algo. **2** Reserva de oro y otros metales, divisas y otros valores con que un banco estatal hace frente a sus compromisos fiduciarios.

cobija *f.* Cubierta. **2** *Amér.* Manta.

cobijo *m.* Albergue o refugio contra la intemperie. **2** Amparo o consuelo que una persona presta a otra.

cobra *f.* Serpiente muy venenosa, que vive en Asia meridional.

cobra

cobrar *tr.* Recibir dinero en pago de una mercancía o de un servicio. **2** Recuperar alguna cosa. **3** *prnl.* Compensarse por algún favor hecho o vengarse de algún daño recibido.

cobre *m.* Metal de color rojo, brillante, maleable, dúctil y buen conductor del calor y de la electricidad. **2** *pl.* Conjunto de los instrumentos metálicos de viento de una orquesta.

cobro *m.* Cobranza.

coca[1] *f.* Arbusto de América del Sur, de las eritroxiláceas, con flores blanquecinas y fruto en drupa; sus hojas aovadas contienen varios alcaloides, como la cocaína.

coca[2] *f.* Planta de baya venenosa que se emplea para la pesca.

cocaína *f.* Alcaloide de las hojas de la coca, que se emplea como anestésico y como estupefaciente.

cóccix *m.* Hueso en que termina la columna vertebral por su extremo inferior, que se articula en el hueso sacro.

cocer *tr.* Hervir en líquido alguna cosa. **2** Exponer a la acción del calor en el horno alimentos y otras materias. **3** *tr.* y *prnl.* Tramar algo, cavilar.

coche *m.* Vehículo de cuatro ruedas y con asientos, tirado por animales para el transporte de viajeros. **2** Automóvil. **3** Vagón del ferrocarril para viajeros.

cochero -ra *adj.* Relativo al coche, automóvil. **2** *m.* y *f.* Persona que conduce un coche. **3** *f.* Lugar en que se encierran los coches.

cochinada *f. fam.* Porquería, suciedad. **2** *fam.* Acción indecorosa, baja y traicionera.

cochino -na *m.* y *f.* Cerdo, y en especial el cebado para la matanza. **2** *adj.* y *n.* Se dice de la persona muy sucia.

cociente *m.* Resultado de una división.

cocina *f.* Pieza de la casa en que se preparan las comidas. **2** Aparato con fogones y horno que sirve para guisar.

cocinar *tr.* Guisar y preparar los alimentos. **2** *intr. fam.* Meterse uno en cosas que no le incumben.

coco *m.* Fruto del cocotero, cubierto de una primera capa fibrosa y de una segunda muy dura, de la que se hacen vasijas; su pulpa es blanca y gustosa. **2** Cocotero. **3** *fam.* Cabeza.

cocodrilo *m.* Reptil que en algunas especies alcanza de 4 a 5 metros de largo, con cabeza plana, cuerpo cubierto de escamas durísimas, los dos pies de atrás palmeados, cola comprimida y con dos crestas laterales en la parte superior; vive en las regiones intertropicales, y es muy voraz.

cóctel o **coctel** *m.* Bebida compuesta de varios licores o de varios ingredientes no alcohólicos, que por lo general se toma fría. **2** Reunión en que se consumen tales bebidas.

cocuyo *m.* Insecto coleóptero alargado y pardo, con dos manchas amarillentas a los lados del tórax, por las que despide una luz azulada.

codicia *f.* Apetito desordenado de riquezas. **2** Deseo vehemente de alguna cosa.

codificar *tr.* Formar un cuerpo sistemático de leyes. **2** Transformar la formulación de un mensaje mediante un código determinado.

código *m.* Cuerpo de leyes dispuestas de un modo sistemático. **2** Colección de normas sobre cualquier materia. **3** Cifra para formular y comprender mensajes secretos.

codo *m.* Parte posterior de la articulación del brazo con el antebrazo. **2** Codillo de los cuadrúpedos. **3** Tubo doblado en ángulo o en arco.

codorniz *f.* Gallinácea de unos 20 cm de largo y plumaje pardo con rayas más oscuras; es de vuelo corto y vive en praderas y sembrados.

coeficiente *adj.* Que junto con otra cosa produce un efecto. **2** *m.* Factor que, escrito a la izquierda de un monomio, hace oficio de multiplicador.

coetáneo -a *adj.* y *n.* De la misma edad; por extensión, se dice de personas y cosas contemporáneas.

cofia *f.* Tocado femenino que forma parte del uniforme de algunos oficios y profesiones. **2** Red que recoge el pelo. **3** Cubierta membranosa de algunas semillas.

cofradía *f.* Gremio o asociación profesional. **2** Hermandad piadosa.

cofre *m.* Arcón o baúl de madera o metal, con tapa convexa y cerradura. **2** Cajita que sirve de joyero.

coger *tr.* Asir, agarrar algo con las manos. **2** *Amér.* vulg. Tener relación sexual. (Para otras acepciones se sustituye por tomar, agarrar.) **3** *tr.* y *prnl.* Sorprender a alguien, descubrir un secreto o un engaño. **4** *intr.* Poder contenerse dentro de una cosa.

cognación *f.* Parentesco de consanguinidad por línea femenina. **2** Por extensión, cualquier parentesco.

cogollo *m.* Yema o conjunto de las hojas interiores y apretadas de algunas verduras, como la lechuga. **2** Brote de árboles y plantas. **3** *Amér.* Punta de la caña de azúcar.

cohechar *tr.* Sobornar con dádivas al juez o a quien hace sus veces en cualquier disputa. **2** Alzar el barbecho o dar a la tierra la última vuelta antes de sembrarla.

coherencia *f.* Conveniencia de unas cosas con otras. **2** Cohesión de las moléculas entre sí. **3** Actuación consecuente con los propios principios.

cohesión *f.* Acción y efecto de adherirse unas cosas a otras. **2** Unión firme de las moléculas y la fuerza que las mantiene unidas por una atracción recíproca.

cohesor *m.* Detector usado en los inicios de la telegrafía sin hilos, formado por un tubo dieléctrico.

cohete *m.* Fuego de artificio consistente en un canuto de cartón lleno de pólvora y fijo al extremo de una varilla o junco, que se eleva rápidamente por la acción de los gases desprendidos de la ignición y que estalla con estruendo y con un abanico de colores. **2** Artificio impulsado por propulsión a chorro. **3** TÉCN El cohete es un elemento propulsor que se caracteriza por el hecho de que puede funcionar en ausencia de atmósfera. Basa su funcionamiento en el principio de acción-reacción.

coincidir *intr.* Confluir dos o más personas o cosas en un mismo sitio, o suceder al mismo tiempo. **2** Estar de acuerdo dos o más personas en determinados gustos u opiniones. **3** Ajustarse perfectamente una cosa a otra.

coito *m.* Cópula, ayuntamiento carnal del hombre y de la mujer.

cojear *intr.* Andar inclinando el cuerpo más de un lado que de otro, por no asentar bien una pierna o una pata. **2** Moverse una mesa o cualquier mue-

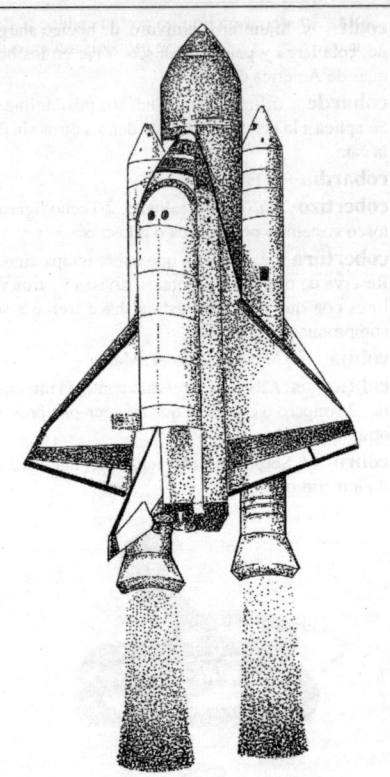

cohete

ble, por la desigualdad de las patas o por la irregularidad del suelo. **3** Adolecer de algún vicio.

cojo -ja *adj.* y *n.* Se dice de la persona o del animal que cojea.

cola[1] *f.* Extremidad posterior del cuerpo de los animales. **2** Apéndice prolongado de algunas cosas, como la parte posterior de algunos trajes talares y capas. **3** Estela luminosa de los cometas.

cola[2] *f.* Pasta consistente y gelatinosa que sirve para pegar.

colaborador -ra *adj.* y *n.* Que colabora.

colaborar *intr.* Trabajar con otra u otras personas en alguna empresa. **2** Escribir ocasionalmente en alguna publicación. **3** Contribuir con algún donativo.

colada *f.* Acción y efecto de colar con manga, cedazo, etc. **2** Acción de lavar la ropa y blanquearla con lejía. **3** Ropa así lavada.

colapso *m.* Hundimiento de las paredes de un órgano hueco que compromete su normal funcionamiento. **2** Deformación violenta de un cuerpo hueco por la presión de fuerzas exteriores. **3** Paralización por sobrecarga del tráfico, teléfono, etc.

colar *tr.* Pasar un líquido por un cedazo. **2** Blanquear la ropa en lejía. **3** *tr.* e *intr.* Pasar alguna cosa por lugar estrecho o difícil. **4** *prnl.* Introducirse a escondidas en algún sitio, meterse de matute.

colchón *m.* Saco aplanado y relleno de alguna materia blanda y esponjosa, que sirve para dormir sobre él. **2** Cualquiera de los mecanismos modernos con la misma finalidad.

colear *intr.* Mover un animal la cola con frecuencia o violencia. **2** *tr.* Sujetar a un animal, y especialmente al toro, por la cola. **3** *Amér.* Aproximarse una persona a una edad determinada.

colección *f.* Conjunto de cosas que forman una cierta unidad o que presentan alguna semejanza. **2** Catálogo.

colecta *f.* Cuestación de donativos, generalmente con fines benéficos.

colectividad *f.* Comunidad o grupo social de personas unidas por un mismo ideal o fin. **2** Sociedad en su sentido más amplio.

colectivo -va *adj.* Relativo a la colectividad o agrupación. **2** Capaz de reunir o recoger. **3** *adj.* y *m.* Se aplica al nombre en singular que agrupa a personas o cosas de la misma especie: *enjambre*.

colector -ra *adj.* Que recoge. **2** *m.* Canal que recoge las aguas sobrantes de riego o de un avenamiento. **3** Conducto subterráneo en el que desembocan las alcantarillas de una población. **4** Anillo de cobre en una dinamo, formado por láminas de cobre aisladas entre sí y conectadas con el exterior para transmitir la corriente continua producida por el generador.

colega *com.* Compañero de la misma profesión. **2** Por extensión, compañero en general.

colegial -la *adj.* Perteneciente al colegio. **2** *m.* y *f.* Alumno de un colegio. **3** Persona inexperta.

colegio *m.* Establecimiento, privado o público, de enseñanza primaria o secundaria. **2** Asociación jurídica de personas que pertenecen a la misma profesión, generalmente liberal. **3** Sede de tales asociaciones.

colegir *tr.* Juntar las cosas sueltas y esparcidas. **2** Inferir una cosa de otra mediante razonamiento. **3** Suponer partiendo de determinados indicios.

cólera[1] *f.* Bilis. **2** Acceso repentino de ira, muchas veces violento.

cólera[2] *m.* Enfermedad infecciosa y epidémica que se caracteriza por vómitos y diarreas intensas, calambres, supresión de la orina y postración general.

colesterol *m.* Esterol presente en los animales superiores, principalmente en su sistema nervioso. Al parecer, su acumulación favorece la arteriosclerosis.

coleta *f.* Mechón de pelo en la parte posterior de la cabeza, o trenza que se forma peinando todo el pelo hacia atrás o dividiéndolo en dos partes a ambos lados de la cabeza.

colgado -da *adj.* fam. Se aplica a la persona frustrada en sus esperanzas o pretensiones. **2** Contingente, incierto.

colgar *tr.* Suspender una cosa en otra manteniéndola en el aire sin tocar el suelo. **2** Ahorcar. **3** Cortar una comunicación telefónica.

colibrí *m.* Pajarillo insectívoro propio de los países tropicales de América, de pico largo y delgado y plumaje muy vistoso.

colibrí

cólico -ca *adj.* Relativo al intestino colon. **2** *m.* Cuadro clínico que se presenta con intensos dolores intestinales y agitación del paciente, vómitos y deposiciones diarreicas.

coliflor *f.* Variedad de col que se caracteriza por una pella central hipertrofiada y formada por diversas cabezuelas.

colilla *f.* Punta del cigarro o cigarrillo que no se consume. **2** fam. En lenguaje infantil, pene.

colindante *adj.* Se dice de los terrenos o edificios contiguos entre sí.

coliseo *m.* Teatro o cine de grandes dimensiones.

colisión *f.* Choque de dos cuerpos. **2** Enfrentamiento violento entre personas. **3** Pugna de ideas o intereses encontrados.

collar *m.* Adorno que se lleva al cuello. **2** Insignia de algunas magistraturas y órdenes. **3** Correa o aro que se pone en el pescuezo de los animales para adorno o como defensa.

colmar *tr.* Llenar un recipiente hasta rebasar sus bordes. **2** Dar con abundancia. **3** Llenar de atenciones y muestras de afecto. **4** Satisfacer plenamente los deseos de alguien.

colmena *f.* Enjambre de abejas. **2** Recipiente de madera, corcho, etc., que les sirve de habitáculo y en el que producen la miel y la cera. **3** Vivienda o conjunto de viviendas muy reducidas o excesivamente pobladas.

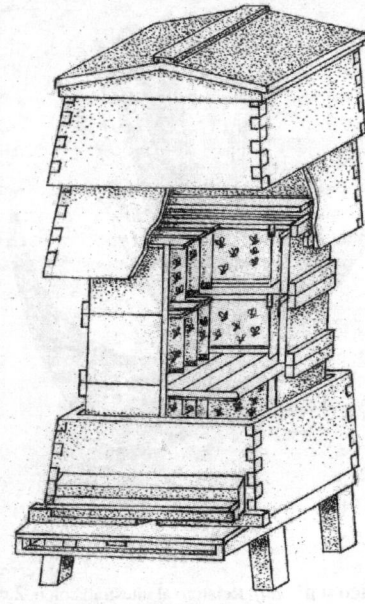

colmena

colmillo *m.* Diente canino en punta, situado entre el último incisivo y el primer molar. **2** Cada uno de los dos incisivos de la mandíbula superior del elefante que crecen de continuo y adoptan la forma de cuerno.

colmo¹ -ma *adj.* Que está colmado. **2** *m.* Porción de materia sólida que rebasa los bordes de un recipiente. **3** Perfección última de una cualidad.

colmo² *m.* Paja de centeno, usada para cubrir cabañas. **2** Techo de paja.

colocar *tr.* y *prnl.* Poner a una persona o cosa en un determinado sitio o con una cierta disposición u orden. **2** Invertir, si se trata de dinero. **3** Proporcionar empleo.

colofón *m.* Anotación al final de los libros, en que se indica el nombre del impresor y el lugar y la fecha de impresión. **2** Remate final de algún acto, fiesta, etc.

colon *m.* Porción del intestino grueso de los mamíferos, entre el ciego y el recto. **2** En gramática, parte o miembro principal de un período, y puntuación con que se separan estos miembros; en castellano y otras lenguas es el punto y coma o los dos puntos.

colón *m.* Unidad monetaria de Costa Rica y El Salvador.

colonato *m.* Sistema de explotación de las tierras por medio de colonos.

colonia¹ *f.* Grupo de personas que se establecen en un país extranjero para explotar sus recursos. **2** Lugar en que dicho grupo se establece. **3** Territorio sometido a otro país, del que depende. **4** Población de aves que ocupan un territorio común.

colonia² *f.* Agua de colonia.

colonialismo *m.* Forma del imperialismo basada en la expansión colonial de un país. **2** Conjunto de teorías que tienden a justificar el régimen colonial.

colonización *f.* Ocupación estable y forzosa de un territorio extranjero. **2** Explotación de territorios vacíos y baldíos del propio país.

colono *m.* El que forma parte de una colonia. **2** Labrador que cultiva unas tierras en régimen de arrendamiento y que suele vivir en ellas.

coloquial *adj.* Relativo al coloquio o conversación. Se dice en especial del lenguaje cotidiano de la calle, del lenguaje no literario.

coloquio *m.* Plática entre dos o más personas, y especialmente la que sigue a una conferencia, la proyección de una película, etc. **2** Obra literaria en forma de diálogo.

color *m.* Impresión que los rayos de luz producen en la retina de los vertebrados. **2** Materia colorante para pintar o teñir. **3** Pretexto o motivo aparente para hacer algo.

colorante *m.* Compuesto orgánico, natural o sintético, cuya disolución o dispersión sirve para colorear los tejidos.

colorear *tr.* Dar color o tinte a alguna cosa. **2** Justificar con razones aparentes lo que no se justifica por sí mismo. **3** *intr.* y *prnl.* Mostrar una cosa el color que le es propio, o empezar a adquirir el color de la madurez, que en las frutas y hortalizas suele ser sobre todo el rojo.

colorete *m.* Cosmético para adorno del rostro.

colorido *m.* Tonalidad dominante en una pintura. **2** Vistosidad, viveza.

columna *f.* Elemento arquitectónico de soporte, de forma alargada y cilíndrica, que consta de basa, fuste y capitel. **2** Pila de cosas puestas ordenadamente unas sobre otras. **3** División vertical de una página impresa, enmarcada por una línea o simplemente por un blanco.

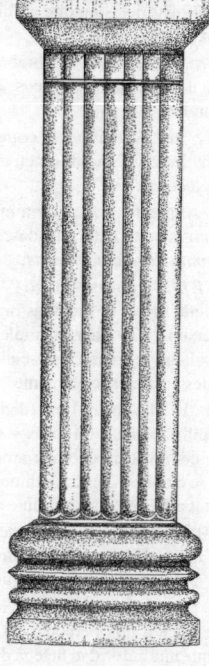
columna

columnista *com*. Colaborador asiduo de un periódico o revista, que tiene una sección fija.

columpiar *tr.* y *prnl*. Balancear o impulsar en el columpio. **2** *prnl*. Contonearse al andar, por defecto o por afectación. **3** Equivocarse, tener un desliz.

columpio *m*. Asiento sostenido por dos cadenas o cuerdas, que sirve para mecerse por impulso propio o ajeno.

colusión *f*. Pacto en daño de tercero.

coma[1] *f*. Signo ortográfico (,) que separa las frases o los miembros de una enumeración y que en aritmética separa los enteros de los decimales. **2** Pequeña pausa musical. **3** Fracción de tono.

coma[2] *m*. Estado patológico de inconsciencia debido a enfermedades o traumatismo grave.

comadre *f*. Comadrona o partera. **2** Madrina de bautizo respecto del padrino y de los padres de la criatura. **3** Alcahueta.

comadreja *f*. Mamífero carnicero de unos 30 cm de largo, cabeza pequeña, patas cortas y pelaje rojizo, menos el vientre, que es blanco.

comandante *m*. Jefe militar de grado intermedio entre capitán y teniente coronel. **2** Militar que en determinados momentos ejerce el mando de una unidad.

comandar *tr*. Mandar un ejército, una plaza, una flota, un destacamento, etc., como jefe supremo.

comanditario -ria *adj*. Se dice de la sociedad mercantil en que algunos socios tienen derechos y obligaciones limitadas.

comando *m*. Pequeña unidad de tropas especialmente entrenadas para acciones por sorpresa. **2** *Amér*. Mando de una unidad. **3** Prenda de abrigo.

combar *tr*. y *prnl*. Curvar alguna cosa.

combate *m*. Lucha o riña entre personas o animales. **2** Acción armada en una guerra en que intervienen fuerzas militares de cierta envergadura. **3** Lucha interior del ánimo.

combatiente *adj*. Que combate. **2** *com*. Cada uno de los países que participan activamente en una guerra, y cada uno de los soldados que componen un ejército en acción bélica.

combatir *intr*. y *prnl*. Luchar entre sí dos personas, grupos o ejércitos. **2** *tr*. Acometer, embestir. **3** Reprimir alguna cosa.

combinación *f*. Acción y efecto de combinar o combinarse dos cosas, cualidades o elementos. **2** Unión de dos cosas en un mismo sujeto.

combinar *tr*. Unir cosas de manera que formen un conjunto o unidad. **2** Unir o juntar escuadras o ejércitos. **3** Concertar proyectos, ideas, etc., de modo que no se estorben ni anulen unos a otros.

combustible *adj*. Que puede arder o que arde con facilidad. **2** *adj*. y *m*. Se dice de la materia que alimenta la combustión.

combustión *f*. Acción o efecto de arder un cuerpo. **2** Combinación de un combustible con un comburente, y especialmente el oxígeno, con desprendimiento de calor.

comedia *f*. En sentido amplio, cualquier obra teatral. **2** Obra de enredo y desenlace feliz, en un sentido más restringido y por contraposición a la tragedia o al drama. **3** Suceso real que mueve a risa. **4** Farsa o fingimiento.

comedor -ra *adj*. Que come mucho. **2** *m*. Habitación de la casa en que se come. **3** Local en que se sirven comidas.

comendador -ra *m*. y *f*. Superior de algunas órdenes religiosas, como la de la Merced. **2** *m*. En las órdenes militares, dignidad superior a la de caballero e inferior a la de gran cruz.

comensal *adj*. Relativo al comensalismo. **2** *com*. Cada una de las personas que comen en una misma mesa. **3** Persona que vive a expensas de otra.

comentar *tr*. Explicar el contenido de un escrito. **2** *fam*. Hacer comentarios a propósito de algo.

comentario *m*. Explicación hablada o escrita de alguna obra literaria o artística. **2** *pl*. Opiniones orales o escritas que se hacen sobre personas o sucesos. **3** Título de algunas obras históricas antiguas.

comenzar *tr.* Dar principio a una cosa, emprender algo. **2** *intr.* Tener una cosa principio.
comer *tr.* e *intr.* Masticar y deglutir un alimento sólido. **2** Hacer la comida principal del día. **3** Corroer, gastar. **4** *prnl.* Omitir alguna frase, sílaba, letra, etc., en algún escrito o discurso.
comercializar *tr.* Crear o disponer las condiciones adecuadas para la venta de un producto.
comerciante *com.* Persona que se dedica al comercio, y en especial la que tiene alguna tienda. **2** *adj.* y *com.* Se dice de la persona de ánimo mercantilista.
comerciar *intr.* Realizar operaciones comerciales de compraventa con fines lucrativos. **2** Obtener alguna ganancia ilícita.
comercio *m.* Acción y efecto de comerciar. **2** Actividad y negocio que consiste en comprar, vender y cambiar buscando el lucro. **3** Conjunto de los agentes, mecanismos y transacciones que intervienen en esa actividad.
comestible *adj.* Que se puede comer. **2** *m. pl.* Cosas de comer, víveres en general.
cometa *m.* Astro constituido por un núcleo y una cabellera o nube luminosa que lo rodea y sigue en su desplazamiento. **2** *f.* Armazón ligera, cubierta de tela o papel y sujeta por un hilo largo, que se eleva por la presión del viento.

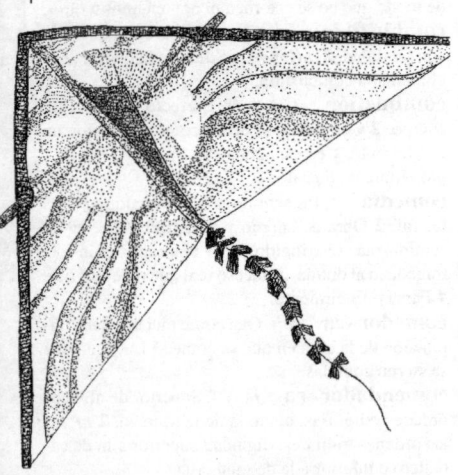

cometa

cometer *tr.* Hacer algo que constituye delito o falta: *se cometen injusticias, estafas, errores, fallos,* etc. **2** Delegar en una persona la realización de algo. **3** En lenguaje mercantil, dar comisión.
comezón *f.* Picazón o molestia física irritante. **2** Desazón moral derivada de algún sentimiento fuerte que agita o atormenta.

cómic (ing.) *m.* Género narrativo moderno constituido por historietas en que el dibujo cuenta más que el texto.
comicios *m. pl.* Junta que celebraban los romanos para tratar de los asuntos públicos. **2** Reuniones y actos electorales.
cómico -ca *adj.* Relativo a la comedia. **2** Que puede divertir. **3** *m.* y *f.* Actor o actriz que representa papeles jocosos.
comida *f.* Alimento. **2** Acto de tomar habitualmente alimentos a horas determinadas. **3** Acción de comer: *la comida duró cinco horas.*
comillas *f. pl.* Signo ortográfico ("", '', «») que enmarca una cita literal de palabras orales o escritas de otra persona. También se emplea para indicar que una palabra se toma en su sentido etimológico, o para destacarla especialmente.
comino *m.* Hierba de tallo acanalado, hojas filiformes, florecillas blancas o rojizas y semillas minúsculas y de color oscuro con olor aromático y sabor acre, que se emplean como condimento. **2** Semilla de esta planta. **3** Cosa insignificante o sin valor.
comisario -ria *m.* y *f.* Persona que desempeña un cargo por delegación o comisión de una autoridad superior. **2** *Amér.* Inspector de policía.
comisión *f.* Acción de cometer. **2** Misión o encargo que se hace a una persona. **3** Conjunto de personas en que una autoridad delega determinadas competencias.
comisura *f.* Punto de unión de ciertas partes del cuerpo, como los labios o los párpados.
comitiva *f.* Acompañamiento o séquito de alguien.
como *adv. m.* Del modo o de la manera que. Sobre el significado básico de comparación o semejanza, adquiere valores de interrogación y extrañeza, con acento prosódico y ortográfico: *¿Cómo está el enfermo? ¡Cómo llueve!* O los matices de conjugación interrogativa (= por qué), final (= a fin de que), condicional (= si) o completiva (= que). Con verbos en subjuntivo equivale a un gerundio: *como sea = siendo.* Con el artículo el se sustantiva: *el cómo = el modo.*
comodato *m.* Contrato por el cual se da o recibe prestada una cosa, con la obligación de restituirla.
comodidad *f.* Calidad de cómodo. **2** Cosa o circunstancia que contribuye al bienestar de alguien.
comodín *m.* En algunos juegos de naipes, carta con el valor que el jugador quiera darle. **2** Lo que se hace servir para fines diversos, según la propia conveniencia.
cómodo -da *adj.* Fácil de manejar. **2** Que proporciona descanso o bienestar. **3** Dicho de personas, que se siente a gusto. **4** Comodón.

compacto -ta *adj.* Se dice de los cuerpos de textura densa y poco porosa. **2** Se dice de la página impresa con texto apretado y pocos blancos.

compadecer *tr.* y *prnl.* Compartir de sentimiento y de obra la desgracia ajena. **2** *prnl.* Ser compatible o convenir una cosa con otra.

compadre *m.* Padrino de bautizo o confirmación respecto de los padres y de la madrina del bautizado o confirmado. **2** En algunos lugares, amigo o compañero.

compaginar *tr.* Ajustar las galeradas para formar planas o páginas. **2** *tr.* y *prnl.* Corresponder una cosa con otra, armonizar.

compañero -ra *m.* y *f.* Persona que se acompaña de otra en su vida, trabajo, juego, etc. **2** Colega del mismo colegio. **3** Miembro del mismo partido o sindicato.

compañía *f.* Acción y efecto de acompañar. **2** Persona o conjunto de personas que acompañan a otra u otras. **3** Asociación de personas para un fin común.

comparación *f.* Acción y efecto de comparar. **2** Figura retórica con cierto desarrollo, superior al de la mera metáfora, que a veces se identifica con la parábola.

comparecer *intr.* Presentarse ante el juez o alguna autoridad, previa citación. **2** Presentarse en algún lugar de manera imprevista o inoportuna.

comparsa *com.* Conjunto de personas que en las representaciones teatrales figuran pero no hablan. **2** *f.* Acompañamiento de personas que desfilan uniformadas en alguna fiesta popular.

compartimiento *m.* Acción y efecto de compartir. **2** Cada una de las partes resultantes de dividir algún espacio mediante tabiques o cualquier otro tipo de separación. **3** Departamento de un vagón de viajeros.

compartir *tr.* Dividir o distribuir una cosa en partes. **2** Tener entre varios la propiedad o el uso de alguna cosa. **3** Participar en lo que es de otro.

compás *m.* Instrumento de dibujo, formado por dos brazos unidos en uno de sus extremos y que pueden abrirse más o menos, para trazar circunferencias y arcos, o para medirlos. **2** Instrumento de marear o brújula.

compasión *f.* Sentimiento de pena por las desgracias ajenas y deseo de aliviarlas.

compatible *adj.* Que puede darse o concurrir con otra persona o cosa, que puede acomodarse a ella.

compatriota *com.* Persona nacida en el mismo país que otra, que tiene con ella la patria común.

compeler *tr.* Obligar a alguien, por la fuerza física o moral, a hacer alguna cosa que no es de su agrado.

compendio *m.* Resumen, oral o escrito, de alguna materia, estudio, etc. **2** Síntesis de determina-

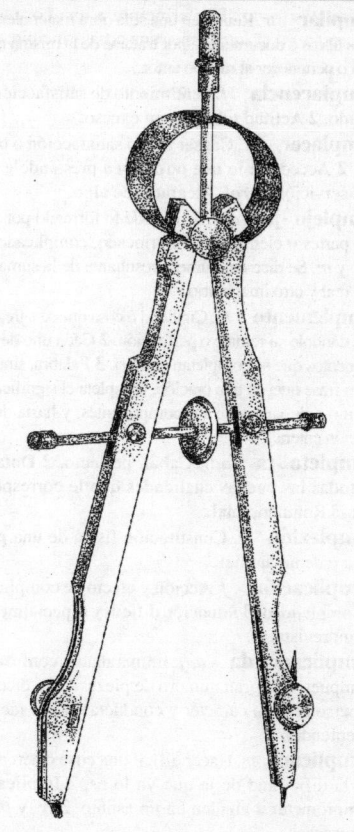

compás

das cualidades, que se aplica tanto a personas como a cosas.

compensación *f.* Acción y efecto de compensar. **2** Modificación que experimenta un órgano enfermo para hacer frente a las necesidades del organismo a que pertenece.

compensar *tr.*, *intr.* y *prnl.* Contrarrestar una cosa los efectos de otra. **2** Resarcir de algún daño causado.

competencia *f.* Acción de competir. **2** Calidad de competente. **3** Oposición, rivalidad.

competente *adj.* Se dice de la persona, y en especial del juez, con aptitud y autoridad para intervenir en algún asunto. **2** Que es versado en determinada materia. **3** Idóneo, proporcionado a un cierto fin.

competir *tr.* y *prnl.* Rivalizar entre sí dos o más personas en busca de un premio o victoria. **2** Poseer varias personas o cosas determinadas cualidades en forma bastante equilibrada.

compilar *tr.* Reunir en una sola obra materiales de otros libros o documentos, por tratarse de la misma materia o pertenecer al mismo autor.

complacencia *f.* Sentimiento de satisfacción o agrado. **2** Actitud tolerante en exceso.

complacer *tr.* Causar a otro satisfacción o placer. **2** Acceder a lo que otro desea prestándole algún servicio. **3** *prnl.* Alegrarse de algo.

complejo -ja *adj.* Se dice de lo formado por varias partes o elementos. **2** Intrincado, complicado. **3** *adj.* y *m.* Se dice del número resultante de la suma de uno real y otro imaginario.

complemento *m.* Cualidad o cosa que se agrega a otra dándole su remate o perfección. **2** Cada uno de los elementos que se completan entre sí. **3** Palabra, sintagma o frase que, en una oración, completa el significado de uno o de varios de sus componentes, y hasta de la oración entera.

completo -ta *adj.* Cabal, perfecto. **2** Dotado de todas las buenas cualidades que le corresponden. **3** Rotundo, total.

complexión *f.* Constitución física de una persona o de un animal.

complicación *f.* Acción y efecto de complicar. **2** Complejidad. **3** Situación difícil, y especialmente la imprevista.

complicado -da *adj.* Enmarañado, confuso. **2** Compuesto de gran número de piezas. **3** Se dice de la persona cuyo carácter y conducta no son fáciles de entender.

complicar *tr.* Hacer difícil una cosa o acrecentar la dificultad de la que ya lo es. **2** Implicar y comprometer a alguien en un asunto. **3** *tr.* y *prnl.* Entorpecer.

cómplice *com.* Participante en un crimen o delito cometido por varias personas. **2** Persona que sin ser autora material de un delito participa de alguna manera en él.

complot *m.* Conspiración secreta de varias personas contra personas o instituciones. **2** Intriga, trama.

componer *tr.* y *prnl.* Juntar varias cosas para formar una. **2** Constituir, integrar. **3** Ordenar, reparar.

composición *f.* Acción y efecto de componer. **2** Obra literaria o musical. **3** Arte de colocar las figuras en una escena o cuadro.

compositor -ra *adj.* Que compone. **2** *m.* y *f.* Persona que escribe piezas musicales.

compostura *f.* Acción de arreglar alguna cosa rota o descompuesta. **2** Circunspección en la forma de comportarse, modestia, recato.

compra *f.* Acción y efecto de comprar. **2** Cosa que se compra. **3** Conjunto de los alimentos adquiridos para el día o un período determinado.

compraventa *f.* Operación comercial en que un vendedor se compromete a transferir alguna cosa y un comprador a pagar por ella. **2** Negocio de antigüedades o de cosas usadas.

comprender *tr.* y *prnl.* Abrazar, rodear por todas partes. **2** Contener, incluir. **3** Captar, entender alguna cosa.

comprensión *f.* Acción de comprender. **2** Capacidad para entender o penetrar alguna cosa. **3** Conjunto de cualidades que integran una idea.

compresa *f.* Tela esponjosa o gasa doblada que se emplea para empapar la sangre en heridas, menstruaciones, etc.

compresión *f.* Acción y efecto de comprimir. **2** GRAM Sinéresis. **3** Presión que alcanza la mezcla en el cilindro de un motor, antes de que se origine la explosión.

comprimido -da *adj.* y *n.* Reducido a menor volumen. **2** *m.* Pastilla, píldora que contiene algún medicamento y que se toma por vía oral.

comprobante *adj.* y *com.* Que comprueba. **2** *m.* Recibo que da fe de algo, de un pago, etc.

comprometer *tr.* y *prnl.* Poner en manos de un tercero el arbitraje de algún pleito o diferencia. **2** Hacer que alguien intervenga en un asunto arriesgado. **3** Asumir una obligación.

compromiso *m.* Delegación que hacen los electores en alguna persona para que los represente. **2** Obligación contraída. **3** Noviazgo formal. **4** *Amér.* Transacción comercial.

compuerta *f.* Plancha de madera o de hierro que se desliza por correderas y que se coloca en canales o diques, para regular el paso del agua. **2** Parte inferior de una puerta partida horizontalmente en dos.

compuesto -ta *adj.* Formado por dos o más elementos o partes. **2** Discreto, circunspecto. **3** Reparado.

compulsión *f.* Tendencia a realizar actos contrarios a la voluntad del sujeto. **2** Apremio y fuerza de un mandato judicial obligando a la ejecución de alguna cosa.

compungir *tr.* Mover a compunción. **2** *prnl.* Dolerse del mal que se ha hecho o del dolor y desgracia de otras personas.

computación *f.* Cómputo. **2** Informática.

computador -ra *adj.* y *n.* Que computa. **2** *m.* y *f.* Calculadora u ordenador, máquina.

comulgar *tr.* Dar la comunión. **2** *intr.* Recibirla. **3** Coincidir, estar de acuerdo con otra persona en ideas o sentimientos.

común *adj.* Que pertenece a varias personas, por no ser exclusivo de ninguna. **2** Corriente, admitido por todos. **3** Vulgar, ordinario, muy sabido.

comuna *f.* Organización social básica de libre elección y sin carácter jurídico, que niega los valores tradicionales de la familia. **2** *Amér.* Ayuntamiento, municipio.

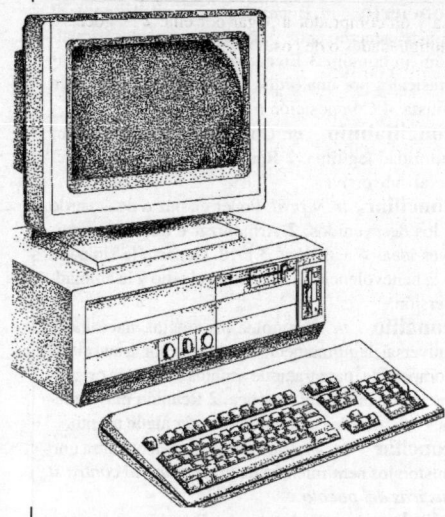
computador

comunero -ra *adj*. Popular, agradable para con todos. **2** *m*. Cada uno de los propietarios de un inmueble, derecho, etc., pro indiviso. **3** *m. pl*. Municipios con comunidad de pastos.

comunicable *adj*. Que se puede comunicar o que lo merece. **2** Se dice de la persona de carácter abierto y trato afable.

comunicación *f*. Acción y efecto de comunicar o comunicarse. **2** Aviso.

comunicar *tr*. Hacer saber alguna cosa a alguien. **2** Transmitir mensajes mediante un código común de señales.

comunidad *f*. Calidad de lo común o que pertenece a varios. **2** Asociación de personas con intereses comunes.

comunión *f*. Participación en lo común. **2** Acto y rito de recibir la eucaristía los fieles cristianos. **3** Asociación de personas que profesan las mismas ideas religiosas o políticas.

comunismo *m*. Sistema económico, social y político basado en la abolición de la propiedad privada de los medios de producción y en la comunidad de bienes.

con *prep*. Señala el modo, medio, instrumento o compañía con que se realiza una acción: *con mucho gusto, escribe con pluma, trabaja con su padre*. **2** Delante de un infinitivo equivale a un gerundio: *con hablar no se arregla nada*, o tiene un valor concesivo o adversativo: *con ser su madre, no le aguanta*. **3** En ciertas exclamaciones adquiere valor de queja: *¡Con lo hermosa que era esta calle...! ¡Con lo que yo la quería!* **4** En locuciones completivas con que equivale a una conjunción condicional: *con que le digas media palabra bastará*. **5** Como prefijo tiene el significado de participación, compañía o suma: *confluir, convenir, consocio*.

conato *m*. Intento frustrado de una acción delictiva. **2** Por extensión, cualquier acto que no llega a consumarse. **3** Empeño en la realización o consecución de algo.

concatenación *f*. Acción y efecto de concatenar. **2** Figura retórica que consiste en empezar una frase con la última palabra de la anterior.

concatenar *tr*. y *prnl*. Encadenar, relacionar unas cosas con otras.

cóncavo -va *adj*. Se dice de la línea o superficie que desde la perspectiva de quien la mira tiene su parte más deprimida en el centro. **2** *m*. Concavidad.

concebir *intr*. y *tr*. Quedar preñada la hembra. **2** Formar idea o concepto de algo. **3** *tr*. Empezar a experimentar una pasión o sentimiento.

conceder *tr*. y *prnl*. Otorgar alguna cosa quien tiene poder para hacerlo. **2** *tr*. Asentir a los argumentos que se esgrimen por el contrincante. **3** Reconocer el mérito o valor de alguien o de algo.

concejal -la *m*. y *f*. Miembro de un concejo o ayuntamiento.

concejil *adj*. Relativo al concejo. **2** Común a los vecinos de un pueblo, comunal. **3** *adj*. y *com*. Se dice del cargo no remunerado.

concejo *m*. Ayuntamiento o municipio, como corporación municipal y como casa consistorial.

concentración *f*. Acción y efecto de concentrar o concentrarse. **2** Reunión multitudinaria para algún acto público.

concentrado -da *adj*. Situado en el centro de algo. **2** Se dice de quien tiene la atención fija en un asunto o problema. **3** *adj*. y *n*. Se aplica al producto del que se ha eliminado parte del líquido, reduciendo su volumen y aumentando su densidad.

concentrar *tr*. y *prnl*. Reunir en un punto lo separado y disperso. **2** Incidir en algo, reforzar. **3** *prnl*. Reconcentrarse.

concepción *f*. Acción y efecto de concebir una vida, una idea, etc. En el plano biológico ocurre con la fecundación de un óvulo. **2** Fiesta de la Iglesia católica en que se celebra el comienzo de la vida de la Virgen María.

conceptismo *m*. Estilo literario caracterizado por el predominio de la agudeza mental y de los juegos de palabras como forma de desarrollo del pensamiento.

concepto *m*. Representación que hace el entendimiento de las propiedades (realismo) o de las impresiones (empirismo) comunes de las cosas. **2** Idea, juicio, conocimiento de algo. **3** Opinión o crédito que alguien o algo merece.

conceptualismo *m*. Sistema filosófico.

concernir *intr.* Atañer, hacer referencia. Sólo se emplea en algunos tiempos y personas.

concertar *tr.* y *prnl.* Ajustar o poner de acuerdo a personas o cosas con miras a un determinado fin. **2** Conciliar. **3** *tr.* Armonizar voces o instrumentos musicales.

concesión *f.* Acción y efecto de conceder. **2** Cesión de ciertos servicios públicos otorgada por el gobierno a una persona o empresa privada. **3** Figura retórica consistente en admitir una objeción posible, para demostrar que, aun así, lo que se sustenta resulta cierto.

concesivo -va *adj.* Que se concede o puede concederse. **2** *adj.* y *n.* Se dice de la oración subordinada que expresa una cierta oposición o dificultad, y de la conjunción que la introduce, aunque. Las oraciones concesivas se llaman también permisivas.

concha *f.* Formación, generalmente cálcica, que protege el cuerpo de los moluscos, y que puede constar de una o varias piezas. **2** Por extensión, se dice del caparazón de la tortuga y de otros animales. **3** *Amér.* Órgano sexual femenino.

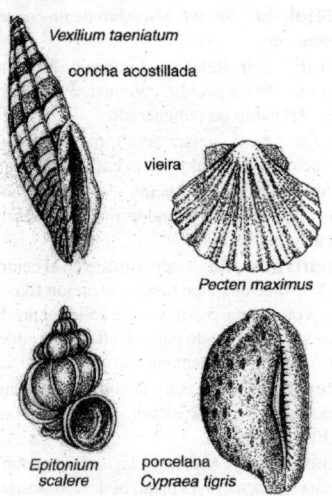

conchas

conchudo -da *adj.* Se dice del animal cubierto de conchas. **2** Astuto, cauteloso. **3** *Amér.* Sinvergüenza.

conciencia *f.* Facultad del ser pensante por la que se reconoce a sí mismo. **2** Conocimiento reflexivo y claro de las cosas. **3** Criterio personal de conducta.

concienzudo -da *adj.* Se dice de la persona de conciencia recta y de decisiones meditadas. **2** Se aplica a las cosas hechas a conciencia.

concierto *m.* Buena disposición de las cosas. **2** Ajuste, acuerdo entre personas o entidades para algún fin común. **3** Ejecución en público de obras musicales por una orquesta o banda, un coro o un solista. **4** Composición musical.

conciliábulo *m.* Concilio no convocado por autoridad legítima. **2** Reunión secreta y por lo general subversiva.

conciliar *tr.* y *prnl.* Poner en paz o de acuerdo a los desavenidos. **2** Armonizar o hacer compatibles ideas o actitudes. **3** *prnl.* Ganarse la simpatía o la benevolencia de alguien, o el odio y la animadversión.

concilio *m.* Asamblea provincial, nacional o universal, legítimamente convocada por la autoridad competente, para tratar de asuntos de fe o de organización de la Iglesia católica. **2** Reunión más o menos solemne de personas para tratar algún asunto.

concitar *tr.* Azuzar contra alguien o contra uno mismo los sentimientos de otros: *concitó contra sí las iras del pueblo*.

cónclave o **conclave** *m.* Reunión de los cardenales para elegir Papa. **2** Lugar en que se juntan. **3** Conciliábulo.

concluir *tr.*, *intr.* y *prnl.* Acabar o finalizar una cosa. **2** *tr.* Deducir razonando desde ciertas premisas. **3** Convencer hasta no dejar posibilidad de réplica.

conclusión *f.* Acción y efecto de concluir o concluirse. **2** Resolución que se toma tras haber reflexionado sobre un asunto.

concomitancia *f.* Relación entre dos o más cosas que concurren al mismo efecto. **2** Hecho de acompañar una cosa a otra.

concomitante *adj.* Se dice de la cosa que acompaña a otra u obra con ella.

concomitar *tr.* Acompañar una cosa a otra, u obrar juntamente con ella.

concordancia *f.* Conformidad de una cosa con otra. **2** Conexión gramatical entre las palabras variables de una oración, que concuerdan entre sí en género y número (artículo, nombre, adjetivo) o en número y persona (verbo). **3** Armonía de las voces en una composición polifónica.

concordar *tr.* Poner de acuerdo, armonizar. **2** *intr.* Convenir dos o más cosas entre sí. **3** Guardar concordancia gramatical.

concordato *m.* Tratado sobre asuntos eclesiásticos que el gobierno de un Estado hace con la Santa Sede.

concordia *f.* Conformidad, acuerdo o ajuste entre personas. **2** Instrumento jurídico en el cual se contienen los pactos entre litigantes.

concretar *tr.* Hacer concreto algo. **2** Reducir a uno o pocos elementos. **3** *prnl.* Ceñirse a lo esencial en un escrito o discurso.

concreto -ta *adj.* Se dice de lo que existe en una forma determinada, singular y real, en contraposición a lo abstracto y con una existencia general. **2** Considerado en sí mismo y no en sus cualidades accesorias o circunstancias. **3** *Amér.* Hormigón.

concubina *f.* Mujer que convive con un hombre sin ser la esposa legal.

concubinato *m.* Relación estable de hombre y mujer no casados legalmente.

concuñado -da *m.* y *f.* Cónyuge de una persona respecto del cónyuge del hermano o la hermana de aquélla. **2** Hermano o hermana de un casado respecto de los hermanos de su cónyuge.

concupiscencia *f.* Apetito natural de bienes terrenos y de placeres sensibles, especialmente los sexuales.

concurrencia *f.* Conjunto de personas que asisten a un espectáculo, lugar, etc. **2** Coincidencia de varios sucesos o circunstancias al mismo tiempo.

concurrir *intr.* Coincidir en el mismo lugar o tiempo personas o sucesos diferentes. **2** Contribuir con alguna cantidad de dinero a un fin determinado. **3** Tomar parte en un concurso.

concursar *tr.* Declarar insolvente en concurso de acreedores. **2** *intr.* Tomar parte en un concurso.

concurso *m.* Afluencia grande de gente a un lugar. **2** Coincidencia de cosas, hechos o circunstancias. **3** Certamen para la consecución de un premio o la asignación de un servicio.

condado *m.* Territorio jurisdiccional de un conde. **2** Título nobiliario de conde.

conde *m.* Título nobiliario superior al de vizconde e inferior al de marqués.

condecorar *tr.* Admitir a alguien en una orden honorífica otorgándole la insignia correspondiente. **2** Imponer solemnemente esta insignia.

condena *f.* Acción y efecto de condenar. **2** Sentencia judicial que impone alguna pena.

condenación *f.* Acción y efecto de condenar o condenarse.

condenado -da *adj.* y *n.* Réprobo. **2** Se dice de la persona perversa o de la que produce enfado y molestias.

condenar *tr.* Pronunciar el juez una sentencia imponiendo algún tipo de pena. **2** Reprobar como mala a una persona o una acción. **3** Forzar a alguien a realizar algo penoso o desagradable.

condensar *tr.* y *prnl.* Convertir un gas en líquido o en sólido. **2** Reducir el volumen de alguna cosa. **3** Resumir, compendiar una exposición.

condición *f.* Naturaleza o índole de las personas y de las cosas; su manera de ser o de estar en el mundo, en la sociedad, etc. **2** Requisito para que algo pueda realizarse.

condicional *adj.* Que incluye y lleva consigo una condición o requisito. **2** Se dice especialmente de la conjunción (si) que expresa el requisito para que algo se realice, y de la oración subordinada introducida por dicha conjunción u otra similar.

condimentar *tr.* Sazonar los manjares.

condimento *m.* Lo que sirve para sazonar los alimentos.

condiscípulo -la *m.* y *f.* Persona que ha estudiado con otra u otras en el mismo centro docente o con el mismo profesor.

condolencia *f.* Pésame por la muerte de un pariente. **2** Participación en el dolor ajeno.

condolerse *prnl.* Participar en el dolor o pesar de otra persona.

condominio *m.* Dominio de una cosa que pertenece en común a dos o más personas.

condonar *tr.* Perdonar una pena o una deuda.

cóndor *m.* Ave rapaz diurna de más de tres metros de envergadura -la mayor de las que vuelan-, de plumaje negro azulado, collar y parte superior

cóndor

de las alas blancos, cabeza pelada con carúnculas en forma de cresta y barbas, que se alimenta de carroña y vive exclusivamente en los Andes.

conducción *f.* Acción y efecto de conducir. **2** Conjunto de tubos, cables, etc., para el paso de algún fluido.

conducir *tr.* Llevar, transportar de una parte a otra. **2** Guiar un automóvil. **3** Conducir o llevar a una persona o a un grupo por el camino adecuado. **4** *prnl.* Portarse de una determinada manera.

conducta *f.* Modo de proceder o comportarse una persona. **2** Por extensión, se aplica también al comportamiento de los animales.

conductividad *f.* Propiedad de algunos cuerpos para transmitir el calor o la electricidad. **2** Transmisión de los estímulos que realizan las células de un organismo.

conducto *m.* Canal o tubo, natural o artificial. **2** Trámites que sigue una orden, una instancia, etc. **3** Intervención de una persona en la marcha o solución de un negocio.

conductor -ra *adj.* y *n.* Que conduce. **2** *m.* y *f.* Persona que guía un vehículo. **3** *m.* Cuerpo que ofrece escasa resistencia al paso del calor y de la electricidad.

conectar *tr.* Poner en comunicación un aparato o máquina con una corriente eléctrica. **2** Enlazar dos o más cosas.

conejo *m.* Mamífero de unos 40 cm de largo, orejas y patas posteriores largas, cola corta y pelaje suave; es muy prolífico, se domestica fácilmente y su carne es comestible.

conejo

conexión *f.* Acción y efecto de conectar. **2** Enlace entre personas, ideas o cosas. **3** Enlace de un conductor con el terminal de una corriente eléctrica.

confabular *intr.* Conversar, tratar una cosa entre varias personas. **2** *prnl.* Ponerse de acuerdo generalmente en algún asunto no muy limpio o que va en perjuicio de terceros.

confección *f.* Acción y efecto de confeccionar. **2** Cosa confeccionada. **3** Hechura de prendas de vestir.

confeccionar *tr.* Fabricar, en especial cosas de cierta complejidad de elementos. **2** Preparar ciertos estudios de estadística, presupuestos, etc.

confederación *f.* Acción y efecto de confederar o confederarse. **2** Alianza de grupos o estados que, conservando su autonomía, actúan de común acuerdo, especialmente en política internacional.

conferencia *f.* Conversación o reunión entre varias personas para tratar algún asunto. **2** Disertación pública sobre algún tema doctrinal. **3** Reunión de jefes de estado o de ministros para deliberar sobre asuntos internacionales.

conferenciante *com.* Persona que diserta en público sobre algún punto científico, político o literario.

conferir *tr.* Otorgar a alguien una dignidad, empleo o cargo. **2** Infundir a personas o cosas ciertas cualidades. **3** Tratar entre varias personas algún asunto.

confesar *tr.* y *prnl.* Manifestar ideas, sentimientos o hechos ocultos. **2** Declarar el penitente sus pecados al confesor. **3** Reconocer públicamente una verdad.

confesión *f.* Declaración de lo que uno sabe. **2** Parte del sacramento de la penitencia en que el penitente dice sus pecados al confesor.

confeso -sa *adj.* Que ha confesado su delito o sus culpas. **2** *adj.* y *n.* Converso. **3** *m.* Monje lego, donado.

confesor *m.* Sacerdote católico autorizado para oír confesiones y administrar el sacramento de la penitencia.

confeti *m. pl.* Papelitos de diversos colores que se arrojan las personas en las fiestas, sobre todo en el carnaval.

confianza *f.* Actitud de quien se fía y confía en alguien o algo. **2** Seguridad que uno tiene en sí mismo. **3** Trato familiar, franqueza, que excluye cualquier fingimiento.

confiar *intr.* Esperar que algo ocurra como se desea. **2** *tr.* Encargar a una persona el cuidado de algo. **3** *tr.* y *prnl.* Franquearse con alguien.

confidente -ta *adj.* Fiel, de confianza. **2** *m.* y *f.* Persona a la que se confía un secreto o se encarga una gestión delicada. **3** La que sirve de espía llevando noticias a la policía; chivato.

confín *adj.* Confinante. **2** *m.* Término o raya que señala los límites de un territorio. **3** El punto más alejado de un lugar o al que alcanza la vista.

confinar *tr.* Desterrar a uno imponiéndole una residencia obligatoria. **2** *intr.* Lindar, tener límites comunes con otro territorio. **3** *prnl.* Aislarse, recluirse.

confirmación *f.* Acción y efecto de confirmar. **2** Uno de los sacramentos de la Iglesia católica.

confirmar *tr.* y *prnl.* Corroborar la verdad de una cosa. **2** Dar validez a lo ya aprobado. **3** Dar mayor seguridad a una persona o cosa.

confiscar *tr.* Embargar el fisco los bienes de alguien. **2** Incautar la policía ciertos bienes privados.

confitar *tr.* Convertir en dulces las frutas o semillas cociéndolas en almíbar o dándoles un baño de azúcar. **2** fig. Endulzar, suavizar.

confite *m.* Golosina. **2** Entre maleantes, chivato.

conflagración *f.* Perturbación repentina y violenta entre dos países, y especialmente la guerra.

conflictivo -va *adj.* Relativo al conflicto. **2** Que origina conflicto.

conflicto *m.* Lo más recio de un combate. **2** *m.* Oposición puntual o permanente de intereses. **3** Lucha interior.

conformar *tr.* Dar forma a una cosa. **2** Poner de acuerdo a las personas enemistadas. **3** *tr.*, *intr.* y *prnl.* Acomodar una cosa a otra.

conforme *adj.* Afín o igual a otro. **2** Dicho de personas, la que está de acuerdo con el dictamen o las opiniones de otra. **3** Resignado o satisfecho con algo.

conformidad *f.* Relación de semejanza entre dos o más personas. **2** Adaptación o correspondencia de una cosa con otra. **3** Proporción.

confrontar *tr.* Comparar dos cosas cotejándolas entre sí. **2** Carear judicialmente a dos personas para comprobar la verdad de sus declaraciones. **3** *intr.* y *prnl.* Estar o ponerse una persona o cosa frente a otra.

confundir *tr.* y *prnl.* Mezclar varias cosas de modo que no se distingan entre sí. **2** Borrar los límites o perfiles. **3** Equivocar.

confusión *f.* Acción y efecto de confundir. **2** Desorden. **3** Perplejidad.

confuso -sa *adj.* Revuelto, desordenado. **2** Se dice de lo oscuro o difícil de percibir. **3** Perplejo, turbado.

congelación *f.* Acción y efecto de congelar o congelarse. **2** Lesión más o menos generalizada y grave por la exposición a temperaturas muy bajas. **3** Paralización de una actividad determinada.

congelador *m.* Parte de los frigoríficos reservada a la congelación de los alimentos.

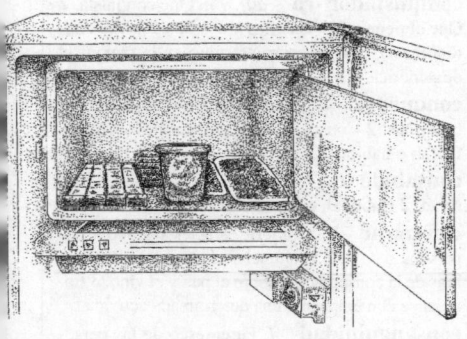

congelador

congelar *tr.* y *prnl.* Pasar un cuerpo del estado líquido al sólido por la acción del frío. **2** Someter los alimentos a temperaturas muy frías, para su conservación.

congénere *adj.* y *com.* Que tiene el mismo origen o pertenece al mismo género.

congeniar *intr.* Tener dos o más personas carácter o gustos parecidos.

congénito -ta *adj.* Se aplica a la cualidad o la enfermedad que nace con quien la tiene, que no es adquirida; innato, connatural.

congestión *f.* Acumulación anómala de sangre en alguna parte del cuerpo. **2** Aglomeración excesiva de personas o de vehículos, que impide la circulación normal.

congestionar *tr.* y *prnl.* Producir alguna congestión orgánica o viaria.

conglomerado *m.* Reunión de cosas o fragmentos conglomerados. **2** Masa geológica formada por fragmentos redondeados de rocas unidos por un cemento.

congoja *f.* Dificultad fisiológica para respirar. **2** Angustia y zozobra psíquica.

congraciar *tr.* y *prnl.* Atraer la benevolencia o simpatía de alguien, ganársela.

congratular *tr.* y *prnl.* Complacerse en la felicidad o éxitos de otro.

congregación *f.* Acción y efecto de congregar. **2** Asamblea para tratar algún asunto. **3** Cofradía de personas devotas.

congresista *com.* Miembro de un congreso o asistente a éste.

congreso *m.* Reunión de personas para deliberar o discutir algún asunto o negocio. **2** Conjunto de los diputados a Cortes. **3** Edificio en que éstos celebran sus sesiones.

congruencia *f.* Concordancia o correspondencia que se da entre algunas cosas. **2** Coherencia lógica entre dos hechos o dichos. **3** Relación entre dos números enteros cuya división por otro entero da los mismos restos.

cónico -ca *adj.* Relativo al cono o en forma de tal.

conífero -ra *adj.* y *f.* Se dice de la planta que produce conos o piñas.

conjetura *f.* Juicio o suposición que se hace a partir de ciertos indicios.

conjeturar *tr.* Formar juicios o suposiciones sobre la base de determinados sucesos o indicios.

conjugación *f.* Acción y efecto de conjugar o coordinar. **2** Unión temporal o permanente de dos organismos unicelulares que da origen a la procreación de un tercero.

conjugar *tr.* Combinar cosas entre sí. **2** Poner un verbo en las distintas inflexiones que sirven para indicar tiempo, modo, aspecto, número y persona.

conjunción *f.* Unión o junta de varias cosas. **2** Posición de dos astros cuando, al realizar su órbita, se encuentran en línea recta con un astro de referencia (la Tierra o el Sol). **3** Parte invariable de la oración que une dos oraciones o dos elementos de la misma oración que realizan la misma función respecto del verbo; las conjunciones se denominan por su significado copulativas (y, ni), adversativas (pero, mas), causales (porque), comparativas (como), concesivas (aunque, pese a, si bien), condicionales (si, con tal que), distributivas (o-o, ora-ora, ya-ya), finales (a fin de que) e ilativas (conque).

conjunto -ta *adj.* Ligado a algo, simultáneo. **2** *m.* Agregado de varias personas o cosas, que constituyen una cierta unidad. **3** MAT Agrupación de objetos (elementos), diferenciables entre sí, para formar un todo.

conjura *f.* Conspiración o pacto entre varias personas contra alguien o algo, y especialmente contra el Estado.

conjurar *intr.* y *prnl.* Asociarse con otro u otros mediante juramento. **2** *intr.* Urdir una conjura contra alguien o algo. **3** *tr.* Exorcizar al demonio para que abandone un lugar o salga de alguien. **4** Rogar encarecidamente.

conllevar *tr.* Ayudar a uno a llevar los trabajos. **2** Contener, incluir alguna cosa: *el estudio conlleva esfuerzo*. **3** Manejar hábilmente a una persona de carácter difícil.

conmemorar *tr.* Recordar, servir de recuerdo. **2** Celebrar una fiesta en recuerdo de algún suceso especial.

conmensurable *adj.* Que puede sujetarse a medida o valuación. **2** Se dice de la cantidad matemática que tiene una medida común con otra.

conmensurar *tr.* Medir con igualdad o con la proporción debida.

conminar *tr.* Amenazar de palabra o de hecho. **2** Intimar la autoridad un mandato bajo apercibimiento de alguna pena.

conmiseración *f.* Compasión del mal ajeno.

conmoción *f.* Sacudida violenta física o moral. **2** Movimiento sísmico, terremoto. **3** Tumulto.

conmover *tr.* y *prnl.* Sacudir, perturbar. **2** Mover a compasión, enternecer.

conmutar *tr.* Cambiar una cosa por otra. **2** Tratándose de penas u obligaciones, aliviarlas.

connivencia *f.* Acuerdo entre dos o más personas, confabulación para algún negocio poco limpio.

connotar *tr.* Hacer relación. **2** GRAM conllevar una palabra o idea otra complementaria.

cono *m.* Cuerpo formado por una superficie generada por una línea que tiene fijo uno de sus puntos, mientras que con los otros describe curvas cerradas. **2** Fruto de las coníferas. **3** Cada una de las células de la retina de los vertebrados que reciben las impresiones del color.

conocer *tr.* Captar la mente la realidad de las cosas y sus relaciones; es sinónimo de saber, aunque implica una mayor hondura. **2** Prever, conjetu-

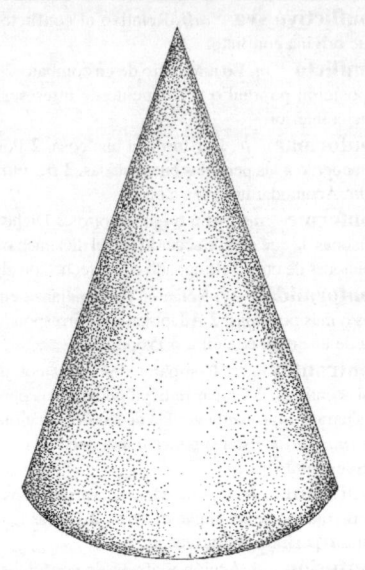

cono

rar. **3** *tr.* y *prnl.* Tener trato y comunicación con alguien.

conocido -da *adj.* Sabido de muchos. **2** Acreditado, ilustre.

conocimiento *m.* Acción y efecto de conocer. **2** *pl.* Conjunto de saberes sobre un tema o sobre una ciencia.

conquistable *adj.* Que se puede conquistar o ganar. **2** fig. Asequible.

conquistador -ra *adj.* y *n.* Que conquista. **2** Que obtiene muchos éxitos amorosos. **3** *m.* Por antonomasia, persona que intervino en la conquista de América.

conquistar *tr.* Adueñarse de un territorio por las armas. **2** Conseguir algo, generalmente con esfuerzo o habilidad.

consabido -da *adj.* Mencionado con anterioridad. **2** Habitual, característico.

consagrar *tr.* Conferir carácter sagrado a una persona o cosa. **2** Pronunciar el sacerdote las palabras de la consagración sobre el pan y el vino. **3** Entregarse con empeño a una determinada actividad.

consanguinidad *f.* Parentesco de las personas que descienden del mismo tronco.

consciencia *f.* Conciencia, como concepto psicoanalítico que se contrapone a inconsciencia y subconsciencia.

consciente *adj.* Se dice de la persona en su estado normal de percepción y conocimiento. **2** Se aplica a la persona reflexiva y responsable de sus actos.

conscripción *f. Amér.* Servicio militar obligatorio, reclutamiento.

consecuencia *f.* Hecho que se sigue de otro. **2** Concepto lógico que señala la conexión de causa y efecto, el nexo entre las premisas y lo que se sigue de ellas.

consecuente *adj.* Que sigue en orden a otra cosa o que es resultado de ella. **2** Que se desprende de una premisa por la fuerza misma de las cosas. **3** Se dice de la persona coherente con sus principios.

consecutivo -va *adj.* Se dice de lo que sigue inmediatamente a otra cosa, y que si deriva de ella es además consecuente y consiguiente. **2** *adj.* y *f.* Se dice de la conjunción o locución conjuntiva que expresa una relación de consecuencia (conque, luego, pues, por tanto, etc.) y de la oración gramatical que la sigue: *pienso, luego existo*.

conseja *f.* Fábula, patraña. **2** Conciliábulo.

consejero -ra *m.* y *f.* Persona que aconseja o que pertenece a un consejo.

consejo *m.* Parecer o dictamen que se da o se pide sobre la manera de actuar. **2** Organismo consultivo o administrativo del Estado o de una empresa privada.

consenso *m.* Acuerdo o conformidad entre varias personas, y especialmente entre las que componen una corporación.

consentido -da *adj.* y *n.* Excesivamente mimado. **2** *adj.* y *m.* Se dice del marido que sabe y tolera las infidelidades de su mujer.

consentir *tr.* e *intr.* Permitir que se haga u omita alguna cosa. **2** Asentir a una idea o proyecto. **3** *tr.* Admitir o ser compatible con algo.

conserva *f.* Todo alimento adecuadamente preparado y envasado para su consumo posterior.

conservación *f.* Acción y efecto de conservar o conservarse. **2** Protección de los ecosistemas naturales.

conservador -ra *adj.* y *n.* Que conserva. **2** Se dice de la corriente de opinión, persona o partido que aboga por el mantenimiento de la tradición, aceptando la evolución y las reformas sociales con moderación y cautela.

conservar *tr.* y *prnl.* Guardar, mantener una cosa en buen estado. **2** Tener guardado algo. **3** Continuar una práctica, costumbre, etc. **4** Elaborar conservas.

conservatorio -ria *adj.* Que conserva y mantiene en buen estado. **2** *m.* Establecimiento oficial para la enseñanza de la música y de las artes relacionadas con el teatro.

consideración *f.* Acción y efecto de considerar. **2** Asunto que se considera y medita. **3** Buen trato, respeto a personas o cosas.

considerado -da *adj.* Se dice de la persona reflexiva en sus actuaciones. **2** Estimado, que recibe pruebas de respeto. **3** Que trata con consideración a los demás.

considerar *tr.* Examinar con atención y cuidado una cosa. **2** Tratar con urbanidad o respeto a una persona. **3** *tr.* y *prnl.* Juzgar, estimar, suponer.

consigna *f.* Orden o instrucción que se da al jefe de un puesto o al centinela. **2** Instrucción que se pasan unas a otras las personas que participan en una misión, conjura, etc.

consignar *tr.* Designar el sitio en que se ha de poner o se ha de enviar alguna cosa. **2** Remitir una carta o mercancía a cierto destinatario. **3** Confiar una cosa en depósito.

consiguiente *adj.* Que depende y se deduce de otra cosa. **2** *m.* En una proposición de dos términos, el segundo (= consecuente), siendo el primero o premisa el antecedente.

consistencia *f.* Estabilidad y solidez de una cosa. **2** En sentido figurado, coherencia y fuerza de una teoría, de un partido político, etc.

consistir *intr.* Estribar, tener una cosa su explicación o causa en otra. **2** Ser lo mismo, equivaler. **3** Constar, componerse de algo.

consola *f.* Mesa de adorno, adosada a la pared, para colocar sobre ella objetos como relojes, floreros, candelabros, etc. **2** Tablero de mandos de un aparato eléctrico o electrónico.

consolación *f.* Acción y efecto de consolar o consolarse. **2** Trofeo para los no finalistas en una competición.

consolar *tr.* y *prnl.* Mitigar la pena ajena o propia mediante pruebas de afecto, razonamientos adecuados, etc.

consolidar *tr.* Dar firmeza a una cosa o reforzarla. **2** Afianzar cosas que no son físicas, como la amistad, una situación política, una alianza.

consonancia *f.* Relación de armonía o conformidad entre personas o cosas. **2** Identidad de sonido en la terminación de dos palabras, desde la vocal que lleva el acento; constituye la rima perfecta.

consonante *adj.* Que tiene consonancia. **2** *adj.* y *n.* Se aplica a la palabra o al sonido que forma consonancia. **3** *f.* Se dice de la letra que se pronuncia cerrando primero y abriendo después los órganos de la articulación; son todas las del alfabeto, menos las cinco vocales.

consonar *intr.* Formar consonancia varios sonidos simultáneos. **2** Armonizar las cosas por igualdad, semejanza o proporción.

consorcio *m.* Asociación de personas por unos intereses comunes. **2** Agrupación de entidades, especialmente financieras, que sin renunciar a su autonomía persiguen un fin común.

consonantes

consorte *com.* Persona que comparte con otra u otras la misma suerte. **2** Cónyuge.

conspirar *intr.* Unirse algunas personas en secreto contra alguien o algo. **2** Concurrir varias cosas al mismo fin.

constancia *f.* Firmeza de ánimo en las resoluciones y en los propósitos. **2** Prueba fehaciente de algo y escrito en que se consigna.

constar *intr.* Ser una cosa cierta y manifiesta. **2** Estar registrada en algún escrito o documento. **3** Componerse un todo de determinadas partes.

constelación *f.* Agrupación convencional de un grupo de estrellas fijas, con una determinada figura y con un nombre propio. **2** Conjunto de cosas que enmarcan una situación.

consternar *tr.* y *prnl.* Causar o sentir una gran pena y abatimiento de ánimo.

constipación *f.* Estreñimiento por irritación de las mucosas intestinales.

constipar *tr.* Cerrar y apretar los poros, impidiendo la transpiración. **2** *tr.* y *prnl.* Acatarrarse, resfriarse.

constitución *f.* Acción y efecto de constituir. **2** Estructura y disposición de una cosa. **3** Complexión de un individuo. **4** Ley fundamental de un Estado que establece los derechos y obligaciones de los ciudadanos y de sus gobernantes.

constituir *tr.* Formar, componer las partes un todo. **2** Poner a alguien en determinada condición o circunstancia. **3** *tr.* y *prnl.* Establecer, ordenar.

constituyente *adj.* Que constituye o establece. **2** Se aplica a las cortes, asambleas, etc., que elaboran o reforman una constitución estatal. **3** *com.* Persona elegida para una asamblea constituyente.

constreñir *tr.* y *prnl.* Obligar, compeler a hacer una cosa. **2** Coartar la libertad, cohibir. **3** Oprimir, apretar.

construcción *f.* Acción y efecto de construir. **2** Arte de construir. **3** Edificio, obra construida.

construir *tr.* Hacer alguna cosa con los elementos necesarios, edificar; se aplica también a las cosas inmateriales. **2** Ordenar las palabras de acuerdo con las reglas gramaticales.

consuegro -gra *m.* y *f.* Padre o madre de un cónyuge respecto de los padres del otro.

consuelo *m.* Alivio de una pena. **2** Hecho o cosa que alegra.

cónsul *com.* Funcionario que vela por los intereses de los connacionales en un país extranjero.

consulado *m.* Cargo del funcionario que actúa en un país extranjero y oficina en que trabaja.

consulta *f.* Acción y efecto de consultar. **2** Dictamen que se solicita o se da sobre algún asunto.

consultar *tr.* Tratar algún asunto con una o varias personas. **2** Pedir parecer o consejo. **3** Hacerse visitar y examinar por el médico.

consultor -ra *adj.* y *n.* Que da su opinión al ser consultado. **2** Experto de una congregación romana.

consultorio *m.* Despacho donde se informa sobre asuntos específicos: *consultorio comercial.* **2** Establecimiento donde visitan médicos de distintas especialidades.

consumar *tr.* y *prnl.* Realizar por completo una cosa. **2** Dar cumplimiento a un contrato. **3** Se aplica especialmente al acto de realizar la unión sexual por vez primera en el matrimonio.

consumir *tr.* y *prnl.* Extinguir, destruir una cosa por completo. **2** Gastar personas o cosas lo necesario para su mantenimiento. **3** Tomar algo en el bar.

consumo *m.* Acción y efecto de consumir. **2** Combustible o energía que necesita una máquina para su funcionamiento. **3** Conjunto de bienes que utiliza una sociedad y que regula su producción.

contabilidad *f.* Calidad de lo que puede contarse. **2** Técnica para conocer la situación financiera de una empresa, sus ingresos y sus gastos. **3** Conjunto de las cuentas de una administración.

contable *adj.* Que se puede contar o calcular. **2** Relativo a la contabilidad. **3** *com.* Persona que lleva la contabilidad de una empresa.

contacto *m.* Acción y efecto de tocarse dos o más personas o cosas. **2** Relación o trato entre dos o más personas y entidades. **3** Persona que las pone en relación.

contado -da *adj.* Raro, escaso. **2** Fijado, determinado.

contador -ra *adj.* y *n.* Que cuenta o sirve para contar. **2** *m.* y *f.* Contable. **3** *m.* Aparato que mide el consumo de electricidad, agua o gas de una instalación.

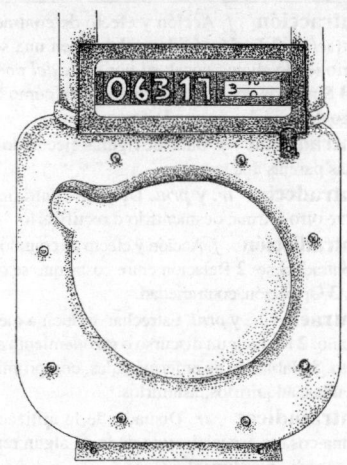
contador

contaduría *f*. Oficio del contador. **2** Su oficina, en que se llevan las cuentas de un establecimiento o empresa.

contagiar *tr*. y *prnl*. Transmitir o adquirir una enfermedad por contagio. **2** Comunicarse una costumbre, un vicio, etc., de unos a otros.

contagio *m*. Transmisión directa o indirecta de una enfermedad contagiosa. **2** La misma enfermedad. **3** Transmisión de sentimientos, actitudes o simpatías por la influencia que una persona ejerce sobre otras.

contaminación *f*. Acumulación de desechos artificiales en el aire, el suelo o el agua, que alteran gravemente el equilibrio de la biosfera. **2** Contagio. **3** Adulteración del ser genuino de una cosa.

contaminar *tr*. Alterar la pureza de alguna cosa. **2** *tr*. y *prnl*. Penetrar la inmundicia en un cuerpo. **3** Contagiar.

contar *tr*. Numerar o computar cosas como unidades homogéneas. **2** Incluir en una cuenta. **3** Referir un suceso, narrar.

contemplar *tr*. Mirar una cosa o escena con atención. **2** Considerar un asunto con reflexión. **3** Ser muy condescendiente con alguien.

contemporáneo -a *adj*. y *n*. Coetáneo, que es de la misma época. **2** Actual, de nuestro tiempo.

contención[1] *f*. Acción y efecto de contener, detener. **2** Esfuerzo por dominarse.

contención[2] *f*. Contienda, rivalidad. **2** Litigio.

contenedor -ra *adj*. Que contiene. **2** *m*. Recipiente metálico y recuperable para transporte de mercancías o para depósito de desechos.

contener *tr*. y *prnl*. Encerrar dentro de sí una cosa a otra. **2** Frenar el movimiento, caída o salida de una cosa. **3** Dominar los sentimientos o pasiones.

contenido -da *adj*. Moderado, circunspecto. **2** *m*. Lo que una cosa contiene. **3** Asunto de un escrito, obra, etc.

contentar *tr*. Satisfacer a alguien, darle contento. **2** *tr*. y *prnl*. Reconciliar. **3** *prnl*. Darse por contento.

contento -ta *adj*. Satisfecho, alegre. **2** *m*. Satisfacción, alegría.

contestador *m*. Dispositivo que permite registrar una comunicación telefónica o dar automáticamente una información a la persona que telefonea.

contestar *tr*. Responder a lo que se pregunta, se habla o se escribe. **2** Declarar y atestiguar lo que otros han dicho. **3** *intr*. Protestar.

contestatario -ria *adj*. y *n*. Que protesta contra lo usual o establecido, incluso de forma violenta.

contexto *m*. Orden de composición o tejido de ciertas obras. **2** Hilo de una historia, discurso o narración. **3** Por extensión, entorno o conjunto de circunstancias de un hecho, y no sólo de una palabra o frase.

contextura *f*. Disposición de las fibras de una tela o de los elementos de un tejido orgánico. **2** Complexión de una persona.

continencia *f*. Virtud que modera la satisfacción y goce de los placeres, y especialmente de los sexuales. **2** Acción de contener.

continente *adj*. Que contiene. **2** Que practica la continencia. **3** Cada una de las grandes zonas terrestres separadas por los océanos.

contingente *adj*. Se dice de lo que puede suceder o no suceder y cuya existencia depende de otro. **2** *m*. Cuota que cada uno aporta a un fin común. **3** *m*. Tropas de que dispone un mando.

continuar *tr*. Proseguir lo ya empezado. **2** *intr*. Subsistir, seguir siendo, durar.

continuo -nua *adj*. Se dice de lo que se da sin interrupción en el espacio o en el tiempo. **2** Se aplica a las cosas que mantienen una unión entre sí, sin separación alguna. **3** Se dice de lo que sucede de manera frecuente y reiterada.

contornear *tr*. Dar la vuelta alrededor de una cosa. **2** Seguir los perfiles o contorno de una figura.

contorno *m*. Conjunto de líneas que limitan una figura o composición. **2** Canto de una moneda o medalla. **3** *pl*. Inmediaciones, alrededores.

contorsión *f*. Movimiento forzado del cuerpo, gesto o ademán violento. **2** Ademán grotesco del payaso, para hacer reír.

contorsionarse *prnl*. Hacer contorsiones.

contorsionista *com*. Acróbata que realiza contorsiones difíciles en los circos.

contra Preposición que indica oposición o contrariedad en cualquier orden de cosas. **2** Enfrente. **3** Hacia. **4** A cambio de.

contrabajo *m.* Instrumento músico de cuatro cuerdas, mucho mayor que el violonchelo y de tonalidad una octava más baja. Es el más grave de esta familia de instrumentos. **2** Persona que lo toca. **3** Voz humana más grave que la del bajo ordinario.

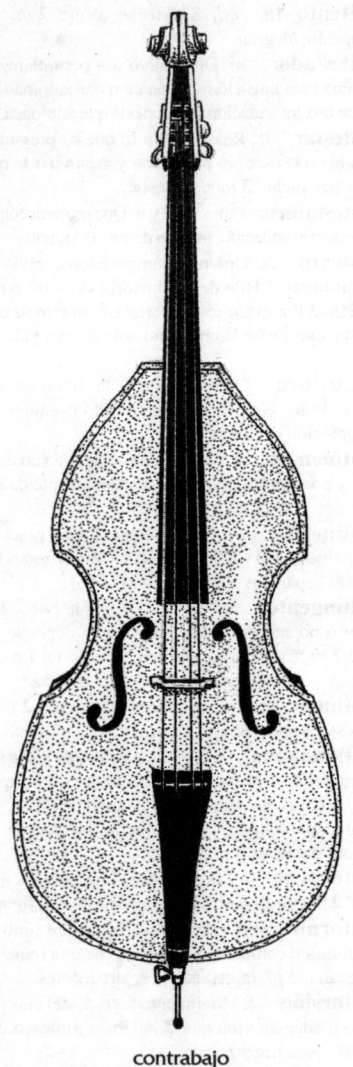

contrabajo

contrabando *m.* Actividad ilegal consistente en introducir clandestinamente mercancías sin pagar derechos de aduana. **2** Ejercicio fraudulento de una industria o comercio prohibidos. **3** Mercancía así producida.

contracción *f.* Acción y efecto de contraer o contraerse. **2** Fusión de dos palabras en una sola, suprimiendo alguna vocal: *al por a el; del por de el.* **3** Sinéresis por la que se pronuncian como diptongo dos vocales que no lo forman.

contradanza *f.* Baile de figuras ejecutado por varias parejas a la vez.

contradecir *tr. y prnl.* Decir lo contrario de lo que otro afirma, desmentirlo o rectificarlo.

contradicción *f.* Acción y efecto de contradecir o contradecirse. **2** Relación entre cosas que se oponen. **3** Oposición, contrariedad.

contraer *tr. y prnl.* Estrechar, reducir a menor tamaño. **2** Reducir un discurso o razonamiento a un punto. **3** Hablando de enfermedades, compromisos o deudas, adquirirlos, asumirlos.

contraindicar *tr.* Disuadir de la utilización de una cosa, y especialmente de la de algún remedio o medicina, alimento, etc.

contraloría *f. Amér.* Cuerpo de intervención del Estado para el examen de los gastos públicos.

contralto *com.* Voz cuya tesitura está entre la de soprano y la de tenor. **2** Persona que posee esta voz. **3** *adj.* Se dice de los instrumentos con una sonoridad parecida a la tesitura de dicha voz.

contraluz *m.* Vista de una cosa por el lado opuesto al que recibe la luz.

contraponer *tr.* Cotejar una cosa con otra para poner de relieve sus diferencias. **2** *tr. y prnl.* Oponer una cosa a otra para anular sus efectos.

contraportada *f.* En los libros, página contrapuesta a la de portada.

contrapuntear *tr.* Ejecutar el contrapunto en una pieza musical. **2** *tr. y prnl.* Zaherir una persona a otra diciéndole cosas desagradables. **3** *intr. Amér.* Competir dos o más poetas populares en la improvisación de versos.

contrapunto *m.* Técnica de composición musical en que se combinan, de acuerdo con ciertas reglas, dos o más melodías. **2** Contraste entre dos cosas simultáneas. **3** *Amér.* Desafío o reto entre payadores que improvisan sus cantos a la guitarra.

contrariar *tr.* Contradecir las intenciones y propósitos de alguien. **2** Fastidiar, molestar.

contrariedad *f.* Oposición de cosas que se anulan mutuamente. **2** Accidente que impide o retarda el logro de algún deseo. **3** Disgusto.

contrario -ria *adj. y n.* Se dice de cosas cuya oposición es tal que se excluyen mutuamente. **2** Que daña o perjudica. **3** Se dice de dos proposiciones lógicas universales, con el mismo sujeto y predicado, de las que una es afirmativa y la otra negativa.

contraseña *f.* Seña, que puede consistir en un gesto o en una palabra, con que se reconocen las personas de un determinado grupo. **2** Tarjeta que en los espectáculos públicos permite salir durante la función y volver a entrar.

contrastar *tr*. Resistir, hacer frente. **2** Comprobar y fijar la ley del oro y de la plata y sellarlos con el contraste. **3** Comprobar la exactitud de pesas y medidas **4** *intr*. Destacar las cualidades propias de una cosa que se compara con otra.

contraste *m*. Acción y efecto de contrastar. **2** Persona encargada de examinar las monedas y su peso.

contratiempo *m*. Suceso, por lo general inesperado, que perjudica a una persona o dificulta sus deseos. **2** Alteración rítmica del compás musical.

contrato *m*. Acuerdo o pacto, oral o escrito, entre dos o más personas, por el que contraen ciertos derechos y obligaciones. **2** Documento que avala ese acuerdo.

contravención *f*. Transgresión de un mandato o norma.

contrayente *adj*. y *com*. Se dice casi en exclusiva de cada una de las personas que se unen en matrimonio.

contribución *f*. Acción y efecto de contribuir. **2** Cuota que se paga para contribuir a un fin.

contribuir *tr*. e *intr*. Pagar la contribución o los impuestos. **2** Aportar su cuota o parte a un fin. **3** Concurrir al logro de algo junto con otras personas.

contribuyente *adj*. Que contribuye. **2** *com*. Persona sujeta al pago de las contribuciones.

contrincante *com*. Persona que pretende una cosa en competencia con otra u otras.

control *m*. Inspección, vigilancia que se ejerce sobre personas o cosas. **2** Lugar en que se realiza. **3** Dominio que se ejerce sobre alguien o algo.

controlador -ra *m*. y *f*. Persona que controla en cualquier orden de cosas.

controversia *f*. Disputa de palabra o por escrito sobre algún tema doctrinal.

contumacia *f*. Pertinacia en mantener un error o una posición equivocada. **2** Rebeldía, falta de comparecencia en un juicio.

contumaz *adj*. Rebelde, porfiado en el error. **2** Se aplica a las sustancias que retienen y propagan los gérmenes de un contagio.

conturbar *tr*. y *prnl*. Inquietar gravemente, haciendo perder la serenidad de ánimo.

contusión *f*. Golpe violento, y lesión traumática producida por él.

convalecencia *f*. Acción y efecto de convalecer. **2** Estado de convaleciente. **3** Tiempo que dura.

convalecer *intr*. Recuperar las fuerzas perdidas por enfermedad. **2** Salir de un estado de postración o peligro una persona o una colectividad.

convencer *tr*. y *prnl*. Lograr con razones que alguien mude de parecer. **2** Gustar, satisfacer.

convención *f*. Ajuste o pacto entre dos o más personas o entidades. **2** Norma admitida tácitamente por costumbre. **3** Asamblea de los representantes de una empresa que trabajan en ciudades y aun países diferentes.

convencional *adj*. Relativo a la convención. **2** Carente de espontaneidad y que actúa de acuerdo con lo bien visto. **3** Que resulta o se establece en virtud de precedentes o de costumbre.

conveniencia *f*. Conformidad entre dos cosas. **2** Ajuste, acuerdo. **3** Provecho.

conveniente *adj*. Conforme, adecuado. **2** Provechoso. **3** Decente, proporcionado.

convenir *intr*. y *tr*. Ser del mismo parecer dos o más personas. **2** *tr*. Ser útil o conveniente. **3** Corresponder.

convento *m*. Casa en que viven los miembros de una orden religiosa. **2** Comunidad de religiosos o religiosas que habitan en una misma casa.

convento

convergir *intr*. Dirigirse dos o más líneas al mismo punto. **2** Confluir ideas o dictámenes en un mismo objetivo.

conversación *f*. Acción y efecto de conversar o hablar familiarmente dos o más personas.

conversión *f*. Acción y efecto de convertir o convertirse. **2** Cambio de una cosa en otra.

converso -sa *adj*. y *n*. Se aplica a la persona que se ha convertido a una religión.

convertidor *adj*. y *m*. Se aplica al aparato, dispositivo, etc., que transforma las características de una cosa.

convertir *tr*. y *prnl*. Mudar una cosa en otra. **2** Ganar a alguien para que profese una religión o la practique.

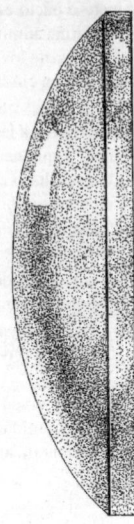
convexo

convexo -xa *adj*. Se dice de la línea o superficie curvas con su parte más prominente en el centro.
convicción *f*. Convencimiento. **2** *pl*. Ideas a las que alguien se adhiere fuertemente.
convidar *tr*. y *prnl*. Invitar a alguien a que asista o intervenga en lo que se considera agradable. **2** Inducir a algo. **3** *prnl*. Sumarse inopinadamente a una fiesta.
convite *m*. Acción y efecto de convidar. **2** Banquete o fiesta con convidados.
convivencia *f*. Acción de convivir. **2** Buena armonía entre las personas que conviven.
convocar *tr*. Citar varias personas para que concurran a un lugar y a cierta hora. **2** Anunciar un concurso u oposición.
convoy *m*. Acompañamiento que, a modo de escolta, protege a personas o cosas por tierra o por mar. **2** Conjunto de vehículos o buques que son objeto de protección en su marcha. **3** Tren, serie de coches enlazados.
convulsión *f*. Contracción brusca, violenta y por lo general repetida de uno o varios músculos. **2** Sacudida violenta de la tierra por efecto de un terremoto. **3** Conmoción social o política que trastorna la vida colectiva de una ciudad o de un país.
convulso -sa *adj*. Que sufre convulsiones. **2** Tembloroso por la excitación o la cólera.
cónyuge *com*. Marido respecto de la mujer, o mujer respecto del marido.
coñac *m*. Aguardiente de alta graduación alcohólica que se obtiene de vinos flojos envejecidos en toneles de roble.
coño *m*. vulg. Vagina, órgano sexual de la mujer. **2** Interjección frecuente que expresa desde cualquier sorpresa hasta una irritación grande.
cooperar *intr*. Trabajar con otro u otros de cara a un objetivo común.
cooperativismo *m*. Teoría y régimen de las cooperativas; movimiento que las fomenta y apoya.
cooperativo -va *adj*. Que coopera. **2** *f*. Sociedad económica y productiva en que los agentes son al mismo tiempo socios. **3** Establecimiento en que se venden los artículos suministrados por dicha sociedad.
coordenado -da *adj*. y *f*. Se dice de cada una de las líneas o magnitudes usadas para determinar la posición de un punto en un sistema de referencia fijo. **2** *f. pl*. fig. Elementos, datos.
coordinación *f*. Acción y efecto de coordinar. **2** Relación gramatical existente entre palabras u oraciones independientes entre sí y con la misma categoría sintáctica.
coordinar *tr*. Disponer cosas diversas de modo que formen un todo ordenado sin estorbarse o anularse. **2** Conjugar medios o recursos con miras a un objetivo común.
copa *f*. Vaso para beber, formado por un cuenco acampanado o redondo y un pie. **2** Trofeo. **3** Conjunto de las ramas y hojas de un árbol. **4** Parte hueca del sombrero en que encaja la cabeza.
copar *tr*. Cortar la retirada a una fuerza enemiga. **2** Conseguir un partido o agrupación todos los puestos sometidos a elección.
copera *f*. Sitio donde se guardan o ponen las copas.
copete *m*. Tupé, mechón de pelo levantado sobre la frente. **2** Penacho de algunas aves. **3** Mechón de crines sobre la frente del caballo.
copiar *tr*. Reproducir un escrito o una obra de arte. **2** Escribir al dictado. **3** Reproducir una obra plástica algún aspecto de la naturaleza.
copista *com*. Persona que copia escritos u obras de arte; se decía sobre todo de la que copiaba libros antes de la aparición de la imprenta.
copla *f*. Composición poética, compuesta generalmente de cuatro versos octosílabos y asonantes en los pares, y que se canta con músicas populares. **2** *pl*. fam. Versos. **3** Habladurías.
copo^1 *m*. Porción pequeña de algo que puede hilarse. **2** Cada porción de nieve que cae, o lo que se le parece, como los copos de avena.
copo^2 *m*. Acción de copar.
coproducción *f*. Producción de varias empresas en común.
coprolalia *f*. Tendencia a decir palabras obscenas o groseras.
cópula *f*. Unión, atadura de dos cosas. **2** Unión sexual. **3** Término que une el sujeto y el predicado.

copular *intr.* y *prnl.* Unirse sexualmente el macho y la hembra.

copulativo -va *adj.* Que liga y junta. **2** *adj.* y *n.* Se dice de las conjunciones y, e, o, ni, de los verbos que actúan como mero enlace entre sujeto y predicado (ser, estar) y de las oraciones coordinadas mediante las citadas conjunciones.

copyright (ing.) *m.* Vocablo inglés que se ha internacionalizado para designar el derecho de un autor o de un editor a explotar una obra literaria o artística. **2** Mención de tal derecho que se hace en la misma obra con el signo ©.

coquetear *intr.* Tratar de atraerse al sexo contrario por vanidad. **2** Cortejar.

coqueto -ta *adj.* Se dice de la persona que coquetea. **2** Se dice de la mujer que cuida exageradamente su adorno personal. **3** Se aplica a las cosas con cierta elegancia menor y un poco rebuscada.

coraje *m.* Ánimo decidido y esforzado con que se acomete una empresa, y especialmente una lucha. **2** Irritación, rabia.

coral[1] *m.* Celentéreo antozoo que vive en colonias arborescentes, unidas entre sí por un polípero calcáreo. **2** Polípero del coral que se emplea en joyería.

coral[2] *adj.* Relativo al coro. **2** *m.* Composición vocal o instrumental a cuatro voces.

coraza *f.* Armadura de hierro o acero que cubría el tronco. **2** Blindaje de carros de combate, barcos, etc. **3** Cubierta dura de los quelonios.

corazón *m.* Órgano muscular, de forma cónica y hueco, situado en el tórax entre los dos pulmones.

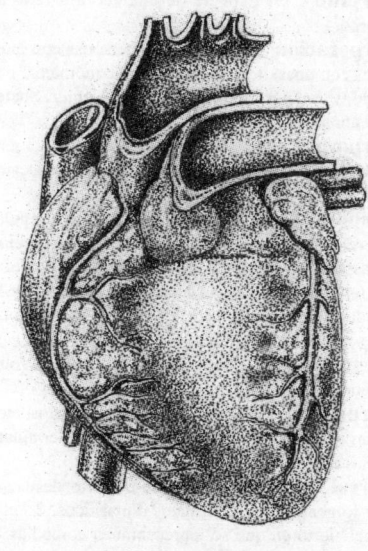

corazón

Su tamaño es, en el hombre, aproximadamente el de un puño, y actúa como motor de la circulación de la sangre. **2** Amor, buena voluntad, benevolencia, afecto. **3** Ánimo, coraje.

☐ **ANAT, FISIOL** y **ZOOL** El corazón es una estructura anatómica propia de los vertebrados, si bien reciben también este nombre las formaciones análogas de los invertebrados que realizan una función similar.

corazonada *f.* Presentimiento. **2** Impulso espontáneo. **3** Asadura de una res.

corbata *f.* Accesorio de vestir, consistente en una banda de tela o cuero, que se pone alrededor del cuello con las puntas colgando sobre el pecho. **2** Banda o cinta guarnecida que se coloca en la extremidad superior del asta de banderas y estandartes.

corbatín *m.* Corbata corta que se ajusta por detrás con un broche, o por delante con un lazo sin caídas.

corbeta *f.* Barco de guerra menor que la fragata, que se emplea en la vigilancia de costas y en la guerra antisubmarina.

corcel *m.* Caballo de mucha alzada y buen paso.

corchea *f.* Nota musical que vale la mitad de una negra.

corchete *m.* Broche metálico compuesto de macho y hembra. **2** Signo gráfico ([]) que abraza dos o más guarismos, palabras o renglones de un escrito o impreso.

corcho *m.* Tejido vegetal de revestimiento, formado por células muertas que, a modo de láminas delgadas, recubren el tronco, las ramas y las raíces de algunos árboles, y especialmente del alcornoque. **2** Tapón de corcho. **3** Alcorque.

corcovo *m.* Salto que dan algunos animales arqueando el lomo. **2** Comba, encorvadura.

cordel *m.* Cuerda fina.

cordero -ra *m.* y *f.* Cría de la oveja que no pasa del año. **2** Carne de este animal. **3** fig. Persona mansa y humilde.

cordial *adj.* Que fortalece o estimula el corazón. **2** Cariñoso, sentido. **3** *m.* Bebida tonificante.

cordillera *f.* Cadena de montañas que forma una unidad geográfica y tiene un origen común.

cordón *m.* Cuerda fina y por lo general redonda, hecha con cualquier material filiforme (seda, lana, lino), que sirve como atadura y como adorno. **2** Cable de los utensilios eléctricos.

corear *tr.* Repetir a coro lo que alguien dice o canta. **2** Componer música para ser cantada con acompañamiento de coros. **3** Asentir varias personas sumisamente a lo que otro afirma.

coreografía *f.* Arte de la danza. **2** Arte de su composición y representación.

corifeo *m.* Jefe del coro en las tragedias griegas y romanas. **2** Representante y cabecilla de un grupo, especialmente político.

corista *com.* En los espectáculos teatrales, cantante del coro. **2** *f.* Mujer que canta y baila en los conjuntos de las revistas musicales.

cornamenta *f.* Cuernos de algunos cuadrúpedos, como el toro o el venado, especialmente cuando son grandes.

córnea *f.* Membrana dura y transparente, sin vascularización, situada en la parte anterior del globo ocular, sobre el iris y la pupila.

córner (ing.) *m.* En algunos deportes, saque de esquina.

corneta *f.* Instrumento músico de viento, mayor que el clarín y de sonido más grave. **2** *m.* Persona que lo toca, y especialmente la que en la milicia da los toques de mando.

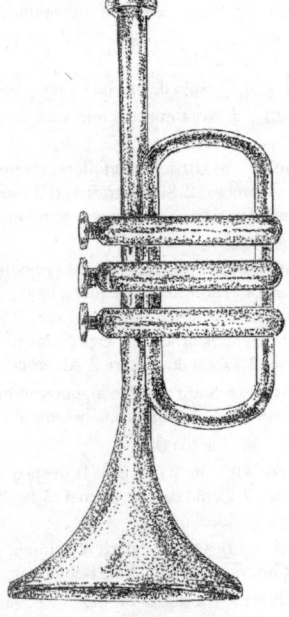

corneta

cornete *m.* Cada una de las cuatro laminillas óseas y abarquilladas situadas en el interior de las fosas nasales.

cornisa *f.* Moldura o voladizo con que remata un edificio debajo del tejado. **2** Remate similar en cualquier muro. **3** Faja horizontal y estrecha que corre al borde de un acantilado.

coro *m.* Grupo de actores que en la tragedia clásica cantaban y bailaban, expresando en los intervalos los sentimientos de admiración que provocaba la acción dramática y el destino de los protagonistas. **2** Conjunto de personas, agrupadas por voces, que cantan a la vez. **3** Composición musical para varias voces.

corola *f.* Parte de la flor que rodea el pistilo y los estambres, y que está formada por hojas delicadas y de bello colorido, llamadas pétalos.

corona *f.* Aro de metal, de flores o ramas con que se ciñe la cabeza de alguien en señal de dignidad o de honor. **2** Conjunto de ramas y hojas dispuestas en círculo, con que se honra a los héroes en los monumentos y a los difuntos en sus tumbas. **3** Atributo real que simboliza la monarquía.

coronación *f.* Acto de coronar o coronarse un soberano. **2** Ceremonia solemne que acompaña ese acto.

coronamiento *m.* Final de una obra. **2** Adorno en la parte superior de un edificio.

coronar *tr.* y *prnl.* Ceñir la cabeza de reyes, héroes o galardonados, con una corona. **2** Rematar una obra. **3** Alcanzar la parte más alta de una cima.

coronario -ria *adj.* Relativo a la corona. **2** Se dice de los vasos sanguíneos que irrigan el corazón. **3** *f.* Rueda de los relojes que acciona la aguja de los segundos.

coronel *m.* Jefe militar que manda un regimiento o una base aérea.

coronilla *f.* Parte más alta y posterior de la cabeza, en que está la divisoria del pelo. **2** Planta herbácea de las leguminosas, de flores amarillas, que se emplea como forraje.

corpiño *m.* Especie de chaleco ajustado al cuerpo.

corporación *f.* Reunión de personas con intereses comunes, de tipo científico, económico o político, y con personalidad jurídica. **2** *Amér.* Sociedad anónima.

corporal *adj.* Relativo al cuerpo. **2** *m. pl.* Lienzo blanco y cuadrado sobre el que en la misa católica se colocan la hostia y el cáliz.

corporativismo *m.* Sistema que, para regular las relaciones laborales, establece la constitución de asociaciones profesionales jerarquizadas y mixtas (empresarios y trabajadores). **2** Doctrina que lo fundamenta. **3** Defensa de los intereses profesionales sobre los generales.

corpulento -ta *adj.* De cuerpo grande y voluminoso.

corpus *m.* Recopilación de leyes, escritos, etc., relativos a una misma materia. También conjunto de las obras de un autor.

corral *m.* Sitio cercado y descubierto, destinado por lo general a los animales domésticos. **2** Patio descubierto en que se representaban comedias. **3** Circo o anfiteatro de montañas con nieves perpetuas.

correa *f.* Tira de cuero. **2** Cinturón de cuero. **3** Aguante moral de una persona.

corrección *f.* Acción y efecto de corregir lo defectuoso o errado. **2** Calidad de correcto, que no tiene errores y se ajusta a las normas. **3** Recriminación de una falta.

correccional *adj.* Relativo a la corrección. **2** *m.* Establecimiento penitenciario en que se cumplen las penas menores y en que se recluye a los menores que han cometido algún delito o que son juzgados peligrosos.

correcto -ta *adj.* Que es conforme a la norma y está libre de errores. **2** Se dice de la persona educada, cortés.

corrector -ra *adj.* y *n.* Que corrige.

corredor -ra *adj.* y *n.* Que corre mucho. **2** *m.* Pasillo de un edificio. **3** Cada una de las galerías cerradas o descubiertas alrededor de un patio.

corregimiento *m.* Empleo u oficio del corregidor. **2** Territorio de su jurisdicción.

corregir *tr.* y *prnl.* Enmendar un error, equivocación, etc. **2** Advertir, amonestar. **3** Revisar el profesor los ejercicios de sus alumnos.

correlativo -va *adj.* Que tiene o expresa correlación. **2** Se dice del número que sigue inmediatamente a otro en una serie.

correo *m.* Persona que distribuye la correspondencia. **2** Conjunto de efectos que se despachan o reciben. **3** Tren, avión, etc., que lleva correspondencia. **4** Buzón donde se deposita la correspondencia.

correr *intr.* Ir de prisa, levantando un pie del suelo antes de apoyar el otro. **2** Hacer algo con rapidez. **3** Avanzar algunas cosas, como el agua, el viento, en una dirección. **4** *tr.* Mover de lugar una cosa.

correspondencia *f.* Acción y efecto de corresponder o corresponderse. **2** Relación epistolar entre dos personas. **3** Correo, conjunto de cartas que se reciben o expiden.

corresponder *intr.* y *tr.* Guardar dos personas o cosas alguna relación o proporción. **2** Pagar o agradecer una cosa, buena o mala, con la misma medida. **3** *intr.* Atañer, incumbir, ser oportuno.

correspondiente *adj.* Que corresponde o se corresponde con algo. **2** *adj.* y *com.* Que tiene correspondencia con una persona, corporación, etc.

corresponsal *adj.* y *com.* Correspondiente. **2** Se dice del periodista que informa desde el extranjero. **3** Se aplica a la persona encargada de las relaciones comerciales con el exterior.

corrido -da *adj.* Que excede un poco del peso o de la medida. **2** Avergonzado, confundido, dicho de personas. **3** Experimentado, que ha vivido mucho y está de vuelta de casi todo.

corriente *adj.* Que corre. **2** Se dice de lo que fluye de modo físico o figurado: los líquidos, el tiempo que pasa, la moneda que circula o el último número de un periódico o revista. **3** Admitido por todo el mundo, autorizado por el uso o que ocurre con frecuencia.

corroborar *tr.* y *prnl.* Confirmar la verdad de alguna cosa, adquirir una mayor seguridad y certeza sobre ella con nuevos razonamientos o datos.

corroer *tr.* y *prnl.* Destruir o desgastar lentamente una cosa. **2** Sentir los efectos de una pena o de un remordimiento profundos.

corromper *tr.* y *prnl.* Alterar la forma de alguna cosa, echarla a perder. **2** Sobornar al juez o a un funcionario con dádivas. **3** Pervertir a una persona, seducirla.

corrosión *f.* Acción y efecto de corroer o corroerse. **2** Alteración de la superficie de un cuerpo producida por agentes naturales o artificiales.

corrugar *tr.* Dar a una superficie lisa estrías o resaltos.

corrupción *f.* Acción y efecto de corromper o corromperse. **2** Alteración o falsificación de un escrito. **3** Degeneración de las costumbres.

corsario -ria *adj.* y *n.* Se dice de la embarcación en corso, o dedicada al saqueo de naves como acción de guerra, y del capitán y tripulación de ella. **2** *m.* Pirata.

corsario

corsé *m.* Prenda interior con que las mujeres se ciñen el cuerpo.

cortado -da *adj.* Ajustado, proporcionado. **2** Se dice del estilo conciso. **3** Aturdido, avergonzado.

cortadura *f.* Incisión o herida hecha con instrumento cortante. **2** Borde que queda en cada una de las partes cortadas. **3** Grieta profunda en el terreno.

cortar *tr.* Dividir una cosa en partes mediante un instrumento afilado. **2** Dar la forma conveniente a las piezas de una prenda de vestir. **3** *tr.* e *intr.* Tomar el camino más corto. **4** *prnl.* Turbarse sin saber qué decir.

corte[1] *m.* Acción y efecto de cortar. **2** Filo de un instrumento cortante. **3** Tala de árboles. **4** Arte de cortar las diferentes piezas para un vestido o el calzado.

corte[2] *f.* Lugar habitual de residencia del soberano de un Estado. **2** Conjunto de personas que atienden y rodean al rey. **3** *Amér.* Tribunal de justicia.

cortejar *tr.* Acompañar a alguien agasajándole con miras interesadas. **2** Galantear a una mujer tratando de enamorarla. **3** Festejar, tener alguien novio o novia.

cortejo *m.* Acción de cortejar. **2** Acompañamiento de un soberano o de una autoridad política o religiosa. **3** Personas que participan en un desfile o en una ceremonia.

cortés *adj.* Afable, urbano, comedido.

cortesano -na *adj.* Relativo a la corte. **2** Cortés, educado. **3** *adj.* y *f.* Se aplica a la mujer de mala reputación, pero culta y elegante.

cortesía *f.* Cualidad de cortés. **2** Conjunto de normas que regulan el trato social. **3** Prueba de respeto y consideración a una persona.

corteza *f.* Parte exterior del tallo, raíces y tronco de plantas y árboles. **2** Parte exterior y dura de algunas frutas, y de otros alimentos, como el pan. **3** Parte exterior de una cosa, lo aparente y accesorio.

cortijo *m.* Hacienda y casa de labranza.

cortina *f.* Tela colgante que cubre y adorna puertas, doseles y ventanas. **2** Lo que oculta alguna cosa. **3** Lienzo de muralla entre dos baluartes.

cortisona *f.* Hormona que se extrae de las glándulas suprarrenales o que se obtiene por síntesis.

corto -ta *adj.* Se dice de las cosas de escasa longitud o dimensión en el espacio o en el tiempo. **2** Que no cubre su finalidad o no alcanza su destino específico.

cortocircuito *m.* Circuito eléctrico de resistencia mínima, y en especial el que se produce por conexión directa de dos conductores de distinta fase, que origina una corriente de gran intensidad o una descarga.

cortometraje *f.* Película cinematográfica que no excede de los mil metros de cinta ni sobrepasa los 35 minutos de proyección.

cortón *m.* Insecto, llamado también grillo real o alacrán cebollero, mayor que el grillo normal, muy dañino para las plantas y verduras.

cosa *f.* En general, cualquier ente o ser, real o abstracto.

cosacos *m. pl.* Antiguo pueblo ruso, seminómada y guerrero.

cosecha *f.* Conjunto de frutos de un cultivo que se recogen al estar en sazón. **2** Operación de su recogida. **3** Lo que uno obtiene de su trabajo o ingenio.

cosechar *intr.* y *tr.* Hacer la cosecha o recolección. **2** *tr.* Ganarse, atraerse o concitarse simpatías, odios, fracasos, éxitos, etc.

coser *tr.* Unir con puntadas dos o más piezas de tela o de cualquier otra materia similar. **2** Hacer labores de aguja. **3** Engrapar papeles.

cosificar *tr.* y *prnl.* Reducir algo a pura cosa objetiva y cuantificable, privándolo de otras cualidades superiores.

cosmético -ca *adj.* y *n.* Se dice de los preparados químicos para la higiene y belleza del cuerpo. **2** *f.* Arte de preparar y aplicar tales productos.

cósmico -ca *adj.* Relativo al cosmos. **2** Grandioso, gigantesco.

cosmonave *f.* Vehículo capaz de navegar más allá de la atmósfera terrestre.

cosmopolita *adj.* y *com.* Se dice de la persona viajera por muchos países, que no tiene residencia fija en ninguno de ellos, o que se siente ciudadana del mundo. **2** Se aplica a las especies animales y vegetales que se extienden a muchos países o a varios continentes. **3** *adj.* Se dice de las ciudades, lugares, etc., en que viven gentes de varias lenguas y culturas.

cosmos *m.* El universo, entendido como un conjunto ordenado y coherente, contrapuesto al caos. **2** Mundo, conjunto de todo lo que existe.

cosquillas *f. pl.* Hormigueo nervioso, acompañado a veces de risa involuntaria, que produce un toque repetido en algunas partes del cuerpo.

costa[1] *f.* Orilla del mar y tierra o litoral que está cerca de ella.

costa[2] *f.* Coste, precio de una cosa. **2** Gasto de la manutención del trabajador cuando se añade al salario.

costado *m.* Cada una de las dos partes del cuerpo humano situadas debajo de los brazos, entre el pecho y la espalda. **2** Ala o flanco de un ejército. **3** Lado.

costal *adj.* Relativo a las costillas. **2** *m.* Saco o talego grande, generalmente de arpillera, para el transporte de granos y semillas.

costear[1] *tr.* y *prnl.* Satisfacer los gastos de alguna cosa. **2** *prnl.* Producir una cosa lo suficiente para sufragar los gastos que ocasiona.

costear[2] *tr.* Navegar sin perder de vista la costa. **2** Bordear una cosa. **3** Esquivar un peligro o dificultad.

costilla *f.* Cada uno de los huesos largos y arqueados que arrancan de la columna vertebral y vienen hacia el pecho. **2** En los animales para el consumo, cada uno de esos huesos con su carne. **3** fam. Mujer propia.

costoso -sa *adj*. De mucho precio, que cuesta mucho dinero o muchos esfuerzos.

costra *f*. Corteza exterior, dura y seca, de una cosa húmeda o blanda. **2** Postilla de las heridas secas. **3** Moco de una vela.

costumbre *f*. Manera habitual de proceder. **2** Uso repetido de una práctica que termina por convertirse en ley. **3** *pl*. Conjunto de cualidades y usos que definen el carácter de una persona o de una sociedad.

costumbrismo *m*. Género literario que habla de las costumbres de un lugar.

costura *f*. Acción y efecto de coser. **2** Serie de puntadas que une dos piezas.

costurero -ra *m*. y *f*. Persona que corta y cose vestidos. **2** *m*. Canastilla o mueble en que se guardan los útiles de costura.

cotización *f*. Pago regular de una cuota. **2** Valor que alcanzan en el mercado los activos financieros.

cotizar *tr*. Fijar el precio de un valor en la bolsa, o de un producto en el mercado. **2** Pagar una cuota, contribuir a una suscripción. **3** *tr*. y *prnl*. Poner precio, valorar, estimar.

coto[1] *m*. Terreno acotado, especialmente el de caza o pesca. **2** Límite y mojón con que se marca.

coto[2] *m*. Bocio, hipertrofia de la tiroides.

cotorra *f*. Nombre de varias aves de cola larga y puntiaguda y plumaje muy vistoso, en que predominan los tonos verdes. **2** fam. Persona parlanchina.

cotorreo *m*. Conversación bulliciosa e intrascendente.

coxis *m*. Cóccix, hueso.

coyote *m*. Mamífero depredador de los cánidos, de origen americano, de color gris amarillento.

coyuntura *f*. Articulación movible de un hueso con otro. **2** Oportunidad o sazón para alguna cosa. **3** Combinación de circunstancias que afectan a un asunto.

coz *f*. Sacudida violenta que pega una caballería con las patas traseras. **2** Golpe que da con dicha sacudida. **3** Golpe que da una persona impulsando el pie hacia atrás.

cráneo *m*. Esqueleto de la cabeza, formado por ocho huesos, que constituye la bóveda craneal en que se aloja el encéfalo.

craso -sa *adj*. Grueso, gordo. **2** Se dice de plantas, tallos, etc., jugosos. **3** Grosero, burdo.

cráter *m*. Boca de los volcanes en forma de embudo, que se origina por explosión o derrumbamiento.

creación *f*. Producción de cualquier cosa, especialmente si supone una cierta novedad o un particular ingenio. **2** Por antonomasia, la producción

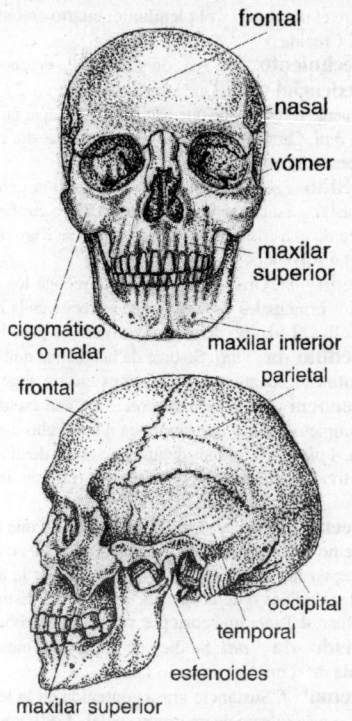

cráneo

del mundo por Dios. **3** El universo, como conjunto de todas las cosas existentes.

creador -ra *adj*. y *n*. Que crea; se aplica especialmente al artista que produce formas literarias o plásticas nuevas. **2** *m*. Dios, como productor de cuanto existe.

crear *tr*. Producir algo de la nada, como hizo Dios al dar origen al mundo. **2** Idear alguna cosa y darle forma. **3** Fundar algún cargo o dignidad.

creatividad *f*. Capacidad de crear algo, con un matiz que subraya la originalidad de la creación.

creativo -va *adj*. Que posee o estimula la capacidad de creación, invención, etc.

crecer *intr*. Aumentar en tamaño o estatura los seres orgánicos. **2** Aumentar cualquier cosa en volumen o en importancia, intensidad, etc. **3** *prnl*. Tomar mayor autoridad, importancia o atrevimiento; darse mayores ínfulas.

creces *f. pl*. Señales que indican disposición a crecer. **2** Aumento, ventaja, exceso en algunas cosas.

crecido -da *adj*. Desarrollado, grande, numeroso. **2** *f*. Aumento o subida de un caudal de agua por riadas, deshielos, etc.

creciente *adj.* Que crece. **2** Se dice del período entre el novilunio y el plenilunio: cuarto creciente. **3** *f.* Crecida.
crecimiento *m.* Acción y efecto de crecer.
credencial *adj.* Que acredita alguna cosa. **2** *f.* Documento o certificado que habilita para ocupar un cargo. **3** *pl.* Carta de presentación de un embajador certificando su nombramiento.
crédito *m.* Prestigio que en la opinión general se asigna a una persona. **2** Aprobación o confirmación de una cosa. **3** Préstamo que se hace en virtud de tal solvencia.
credo *m.* Oración cristiana que recoge los artículos principales de la fe, y que se recita en la misa católica. **2** Ideario de una colectividad o partido.
crédulo -la *adj.* Se dice de la persona que cree fácilmente cuanto se le dice; por extensión, ingenuo.
creencia *f.* Acción de creer. **2** Cosa creída. **3** Completo crédito que se presta a un hecho o noticia. **4** *pl.* Convicciones de una persona o de una colectividad, que pueden referirse a la religión, la política, la economía, etc.
creer *tr., intr.* y *prnl.* Tener por cierta una cosa que no está comprobada o demostrada. **2** *tr.* e *intr.* Aceptar las verdades de la fe cristiana por la autoridad de Dios o de la Iglesia. **3** *tr.* y *prnl.* Estimar, opinar. **4** Tener una cosa por verosímil o probable.
creído -da *adj.* Se dice de la persona muy pagada de sí misma, un tanto fatua.
crema[1] *f.* Sustancia grasa contenida en la leche. **2** Lo más selecto de un grupo social. **3** *adj.* y *m.* Se dice del color beige claro.
crema[2] *f.* Cosmético para suavizar el cutis. **2** Betún para el calzado. **3** Pasta dentífrica.
crema[3] *f.* Diéresis, signo de puntuación.
cremación *f.* Acción de quemar. **2** Incineración de un cadáver.
cremallera *f.* Sistema de cierre formado por dos tiras dentadas que se engranan. **2** Mecanismo formado por una barra metálica dentada y un piñón, que convierte un movimiento circular en rectilíneo, o a la inversa. **3** En ferrocarriles sobre grandes desniveles, raíl dentado en que engrana un piñón de la locomotora.
crepuscular *adj.* Relativo al crepúsculo. **2** Se aplica a los animales que desarrollan su actividad durante el crepúsculo auroral o vespertino.
crepúsculo *m.* Claridad que precede inmediatamente a la salida del Sol, o que sigue a su puesta, y que se produce por la refracción de sus rayos en la atmósfera. **2** Tiempo que dura esta claridad.
crespo -pa *adj.* Se aplica del cabello que naturalmente forma rizos o sortijillas **2** Se aplica a las hojas de aspecto arrugado **3** *m.* Bucle, rizo.
cresta *f.* Carnosidad eréctil y roja que algunas aves y reptiles tienen en la cabeza. **2** Por extensión,

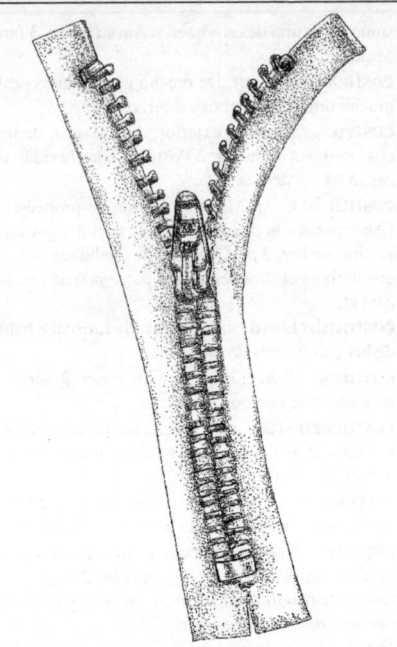

cremallera

cualquier mechón o tupé de pelo o plumas que algunos animales tienen en el mismo sitio. **3** Cima rocosa y abrupta de una montaña.
cría *f.* Acción y efecto de criar. **2** Niño o animal mientras se está criando. **3** Conjunto de animales nacidos de una camada o de polluelos de la misma nidada.
criadero -ra *adj.* Fértil, fecundo. **2** *m.* Lugar en que se crían plantas o animales.
criado -da *adj.* Con los adverbios bien o mal se aplica a la persona con educación o sin ella. **2** *m.* y *f.* Persona que sirve en una casa a cambio de un salario y del mantenimiento.
crianza *f.* Acción y efecto de criar. **2** Período de lactancia. **3** Urbanidad, cortesía.
criar *tr.* Producir algo de la nada, crear. **2** Alimentar una persona o animal a sus crías. **3** Instruir, educar, cuidar.
criatura *f.* Cualquier cosa creada o criada. **2** Niño recién nacido o pequeño.
cribar *tr.* Limpiar los granos o semillas de sus impurezas por medio de la criba. **2** Seleccionar.
criminal *adj.* Relativo al crimen o que lo contiene. **2** *adj.* y *com.* Que ha cometido o procurado cometer un crimen.
criminología *f.* Estudio del delito, sus causas y modos de combatirlo.

crin *f.* Conjunto de cerdas que algunos animales tienen en el pescuezo y en la cola, y que suelen ser más largas y fuertes que el resto de su pelo.

crin

crío -a *m.* y *f.* Niño o niña pequeños.
criollo -lla *adj.* y *n.* Se dice del descendiente de padres europeos nacido en América, o en cualquier otra parte del mundo. **2** Se decía del negro nacido en territorio americano, por contraposición al nacido en África y trasladado después al Nuevo Mundo. **3** Se aplica a la persona nacida en Suramérica y a lo autóctono de los países hispanoamericanos.
cripta *f.* Lugar subterráneo en que se entierra a los difuntos. **2** Capilla subterránea dentro de una iglesia. **3** Cavidad más o menos profunda en el parénquima de algún órgano.
criptografía *f.* Arte de escribir con clave secreta o de un modo enigmático.
crisálida *f.* Ninfa de los insectos lepidópteros, que constituye un estado intermedio entre la larva y la mariposa.
crisis *f.* Mutación notable que, para bien o para mal, se produce en un proceso patológico. **2** Cambio importante que se da en cualquier orden de cosas. **3** Situación difícil y momentánea de una persona, empresa o negocio.
crispar *tr.* y *prnl.* Tensar los músculos y nervios con contracciones violentas y repentinas. **2** Irritar, exasperar.
cristal *m.* Cuerpo sólido cuyos átomos o moléculas están dispuestos regularmente en planos repetidos y orientados unos respecto a otros. **2** Vidrio incoloro y muy transparente, para labores delicadas, como lentes y vasos artísticos. **3** Pieza de vidrio con que se cubren huecos de vitrinas, ventanas, etc.
cristalino -na *adj.* Relativo al cristal o parecido a él. **2** *m.* Cuerpo esférico y lenticular, situado detrás de la pupila del ojo de los vertebrados y cefalópodos, a través del cual convergen sobre la retina los rayos luminosos.
cristalizar *intr.* y *prnl.* Adoptar un cuerpo forma cristalina. **2** Tomar las ideas o sentimientos forma clara y precisa. **3** *tr.* Hacer que una sustancia tome forma cristalina.
cristianismo *m.* Religión de los seguidores de Cristo. **2** Conjunto de los cristianos.
cristiano -na *adj.* Relativo a la doctrina de Jesucristo. **2** *fam.* Se dice del vino rebajado o aguado (bautizado). **3** *adj.* y *n.* Que profesa la fe de Cristo.
cristo *m.* Sobrenombre que en el Nuevo Testamento y en la tradición se da a Jesús de Nazaret, y que es la traducción griega del hebreo Mesías («ungido»).
cristología *f.* Parte de la teología cristiana que versa sobre Cristo.
criterio *m.* Norma para juzgar y conocer una cosa, en especial su verdad o falsedad. **2** Manera personal de ver las cosas. **3** Capacidad de discernimiento en cualquier materia.
crítica *f.* Juicio sobre personas o cosas. **2** Censura de las ideas o conducta de alguien. **3** Juicio sobre una obra artística o literaria.
criticar *tr.* Juzgar una cosa o a una persona de conformidad con ciertas normas. **2** Censurar, vituperar.
crítico -ca *adj.* Relativo a la crítica o a la crisis. **2** Oportuno o decisivo, dicho del tiempo o de la ocasión para intervenir en algún negocio o asunto. **3** *m.* y *f.* Persona que analiza las obras literarias o artísticas y emite un juicio sobre ellas.
croar *intr.* Cantar la rana.
crocante *adj.* Se dice de las pastas que crujen al masticarlas. **2** *m.* Guirlache.
cromático -ca *adj.* Relativo a los colores. **2** Se dice del sistema musical que procede por semitonos. **3** Se aplica a los instrumentos ópticos que por defecto de construcción hacen que el observador vea los objetos con los bordes coloreados.
cromosoma *m.* BIOL Estructura en forma de filamento que se encuentra en el núcleo de las células y son los portadores de la información genética. Todos los cromosomas de las células del cuerpo son iguales entre sí, pero en las células sexuales existe un par de homólogos formado por dos cromosomas distintos, llamados X y Y, que determinan el sexo.
crónico -ca *adj.* Se dice de las enfermedades largas o habituales y de los vicios inveterados. **2** Que viene de tiempo atrás. **3** *f.* Género que narra los acontecimientos por su orden cronológico.
cronista *com.* Autor de una crónica, historia cronológica, o periodista que redacta la sección de sucesos.

cronología *f.* Ciencia que estudia el orden y fechas de los sucesos históricos. **2** Serie de personas o sucesos históricos por orden de fechas. **3** Manera de computar los tiempos.

cronómetro *m.* Reloj de alta precisión, que se emplea para la medición del tiempo.

croquis *m.* Bosquejo rápido que se hace de alguna cosa, sin medidas ni compás.

cruce *m.* Acción de cruzar o de cruzarse. **2** Punto de intersección de dos líneas o caminos. **3** Paso de peatones en una calle.

crucero *m.* Persona que lleva la cruz en las procesiones religiosas. **2** Espacio en que se cruzan la nave principal de una iglesia con la transversal. **3** Encrucijada de calles o caminos. **4** Viaje de recreo en barco o en avión.

crucial *adj.* En forma de cruz. **2** Se dice del momento decisivo o del trance crítico en que se decide una cosa.

crucifixión *f.* Acción y efecto de crucificar. **2** Representación de la muerte de Jesús en la cruz.

crucigrama *m.* Pasatiempo que consiste en llenar las casillas de un cuadro con letras o sílabas, de forma que puedan leerse algunas palabras en sentido vertical y horizontal.

crudeza *f.* Calidad de crudo. **2** fig. Rigor, aspereza. **3** *pl.* Alimentos que se detienen en el estómago, por no estar bien digeridos.

crudo -da *adj.* Se dice del alimento no preparado al fuego o insuficientemente preparado. **2** Se aplica al color crema. **3** *m.* Petróleo sin refinar.

cruel *adj.* Que gusta de hacer sufrir o se complace en los padecimientos ajenos. **2** Duro, atroz, insufrible.

crujir *intr.* Hacer cierto ruido los cuerpos al rozar entre sí, chocar o romperse.

crustáceos *m. pl.* Clase de artrópodos mandibulados, cuyo cuerpo se encuentra dividido en cabeza, tórax y abdomen. Tienen dos mandíbulas, dos maxilas y dos pares de antenas. Entre las especies más conocidas se pueden citar: pulgas de agua, galeras, langostas, gambas, cangrejos de río, centollos, y cangrejos de mar.

cruz *f.* Figura formada por dos líneas perpendiculares. **2** Patíbulo formado por un madero vertical y otro transversal. **3** Símbolo del cristianismo. **4** Peso, tribulación o trabajo que recae sobre una persona.

cruzada *f.* Cada una de las campañas militares contra los infieles que convocaron los papas en los ss. XI-XIII. **2** Campaña que se hace por algún fin noble.

cruzado -da *adj.* Se dice de la prenda de vestir con el ancho suficiente para sobreponer un delantero sobre el otro. **2** Se aplica al animal de padre y madre de razas distintas. **3** *adj.* y *m.* Que participaba en una cruzada.

cruz

cruzar *tr.* y *prnl.* Atravesar una cosa sobre otra, formando una cruz. **2** Intercambiar miradas o palabras. **3** *tr.* Pasar de un lado a otro, en una calle, plaza, etc.

cuaderno *m.* Conjunto de varios pliegos de papel unidos en forma de libro. **2** Libreta en que se toman notas o se apuntan cuentas, etc. **3** Conjunto de cuatro pliegos de papel metidos uno dentro de otro.

cuadra *f.* Caballeriza. **2** Conjunto de caballos de un mismo dueño, generalmente de carreras. **3** Sala espaciosa. **4** *Amér.* Manzana de casas.

cuadrar *tr.* Dar a una cosa figura de cuadro o cuadrado. **2** Elevar un número, monomio o polinomio a la segunda potencia, o sea, multiplicarlo por sí mismo. **3** Cuadricular. **4** *intr.* Venir bien, encajar.

cuadrícula *f.* Serie de cuadrados continuos, resultantes de cortarse perpendicularmente dos series de rectas paralelas.

cuadrilla *f.* Grupo de personas del mismo oficio. **2** Reunión de gente armada. **3** Conjunto de toreros que actúan siempre con el matador principal.

cuadro -dra *adj.* y *n.* Cuadrado. **2** *m.* Lienzo o tabla pintada. **3** Descripción oral o escrita de un hecho, sobre todo si se realiza de forma viva.

cuajar[1] *m.* Cuarta cavidad del estómago de los rumiantes, con numerosas glándulas gástricas.

cuajar[2] *tr.* y *prnl.* Trabar un líquido para que se solidifique. **2** Recargar de adornos una cosa. **3** Helar la nieve formando una capa sólida.

cuajo *m.* Fermento presente en el cuajar de los rumiantes, que precipita la caseína de la leche; es un enzima que producen también algunas plantas. **2** fig. Calma, pachorra.

cual *pron. relat.* Es palabra átona, sin más variación que la correspondiente al número (cualcuales). **2** En su acepción interrogativa, y con función sobre todo de sustantivo, lleva acento prosódico y ortográfico. **3** *adv.* Equivale, en su matiz exclamativo, a cómo.

cualidad *f.* Modo de ser característico de una persona, animal o cosa, y cualquier nota distintiva por la que se diferencian de los demás y podemos conocerlos. Es sinónimo de calidad y de condición.

cualificado -da *adj.* Calificado. **2** De buena calidad. **3** Se dice del obrero especializado.

cualificar *tr.* Atribuir determinadas cualidades a una persona o cosa, y apreciar las existentes.

cualquiera *adj. y pron.* Una persona o cosa indeterminada o indiferente en su género. Se antepone o pospone al nombre y al verbo.

cuando *adv.* En sentido interrogativo y exclamativo (con acento ortográfico), equivale a *en qué tiempo*. Como adverbio relativo (sin acento), *en el momento en que*. **2** *conj.* Deriva del adverbio relativo, precisando el tiempo de las acciones indicadas por los dos verbos que relaciona con el significado de *en el tiempo, en el punto en que; en el caso de que, aunque, si,* con valor condicional o concesivo: *cuando no tuviera que hacerlo por obligación, lo haría por gusto;* con valor ilativo o continuativo: *cuando tú lo dices* (= puesto que...).

cuantía *f.* Cantidad, en el sentido de número, importancia o alcance de alguna cosa o de una persona.

cuantificar *tr.* Expresar numéricamente una magnitud. **2** Explicitar la cantidad en los enunciados, juicios o predicados.

cuanto[1] *m.* Cada una de las cantidades elementales con que varían determinadas magnitudes físicas (como la energía, el momento angular, etc.).

cuanto[2] **-ta** *pron.* En función relativa (sin acento prosódico ni ortográfico), *todo el que, todos los que.* **2** Interrogativo y ponderativo (con acento prosódico y ortográfico), aludiendo al número, cantidad, precio, tiempo o grado de algo: *¿Cuántas había? ¡Cuánto lo siento!* **3** *adv. c.* En correlación con *tanto, tan, más o menos, mayor o menor.*

cuarentena *f.* Conjunto de cuarenta unidades, incluidas las unidades temporales de días, meses o años. **2** Aislamiento preventivo de personas o animales sospechosos de algún contagio, y tiempo que dura esa observación. **3** Cuaresma.

cuarta *f.* Cada una de las cuatro partes iguales en que se divide un todo. **2** Palmo, medida de longitud desde el extremo del pulgar hasta el del meñique extendidos. **3** *Amér.* Látigo corto de cuero.

cuartear *tr.* Dividir en cuartos o trocear en más o menos partes. **2** Descuartizar. **3** *Amér.* Azotar con la cuerda. **4** *prnl.* Agrietarse una pared o cualquier otra superficie.

cuartel *m.* Cuarta parte. **2** HERÁLD Cada una de las cuatro partes de un escudo dividido en cruz. **3** Edificio que alberga una unidad militar.

cuarteto *m.* Conjunto de cuatro voces o de cuatro instrumentos musicales. **2** Composición musical hecha para ser interpretada a cuatro voces o ser interpretada por cuatro instrumentos. **3** Estrofa de cuatro versos endecasílabos o de arte mayor.

cuarto -ta *adj. y n.* Que ocupa el último lugar en una serie de cuatro. **2** *m.* Cada una de las cuatro partes en que se divide una hora (de 15 minutos cada una). **3** Habitación de una casa, y por extensión vivienda o piso.

cuarzo *m.* Anhídrido silícico incoloro, de brillo vítreo, que forma cristales trigonales y tan duro que puede rayar el acero.

cuaternario -ria *adj. y n.* Que consta de cuatro unidades o elementos. **2** *adj. y m.* Se dice de la era geológica más reciente.

cuatrero *adj. y n.* Se dice del ladrón de ganado.

cuba *f.* Tonel pequeño de madera o chapa metálica. **2** Líquido que cabe en él. **3** Parte de un alto horno entre el vientre y el tragante.

cubeta *f.* Herrada frágil con asa. **2** Cuba manual. **3** Depósito de mercurio en los barómetros. **4** Recipiente rectangular, ancho y poco hondo, que se emplea en laboratorios fotográficos y químicos.

cúbico -ca *adj.* Relativo al cubo geométrico. **2** De figura de cubo, o parecido a él. **3** Se dice de la raíz de índice 3 y de las ecuaciones de tercer grado.

cubierto -ta *adj.* Tapado o cuajado de alguna cosa. **2** Nublado, referido al cielo. **3** *m.* Servicio completo de mesa. **4** *f.* Lo que tapa o resguarda una cosa.

cubil *m.* Lugar donde los animales, en especial las fieras, se recogen para dormir. **2** Cauce de las aguas corrientes.

cubilete *m.* Vaso de boca ancha que se emplea en la cocina y en algunos juegos de manos, como los dados. **2** *Amér.* Sombrero de copa alta.

cúbito *m.* Hueso interior del antebrazo, que se articula con el radio.

cubo[1] *m.* Recipiente con asa en forma de cono truncado, más ancho por arriba. **2** Pieza central en que encajan los radios de las ruedas de los carruajes. **3** Torreón circular de una fortaleza.

cubo[2] *m.* Tercera potencia de un número, monomio o polinomio. **2** Hexaedro regular.

cubrir *tr. y prnl.* Tapar u ocultar una cosa con otra. **2** Echarse algo encima. **3** Hacer objeto de alabanzas, atenciones, etc. **4** *tr.* Tapar algo completa o incompletamente.

cucaracha *f.* Insecto de color negro, cuerpo aplanado, alas y élitros rudimentarios, nocturno y corredor, que vive en sitios húmedos. 2 *Amér*. Coche destartalado.

cuchara *f*. Utensilio para comer consistente en una pieza ovalada y cóncava con mango. 2 Cacillo para escanciar de las tinajas cualquier líquido. 3 Pala con esa forma.

cuchichear *intr*. Hablar en voz baja al oído de alguien sin que se enteren los demás.

cuchilla *f*. Cuchillo de hoja ancha y un solo filo fija a un mango. 2 Hoja de arma blanca. 3 Hoja de afeita.

cuchillo *m*. Instrumento cortante formado por una hoja de un solo filo sujeta a un mango, con gran variedad de figuras, tamaños y usos. 2 Colmillo inferior del jabalí. 3 Cualquier cosa rematada en ángulo agudo.

cuchitril *m*. Habitación estrecha y sucia. 2 En algunos lugares, pocilga, cochiquera.

cuco -ca *adj*. Bonito, mono. 2 *adj*. y *n*. Astuto. 3 *m*. Larva de una mariposa nocturna, con articulaciones amarillentas y pintas blancas.

cudrío -a *adj*. Se dice de las cosas crudas o no curadas, como el cuero.

cuello *m*. Parte del cuerpo que une la cabeza con el tronco. 2 Pezón que echa cada cabeza de ajos, cebolla, etc. 3 Parte superior y estrecha de un vaso o vasija.

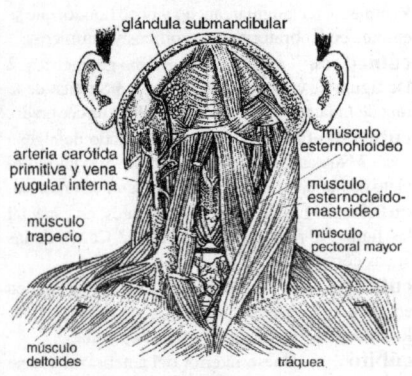

cuello

cuenca *f*. Escudilla cóncava de barro o madera. 2 Cavidad en que está cada uno de los ojos. 3 Depresión del terreno.

cuenco *m*. Vaso de barro, hondo y ancho, y sin pie. 2 Concavidad.

cuenta *f*. Acción y efecto de contar. 2 Cálculo aritmético. 3 Relación de gastos e ingresos en una actividad comercial.

cuentista *adj*. y *com*. Mentiroso, exagerado. 2 Que lleva chismes. 3 *com*. Persona que narra o escribe cuentos.

cuento *m*. Relación, escrita u oral, de un suceso real o fantástico; como género literario es más breve que la novela y más ceñido a un tema o personaje. 2 Falsa apariencia, engaño.

cuerda *f*. Conjunto de hilos o fibras retorcidos, que se emplea para atar o supender algo. 2 En muchos instrumentos musicales, hilo de acero, tripa o plástico, cuya vibración produce sonidos acordados. 3 Cada una de las cuatro voces principales de bajo, tenor, contralto y tiple. 4 Segmento entre dos puntos de una curva.

cuerdo -da *adj*. y *n*. Que está en su juicio. 2 Sensato, reflexivo.

cuerna *f*. Cuerno macizo y anual de algunos animales. 2 Cornamenta. 3 Vaso hecho con un cuerno vacío.

cuerno *m*. Formación ósea y saliente de algunos animales, especialmente de los rumiantes, en la región frontal. 2 Protuberancia dura y puntiaguda en la mandíbula superior del rinoceronte. 3 Instrumento músico de viento hecho con un cuerno vaciado de animal.

cuero *m*. Piel curtida de los animales. 2 Odre, pellejo. 3 *Amér*. Correa.

cuerpo *m*. Organismo vivo de personas y animales. 2 Tronco de dicho organismo en los animales superiores. 3 Constitución física de una persona. 4 Objeto material con las tres dimensiones.

cuervo *m*. Ave paseriforme de los córvidos, de pico cónico y grueso, tarsos fuertes, alas de un metro de envergadura y plumaje negro. 2 *fam*. Avaro.

cuesta *f*. Terreno en pendiente.

cuestión *f*. Asunto pendiente de solución. 2 Asunto difícil y controvertido, problema. 3 Asunto en general.

cuestionario *m*. Lista de cuestiones o preguntas. 2 Temario de un examen.

cueva *f*. Cavidad subterránea de desarrollo horizontal, natural o artificial. 2 Sótano. 3 Madriguera.

cuidado *m*. Preocupación o inquietud que produce alguna cosa. 2 Esmero que se pone en la realización de algo. 3 Incumbencia u obligación: *está a su cuidado*.

cuita *f*. Aflicción, trabajo, preocupación.

culata *f*. Parte posterior de la caja de ciertas armas de fuego, que sirve para asirlas o afianzarlas al disparar. 2 Anca de una caballería. 3 En los motores de explosión, pieza metálica que cierra el cuerpo de los cilindros.

culebra *f*. Reptil de los colúbridos, de cuerpo cilíndrico, tamaño medio (1-2 m), cabeza achatada, boca grande y piel escamosa y variopinta. 2 *Amér*. Cuenta por cobrar.

culebrilla *f*. Enfermedad cutánea a modo de herpe. 2 Dragontea, planta de las aráceas. 3 Cualquier objeto delgado y en zigzag.

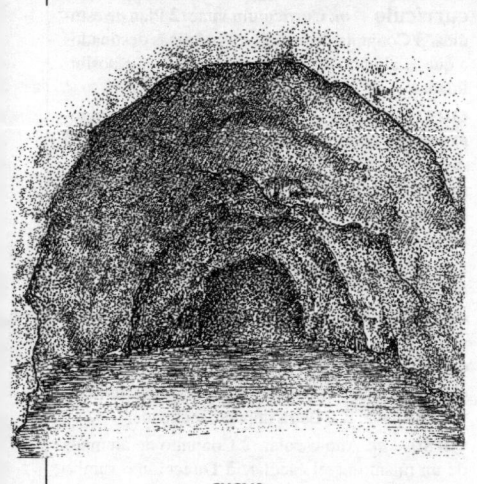
cueva

culminar *tr*. e *intr*. Llegar una cosa al grado más elevado o significativo. **2** *tr*. Dar fin a una tarea.

culo *m*. Nalgas de las personas. **2** Ancas de los animales. **3** Extremidad inferior o asiento de una cosa.

culpa *f*. Falta voluntaria más o menos grave. **2** Responsabilidad de algo en sentido amplio, de modo que equivale a causa y puede aplicarse incluso a las cosas inanimadas. **3** Negligencia jurídicamente responsable y punible, aunque sin intención de perjudicar a nadie, en lo que se diferencia del dolo.

culpable *adj*. y *com*. Que es causa de algo malo o resulta responsable de un delito.

culteranismo *m*. Estilo del barroco literario español (s. XVII).

cultismo *m*. Palabra culta o erudita. **2** Culteranismo.

cultivar *tr*. Trabajar la tierra para que produzca. **2** Criar plantas. **3** Desarrollar el talento.

cultivo *m*. Acción y efecto de cultivar. **2** Conjunto de acciones tendentes a mantener o desarrollar determinados sentimientos o valores.

culto -ta *adj*. Se dice de las tierras y plantas cultivadas. **2** Ilustrado o instruido, dicho de personas. **3** Refinado, dicho del razonamiento, el estilo, la palabra, etc. **4** *m*. Conjunto de ritos o ceremonias religiosas con que se rinde homenaje y adoración.

cultura *f*. Conjunto de conocimientos que posee una persona. **2** Conjunto de conocimientos de una sociedad o de un país, lo que conlleva un sistema de creencias y tradiciones, un sistema de valores y un sistema de acciones. **3** Conjunto de conocimientos logrados por la humanidad, que en un sentido amplio incluye tanto los espirituales como los tecnológicos.

culturismo *m*. Actividad gimnástica con miras al desarrollo estético de los músculos.

cumpleaños *m*. Aniversario del nacimiento de una persona.

cumplido -da *adj*. Completo, cabal. **2** Acabado, perfecto. **3** *m*. Muestra de urbanidad, alabanza amable.

cumplimiento *m*. Acción y efecto de cumplir o cumplirse. **2** Cumplido, obsequio. **3** Perfección y esmero en la ejecución de una cosa.

cumplir *tr*. Ejecutar, llevar a efecto. **2** Remediar a uno y proveerle de lo que le falta. **3** Llegar a tener una determinada edad. **4** *intr*. Hacer lo que se debe.

cúmulo *m*. Montón de cosas superpuestas. **2** Reunión de cosas de cualquier naturaleza. **3** *pl*. Nubes blancas y densas con apariencia de montañas nevadas.

cuna *f*. Cama con bordes altos o barrotes para niños pequeños. **2** Inclusa. **3** Lugar de origen de una persona.

cundir *intr*. Extenderse hacia todas partes una cosa. **2** Propagarse o multiplicarse una cosa. **3** Dar mucho de sí una cosa; aumentarse su volumen.

cuneiforme *adj*. En forma de cuña; se aplica a ciertas partes de las plantas, como hojas y pétalos. **2** Se dice especialmente de la escritura asiria y babilónica anterior a la invención del alfabeto fenicio.

cuneta *f*. Zanja de desagüe a los lados de una carretera o camino, para recoger el agua de lluvia.

cuña *f*. Pieza en ángulo diedro agudo, que sirve para hender, ajustar o calzar cuerpos sólidos, o para llenar un hueco o raja. **2** Cualquier objeto que desempeña esas funciones. **3** Orinal plano para enfermos que guardan cama.

cuñado -da *m*. y *f*. Hermano o hermana de uno de los cónyuges respecto del otro.

cupido *m*. Amorcillo. **2** Hombre enamoradizo y galanteador.

cupo *m*. Número de quintos que cada pueblo ha de aportar en el reemplazo anual. **2** Cantidad que aporta cada uno de los obligados a una determinada contribución. **3** Ración por cada uno recibe.

cupón *m*. Cada una de las partes recortables de un documento de deuda pública o de una sociedad de crédito, que se presenta al cobro de los intereses vencidos. **2** Cada una de las hojas recortables de un documento, cartilla o libreta, que se entrega cada vez que se hace uso de algún servicio al que da derecho. **3** Vale que acredita la participación en una lotería o rifa.

cúpula *f*. Bóveda semiesférica que cubre un edificio o parte de él. **2** Torre de hierro, redonda, cubierta y giratoria, en que se emplazan los cañones de grueso calibre de los acorazados. **3** Dirección de un organismo o partido político.

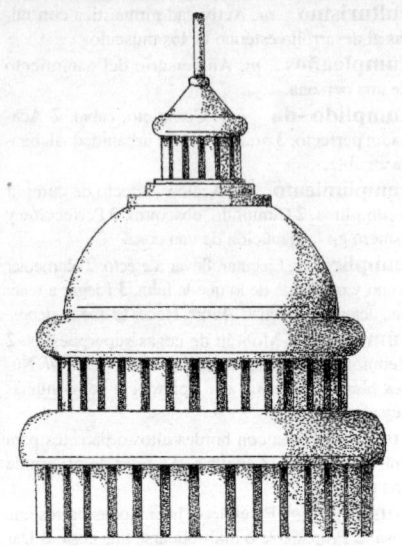
cúpula

cura *m*. Sacerdote católico encargado de una parroquia. **2** Cualquier sacerdote católico. **3** fam. Salpicadura de saliva que se echa al hablar. **4** *f*. Curación.

curado -da *adj*. Maduro, perfectamente en sazón. **2** Endurecido, experimentado, dicho de personas. **3** *Amér*. Borracho.

curandero -ra *m*. y *f*. Persona que, sin título oficial de médico, ejerce una medicina empírica. **2** Médico, en sentido despectivo.

curar *intr*. y *prnl*. Sanar, recobrar la salud. **2** *tr*. y *prnl*. Aplicar remedios a enfermos. **3** *tr*. Secar y conservar carnes y pescados.

curiosear *intr*. Ocuparse en indagar cosas ajenas. **2** *intr*. y *tr*. Husmear, fisgonear.

curiosidad *f*. Calidad de curioso. **2** Esmero. **3** Cosa rara o primorosa.

curioso -sa *adj*. y *n*. Se dice de quien se interesa en exceso por saber cosas de los demás o por conocer cosas en general. **2** Que excita curiosidad. **3** *m*. y *f*. *Amér*. Curandero.

currículo *m*. Curriculum vitae. **2** Plan de estudios. **3** Conjunto de estudios y prácticas destinados a que el alumno desarrolle plenamente sus posibilidades.

currutaco -ca *adj*. y *n*. fam. Que sigue rigurosamente las modas. **2** Pequeño, insignificante. **3** *Amér*. Regordete.

curry (ing.) *m*. Condimento de Asia tropical, compuesto de varias especias.

cursar *tr*. Frecuentar un lugar. **2** Realizar estudios en algún centro docente. **3** Dar curso a una solicitud o instancia.

cursi *adj*. y *com*. Se dice de la persona que, sin serlo, se cree fina y elegante. **2** Se dice de las cosas que, con apariencia de elegancia, resultan ridículas.

cursivo -va *adj*. y *n*. Se dice de la escritura rápida y ligada. **2** *f*. Letra impresa inclinada.

curso *m*. Año escolar. **2** Conjunto de alumnos de un mismo nivel escolar. **3** Dirección o rumbo del movimiento de una cosa.

curtir *tr*. Adobar las pieles para su conservación y aprovechamiento. **2** *tr*. y *prnl*. Tostar el sol la piel de las personas que viven a la intemperie o en el campo. **3** Habituar a los trabajos y penalidades.

curva *f*. Línea no recta del plano o del espacio. **2** Tramo curvo de una carretera o vía férrea. **3** Representación gráfica de algunos fenómenos o procesos.

curvo -va *adj*. y *n*. Que constantemente se aleja de la dirección recta sin formar ángulos. **2** Encorvado.

custodia *f*. Acción y efecto de custodiar. **2** Pieza de metal precioso en que se expone la forma consagrada del sacramento católico de la eucaristía.

custodiar *tr*. Vigilar y guardar una cosa.

cutícula *f*. Película, piel delgada y delicada. **2** Epidermis. **3** Membrana protectora en muchos protozoos, moluscos y plantas.

cutis *m*. Piel de las personas, especialmente la del rostro.

cuyo -ya *pron*. Relativo, con carácter posesivo: del cual, de la cual. Concierta no con su antecedente, sino con el nombre de la persona o cosa poseída: *una obra cuyas fuentes son harto conocidas*.

d *f.* Cuarta letra del abecedario castellano, y tercera de sus consonantes. Su nombre es *de*. **2** En la numeración romana, y en mayúscula, 500.
dable *adj.* Posible, hacedero.
dacrón *m.* Fibra textil muy resistente, de resinas de poliéster.
dactilar *adj.* Digital.
dactiloscopia *f.* Estudio de las huellas digitales para la identificación de las personas.
dádiva *f.* Cosa que se da generosamente.
dado[1] *m.* Pieza cúbica, usada en juegos de azar, en cuyas caras hay señalados puntos o figuras. **2** Pieza cúbica metálica, usada en las máquinas como apoyo a los tornillos, ejes, etc. **3** En las banderas, paralelogramo de distinto color que su fondo. **4** Pedestal de columna.
dado[2] **-da** *adj.* Otorgado, supuesto.
daga *f.* Especie de espada de hoja corta, generalmente de dos filos. **2** *P. Rico.* Machete.
daguerrotipo *m.* Procedimiento consistente en fijar en una placa de cobre plateada, sensibilizada con vapores de yodo, las imágenes recogidas con la cámara oscura, que posteriormente se revelan con vapores de mercurio. **2** Aparato para tal fin. **3** Retrato obtenido mediante dicho procedimiento.
dálmata *adj.* y *n.* Se dice de la raza canina de unos 60 cm de alto, cuerpo esbelto y pelo corto blanco con manchas negras o pardas.
daltonismo *m.* Defecto de la vista consistente en no percibir o confundir los colores, principalmente el rojo y el verde. Es hereditario, y más frecuente en el varón.
dama[1] *f.* Mujer noble o distinguida. **2** Nombre con que se designa a cada una de las actrices de una obra teatral, según la importancia del papel: *primera dama, segunda dama,* etc. **3** En el ajedrez, la reina. **4** En el juego de damas, pieza que ha avanzado hasta la última línea. **5** *pl.* Juego para dos personas que se ejecuta en un tablero de 64 o 100 casillas, con 24 o 40 piezas, blancas y negras, que se desplazan en diagonal.
dama[2] *f.* Losa o muro que cierra el crisol de un horno por la parte frontal.

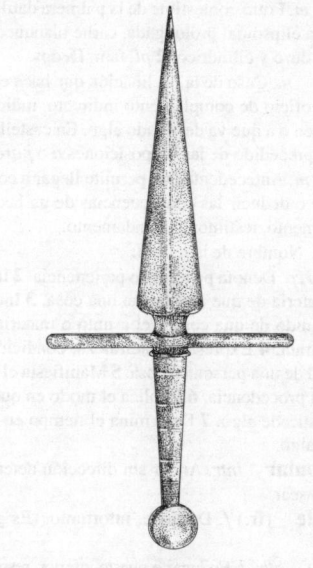

daga

dama[3] *m.* Gamo.
damasco *m.* Tela de seda, con dibujos formados con el mismo tejido. **2** *Amér.* Albaricoque.
damnificado -da *adj.* Que ha sufrido grave daño o perjuicio.
danés -sa *adj.* y *n.* De Dinamarca. **2** *adj.* y *n.* Se dice de la raza canina de unos 75 cm de alto, orejas pequeñas, larga cola y piel oscura, a veces atigrada o con manchas negras. **3** *m.* Lengua que se habla en Dinamarca.
danta *f.* Anta, mamífero. **2** Tapir.
dante *m.* Ante, mamífero parecido al ciervo. **2** Búfalo.
danza *f.* Baile, acción de bailar.
dañado -da *adj.* Perjudicado. **2** Se dice de la fruta estropeada. **3** *m. Col.* Homosexual.
dañar *tr.* y *prnl.* Causar perjuicio, dolor o molestia. **2** Echar a perder una cosa.

dar *tr.* Donar. **2** Entregar.
dardo *m.* Arma arrojadiza parecida a una lanza pequeña. **2** fig. Dicho satírico y molesto.
data[1] *f.* Indicación del tiempo y lugar en que se realiza un documento. **2** Partidas que en una cuenta componen el descargo de lo recibido. **3** Abertura para desaguar un depósito.
data[2] *f.* Variedad de ciruela.
datar *tr.* Poner la data. **2** Determinar la data de algo. **3** *tr.* y *prnl.* Poner en las cuentas lo correspondiente a la data. **4** *intr.* Haber tenido principio una cosa en el tiempo que se determina: *nuestra amistad data del año pasado*.
dátil *m.* Fruto comestible de la palmera datilera, de forma elipsoidal prolongada, carne blanquecina y hueso duro y cilíndrico. **2** *pl.* fam. Dedos.
dativo *m.* Caso de la declinación que hace en la oración oficio de complemento indirecto, indicando a quien o a que va destinado algo. En castellano suele ir precedido de las preposiciones *a* o *para*.
dato *m.* Antecedente que permite llegar a conocer algo o deducir las consecuencias de un hecho. **2** Documento, testimonio, fundamento.
de[1] *f.* Nombre de la letra *d*.
de[2] *prep.* Denota posesión o pertenencia. **2** Indica la materia de que está hecha una cosa. **3** Indica el contenido de una cosa o el asunto o materia de que se trata. **4** Expresa la naturaleza, condición o cualidad de una persona o cosa. **5** Manifiesta el origen o la procedencia. **6** Explica el modo en que se hace o sucede algo. **7** Determina el tiempo en que sucede algo.
deambular *intr.* Andar sin dirección determinada; pasear.
debacle (fr.) *f.* Desastre, infortunio. (Es galicismo.)
debajo *adv. l.* En lugar o puesto inferior, respecto de otro superior. Va acompañado de la preposición *de* cuando antecede a un nombre.
debate *m.* Controversia sobre una cosa entre varias personas. **2** Contienda, lucha, combate. **3** Género literario de origen medieval, basado en un diálogo o disputa filosófica o intrascendente entre dos personajes alegóricos.
debe *m.* Parte de una cuenta corriente en que se registran las cantidades que se cargan en ella.
deber[1] *m.* Aquello a que está obligado el hombre por la religión, las leyes o la conciencia. **2** Deuda. **3** *pl.* Ejercicios para hacer en casa los escolares.
deber[2] *tr.* y *prnl.* Estar obligado a algo por una ley o norma. **2** Estar obligado a mostrar agradecimiento, respeto, etc. **3** Tener una deuda material. **4** Con la preposición *de*, denota que quizá ha sucedido, sucede o sucederá una cosa. **5** Ser causa o consecuencia de algo.
debido -da *adj.* Conveniente, necesario.

débil *adj.* y *com.* De poca fuerza, que cede fácilmente.
debilitar *tr.* y *prnl.* Disminuir la fuerza, el vigor o el poder de una persona o cosa.
débito *m.* Deuda. **2** Registro en el debe de una cuenta.
debut *m.* Presentación o primera actuación en público de un actor, cantante, etc.
década *f.* Serie de diez, principalmente de días o de años.
decadencia *f.* Acción de decaer. **2** Período de declive político, económico y cultural de una sociedad. **3** Debilidad, menoscabo.
decaedro *m.* Sólido de diez caras.
decaer *intr.* Ir a menos; perder una persona o cosa una parte de sus condiciones o propiedades. **2** Separarse una nave del rumbo.
decaído -da *adj.* Falto de fuerza o valor.
decalitro *m.* Medida de capacidad que tiene diez litros.
decálogo *m.* Los diez mandamientos de la ley de Moisés. **2** Por extensión, cualquier conjunto de preceptos.

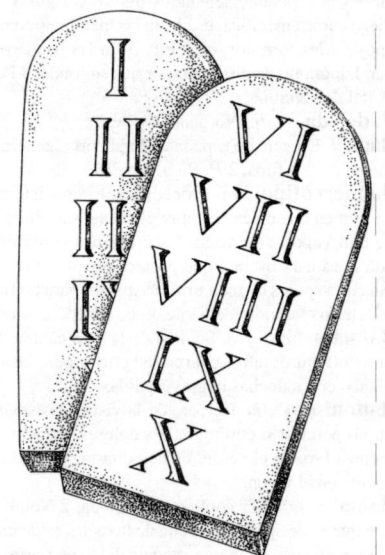

decálogo

decámetro *m.* Medida de longitud que tiene diez metros.
decano -na *m.* y *f.* Miembro más antiguo de una comunidad, junta, etc. **2** Persona nombrada para presidir una facultad universitaria, una corporación, etcétera.

decantar *tr.* Inclinar una vasija sobre otra para que caiga el líquido que contiene, sin que salga el poso. **2** *prnl.* Tomar partido.

decapitar *tr.* Cortar la cabeza.

decatlón *m.* Conjunto de diez pruebas de atletismo.

decena *f.* Conjunto de diez unidades.

decenal *adj.* Que sucede o se repite cada decenio. **2** Que dura un decenio.

decencia *f.* Aseo de alguien. **2** Recato, honestidad, modestia. **3** Dignidad.

decente *adj.* Honesto, que obra de acuerdo con las buenas costumbres. **2** Conforme al estado o calidad de la persona. **3** Arreglado, limpio. **4** De buena calidad o en cantidad suficiente.

decepción *f.* Engaño. **2** Pesar causado por un desengaño.

deceso *m.* Muerte de una persona.

dechado *m.* Muestra que se tiene presente para imitar. **2** Labor que se ejecuta en un pedazo de tela para aprender. **3** Ejemplo, modelo.

decidir *tr.* Cortar la dificultad, formar juicio definitivo sobre algo. **2** Instar a alguien para que tome cierta determinación. **3** *tr.* y *prnl.* Resolver, tomar partido.

decilitro *m.* Décima parte de un litro.

decimal *adj.* Se aplica al sistema de numeración cuya base es diez. **2** Perteneciente al diezmo. **3** *m.* Cada una de las cifras que van detrás de la coma en un número fraccionario.

decímetro *m.* Medida de longitud, equivalente a la décima parte de un metro.

décimo -ma *adj.* y *n.* Que sigue inmediatamente en orden al o a lo noveno. **2** Se dice de cada una de las diez partes iguales en que se divide un todo.

decir[1] *m.* Dicho notable por la sentencia, la oportunidad, etc. **2** Composición poética medieval no destinada al canto.

decir[2] *tr.* y *prnl.* Manifestar un pensamiento con palabras o por escrito. **2** Leer en voz alta. **3** *tr.* Asegurar, sostener, opinar. **4** Nombrar o llamar. **5** Dar muestras, manifestar. **6** Se aplica a los textos, por los temas que en ellos se tratan.

decisión *f.* Determinación ante una duda. **2** Firmeza de carácter. **3** Sentencia judicial.

decisivo -va *adj.* Se dice de lo que decide o resuelve. **2** Se dice de lo que tiene lugar en un momento determinante.

declamación *f.* Acción de declamar. **2** Arte de declamar. **3** Discurso duro y vehemente.

declamador -ra *adj.* y *n.* Que declama.

declamar *intr.* Hablar en público. **2** Hablar para ejercitarse en las reglas de la retórica. **3** Hablar vehementemente y con dureza. **4** *tr.* e *intr.* Recitar marcando el sentido con los gestos, los ademanes y la entonación adecuada.

declaración *f.* Acción y efecto de declarar. **2** Confesión. **3** Manifestación del ánimo o de la intención.

declarar *tr.* Explicar algo que está oculto o que no se entiende bien. **2** Manifestar a la autoridad los bienes, las ganancias, etc., sometidos al pago de impuestos. **3** Dar la opinión.

declinación *f.* Acción y efecto de declinar. **2** Caída, descenso, pendiente. **3** Distancia de un astro al ecuador celeste, equivalente en la esfera celeste a lo que en la Tierra se denomina latitud. **4** Ángulo que forma un plano vertical con el meridiano. **5** Serie de formas que presenta una palabra para desempeñar diversas funciones.

declinar *intr.* Inclinarse hacia abajo o hacia un lado u otro. **2** Acercarse algo a su fin. **3** Cambiar de naturaleza o costumbres. **4** *tr.* Rehusar, renunciar. **5** *tr.* y *prnl.* En las lenguas con flexión casual, enunciar las formas que presenta una palabra para desempeñar las funciones correspondientes a cada caso.

declive *m.* Pendiente, cuesta o inclinación de un terreno o de una superficie. **2** Decadencia.

declive

decomisar *tr.* Adueñarse la autoridad de mercancías, drogas, etc., objeto de contrabando.

decomiso *m.* Pena de perdimiento de la cosa en que incurre el que comercia en géneros prohibidos. **2** Pérdida del que contraviene un contrato en que se estipuló esta pena. **3** Cosa decomisada. **4** Pena accesoria de privación o pérdida de los instrumentos o efectos del delito.

decorado *m.* Conjunto de elementos con que se crea el ambiente de una pieza teatral o de una secuencia cinematográfica.

decorador -ra *m. y f.* Persona que decora, especialmente interiores.

decorar *tr.* Adornar un objeto; embellecer o dar un ambiente determinado a un lugar mediante pinturas, muebles, alfombras, etc. **2** Condecorar.

decoro *m.* Honor, respeto hacia una persona. **2** Circunspección, gravedad. **3** Honestidad, recato. **4** Técnica arquitectónica que consiste en dar a los edificios el aspecto conveniente.

decoroso -sa *adj.* Que tiene decoro. **2** Se dice de las cosas que no van contra el decoro.

decrecer *intr.* Menguar, disminuir.

decrépito -ta *adj.* Se dice de la edad muy avanzada y de la persona anciana con sus facultades muy disminuidas. **2** Que ha llegado a su máxima decadencia.

decretar *intr.* Decidir por decreto la persona que tiene autoridad o facultades para ello. **2** Anotar marginalmente el curso o respuesta que se ha de dar a un escrito.

decreto *m.* Resolución de una autoridad política o gubernativa, hecha pública de acuerdo con las formas prescritas.

dedal *m.* Utensilio cónico y hueco de metal, plástico, etc., que puesto en la punta de un dedo sirve para empujar la aguja al coser. **2** Dedil.

dedicar *tr. y prnl.* Consagrar una cosa al culto. **2** Destinar una cosa a un determinado uso o fin. **3** Obsequiar a una persona con un libro, una fotografía, etc., haciéndolo constar.

dedicatoria *f.* Escrito con que se dedica un libro, una fotografía, etc., a alguien.

dedillo, al *loc. adv.* Con detalle, con toda seguridad.

dedo *m.* Cada una de las cinco partes prolongadas en que terminan la mano y el pie. Los nombres de los dedos de la mano son: pulgar, índice, medio, anular y meñique. El pulgar tiene dos falanges, y tres todos los demás dedos. **2** Porción de algo del ancho de un dedo. **3** Medida de longitud que equivale a unos 18 mm.

deducción *f.* Acción y efecto de deducir. **2** Acción de sacar una cosa de otra. **3** Cosa deducida. **4** En lógica, método por el cual se extrae una conclusión de una o varias proposiciones.

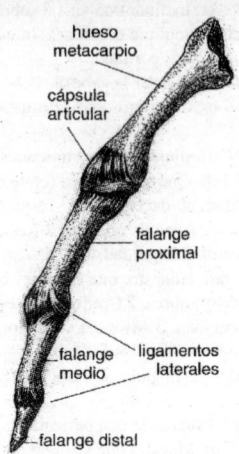

dedo

deducir *tr. y prnl.* Sacar consecuencias. **2** Restar un importe de una cantidad. **3** *tr.* Alegar las partes sus defensas o derechos.

defecación *f.* Expulsión de las heces por el ano. **2** Operación de eliminar las impurezas de un líquido.

defecto *m.* Carencia o falta de alguna o algunas propiedades de una cosa. **2** Imperfección natural o moral.

defender *tr. y prnl.* Amparar, proteger, auxiliar. **2** Sostener una teoría, idea, etc., contra el dictamen ajeno. **3** Alegar en favor de alguien.

defenestrar *tr.* Destituir o expulsar a alguien de un cargo, puesto, situación, etc., por lo general de forma violenta o imprevista.

defensa *f.* Acción y efecto de defender. **2** Arma, instrumento, fortificación, etc., para defender o defenderse. **3** Amparo, protección, socorro.

defensivo -va *adj.* Que sirve para defender o resguardar. **2** *m.* Defensa, refugio.

defensor -ra *adj. y n.* Persona que está encargada de la defensa en un juicio.

deferencia *f.* Adhesión al dictamen o proceder ajeno. **2** Muestra de respeto o cortesía.

deficiencia *f.* Defecto o imperfección.

deficiente *adj.* Falto o incompleto. **2** Que no alcanza la cantidad, el nivel, etc., necesario. **3** Defectuoso.

definición *f.* Acción y efecto de definir. **2** Serie de palabras con que se define. **3** Fidelidad de reproducción de la imagen de un televisor.

definir *tr.* Fijar el significado de una palabra. **2** Dar los últimos retoques a una pintura. **3** *tr. y prnl.* Fijar la naturaleza de una persona o cosa. **4** Resolver una duda, pleito, etc., la autoridad.

definitivo -va *adj.* Que decide, resuelve o concluye.
deforestación *f.* Desaparición progresiva de la vegetación de un territorio, a causa de la actividad humana, de un incendio, etc. Da lugar a la rápida erosión del suelo y a modificaciones climatológicas.
deforestar *tr.* Despojar un terreno de plantas forestales.
deformar *tr.* y *prnl.* Alterar la forma de una cosa o de una persona.
deforme *adj.* y *com.* De forma desproporcionada o irregular.
deformidad *f.* Alteración de la forma de un órgano a causa de una lesión o por una anomalía en el crecimiento.
defraudar *tr.* No corresponder algo o alguien a lo esperado. **2** Eludir el pago de los impuestos.
defunción *f.* Muerte de una persona, fallecimiento.
degenerar *intr.* Decaer, perder una persona o cosa sus buenas cualidades. **2** Empeorar una especie o raza.
deglución *f.* Paso de los alimentos de la boca al estómago.
degollar *tr.* Cortar el cuello a una persona o a un animal.
degradar *tr.* Privar a una persona de sus dignidades, honores y privilegios. **2** En pintura, reducir el tamaño y la viveza del color para crear un efecto de perspectiva.
degustar *tr.* Probar o catar alimentos y bebidas.
deicida *adj.* y *com.* Se dice de los que dieron muerte a Jesucristo.
deidad *f.* Ser divino o esencia divina. **2** Dios o diosa.
deificar *tr.* Divinizar. **2** Ensalzar a alguien. **3** *prnl.* Participar en la vida divina por la gracia.
dejar *tr.* Soltar una cosa. **2** Desamparar, abandonar. **3** Consentir, permitir. **4** Producir ganancia. **5** Dar una cosa a otro el que se ausenta o hace testamento. **6** Como verbo auxiliar, unido a un participio pasivo, explica una prevención acerca de lo que el participio significa; unido a un infinitivo, explica el modo de suceder o ejecutarse la acción del verbo.
dejo *m.* Acción y efecto de dejar. **2** Finalidad o término de una cosa. **3** Modo particular del habla de una región o de ciertas personas. **4** Sabor que queda de la comida o la bebida. **5** Descuido, flojedad. **6** Placer o disgusto que queda después de una acción.
del Contracción de la preposición *de* y el artículo *el*.
delación *f.* Acusación, denuncia.
delantal *m.* Prenda de vestir que, atada a la cintura, sirve para proteger el traje o el vestido. **2** Mandil. **3** Bata que usan los niños.

delante *adv. l.* Con prioridad de lugar, en la parte anterior o en sitio preferente. **2** Enfrente. **3** *adv. m.* A la vista, en presencia.
delantero -ra *adj.* Que está o va delante.
delatar *tr.* Revelar a la autoridad al autor de un delito. **2** Descubrir una cosa oculta y reprochable. **3** *prnl.* Descubrirse uno mismo.
delegar *tr.* e *intr.* Dar una persona a otra la jurisdicción que tiene por dignidad u oficio.
deleite *m.* Placer.
deletrear *intr.* y *tr.* Pronunciar separadamente las letras de una palabra.
deleznable *adj.* Que se rompe, disgrega o deshace fácilmente. **2** Que se desliza y resbala fácilmente. **3** Inconsistente, poco durable.
delfín *m.* Nombre de varios cetáceos de los delfínidos, de 2 a 4 m de largo, vientre blanquecino, dorso oscuro, cabeza voluminosa y dientes pequeños. Vive en manadas, y abunda en los mares cálidos de todo el planeta.

delfín

delgado -da *adj.* Flaco, de pocas carnes. **2** Tenue, de poco espesor. **3** Se dice de la tierra poco productiva o del agua pobre en sales minerales. **4** Agudo, sutil, ingenioso.
deliberar *intr.* Considerar los pros y los contras de una cuestión antes de tomar una decisión. **2** *tr.* Resolver una cosa con premeditación.
delicadeza *f.* Finura. **2** Atención y exquisito miramiento con las personas o las cosas. **3** Ternura, suavidad.
delicado -da *adj.* Fino, atento, suave, tierno. **2** Débil, flaco, enfermizo. **3** Quebradizo. **4** Suspicaz, fácil de resentirse o enojarse.

delicia *f.* Placer muy intenso. **2** Aquello que lo causa.

delicioso -sa *adj.* Que causa delicia, muy agradable.

delictivo -va *adj.* Relativo al delito. **2** Que implica delito.

delimitar *tr.* Determinar con precisión los límites de una cosa.

delincuente *adj.* y *com.* Que delinque.

delineante *com.* Persona que traza planos.

delinear *tr.* Trazar las líneas de una figura. **2** *prnl.* Distinguirse el perfil de una cosa.

delinquir *intr.* Cometer un delito.

delirar *adj.* Desvariar, tener perturbada la razón. **2** Decir o hacer disparates.

delirio *m.* Perturbación transitoria de la razón, caracterizada por alucinaciones, excitación nerviosa y confusión mental. Aparece en enfermedades infecciosas, intoxicaciones, psicosis, etc. **2** Despropósito, disparate.

delito *m.* Culpa, crimen, quebrantamiento de la ley.

delta *f.* Cuarta letra del alfabeto griego, que corresponde a la *d*. **2** Tipo de ala de forma triangular para la práctica del vuelo libre. **3** *m.* Depósito de sedimentos, de figura triangular, formado en la desembocadura de un río en el mar o en un lago.

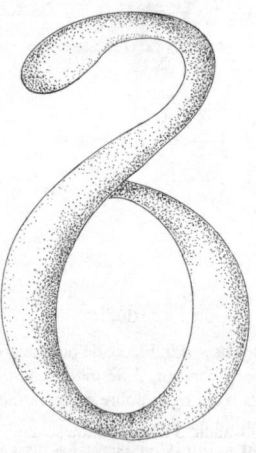

delta

demacrar *tr.* y *prnl.* Enflaquecer.

demagogia *f.* En la antigua Grecia, dominación tiránica del pueblo. **2** Política basada en el halago y manipulación del pueblo para hacerlo instrumento de la propia ambición política. Es frecuente en los sistemas dictatoriales o personalistas.

demagogo -ga *m.* y *f.* El que usa la demagogia. **2** En la antigua Grecia, caudillo del partido popular.

demanda *f.* Petición de un litigante en un juicio. **2** Súplica, petición, solicitud. **3** Pedido o encargo de mercancías.

demandante *adj.* y *com.* Se dice de la persona que demanda o pide una cosa en juicio.

demandar *tr.* Entablar una demanda judicial. **2** Pedir, rogar. **3** Preguntar.

demarcar *tr.* Señalar los límites de un país, terreno, etc. **2** Determinar la marcación de un buque.

demás *adj.* y *pron.* Precedido generalmente de artículo: lo otro, la otra, los otros o los restantes, las otras. **2** *adv.* Además.

demasía *f.* Exceso. **2** Atrevimiento. **3** Insolencia, descortesía. **4** Maldad, delito.

demencia *f.* Estado de debilidad de las facultades mentales. Se debe a lesiones cerebrales, y generalmente es progresiva e incurable.

demente *adj.* y *com.* Que padece demencia. **2** Loco, falto de juicio.

demérito *m.* Falta de mérito. **2** Acción, circunstancia o cualidad por la que se desmerece.

democracia *f.* Doctrina política favorable a la intervención del pueblo en el gobierno y en la elección de los gobernantes.

demócrata *adj.* y *com.* Se dice del partidario de la democracia o miembro de un partido demócrata.

democráticamente *adv. m.* Con democracia.

democratizar *tr.* y *prnl.* Hacer demócratas a las personas o democráticas las cosas.

demografía *f.* Ciencia que tiene por objeto el estudio del tamaño, la composición y la distribución de la pob. humana, a escala local, regional, nacional o mundial.

demoler *tr.* Deshacer, derribar, arruinar.

demonio *m.* Ser intermedio entre los dioses y el hombre, que aparece en diversas religiones. En el cristianismo, es el ángel caído, que goza de poder maligno. Las religiones satánicas le han tributado culto.

demonolatría *f.* Culto al demonio.

demonología *f.* Estudio sobre la naturaleza y cualidades de los demonios.

demora *f.* Tardanza, dilación. **2** Temporada de ocho meses que en América debían trabajar los indígenas en las minas.

demorar *tr.* y *prnl.* Retardar. **2** *intr.* y *prnl.* Detenerse en un lugar.

demostrar *tr.* Probar, sirviéndose de cualquier género de demostración. **2** Manifestar, declarar.

demostrativo -va *adj.* Que demuestra. **2** *adj.* y *n.* Se dice de las formas lingüísticas, de carácter pronominal, que designan una situación en el espacio o en el tiempo, a partir de las tres personas del discurso:

éste, ése, aquél. En función sustantiva llevan acento ortográfico, y en función adjetiva carecen de él.

denegar *tr.* No conceder lo que se solicita.

dengue *m.* Afectación. **2** Enfermedad vírica causada por la picadura de un mosquito tropical. Se caracteriza por la presencia de fiebre, dolores musculares y erupción cutánea.

denigrar *tr.* Destruir la buena opinión o fama de una persona o cosa. **2** Injuriar, ultrajar.

denodado -da *adj.* Intrépido, atrevido.

denominación *f.* Nombre o título de una persona o cosa.

denominador -ra *adj.* y *n.* Que denomina. **2** *m.* Término de una fracción que expresa las partes iguales en que está dividida la unidad.

denominar *tr.* Distinguir con un nombre o título a una persona o cosa.

denotar *tr.* Indicar, anunciar, significar.

densidad *f.* Calidad de denso. **2** Densidad absoluta.

denso -sa *adj.* Compacto, apretado. **2** Espeso. **3** Apiñado, apretado. **4** Oscuro, confuso.

dentado -da *adj.* Que tiene dientes o puntas. **2** *m.* Conjunto de dientes.

dentadura *f.* Conjunto de dientes, muelas y colmillos.

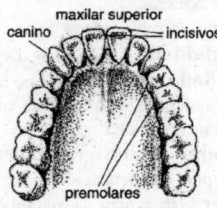
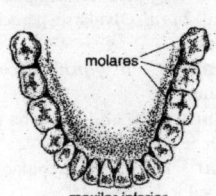

dentadura

dental *adj.* Relativo a los dientes.

dentar *tr.* Formar dientes a una cosa. **2** *intr.* Salir los dientes.

dentellado -da *adj.* Que tiene dientes. **2** Parecido a ellos. **3** Herido a dentelladas. **4** *f.* Mordedura. **5** Herida que dejan los dientes.

dentición *f.* Formación y crecimiento de los dientes. **2** Tiempo durante el que aparecen los dientes.

dentífrico -ca *adj.* y *n.* Se dice de las sustancias usadas para limpiar los dientes.

dentista *m.* Odontólogo, médico especializado en el cuidado de los dientes.

dentistería *f. Amér.* Consultorio del dentista, clínica dental. **2** *Amér.* Odontología.

dentro *adv. l.* y *t.* A o en la parte interior de un espacio o término real o imaginario: *dentro de una ciudad, de un año, del alma.*

denuedo *m.* Valor, intrepidez.

denunciar *tr.* Comunicar, avisar. **2** Dar a la autoridad parte de un daño hecho.

deparar *tr.* Suministrar, proporcionar. **2** Poner delante, presentar.

departamento *m.* Cada una de las divisiones administrativas de un territorio.

departir *intr.* Hablar, conversar.

dependencia *f.* Subordinación a un poder. **2** Sección de una institución, empresa, etc.

dependiente -ta *adj.* Que depende. **2** *m.* y *f.* Empleado de comercio que atiende directamente a los clientes.

depilar *tr.* y *prnl.* Arrancar el pelo o producir su caída por medio de sustancias depilatorias o por otros medios.

deplorable *adj.* Lamentable.

deplorar *tr.* Sentir vivamente un suceso.

deponer *tr.* Dejar, separar, apartar. **2** Privar a una persona de un empleo o dignidad. **3** Bajar o quitar una cosa del lugar en que está. **4** *intr.* Evacuar el vientre.

deportar *tr.* Desterrar.

deporte *m.* Ejercicio físico practicado individualmente o por equipos con el fin de superar una marca, vencer a un adversario, o el simple esparcimiento, siempre con sujeción a ciertas reglas.

deportista *adj.* y *com.* Se dice de la persona que practica algún deporte.

deportividad *f.* Práctica deportiva caracterizada por el respeto a las reglas del juego y la corrección.

depositar *tr.* Poner bienes o cosas de valor bajo custodia de alguien. **2** Colocar algo en un sitio determinado. **3** Sedimentar. **4** *prnl.* Caer al fondo de un líquido una materia que está en suspensión.

depositario -ria *m.* y *f.* Persona responsable de un depósito. **2** Tesorero.

depósito *m.* Acción y efecto de depositar. **2** Cosa depositada. **3** Lugar donde se deposita.

depravado -da *adj.* y *n.* Corrompido, pervertido.

depravar *tr.* y *prnl.* Viciar, adulterar, corromper.

depreciación *f.* Disminución del valor o precio de algo.

depredador -ra *adj.* y *n.* Se dice de los animales que cazan a otros para su subsistencia.

depresor -ra *adj.* y *n.* Que deprime o humilla. **2** *m.* Instrumento de cirugía para deprimir o apartar.

deprimir *tr.* Disminuir el volumen de un cuerpo. **2** Producir una depresión.

deprisa *adv. m.* Con celeridad o presteza.

depuración *f.* Operación para eliminar o transformar los elementos perjudiciales para la salud humana de las aguas residuales, el aire, etc., con el fin de convertirlos en saludables.

depurar *tr.* y *prnl.* Limpiar, purificar.

derechamente *adv. m.* Directamente. **2** Con prudencia, discreción, sensatez y destreza.

derecho -cha *adj.* Recto, sin torcerse. **2** Que cae o mira hacia la mano derecha. **3** Facultad de hacer o exigir lo que la ley o la autoridad establece en nuestro favor. **4** Conjunto de reglas a que están sometidas las relaciones humanas en una sociedad, y a cuya observancia pueden ser compelidos los individuos por la fuerza. **5** Acción que se tiene sobre una persona o cosa. **6** Justicia, razón. **7** Ciencia que estudia la ordenación jurídica.

derivación *f.* Acción de derivar.

derivar *intr.* y *prnl.* Tener origen una cosa en otra.

dermatología *f.* Parte de la medicina que trata de las enfermedades de la piel.

dermis *f.* Capa de la piel situada bajo la epidermis. Es resistente y elástica, y contiene vasos sanguíneos y terminaciones nerviosas que captan los estímulos táctiles.

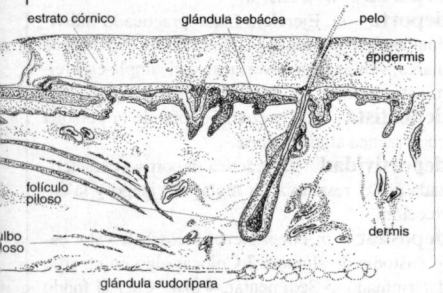

dermis

derogar *tr.* Abolir, anular una ley o costumbre. **2** Reformar.

derramar *tr.* y *prnl.* Verter, esparcir cosas líquidas o menudas.

derrengado -da *adj.* Muy cansado. **2** Torcido.

derrengar *tr.* y *prnl.* Descaderar, deslomar. **2** Torcer, inclinar.

derretir *tr.* y *prnl.* Disolver por medio del calor una cosa sólida, congelada o pastosa.

derribar *tr.* Demoler casas, muros, etc. **2** Tirar al suelo a una persona, animal o cosa.

derrocar *tr.* Despeñar desde una peña o roca. **2** Echar por tierra, deshacer, arruinar un edificio. **3** Destituir a alguien de un cargo; derribar un gobierno.

derrochar *tr.* Malgastar el dinero o los bienes. **2** Emplear uno generosamente el valor, las energías, el humor, etc.

derrota[1] *f.* Camino, vereda. **2** Rumbo que lleva una embarcación.

derrota[2] *f.* Vencimiento total de un ejército, seguido generalmente de fuga desordenada. **2** fig. Desastre, ruina.

derrotar *tr.* Vencer a un enemigo. **2** Disipar, destrozar hacienda, muebles o vestidos. **3** *prnl.* Desviarse un barco de su rumbo.

desabastecer *tr.* y *prnl.* Privar de abastecimiento.

desabotonar *tr.* y *prnl.* Sacar los botones de los ojales. **2** Abrirse las flores.

desabrido -da *adj.* Que carece de sabor, o apenas lo tiene. **2** De mal sabor.

desabrigar *tr.* y *prnl.* Desarropar, quitar el abrigo.

desacato *m.* Falta de respeto. **2** Delito que se comete calumniando, insultando o amenazando a una autoridad.

desacelerar *tr.* e *intr.* Retrasar, quitar celeridad, dejar de acelerar.

desacertar *intr.* No acertar, errar.

desacomedido -da *adj. Amér.* Descortés.

desacomodado -da *adj.* Que no tiene medios para vivir con desahogo. **2** Que está sin acomodo. **3** Que causa incomodidad.

desacomodar *tr.* Privar de la comodidad. **2** Quitar el empleo o la ocupación.

desacordar *tr.* y *prnl.* Destemplar un instrumento musical. **2** *prnl.* Olvidarse, perder la memoria de las cosas.

desacostumbrar *tr.* y *prnl.* Hacer perder o dejar una costumbre.

desacreditado -da *adj.* Que ha perdido la buena opinión de que gozaba.

desacreditar *tr.* Quitar la reputación de una persona, o el valor de una cosa.

desactivar *tr.* Hacer que una sustancia, bomba, etc., se vuelva inactiva. **2** Eliminar la radiactividad de un cuerpo.

desacuerdo *m.* Disconformidad en un dictamen o en una acción. **2** Error, desacierto. **3** Enajenamiento mental.

desafecto -ta *adj.* Que no siente estima por algo o por alguien. **2** Opuesto, contrario. **3** *m.* Malquerencia.

desafiador -ra *adj.* y *n.* Que desafía.

desafiar *tr.* Retar, instar a alguien a combatir o a pelearse.

desafinar *intr.* y *prnl.* Desviarse ligeramente la voz o el sonido de un instrumento de una nota musical. **2** *intr.* fam. Cometer una indiscreción.

desaforado -da *adj.* Que obra sin ley. **2** Grande con exceso, desmedido, fuera de lo común.

desaforar *tr.* Quebrantar los fueros y privilegios. **2** Privar a alguien de un fuero o exención. **3** *prnl.* Descomponerse, atreverse.

desaforo *m. Cuba.* Impulso, ímpetu.

desafortunado -da *adj.* Sin fortuna. **2** Desacertado.

desafuero *m.* Acto violento contra la ley o las costumbres. **2** Hecho que priva a alguien de un fuero.

desagradar *intr.* y *prnl.* Disgustar, fastidiar, causar desagrado.

desagradecer *tr.* No agradecer un favor o beneficio recibido; desconocerlo.

desagrado *m.* Disgusto, descontento. **2** Expresión de disgusto.

desagraviar *tr.* y *prnl.* Dar alguien satisfacción completa a quien ha agraviado. **2** Reparar un perjuicio causado.

desaguar *tr.* Extraer el agua de un lugar. **2** Disipar, consumir. **3** *intr.* Desembocar un río. **4** Dar salida un recipiente a las aguas que contiene. **5** *prnl.* Vomitar o defecar.

desaguar

desahogado -da *adj.* Descarado, atrevido. **2** Se dice del lugar con poca cantidad de personas o de objetos. **3** Que vive con desahogo.

desahogar *tr.* Aliviar a alguien en una tarea, aflicción o necesidad. **2** *tr.* y *prnl.* Exteriorizar una pasión, un sentimiento, etc. **3** *prnl.* Franquearse a una persona. **4** Recobrarse del calor y la fatiga.

desahuciar *tr.* y *prnl.* Quitar a alguien toda esperanza de conseguir algo. **2** *tr.* Desesperar los médicos de la curación de un enfermo. **3** Despedir a un inquilino o arrendatario.

desairar *tr.* Despreciar, desatender a una persona. **2** Desestimar una cosa.

desajustar *tr.* Desencajar una cosa de otra. **2** *prnl.* Desconvenirse, apartarse de un ajuste.

desalar[1] *tr.* Quitar la sal a una cosa.

desalar[2] *tr.* Quitar las alas. **2** *prnl.* Correr. **3** Anhelar algo vehementemente.

desalentar *tr.* Dificultar el aliento la fatiga o el cansancio. **2** *prnl.* Acobardarse.

desaliento *m.* Falta de vigor o de aliento.

desaliño *m.* Desaseo, falta de aliño. **2** Negligencia, descuido.

desalmado -da *adj.* Sin conciencia. **2** Cruel, inhumano.

desalojar *tr.* Sacar de un lugar a una persona o cosa. **2** Abandonar un lugar.

desamarrar *tr.* y *prnl.* Quitar las amarras. **2** Desviar, apartar.

desamor *m.* Falta de amor. **2** Enemistad, aborrecimiento.

desamortizar *tr.* Dejar libres los bienes amortizados. **2** Poner en venta los bienes de «manos muertas», mediante disposiciones legales.

desamparar *tr.* Abandonar, dejar sin amparo. **2** Ausentarse, abandonar un lugar. **3** Abandonar una cosa, con renuncia de todo derecho a ella.

desamueblar *tr.* Dejar sin muebles un edificio, una vivienda, etc.

desangrar *tr.* y *prnl.* Sacar o perder mucha sangre. **2** *tr.* Desaguar un lago, estanque, etc. **3** Arruinar a uno.

desanidar *intr.* Dejar las aves el nido cuando acaban de criar. **2** *tr.* Echar de un lugar a los que se ocultan o guarecen en él.

desanimar *tr.* y *prnl.* Quitar o perder la inquietud, los ánimos, la ilusión, etc.

desanudar *tr.* Desatar un nudo. **2** Aclarar, desenmarañar.

desapacible *adj.* Que causa disgusto o que es desagradable.

desaparecer *tr.* y *prnl.* Ocultar, quitar de delante una cosa. **2** *intr.* Ocultarse, quitarse de la vista una persona o cosa.

desaparecido -da *adj.* y *n.* Oculto, que no aparece.

desapegar *tr.* y *prnl.* Despegar, desunir. **2** *prnl.* Apartarse, desprenderse del efecto o afición a una persona o cosa.

desapercibido -da *adj.* Desprevenido, desprovisto de lo necesario. **2** No percibido.

desaplicado -da *adj.* Que no se aplica suficientemente al trabajo o al estudio.

desaprobar *tr.* Reprobar, no asentir a una cosa.

desapropiar *tr.* y *prnl.* Quitar a alguien la propiedad que tenía sobre alguna cosa, o renunciar a ella.

desaprovechar *tr.* Desperdiciar o usar mal una cosa. **2** Dejar algo inservible. **3** *intr.* Perder lo que se había adelantado.

desapuntar *tr.* Cortar las puntadas de un cosido. **2** Quitar de una lista o borrar una anotación. **3** Quitar o hacer perder la puntería.

desarbolar *tr.* Derribar los palos de una embarcación. **2** *tr. Ant.* y *Perú.* Escacharrar.

desarmable *adj.* Que puede desarmarse.

desarmado -da *adj.* Desprovisto de armas.

desarmar *tr.* Quitar o hacer entregar las armas a alguien. **2** Separar las piezas de un mecanismo. **3** Templar, minorar, desvanecer.

desarmonizar *tr.* Quitar la armonía.

desarraigado -da *adj.* y *n.* Que no tiene respeto a las leyes o costumbres. **2** Que vive fuera de su país de origen.

desarraigar *tr.* y *prnl.* Arrancar de raíz un árbol o una planta. **2** Extinguir, extirpar una pasión, una costumbre, etc. **3** Echar, desterrar a uno de su país o de su ambiente.

desarreglado -da *adj.* Desordenado, descuidado. **2** Que se excede en el uso de la comida, bebida u otras cosas; de vida desordenada.

desarrollar *tr.* y *prnl.* Deshacer un rollo. **2** Incrementar, aumentar. **3** Explicar o llevar a cabo una teoría, idea, etc.

desarrollo *m.* Acción y efecto de desarrollar. **2** Evolución de un organismo vivo hasta su madurez. **3** Crecimiento económico de un área geográfica o de un Estado, que provoca una mayor calidad de vida en sus habitantes.

desarrollo

desarrugar *tr.* y *prnl.* Quitar las arrugas.

desarticular *tr.* y *prnl.* Separar dos o más huesos articulados entre sí. **2** Separar las piezas de un artefacto. **3** Disolver la autoridad una conspiración, una organización, etc.

desaseado -da *adj.* y *n.* Falto de aseo.

desasegurar *tr.* y *prnl.* Hacer perder la seguridad. **2** Extinguir un contrato de seguro.

desaseo *m.* Falta de aseo, suciedad.

desasir *tr.* y *prnl.* Soltar, desprender lo asido. **2** *prnl.* Desprenderse, desapropiarse de una cosa.

desasociar *tr.* Disolver lo que está asociado.

desastre *m.* Desgracia, catástrofe, suceso infeliz. **2** Se dice de las cosas de mala calidad, mal resultado, etc., o de personas muy torpes.

desatar *tr.* y *prnl.* Desenlazar, desunir. **2** Desleír, liquidar, derretir. **3** Desencadenarse una fuerza.

desatascar *tr.* y *prnl.* Sacar del atascadero. **2** *tr.* Desembarazar un conducto obstruido. **3** Sacar a uno de una dificultad.

desatención *f.* Falta de atención, distracción. **2** Descortesía, falta de respeto.

desatender *tr.* No prestar atención a algo. **2** No hacer caso de una persona o cosa. **3** No asistir a alguien como es debido.

desatento -ta *adj.* Que no está atento a alguna cosa. **2** *adj.* y *n.* Descortés, irrespetuoso.

desatinar *tr.* Perder el tino. **2** *intr.* Decir o hacer desatinos. **3** Errar la puntería.

desatino *m.* Falta de tino. **2** Despropósito, error.

desatrancar *tr.* Quitar a una puerta o ventana la tranca u otra cosa que impide abrirla. **2** Desatrampar.

desavenencia *f.* Oposición, discordia, contrariedad.

desayunar *tr.* y *prnl.* Tomar el desayuno.

desayuno *m.* Alimento ligero que se toma por la mañana. **2** Acción de desayunar.

desazón *m.* Insipidez, falta de sabor. **2** Falta de sazón en los campos. **3** Picazón. **4** Inquietud, congoja.

desbandarse *prnl.* Desparramarse, huir en desorden. **2** Apartarse de los demás.

desbaratar *tr.* Alterar el orden de algo. **2** Arruinar una cosa. **3** *prnl.* Descomponerse.

desbarrancar *tr. Amér.* Desbancar. **2** *Amér.* Arruinar. **3** *prnl. Amér.* Despeñarse.

desbarrar *intr.* Deslizarse, escurrirse. **2** Errar en lo que se dice o se hace.

desbastar *tr.* Quitar las partes más bastas de una cosa. **2** Gastar, disminuir. **3** *tr.* y *prnl.* Instruir, pulir a una persona.

desbloquear *tr.* Levantar un bloqueo. **2** *tr.* y *prnl.* Dejar libre o empezar a moverse lo que estaba agarrotado, interrumpido, colapsado, etcétera.

desbocado -da *adj.* Se dice del vestido, abrigo, etc., de cuello o mangas muy abiertas. **2** Se dice de las herramientas o instrumentos con la boca mellada o gastada. **3** *adj.* y *n.* Desvergonzado, grosero.

desbocar *tr.* Quitar o romper la boca a una cosa. **2** *prnl.* Dispararse una caballería a pesar del freno. **3** Prorrumpir en denuestos, desvergonzarse.
desbordar *tr.* Superar, exceder. **2** *intr.* y *prnl.* Salir de los bordes, derramarse.
descabellado -da *adj.* Se dice de lo que está fuera de orden, concierto o razón.
descabezar *tr.* Quitar o cortar la cabeza.
descachalandrado -da *adj. Amér.* Andrajoso, sucio.
descafeinado -da *adj.* Se dice del café que ha sido sometido a un proceso de extracción de la cafeína mediante disolventes orgánicos. **2** Insulso, falso. **3** *adj.* y *m.* Se aplica a la infusión de café descafeinado.
descalabrar *tr.* y *prnl.* Herir en la cabeza. **2** *tr.* Causar perjuicio.
descalcificación *f.* Disminución del calcio de los huesos o de otros tejidos. **2** Disminución de la cal de una roca.
descalificar *tr.* Desacreditar, desautorizar o incapacitar.
descalzar *tr.* y *prnl.* Quitar el calzado.
descalzo -za *adj.* Que tiene los pies desnudos.
descamar *tr.* Quitar las escamas a los peces. **2** *prnl.* Caerse la piel en forma de escamas.
descamisado -da *adj.* Sin camisa. **2** *adj.* y *n.* Muy pobre, desharrapado.
descansado -da *adj.* Que tranquiliza y alivia. **2** Que no causa fatiga.
descansar *intr.* Cesar en el trabajo, reposar, reparar fuerzas. **2** Estar una cosa asentada o apoyada sobre otra.
descanso *m.* Quietud, reposo, pausa en el trabajo. **2** Causa de alivio en la fatiga o en una preocupación. **3** Asiento sobre el que se apoya una cosa.
descapitalizar *tr.* Perder o hacer perder el capital.
descarado -da *adj.* Desvergonzado, irrespetuoso.
descarga *f.* Acción y efecto de descargar. **2** Aligeramiento de un cuerpo arquitectónico cuando su peso es excesivo. **3** Serie de explosiones y disparos de varias armas de fuego.
descargar *tr.* Quitar o aliviar la carga. **2** Disparar un arma de fuego.
descarnado -da *adj.* Sin carne. **2** Crudo, desagradable. **3** Sin adornos.
descarriar *tr.* y *prnl.* Apartar a alguien del buen camino o de la conducta correcta. **2** Apartar de un rebaño cierto número de reses.
descartar *tr.* Desechar, no considerar una posibilidad, una idea, etc. **2** *prnl.* En los juegos de naipes, deshacerse de las cartas inútiles.
descascarar *tr.* Quitar la cáscara. **2** Caerse la cáscara de algunas cosas.

descargar

descendencia *f.* Conjunto de hijos, nietos y demás generaciones sucesivas que provienen del mismo tronco. **2** Casta, linaje, estirpe.
descender *intr.* Bajar, pasar de un lugar alto a otro más bajo. **2** Derivarse una cosa de otra.
descentrado -da *adj.* Se dice del instrumento matemático o de la pieza de una máquina cuyo centro se halla fuera de la posición que debe ocupar. **2** *fig.* Que se encuentra fuera del estado o lugar que le es propio.
descentralizar *tr.* Hacer que algo sea más independiente de un Estado, una administración, etc., centrales.
descerebrar *tr.* Producir la inactividad funcional del cerebro. **2** Realizar la descerebración de un animal.
deschavetado -da *adj. Amér.* Chiflado, que ha perdido la chaveta.
descifrar *tr.* Leer un escrito cifrado. **2** Poner en claro un misterio, un enigma, etcétera.
desclavar *tr.* y *prnl.* Quitar un clavo. **2** Desprender una cosa de los clavos con que está asegurada. **3** Desengastar una piedra preciosa.
descolgar *tr.* Bajar lo que está colgado. **2** *prnl.* Descender por una pendiente o de un lugar alto.
descollar *intr.* y *prnl.* Sobresalir.
descompensación *f.* Estado de incapacidad de un órgano para compensar un defecto funcional o anatómico. La más frecuente es la cardíaca.
descomponer *tr.* y *prnl.* Desordenar y desbaratar. **2** Separar las diversas partes de un todo. **3** Es-

tropear un dispositivo o mecanismo. **4** Corromperse, entrar en estado de putrefacción.

descompresión *f.* Acción y efecto de descomprimir. **2** Disminución de la presión atmosférica sobre el organismo humano.

desconcertar *tr.* y *prnl.* Turbar, descomponer el orden, concierto y composición de una persona o cosa. **2** Dislocar un hueso.

desconectar *tr.* Interrumpir o suprimir un enlace o conexión entre dos cosas.

desconfiar *intr.* No confiar, tener poca seguridad o esperanza.

desconocer *tr.* No recordar algo, haberlo olvidado. **2** No conocer. **3** Darse por desentendido de una cosa.

desconsolado -da *adj.* Que carece de consuelo. **2** Melancólico, triste y afligido.

descontar *tr.* Rebajar algo de una medida, una cantidad, un peso, etc.

descorchar *tr.* Quitar el corcho al alcornoque. **2** Sacar el tapón de una botella. **3** Forzar un cepo, caja, etc., para robar lo que hay dentro. **4** *Méx.* Desvirgar.

descosido -da *adj.* Desordenado, falto de coherencia. **2** *m.* Parte descosida de una prenda.

descrédito *m.* Pérdida de la reputación de una persona, o del valor de una cosa.

descremado -da *adj.* Que se le ha quitado la crema. **2** *m.* Acción y efecto de descremar.

describir *tr.* Explicar el aspecto, las cualidades, las características, etc., de una persona o cosa. **2** Moverse a lo largo de una línea, trazar una línea.

descuajar *tr.* Licuar, descoagular algo que estaba coagulado o cuajado. **2** Arrancar de cuajo una planta. **3** Desesperanzar.

descubierto -ta *adj.* Destapado.

descubrir *tr.* Hacer patente. **2** Destapar lo que está tapado. **3** Conocer algo que se ignoraba.

descuento *m.* Rebaja del importe de una deuda o de una obligación. **2** Operación de descontar una letra u otro documento de pago.

descuidar *tr.* y *prnl.* No cuidar de una persona o cosa, o no atenderlas debidamente.

descuido *m.* Omisión, negligencia, falta de cuidado. **2** Desliz, tropiezo vergonzoso.

desdén *m.* Indiferencia, menosprecio.

desdentado -da *adj.* Que ha perdido los dientes. **2** *m. pl.* Orden de mamíferos de largos pelos o escamas córneas, que carecen de dientes incisivos, y frecuentemente de caninos y molares. Viven en América.

desdicha *f.* Desgracia, adversidad. **2** Pobreza, miseria, necesidad.

desear *tr.* Anhelar vehementemente el conocimiento, la posesión o el disfrute de una cosa. **2** Ansiar que acontezca o no un suceso.

desechar *tr.* Excluir, reprobar. **2** Menospreciar, desestimar. **3** Dejar un vestido u otro objeto para no volverlo a usar.

desecho *m.* Lo que queda después de haber escogido lo mejor y más útil de una cosa. **2** Cosa que ya no sirve.

desembarcar *tr.* Poner en tierra lo embarcado. **2** *intr.* y *prnl.* Salir de una embarcación. **3** Salir de un carruaje.

desembocadura *f.* Lugar donde confluyen dos masas de agua. Da lugar a deltas, estuarios, rías, diques detríticos y cordones litorales.

desembolsar *tr.* Sacar lo que está en una bolsa. **2** Pagar una cantidad de dinero.

desempacar *tr.* Sacar las mercancías de sus envoltorios.

desempañar *tr.* Limpiar algo que está empañado. **2** Quitar los pañales a un niño.

desempatar *tr.* Deshacer un empate. **2** *Amér.* Desamarrar.

desempedrar *tr.* Arrancar las piedras de un empedrado. **2** fig. Correr desenfrenadamente. **3** fig. Pasear frecuentemente por un mismo lugar.

desempeñar *tr.* Sacar lo que estaba empeñado. **2** Ejecutar una representación artística, un cargo, un oficio, una misión, etcétera.

desencadenar *tr.* y *prnl.* Quitar las cadenas. **2** *prnl.* Originarse movimientos impetuosos de fuerzas naturales.

desencajar *tr.* y *prnl.* Sacar algo de su lugar. **2** Descomponerse el semblante.

desencantar *tr.* y *prnl.* Deshacer un encantamiento. **2** Desilusionar.

desenfoque *m.* Falta de enfoque o enfoque defectuoso.

desenfrenar *tr.* Quitar el freno. **2** *prnl.* Entregarse a una vida desordenada. **3** Desencadenarse una fuerza.

desenganchar *tr.* y *prnl.* Soltar una cosa que está enganchada. **2** Quitar de un carruaje las caballerías de tiro.

desengañar *tr.* y *prnl.* Hacer reconocer el engaño. **2** Desesperanzar, desilusionar.

desengaño *m.* Acción y efecto de desengañar o desengañarse. **2** Palabra, juicio o expresión con que se echa en cara a alguien alguna falta.

desengrasar *tr.* Quitar la grasa. **2** *intr.* Enflaquecer.

desenlace *m.* Acción y efecto de desenlazar o desenlazarse. **2** Final de un asunto, un suceso, una obra teatral, una película, etc.

desenlazar *tr.* y *prnl.* Desatar lo que está atado con lazos. **2** Resolver la trama de una obra teatral, una película, etcétera.

deshidratación

desentenderse *prnl.* Fingir que no se entiende una cosa; afectar ignorancia. **2** Prescindir de un asunto; no tomar parte en él.

desentonar *tr.* Herir a alguien en su orgullo. **2** *intr.* Desafinar. **3** Variar inoportunamente el tono de la voz o de un instrumento. **4** *prnl.* Levantar la voz faltando al respeto.

desequilibrio *m.* Falta de equilibrio. **2** Alteración que se origina en la conducta de una persona. **3** Desajuste de las magnitudes económicas.

desertar *intr.* Abandonar el soldado su puesto. **2** Abandonar uno un lugar, unas ideas, a un amigo, etc.

desertización *f.* Proceso por el cual una región se convierte en una zona árida. En él intervienen las condiciones climáticas (descenso de las precipitaciones, aumento de la evaporación), la desaparición de la vegetación y el aumento de la erosión.

desesperación *f.* Pérdida de toda esperanza. **2** Alteración extrema del ánimo causada por cólera, despecho o enojo. **3** Cosa que produce este estado.

desestabilizar *tr.* Comprometer o perturbar la estabilidad. **2** *tr.* e *intr.* Debilitar la estabilidad de un régimen político.

desfalcar *tr.* Quitar parte de una cosa, descabalarla. **2** Sustraer una cantidad que se tenía bajo custodia. **3** Retirar a uno el favor o la amistad de que gozaba.

desfallecer *tr.* Causar desfallecimiento o disminuir las fuerzas. **2** *intr.* Perder el aliento, el vigor y las fuerzas. **3** Desmayarse.

desfase *m.* Diferencia de fase. **2** Falta de correspondencia o ajuste respecto a las corrientes, circunstancias, etc., del momento.

desfigurar *tr.* y *prnl.* Encubrir con apariencia diferente el semblante, la intención, etc. **2** Impedir que se perciban las formas de las cosas. **3** Afear el semblante. **4** Referir una cosa alterando sus verdaderas circunstancias. **5** *prnl.* Alterarse el rostro.

desfiladero *m.* Paso estrecho entre montañas, de paredes abruptas, producto de la erosión de las aguas de un río.

desfilar *intr.* Marchar gente en fila. **2** Salir varios, uno tras otro, de alguna parte. **3** Pasar las tropas ante el jefe del Estado, ante un general, etcétera.

desfogar *tr.* Dar salida al fuego. **2** Apagar la cal. **3** *tr.* y *prnl.* Manifestar con vehemencia una pasión.

desgajar *tr.* y *prnl.* Desgarrar, separar con violencia una rama del tronco. **2** Despedazar, romper, deshacer una cosa unida y trabada.

desgarrar *tr.* y *prnl.* Rasgar, romper. **2** Inspirar mucha pena o dolor. **3** Carraspear. **4** *prnl.* Apartarse alguien de la compañía de otras personas.

desfilar

desgastar *tr.* y *prnl.* Quitar o consumir poco a poco, por el uso o el roce, parte de una cosa. **2** Perder fuerza, vigor o poder.

desglosar *tr.* Dividir un todo en partes, para estudiarlo por separado. **2** Separar una hoja o un documento de un expediente, dejando copia o nota de su contenido. **3** Separar un impreso de otros con los cuales está encuadernado. **4** Quitar la glosa o nota a un escrito.

desgracia *f.* Suerte adversa. **2** Suceso adverso o funesto. **3** Falta de gracia. **4** Pérdida de una gracia o favor.

desgraciado -da *adj.* y *n.* Que padece desgracia. **2** Desafortunado. **3** *adj.* Falto de gracia y atractivo.

desgranar *tr.* Sacar el grano de una cosa. **2** Pasar las cuentas del rosario. **3** *prnl.* Soltarse las cuentas de un collar, rosario, etc.

desgreño *m.* Acción y efecto de desgreñar. **2** Desorden, desidia. **3** Despilfarro.

desguarnecer *tr.* Quitar los adornos. **2** Quitar la fuerza o la fortaleza a una cosa. **3** Quitar una pieza necesaria para el uso de un instrumento o el funcionamiento de una máquina. **4** Desarmar al contrario.

deshabitar *tr.* Dejar o abandonar un lugar. **2** *tr.* y *prnl.* Dejar sin habitantes una población, un territorio, etcétera.

deshecho -cha *adj.* Participio pasivo irregular de deshacer. **2** *f.* Salida forzada de un lugar. **3** Canción final de ciertas composiciones poéticas.

desheredar *tr.* Excluir a alguien de una herencia. **2** *prnl.* Apartarse alguien de su familia, obrando indigna y bajamente.

deshidratación *f.* Pérdida de agua de un organismo, frecuentemente acompañada de pérdida de

desierto

sales. **2** Eliminación del agua de un producto alimenticio, industrial, etcétera.
deshielo *m*. Acción y efecto de deshelar o deshelarse. **2** fig. Mejora de las relaciones entre países, entre un gobierno y sus súbditos y entre personas.
deshilachar *tr*. y *prnl*. Sacar hilachas de una tela.
deshilar *tr*. Sacar hilos de un tejido. **2** Reducir a hilos una cosa. **3** *intr*. Enflaquecer.
deshilvanar *tr*. y *prnl*. Quitar los hilvanes.
deshinchar *tr*. y *prnl*. Quitar la hinchazón. **2** Desanimarse. **3** Desahogar la cólera o el enojo. **4** Deponer la presunción.
deshipotecar *tr*. Librar de hipoteca.
deshojar *tr*. y *prnl*. Quitar o caerse las hojas de una planta o los pétalos de una flor.
deshonesto -ta *adj*. Falto de honestidad.
deshonra *f*. Pérdida de la honra. **2** Cosa deshonrosa.
deshonrar *tr*. y *prnl*. Quitar la honra. **2** Injuriar. **3** *tr*. Violar a una mujer.
deshuesar *tr*. Quitar los huesos a un animal o a la fruta.
deshumanizar *tr*. y *prnl*. Privar de caracteres humanos una cosa.
deshumedecer *tr*. y *prnl*. Quitar la humedad.
desiderativo -va *adj*. Que expresa o indica deseo.
desiderátum *m*. Lo más apetecido.
desidia *f*. Negligencia, inercia.
desierto -ta *adj*. Despoblado, solo, deshabitado. **2** *m*. Región muy extensa, generalmente deshabitada, desprovista de vegetación y de fauna, con una pluviosidad de menos de 200 mm al año. Hay desiertos fríos (p. ej., el centrooriental de Islandia), templados (p. ej., el del mar de Aral) y cálidos (p. ej., el de Sáhara).
designar *tr*. Señalar o destinar una persona o cosa para un fin determinado. **2** Formar un designio o un propósito.
designio *m*. Plan, propósito.
desigual *adj*. Que no es igual. **2** Arduo, grande, dificultoso. **3** Inconstante, vario.
desigualdad *f*. Calidad de desigual. **2** Expresión que indica la falta de igualdad entre dos cantidades. Se enuncia así: $a > b$ (a es mayor que b) o $b < a$ (b es menor que a).
desilusión *f*. Carencia o pérdida de las ilusiones. **2** Desengaño.
desinencia *f*. Elemento gramatical que se coloca al final del tema o raíz de una palabra, en la declinación y en la conjugación, y que indica el género, el número, la persona, el modo, el tiempo, etcétera.
desinfección *f*. Destrucción, por métodos físicos o químicos, de los gérmenes nocivos o microorganismos patógenos de un ser vivo o de un objeto.
desinflamar *tr*. y *prnl*. Bajar la inflamación.
desinflar *tr*. y *prnl*. Sacar el aire contenido en un cuerpo flexible. **2** Desanimar.
desinformar *intr*. Dar noticias manipuladas.
desintegración *f*. Acción y efecto de desintegrar o desintegrarse. **2** Transformación de la estructura interna de ciertos núcleos atómicos, por pérdida de alguna partícula.
desintegrar *tr*. y *prnl*. Separar los diversos elementos que forman un todo. **2** *tr*. *Amér*. No completar.
desinterés *m*. Carencia de interés. **2** Desapego y desprendimiento de todo lo personal.

desintoxicar *tr.* y *prnl.* Combatir la intoxicación o sus efectos.

desistir *intr.* Abandonar la ejecución de algo. **2** Abandonar un derecho.

desleal *adj.* y *com.* Que obra sin lealtad.

desleír *tr.* y *prnl.* Disolver, diluir. **2** *tr.* Expresar una idea con demasiadas palabras.

desligar *tr.* y *prnl.* Desatar, soltar las ligaduras. **2** Desenmarañar un asunto. **3** *tr.* Dispensar de una obligación contraída. **4** Hacer sonar las notas musicales con una breve pausa entre ellas.

desliz *m.* Acción y efecto de deslizar o deslizarse. **2** Indiscreción involuntaria.

deslizar *intr.* y *prnl.* Resbalar. **2** Caer en un error.

deslucir *tr.* y *prnl.* Quitar la gracia, el atractivo o el lustre a una cosa. **2** Desacreditar.

deslumbrar *tr.* Ofuscar la vista. **2** Dejar a uno dudoso, confuso o admirado. **3** Impresionar, fascinar.

desmán[1] *m.* Exceso, desorden, atropello. **2** Desgracia o suceso infausto.

desmán[2] *m.* Mamífero insectívoro de los tálpidos, de pelaje espeso y pardusco, cola larga, hocico prolongado y ojos pequeños. Vive junto a los arroyos de Europa y Asia.

desmantelar *tr.* Echar por tierra una fortificación. **2** Desamparar, abandonar o desvalijar una casa, una habitación, un automóvil, etc.

desmayado -da *adj.* Que ha perdido el sentido. **2** Se dice del color bajo y apagado.

desmedrar *tr.* y *prnl.* Deteriorar. **2** *intr.* Descaecer, ir a menos.

desmembrar *tr.* Dividir y apartar los miembros del cuerpo. **2** Separar, dividir.

desmentir *tr.* Decir que no es cierto algo que otro ha dicho. **2** *intr.* Perder una cosa la línea, nivel o dirección respecto de otra.

desmerecer *intr.* Perder una cosa parte de su mérito o valor. **2** Ser una cosa inferior a otra con la cual se compara. **3** *tr.* Hacerse indigno de premio, favor o alabanza.

desmilitarizar *tr.* Suprimir el carácter militar de algo.

desmontar[1] *tr.* Desarmar, desunir, separar las piezas de una cosa. **2** Deshacer un edificio o parte de él. **3** Cortar los árboles o matas de un monte. **4** *tr., intr.* y *prnl.* Bajar a alguien de una caballería.

desmontar[2] *tr.* Deshacer un montón de tierra, broza, etc. **1** Rebajar un terreno.

desmoralizar *tr.* y *prnl.* Corromper las costumbres. **2** Desanimar.

desmoronar *tr.* y *prnl.* Deshacer y arruinar poco a poco. **2** *prnl.* Venir a menos, irse destruyendo un imperio, una cultura, etc.

desnivel *m.* Falta de nivel. **2** Diferencia de altura entre dos o más puntos.

desnucar *tr.* y *prnl.* Sacar de su lugar los huesos de la nuca. **2** Matar dando un golpe en la nuca.

desnudar *tr.* y *prnl.* Quitar todo el vestido o parte de él.

desnutrición *f.* Depauperación del organismo por trastorno de la nutrición, causada por una insuficiente aportación de vitaminas, sales minerales, calorías, etc.

desocupar *tr.* Desembarazar un lugar, dejarlo libre. **2** *prnl.* Desembarazarse de una ocupación.

desodorante *adj.* y *com.* Que destruye los olores molestos.

desolar *tr.* Asolar, destruir, arrasar. **2** *prnl.* Afligirse, angustiarse con extremo.

desorden *m.* Ausencia de orden, confusión. **2** Perturbación moral, social o funcional. **3** Demasía, exceso.

desorganizar *tr.* y *prnl.* Destruir la organización de una cosa.

desorientar *tr.* y *prnl.* Hacer que alguien pierda la orientación. **2** Confundir, ofuscar.

desoxidar *tr.* Limpiar un metal de óxido. **2** *tr.* y *prnl.* Eliminar o reducir el oxígeno de un producto que lo contiene.

despabilar *tr.* Quitar la pavesa o la parte ya quemada del pabilo o mecha a velas y candiles. **2** Despachar o acabar con presteza. **3** Robar, quitar. **4** *tr.* y *prnl.* Avivar el entendimiento y el ingenio. **5** *prnl.* Sacudir el sueño. **6** *Amér.* Marcharse.

despachar *tr.* Concluir o resolver un asunto. **2** Enviar un mensaje, encargo, etc. **3** Despedir, apartar de sí a alguien. **4** Vender al público en una tienda. **5** *tr.* y *prnl.* Darse prisa.

despacio *adv. m.* Poco a poco, lentamente. **2** *Amér.* En voz baja. **3** *Adv. t.* Por tiempo dilatado. **4** Interjección para pedir moderación y calma.

desparramar *tr.* y *prnl.* Esparcir, extender. **2** *tr.* Disipar la hacienda, malgastarla. **3** *prnl.* Divertirse desordenadamente.

despecho[1] *m.* Malquerencia, irritación causada por un desengaño. **2** Desesperación.

despecho[2] *m.* Destete.

despedazar *tr.* y *prnl.* Dividir un cuerpo en pedazos irregulares. **2** Causar dolor o pena.

despedir *tr.* Soltar, desprender, arrojar una cosa. **2** Prescindir de los servicios de alguien. **3** *prnl.* Separarse de alguien con una expresión de afecto o cortesía.

despegar *tr.* y *prnl.* Desasir, desprender una cosa de otra a la que estaba pegada o junta. **2** *intr.* Separarse del suelo o del agua un avión al iniciar el vuelo.

despeinar *tr.* y *prnl.* Deshacer el peinado. **2** Descomponer, enmarañar el pelo.

despejar *tr.* Desembarazar o desocupar un lugar. **2** Aclarar, poner en claro.

despellejar *tr.* Quitar el pellejo, desollar. **2** Hablar muy mal de alguien.

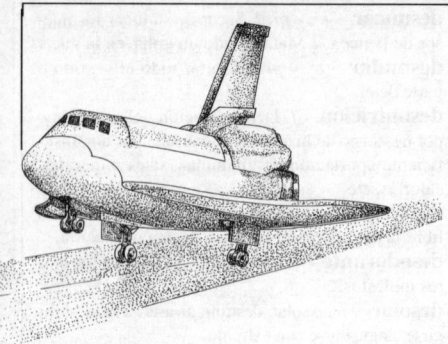

despegar

despenalizar *tr*. y *prnl*. Quitar el carácter punible.

despensa *f*. Lugar donde se guardan los alimentos. **2** Provisión de comestibles.

despeñadero -ra *adj*. A propósito para despeñar o despeñarse. **2** *m*. Precipicio. **3** Riesgo o peligro a que uno se expone.

despercudir *tr*. Limpiar o lavar lo percudido. **2** *tr*. y *prnl*. Despabilar a una persona.

desperdicio *m*. Derroche. **2** Residuo de lo que no se aprovecha o no se utiliza.

desperfecto *m*. Leve deterioro. **2** Falta que desvirtúa el valor, la utilidad o la apariencia de una cosa.

despertador -ra *adj*. y *n*. Que despierta.

despiadado -da *adj*. Sin piedad, inhumano.

despido *m*. Extinción de un contrato laboral por la voluntad unilateral de un empresario, con causa justificada o sin ella.

despiertamente *adv*. *m*. Con ingenio y viveza.

despilfarrar *tr*. Malgastar, malbaratar el caudal en gastos innecesarios.

despistado -da *adj*. y *n*. Desorientado, distraído, que no se da cuenta de nada.

desplante *m*. Dicho o acto lleno de arrogancia, descaro o desabrimiento.

desplazamiento *m*. Acción y efecto de desplazar o desplazarse.

desplegar *tr*. y *prnl*. Desdoblar, extender lo que está plegado. **2** Poner en práctica una actividad o manifestar una cualidad.

desplomar *tr*. y *prnl*. Hacer que algo pierda la posición vertical.

desplumar *tr*. y *prnl*. Quitar las plumas a un ave.

despoblar *tr*. y *prnl*. Reducir a yermo y desierto lo que estaba habitado, o disminuir considerablemente la población de un lugar.

despojar *tr*. Desposeer a uno de lo que goza y tiene.

desposado -da *adj*. y *n*. Recién casado. **2** *adj*. Esposado, aprisionado con esposas.

desposeído -da *adj*. y *n*. Sin lo más indispensable para vivir dignamente.

déspota *m*. Persona que gobierna tiránicamente.

despotismo *m*. Autoridad absoluta no limitada por las leyes. **2** Abuso de superioridad o de poder en el trato con los demás.

despreciar *tr*. Desestimar, desdeñar. **2** *prnl*. Desdeñarse.

desprender *tr*. Desunir, desatar. **2** *tr*. y *prnl*. Apartarse o desapropiarse de algo. **3** *Arg*. y *P. Rico*. Desabrochar. **4** *prnl*. Deducirse.

despreocuparse *prnl*. Salir o librarse de una preocupación. **2** Desentenderse de una persona o cosa.

despresurizar *tr*. Quitar la presión.

desproporcionar *tr*. Quitar la proporción a una cosa; sacarla de regla y medida.

después *adj*. Siguiente, posterior. **2** *adv. t*. y *l*. Detrás de. **3** Posteriormente. **4** *conj. advers*. A pesar de. **5** Se usa como sustantivo en la frase *después de los despueses*.

despuntar *tr*. y *prnl*. Quitar o gastar la punta. **2** *intr*. Empezar a brotar y entallecer las plantas. **3** Manifestar agudeza e ingenio. **4** Adelantarse, descollar. **5** Hablando de la aurora, del alba o del día, empezar a amanecer.

desquiciar *tr*. y *prnl*. Desencajar o sacar de quicio una cosa. **2** Descomponer una cosa quitándole firmeza. **3** Quitar a una persona seguridad y apoyo; enojar en extremo. **4** Hacer perder a alguien la amistad o el aprecio.

desquitar *tr*. y *prnl*. Restaurar una pérdida. **2** Tomar una satisfacción, vengarse. **3** fam. Descontar, deducir.

destacar *tr*. y *prnl*. Separar del cuerpo principal una porción de tropa, para una acción, expedición, guardia, etc. **2** Hacer resaltar los objetos de un cuadro. **3** *tr., intr*. y *prnl*. Poner de relieve los méritos o cualidades de una persona o cosa.

destajo *m*. Trabajo que se ajusta por un tanto alzado.

destapar *tr*. y *prnl*. Descubrir lo tapado, quitando la tapa o cubierta. **2** *prnl*. Manifestar algo sin tapujos.

destellar *intr*. Despedir destellos.

destello *m*. Acción de destellar. **2** Resplandor vivo y efímero. **3** Aparición breve y súbita de una cualidad.

destemplado -da *adj*. Falto de temple. **2** Se dice del tiempo variable. **3** Se dice de la pintura en que hay disconformidad de tonos. **4** Que se siente algo indispuesto. **5** Irritado.

destemplar *tr*. Alterar la armonía o el orden de una cosa. **2** Poner en infusión. **3** *tr*. y *prnl*. Destruir la concordancia o armonía con que está templado un instrumento musical. **4** Perder el temple un metal. **5** *prnl*. Sentir malestar físico. **6** Enojarse, alterarse.

desterrar *tr*. Echar a alguien de un territorio o un país. **2** Quitar la tierra. **3** Deponer o apartar de sí. **4** *prnl*. Expatriarse.

destetar *tr*. y *prnl*. Hacer que deje de mamar el niño o la cría de un animal.

destilar *tr*. e *intr*. Evaporar la parte volátil de una sustancia y reducirla después a líquido por medio del frío.

destinar *tr*. Designar algo o a alguien para algún fin.

destino *m*. Encadenamiento de los hechos considerado como necesario y fatal. **2** Consignación, señalamiento o aplicación de una cosa para un determinado fin.

destornillador *m*. Instrumento para destornillar y atornillar.

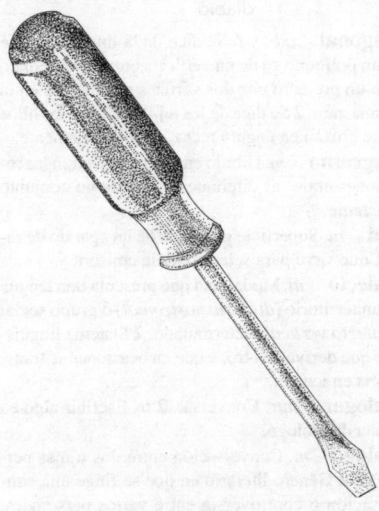

destornillador

destronar *tr*. Deponer a un rey. **2** Quitar a uno su preponderancia.

destroncar *tr*. Cortar un árbol por el tronco. **2** Truncar, interrumpir un discurso, un plan, etc.

destrozar *tr*. Despedazar, hacer trozos.

destruir *tr*. y *prnl*. Deshacer, inutilizar, malograr.

desuso *m*. Falta de uso.

desvalijar *tr*. Quitar o robar el contenido de una maleta, casa, habitación, etc. **2** Despojar a uno de su dinero o de sus bienes mediante robo, engaño, juego, etcétera.

desvalorizar *tr*. Disminuir el valor de algo.

desvanecer *tr*. y *prnl*. Disgregar o confundir las partículas de un cuerpo en otro. **2** Quitar de la mente una idea, un recuerdo, etc.

desvarío *m*. Dicho o hecho sin sentido.

desvelar *tr*. y *prnl*. Quitar, impedir el sueño, no dejar dormir.

desventaja *f*. Mengua o perjuicio que se nota por comparación de dos cosas, personas o situaciones.

desventura *f*. Desgracia.

desvergüenza *f*. Falta de vergüenza, insolencia. **2** Dicho o hecho impúdico o insolente.

desvestir *tr*. y *prnl*. Desnudar.

desviar *tr*. y *prnl*. Apartar algo de su lugar o camino. **2** Disuadir a alguien de una idea.

desvincular *tr*. y *prnl*. Anular un vínculo o una relación. **2** *Arg*. y *Chile*. Desamortizar.

detalle *m*. Pormenor o relación, cuenta o lista circunstanciada. **2** Delicadeza, finura. **3** *Amér*. Comercio al por menor.

detallista *com*. Persona que se cuida mucho de los detalles. **2** Comerciante que vende al por menor.

detectar *tr*. Averiguar algo que no puede ser observado directamente.

detective *com*. Persona que tiene por oficio llevar a cabo investigaciones privadas.

detención *f*. Privación de la libertad; arresto provisional.

detener *tr*. y *prnl*. Suspender una cosa, impedir, estorbar que pase adelante. **2** *tr*. Arrestar, poner en prisión.

detenido -da *adj*. y *n*. Minucioso. **2** Embarazado, de poca resolución. **3** Escaso, miserable. **4** Arrestado.

detentar *tr*. Retener uno sin derecho lo que no le pertenece.

detergente *adj*. y *com*. Detersorio. **2** *m*. Producto químico tensoactivo, humectante y emulsionante, de alto poder de limpieza.

deteriorar *tr*. y *prnl*. Estropear, menoscabar, poner en inferior condición una cosa.

determinante *adj*. Que determina. **2** Se dice del verbo que exige otro en una oración. **3** Polinomio formado a partir de los elementos de una matriz cuadrada aplicando determinadas reglas.

determinar *tr*. y *prnl*. Tomar una resolución. **2** Fijar los términos de una cosa.

detestable *adj*. Abominable, execrable, aborrecible, pésimo.

detestar *tr*. Condenar y maldecir a alguien o algo. **2** Aborrecer, tener aversión a alguien o a algo.

detonar *intr*. Dar estampido o trueno. **2** *tr*. Iniciar una explosión o un estallido. **3** *fig*. Llamar la atención, causar admiración, etcétera.

detraer *tr*. y *prnl*. Restar, sustraer, apartar o desviar. **2** *tr*. Infamar.

detrás *adv. l.* En la parte posterior. **2** Cuando la posterioridad se indica en relación con una persona o cosa, se emplea con *de*: *detrás de ti, detrás del sillón*. **3** Precedido de la preposición *por*, en ausencia de, o en inferioridad de jerarquía.

detrimento *m.* Destrucción leve o parcial. **2** Pérdida, daño material o moral.

deuda *f.* Obligación que uno tiene de dar algo o pagar una cantidad a otra persona. **2** Cosa o cantidad que se debe. **3** Pecado.

devaluar *tr.* Rebajar el valor de una moneda o de otra cosa, depreciarla.

devanar *tr.* Ir dando vueltas a un hilo, alambre, cuerda, etc., alrededor de un eje, carrete, etc. **2** *prnl. Amér.* Llorar o reír vivamente.

devaneo *m.* Delirio, desatino. **2** Distracción o pasatiempo vano. **3** Amorío pasajero.

devastar *tr.* Destruir, arrasar un territorio. **2** Destruir una cosa.

devengar *tr.* Adquirir derecho a alguna percepción o retribución.

devolver *tr.* Restituir una cosa a alguien que la poseía. **2** Volver una cosa al estado que tenía. **3** Corresponder a un favor o a un agravio. **4** Vomitar lo contenido en el estómago. **5** *prnl. Amér.* Volverse, dar la vuelta.

devorar *tr.* Comer un animal su presa. **2** Tragar con ansia y apresuradamente. **3** Consumir, destruir. **4** Consagrar atención ávida a algo.

devoto -ta *adj. y n.* Que tiene devoción. **2** Se dice de la imagen, templo o lugar que mueve a devoción. **3** *m.* Objeto de la devoción de uno.

deyección *f.* Conjunto de materias arrojadas por un volcán o desprendidas de una montaña. **2** Defecación de los excrementos. **3** Los excrementos mismos.

día *m.* Tiempo que la Tierra emplea en dar la vuelta alrededor de su eje.

diablo *m.* Nombre general de los ángeles arrojados al abismo, y de cada uno de ellos. **2** Diabla, máquina de cardar lana. **3** Instrumento para apoyar el taco de billar.

diácono *m.* Ministro eclesiástico y de grado segundo en dignidad, inmediato al sacerdocio.

diafragma *m.* Membrana formada por fibras musculares, que separa la cavidad torácica de la abdominal. **2** Abertura por donde entra la luz en una cámara fotográfica. **3** Membrana que establece separaciones interiores en algunos frutos. **4** Dispositivo anticonceptivo que consiste en un disco de caucho o de otro material similar que se coloca en la vagina, delante del cuello del útero.

diagnóstico *m.* Conocimiento de la naturaleza de una enfermedad por la observación de sus síntomas y signos. **2** Calificación que da el médico a una enfermedad.

diablo

diagonal *adj. y f.* Se dice de la línea recta que en un polígono va de un vértice a otro no inmediato y en un poliedro une dos vértices no situados en la misma cara. **2** Se dice de los tejidos en que los hilos no se cruzan en ángulo recto, sino oblicuamente.

diagrama *m.* Dibujo en que se muestran las relaciones entre las diferentes partes de un conjunto o sistema.

dial *m.* Superficie graduada de un aparato de radio, que sirve para seleccionar la emisora.

dialecto *m.* Modalidad que presenta una lengua en un territorio (*dialecto horizontal*) o grupo social (*dialecto vertical*) determinado. **2** Sistema lingüístico que deriva de otro, y que en ocasiones se transforma en lengua.

dialogar *intr.* Conversar. **2** *tr.* Escribir algo en forma de diálogo.

diálogo *m.* Conversación entre dos o más personas. **2** Género literario en que se finge una conversación o controversia entre varios personajes. En filosofía, va muy ligado a *dialéctica*.

diamante *m.* Carbono cristalizado de gran dureza y brillo, diáfano y generalmente incoloro. Utilizado en la industria, los más transparentes e incoloros son gemas muy apreciadas que se emplean en joyería.

diámetro *m.* Eje de la esfera. **2** Línea recta que pasa por el centro del círculo y termina por ambos extremos en la circunferencia.

diana *f.* Toque militar para que la tropa se levante. **2** Punto central de un blanco de tiro.

diapositiva *f.* Fotografía positiva obtenida sobre una película transparente, para que pueda ser proyectada.

diariamente *adv. t.* Cada día.

diario -ria *adj.* Correspondiente a todos los días. **2** *m.* Relación histórica de lo sucedido, día por día, y cuaderno donde se escribe. **3** Periódico que se publica diariamente.

diarrea *f.* Alteración intestinal caracterizada por la repetida emisión de excrementos de consistencia fluida, o líquidos.

dibujar *tr.* y *prnl.* Representar figuras en una superficie. **2** fig. Describir. **3** *prnl.* Indicarse o revelarse algo callado u oculto.

dibujo *m.* Arte que enseña a dibujar. **2** Delineación, figura ejecutada en claro y oscuro, que toma el nombre del material con que se hace: *dibujo de carbón, de lápiz,* etc. **3** En los encajes, bordados, tejidos, etc., figura y disposición de las labores.

dicción *f.* Palabra. **2** Manera de hablar o escribir. **3** Manera de pronunciar.

diccionario *m.* Libro en que se contienen y explican, generalmente por orden alfabético, las palabras y locuciones de uno o más idiomas, o las de una ciencia, facultad o materia determinada. **2** Catálogo alfabético de alguna materia: *diccionario biográfico, geográfico,* etcétera.

dicha *f.* Felicidad. **2** Suerte feliz.

dicho -cha Participio pasivo irregular de *decir*. **2** *adj.* y *n.* Que está dicho o expresado. **3** *m.* Ocurrencia chistosa y oportuna. **4** Expresión insultante.

diciembre *m.* Duodécimo mes del año. Tiene treinta y un días.

dictador -ra *adj.* Que dicta, ordena o manda. **2** *m.* Entre los antiguos romanos, magistrado nombrado por el Senado en circunstancias excepcionalmente graves, y por un período de tiempo determinado, que tenía autoridad absoluta. **3** *m.* y *f.* Persona que ejerce el poder absoluto de un Estado, por lo general tras un golpe de fuerza.

dictadura *f.* Gobierno que, invocando el interés público, se ejerce fuera de las leyes constitucionales de un Estado. Se caracteriza por la concentración de todos los poderes políticos en una persona o en un grupo.

dictar *tr.* Decir uno algo pausadamente para que otro lo escriba. **2** Promulgar leyes, fallos, preceptos, etc. **3** Inspirar, sugerir. **4** Imponer una condición, una norma, etcétera.

didáctico -ca *adj.* Relativo a la enseñanza. **2** Propio, adecuado para enseñar o instruir. **3** *f.* Ciencia de la educación que se ocupa del proceso de aprendizaje.

diente *m.* ANAT Cada uno de los cuerpos duros engastados en las mandíbulas del hombre y de muchos animales, que sirven para masticar el alimento o para defenderse. **2** Cada una de las puntas que tienen en el pico ciertos pájaros. **3** Cada una de las puntas de ciertos instrumentos o herramientas.

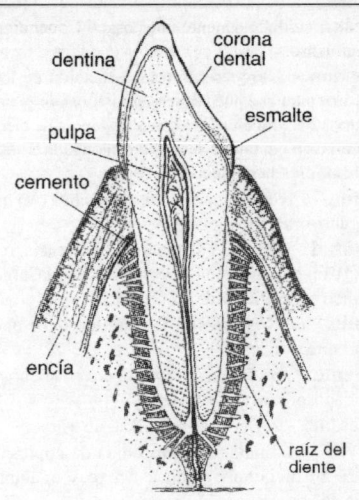

diente

diéresis *f.* Signo diacrítico (¨) que se pone sobre la *u* de las sílabas *gue, gui,* para indicar que esta letra debe pronunciarse: *vergüenza, argüir.*

dieta¹ *f.* Régimen alimenticio consistente en el control de la comida y la bebida ingerida, con finalidades terapéuticas o higiénicas.

dieta² *f.* Asamblea política de ciertos estados europeos. De origen carolingio, subsistió hasta el s. XIX. **2** Honorarios cobrados por trabajar fuera de la población donde se reside, o por gastos diversos.

dietética *f.* Ciencia que trata de la alimentación necesaria para una correcta nutrición.

diez *adj.* Nueve y uno. **2** *adj.* y *com.* Décimo. **3** *m.* Signo o conjunto de signos con que se representa el número diez.

difamar *tr.* Desacreditar algo o a alguien, publicando cosas contra su buena fama.

diferencia *f.* Cualidad o accidente por el cual una cosa se distingue de otra. **2** Controversia, disensión u oposición de dos o más personas entre sí. **3** Residuo, resultado de efectuar una sustracción.

diferente *adj.* Diverso, distinto.

difícil *adj.* Que requiere mucho trabajo. **2** Se dice de la persona descontentadiza o poco tratable.

dificultad *f.* Calidad de difícil. **2** Embarazo, inconveniente, oposición o contrariedad. **3** Duda, argumento y réplica contra una opinión.

difundir *tr.* y *prnl.* Extender, esparcir, propagar físicamente. **2** Propagar, divulgar.

difuso -sa *adj.* Ancho, dilatado. **2** Excesivamente abundante en palabras.

digerir *tr.* Llevar a cabo la digestión. **2** Sufrir o llevar con paciencia una desgracia o una ofensa.

3 Meditar cuidadosamente una cosa. **4** Cocer algo a fuego lento.

digestión *f.* Proceso de transformación de los alimentos para que puedan ser asimilados por el organismo. **2** Extracción de alguna sustancia de ciertos cuerpos mediante la sujeción prolongada de éstos al calor y a la humedad.

dígito *m.* Número que puede expresarse con un solo guarismo.

dignidad *f.* Calidad de digno. **2** Excelencia, realce. **3** Comportamiento grave y decoroso. **4** Cargo o empleo honorífico y de autoridad.

dilema *m.* Situación en la cual uno tiene que elegir entre dos cosas.

diligente *adj.* Pronto, presto, ligero en el obrar. **2** Cuidadoso, exacto y activo.

dilucidar *tr.* Declarar y explicar un asunto.

diluvio *m.* Inundación precedida de copiosas lluvias. **2** Lluvia muy copiosa. **3** Excesiva abundancia de una cosa.

dimensión *f.* Longitud, extensión o volumen de una línea, una superficie o un cuerpo. **2** Cada una de las magnitudes de un conjunto que sirven para definir un fenómeno.

diminutivo -va *adj.* Que disminuye o reduce a menos una cosa. **2** *adj.* y *m.* Se dice del sufijo que disminuye la magnitud del significado de la palabra a la que se une: *-illa*, en *tenacilla*, de *tenaza;* o que, sin aminorarlo, presenta el objeto con intenciones emotivas diversas por parte del hablante: *tiene ya dos añitos, una limosnita*.

dimisión *f.* Renuncia de algo que se posee.

dinamismo *m.* Energía activa y propulsora.

dinero *m.* Moneda corriente. **2** Caudal, fortuna. (Usado también en plural.) **3** Moneda de plata de origen carolingio que perduró en Europa hasta la Edad Moderna. **4** Objeto aceptado en la compra y venta de bienes y servicios. Puede ser metálico, de papel y bancario.

dinosaurios *m. pl.* Nombre genérico dado a los reptiles de la era secundaria, de pequeña capacidad craneal, miembros posteriores más desarrollados que los anteriores y columna vertebral sólida y ligera. De tamaño y morfología diversas, vivieron en todos los continentes. Aparecieron durante el triásico y se extinguieron a finales del cretáceo.

dintel *m.* Parte superior de las puertas, ventanas, etc., que carga sobre las jambas.

diócesis *f.* Distrito o territorio en que tiene y ejerce jurisdicción un arzobispo, obispo, etc.

dios *m.* Nombre con que se designa al ser supremo, creador del universo, en las religiones monoteístas. **2** Cualquiera de los seres sobrehumanos que tienen un ámbito concreto de poder, según las religiones politeístas.

diploma *m.* Título o credencial que expide una universidad, facultad, escuela, etc., para acreditar un grado, título, premio, etc.

diplomático -ca *adj.* Perteneciente o relativo al diploma y a la diplomacia. **2** Se dice de las relaciones entre dos o más Estados. **3** fig. Circunspecto, sagaz, disimulado. **4** *adj.* y *n.* Se dice del funcionario que interviene en las relaciones entre Estados.

diptongo *m.* Conjunto de dos vocales que se pronuncian en una sola sílaba, y en especial la combinación monosilábica formada dentro de la misma palabra por alguna de las vocales abiertas *a, e, o*, con una de las cerradas *i, u*, articulándose éstas como semivocales o semiconsonantes: *aire, puerta*.

dirección *f.* Acción y efecto de dirigir o dirigirse. **2** Consejo, enseñanza y preceptos con que se encamina a uno. **3** Conjunto de personas encargadas de dirigir una sociedad, una empresa, etc. **4** Camino o rumbo. **5** Mecanismo que sirve para guiar los vehículos automóviles.

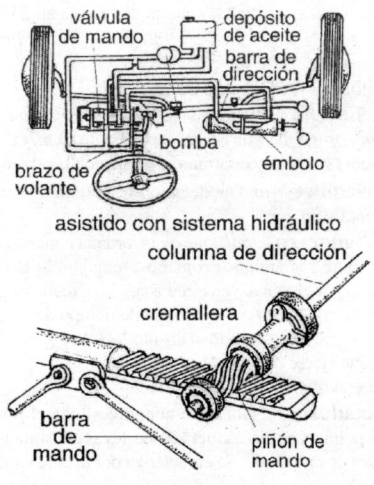

dirección

directo -ta *adj.* Derecho o en línea recta. **2** Se dice de lo que va de una parte a otra sin detenerse en los puntos intermedios.

dirigente *adj.* y *com.* Que dirige. **2** *com.* Persona que dirige una asociación o un partido.

dirigible *adj.* Que puede ser dirigido. **2** *m.* Aerostato autopropulsado y dotado de un sistema de dirección, sustentado principalmente por un gas más ligero que el aire, como hidrógeno o helio. Los primeros modelos aparecieron en el s. XIX. Fueron usados durante la Primera Guerra Mundial como medio de transporte.

dirimir *tr.* Deshacer, disolver, desunir. **2** Resolver una controversia.

distinto

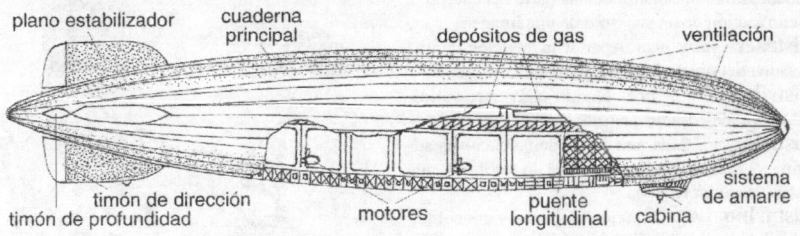

dirigible

disciplina *f.* Conjunto de normas para mantener el orden entre los miembros de un grupo. **2** Observación de estas normas. **3** En los estudios, cada asignatura. **4** Cada una de las modalidades de un deporte. **5** *pl.* Instrumento hecho de cáñamo, que sirve para azotar.

discípulo -la *m.* y *f.* Persona que aprende bajo la dirección de un maestro. **2** Seguidor de una escuela.

disco *m.* Cuerpo cilíndrico de base mucho más grande que su altura. **2** Excrecencia en forma de anillo del interior de una flor. **3** Lámina circular de materia plástica en la cual se registran sonidos que se reproducen con un fonógrafo. **4** Lámina circular de 22 cm de diámetro y de 1 o 2 kg de peso, usada en el lanzamiento de disco. **5** Cada una de las placas luminosas de un semáforo. **6** Figura con que aparecen el Sol, la Luna, etc.

discoteca *f.* Local público para escuchar y bailar música de discos. **2** Colección de discos. **3** Local o mueble donde se guardan.

disculpa *f.* Acción de disculpar o disculparse. **2** Lo que se alega para excusarse.

discurso *m.* Facultad de inferir unas cosas de otras. **2** Reflexión. **3** Palabra o palabras que expresan un concepto. **4** Escrito en que se discurre sobre algo. **5** Espacio de tiempo.

disecar *tr.* Efectuar una disección. **2** Preparar un animal muerto o una planta para que conserven la apariencia de vivos. **3** Analizar cuidadosamente algo.

disentir *intr.* No ajustarse al sentir o parecer de otro; opinar de modo distinto.

disfraz *m.* Artificio para encubrir algo. **2** Vestido de máscara de carnaval. **3** Simulación.

disfrutar *intr.* y *tr.* Percibir o gozar los productos y utilidades de una cosa. **2** Con la preposición *de*, tener algo bueno.

disgustar *tr.* y *prnl.* Causar enfado, pesadumbre o desazón. **2** *tr.* Causar mal sabor. **3** *prnl.* Enemistarse con alguien.

disílabo -ba *adj.* y *n.* Bisílabo.

disimular *tr.* Encubrir la intención. **2** Desentenderse del conocimiento de una cosa.

disipar *tr.* y *prnl.* Esparcir y desvanecer las partes que forman por aglomeración un cuerpo. **2** Desvanecer un sueño, una sospecha, etc. **3** Malgastar los bienes.

disminuir *tr., intr.* y *prnl.* Hacer menor la importancia, extensión, intensidad, número, de alguien o de algo.

disolver *tr.* y *prnl.* Desunir las partículas de un cuerpo por medio de un líquido con el cual se incorporan. **2** Separar algo que estaba unido.

disparar *tr.* Hacer que un arma despida un proyectil.

disparidad *f.* Desemejanza, desigualdad, diferencia.

dispensario *m.* Establecimiento destinado a prestar asistencia sanitaria.

dispersar *tr.* y *prnl.* Separar y diseminar lo que estaba unido. **2** *tr.* Dividir el esfuerzo, la atención, la actividad, etcétera.

display (ing., 'mostrar') *m.* Terminal de un ordenador que muestra información en una pantalla. **2** Folleto publicitario.

disponer *tr.* y *prnl.* Colocar, poner las cosas en orden y situación conveniente. **2** Determinar lo que ha de hacerse. **3** Valerse de una persona o cosa. **4** *prnl.* Prepararse para hacer algo.

dispuesto -ta *adj.* Preparado, situado. **2** Hábil, despejado. **3** Apuesto, bien proporcionado.

disputar *tr.* Debatir. **2** *tr.* e *intr.* Contender para alcanzar o defender algo.

disquete *m.* En informática, disco flexible donde se almacena información.

distancia *f.* Espacio de lugar o de tiempo que media entre dos cosas. **2** Diferencia, desemejanza entre las cosas. **3** Alejamiento, desafecto entre personas.

distanciar *tr.* y *prnl.* Separar, apartar, poner a distancia. **2** Desunir o separar moralmente a las personas.

distinguir *tr.* Conocer la diferencia que hay entre las cosas o las personas. **2** Otorgar a uno una dignidad, prerrogativa, etc. **3** Preferir unas personas a otras. **4** *tr.* y *prnl.* Hacer que una cosa se diferencie de otra por alguna particularidad.

distinto -ta *adj.* Que no es lo mismo. **2** Que no es parecido. **3** Inteligible, claro.

distorsión *f.* Torsión de una parte del cuerpo. **2** Deformación de un suceso o de una imagen.

distraer *tr.* y *prnl.* Apartar la atención de una persona del objeto a que la aplicaba.

distribuir *tr.* y *prnl.* Dividir algo entre varios. **2** Dar a cada cosa un destino.

distrito *m.* Cada una de las demarcaciones administrativas en que se subdivide un territorio, una población o un Estado.

disturbio *m.* Alteración de la paz y concordia, especialmente del orden público.

disuadir *tr.* Inducir a uno con razones a mudar de opinión o a desistir de un propósito.

disyuntivo -va *adj.* Que desune o separa. **2** *f.* Alternativa entre dos cosas por una de las cuales hay que optar.

diurno -na *adj.* Relativo al día. **2** Se dice del animal que busca el alimento durante el día.

divagar *intr.* Hablar o escribir sin concierto ni propósito fijo. **2** Vagar.

divergir *intr.* Apartarse progresivamente dos o más líneas o superficies. **2** Discrepar.

diversidad *f.* Variedad, diferencia. **2** Abundancia, conjunto de varias cosas distintas.

diverso -sa *adj.* De distinta naturaleza, especie, número, figura, etcétera.

divertir *tr.* y *prnl.* Entretener, recrear. **2** Apartar, desviar, alejar.

dividir *tr.* y *prnl.* Partir, separar en partes. **2** Desunir, enemistar, introduciendo discordia. **3** *tr.* Efectuar una división. **6** Fraccionar, delimitar.

división *f.* Acción y efecto de dividir. **2** Discordia, desunión. **3** Operación consistente en averiguar cuántas veces una cantidad (divisor) está contenida en otra (dividendo). El resultado es el cociente. **4** Unidad militar formada por varias brigadas o regimientos y provista de servicios auxiliares.

divisor -ra *adj.* Que divide. **2** Submúltiplo. **3** *m.* Cantidad por la cual ha de dividirse otra.

divorcio *m.* Disolución de un matrimonio, por voluntad de uno o de ambos cónyuges, llevada a cabo por la autoridad competente basándose en alguna causa legal.

divulgar *tr.* Publicar, extender, poner al alcance del público una cosa.

doberman *adj.* y *m.* Se dice de una raza de perros guardianes de origen alemán, caracterizados por poseer un cuerpo ligero y musculado, pelo corto y oscuro, y cabeza larga y estrecha.

doble *adj.* Que está compuesto por dos cosas iguales o de la misma especie. **2** Toque de difuntos.

docente *adj.* Relativo a la enseñanza. **2** *com.* Persona que se dedica a la enseñanza.

dócil *adj.* Suave, apacible, que recibe fácilmente la enseñanza. **2** Obediente. **3** Se dice del metal, piedra, etc., maleables.

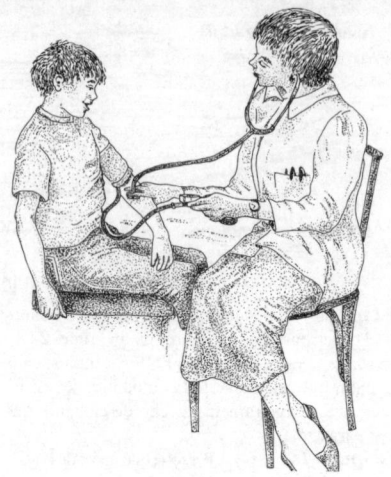

doctor

doctor -ra *m.* y *f.* Persona que ha recibido el máximo grado académico. **2** Médico.

doctrina *f.* Enseñanza que se da para instruir a alguien. **2** Serie de conocimientos, teorías, opiniones, etc., defendidos por una persona o un grupo. **3** Cuerpo de principios sobre alguna materia.

documento *m.* Cualquier cosa que proporciona datos sobre un hecho, especialmente histórico. **2** Escrito que avala o acredita algo.

dogma *m.* Proposición que se asienta por firme y cierta y como principio de una ciencia.

dogmático -ca *adj.* Relativo a los dogmas. **2** Se dice del autor que trata de los dogmas. **3** Inflexible, que mantiene sus opiniones como verdades inconcusas. **4** *f.* Conjunto de dogmas.

dogo -ga *adj.* y *n.* Se dice de una raza de perros de cabeza corta y gruesa, maxilares robustos, hocico chato y pelo corto. Se utiliza como perro guardián.

dólar *m.* Unidad monetaria de EUA, Canadá, Australia, Nueva Zelanda, Malaysia, Zimbabwe, Hong Kong y algunos países caribeños.

doler *intr.* Padecer dolor una parte del cuerpo. **2** Causar repugnancia o sentimiento el hacer una cosa o pasar por ella.

dolor *m.* Sensación molesta de una parte del cuerpo. **2** Sentimiento, congoja. **3** Pesar y arrepentimiento de una cosa.

domar *tr.* Hacer dócil a un animal. **2** fig. Sujetar, reprimir.

domesticar *tr.* Acostumbrar a un animal a la compañía del hombre.

domicilio *m.* Morada fija y permanente. **2** Lugar oficial de residencia de una persona o entidad para el cumplimiento de sus obligaciones y el ejercicio de sus derechos. **3** Casa en que uno habita o se hospeda.

dominar *tr.* Tener dominio sobre algo o alguien. **2** Sujetar, contener. **3** Poseer a fondo una ciencia o arte. **4** *intr.* y *tr.* Sobresalir un monte, edificio, etc., entre otros. **5** *prnl.* Reprimirse.

dominguero -ra *adj.* fam. Que se suele usar en domingo. **2** *adj.* y *n.* Que se compone y divierte solamente los domingos y días de fiesta.

domínica o **dominica** *f.* En lenguaje eclesiástico, domingo. **2** Texto de la Escritura que en el oficio divino corresponde a cada domingo.

dominical *adj.* Relativo o perteneciente a la domínica o al domingo. **2** Relativo al derecho de dominio sobre las cosas. **3** *adj.* y *m.* Se dice del periódico que sale el domingo, y de su suplemento.

dominio *m.* Poder que uno tiene de usar y disponer de lo suyo. **2** Poder que se ejerce sobre alguien.

dominó o **dómino** *m.* Juego que se hace con 28 fichas rectangulares, blancas por la cara y negras por el envés, y divididas en dos partes que llevan marcadas de uno a seis puntos, o bien ninguno. Gana el jugador que coloca todas sus fichas o el que se queda con menos puntos, si se cierra el juego. **2** Conjunto de estas fichas. **3** Traje de máscara con capucha.

don[1] *m.* Dádiva, regalo. **2** Cualidad natural. **3** Gracia, habilidad.

don[2] *m.* Tratamiento que se antepone a los nombres propios masculinos.

donativo *m.* Dádiva, regalo, cesión. **2** Limosna.

donde *adv. l.* En el sitio en que, en un sitio, o en el que; en qué sitio o a qué sitio. (Se acentúa cuando es interrogativo.) **2** Adonde. **3** En casa de. **4** *pron. rel.* En que, en el cual, en la cual, lo que, lo cual, los cuales, las cuales, cuales.

dondequiera *adv. l.* En cualquier parte.

doña *f.* Tratamiento que precede al nombre propio de mujer.

doping (ing.) *m.* Uso por un deportista de sustancias químicas para aumentar su rendimiento físico.

dorar *tr.* Cubrir con oro una superficie. **2** Dar el color del oro a una cosa.

dormir *tr., intr.* y *prnl.* Estar en el estado de reposo que consiste en la suspensión de todo movimiento voluntario.

dormitorio *m.* Pieza destinada para dormir en ella. **2** Mobiliario de dicha pieza.

dos *adj.* Uno y uno. **2** *adj.* y *com.* Segundo, que sigue en orden al primero. **3** *m.* Signo con que se representa el número dos. **4** Naipe, ficha, etc., con dos señales.

dosis *f.* Cantidad o porción de una cosa.

dotar *tr.* Constituir dote a una mujer. **2** Dar bienes a una fundación, institución, etc. **3** Asignar a una oficina, barco, etc., los empleados y enseres necesarios. **4** Dar a una cosa alguna propiedad ventajosa. **5** Adornar la naturaleza a alguien con algún don o gracia.

dote *amb.* Caudal que lleva la mujer cuando se casa. **2** *m.* En el juego de naipes, tantos que toma cada uno para saber lo que pierde o gana. **3** *f. pl.* Cualidades de una persona.

dragar *tr.* Ahondar y limpiar con draga los puertos, ríos, etcétera.

dragón *m.* Animal fabuloso al que se atribuye figura de serpiente con patas y alas, muy fiero y voraz. **2** Nombre dado a varios reptiles de los agámidos, provistos de dos pliegues a lo largo del tronco, que les permiten planear. **3** Soldado que hacía el servicio alternativamente a pie o a caballo.

dragón

drama *m.* Composición teatral en que la acción se representa mediante el diálogo de los personajes y sin que haya un narrador.

dramatizar *tr.* Dar forma y condiciones dramáticas. **2** Exagerar con apariencias dramáticas o afectadas.

dramaturgo -ga *m.* y *f.* Persona que escribe obras dramáticas.

drástico -ca *adj.* Riguroso, enérgico, radical, draconiano. **2** Se dice del medicamento que actúa con gran eficacia y energía, en especial de los purgantes.

drenaje *m.* Extracción de líquidos de una herida, absceso o cavidad. **2** Eliminación del exceso de agua de un terreno.

droga *f.* Sustancia mineral, vegetal, animal o sintética, usada en medicina o en la industria. **2** Sustancia alucinógena, estimulante, tranquilizante, etc., que frecuentemente crea dependencia.

droguería *f.* Trato y comercio en drogas, como disolventes, detergentes, pinturas, etc. **2** Tienda en que se venden tales productos. **3** *Amér.* Farmacia.

drugstore (ing.) *m.* Comercio con varias tiendas, bar y restaurante, que está abierto día y noche.

dual *adj.* Que consta de dos partes. **2** *adj.* y *m.* Se dice de la categoría gramatical que indica la idea de «dos».

dualidad *f.* Reunión de dos caracteres distintos en una misma persona o cosa. **2** Existencia simultánea de dos cosas de la misma clase.

dubitación *f.* Duda. **2** En retórica, figura que consiste en manifestar, la persona que habla, duda o perplejidad acerca de lo que debe decir o hacer.

ducado *m.* Título o dignidad de duque. **2** Territorio bajo la jurisdicción de un duque. **3** Nombre de varias monedas antiguas de oro, de diversas ciudades y países.

ducha *f.* Agua que, en forma de lluvia o chorro, se hace caer sobre el cuerpo para limpiarlo, refrescarlo, relajarlo, etc. **2** Aparato o dispositivo por donde sale ese chorro.

duda *f.* Suspensión o indeterminación del ánimo entre dos juicios o dos decisiones, o acerca de un hecho o una noticia.

dudar *intr.* No decidirse por algo. **2** *tr.* Dar poco crédito a algo.

duelo[1] *m.* Combate o pelea entre dos personas, a consecuencia de un reto o desafío.

duelo[2] *m.* Dolor, lástima, aflicción o sentimiento. **2** Demostraciones para manifestar el sentimiento por la muerte de alguien. **3** Serie de parientes, amigos o invitados que asisten a un funeral. **4** Fatiga, trabajo.

duende *m.* Ser fantástico de los cuentos de hadas.

dueño -ña *m.* y *f.* Poseedor, propietario.

dulce *adj.* Que causa cierta sensación suave y agradable al paladar, como la miel, el azúcar, etc.

dulcería *f.* Confitería.

dulzura *f.* Calidad de dulce. **2** fig. Suavidad, deleite. **3** fig. Afabilidad, bondad, docilidad.

dúo *m.* Composición musical para dos voces o instrumentos. **2** Conjunto que la ejecuta.

duodeno -na *adj.* Duodécimo. **2** *m.* Primera porción del intestino delgado. Comunica directamente con el estómago y remata en el yeyuno.

duplicado *m.* Segundo ejemplar o copia de un documento, escrito, etcétera.

duende

duque *m.* Hombre que posee el título de duque. **2** Título nobiliario superior al de marqués e inferior al de príncipe, excepto en Alemania y en Italia.

duquesa *f.* Mujer del duque. **2** La que por sí posee un ducado.

duración *f.* Tiempo que transcurre entre el comienzo y el fin de un proceso físico, biológico, histórico, etcétera.

duradero -ra *adj.* Que dura o puede durar mucho.

duramente *adv. m.* Con dureza.

durante *prep.* Con significación semejante a la del adverbio *mientras*; entretanto.

durar *intr.* Continuar siendo, obrando, sirviendo, etc. **2** Subsistir, permanecer.

durazno *m.* Variedad de melocotón.

durmiente *adj.* y *com.* Que duerme. **2** *m.* Madero colocado horizontalmente y sobre el cual se apoyan otros. **3** Traviesa de ferrocarril.

duro -ra *adj.* Se dice del cuerpo que se resiste a ser labrado, rayado, comprimido o desfigurado, que no se presta a recibir nueva forma. **2** fig. Violento, cruel, insensible. **3** fig. Fuerte, que resiste bien la fatiga. **4** fig. Terco y obstinado. **5** Que cuesta comprender las cosas. **6** *m.* Moneda de cinco pesetas. **7** *adv. m.* Con fuerza, con violencia.

e¹ *f.* Quinta letra del abecedario castellano, y segunda de las vocales con sonido palatal abierto. **2** En mayúscula, abreviatura de Este, punto cardinal (E). **3** En mayúscula, símbolo de fuerza electromotriz (E). **4** Símbolo de electrón (e).

e² *conj. cop.* Sustituye a *y* ante palabras que empiezan por *i* o *hi*, para evitar el hiato: *padre e hijo*. No la reemplaza en principio de interrogación o admiración: *¿Y Ignacio?; ¡Y Isidoro también comprometido!*, ni cuando la palabra siguiente empieza por *y* o por la sílaba *hie*: *Ocaña y Yepes; tigre y hiena*.

ebanista *com.* Persona que trabaja maderas finas. **2** Fabricante de muebles.

ébano *m.* Árbol corpulento de las ebenáceas, de madera dura y más o menos oscura.

ebriedad *f.* Embriaguez, borrachera.

ebrio -bria *adj.* y *n.* Bebido, embriagado. **2** Trastornado por una pasión: *ebrio de ira*.

ebullición *f.* Hervor.

echar *tr.* Lanzar o arrojar una cosa hacia algún lugar. **2** Expulsar de algún lugar. **3** Hacer que algo caiga en un sitio determinado.

eclesiástico -ca *adj.* Relativo al clero de la Iglesia católica. **2** *m.* Clérigo.

eclipsar *tr.* Causar un astro el eclipse de otro. **2** Oscurecer los méritos de una persona o de una cosa las virtudes de otra.

eclipse *m.* Ocultación transitoria, parcial o total de un astro. **2** Ocultamiento o desaparición de una persona o cosa.

ecografía *f.* Técnica de exploración diagnóstica de los órganos internos, utilizada en algunas ramas de la medicina. Se basa en el empleo de los ultrasonidos.

ecología *f.* Parte de la biología que estudia la relación entre los organismos y su entorno, tanto animado como inanimado.

economía *f.* Recta administración de los bienes. **2** Riqueza pública. **3** Conjunto de las actividades productivas de una zona. **4** Ciencia que estudia la producción y la distribución de bienes para satisfacer las necesidades humanas.

economizar *tr.* Ahorrar, reservar parte de lo que se produce o tiene. **2** Evitar o reducir algún trabajo, esfuerzo o riesgo.

ecosistema *m.* BIOL Conjunto funcional integrado por los seres vivos de distintas especies que viven en un área determinada de la biosfera y el medio ambiente con el cual interaccionan.

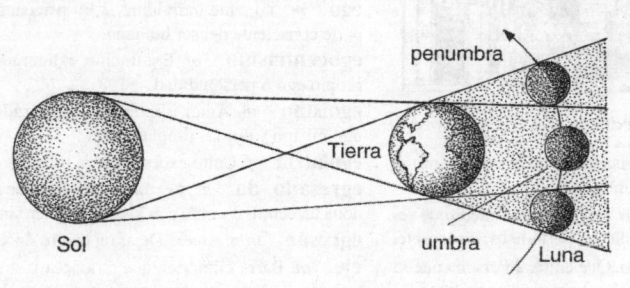

eclipse

ecuación *f.* Igualdad matemática con una o más incógnitas.

ecuador *m.* Círculo máximo imaginario de la esfera celeste, perpendicular al eje de la Tierra, a la que divide en dos hemisferios. **2** Paralelo de radio máximo en una superficie de revolución.

ecuanimidad *f.* Igualdad y constancia de ánimo. **2** Imparcialidad en los juicios.

ecuestre *adj.* Relativo al caballero, al caballo o a la equitación.

edad *f.* Tiempo que ha vivido una persona o un animal desde su nacimiento. **2** Cada uno de los períodos en que se divide la vida. **3** Época, tiempo.

edén *m.* Paraíso terrenal. **2** fig. Lugar ameno y deleitoso.

edición *f.* Impresión de una obra o escrito para su publicación. **2** Conjunto o tirada de ejemplares impresos de una obra.

edificar *tr.* Construir o mandar construir un edificio. **2** fig. Fundar. **3** fig. Servir de buen ejemplo una persona a otras, estimulándolas a la virtud.

edificio *m.* Construcción de albañilería, de forma y materiales heterogéneos, destinada a los más diversos fines.

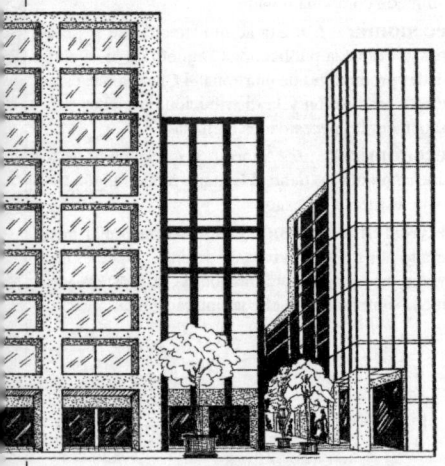

edificio

edil -la *m.* y *f.* Concejal de un ayuntamiento. **2** *m.* Magistrado de la antigua Roma.

editar *tr.* Imprimir, por cualquier medio de reproducción, libros, folletos, periódicos, discos, etc.

editor -ra *adj.* y *n.* Que edita. **2** Persona que se encarga de la preparación y edición de un texto.

editorial *adj.* Relativo a la edición o al editor. **2** *m.* Artículo de fondo de un periódico o revista. **3** Sociedad o casa editora.

edredón *m.* Plumón del eider. **2** Cobertor acolchado y relleno de este plumón o de fibras artificiales.

educación *f.* Acción y efecto de educar. **2** Enseñanza y formación que se da a niños y jóvenes. **3** Cortesía, buenas maneras.

educar *tr.* Desarrollar o perfeccionar las facultades y aptitudes del niño o del adolescente. **2** Enseñar, instruir, dirigir.

efectivo -va *adj.* Eficaz, dicho de personas; real, verdadero, si se aplica a cosas. **2** *m.* Dinero o valor disponible.

efecto *m.* Lo que se sigue de una causa. **2** Impresión producida en el ánimo. **3** Artículo de comercio.

efectuar *tr.* Poner por obra, llevar a cabo. **2** *prnl.* Suceder algo, realizarse.

efervescencia *f.* Desprendimiento de burbujas de un líquido sin llegar a la ebullición. **2** fig. Acaloramiento del ánimo, agitación.

eficacia *f.* Virtud, actividad, fuerza y poder para obrar.

eficaz *adj.* Eficiente, operativo.

eficiencia *f.* Virtud y facultad para lograr un efecto determinado. **2** Acción con que se logra este efecto.

efigie *f.* Imagen, representación de alguien real y verdadero. **2** fig. Representación viva de una cosa ideal.

efímero -ra *adj.* Breve, fugaz, que dura poco (literalmente «de un día de duración»).

efusión *f.* Derramamiento de un líquido, y más comúnmente de la sangre. **2** Expresión viva de sentimientos generosos o alegres.

efusivo -va *adj.* Que se manifiesta con efusión y franqueza. **2** Amable, cariñoso. **3** Se dice de la emisión fluida y continuada de la lava volcánica.

egipcio *m.* De Egipto. **2** *m.* Lengua hablada en el ant. Egipto.

ego *m.* Yo, ente individual. **2** En psicoanálisis, parte consciente del ser humano.

egocentrismo *m.* Exaltación exagerada del propio ego o personalidad.

egoísmo *m.* Amor e interés desmesurado por uno mismo y por las propias cosas.

egolatría *f.* Culto excesivo de sí mismo.

egresado -da *m.* y *f. Amér.* Persona que abandona un centro docente con los estudios terminados.

egresar *intr. Amér.* Dejar un centro docente.

eje *m.* Barra cilíndrica que atraviesa y sostiene un cuerpo giratorio y le sirve de sostén en el movimiento. **2** Barra que une las ruedas paralelas de un vehículo.

ejecución *f.* Acción y efecto de ejecutar.

ejecutar *tr.* Poner por obra una cosa. **2** Realizar con habilidad alguna acción. **3** Tocar una pieza musical. **4** Ajusticiar.

ejecutivo -va *adj.* Que no permite demora. **2** *adj.* y *n.* Se dice de la persona o institución que aplica las leyes o normas de actuación.

ejemplar *adj.* Digno de ser imitado. **2** Se dice del castigo severo que sirve de escarmiento. **3** *m.* Cada uno de los individuos de una especie.

ejemplificar *tr.* Dar ejemplo o demostrar con ejemplos lo que se dice.

ejemplo *m.* Modelo que induce a la imitación o evitación de cierta manera de obrar. **2** Caso concreto que ilustra una doctrina.

ejercer *tr.* e *intr.* Practicar un oficio o profesión. **2** Ejercitar un derecho.

ejercicio *m.* Acción y efecto de ejercer un oficio o de ocuparse en una cosa. **2** Paseo o esfuerzo corporal para conservación o mejora de la salud.

ejercitar *tr.* Usar cierta facultad o poder que se tiene. **2** Practicar un arte u oficio. **3** Usar de cierto derecho.

ejército *m.* Conjunto de fuerzas armadas de un Estado. **2** Gente de armas al mando de un general o caudillo militar. **3** Colectividad organizada para el logro de algún fin.

el Artículo determinado, masculino y singular.

él Pronombre personal de tercera persona, masculino y singular.

elaborar *tr.* Preparar un producto por medio de un trabajo adecuado.

elasticidad *f.* Propiedad por la que algunos cuerpos recuperan su forma originaria luego de eliminada la presión de fuerzas tractoras o compresoras deformantes.

elástico -ca *adj.* Que tiene elasticidad. **2** fig. Acomodaticio.

elección *f.* Acción y efecto de elegir. **2** Votación en que se elige a alguien para un cargo.

electricidad *f.* Conjunto de fenómenos derivados del efecto producido por las cargas eléctricas. **2** Corriente eléctrica. **3** Parte de la física que estudia las cargas eléctricas.

electrificar *tr.* Proveer de corriente eléctrica un país, una región, una instalación o un mecanismo: se electrifican los países, los pueblos, los ferrocarriles, etc.

electrizar *tr.* y *prnl.* Comunicar o producir electricidad en un cuerpo. **2** Entusiasmar a un auditorio con palabras vibrantes.

electrocutar *tr.* y *prnl.* Producir la muerte mediante electrocución o paso de la corriente eléctrica.

electrodoméstico -ca *adj.* y *m.* Se dice de cada uno de los aparatos eléctricos que se emplean en el hogar.

electrón *m.* **Fís** Partícula elemental estable que puede tener carga positiva o negativa.

electrónica *f.* Parte de la física que estudia los fenómenos basados en el movimiento de partículas cargadas en el vacío, en el seno de gases o en semiconductores, bajo el influjo de fuerzas eléctricas o magnéticas, así como el control de dicho movimiento. **2** Técnica que aplica esos conocimientos a la industria.

elefante *m.* Mamífero proboscídeo, el mayor de los animales terrestres actuales. Tiene cabeza pequeña, orejas grandes y colgantes, nariz en forma de trompa y enormes colmillos.

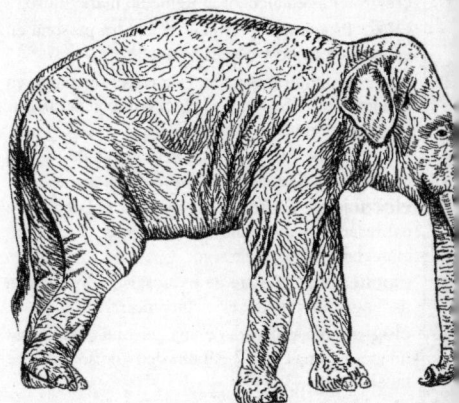

elefante

elegancia *f.* Calidad de elegante. **2** Forma bella de presentarse o de presentar alguna cosa.

elegante *adj.* Dotado de elegancia.

elegir *tr.* Escoger, preferir a una persona o cosa a otras. **2** Designar por votación para un cargo.

elemental *adj.* Referente a los primeros elementos de una cosa o a los primeros principios de un arte o ciencia. **2** Fundamental, básico. **3** Obvio, evidente.

elemento *m.* Principio físico o químico que entra en la composición de cualquier cuerpo. **2** QUÍM. Cuerpo simple que no puede descomponerse porque sus átomos son idénticos; se dividen en metales y no metales. **3** Parte integrante de una cosa, o pieza de una estructura.

elenco *m.* Catálogo, índice. **2** Conjunto de actores de una compañía teatral o que trabajan en una obra. **3** Personal de una empresa.

elevador -ra *adj.* y *m.* Que eleva. **2** Se dice del músculo que levanta las zonas en que se inserta. **3** *m.* Transformador eléctrico. **4** *Amér.* Ascensor o montacargas.

elevar *tr.* y *prnl.* Alzar o levantar una cosa. **2** *tr.* Conferir a alguien mayor dignidad o categoría.

eliminar *tr.* Excluir, prescindir de una persona o cosa. **2** Matar. **3** Expeler el organismo alguna sustancia.

elipse *f.* Curva cerrada. Su forma de circunferencia aplastada es la que trazan los planetas alrededor del Sol.

elite *f.* Minoría selecta o dirigente en cualquier campo social o económico.

elitista *adj.* y *n.* Perteneciente a la elite. **2** Partidario de una elite o del predominio de las elites.

elixir *m.* Medicamento de sustancias aromáticas disueltas en alcohol. **3** Remedio maravilloso.

ella Pronombre personal de tercera persona en género femenino y número singular.

ello Pronombre personal de tercera persona en género neutro. Sustituye a algo, por lo general abstracto, expresado anteriormente.

ellos, ellas Pronombres personales de tercera persona plural, masculino y femenino.

elocución *f.* Uso adecuado de las palabras para expresar correctamente los conceptos. **2** Explicación clara y precisa de algo.

elocuencia *f.* Arte de expresarse con eficacia para agradar, conmover o convencer.

elogio *m.* Alabanza de una persona o de las calidades de una cosa. **2** Palabras en que se contiene tal alabanza.

elucidar *tr.* Dilucidar, poner algo en claro.

eludir *tr.* Esquivar una dificultad o rehuir un trabajo con maneras hábiles. **2** Declinar, no aceptar una cosa.

emanar *intr.* Traer origen de una cosa, de cuya sustancia se participa.

emancipar *tr.* y *prnl.* Liberar a alguien de la patria potestad declarándole mayor de edad. **2** *prnl.* Liberarse de cualquier servidumbre o sujeción.

embadurnar *tr.* y *prnl.* Untar una cosa con algo pegajoso. **2** Manchar.

embajada *f.* Mensaje para tratar algún asunto de importancia. **2** Cargo de embajador. **3** Residencia del embajador en un país extranjero, y personas que están a su servicio.

embalar *tr.* y *prnl.* Acelerar un motor. **2** *intr.* y *prnl.* Lanzarse a gran velocidad un corredor o un móvil.

embalsamar *tr.* Preservar los cadáveres de la descomposición inyectándoles diversas sustancias balsámicas. **2** *tr.* y *prnl.* Perfumar un ambiente con alguna sustancia de grato olor.

embalse *m.* Acción y efecto de embalsar, meter en balsas. **2** Pantano artificial que suele hacerse cerrando un valle con una presa o dique.

embarazar *tr.* Dejar encinta a una mujer. **2** Estorbar o impedir algún movimiento o actividad. **3** Poner en dificultades.

embarazo *m.* Preñez de la mujer. **2** Tiempo que dura este estado. **3** Impedimento, dificultad, obstáculo.

embarcación *f.* Barco o barca.

embarcadero *m.* Muelle o sitio acomodado para el embarque y desembarque de viajeros o mercancías.

embarcar *tr.* y *prnl.* Dar entrada a personas o mercancías en un barco, avión o tren. **2** Participar en una empresa, especialmente si es arriesgada. **3** *tr. Amér.* Engañar.

embargar *tr.* Embarazar, impedir. **2** Paralizar a uno la emoción, la tristeza, etc. **3** Retener la autoridad los bienes de alguien.

embargo *m.* Retención o secuestro de bienes por orden de la autoridad judicial. **2** Prohibición del comercio o transporte de armas que emana de un gobierno.

embarque *m.* Acción de cargar mercancías en un barco, avión, tren o camión. **2** Embarco de personas.

embarrar *tr.* y *prnl.* Untar o cubrir de barro o de cualquier sustancia viscosa. **2** *Amér.* Mezclar a alguien en un negocio sucio. **3** *tr. Amér.* Complicar una situación.

embaucar *tr.* Engañar aprovechando la ingenuidad o inexperiencia del engañado.

embeber *tr.* Absorber un sólido cualquier líquido. **2** Empapar, llenar de un líquido una cosa porosa o esponjosa.

embeleco *m.* Engaño, zalamería falsa.

embelesar *tr.* y *prnl.* Arrebatar, cautivar los sentidos de gusto y complacencia.

embellecer *tr.* y *prnl.* Dar belleza a una persona o cosa. **2** Idealizar algo prestándole cualidades que no posee de hecho.

embestir *tr.* Lanzarse con violencia sobre una persona o cosa; la acción se dice de personas, animales o vehículos.

emblema *m.* Figura con lema o divisa. **2** Símbolo de alguna cosa.

embocar *tr.* Meter una cosa por la boca. **2** Enfilar alguna entrada o conducto estrecho.

emboscar *tr.* y *prnl.* Ocultar tropa en un lugar para atacar por sorpresa. **2** *prnl.* Ocultarse en la espesura del bosque.

embotellador -ra *adj.* Que embotella. **2** *m.* y *f.* Persona que tiene por oficio embotellar vino y otros productos.

embotellamiento *m.* Acción y efecto de embotellar. **2** Atasco producido por la aglomeración de vehículos.

embotellar *tr*. Poner alguna cosa en botellas. **2** fig. Apretujar gente en un lugar.

embrague *m*. Acción de embragar. **2** Mecanismo de transmisión de movimiento entre dos ejes o árboles giratorios, por el cual éstos se acoplan o desacoplan; puede ser manual o automático. **3** Pedal con que se acciona.

embriagar *tr*. y *prnl*. Emborrachar, poner o ponerse borracho. **2** Enajenar de placer. **3** Perder el dominio de sí mismo por exceso de bebida.

embriaguez *f*. Borrachera. **2** Enajenación, entusiasmo.

embriología *f*. Parte de la biología que estudia la formación y desarrollo de los organismos pluricelulares hasta su autonomía.

embrión *m*. Germen de un ser vivo. **2** fig. Principio impreciso de alguna cosa.

embrollar *tr*. y *prnl*. Enredar, liar las cosas.

embromar *tr*. Gastar bromas o decir chirigotas. **2** *Amér*. Fastidiar.

embrujar *tr*. Trastornar a alguien el juicio o la salud con prácticas de hechicería o magia. **2** Hechizar a alguien ejerciendo sobre él un fuerte atractivo.

embrutecer *tr*. y *prnl*. Perder finura, agudeza o categoría moral.

embudo *m*. Canuto con boca ancha para trasvasar líquidos a vasijas de boca estrecha.

embudo

embuste *m*. Mentira disfrazada. **2** *pl*. Piezas de bisutería de más apariencia que valor.

embutido -da *adj*. Metido a presión en algo. **2** Acción y efecto de embutir. **3** Tripa rellena con carne picada, principalmente de cerdo.

embutir *tr*. Hacer embutidos. **2** Meter una cosa dentro de otra dejándola ajustada.

emergencia *f*. Acción y efecto de emerger. **2** Caso imprevisto o que requiere especial cuidado.

emerger *intr*. Brotar o salir de la superficie de un líquido. **2** Aparecer en medio de algo, como la noche o la niebla. **3** Destacarse de un conjunto.

emigración *f*. Conjunto de personas que abandona por más o menos tiempo su lugar de origen para trasladarse a otro con mayores perspectivas económicas; es un fenómeno moderno, por sus dimensiones y consecuencias socioeconómicas. **2** Migración.

emigrar *intr*. Marcharse por más o menos tiempo del propio país para establecerse en otro. **2** Trasladarse periódicamente algunas especies animales de un sitio a otro.

eminencia *f*. Altura o elevación del terreno. **2** Persona que destaca en alguna especialidad.

eminente *adj*. Sobresaliente, que descuella entre los demás. **2** Distinguido, ilustre.

emisario -ria *m*. y *f*. Persona a la que se envía con un mensaje. **2** *m*. Río que procede de un lago y que vierte sus aguas en otro lago, río o el mar.

emisión *f*. Acción y efecto de emitir.

emisor -ra *adj*. Que emite. **2** *m*. Electrodo de un transistor de unión. **3** Conjunto de aparatos e instalaciones que emiten ondas electromagnéticas, para la transmisión de sonidos e imágenes.

emitir *tr*. Arrojar, expulsar una cosa, como hace el Sol con el calor o el volcán con la lava. **2** Poner en circulación billetes, valores o efectos públicos. **3** *tr*. e *intr*. Transmitir por radio o televisión alguna noticia o programa.

emoción *f*. Alteración intensa del ánimo provocada por los más varios sentimientos.

emocionar *tr*. y *prnl*. Conmover el ánimo, causar emoción.

emotivo -va *adj*. Relativo a la emoción o que la produce. **2** Se dice de la persona que se emociona fácilmente.

empacar *tr*. Empaquetar, juntar cosas en pacas o fardos apretados.

empadronar *tr*. y *prnl*. Inscribir a alguien en un censo o padrón con fines demográficos o tributarios.

empalagar *tr., intr*. y *prnl*. Cansar un alimento por demasiado dulce. **2** Molestar una persona con su amabilidad excesiva o su cursilería.

empalidecer *tr*. Hacer palidecer. **2** *intr*. Palidecer.

empalmar *tr*. Juntar los extremos de dos cosas para alargarlas, formando una sola pieza. **2** Combinar ideas o proyectos.

empanada *f*. Picadura de carne o pescado envuelta en masa de pan y cocida al horno. **2** fig. Enredo fraudulento en un negocio.

empantanar *tr*. y *prnl*. Anegar un terreno convirtiéndolo en pantano. **2** fig. Detener el curso de un negocio.

empañar *tr.* Envolver en pañales. **2** *tr.* y *prnl.* Quitar el brillo o diafanidad a una superficie tersa.

empapar *tr.* y *prnl.* Mojar una cosa hasta dejarla totalmente impregnada del líquido. **2** *prnl.* fig. Poseer buenos conocimientos en alguna materia.

empapelar *tr.* Envolver en papel. **2** fam. Expedientar a alguien.

empaquetar *tr.* Hacer paquetes. **2** Guardar los paquetes en cajas mayores para su transporte. **3** Meter a demasiadas personas en un lugar de modo que apenas puedan moverse.

emparedado -da *adj.* y *n.* Se dice de la persona encerrada o recluida. **2** *m.* Bocadillo.

emparedar *tr.* y *prnl.* Encerrar a alguien entre cuatro paredes. **2** *tr.* Ocultar algo tapiándolo. **3** Sujetar o aprisionar entre dos cosas.

emparejar *tr.* y *prnl.* Formar parejas con personas, animales o cosas. **2** Poner una cosa a nivel con otra.

emparentar *intr.* Entrar en una familia por casamiento. **2** Tener relación de semejanza o afinidad. **3** *tr.* Señalar o descubrir relaciones de parentesco, origen común o afinidad.

empastar *tr.* Cubrir una superficie con pasta. **2** Encuadernar en pasta los libros.

empatar *tr.* y *prnl.* Igualar a tantos o votos dos contrincantes o dos opciones. **2** *tr. Amér.* Juntar, empalmar una cosa con otra.

empecinado -da *adj.* Obstinado, testarudo.

empedernido -da *adj.* Insensible, cruel. **2** Incorregible, obstinado.

empedrado -da *adj.* Se dice del caballo con manchas, o del cielo con nubes pequeñas. **2** *m.* Acción y efecto de empedrar. **3** Pavimento de piedras.

empedrar *tr.* Pavimentar un suelo con piedras. **2** fig. Cubrir una superficie de objetos extraños a ella.

empeine *m.* Dorso del pie, entre la caña y los dedos. **2** Por extensión, parte correspondiente del calzado.

empeñar *tr.* Dejar una cosa en prenda de un préstamo. **2** *tr.* y *prnl.* Comprometer, implicar en un asunto o empresa.

empeño *m.* Acción y efecto de empeñar o empeñarse. **2** Obligación de pagar del que empeña una cosa. **3** Esfuerzo intenso por conseguir algo.

empeorar *tr.* Agravar, estropear aun más alguna cosa o situación. **2** *intr.* y *prnl.* Ponerse peor lo que ya estaba mal.

emperador *m.* Soberano de un imperio o que tiene por vasallos a reyes o grandes príncipes. **2** Pez espada.

emperatriz *f.* Mujer del emperador. **2** Soberana de un imperio.

empezar *tr.* Dar principio a una cosa, iniciarla. **2** *intr.* Tener principio una cosa.

emperatriz

empinar *tr.* Enderezar y levantar en alto. **2** fam. Beber mucho. **3** *prnl.* Ponerse una persona de puntillas y un animal de manos.

empírico -ca *adj.* Relativo o basado en la experiencia.

empleado -da *adj.* Utilizado. **2** *m.* y *f.* Persona que trabaja a sueldo en una oficina o fábrica.

emplear *tr.* Usar, hacer servir para algo a personas o cosas. **2** Ocupar, gastar, invertir.

empleo *m.* Acción y efecto de emplear. **2** Ocupación habitual de una persona, oficio.

emplumar *tr.* Poner plumas. **2** *Amér.* Escaparse, huir.

empobrecer *tr.* Hacer pobre o más pobre a una persona o hacer que una cosa pierda calidad. **2** *intr.* y *prnl.* Venir una persona al estado de pobreza y privaciones; decaer, venir a menos una cosa.

empollar *tr.* y *prnl.* Incubar las aves sus huevos para que nazcan los pollos. **2** fam. Estudiar con intensidad alguna materia.

empolvar *tr.* Echar polvo. **2** *tr.* y *prnl.* Echar polvos de tocador en los cabellos, el rostro, la piel, etc. **3** *prnl.* Cubrirse de polvo.

emponzoñar *tr.* y *prnl.* Poner ponzoña, envenenar. **2** Echar a perder, corromper.

emporio *m.* Ciudad notable, por su comercio o por su florecimiento artístico. **2** *Amér.* Almacén grande y elegante.

emprender *tr.* Acometer una obra o empresa.

empresa *f.* Acción de emprender y cosa que se emprende, en especial si se trata de algo dificultoso o arriesgado. **2** Obra o proyecto en el que participan varias personas. **3** Sociedad industrial o mercantil, integrada por el capital y el trabajo como factores de producción.

empujar *tr.* Hacer fuerza para mover algún cuerpo.

empuje *m.* Acción y efecto de empujar. **2** Presión que ejerce el peso de una obra sobre las paredes en que se sustenta. **3** fig. Resolución con que se acomete una empresa.

empuñar *tr.* Asir por el puño una cosa. **2** Asir una cosa abarcándola estrechamente con la mano.

emular *tr.* Imitar a una persona, generalmente en lo bueno, intentando superarla.

emulsión *f.* Líquido en el que se mantienen en suspensión partículas pequeñísimas.

en *prep.* Señala las determinaciones de lugar, tiempo y modo de una acción o estado.

enajenar *tr.* Ceder a otro la propiedad o uso de alguna cosa. **2** *tr.* y *prnl.* Sacar a alguien de sí mismo, privarle de la razón.

enaltecer *tr.* y *prnl.* Alabar, ensalzar.

enamorar *tr.* y *prnl.* Despertar la pasión amorosa en una persona. **2** Cortejar, decir requiebros. **3** *prnl.* Prendarse de una persona.

enano -na *adj.* Diminuto en su especie. **2** *m.* y *f.* Persona de extraordinaria pequeñez.

enarbolar *tr.* Levantar en alto una bandera o estandarte. **2** Mantener en alto algún palo o arma en gesto de amenaza.

enardecer *tr.* y *prnl.* Avivar una pasión o una disputa. **2** *prnl.* Congestionarse alguna parte del cuerpo.

encabezar *tr.* Poner en lista, censar. **2** Poner el encabezamiento de un escrito o libro. **3** Figurar el primero en una lista.

encadenar *tr.* Atar con cadenas. **2** fig. Dejar a uno sin movimiento y sin acción. **3** *tr.* y *prnl.* Unir cosas o trenzar razonamientos.

encajar *tr.* Meter una cosa en otra ajustándola, acoplar. **2** Coincidir, venir al caso, ser afín.

encaje *m.* Acción de encajar una cosa en otra. **2** Acoplamiento de dos piezas y punto o hueco en que se juntan. **3** Tejido calado que se rellena con labores de adorno.

encajonar *tr.* Guardar en cajón o cajones. **2** Construir cimientos en cajones o zanjas abiertas. **3** Reforzar un muro con encajonados.

encaminar *tr.* y *prnl.* Enseñar el camino o poner en él.

encandecer *tr.* Poner al rojo blanco alguna cosa.

encandilar *tr.* y *prnl.* Deslumbrar por exceso de luz. **2** fig. Atraer, engañar con falsas razones.

encanecer *intr.* Volverse cano.

encantador -ra *adj.* y *n.* Que encanta o hace encantamientos. **2** *adj.* Agradable, que causa buena impresión, aplicado a personas y cosas.

encantar *tr.* Ejercer poderes mágicos y obrar maravillas con ellos. **2** fig. Cautivar, seducir.

encanto *m.* Acción y efecto de encantar o encantarse. **2** Persona o cosa que gusta y embelesa. **3** *pl.* Atractivos físicos o morales de una persona.

encañonar *tr.* Apuntar con un arma de fuego. **2** Hacer pasar una corriente de agua o de aire por un conducto estrecho.

encapotar *tr.* y *prnl.* Vestir el capote. **2** *prnl.* Poner rostro ceñudo. **3** *prnl.* Cubrirse el cielo de nubarrones de tempestad.

encapuchar *tr.* y *prnl.* Cubrir o tapar con capucha.

encaramar *tr.* y *prnl.* Levantar o subir a un lugar dificultoso.

encarar *intr.* y *prnl.* Afrontar, colocar frente a frente dos personas o cosas. **2** Hacer frente a un problema.

encarcelar *tr.* Apresar, meter en la cárcel.

encarecer *tr., intr.* y *prnl.* Aumentar el precio de una cosa. **2** *tr.* Ponderar mucho. **3** Recomendar con empeño, insistir en algo.

encargar *tr.* y *prnl.* Poner al cuidado de alguien. **2** *tr.* Mandar o recomendar alguna gestión.

encariñar *tr.* y *prnl.* Aficionar, despertar afecto por alguna persona o cosa.

encarnación *f.* Acción de encarnar.

encarnar *intr.* y *prnl.* Tomar forma corporal un espíritu, una idea, etc. **2** En el dogma cristiano, hacerse hombre verdadero la segunda persona de la Trinidad divina.

encarnizar *tr.* Cebar a un perro con carne de otro animal para hacerlo más fiero. **2** *tr.* y *prnl.* Irritar, enfurecer. **3** *prnl.* Cebarse los animales en la carne de su víctima.

encarrilar *tr.* Poner un vehículo sobre los carriles.

encasillar *tr.* Poner en casillas. **2** Clasificar personas o cosas por categorías o ideologías.

encauzar *tr.* Hacer cauce a una corriente o dirigirla por él. **2** Dirigir por buen camino un asunto o una discusión.

encéfalo *m.* Conjunto de órganos del sistema nervioso central que se encuentran en la bóveda craneana.

enceguecer *tr.* Cegar, dejar ciego. **2** *tr.* y *prnl.* fig. Quedar ciego.

encender *tr.* Hacer que algo dé luz o calor con algún tipo de ignición. **2** Conectar un circuito eléctrico.
encerar *tr.* Aplicar cera a una cosa.
encerrar *tr.* Meter a personas o cosas en un lugar cerrado. **2** Incluir, contener.
encharcar *tr.* y *prnl.* Cubrir de charcos.
enchufar *tr.* e *intr.* Empalmar dos tubos o piezas similares formando uno solo. **2** Acoplar los salientes de una construcción en los entrantes de otra. **3** Introducir el enchufe o clavija macho de un aparato eléctrico en la clavija hembra.
enchufe *m.* Acción y efecto de enchufar. **2** Parte del tubo que penetra en otro. **3** Punto en que se empalman dos cosas.

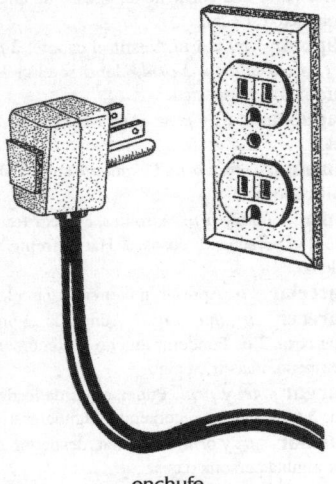

enchufe

encía *f.* Parte de la mucosa bucal que rodea el cuello de los dientes y muelas.
enciclopedia *f.* Conjunto de todas las ciencias. **2** Obra en que se compendian los saberes humanos de todo tipo.
enciclopédico -ca *adj.* Relativo a la enciclopedia. **2** Se aplica a la persona con muchos conocimientos de diversas materias.
encierro *m.* Acción y efecto de encerrar o encerrarse. **2** Lugar donde se encierra.
encima *adv. l.* En lugar o puesto superior respecto de otro inferior.
encimar *tr.* e *intr.* Poner a una persona o cosa en lo alto o en posición superior a otras. **2** *Amér.* Dar encima de lo estipulado, añadir.
encina *f.* Árbol alto y copudo, de madera dura y fruto en aquenio.
encinta *adj.* Se dice de la mujer embarazada.
enclaustrar *tr.* y *prnl.* Encerrar en un claustro o convento. **2** fig. Meter, esconder en un lugar oculto.

enclave *m.* Territorio incluido en otro de características geográficas, políticas o administrativas diferentes.
enclenque *adj.* y *n.* Débil, enfermizo.
encoger *tr.* y *prnl.* Contraer una cosa o un miembro haciendo que ocupe menos espacio. **2** Amedrentar. **3** *intr.* Disminuir el tamaño algunas cosas al secarse.
encomendar *tr.* Encargar una persona o cosa a alguien para que la cuide o vigile.
encomienda *f.* Acción y efecto de encomendar. **2** Cosa encomendada. **3** Dignidad de comendador en las órdenes militares y civiles. **4** HIST Institución colonial española por la que se le asignaban a un colono un cierto número de indios.
enconar *tr.* y *prnl.* Inflamarse o infectarse una herida. **2** fig. Irritar, exasperar.
encontrar *tr.* y *prnl.* Dar con una persona o cosa. **2** *intr.* Topar o chocar dos o más personas o cosas. **3** *prnl.* Acudir varias personas al mismo sitio.
encopetado -da *adj.* De alto copete, linajudo. **2** Engreído.
encorchar *tr.* Poner tapones de corcho a las botellas. **2** Cebar las abejas para que entren en las colmenas.
encorvar *tr.* y *prnl.* Doblar una cosa dándole forma curva. **2** *prnl.* fig. Inclinarse, mostrar parcialidad.
encrespar *tr.* y *prnl.* Ensortijar el cabello. **2** Enfurecer, irritar a personas o animales.
encrucijada *f.* Punto en que se cruzan dos o más calles o caminos. **2** fig. Situación difícil e incierta. **3** Emboscada, asechanza.
encuadernación *f.* Acción y efecto de encuadernar. **2** Tapas de un libro.
encuadernar *tr.* Coser varios pliegos o cuadernillos poniéndoles tapas o cubiertas.
encubierto -ta *adj.* y *n.* Cubierto, oculto.
encubridor -ra *adj.* y *n.* Que encubre. **2** *m.* y *f.* Alcahuete o alcahueta.
encubrir *tr.* y *prnl.* Ocultar una cosa o no manifestarla. **2** Impedir que llegue a saberse algo.
encuentro *m.* Choque entre dos o más cosas. **2** Acto de reunirse dos o más personas. **3** Competición deportiva.
encuesta *f.* Averiguación o sondeo. **2** Acopio de datos obtenidos mediante consulta a un cierto número de personas.
encuestar *tr.* Someter a encuesta.
encurtido -da *adj.* y *m.* Se dice del fruto o legumbre que se conserva en vinagre.
endemoniar *tr.* Introducir los demonios en el cuerpo de alguien. **2** *tr.* y *prnl.* Exasperar, encolerizar, sacar de sus casillas.

enderezar *tr.* y *prnl.* Poner derecho lo torcido; o vertical, lo inclinado. **2** Gobernar bien, dirigir. **3** Corregir, castigar.

endiablado -da *adj.* Endemoniado. **2** fig. Se dice de la persona perversa, del niño travieso y de todo lo que resulta difícil o molesto.

endiosar *tr.* Divinizar a alguien. **2** *prnl.* Engreírse, envanecerse.

endosar *tr.* Transferir a otro un cheque, letra, etc. **2** Trasladar a otro alguna carga o trabajo.

endulzar *tr.* y *prnl.* Poner dulce una cosa. **2** fig. Suavizar un dolor o trabajo, hacer más llevadera la vida.

endurecer *tr.* y *prnl.* Poner dura una cosa. **2** Curtir, hacer resistente al trabajo y la fatiga.

enemigo -ga *adj.* Contrario, opuesto. **2** *m.* y *f.* Persona que quiere mal a otra, le es contraria o procura su mal. **3** El contendiente en una guerra o lucha.

energético -ca *adj.* Relativo a la energía. **2** *f.* Parte de la física que versa sobre la energía.

energía *f.* Magnitud física que indica la capacidad de un sistema para realizar un trabajo mecánico. **2** Fuerza, eficacia de una cosa. **3** Carácter o vigor espiritual de una persona, ánimo para emprender algo o para llevarlo a término.

energúmeno -na *m.* y *f.* Persona encolerizada.

enero *m.* Primer mes del año civil, que tiene treinta y un días.

enésimo -ma *adj.* Se dice del lugar indeterminado de una serie y de lo que se repite un número indeterminado, pero alto, de veces.

enfado *m.* Impresión desagradable y molesta. **2** Enojo contra una persona.

énfasis *m.* Importancia que se da a una cosa y cualquiera de los medios con que se la destaca. **2** Afectación en la expresión, voz o gesto.

enfático -ca *adj.* Se aplica a lo dicho con énfasis, al tono o gesto con que se llama la atención, a la persona que habla con engolamiento o afectación.

enfermar *intr.* Caer enfermo, contraer una enfermedad. **2** *tr.* Causar enfermedad.

enfermedad *f.* Alteración más o menos grave del funcionamiento del organismo. **2** fig. Pasión dañina.

enfermería *f.* Local destinado a enfermos o heridos.

enfermero -ra *m.* y *f.* Persona dedicada al cuidado de los enfermos, y especialmente la titulada que ejerce en un hospital, clínica o ambulatorio.

enfermizo -za *adj.* Se aplica a la persona con poca salud o que enferma con frecuencia. **2** Que puede ocasionar enfermedades.

enfilar *tr.* Poner en fila varias cosas. **2** Apuntar, enfocar hacia un sitio determinado.

enflaquecer *tr.* Poner flaco o más flaco a alguien. **2** *intr.* y *prnl.* Adelgazar, ponerse flaco.

enfocar *tr.* Dirigir un foco de luz hacia un objeto. **2** Centrar un sistema óptico en el objetivo que se desea. **3** fig. Dirigir la atención hacia un asunto o problema para su estudio y solución.

enfrascar *tr.* Meter en frascos. **2** *prnl.* Aplicarse con todo interés a una cosa.

enfrentar *tr., intr.* y *prnl.* Poner frente a frente dos personas o cosas. **2** *tr.* y *prnl.* Afrontar, acometer alguna empresa. **3** Oponerse y resistir.

enfrente *adv. l.* A la parte opuesta, delante. **2** *adv. m.* En contra, en pugna.

enfriar *tr., intr.* y *prnl.* Poner algo frío o más frío. **2** fig. Entibiar afectos.

enfurecer *tr.* y *prnl.* Irritar, poner furioso. **2** *prnl.* Alborotarse, encresparse.

engalanar *tr.* y *prnl.* Poner galana una cosa, adornar.

enganchar *tr., intr.* y *prnl.* Sujetar alguna cosa con un gancho o colgarla de él. **2** fam. Atrapar algo perjudicial.

engañar *tr.* Hacer creer de alguna manera lo que no es verdad. **2** Inducir a error una falsa apariencia. **3** Embaucar, seducir.

engaño *m.* Acción y efecto de engañar o engañarse. **2** Falsedad.

engarrotar *tr.* y *prnl.* Entumecer los miembros el frío.

engarzar *tr.* Trabar una cosa con otra u otras formando cadena, por medio de hilo, alambre, etc. **2** Engastar.

engastar *tr.* Encajar y embutir una cosa en otra, como una piedra preciosa en un metal.

engaste *m.* Acción y efecto de engastar.

engatusar *tr.* fam. Ganarse con halagos la voluntad de alguien, camelarle.

engendrar *tr.* Procrear, dicho tanto de la hembra como del macho. **2** *tr.* y *prnl.* Originar, ser causa de algo.

engomar *tr.* Untar una cosa con goma.

engordar *tr.* Poner gordo, cebar. **2** *intr.* y *prnl.* Ponerse gordo, echar carnes, aumentar de peso.

engranar *intr.* Encajar los dientes de un mecanismo. **2** fig. Enlazar, trabar.

engrandecer *tr.* y *prnl.* Hacer grande o mayor una cosa, agrandarla. **2** Alabar, exaltar.

engrasar *tr.* Untar con grasa alguna cosa. **2** Suavizar el rozamiento de un mecanismo con algún lubricante.

engreír *tr.* y *prnl.* Envanecer. **2** *Amér.* Malcriar.

engrosar *tr.* y *prnl.* Aumentar el grosor o la cantidad de personas o cosas.

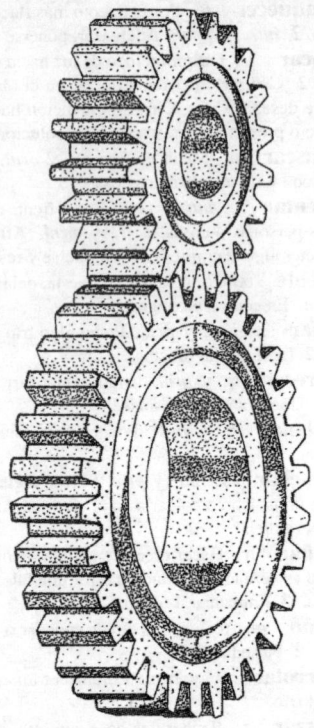
engranar

engrudo *m.* Masa de harina o almidón desleída en agua, que sirve para pegar papeles y cosas ligeras.
engruesar *intr.* Engrosar, engordar.
engullir *tr.* e *intr.* Comer atropelladamente y sin masticar.
enharinar *tr.* y *prnl.* Cubrir de harina, rebozar.
enhebrar *tr.* Pasar la hebra por el ojo de la aguja o por el agujero de las cuentas, perlas, etc. **2** fam. Hablar sin orden ni concierto.
enhorabuena *f.* Felicitación, parabién. **2** *adv. m.* Con bien, con felicidad.
enigma *m.* Palabra o dicho encubierto que es preciso adivinar. **2** Significado oculto de un texto, misterio.
enigmático -ca *adj.* Relativo al enigma o que lo contiene.
enjambre *m.* Conjunto de abejas que con su reina abandonan una colmena superpoblada para constituir una nueva colonia. **2** fig. Muchedumbre de personas o animales que se amontonan en un lugar.
enjaular *tr.* Meter en una jaula. **2** fam. Encerrar en la cárcel.

enjoyar *tr.* y *prnl.* Adornar con joyas. **2** fam. Embellecer.
enjuagar *tr.* y *prnl.* Limpiar la boca con agua o algún otro líquido. **2** *tr.* Aclarar con agua.
enjugar *tr.* Secar una cosa húmeda. **2** *tr.* y *prnl.* Limpiarse las lágrimas, el sudor, la sangre.
enjuiciar *tr.* Juzgar. **2** Instruir un procedimiento jurídico para decidir en juicio. **3** Dictar sentencia.
enjuto -ta *adj.* Delgado de pocas carnes. **2** *m. pl.* Trocitos de leña para encender la lumbre.
enlace *m.* Acción y efecto de enlazar o enlazarse. **2** Unión o conexión entre personas o cosas. **3** Boda, matrimonio. **4** QUÍM Unión entre átomos que da lugar a moléculas.
enlagunar *tr.* y *prnl.* Encharcar un terreno, convertirlo en una laguna.
enlatar *tr.* Meter en latas, por ejemplo las conservas.
enlazar *tr.* Atar algo con lazos. **2** Juntar cosas. **3** Trabar ideas o razonamientos.
enlodar *tr.* y *prnl.* Manchar con lodo. **2** fig. Mancillar, difamar.
enloquecer *tr.* Trastornar el juicio a alguien. **2** *intr.* Volverse loco, perder el juicio.
enlucir *tr.* Dar una capa de yeso o cal a las paredes cubriendo las grietas y dándoles mayor tersura y mejor aspecto. **2** Limpiar la plata, las armas, etcétera.
enlutar *tr.* y *prnl.* Vestir ropas de luto. **2** Oscurecer. **3** fig. Ser causa de dolor o tristeza, afligir.
enmarañar *tr.* y *prnl.* Enredar una cosa, como el pelo o una madeja. **2** fig. Liar un asunto.
enmarcar *tr.* Encuadrar, encerrar en un marco o cuadro.
enmascarado -da *m.* y *f.* Persona que lleva disfraz.
enmascarar *tr.* y *prnl.* Cubrir el rostro con máscara. **2** *tr.* fig. Encubrir, disfrazar las emociones, las intenciones, etcétera.
enmendador -ra *adj.* Que enmienda o corrige.
enmendar *tr.* y *prnl.* Corregir defectos o errores en personas o cosas. **2** Reparar daños.
enmienda *f.* Acción y efecto de enmendar o enmendarse. **2** Propuesta de variante en un informe o proyecto de ley.
enmohecer *tr.* y *prnl.* Cubrir de moho alguna cosa.
enmudecer *tr.* Hacer callar. **2** *intr.* Perder el habla. **3** Quedar uno callado, sobre todo cuando podría o debería hablar.
ennegrecer *tr.* y *prnl.* Teñir algo de negro, poner negro. **2** *prnl.* Nublarse, ponerse muy oscuro.
ennoblecer *tr.* y *prnl.* Otorgar a alguien un título de nobleza. **2** *tr.* Realzar, dar lustre y esplendor.

enojar *tr.* y *prnl.* Enfadar, causar enojo, molestar. **2** *prnl.* Enfurecerse.

enojo *m.* Enfado, irritación contra alguien. **2** Molestia, pesar.

enorgullecer *tr.* y *prnl.* Llenar de orgullo o sentirlo.

enorme *adj.* Desmedido, muy grande.

enquistarse *prnl.* Formarse un quiste.

enredadera *adj.* y *f.* Se dice de cualquier planta trepadora.

enredar *tr.* Prender con red. **2** fig. Meter discordia o cizaña. **3** *tr.* y *prnl.* Revolver, enmarañar una cosa con otra.

enredo *m.* Maraña que resulta de trabarse entre sí desordenadamente los hilos u otras cosas flexibles. **2** Engaño, mentira.

enrejado -da *adj.* Hecho con rejas o provisto de ellas. **2** *m.* Conjunto de rejas que cierran o cercan un espacio.

enrevesado -da *adj.* Intrincado, con muchas vueltas y revueltas. **2** Difícil.

enriquecer *tr.* y *prnl.* Hacer rico alguien o algo. **2** fig. Adornar, engrandecer.

enriquecido -da *adj.* Se dice de la sustancia en que uno de sus componentes tiene mayor proporción que la normal. **2** *adj.* y *n.* Que se ha hecho rico.

enrojecer *tr.* y *prnl.* Poner roja una cosa. **2** Encenderse el rostro. **3** *tr.* Dar color rojo.

enrolar *tr.* Inscribir en el rol o lista de tripulantes de un barco. **2** *prnl.* Alistarse en el ejército, en un partido político, etcétera.

enrollar *tr.* Envolver una cosa dándole forma de rollo. **2** *prnl.* fam. Relacionarse con los demás. **3** fam. Tener labia y no cansarse de hablar.

enroscar *tr.* y *prnl.* Dar forma de rosca o rollo a una cosa alargada. **2** Encajar una pieza en otra a vuelta de rosca, atornillándola.

ensalada *f.* Hortaliza, o mezcla de hortalizas, crudas, troceadas y aderezadas. **2** fig. Abundancia confusa de cosas.

ensaladera *f.* Fuente de forma y tamaño variados en que se sirve la ensalada.

ensalzar *tr.* Exaltar, engrandecer. **2** *tr.* y *prnl.* Alabar, elogiar.

ensamblar *tr.* Unir dos piezas, encajando una en otra.

ensanchar *tr.* y *prnl.* Aumentar la anchura de una cosa, dilatarla. **2** Envanecerse.

ensangrentar *tr.* y *prnl.* Manchar o teñir de sangre. **2** Producir derramamiento de sangre.

ensañar *tr.* Irritar, enfurecer. **2** *prnl.* Gozarse y regodearse en causar el mayor daño posible en la víctima indefensa.

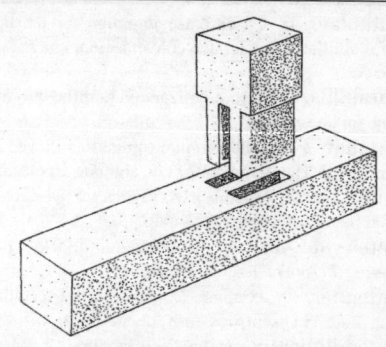

ensamblar

ensartar *tr.* Pasar por un hilo o alambre piezas menudas y agujereadas, como perlas y cuentas. **2** Enhebrar.

ensayar *tr.* Probar las cualidades de alguna cosa. **2** Hacer algo a modo de prueba antes de realizarlo definitivamente. **3** *prnl.* Entrenarse.

ensayo *m.* Acción y efecto de ensayar.

enseñanza *f.* Acción y efecto de enseñar. **2** Conjunto de medios que sirven para la transmisión de unos conocimientos. **3** Ejemplo o suceso que sirve de experiencia o escarmiento.

enseñar *tr.* Transmitir algún conocimiento, regla o experiencia. **2** Mostrar alguna cosa. **3** Señalar, indicar.

enseres *m. pl.* Utensilios de una profesión o muebles e instrumentos de una casa.

ensillar *tr.* Poner la silla a la montura.

ensimismarse *prnl.* Centrarse en sí mismo. **2** Engreírse, envanecerse.

ensoberbecer *tr.* y *prnl.* Excitar soberbia en alguien o sentirla. **2** *prnl.* Encresparse las olas del mar.

ensombrecer *tr.* y *prnl.* Cubrir de sombras y oscuridad. **2** Entristecer, ponerse melancólico.

ensoñar *tr.* Soñar despierto; forjar ensoñaciones.

ensopar *tr.* Hacer sopa con el pan empapándolo en caldo, leche, vino, etc. **2** *tr.* y *prnl.* Poner hecho una sopa por el agua, la lluvia.

ensordecer *tr.* Ocasionar sordera, dejar sordo. **2** Atronar, aturdir con un ruido demasiado intenso. **3** *intr.* Quedarse sordo.

ensortijar *tr.* y *prnl.* Rizar el cabello, un hilo, etc., formando sortijas o anillos. **2** Poner un anillo de hierro en la nariz o la jeta de un animal.

ensuciar *tr.* y *prnl.* Manchar alguna cosa. **2** *intr.* y *prnl.* Hacerse encima las necesidades corporales. **3** *prnl.* Mezclarse en algún negocio sucio.

entablar *tr.* Cubrir o asegurar algo con tablas. **2** Entablillar. **3** Iniciar una conversación, una batalla, etc.

entablillar *tr.* Inmovilizar con tablillas y vendaje un hueso roto.

entallar *tr.* Esculpir o tallar figuras de relieve. **2** Grabar. **3** Hender la corteza de algunos árboles.

ente *m.* fam. Persona extravagante. **2** Designación peyorativa de un individuo.

entelerido -da *adj.* Sobrecogido de frío o de pavor. **2** *Amér.* Enclenque, flaco.

entender *tr.* Captar. **2** Saber con perfección una cosa. **3** Discurrir, inferir, deducir.

entendimiento *m.* Inteligencia, razón. **2** Buen acuerdo, relación amistosa.

enterar *tr.* y *prnl.* Informar a uno de algo que ignora. **2** *tr. Amér.* Abonar dinero. **3** *prnl.* Darse cuenta.

entereza *f.* Integridad, perfección. **2** Fortaleza de ánimo, serenidad. **3** Integridad en la administración de justicia.

enternecer *tr.* y *prnl.* Reblandecer una cosa. **2** Mover a la ternura a una persona.

entero -ra *adj.* Cabal, que no le falta nada. **2** Robusto, sano. **3** *adj.* y *m.* Se dice del número racional no decimal.

enterrador -ra *m.* y *f.* Sepulturero. **2** Coleóptero que vive en los cadáveres de los animales.

enterramiento *m.* Acción y efecto de enterrar los cadáveres. **2** Lugar donde se lleva a cabo. **3** Sepulcro o sepultura en que alguien está enterrado.

enterrar *tr.* Poner debajo de tierra o cubrir con ella. **2** Dar sepultura a un cadáver.

entidad *f.* Esencia de un ente, de una cosa. **2** Ente, ser. **3** Colectividad, corporación.

entierro *m.* Acción y efecto de enterrar los cadáveres. **2** Sepultura. **3** Comitiva que acompaña el cadáver hasta el lugar de enterramiento.

entintar *tr.* Manchar o empapar con tinta. **2** Teñir.

entoldado *m.* Acción de entoldar. **2** Toldo o conjunto de toldos que cubren un espacio. **3** Espacio cubierto con toldos, que suele ser centro de algún festejo.

entoldar *tr.* Cubrir con toldos patios o calles. **2** Cubrir con tapices y colgaduras las paredes de algún local. **3** *prnl.* Encapotarse el cielo.

entomología *f.* Parte de la zoología que estudia los insectos.

entonación *f.* Acción y efecto de entonar. **2** Cualidad del canto afinado. **3** fig. Arrogancia, presunción.

entonar *tr.* e *intr.* Cantar ajustado al tono; afinar la voz. **2** Iniciar un canto para que sigan otros. **3** *prnl.* Engreírse, vanagloriarse.

entonces *adv. t.* En aquel tiempo u ocasión. **2** *adv. m.* En tal caso, siendo así.

entono *m.* Entonación. **2** fig. Arrogancia.

entorpecer *tr.* y *prnl.* Volver torpe, atontar. **2** Turbar el entendimiento. **3** Obstruir, dificultar un proceso.

entrada *f.* Acción de entrar en alguna parte. **2** Lugar por donde se entra. **3** Admisión, acogida.

entrada

entraña *f.* Cada una de las vísceras de un organismo. **2** Lo más íntimo de una cosa. **3** El centro, lo que está en medio.

entrañable *adj.* Íntimo. **2** Cariñoso. **3** Muy querido.

entrañar *tr.* y *prnl.* Introducir en lo más hondo. **2** *tr.* Contener, llevar dentro de sí. **3** Unirse íntimamente con alguien.

entrar *intr.* Ir de fuera adentro, pasar al interior. **2** Encajar una cosa en otra. **3** *prnl.* Meterse, deslizarse.

entre *prep.* Señala la posición de una persona, animal o cosa que tiene otras a cada lado, o que está en contacto o proximidad con ellas. **2** Dentro de.

entreabrir *tr.* y *prnl.* Abrir ventanas, puertas, etc., sólo en parte.

entreacto *m.* Intermedio o descanso entre dos partes de un espectáculo.

entrecejo *m.* Espacio entre las cejas. **2** Su fruncimiento o ceño.

entrecerrar *tr.* y *prnl.* Entornar una puerta, ventana, etc., sin cerrarla del todo.

entrecortado -da *adj.* Se dice de la voz o el sonido que se emite con intermitencias.

entrecruzar *tr.* y *prnl.* Cruzar dos o más cosas entre sí, enlazar.

entredicho -cha *adj.* Que pone en entredicho o prohíbe. **2** *m.* Prohibición de hacer algo. **3** Duda sobre el honor o la fiabilidad de una persona.

entrega *f.* Acción y efecto de entregar. **2** Cantidad de cosas que se dan. **3** Cada una de las partes en que se publica una obra extensa y que los lectores van adquiriendo a medida que sale al mercado por cuadernillos.

entregar *tr.* Poner en manos o en poder de otro. **2** *prnl.* Dedicarse por entero a un trabajo.

entrelazar *tr.* Enlazar, entretejer una cosa con otra.

entremeter *tr.* Meter o revolver una cosa entre otras. **2** *prnl.* Meterse donde a uno no le llaman. **3** Ponerse en medio o entre otros.

entremezclar *tr.* Juntar y revolver varias cosas.

entrenador -ra *adj.* Que entrena.

entrenar *tr.* y *prnl.* Preparar, adiestrar y dirigir a los deportistas con las tácticas y ejercicios adecuados. **2** Preparar en cualquier actividad.

entrepierna *f.* Parte interior de los muslos. **2** Parte de una prenda de vestir correspondiente a la horcajadura.

entresacar *tr.* Extraer una cosa de entre varias. **2** Aclarar un monte o un sembrado.

entretanto *adv. t.* Entre tanto, mientras. **2** *m.* Intervalo.

entretejer *tr.* Mezclar hilos en una labor o tejido. **2** Trabar una cosa con otra.

entretela *f.* Lienzo consistente que se introduce entre la tela y el forro de algunas prendas.

entretener *tr.* y *prnl.* Tener a uno detenido y en espera. **2** Divertir; hacer más soportable la espera o más llevadero el tiempo. **3** Dar largas a un asunto.

entretenimiento *m.* Acción y efecto de entretener o entretenerse. **2** Lo que distrae y divierte.

entrever *tr.* Vislumbrar algo sin demasiada claridad. **2** Sospechar, conjeturar.

entrevista *f.* Acción y efecto de entrevistar. **2** Encuentro de dos o más personas para tratar algún asunto.

entrevistar *tr.* Mantener una conversación con una o varias personas para dar a conocer al público sus opiniones. **2** *prnl.* Reunirse dos o más personas para tratar algún asunto o cuestión.

entristecer *tr.* Causar tristeza. **2** *prnl.* Ponerse triste y melancólico.

entronizar *tr.* y *prnl.* Colocar en el trono. **2** *tr.* Colocar en lugar destacado y rendir pleitesía a alguien. **3** *prnl.* fig. Engreírse, envanecerse.

entumecer *tr.* y *prnl.* Quedar rígido un miembro o nervio.

entusiasmar *tr.* y *prnl.* Infundir entusiasmo; causar fervorosa admiración. **2** Gustar mucho algo o alguien.

entusiasmo *m.* Sentimiento estimulante de admiración y entrega a personas o cosas. **2** Inspiración arrebatada.

enumeración *f.* Relación sucesiva de las partes de un todo. **2** Cómputo o cuenta numeral de las cosas.

enumerar *tr.* Nombrar sucesivamente una serie de cosas o de ideas.

enunciado *m.* Enunciación. **2** Frase u oración que expresa una idea. **3** Formulación previa de un discurso o razonamiento.

enunciar *tr.* Expresar una idea de forma breve y sencilla. **2** Exponer los datos de un problema o de una teoría científica.

envejecimiento

envalentonar *tr.* Infundir valentía o más bien arrogancia. 2 *prnl.* Alardear de valor cuando no se tiene.

envasar *tr.* Verter líquidos en vasos o vasijas para su conservación o transporte. 2 *fig.* Ensartar con arma punzante.

envase *m.* Acción y efecto de envasar. 2 Recipiente en que se conservan y transportan ciertos productos.

envejecer *tr.* Volver vieja a una persona o cosa. 2 Dar tiempo al vino para que tome cuerpo. 3 *intr.* y *prnl.* Hacerse viejo alguien o algo, o tomar aspecto de tal.

envejecimiento *m.* Acción y efecto de envejecer.

envenenar *tr.* y *prnl.* Inficionar con veneno, intoxicar. 2 *fig.* Corromper con ciertas ideas.

envergadura *f.* Ancho de una vela marinera por el lado en que se sujeta a la verga. 2 Distancia entre las puntas de las alas. 3 *fig.* Importancia de un asunto o volumen de un negocio.

envés *m.* Revés, lo opuesto a la cara; se aplica a las telas. 2 Cara inferior de la hoja, opuesta al haz. 3 *fam.* Espalda.

enviar *tr.* Hacer que una persona vaya a alguna parte. 2 Hacer que una cosa sea llevada a alguna parte.

envidia *f.* Sentimiento de tristeza o pesar por el bien ajeno.

envilecer *tr.* y *prnl.* Degradar, degenerar. 2 Hacer que baje el valor de una moneda, una mercancía, una acción de bolsa, etcétera. 3 *prnl.* Abatirse, perder uno la estimación que tenía.

envío *m.* Acción y efecto de enviar. 2 Dedicatoria.

envoltura *f.* Capa exterior, natural o artificial, que envuelve alguna cosa.

envolver *tr.* Cubrir en todo o en parte una cosa. 2 Fajar con pañales a una criatura. 3 *tr.* y *prnl.* Arrollar o devanar un hilo, cinta, etc.

enyesar *tr.* Revestir de yeso una superficie. 2 Inmovilizar un hueso fracturado enyesándolo. 3 Añadir yeso a los vinos para darles más cuerpo, o a un terreno para quitarle alcalinidad.

eolito *m.* Piedra de cuarzo que el hombre primitivo utilizó como instrumento.

épica *f.* Poesía épica.

epicentro *m.* Punto de la superficie terrestre que corresponde al foco de un movimiento sísmico.

épico -ca *adj.* Relativo a la epopeya o a la poesía heroica. 2 Grandioso, solemne. 3 *adj.* y *f.* Género de la poesía heroica que se contrapone al lírico y al dramático.

epidemia *f.* Enfermedad infecciosa que afecta a la vez a un gran número de personas de una ciudad o región.

epidermis *f.* Membrana epitelial que cubre el cuerpo de los animales por encima de la dermis. 2 Tejido que recubre las plantas.

epígrafe *m.* En algunas obras literarias o científicas, resumen que figura al comienzo de cada capítulo. 2 Inscripción. 3 Rótulo.

epigrama *m.* Inscripción en piedra, metal, etc. 2 Composición breve ingeniosa o mordaz. 3 Pensamiento breve y agudo o especialmente satírico.

epilepsia *f.* Enfermedad nerviosa de tipo crónico, que se caracteriza por pérdida del conocimiento y convulsiones.

epilogar *tr.* Resumir, compendiar una obra o escrito.

epílogo *m.* Resumen o compendio. 2 Parte final de una obra literaria o dramática en que llega el desenlace de la trama.

episodio *m.* Anécdota, suceso. 2 Cada uno de los sucesos que constituyen una acción general. 3 Narración accesoria o secundaria dentro de un relato literario.

epitafio *m.* Inscripción sepulcral o redactada como si lo fuera.

época *f.* Punto fijo y determinado de tiempo, desde el cual se empiezan a numerar los años. 2 Cualquier espacio de tiempo.

epopeya *f.* Poema que relata y canta las gestas gloriosas de un personaje o de un pueblo en estilo elevado, mezclando historia y leyenda. 2 Hecho glorioso digno de ser cantado. 3 Acción o empresa que entraña muchas dificultades.

equidad *f.* Sentimiento de justicia y ponderación en juicios y actuaciones. 2 Moderación.

equidistar *intr.* Hallarse un punto o cuerpo a la misma distancia respecto de otros dos, o estar varios objetos a la misma distancia unos de otros.

equilátero -ra *adj.* Se dice de la figura cuyos lados son iguales entre sí.

equilibrar *tr.* y *prnl.* Poner o mantener una cosa en equilibrio.

equilibrio *m.* Estado de un cuerpo en que las fuerzas opuestas se compensan por ser de la misma intensidad. 2 *fig.* Relación armoniosa de cosas diversas que se contrapesan.

equilibrista *adj.* Diestro en mantenerse en equilibrio, a flote, etc. 2 *com.* Artista de circo que ejecuta ejercicios de equilibrio en la cuerda o la barra.

equino -na *adj.* Relativo al caballo. 2 *m.* Animal de la especie equina.

equinoccio *m.* Intersección de la trayectoria aparente del Sol con el ecuador, momento en que los días y las noches son iguales; ocurre dos veces al año.

equipaje *m.* Conjunto de cosas que se llevan en los viajes. 2 Tripulación de un barco.

equitación

equipar *tr.* Dotar a una embarcación de la gente y provisiones necesarias. **2** *tr.* y *prnl.* Proporcionar a alguien todo lo necesario para su uso personal.

equiparar *tr.* Comparar dos o más cosas, considerándolas equivalentes o similares.

equipo *m.* Acción y efecto de equipar. **2** Conjunto de ropas y enseres personales, y en especial los necesarios para realizar un trabajo o practicar un deporte. **3** Grupo de personas que llevan a cabo un trabajo.

equitación *f.* Arte de montar y de manejar bien al caballo. **2** Acción de montar a caballo.

equitativo -va *adj.* Que tiene equidad.

equivalencia *f.* Igualdad de dos o más cosas en valor, potencia o eficacia.

equivalente *adj.* y *com.* Se dice de lo que tiene el mismo valor que otra cosa determinada. **2** *adj.* Se aplica a las figuras o sólidos con área o volumen idénticos, aunque difieran en las formas.

equivaler *intr.* Ser una cosa igual a otra en valor, potencia o eficacia. **2** Significar, venir a ser lo mismo una cosa que otra.

equivocación *f.* Acción y efecto de equivocar o equivocarse. **2** Juicio o hecho desacertado.

equivocar *tr.* y *prnl.* Errar, tomar una cosa por otra.

era *f.* Punto de arranque para el cómputo de los años. **2** Período histórico caracterizado por un personaje o por determinados sucesos.

erección *f.* Acción y efecto de levantar, levantarse, enderezarse o ponerse rígida una cosa. **2** Tensión, estado de un cuerpo estirado por una o varias fuerzas.

eréctil *adj.* Que tiene la capacidad de enderezarse o ponerse rígido.

eremita *com.* Ermitaño. **2** fig. Persona solitaria.

erguir *tr.* Poner derecha una cosa o mantenerla alzada, como la cabeza, el pecho, etc. **2** *prnl.* Levantarse. **3** fig. Engreírse, envanecerse.

erigir *tr.* Construir, fundar. **2** Conferir a personas o cosas cierta cualidad o dignidad. **3** *prnl.* Alzarse a determinada función: *se erigió en juez*.

erizar *tr.* y *prnl.* Poner rígida una cosa, como las púas del erizo; se dice especialmente del pelo. **2** *tr.* fig. Poner dificultades. **3** *prnl.* fig. Inquietarse, azorarse.

erizo *m.* Mamífero insectívoro de unos 25 cm de largo, provisto de púas en el dorso y los costados. **2** Pez cubierto de espinas eréctiles, que vive en los mares tropicales.

ermita *f.* Capilla o santuario, generalmente pequeño, en despoblado y sin culto permanente.

ermitaño -ña *m.* y *f.* Persona que vive en una ermita y cuida de ella. **2** Persona que vive en soledad o que apenas trata con la gente.

erógeno -na *adj.* Que produce excitación sexual.

erosión *f.* Conjunto de elementos físicos y químicos que modifican el relieve de la corteza terrestre. **2** Lesión superficial de la piel o de las mucosas, causada por fricción. **3** Desgaste que produce en un cuerpo el roce con otro.

erosionar *tr.* Producir erosión. **2** *tr.* y *prnl.* fig. Desgastar las fuerzas, eficacia o prestigio de una persona o institución.

erótico -ca *adj.* Relativo al erotismo o que puede exacerbarlo.

erotismo *m.* Culto de la pasión amorosa en lo que conlleva de instintivo y, por tanto, más que en los aspectos afectivos o genéticos.

errabundo -da *adj.* Errante, que va de un lado a otro.

erradicación *f.* Acción de erradicar.

erradicar *tr.* Arrancar de raíz cualquier cosa.

errante *adj.* Nómada, sin sede fija.

errar *tr.* e *intr.* No acertar, fallar: el camino, el tiro, etc. **2** *tr.* No cumplir, faltar. **3** *intr.* Andar vagando de un lado para otro.

errata *f.* Equivocación material en la escritura de un manuscrito o en la impresión de un texto.

error *m.* Juicio falso. **2** Creencia u opinión equivocada. **3** Acción o conducta desacertada, inconveniente.

eructar *intr.* Expeler por la boca y con ruido los gases del estómago.

erudición *f.* Instrucción vasta y múltiple en varias disciplinas, más que profunda y de especialización.

erupción *f.* Aparición en la piel, o las mucosas, de granos o manchas. **2** Conjunto de esos granos o manchas. **3** Emisión más o menos violenta de materiales sólidos, líquidos o gaseosos por aberturas o grietas de la corteza terrestre.

esbeltez *f.* Forma esbelta. **2** Calidad de lo que es esbelto.

esbelto -ta *adj.* Bien formado respecto a las cosas de su especie, delgado y airoso.

esbozar *tr.* Bosquejar. **2** Insinuar algún gesto.

esbozo *m.* Acción y efecto de esbozar. **2** Bosquejo o boceto. **3** Lo que no está terminado, y por ello admite un mayor y mejor desarrollo.

escabroso -sa *adj.* Se dice del terreno desigual y abrupto. **2** fig. Se dice del asunto difícil.

escabullirse *prnl.* Escaparse una cosa de entre las manos. **2** Evadirse de la compañía de alguien sin que se advierta. **3** Ahorrarse un trabajo o cometido marchándose o pretextando excusas.

escafandra *f.* Traje protector que usan los buzos debajo del agua y los astronautas en el espacio.

escala *f.* Escalera de mano, y especialmente la de cuerda. **2** Sucesión ordenada, por grado o intensidad, de cosas distintas, pero de la misma especie, como los colores. **3** fig. Tamaño o proporción en que se desarrolla un plan o idea.

escalada *f.* Acción y efecto de escalar. **2** Aumento rápido y hasta alarmante de gastos, armamentos, hechos delictivos, etcétera.

escalador -ra *adj.* Que escala. **2** *m.* y *f.* Persona que escala por deporte. **3** Se dice figuradamente del que no tiene escrúpulos de ningún tipo con tal de medrar.

escalafón *m.* Lista de personas pertenecientes a un cuerpo, clasificadas por antigüedad, grado, méritos, etcétera.

escalar *tr.* Entrar en algún sitio alto y cerrado sirviéndose de escalas. **2** Trepar por una montaña hasta coronarla. **3** Alcanzar con malas artes una posición social elevada.

escaleno *adj.* y *n.* Se dice del triángulo con los tres lados desiguales. **2** Se dice de cada uno de los dos músculos del cuello que sirven para inspirar el aire.

escalera *f.* Serie de escalones paralelos, hechos de mampostería, metal o madera.

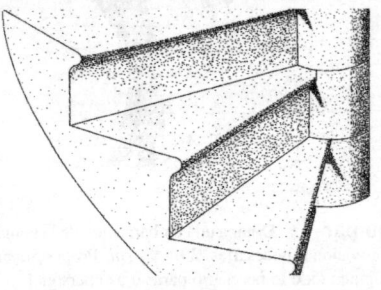

escalera

escalinata *f.* Escalera exterior amplia y artística, que suele ser de un solo tramo.

escalofrío *m.* Sensación brusca de frío que suele preceder a los accesos de fiebre. (Se emplea más en plural.) **2** Sensación similar producida por un sentimiento intenso de terror o de asombro.

escalón *m.* Peldaño de una escalera. **2** Desnivel del terreno hecho a corte. **3** fig. Grado a que se asciende en dignidad.

escalonar *tr.* Distribuir en tiempos sucesivos las partes de una serie. **2** *tr.* y *prnl.* Colocar ordenadamente de trecho en trecho.

escama *f.* Cada una de las laminillas córneas, delgadas y rígidas que, imbricadas o yuxtapuestas, cubren la piel de peces y reptiles. **2** fig. Rencor.

escamar *tr.* Quitar las escamas al pescado.

escamotear *tr.* Hacer en un juego de manos que desaparezca algún objeto. **2** Sustraer hábilmente alguna cosa. **3** fig. Esquivar de modo arbitrario algún asunto o dificultad.

escampar *tr.* Despejar, desembarazar un sitio. **2** *intr.* Dejar de llover, aclararse el cielo. **3** fig. Cesar en una operación; desistir de una empresa.

escandalizar *tr.* Causar escándalo o alboroto. **2** *intr.* Armar alboroto.

escándalo *m.* Alboroto, tumulto. **2** Desenfreno, desvergüenza, mal ejemplo.

escapar *tr.* Librar de un mal trabajo, mal o peligro. **2** *intr.* y *prnl.* Eludir un peligro. **3** *prnl.* Salirse un líquido o un gas de su recipiente.
escaparate *m.* Especie de alacena o armario con vidrieras. **2** Vitrina. **3** *Amér.* Armario.
escarabajo *m.* Nombre de varios insectos coleópteros de los escarabeidos. **2** Cualquier coleóptero de cuerpo ovalado, patas cortas y por lo general coprófago. **3** *pl.* Garabatos, signos mal formados y confusos.

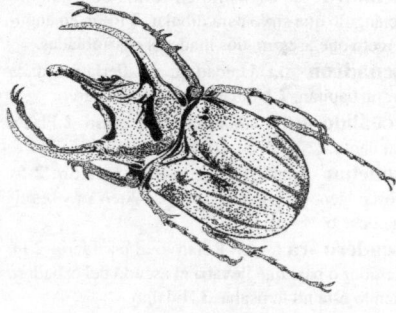

escarabajo

escaramuza *f.* Riña de poca importancia.
escarbar *tr.* Remover repetidamente la tierra, como hacen los animales con las patas o el hocico. **2** *fig.* Hurgar, tocar con insistencia algo con los dedos u otra cosa. **3** *fig.* Indagar lo encubierto y oculto.
escarcha *f.* Rocío congelado de la noche que aparece en las madrugadas de invierno.
escarchado -da *adj.* Con escarcha. **2** *adj.* y *m.* Se dice del licor en que se introduce un ramo de anís que cristaliza y da forma de escarcha al azúcar. **3** *f.* Planta crasa de las aizoáceas, de flores grandes con muchos pétalos.
escarchar *intr.* Congelarse el rocío. **2** *tr.* Preparar licores o confituras con azúcar escarchado. **3** *fig.* Salpicar una superficie de partículas de talco o de otra sustancia que imite la escarcha.
escarlata *adj.* y *f.* Se dice del color carmesí menos subido que el de la grana. **2** *f.* Escarlatina, enfermedad.
escarmentar *tr.* Corregir con rigor buscando la enmienda. **2** *intr.* y *prnl.* Aprender de la experiencia a evitar lo que trae malas secuelas.
escarmiento *m.* Experiencia que enseña a evitar errores y daños. **2** Castigo ejemplar.
escarnio *m.* Burla tenaz y humillante.
escasear *tr.* Dar poco, de mala gana. **2** Ahorrar, excusar. **3** *intr.* Faltar, ir a menos una cosa.
escasez *f.* Cortedad, mezquindad. **2** Carencia de lo necesario. **3** Poquedad, falta de una cosa.
escatimar *tr.* Dar lo menos posible, economizar.

escavar *tr.* Cavar ligeramente la tierra.
escena *f.* Parte del teatro en que se representa la acción dramática. **2** Lo que la escena representa.
escenario *m.* Escena. **2** *fig.* Conjunto de circunstancias que rodean a una persona o enmarcan un suceso cualquiera.
escenificar *tr.* Dar forma dramática a una obra literaria o a un suceso para representarlo sobre un escenario.
escisión *f.* Rotura, rompimiento, en sentido físico y figurado.
esclarecer *tr.* Iluminar, dar brillo. **2** Ennoblecer, dar fama. **3** *fig.* Dilucidar un asunto.
esclavitud *f.* Estado jurídico de esclavo. **2** *fig.* Sujeción excesiva de una persona a otra. **3** *fig.* Entrega a una pasión que reduce la libertad personal.
esclavizar *tr.* Reducir a la condición de esclavo. **2** *fig.* Someter a un trabajo duro o excesivo.
esclavo -va *adj.* y *n.* Se dice de la persona que carece de libertad por estar sometido a otro. **2** Sometido a una pasión, un vicio o un trabajo duro.
esclusa *f.* Tramo de un canal acotado con puertas de entrada y salida, que con el adecuado aumento o disminución del nivel del agua permite el paso de los barcos.
escoba *f.* Utensilio hecho con ramas de plantas o con filamentos plásticos, que sirve para barrer. **2** Planta de las papilionáceas, muy ramosa y de unos 2 m de altura, también llamada retama negra.
escocer *intr.* Sentir una sensación desagradable parecida a la de una quemadura. **2** *intr.* y *prnl.* Doler una cosa, molestar. **3** *prnl.* Irritarse la piel poniéndose roja por el sudor, el roce, etcétera.
escoger *tr.* Elegir a una persona o cosa entre otras varias.
escogido -da *adj.* Selecto. **2** *m.* Acción de escoger.
escolar *adj.* Relativo a la escuela o al estudiante. **2** *com.* Estudiante de enseñanza primaria.
escolarizar *tr.* Facilitar los medios para que los niños reciban enseñanza.
escolta *f.* Conjunto de efectivos militares que acompañan a una unidad o convoy para su protección. **2** Acompañamiento o séquito de una personalidad para su protección u honor.
escoltar *tr.* Acompañar la marcha de una persona o cosa para su defensa.
escombro *m.* Pasa menuda para hacer vino. **2** *pl.* Materiales de desecho o de derribo.
esconder *tr.* Encerrar, incluir o contener una cosa que no es manifiesta a todos. **2** Ocultar una cosa a otra. **3** *fig.* Disimular.
escondido -da *adj.* Apartado, poco transitado.
escondite *m.* Escondrijo, sitio que sirve para tener algo escondido. **2** Juego de niños en que todos se ocultan y uno los busca.

escopeta *f.* Arma de fuego de 70 a 80 cm de largo, con uno o dos cañones montados sobre una caja de madera, que se emplea para caza y usos deportivos.

escorpión[1] *m.* ZOOL Alacrán, cualquiera de los arácnidos del orden escorpiones. **2** Pez de espinas venenosas.

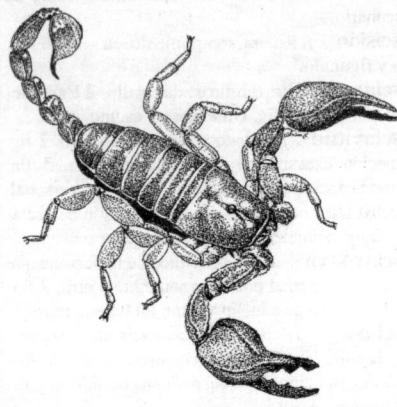

escorpión

escorpión[2] *m.* Constelación del Zodíaco, situada entre Libra y Sagitario.

escote *m.* Entrante que se hace en una prenda de vestir, y en especial el del cuello. **2** Parte del pecho y de la espalda que el entrante de un vestido deja al descubierto.

escotilla *f.* Cada una de las aberturas o trampillas que comunican la cubierta del barco con el interior, o un piso con otro.

escozor *m.* Sensación dolorosa parecida a la quemadura. **2** fig. Desazón anímica.

escriba *m.* Entre los judíos antiguos, maestro versado en la Sagrada Escritura. **2** En la antigüedad, copista, amanuense.

escribano -na *m.* y *f.* Designación antigua del secretario de juzgado. **2** Pendolista, amanuense. **3** *Amér.* Notario.

escribiente *com.* Empleado de oficina que tiene por oficio escribir lo que se le dicta o copiar escritos ajenos.

escribir *tr.* Representar los sonidos o palabras mediante signos gráficos o letras. **2** Comunicar algo mediante signos gráficos.

escritor -ra *m.* y *f.* Autor de alguna obra literaria o científica.

escriturar *tr.* Otorgamiento o hecho mediante escritura oficial.

escrúpulo *m.* Duda de conciencia sobre la calidad moral o la obligatoriedad de alguna acción. (Se emplea más en plural.) **2** Aprensión o repugnancia.

escrupuloso -sa *adj.* y *n.* Que tiene escrúpulos; aprensivo, mojigato. **2** Exacto, esmerado.

escrutar *tr.* Mirar con atención o examinar con cuidado. **2** Hacer el recuento de votos en una elección.

escrutinio *m.* Examen y averiguación exacta de algo. **2** Recuento de votos.

escuadra *f.* Utensilio en forma de triángulo rectángulo que sirve para dibujar. **2** Pieza en ángulo recto que asegura dos maderas ensambladas.

escuadrón *m.* Unidad de caballería mandada por un capitán. **2** Unidad aérea importante.

escuálido -da *adj.* Sucio, asqueroso. **2** Flaco, macilento.

escuchar *intr.* Aplicar el oído para oír. **2** *tr.* Prestar atención a lo que se oye. **3** Atender y seguir un consejo.

escudero -ra *adj.* Relativo al escudero. **2** *m.* Servidor o paje que llevaba el escudo del caballero cuando éste no lo usaba. **3** Hidalgo.

escudo *m.* Arma defensiva, de forma triangular, cuadrada o redonda, que protegía el cuerpo del guerrero. **2** Pieza de metal que protege la entrada de la cerradura.

escudriñar *tr.* Averiguar y examinar cuidadosamente algún asunto.

escuela *f.* Establecimiento público o privado en que se da cualquier género de instrucción. **2** Enseñanza que se da o que se adquiere. **3** Sistema de enseñanza.

escueto -ta *adj.* Desembarazado, libre. **2** Preciso, neto, sin adornos.

esculcar *tr.* Espiar, inquirir, averiguar con cuidado. **2** Registrar para buscar algo.

esculpir *tr.* Labrar una obra de escultura.

escultor -ra *m.* y *f.* Persona que practica la escultura.

escultura *f.* Arte de modelar, tallar y esculpir figuras de bulto en barro, madera, piedra o metal. **2** Vaciado. **3** Estatua.

escupir *intr.* Arrojar saliva por la boca. **2** *tr.* Arrojar por la boca cualquier otra cosa. **3** fig. Echar de sí con desprecio una cosa.

escurridizo -za *adj.* Que se desliza fácilmente o que hace deslizarse o escurrirse.

escurrir *tr.* Apurar los últimos restos de un líquido. **2** *tr.* y *prnl.* Hacer que una cosa empapada o mojada desprenda todo el líquido. **3** *intr.* Destilar gota a gota el licor de un recipiente.

escusado -da *adj.* Reservado del uso común. **2** *m.* Retrete.

esdrújulo -la *adj.* Se dice de la palabra cuyo acento prosódico recae en la sílaba antepenúltima: *máxima, discípulo.*

ese, esa Formas masculina y femenina del adjetivo y pronombre demostrativo. Designan lo que se acaba de mencionar o lo que está más cerca del que escucha.

esencia *f.* Naturaleza permanente e invariable de un ser. **2** Extracto concentrado del sabor u olor de una sustancia.

esencial *adj.* Relativo a la esencia. **2** Sustancial, decisivo.

esfera *f.* Cuerpo geométrico limitado por una superficie curva cuyos puntos equidistan de otro interior llamado centro. **2** fig. Ámbito en que se realiza una determinada actividad.

esférico -ca *adj.* Relativo a la esfera.

esfinge *f.* Monstruo fabuloso, híbrido de figura humana y animal. **2** Mariposa gigante de los esfíngidos, de color oscuro. **3** Persona muy reservada o compleja.

esfínter *m.* Músculo en forma de anillo que abre o cierra alguna cavidad del cuerpo.

esforzado -da *adj.* Animoso, valiente.

esforzar *tr.* Dar o comunicar fuerza. **2** Infundir ánimo.

esfuerzo *m.* Empleo enérgico de la fuerza física contra algún impulso o resistencia. **2** Vigor o ánimo para conseguir algo.

esfumar *tr.* Difuminar los perfiles en una pintura. **2** *prnl.* Largarse, desaparecer.

esgrima *f.* Arte de manejar la espada, el sable o el florete.

esgrimir *tr.* Manejar la espada acometiendo o parando los golpes del contrario. **2** fig. Servirse de razones, influencias o amenazas para conseguir algo.

esguince *m.* Torcedura o distensión violenta de una articulación. **2** Quiebro del cuerpo para evitar algún golpe o choque.

eslabón *m.* Anillo que enlazado con otros forma una cadena. **2** fig. Cada una de las partes interconexionadas de un trabajo, un plan, etcétera.

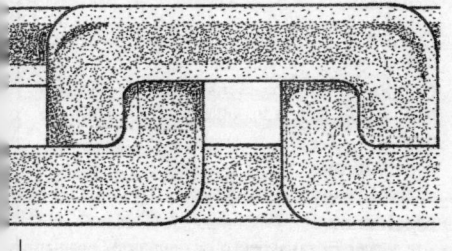

eslabón

eslabonar *tr.* Unir los eslabones o piezas para formar una cadena. **2** *tr.* y *prnl.* fig. Enlazar ideas o partes de un discurso dándoles unidad.

eslavo -va *adj.* y *n.* Relativo a los eslavos; individuo de este grupo. **2** *m.* Conjunto de lenguas habladas por los eslavos. **3** *m. pl.* Grupo de pueblos indoeuropeos.

eslogan (ing. *slogan*) *m.* Frase expresiva, breve y concisa, que se utiliza en publicidad para anunciar productos.

esmaltar *tr.* Aplicar esmalte a algún objeto.

esmalte *m.* Barniz vítreo que, por medio de la fusión, se adhiere a la porcelana, loza, metales, etc. **2** Materia dura y blanca que protege el marfil de la corona de los dientes de los vertebrados.

esmerado -da *adj.* Se dice del trabajo hecho con cuidado o de la persona que pone atención y pulcritud en sus cosas.

esmeralda *f.* Piedra preciosa de color verde por el óxido de cromo.

esmerarse *tr.* Pulir, limpiar. **2** *prnl.* Poner gran cuidado en la propia conducta o en la ejecución de alguna cosa.

esmeril *m.* Roca de color oscuro y tan dura que se emplea como abrasivo, pudiendo rayar todos los cuerpos, excepto el diamante.

esmerilar *tr.* Alisar y pulir con esmeril.

esmero *m.* Cuidado y diligencia por hacer las cosas bien.

esnobismo *m.* Exagerada admiración por lo que está de moda o por lo nuevo.

esófago *m.* Tubo del aparato digestivo, de tejido muscular, que va de la faringe al estómago y está situado entre la tráquea y la columna vertebral.

espaciar *tr.* Separar las cosas o distanciarlas más en el espacio o en el tiempo. **2** Dilatar, extender. **3** *tr.* y *prnl.* Ampliarse, separarse.

espacio *m.* Extensión indefinida que contiene todos los seres físicos existentes. **2** Parte de esa extensión que ocupa cada cuerpo. **3** Distancia entre dos o más cosas.

espada *f.* Arma blanca, larga, recta, aguda y cortante, con guarnición y empuñadura. **2** Espadachín. **3** En la baraja española, cada una de las cartas del palo de espadas, especialmente el as.

espadachín *m.* Hombre hábil en el manejo de la espada. **2** Valentón, pendenciero.

espadaña *f.* Planta de las tifáceas, enea. **2** Campanario consistente en un muro con huecos para situar las campanas.

espadañar *tr.* Abrir el ave las plumas de la cola.

espadín *m.* Espada de hoja muy estrecha o triangular. **2** Pez teleósteo parecido a la sardina, pero de carne más delicada.

espalda *f.* Parte posterior del cuerpo humano desde los hombros hasta la cintura. **2** Parte correspondiente del cuerpo de los animales. **3** Estilo de natación en que se nada boca arriba.

espaldar *m.* Parte de la armadura que cubría la espalda. **2** Respaldo de una silla o banco.

espantado -da *adj.* Temeroso. **2** *f.* Huida repentina de un animal o de un grupo de animales.

espantapájaros *m.* Trapo o monigote que se pone en los árboles o sembrados para protección de los frutos contra los pájaros.

espantar *tr.* y *prnl.* Infundir miedo, causar espanto. **2** *prnl.* Sentir espanto.

espanto *m.* Miedo intenso, horror. **2** Admiración, consternación. **3** Amenaza con que se infunde miedo.

espantoso -sa *adj.* Que produce espanto. **2** Asombroso, pasmoso.

español *m.* Denominación que recibe también la lengua castellana.

esparadrapo *m.* Tira de tela o de plástico con sustancia adhesiva por una cara.

esparcido -da *adj.* Diseminado. **2** fig. Festivo, alegre.

esparcimiento *m.* Acción y efecto de esparcir o esparcirse. **2** Distracción, recreo.

esparcir *tr.* y *prnl.* Extender lo que está junto o amontonado. **2** Difundir una noticia. **3** Distraer.

espárrago *m.* Vástago tierno y comestible de la esparraguera. **2** Vástago metálico roscado al que se puede acoplar una tuerca.

esparto *m.* Planta de las gramíneas, de que se obtiene una fibra muy resistente que se emplea en la fabricación de cordeles y esteras.

espasmo *m.* Contracción involuntaria de los músculos.

espátula *f.* Paleta de bordes afilados y mango largo. **2** Cuchareta, ave zancuda.

especia *f.* Cualquiera de las sustancias aromáticas para sazonar o hacer picantes los manjares.

especial *adj.* Individual, singular, no común. **2** Adecuado, muy específico.

especialidad *f.* Caso particular, singularidad. **2** Rama de una ciencia, arte u oficio en que cabe una especialización precisa.

especialista *adj.* Que se dedica a una determinada especialidad.

especializar *tr.* y *prnl.* Cultivar un determinado ramo de la ciencia o del arte. **2** Limitar una cosa a uso o fin determinado.

especie *f.* Grupo de personas, animales o cosas que presentan unas características comunes.

específico -ca *adj.* Que es propio de una especie o de un determinado individuo. **2** Se dice del significado más inmediato de una palabra que posee varios.

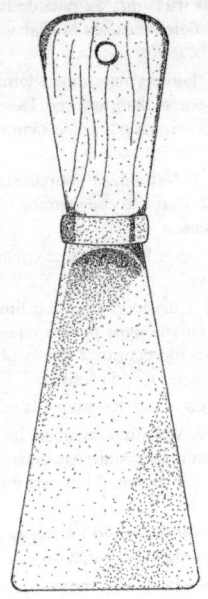

espátula

espectáculo *m.* Función o exhibición pública. **2** Hecho capaz de llamar la atención.

espectador -ra *adj.* Que observa alguna cosa. **2** *adj.* y *n.* Que asiste a un espectáculo público.

espectro *m.* Fantasma que se representa a los ojos o en la fantasía; suele ser pavoroso: *el espectro de un aparecido.* **2** Fís Resultado de la dispersión de un conjunto de radiaciones de sonidos y, en general, de fenómenos ondulatorios, de tal manera que resulten separados de los de distinta frecuencia.

especulación *f.* Acción y efecto de especular. **2** Consideración teórica de cualquier doctrina o asunto. **3** Operación mercantil que juega con el previsible aumento del valor de títulos y efectos públicos.

especular *tr.* Mirar con atención, observar. **2** *tr.* y *prnl.* Formar conjeturas. **3** Sacar provecho de alguna cosa.

espejismo *m.* Ilusión óptica. **2** fig. Ilusión, apariencia falaz.

espejo *m.* Lámina de cristal azogado o de metal bruñido que refleja los objetos. **2** fig. Dechado, modelo.

espeluznante *adj.* Capaz de poner los pelos de punta. **2** Terrorífico, pavoroso.

espeluznar *tr.* Descomponer, enredar el pelo. **2** *tr.* y *prnl.* Erizar el pelo o las plumas. **3** Espantar, aterrorizar.

espera *f.* Acción y efecto de esperar. **2** Plazo o prórroga para hacer algo. **3** Capacidad para esperar, paciencia, calma.

esperanto *m.* Lengua artificial, creada con el propósito utópico de que todo el mundo pudiera entenderse sin dificultades.

esperanza *f.* Confianza de que ocurra lo que se desea o seguridad en conseguirlo.

esperanzar *tr.* Dar o provocar esperanza.

esperar *tr.* Confiar en conseguir lo que se desea o en que sucederá algo bueno. **2** Aguardar en un sitio a que llegue alguien o a que ocurra algo. **3** Detener alguna actividad hasta que suceda cierta cosa.

esperma *amb.* Secreción de los testículos, semen.

espermatozoide *m.* Gameto masculino de los animales destinado a la fecundación del óvulo femenino. **2** Gameto masculino de las plantas criptógamas.

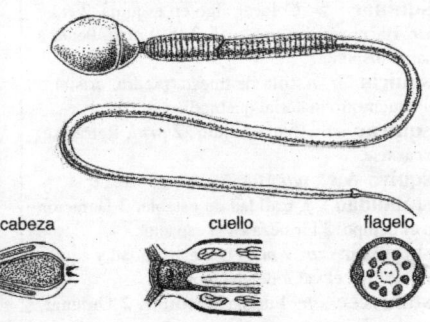

espermatozoide

esperpento *m.* Persona o cosa grotesca. **2** Desatino, despropósito.

espesar *tr.* y *prnl.* Dar consistencia a un líquido. **2** Juntarse y apretarse las cosas haciéndose más densas.

espeso -sa *adj.* Se dice de la sustancia que tiene mucha densidad o condensación. **2** Grueso, macizo.

espesor *m.* Grosor de un cuerpo sólido. **2** Densidad de un cuerpo líquido o gaseoso.

espesura *f.* Calidad de espeso. **2** Lugar muy poblado de árboles y matorrales.

espía *com.* Persona que acecha con disimulo.

espiar *tr.* Observar con disimulo hechos y dichos.

espiga *f.* Inflorescencia de flores hermafroditas asentadas a lo largo de un eje. **2** Parte afinada de una herramienta que se introduce en el mango. **3** Clavo metálico sin cabeza.

espigar *tr.* Recoger las espigas que han quedado tras la siega. **2** Hacer la espiga para encajar las maderas.

espina *f.* Púa leñosa de algunas plantas, como el rosal o la chumbera. **2** Astilla puntiaguda. **3** Cada una de las piezas óseas, largas y puntiagudas, que forman el esqueleto de un pez.

espinaca *f.* Hortaliza anual de hojas radicales grandes y suaves.

espinilla *f.* Parte delantera de la canilla de la pierna. **2** Comedón, granito o barrillo.

espino *m.* Arbusto de las rosáceas, de ramas espinosas, flores blancas y olorosas y fruto en drupa carnosa.

espinoso -sa *adj.* Que tiene espinas. **2** fig. Dificultoso.

espionaje *m.* Acción de espiar.

espiral *adj.* Con espiras o de forma helicoidal. **2** *f.* Curva plana que se desarrolla alrededor de un eje del que se aleja gradualmente sin cerrarse nunca.

espirar *tr.* Despedir olor. **2** *tr.* e *intr.* Expulsar el aire aspirado. **3** *intr.* Tomar aliento.

espiritismo *m.* Creencia en los espíritus de los difuntos y en la posibilidad de comunicarse con ellos mediante invocaciones y ritos.

espíritu *m.* Ser inmaterial dotado de razón. **2** Alma racional, contrapuesta a la sensitiva y a la materia en general. **3** Ánimo, aliento.

espiritual *adj.* Relativo al espíritu. **2** Se dice de la persona sensible, desprendida de las cosas materiales. **3** De carácter religioso.

espléndido -da *adj.* Resplandeciente. **2** Magnífico. **3** Generoso, liberal.

esplendor *m.* Brillo, resplandor. **2** Lustre, magnificencia. **3** Período de apogeo y gloria.

esplendoroso -sa *adj.* Resplandeciente. **2** Deslumbrante.

espolear *tr.* Picar con la espuela. **2** fig. Estimular a la acción, incitar.

espolón *m.* Apófisis ósea en forma de cuernecillo que tienen en el tarso algunas gallináceas. **2** Punta en que remata la proa de un barco.

espolvorear *tr.* Esparcir polvo o cosa similar sobre una cosa.

esponja *f.* Masa porosa y elástica que forma el esqueleto de muchas esponjas, y que absorbe fácilmente los líquidos. **2** Cualquier objeto que por su flexibilidad o porosidad sirve como utensilio de limpieza. **3** *pl.* ZOOL Tipo de los invertebrados, llamados también *poríferos*, que constituyen el primer grupo de los metazoos (animales pluricelulares).

esponjar *tr.* Ahuecar una cosa, hacerla porosa. **2** *prnl.* fig. Adquirir un aire saludable. **3** fam. Engreírse.

esponsales *m. pl.* Compromiso matrimonial público.

espontáneo -a *adj.* Automático, instintivo. **2** Natural, silvestre, sin cultivo. **3** *m.* y *f.* Persona que

espora

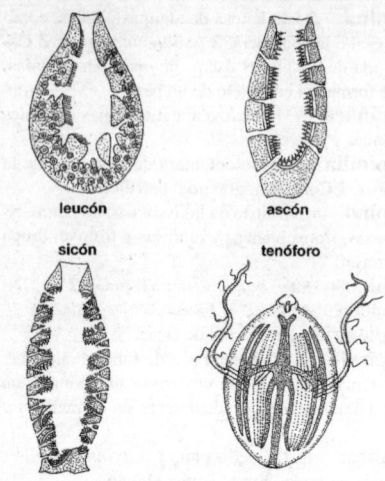

esponjas

por propia iniciativa interviene en un espectáculo público.

espora *f*. Cualquiera de las células que se reproducen sin necesidad de fecundación, en las plantas criptógamas y en algunos protozoos.

esporádico -ca *adj*. Que ocurre de forma aislada o aleatoria.

esposas *f. pl*. Manillas de hierro unidas por una cadena con que se sujeta a los presos por las muñecas.

esposo -sa *m. y f*. Persona que ha contraído esponsales. **2** Persona casada respecto de su pareja. **3** *f. Amér*. Anillo episcopal.

espuela *f*. Espiga metálica que se ajusta al talón y termina en una estrella o ruedecilla dentada con que se pica a la caballería. **2** fig. Acicate que estimula a la acción. **3** *Amér*. Espolón de las aves.

espulgar *tr. y prnl*. Limpiar de pulgas o piojos. **2** fig. Examinar cuidadosamente algo.

espuma *f*. Conjunto de burbujas que flotan en una superficie líquida.

espumar *tr*. Quitar la espuma de un líquido. **2** *intr*. Hacer un líquido espuma.

espumoso -sa *adj*. Que tiene o hace mucha espuma. **2** Que se convierte en ella. **3** Se dice del vino que al descorchar la botella arroja abundante espuma.

esputo *m*. Flema que se arroja por la boca en cada expectoración.

esquela *f*. Carta breve. **2** Notificación de la muerte de una persona.

esquelético -ca *adj*. Relativo al esqueleto. **2** Muy flaco, que está en los huesos.

esqueleto *m*. ZOOL Estructura de sostén que presentan muchos animales. **2** Bosquejo o esquema de algo. **3** *Amér*. Formulario impreso para rellenar.

□ ZOOL El esqueleto adquiere complejidad creciente según se asciende en la escala zoológica. Los invertebrados tienen un esqueleto externo formado por la cubierta corporal. Los vertebrados tienen un esqueleto interno articulado, en el que se inserta la musculatura. Su base es la *columna vertebral*, que lleva el *cráneo* en un extremo, y de la que parten las *extremidades*.

esquema *m*. Representación de una cosa atendiendo a sus rasgos esenciales. **2** Resumen de los puntos esenciales de un escrito, discurso o proyecto.

esquemático -ca *adj*. Relativo al esquema.

esquematizar *tr*. Representar una cosa de forma esquemática.

esquí *m*. Patín largo de madera que se ajusta a cada pie para patinar sobre la nieve.

esquiar *intr*. Practicar el deporte del esquí.

esquimal *adj. y com*. Se dice del pueblo mongoloide que habita las regiones árticas.

esquinar *tr*. Colocar algo en esquina. **2** *tr*. e *intr*. Hacer esquina una cosa. **3** *tr. y prnl*. Poner a mal, indisponer.

esquirla *f*. Astilla de hueso, piedra, cristal o cualquier otro material quebradizo.

esquivar *tr*. Evitar, rehuir. **2** *prnl*. Retraerse, excusarse.

esquivo -va *adj*. Huraño, desdeñoso.

estabilidad *f*. Calidad de estable. **2** Duración en el tiempo. **3** Firmeza en el espacio.

estabilizar *tr. y prnl*. Dar estabilidad y equilibrio. **2** Fijar el valor de una moneda.

establecer *tr*. Fundar, instituir. **2** Ordenar, mandar. **3** *prnl*. Avecindarse en un lugar.

establecimiento *m*. Acción y efecto de establecer o establecerse. **2** Estatuto, ordenanza. **3** Fundación, institución.

establo *m*. Lugar cubierto en que se encierra el ganado para su alimentación y descanso. **2** fam. Lugar muy sucio.

estaca *f*. Palo con uno de sus extremos aguzado, para fijarlo en tierra, en una pared, etc. **2** Clavo grueso para fijar vigas. **3** Cada una de las cuernas del ciervo al cumplir un año.

estacada *f*. Obra de deslindamiento o protección hecha con una serie de estacas clavadas en el suelo. **2** Lugar señalado para un desafío. **3** Sitio rodeado de estacas.

estación *f*. Estado actual de una cosa. **2** Cada una de las cuatro divisiones del año: primavera, verano, otoño e invierno. **3** Punto en que se hace una parada durante un viaje. **4** Emisora de radio o televisión.

estacionamiento *m*. Acción y efecto de estacionar o estacionarse. **2** Aparcamiento de vehículos.

estacionar *tr. y prnl*. Colocar un vehículo en algún sitio durante algún tiempo. **2** *prnl*. Pararse, estancarse sin ir adelante.

estadía *f.* Estancia, detención en un lugar. **2** Tiempo en que el modelo posa para el artista.

estadio *m.* Recinto deportivo con graderías para los espectadores. **2** Medida de longitud equivalente a 201,2 m. **3** Etapa o fase de un proceso.

estadística *f.* Rama de la matemática que se centra en las técnicas de recogida, estudio, análisis y clasificación de los datos correspondientes a un fenómeno de carácter colectivo (económico, demográfico, técnico, etc.), cuando éste no se puede explicar mediante una ley natural conocida (p. ej., porque se debe al azar o se comporta de forma aleatoria).

estado *m.* Situación o manera de estar de una persona, animal o cosa. **2** Nación con poderes políticos absolutos. **3** En los estados federales, cada uno de los territorios autónomos.

estafa *f.* Acción y efecto de estafar.

estafar *tr.* Pedir o sacar dinero o cosas de valor con engaño y ánimo de no devolverlos.

estafeta *f.* Oficina de correos. **2** Correo para el servicio diplomático.

estallar *intr.* Reventar una cosa de golpe y con estruendo. **2** Sobrevenir alguna cosa con violencia: *un incendio, una revolución.* **3** fig. Manifestarse algún sentimiento de forma repentina.

estallido *m.* Acción y efecto de estallar. **2** Ruina total, quiebra.

estambre *m.* Cada una de las hebras largas del vellón de lana. **2** Órgano sexual masculino de las plantas fanerógamas, formado por la antera y el filamento que la sostiene.

estamento *m.* Sector de una sociedad con un común estilo de vida o una análoga función social.

estampa *f.* Grabado impreso por estampación o fotografía. **2** Papel con la figura representada, y especialmente la de temática religiosa. **3** fig. Presencia y porte de una persona o de un animal.

estampado -da *adj. y n.* Se dice del tejido con diferentes labores y dibujos. **2** *m.* Cualquier figura que se fija a presión o percusión.

estampar *tr.* Realizar una estampación. **2** Dejar huella una cosa en otra.

estampida *f.* Estampido. **2** Divulgación rápida y estruendosa de algo. **3** *Amér.* Carrera brusca y precipitada de personas o animales.

estampido *m.* Ruido fuerte y seco.

estampilla *f.* Sello de metal o caucho con alguna firma o rúbrica impresa para su reproducción en serie. **2** *Amér.* Sello de correos.

estampillar *tr.* Marcar con estampillas algún sobre o documento.

estancar *tr. y prnl.* Detener la corriente de un líquido. **2** fig. Suspender la marcha de un asunto.

estancia *f.* Permanencia y alojamiento en un lugar. **2** Tiempo que dura. **3** Habitación o sala de cierta amplitud. **4** *Amér.* Hacienda ganadera, rancho.

estampilla

estanco -ca *adj.* Se dice del buque y otros recipientes que no hacen agua por las costuras. **2** *m.* Prohibición del curso libre de una mercancía para su venta en régimen de monopolio estatal. **3** Tienda en que se venden tales mercancías, como el tabaco.

estándar *adj.* Se dice del producto fabricado en serie. **2** *m.* Patrón, modelo.

estandarizar *tr.* Ajustar un producto a determinadas normas y formas.

estandarte *m.* Insignia, pendón o bandera de corporaciones civiles.

estanque *m.* Balsa artificial de agua. **2** Depósito para cualquier líquido.

estante *adj.* Parado, fijo y permanente en un lugar. **2** Se dice del ganado que pasta dentro de los límites fijados. **3** *m.* Mueble con anaqueles que suele fijarse o adosarse a la pared.

estantería *f.* Conjunto de estantes o de anaqueles. **2** Mueble con estantes.

estar *intr. y prnl.* Existir, hallarse en un lugar, situación, condición o modo de ser actual. **2** Tocar o atañer. **3** Con algunos adjetivos, sentir o tener lo que éstos significan: *estar alegre.* **4** *prnl.* Detenerse en alguna cosa o en alguna parte. **5** Con el gerundio expresa una acción continuada: *estoy trabajando.*

estático -ca *adj.* Relativo a la estática. **2** Se dice de lo que está en equilibrio y sin cambios ni mudanzas. **3** *f.* Parte de la mecánica que estudia las leyes del equilibrio.

estatismo *m.* Inmovilidad de lo estático, que permanece en un mismo estado.

estatua *f.* Escultura que representa la figura completa de una persona o de un animal.

estatura *f.* Altura total de una persona.

estatuto *m.* Conjunto de normas que regulan una sociedad o corporación; su reglamento interior.

este¹ *m.* Levante, oriente.

este², **esta** Formas masculina y femenina del adjetivo y pronombre demostrativo. Señalan una persona o cosa próxima a quien habla, o algo que se acaba de mencionar.

estela¹ *f.* Rastro que deja en el agua un cuerpo en movimiento, y el que deja en el aire un cuerpo luminoso. **2** fig. Huella que deja cualquier cosa a su paso.

estela² *f.* Monumento conmemorativo fijo en el suelo a modo de prisma o columna.

estera *f.* Tejido de esparto o de otros materiales toscos para cubrir el suelo.

estereofónico -ca *adj.* Se dice del sonido registrado a la vez desde dos o más puntos.

estereotipo *m.* Cliché de imprenta, de colada de plomo. **2** fig. Cliché mental, simplificado y repetitivo.

estéril *adj.* Se dice de lo que, en sentido recto o figurado, no da fruto. **2** Se aplica a los alimentos, medios y objetos esterilizados.

esterilidad *f.* Calidad de estéril. **2** Incapacidad del macho o de la hembra para la reproducción.

esterilizar *tr.* Quitar la capacidad de reproducción, castrar. **2** Destruir los gérmenes patógenos de alimentos, utensilios y ambientes. **3** *prnl.* Hacerse esterilizar.

esternón *m.* Hueso plano en la parte anterior del pecho, en el que se articulan las costillas.

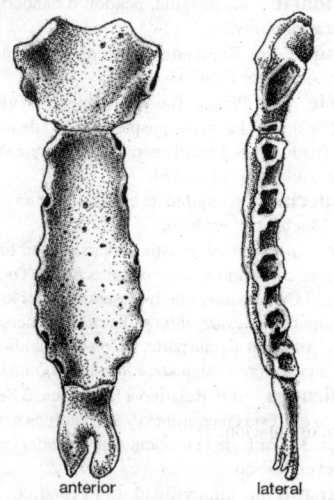

anterior   lateral
esternón

esteta *com.* Persona versada en estética. **2** Persona de exquisito gusto artístico.

esteticista *adj.* Relativo al esteticismo. **2** *com.* Persona que practica la cosmética y cuantos tratamientos conciernen al embellecimiento corporal. **3** Tratadista de estética.

estético -ca *adj.* Relativo a la estética. **2** Que puede percibir o apreciar la belleza. **3** Bello, artístico. **4** Se aplica a una rama de la cirugía que se ocupa de reparar los defectos físicos. **5** *m.* y *f.* Esteta. **6** *f.* Ciencia que trata de la belleza y del arte como su expresión.

estetoscopio *m.* Instrumento médico a modo de trompetilla acústica, para la auscultación torácica o fetal.

estiércol *m.* Excremento animal. **2** Abono orgánico.

estigma *m.* Marca o señal en el cuerpo. **2** fig. Afrenta, deshonor. **3** En las flores, parte superior del pistilo que recibe el polen en la fecundación.

estigmatizar *tr.* Marcar a alguien con hierro candente. **2** Imprimir milagrosamente a una persona las llagas de Cristo. **3** fig. Afrentar, infamar.

estilista *com.* Persona que cuida el estilo literario de sus escritos o discursos.

estilístico -ca *adj.* Relativo al estilo. **2** *f.* Estudio de los estilos literarios o de la expresión lingüística en general.

estilo *m.* Punzón que se utilizaba para escribir sobre tablas enceradas. **2** Modo, manera, forma. **3** Carácter propio que da a sus obras el artista. **4** Parte superior del ovario de la flor, que termina en uno o varios estigmas.

estima *f.* Consideración y aprecio en que se tiene a una persona o cosa. **2** Concepto aproximado.

estimación *f.* Estima, aprecio. **2** Precio en que se valora una cosa.

estimar *tr.* Apreciar, poner precio a una cosa. **2** Juzgar, creer. **3** *tr.* y *prnl.* Considerar valiosa a una persona o cosa.

estimulante *adj.* y *com.* Que estimula y alienta. **2** *adj.* y *m.* Se dice del fármaco que potencia momentáneamente las energías biológicas.

estimular *tr.* Aguijonear, punzar. **2** Incitar, animar.

estímulo *m.* Lo que excita y mueve a un órgano a la acción. **2** Incitamiento.

estío *m.* Verano.

estipulación *f.* Convenio verbal entre dos o más personas. **2** Cada una de las cláusulas de un documento.

estipular *tr.* Acordar verbalmente un pacto. **2** Convenir, concertar alguna cosa.

estirado -da *adj.* fig. De mucha afectación en el vestir. **2** fig. Orgulloso, vanidoso.

estiramiento *m.* Acción y efecto de estirar o estirarse. **2** fig. Orgullo, trato distante y despectivo.

estirar *tr.* y *prnl.* Alargar una cosa tirando de sus extremos. **2** *tr.* Planchar a la ligera quitando las arrugas más visibles. **3** *prnl.* Desperezarse.

estirpe *f.* Abolengo, linaje noble de alguien. **2** En una sucesión hereditaria, conjunto formado por la descendencia de un sujeto a quien ella representa.

esto Pronombre demostrativo neutro. No se acentúa y no puede funcionar como adjetivo.

estocada *f.* Golpe de punta con la espada o estoque. **2** Herida que produce.

estofado *m.* Guiso de carne o pescado con aceite, vino, cebolla y diversas especias, que se cuece a fuego lento, con poco caldo y bien tapado.

estolidez *f.* Falta de inteligencia.

estomacal *adj.* Relativo al estómago. **2** *adj.* y *n.* Se aplica al fármaco o licor que facilita la digestión.

estómago *m.* Dilatación del aparato digestivo del hombre y de la mayoría de los vertebrados, donde se produce la transformación de los alimentos.

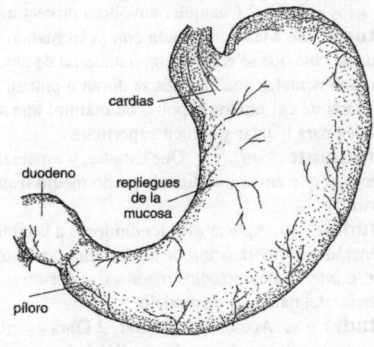

estómago

estorbar *tr.* Dificultar o impedir alguna acción. **2** Molestar, incomodar.

estornudar *intr.* Inspirar y expulsar violentamente y con ruido, el aire de los pulmones.

estornudo *m.* Acción y efecto de estornudar.

estrabismo *m.* Bizquera causada por la desviación del paralelismo de los ejes oculares.

estrado *m.* Sitio de honor y algo elevado en un salón de actos. **2** *pl.* Salas de los tribunales de justicia.

estrafalario -ria *adj.* y *n.* Extravagante en criterios y conducta o desaliñado en el vestir.

estrago *m.* Ruina, daño, matanza.

estrangulación *f.* Acción y efecto de estrangular o estrangularse.

estrangulado -da *adj.* Muy oprimido, apretado.

estrangular *tr.* y *prnl.* Ahogar a una persona o a un animal impidiéndole la respiración. **2** Interceptar mediante presión o ligadura la comunicación de los vasos del organismo.

estratagema *f.* Ardid o astucia en una guerra. **2** *fig.* Treta, fingimiento.

estrategia *f.* Arte de dirigir las operaciones militares. **2** *fig.* Plan para llevar a cabo con éxito un proyecto o negocio.

estratégico -ca *adj.* Relativo a la estrategia.

estratificar *tr.* Superponer cosas. **2** *tr.* y *prnl.* Disponer en estratos.

estrato *m.* Cada una de las capas de masa mineral que constituyen los terrenos sedimentarios. **2** Cada una de las capas superpuestas de un yacimiento arqueológico. **3** Cada una de las capas que forman un tejido orgánico. **4** Nube en figura de faja.

estratosfera *f.* Parte de la atmósfera entre los doce mil y los cuarenta mil metros.

estrechar *tr.* Reducir a menos ancho una cosa. **2** Apretar con las manos o los brazos. **3** Acorralar, acosar de forma física o figurada. **4** *prnl.* Ceñirse, apretarse.

estrechez *f.* Escasa anchura de alguna cosa. **2** Efecto de estrechar o estrecharse. **3** *fig.* Situación apurada, aprieto, dificultad. **4** *fig.* Falta de lo necesario para subsistir.

estrecho -cha *adj.* De escasa anchura. **2** Ajustado, apretado. **3** Se dice del parentesco cercano y de la amistad íntima.

estregar *tr.* y *prnl.* Frotar, restregar.

estrella *f.* ASTRON Cuerpo celeste que brilla con luz propia. **2** Representación de los astros como un círculo con puntas. **3** Cualquier cosa que se le asemeje.

estrellar *tr.* y *prnl.* Sembrar de estrellas el cielo o una superficie. **2** *fam.* Arrojar con violencia una cosa contra otra. **3** *prnl.* Chocar violentamente contra alguna superficie dura.

estremecer *tr.* Hacer temblar, sacudir. **2** Sobresaltar el ánimo un hecho inesperado. **3** *prnl.* Temblar en sentido recto o figurado.

estrenar *tr.* Usar por primera vez una cosa. **2** Dar la primera representación pública de una obra artística.

estreno *m.* Acción y efecto de estrenar. **2** Primera representación o exhibición de un espectáculo.

estreñimiento *m.* Retención de las materias fecales por causas orgánicas o psicológicas.

estrépito *m.* Estruendo, ruido grande. **2** *fig.* Pompa, ostentación.

estrés (ing. *stress*) *m.* Estado de sobrecarga y tensión física o psíquica con la sensación consiguiente de cansancio.

estría *f.* Surco estrecho y vertical que adorna el fuste de algunas columnas o pilastras. **2** Cualquier acanaladura estrecha. **3** *pl.* Marcas alargadas y violáceas que deja en la piel la distensión de los tejidos.

estriar *tr.* Formar estrías. **2** *prnl.* Producirse surcos en alguna cosa.

estribación *f.* Ramal de montañas que se desprende y destaca de una cordillera.

estribar *intr.* Descansar el peso de una cosa sobre otra. **2** fig. Apoyarse, fundarse.

estribillo *m.* Frase, verso o versos con que empiezan o terminan las estrofas de algunas composiciones líricas. **2** Muletilla de apoyo que se repite con frecuencia al hablar.

estribo *m.* Pieza en que el jinete apoya el pie al montar y cabalgar. **2** Especie de escalón para subir o bajar de un coche. **3** Pieza de la motocicleta sobre la que descansan los pies. **4** Uno de los tres huesecillos del oído medio que se articula en la apófisis del yunque.

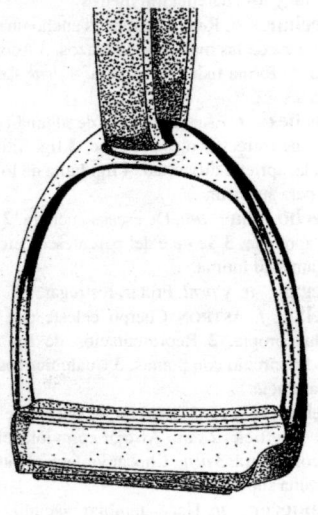

estribo

estribor *m.* Banda derecha de un barco mirando de popa a proa.

estricto -ta *adj.* Exacto, ajustado a la necesidad o a la ley. **2** Riguroso, sin concesiones.

estridencia *f.* Sonido agudo y desagradable. **2** Violencia, brusquedad en acciones o palabras.

estridente *adj.* Se dice del ruido agudo y molesto. **2** Violento, chocante, exagerado.

estridor *m.* Sonido agudo, chirriante.

estrofa *f.* Conjunto de un determinado número de versos por lo general con una cierta unidad de sentido.

estropajo *m.* Planta cuyo fruto desecado se emplea como cepillo. **2** Porción de esparto machacado que sirve para fregar y frotar superficies. **3** fig. Persona o cosa inútil o despreciable.

estropear *tr.* y *prnl.* Maltratar, dañar. **2** Malograr cualquier asunto o negocio. **3** *tr.* Desgraciar.

estropicio *m.* fam. Rotura estrepitosa de cosas o enseres frágiles. **2** Por extensión, estrépito, jaleo.

estructura *f.* Distribución y orden de las partes de un todo. **2** Armadura que sustenta alguna cosa.

estructurar *tr.* y *prnl.* Ordenar los elementos de un todo de acuerdo con la estructura determinada que lo constituye.

estruendo *m.* Ruido grande, estrépito. **2** fig. Confusión, bullicio.

estruendoso -sa *adj.* Ruidoso, estrepitoso.

estrujar *tr.* Exprimir alguna cosa para sacarle el jugo o zumo. **2** Comprimir hasta lastimar o desfigurar.

estuario *m.* Desembocadura de un río caudaloso que suele presentar forma de embudo, con la parte más ancha hacia el mar o lago.

estucar *tr.* Dar una capa de estuco.

estuche *m.* Caja o envoltorio para guardar uno o varios objetos. **2** Cualquier envoltura protectora.

estuco *m.* Masa preparada con yeso blanco y agua de cola que se emplea como material de objetos ornamentales que después se doran o pintan. **2** Lechada de cal muerta y polvo de mármol que se emplea para igualar y enlucir superficies.

estudiante *adj.* y *n.* Que estudia, y especialmente el que cursa estudios de grado medio o superior.

estudiar *tr.* Aplicar el entendimiento a la comprensión o memorización de algún tema o asunto. **2** *tr.* e *intr.* Cursar estudios medios o superiores. **3** Dibujar del natural o de modelo.

estudio *m.* Acción de estudiar. **2** Obra escrita en que un autor analiza o desarrolla algún tema. **3** Lugar de trabajo de artistas, escritores y profesionales. **4** *pl.* Conjunto de conocimientos de que consta una materia.

estufa *f.* Aparato para caldear locales por medio de materiales combustibles o con electricidad.

estulticia *f.* Necedad, tontería.

estupefacción *f.* Asombro, pasmo.

estupefaciente *adj.* y *m.* Se dice del medicamento narcótico que, como la morfina o la cocaína, embota la sensibilidad y crea hábito.

estupendo -da *adj.* Asombroso, capaz de suscitar pasmo y admiración. **2** Magnífico, perfecto.

estupidez *f.* Necedad, torpeza para comprender. **2** Dicho o hecho propio de un estúpido.

estúpido -da *adj.* y *n.* Falto de inteligencia, necio. **2** *adj.* Se dice de los dichos o hechos propios de un estúpido.

estupor *m.* Disminución de la conciencia y falta de respuesta adecuada a los estímulos. **2** fig. Asombro, pasmo.

esturión *m.* Pez marino de cuerpo escamoso, que puede alcanzar 5 m de largo. Desova en los ríos, y con sus huevas se prepara el caviar.

etapa *f.* Cada trayecto en una marcha. **2** Lugar en que se pernocta durante una marcha. **3** fig. Fase en el proceso de una obra.

etcétera *m.* Voz utilizada al final de cualquier enumeración incompleta para indicar que se silencian otros elementos; se representa con *etc*.

éter *m.* Fluido hipotético, imponderable y elástico que, según cierta hipótesis, llenaba todo el espacio. **2** Compuesto químico orgánico que resulta de la combinación de un alcohol consigo mismo, con un ácido o con otro alcohol.

etéreo -a *adj.* Relativo al éter o al cielo. **2** Sutil.

eternidad *f.* Duración simultánea, sin sucesión, sin principio ni fin, que la teología cristiana atribuye sólo a Dios. **2** fig. Duración prolongada de siglos y edades.

eternizar *tr.* y *prnl.* Hacer durar demasiado una cosa. **2** Perpetuar su duración.

eterno -na *adj.* Que no tiene principio ni fin. **2** Que, aun habiendo tenido principio, como el alma espiritual del hombre, no tendrá fin. **3** Que dura mucho, se hace muy pesado o se repite de forma insistente.

ético -ca *adj.* Relativo a la ética o moral, que está de acuerdo con sus principios y exigencias. **2** *f.* Parte de la filosofía que estudia los fundamentos y normas de las conducta humana.

etimología *f.* Ciencia lingüística que estudia el origen de las palabras, su significación y su evolución.

etiología *f.* Parte de la filosofía que estudia las causas de las cosas. **2** Rama de la medicina que versa sobre la génesis de las enfermedades.

etiqueta *f.* Rótulo que se pone sobre un objeto o mercancía indicando lo que es. **2** Calificación indicadora de personas o cosas, profesionales, ideologías, etc. **3** Ceremonial que se observa en determinados actos.

etiquetar *tr.* e *intr.* Poner marbetes o rótulos.

etnia *f.* Conjunto de individuos con características homogéneas, que van desde ciertos rasgos físicos comunes hasta la lengua, costumbres y tradiciones culturales.

étnico -ca *adj.* Relativo a una raza o nación. **2** Gentilicio.

etnocentrismo *m.* Tendencia de una persona a creer que su colectividad, cultura, etc., es superior a las otras.

etnografía *f.* Ciencia que estudia las etnias o pueblos, sus orígenes, características y evolución histórica.

etnolingüística *f.* Ciencia que estudia el lenguaje de los pueblos sin escritura.

etnología *f.* Ciencia que, sobre los datos que le proporciona la etnografía, trata de establecer las leyes que rigen la conducta, realizaciones y evolución de un pueblo y de su cultura.

etnos *m.* Grupo humano unido por lazos de raza o de nacionalidad.

etología *m.* Parte de la biología que estudia el comportamiento de los animales en su hábitat natural, y los mecanismos que determinan este comportamiento.

etopeya *f.* Descripción literaria del carácter, hábitos, etc. de una persona.

etruscos *m. pl.* Pueblo de la ant. Italia, de origen incierto, que habitó el territorio comprendido entre los ríos Arno y Tíber.

eucalipto *m.* Árbol originario de Australia, que puede alcanzar unos 100 m de altura, de hojas persistentes y olorosas.

eucalipto

eucaristía *f.* Sacramento cristiano.

eufemismo *m.* Palabra o expresión que dice de forma suavizada y elegante algo que en su manifestación franca resultaría malsonante.

eufonía *f.* Sonoridad grata que resulta de la combinación atinada de ciertos elementos acústicos en una palabra.

euforia *f.* Sensación de bienestar, derivada de la buena salud física, la satisfacción espiritual o como efecto de algún estupefaciente.

eunuco *m.* Varón castrado que en la antigüedad cuidaba de las mujeres del soberano.

¡eureka! Voz usada como interjección cuando se halla o descubre algo que se busca con afán.

europeísmo *m.* Predilección por las cosas de Europa. **2** Carácter europeo.

europeo -a *adj.* y *n.* De Europa.

eutanasia *f.* Muerte sin sufrimiento físico, y en especial la provocada con ese fin.

evacuar *tr.* Vaciar o desocupar alguna cosa. **2** Expeler humores y excrementos. **3** Desempeñar un encargo, llegar a cabo un asunto.

evadir *tr. y prnl.* Evitar un daño, una situación difícil o un peligro inminente. **2** *prnl.* Fugarse.

evaluación *f.* Acción y efecto de evaluar. **2** Valoración que se hace de las aptitudes y méritos de una persona o de los conocimientos de un alumno.

evaluar *tr.* Señalar el valor de una cosa. **2** Calcular el valor que puede tener.

evanescente *adj.* Que se desvanece o esfuma.

evangélico -ca *adj.* Relativo al Evangelio. **2** Perteneciente al protestantismo.

evangelio *m.* Cada uno de los cuatro primeros libros del Nuevo Testamento, atribuidos respectivamente a Mateo, Marcos, Lucas y Juan. **2** Parte de la misa en que se lee un pasaje de ellos. **3** fig. Religión cristiana.

evangelizar *tr.* Propagar el Evangelio.

evaporación *f.* Acción y efecto de evaporar o evaporarse.

evaporar *tr. y prnl.* Convertir un líquido en vapor. **2** fig. Hacer desaparecer algo, y especialmente el dinero. **3** *prnl.* fam. Fugarse, escabullirse.

evasión *f.* Acción y efecto de evadirse o escapar de un lugar. **2** Pretexto para eludir una dificultad o un trabajo.

evasivo -va *adj.* Que incluye una evasiva o la favorece. **2** *f.* Pretexto, escapatoria.

evento *m.* Suceso. **2** Acontecimiento imprevisto.

eventual *adj.* Circunstancial, contingente. **2** *adj. y com.* Se dice del trabajador no fijo en una empresa.

eversión *f.* Destrucción, ruina completa.

evidencia *f.* Verdad o hecho que se impone a la inteligencia como algo manifiesto e irrefutable.

evidenciar *tr.* Hacer evidente algo, ponerlo de manifiesto sin dejar resquicio a la duda.

evidente *adj.* Patente y manifiesto sin necesidad de más razonamientos.

evitación *f.* Acción y efecto de precaver y evitar que suceda algo.

evitar *tr.* Estorbar o impedir algún peligro o molestia. **2** Rehuir.

evocación *f.* Acción y efecto de evocar.

evocar *tr.* Conjurar a los espíritus de los difuntos para comunicarse con ellos. **2** Traer alguna cosa a la memoria o a la imaginación. **3** Recordar una cosa por similitud o por algún punto de contacto.

evolución *f.* Acción y efecto de evolucionar. **2** Desarrollo gradual de los organismos y de las cosas por el que pasan de un estado a otro. **3** Modificación que una persona experimenta en su manera de pensar y sentir. **4** **BIOL** Proceso natural cuyo resultado es la modificación de los individuos de una generación a otra, y la aparición de nuevas especies.

evolucionar *intr.* Experimentar personas, organismos y cosas un cambio gradual. **2** Mudar de conducta, de propósito o de actitud. **3** Hacer evoluciones.

ex abrupto *loc. adv.* De repente, sin previo aviso.

exacerbar *tr. y prnl.* Irritar. **2** Agravar una enfermedad o la violencia de una pasión.

exactitud *f.* Puntualidad y fidelidad en la ejecución de una cosa.

exacto -ta *adj.* Puntual, fiel, cabal. **2** Se aplica a la ciencia que sólo se basa en hechos demostrables.

exageración *f.* Acción y efecto de exagerar. **2** Concepto, hecho o cosa que excede de lo normal o justo.

exagerar *tr.* Aumentar una cosa dándole importancia excesiva o haciendo que sobrepase los límites de lo normal y corriente.

exaltación *f.* Acción y efecto de exaltar o exaltarse. **2** Alabanza entusiasta. **3** Arrebato.

exaltar *tr.* Elevar a una dignidad. **2** Ensalzar los méritos de alguien o las cualidades de algo. **3** *prnl.* Entusiasmarse hasta perder la serenidad.

examen *m.* Estudio y análisis que se hace de personas, hechos o cosas. **2** Prueba de idoneidad en alguna ciencia o arte.

examinar *tr.* Investigar con diligencia algún hecho o situación. **2** Comprobar la calidad de una cosa. **3** *tr. y prnl.* Poner a prueba la aptitud y conocimientos de alguien.

exánime *adj.* Sin vida o sin señales de ella. **2** Muy debilitado o sin aliento.

exasperar *tr. y prnl.* Irritar una herida o un dolor. **2** Enojar mucho, enfurecer.

excavación *f.* Acción y efecto de excavar. **2** Exploración sistemática del subsuelo en busca de restos de civilizaciones antiguas. **3** Estructura anatómica en forma de cavidad.

excavación

excavar *tr.* Practicar una cavidad o galería en el suelo. **2** Remover la tierra alrededor de las plantas.

excedente *adj.* Que excede. **2** Que sale de la regla. **3** *m.* Diferencia positiva entre ganancias y pérdidas o costes.

exceder *tr.* Aventajar o superar una persona o cosa a otra. **2** *intr.* y *prnl.* Propasarse, extralimitarse.

excelencia *f.* Superior calidad o bondad de una cosa en su género. **2** Tratamiento honorífico de algunos cargos civiles y militares.

excelente *adj.* Que destaca en bondad y cualidades sobre los de su especie o categoría.

excelso -sa *adj.* Muy alto, eminente. **2** fig. Como elogio, denota la singular excelencia de alguien o algo.

excentricidad *f.* Calidad de excéntrico. **2** Dicho o hecho raro o extravagante. **3** Estado de lo que se halla fuera de su centro.

excéntrico -ca *adj.* y *n.* Raro, extravagante. **2** *adj.* Que está fuera de su centro.

excepción *f.* Acción y efecto de exceptuar. **2** Persona o condición general.

excepto *adv. m.* A excepción de, fuera de.

exceptuar *tr.* y *prnl.* Hacer excepción, excluir de la regla común.

excesivo -va *adj.* Que excede los límites.

exceso *m.* Lo que sobrepasa la medida o regla. **2** Aquello en que una cosa excede a otra. **3** Abuso, desmán, demasía en el comportamiento.

excitable *adj.* Capaz de ser excitado. **2** Que se excita fácilmente.

excitación *f.* Acción y efecto de excitar o excitarse.

excitar *tr.* y *prnl.* Estimular a la acción o avivar una actividad. **2** Potenciar un sentimiento o pasión. **3** *prnl.* Dejarse llevar de un sentimiento perdiendo la calma o tranquilidad; exaltarse.

exclamación *f.* Voz o frase que refleja una emoción del ánimo. **2** Figura retórica en que se expresa de forma exclamativa un sentimiento o una consideración de la mente.

exclamar *intr.* Expresar los sentimientos de una manera vehemente. **2** Lanzar exclamaciones.

excluir *tr.* Echar a una persona o cosa fuera del lugar que ocupaba. **2** Eliminar la posibilidad de alguna cosa. **3** *prnl.* Ser dos personas o cosas incompatibles.

exclusivo -va *adj.* Que excluye. **2** Único.

excomulgar *tr.* Castigar con la excomunión.

excomunión *f.* Pena canónica con que la autoridad eclesiástica aparta a los fieles católicos de la comunión o trato con los demás fieles y de la recepción de los sacramentos.

excremento *m.* Restos de alimentos que el organismo expele por el ano después de hecha la digestión. **2** Estiércol, inmundicia. **3** Basura, porquería.

excretor -ra *adj.* Que excreta. **2** Se dice del órgano que efectúa la excreción fisiológica.

excursión *f.* Paseo por el campo. **2** Viaje por motivos de recreo o estudio.

excursión

excursionista *com.* Persona que hace excursiones.

excusa *f.* Acción y efecto de excusar o excusarse. **2** Pretexto para eludir una obligación. **3** Descargo jurídico.

excusado -da *adj.* Libre de ciertas obligaciones. **2** Lo que no es necesario hacer o decir. **3** Superfluo, inútil.

excusar *tr.* y *prnl.* Disculpar o justificar a alguien de lo que se le achaca. **2** Rehusar hacer una cosa. **3** *prnl.* Alegar razones para justificarse.

execrar *tr.* Condenar con autoridad eclesiástica. **2** Reprobar severamente. **3** Aborrecer.

exención *f.* Efecto de eximir o eximirse. **2** Privilegio o prerrogativa que libra de alguna obligación o carga.

exento -ta *adj.* Libre, desembarazado. **2** Se dice de lo que no está sujeto a la jurisdicción ordinaria.

exequias *f. pl.* Honras fúnebres.

exequible *adj.* Que se puede conseguir.

exfoliación *f.* Acción y efecto de exfoliar. **2** Caída de la epidermis en forma de escamas.

exfoliar *tr.* y *prnl.* Dividir en láminas o escamas.

exhalación *f.* Acción y efecto de exhalar o exhalarse. **2** Rayo, centella. **3** Vaho, vapor.

exhalar *tr.* y *prnl.* Despedir olores o gases. **2** Lanzar suspiros o quejas. **3** *prnl.* fig. Correr precipitadamente.

exhausto -ta *adj.* Enteramente agotado.

exhibición *f.* Acción y efecto de exhibir o exhibirse.

exhibicionismo *m.* Prurito de exhibirse. **2** Tendencia psicopática a exhibir en público los propios genitales.

exhibir *tr.* y *prnl.* Mostrar en público. **2** *tr.* Presentar pruebas ante la autoridad competente.

exhortación *f.* Acción de exhortar. **2** Advertencia con que se intenta persuadir. **3** Breve sermón familiar.

exhortar *tr.* Inducir e incitar a alguien a obrar de una manera determinada.

exhumar *tr.* Desenterrar restos humanos. **2** fig. Sacar a la luz pública algo que estaba olvidado.

exigencia *f.* Acción y efecto de exigir. **2** *pl.* Pretensiones arbitrarias o desmedidas.

exigir *tr.* Percibir por autoridad pública dinero u otra cosa. **2** fig. Demandar imperiosamente.

exiguo -gua *adj.* Pequeño, reducido, escaso.

exiliado -da *adj.* y *n.* Expatriado, generalmente por motivos políticos.

exiliar *tr.* Desterrar. **2** *prnl.* Abandonar el propio país, generalmente por razones políticas.

exilio *m.* Pena de expulsión del propio país. **2** Expatriación por motivos políticos. **3** Lugar en que se vive el destierro y la situación psíquica y social que produce.

eximir *tr.* y *prnl.* Librar de cargas y obligaciones.

existencia *f.* Acto de existir. **2** Vida humana. **3** *pl.* Mercancías a disposición en una fábrica o en una tienda.

existir *intr.* Tener existencia real. **2** Vivir. **3** Estar en un sitio, hallarse, haber.

éxito *m.* Resultado feliz de una empresa, actuación, etc. **2** Aceptación o triunfo entre la gente.

éxodo *m.* Emigración de un pueblo o de una muchedumbre.

exogamia *f.* Matrimonio con persona de distinta tribu, grupo o comarca. **2** Apareamiento de macho y hembra de especies distintas.

exógeno -na *adj.* Se dice de lo que procede de fuera del organismo o de la propia comunidad (por contraposición a endógeno).

exonerar *tr.* y *prnl.* Aliviar, descargar de un peso u obligación. **2** *tr.* Deponer de un cargo.

exorbitante *adj.* Exagerado, excesivo.

exorcismo *m.* Conjuro o imprecación contra el espíritu maligno hecha con la autoridad de la Iglesia y según sus fórmulas.

exorcista *com.* Persona que exorciza. **2** *m.* Clérigo de la Iglesia católica autorizado para hacerlo.

exorcizar *tr.* Lanzar los exorcismos ordenados por la Iglesia contra el demonio.

exosfera *f.* Capa más externa de la atmósfera. Se sitúa entre los 400 y los 1.000 km, y se caracteriza por la baja densidad de las partículas que la componen.

exótico -ca *adj.* Que es originario de un país extranjero, especialmente lejano. **2** Extraño, chocante.

expandir *tr.* y *prnl.* Extender, ensanchar.

expansión *f.* Acción y efecto de expandir o expandirse. **2** fig. Manifestación libre y efusiva de algún sentimiento personal. **3** Diversión, recreo.

expansionarse *prnl.* Sincerarse expresando francamente los propios sentimientos. **2** Divertirse. **3** Dilatarse un gas.

expansionismo *m.* Tendencia que propugna la expansión consciente y voluntaria de una actividad o una ideología.

expatriarse *tr.* y *prnl.* Abandonar la propia patria de forma voluntaria o forzosa.

expectación *f.* Actitud de espera de alguna cosa, con curiosidad y tensión.

expectante *adj.* Que espera observando, o está a la mira de algo.

expectativa *f.* Esperanza de conseguir algo si se depara la oportunidad deseada.

expectorar *tr.* Arrancar, mediante la tos o el carraspeo, las flemas de las vías respiratorias y arrojarlas por la boca.

expedición *f.* Acción y efecto de expedir. **2** Prontitud en el decir y en el obrar. **3** Excursión hacia un punto distante para llevar a cabo alguna empresa.

expediente *m.* Recurso para resolver una duda o dificultad. **2** Conjunto de actuaciones administrativas o judiciales para aclarar la conducta de alguien. **3** Serie de documentos en que se anota la actuación de una persona –un estudiante, un funcionario– o el curso de un asunto.

expedir *tr.* Dar curso, despachar asuntos y causas. **2** Extender un certificado o documento. **3** Girar una letra o cualquier orden de pago.

expeler *tr.* Expulsar, arrojar de dentro a fuera con alguna violencia a personas o cosas.

expendedor -ra *adj.* y *n.* Que expende. **2** *m.* f. Persona que despacha efectos ajenos.

expender *tr.* Vender al por menor. **2** Despachar billetes de viajes o de espectáculos. **3** Gastar.

expendio *m. Amér.* Venta al menudeo.

expensas *f. pl.* Gastos, costas.

experiencia *f.* Conocimiento directo que se adquiere con la misma vida o con la práctica. **2** Acción y efecto de experimentar.

expendio

experimentación *f.* Acción y efecto de experimentar. **2** Método científico basado en el estudio de fenómenos seleccionados.

experimental *adj.* Fundado en la experiencia o en experimentos.

experimentar *tr.* Vivir sentimientos e impresiones. **2** Someter a estudio empírico determinados fenómenos.

experimento *m.* Acción y efecto de experimentar. **2** Estudio de un fenómeno provocado para su análisis científico.

experto -ta *adj.* Experimentado, hábil en alguna materia. **2** Persona que tiene especial conocimiento de una materia.

expiación *f.* Acción y efecto de expiar.

expiar *tr.* Pagar o purgar las culpas. **2** Cumplir la pena impuesta por el juez. **3** fig. Padecer penalidades.

expiración *f.* Acción y efecto de expirar.

expirar *intr.* Acabar la vida. **2** Terminar un plazo.

explanar *tr.* Allanar, nivelar un terreno. **2** Explicar un texto o exponer con detalle un asunto.

explayar *tr.* y *prnl.* Ensanchar, extender. **2** fig. Extenderse en un discurso o en un escrito. **3** *prnl.* Divertirse con alguna forma de esparcimiento.

explicación *f.* Acción y efecto de explicar. **2** Satisfacción que se da por algún gesto o palabra ofensivos para alguien.

explicar *tr.* Exponer una materia, tema, etc., de modo comprensible. **2** Dar a conocer la causa o motivo de algo. **3** *tr.* y *prnl.* Dar a conocer lo que uno piensa.

explicativo -va *adj.* Que explica o sirve para explicar.

explicitar *tr.* Hacer explícito.

explícito -ta *adj.* Que expresa una cosa de forma clara y precisa.

exploración *f.* Acción y efecto de explorar. **2** Prospección de un yacimiento minero.

explorador -ra *adj.* y *n.* Que explora. **2** *m.* y *f.* Muchacho o muchacha que practica el escultismo. **3** *m.* Buque ligero para misiones de exploración y defensa.

explorar *tr.* Reconocer un lugar o averiguar un asunto. **2** Tantear o tratar de enterarse de algo.

explosión *f.* Estallido de alguna cosa liberando luz, calor y gases, con estruendo y rotura violenta del recipiente en que está contenida. **2** Dilatación repentina del gas contenido o producido por un mecanismo, como en las armas de fuego o en el motor de un automóvil. **3** fig. Manifestación súbita y violenta de ciertos sentimientos.

explosivo -va *adj.* Que hace o puede hacer explosión. **2** *adj.* y *n.* Que se incendia con explosión. **3** *adj.* y *f.* Se dice de la consonante que se pronuncia cerrando por completo la boca y abriéndola de repente.

explotación *f.* Acción y efecto de explotar. **2** Conjunto de elementos de una empresa industrial o agraria.

explotar[1] *tr.* Extraer el mineral de una mina. **2** fig. Sacar provecho de un negocio o industria. **3** Utilizar en propio provecho a personas o circunstancias.

explotar[2] *intr.* Explosionar, estallar, hacer explosión.

expoliar *tr.* Despojar con violencia o de forma injusta.

exponente *adj.* y *com.* Que expone. **2** Número o expresión algebraica que, colocada a la derecha, indica la potencia a que se ha de elevar el número que precede. **3** Base para juzgar algo.

exponer *tr.* Presentar una cosa para que pueda ser vista. **2** Explicarla para que pueda ser entendida. **3** *tr.* y *prnl.* Arriesgar, aventurar.

exportación *f.* Acción y efecto de exportar. **2** Conjunto de mercancías exportadas.

exportar *tr.* Vender mercancías y bienes a otros países.

exposición *f.* Acción y efecto de exponer o exponerse. **2** Petición escrita que se hace a una autoridad. **3** Exhibición pública de productos.

expositor -ra *adj.* y *n.* Que expone, declara o interpreta. **2** *m.* y *f.* Que concurre a una exposición pública. **3** *m.* Mueble para exponer algo.

exprés (ing. *express*) *adj.* Se dice de ciertos electrodomésticos que funcionan de prisa. **2** *adj.* y *m.* Se dice del tren expreso.

expresado -da *adj.* Antedicho, mencionado.

expresar *tr.* Manifestar de alguna manera lo que uno piensa, siente o quiere. **2** *prnl.* Darse a entender por medio de la palabra.

expresión *f.* Modo de expresarse. **2** Palabra, locución o frase. **3** Viveza con que la literatura o las artes plásticas presentan los afectos.

expresivo -va *adj.* Que se manifiesta con viveza y fuerza. **2** Se dice de la obra artística vigorosa. **3** Cariñoso, afectuoso.

expreso -sa *adj.* Claro, patente. **2** Deliberado. **3** *adv. m.* Ex profeso, intencionadamente.

exprimir *tr.* Extraer el zumo o líquido de alguna cosa. **2** fig. Estrujar, agotar una cosa. **3** fig. explotar a una persona.

expropiar *tr.* Desposeer de una cosa a su propietario compensándole de alguna manera.

expulsar *tr.* Arrojar de un sitio, y refiriéndose más especialmente a personas.

expulsión *f.* Acción y efecto de expulsar o de expeler. **2** Fase final del parto.

expulsor -ra *adj.* Que expulsa.

expurgar *tr.* Limpiar una cosa quitándole lo malo o inútil. **2** fig. Suprimir la autoridad competente algunas palabras o pasajes de un libro o impreso.

exquisito -ta *adj.* De singular calidad, primor o gusto.

extasiar *tr.* y *prnl.* Embelesar, arrobar el ánimo.

éxtasis *m.* Estado del alma embargada enteramente por un sentimiento de admiración, alegría, etc. **2** Estado de unión mística con Dios, que suele acompañarse de una cierta disminución de la actividad sensible.

extemporáneo -a *adj.* Fuera de tiempo; inoportuno.

extender *tr.* Esparcir lo que estaba apretado o amontonado. **2** *tr.* y *prnl.* Dilatar una cosa. **3** Desplegar lo doblado o enrollado.

extensión *f.* Acción y efecto de extender o extenderse. **2** GEOM Capacidad para ocupar el espacio. **3** GEOM Medida del espacio ocupado por un cuerpo.

extenso -sa *adj.* Que tiene extensión. **2** Vasto, dilatado.

extenuación *f.* Enflaquecimiento, debilitación.

extenuar *tr.* y *prnl.* Debilitar, cansar en sumo grado.

exterior *adj.* Que está por la parte de afuera. **2** Relativo al extranjero. **3** *m.* Superficie externa de los cuerpos.

exterioridad *f.* Cosa exterior o externa. **2** Demostración con que se aparenta un afecto del ánimo.

exterminar *tr.* Destruir, aniquilar.

exterminio *m.* Acción y efecto de exterminar.

externo -na *adj.* Se dice de lo que se manifiesta al exterior. **2** *adj.* y *n.* Se dice del alumno que sólo permanece en el colegio durante las horas de clase.

extinción *f.* Acción y efecto de extinguir o extinguirse. **2** Desaparición de determinadas especies en el proceso evolutivo.

extinguir *tr.* y *prnl.* Apagar el fuego o la luz. **2** Cesar poco a poco una cosa. **3** *prnl.* Prescribir un derecho.

extinto -ta *adj.* Apagado. **2** *m.* y *f.* Difunto.

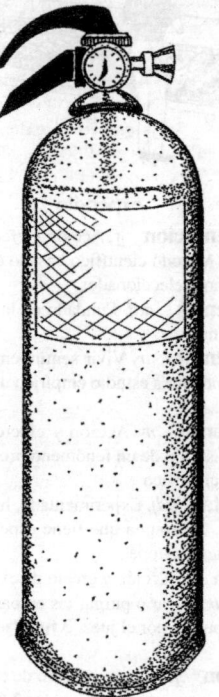

extintor

extintor -ra *adj.* Que extingue. **2** *m.* Aparato para apagar el fuego.

extirpar *tr.* Arrancar de cuajo o de raíz. **2** fig. Acabar con una cosa por entero, como los vicios, abusos, etc.

extorsión *f.* Acción y efecto de extorsionar. **2** Robo con intimidación o violencia.

extorsionar *tr.* Quitar algo por la fuerza. **2** fig. Causar daño o extorsión.

extra *adj.* Extraordinario, óptimo. **2** Persona que presta un servicio accidental. **3** *pl.* Gastos extraordinarios.

extracción *f.* Acción y efecto de extraer. **2** Operación matemática con que se obtiene la raíz de un número. **3** Origen, linaje.

extractar *tr.* Hacer un extracto, resumir un libro, escrito, etcétera.

extracto *m.* Resumen de un escrito. **2** Esencia o concentrado de alguna solución alcohólica o de alguna disolución acuosa.

extractor -ra *adj. y n.* Que extrae. **2** *m.* Mecanismo para extraer gases de un local. **3** Aparato para extraer aceites.

extradición *f.* Entrega de un refugiado, de un prófugo o de un reo a las autoridades de otro país.

extraditar *tr.* Conceder el gobierno la extradición de una persona reclamada por la justicia de otro país.

extraer *tr.* Sacar una cosa de donde estaba. **2** Hacer un extracto. **3** QUÍM Separar algunas de las partes de que se componen los cuerpos.

extralimitarse *prnl.* Excederse en el uso de las facultades concedidas; abusar de la benevolencia ajena.

extranjerismo *m.* Afición desmedida a costumbres extranjeras. **2** Voz, frase o giro tomado de una lengua que no es la propia.

extranjero -ra *adj. y n.* Se dice de la persona o cosa que es natural de otro país. **2** *m.* Cualquier país que no sea el propio.

extrañar *tr. y prnl.* Desterrar. **2** Asombrarse de algo que no es lo habitual. **3** Echar de menos o añorar a alguna persona o cosa.

extrañeza *f.* Sorpresa que produce lo extraño o raro. **2** Rareza, cosa extraordinaria. **3** Desavenencia entre quienes eran amigos.

extraño -ña *adj. y n.* De nación, familia, grupo, etc., distintos del propio. **2** Raro, singular. **3** Ajeno a la naturaleza o condición de una cosa de la cual forma parte.

extraordinario -ria *adj.* Fuera de lo común; insólito.

extraterrestre *adj.* Que está fuera de la Tierra. **2** *com.* Habitante de otro planeta.

extravagancia *f.* Calidad de extravagante. **2** Dicho o hecho extravagante.

extravagante *adj. y com.* Se aplica a la persona que se sale de lo normal o corriente o dice cosas raras.

extraviado -da *adj.* Se dice de quien ha perdido el camino y del lugar poco transitado. **2** De costumbres desordenadas.

extraviar *tr.* Perder. **2** Hablando de la vista o de la mirada, no fijarla en un objeto determinado. **3** *tr. y prnl.* Hacer perder el camino.

extremado -da *adj.* Muy bueno o muy malo. **2** Exagerado.

extremar *tr.* Llevar una cosa al extremo. **2** *prnl.* Esmerarse en hacer algo.

extremidad *f.* Punta o cabo de una cosa. **2** fig. Último grado de algo. **3** *pl.* Los brazos y piernas o las patas, por oposición al tronco.

extremidad

extremo -ma *adj.* Último. **2** Se aplica a lo más intenso, elevado o activo de cualquier cosa. **3** Distante. **4** Sumo, excesivo.

extrínseco -ca *adj.* Externo, accesorio.

extrovertido -da *adj.* Se dice de la persona sociable, abierta al exterior y propensa a manifestar sus sentimientos.

exuberancia *f.* Gran abundancia.

exuberante *adj.* Abundante, copioso.

eyacular *tr.* Lanzar con fuerza el contenido de un órgano, especialmente el semen.

f *f.* Sexta letra del abecedario castellano, y cuarta de sus consonantes. Su nombre es *efe*.
fa *m.* MÚS Cuarta nota de la escala musical.
fábrica *f.* Acción y efecto de fabricar. **2** Establecimiento dotado de la maquinaria y de las instalaciones necesarias para fabricar ciertos objetos o productos.
fabricar *tr.* Producir objetos en serie por procedimientos mecánicos. **2** Construir un edificio, dique, muro, etc. **3** Hacer o disponer algo no material.
fábula *f.* Rumor, chisme. **2** Relato falso, sin ningún fundamento. **3** Objeto de murmuración irrisoria o despreciativa. **4** Composición literaria, generalmente en verso, en que se da una enseñanza moral, por medio de una ficción alegórica en que intervienen animales. Las más célebres son las de Esopo, La Fontaine, Iriarte y Samaniego. **5** En los poemas épicos y dramáticos, serie y contexto de los incidentes de que se compone la acción. **6** Mitología.
fabular *tr.* Inventar una historia fabulosa con visos de verosimilitud.
fabuloso -sa *adj.* Falso, de pura invención. **2** Extraordinario, excesivo, increíble.
facción *f.* Grupo de gente amotinada o rebelada. **2** Bando, pandilla o partido violentos. **3** Grupo político que mantiene una línea propia dentro de un partido. **4** Acción de guerra. **5** *pl.* Rasgos del rostro humano.
faceta *f.* Cada cara de una piedra preciosa tallada. **2** Cada uno de los aspectos que presenta una cuestión, un carácter, etc.
facha *f.* Traza, figura, aspecto. **2** Mamarracho, adefesio.
fachado -da *adj.* Con los adverbios *bien* o *mal*, que tiene buen o mal aspecto. **2** *f.* Cara principal de un edificio. **3** fig. Aspecto del cuerpo humano. **4** Aspecto engañoso de una persona o cosa.
facial *adj.* Perteneciente al rostro.
fácil *adj.* Que se puede hacer sin mucho trabajo. **2** Probable. **3** Dócil. **4** Se dice de la mujer liviana.
facilidad *f.* Disposición para hacer algo sin gran trabajo. **2** Ligereza, demasiada condescendencia. **3** Ocasión propicia para hacer algo. **4** *pl.* Circunstancias que permiten lograr una cosa.
facilitar *tr.* Hacer fácil o posible una cosa. **2** Proporcionar o entregar. **3** *Amér.* Creer que algo es más fácil de lo que es en realidad.
facineroso -sa *adj.* y *n.* Se dice del delincuente habitual.
facsímil *m.* Perfecta reproducción de un escrito, impreso, etc. **2** Aparato para reproducir dibujos, fotografías, etc.
factible *adj.* Que se puede hacer.
factor *m.* El que hace una cosa. **2** Apoderado de un comerciante. **3** Empleado de una estación de ferrocarril que tiene a su cargo la facturación de los equipajes y las mercancías. **4** Cada uno de los elementos, circunstancias, etc., que determinan algo. **5** Cada una de las cantidades que se multiplican para formar un producto.
factoría *f.* Empleo y oficina del factor. **2** Establecimiento comercial en un país colonial. **3** Fábrica o complejo industrial.
factura *f.* Manera de estar hecha una cosa. **2** Nota de las mercancías servidas por un fabricante, con los precios detallados. **3** Recibo que da cuenta de la compra realizada y del pago efectuado.
facturar *tr.* Extender una factura. **2** Depositar en una estación de ferrocarril, aeropuerto, etc., mercancías o equipajes para que sean enviados a su destino.
facultad *f.* Aptitud, potencia, poder o derecho para hacer una cosa. **2** Ciencia o arte. **3** Conjunto de secciones y departamentos de una universidad o escuela superior, que engloban estudios de una misma rama. **4** Edificio donde se alojan estas secciones.
facultar *tr.* Conceder facultades a uno para hacer lo que sin tal requisito no podría.
facundo -da *adj.* Fácil y afluente en el hablar.
faena *f.* Trabajo o quehacer corporal o mental. **2** Servicio que se presta a alguien. **3** Mala pasada. **4** Cada una de las operaciones que efectúa un torero durante la lidia.

faisán

faisán *m*. Ave galliforme de los fasiánidos, de plumaje de colores brillantes y larga cola en los machos. Su carne es muy apreciada. Vive en Europa y en América del Norte.

faja *f*. Tira de tela con que se ciñe el cuerpo por la cintura, dándole varias vueltas. **2** Pieza de tejido elástico que sirve para ceñir el cuerpo y sostener el abdomen. **3** Cualquier cosa que se extiende sobre un espacio largo y estrecho. **4** Tira de papel con que se envuelve un libro, periódico, etc., que se ha de enviar de un lugar a otro y donde suele colocarse la dirección. **5** Insignia de algunos cargos militares, civiles o eclesiásticos.

fajar *tr*. y *prnl*. Rodear, ceñir con una faja. **2** Pegar, golpear. **3** *tr*. *Amér*. Obligar a alguien a prestar o dar dinero.

fajo *m*. Haz o atado. **2** *pl*. Ropa y paños con que se viste a los recién nacidos.

falacia *f*. Engaño, fraude o mentira con que se intenta dañar a una persona. **2** Hábito de emplear falsedades.

falange *f*. Cualquier cuerpo de tropas numeroso. **2** Conjunto de personas unidas en un cierto orden y para un mismo fin.

falaz *adj*. Se dice de la persona que tiene el vicio de la falacia. **2** Se dice de todo lo que halaga y atrae con falsas apariencias.

falca *f*. Defecto de una tabla o madero que les impide ser perfectamente lisos. **2** Pieza usada como cuña. **3** *Amér*. Embarcación de pequeñas dimensiones. **4** *Perú*. Alambique. **5** *Venez*. Borde de una caja.

falda *f*. Prenda de vestir o parte del vestido femenino que con más o menos vuelo cae desde la cintura hacia abajo. **2** Cobertura de una mesa camilla, que suele llegar hasta el suelo. **3** Carne de la res que cuelga de las agujas. **4** Regazo. **5** Parte baja o inferior de un monte. **6** *pl*. fam. Mujeres.

faldero -ra *adj*. Perteneciente o relativo a la falda. **2** *adj*. y *n*. Se dice del perro de tamaño muy pequeño. **3** *adj*. y *m*. Se dice del aficionado a estar entre mujeres.

faldón *m*. Parte inferior de alguna ropa, colgadura, etc., que está suelta al aire. **2** Vertiente triangular de un tejado. **3** Conjunto de los dos lienzos y del dintel que forma la boca de la chimenea.

falible *adj*. Que puede engañarse o engañar. **2** Que puede faltar o fallar.

fallar[1] *tr*. Decidir, determinar un litigio o proceso.

fallar[2] *tr*. En los juegos de cartas, poner un triunfo por no tener el palo que se juega. **2** *intr*. Frustrarse, faltar o salir fallido algo. **3** Romperse algo o dejar de funcionar.

fallecer *intr*. Morir.

fallecimiento *m*. Acción y efecto de fallecer.

fallido -da *adj*. Frustrado, sin efecto. **2** *adj*. y *n*. En bancarrota. **3** Se dice de la cantidad de dinero, crédito, etc., que se considera incobrable.

fallo *m*. Sentencia definitiva del juez.

falsear *tr*. Adulterar, corromper. **2** *intr*. Perder algo su resistencia y firmeza.

falsedad *f*. Falta de verdad o autenticidad. **2** Falta de conformidad entre las palabras, las ideas y las cosas.

falsificación *f*. Acción y efecto de falsificar. **2** Reproducción o imitación de un documento, obra de arte, monedas, sellos, marcas, etc., con la intención de hacerlo pasar por el original o legal.

falso -sa *adj*. Engañoso, fingido, simulado, falto de ley, de realidad o veracidad. **2** Incierto y contrario a la verdad. **3** Se dice del que falsea o miente. **4** Se aplica a la caballería con resabios. **5** Se dice de la moneda que se hace imitando la legítima. **6** Se dice de la pieza que suple la falta de dimensiones o de fuerza de otra. **7** *m*. Pieza de refuer-

falta

zo, de la misma tela, que se pone interiormente en la parte del vestido donde la costura hace más fuerza. **8** Ruedo de un vestido.

falta *f.* Ausencia o privación de algo útil o necesario. **2** Incumplimiento de un deber, una obligación o una regla. **3** Ausencia de una persona. **4** Error en una manifestación oral o escrita. **5** Defecto, imperfección. **6** Transgresión de las normas de un juego o deporte. **7** Infracción voluntaria de la ley. **8** Supresión de la menstruación en la mujer.

faltar *intr.* No estar algo donde debiera estar. **2** Carecer de algo. **3** Estar alguien ausente por haber muerto. **4** No corresponder algo al efecto esperado. **5** No acudir alguien a una cita o no estar en el lugar en que suele estar. **6** No cumplir con un deber. **7** Tratar a alguien desconsideradamente. **8** Estar algo por realizar.

falto -ta *adj.* Defectuoso o necesitado de alguna cosa. **2** Escaso, mezquino, apocado.

faltón -na *adj.* Descortés o irrespetuoso. **2** *adj. y n.* fam. Que suele faltar al trabajo, a clase, etc.

fama *f.* Reputación. **2** Opinión que la gente tiene de alguien. **3** Notoriedad de alguien o de algo.

famélico -ca *adj.* Hambriento.

familia *f.* Grupo de personas vinculadas entre sí por relaciones de matrimonio, parentesco o afinidad. Se distinguen la *familia nuclear,* propia de Occidente, formada por el hombre, la mujer y sus hijos, y la *extensa,* habitual en Asia y en África, formada por miembros unidos por lazos de parentesco. **2** Conjunto de personas con el mismo origen o características. **3** Grupo de lenguas que poseen el mismo origen. **4** Categoría taxonómica que reúne a varios géneros con caracteres comunes. **5** Prole. **6** Conjunto de caracteres tipográficos, de un mismo diseño, que comprenden varios cuerpos y series. **7** *Chile.* Enjambre de abejas.

familiar *adj.* Perteneciente a la familia. **2** Se dice de aquello que uno conoce mucho o en que es experto. **3** Se dice del trato sencillo. **4** Se aplica a la voz, frase, lenguaje, etc., corriente y natural. **5** Se dice de los caracteres hereditarios. **6** *com.* Miembro de una familia. **7** *m.* Eclesiástico al servicio de un obispo. **8** Coche grande.

familiarizar *tr.* Hacer algo familiar o común. **2** *prnl.* Adquirir trato familiar con alguien. **3** Adaptarse a una circunstancia.

famoso -sa *adj.* Que tiene mucha fama. **2** Bueno, perfecto, excelente. **3** fam. Singular, extravagante.

fanal *m.* Farol grande en puertos y barcos. **2** Campana de cristal para contener una luz o para proteger algo del polvo. **3** *pl.* fam. Ojos.

fanático -ca *adj. y n.* Que defiende con tenacidad y apasionamiento desmedidos sus creencias. **2** Entusiasmado ciegamente por una cosa.

fanatismo *m.* Tenacidad y apasionamiento desmedidos a favor de una creencia u opinión.

fanega *f.* Medida de capacidad para áridos; equivale a 55,5 l. **2** Medida de superficie agraria; equivale a 64 áreas y 596 miliáreas.

fanegada *f.* Fanega de tierra.

fanfarrear *intr.* Hablar con arrogancia.

fanfarrón -na *adj. y n.* Que alardea de valentía, de hechos o de virtudes que no posee. **2** Se dice de lo que sólo tiene apariencia.

fango *m.* Lodo que se forma con la mezcla de limo, arcilla y agua. **2** fig. Deshonra, degradación. **3** Situación muy baja, deshonrosa.

fantasear *intr.* Dejar correr la fantasía o la imaginación. **2** Imaginar algo fantástico.

fantasía *f.* Facultad de reproducir cosas mentalmente. **2** Imagen ilusoria, creación ficticia. **3** Obra literaria, musical, etc., carente de normas e inspirada en la imaginación. **4** Adorno que imita una joya. **5** Presunción, afectación.

fantasma *m.* Aparición de un muerto. **2** Persona imaginaria que aparece en forma de ser real. **3** Imagen mental de un objeto. **4** Persona disfrazada para provocar miedo. **5** Serie de imágenes mentales inconscientes que una persona crea para sustituir sus deseos no satisfechos. **6** *adj. y com.* Se dice de la persona presuntuosa.

fantasmagoría *f.* Creación de imágenes por medio de efectos ópticos. **2** Imagen mental que parece real. **3** Uso de imágenes irreales, fantásticas, etc., en una novela, película, etc.

fantasmal *adj.* Relativo al fantasma de los sueños y de la imaginación.

fantástico -ca *adj.* Producto de la fantasía. **2** Presuntuoso, fanfarrón. **3** Extraordinario, magnífico. **4** Se dice de la novela, película, etc., en que intervienen elementos y personajes imaginarios o se utilizan técnicas que crean un ambiente irreal. **5** *R. Plata.* Extravagante.

fantoche *m.* Títere que se mueve por medio de hilos, marioneta. **2** *com.* Persona pequeña o de figura ridícula. **3** fam. Informal, presumido.

farándula *f.* Profesión del comediante. **2** Grupo de comediantes ambulantes que representaban por los pueblos espectáculos cómicos. **3** fam. Charla engañosa.

farandulero -ra *m. y f.* Comediante. **2** *adj. y n.* fig. Hablador y trapacero.

faraón *m.* En el antiguo Egipto, nombre dado al rey. Era considerado un dios y tenía poder absoluto sobre hombres y propiedades. **2** Juego de naipes parecido al monte.

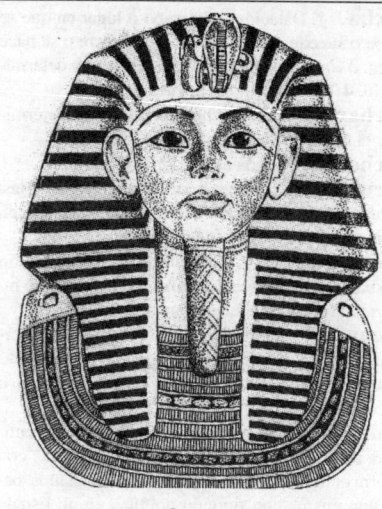
faraón

fardo *m.* Lío grande de ropa, papel, etc., muy apretado y cubierto de arpillera, lienzo embreado, etc., para poder ser transportado. **2** fam. Persona gorda y mal proporcionada. **3** *R. Plata.* Trabajo, situación, etc., difícil.

faringe *f.* Porción del tubo digestivo que comunica la boca y las fosas nasales con el esófago y la laringe. En los vertebrados, es común a las vías respiratorias y digestivas.

faringitis *f.* Inflamación de la faringe.

fariseo *m.* Miembro de una secta judaica caracterizada por el estricto cumplimiento de la Ley, que alcanzó de hecho el poder civil en el s. I a.C. **2** fig. Hipócrita.

farmacia *f.* Ciencia que estudia el modo de preparar los cuerpos naturales para obtener los medicamentos. **2** Profesión del farmacéutico. **3** Tienda o laboratorio farmacéutico. **4** Armario para guardar medicamentos.

fármaco *m.* Sustancia orgánica o inorgánica, natural o sintética, que produce en un organismo modificaciones funcionales.

farmacología *f.* Ciencia que estudia la acción y las propiedades de los fármacos.

faro *m.* Torre con una luz, situada en las costas, que sirve de señal a los navegantes. **2** Farol con gran reverberación. **3** Dispositivo en la parte delantera de un automóvil para alumbrar el camino. **4** fig. Lo que aclara un asunto. **5** *pl.* fam. Los ojos.

farol *m.* Caja transparente que contiene una luz para alumbrar, indicar una posición, etc. **2** Lance de tauromaquia. **3** En el juego, jugada falsa hecha para desconcertar. **4** fig. Hecho o dicho jactancioso. **5** *Amér.* Farolazo. **6** *Arg.* Terraza acristalada sobresaliente de una casa. **7** *Méx.* Fanfarrón.

farola *f.* Farol grande para iluminar una vía pública. **2** Fanal, farol en una torre.

farra *f. Amér.* Juerga, jarana, parranda.

fárrago *m.* Conjunto de cosas mal ordenadas.

farsa *f.* Obra dramática chabacana y grotesca. **2** Profesión de cómico. **3** Ambiente de los que se dedican al teatro. **4** Cosa fingida que se quiere hacer pasar por cierta.

farsante -ta *m. y f.* Persona que representa farsas; comediante. **2** *adj. y n.* Que finge cosas que pretende hacer pasar por ciertas.

fascículo *m.* Parte o capítulo de un libro que se entrega al lector a medida que se imprime. **2** Haz de fibras nerviosas o musculares.

fascinación *f.* Aojo. **2** Engaño, alucinación.

fascinar *tr.* Hacer mal de ojo. **2** Cautivar, seducir, impresionar.

fascismo *m.* Movimiento político fundado por B. Mussolini, que de 1922 a 1945 gobernó dictatorialmente en Italia. Se caracterizó por un nacionalismo exacerbado, el antimarxismo y el culto al dirigente. **2** Por extensión, cualquier movimiento o sistema parecido al fascismo.

fase *f.* Cada una de las apariencias o figuras de la Luna y los planetas, según la iluminación del Sol. **2** Cada uno de los estados sucesivos de un fenómeno, negocio, etc. **3** Cada una de las magnitudes senoidales de un sistema polifásico. **4** Cada una de las corrientes alternas de una corriente polifásica.

fastidiar *tr. y prnl.* Causar asco o hastío. **2** *tr.* Disgustar, molestar. **3** Causar daño. **4** *prnl. Amér.* Sufrir un perjuicio.

fastidio *m.* Disgusto o desazón por un alimento difícil de digerir o por un olor fuerte y desagradable. **2** Enfado, cansancio, hastío.

fasto -ta *adj.* En la antigua Roma, se decía del día en que era lícito hacer negocios. **2** Feliz, venturoso. **3** *m.* Fausto, suntuosidad.

fatal *adj.* Fijado por el hado, que ocurrirá inevitablemente. **2** Desgraciado. **3** Que conduce a la ruina, a la muerte. **4** Se dice del plazo improrrogable. **5** *adj. y adv. m.* Muy malo.

fatalidad *f.* Calidad de fatal. **2** Desgracia, desdicha, infelicidad. **3** Destino, hado.

fatiga *f.* Estado de gran cansancio producido por una actividad muy intensa o prolongada. **2** Disnea. **3** Disminución de la resistencia a la rotura de un material elástico sometido a tensiones. **4** *pl.* Náuseas. **5** Molestia, penalidad, sufrimiento.

fatigar *tr. y prnl.* Causar fatiga. **2** Vejar, molestar.

fatuo -tua *adj. y n.* Falto de razón o de entendimiento. **2** Presuntuoso, vanidoso.

fauces

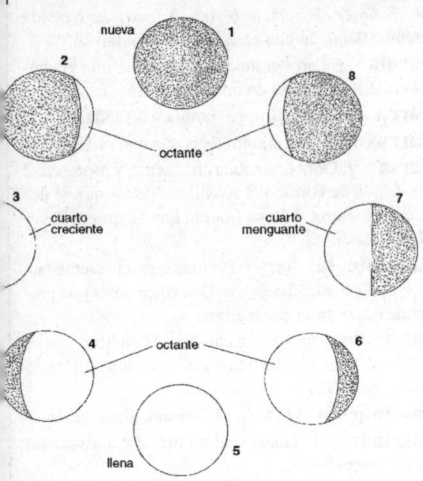

fases de la Luna

fauces *m. pl.* Parte posterior de la boca de los mamíferos, que se extiende desde el velo del paladar hasta el principio del esófago.

fauna *f.* Conjunto de animales que viven en estado salvaje en un territorio o que han vivido en una época geológica. **2** Obra que los describe.

fausto -ta *adj.* Feliz, afortunado.

favor *m.* Ayuda, socorro que se concede a alguien. **2** Honra, beneficio. **3** Privanza. **4** *Méx.* Seguido de la preposición *de* y un infinitivo, equivale a *hazme, hágame,* etc., *el favor*.

favorable *adj.* Que favorece. **2** Propicio, apacible, benévolo.

favorecer *tr.* Ayudar, amparar. **2** Hacer un favor. **3** Mejorar el aspecto de alguien o algo. **4** Secundar un intento, proyecto, etc.

favorito -ta *adj.* y *n.* Que es objeto de la predilección de alguien. **2** *m.* y *f.* Persona que es objeto de la predilección de un rey, príncipe, etc., sobre quien ejerce influencia.

faz *f.* Rostro. **2** Vista o lado de una cosa. **3** Anverso, cara de una moneda o medalla.

fe *m.* Creencia en un dios, una religión, un ideal, etc. Para el cristianismo es una virtud teologal basada en la confianza en la veracidad de Dios. **2** Buen concepto que se tiene de alguien o de algo. **3** Documento que certifica la veracidad de una cosa. **4** Fidelidad, lealtad.

fealdad *f.* Calidad de feo. **2** Torpeza, deshonestidad.

febrero *m.* Segundo mes del año. Tiene 28 días los años comunes y 29 los bisiestos.

fecal *adj.* Relativo a los excrementos.

fecha *f.* Datación del tiempo o lugar en que se hace o sucede algo. **2** Día en que ocurre o se hace algo. **3** Cada día que transcurre desde uno determinado. **4** Tiempo o momento actual.

fechar *tr.* Poner fecha a un escrito. **2** Determinar la fecha de un documento, suceso, etc.

fechoría *f.* Mala acción. **2** Travesura.

fécula *f.* Almidón que se halla en las semillas, tubérculos y raíces de muchas plantas. Usado en alimentación y en otras industrias.

fecundación *f.* Proceso de la reproducción sexual en que se unen dos gametos de un mismo individuo o de individuos diferentes.

fecundar *tr.* Producir una fecundación. **2** Fertilizar, hacer productiva una cosa.

fecundizar *tr.* Hacer una cosa productiva o fecunda.

federación *f.* Agrupación de colectivos o entidades culturales, sindicales, deportivas, etc., con un fin común. **2** Unión de una serie de Estados, bajo una misma constitución política, en un Estado federal. **3** Agrupación de equipos de una misma modalidad deportiva.

federal *adj.* y *com.* Relativo a una federación. **2** Federalista. **3** Soldado de la Unión Federal en la guerra de Secesión de EUA.

felicidad *f.* Estado de completa satisfacción del ánimo. **2** Lo que ocasiona dicho estado. **3** Satisfacción, gusto, contento.

felicitación *m.* Acción de felicitar. **2** Palabras o tarjeta con que se felicita.

felicitar *tr.* y *prnl.* Manifestar a alguien satisfacción por algún hecho feliz para él. **2** Expresar a alguien el deseo de que sea feliz.

félidos *m. pl.* Familia de mamíferos carnívoros, de cabeza redondeada, hocico corto, patas anteriores con cinco dedos y posteriores con cuatro, y uñas agudas y retráctiles. Viven en todo el mundo, excepto en Australia.

feligrés -sa *m.* y *f.* Persona que pertenece a una parroquia.

felino -na *adj.* Relativo al gato o que parece de gato. **2** Se dice de los animales de la familia félidos.

feliz *adj.* Que tiene o que ocasiona felicidad. **2** Aplicado a las concepciones del entendimiento, oportuno, eficaz.

felpa *f.* Tejido que tiene pelo en una de sus caras. **2** fam. Zurra de golpes. **3** Rapapolvo.

femenino -na *adj.* Propio de la mujer. **2** Se dice del ser con órganos fecundables. **3** fig. Débil, endeble. **4** *adj.* y *m.* Se dice del género gramatical opuesto al masculino y al neutro. En castellano, el femenino se caracteriza por la terminación -*a* y el artículo femenino.

feminismo *m.* Movimiento social que propugna la igualdad de derechos entre hombres y mujeres. **2** Doctrina en que se basa este movimiento. **3** Existencia en el hombre de caracteres femeninos, tanto físicos como psíquicos.

femoral *m.* Perteneciente o relativo al fémur. **2** Pieza de las patas de los insectos, que está articulada con el trocánter y la tibia.

fémur *m.* Hueso del muslo, delgado y largo, articulado con el ilíaco y la tibia.

fenecer *tr.* e *intr.* Acabar una cosa. **2** *intr.* Morir, fallecer.

fénix *m.* Ave egipcia fabulosa, símbolo de la vida eterna para griegos y romanos, quienes creían que renacía de sus cenizas. **2** *com.* Persona inigualable, única en su especie.

fenomenal *adj.* Relativo al fenómeno. **2** Extraordinario, sorprendente. **3** *fam.* Muy grande.

fenómeno *m.* Lo que se manifiesta a los sentidos o a la conciencia. **2** Cosa extraordinaria y sorprendente. **3** *fam.* Persona sobresaliente. **4** *fam.* Monstruo.

feo -a *adj.* Sin belleza. **2** Desagradable. **3** Horroroso. **4** De mal aspecto. **5** En el juego de cartas, se dice de las falsas. **6** *m.* Desaire.

feracidad *f.* Fertilidad, fecundidad.

féretro *m.* Ataúd.

feria *f.* Mercado anual, con carácter comarcal, nacional, etc., donde se exhibe y vende maquinaria, ganado, etc. **2** Lugar donde se realiza este mercado. **3** Concurrencia de feriantes. **4** Para los católicos, cualquier día de la semana, excepto el sábado y el domingo. **5** Descanso y suspensión del trabajo. **6** Trato, convenio. **7** *Méx.* Dinero menudo, cambio.

feriar *tr.* y *prnl.* Comprar algo en una feria. **2** Vender, comprar o cambiar algo. **3** *intr.* Parar el trabajo por uno o varios días.

fermentación *f.* Proceso de transformación de una sustancia orgánica en otra, por la acción de una enzima.

fermentar *intr.* Experimentar una sustancia la fermentación. **2** *fig.* Agriarse o alterarse los ánimos. **3** *tr.* Producir o hacer la fermentación.

fermento *m.* Enzima, sustancia coloidal que interviene en la fermentación como catalizador. **2** *fig.* Lo que causa movimientos del ánimo.

ferocidad *f.* Fiereza, crueldad.

feroz *adj.* Que obra con ferocidad. **2** Que causa pavor.

férreo -a *adj.* De hierro o que tiene sus propiedades. **2** Duro, tenaz.

ferretería *f.* Ferrería. **2** Tienda donde se venden clavos, herramientas, ollas, etc.

ferrocarril *m.* Sistema de transporte formado por dos barras de acero paralelas (carriles), sobre las cuales ruedan vehículos (coches o vagones) remolcados por una locomotora. **2** Tren, serie de vagones

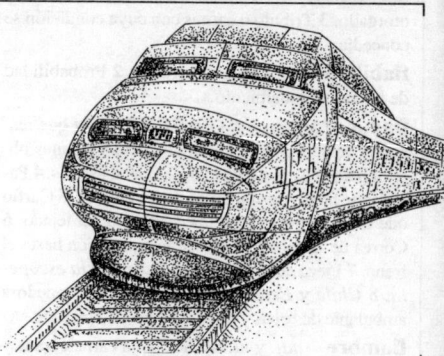

ferrocarril

remolcados por una locomotora. **3** Vía, camino con dos carriles paralelos sobre los que ruedan los trenes.

fértil *adj.* Se dice de lo que es muy productivo o prolífico. **2** Se dice del individuo capaz de reproducirse.

fertilidad *f.* Calidad de fértil o fecundo.

fertilizar *tr.* Abonar la tierra.

ferviente *adj.* Fervoroso.

fervor *m.* Celo ardiente hacia algo o alguien. **2** Intensidad con que se hace una cosa.

festejar *intr.* Hacer festejos en honor de alguien o de algo. **2** Cortejar. **3** *Méx.* Castigar dando unos azotes. **4** *prnl.* Divertirse, recrearse.

festejo *m.* Acción y efecto de festejar. **2** Galanteo, cortejo. **3** *pl.* Fiestas populares.

festín *m.* Banquete espléndido.

festival *m.* Conjunto de manifestaciones cinematográficas, musicales, deportivas, etc., que se celebran periódicamente y en las que se suelen otorgar premios.

festividad *f.* Fiesta o solemnidad con que se celebra algo. **2** Día festivo en que la Iglesia celebra algún misterio o a un santo. **3** Agudeza, donaire.

festivo -va *adj.* Relativo a la fiesta. **2** Chistoso, agudo.

fetiche *m.* Ídolo u objeto venerado en las culturas primitivas. **2** Cualquier cosa a la que se le atribuye un poder mágico o especial.

fetichismo *m.* Veneración de los fetiches. **2** Fijación sexual en un objeto como único medio de obtener placer.

fetidez *f.* Hediondez, hedor.

fétido -da *adj.* Que despide mal olor.

feto *m.* Embrión de los vivíparos desde el momento en que se forman los rasgos propios de su especie hasta el parto. **2** Este embrión abortado. **3** *fam.* Persona muy fea.

feudo *m.* Contrato por el que un soberano o señor de la Edad Media concedía tierras en usufructo a cambio de fidelidad y vasallaje. **2** Territorio así otorgado. **3** Tributo o cargas con cuya condición se concedía.

fiabilidad *f.* Calidad de fiable. **2** Probabilidad de buen funcionamiento.

fiador -ra *m.* y *f.* Que fía. **2** Persona que responde de otra. **3** *m.* Cordón que llevan algunos objetos para que no se caigan o pierdan al usarlos. **4** Pasador de hierro en el interior de las puertas. **5** Garfio que sostiene por debajo los canalones del tejado. **6** Correa de la caballería desde la guarnición hasta el freno. **7** Pieza de seguridad: *el fiador de la escopeta*. **8** *Chile* y *Ecuad.* Barboquejo. **9** *f.* Vendedora ambulante de ropas y alhajas de cobro aplazado.

fiambre *adj.* y *m.* Se dice de la carne curada y cocinada de modo que se conserva largo tiempo. Se come fría. **2** fam. Fuera de tiempo, no oportuno. **3** *m.* fam. Cadáver. **4** *Guat.* y *Méx.* Plato frío de carnes.

fianza *f.* Obligación que contrae alguien de responder por otro en el caso de que éste incumpla lo estipulado. **2** Objeto de valor o dinero que se da como garantía. **3** Persona que fía.

fiar *tr.* Asegurar uno que otro cumplirá lo que promete, obligándose él mismo en caso de incumplimiento. **2** *tr.* y *prnl.* Confiar en alguien. **3** Demorar el cobro de lo que se vende. **4** Dar o comunicar a alguien una cosa en confianza. **5** *intr.* Esperar con firmeza o seguridad algo grato.

fiasco *m.* Mal resultado, fracaso.

fibra *f.* Cada una de las hebras o filamentos que componen un tejido orgánico vegetal o animal. **2** Cada uno de los filamentos que presentan en su textura algunos minerales. **3** Elemento natural o artificial que se presta a hilatura, con la cual se preparan los materiales textiles. **4** Raíces pequeñas y delicadas de las plantas. **5** fig. Energía, nervio.

fibroma *m.* Tumor formado por tejido fibroso.

fibroso -sa *adj.* Que tiene muchas fibras.

ficción *f.* Acción y efecto de fingir. **2** Invención, creación literaria.

ficha *f.* Pieza pequeña de metal, plástico o madera que se utiliza con diversos fines: *ficha telefónica*. **2** Cada una de las piezas del dominó. **3** Papel fuerte o cartulina en el que se anotan datos de diversa índole, para clasificarlos con los de su mismo género. **4** Cartulina donde se registra la entrada y salida del trabajo. **5** fig. Persona de cuidado, pícaro. **6** *Amér.* Moneda de cinco centavos.

fichar *tr.* Rellenar una ficha con los datos de una persona y guardarla en un fichero. **2** En el juego del dominó, colocar la ficha. **3** Registrar en la ficha el horario laboral. **4** Contratar un jugador. **5** fam. Desconfiar o sospechar de alguien. **6** *R. Plata*. Averiguar y mentar los defectos de alguien. **7** *intr.* Comprometerse a jugar o pertenecer a un club.

fichero *m.* Caja o mueble con apartados o cajones donde se guardan ordenadamente las fichas. **2** Conjunto de fichas.

ficticio -cia *adj.* Fingido, inventado. **2** Aparente, convencional.

fidedigno -na *adj.* Digno de crédito.

fidelidad *f.* Calidad de fiel. **2** Exactitud en la ejecución o reproducción de algo.

fideo *m.* Pasta de harina de trigo en forma de cuerda delgada. **2** fam. Persona muy delgada. **3** *Arg.* Barullo.

fiebre *f.* Aumento de la temperatura del cuerpo, con respiración y pulso acelerados. **2** fig. Gran excitación, actividad extraordinaria.

fiel *adj.* Se dice de la persona leal y constante en una relación de amistad, amor o servicio. **2** Exacto, conforme a la verdad: *memoria fiel*. **3** Propio del uso a que se destina: *reloj fiel*. **4** *adj.* y *com.* Se dice del que practica una religión, en especial la católica. **5** *m.* Aguja que en las balanzas se equilibra cuando el peso de los platillos es el mismo. **6** Encargado de vigilar el cumplimiento de las leyes. **7** Clavillo que asegura las hojas de las tijeras.

fieltro *m.* Paño no tejido, hecho de borra, lana o pelo prensados. **2** Prenda fabricada con este material.

fiera *f.* Mamífero carnívoro y salvaje de cuatro patas. **2** fig. Persona cruel y sanguinaria. **3** fig. Persona de carácter colérico y violento. **4** *Amér.* fig Persona de gran valía profesional.

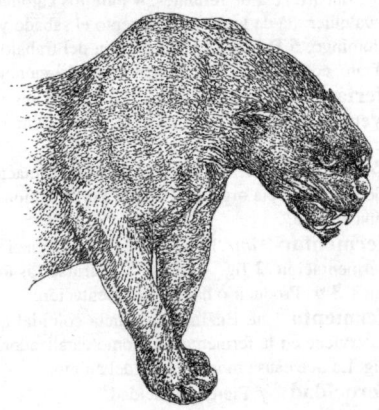

fiera

fierro *m.* Hierro. **2** *Amér.* Instrumento para marcar el ganado. **3** *Arg.* Acelerador de un coche. **4** *Ecuad.* Instrumento de trabajo. **5** *Ecuad.* y *Méx.* Órgano sexual masculino. **6** *Méx.* Calderilla. **7** *pl. R. Plata*. Armas.

fiesta *f.* Alegría, regocijo, diversión. **2** Día en que no se trabaja, por celebrarse alguna solemnidad religiosa o civil. **3** Acto solemne que reúne gente en una iglesia, colegio, entidad cultural, etc. **4** Reunión de gente para divertirse o festejar algo. **5** fam. Broma. **6** Agasajo, demostración de cariño. **7** pl. Vacaciones. **8** Diversiones o actos culturales que se organizan en un sitio público con motivo de una fecha señalada.

figura f. Forma exterior de un cuerpo por la que se diferencia de otro. **2** Cara, rostro. **3** Cosa que se dibuja en representación de otra.

figurado -da adj. Se dice de las palabras usadas en sentido no literal.

figurar tr. Formar la figura de algo. **2** Aparentar, fingir. **3** intr. Pertenecer, estar incluido en un grupo. **4** Destacar. **5** prnl. Imaginarse, suponer algo que no se conoce.

figurativo -va adj. Que representa o figura algo.

figurín m. Dibujo o modelo pequeño para hacer trajes.

fijación f. Acción y efecto de fijar. **2** Estado de reposo de una materia después de una operación química. **3** Apego anormal que impide el desarrollo afectivo.

fijador -ra adj. y n. Que fija. **2** m. Preparado cosmético para asentar el cabello. **3** Sustancia que se usa para fijar: *fijador fotográfico*.

fijar tr. Clavar, asegurar un cuerpo en otro. **2** Determinar, precisar. **3** Dirigir la atención.

fijeza f. Seguridad de opinión. **2** Persistencia, continuidad.

fijo -ja adj. Firme, asegurado. **2** Permanente, no expuesto a cambios. **3** f. Paleta larga y estrecha utilizada en albañilería. **4** Amér. Caballo seguro ganador.

fila f. Orden que guardan varias personas o cosas colocadas en línea. **2** fam. Antipatía, tirria. **3** pl. Bando, facción.

filamento m. Cuerpo en forma de hilo, flexible o rígido. **2** Hilo incandescente, conductor de electricidad, que se utiliza en las bombillas y en las válvulas de radio.

filantropía f. Amor al género humano.

filántropo -pa m. y f. Persona generosa que se distingue por sus obras en bien de los demás.

filarmónico -ca adj. y n. Aficionado a la música. **2** adj. y f. Se dice de orquestas, entidades musicales, etc.

filatelia f. Conocimiento de los sellos y afición a coleccionarlos.

filete m. Moldura en forma de lista larga y estrecha. **2** Línea fina que sirve de adorno. **3** Remate de hilo enlazado en el borde de la ropa. **4** Solomillo. **5** Pedazo de carne magra, o de pescado limpio de espinas. **6** Asador pequeño. **7** Espiral saliente del tornillo o de la tuerca. **8** Embocadura que sirve para que los potros reciban el bocado. **9** Cuerda de esparto formada por dos hilos. **10** En imprenta, pieza de metal con una o más rayas, que sirve para separar el texto de las notas.

filetear tr. Adornar con filetes.

filiación f. Acción y efecto de filiar. **2** Señas personales. **3** Procedencia familiar. **4** Pertenencia a un partido o grupo.

filial adj. Relativo al hijo. **2** adj. y n. Se dice del organismo que depende de otro.

filigrana f. Obra perfecta y delicada, hecha con hilos de oro o de plata. **2** Marca transparente hecha en el papel al fabricarlo. **3** Cosa delicada y pulida. **4** *Cuba*. Arbusto de las verbenáceas, con hojas ásperas, aromáticas, flor menuda y fruto apiñado.

filisteo -a adj. y n. Se dice del individuo de un antiguo pueblo que ocupaba Palestina y estaba en lucha contra los israelitas. **2** m. Hombre corpulento. **3** Persona vulgar, de escasos conocimientos.

filmar tr. Cinematografiar, tomar escenas para una película.

filo m. Arista o borde cortante de un instrumento. **2** Punto o línea que divide algo en dos partes iguales.

filología f. Estudio de una cultura a través de la evolución de su lengua y de los textos escritos en ella. **2** Conocimientos que sirven para fijar, interpretar, o reconstruir un texto.

filón m. Masa mineral o pétrea que rellena una grieta de las rocas de un terreno. **2** fig. Materia o negocio del que se espera sacar gran provecho.

filosofar intr. Discurrir acerca de algo con razones filosóficas. **2** fam. Meditar sobre algo de modo intrascendente.

filosofía f. Ciencia que trata de la esencia, propiedades, causas y efectos de las cosas. **2** Estudios que se realizan para aprender esta ciencia y facultad de las universidades en la que se imparte. **3** Actitud del que afronta los contratiempos con serenidad.

filósofo -fa adj. Relativo a la filosofía. **2** m. y f. Persona que se dedica a la filosofía. **3** Persona austera y virtuosa.

filtración f. Acción y efecto de filtrar o filtrarse. **2** Noticia o información reservada que se divulga.

filtrar tr. Hacer pasar un líquido por un filtro. **2** intr. y prnl. Penetrar un líquido a través de un cuerpo sólido. **3** Introducir una idea, opinión o noticia disimuladamente. **4** prnl. Desaparecer irregularmente dinero o bienes.

filtro m. Materia porosa a través de la que se pasa un líquido para clarificarlo. Por extensión, se dice de los aparatos similares dispuestos para depurar lo que los atraviesa. **2** Elemento que se interpone al paso de la luz para excluir determinadas radiaciones: *filtro óptico*. **3** Aparato para eliminar determinadas frecuencias de la corriente eléctrica. **4** Manantial de agua dulce en parajes bañados por el mar.

fin *amb.* Término, final de algo. **2** Motivo o finalidad.
finado -da *m.* y *f.* Persona muerta.
final *adj.* Que acaba, cierra, o perfecciona algo. **2** Se dice de las conjunciones y preposiciones que expresan finalidad. **3** *m.* Fin y remate de algo. **4** *f.* Parte última y decisiva, en un concurso o competición.
finalidad *f.* Motivo; razón de ser.
finalizar *tr.* Concluir algo, darle fin. **2** *intr.* Extinguirse, acabarse algo.
financiar *tr.* Aportar el dinero necesario a una empresa o actividad.
financiero -ra *adj.* Relativo a las finanzas. **2** *m.* y *f.* Persona experta en finanzas o que se ocupa de estas materias. **3** *f.* Entidad que se dedica a financiar empresas.
finanzas *f. pl.* Dinero, bienes. **2** Hacienda pública. **3** Actividades relacionadas con asuntos de dinero, bancos, bolsa, etc.
finca *f.* Propiedad inmueble, rústica o urbana. **2** *Amér.* Local agrícola.
fincar *intr.* y *prnl.* Adquirir fincas. **2** *tr. P. Rico.* Labrar un terreno. **3** *intr. Col.* Consistir, estribar.
fineza *f.* Calidad de fino. **2** Muestra de amabilidad y cariño. **3** Obsequio, detalle delicado.
fingido -da *adj.* Que finge, falso.
fingir *tr.* y *prnl.* Simular, aparentar, decir o hacer algo que no es cierto o no está de acuerdo con la realidad.
finito -ta *adj.* Que tiene fin, límite.
fino -na *adj.* Delicado, de buena calidad: *porcelana fina*. **2** Delgado, de poco grosor o espesor. **3** De tipo esbelto y facciones delicadas. **4** De exquisita educación. **5** Primoroso. **6** Astuto, sagaz. **7** Suave, sin asperezas. **8** Se dice del barco que navega ligero. **9** *adj.* y *m.* Se dice del jerez muy seco, entre 15 y 17 grados. **10** *m. pl.* Polvo de carbón mineral arrastrado por las aguas.
finura *f.* Delicadeza, buena calidad. **2** Urbanidad, cortesía.
fique *m. Amér.* Planta textil de las amarilidáceas, con hojas carnosas en forma de pirámide triangular. **2** Fibra de esta planta, de la que se hacen cuerdas.
firma *f.* Nombre y apellido, generalmente con rúbrica, que pone una persona al pie de un escrito o documento para garantizar su autenticidad o aprobar su contenido. **2** Conjunto de documentos que se presentan a alguien para firmar. **3** Acto de firmarlos. **4** Razón social. **5** Propio de alguien, característico.
firmamento *m.* Bóveda celeste en la que se ven los astros.
firmar *tr.* Poner la firma. **2** *prnl.* Usar un título o nombre en una firma.
firme *adj.* Estable, que no se mueve. **2** Entero, que no se deja dominar, ni abatir: *firme en sus convicciones*. **3** *m.* Terreno sólido sobre el que se cimenta. **4** Capa de gravilla para fijar el pavimento. **5** *adv. m.* Con firmeza.
firmeza *f.* Calidad de firme. **2** Entereza, constancia. **3** *Arg.* Baile popular cuyos pasos siguen un estribillo cantado.
fiscal *adj.* Relativo al fisco, o al fiscal. **2** *com.* Persona que representa y ejerce el ministerio público en los tribunales. **3** Persona encargada de defender los intereses del fisco.
fiscalía *f.* Oficio de fiscal. **2** Despacho del fiscal.
fiscalizar *tr.* Ejercer el oficio de fiscal. **2** *fig.* Vigilar y criticar las acciones ajenas.
fisco *m.* Erario, tesoro público.
fisgar *tr.* Indagar, tratar con indiscreción de enterarse de los asuntos ajenos. **2** Pescar con fisga o arpón. **3** *intr.* y *prnl.* Burlarse, hacer fisga.
fisgonear *tr.* Fisgar, curiosear continuamente o por vicio.
física *f.* Ciencia que estudia las propiedades de la materia, los agentes naturales que influyen en ella sin alterar su composición, los fenómenos derivados de esta influencia y las leyes por las que se rigen.
físico -ca *adj.* Relativo a la física. **2** Relativo al cuerpo humano. **3** *m.* y *f.* Persona que se dedica a la física. **4** *m.* Constitución y naturaleza de alguien.
fisiología *f.* Ciencia que estudia las funciones de los organismos vivos.
fisioterapia *f.* Forma de tratamiento curativo basado en métodos naturales, mecánicos o físicos.
fisonomía *f.* Aspecto peculiar de un rostro según sus facciones o rasgos. **2** Conjunto de características que configuran el aspecto exterior de algo: *fisonomía de un país*.
fisura *f.* Fractura o hendidura longitudinal de un hueso. **2** Hendidura que se forma en una masa mineral. **3** Corte o grieta que se forma en cualquier objeto. **4** *fig.* Desacuerdo o principio de desunión en un grupo: *fisura en el partido*. **5** Grieta en el ano.
fláccido -da *adj.* Flojo, sin consistencia.
flaco -ca *adj.* Delgado, que tiene pocas carnes. **2** Endeble, sin fuerza. **3** De poco espíritu, que se deja influir. **4** *m.* Vicio o afición predominante en una persona: *su punto flaco es la bebida*.
flagelados *m. pl.* Clase de protozoos, provistos de flagelos, de cuerpo unicelular. Muchos son parásitos.
flagelar *tr.* y *prnl.* Azotar, golpear el cuerpo con un flagelo. **2** *fig.* Censurar duramente, vituperar.
flagelo *m.* Látigo para azotar. **2** Calamidad. **3** Filamento del protoplasma con cuyo movimiento efectúan su locomoción los seres unicelulares.
flamante *adj.* Resplandeciente, que es vistoso y cuidado. **2** Nuevo, recién estrenado o acabado: *flamante título*.

flamear *intr.* Despedir llamas. **2** Someter algo a la acción del fuego, especialmente en medicina, para esterilizar. **3** fig. Ondear, mover el viento.

flamenco -ca *n.* Ave de las zancudas, de cerca de un metro de altura, con pico, cuello y patas muy largas, plumaje blanco, rosa o rojo, y pico de punta negra. **2** Cante y baile popular andaluz, interpretado en su origen por los gitanos.

flamenco

flan *m.* Postre hecho de yemas de huevos, leche y azúcar, cuajado al baño maría, en un molde caramelizado. **2** Forma obtenida con un molde cónico truncado: *flanes de arena.*

flanco *m.* Cada parte lateral de un cuerpo considerado de frente. **2** Lado o costado de un buque. **3** Lado de una fuerza militar. **4** En un baluarte, muro entrante en ángulo.

flaquear *intr.* Debilitarse, ir perdiendo fuerza. **2** Amenazar ruina o caída.

flaqueza *f.* Falta de carnes. **2** fig. Poco vigor o fuerza moral para resistir las tentaciones, pasiones. **3** En esgrima, tercio flaco.

flash (ing.) *m.* Breve destello de luz brillante, y aparato que lo produce. **2** fig. Primeras y breves noticias que se dan en avance informativo. **3** Toma cinematográfica de escasa duración. **4** fig. Sorpresa, alucinación.

flauta *f.* Instrumento músico de viento, de madera o metal, en forma de tubo con agujeros circulares, que se tapan con los dedos o llaves. Sobresalen la flauta dulce y la travesera. **2** *com.* Flautista.

flebitis *f.* Inflamación de las venas, que afecta a la circulación, pudiendo formar un coágulo.

flecha *f.* Arma arrojadiza que se dispara con un arco, consistente en una varilla dura con una punta en forma triangular y plumas en la opuesta. **2** Signo visual u objeto de forma similar a la de su punta. **3** Remate de una torre o campanario. **4** Altura de un arco o bóveda, desde el arranque hasta la clave.

flechar *tr.* Estirar la cuerda del arco colocando la flecha para arrojarla. **2** Herir o matar con flechas. **3** fig. Cautivar, enamorar. **4** *Méx.* Arriesgarse en el juego. **5** *intr.* Tener el arco dispuesto para arrojar la flecha.

fleco *m.* Adorno compuesto de una serie de hilos o cordoncillos, que cuelgan de una tira de tela o pasamanería. **2** Flequillo del pelo. **3** Borde deshilachado en una tela vieja.

flema *f.* Mucosidad procedente de las vías respiratorias, que se arroja por la boca. **2** fig. Calma, imperturbabilidad. **3** En química, producto acuoso obtenido de la destilación de sustancias orgánicas.

fletar *tr.* Alquilar un barco, coche, o avión para viajar o transportar mercancías. **2** Embarcar personas o mercancías, para su transporte. **3** *Amér.* Alquilar una bestia de carga o un vehículo para transporte. **4** *Chile* y *Perú.* Soltar o espetar palabras agresivas. **5** *prnl. Arg.* Colarse, introducirse en una reunión sin ser invitado. **6** *Cuba* y *Méx.* Irse de un lugar, marcharse de pronto.

flete *m.* Precio pagado por el alquiler de una nave, avión, etc. **2** Carga de un buque. **3** *Amér.* Carga que se transporta por mar o por tierra. **4** *Arg.* y *Urug.* Caballo ligero. **5** *Cuba.* Cliente de una prostituta.

flexibilidad *f.* Calidad de flexible. **2** Disposición de algunas cosas para doblarse sin romperse. **3** fig. Disposición del ánimo a ceder y acomodarse fácilmente a un dictamen.

flexible *adj.* Fácil de doblar. **2** fig. Se dice del que cede o se acomoda con facilidad a una decisión, opinión o situación. **3** *m.* Cable de hilos finos de cobre, recubiertos de un aislante, empleado en instalaciones eléctricas.

flexión *f.* Acción y efecto de doblar o doblarse, especialmente en gimnasia. **2** Alteración morfológica de las palabras para indicar los accidentes gramaticales, o su función en el contexto. **3** Deformación elástica que experimenta un objeto, en especial una viga, al curvarse como consecuencia de la aplicación de una fuerza perpendicular a su eje.

flojedad *f.* Debilidad, flaqueza en algo. **2** Pereza, negligencia o descuido.

flojo -ja *adj.* Mal atado, poco apretado, o poco tirante. **2** Sin fuerza o vigor, poco activo. **3** *adj.* y *n.* fig. Perezoso, negligente. **4** *R. Plata.* Cobarde.

flor

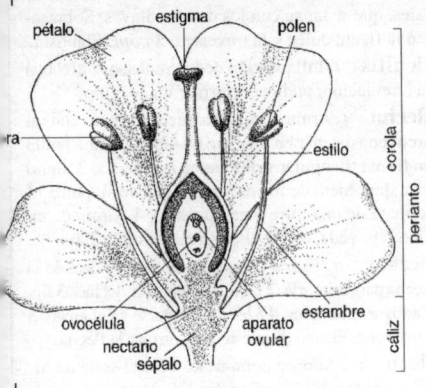

flor

flor *f.* Órgano reproductor de las plantas fanerógamas, compuesto de androceo, gineceo, cáliz y corola. **2** Polvillo de ciertas frutas, como las ciruelas o uvas. **3** Capa que se forma en la superficie de algunos líquidos, como la del vino. **4** Irisación en una lámina de metal cuando, candente, se pasa por el agua. **5** Parte más ligera de un mineral, que se pega en lo alto de un alambique.

flora *f.* Conjunto de las plantas de un país o región. **2** Obra que las enumera y describe.

floración *f.* Acción de florecer. **2** Tiempo que duran abiertas las flores de las plantas de una misma especie.

floral *adj.* Relativo a la flor. **2** *pl.* Se dice de los certámenes literarios dedicados a la poesía, o a la primavera.

florecer *tr.* e *intr.* Echar flor. **2** *intr.* fig. Prosperar, aumentar. **3** fig. Existir una persona o cosa insigne en una época determinada.

florero -ra *adj.* y *n.* fig. Chistoso, lisonjero. **2** *m.* y *f.* Florista. **3** *m.* Jarrón para flores. **4** Cuadro en que sólo se representan flores.

floresta *f.* Terreno frondoso poblado de árboles. **2** fig. Conjunto de cosas selectas.

florido -da *adj.* Que tiene flores. **2** fig. Se dice de lo más escogido de algo. **3** fig. Se dice del lenguaje o estilo retórico.

florista *com.* Persona que vende flores y plantas. **2** Persona que hace flores artificiales.

flota *f.* Conjunto de barcos de guerra o mercantes de un país o compañía marítima. **2** Conjunto de barcos que tienen un destino común: *flota pesquera*. **3** Conjunto de aviones de un país, compañía, etc. **4** Conjunto de vehículos de una empresa. **5** *Col.* Autobús de servicio intermunicipal. **6** fig. *Chile* y *Ecuad.* Multitud.

flotador -ra *adj.* y *n.* Que flota. **2** *m.* Cuerpo destinado a flotar en un líquido. **3** Objeto inflable usado para no hundirse en el agua. **4** Aparato para determinar el nivel de un líquido en un depósito o regular su flujo.

flotar *intr.* Sostenerse un cuerpo en la superficie de un líquido, o en suspensión sumergido en un gas. **2** Ondear en el aire. **3** fig. Percibir algo extraño en el ambiente. **4** fig. Estar distraído.

fluctuar *intr.* Vacilar un cuerpo sobre las aguas por el movimiento de ellas, ser llevado por las olas, ondear. **2** fig. Estar a riesgo de perderse o arruinarse una cosa. **3** Vacilar, dudar. **4** fig. Oscilar los cambios y precios. **5** Cambiar de velocidad un aparato de sonido.

fluidez *f.* Calidad de fluido. **2** Facilidad de movimiento y operación de los factores económicos, mercado, transportes, mano de obra, etc.

fluido -da *adj.* y *n.* Se dice de los cuerpos cuyas moléculas tienen poca coherencia entre sí, tomando la forma del recipiente que los contiene, como los gases o los líquidos. **2** *adj.* Se dice del lenguaje o estilo natural. **3** Tratándose de factores económicos, fáciles de actuar o mover. **4** Que corre fácilmente. **5** *m.* Corriente eléctrica. **6** Supuesta sustancia de naturaleza desconocida que se consideraba causa de fenómenos físicos: *fluido nervioso*.

fluir *intr.* Correr un líquido o un gas. **2** fig. Surgir las palabras, ideas, con facilidad.

flujo *m.* Acción y efecto de fluir. **2** Movimiento ascendente de la marea. **3** Líquido que segrega el organismo. **4** fig. Abundancia excesiva: *flujo de palabras, flujo de risa*. **5** Movimiento de recursos económicos de un sector a otro.

fluorescencia *f.* Propiedad de algunas sustancias de emitir luz visible, al recibir una radiación de frecuencia distinta.

fluvial *adj.* Relativo a los ríos.

fobia *f.* Aversión intensa o temor irracional a una persona, cosa o situación determinada.

foca *f.* Nombre común a diversas especies de mamíferos pinnípedos marinos de la familia fócidos, con cuerpo de pez, cara de perro, pelaje grisáceo y aletas para nadar; en tierra se arrastran.

foco *m.* Punto donde convergen rayos de luz o de calor reflejados por un espejo, o refractados por un lente. **2** Aparato o reflector del que sale luz o calor. **3** fig. Punto real o imaginario desde donde se propaga o difunde algo. **4** Punto donde se encuentran en una curva plana dos tangentes isótropas.

fofo -fa *adj.* Blando, de poca consistencia.

fogata *f.* Fuego que levanta llama.

fogón *m.* Sitio adecuado en las cocinas para hacer fuego y guisar. **2** Oído, en las armas de fuego y especialmente en los cañones, morteros, etc. **3** Lugar destinado al combustible en ciertas calderas, hornos, etc. **4** *Amér.* Fuego, fogata. **5** *Arg.* Charla alrededor del fuego.

foca

fogonazo *m.* Llamarada instantánea que acompaña a una explosión o disparo.
fogonero -ra *m.* y *f.* Persona que cuida del fogón, sobre todo en las máquinas de vapor.
fogoso -sa *adj.* De índole apasionada.
foguear *tr.* Limpiar un arma cargándola con poca pólvora y disparándola. **2** Acostumbrar a los soldados o a los caballos al fuego del combate. **3** fig. Habituar a un trabajo o esfuerzo.
folclor *m.* Conjunto de costumbres, canciones, tradiciones, etc., de un pueblo. **2** fam. Jaleo.
foliación *f.* Acción de foliar. **2** Serie de folios numerados. **3** Brote de las yemas y de las hojas en las plantas caducas. **4** Propiedad de ciertas rocas de dividirse en planos más o menos paralelos.
folio *m.* Hoja de un libro o cuaderno. **2** Encabezamiento y numeración de las páginas de un libro. **3** Tamaño de papel o libro que resulta al doblar una vez el pliego.
follaje *m.* Conjunto de hojas de árboles y plantas. **2** Adorno de hojas. **3** fig. Adorno complicado y de mal gusto. **4** fig. Abundancia de palabras en un discurso.
folletín *m.* Escrito inserto en la parte inferior de las hojas de un periódico, de modo que pueda extraerse para coleccionarlo. **2** Relato sensiblero e inverosímil sin elaboración psicológica ni artística. **3** Situación insólita o lacrimógena.
folleto *m.* Obra impresa no periódica, de pocas hojas. **2** Impreso, prospecto.
fomentar *tr.* Promover, desarrollar. **2** Dar calor que vivifique. **3** Aplicar fomentos. **4** *Cuba* y *P. Rico.* Instalar un negocio.
fomento *m.* Calor, abrigo. **2** Pábulo o materia con que se ceba una cosa. **3** fig. Auxilio, protección. **4** Paño caliente de aplicación externa, empapado en un líquido medicinal.

fonda *f.* Establecimiento público donde se duerme y se sirven comidas, de categoría inferior a la del hotel. **2** *Amér.* Cantina.
fondeadero *m.* Lugar de profundidad suficiente para fondear un barco.
fondear *tr.* Reconocer el fondo del agua. **2** Registrar una embarcación en busca de contrabando. **3** fig. Examinar una cosa con cuidado hasta llegar a sus principios. **4** fig. Cerciorarse mediante pruebas de las aptitudes o conocimientos de alguien. **5** *intr.* Asegurar una embarcación por medio de anclas o otros pesos. **6** Detenerse en un puerto. **7** *prnl. Amér.* Enriquecerse. **8** *Amér.* Emborracharse.
fondo *m.* Parte inferior de una cosa hueca. **2** Parte opuesta a la entrada. **3** Superficie sólida sobre la que está el agua del mar, río o estanques. **4** Dinero, caudal. (Se usa más en plural.) **5** Conjunto de libros o manuscritos que posee una biblioteca, archivo, etc. **6** Resistencia física en pruebas deportivas de larga distancia. **7** Espacio que ocupan los soldados puestos en hileras.
fonema *m.* Cada uno de los sonidos simples del lenguaje hablado.
fonético -ca *adj.* Relativo a los fonemas o al sonido en general. **2** *f.* Conjunto de los sonidos de un idioma. **3** Rama de la lingüística que estudia los elementos fónicos que constituyen el lenguaje articulado, sin ocuparse de su función lingüística.
fonógrafo *m.* Instrumento que graba ondas sonoras sobre un cilindro, y las reproduce.
fonograma *m.* Letra o signo que representa un sonido.
fonología *f.* Parte de la lingüística que estudia los fenómenos fonéticos, atendiendo a su valor funcional en el sistema propio de su lengua.
forajido -da *adj.* y *n.* Que anda fuera de poblado, huyendo de la justicia.

forastero -ra *adj.* De fuera. **2** *adj.* y *n.* Se dice de la persona que vive o está en un lugar del que no es vecino o donde no ha nacido.

forcejear *intr.* Hacer fuerza para vencer una resistencia. **2** Contradecir tenazmente.

forestal *adj.* Relativo a los bosques y a su aprovechamiento.

forestal

forja *f.* Fragua de platero. **2** Lugar donde se trabaja el hierro. **3** Acción y efecto de forjar. **4** Argamasa de cal, arena y agua.

forjar *tr.* Dar forma a un metal caliente por medio de golpes. **2** Fabricar un techo rellenando los espacios entre las vigas. **3** *tr.* y *prnl.* fig. Inventar, fingir o formar con esfuerzo.

forma *f.* Disposición peculiar de la materia de un cuerpo. **2** Aspecto o apariencia externa de las cosas. **3** Modo de proceder o de hacer algo. **4** Hostia pequeña para la comunión de los fieles.

formación *f.* Acción y efecto de formar o formarse. **2** Figura o aspecto exterior. **3** Educación, conjunto de conocimientos adquiridos. **4** Conjunto de rocas o minerales que tienen caracteres geológicos comunes.

formal *adj.* Relativo a la forma. **2** Que es consecuente, responsable de sus compromisos. **3** Preciso, determinado.

formalidad *f.* Calidad de formal. **2** Requisitos necesarios para solucionar un trámite, u obtener algo. **3** Serenidad, compostura.

formalismo *m.* Observancia o preocupación excesiva de las formas. **2** Sistema metafísico que reconoce sólo el valor de la pura forma.

formar *tr.* Dar forma a algo. **2** Juntar, congregar. **3** Crear, constituir. **4** Poner en orden una unidad militar. **5** *tr.* e *intr.* Criar, educar. **6** *intr.* Colocarse en una formación, desfile, etc. **7** *prnl.* Adquirir una formación física o moral.

formato *m.* Tamaño de un impreso, fotografía, etc. **2** En cinematografía, ancho de la película.

formica *f.* Tipo de acabado plástico, generalmente sobre madera.

formidable *adj.* Que infunde asombro y miedo. **2** Enorme, excesivamente grande. **3** Estupendo.

formol *m.* Líquido incoloro, de olor fuerte y desagradable, que consiste en una solución acuosa de formaldehído al 40%. Es un poderoso antiséptico.

fórmula *f.* Forma establecida para resolver un asunto difícil, o para ejecutar algo. **2** Receta del médico. **3** Representación simbólica, por medio de letras o números, de la composición de una sustancia química.

formular *tr.* Reducir a términos claros y precisos, una proposición, solución, etc. **2** Expresar, manifestar. **3** Recetar.

formulario -ria *adj.* Relativo a las fórmulas o al formulismo. **2** Que se hace por fórmula, encubriendo las apariencias.

formulismo *m.* Excesivo apego a las fórmulas. **2** Tendencia a preferir la apariencia de las cosas a su esencia. **3** Requisito de trámite, formalidad.

fornicar *intr.* y *tr.* Tener relaciones carnales fuera del matrimonio.

fornido -da *adj.* Robusto, recio.

foro *m.* Sitio en que los tribunales oyen y determinan las causas. **2** Ejercicio de la abogacía y práctica de las leyes. **3** Parte de un escenario opuesta a la embocadura.

forrado -da *adj.* Muy rico. **2** *Arg.* Que está bien preparado para superar un examen.

forraje *m.* Hierba que se da al ganado como alimento. **2** Acción de forrajear. **3** fig. Abundancia de cosas superfluas.

forrar *tr.* Poner forro a alguna cosa. **2** Cubrir una cosa con funda o forro. **3** *prnl.* Enriquecerse.

forro *m.* Material, tela, papel, etc., con que se reviste una cosa interior o exteriormente.

fortalecer *tr.* y *prnl.* Aumentar la fuerza o el vigor.

fortaleza *f.* Fuerza y vigor. **2** Tercera de las cuatro virtudes cardinales. **3** Resignación, estoicismo. **4** Defensa natural de que goza un lugar. **5** Recinto fortificado.

fortificación *f.* Acción y efecto de fortificar. **2** Obra o conjunto de obras con que se fortifica una plaza o posición. **3** Arquitectura militar.

fortificar *tr.* Dar vigor y fuerza. **2** Entibar. **3** *tr.* y *prnl.* Hacer fuerte un sitio con obras de defensa.

fortuito -ta *adj.* Que sucede de forma casual.

fortuna *f.* Suerte favorable. **2** Destino, acontecimientos o circunstancias inevitables o incontrolables. **3** Riqueza. **4** Éxito, aceptación.

forzar *tr.* Hacer fuerza o violencia para conseguir algo. **2** Violar a alguien. **3** Tomar, ocupar por la fuerza. **4** Exagerar un hecho, explicación, etc. **5** *tr.* y *prnl.* Obligar a alguien a realizar algo en contra de su voluntad.

fosa *f.* Sepultura, hoyo en la tierra para enterrar cadáveres. **2** Cada una de las cavidades o huecos del cuerpo, en las estructuras óseas. **3** Excavación profunda alrededor de una fortaleza.

fosfato *m.* Sal del ácido fosfórico. **2** Nombre genérico de las sustancias que contienen fósforo y se emplean como abono de las plantas.

fosforescencia *f.* Propiedad de un cuerpo de emitir luz, que sólo se ve en la oscuridad, sin elevación apreciable de la temperatura.

fósforo *m.* Metaloide sólido, amarillento, de aspecto como de cera, de olor desagradable y muy venenoso. **2** Trozo de cerilla, madera o cartón con cabeza de fósforo que sirve para encender.

fósil *adj.* y *m.* Se dice del organismo petrificado perteneciente a otras épocas geológicas.

fósil

foso *m.* Hoyo. **2** Piso inferior del escenario y lugar donde se coloca la orquesta. **3** En un garaje, zona honda desde la que se arreglan los coches. **4** Excavación profunda que rodea un castillo o fortaleza.

foto *f. fam.* Apócope de fotografía.

fotocopia *f.* Reproducción instantánea de un documento, por procedimiento fotográfico.

fotogénico -ca *adj.* Relativo a los efectos químicos de la luz. **2** Que impresiona correctamente la placa fotográfica. **3** Que tiene buenas condiciones para la reproducción fotográfica.

fotografía *f.* Reproducción por medio de reacciones químicas, en superficies convenientemente preparadas, de las imágenes recogidas en el fondo de una cámara oscura.

fotografiar *tr.* Reproducir una imagen por medio de la fotografía.

fotógrafo -fa *m.* y *f.* Persona que hace fotografías.

fotómetro *m.* Instrumento para medir la intensidad de la luz.

fotomontaje *m.* Fotografía que se obtiene combinando otras distintas para formar una nueva imagen.

fotosfera *f.* Zona visible y luminosa del Sol, formada por una envoltura gaseosa de 6.000 ºC.

fotosíntesis *f.* Proceso químico por el cual, mediante la acción de la luz sobre la clorofila, los vegetales sintetizan hidratos de carbono a partir del anhídrido carbónico del aire.

fracasar *intr.* Resultar mal un negocio o proyecto.

fracaso *m.* Acción y efecto de fracasar. **2** *fig.* Suceso lastimoso, inopinado y funesto.

fracción *f.* División de una cosa en partes. **2** Cada una de las partes de un todo con relación a él. **3** Cociente de dos números enteros, llamados numerador y denominador.

fraccionar *tr.* Dividir en partes o fracciones. **2** Separar, aislar los compuestos de una mezcla.

fractura *f.* Acción y efecto de fracturar o fracturarse. **2** Sitio por donde algo se rompe y señal que deja.

fracturar *tr.* y *prnl.* Romper o quebrantar con esfuerzo, especialmente un hueso.

fragancia *f.* Olor suave y delicioso.

fragata *f.* Buque de guerra para escoltar otros barcos.

frágil *adj.* Que se rompe en pedazos con facilidad. **2** *fig.* Sin voluntad para resistir las tentaciones.

fragmentar *tr.* y *prnl.* Reducir a fragmentos.

fragmento *m.* Parte o trozo de algo roto o partido. **2** Resto conservado de una obra de arte, literaria o musical.

fraguar *tr.* Forjar metales. **2** *tr.* y *prnl. fig.* Idear o discurrir un plan, proyecto, etc., generalmente en mala parte. **3** *intr.* Trabar y endurecer la cal, el yeso y otras masas.

fraile *m.* Religioso, en especial de órdenes mendicantes. **2** Doblez hacia fuera en el ruedo de un vestido. **3** Rebajo triangular en las chimeneas de campana para facilitar la salida del humo. **4** Parte del papel que al imprimirse queda en blanco.

frambuesa *f.* Fruto del frambueso, semejante a la zarzamora, algo velloso, de color carmín, olor fragante y sabor agridulce.

francachela *f. fam.* Reunión de varias personas para divertirse y comer de forma abundante y desordenada.

franciscano -na *adj.* De la orden fundada por san Francisco de Asís.

franco -ca *adj.* Liberal, dadivoso. **2** Sincero; accesible y leal en el trato. **3** Libre, exento de con-

frambuesa

tribución, impuesto o pago. **4** *adj.* y *m*. Se dice de un ant. pueblo germánico establecido en el Rin inferior que ocupó el N de la Galia dándole su nombre.
franela *f*. Tejido de lana o algodón, con pelusa en una de sus caras. **2** *Amér*. Camiseta de hombre. **3** *R. Plata*. vulg. Caricias eróticas.
franja *f*. Faja, lista o tira en general. **2** Banda de adorno.
franquear *tr*. Desembarazar, apartar los impedimentos; abrir camino. **2** Atravesar, pasar por encima o de un lado a otro. **3** Exceptuar de una contribución, tributo, etc. **4** Pagar previamente en sellos el porte de algo que se remite por correo. **5** Dar libertad al esclavo. **6** *prnl*. Descubrir una persona a otra sus sentimientos, manera de pensar, etc.
franqueza *f*. Exención, libertad. **2** fig. Sinceridad. **3** Llaneza, familiaridad. **4** Generosidad.
franquicia *f*. Exención que se concede a alguien para que no tenga que pagar determinados derechos, tasas, aranceles.
frasco *m*. Recipiente pequeño y estrecho de cuello recogido, hecho de vidrio u otra materia, para contener líquidos, comprimidos, etc. **2** Su contenido. **3** *Amér*. Medida de capacidad; se usa para líquidos.
frase *f*. Conjunto de palabras que tienen sentido, constituyan o no oración. **2** Modo peculiar de expresarse un escritor. **3** *pl*. Palabras sin valor, dichas por pura fórmula.
fraterna *f*. Corrección o represión áspera.
fraternal *adj*. Propio de hermanos.
fraternidad *f*. Unión y trato cordial.
fratricida *adj*. y *com*. Se dice de la persona que mata a su hermano.
fraude *m*. Engaño, abuso de confianza. **2** Acción ilegal en perjuicio del Estado o de terceros, con el fin de procurarse un beneficio.

frazada *f*. Manta de pelo para la cama.
frecuencia *f*. Calidad de frecuente. **2** Número de oscilaciones o vibraciones de un movimiento periódico, que se producen durante cada unidad de tiempo. Su unidad es el hertz o hercio.
frecuentar *tr*. Concurrir con asiduidad a un lugar. **2** Tratarse con alguien con frecuencia. **3** Repetir un acto a menudo.
frecuente *adj*. Repetido a menudo, con cortos intervalos de tiempo. **2** Usual, común.
freelance (ing.) *adj.* y *com*. Profesional independiente que trabaja para una o varias empresas, especialmente periodísticas o publicitarias.
fregar *tr*. Restregar con fuerza una cosa con otra. **2** Limpiar algo con un útil apropiado. **3** *Amér*. Fastidiar, jorobar.
fregón -na *adj.* y *n*. Se dice de la persona que friega. **2** *Amér*. Se dice de la persona pesada, impertinente. **3** *Ecuad*. y *P. Rico*. De poca vergüenza. **4** *f*. Criada, sirvienta. **5** Utensilio de limpieza para fregar suelos sin arrodillarse.
freír *tr*. y *prnl*. Poner en aceite o grasa hirviendo un alimento hasta que deje de estar crudo. **2** fig. Mortificar, exasperar. **3** fam. Matar a tiros.
frenar *tr*. Enfrenar. **2** Moderar o detener con el freno el movimiento de un vehículo o máquina. **3** fig. Moderar el ímpetu, la actividad.
frenesí *m*. Delirio, locura. **2** Exaltación violenta del ánimo.
frenético -ca *adj*. Atacado de frenesí. **2** Furioso, rabioso.
freno *m*. Dispositivo que tienen las máquinas, motores y carruajes para reducir o detener un movimiento. **2** Instrumento de hierro que se introduce en la boca de las caballerías para gobernarlas.
frente *f*. Parte superior de la cara comprendida entre una y otra sien, desde las cejas hasta la raíz de los cabellos. **2** Parte delantera de una cosa, a diferencia de sus lados. **3** Zona de combate.
fresa[1] *f*. Planta herbácea de las rosáceas, con hojas divididas, flores blancas y fruto complejo, redondo, con numerosos aquenios, rojo, fragante y muy suculento. **2** Fruto de esta planta. **3** Nombre común a las distintas variedades de las fragarias.
fresa[2] *f*. Herramienta de movimiento circular continuo con aristas cortantes bien espaciadas y dispuestas alrededor de un eje, utilizada para el mecanizado de piezas metálicas. **2** Instrumento empleado en odontología para agrandar orificios en dientes, prótesis, etc.
fresal *m*. Terreno plantado de fresas.
fresar *tr*. Mecanizar una pieza por medio del fresado.
fresco -ca *adj*. Moderadamente frío. **2** Reciente, acabado de hacer, de coger, suceder, etc. **3** Se dice de los alimentos que conservan inalterable su cali-

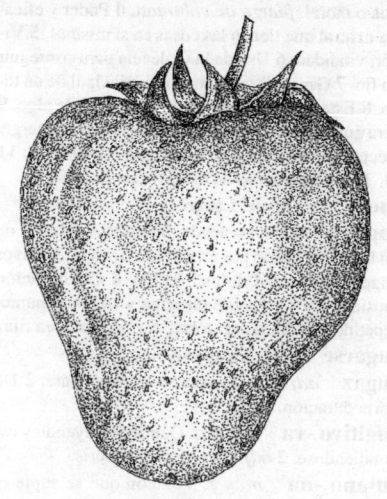

fresa

dad. **4** De aspecto sano, con buen color. **5** Sereno, que no se inmuta. **6** *m*. Frío no excesivo. **7** Pintura mural realizada con colores disueltos en agua sobre la pared tratada previamente con cal. **8** *Amér*. Refresco.

frescura *f*. Calidad de fresco. **2** Fertilidad de un lugar lleno de verdor. **3** Desenfado, descaro.

frialdad *f*. Sensación que origina la falta de calor. **2** Frigidez. **3** fig. Indiferencia, poco interés o afecto.

fricativo -va *adj*. Se dice de los sonidos cuya articulación hace que el aire friccione o roce los órganos bucales, como la *f, s, z, j*, etc. **2** *adj*. y *f*. Se dice de la letra que representa este sonido.

fricción *f*. Acción y efecto de friccionar. **2** Rozamiento de dos superficies en contacto que provoca una resistencia. **3** fig. Desavenencia entre personas o colectividades. (Suele usarse en plural.)

friega *f*. Fricción que se hace en alguna parte del cuerpo. **2** fam. Tunda, zurra. **3** *Amér*. Fastidio, molestia.

frigidez *f*. Frialdad en el trato. **2** Ausencia de apetito sexual que imposibilita experimentar orgasmo en el coito.

frigorífico -ca *adj*. Que produce frío artificial. **2** *adj*. y *m*. Se dice de las cámaras, armarios o espacios en que se conservan alimentos u otras sustancias por medio de bajas temperaturas.

fríjol o **frijol** *m*. Judía.

frío -a *adj*. Se dice de lo que se halla a temperatura inferior a la conveniente o deseada. **2** Se dice de lo que produce frío o no conserva el calor.

fritada *f*. Conjunto de cosas fritas, especialmente pescados.

fritanga *f*. Fritada, especialmente la abundante en grasa. Suele usarse en sentido despectivo.

fritar *tr*. *Amér*. Freír.

frito -ta *adj*. Exasperado, nervioso, harto. **2** *m*. Fritada. **3** Cualquier comida frita. **4** *Venez*. Comida diaria.

frívolo -la *adj*. Ligero, veleidoso. **2** Insustancial.

frondosidad *f*. Abundancia de hojas y ramas.

frondoso -sa *adj*. Se dice de la vegetación abundante en hojas, ramas o árboles.

frontal *adj*. Relativo a la frente. **2** Se dice de lo que está al frente, o de la parte delantera de algo. **3** *m*. Parte delantera de la mesa del altar, por lo general revestida de sedas, metal, etc. **4** *Amér*. Correa o cuerda que ciñe la frente al caballo. **5** Hueso plano del cráneo que forma la frente.

frontera *f*. Límite geográfico de un Estado. **2** Frontis, fachada. **3** Faja o refuerzo que se pone por debajo del serón. **4** Tablero con barrotes que sostiene los tapiales en las esquinas. **5** fig. Lo que separa o limita.

frontis *m*. Fachada. **2** Muro del frontón.

frotar *tr*. y *prnl*. Pasar una cosa sobre otra con fuerza y repetidamente.

fructificar *intr*. Dar fruto. **2** fig. Ser útil o provechoso.

fruncir *tr*. Arrugar con un gesto la frente, cejas, labios, etcétera. **2** Hacer en una tela una serie de pequeños pliegues paralelos. **3** Estrechar una cosa, encogerla. **4** *prnl*. fig. Fingir modestia.

frustración *f*. Acción y efecto de frustrar o frustrarse. **2** Decepción o desengaño que se sufre al no realizarse algo muy deseado.

frustrar *tr*. Privar a alguien de lo que esperaba. **2** *tr*. y *prnl*. Dejar sin efecto, malograr un intento.

fruta *f*. Fruto comestible de ciertas plantas, como la pera, el melón, la fresa, etc. **2** fig. Producto o consecuencia de algo.

frutal *adj*. y *n*. Que lleva fruta.

frutar *intr*. Dar fruto los árboles y otras plantas.

fruto *m*. Producto del desarrollo del ovario fecundado de la flor, que contiene en su interior las semillas. **2** Hijo que lleva la mujer en su seno. **3** Cualquier producto útil de la tierra. **4** Producto del ingenio o del trabajo humano. **5** Utilidad o provecho. **6** *pl*. Productos de la tierra de los que se hace cosecha.

fuego *m*. Desprendimiento de luz y calor producido por la combustión. **2** Materia encendida en brasa o llama. **3** Incendio. **4** Efecto de disparar un arma. **5** Ardor y picazón en alguna parte del cuerpo. **6** fig. Entusiasmo con que se experimenta un sentimiento o pasión, o ardor con el que se discute o pelea. **7** *Amér*. Infección gástrica.

fuelle *m*. Instrumento para soplar que recoge aire y lo lanza en una dirección determinada. **2** Pieza de piel u otro material plegable, que se pone en los lados de bolsos, carteras, etc., para aumentar o disminuir su capacidad. **3** Doblez del vestido. **4** Bolsa de cuero de la gaita gallega. **5** Capota plegable de un carruaje. **6** Paso flexible que comunica dos compartimientos o vagones. **7** fam. Persona chivata. **8** fam. Resistencia pulmonar.

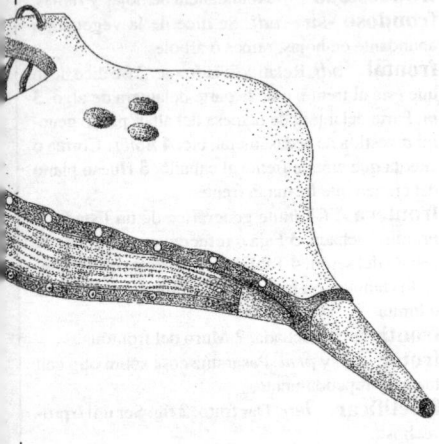
fuelle

fuente *f*. Manantial de agua que brota de la tierra. **2** Artificio por el que sale el agua a través de un caño en jardines, casas, etc. **3** Construcción de piedra, hierro, etc., de la que sale agua. **4** Pila bautismal. **5** Plato de diversas formas en que se lleva la comida a la mesa. **6** Contenido de este plato. **7** Exutorio. **8** Documento, obra, etc., de donde se sacan datos. **9** fig. Principio, fundamento u origen. **10** fig. Aquello de que fluye con abundancia un líquido. **11** fig. Persona o entidad que facilita noticias para su difusión pública.

fuera *adv. l. y t*. A o en la parte exterior de cualquier espacio.

fuero *m*. Cada uno de los privilegios y exenciones que se conceden a una persona, entidad o territorio. **2** Jurisdicción, poder. **3** Derecho moral que se reconoce a ciertas actividades o profesiones por su propia naturaleza.

fuerte *adj*. Que tiene fuerza y resistencia. **2** Robusto, corpulento. **3** Se dice de la moneda no sujeta a fluctuaciones. **4** Se dice de olores y sabores desagradables.

fuerza *f*. Causa capaz de modificar el estado de reposo o movimiento de un cuerpo. **2** Resistencia, capacidad de soportar un peso o presión, o de oponerse a un empuje. **3** Aplicación de la capacidad física o moral: *fuerza de voluntad*. **4** Poder y eficacia natural que tienen las cosas en sí mismas. **5** Vigor, vitalidad. **6** Uso de la violencia para conseguir un fin. **7** Grueso o parte mayor o principal de un todo. **8** Estado o momento de mayor vigor de algo. **9** Tira que se cose en el borde de una tela. **10** Energía eléctrica, especialmente para fines industriales. **11** *pl*. Tropas, conjunto de ejércitos de un país.

fuete *m. Amér*. Látigo.

fuga *f*. Huida, escapada. **2** Salida accidental de un líquido o fluido por un orificio o grieta. **3** Mayor auge o intensidad de una acción. **4** Composición musical que gira sobre un tema y su contrapunto, repetidos en diferentes tonos. **5** *P. Rico*. Idea fija.

fugarse *prnl*. Escaparse, huir.

fugaz *adj*. Que desaparece rápidamente. **2** De corta duración.

fugitivo -va *adj. y n*. Que anda huyendo y escondiéndose. **2** *adj*. Que pasa muy aprisa.

fulano -na *m. y f*. Voz con que se suple el nombre de alguien o se alude a una persona imaginaria. **2** Referido a una persona determinada, adquiere un matiz despectivo. **3** Amante. **4** *f*. Prostituta.

fulgor *m*. Resplandor y brillantez con luz propia.

fulminante *adj*. Que fulmina. **2** Se dice de la enfermedad muy grave, repentina y casi siempre mortal. **3** Rápido, de efecto inmediato. **4** *adj. y m*. Se dice de las sustancias que estallan con explosión al golpearlas.

fulminar *tr*. Lanzar rayos. **2** Matar un rayo o con un rayo. **3** Disparar con proyectiles o armas. **4** Fundir metales. **5** Herir o dañar la luz excesiva. **6** Causar una enfermedad la muerte repentina. **7** Dictar sentencias o imponer castigos. **8** Amenazar, acusar a alguien. **9** Impresionar con la mirada o con la voz.

fumar *intr*. Echar o despedir humo. **2** *intr. y tr*. Aspirar y despedir el humo del tabaco u otra sustancia que se hace arder en pipa, cigarrillo, etc.

fumigar *tr*. Desinfectar mediante humo, gas o vapores adecuados. **2** Combatir por estos medios plagas de insectos u otros organismos nocivos.

función *f*. Actividad propia de un ser vivo y de sus órganos, o de las máquinas e instrumentos. **2** Actividad o servicio propio de un cargo u oficio. **3** Acto público, representación o espectáculo al que concurre mucha gente.

funcional *adj*. Relativo a las funciones. **2** Se dice de la construcción, mueble u objeto de concepción práctica y utilitaria, sin detalles superfluos o decorativos. **3** Se dice de los síntomas o trastornos patológicos en que no se ven lesiones.

funcionar *intr*. Realizar algo o alguien las funciones que le son propias.

funcionario -ria *m.* y *f.* Empleado fijo de la administración pública.

funda *f.* Cubierta o bolsa de forma adecuada, de piel u otro material, con que se envuelve algo para protegerlo.

fundación *f.* Acción y efecto de fundar. **2** Principio y origen de algo. **3** Institución altruista, con patrimonio y estatuto jurídico propios, cuyos fines han sido establecidos por su fundador.

fundamental *adj.* Que sirve de fundamento o es lo principal de una cosa.

fundamentar *tr.* Construir los fundamentos o cimientos de un edificio. **2** Establecer, asegurar y hacer firme alguna aseveración.

fundamento *m.* Principio o base de algo. **2** Razón principal o motivo con que se pretende afianzar algo. **3** Fondo o trama de un tejido. **4** Seriedad, formalidad.

fundar *tr.* Establecer, crear una ciudad, edificio, negocio, institución, etc. **2** *tr.* y *prnl.* Apoyar, poner una cosa material sobre otra. **3** Basar, apoyar con motivos y razones eficaces.

fundición *f.* Acción y efecto de fundir metales. **2** Lugar donde se funden metales. **3** Hierro fundido que sale de los hornos altos y se solidifica en un molde. **4** Conjunto de letras o moldes de una misma clase para imprimir.

fundido -da *adj.* Se dice de lo que se ha sometido a un proceso de fundición. **2** *m.* Acción y efecto de fundir. **3** En cinematografía, paso de una escena a otra cerrando a negro y abriendo de forma gradual.

fundir *tr., intr.* y *prnl.* Derretir, transformar un sólido en líquido por la acción del calor. **2** *fr.* Dar forma en moldes al metal en fusión. **3** fam. Acabar con algo, derrochar. **4** *tr.* y *prnl.* Reducir a una sola cosas diferentes. **5** *prnl.* Unirse intereses o partidos de ideologías contrarias. **6** *Amér.* Arruinarse.

fúnebre *adj.* Relativo a los difuntos. **2** Triste, sombrío.

funeral *adj.* Relativo al entierro o exequias. **2** *m.* Oficio religioso en memoria del difunto. **3** Ceremonia del entierro.

funesto -ta *adj.* Aciago. **2** Triste y desgraciado.

funicular *adj.* y *m.* Se dice del vehículo destinado a recorrer una pendiente fuerte, cuya tracción se efectúa por medio de un cable o cadena. **2** *adj.* Del funículo.

funículo *m.* Filamento que une la placenta a cada uno de los óvulos de una planta. **2** Adorno propio de la arquitectura románica.

furgón *m.* Carro o vagón largo y cubierto para el transporte de mercancías, equipajes, municiones, etc.

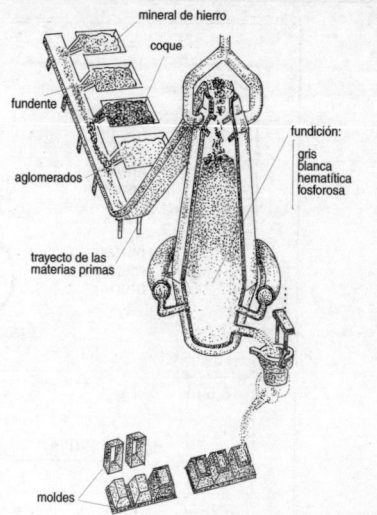

fundir

furgoneta *f.* Vehículo de cuatro ruedas, cubierto, de menor tamaño que el furgón, con una puerta trasera para la carga y descarga de mercancías.

furia *f.* Ira exaltada, cólera. **2** Actividad, agitación violenta: *furia del mar*. **3** Prisa, vehemencia. **4** Momento de mayor intensidad de una moda o costumbre. **5** *com.* Persona muy irritada y colérica.

furibundo -da *adj.* Airado, propenso a enfurecerse. **2** Que denota furia. **3** Partidario, hincha.

furor *m.* Cólera, furia. **2** Agitación violenta propia de la demencia o del delirio pasajero. **3** Entusiasmo del artista cuando compone.

furtivo -va *adj.* Que se hace a escondidas. **2** *adj.* y *n.* Se dice del que caza o pesca sin permiso.

fusil *m.* Arma de fuego, portátil, de tiro individual y cañón largo.

fusilamiento *m.* Acción y efecto de fusilar. **2** Sistema de ejecución de reos utilizado por los tribunales militares.

fusilar *tr.* Ejecutar mediante una descarga de fusilería. **2** fam. Plagiar o copiar en lo sustancial obras ajenas.

fusión *f.* Efecto de fundir o fundirse. **2** Unión de intereses, ideas o partidos. **3** FÍS Reacción entre núcleos atómicos ligeros que da lugar a la formación de núcleos atómicos más pesados que cualquiera de los núcleos presentes inicialmente.

fuste *m.* Madera. **2** Vara. **3** Palo en que se fija el hierro de la lanza. **4** Armazón de la silla de montar. **5** En poesía, silla del caballo. **6** Fundamento, sustancia, entidad. **7** Parte de la columna que media

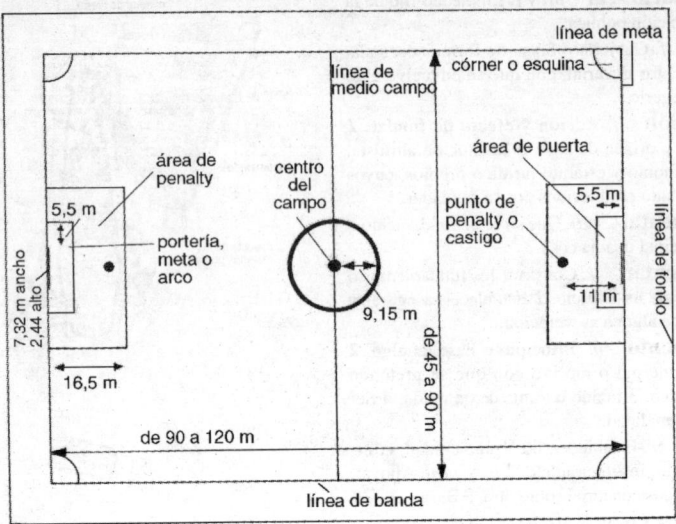
fútbol

entre el capitel y la base. **8** Conjunto del tallo y las hojas de una planta.

fustigar *tr.* Azotar. **2** Censurar con dureza.

fútbol o **futbol** (ing. *football;* de *foot,* 'pie', y *ball,* 'pelota') *m.* Juego entre dos equipos de once jugadores cada uno, cuya finalidad es hacer entrar un balón en una portería o meta que defiende cada uno de los bandos, guardada por un portero o guardameta. Se disputa en un campo rectangular de hierba o tierra, cuyas dimensiones pueden oscilar entre 90 x 45 y 120 x 90 m.

futbolista *com.* Jugador de fútbol.

fútil *adj.* De poca importancia.

futilidad *f.* Poca o ninguna importancia de una cosa.

futuro -ra *adj.* Que está por venir o suceder. **2** *m.* Tiempo verbal que expresa una acción que tiene que suceder. **3** Porvenir, tiempo que ha de llegar. **4** *m.* y *f.* Persona que tiene un compromiso formal de matrimonio con otra. **5** *f.* Derecho a la sucesión de un beneficio o empleo antes de estar vacante.

g *f.* Séptima letra del abecedario castellano, y quinta de sus consonantes. Su nombre es *"ge"*.

gabacho -cha *adj.* y *n.* Relativo a ciertos pueblos pirenaicos. **2** En sentido despectivo, francés. **3** *adj.* Se dice del palomo calzado de casta grande.

gabán *m.* Abrigo. **2** Capote con mangas.

gabardina *f.* Prenda de tela impermeable que se lleva como abrigo. **2** Tela de tejido diagonal de estambre o algodón.

gabinete *m.* Pequeña habitación donde se reciben visitas. **2** Muebles que contiene. **3** Sala destinada a colecciones de arte, o la provista del material necesario para el ejercicio de una ciencia o profesión.

gacela *f.* Mamífero rumiante de los bóvidos, de tamaño mediano, cuerpo esbelto, ojos vivos, patas largas y finas y astas curvadas en forma de lira. Vive en Asia y África.

gaceta[1] *f.* Periódico de noticias políticas, literarias y artísticas. **2** fam. Correveidile.

gaceta[2] *f.* Caja refractaria para cocer baldosines en el horno.

gago -ga *adj.* Tartamudo.

gaita *f.* Instrumento de viento formado por una especie de fuelle unido a tres tubos de boj. **2** fam. Pescuezo. **3** fam. Cosa difícil o engorrosa.

gaitero -ra *adj.* De colores llamativos y extravagantes. **2** *adj.* y *n.* Se dice del que hace chistes no adecuados a su edad o condición. **3** *m.* y *f.* Persona que toca la gaita.

gaje *m.* Salario, emolumento.

gajo *m.* Rama de árbol desprendida del tronco. **2** Racimo de fruta. **3** Punta de los utensilios de labranza.

gala *f.* Vestido importante y lujoso. **2** Fiesta extraordinaria que requiere este tipo de vestido. **3** Gracia, garbo.

galáctico -ca *adj.* Relativo a la Vía Láctea o a otra galaxia.

galán *m.* Hombre guapo y apuesto. **2** El que galantea a una mujer. **3** Actor que hace el papel protagonista, joven y atractivo.

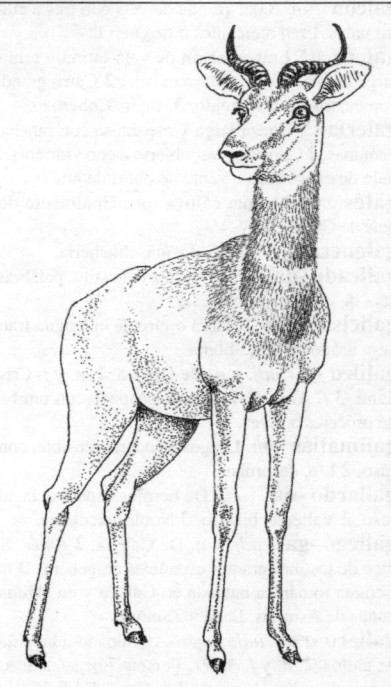

gacela

galante *adj.* Atento, obsequioso, en especial con las mujeres. **2** Se dice de la mujer que gusta de galanteos.

galantear *tr.* Cortejar a una mujer, obsequiándola o piropeándola. **2** Mostrarse amable con alguien para conseguir su favor.

galantería *f.* Calidad de galante. **2** Gracia y elegancia. **3** Generosidad.

galanura *f.* Adorno vistoso, de gala. **2** Gracia, gentileza. **3** Elegancia en el modo de expresar los conceptos.

galápago *m.* Reptil quelonio parecido a la tortuga, pero con los dedos unidos con membranas. **2** Polea plana por un lado. **3** Utensilio para sujetar con fuerza la pieza que se trabaja.

galardón *m.* Premio o recompensa de tipo honorífico.

galardonar *tr.* Premiar los servicios o méritos de alguien.

galaxia *f.* Sistema estelar formado por un inmenso conjunto de estrellas. **2** Vía Láctea. **3** Galactita.

galeno[1] *m.* fam. Médico.

galeno[2] **-na** *adj.* Se dice del viento suave.

galeón *m.* Bajel grande de vela con tres o cuatro palos. Eran mercantes o de guerra.

galera *f.* Embarcación de vela latina y remo, larga de quilla y de escaso calado. **2** Carro grande con cuatro ruedas y toldo. **3** *Amér.* Cobertizo.

galería *f.* Pieza larga y espaciosa con muchas ventanas. **2** Corredor descubierto o con vidrieras. **3** Sala de exposición o venta de obras de arte.

galés *m.* Lengua céltica, principalmente del país de Gales.

galguería *f.* fam. Golosina, chuchería.

galicado -da *adj.* Se dice del estilo, palabras, etc., de influencia francesa.

galicismo *m.* Palabra o giro de la lengua francesa usado en otro idioma.

galileo -a *adj.* y *n.* De Galilea. **2** *m.* y *f.* Cristiano. **3** *f.* Atrio de la iglesia ocupado con tumbas de próceres o reyes.

galimatías *m.* Lenguaje incomprensible, confuso. **2** Lío, desorden.

gallardo -da *adj.* De hermosa apariencia, airoso. **2** Valiente, bizarro. **3** Noble, excelente.

gallego -ga *adj.* y *n.* De Galicia. **2** *Amér.* Se dice de los inmigrantes españoles en general. **3** *m.* Lengua románica hablada en Galicia y en algunas zonas de Asturias, León y Zamora.

gallero -ra *adj. Amér.* Aficionado a las riñas de gallos. **2** *m.* y *f. Amér.* Persona que se dedica a la cría de gallos de pelea. **3** *f. Amér.* Edificio o lugar destinado a la cría o pelea de gallos.

galleta[1] *f.* Pan sin levadura. **2** Pasta de harina, azúcar y otros ingredientes que se cuece al horno en trozos pequeños. **3** fam. Cachete, bofetada.

galleta[2] *f.* Vasija para licor, con caño torcido. **2** *Amér.* Recipiente redondo y sin asa, hecho de una calabaza, en que se bebe el mate.

gallina *f.* Hembra del gallo, del que se distingue por su menor tamaño, cresta más pequeña y carecer de espolones. **2** *com.* fam. Persona o animal cobarde.

gallinazo -za *m.* y *f.* Aura, ave. **2** *m.* Ave de los rálidos, acuática, con membranas entre los dedos. **3** *f.* Excremento o estiércol de gallina.

gallinero -ra *adj.* Se dice de las aves de rapiña cebadas en las gallinas. **2** *m.* y *f.* Persona que cría o vende gallinas. **3** *m.* Lugar donde las aves de corral se crían o recogen a dormir. **4** fig. Parte del teatro cuyas localidades son las más baratas.

gallito *adj.* y *m.* Engreído, fanfarrón. **2** Ave con copete de plumas en la cabeza que oculta el pico. Vive en las selvas de América del Sur.

gallo *m.* Ave galliforme doméstica, macho de la gallina. Tiene la cabeza con cresta roja carnosa, pico corto y curvo, plumaje vistoso y tarsos con espolones. **2** Pez marino de cabeza pequeña y boca prominente. **3** fig. Bravucón, que trata de mandar y de imponer su voluntad.

gallo

galo -la *adj.* y *n.* De la Galia. **2** *m.* Lengua celta que se hablaba en la Galia, parte de Europa central y N de Italia.

galón[1] *m.* Tejido fuerte a manera de cinta, con hilos de oro y plata. **2** Distintivo que llevan en la bocamanga diversas clases del ejército. **3** Listón que protege los costados externos de las embarcaciones.

galón[2] *m.* Unidad de medida de capacidad; equivale a cuatro litros y medio en medida inglesa, y a tres litros y cuarto en medida de EUA.

galopante *adj.* Que galopa. **2** Se dice de las enfermedades de curso rápido y fulminante.

galope *m.* Marcha más veloz del caballo.

galpón *m. Amér.* Cobertizo grande.

galvanismo *m.* Electricidad desarrollada por el contacto de dos metales diferentes, generalmente cobre y cinc, con un líquido interpuesto. **2** Propiedad de excitar los nervios y músculos con corrientes eléctricas.

galvanizado -da *adj.* Recubierto de una capa de otro metal. **2** *m.* Galvanización.

galvanizar *tr.* Aplicar una capa de cinc a otro metal para que no se oxide. **2** Someter a corrientes eléctricas como terapia. **3** Reactivar una actividad, ideal, etc.

gamberro -rra *adj.* y *n.* De conducta grosera o incívica.

gambeta *f.* Movimiento de la danza que se hace cruzando las piernas en el aire. **2** Corveta.

gameto *m.* Cada una de las células masculina y femenina que, unidas en la fecundación, forman el huevo o cigoto.

gamín *m.* Niño abandonado, golfillo. (Es galicismo.)

gamo *m.* Mamífero rumiante de los cérvidos, de pelaje rojizo oscuro con pequeñas manchas blancas. El macho tiene cuernos en forma de pala con ramificaciones terminales.

gamuza *f.* Rumiante de los bóvidos parecido al antílope, de cuernos cortos curvados hacia atrás. Vive en las altas montañas de Europa. **2** Piel de este animal tratada y usada para diversos fines.

gana *f.* Apetencia, deseo o inclinación a hacer algo. **2** Hambre, apetito.

ganadería *f.* Conjunto del ganado de un país, región o explotación particular. **2** Raza especial de ganado. **3** Conjunto de actividades relacionadas con la cría de ganado.

ganadero -ra *adj.* Relativo al ganado. **2** *m.* y *f.* Persona que es dueña de una ganadería. **3** Persona que cuida del ganado o comercia con él.

ganado *m.* Conjunto de reses o animales mansos que se llevan juntos a pastar. **2** Abejas que hay en la colmena.

ganador -ra *adj.* y *n.* Que gana.

ganancia *f.* Acción y efecto de ganar. **2** Beneficio que resulta de una venta o negocio, especialmente dinero.

ganancioso -sa *adj.* Que produce ganancias. **2** *adj.* y *n.* Que obtiene ganancia de un trato o comercio.

ganar *tr.* Adquirir algo, en especial dinero, como resultado de un trabajo, comercio, negocio o esfuerzo. **2** Obtener el triunfo en un juego, batalla o pleito. **3** *intr.* Mejorar, prosperar.

gancho *m.* Instrumento de metal, madera, etc., con un extremo curvado y puntiagudo para enganchar, agarrar o colgar algo. **2** fig. Persona que se sirve de otra para algún fin. **3** *Amér.* Horquilla del pelo.

ganga¹ *f.* Ave semejante a la perdiz, de cuerpo negro, pardo y blanco y alas largas.

ganga² *f.* Cosa apreciable que se adquiere por poco precio o con poco esfuerzo. **2** Materia inútil que acompaña a los minerales.

ganglio *m.* Nudo o abultamiento que se forma en los nervios o en los vasos linfáticos.

gangrena *f.* Necrosis de un tejido o parte de un órgano originada por falta de riego sanguíneo, infección u otra causa.

gángster (ing.) *com.* Miembro de una banda que se dedica a negocios clandestinos o delictivos. **2** Persona falta de escrúpulos.

ganguear *intr.* Hablar con resonancia nasal.

ganso -sa *m.* y *f.* Ave palmípeda de plumaje gris, pico anaranjado y patas rojizas. Su carne y su hígado son muy apreciados. **2** *adj.* y *n.* fig. Perezoso, descuidado. **3** fig. Rudo, basto.

ganso

ganzúa *f.* Alambre fuerte doblado por una punta a modo de garfio, que se usa para abrir cerraduras a falta de las llaves. **2** fam. Ladrón mañoso. **3** fam. Persona hábil en sonsacar secretos a otra.

gañido *m.* Aullido quejumbroso del perro y de otros animales.

gañir *intr.* Aullar el perro u otro animal cuando los maltratan. **2** Graznar las aves.

garabatear *intr.* Echar los garabatos para asir algo. **2** fig. Andar con rodeos, no ir directamente al asunto. **3** *intr.* y *tr.* Hacer garabatos con la pluma.

garabateo *m.* Acción y efecto de garabatear.

garabato *m.* Gancho de hierro para agarrar, colgar o extraer algo. **2** Arado del que tira un solo caballo. **3** Rasgo irregular hecho al escribir.

garante *adj.* Que ofrece garantía. **2** *com.* Persona que se constituye como fiadora del cumplimiento de lo prometido por otra.

garantía *f.* Acción y efecto de afianzar lo estipulado. **2** Fianza, prenda. **3** Seguridad de que algo se realizará o sucederá.

garbanzo *m.* Planta herbácea de tallo duro y ramoso, hojas compuestas y aserradas, flores blancas y fruto en vaina inflada. **2** Semilla de esta planta, comestible en legumbre.

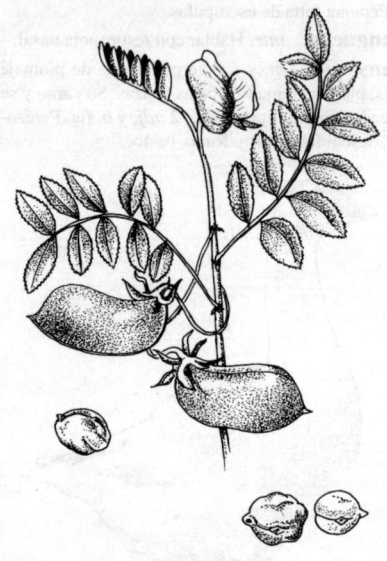

garbanzo

garbo *m.* Gracia, donaire. **2** Forma airosa de hacer algo. **3** Esplendidez, generosidad.

garboso -sa *adj.* Airoso, gallardo. **2** fig. Generoso, espléndido.

gardenia *f.* Planta arbustiva, originaria de China, de hojas lisas grandes y brillantes y flores blancas olorosas de pétalos gruesos. Se cultiva como ornamental.

garfio *m.* Gancho de hierro curvo y puntiagudo para aferrar algún objeto.

gargajo *m.* Flema, mucosidad que se escupe.

garganta *f.* Parte anterior del cuello. **2** Espacio interno entre el velo del paladar y la entrada del esófago y de la laringe. **3** fig. Parte más delgada y estrecha de algo.

gargantilla *f.* Collar que rodea el cuello. **2** Cada una de las cuentas que forman un collar.

gargarizar *intr.* Mantener un líquido en la garganta sin tragarlo, agitándolo y produciendo un ruido similar al del agua al hervir.

garguero *m.* Parte superior de la tráquea. **2** Caña del pulmón.

garita *f.* Caseta de madera u otro material, para el abrigo y comodidad de centinelas y vigilantes.

garra *f.* Pata del animal con uñas curvas, fuertes y afiladas, aptas para destrozar la presa. **2** fig. Mano del hombre. **3** fig. Fuerza, ímpetu.

garrapata *f.* Parásito de mamíferos, a los que transmiten enfermedades. **2** fam. MIL Caballo inútil.

garrocha *f.* Vara con un arponcillo en un extremo. **2** Vara larga para picar toros, con una punta de acero de tres filos, llamada puya.

garrote *m.* Palo grueso y fuerte. **2** Ligadura que se hace al retorcer la cuerda con un palo. **3** Instrumento para ejecutar la pena de muerte, consistente en un palo que retuerce una soga, o en un aro de hierro que comprime la garganta del reo.

gárrulo -la *adj.* Se dice del ave que canta o gorjea mucho. **2** fig. Charlatán.

garúa *f. Amér.* Llovizna. **2** Barullo.

garulla *f.* Granuja, uva desgranada. **2** fig. Multitud, bulla desordenada.

garzo -za *adj.* De color azulado. **2** *m.* Hongo. **3** *f.* Ave zancuda de los ardeidos, de cabeza pequeña con moño gris, pico puntiagudo negro y cuello y patas largas. Vive a orillas de ríos y pantanos.

gas *m.* Sustancia o fluido aeriforme a la presión y temperatura ordinarias; ocupa el recipiente que lo contiene. **2** *pl.* Aire que se acumula en el intestino.

gasa *f.* Tela de seda o hilo muy fina y ligera. **2** Tejido de algodón, de malla muy clara, que se usa para curas y vendajes.

gaseoso -sa *adj.* Que se halla en estado de gas. **2** Que desprende gases. **3** *f.* Refresco efervescente, sin alcohol.

gasificar *tr.* Convertir un cuerpo en gas. **2** Disolver gas carbónico en agua.

gasoducto *m.* Tubería de grueso calibre para trasladar gas combustible del lugar de producción al de consumo.

gasolina *f.* Mezcla de hidrocarburos líquidos volátiles e inflamables obtenidos del petróleo crudo. Se usa en los motores de explosión y como disolvente industrial.

gasolinera *f.* Instalación donde se halla un depósito de gasolina para suministrarla al público. **2** Lancha con motor de gasolina.

gastado -da *adj.* Estropeado por el uso. **2** Decaído, debilitado.

gastador -ra *adj.* y *n.* Que gasta mucho dinero. **2** *m.* Preso condenado a trabajos públicos.

gastar *tr.* Emplear el dinero en algo. **2** Estropear, deteriorar. **3** *tr.* y *prnl.* Consumir, acabar.

gasto *m.* Acción de gastar. **2** Lo que se ha gastado o se gasta.

gastronomía *f.* Conjunto de actividades y conocimientos relacionados con el arte de preparar buenas comidas. **2** Afición a la buena comida.

gatear *intr.* Trepar como los gatos. **2** Andar a gatas. **3** *Amér.* Tener aventuras amorosas. **4** *tr.* Arañar el gato. **5** Robar, hurtar.

gatillo *m.* Dispositivo de un arma de fuego que se acciona para disparar. **2** Tenazas o alicates para extraer muelas o dientes. **3** Parte superior del pescuezo de algunos cuadrúpedos, de la cruz a la nuca.

gato *m.* ZOOL Mamífero carnívoro de los félidos, de pequeño tamaño, cola larga, patas cortas, garras fuertes y agudas y pelaje espeso y suave. **2** Máquina que sirve para elevar grandes pesos a poca altura. **3** Instrumento de hierro o de madera compuesto de dos planchas con un tornillo para sujetar las piezas que se colocan entre ambas. **4** *Amér.* Carne del brazo.

gato

gaucho -cha *adj.* y *n.* Se dice del habitante del campo de Argentina, Uruguay y S de Brasil en los ss. XVIII y XIX.

gaveta *f.* Cajón corredizo de los escritorios. **2** Mueble con uno o varios de estos cajones.

gavilán *m.* Ave de unos 30 cm de largo, de plumaje gris azulado por encima, con listas de color pardo rojizo en el resto, y cola parda con rayas negras. Vuela rápido y es depredador de pequeños mamíferos. **2** Rasgo final de una letra. **3** Cada una de las puntas de la plumilla. **4** Cada uno de los dos hierros que forman la cruz de la espada. **5** Hierro cortante de la aguijada para limpiar el arado. **6** *Amér.* Uñero.

gavilla *f.* Conjunto de sarmientos, mieses, ramas, etc., mayor que el manojo y menor que el haz. **2** fig. Grupo de gente despreciable o soez.

gaviota *f.* Ave palmípeda de alas fuertes y largas, patas altas, pico curvo y plumaje blanco. Vive cerca del agua y se alimenta de gusanos y peces.

gazapera *f.* Madriguera de los conejos. **2** fam. Guarida de maleantes. **3** fam. Riña, alboroto.

gazapo[1] *m.* Cría del conejo. **2** fam. Hombre astuto.

gazapo[2] *m.* Mentira, embuste. **2** Error oral o escrito.

gazmoñería *f.* Afectación de modestia, devoción o escrúpulos falsa y exagerada.

gaznate *m.* Garguero, garganta. **2** Fruta de sartén en forma de cilindro.

ge *f.* Nombre de la letra *g*.

gea *f.* Conjunto del reino inorgánico de un país o región. **2** Obra que lo describe.

géiser *m.* Fuente termal intermitente en forma de surtidor, de temperatura superior a 90 °C.

geisha (japonés *gei*, 'arte' y *sha*, 'persona') *f.* Muchacha joven japonesa, educada en la música, la danza y el arte de servir el té, que acompaña o sirve a hombres importantes.

gelatina *f.* Sustancia proteica, incolora y transparente, derivada del colágeno obtenido por la cocción de huesos y cartílagos.

gélido -da *adj.* Helado, muy frío.

gema *f.* Nombre genérico de las piedras preciosas. **2** Yema de las plantas. **3** Parte defectuosa de un madero donde queda la corteza.

gemación *f.* Modo de reproducción asexual, propio de plantas y animales invertebrados, en que se separa del organismo una porción llamada yema, y se desarrolla hasta formar un nuevo individuo.

gemelo -la *adj.* y *n.* Se dice de cada uno de los nacidos en un mismo parto. Los univitelinos proceden de un solo huevo, son del mismo sexo y muy parecidos física y psíquicamente; los bivitelinos proceden de huevos diferentes, y pueden ser de sexos distintos y nada parecidos. **2** Se dice de un par de elementos iguales. **3** Se dice de los músculos de la parte posterior de la pierna, que elevan el talón. **4** *m. pl.* Anteojos, instrumento óptico para ver a distancia. **5** Juego de botones iguales con que se cierran los puños de la camisa. **6** Los dos maderos gruesos que se empalman a otro para reforzarlo.

gemido *m.* Acción y efecto de gemir. **2** Sonido, exclamación, etc., de pena o dolor.

gemidor -ra *adj.* Que gime.

geminación *f.* Repetición inmediata de una o más palabras.

geminar *intr.* y *prnl.* Duplicar, repetir.

géminis Constelación del Zodíaco, situada entre las de Tauro, Cáncer y Can Menor. Contiene la estrella Pólux, de primera magnitud. ▪ Tercer signo del Zodíaco (21 de mayo - 21 de junio).

gemir *intr.* Expresar la pena o dolor, con sonido y voz lastimera. **2** Aullar algunos animales, o producir cosas inanimadas sonidos semejantes al gemido del hombre.

genciana *f.* Planta herbácea de tallo sencillo, fistuloso, hojas grandes elípticas, flores amarillas, aisladas o agrupadas, y raíz gruesa de sabor amargo, que se emplea como tónica y febrífuga.

gendarme *com.* En Francia y otros países, agente destinado a mantener el orden y la seguridad pública.

genealogía *f.* Serie de los ascendientes de cada individuo y escrito que la contiene.

generación *f.* Acción y efecto de engendrar. **2** Sucesión de descendientes en línea recta. **3** Conjunto de personas que han nacido aproximadamente por las mismas fechas, o de educación o cultura semejante.

generador -ra *adj. y n.* Que engendra o genera algo. **2** *m.* Máquina que produce fuerza o energía.

general *adj.* Que es común y esencial a una totalidad o conjunto. **2** Frecuente, usual. **3** Vago, indeterminado. **4** *m.* Jefe militar perteneciente a la jerarquía superior del ejército de tierra o aire. **5** Autoridad superior de una orden religiosa.

generalidad *f.* Mayoría, la casi totalidad de individuos o miembros de un grupo, clase o todo sin determinación. **2** Vaguedad o falta de precisión en lo que se dice o escribe.

generalizar *tr. y prnl.* Hacer general o común una cosa. **2** *tr.* Considerar y tratar en común cualquier punto o cuestión.

generar *tr.* Engendrar, procrear. **2** Producir.

generativo -va *adj.* Capaz de engendrar.

generatriz *adj. y f.* Se dice de la máquina que convierte la energía mecánica en electricidad.

genérico -ca *adj.* Común a muchas especies. **2** Relativo al género.

género *m.* Conjunto de seres con caracteres comunes. **2** Modo o manera de hacer una cosa. **3** cualquier clase de tela. **4** Grupo taxonómico situado entre la familia y la especie. **5** Categoría gramatical que sirve para indicar la diferencia de sexo entre las personas y animales, o bien la distinción análoga que se da a las cosas.

generosidad *f.* Calidad de generoso; actitud y comportamiento propios de él.

generoso -sa *adj. y n.* Noble, magnánimo. **2** Inclinado a dar cosas a los demás o esforzarse por ellos. **3** Excelente en su especie. **4** Muy abundante.

génesis *f.* Origen o principio de una cosa. **2** Conjunto de hechos y causas que conducen a un resultado.

genética *f.* Parte de la biología que estudia la herencia de los caracteres. Abarca diversos campos y constituya una especialidad en constante avance.

genial *adj.* Relativo o característico del genio creador. **2** Ocurrente, ingenioso. **3** fam. Excelente.

genialidad *f.* Calidad del genio, capacidad creativa. **2** Acción singular, extravagante.

genio *m.* Índole o inclinación natural de una persona. **2** Carácter enérgico o difícil. **3** Disposición extraordinaria, gran capacidad y fuerza intelectual creadora. **4** Condición o manera peculiar de un país o época. **5** Duende, ser mágico.

genital *adj.* Relativo al aparato reproductor o que sirve para la reproducción. **2** *m. pl.* Partes externas de los órganos sexuales.

genitivo -va *adj.* Que puede engendrar o producir una cosa.

genocidio *m.* Exterminio sistemático de un grupo social por motivos de raza, religiosos, o políticos.

genotipo *m.* Conjunto de los genes existentes en cada núcleo celular de un individuo.

gente *f.* Conjunto de personas.

gente

gentil *adj. y com.* Idólatra o pagano. **2** *adj.* De aspecto hermoso y apuesto. **3** Amable, educado. **4** Notable, grande.

gentileza *f.* Calidad de gentil. **2** Garbo y desembarazo. **3** Gallardía, bizarría.

gentilicio -cia *adj.* Relativo a las gentes o naciones. **2** Relativo al linaje o familia. **3** *adj. y n.* Se dice del nombre que indica el origen o nacionalidad.

gentilidad *f.* Religión de los gentiles. **2** Conjunto de los gentiles.

genuflexión *f.* Acción y efecto de doblar una rodilla hacia el suelo, como señal de reverencia.

genuino -na *adj.* Que no está falseado, puro, auténtico.

geocéntrico -ca *adj.* Relativo al centro de la Tierra. **2** Se dice de la longitud y latitud de un planeta visto desde la Tierra. **3** Se dice de los sistemas planetarios según los cuales la Tierra es el centro del Universo y los planetas giran alrededor de ella.

geodesia *f.* Ciencia que determina la forma y magnitud de la Tierra y la representa en mapas.

geofísica *f.* Parte de la física que estudia los fenómenos físicos relacionados directamente con la Tierra (con su interior y su superficie) y los que se producen en la atmósfera (objeto de la física del aire, la aeronomía y la meteorología).

geografía *f.* Ciencia que estudia los fenómenos que se producen en la superficie terrestre, plano de contacto donde confluyen y se relacionan la estructura geológica, el flujo de las aguas, los procesos atmosféricos y la acción de los seres vivos.

geógrafo -fa *m. y f.* Persona que se dedica a la geografía.

geología *f.* Ciencia que estudia la composición de la Tierra, y su evolución y transformación a través del tiempo.

geólogo -ga *m. y f.* Persona que estudia geología.

geomagnetismo *m.* Conjunto de fenómenos relativos al campo magnético terrestre. **2** Parte de la geofísica que estudia estos fenómenos.

geometría *f.* Parte de las matemáticas que trata de las propiedades, medidas y relaciones entre elementos lineales, planos y espaciales. La geometría estudia las propiedades de las figuras, independientemente de su posición en el plano y en el espacio.

geométrico -ca *adj.* Relativo a la geometría. **2** Exacto. **3** Se dice del estilo o decoración de líneas, triángulos, círculos y rombos.

geranio *m.* Planta herbácea de tallos carnosos y ramosos, hojas opuestas pecioladas de borde ondulado, flores en umbela y frutos capsulares.

gerencia *f.* Cargo, gestión y oficina del gerente. **2** Tiempo que dura este cargo.

gerente *com.* Persona que dirige, administra y representa a una sociedad o empresa.

geriatría *f.* Especialidad médica que estudia la patología de la vejez.

germánico -ca *adj.* Relativo a la Germania o a los germanos. **2** De Alemania o de los alemanes.

germano -na *adj.* Relativo a los germanos. **2** *adj. y n.* De Germania. **3** Alemán.

germen *m.* Principio o estado primordial de un ser orgánico. **2** Microorganismo. **3** Primer tallo que

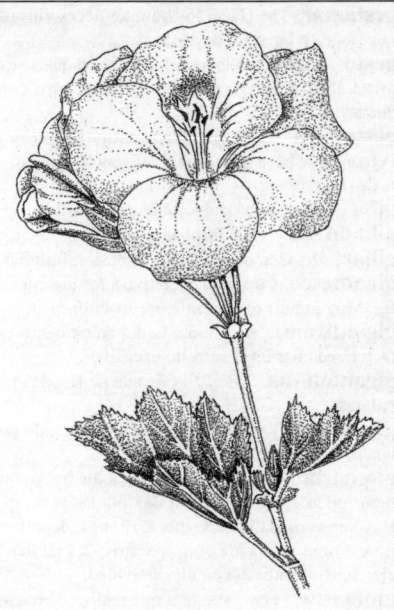

geranio

brota de un semilla. **4** fig. Principio u origen de algo material o moral.

germinación *f.* Acción de germinar. **2** Conjunto de fenómenos que se originan en una semilla desde que el embrión se desarrolla hasta que se transforma en plántula.

germinar *intr.* Brotar y empezar a desarrollarse las plantas. **2** fig. Comenzar a desarrollarse cosas morales o abstractas.

gerontocracia *f.* Gobierno de los ancianos.

gerontología *f.* MED Estudio de la vejez y de los fenómenos que la caracterizan.

gerundio *m.* Forma no personal del verbo que puede tener valor adverbial. Expresa una acción con carácter durativo. Puede referirse a cualquier tiempo y a cualquier género y número. Modifica la significación del verbo expresando modo, condición, motivo o circunstancia. En castellano puede ser simple o compuesto. Acaba en *ando* o en *iendo*.

gesta *f.* Conjunto de hechos memorables.

gestación *f.* Acción y efecto de gestar. **2** Embarazo.

gestar *tr.* Llevar y sustentar la madre el futuro ser hasta el momento del parto. **2** *prnl.* fig. Prepararse, desarrollarse o crecer sentimientos, ideas, etc.

gesticulación *f.* Gesto, mueca.

gestión *f.* Acción y efecto de gestionar.

gestionar *tr.* Hacer los trámites necesarios para el logro o buen fin de algo.

gesto *m.* Movimiento del rostro con que se expresa algo. **2** Rasgo notable del carácter o conducta.

gestor -ra *adj. y n.* Que gestiona. **2** *m. y f.* Persona que hace gestiones o diligencias por cuenta de otra.

giba *f.* Joroba, corcova. **2** fam. Molestia.

gibado -da *adj.* Jorobado, giboso.

gibar *tr.* Corcovar. **2** fam. Molestar, fastidiar.

gigantesco -ca *adj.* Relativo a los gigantes. **2** fig. Muy grande o sobresaliente en su línea.

gigantismo *m.* Anomalía del crecimiento caracterizada por un desarrollo excesivo.

gigantón -na *m. y f.* Gigante de festejos populares.

gigoló (fr.) *m.* Hombre joven mantenido por una mujer madura.

gimnasia *f.* Conjunto de ejercicios físicos que desarrollan, fortalecen y dan flexibilidad al cuerpo. Hay varias modalidades: sueca, rítmica, deportiva, esta última realizada con aparatos. **2** Práctica o ejercicio que adiestra en una actividad.

gimnasta *com.* Persona que realiza ejercicios de gimnasia.

gimotear *intr.* Gemir o quejarse ridículamente, sin causa justificada.

gineceo *m.* Habitación retirada que los griegos destinaban a sus mujeres. **2** Pistilo.

ginecocracia *f.* Gobierno de las mujeres.

ginecología *f.* Parte de la medicina que trata de las enfermedades de la mujer.

ginecólogo -ga *m. y f.* Médico que se dedica a la ginecología.

gingival *adj.* Relativo a las encías.

gingivitis *f.* Inflamación de las encías.

gira *f.* Excursión o viaje por diversos lugares volviendo al punto de partida. **2** Serie de actuaciones que realiza una compañía teatral, o un artista, en distintas ciudades.

girador -ra *m. y f.* Persona que expide una letra de cambio.

girar *intr.* Moverse alrededor o circularmente. **2** Tratar una conversación o asunto sobre un tema dado. **3** Desviarse o cambiar la dirección inicial. **4** *intr. y tr.* Mandar por giro postal una cantidad de dinero.

girasol *m.* Planta anual de tallo recto, grueso y alto, hojas alternas pecioladas, flores terminales amarillas, de gran tamaño, y fruto de semillas comestibles, de las que se extrae aceite. **2** fig. Persona servil, aduladora.

giratorio -ria *adj.* Que gira o se mueve alrededor de algo. **2** *f.* Mueble de despacho con estantes y divisiones que gira alrededor de un eje.

girasol

giro[1] *m.* Movimiento circular. **2** Acción y efecto de girar. **3** Dirección o aspecto que se da a un asunto, conversación, etc. **4** Estructura de una frase o forma de ordenar las palabras para expresar un concepto. **5** Transferencia de dinero por medio de letras de cambio, cheques u otra forma de pago.

giro[2] **-ra** *adj. Amér.* Se dice del gallo de plumas y alas amarillentas.

gitanería *f.* Caricia, mimo interesado. **2** Reunión de gitanos. **3** Dicho o hecho gitanesco.

gitano -na *adj. y n.* Se dice de un pueblo nómada procedente del N de la India, que se extendió por Europa y N de África. **2** Propio de este pueblo.

glaciación *f.* GEOL Período de tiempo caracterizado por el descenso general de la temperatura y el avance de los hielos en la Tierra.

glacial *adj.* Helado, muy frío. **2** Que hace helar o helarse.

glaciar *m.* Masa de hielo perenne sobre tierra firme, cuyo peso determina que se deslice en el sentido de la gravedad. Los glaciares se producen por una nueva cristalización de la nieve, sometida a grandes presiones.

glándula *f.* Cualquier órgano de tejido epitelial que elabora sustancias necesarias para su funcionamiento, o segrega las inútiles o nocivas. Hay dos clases: las de secreción interna o endocrinas, en las que las sustancias se incorporan a la sangre, y las de secreción externa o exocrinas, que segregan las sustancias a través de un conducto.

glauco -ca *adj.* Verde claro. **2** *m.* Molusco marino, con tres pares de branquias de color azul.

global *adj.* Tomado en conjunto.

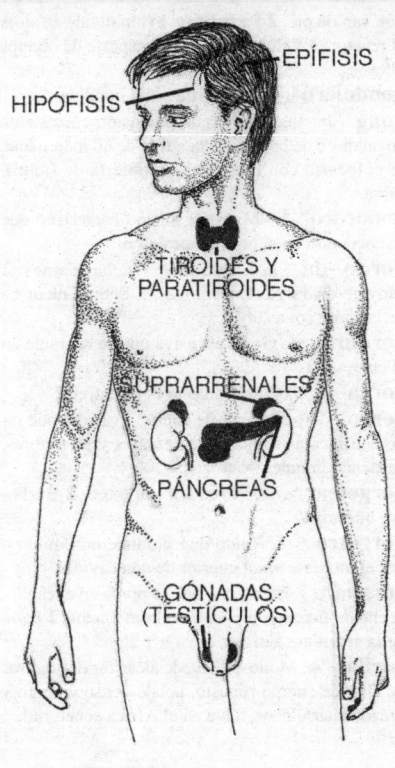

glándulas

globo *m.* Esfera, cuerpo redondo. **2** Tierra, planeta. **3** Aeróstato lleno de un gas ligero que se eleva en la atmósfera y provisto de una barquilla para tripulantes. **4** Esfera de cristal que cubre una luz. **5** Bolsa de goma o de otro material llena de aire o gas ligero, con la que juegan los niños.

globulina *f.* Nombre genérico de un grupo de proteínas, vegetales y animales, insolubles en agua y solubles en disoluciones salinas. Entre las más importantes se cuentan las del plasma sanguíneo.

glóbulo *m.* Pequeño cuerpo esférico. **2** Célula globosa contenida en la sangre; las blancas se llaman leucocitos y las rojas hematíes.

gloria *f.* Cielo, lugar donde se goza de la presencia de Dios. **2** Fama y honor. **3** Pastel abarquillado de hojaldre. **4** Pintura de ángeles, resplandores o nubes. **5** En el teatro, telón que se alza para recibir los aplausos. **6** *m.* Canto o rezo de la misa.

gloriar *tr.* Glorificar. **2** *prnl.* Jactarse, alabarse mucho. **3** Complacerse, alegrarse.

glorieta *f.* Cenador de un jardín. **2** Encrucijada de calles o alamedas.

glorificar *tr.* Dar gloria.

glorioso -sa *adj.* Digno de honor y alabanza.

glosa *f.* Explicación o comentario de un texto oscuro o difícil. **2** Composición poética en que se repiten versos al final de las estrofas.

glosario *m.* Catálogo o vocabulario de palabras difíciles o desusadas con su explicación. **2** Colección de glosas de un mismo escritor.

glotis *f.* Abertura anterior de la laringe.

glotón -na *adj.* y *n.* Que come con exceso y ansia. **2** *m.* Mamífero carnívoro del tamaño de un zorro grande.

glotonería *f.* Acción de glotonear. **2** Calidad de glotón.

glucosa *f.* $C_6H_{12}O_6$. Es un cuerpo de color blanco, cristalizable, de sabor muy dulce, soluble en agua y poco en alcohol. Se encuentra en frutos maduros, en la miel, en el plasma sanguíneo y en la orina de los diabéticos. Es el más difundido e importante de los azúcares, y tienen un papel decisivo en el metabolismo del organismo humano.

gnomo *m.* Ser fantástico, duende de las montañas o bosques nórdicos, de figura minúscula, que trabaja en las minas.

gnomon *m.* Indicador de las horas en los relojes de sol. **2** Escuadra, medida.

gobelino *m.* Tapicero de la fábrica de tejidos fundada por J. Gobelin. **2** Tapiz hecho en esta fábrica o a imitación suya.

gobernación *f.* Acción y efecto de gobernar. **2** Ejercicio del gobierno.

gobernador -ra *adj.* Que gobierna. **2** *m.* y *f.* Máximo responsable de una provincia, ciudad o territorio con autoridad delegada de la del Estado; según la jurisdicción que ejerce, se llama civil, militar, o eclesiástico. **3** Representante del gobierno en algún establecimiento público.

gobernante -ta *adj.* Que gobierna. **2** Encargada de la administración de una casa o institución. **3** *Amér.* Institutriz.

gobernar *tr.* e *intr.* Mandar con autoridad, regir un país. **2** *tr.* Dominar a alguien. **3** Guiar y dirigir.

gobierno *m.* Acción y efecto de gobernar. **2** Manera de regir y gobernar. **3** Conjunto de ministros de un Estado. **4** Cargo y sede de un gobernador. **5** Tiempo que dura en este mando. **6** Docilidad del barco al timón.

gol *m.* En fútbol y otros juegos semejantes, suerte de entrar el balón en la portería.

golf *m.* Deporte de origen escocés que consiste en introducir una pelota pequeña, lanzándola con diferentes palos, en una serie de hoyos muy espaciados, 9 ó 18, abiertos en un terreno extenso y cubierto de césped, con accidentes naturales y artificiales. Gana el jugador que hace el recorrido con el menor número de golpes.

golfo[1] *m*. Porción de mar que se adentra en la tierra. **2** Gran extensión de mar que dista mucho de tierra por todas partes y en la que no hay islas.

golfo[2] **-fa** *m*. y *f*. Pillo, vagabundo. **2** Persona de pocos escrúpulos. **3** *f*. Prostituta.

golilla *f*. Adorno que rodea el cuello, hecho de tela negra sobre la que se ponía otra blanca, que usaban los togados. **2** Anillo o rodete que cada una de las piezas de un cuerpo de bomba tiene en su extremo, como seguro. **3** Plumas que cubren el cuello de algunas aves. **4** Tubo corto para empalmar los caños de barro.

golondrina *f*. Ave migratoria, de pequeño tamaño, pico negro, corto y hundido, dorso negro azulado, vientre blanco, alas puntiagudas y largas, patas cortas y cola ahorquillada. Se alimenta de insectos, y se encuentra prácticamente por todo el mundo. **2** Barca con motor que efectúa recorridos cortos y regulares, y en la que pueden viajar en cubierta los pasajeros.

golondrino *m*. Pollo de la golondrina. **2** fig. Hombre que va de un sitio a otro, sin hogar fijo. **3** Bulto que aparece en la axila a causa de una inflamación de la glándula sudorípara.

golosina *f*. Manjar delicado, dulce, de poco alimento, que se come por placer. **2** fig. Cosa más agradable que útil.

golosinear *intr*. Comer constantemente golosinas.

goloso -sa *adj*. y *n*. Aficionado a comer golosinas. **2** fig. Deseoso o dominado por el apetito de algo.

golpe *m*. Encuentro repentino y violento de un cuerpo contra otro. **2** Efecto de este encuentro. **3** Abundancia de algo. **4** Desgracia repentina. **5** Asalto, atraco. **6** Admiración, sorpresa. **7** Ocurrencia graciosa y oportuna. **8** Latido del corazón. **9** Pestillo que se cierra dando un portazo. **10** Número de semillas que se siembran en un hoyo. **11** Este hoyo. **12** Lance en que se hacen algunas rayas, en el juego del billar. **13** Postura con la que se acierta en un juego.

golpear *tr*. e *intr*. Dar golpes repetidamente.

goma *f*. Sustancia viscosa que fluye de diversos vegetales; disuelta en agua da una solución coloidal, que sirve para pegar cosas. **2** Anillo de caucho que se utiliza para sujetar cosas. **3** La preparada para borrar lo dibujado o escrito. **4** Tumor en los huesos o en ciertos órganos, de origen sifilítico.

gónada *f*. Glándula sexual masculina, testículos, o femenina, ovario.

góndola *f*. Embarcación propia de Venecia, sin palos ni cubierta, con las puntas de popa y proa muy estilizadas, conducida por uno o dos remeros que van de pie. **2** Parte de un avión donde se aloja el reactor. **3** Vehículo para el transporte de objetos altos.

gondolero *m*. El que dirige la góndola.

gong *m*. Instrumento de percusión consistente en un disco de bronce suspendido de un marco que, al golpearlo con una maza recubierta de fieltro, vibra.

gonococo *m*. Microorganismo bacteriano que se encuentra en el pus blenorrágico.

gordo -da *adj*. Que tiene muchas carnes. **2** Muy abultado y corpulento. **3** *m*. Sebo o manteca de la carne comestible.

gordura *f*. Grasa excesiva que se acumula en el cuerpo.

gorga *f*. Comida de las aves de cetrería.

gorgojo *m*. Insecto de cuerpo ovalado, que vive en diversas semillas de cereales y legumbres, causando grandes destrozos.

gorgotear *intr*. Producir gorgoteo. **2** Borbotar, burbujar.

gorgoteo *m*. Ruido que produce un líquido o gas al moverse en el interior de una cavidad.

gorguera *f*. Adorno que se ponía en el cuello, hecho de lienzo con pliegues almidonados. **2** Parte de la armadura antigua.

gorila *m*. Mono que puede alcanzar dos metros de alto, de cuerpo robusto, pelaje denso y negro y brazos musculosos. Vive en el África ecuatorial.

gorila

gorjear *intr*. Hacer gorgoritos, en especial los pájaros. **2** *prnl*. Balbucear los niños.

gorjeo *m*. Gorgorito, en especial el de los pájaros. **2** Balbuceo de los niños cuando empiezan a hablar.

gorra *f*. Prenda para cubrir la cabeza, sin alas y con visera o sin ella.

gorrero -ra *m.* y *f.* Persona que hace o vende gorras. **2** Persona que vive o come a costa ajena.

gorrino -na *m.* y *f.* Cerdo de pocos meses.

gorrión *m.* Ave pequeña, de cuerpo redondo, pico corto y fuerte y plumaje de tonos oscuros. Se alimenta de insectos y granos.

gorrión

gorro *m.* Pieza de vestir para abrigar y cubrir la cabeza, de forma redonda, de tela o de punto. **2** Por extensión, lo que tapa el extremo de algo.

gorrón[1] *m.* Gusano de seda que deja el capullo a medio hacer, por enfermedad. **2** Guijarro pelado y redondo. **3** Trozo saliente de una pieza vertical que sirve de eje o punto de apoyo.

gorrón[2] **-na** *adj.* y *n.* Que suele comer, vivir o divertirse a expensas de otro. **2** *m.* Cliente de la gorrona. **3** *f.* Prostituta.

gota *f.* Mínima cantidad de un líquido. **2** Enfermedad producida por exceso de ácido úrico, con inflamación grave y dolorosa de las articulaciones. **3** Adorno en forma de cono de la cornisa dórica. **4** *pl.* Medicina que se administra con dosificador de líquidos.

gotear *intr.* Caer un líquido gota a gota. **2** Comenzar a llover gotas intermitentes. **3** fig. Dar o recibir de modo lento y espaciado.

gotera *f.* Caída de agua en el interior de un edificio, o a través de una pared. **2** Grieta o lugar por donde cae y señal que deja. **3** Cenefa de tela que cuelga de un dosel. **4** *pl.* Achaques propios de la vejez.

gótico -ca *adj.* y *n.* De los godos. **2** Se dice del arte europeo, desarrollado del s. XII al Renacimiento, por evolución del románico.

gourmet (fr.) *com.* Amante de la buena comida y del buen vino.

gozar *tr.* e *intr.* Tener o poseer algo. **2** *intr.* Sentir placer, experimentar gusto, complacencia.

gozne *m.* Herraje articulado compuesto de dos planchas metálicas que permiten el movimiento de puertas, ventanas y objetos que abren y cierran.

gozo *m.* Complacencia y alegría del ánimo al ver, poseer o esperar algo. **2** Llamarada que hace la leña menuda y seca. **3** *pl.* Composición poética sobre la Virgen o los santos, en coplas acabadas con un estribillo.

gozque *adj.* y *com.* Se dice del perro pequeño y muy ladrador.

grabación *f.* Acción y efecto de grabar, registrar un sonido en disco, cinta, etc. **2** Por extensión, disco gramofónico.

grabado *m.* Arte de grabar. **2** Estampa producida de este modo. **3** Plancha grabada para ser reproducida.

grabador -ra *adj.* Relativo al arte del grabado. **2** *adj.* y *n.* Que graba. **3** *m.* Dispositivo que lleva una aguja o estilete inscriptor que registra y reproduce sonidos, transformando las señales eléctricas en mecánicas.

grabar *tr.* Señalar con incisión o labrar en un hueco o relieve sobre una superficie de piedra, metal, madera etc., un dibujo, letrero o figura. **2** Registrar los sonidos por medio de un disco, cinta magnetofónica, etc., de modo que se puedan reproducir.

gracejo *m.* Gracia, chiste.

gracia *f.* Don gratuito de Dios, para ayudar al hombre a alcanzar la salvación eterna. **2** Don natural que tienen algunas personas y que las hace agradables. **3** Beneficio, don, favor gratuito. **4** Habilidad, arte en hacer o conseguir algo. **5** Chiste, dicho agudo y gracioso. **6** Perdón o indulto que el poder competente concede a un condenado. **7** Nombre de cada uno en lenguaje poco natural.

grácil *adj.* Sutil, fino o menudo.

gracioso -sa *adj.* Se aplica a la persona o cosa cuyo aspecto deleita a los que la miran. **2** Ocurrente, chistoso. **3** Que se da de balde. **4** Dictado de los reyes de Inglaterra.

grada[1] *f.* Peldaño, especialmente de un altar, trono o estrado. **2** Cada uno de los asientos escalonados en los teatros, estadios o lugares públicos. **3** Plano inclinado de un astillero, donde se construyen o reparan los barcos. **4** *pl.* Conjunto de escalones que suelen tener en su entrada los edificios importantes.

grada[2] *f.* Reja o locutorio de los conventos de monjas. **2** Herramienta agrícola con la que se allana la tierra arada, para sembrarla.

gradación *f.* Serie de cosas ordenadas gradualmente. **2** Realización de algo por fases sucesivas. **3** Período armónico que sube de grado para acentuar un efecto. **4** Figura literaria en que se ordenan las palabras de manera ascendente o descendente, para lograr más fuerza expresiva.

grado[1] *m.* Peldaño. **2** Cada uno de los diversos estados, valores o calidades que en relación de menor a mayor puede tener algo. **3** Cada una de las generaciones que marcan el parentesco. **4** Título que se da al que se gradúa en una facultad o ciencia. **5** En ciertas escuelas, cada sección en que se agrupan los alumnos, según su edad y conocimientos. **6** Unidad de medida de ciertos valores físicos, como la temperatura, la presión o la densidad. **7** Unidad de medida de los arcos de los ángulos y de las partes en que se divide una circunferencia. **8** Número de orden que expresa el de factores de la misma especie que entran en un término o en una parte de él. **9** Manera gramatical de significar la intensidad relativa de los calificativos: *positivo, comparativo* y *superlativo*.

grado² *m.* Voluntad, gusto.

graduación *f.* Acción y efecto de graduar. **2** Proporción de alcohol que contienen las bebidas espirituosas. **3** Categoría de un militar en su carrera.

graduado -da *adj. y n.* Se aplica al militar que tiene un grado superior al que le corresponde. **2** Se dice del que ha obtenido un título académico.

gradual *adj.* Que está por grados, o va de grado en grado. **2** *m.* Rezo de la misa, entre la epístola y el evangelio.

graduar *tr.* Dar a algo el grado o calidad que le corresponde. **2** Señalar los grados en que se divide algo. **3** Conceder un grado militar. **4** *tr. y prnl.* Dar un grado o título en una facultad, según los estudios realizados.

graffiti (it.) *m. pl.* Inscripciones o dibujos anónimos realizados sobre paredes, puertas, etc.

graffiti

grafía *f.* Signo o conjunto de signos con que se representan los sonidos.

gráfico -ca *adj.* Relativo a la escritura y a la imprenta. **2** Se dice del modo de hablar muy vivo y detallado. **3** *adj. y n.* Se dice de las operaciones y demostraciones que se representan por medio de figuras o signos. **4** *m. y f.* Representación de datos numéricos por medio de líneas que muestran la relación entre ellos.

grafismo *m.* Particularidad de la escritura, dibujo, etc., de una persona. **2** Diseño gráfico.

grafito *m.* Variedad de carbono de brillo metálico, graso al tacto, buen conductor del calor y la electricidad. Se usa para hacer lápices, lubricantes, etcétera.

grafo *m.* Conjunto de puntos unidos entre sí por líneas orientadas.

grafología *f.* Estudio de la letra de una persona para intentar averiguar su carácter.

gragea *f.* Confite pequeño de varios colores. **2** Porción de materia medicamentosa redonda y recubierta de una sustancia agradable.

grajear *intr.* Chillar los grajos, o los cuervos. **2** Producir sonidos guturales el niño que aún no habla.

grajo *m.* Ave paseriforme de cuerpo negruzco, pico y pies rojos, y uñas grandes y negras. **2** *Amér.* Olor desagradable del sudor.

grama *f.* Planta de las gramíneas, perenne y rastrera, de hojas lanceoladas y flores en espiga con abundantes rizomas.

gramática *f.* Ciencia que estudia la lengua y marca sus normas morfológicas y sintácticas. **2** Texto en que se exponen dichas normas, y que es materia de estudio.

gramilla *f.* Tabla vertical donde se separa la fibra del lino o cáñamo de su tallo.

gramíneas *f. pl.* Familia de plantas de tallos cilíndricos, huecos y nudosos, hojas alternas, flores en espigas o panojas y grano seco cubierto por las escamas de la flor, como el trigo.

gramo *m.* En el sistema cegesimal, unidad de masa que equivale a la milésima parte del kg. Es igual a la masa de 1 cm³ de agua destilada a 4°C. Se abrevia g. También es la unidad de peso equivalente a una milésima del kg.

gramófono *m.* Aparato que reproduce las vibraciones sonoras registradas en un disco. Consta de un plato giratorio y de un brazo con un estilete que recorre el disco.

gramola *f.* Gramófono de bocina interior, portátil o en forma de mueble. **2** Gramófono eléctrico instalado en establecimientos públicos, que funciona con monedas.

gran *adj.* Apócope de *grande*; sólo se usa antepuesto al sustantivo singular: *gran sermón*. **2** Principal o principio.

grana¹ *f.* Acción y efecto de granar. **2** Semilla menuda de algunos vegetales. **3** Tiempo en que cuaja el grano.

grana² *f.* Cochinilla, colorante. **2** Quermes, insecto. **3** Excrecencia del quermes en la coscoja, que exprimida produce el color rojo.

granada *f.* Fruto del granado, de forma esférica, de unos 10 cm, de corteza amarillenta rojiza y el interior dividido en huecos llenos de semillas rojas y carnosas. Su sabor es agridulce. **2** Proyectil

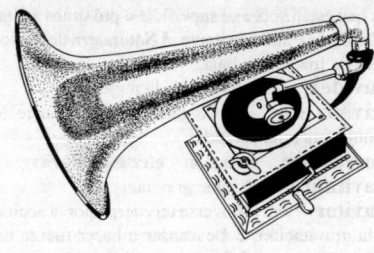
gramófono

hueco que contiene un explosivo, o un compuesto químico, con una espoleta como detonador, que se arroja con la mano, o se dispara con fusil, arma ligera o mortero.

granadero *m.* Soldado encargado de lanzar o disparar granadas. **2** Soldado de elevada estatura que formaba a la cabeza del regimiento. **3** fam. Persona muy alta.

granadillo *m.* Árbol que alcanza 8 m de altura, de tronco y ramas retorcidas, flores blanquecinas y fruto en legumbre vellosa. Su madera, dura y de color rojizo, es muy apreciada en ebanistería.

granado^1 *m.* Árbol de hojas opuestas, enteras y lustrosas, y flores rojas de pétalos algo doblados; su fruto es la granada.

granado^2 **-da** *adj.* fig. Notable, ilustre. **2** fig. Maduro, experto.

granar *tr.* Granear la pólvora. **2** *intr.* Formarse y crecer el grano de ciertos frutos.

granate *m.* Nombre de un grupo de minerales compuestos de silicato doble de alúmina y de hierro u otros óxidos metálicos. Cristalizan en el sistema cúbico. Son transparentes, de amplia gama de colores; algunos se usan como piedras preciosas, y otros tienen uso industrial. **2** Color rojo oscuro.

grande *adj.* Que excede en tamaño, importancia etc., a lo común y regular. **2** *com.* Persona de elevada jerarquía o nobleza.

grandeza *f.* Calidad de grande. **2** fig. Excelencia de alma.

grandilocuencia *f.* Elocuencia abundante y elevada. **2** Estilo recargado.

grandioso -sa *adj.* Sobresaliente, magnífico.

graneador *m.* Criba de piel para refinar el grano de pólvora. **2** Lugar destinado a este efecto. **3** Instrumento de acero para granear las planchas que graban al humo.

granear *tr.* Esparcir la semilla en un terreno. **2** Convertir en grano la masa de pólvora. **3** Llenar la superficie de una plancha de puntos espesos, para grabar al humo. **4** Sacar grano a una superficie lisa.

granero *m.* Lugar donde se almacena el grano. **2** fig. Territorio abundante en grano que provee a otros países. **3** Desván.

granito *m.* Roca eruptiva, compacta y dura, compuesta de feldespato, cuarzo y mica. Es la más abundante de la corteza terrestre. Se emplea en construcción, y su tonalidad es por lo general clara.

granizada *f.* Cantidad de granizo que cae de una vez. **2** fig. Multitud de cosas que caen o afluyen de forma rápida y violenta.

granizar *intr.* Caer granizo. **2** *intr.* y *tr.* fig. Lanzar algo con ímpetu y violencia.

granizo *m.* Agua congelada que desciende con violencia de las nubes, en granos más o menos duros y gruesos. **2** Especie de nube que se forma en los ojos. **3** Granizada.

granja *f.* Casa de campo con huerto grande y ganado estabulado. **2** Industria dedicada a la cría de animales domésticos. **3** Establecimiento donde se consume y vende leche y sus derivados, dispuesta también a veces como cafetería.

granjear *tr.* Adquirir ganancias comerciando. **2** Obtener, conseguir en general. **3** *tr.* y *prnl.* Captar, atraer.

granjero -ra *m.* y *f.* Persona que cuida una granja.

grano *m.* Semilla y fruto de los cereales y de otras plantas: *grano de mostaza, grano de anís.* **2** Porción o parte menuda de alguna cosa: *grano de arena.* **3** Cuarta parte de un quilate. **4** Flor de una piel adobada. **5** Prominencia que se percibe en una superficie.

granuja *f.* Uva desgranada y separada del racimo. **2** Simiente de algunas frutas. **3** *com.* fig. Bribón, persona que engaña habitualmente.

granular^1 *adj.* Se dice de lo que tiene granos o los forma.

granular^2 *tr.* Reducir a granos finos. **2** Dar una textura granulosa a una superficie.

grapa *f.* Pieza de hierro u otro metal cuyos dos extremos doblados se clavan para unir o sujetar maderas, papeles u otras cosas. **2** Gajo de uva. **3** Úlcera transversal en la parte anterior del corvejón y en la posterior de la rodilla de las caballerías. **4** Aguardiente de orujo.

grapadora *f.* Utensilio para grapar.

grapar *tr.* Sujetar con grapas.

grasa *f.* Sustancia orgánica formada por la combinación de ciertos ácidos grasos con la glicerina. Se encuentra en los tejidos de plantas y animales, y es muy untuosa. Se utiliza como comestible en la industria de la alimentación, en la farmacéutica y para fabricar jabones. **2** Goma del enebro. **3** Mugre o suciedad que el contacto con el cuerpo deja en la ropa. **4** *pl.* Escorias de metal antes de hacer la colada en una fundición.

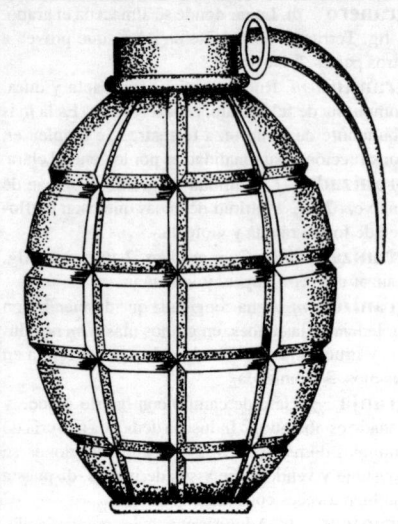

granada

grasero *m.* MIN Sitio donde se echan las grasas de un metal.

grasoso -sa *adj.* Que está impregnado de grasa, o que desprende grasa.

gratificación *f.* Recompensa de dinero por un servicio eventual. **2** Remuneración suplementaria del salario. **3** Propina.

gratificar *tr.* Recompensar con una gratificación. **2** Dar gusto, complacer.

gratinar *tr.* Dorar en la parte superior del horno un alimento cubierto con una capa de mantequilla y queso rallado, o salsa similar.

gratis *adj.* Sin pagar nada a cambio.

gratitud *f.* Agradecimiento en correspondencia ante un beneficio o favor recibido.

gratuito -ta *adj.* De balde. **2** Sin fundamento.

grava *f.* Conjunto de guijarros. **2** Piedra machacada que se emplea para allanar y cubrir el piso de carreteras y como componente del hormigón. **3** Mezcla de guijarros, arena y arcilla que se encuentra en yacimientos.

gravamen *m.* Carga, obligación, tributo.

gravar *tr.* Cargar, pesar sobre alguien o algo. **2** Imponer una carga tributaria.

grave *adj.* Se dice de lo que pesa. **2** De mucha entidad o importancia. **3** Serio, que causa respeto. **4** Se dice del estilo noble. **5** Molesto, fastidioso. **6** Se dice de la palabra con acento en la penúltima sílaba. **7** *adj.* y *m.* Se dice del sonido bajo, por oposición al agudo.

gravedad *f.* FÍS Fuerza que ejerce la Tierra u otro astro cualquiera, atrayendo hacia sí los cuerpos que están sobre su superficie o próximos a ella. **2** Calidad y estado de grave. **3** Naturaleza de los sonidos de frecuencia baja.

gravidez *f.* Embarazo de la mujer.

grávido -da *adj.* Cargado, lleno. **2** Se dice de la mujer encinta, preñada.

gravitación *f.* Acción y efecto de gravitar.

gravitante *adj.* Que gravita.

gravitar *intr.* Moverse un cuerpo por la acción de la gravitación. **2** Descansar o hacer fuerza un cuerpo sobre otro. **3** fig. Ser una obligación o carga para alguien. **4** fig. Amenazar un peligro, desgracia, etcétera.

graznar *intr.* Dar graznidos algunas aves.

graznido *m.* Sonido que emiten algunas aves, como el cuervo y el ganso. **2** fig. Canto desigual y chillón, desagradable al oído.

greca *f.* Franja decorativa de elementos geométricos que se repiten sucesivamente.

greda *f.* Arcilla arenosa, blanca azulada, usada para desengrasar y quitar manchas.

gregario -ria *adj.* Que está en compañía de otros, sin distinguirse de ellos. **2** fig. Que sigue servilmente las ideas ajenas, sin iniciativa. **3** Se dice del animal que vive en rebaño.

gregoriano -na *adj.* Se dice del canto religioso, instaurado por el papa Gregorio I.

greguería *f.* Griterío confuso de gente.

gremial *adj.* Relativo al gremio, oficio, o sindicato. **2** Paño rectangular, parecido a un frontón de altar, que llevan los tres clérigos del terno en ceremonias.

gremio *m.* Conjunto de personas que tienen una misma profesión o estado social. **2** *Arg.* Sindicato.

greña *f.* Mechón de pelo enredado o revuelto, o cabello desarreglado. (Suele usarse en plural.) **2** Lo que está enredado con otra cosa, en revoltijo.

gres *m.* Cerámica resistente, mezcla de arcilla fina y arena, que cocida a temperatura muy elevada se vitrifica.

gresca *f.* Bulla, alboroto. **2** Riña, disputa.

grey *f.* Rebaño. **2** fig. Conjunto de personas que tienen vínculos o rasgos comunes, especialmente los fieles de una religión.

grieta *f.* Abertura longitudinal que se hace espontáneamente en la tierra o en cualquier cuerpo sólido. **2** Raja o corte poco profundo que se forma en la piel o en las mucosas.

grifo -fa *adj.* Se dice del cabello rizado o enmarañado. **2** *m.* Llave de metal que regula el paso de un líquido. **3** Animal fabuloso con cuerpo de león y cabeza y alas de águila.

grifón[1] *m.* Llave de cañería o depósitos.

grifón[2] *adj.* y *m.* Se dice de una raza de perro de caza y de compañía, de pelo largo y áspero.

grecas

grilla *f.* Hembra del grillo. **2** *Amér.* Molestia.
grillera *f.* Agujero de grillos. **2** Jaula de grillos. **3** fam. Sitio donde hay jaleo.
grillero *m.* El que ponía grilletes a los presos.
grillete *m.* Pieza de hierro semicircular con los extremos unidos por un perno, para fijar una cadena, especialmente a los pies de un preso.
grillo[1] *m.* Insecto de color negro rojizo y patas posteriores adecuadas al salto. El macho produce un sonido monótono y agudo, al frotar con fuerza los élitros.
grillo[2] *m.* Tallo que echan las semillas o tubérculos al germinar.
grillos *m. pl.* Par de grilletes que se colocaban en los pies de los presos.
grima *f.* Desazón, malestar.
gripe *f.* Enfermedad infecciosa, producida por un virus. Se presenta con fiebre, síntomas catarrales y malestar general. Es contagiosa, epidémica y endémica.
gris *adj.* y *com.* Se dice del color que resulta de la mezcla de blanco y negro. **2** *adj.* Triste, lángui-

do. **3** Borroso, sin perfiles definidos. **4** *m.* Variedad de ardilla siberiana, de piel muy apreciada en peletería. **5** fam. Viento frío.
gritar *intr.* Levantar la voz más de lo normal. **2** *intr.* y *tr.* Manifestar el público su desagrado.
grito *m.* Sonido fuerte y alto emitido repentinamente.
grogui *adj.* Se dice del boxeador que queda casi sin sentido en una pelea. **2** Muy impresionado o afectado por un hecho o noticia insólito. **3** Muy cansado o dormido.
grosella *f.* Fruto del grosellero, baya pequeña de color diverso, jugosa y de sabor agridulce. Su jugo tiene propiedades medicinales. **2** *adj.* y *m.* Se dice del color rojo semejante al de este fruto.
grosero -ra *adj.* Basto, ordinario, sin clase. **2** *adj.* y *n.* Descortés, sin buenas maneras.
grotesco -ca *adj.* Ridículo y extravagante. **2** Grosero, de mal gusto.
grúa *f.* Máquina para levantar y llevar pesos de un sitio a otro, provista de un eje vertical giratorio, poleas y cables. **2** Vehículo provisto de esta máquina, para remolcar automóviles. **3** Máquina militar de guerra antigua. **4** Aparato que sirve para desplazar por el aire la cámara cinematográfica.
grueso -sa *adj.* Corpulento, abultado. **2** Que excede de lo regular. **3** *m.* Corpulencia, cuerpo o grosor de una cosa. **4** Parte principal o mayor de un todo. **5** Una de las tres dimensiones de los sólidos. **6** Trazo ancho de una letra, en contraposición a perfil. **7** *f.* Doce docenas.
grumete *m.* Muchacho que ayuda en las faenas marineras, aprendiendo así el oficio.
grumo *m.* Pequeña porción de un líquido que se coagula o espesa. **2** Conjunto de cosas apiñadas y apretadas entre sí. **3** Yema o cogollo de los árboles. **4** Extremidad del alón del ave.
gruñido *m.* Sonido propio del cerdo. **2** Voz ronca del perro u otros animales cuando amenazan. **3** fig. Sonido semejante que emite una persona en señal de mal humor o desagrado.
gruñir *intr.* Dar gruñidos. **2** Murmurar entre dientes como protesta de algo.
grupo *m.* Pluralidad de seres o cosas que forman un conjunto. **2** Unidad de varios escuadrones al mando de un comandante. **3** Conjunto de figuras pintadas o esculpidas. **4** En la tabla periódica, elementos de una columna.
gruta *f.* Cavidad natural abierta en una roca. **2** Estancia subterránea artificial semejante.
guaca *f. Amér.* Tesoro enterrado. *Amér.* Hucha.
guacamayo *m.* Ave de los psitácidos, parecida al papagayo, de pico curvado, plumaje de vistosos colores y cola muy larga. Vive en las selvas de América del Sur.

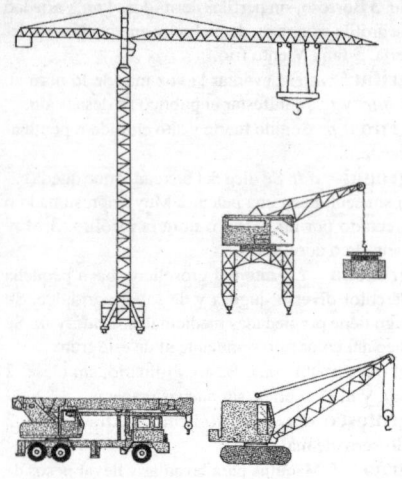

grúas

guacamol *m. Amér.* Ensalada de aguacate.
guache *m.* Pintura a la aguada.
guachi *m.* Por extensión, ardid.
guadaña *f.* Instrumento para segar formado por una cuchilla puntiaguda enastada en un mango largo en ángulo con la hoja. Es el símbolo de la muerte.
guadua *f. Amér.* Especie de bambú muy grueso y alto con púas. Sirve para construir casas.
guagua[1] *f. Amér.* Niño, rorro.
guagua[2] *f.* Cosa sin importancia. **2** *Amér.* Insecto pequeño que destruye los cítricos. **3** *Amér.* y *Canarias.* Autobús de servicio público.
guajiro -ra *f.* Canción y baile populares de Cuba.
guanaco *m.* Mamífero artiodáctilo de los camélidos, cubierto de abundante pelo largo y sedoso; tiene el cuello y las patas largos y callosidades en pecho y rodillas. Vive en los Andes. **2** *Amér.* Tonto, simple. **3** *Amér.* Coche policial.
guano *m.* Materia resultante de los excrementos de aves marinas, acumulada en gran cantidad en las costas de América del Sur. Se utiliza como abono.
guante *m.* Prenda que cubre, abriga o protege la mano, adaptándose a los dedos. De materiales diversos, según el uso a que se destina.
guapear *intr. fam.* Ostentar valentía. **2** *fam.* Presumir en el vestir. **3** *Amér.* Fanfarronear.
guapo -pa *adj.* y *n.* Bien parecido, hermoso. **2** Valiente, animoso y decidido frente al peligro. **3** Ostentoso en el vestir. **4** *m.* Bravucón, perdonavidas. **5** Galán, cortejador. **6** *adj. fam.* Bueno, estupendo.

guarapo *m. Amér.* Jugo de la caña de azúcar.
guarda *com.* Persona encargada de cuidar y conservar algo. **2** *f.* Acción de guardar, defender. **3** Hoja de papel blanco del principio y fin de los libros. **4** Carta baja que se juega para conservar las altas. **5** Rodete de la cerradura que sólo deja pasar la llave correspondiente, y rodaplancha o hueco que hay en el paletón de la llave, por donde pasa el rodete.
guardacostas *m.* Barco que persigue el contrabando y vigila el litoral.
guardador -ra *adj.* y *n.* Que guarda o tiene cuidado de sus cosas. **2** Que observa una ley, rito, etcétera.
guardagujas *com.* Persona encargada del cambio de agujas en las vías de los ferrocarriles.
guardameta *com.* Persona que defiende la portería en el fútbol, el baloncesto, etc.
guardar *tr.* Custodiar, proteger algo o a alguien. **2** Cumplir las obligaciones o leyes. **3** *tr.* y *prnl.* Poner las cosas en el sitio que deben estar, o en sitio seguro. **4** *prnl.* Precaverse de un riesgo.
guardarropa *m.* En lugares públicos, habitación donde las personas guardan sus abrigos y otros objetos personales. **2** *com.* Persona que cuida del guardarropa o de la guardarropía.
guardería *f.* Ocupación y trabajo del guarda. **2** Establecimiento donde se atiende y cuida a niños de corta edad, durante el horario de trabajo de sus padres.
guardia *f.* Acción de vigilar y guardar. **2** Conjunto de soldados o gente armada que asegura o defiende a una persona o un puesto. **3** Manera de estar en defensa en un deporte. **4** Cuerpo especial de tropa. **5** *com.* Persona de uno de estos cuerpos.
guardián -na *m.* y *f.* Persona que guarda y cuida algo.
guarecer *prnl.* Resguardarse en alguna parte para librarse de un daño, peligro o temporal.
guarida *f.* Cueva o paraje abrigado donde se refugian los animales. **2** Refugio de gente, especialmente de delincuentes o maleantes.
guarismo *m.* Signo o cifra arábiga que expresa una cantidad.
guarnecer *tr.* Poner guarnición a algo, adornarlo. **2** Proveer, equipar. **3** Revocar o revestir las paredes. **4** Estar de guarnición o colocar fuerzas en un puesto militar.
guarnición *f.* Adorno que se pone en vestidos, ropas, etcétera. **2** Engaste de oro, plata o metal en que se colocan las piedras preciosas. **3** Pieza que se pone en el puño de las armas blancas para proteger la mano. **4** Tropa que defiende una plaza. **5** Añadido, generalmente de verduras o legumbres, que acompaña un plato de carne o pescado. **6** *pl.* Con-

junto de correajes y demás efectos que se ponen a las caballerías.

guarrada *f.* Porquería, suciedad. **2** Acción sucia, mala pasada.

guasa *f.* Falta de viveza, sosería. **2** Chanza, burla.

guasca *f. Amér.* Pedazo de cuero o cuerda.

guayaba *f.* Fruto del guayabo, de forma aovada, comestible, lleno de semillas en su interior. **2** Conserva y jalea de guayaba. **3** *Amér.* Embuste.

guayabera *f.* Chaqueta o camisa suelta, de tela ligera, como la de los campesinos cubanos.

guayabo *m.* Árbol americano de las mirtáceas, de hojas ásperas y gruesas y flores blancas, olorosas. **2** fam. Muchacha joven y bonita.

gubernativo -va *adj.* Del gobierno. **2** Por extensión, se dice del conjunto de actos que emanan exclusivamente del poder ejecutivo.

guepardo *m.* Mamífero carnívoro de los félidos, de patas muy largas y muy veloz. Vive en África, India e Irán.

guerra *f.* Lucha armada entre dos o más países. **2** Cualquier tipo de lucha, combate u oposición, incluso en sentido moral.

guerrear *intr.* y *tr.* Hacer guerra. **2** Resistir, contradecir.

guerrero -ra *adj.* Relativo a la guerra. **2** Propenso a discutir y guerrear. **3** fam. Inquieto, travieso. **4** *adj.* y *n.* Que guerrea, soldado. **5** *f.* Chaqueta del uniforme militar.

guerrilla *f.* Partida de tropa ligera encargada de misiones especiales. **2** Línea de tiradores que cubren los lados o el frente de un ejército. **3** Partida de paisanos que acosa al enemigo, que a veces es el ejército de su propio país, con ataques por sorpresa y ayudados por la población o los campesinos. **4** Juego de naipes en que se reparten 40 cartas entre dos personas.

guerrillero -ra *m.* y *f.* Persona que lucha en una guerrilla.

gueto *m.* Barrio de los judíos.

guía *com.* Persona que conduce y enseña a otra el camino. **2** *f.* Lo que dirige o sirve de orientación. **3** Documento necesario para transportar algunos géneros. **4** Mecha con pólvora para encender los barrenos y fuegos de artificio. **5** Sarmiento o vara para dirigir las cepas y árboles. **6** Palanca para enganchar la caballería en una noria, o la que dirige un molino de viento. **7** Cada extremo retorcido del bigote. **8** Vetilla de un filón por la que se encuentra su prolongación. **9** Cabo o aparejo que se fija un objeto en la posición adecuada.

guiar *tr.* Ir delante mostrando el camino. **2** Hacer que una pieza o aparato siga determinado camino.

guillotina *f.* Máquina inventada en la época de la Revolución Francesa, para decapitar a los reos. **2** Máquina de imprenta para cortar papel.

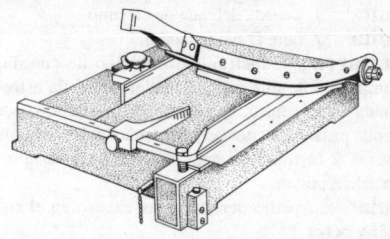

guillotina

guillotinar *tr.* Decapitar en la guillotina. **2** Cortar algo de manera similar.

guindar *tr.* y *prnl.* Subir algo que ha de colocarse en alto. **2** fam. Ahorcar. **3** *tr.* fam. Conseguir algo en competencia con otros. **4** *prnl.* Descolgarse de una altura con una cuerda.

guineo -a *adj.* y *n.* De Guinea. **2** *m.* Baile de negros. **3** Plátano pequeño.

guiñapo *m.* Andrajo, trapo roto, viejo o deslucido. **2** fig. Persona que va con vestidos rotos o andrajosos. **3** fig. Persona consumida física o moralmente.

guiñar *tr.* Abrir y cerrar un ojo, un instante, dejando el otro abierto. Se hace a veces con disimulo, como insinuación o advertencia. **2** *prnl.* Hacerse guiños o señas con los ojos.

guión *m.* Estandarte o pendón que va precediendo una procesión o comitiva. **2** Ave que va delante de las bandadas. **3** Persona que precede a otras guiándolas. **4** Escrito esquemático que sirve de guía para una charla, conferencia, etc. **5** Texto en que se expone el argumento y detalles necesarios para la realización de un filme, programa de radio o televisión. **6** Nota o señal al final de la escala, que marca el punto en que se prosigue la solfa. **7** Signo ortográfico representado por una raya horizontal, con diversos usos.

guionista *com.* Persona que elabora un guión.

guirnalda *f.* Corona o tira tejida de flores o ramas. **2** Perpetua, planta.

güiro *m. Amér.* Instrumento popular musical que tiene como caja de percusión una calabaza.

guisa *f.* Modo, manera.

guisado *m.* Guiso de pedazos de carne o pescado, rehogados primero y cocidos luego con cebolla, patatas y salsa.

guisante *m.* Planta herbácea de las papilionáceas, de tallo trepador, estípulas convertidas en zarcillos y fruto en vaina cilíndrica con semillas esféricas. **2** Semilla comestible de esta planta.

guisar *tr.* Cocinar, someter los alimentos a la acción del fuego, en especial haciéndolos cocer lentamente, en salsa y con condimentos. **2** fig. Disponer, preparar algo.

guita[1] *f.* Cuerda delgada de cáñamo.

guita[2] *f.* fam. Dinero, caudal.

guitarra *f.* Instrumento músico de cuerda, compuesto de una caja de madera ovalada estrechada en el centro, con un agujero redondo, por donde pasan seis cuerdas sujetas a un mástil con los trastes. **2** Instrumento para moler el yeso hasta reducirlo a polvo.

gula *f.* Apetito desordenado, exceso en el comer y beber.

gulasch (húngaro) *m.* Guiso de buey, originario de Hungría.

guru o **gurú** *m.* En la India, maestro espiritual.

gusanillo *m.* Labor menuda que se borda en algunas telas. **2** Hilo de oro o plata, enrollado para hacer labores.

gusano *m.* Animal invertebrado de cuerpo alargado y simetría bilateral, sin extremidades articuladas, blando y contráctil. **2** Larva de insectos que se desarrollan en carnes corrompidas. **3** Oruga. **4** Lombriz.

gustar *tr.* Sentir y percibir en el paladar el sabor de las cosas. **2** Experimentar, probar. **3** *intr.*

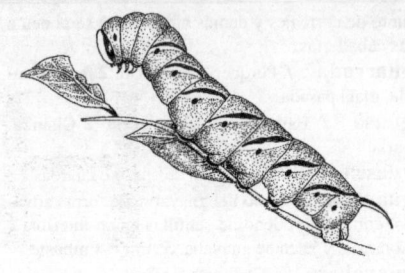

gusano

Agradar algo, parecer bien. **4** Desear, querer o sentir satisfacción al hacer algo.

gusto *m.* Sentido corporal con que se percibe y distingue el sabor de las cosas. Se halla principalmente en la lengua. **2** Sabor de las cosas. **3** Placer o deleite que se experimenta o se recibe de algo. **4** Manera personal de apreciar las cosas.

gutural *adj.* Relativo a la garganta. **2** *adj.* y *f.* Se dice de las consonantes velares.

gymkhana (ing.) *f.* Competición deportiva de habilidad en la que deben salvarse una serie de obstáculos. Los participantes hacen el recorrido en automóvil, motocicleta, etc.

h *f.* Octava letra del abecedario castellano, y sexta de sus consonantes. Su nombre es *hache,* y actualmente no representa ningún sonido.

haba *f.* Planta herbácea anual de las leguminosas, de hojas compuestas, flores blancas o rosáceas y fruto en vaina con semillas comestibles. **2** Cada una de las bolitas blancas y negras con que se hacen algunas votaciones secretas. **3** Nódulo de composición distinta en una piedra. **4** Trozo de mineral redondeado y envuelto por la ganga. **5** Figurilla de porcelana escondida en ciertas roscas o bizcochos. **6** Bálano. **7** Tumor del paladar de las caballerías.

habano -na *adj.* Relativo a La Habana y, por extensión, a Cuba. **2** *m.* Cigarro puro elaborado en la isla de Cuba con hojas de tabaco de aquel país.

haber[1] *m.* Conjunto de bienes y derechos de una persona. **2** En una cuenta, parte en que se anotan las partidas abonadas. **3** Cantidad que se paga periódicamente por un servicio. **4** Cualidades o méritos de una persona o cosa.

haber[2] Verbo auxiliar que sirve para conjugar otros verbos en los tiempos compuestos: *yo he amado.* **2** *impers.* Acaecer, ocurrir, sobrevenir, verificarse, efectuarse, estar realmente en alguna parte (siempre se usa en singular): *hubo una hecatombe; mañana habrá función.*

habichuela *f.* Judía. **2** Semilla de esta planta.

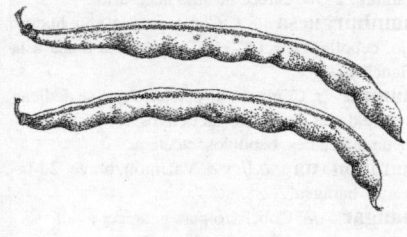

habichuelas

hábil *adj.* Capaz, inteligente, competente para hacer algo. **2** Legalmente apto para una cosa. **3** Se dice del día en que funcionan los organismos de la administración pública.

habilidad *f.* Calidad de hábil. **2** Gracia y destreza. **3** Lo que se ha hecho de esta manera. **4** Enredo ingenioso.

habilitar *tr.* Hacer hábil a una persona o cosa. **2** Autorizar a alguien para ejecutar ciertos actos jurídicos. **3** Dar a uno el capital necesario para que pueda negociar. **4** *Amér.* Hacer partícipe a un empleado de los beneficios de una empresa. **5** *tr.* y *prnl.* Proveer a uno de lo que necesita.

habitación *f.* Acción y efecto de habitar. **2** Edificio o parte de la casa donde se vive. **3** Cualquiera de los aposentos de una casa, excepto el comedor, la cocina y el cuarto de baño. **4** Dormitorio. **5** Zona donde naturalmente vive una especie vegetal o animal. **6** Derecho de ocupar en una casa ajena las piezas necesarias para sí y para su familia.

habitar *tr.* e *intr.* Vivir, morar en un lugar o en una casa.

hábitat *m.* Conjunto de condiciones geofísicas en que se desarrolla la vida de una especie animal o vegetal. **2** Lugar donde se desarrolla esta especie.

hábito *m.* Vestido o traje que indica una profesión, un estado, etc., y especialmente el que usan algunos religiosos y religiosas. **2** Modo de proceder adquirido por la repetición de actos iguales o semejantes. **3** Facilidad que se adquiere por la constante práctica de algo. **4** Dependencia psíquica creada por el consumo frecuente de una droga. **5** *pl.* Vestido propio de los eclesiásticos.

habitual *adj.* Que se hace por hábito. **2** Ordinario, usual, frecuente.

habituar *tr.* y *prnl.* Acostumbrar o hacer que uno se acostumbre a una cosa.

habla *f.* Facultad de hablar. **2** Acción de hablar. **3** Modo de utilizar una lengua en una zona o por una colectividad. **4** Realización del sistema lingüístico llamado lengua.

hablador -ra *adj.* y *n.* Que habla mucho. **2** Charlatán, parlanchín.

habladuría *f.* Rumor muy difundido y sin fundamento. **2** Dicho desagradable o impertinente que desagrada o injuria.

hablar *intr.* Articular palabras. **2** Comunicarse las personas por medio de palabras. **3** Pronunciar un discurso u oración. **4** Comunicarse por medio distinto que el de la palabra. **5** Dirigir la palabra a una persona o a un grupo de personas. **6** *tr.* Emplear un idioma.

hacedor -ra *adj.* y *n.* Que hace. **2** *m.* y *f. Amér.* Persona que administra una hacienda.

hacendado -da *adj.* y *n.* Que tiene una hacienda. **2** *m. Amér.* Estanciero que se dedica a la cría de ganado.

hacendoso -sa *adj.* Solícito y diligente en las faenas domésticas.

hacer *tr.* Producir una cosa o concebir una idea. **2** Fabricar, dar figura a una cosa. **3** Causar, ocasionar. **4** Ejecutar una acción o trabajo. **5** Representar un papel de una comedia u otro espectáculo. **6** Conseguir, triunfar. **7** Alterar la colocación de las cosas para dejar sitio. **8** *tr.* e *intr.* Expeler del cuerpo las aguas mayores y menores. **9** *impers.* Experimentarse buen o mal tiempo. **10** Haber transcurrido cierto tiempo.

hacha *f.* Herramienta cortante, compuesta de una pala acerada, con filo algo curvo y ojo para enastarla.

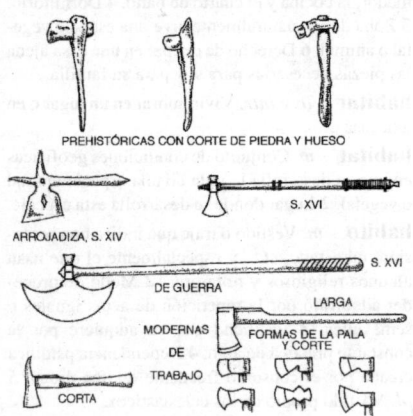

hachas

hache *f.* Nombre de la letra *h*.

hacia *prep.* Determina dirección, tendencia o inclinación. **2** Alrededor de, cerca de.

hacienda *f.* Finca rural, predio. **2** Conjunto de bienes y riquezas que uno tiene. **3** Ministerio de Hacienda. **4** Conjunto de ganado de una finca. **5** *pl.* Labores, faenas caseras.

hada *f.* Ser fantástico en forma de mujer y con poderes mágicos, posiblemente de origen celta, incorporado a la literatura infantil en el s. XIX.

hado *m.* Fuerza desconocida que, en la antigüedad, obraba sobre las divinidades, los hombres y los acontecimientos. **2** Serie de causas encadenadas que producen un efecto.

halagar *tr.* Mostrar a uno afecto o admiración. **2** Dar motivo de satisfacción o envanecimiento. **3** Adular. **4** Agradar, deleitar.

halagüeño -ña *adj.* Que halaga. **2** Que lisonjea o adula. **3** Que atrae o incita.

halar *tr.* Tirar de un cabo, una lona, un remo, etc. **2** *Amér.* Tirar hacia sí de una cosa.

halcón *m.* Nombre de varias aves de pico fuerte, curvo y dentado, y cola y alas puntiagudas. Vive en todos los continentes.

hálito *m.* Aliento. **2** Vapor que una cosa arroja. **3** Soplo suave y apacible del aire.

hall (ing.) *m.* Vestíbulo.

hallar *tr.* Dar con una persona o cosa. **2** Descubrir algo desconocido. **3** Ver, observar, notar. **4** Descubrir la verdad. **5** *prnl.* Estar presente. **6** Estar en cierto estado.

hallazgo *m.* Acción y efecto de hallar. **2** Cosa hallada. **3** Encuentro casual de algo abandonado, perdido u oculto.

halo *m.* Círculo luminoso que suele aparecer alrededor del Sol y de la Luna, a causa de la refracción de la luz en los cristales de hielo de las nubes. **2** Aureola que, en una fotografía, envuelve un punto luminoso, a causa de la difusión de la luz. **3** *fig.* Círculo luminoso que suele colocarse detrás de la cabeza de las imágenes religiosas.

hamaca *f.* Red o lona asegurada por los extremos en dos árboles, estacas, etc., que queda pendiente en el aire y sirve de cama, columpio, etc. **2** Asiento plegable de lona con respaldo.

hambre *f.* Deseo y necesidad de comer. **2** Escasez extrema de alimentos en una zona o en una colectividad.

hambriento -ta *adj.* y *n.* Que tiene mucha hambre. **2** Que carece de algo necesario.

hamburguesa *f.* Carne picada con huevo, ajo, cebolla, especias, etc., que se fríe o asa a la plancha.

hampa *f.* Conjunto de personas que se dedican a actividades o negocios delictivos. **2** Forma de vida de maleantes, bandidos, etcétera.

hampón -na *adj.* y *n.* Valentón, bravo. **2** Maleante, haragán.

hangar *m.* Cobertizo para guarecer aviones.

happening (ing.) *m.* Espectáculo teatral o artístico sin texto, cuyo fin es provocar y conseguir la participación del espectador.

haragán -na *adj.* y *n.* Holgazán, vago.

hamburguesa

haraganear *intr.* Holgazanear, no ocuparse en ningún género de trabajo.
harapiento -ta *adj.* Lleno de harapos.
harapo *m.* Andrajo, jirón. **2** Líquido o aguardiente de escasa graduación, que sale del alambique al final de la destilación.
harén *m.* En los países islámicos, zona de las casas en que viven las mujeres. **2** Conjunto de mujeres de un musulmán.
harina *f.* Polvo que resulta de la molienda del trigo o de otras semillas. **2** Este mismo polvo, despojado del salvado. **3** Polvo procedente de algunos tubérculos y legumbres. **4** Polvo menudo a que se reducen algunas materias sólidas.
hartar *tr., intr.* y *prnl.* Saciar, incluso con exceso, el apetito de comer y beber. **2** *tr.* y *prnl.* Satisfacer el deseo de alguna cosa. **3** Junto a la preposición *de,* dar, causar, etc., mucha cantidad de algo.
harto -ta *adj.* y *n.* Henchido, saciado. **2** *adv. m.* Bastante o sobrado.
hasta *prep.* Expresa el término de lugares, acciones y cantidades continuas o discretas. **2** Se usa como conjunción copulativa, para exagerar o ponderar algo, y equivale a *también* o *aun.*
hastiar *tr.* y *prnl.* Causar hastío, repugnancia o disgusto.
hastío *m.* Repugnancia a la comida. **2** fig. Disgusto, tedio.
hatajo *m.* Hato de ganado. **2** Grupo de personas o cosas.
hato *m.* Paquete donde uno lleva lo que tiene para el uso preciso y ordinario. **2** Hatería. **3** Grupo de ganado. **4** Sitio fuera de las poblaciones donde los pastores comen y duermen cuando están con el ganado. **5** Copia, abundancia. **6** Reunión, corrillo. **7** *Amér.* Hacienda de campo destinada a la cría de ganado mayor.
haya *f.* Árbol de las fagáceas, que mide hasta 30 m de alto, de corteza gris, hojas pecioladas y caducas. Su madera es muy apreciada.
hayo *m.* Coca. **2** Mezcla de coca y sales que mascan los indígenas de Colombia y Venezuela.

haz[1] *m.* Porción atada de mieses, lino, hierbas, etc. **2** Conjunto de fibras de un nervio o de un músculo. **3** Conjunto de rayos luminosos o partículas de un mismo origen. **4** *pl.* Fasces de cónsul romano.
haz[2] *m.* Cara superior de una hoja, normalmente más brillante y lisa que la cara inferior o envés.
hazaña *f.* Hecho ilustre, señalado y heroico.
hazmerreír *m.* fam. Persona ridícula y extravagante que sirve de diversión a los demás.
he *adv. dem.* Unido a *aquí* y *allí,* o con los pronombres *me, te, la le, lo, las, los,* señala o muestra una persona o cosa. **2** *interj.* Voz con que se llama a uno.
hebilla *f.* Pieza de metal o de otra materia y de diversas formas, que sujeta una correa, cinta, etcétera.
hebra *f.* Porción de hilo que se introduce por el ojo de una aguja de coser. **2** Fibra de la carne. **3** Filamento de cualquier tejido parecido al hilo. **4** Partícula de tabaco picado en filamentos. **5** Fibra de la madera. **6** Estigma de la flor del azafrán. **7** Vena o filón.
hebreo -a *adj.* y *n.* Se dice del pueblo semítico que conquistó y habitó Palestina, y que también se llama israelita y judío. **2** *m.* Lengua semítica, idioma oficial del estado de Israel.
hecatombe *f.* En la antigüedad, sacrificio de cien bueyes u otras víctimas. **2** Por extensión, cualquier sacrificio en que hay un elevado número de víctimas. **3** Mortandad de personas. **4** Catástrofe, desastre.
hechicería *f.* Arte y acto de hechizar.
hechicero -ra *adj.* y *n.* Que realiza hechicerías, brujo. **2** *adj.* Que atrae y cautiva la voluntad y el cariño de las gentes.
hechizar *tr.* Práctica supersticiosa que consiste en intentar causar un mal a alguien por medio de un maleficio. **2** Despertar una persona o cosa admiración, afecto o deseo.
hechizo -za *adj.* Artificioso o fingido. **2** *Amér.* Se dice de cualquier pieza de artesanía indígena. **3** *m.* Cualquier práctica que usan los hechiceros. **4** Cosa que se emplea en tales prácticas.
hecho -cha Participio pasivo irregular de *hacer.* **2** *adj.* Perfecto, maduro. **3** Que ya está confeccionado, que ya se usa: *frase hecha; ropa hecha.* **4** Se usa en masculino para reforzar una afirmación. **5** *m.* Acción u obra. **6** Hazaña, gesta. **7** Cosa que sucede. **8** Asunto o materia de que se trata. **9** Caso sobre que se litiga o que da motivo a una causa.
hechura *f.* Acción y efecto de hacer. **2** Cualquier cosa respecto del que la ha hecho. **3** Constitución, forma del cuerpo. (Se usa más en plural.) **4** Forma que se da a las cosas. **5** Dinero que se paga

por algo. **6** Una persona respecto de otra a quien debe su empleo, dignidad y fortuna.

hectárea *f.* Medida de superficie que tiene cien áreas.

hectogramo *m.* Peso de cien gramos.

hectolitro *m.* Medida de cien litros.

hectómetro *m.* Longitud de cien metros.

hectovatio *m.* Unidad de trabajo mecánico equivalente a cien vatios.

heder *intr.* Arrojar de sí un olor muy malo y penetrante. **2** Enfadar, cansar, ser intolerable.

hediondez *f.* Cosa hedionda. **2** Mal olor.

hediondo -da *adj.* Que despide hedor. **2** Sucio, repugnante. **3** Molesto, enfadoso e insufrible. **4** Planta de las leguminosas, de hojas de tres hojuelas, flores amarillas en racimos y frutos en vainillas negras. Despide muy mal olor.

hedor *m.* Olor desagradable, penetrante y profundo.

hegemonía *f.* Supremacía que un Estado o una colectividad ejerce sobre otros. **2** Por extensión, supremacía cultural, comercial, etc., de una institución, una ciudad, etc., sobre otras.

helado -da *adj.* Muy frío. **2** *m.* Refresco de zumos de frutas, huevos, etc., en cierto grado de congelación. **3** Sorbete. **4** *f.* Congelación del agua de los ríos, de la contenida en la superficie del suelo, etc., producida por el descenso de la temperatura por debajo de los 0º C.

helar *tr., intr.* y *prnl.* Congelar, cuajar, solidificar la acción del frío un líquido. **2** *prnl.* Ponerse una persona o cosa sumamente fría. **3** Secarse las plantas a causa de la helada. **4** *impers.* Hacer una temperatura inferior a 0º C.

helecho *m.* Cualquier planta de los pteridófitos filicópsidos

hélice *f.* Mecanismo formado por varias paletas que giran alrededor de un eje, y, al girar, empujan el fluido ambiente y producen una fuerza de reacción que se usa principalmente para la propulsión de barcos y aviones. **2** Hélix. **3** Curva de longitud indefinida que da vueltas sobre un cilindro, formando ángulos iguales con todas las generatrices.

helicóptero *m.* Aeronave que se sostiene en el aire mediante uno u dos rotores (hélices de eje vertical movidas por un motor). Los helicópteros pueden despegar y aterrizar verticalmente, así como avanzar, retroceder y mantenerse en una posición fija en el aire.

heliocéntrico -ca *adj.* Se dice de las medidas y lugares astronómicos que han sido referidos al centro del Sol. **2** Se dice del sistema que supone que el Sol es el centro del Universo.

heliófilo -la *adj.* BIOL Se dice de las especies que necesitan el Sol para su desarrollo.

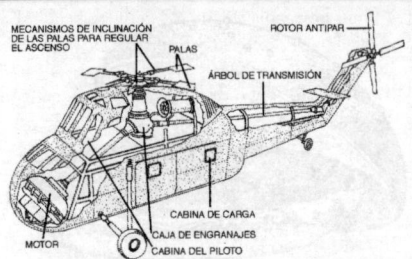

helicóptero

helminto *m.* Gusano. Se dice especialmente de los parásitos intestinales.

hematíe *m.* Cada una de las células rojas de la sangre de los vertebrados. Tienen forma de disco ovalado, de 7,5 micras de diámetro, y contienen hemoglobina. En el hombre hay unos 5 millones por mm^3; en la mujer, unos 4,5 millones.

hematoma *m.* Concentración de sangre en el interior de un tejido. Su origen suele ser traumático, aunque puede tener otras causas.

hembra *f.* Animal del sexo femenino. **2** En las plantas que tienen sexos distintos en pies diversos, individuo que da fruto. **3** Pieza que tiene un hueco por donde otra se introduce o encaja *(macho)*. **4** Este hueco. **5** Molde. **6** Mujer.

hemeroteca *f.* Lugar donde se guardan y coleccionan periódicos y revistas.

hemisferio *m.* Mitad de la superficie de la esfera terrestre, dividida por el ecuador. **2** Semiesfera. ▪ **Hemisferio austral** El que, limitado por el ecuador, comprende el polo antártico. ‖ **Hemisferio boreal** El que, limitado por el ecuador, comprende el polo ártico.

hemoglobina *f.* Pigmento que da color a la sangre, contenido en los hematíes. Se oxida fácilmente con el O_2 del aire, y se reduce luego para proporcionar oxígeno a las células.

hemorragia *f.* Salida abundante de sangre de los vasos sanguíneos. Puede ser *interna* (cuando la sangre se vierte en el interior de una cavidad del cuerpo), o *externa* (cuando la sangre sale al exterior).

hemorroide *f.* Dilatación de una vena del ano *(hemorroide externa)* o del recto *(hemorroide interna)*.

henchir *tr.* Llenar. **2** *prnl.* Hartarse de comida o bebida.

hender *tr.* y *prnl.* Abrir una hendidura.

hendidura *f.* Acción y efecto de hendir o hendirse. **2** Abertura o grieta en un cuerpo.

heno *m.* Nombre de varias plantas de las gramíneas, de 20-30 cm de alto, hojas estrechas y agudas y flores en panoja abierta. **2** Hierba segada y seca, para alimento del ganado.

hepatitis *f.* Inflamación del hígado.

heptágono -na *adj. y n.* Se dice del polígono de siete lados.

heptasílabo -ba *adj. y n.* Que tiene siete sílabas.

heráldica *f.* Ciencia que estudia los escudos de armas.

heraldo *m.* Rey de armas, el que organizaba torneos, llevaba el registro de los nobles y actuaba como mensajero en asuntos importantes o de gravedad. **2** En el palacio, el que anunciaba los sucesos o ceremonias. **3** El que anuncia algo por medio de un clarín, trompeta, etc.

herbario -ria *adj.* Relativo a las hierbas. **2** *m.* Colección de plantas desecadas, clasificadas para su estudio. **3** Herbolario. **4** Primera cavidad del estómago de los rumiantes.

herbicida *adj. y m.* Se dice del producto químico usado para eliminar las malas hierbas de los campos de cultivo.

herbívoro -ra *adj. y n.* Se dice del animal que se alimenta de vegetales.

heredad *f.* Porción de terreno cultivado perteneciente a un mismo dueño. **2** Hacienda de campo, bienes raíces o posesiones.

heredar *tr.* Suceder por testamento o por ley en los bienes y acciones de una persona en el momento de su muerte. **2** Recibir un ser vivo los caracteres genéticos de sus progenitores.

heredero -ra *adj. y n.* Se dice del dueño de una herencia. **2** Se dice de la persona que por testamento o por ley sucede en una herencia.

hereditario -ria *adj.* Relativo a la herencia o que se adquiere por ella.

hereje *com.* Persona que profesa una herejía.

herejía *f.* Doctrina contraria a los dogmas de la Iglesia católica. **2** Opinión contraria a los principios considerados ciertos de una ciencia o arte. **3** Injuria.

herencia *f.* Derecho de heredar. **2** Conjunto de bienes, derechos y obligaciones que posee una persona, y que al morir son transmisibles a sus herederos o legatarios. **3** Lo que uno ha heredado. **4** Circunstancias culturales, sociales, económicas, etc., que influyen en un momento histórico, procedentes de otro anterior. **5** BIOL Transmisión de los caracteres, físicos y psíquicos, de un individuo a su descendencia, siguiendo unas leyes determinadas, que son objeto de estudio de la genética.

herida *f.* Lesión hecha en las carnes con un instrumento, o por efecto de un fuerte choque con un cuerpo duro. **2** Golpe de un arma blanca al herir con ella. **3** Lo que aflige y atormenta el ánimo.

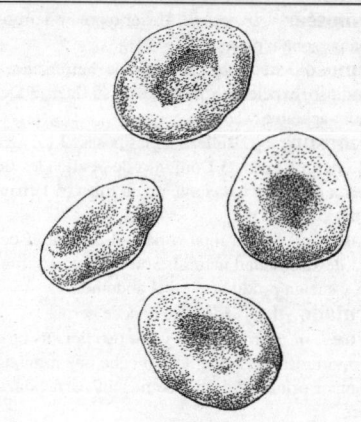

hematíes

herido -da *adj. y n.* Que ha recibido una herida. **2** Ofendido.

herir *tr.* Romper o abrir las carnes con un arma u otro instrumento. **2** Dar contra una cosa, chocar con ella. **3** Tocar un instrumento de cuerda. **4** Atacar a alguno una enfermedad. **5** Cargar más la voz o el acento sobre una nota o un sonido. **6** Alcanzar o impresionar a uno de los sentidos. **7** Mover o excitar en el ánimo una pasión o sentimiento. **8** Ofender, agraviar. **9** Tocar el punto esencial de una cuestión.

hermafrodita *adj. y com.* Se dice del individuo que tiene características anatómicas de los dos sexos, a causa de anomalías orgánicas. **2** *adj.* Se dice del vegetal provisto de estambres y pistilos. **3** Se dice del animal que tiene órganos sexuales masculinos y femeninos.

hermanar *tr. y prnl.* Unir, juntar, uniformar. **2** Hacer a uno hermano de otro en sentido místico o espiritual.

hermanastro -tra *m. y f.* Hijo de uno de los dos cónyuges con respecto al hijo del otro.

hermandad *f.* Relación de parentesco entre hermanos. **2** Amistad íntima; unión de voluntades. **3** Cofradía o congregación religiosa. **4** Asociación de personas para un determinado fin.

hermano -na *m. y f.* Persona que con respecto a otra tiene los mismos padres, o solamente el mismo padre o la misma madre. **2** Lego o donado. **3** fig. Miembro de una orden religiosa, hermandad, asociación, etc. **4** Una cosa respecto de otra igual o semejante. **5** Religioso o religiosa que no ha sido consagrado sacerdote o que no ha hecho votos.

hermético -ca *adj.* Impenetrable, cerrado. **2** Se dice de lo que cierra una abertura de modo que no permita pasar el aire ni otra materia gaseosa.

hermosear *tr.* y *prnl.* Hacer o poner hermosa a una persona o cosa.
hermoso -sa *adj.* Dotado de hermosura. **2** Grandioso, excelente y perfecto en su línea. **3** Despejado, apacible y sereno.
hermosura *f.* Belleza de las cosas. **2** Lo agradable de una cosa. **3** Conjunto de cualidades que hacen a una cosa excelente en su línea. **4** Persona hermosa.
hernia *f.* Salida total o parcial de una víscera fuera de su cavidad natural. Son *externas* o *internas,* y suelen producirse en el abdomen.
herniado -da *adj.* Que padece hernia.
héroe *m.* Varón ilustre y famoso por sus hazañas o virtudes. **2** El que lleva a cabo una hazaña. **3** Personaje principal de un poema, una narración, etcétera.
heroico -ca *adj.* Relativo al héroe, a la heroína o a sus acciones. **2** Se dice del poema en que se cantan hazañas o hechos memorables. **3** Se dice de la medida o de la decisión que uno adopta en una circunstancia extrema.
heroína[1] *f.* Mujer ilustre y famosa por sus hazañas o virtudes. **2** La que lleva a cabo una hazaña. **3** Protagonista de un poema, una narración, etc.
heroína[2] *f.* Derivado de la morfina (diacetilmorfina), de grandes propiedades analgésicas y narcóticas. Su consumo crea dependencia.
heroísmo *m.* Conjunto de cualidades y acciones que convierten a uno en héroe. **2** Acción heroica.
herpes *amb.* Erupción de la piel causada por un virus, consistente en la formación de vesículas, a veces muy dolorosas, que al secarse forman costras.
herradura *f.* Hierro semicircular que se clava en los cascos de las caballerías. **2** Se dice de lo que tiene esta forma.

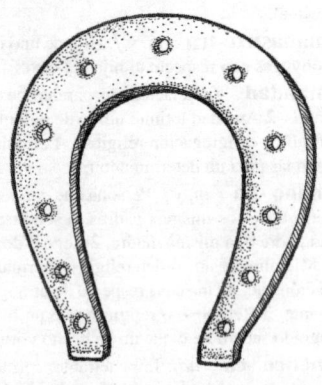

herradura

herraje *m.* Conjunto de piezas de metal con que se guarnece una puerta, un coche, etc. **2** Conjunto de clavos y piezas con que éstas se aseguran.
herramienta *f.* Instrumento usado para realizar operaciones mecánicas. Suele ser manual. **2** Conjunto de dichos instrumentos. **3** fam. Cuernos de algunos animales. **4** Dentadura. **5** Arma blanca.
herrar *tr.* Poner herraduras a las caballerías. **2** Marcar con un hierro candente. **3** Guarnecer de hierro.
herrumbre *f.* Orín, óxido del hierro. **2** Sabor de hierro que toman algunas cosas.
herrumbroso -sa *adj.* Que tiene herrumbre. **2** De color amarillo rojizo.
hervido -da *adj.* Que es resultado de hervir. **2** *m. Amér.* El puchero o la olla.
hervir *intr.* Producir burbujas un líquido por un aumento de temperatura o por fermentación.
hervor *m.* Acción y efecto de hervir. **2** Nombre de ciertas erupciones cutáneas benignas.
heterodoxia *f.* Disconformidad con el dogma de la religión católica. **2** Por extensión, disconformidad con cualquier doctrina o práctica.
heterodoxo -xa *adj.* y *n.* Disconforme con la doctrina tenida por verdadera.
heterogamia *f.* BIOL Tipo de reproducción sexual en que los gametos están claramente diferenciados.
heterogéneo -a *adj.* Compuesto de partes diferentes. **2** Diferente, distinto, extraño.
heterosexual *adj.* Se dice de la relación sexual entre individuos de diferente sexo. **2** *adj.* y *com.* Se dice de la persona que mantiene este tipo de relación.
hexaedro *m.* Poliedro de seis caras.
hexágono -na *adj.* y *m.* Se dice del polígono de seis lados.
hexasílabo -ba *adj.* y *n.* De seis sílabas.
hez *f.* Poso o sedimento que en algunos líquidos se deposita en el fondo de las vasijas. (Se usa más en plural.) **2** *pl.* Excrementos.
hiato *m.* Encuentro de dos vocales que se pronuncian en sílabas distintas. **2** Cacofonía que resulta de dicho encuentro de vocales. **3** Nombre de ciertas aberturas, grietas, etc., del cuerpo.
hibernación *f.* Fenómeno que se produce en ciertas especies animales, consistente en la disminución de la temperatura corporal y del metabolismo durante el invierno.
híbrido -da *adj.* y *n.* Se dice del animal o vegetal que proviene de dos individuos genéticamente distintos. **2** Se dice de lo que es producto de elementos de distinta naturaleza.
hidalgo -ga *m.* y *f.* Persona de linaje noble. **2** *adj.* Relativo a un hidalgo. **3** Se dice de la persona generosa y noble.

hidra *f.* Nombre de varios celentéreos hidrozoos, de 20-30 mm, de forma alargada, con un disco basal en un extremo y una abertura bucal con una corona de tentáculos en el otro.

hidratación *f.* Acción y efecto de hidratar. **2** Absorción de agua por un compuesto para formar un hidrato.

hidratante *adj.* Se dice del producto cosmético que hidrata la piel.

hidratar *tr.* Combinar una sustancia con agua.

hidrato *m.* Sustancia que contiene moléculas de agua asociadas con ella.

hidráulico -ca *adj.* Relativo a la hidráulica o a la hidrodinámica. **2** Que se mueve por medio del agua. **3** Que se endurece en contacto con el agua. **4** Se dice del que sabe o practica la hidráulica. **5** *f.* Ciencia y técnica que estudia las aguas naturales, en función de su aprovechamiento.

hidroavión *m.* Avión que puede despegar y posarse sobre el agua, generalmente provisto de flotadores en lugar de tren de aterrizaje.

hidrodinámico -ca *adj.* De la hidrodinámica. **2** *f.* Parte de la mecánica que estudia el movimiento de los líquidos.

hidroeléctrico -ca *adj.* Relativo a la electricidad obtenida por fuerza hidráulica.

hidrófilo -la *adj.* Que tiene la propiedad de absorber el agua. **2** Se dice de los organismos que viven dentro o cerca del agua. **3** *m.* Nombre de varios coleópteros de los hidrofílidos, de 30-50 mm de largo y cuerpo ovalado y oscuro. Las larvas son depredadoras.

hidrofobia *f.* Horror al agua. **2** Rabia. **3** Propiedad de las sustancias que repelen el agua.

hidrografía *f.* Estudio de los mares y las corrientes de agua.

hidrólisis *f.* Descomposición de una molécula por la acción del agua. **2** Por extensión, reacción de un compuesto con el agua.

hidrología *f.* Ciencia que estudia las propiedades, el origen, etc., de las aguas.

hidropesía *f.* Acumulación anormal de líquido en cualquier cavidad o tejido del cuerpo.

hidrosfera *f.* Capa acuosa que envuelve la Tierra. Ocupa un 70% de su superficie, y está formada por los mares, los lagos, los ríos, los glaciares, etcétera.

hidrostático -ca *adj.* Relativo a la hidrostática. **2** *f.* Parte de la mecánica que estudia el equilibrio de los líquidos y de muchos gases, y de los cuerpos que están sumergidos en ellos.

hiedra *f.* Planta trepadora de las araliáceas, de tronco y ramos sarmentosos y con raíces adventicias, hojas coriáceas en forma de corazón, flores en umbelas y fruto en bayas. Vive en Europa y se usa en jardinería.

hiel *f.* Bilis.

hielo *m.* Agua convertida en cuerpo sólido y cristalino por un descenso de la temperatura. **2** Acción de helar o helarse.

hiena *f.* Nombre de varios mamíferos carnívoros de los hiénidos, de costumbres nocturnas, que suelen alimentarse de carroña.

hiena

hierba *f.* Planta, generalmente de pequeño tamaño, desprovista de tejidos leñosos. Puede ser anual, bienal, perenne o vivaz.

hierbabuena *f.* Planta de las labiadas, de 40-50 cm de alto, hojas vellosas y elípticas, flores rojizas en grupos axilares y fruto seco. Es de olor agradable, y se usa como condimento. Nombre de otras plantas parecidas a la anterior.

hierro *m.* Es el metal más abundante en la naturaleza, después del aluminio. **2** Marca del hierro candente. **3** Punta de una lanza, saeta, etc. **4** Arma, instrumento o pieza de hierro o de acero. **5** Señal que se pone en algunas cosas como garantía, y el instrumento con que se hace. **6** *fam.* Pistola, revólver. **7** *pl.* Cadenas, grilletes, etc.

higadillo *m.* Hígado de las aves.

hígado *m.* Glándula aneja del aparato digestivo, situada en el hipocondrio derecho.

higiene *f.* Ciencia que estudia la conservación de la salud física y mental de una persona o de una colectividad.

higo *m.* Fruto de la higuera, de piel verdosa, negra o morada, y pulpa carnosa y dulce. **2** Nombre de ciertas verrugas que se forman cerca del ano, frecuentemente de origen venéreo.

higuera *f.* Árbol de las moráceas, de hojas lobuladas y fruto comestible. Vive en zonas templadas.

hijastro -tra *m. y f.* Hijo o hija de uno de los cónyuges, respecto al otro.

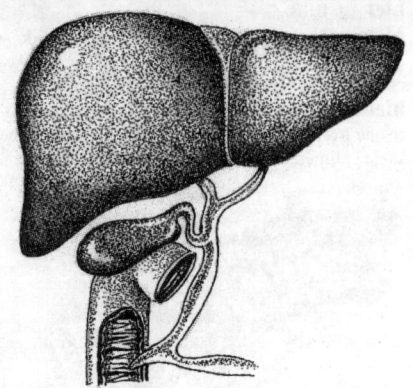

hígado

hijo -ja *m.* y *f.* Persona o animal respecto de su padre o de su madre. **2** Cualquier obra o producción del ingenio. **3** Expresión de cariño. **4** Religioso con relación al fundador de su orden. **5** Sustancia esponjosa del interior del asta de los animales. **6** *m. pl.* Descendientes.

hijuela *f.* Cosa aneja o subordinada a otra principal. **2** Tira de tela que se pone a un vestido para ensancharlo. **3** Canal que conduce el agua de una acequia al campo. **4** Desviación de un camino. **5** Expedición postal para llevar cartas a pueblos apartados. **6** Documento donde se indican los bienes que tocan a cada uno de los beneficiarios de una herencia. **7** *Amér.* Predio rústico que se forma al dividir otro mayor.

hilacha *f.* Pedazo de hilo desprendido de la tela. **2** Porción insignificante de algo.

hilado *m.* Acción y efecto de hilar. **2** Porción de lino, cáñamo, seda, lana, algodón, etc., reducida a hilo. **3** Hilatura.

hilandería *f.* Arte de hilar. **2** Fábrica de hilados.

hilar *tr.* Reducir a hilo. **2** Sacar de sí el gusano de seda la hebra para formar el capullo. **3** Discurrir, deducir.

hilaza *f.* Hilado, fibra hilada. **2** Hilo gordo y desigual. **3** Hilo con que se teje.

hilera *f.* Formación en línea de una serie de personas o cosas. **2** Hilaza fina. **3** Apéndices del abdomen de los araneidos, que sostienen las glándulas productoras de los hilos.

hilo *m.* Hebra larga, delgada y flexible, formada por fibras de lino, lana, cáñamo, etc. **2** Hebra de cualquier material flexible. **3** Tela blanca de lino o cáñamo. **4** Hebra que forman algunas arañas, gusanos, etc. **5** Alambre. **6** Arista, borde.

hilván *m.* Costura de puntadas largas con que se prepara lo que se ha de coser.

hilvanar *tr.* Unir con hilvanes lo que se ha de coser. **2** Enlazar o coordinar ideas, palabras, etc. **3** *fam.* Trazar, proyectar o preparar algo con rapidez.

himen *m.* Membrana que, en las mujeres vírgenes, cierra el orificio externo de la vagina.

himno *m.* Composición poética cantada en honor de una divinidad, una persona, una colectividad, etc. De origen griego, fueron incorporados por el cristianismo.

hincapié *m.* Acción de hincar el pie para hacer fuerza.

hincar *tr.* Introducir o clavar una cosa en otra. **2** Apoyar una cosa en otra con fuerza. **3** *prnl.* Arrodillarse.

hincha *f.* Odio, encono o enemistad. **2** *com.* Partidario entusiasta de un equipo deportivo. **3** Por extensión, partidario de una persona.

hinchado -da *adj.* Vano, presumido. **2** *f.* fam. Multitud de hinchas.

hinchar *tr.* y *prnl.* Hacer que aumente de volumen un cuerpo, llenándolo de un fluido. **2** *prnl.* Aumentar de volumen una parte del cuerpo, por un traumatismo o por otra causa patológica. **3** Comer o beber con exceso.

hinchazón *f.* Efecto de hincharse. **2** Vicio de hablar o escribir con afectación.

hinduismo *m.* Doctrina derivada del brahmanismo.

hipar *intr.* Sufrir el hipo. **2** Resollar los perros al seguir la caza. **3** Fatigarse o angustiarse con exceso. **4** Gimotear.

hipérbaton *m.* Cambio del orden que deben tener las palabras según la sintaxis regular.

hipérbola *f.* Curva abierta, lugar geométrico de los puntos del plano cuya diferencia de distancias a dos puntos fijos *(focos)* es constante.

hipérbole *f.* Figura retórica con que se recurre a una exageración evidente.

hipermetropía *f.* Trastorno de la visión en que la imagen se forma más allá de la retina.

hipertensión *f.* Aumento de la tensión del líquido de un recipiente.

hipertrofia *f.* Aumento anormal del volumen de un órgano o tejido.

hípico -ca *adj.* Perteneciente o relativo al caballo o a la hípica. **2** *f.* Serie de deportes que se realizan sobre caballos; polo, carreras, saltos, etcétera.

hipnosis *f.* Estado de sueño producido por un hipnotizador, basado en la sugestión. Se usa en psicoterapia y como anestésico.

hipnotizar *tr.* Producir hipnosis.

hipo *m.* Contracción convulsiva del diafragma, que produce una respiración interrumpida y violenta que causa un ruido característico.

hipocondría *f.* Tendencia a preocuparse por la salud propia, y a exagerar los sufrimientos.

hipocresía *f.* Fingimiento y apariencia de cualidades, sentimientos o ideas distintos de los que se sienten en realidad.

hipócrita *adj. y com.* Que finge o aparenta lo que no es o lo que no siente.

hipodermis *f.* Tejido celular subcutáneo. **2** Capa de células que hay bajo la epidermis de los vegetales.

hipódromo *m.* Lugar donde se corren carreras de caballos y carros.

hipófisis *f.* Glándula de secreción interna, situada en la base del cráneo. Regula la mayor parte de las funciones orgánicas, y produce numerosas hormonas.

hipopótamo *m.* Mamífero que puede alcanzar 4 m de largo y 4 t de peso, de piel gruesa y oscura y cabeza grande con orejas y ojos pequeños. De hábitat semiacuático, viven en África.

hipopótamo

hipóstasis *f.* Sustancia real, esencia. **2** Según el cristianismo, cada una de las personas de la Trinidad. **3** Cambio de categoría gramatical de una palabra. **4** Formación de una palabra con la unión de varias.

hipoteca *f.* Derecho real que grava bienes inmuebles o muebles para responder, generalmente, del pago de un préstamo. **2** Conjunto de bienes hipotecados.

hipotecar *tr.* Gravar con una hipoteca ciertos bienes.

hipotenusa *f.* Lado opuesto al ángulo recto de un triángulo rectángulo.

hipótesis *f.* Suposición de una cosa, para sacar de ella una consecuencia. **2** En lingüística, prótasis, antecedente.

hirsuto -ta *adj.* Se dice del pelo rígido y duro, y de lo que está cubierto de pelo de esta clase o de púas o espinas. **2** Se aplica a la persona de mal carácter.

hisopo *m.* Planta de unos 20-60 cm, de hojas lanceoladas y flores pálidas. Es aromática y se usa como tónico y estomacal. **2** Palo con un manojo de cerdas en la punta, o con una bola con agujeros, usado para esparcir agua bendita. **3** *Amér.* Brocha para pintar paredes.

hispanismo *m.* Vocablo o giro propio de la lengua española y usado en otra. **2** Estudio de la lengua, literatura y cultura hispánicas.

hispanizar *tr. y prnl.* Españolizar.

hispano -na *adj.* Relativo a Hispania. **2** *adj. y n.* Relativo a España o a Hispanoamérica

hispanohablante *adj. y com.* Que tiene el español como lengua materna.

histeria *f.* Neurosis que causa trastornos sensoriales, motores, vasomotores, etc. Puede ser provocada por sugestión o autosugestión.

histerismo *m.* Histeria. **2** Estado pasajero de excitación nerviosa.

histología *f.* Rama de la anatomía que estudia la estructura microscópica de los tejidos.

historia *f.* Ciencia que estudia el conjunto de sucesos, hechos o manifestaciones de los hombres en el pasado. **2** Narración de estos sucesos, hechos o manifestaciones. **3** Narración de un hecho, una experiencia, etc. **4** Obra literaria donde se relatan acontecimientos históricos. **5** Obra histórica compuesta por un autor. **6** Cuadro o tapiz que representa un hecho histórico o mitológico. **7** Fábula o narración ficticia.

historiador -ra *m. y f.* Persona especializada en historia.

historial *adj.* Relativo a la historia. **2** *m.* Serie de datos sobre los antecedentes de un negocio, de una persona, etc.

histórico -ca *adj.* Relativo a la historia. **2** Averiguado, comprobado, cierto. **3** Digno de pasar a la historia, por su transcendencia. **4** *adj. y n.* Se dice de la persona que ha fundado o consolidado un partido o una organización.

historieta *f.* Cuento o narración breve, o suceso de poca importancia.

historiografía *f.* Estudio bibliográfico y crítico de los escritos sobre historia y sus fuentes. **2** Arte de escribir la historia. **3** Conjunto de obras históricas.

hito -ta *m.* Poste que indica una dirección o los límites de un terreno. **2** Suceso o momento relevante. **3** Juego consistente en tirar tejos o herraduras a un clavo fijado en el suelo. **4** Blanco hacia donde se dirige la puntería. **5** *f.* Clavo pequeño sin cabeza.

hocico *m.* Parte prolongada de la cabeza de algunos animales, en que están la boca y la nariz.

hockey (ing.) *m.* Deporte que se practica entre dos equipos, y que consiste en impulsar una pelota o un disco de caucho con un bastón curvo *(stick)* a fin de introducirlos en la portería del equipo contrario. Existen tres modalidades: sobre *hierba,* sobre *hielo* y sobre *patines.*

hogar *m.* Casa o domicilio. **2** Vida de familia. **3** Sitio donde se quema combustible para producir calor destinado a la calefacción o a ser transformado en otra forma de energía.

hogareño -ña *adj.* Amante del hogar y de la vida en familia. **2** Relativo al hogar.

hogaza *f.* Pan grande, que pesa más de un kilo. **2** Pan que contiene algo de salvado.

hoguera *f.* Fuego al aire libre que levanta mucha llama.

hoja *f.* BOT Órgano que nace en los tallos y ramas de las plantas. Generalmente es delgada y laminar. **2** Lámina delgada de metal, madera, papel, etc. **3** Cada una de las partes iguales en que se divide un pliego. **4** Cuchilla de las armas blancas y herramientas. **5** Capa delgada de una masa, como sucede en el hojaldre. **6** Tierra que no se siembra durante uno o dos años. **7** Parte movible de una puerta o ventana.

hoja

hojalata *f.* Lámina de metal, cubierta de estaño por las dos caras.

hojarasca *f.* Conjunto de hojas que han caído de los árboles. **2** Frondosidad de algunos árboles y plantas.

hojear *tr.* Leer o consultar superficialmente un libro.

hojuela *f.* Dulce frito muy delgado. **2** Hollejo de la aceituna molida que, separada, vuelve a molerse. **3** Lámina de oro, plata, etc., usada en galones, bordados, etc. **4** *Amér.* Hojaldre.

holandés -sa *adj.* y *n.* Relativo a Holanda y a los Países Bajos. **2** *m.* Neerlandés, lengua hablada en los Países Bajos. **3** *f.* Hoja de papel de 22 x 28 cm.

holgado -da *adj.* Ancho, sobrado. **2** Sin ocupación. **3** Que no tiene problemas económicos.

holgar *intr.* Estar ocioso, no trabajar. **2** No estar de más, sobrar. **3** *intr.* y *prnl.* Alegrarse. **4** *prnl.* Divertirse, distraerse.

holgazán -na *adj.* y *n.* Se dice de la persona que no quiere trabajar.

holgazanear *intr.* Estar voluntariamente ocioso.

holgura *f.* Anchura. **2** Hueco que queda entre dos piezas que han de encajar. **3** Bienestar económico, vida sin estrecheces.

hollar *tr.* Pisar alguna cosa.

hollejo *m.* Piel delgada que cubre algunas frutas y legumbres.

hollín *m.* Sustancia grasa y negra que el humo deposita en una superficie.

holocausto *m.* Sacrificio entre los israelitas, en que se quemaba un animal. **2** Acto de abnegación por amor. **3** Genocidio.

hombre *m.* Ser animado racional. **2** Género humano. **3** Varón, persona de sexo masculino. **4** El que ha llegado a la edad adulta. **5** El que posee valor, fuerza, virilidad, etc. **6** Juego de naipes en que se coge el palo que sea triunfo.

hombrera *f.* Pieza alargada de tela de ciertos vestidos, especialmente de uniformes militares. **2** Especie de almohadilla que refuerza los hombros de un vestido, una chaqueta, etcétera.

hombro *m.* Parte superior y lateral del tronco, donde nace el brazo. **2** Parte de un vestido, chaqueta, etc., que cubre el hombro.

homenaje *m.* Manifestación solemne de fidelidad de un vasallo hacia su señor. **2** Sumisión, veneración, respeto hacia algo o alguien. **3** Acto o actos en honor de una persona.

homenajear *tr.* Rendir homenaje a una persona o a su memoria.

homeópata *adj.* y *com.* Se dice del médico que se dedica a la homeopatía.

homeopatía *f.* Método terapéutico que aplica, en dosis mínimas, sustancias que en mayor cantidad producirían síntomas parecidos a los de la enfermedad que se combate.

homicida *adj.* y *com.* Que ocasiona la muerte de una persona.

homicidio *m.* Muerte causada a una persona por otra, generalmente con violencia.

homínidos *m. pl.* Grupo de primates superiores originados hace unos 14 millones de años (con el género *Ramapithecus*), del que proceden las razas humanas actuales.

homófono -na *adj.* Se dice de la música o el canto en que todas las voces tienen el mismo sonido. **2** Se dice de las palabras con distinto significado que suenan igual: *solar,* nombre; *solar,* adjetivo, y *solar,* verbo.

homogéneo -a *adj.* Se dice de lo que es de un mismo género o de la misma naturaleza. **2** Se dice de una fórmula cuya composición y estructura son uniformes.

homólogo -ga *adj.* Que tiene las mismas características que otra cosa. **2** Se dice de las palabras sinónimas. **3** Se dice de los órganos de animales y vegetales de forma y función distintos, pero con el mismo origen embriológico.

homonimia *f.* Significado distinto de dos palabras con idéntica grafía: *Tarifa,* ciudad, y *tarifa* de precios.

homónimo -ma *adj.* Se dice de la palabra que presenta homonimia. **2** Tocayo, que lleva el mismo nombre que otro.

homosexual *adj.* y *com.* Se dice de la persona que se siente atraída sexualmente hacia individuos de su mismo sexo.

homosexualidad *f.* Atracción sexual hacia individuos del mismo sexo. Su práctica ha sido tolerada o perseguida históricamente, según las normas culturales y morales de cada sociedad.

homosfera *f.* Capa de la atmósfera situada entre la superficie de la Tierra y los 100 km de altitud, en la cual el nitrógeno y el oxígeno guardan una proporción casi constante.

honda *f.* Tira de piel o cuerda usada para lanzar piedras con violencia.

hondo -da *adj.* Que tiene profundidad. **2** Se dice del terreno que está más bajo que todo lo circundante. **3** Se dice de un estilo de cante flamenco. **4** *m.* Parte inferior de una cosa hueca o cóncava.

hondura *f.* Profundidad de una cosa.

honesto -ta *adj.* Decente, decoroso. **2** Recatado, pudoroso. **3** Probo, recto, honrado. **4** Razonable, justo.

hongo *m.* BOT Cualquiera de los vegetales del grupo de los hongos. Se trata de plantas talófitas, sin clorofila y de reproducción preferentemente asexual, por esporas; la mayoría son parásitos. **2** Sombrero de copa baja, rígida y semiesférica, con poca ala. **3** Protección en forma de seta, para impedir la penetración del agua de lluvia en los tubos de ventilación.

honor *m.* Cualidad moral que lleva al cumplimiento de los deberes hacia los otros o hacia uno mismo. **2** Buena reputación. **3** Obsequio, aplauso o celebridad de algo. **4** Cosa que enorgullece a uno. **5** Dignidad, cargo, empleo. (Se usa más en plural.) **6** *pl.* Concesión hecha a alguien del título y la dignidad de un cargo. **7** Manifestaciones de cortesía, agasajos.

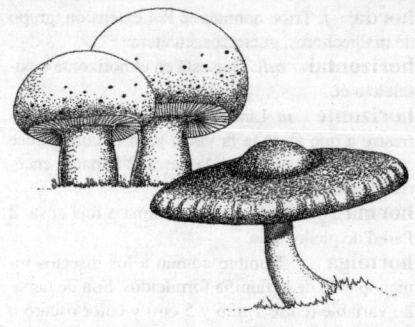

hongos

honorable *adj.* Digno de ser honrado y respetado. **2** Tratamiento honorífico.

honorario *adj.* Que tiene los honores y no la propiedad de una dignidad o empleo. **2** *m.* Gaje de honor. **3** *pl.* Retribución dada a uno por su trabajo en algún oficio liberal.

honra *f.* Estima y respeto de la propia dignidad. **2** Buena reputación y fama. **3** Demostración de aprecio a uno por su virtud y mérito. **4** Pudor, honestidad y recato. **5** *pl.* Oficios hechos por un difunto.

honrado -da *adj.* Que procede con lealtad, incapaz de robar o engañar. **2** Que cumple con sus deberes. **3** Ejecutado con honra.

honrar *tr.* Respetar a una persona. **2** Enaltecer o premiar su mérito. **3** Dar honor o celebridad. **4** Tener uno como honor la asistencia, adhesión, etc., de otras personas. **5** *prnl.* Tener uno a honra ser o hacer alguna cosa.

hora *f.* Cada una de las veinticuatro partes en que se divide el día solar. **2** Tiempo oportuno y determinado para una cosa. **3** Momento del día. **4** Distancia de una legua. **5** Unidad de tiempo equivalente a 60 minutos, o a 3.600 segundos. **6** *pl.* Libro litúrgico que contiene oficios y oraciones. **7** *adv. t.* Ahora.

horadar *tr.* Agujerear una cosa, atravesándola.

horario -ria *adj.* Relativo a las horas. **2** *m.* Aguja pequeña del reloj, que señala las horas. **3** Gráfico donde se indican las horas en que se realizan ciertas actividades. **4** Distribución de las horas de trabajo.

horca *f.* Conjunto de dos palos hincados en el suelo y otro encima trabándolos, en el cual se ahorcaba a los condenados. **2** Palo con dos puntas, atravesado por otro, para sujetar la cabeza de cerdos y perros. **3** Palo con dos puntas para sostener las ramas de los árboles, armar un parral, etc. **4** Ristra de ajos, cebollas, etc.

horda

horda *f.* Tribu nómada. **2** Por extensión, grupo de malhechores, guerreros, etcétera.

horizontal *adj.* Que está en el horizonte o paralelo a él.

horizonte *m.* Línea que limita la superficie terrestre a que alcanza la vista, y en la cual parece que se junta el cielo con la tierra. **2** Espacio encerrado en dicha línea.

horma *f.* Molde para dar forma a una cosa. **2** Pared de piedra seca.

hormiga *f.* Nombre común a los insectos himenópteros de la familia formícidos. Son de tamaño variable (entre 1 mm y 5 cm) y color oscuro o rojizo. Existen unas 6.000 especies, todas ellas sociales y polimorfas.

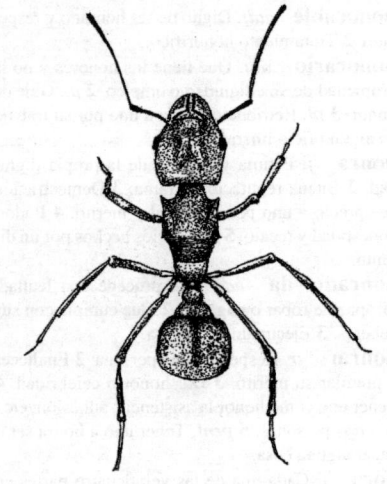

hormiga

hormona *f.* Cada una de las sustancias orgánicas producidas por las glándulas endocrinas, y que a través de la sangre llegan a los tejidos. Las hormonas actúan en cantidades ínfimas, desencadenando diversas reacciones bioquímicas, por lo que desempeñan un papel de gran importancia en la fisiología del organismo y en los procesos de su desarrollo.

hornada *f.* Cantidad de pan, pasteles, etc., cocidas de una vez.

hornear *intr.* Cocer algo en el horno. **2** Ejercer el oficio de hornero.

hornilla *f.* Hueco hecho en el hogar con una rejilla, para dejar caer la ceniza y dar entrada al aire. **2** Hueco en la pared de un palomar, para que aniden las palomas.

horno *m.* Espacio cerrado de fábrica o metal, donde se produce calor al quemar un combustible o por medio de la electricidad. **2** Montón de leña, piedra, ladrillos, etc., para su carbonización, calcinación o cocción. **3** Aparato electrodoméstico para asar alimentos. **4** Sitio en que crían las abejas, fuera de la colmena. **5** Cada uno de los agujeros en que se meten los vasos del colmenar. **6** Cada uno de estos vasos. **7** Establecimiento en que se cuece y vende pan.

horóscopo *m.* Gráfico que representa las doce casas celestes, y la posición relativa de los astros del sistema solar, y de los signos del Zodíaco, en un momento dado, usado para predecir el futuro. **2** Predicción del futuro según la posición de los astros.

horquilla *f.* Horca para sostener las ramas de los árboles. **2** Palo largo, con dos puntas en un extremo, para colgar y descolgar cosas. **3** Enfermedad que hiende las puntas del pelo. **4** Pieza de alambre, o de otro material, doblada, usada para sujetar el pelo. **5** Cualquier cosa que tenga forma de horca.

horror *m.* Sensación de espanto muy intenso, acompañada de estremecimiento y paralización. **2** Atrocidad, monstruosidad, enormidad.

horrorizar *tr.* Causar horror. **2** *prnl.* Tener horror, llenarse de pavor y espanto.

hortaliza *f.* Nombre dado a las plantas herbáceas comestibles que se cultivan en huerta.

hortelano -na *adj.* Relativo a la huerta. **2** *m. y f.* Persona que cultiva huertas.

hortensia *f.* Nombre dado a varias especies de plantas arbustivas de 80-150 cm de alto, hojas opuestas dentadas y flores rosadas o azuladas, en corimbo. Originaria de Asia, su uso es ornamental.

horticultura *f.* Cultivo de las huertas. **2** Parte de la agricultura que trata de este cultivo.

hosco -ca *adj.* Se dice del color moreno muy oscuro. **2** Ceñudo, áspero, intratable. **3** Se dice del lugar, tiempo, etc., desapacible, desagradable, inhóspito, etcétera.

hospedaje *m.* Acción de hospedar. **2** Alojamiento y asistencia que se dan a una persona. **3** Precio que se paga por estar de huésped.

hospedar *tr.* Recibir uno huéspedes en su casa; darles alojamiento. **2** *prnl.* Alojarse como huésped.

hospicio *m.* Casa en que se albergaban peregrinos y pobres. **2** Asilo para niños pobres o huérfanos.

hospital *m.* Establecimiento donde se proporciona a la población asistencia médica y sanitaria completa. Suele ser también un centro de formación e investigación. **2** Casa donde se recogían pobres y peregrinos.

hospitalario -ria *adj.* Relativo al hospital. **2** Se dice de las órdenes religiosas dedicadas a hospedar peregrinos o enfermos. **3** Que socorre y alberga a extranjeros y necesitados. **4** Que agasaja a quienes recibe en su casa.

hospitalizar *tr.* Ingresar a un enfermo en un hospital.

hostia *f.* Lo que se ofrece en sacrificio. **2** Hoja redonda y delgada de pan ácimo, utilizada en el sacrificio de la misa. **3** Forma pequeña de este mismo pan, usada para la comunión de los fieles. **4** Oblea, dulce.

hostigar *tr.* Azotar, castigar con el látigo o algo semejante. **2** Incitar a alguien para que haga algo.

hostil *adj.* Contrario, enemigo.

hostilidad *f.* Calidad de hostil. **2** Acción hostil. **3** Agresión armada de un ejército, tropa, Estado, etc., que constituye de hecho el estado de guerra.

hotel *m.* Establecimiento de hostelería para alojar con comodidad o con lujo a un gran número de personas. **2** Casa aislada y ajardinada.

hoy *adv. t.* En este día, en el día presente. **2** Actualmente, en el tiempo presente.

hoya *f.* Hoyo. **2** Sepultura. **3** Llano extenso rodeado de montañas. **4** Semillero, almáciga. **5** Nombre de varias especies de plantas trepadoras y leñosas, con flores en cimas. Originarias de Asia y Australia, su uso es ornamental. **6** *Amér.* Tierra por donde pasa un río, y el mismo río.

hoyo *m.* Concavidad o hueco en la tierra o en alguna otra superficie. **2** Hoya, sepultura.

hoz *f.* Instrumento para segar, formado por una hoja curva y afilada insertada en un mango de madera.

huaca *f.* Guaca. Entierro indígena.

hueco -ca *adj. y n.* Cóncavo, vacío. **2** *adj.* Presumido, hinchado, vano. **3** Ufano, alegre. **4** Se dice del sonido retumbante y cavernoso. **5** Se dice del lenguaje ostentoso y afectado. **6** Mullido, esponjoso. **7** *m.* Intervalo de tiempo o lugar. **8** Abertura en un muro. **9** Sitio no ocupado. **10** *f.* Muesca espiral de la punta delgada del huso donde se traba la hebra que se va hilando.

huelga *f.* Cese del trabajo, hecho voluntariamente y de común acuerdo por los trabajadores, a fin de manifestar una protesta o defender una reivindicación. **2** Tiempo que no se trabaja.

huella *f.* Señal que deja en el suelo el pie del hombre, la pezuña de un animal, la rueda de un automóvil, etc. **2** Acción de hollar. **3** Plano de un escalón.

huérfano -na *adj. y n.* Se dice de la persona a quien faltan su padre o su madre, o ambos.

huero -ra *adj.* Vano, vacío, sin sustancia.

huerta *f.* Zona donde se cultivan hortalizas y árboles frutales. **2** Tierra de regadío.

huerto *m.* Terreno en que se plantan verduras y árboles frutales.

hueso *m.* Cada una de las piezas duras que forman el esqueleto. **2** Parte dura del interior de ciertos frutos, y que contiene la semilla. **3** Parte de la piedra de cal que no se ha cocido y que se elimina cerniéndola. **4** Lo de poco precio y de mala calidad. **5** Parte ingrata y de menos lucimiento de un trabajo. **7** Mano. **8** Persona, cuerpo. **9** *adj.* Se dice del color blanco amarillento.

huésped -da *m. y f.* Persona alojada en una casa ajena, en un hotel, etc. **2** *m.* Organismo sobre el cual vive un parásito.

hueste *f.* Ejército en campaña. (Se usa más en plural.) **2** Partidarios o seguidores de una persona, de una causa, etcétera.

hueva *f.* Masa de huevecillos de peces.

huevo *m.* Célula procedente de la unión del gameto masculino con el femenino, a partir de la cual se puede desarrollar un nuevo individuo. **2** Por extensión, óvulo fecundado. **3** Pedazo de madera con un hueco en el centro, usado por los zapateros para amoldar la suela.

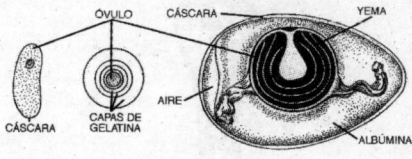

huevo

huevón -na *adj. y n.* Lento, bobalicón, ingenuo.

huido -da *adj.* Se dice del que se esconde por temor de algo o de alguien. **2** *f.* Acción de huir. **3** Ensanche y holgura que se hace en los agujeros en que se meten maderos. **4** Desviación del caballo de la dirección en que lo lleva el jinete.

huir *intr. y prnl.* Apartarse deprisa de algo o alguien, para evitar un daño, disgusto o molestia. **2** Con palabras que expresen idea de tiempo, transcurrir o pasar velozmente. **3** Alejarse velozmente una cosa. **4** *intr. y tr.* Evitar.

hulla *f.* Combustible fósil que contiene entre el 75 y 90% de carbono. De color negro y brillo mate, se usa en la industria metalúrgica y para la producción de gas.

humanidad *f.* Conjunto de todos los hombres. **2** Género humano. **3** Sensibilidad, compasión de las desgracias de los demás. **4** Calidad de humano. **5** Muchedumbre, multitud. **6** *pl.* Conjunto de materias (las artes, las letras, etc.) que exaltan los valores humanos.

humanismo *m.* Cultivo y conocimiento de las humanidades.
humanitario -ria *adj.* Que mira por el bien de la humanidad. **2** Bondadoso, compasivo.
humano -na *adj.* Relativo al hombre. **2** Compasivo, caritativo. **3** *m.* En sentido genérico, hombre.
humareda *f.* Abundancia de humo.
humectación *f.* Acción y efecto de humectar. **2** Procedimiento para aumentar el grado de vapor de agua de un gas.
humectar *tr.* Humedecer.
humedad *f.* Calidad de húmedo. **2** Vapor de agua que impregna un cuerpo o que contiene el aire.
humedecer *tr.* y *prnl.* Producir humedad una cosa. **2** *intr.* Con las preposiciones *con* y *en,* mojar ligeramente.
húmedo -da *adj.* Que tiene humedad. **2** Ligeramente mojado. **3** Se dice del clima, el país, etc., donde predomina la humedad.
húmero *m.* Hueso del brazo, que se articula con la escápula y con el cúbito y el radio.

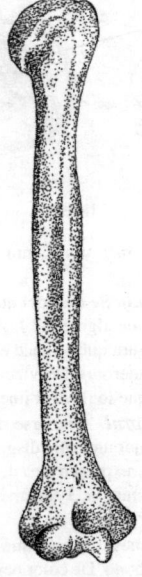

húmero

humildad *f.* Virtud de reconocer los fallos y los defectos propios.
humilde *adj.* Que tiene humildad. **2** De pocos medios económicos.
humillación *f.* Acción y efecto de humillar o humillarse.
humillar *tr.* y *prnl.* Postrar, bajar, inclinar una parte del cuerpo, como la cabeza o la rodilla, en señal de sumisión o respeto. **2** *tr.* Abatir el orgullo. **3** *intr.* Bajar el toro la cabeza para embestir. **4** *prnl.* Arrodillarse o hacer adoración. **5** Hacer actos de humildad.
humo *m.* Producto que en forma gaseosa se desprende de una combustión incompleta, y se compone de vapor de agua, ácido carbónico y carbón en polvo. **2** Vapor que exhala cualquier cosa que fermenta.
humor *m.* Disposición del ánimo. **2** Cualquier líquido del cuerpo de un animal o de una planta. **3** fig. Genio, índole, condición, especialmente cuando se demuestra exteriormente. **4** Jovialidad, agudeza. **5** Disposición para hacer una cosa. **6** Facultad del humorista.
humorismo *m.* Facultad del humorista. **2** Estilo literario, gráfico o artístico de carácter cómico.
humorista *adj.* y *com.* Que se expresa con humor. **2** Se dice de quien en sus obras (literarias, plásticas, etc.) utiliza el humorismo.
hundir *tr.* y *prnl.* Sumir, meter en lo hondo. **2** *tr.* Abrumar, oprimir, abatir. **3** Vencer a uno con razones. **4** *prnl.* Arruinarse un edificio. **5** Haber bulla o alboroto en alguna parte.
huracán *m.* Ciclón tropical en el mar Caribe, de una velocidad de 110-150 km/hora. **2** Viento sumamente impetuoso.
huraño -ña *adj.* Que rehúye el trato con la gente.
hurgar *tr.* y *prnl.* Remover una cosa. **2** *tr.* Tocar una cosa sin asirla.
hurón *m.* Mamífero carnívoro de los mustélidos, de unos 30 cm de largo y pelaje amarillento, usado en la caza del conejo.
hurtar *tr.* Tomar o retener bienes ajenos contra la voluntad de su dueño, sin intimidación ni violencia. **2** No dar el peso justo o la medida cabal. **3** Tomar por propio lo que otro escribe o dice. **4** Desviar, apartar.
hurto *m.* Acción y efecto de hurtar. **2** Cosa hurtada.
husmear *tr.* Rastrear algo con el olfato. **2** fig. Andar indagando alguna cosa con arte y disimulo.
huso *m.* Instrumento manual, de figura redondeada y alargada, y más delgado en las puntas, que sirve para devanar hilo, seda, etc. **2** Cualquier objeto de forma similar. **3** Instrumento que sirve para retorcer dos o más hilos. **4** Cilindro de un torno.

i *f.* Novena letra del abecedario castellano, y tercera de las vocales. **2** En la numeración romana, y en mayúscula, equivale a uno.

iberoamericano -na *adj.* y *n.* Relativo al conjunto de los países de América que fueron colonias de España y Portugal. **2** Relativo a esos países y a España y Portugal.

iceberg *m.* Gran masa de hielo flotante, sumergida en su mayor parte por su gran densidad.

iceberg

icono *m.* Signo, símbolo o representación.

ictericia *f.* Enfermedad producida por falta de drenaje de la bilis, y que se manifiesta en la pigmentación amarillenta de la piel.

idea *f.* Representación mental con que el entendimiento conoce las cosas, por reflexión sobre ciertas nociones o por abstracción de las sensaciones que proporcionan los sentidos. **2** Juicio que se hace de personas o cosas.

ideal *adj.* Relativo a las ideas; imaginario, no realmente existente. **2** Perfecto, muy bueno, magnífico. **3** Objetivo al que se tiende. **4** *pl.* Ideas que rigen la mentalidad de una persona en cuestiones graves y transcendentales.

idealismo *m.* Tendencia común a todos los sistemas filosóficos que, de una u otra manera, otorgan a la idea la primacía sobre la realidad concreta. La forma extrema es el idealismo de Hegel. **2** Actuación por ideas más que teniendo en cuenta las necesidades reales.

idealizar *tr.* Ver las cosas o presentarlas de conformidad con las ideas o la fantasía personales, más que de acuerdo con la realidad.

idear *tr.* Formar idea de algo. **2** Crear, inventar.

idéntico -ca *adj.* Se dice de lo totalmente igual a otro, o de personas o cosas muy parecidas.

identidad *f.* Calidad de idéntico. **2** Hecho de ser una persona la que dice ser. **3** Igualdad de dos expresiones algebraicas, cualquiera que sea el valor de las variables.

identificar *tr.* y *prnl.* Presentar como idénticas cosas que son distintas. **2** Reconocer o probar la identidad de una persona o cosa. **3** *prnl.* Llegar a tener las mismas ideas u objetivos que otra persona.

ideología *f.* Conjunto de ideas o conceptos fundamentales de una persona, colectividad o movimiento político o religioso.

idilio *m.* Composición poética sobre la vida del campo, tierna y delicada.

idioma *m.* Lengua de una comunidad.

idiosincrasia *f.* Temperamento y forma específica de reaccionar de cada individuo.

idiota *adj.* y *com.* Que padece idiocia. **2** De escaso o nulo entendimiento. **3** Engreído, soplado.

idiotez *f.* Idiocia. **2** Dicho o hecho estúpido.

ido -da *adj.* Se dice de la persona falta de juicio o distraída. **2** *Amér.* Borracho.

idólatra *adj.* y *com.* Que admira o ama excesivamente a una persona o cosa. **2** Que adora los ídolos paganos, que no es monoteísta de religión.

idolatrar *tr.* Adorar ídolos o divinidades falsas, según las religiones monoteístas. **2** fig. Amar con exceso a personas o cosas.

idolatría *f.* Adoración de los ídolos. **2** fig. Amor excesivo y vehemente a una persona o cosa.

ídolo *m.* Imagen de una divinidad pagana. **2** fig. Persona admirada o amada en exceso.

idóneo -a *adj.* Adecuado o conveniente.

iglesia

iglesia *f.* Institución religiosa fundada por Jesucristo. **2** Templo cristiano.

iglú *m.* Vivienda esquimal construida con bloques de hielo y en forma semiesférica.

ignominia *f.* Afrenta, oprobio. **2** Canallada.

ignorancia *f.* Falta de conocimiento de una cosa. **2** Carencia de instrucción por la que se desconocen muchas cosas.

ignorante *adj.* y *com.* Se dice del que no sabe una cosa o no sabe casi nada, del analfabeto y sin instrucción.

ignorar *tr.* No tener noticia o conocimiento de algo.

igual *adj.* De la misma entidad, cualidad, figura o valor que otro; se aplica a personas, animales y cosas idénticos o muy similares. **2** Liso, sin desniveles topográficos. **3** *m.* En matemática, signo de la igualdad (=). **4** *pl.* Cupones de la lotería.

igualar *tr.* y *prnl.* Eliminar diferencias entre personas o cosas. **2** Ajustar una iguala o contrato de servicios. **3** Nivelar un terreno o superficie. **4** *intr.* y *prnl.* Asemejarse dos personas o cosas.

igualdad *f.* Cualidad de igual. **2** Correspondencia y proporción de las partes de un todo. **3** Expresión de la equivalencia matemática de dos cantidades.

iguana *f.* Reptil escamoso parecido a un lagarto grande, arborícola, con papada grande y cresta escamosa, de color verde.

iguana

ilegal *adj.* Que no es conforme a la ley o que está en contra de ella.

ilegible *adj.* Que no puede o no debe leerse.

ilegitimar *tr.* Privar a alguien de la legitimidad.

ilegítimo -ma *adj.* No legítimo; se dice de las actuaciones no conformes a la ley o las costumbres. **2** Falso.

ileso -sa *adj.* Sin lesión, íntegro.

iletrado -da *adj.* Se dice de la persona sin letras, sin cultura.

ilíaco-ca o **iliaco -ca** *adj.* Relativo a la cadera. **2** *adj.* y *n.* Se aplica a los vasos de esta región. **3** *adj.* y *m.* Se dice del hueso de la cadera o coxal.

ilícito -ta *adj.* No lícito, no permitido por la moral o por la ley vigente.

ilimitado -da *adj.* Que no tiene límites.

ilógico -ca *adj.* Que carece de lógica, absurdo.

iluminación *f.* Acción y efecto de iluminar. **2** Conjunto de luces artificiales. **3** Conjunto de luces y sombras en un cuadro.

iluminar *tr.* Alumbrar, dar luz. **2** Adornar algún lugar con luces. **3** Dar color a figuras o letras de algún libro.

ilusión *f.* Representación imaginaria que no corresponde a la realidad. **2** Esperanza muy acariciada. **3** Alegría que produce la posesión o contemplación de alguna persona o cosa.

ilusionar *tr.* y *prnl.* Suscitar ilusiones en alguien. **2** Encantar, producir ilusión.

iluso -sa *adj.* y *n.* Esperanzado sin base. **2** Candoroso, soñador.

ilustración *f.* Acción y efecto de ilustrar o ilustrarse. **2** Pintura o dibujo que acompaña un texto.

ilustrar *tr.* y *prnl.* Instruir, enseñar. **2** Adornar un escrito con láminas o dibujos. **3** Aclarar una situación o un tema con ejemplos.

ilustre *adj.* Noble, de linaje distinguido. **2** Célebre, insigne. **3** Título de dignidad.

imagen *f.* Representación plástica de personas, ideas o cosas. **2** Metáfora o comparación. **3** Reproducción de la figura de un objeto por la combinación de los rayos de luz.

imaginación *f.* Acción y efecto de imaginar. **2** Imagen creada por la fantasía.

imaginar *tr.* Forjar imágenes mentales, representarse algo en la fantasía.

imán *m.* Mineral férrico negruzco que tiene la propiedad de atraer el hierro y otros metales.

imantar *tr.* y *prnl.* Comunicar a un cuerpo propiedades magnéticas.

imbécil *adj.* y *com.* Bobo, tonto. **2** Que estorba o molesta.

imberbe *adj.* Se dice del joven que aún no tiene barba o del varón lampiño.

imbuir *tr.* y *prnl.* Infundir, inculcar alguna idea.

imitar *tr.* Copiar, hacer una cosa a semejanza de otra.

impaciencia *f.* Falta de paciencia.

impacientar *tr.* Hacer que alguien pierda la paciencia, exasperarle. **2** *prnl.* Desesperarse.

impaciente *adj.* y *n.* Que no tiene paciencia. **2** Que tiene mucha prisa por hacer algo o por que suceda.

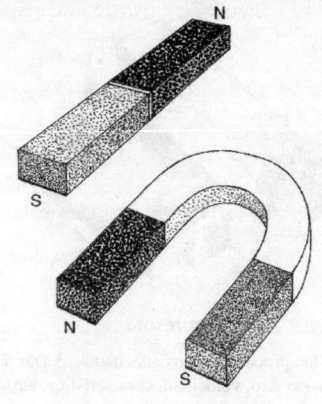

imán

impactar *tr*. Producir un impacto. **2** Impresionar o desconcertar con algún hecho o noticia.

impacto *m*. Choque de un proyectil en el blanco. **2** Huella que deja. **3** Cualquier choque entre dos cuerpos.

impalpable *adj*. Que no se puede palpar. **2** Etéreo, difuso.

impar *adj*. Que no tiene par o igual. **2** Se dice del número que no es múltiplo de dos.

imparcial *adj*. y *com*. Que no se adhiere a ninguna parte o partido. **2** Que no se deja llevar por pasión alguna, ecuánime.

imparcialidad *f*. Falta de prevención en favor o en contra de personas o cosas.

impartir *tr*. Comunicar, dar, repartir.

impasible *adj*. Incapaz de padecer. **2** Inmutable, indiferente.

impecable *adj*. Incapaz de pecar. **2** fig. Perfecto, sin tacha ni defecto.

impedido -da *adj*. y *n*. Que no puede servirse de sus miembros para moverse.

impedimento *m*. Obstáculo, estorbo.

impedir *tr*. Estorbar o imposibilitar la realización de alguna cosa. **2** Poéticamente, suspender, embargar.

impeler *tr*. Empujar, dar movimiento.

impenetrable *adj*. Que no se puede penetrar en sentido físico o intelectual.

imperar *intr*. Mandar como emperador. **2** Dominar.

imperativo -va *adj*. y *n*. Que impera o manda. **2** Se dice del modo verbal que expresa las órdenes o ruegos encarecidos. **3** *m*. Orden.

imperceptible *adj*. Que no se puede percibir; lo apenas observable.

imperdonable *adj*. Que no se puede perdonar o que no habría que perdonar. **2** Incalificable, gravísimo.

imperecedero -ra *adj*. Que no muere, eterno.

imperfección *f*. Defecto, deficiencia, falta.

imperfecto -ta *adj*. No perfecto. **2** Inacabado. **3** *adj*. y *m*. Se aplica a los tiempos del pasado en que la acción verbal queda presentada como no terminada.

imperialismo *m*. Teoría y práctica sociopolítica que defiende el dominio militar o económico de un Estado o país sobre otros.

imperio *m*. Acción de mandar con autoridad. **2** Forma política de gobierno que se extiende a varios reinos o pueblos autónomos, y que de una manera o de otra se ha dado desde la antigüedad hasta los tiempos modernos.

impermeable *adj*. Que no deja pasar el agua ni ningún líquido. **2** *m*. Sobretodo que protege de la lluvia.

impersonal *adj*. Se dice de lo que no va dirigido a una persona determinada, o no tiene en cuenta los aspectos personales. **2** Se dice del verbo que se emplea en tercera persona sin indicar el sujeto agente: *dicen que, se cuenta, llueve, conviene*.

impertinente *adj*. Inoportuno, que no viene al caso. **2** *adj*. y *n*. Irrespetuoso, pesado, molesto. **3** *m. pl*. Lentes con mango para observar con insistencia.

ímpetu *m*. Movimiento violento. **2** fig. Brío con que se acomete una acción.

implacable *adj*. Se dice de las cosas o fenómenos que no se calman, y de las personas que no se ablandan o suavizan su actitud.

implantar *tr*. y *prnl*. Establecer normas, usos, tributos, etc. **2** Hacer un injerto orgánico.

implementar *tr*. *Amér*. Poner los medios para la realización de alguna cosa.

implicar *tr*. y *prnl*. Mezclar, comprometer a alguien en un asunto.

implícito -ta *adj*. Se dice de lo que va incluido en alguna afirmación o negación sin que se diga de forma expresa y directa.

implorar *tr*. Rogar con ahínco o lágrimas.

imponderable *adj*. Que no se puede pesar ni medir. **2** *m*. Factor o situación imprevisible.

imponer *tr*. Poner carga, obligación u otra cosa. **2** *tr*. e *intr*. Infundir miedo, respeto o admiración. **3** *tr*. y *prnl*. Ejercitar en algo o informar de un asunto.

importación *f*. Acción de importar mercancías, costumbres, etc., de otro país.

importancia *f*. Valor o interés de una cosa.

importar *intr*. Convenir, interesar. **2** *tr*. Valer o llegar a tanto el precio o cantidad de alguna cosa.

3 Introducir mercancías y otras cosas del extranjero. **4** Entrañar, implicar.

importe *m.* Coste o valor en dinero de una cosa.

imposibilidad *f.* Cualidad de lo que no puede ser por motivos metafísicos, físicos, morales o de mera conveniencia, en una escala que todo lo abarca, según el tono del lenguaje.

imposible *adj.* Lo que no puede ser. **2** Inaguantable, enfadoso. **3** *adj.* y *m.* Lo muy difícil de hacer o lograr.

imposición *f.* Acción y efecto de imponer o imponerse. **2** La carga o la obligación que se impone. **3** Exigencia desmedida.

impostor -ra *adj.* y *n.* Se dice de la persona que levanta calumnias. **2** Que finge o engaña con apariencias de verdad.

impotencia *f.* Falta de poder o capacidad para hacer algo. **2** Incapacidad específica del varón para realizar el coito.

impotente *adj.* y *n.* Que no tiene fuerza o poder. **2** Que es incapaz de engendrar.

imprecar *tr.* Proferir maldiciones contra alguien deseándole algún mal.

impreciso -sa *adj.* Inexacto, sin precisión o sin claridad.

impregnar *tr.* y *prnl.* Introducir un cuerpo entre las moléculas de otro sin combinación o mezcla. **2** Mojar, empapar.

imprenta *f.* Técnica de imprimir. **2** Lugar donde se imprime. **3** Forma de letra que se emplea para imprimir una obra.

imprescindible *adj.* Se dice de algo de lo que no se puede prescindir, de lo muy necesario.

impresión *f.* Acción y efecto de imprimir. **2** Procedimiento de la técnica de imprimir. **3** Marca o señal que deja una cosa al apretarla contra otra: la del sello, la de un pie en el suelo blando. **4** Tipo de letra con que se imprime una obra.

impresionar *tr.* y *prnl.* Fijar una cosa en el ánimo, concebirla con fuerza y viveza. **2** Conmover profundamente el ánimo. **3** *tr.* Exponer una placa o película a la acción de vibraciones acústicas o luminosas para grabar sonidos o imágenes.

impreso -sa *adj.* Se dice del papel con signos fijados tipográficamente. **2** *m.* Formulario con un texto fijado en parte y que se ha de rellenar con otros datos personales.

impresor -ra *adj.* Que imprime. **2** *m.* y *f.* Dueño de una imprenta.

imprevisto -ta *adj.* Se dice de lo que no ha sido previsto o con lo que no se ha contado.

imprimir *tr.* Fijar alguna marca o figura en una superficie mediante presión. **2** Fijar sobre papel o materiales similares textos, dibujos, etc., me-

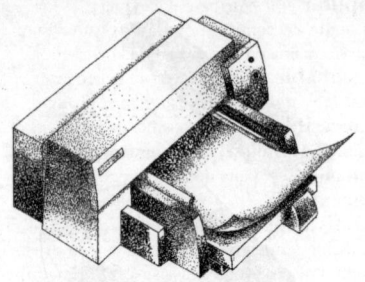

impresora

diante los procedimientos adecuados. **3** Dar a una cosa cierto giro, velocidad, característica, etc.

improductivo -va *adj.* Que no produce, estéril.

impronunciable *adj.* Imposible o muy difícil de pronunciar. **2** Inefable, sublime, como el nombre de Dios en algunas religiones.

impropiedad *f.* Falta de propiedad en el uso de las palabras. **2** Calidad de impropio.

impropio -pia *adj.* Se dice de lo que no corresponde a una persona, circunstancia o tiempo; de lo inadecuado por cualquier motivo.

improvisación *f.* Acción y efecto de improvisar. **2** Discurso que no se prepara con antelación; cualquier actividad o solución que se hace o toma sobre la marcha.

improvisar *tr.* Hacer o crear algo de repente y sin estudio y preparación previos.

improviso -sa *adj.* Imprevisto, que no se prevé o previene.

imprudencia *f.* Falta de prudencia. **2** Acción o dicho imprudente.

imprudente *adj.* y *com.* Que carece de prudencia o que obra sin ella.

impúdico -ca *adj.* Sin pudor, desvergonzado.

impuesto *m.* Tributo, carga.

impugnar *tr.* Refutar o rebatir con razones alguna opinión o teoría.

impulsar *tr.* Empujar dando movimiento a un cuerpo. **2** Estimular, promover una acción o intensificar una actividad.

impulsivo -va *adj.* Que impulsa. **2** Se dice de la persona que obra por impulso o impresión momentánea, y no tras madura reflexión y análisis de las situaciones.

impulso *m.* Acción y efecto de impulsar o de impeler. **2** Fuerza de lo que se mueve, crece, etc.

impune *adj.* Que queda sin castigo.

impureza *f.* Condición de lo que no es puro. **2** Cualquier materia que se mezcla con otra haciéndole perder parte de sus cualidades.

imputar *tr.* Atribuir algo a una persona, generalmente en sentido peyorativo (un crimen). **2** Achacar a una cosa la causalidad de algo.
inacabable *adj.* Que no se puede acabar, que no se le ve el fin, o que resulta muy prolijo.
inaccesible *adj.* Imposible de alcanzar o conseguir. **2** Muy difícil de comprender.
inacción *f.* Falta de acción, ociosidad.
inaceptable *adj.* Que no se puede aceptar.
inactivación *f.* Supresión parcial de los efectos de un germen o toxina, a fin de conservar sólo aquellas de sus propiedades susceptibles de aplicación terapéutica.
inactivar *intr.* y *prnl.* Hacer perder la actividad.
inactivo -va *adj.* Sin actividad, quieto; ocioso, inerte.
inadaptado -da *adj.* y *n.* Que no se acomoda a ciertas condiciones o formas de vida.
inadecuado -da *adj.* Que no encaja o no se acomoda con una circunstancia o situación.
inadvertido -da *adj.* Que no se fija en las cosas que debiera.
inalámbrico -ca *adj.* Se dice de las comunicaciones eléctricas que se realizan sin cables transmisores.

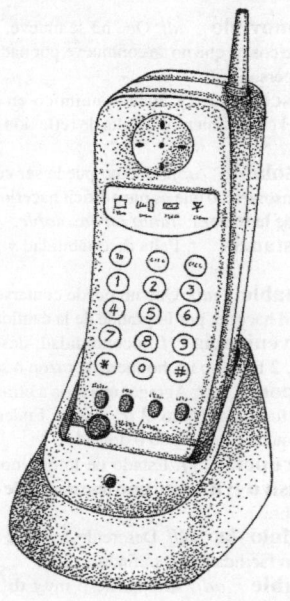

teléfono inalámbrico

inalterable *adj.* Que no puede ser alterado o que no cambia.

inanición *f.* Debilitamiento grave por falta de alimentación o de asimilación de los alimentos.
inanimado -da *adj.* Se dice de lo que carece de vida o sensibilidad. **2** Sin sentido, desmayado.
inapetencia *f.* Falta de apetito. **2** Anorexia.
inapropiado -da *adj.* Inadecuado.
inaudito -ta *adj.* Jamás oído. **2** Horrible, monstruoso, increíble.
inaugurar *tr.* Augurar. **2** Principiar una cosa con cierta solemnidad.
incalculable *adj.* Que no se puede calcular, por ser el número muy alto.
incandescente *adj.* Se dice del metal que por la acción del calor se pone rojo o blanco.
incansable *adj.* Se dice de la persona que no se cansa de trabajar, que es muy trabajadora.
incapacidad *f.* Falta de capacidad, impotencia. **2** Falta de entendimiento. **3** Carencia de aptitud legal para determinados actos.
incapacitar *tr.* Inhabilitar. **2** Declarar legalmente incapaz de ciertos actos o cargos.
incapaz *adj.* Falto de aptitud, de talento o de capacidad legal para cualquier cosa.
incautarse *prnl.* Hacerse cargo la autoridad de determinados bienes, confiscándolos o embargándolos. **2** Apoderarse indebidamente de algo.
incauto -ta *adj.* Que obra sin la cautela debida. **2** Ingenuo, falto de malicia.
incendiar *tr.* y *prnl.* Pegar fuego a cosas que no están destinadas a arder.
incendio *m.* Fuego grande que destruye lo que no debería arder.
incentivo *adj.* y *m.* Acicate, estímulo con que se incita a realizar algún trabajo o empresa difícil.
incertidumbre *f.* Duda, falta de seguridad.
incesante *adj.* Constante, continuo. **2** Repetido.
incidencia *f.* Acción de incidir. **2** Suceso que ocurre en el curso de una acción. **3** Intersección de dos cuerpos, líneas o planos geométricos.
incidir *intr.* Incurrir, caer en un error, etc. **2** Repercutir o chocar una cosa en otra, como el rayo de luz en el espejo. **3** Cortar, hendir, hacer una incisión, como hace el bisturí.
incienso *m.* Gomorresina que se extrae de las incisiones en el tronco de algunas plantas, que al arder despide un olor agradable y que se emplea en ciertas ceremonias religiosas.
incierto -ta *adj.* No cierto, falso. **2** Ignorado. **3** Inconstante, no seguro.
incinerar *tr.* Reducir una cosa a cenizas; puede tratarse de cadáveres o de basuras.
incisión *f.* Corte o hendidura no profunda que se hace con instrumento cortante o puntiagudo. **2** En poesía, cesura.
incisivo -va *adj.* Apto para cortar o punzar.

incendio

inciso -sa *adj.* Con incisiones. **2** Cortado, dicho del estilo. **3** *m.* Oración breve intercalada en otra más larga.

incitación *f.* Acción y efecto de incitar.

incitar *tr.* Alentar, estimular a la acción.

inclemencia *f.* Falta de clemencia o benignidad. **2** Rigor climatológico, especialmente el del invierno.

inclinación *f.* Acción y efecto de inclinar o inclinarse. **2** Reverencia que se hace con la cabeza o el cuerpo.

inclinar *tr.* y *prnl.* Desviar una cosa de su posición perpendicular a otra o al horizonte. **2** *tr.* Persuadir a alguien para que se resuelva a hacer algo cuando está titubeante. **3** *intr.* y *prnl.* Parecerse a una persona o a una cosa.

incluir *tr.* Poner una cosa dentro de otra. **2** Abarcar, comprender el todo a la parte o un número a otro menor.

incógnito -ta *adj.* y *m.* Desconocido, ignorado. **2** *f.* Cantidad desconocida que es preciso averiguar. **3** Cosa que se ignora y que suscita alguna curiosidad.

incoherencia *f.* Falta de coherencia. **2** Cosa sin relación lógica con otra o que la contradice.

incoherente *adj.* Que carece de coherencia o lógica. **2** Se dice de lo que no tiene la relación esperada con las circunstancias y de lo que no mantiene proporción ni trabazón entre sus partes.

incoloro -ra *adj.* Se dice del cuerpo sin color, como el agua.

incólume *adj.* Sano, sin lesión; lo que no ha sufrido daño.

incomodar *tr.* y *prnl.* Causar incomodidad, molestar. **2** *prnl.* Enfadarse, irritarse.

incomodidad *f.* Falta de comodidad. **2** Molestia. **3** Disgusto.

incomparable *adj.* Que no admite comparación con nadie ni con nada; se usa en sentido elogioso.

incompatibilidad *f.* Calidad de lo que no es compatible con otra cosa, de las cosas que no pueden casar.

incompatible *adj.* Que no es compatible con otra cosa.

incompleto -ta *adj.* Inacabado, fragmentario, que le falta algo para ser lo que debería.

incomunicar *tr.* Dejar sin comunicación a personas o cosas. **2** *prnl.* Aislarse del trato con otras personas.

inconcebible *adj.* Que no se puede concebir o entender, por ser absurdo.

incancluso -sa *adj.* No terminado, a medio hacer.

incondicional *adj.* Absoluto, sin restricción ni requisito. **2** *com.* Adepto a una persona o idea, sin limitación o condición ninguna.

incongruencia *f.* Falta de relación o de acuerdo entre las partes de un todo o entre dos cosas que deberían relacionarse.

inconmensurable *adj.* Que no se puede medir.

inconmovible *adj.* Que no se mueve, sólido, dicho de cosas; que no se conmueve por nada, aplicado a personas.

inconsciencia *f.* Estado anímico en que se pierde el conocimiento. **2** Falta de reflexión y atención.

inconsolable *adj.* Que no puede ser consolado o consolarse, o que es muy difícil hacerlo, por lo hondo de la tristeza: *llanto inconsolable*.

inconstancia *f.* Falta de estabilidad y permanencia.

incontable *adj.* Que no puede contarse o que es difícil hacerlo, por lo grande de la cantidad.

inconveniencia *f.* Incomodidad, desconveniencia. **2** Dicho o hecho fuera de razón o sentido.

incorporar *tr.* Agregar una cosa a otra de modo que formen un todo. **2** *tr.* y *prnl.* Enderezar el tronco quien está echado o doblado.

incorrupción *f.* Estado de lo que no se corrompe. **2** fig. Honestidad y honradez de vida y costumbres.

incrédulo -la *adj.* Descreído, sin fe. **2** Que no cree con facilidad, desconfiado.

increíble *adj.* Imposible o muy difícil de creer. **2** Inaudito.

incrementar *tr.* y *prnl.* Aumentar, acrecentar.

increpar *tr.* Reprender con dureza. **2** Lanzar insultos graves.

incrustar *tr.* Introducir algo en una superficie dura de modo que ajuste perfectamente.
incubación *f.* Acción y efecto de incubar. **2** Tiempo que media entre la infección y la aparición de los síntomas. **3** En los animales ovíparos, período durante el cual los huevos fecundados se desarrollan hasta originar un nuevo individuo.
incubadora *f.* Aparato para la incubación artificial de los huevos de las aves de corral. **2** Cámara aséptica y debidamente preparada para los niños prematuros.

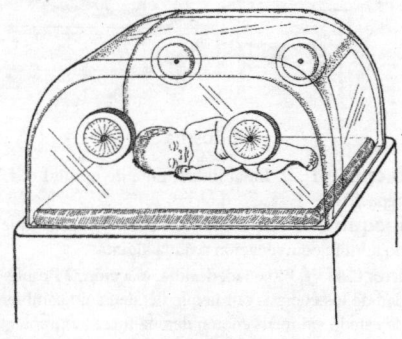

incubadora

inculcar *tr.* y *prnl.* Apretar una cosa contra otra. **2** fig. Fijar alguna cosa en la memoria o en la voluntad.
inculto -ta *adj.* Sin cultivo ni labor, dicho de un terreno. **2** Sin cultura ni educación, aplicado a persona. **3** Se dice del estilo tosco y desaliñado.
incumbencia *f.* Obligación inherente a un cargo, empleo, etcétera.
incumbir *intr.* Concernir, estar una cosa a cargo y bajo la responsabilidad de alguien.
incumplir *tr.* No satisfacer alguna obligación derivada de pacto o de mandamiento.
incurable *adj.* y *com.* Que no tiene curación. **2** Muy difícil de curarse.
incurrir *intr.* Caer en una culpa o error, y en la pena aneja a dicha caída. **2** Causar, atraer el odio, el desprecio, etc.
indagar *tr.* Averiguar, inquirir alguna cosa, discurriendo con razón o fundamento, o por conjeturas o señales.
indecencia *f.* Falta de pudor o de honestidad moral.
indecisión *f.* Falta de resolución cuando hay que decidirse.
indecoroso -sa *adj.* Impropio del decoro o dignidad de una persona. **2** Contrario al decoro.
indefenso -sa *adj.* Que no tiene fuerza para defenderse ni medios para hacerlo.

indefinido -da *adj.* No definido o precisado. **2** Ilimitado. **3** Se dice del artículo indeterminado. **4** *adj.* y *m.* Se aplica al adjetivo o al pronombre que indica imprecisión o generalidad (algún, cierto, nadie, etc.). **5** Se dice del tiempo verbal (llamado también pretérito perfecto absoluto) que indica una acción anterior independiente de otra *(hablé)*.
indeleble *adj.* Se dice de lo que no se puede borrar, en sentido recto o figurado, físico o moral.
indemnizar *tr.* y *prnl.* Pagar o compensar de algún otro modo el daño o perjuicio ocasionado.
independencia *f.* Autonomía de un Estado que no depende ni está sometido a otro.
indeseable *adj.* y *com.* Se dice de la persona que por sus malas cualidades morales o por sus fechorías no merece confianza ni amistad.
indeterminado -da *adj.* Que no implica determinación alguna. **2** Impreciso, vago.
indicar *tr.* Avisar o dar a significar algo mediante indicios y señales.
índice *adj.* y *m.* Se dice del dedo segundo de la mano entre el pulgar y el corazón. **2** *m.* Indicio o señal de una cosa. **3** Lista ordenada de capítulos, partes o títulos de un libro. **4** Catálogo, por orden alfabético o cronológico, de autores, materias, temas, etc., de un libro o biblioteca. **5** Pieza o departamento donde está el catálogo. **6** Cada una de las manecillas de un reloj o de aparatos similares.
indicio *m.* Señal que induce al conocimiento de alguna cosa. **2** Asomo o atisbo: *indicios de bigote.*
indiferencia *f.* Actitud de indiferente. **2** Actitud anímica de no preferencia ni rechazo de alguien o de algo.
indiferente *adj.* No determinado ni inclinado a una persona o a una cosa más que a otra. **2** Que no importa que sea o se haga de una o de otra forma.
indigencia *f.* Falta de medios; pobreza grave.
indigente *adj.* y *com.* Menesteroso, falto de lo indispensable para vivir.
indigestión *f.* Trastorno digestivo por exceso de alimentos o por mal estado de éstos.
indignación *f.* Enfado violento contra una persona o contra sus actos reprobables.
indigno -na *adj.* Sin méritos ni aptitudes para alguna cosa, cargo, etc.
indio *adj.* y *n.* De los primitivos habitantes de América y de sus descendientes.
indirecto -ta *adj.* y *n.* Que no va directamente a un fin, sino dando rodeos.
indisciplina *f.* Falta de disciplina, rebeldía.
indiscreción *f.* Falta de discreción o prudencia.
indiscutible *adj.* Que no está sujeto a discusión.

indisoluble *adj.* Que no se puede disolver o desatar.

indispensable *adj.* Que no se puede dispensar ni excusar. **2** Que es necesario.

indispuesto -ta *adj.* Que padece alguna indisposición pasajera, alguna enfermedad leve. **2** Que está molesto o enojado con alguien.

individualidad *f.* Calidad particular o conjunto de cualidades por la que una persona o cosa es ella misma y se distingue de las demás de su especie.

individualismo *m.* Egoísmo de cada cual en los afectos, intereses, estudios, etc.

individuo -dua *adj.* Individual o indivisible. **2** *m.* Cada ser completo y separado de una especie o género.

indivisible *adj.* Que no puede dividirse; se dice en concreto de la herencia que no admite partición, porque perdería mucho de su valor.

indocumentado -da *adj.* y *n.* Sin documento que lo identifique. **2** Se dice de la persona que carece de conocimientos.

índole *f.* Condición natural, manera de ser propia de cada uno. **2** Naturaleza, calidad y condición de las cosas.

indolencia *f.* Calidad de indolente.

indolente *adj.* Que no se afecta o conmueve.

indomable *adj.* Que no se deja domar o someter, con connotaciones positivas y negativas, pudiendo significar valiente e incorregible.

indómito -ta *adj.* No domado. **2** Que no se puede domar.

inducción *f.* Acción y efecto de inducir.

inducir *tr.* Instigar a alguien a que realice una acción mediante consejos o amenazas.

indudable *adj.* Que no puede ponerse en duda, cierto y seguro.

indulgencia *f.* Disposición a perdonar, benevolencia.

indultar *tr.* Perdonar en todo o en parte una pena, o conmutarla por otra menos grave.

indulto *m.* Gracia por la que se remite o conmuta una pena. **2** Privilegio concedido a uno para que pueda hacer lo que sin él no podría.

industria *f.* Maña para hacer una cosa. **2** Conjunto de operaciones mecánicas necesarias para la transformación de materias primas en productos más o menos acabados. **2** Instalación en que se realizan esas operaciones.

inédito -ta *adj.* Se dice del escrito no impreso o no editado.

inefable *adj.* Que no se puede explicar con palabras.

ineficaz *adj.* Que carece de eficacia o fuerza.

ineludible *adj.* Que no se puede eludir o evitar.

industria

ineptitud *f.* Inhabilidad, falta de aptitud o de capacidad.

inequívoco -ca *adj.* Tan claro y preciso que no admite equivocación o duda alguna.

inercia *f.* Flojedad, desidia, inacción. **2** Propiedad de los cuerpos por la que tienden a no cambiar de estado sin intervención de una fuerza extraña.

inerme *adj.* Que no tiene armas, desarmado; se dice especialmente de los seres vivos sin medios de ataque, como aguijones, espinas, cuernos, etc.

inerte *adj.* Falto de vida.

inesperado -da *adj.* No esperado, imprevisto.

inestable *adj.* Que carece de estabilidad.

inevitable *adj.* Fatal, que no se puede evitar.

inexistente *adj.* Que carece de existencia y realidad.

inexperiencia *f.* Falta de experiencia.

infalible *adj.* Que no puede engañar ni engañarse.

infame *adj.* y *com.* Desprestigiado, sin crédito ni estimación.

infamia *f.* Mala fama, deshonra. **2** Maldad, vileza.

infancia *f.* Período de la vida humana que alcanza hasta la pubertad. **2** Conjunto de los niños como grupo de la especie humana.

infante -ta *m.* y *f.* Niño de corta edad. **2** Pariente del rey que por gracia real obtiene este título. **4** Soldado de infantería.

infarto *m.* Inflamación patológica de un órgano por falta de riego sanguíneo, provocada generalmente por una embolia. Puede afectar al cerebro, pulmón, riñón y sobre todo al corazón.

infatigable *adj.* Incapaz de cansarse o muy difícil de cansarse.

infección *f.* Acción y efecto de infectar.

infante

infectar *tr.* y *prnl.* Contagiar transmitiendo gérmenes patógenos.
infeliz *adj.* y *com.* Desgraciado, desventurado.
inferior *adj.* Lo que está debajo o más bajo que otra cosa.
infidelidad *f.* Falta de fidelidad, deslealtad.
infiel *adj.* Desleal, dicho de persona; no conforme con la realidad, referido a descripciones o reproducciones artísticas.
infierno *m.* En la concepción cristiana, lugar destinado al castigo eterno de los que mueren en pecado mortal.
infiltrar *tr.* y *prnl.* Pasar suavemente un líquido por los intersticios o poros de un cuerpo. **2** *prnl.* Entrar subrepticiamente en territorio enemigo con fines de espionaje.
ínfimo -ma *adj.* Que en su situación está muy bajo.
infinitivo *m.* Forma no personal del verbo, que es un nombre de acción, y que en castellano puede terminar en -*ar*, -*er*, -*ir*, con desinencias que corresponden a las conjugaciones primera, segunda y tercera, respectivamente.
infinito -ta *adj.* Que no tiene fin en cantidad o en espacio. **2** *m.* Signo matemático en forma de ocho tendido (•), de un valor mayor que cualquier cantidad asignable. **3** *adv. m.* Excesivamente, muchísimo.
inflación *f.* Acción y efecto de inflar.
inflamación *f.* Acción y efecto de inflamar o inflamarse. **2** Alteración patológica del tejido conjuntivo, que se caracteriza por trastornos circulatorios, calor, enrojecimiento y dolor.
inflar *tr.* y *prnl.* Llenar o hinchar con aire o gas un recipiente flexible abultándolo.

inflexible *adj.* Rígido, que no puede doblarse o torcerse. **2** fig. Obstinado en sus decisiones.
influencia *f.* Acción y efecto de influir. **2** Prestigio y poder de una persona sobre otras. **3** Rasgo, estilo, etc., que en un escrito u obra de arte revela la acción de algún modelo o maestro.
influir *tr.* e *intr.* Ejercer personas o cosas cierto predominio o acción sobre otras.
información *f.* Acción y efecto de informar o informarse. **2** Oficina que proporciona datos sobre alguna institución o servicio público. **3** Conjunto de noticias y datos sobre cualquier asunto.
informar *tr.* y *prnl.* Enterar, dar noticia de algo.
informático -ca *f.* Conjunto de los conocimientos y técnicas en que se basan los procesos de tratamiento automático de la información mediante computadoras u ordenadores electrónicos.
infracción *f.* Transgresión, quebrantamiento de una ley o norma.
infraestructura *f.* Parte de una construcción bajo el nivel del suelo. **2** Conjunto de bienes y servicios que hacen posible el funcionamiento de una industria o sociedad.
infringir *tr.* Quebrantar una ley u orden.
infundir *tr.* Causar cierto sentimiento en el ánimo.
ingeniar *tr.* Inventar algo curioso. **2** *prnl.* Discurrir trazas para conseguir algo.
ingeniería *f.* Conjunto de conocimientos y técnicas para el mejor aprovechamiento de los recursos naturales.
ingenio *m.* Facultad del hombre para crear e inventar. **2** Artefacto mecánico, especialmente el de guerra. **3** Instrumento usado por los encuadernadores para cortar los cantos de los libros. **4** Fábrica de azúcar de caña.
ingenuidad *f.* Calidad de ingenuo. **2** Sinceridad, buena fe, candor.
ingerir *tr.* Introducir algún alimento por la boca personas o animales.
ingratitud *f.* Desagradecimiento.
ingrediente *m.* Elemento que entra en la composición de alguna cosa, como platos o medicamentos.
ingresar *intr.* Ir adentro.
inhábil *adj.* Falto de habilidad o talento. **2** Se dice del día, hora, etc., en que no se despacha en ciertas oficinas.
inhalar *tr.* Aspirar en forma de gas o de líquido pulverizado alguna medicina, etc.
inherente *adj.* Consustancial o connatural, como la risa al hombre o la blancura a la nieve.
inhibir *prnl.* Dejar de lado un asunto, no interesarse por él. **2** Detener o restringir el curso de algo.

iniciar *tr.* Admitir a alguien en los secretos de una sociedad o en los misterios de un culto que no es público. **2** Promover o comenzar alguna cosa.
injerir *tr.* Insertar o meter una cosa en otra. **2** Introducir algo en un escrito.
injertar *tr.* Injerir una rama con yemas en la rama o tronco de otro árbol, para que brote. **2** Aplicar parte de un tejido vivo a una parte lesionada.
injerto *m.* Parte de una planta con una o más yemas, que aplicada al patrón se suelda con él. **2** Aplicación de parte de tejido vivo a una zona destruida. **3** El fragmento de piel injertado.

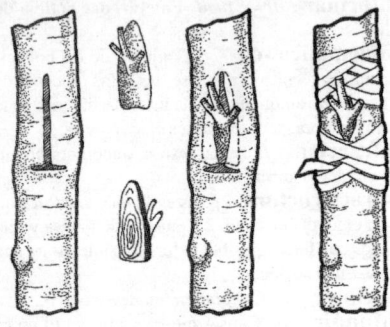

injertos

injuria *f.* Agravio de palabra o de obra. **2** Hecho o dicho contra razón y justicia.
injusticia *f.* Acción contra la justicia. **2** Falta de justicia.
inmadurez *f.* Falta de madurez.
inmediato -ta *adj.* Continuo o muy cercano a otra cosa. **2** Sin tardanza en el tiempo.
inmejorable *adj.* Que no se puede mejorar.
inmenso -sa *adj.* Que no tiene medida, ilimitado, infinito. **2** Muy grande.
inmigrar *intr.* Marchar a un país extranjero para establecerse en él de forma más o menos duradera.
inmoral *adj.* Contrario a la moral o las buenas costumbres.
inmortal *adj.* Que no puede morir; eterno, imperecedero.
inmóvil *adj.* Que no se mueve. **2** Fijo, firme.
inmovilizar *tr.* Dejar inmóvil, privar de movimiento o de libertad.
inmueble *adj.* y *m.* Se dice de los bienes que no son transportables. **2** *m.* Edificio, casa.
inmundicia *f.* Suciedad, basura.
inmune *adj.* Libre, exento de ciertos cargos, gravámenes o penas. **2** Invulnerable a ciertas enfermedades.
inmutar *tr.* Alterar, perturbar. **2** *prnl.* Sentir una impresión fuerte y repentina.

innato -ta *adj.* Connatural, congénito.
innecesario -ria *adj.* No necesario.
innovación *f.* Acción y efecto de innovar. **2** Aplicación de nuevos inventos técnicos a la industria.
innovar *tr.* Alterar un estado de cosas introduciendo alguna novedad.
innumerable *adj.* Que no se puede contar. **2** Numerosísimo, muy abundante.
inocencia *f.* Exención de culpa o de responsabilidad en un delito. **2** Candor, ingenuidad.
inocentada *f.* Engaño ridículo en que uno cae por descuido o por falta de malicia.
inocente *adj.* y *com.* Libre de culpa o responsabilidad en algún delito. **2** *adj.* Que no daña, que no es nocivo.
inodoro -ra *adj.* Que no tiene olor. **2** *adj.* y *m.* Retrete.
inofensivo -va *adj.* Incapaz de ofender o de causar algún daño.
inolvidable *adj.* Que no se puede olvidar. **2** Que produce una impresión fuerte.
inoportuno -na *adj.* Fuera de tiempo o de lugar; fuera de propósito.
inorgánico -ca *adj.* Se dice de lo que carece de órganos o de vida.
inoxidable *adj.* Que no se puede oxidar.
inquieto -ta *adj.* Se dice de la persona que no puede estarse tranquila o de la que siempre está abierta a nuevas iniciativas.
inquilino -na *m.* y *f.* Persona que vive en una casa o piso de alquiler.
insaciable *adj.* Que no se sacia con nada.
insatisfacción *f.* Falta de satisfacción. **2** Disgusto.
inscribir *tr.* Grabar letras o dibujos en algún material duro. **2** Impresionar la voz, una imagen, etc. **3** Trazar una figura geométrica dentro de otra sin que se corten ni confundan.
inscripción *f.* Acción y efecto de inscribir o inscribirse. **2** Escrito grabado en material duro.
insecticida *adj.* y *m.* Se dice de cualquier sustancia química que se emplea para la destrucción de insectos dañinos.
insectos *m. pl.* Clase de artrópodos de respiración traqueal, con el cuerpo dividido en tres regiones diferenciadas: cabeza, tórax y abdomen, y con tres pares de patas y un par de antenas. Con frecuencia presentan dos pares de alas. Constituyen la unidad sistemática animal más rica en especies.
inseguridad *f.* Falta de seguridad.
inseminación *f.* Penetración del semen del macho en el útero de la hembra, para fecundarla.
insensatez *f.* Necedad, falta de sentido.
insensibilidad *f.* Falta de sensibilidad.

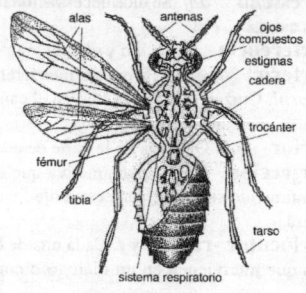
insecto

insensible *adj*. Que carece de facultad sensitiva o que no tiene sentido.

inseparable *adj*. Que no se puede separar o que es difícil hacerlo.

insertar *tr*. Incluir una cosa en otra, y especialmente intercalar un texto en otro. **2** *prnl*. Introducirse una cosa en otra.

insignia *f*. Distintivo, emblema.

insignificancia *f*. Pequeñez, insuficiencia.

insinuar *tr*. Dar a entender algo sugiriéndolo simplemente. **2** *prnl*. Introducirse con habilidad en el ánimo de una persona, para ganar su voluntad. **3** Comenzar algo de modo imperceptible.

insípido -da *adj*. Que no sabe a nada, o que no tiene el sabor suficiente.

insistir *intr*. Persistir en un intento; repetir alguna cosa para grabarla o llamar la atención sobre ella.

insociable *adj*. Huraño, intratable.

insolación *f*. Serie de trastornos producidos en el organismo por la prolongada exposición a los rayos solares. **2** Tiempo que brilla el Sol durante un día, un mes o un año.

insólito -ta *adj*. No corriente, desacostumbrado.

insoluble *adj*. Que no se disuelve o diluye. **2** Que no se puede desatar o resolver.

insomnio *m*. Dificultad para conciliar el sueño.

insoportable *adj*. Insufrible, intolerable, o muy incómodo y molesto.

inspeccionar *tr*. Examinar atentamente alguna cosa. **2** Vigilar el funcionamiento de alguna empresa.

inspiración *f*. Acción y efecto de inspirar. **2** Estado de exaltación creadora del escritor o artista.

inspirar *tr*. Aspirar, introducir aire en los pulmones. **2** fig. Hacer surgir en uno ideas creadoras.

instalar *tr*. y *prnl*. Poner a alguien en un lugar para que pueda vivir o trabajar en él. **2** Colocar alguna cosa debidamente para que cumpla su función.

instancia *f*. Acción y efecto de instar. **2** Solicitud oficial y por escrito de alguna cosa.

instante *m*. Momento, porción mínima de tiempo.

instaurar *tr*. Fundar, establecer.

instinto *m*. Conjunto de tendencias y pulsiones genéticas que inducen y mueven al animal a satisfacer sus necesidades de conservación y reproducción. **2** Sentido para aprender ciertas cosas de forma natural y espontánea.

institución *f*. Acción y efecto de instituir. **2** Cosa establecida o fundada.

instituto *m*. Constitución o regla que prescribe cierta forma y método de vida o de enseñanza. **2** Organismo benéfico, cultural, religioso, etc.

instrucción *f*. Acción y efecto de instruir o instruirse. **2** Conjunto de conocimientos que uno posee. **3** *pl*. Órdenes o advertencias que se dan a alguien para la consecución de algún fin.

instruir *tr*. Enseñar, aleccionar con conocimientos teóricos o prácticos. **2** Formalizar un proceso judicial. **3** *tr*. y *prnl*. Informar de alguna cosa o de un determinado estado de cosas.

instrumento *m*. En sentido amplio, cualquier utensilio que sirve para hacer alguna cosa; es sinónimo de herramienta, aunque el uso lo restringe a fines más delicados. **2** Objeto con que se producen sonidos musicales; el conjunto de ellos constituye una banda o una orquesta, y se dividen en tres grandes grupos: cuerda, viento y percusión.

insuficiencia *f*. Falta de suficiencia en personas o cosas para algún cometido. **2** Escasez.

insulina *f*. Hormona del páncreas que reduce la glucemia y permite el aprovechamiento de la glucosa; su deficiencia produce la diabetes.

insultar *tr*. Dirigir palabras ofensivas contra personas o instituciones.

insuperable *adj*. Que no se puede superar; de máxima calidad.

insustancial *adj*. De poca o ninguna enjundia; sin contenido, baladí.

insustituible *adj*. Que no puede sustituirse.

intacto -ta *adj*. Sin tocar, que no ha sido empezado ni ha sufrido merma o deterioro alguno.

intangible *adj*. Que no puede o debe tocarse; lo que es intocable, como la libertad del hombre.

integral *adj*. Que abarca todos los aspectos o partes de una cosa. **2** Se dice de las partes de un todo que, sin ser esenciales, contribuyen a su formación.

integrar *tr*. Formar las partes un todo.

íntegro -gra *adj*. Completo, que no carece de ninguna de sus partes, cuando se habla de cosas; probo, intachable, aplicado a personas.

intelecto *m*. Entendimiento, razón, como facultad con que el hombre piensa y comprende.

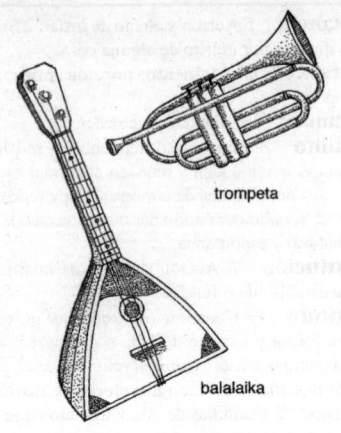

instrumentos

intelectual *adj.* Relativo al entendimiento, o a los intelectuales. **2** *adj.* y *com.* Que se dedica al cultivo de las ciencias o las letras.

inteligencia *f.* Facultad intelectiva. **2** Conocimiento, comprensión, acto de entender. **3** Correspondencia secreta entre personas o naciones sobre cuestiones de espionaje, información, etc.

intempestivo -va *adj.* Se dice de lo que está fuera de tiempo y sazón; inoportuno.

intención *f.* Determinación de la voluntad hacia un fin concreto; pensamiento de hacer alguna cosa.

intensidad *f.* Grado de energía de un agente natural o mecánico, de una cualidad, de una expresión, etc. **2** Vehemencia de los afectos o sentimientos, así como de las formas artísticas y literarias que los expresan.

intentar *tr.* Tener ánimo de hacer alguna cosa poniendo los medios adecuados.

interacción *f.* Acción recíproca entre dos agentes o funciones.

intercambiar *tr.* Cambiar recíprocamente, realizar un intercambio de cosas, ideas, etcétera.

interceder *intr.* Mediar en favor de alguien con el propósito de lograr para él alguna cosa.

interceptar *tr.* Apoderarse de alguna cosa antes de que llegue a su destino. **2** Detener una cosa en su camino.

interés *m.* Provecho, utilidad, ganancia. **2** Valor que en sí tiene una cosa. **3** Inclinación del ánimo hacia algo o alguien. **4** Conveniencias o necesidades de una persona o de un grupo de personas.

interesar *tr.* Hacer tomar parte a uno en los negocios o intereses ajenos, como si fuesen propios. **2** *intr.* y *prnl.* Tener interés por algo o alguien. **3** *prnl.* Preguntar por alguna persona o cosa.

interestelar *adj.* Se dice del espacio entre dos o más astros.

interferencia *f.* Acción y efecto de interferir.

interferir *tr.* e *intr.* Provocar interferencias. **2** *tr.* y *prnl.* Cruzar, interponer algo en el camino de una cosa, o en una acción.

interior *adj.* Que está en la parte de adentro.

interjección *f.* Voz exclamativa que expresa un sentimiento súbito de sorpresa, enfado, alegría, etcétera.

interlocutor -ra *m.* y *f.* Cada una de las personas que intervienen en un diálogo o conversación.

intermediario -ria *adj.* y *n.* Que media entre dos o más personas para cualquier acuerdo. Se dice especialmente de los agentes comerciales que median entre el productor y el vendedor.

interminable *adj.* Que no tiene término o fin.

intermitente *adj.* Discontinuo; se dice de lo que cesa y luego prosigue o se repite a intervalos.

internacional *adj.* Relativo a dos o más naciones.

internar *tr.* Trasladar tierra adentro a personas o cosas. **2** *intr.* y *prnl.* Adentrarse en un territorio o en el mar.

interno -na *adj.* Interior. **2** *adj.* y *n.* Se dice de la persona que vive en régimen de internado.

interpelar *tr.* Implorar auxilio, solicitar amparo y protección de alguien. **2** Exigir con autoridad alguna explicación.

interplanetario -ria *adj.* Se dice del espacio entre dos o más planetas.

interponer *tr.* Interpolar. **2** Poner a alguien por medianero o intercesor. **3** *prnl.* Cruzarse, atravesarse.

interpretar *tr.* Explicar el sentido de una cosa, texto o gesto. **2** Traducir de una lengua a otra. **3** Ejecutar una pieza musical, teatral, etcétera.

intérprete *com.* Persona que interpreta. **2** Persona que traduce de una lengua a otra, y especialmente la que lo hace de una manera simultánea.

interrogación *f.* Pregunta. **2** Signo ortográfico (¿?) que enmarca la palabra o frase con que se pregunta algo.

interrumpir *tr.* Cortar la continuidad o continuación de algo.

intersección *f.* Punto en que se cortan dos líneas, o línea en que se cortan dos superficies.

intervalo *m.* Distancia entre dos puntos del espacio o del tiempo.

intervenir *intr.* Tomar parte en algo.

intestino -na *adj.* Interior, interno. **2** *m.* Parte del tubo digestivo entre el píloro y el ano, con dos grandes secciones que son el delgado y el grueso.

intimidad *f.* Amistad íntima. **2** Zona espiritual íntima y reservada de una persona o de un grupo,

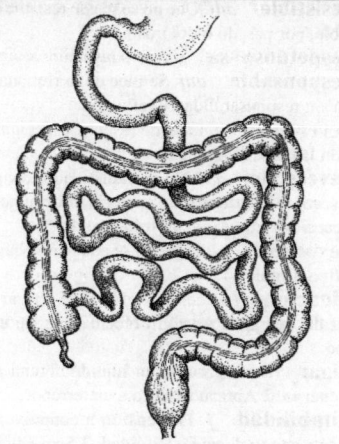

intestino

especialmente de una familia. (Se usa también en plural.) **3** *pl*. Partes sexuales externas.

íntimo -ma   *adj*. Más interior o interno. **2** Se aplica a lo esencial de algo. **3** *adj*. y *n*. Se dice de la amistad muy honda.

intolerable   *adj*. Que no puede tolerarse, por abusivo o doloroso.

intoxicación   *f*. Acción de intoxicar.

intranquilidad   *f*. Falta de tranquilidad, inquietud, zozobra.

intransigente   *adj*. Que no transige; intolerante.

intransitable   *adj*. Se dice del lugar en que el paso es imposible o difícil.

intransitivo -va   *adj*. Se dice del verbo que carece de complemento directo como término de la acción que expresa, y de la oración que forma.

intriga   *f*. Maquinación cautelosa para conseguir un fin.

intrínseco -ca   *adj*. Íntimo, esencial a una cosa.

introducción   *f*. Acción y efecto de introducir o introducirse. **2** Preliminares de algo.

introducir   *tr*. Meter una cosa en otra. **2** *tr*. y *prnl*. Dar entrada a una persona en un lugar.

introvertido -da   *adj*. y *n*. Se dice de la persona que tiende al silencio y la reflexión.

intruso -sa   *adj*. Que se introduce sin derecho.

intuición   *f*. Percepción clara e inmediata de una idea u objeto.

inundación   *f*. Acción y efecto de inundar o inundarse.

inundar   *tr*. y *prnl*. Cubrir el agua o algún otro líquido un lugar.

inútil   *adj*. No útil. **2** *adj*. y *com*. Se dice de la persona que por impedimento físico no puede moverse, o está incapacitada para el trabajo.

invadir   *tr*. Entrar por la fuerza en un lugar.

invalidar   *tr*. Anular una cosa.

inválido -da   *adj*. Sin fuerza ni vigor. **2** Nulo, ilegal. **3** *adj*. y *n*. Se dice de la persona con algún defecto físico o mental, que le impide desarrollar algunas funciones.

invariable   *adj*. Que no varía.

invasión   *f*. Acción y efecto de invadir.

invencible   *adj*. Que no puede ser vencido. **2** Insuperable.

invención   *f*. Acción y efecto de inventar. **2** Cosa inventada. **3** Descubrimiento, hallazgo. **4** Ficción, engaño.

inventar   *tr*. Descubrir algo desconocido o una nueva manera de hacerlo. **2** Idear una obra literaria o artística. **3** Forjar embustes.

inventario   *m*. Lista ordenada de las cosas de valor de una persona o sociedad.

invento   *m*. Acción y efecto de inventar. **2** Cosa inventada.

invernal   *adj*. Relativo al invierno. **2** *m*. Establo en los invernaderos, para guarecerse el ganado.

inverosímil   *adj*. Sin apariencia de verdad, improbable.

inversión   *f*. Acción y efecto de invertir.

invertebrado   *adj*. y *m*. Se dice de los animales que carecen de columna vertebral.

invertir   *tr*. y *prnl*. Cambiar la posición o el orden de las cosas. **2** Pasar el tiempo haciendo alguna cosa.

investigar   *tr*. Hacer diligencias para descubrir alguna cosa. **2** Profundizar en el estudio de una ciencia.

investir   *tr*. Conferir alguna dignidad o algún cargo importante.

invicto -ta   *adj*. Invencible, siempre victorioso.

invidente   *adj*. y *com*. Sin visión, ciego.

invierno   *m*. Estación más fría del año, que en el hemisferio boreal se extiende desde el 22 de diciembre hasta el 21 de marzo, y en el austral desde el 22 de junio hasta el 23 de septiembre.

inviolable   *adj*. Que no se debe o no se puede violar o profanar.

invisible   *adj*. Que no puede ser visto, por no ser corpóreo o por ser muy pequeño.

invitación   *f*. Acción y efecto de invitar. **2** Tarjeta con que se invita.

invitar   *tr*. Llamar a alguien para que asista a un acto público o solemne. **2** Estimular a la realización de alguna cosa.

invocar   *tr*. Llamar a alguien pidiendo ayuda; se emplea sobre todo en el lenguaje religioso.

invierno

involucrar *tr*. Comprometer a alguien en un asunto. **2** Meter en una cuestión, texto, etc., cosas que nada tienen que ver con ellos.

involuntario -ria *adj*. Se dice del movimiento físico o moral ajeno a la voluntad personal.

invulnerable *adj*. Que no puede ser herido o que es inaccesible al dolor.

inyección *f*. Acción y efecto de inyectar. **2** Líquido inyectado.

inyectar *tr*. Introducir un gas o un líquido a presión. **2** *intr*. y *prnl*. Administrar algún fármaco o droga mediante inyección.

ir *intr*. y *prnl*. Moverse de un lugar a otro. **2** Armonizar dos cosas. **3** Andar de acá para allá. **4** Diferenciarse una persona o cosa de otra.

ira *f*. Movimiento anímico de enojo o venganza.

iris *m*. Arco iris. **2** Ópalo de colores brillantes. **3** Capa vascular y membranosa del ojo en cuyo centro está la pupila.

ironía *f*. Burla fina y disimulada. **2** Figura retórica que consiste en dar a entender lo contrario de lo que se dice.

irracional *adj*. Carente de razón o contrario a ella. **2** *adj*. y *m*. Se aplica al animal, para distinguirlo del hombre.

irradiar *tr*. Emitir un cuerpo rayos de luz, calor, etc. **2** Someter un cuerpo a la acción de radiaciones.

irreal *adj*. Carente de realidad. **2** Falso.

irreconciliable *adj*. Que no quiere o no puede reconciliarse con otro.

irremplazable *adj*. No reemplazable.

irregular *adj*. Fuera de regla; contrario a ella. **2** Que no sucede ordinariamente.

irregularidad *f*. Calidad de irregular.

irremediable *adj*. Que no tiene remedio, fatal.

irreparable *adj*. Que no tiene reparación posible.

irresistible *adj*. Que no se puede resistir; intolerable, por pesado o doloroso.

irrespetuoso -sa *adj*. No respetuoso.

irresponsable *adj*. Se dice de la persona que obra sin responsabilidad y reflexión.

irreverencia *f*. Falta de respeto, especialmente con las cosas sagradas.

irreversible *adj*. No reversible, que no vuelve atrás, como la enfermedad que no admite mejoría o la reacción química en un solo sentido.

irrevocable *adj*. Que no se puede revocar, definitivo, firme.

irrigación *f*. Acción y efecto de irrigar una parte del cuerpo. **2** Acción y efecto de irrigar un terreno.

irrigar *tr*. Regar con un líquido alguna parte del cuerpo. **2** Aplicar el riego a un terreno.

irritabilidad *f*. Propensión a conmoverse o irritarse con violencia o facilidad. **2** Sensibilidad a los estímulos de los tejidos u órganos.

irritable *adj*. Que se irrita con facilidad. **2** Se dice del órgano o tejido muy sensible a los estímulos.

irritar *tr*. y *prnl*. Mover a enojo. **2** Avivar una pasión. **3** *tr*. Causar picor o quemazón en un órgano o parte del cuerpo.

isla *f*. Porción de tierra rodeada de agua. **2** Alameda pequeña. **3** Zona reservada a peatones en plazas, aeropuertos, etc. **4** Manzana de casas.

isla

isósceles *adj*. Se dice de la figura geométrica con dos lados iguales.

istmo *m*. Lengua de tierra que une dos grandes áreas terrestres.

itinerario -ria *adj*. Relativo a los caminos. **2** *m*. Trazado y descripción de un camino o ruta. **3** Dibujo o esquema que lo representa.

izar *tr*. Hacer subir una cosa tirando de la cuerda a la que está atada, la cual pasa por un punto más elevado.

izquierdo -da *adj*. Se dice del lado del cuerpo humano en que está el corazón, y de cada uno de los miembros de ese lado.

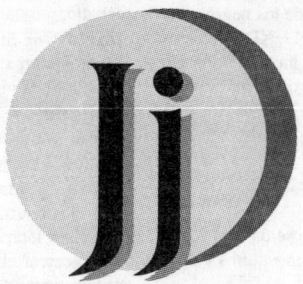

j *f.* Décima letra del abecedario castellano y séptima de las consonantes. Su nombre es *jota*.

jabalí -na *m.* y *f.* Mamífero, de cabeza aguda, hocico alargado y pelaje gris de cerdas muy fuertes; sus defensas son los colmillos, largos y afilados. Vive en los bosques con abundancia de matorrales.

jabalí

jabalina *f.* Arma arrojadiza, menor que la lanza.

jabón *m.* Pasta soluble en agua y se emplea como detergente. **2** *Amér.* Pánico.

jabonar *tr.* Limpiar con agua y jabón.

jaca *f.* Caballo de poca alzada. **2** Hembra del caballo, yegua. **3** *Amér.* Gallo inglés de pelea con largos espolones.

jacinto *m.* Planta anual de las liliáceas, de flores variopintas y delicadas en racimo cilíndrico. **2** Circón.

jactarse *prnl.* y *tr.* Pavonearse alardeando de cualidades o posibilidades reales o falsas.

jade *m.* Variedad de jadeíta compacta, traslúcida y verdosa, de composición similar a la del feldespato; se emplea como piedra semipreciosa, y en la prehistoria se utilizó en la fabricación de herramientas.

jaguar *m.* Mamífero carnívoro de casi 2 m de largo y 80 cm de alzada, pelaje amarillento con anillos negros y abdomen blanquecino. Vive en América del Sur.

jalar *tr.* fam. Halar, tirar de una cuerda. **2** *Amér.* Emborracharse. **3** *intr. Amér.* Correr o andar muy de prisa.

jalea *f.* Conserva gelatinosa hecha con ciertas frutas. **2** Cualquier medicamento de esa consistencia y muy azucarado.

jalonar *tr.* Hincar jalones, señalar en sentido recto y figurado.

jamás *adv. t.* Nunca.

jamón *m.* Pierna curada del cerdo. **2** Carne de dicha pierna.

jaque *m.* En el ajedrez, lance con que una pieza amenaza directamente al rey.

jaqueca *f.* Dolor intenso de cabeza, que se da de forma periódica y afecta sólo a una zona.

jarabe *m.* Medicamento en forma de solución muy azucarada. **2** Cualquier bebida demasiado dulce.

jardín *m.* Terreno en que se cultivan flores y plantas decorativas. **2** Letrina en los buques. **3** Defecto de las esmeraldas.

jardinero -ra *m.* y *f.* Persona que cuida jardines. **2** Mueble para colocar macetas con plantas o las mismas plantas. **3** Carruaje de cuatro ruedas, ligero y descubierto.

jarra *f.* Vasija con cuello, asa, y boca en pico. **2** Por extensión, el líquido que contiene.

jarro *m.* Vasija a manera de jarra y con solo una asa.

jarrón *m.* Pieza arquitectónica en forma de jarro. **2** Vaso grande que sirve como adorno o para contener flores.

jaula *f.* Caja de alambres o barrotes para encerrar animales. **2** Cualquier embalaje que adopta esa forma. **3** Ascensor de una mina.

jauría *f.* Conjunto de perros que participan en una cacería.

jayán -na *m.* y *f.* Persona grande y forzuda.

jazmín *m.* Arbusto de tallos trepadores, flores blancas y olorosas en forma de embudo y fruto en baya negra.

jazz (ing.) *m.* Forma de expresión musical derivada de los cantos y melodías de los negros estadounidenses, surgida a finales del s. XIX. Tiene sus raíces en la música africana, y ha asimilado elementos de la música popular europea, así como de la música religiosa.

jefatura *f.* Cargo y dignidad de jefe. **2** Sede de ciertas instituciones.

jefe -fa *m.* y *f.* Persona que dirige un trabajo, una institución o un partido.

jején *m. Amér.* Nombre que se da a varios insectos dípteros menores que los mosquitos y de picadura más irritante.

jengibre *m.* Planta aromática y picante, flores purpúreas con escapo central y fruto en cápsula. Se usa en medicina y como especia.

jeque *m.* Jefe o gobernador musulmán.

jerarca *com.* Persona de categoría elevada en una corporación o iglesia.

jerarquía *f.* Orden o graduación entre personas y cosas.

jerez *m.* Vino blanco y fino que se cultiva en Jerez de la Frontera y algunos pueblos limítrofes; llamado también comercialmente *sherry*.

jerga¹ *f.* Tela gruesa y tosca. **2** Jergón.

jerga² *f.* Lenguaje específico de ciertos oficios y profesiones. **2** Jerigonza.

jergón¹ *m.* Colchón de paja o esparto.

jergón² *m.* Circón de color verdoso usado en joyería.

jeringa *f.* Tubito con émbolo en su interior que se emplea para poner inyecciones o extraer líquidos.

jeroglífico -ca *adj.* Se dice de la escritura que representa las palabras con figuras o símbolos de los objetos significados. **2** *m.* Cada signo de dicha escritura.

jersey *m.* Prenda de punto que cubre la parte superior del tronco y que se ciñe más o menos al cuerpo.

jesuita *adj.* y *m.* Se dice de lo relativo a la Compañía de Jesús y del miembro de dicha orden religiosa.

jet (ing.) *m.* Avión de reacción, reactor.

jeta *f.* Boca abultada. **2** Hocico del cerdo.

jíbaro -ra *adj.* y *n. Amér.* Campesino, silvestre.

jilguero *m.* Ave de unos 12 cm de largo y el doble de envergadura, con plumaje pardo y blanco con manchas rojas, amarillas y negras; puede cruzarse con el canario, y es buen cantor.

jineta¹ *f.* Mamífero carnívoro parecido al gato, de pelaje gris con manchas; produce la algalia.

jineta² *f.* Arte de montar a caballo con estribos cortos y las piernas dobladas, pero en posición vertical desde la rodilla. **2** *Amér.* Mujer que monta a caballo.

jinete *m.* Soldado de a caballo que peleaba con lanza y adarga. **2** Hombre que monta a caballo. **3** Caballo para montarlo a la jineta.

jipijapa *f.* Tira flexible de las hojas del bombonaje, que se emplea para hacer sombreros y otros objetos. **2** *m.* Sombrero de dicho material.

jirafa *f.* Mamífero rumiante con cabeza pequeña y dos cuernecillos, cuello larguísimo y pelaje gris claro leonado. **2** Brazo largo y móvil que permite acercar el micrófono a los actores durante el rodaje cinematográfico.

jirafa

jirón *m.* Pedazo desgarrado de una tela. **2** Guión o pendón que remata en punta.

jockey (ing.) *m.* Jinete profesional de caballos de carreras.

jocosidad *adj.* Calidad de jocoso. **2** Chiste, gracia.

joder *interj.* Exclamación de enfado, asombro, protesta o contrariedad.

jolgorio *m.* fam. Diversión bulliciosa.

jopear *intr.* Hopear, menear la cola el zorro. **2** Corretear de un sitio para otro.

jopo *m.* Hopo, cola de mucho pelo.

jornada *f.* Camino que se recorre en un día de viaje. **2** Viaje o camino en general. **3** Duración del trabajo diario.

jornal *m.* Sueldo de un obrero por cada día de trabajo. **2** Este mismo trabajo.

jornalero -ra *m. y f.* Persona que trabaja a jornal.

joroba *f.* Giba, chepa.

jorobado -da *adj. y n.* Corcovado, cheposo.

jorobar *tr. y prnl.* fam. Molestar. **2** *prnl.* Conformarse.

joropo *m.* Baile venezolano, algo más movido que el vals.

jota[1] *f.* Nombre de la letra *j*. **2** Cosa mínima. (Se usa siempre con negación.)

jota[2] *f.* Baile popular de Aragón y algunas otras regiones, de ritmo ternario y movimiento vivo.

joven *adj. y com.* De poca edad o que está en la juventud.

jovial *adj.* Se dice de la persona alegre y dada a bromas.

joya *f.* Adorno de metal precioso, en el que a veces se montan perlas o piedras preciosas.

joyería *f.* Taller o tienda de joyas. **2** Trato y comercio de joyas. **3** Conjunto de joyas.

joyero -ra *m. y f.* Persona que hace, monta o vende joyas. **2** *m.* Estuche para guardar joyas.

juanete *m.* Pómulo abultado. **2** Hueso prominente, especialmente el del nacimiento del dedo grueso del pie.

jubilación *f.* Acción y efecto de jubilar o jubilarse. **2** Estado de jubilado. **3** Pensión que el jubilado recibe.

jubilado -da *adj. y n.* Que por la edad se ha retirado del ejercicio de su profesión.

jubilar *tr.* Retirar de su trabajo a un trabajador o funcionario dándole el retiro o pensión correspondiente.

júbilo *m.* Gozo que se expresa con signos externos.

judaísmo *m.* Religión judía.

judas *m.* Hombre alevoso, traidor.

judía *f.* Planta herbácea de las papilionáceas, anual, de hojas grandes acorazonadas, flores blancas axilares y fruto en vainas aplastadas con semillas en forma de riñón.

judicatura *f.* Ejercicio de juzgar. **2** Oficio de juez. **3** Conjunto de jueces de un país.

judío -día *adj. y n.* Hebreo. **2** De Judea.

juego *m.* Acción y efecto de jugar. **2** Cualquier ejercicio recreativo en el que se gana o pierde de acuerdo con ciertas reglas. **3** Articulación o manera de estar unidas dos cosas, de forma que, sin separarse, tengan cierto movimiento. **4** Visos derivados del movimiento de alguna cosa: *juego de luces*. **5** fig. Frivolidad.

jueves *m.* Quinto día de la semana.

juez *com.* Persona con autoridad para juzgar y emitir sentencia.

jugada *f.* Acción con que un jugador interviene en el juego o partida. **2** Mala pasada que se le hace a uno, jugarreta.

jugador -ra *adj. y n.* Que juega. **2** Que hace del juego una profesión. **3** Hábil y diestro en el juego.

jugar *intr.* Realizar alguna actividad con la diversión o el entretenimiento como fin único. **2** Tomar parte en juegos o competiciones sujetos a reglas. **3** Apostar en la partida de cartas o echar el naipe sobre la mesa. **4** Ponerse en movimiento las piezas de un mecanismo. **5** Combinar las cosas que forman un todo o conjunto.

juglar *adj.* Chistoso, picaresco. **2** *m.* El que divertía al pueblo con juegos y habilidades.

juglaresco -ca *adj.* Relativo a los juglares. **2** Se dice del dicho o escrito gracioso y mordaz.

jugo *m.* Líquido secretado por las glándulas. **2** Zumo que se extrae de ciertas frutas. **3** Salsa de ciertos guisos.

jugoso -sa *adj.* Que tiene jugo. **2** Sustancioso.

juguete *m.* Objeto con que juegan y se divierten los niños. **2** Pieza teatral cómica y breve. **3** Persona o cosa manejada arbitrariamente por algo o alguien.

juguete

juicio *m.* Facultad intelectiva del hombre por la que discierne la verdad del error y el bien del mal.

juicioso -sa *adj. y n.* Que obra con reflexión y prudencia. **2** Hecho con juicio.

julio *m.* Séptimo mes del año, con 31 días.

junco *m.* Planta de las juncáceas, con tallos largos y flexibles, hojas radicales, flores en cabezuelas y fruto capsular; crece en parajes húmedos. **2** Planta de las ciperáceas, con inflorescencia en espiga. **3** Bastón delgado.

junco

jungla *f.* Formación vegetal constituida por árboles de hoja ancha y perenne y pluviosidad anual alta, característica de zonas cálidas y húmedas próximas al ecuador. **2** *fig.* Forma de vida agitada y bronca.

júnior *adj.* y *com.* El más joven entre dos que llevan el mismo nombre. **2** Se dice de la categoría que engloba deportistas entre los 18 y 21 años.

juntar *tr.* Unir, acoplar unas cosas con otras. **2** Entornar puertas o ventanas. **3** *prnl.* Acercarse, arrimarse.

junto -ta *adj.* Unido, cercano. **2** En compañía. **3** *adv. m.* A la vez, juntamente.

jurado -da *adj.* Que ha prestado juramento. **2** *m.* Conjunto de expertos que otorgan los premios en certámenes literarios o en competiciones deportivas.

juramento *m.* Declaración solemne, poniendo a Dios por testigo, de la veracidad de algo.

jurar *tr.* Hacer un juramento. **2** Aceptar solemnemente una constitución, una bandera, unas obligaciones, etc.

jurisconsulto -ta *m.* y *f.* Persona titulada que se dedica a la ciencia y práctica del derecho.

jurisdicción *f.* Poder y autoridad para gobernar y para aplicar las leyes. **2** Territorio en que un juez ejerce sus facultades. **3** Autoridad o dominio legal sobre otro.

jurisperito -ta *m.* y *f.* Persona docta en derecho, sin que se ejercite en las tareas del foro.

jurisprudencia *f.* Ciencia del derecho. **2** Conjunto de sentencias de los tribunales y ciencia jurídica que crean.

jurista *com.* Persona que se dedica al estudio del derecho y de sus aplicaciones.

justa *f.* Combate singular a caballo y con lanza. **2** Entre caballeros medievales, torneo de habilidad en el manejo de las armas. **3** Certamen literario o de cualquier tipo.

justar *intr.* Pelear, combatir en las justas.

justicia *f.* Virtud por la que se da a cada uno lo que le pertenece. **2** Derecho, equidad. **3** Una de las virtudes cardinales.

justificación *f.* Acción y efecto de justificar o justificarse. **2** Palabras o documento con que se realiza. **3** En tipografía, ajuste del largo de los renglones.

justificar *tr.* Hacer Dios justo a alguien. **2** Rectificar o hacer justa una cosa.

justipreciar *tr.* Tasar una cosa en su verdadero valor.

justo -ta *adj.* y *n.* Que obra con justicia, equitativo. **2** *adj.* De conformidad con la justicia o la ley. **3** Se dice de las cosas que son exactas en su peso o medida, y de las que encajan bien.

juvenil *adj.* Relativo a la juventud. **2** *adj.* y *n.* Se dice de la categoría deportiva en que se engloban jugadores entre 15 y 18 años.

juventud *f.* Edad de la vida entre la pubertad y la madurez.

juzgado *m.* Conjunto de jueces y funcionarios que administran justicia. **2** Tribunal de un solo juez. **3** Término o territorio de su jurisdicción.

juzgar *tr.* Decidir como juez con autoridad en una causa. **2** Formar juicio sobre algo, previa la reflexión y comparación de ideas o datos. **3** Estimar, creer.

k *f.* Undécima letra del alfabeto castellano y octava de sus consonantes; su nombre es *ka*.

kamikaze (japonés) *m.* Avión japonés cargado de explosivos y pilotado por voluntarios suicidas que, durante la Segunda Guerra Mundial, se abatía en picado contra los navíos estadounidenses.

karate *m.* Modalidad de lucha japonesa basada en golpes con las manos, pies y codos, sobre puntos vulnerables.

karateka *com.* Persona que practica el karate.

karateka

karst *m.* Tipo de relieve formado en los macizos de materiales calcáreos, a causa de la solubilidad de las rocas y de la acción de las aguas superficiales y subterráneas. Da lugar a formas muy características: cuevas, simas, dolinas, lapiaz, poljés.

kart (ing.) *m.* Pequeño automóvil monoplaza de pequeña cilindrada, desprovisto de suspensión, diferencial y carrocería. Empleado en competiciones deportivas y con fines de recreo.

kayak *m.* Especie de canoa individual usada por los esquimales. Formada por un armazón de madera recubierto de pieles de foca. **2** Tipo de canoa deportiva de madera y lona.

kermés *f.* Fiesta popular, característica de las ciudades de la antigua Flandes y de Bélgica. **2** *Amér.* Fiesta pública, verbena.

kibbutz *m.* Explotación agrícola israelí, de propiedad estatal, arrendada en régimen de cooperativa autogestionaria. El primero se fundó en 1909. Sus miembros colaboran en la defensa del territorio.

kiliárea *f.* Superficie de mil áreas o diez hectáreas.

kilo *m.* Abreviatura de *kilogramo*.

kilogramo *m.* Unidad de masa y peso equivalente a la masa o peso de mil centímetros cúbicos de agua a cuatro grados centígrados, que representa su densidad máxima. Símbolo kg.

kilométrico -ca *adj.* Relativo al kilómetro. **2** Muy largo. **3** *m.* Billete de ferrocarril con precio especial para varios miles de kilómetros dentro de un plazo determinado.

kilómetro *m.* Medida de longitud que tiene 1.000 metros. Símbolo km.

kilt *m.* Falda corta y de cuadros de los montañeses de Escocia. Los colores son distintos, según los clanes.

kimono *m.* Quimono, prenda.

kinetoscopio *m.* Proyector continuo de imágenes y sonido, formado por un proyector fotográfico y un fonógrafo acoplados. Ideado por T. A. Edison y W. Dickson (1891). Precursor del cinematógrafo.

kiosco *m.* Quiosco, caseta.

kirie *m.* Invocación repetida a Dios, que se recita o canta en la misa católica en latín; es palabra griega que significa 'señor'.

kirieleison *m.* Palabra griega que significa 'Señor ten piedad'; es otra designación de kirie. **2** Canto funerario o de perdón.

kit (ing.) *m.* Conjunto de piezas y accesorios dispuesto para que el propio usuario pueda realizar el montaje de un aparato o equipo.

kitsch (al.) *adj.* y *m.* Se dice de los productos que reproducen, con pretensiones seudoartísticas o seudodecorativas, estilos o modelos ya superados.

kiwi *m.* Arbusto de flores blancas o amarillas y fruto comestible de piel rugosa y color verde; es originario de Nueva Zelanda. **2** Ave de los apterígidos, de pico largo y curvo, alas rudimentarias y plumaje pardo. Vive en Nueva Zelanda.

knock-out (ing.) *m.* Expresión usada en boxeo para indicar que uno de los púgiles ha permanecido más de 10 s sin poder incorporarse.

know-how (ing.) *m.* Conjunto de conocimientos aplicados imprescindibles para la utilización de un proceso técnico.

koala *m.* Pequeño mamífero marsupial de los falangéridos, que vive en los bosques de eucaliptos de Australia.

kremlin (ruso 'fortaleza') *m.* Recinto amurallado de las ciudades medievales rusas. El Kremlin, ant. residencia de los zares de Moscú (s. XV), fue la sede del gobierno de la ant. URSS. **2** Por extensión, el gobierno soviético.

koala

kung fu *m.* Arte marcial de origen chino.

l Duodécima letra del abecedario castellano y novena de sus consonantes. Su nombre es *ele*. **2** En la numeración romana, y en mayúscula, equivale a 50. **3** Abreviatura de litro.

la[1] Artículo determinado en género femenino y número singular. **2** Acusativo del pronombre personal de tercera persona, en género femenino. Se usa sin preposición y, a veces, como sufijo. No debe emplearse en dativo.

la[2] *m.* Sexta nota de la escala musical.

laberinto *m.* Lugar con profusión de calles y encrucijadas en que es difícil hallar la salida. **2** fig. Cosa confusa y enredada. **3** Composición poética cuyos versos pueden leerse al derecho y al revés. **4** Parte interna del oído.

labial *adj.* Relativo a los labios. **2** *adj.* y *f.* Se aplica a la consonante en cuya articulación intervienen los labios. **3** Se dice de la letra que representa este sonido.

labio *m.* Cada una de las dos partes, superior e inferior, carnosas y movibles, que componen la abertura bucal. **2** Cada una de las pinzas que rodean la boca de los insectos. **3** fig. Borde de ciertas cosas.

labio

labiodental *adj.* y *f.* Se dice de la consonante que se articula aproximando el labio inferior a los incisivos superiores, como la *f.* **2** Se dice de la letra que la representa.

labor *f.* Trabajo. **2** Adorno tejido o hecho a mano en una tela u otra materia. **3** Cualquier faena agrícola relacionada con la labranza. **4** *pl.* Trabajo doméstico.

laboratorio *m.* Local dotado de los instrumentos e instalaciones precisos para realizar experimentos científicos, análisis químicos, etc.

labrado -da *adj.* Se dice de las telas con dibujos en relieve. **2** *m.* Acción y efecto de labrar. **3** *f.* Terreno en barbecho, arado para la siembra siguiente.

labrador -ra *adj.* y *n.* Que se dedica a las labores agrícolas; en especial se dice de quien posee hacienda propia y la cultiva por su cuenta.

labrar *tr.* Trabajar en un oficio. **2** Cincelar un material para darle una forma precisa. **3** Cultivar o arar la tierra.

laca *f.* Sustancia resinosa que se forma en algunos árboles de la India, producida por diversos insectos. **2** Barniz duro y brillante de origen vegetal. **3** Pigmento rojo que se saca de la cochinilla, o del palo brasil.

lacayo *m.* Antiguo soldado de infantería, armado de ballesta, que acompañaba a los caballeros en la guerra. **2** Criado de librea que acompañaba a su amo. **3** fig. Persona lisonjera y servil.

lacerar *tr.* y *prnl.* Herir, maltratar. **2** fig. Dañar, perjudicar. **3** *intr.* Pasar trabajos, penar.

lacio -cia *adj.* Marchito, deslucido. **2** Flojo, débil. **3** Se dice del cabello liso.

lacónico -ca *adj.* Parco, breve, conciso. **2** Que habla o escribe de este modo.

lacra *f.* Huella de una enfermedad. **2** Defecto o vicio físico o moral. **3** *Amér.* Herida.

lacre *m.* Pasta sólida de goma laca y trementina, usada para sellar cartas y documentos. **2** *adj. Amér.* Rojizo.

lacrimal *adj.* Relativo a las lágrimas.

lacrimógeno -na *adj.* Se dice en especial de ciertos gases que provocan lagrimeo. **2** Que mueve a llanto.

lactancia *f.* Período vital en que el niño se alimenta especialmente de leche. **2** Sistema de nutrición en este período.

lácteo -a *adj.* Relativo o semejante a la leche.

lacustre *adj.* Relativo a los lagos.

ladear *tr., intr.* y *prnl.* Torcer hacia un lado. **2** *intr.* Caminar por una ladera. **3** Alejarse del camino recto. **4** *prnl. fig.* Inclinarse a una cosa.

ladera *f.* Pendiente, vertiente de un monte.

lado *m.* Costado de un hombre o de un animal. **2** Cada mitad del cuerpo humano, desde los pies hasta la cabeza. **3** Derecha o izquierda de una cosa. **4** Cada cara de un objeto. **5** Cada una de las líneas que forman o limitan un polígono.

ladrar *intr.* Dar ladridos el perro. **2** *fam.* Amenazar. **3** *fam.* Injuriar, ultrajar.

ladrido *m.* Voz del perro. **2** *fam.* Calumnia, maledicencia.

ladrillo *m.* Paralelepípedo rectangular de arcilla cocida, usado en construcción. **2** Objeto semejante. **3** *fam.* Cosa pesada.

ladrón -na *adj.* y *n.* Que roba. **2** *m.* Portillo o desviación de un río o acequia. **3** Enchufe para tomar corriente.

lagartija *f.* Nombre de varios reptiles escamosos de los lacértidos, de cuerpo esbelto y larga cola, la cual regeneran con facilidad.

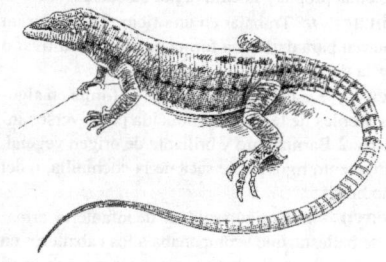

lagartija

lagarto *m.* Nombre de varios reptiles escamosos de los lacértidos, mayores que la lagartija, con patas cortas y cabeza triangular; son ovíparos e insectívoros. **2** Músculo del brazo, entre el hombro y el codo. **3** *fam.* Hombre pícaro y taimado.

lago *m.* Masa de agua que ocupa las depresiones tectónicas, glaciares, volcánicas.

lágrima *f.* Cada una de las gotas segregadas por la glándula lagrimal. **2** Savia segregada por lacrimación. **3** Adorno con esta forma.

lagrimal *adj.* Relativo a los órganos productores de lágrimas. **2** *m.* Extremidad interior del ojo, próxima a la nariz. **3** Úlcera de la planta al romperse una rama.

laguna *f.* Masa de agua menor que el lago. **2** Omisión o fallo. **3** Amnesia parcial. **4** Vacío en una serie.

laico -ca *adj.* y *n.* Lego, no clerical. **2** *adj.* Se dice de la escuela, enseñanza o Estado no confesional o que prescinde de la instrucción religiosa.

laja *f.* Lancha, piedra. **2** Roca marina, en forma de meseta plana.

lama[1] *f.* Lodo oscuro del fondo de algunos mares, ríos y lugares anteriormente encharcados. **2** Prado. **3** Ova, alga. **4** *Amér.* Musgo.

lama[2] *f.* Lámina de metal. **2** Lamé.

lamentar *tr., intr.* y *prnl.* Sentir una cosa con llanto o dolor. **2** Deplorar o sentir contrariedad. **3** *prnl.* Quejarse, afligirse, contrariarse.

lamento *m.* Queja, plañido; expresión de dolor.

lamer *tr.* y *prnl.* Pasar repetidas veces la lengua por una cosa. **2** *tr.* Resbalar un líquido blandamente por un lugar.

laminar[1] *adj.* De forma de lámina. **2** Se dice de la estructura en láminas sobrepuestas y paralelas.

laminar[2] *tr.* Reducir un metal a láminas. **2** Revestir con láminas.

lámpara *f.* Dispositivo para producir luz artificial. **2** Bombilla eléctrica. **3** Aparato sustentador de una o varias luces.

lamparilla[1] *f.* Candela nocturna en un recipiente con aceite. **2** Este recipiente. **3** Álamo temblón.

lamparilla[2] *f.* Tejido de lana ligero.

lana *f.* Pelo de las ovejas y carneros, que se hila y sirve para hacer paño y otros tejidos. **2** Pelo, semejante a la lana, de otros animales. **3** Tejido o vestido de este material.

lanar *adj.* Se dice del ganado o res con lana.

lance *m.* Acción y efecto de lanzar. **2** En pesca, echar la red, y captura que se obtiene de una vez. **3** Conflicto o momento crítico.

lancha[1] *f.* Piedra lisa, plana y delgada. **2** Trampa para atrapar perdices.

lancha[2] *f.* Bote grande, de remo o de vapor. **2** Bote pequeño.

langaruto -ta *adj. fam.* Larguirucho.

languidez *f.* Flaqueza, debilidad. **2** Falta de valor o energía.

lanza *f.* Arma ofensiva compuesta de un asta en cuyo extremo se fija una pieza metálica puntiaguda y cortante. **2** Soldado que usaba esta arma. **3** Vara de madera unida por un extremo al juego delantero de un carruaje, para darle dirección.

lanzado -da *adj.* Impetuoso, fogoso, decidido.

lanzallamas *m.* Arma para lanzar un chorro de fluido inflamable; usado en distancias cortas.

lanzar *tr.* y *prnl.* Arrojar, expulsar algo con fuerza. **2** Despegar un cohete espacial. **3** *tr.* Soltar, libertar. **4** Despojar de una posesión o tenencia.

lapicero *m.* Instrumento portador de un lápiz. **2** Lápiz, barrita de grafito.

lápida *f.* Piedra plana con alguna inscripción.

lapidar *tr.* Apedrear, matar a pedradas.

lapidario -ria *adj.* Relativo a las gemas. **2** Relativo a las inscripciones de las lápidas. **3** Se aplica, irónicamente, a las expresiones o escritos que persisten.

lápiz *m.* Nombre de varias sustancias minerales grasas, usadas para dibujar. **2** Barrita de grafito introducida en un soporte de madera para escribir o dibujar.

lapo *m.* Golpe dado con una vara o bastón. **2** Salivajo o escupitajo. **3** fig. Trago.

lapso *m.* Transcurso de tiempo. **2** Lapsus.

lapsus (lat.) *m.* Error en la escritura o inexactitud en el habla.

lar *m.* Hogar, fogón. **2** fig. Hogar, casa propia.

largada *f. Amér.* Acción de largar o soltar.

largar *tr.* Aflojar o ir soltando poco a poco. **2** Desplegar velas, banderas, etc. **3** fam. Dar, pegar.

largo -ga *adj.* Que tiene mayor o menor extensión. **2** Que tiene longitud excesiva. **3** Prolongado. **4** fig. Pródigo, generoso. **5** En música, movimiento lento.

largometraje *m.* Película de más de 1.600 m de longitud, o una hora de proyección.

largueza *f.* Largura. **2** Dadivosidad.

laringe *f.* Órgano cartilaginoso del aparato respiratorio, situado en el cuello; alberga las cuerdas vocales.

larva *f.* Estadio intermedio entre el huevo y el adulto, en ciertas especies animales.

las Forma femenina plural del artículo determinado. **2** Acusativo femenino plural del pronombre de tercera persona. No admite preposición.

lasaña *f.* Fruta de sartén. **2** Pasta alimenticia rectangular, similar a los canelones, y plato que se hace con ella.

lascivia *f.* Propensión a los deleites carnales.

lascivo -va *adj.* y *n.* Se dice de la persona de desmesurado apetito sexual. **2** Se dice de la conducta propia de esta persona.

láser (ing. *light amplification by stimulated emission of radiation*) *m.* Amplificador y oscilador que utiliza la energía interna de los átomos para originar haces luminosos coherentes de una determinada frecuencia y con una mínima dispersión.

lasitud *f.* Desfallecimiento, cansancio, falta de vigor y de fuerzas.

lástima *f.* Enternecimiento y compasión que excitan los males ajenos. **2** Quejido, lamento. **3** Cualquier cosa que mueva a descontento o enfado.

lastimar *tr.* y *prnl.* Herir, dañar. **2** Agraviar, ofender. **3** *prnl.* Quejarse de daño físico o emocional.

lastre[1] *m.* Piedra de mala calidad y en lajas resquebrajadas, que se halla en la superficie de las canteras; sólo utilizable en mampostería.

lastre[2] *m.* Carga que se coloca en el fondo de un buque para equilibrarlo. **2** Traba, obstáculo físico o moral. **3** fig. Juicio, cordura, madurez.

lata *f.* Hojalata. **2** Envase de este material, con su contenido o sin él. **3** fam. Lo que desagrada o causa fastidio.

latente *adj.* Oculto, escondido.

lateral *adj.* Relativo al lado u orilla de alguna cosa.

látex *m.* Jugo de consistencia lechosa y color blanco por lo general, que fluye de algunas plantas.

latifundio *m.* Finca rústica de notable extensión.

látigo *m.* Azote largo, delgado y flexible, de cuero o cuerda, con que se arrea a las caballerías.

latín *m.* Lengua de la ant. Roma de la que derivan las lenguas romances o neolatinas, como el castellano, el catalán, etc.

latinismo *m.* Giro o vocablo latino usado en un idioma.

latino -na *adj.* y *n.* Del Lacio y de las regiones que se fueron incorporando al Imperio romano. **2** Perteneciente al Imperio romano. **3** Perteneciente al grupo de lenguas derivadas del latín. **4** *adj.* Perteneciente o relativo al latín.

latinoamericano -ca *adj.* y *n.* De América Latina.

latir *intr.* Producir el corazón y las arterias sus movimientos característicos de contracción y dilatación o de sístole y diástole. **2** Dar latidos o ladrar el perro.

latitud *f.* Distancia desde cualquier punto de la superficie terrestre al ecuador, medida en grados de meridiano. **2** Lado menor de las figuras planas, por contraposición al lado mayor o longitud. **3** Superficie de un territorio.

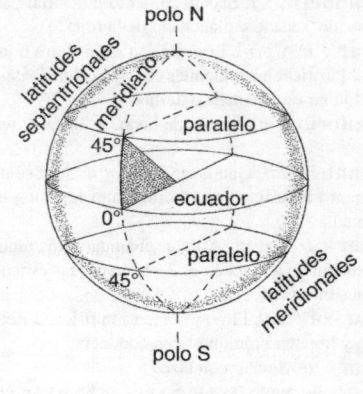

latitud

latón *m.* Aleación de cobre y cinc, de color amarillo pálido, susceptible de gran brillo.

laúd *m.* Instrumento músico de cuerpo convexo, con seis órdenes de cuerdas que se puntean. **2** Embarcación pequeña de vela latina. **3** Reptil quelonio, con siete líneas salientes en su caparazón, de unos dos metros.

laudable *adj.* Digno de alabanza.

laurear *tr.* Coronar con laurel. **2** fig. Premiar, honrar.

laurel *m.* Árbol de las lauráceas, que puede alcanzar 12 m de altura, de tronco liso, hojas coriáceas, verdes, perennes y aromáticas, flores axilares de color blanco verdoso y baya negruzca y ovoidal; sus hojas se emplean como condimento y contienen propiedades medicinales. **2** *pl.* fig. Triunfo, premio.

lava¹ *f.* Materiales fundidos o incandescentes que arrojan los volcanes en erupción y que al enfriarse forman rocas.

lava² *f.* Lavado de los minerales para limpiarlos de impurezas.

lavable *adj.* Que puede lavarse. **2** Se dice de los tejidos que no encogen ni destiñen al lavarlos.

lavabo *m.* Conjunto de palangana y jofaina (antes) o de pileta y grifería (ahora), para lavarse manos y cara. **2** Cuarto en que está instalado. **3** Eufemismo por retrete.

lavadero *m.* Pila o sitio para lavar la ropa. **2** Lugar del río o arroyo en que se recogen en bateas las arenas auríferas.

lavado *m.* Acción y efecto de lavar. **2** Pintura a la aguada de un solo color.

lavador -ra *adj.* y *n.* Que lava. **2** *m.* Recipiente para lavar las placas fotográficas. **3** *f.* Máquina para lavar la ropa.

lavamanos *m.* Recipiente para lavarse las manos.

lavandería *f.* Establecimiento industrial para el lavado, secado y planchado de la ropa.

lavar *tr.* y *prnl.* Limpiar con agua u otro líquido. **2** Purificar los minerales con agua abundante. **3** fig. Quitar una mancha o deshonra.

lavatorio *m.* Acción de lavar. **2** *Amér.* Lavabo.

laxante *adj.* Que laxa. **2** *adj.* y *n.* Se dice del alimento o fármaco que facilita la evacuación intestinal.

laxar *tr.* y *prnl.* Aflojar, ablandar y disminuir la tensión de alguna cosa. **2** Favorecer las evacuaciones intestinales.

laxo -xa *adj.* Flojo y sin tensión física. **2** Relajado y libre en opiniones o en conducta.

lazar *tr.* Sujetar con lazo.

lazo *m.* Nudo de adorno que se hace con una cinta o cordón. **2** Lazada. **3** fig. Vínculo.

le Dativo del pronombre personal de tercera persona singular, masculino o femenino; se emplea también como acusativo sólo en género masculino. No admite preposición y se puede usar como sufijo: le seguí; síguele.

leal *adj.* y *com.* Se dice de la persona que se mantiene fiel a otra o a una causa. **2** Por extensión, se dice del animal dócil y aficionado a su amo.

lealtad *f.* Cualidad de leal, fidelidad.

lección *f.* Lectura. **2** Interpretación de un texto. **3** Exposición de un tema para su enseñanza. **4** Cada una de las explicaciones que da el profesor, clase.

leche *f.* Líquido blanco o amarillento que segregan las glándulas mamarias de las hembras de los mamíferos después del parto, para alimento de sus crías. **2** Jugo blanquecino de algunos vegetales, látex.

lechería *f.* Sitio en que se vende leche y sus derivados.

lechero -ra *adj.* Que contiene leche o algunas de sus propiedades. **2** Se dice de las hembras de animales que se crían para que den leche. **3** fam. Tacaño, avaro.

lecho *m.* Cama completa y arreglada. **2** Fondo de una superficie acuática. **3** Cauce de un río.

lechón -na *m.* y *f.* Cría de cerda cuando aún mama. **2** *adj.* y *n.* fig. Se dice de la persona obesa, sucia y desaseada.

lechoso -sa *adj.* Con propiedades o aspecto de leche. **2** Se dice de los vegetales que emiten algún jugo blanquecino. **3** *m.* Papayo, árbol.

lechuga *f.* Planta herbácea de las compuestas, cuyas hojas anchas y tiernas se consumen en ensalada; es originaria de la India. **2** fam. Billete verde.

lechuza *f.* Nombre común a diversas especies de aves nocturnas y rapaces de los estrígidos y titónidos, que, como el búho, tienen la cabeza redonda, el pico curvo y los ojos grandes, amarillos y brillantes; se alimentan de insectos y pequeños roedores. **2** fam. Persona de hábitos nocturnos.

lechuza

lectivo -va *adj.* Se dice del día en que hay clase en las instituciones docentes.

lector -ra *adj.* y *n.* Se dice de la persona que lee, y en especial de la que lee mucho. **2** En las universidades antiguas, catedrático.

lectura *f.* Acción de leer. **2** Cosa leída. **3** Interpretación de un texto.

leer *tr.* Pasar la vista por un escrito enterándose de su contenido. **2** fig. Percibir alguna cosa, sentimiento o intención.

legado *m.* Persona enviada por el jefe del Estado o por su gobierno para representar al país en alguna reunión internacional o en algún asunto extraordinario. **2** Manda o transmisión de bienes que hace un testador en favor de alguien o de alguna institución.

legal *adj.* Se dice de lo que prescribe la ley o de lo que es conforme a ella. **2** Se dice de lo relacionado con la justicia. **3** Fiel cumplidor de las funciones de su cargo.

legalidad *f.* Calidad de legal. **2** Situación establecida por las leyes vigentes de un país.

legaña *f.* Secreción pastosa de las glándulas de los párpados que se fija en los ángulos de la apertura ocular.

legendario -ria *adj.* Que forma parte de una leyenda. **2** Por extensión, fantástico, fabuloso. **3** Famoso.

legible *adj.* Que se puede leer.

legión *f.* Cuerpo de tropa romana. **2** Ciertas asociaciones de combatientes o misioneros. **3** fig. Muchedumbre de personas o animales.

legislar *intr.* Dar, hacer o establecer leyes.

legislatura *f.* Período de sesiones de las cortes o cuerpo legislativo. **2** Tiempo que dura un parlamento entre dos elecciones generales.

legitimar *tr.* Probar legalmente la calidad de una persona o cosa o la verdad y autenticidad de una cosa. **2** Poner a una persona o cosa en situación legal.

legítimo -ma *adj.* Se dice de lo establecido según las leyes. **2** Cierto, genuino. **3** Justo, lícito.

lego -ga *adj.* y *n.* Se dice de la persona laica o seglar, que no pertenece al clero. **2** fig. Ignorante, que no entiende determinada materia.

leguleyo -ya *m.* y *f.* Designación despectiva del abogado o abogada, del que maneja las leyes sin conocerlas a fondo.

legumbre *f.* Fruto o semilla contenido en vainas y que se come seco, como garbanzos, alubias, lentejas, etcétera.

leguminosas *f. pl.* Familia de plantas dicotiledóneas, herbáceas y arbóreas, con hojas alternas, flores en corola amariposada y fruto en legumbre.

lejanía *f.* Parte remota o distante de un lugar, paisaje o panorama.

lejano -na *adj.* Distante, apartado.

lejos *adv. l.* y *t.* A gran distancia de cualquier punto en el espacio o en el tiempo, remoto.

lelo -la *adj.* y *n.* Atontado, pasmado.

lema *m.* Frase, generalmente de otro autor, que figura al comienzo de un libro, y que explica su argumento o idea. **2** Empresa o título que explica un emblema o blasón. **3** Consigna o ideal.

lencería *f.* Conjunto de prendas interiores de mujer. **2** Ropa blanca de cama y mesa. **3** Tienda donde se vende, o lugar donde se guarda. **4** Conjunto de lienzos.

lengua *f.* Órgano muscular, alargado, situado en la cavidad bucal de los vertebrados, y que en el hombre sirve para degustar, deglutir y emitir sonidos. **2** Por extensión, cualquier cosa que tenga esta forma. **3** Sistema de signos lingüísticos que utiliza una comunidad social para su comunicación.

lenguaje *m.* Capacidad adquirida del hombre para expresarse con sonidos articulares. **2** Lengua o conjunto de palabras con que se expresa un país o nación. **3** Manera específica de hablar de determinados grupos de personas. **4** En informática, conjunto de caracteres y signos para expresar la información aportada por los ordenadores.

lenitivo -va *adj.* Que lenifica. **2** *m.* Medicamento que ablanda o suaviza. **3** fig. Descanso, consuelo.

lente *amb.* Sistema óptico transparente, generalmente de vidrio, formado por dos superficies refringentes, una de ellas, por lo menos, curva. **2** *m. pl.* Conjunto de dos lentes que, debidamente montadas sobre una armadura, facilitan una visión adecuada.

lenteja *f.* Planta herbácea de las leguminosas, de tallos endebles, flores blancas y fruto en vaina. **2** Pesa en que remata la péndola del reloj de pared.

lenticular *adj.* Se dice de lo que tiene forma de lenteja. **2** *m.* Apófisis del yunque del oído medio que se articula en el estribo.

lentitud *f.* Tardanza, falta de celeridad.

lento -ta *adj.* Calmoso, pausado en el movimiento. **2** Poco vigoroso y eficaz. **3** MED Glutinoso.

leña *f.* Matas o troncos que se destinan para hacer fuego. **2** fam. Paliza o vapuleo.

leñador -ra *m.* y *f.* Persona que corta leña o que la vende.

leño *m.* Núcleo del tronco o rama debajo de la corteza. **2** Tronco de un árbol separado de las ramas. **3** fam. Ceporro, persona de pocas luces.

león -na *m.* y *f.* Mamífero carnívoro de los félidos, de un metro de alzada y dos de largo, cabeza grande, zarpas y uñas poderosas; es de pelaje pardo amarillento, y el macho se distingue por su larga melena. Vive en África. **2** fig. Persona audaz y valiente.

leopardo   *m*. Mamífero carnívoro de los félidos, menor que el león, de pelaje blanco y rojizo con manchas negras y redondas.

lepidópteros   *m. pl*. Orden de insectos holometábolos, con cuatro alas membranosas cubiertas de escamas, que a menudo son de colores vivos. Tienen en la cabeza dos ojos compuestos bien desarrollados, y a menudo también dos ojos simples (ocelos), antenas segmentadas (que a veces se ramifican) y un aparato bucal, generalmente chupador y en forma de trompa (espiritrompa), que se retrae cuando no está en uso. Llevan tres pares de patas en el tórax, y el abdomen está formado por diez segmentos. Casi todas las especies se alimentan de plantas.

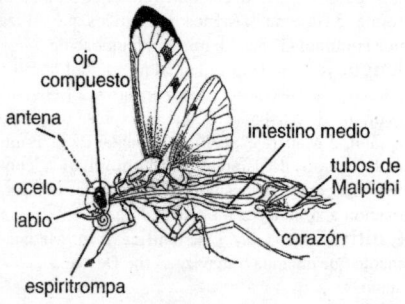

lepidópteros

lepra   *f*. Enfermedad infecciosa y crónica, producida por el bacilo de Hansen, y que se caracteriza por tubérculos, ulceraciones y anestesias que afectan a la piel y los nervios.

leproso -sa   *adj.* y *n*. Que padece lepra.

lerdo -da   *adj*. y *n*. Torpe en el andar, dicho de animales; torpe de inteligencia o de manos, aplicado a las personas.

les   Dativo plural, masculino y femenino, del pronombre de tercera persona: les di pan (a ellos o a ellas), dales comprensión (a ellas y ellos).

lesión   *f*. Alteración patógena o traumática de un órgano o de un tejido. **2** fig. Cualquier daño o perjuicio que sufre una persona.

lesionar   *tr*. y *prnl*. Causar lesión.

leso -sa   *adj*. Agraviado, ofendido: *crimen de lesa humanidad*. **2** Se dice de la mente o la imaginación trastornada. **3** *Amér*. Tonto.

letal   *adj*. Capaz de causar la muerte.

letanía   *f*. Serie de invocaciones religiosas. **2** fam. Lista, retahíla.

letargo   *m*. Estado de somnolencia profunda y prolongada. **2** Torpeza, modorra.

letra   *f*. Signo que representa cualquier sonido articulado de un idioma. **2** Modo especial de escribir ese signo a mano o de imprimirlo. **3** Texto que se canta con música. **4** *pl*. Conjunto de ciencias humanísticas.

letrado -da   *adj*. Culto, instruido o que presume de serlo. **2** *m*. y *f*. Abogado.

letrero   *m*. Palabra o palabras escritas que indican alguna cosa, como el nombre de una calle.

letrina   *f*. Lugar o depósito para recoger las inmundicias y excrementos. **2** fig. Lugar sucio y repugnante.

levantado -da   *adj*. Excelso, sublime: *un estilo levantado*. **2** *f*. Acción de levantarse el que estaba acostado o enfermo.

levantamiento   *m*. Acción y efecto de levantar o levantarse. **2** Rebelión militar, sedición popular. **3** Elevación de la corteza terrestre en una determinada zona.

levantar   *tr*. y *prnl*. Mover de abajo hacia arriba una cosa. **2** Poner una cosa en lugar más alto que el que antes tenía. **3** Construir, edificar. **4** Instituir, fundar. **5** Incrementar el precio. **6** *prnl*. Dejar la cama o el asiento.

levar   *tr*. Recoger las anclas fondeadas. **2** *intr*. Hacerse a la mar un barco.

leve   *adj*. Ligero, de poco peso o de escasa importancia.

levita[1]   *adj*. y *com*. Se decía del miembro de la tribu israelita de Leví, y en especial del dedicado al servicio del culto.

levita[2]   *f*. Prenda masculina que se usó a comienzos de siglo como traje de etiqueta parecido al frac, pero con los faldones delanteros cruzados.

levitación   *f*. Fenómeno parapsicológico por el que alguien se eleva en el aire sin intervención de agentes físicos. **2** Hecho de subir las partículas a la superficie en una disolución química.

levitar   *intr*. Elevarse en el aire de manera involuntaria.

lexema   *m*. Unidad léxica mínima, que carece de morfemas (*sol*), o resulta de haber prescindido de ellos (*terr*, en *enterráis*), y que posee un significado definible por el diccionario, y no por la gramática.

léxico -ca   *adj*. Relativo al léxico o vocabulario de una lengua o región. **2** Relativo a la lexicografía. **3** *m*. Diccionario de cualquier lengua. **4** Vocabulario de un autor, un grupo social o un país.

ley   *f*. Norma constante que se deriva de la naturaleza o cualidades de las cosas. **2** Precepto obligatorio dictado por la autoridad competente, y en especial la norma emanada por la autoridad suprema de una nación. **3** Cantidad legal de metal en una moneda y joya.

leyenda *f.* Relato de sucesos más maravillosos o tradicionales que históricos. **2** Inscripción que figura en monedas o medallas. **3** Texto breve que explica un cuadro, un mapa, etc.

liar *tr.* Atar fardos o cargas. **2** Envolver una cosa, sujetándola con papeles, cuerda, cinta, etc. **3** Enrollar un hilo, alambre, etc. **4** *tr.* y *prnl.* Engañar; ilusionar.

libar *tr.* Chupar suavemente el jugo de una cosa. **2** Probar un licor. **3** Hacer ofrendas a la divinidad.

liberación *f.* Acción de poner en libertad. **2** Recibo. **3** Cancelación de la carga o cargas que gravan un inmueble.

liberado -da *adj.* Que queda libre de un compromiso o castigo. **2** *adj.* y *n.* Se dice del afiliado a un partido político, remunerado por su dedicación exclusiva a él.

liberal *adj.* Generoso. **2** Tolerante, abierto. **3** Se dice de la profesión, que se ejerce en libre competencia. **4** *adj.* y *com.* Partidario del liberalismo.

liberalismo *m.* Corriente intelectual que propugna la libertad del hombre en cualquier situación histórica. **2** Partido o comunión política que forman entre sí los partidarios del sistema liberal. **3** Doctrina económica que preconiza la primacía de la iniciativa privada frente a la intervención estatal.

liberar *tr.* y *prnl.* Dejar en libertad. **2** Eximir de una obligación o carga.

libertad *f.* Facultad del hombre para elegir entre varias opciones sin violencia externa ni presión interna, siendo, en consecuencia, responsable de su conducta. **2** Condición del que ni es esclavo ni está preso. **3** Situación jurídica de un país en que los ciudadanos disfrutan de los derechos fundamentales del hombre.

libertar *tr.* y *prnl.* Poner en libertad. **2** Eximir de un compromiso. **3** Preservar.

libertinaje *m.* Desenfreno en la conducta.

libertino -na *adj.* y *n.* Que vive en libertinaje. **2** *m.* y *f.* Hijo de liberto, y también el mismo liberto o esclavo liberado.

libidinoso -sa *adj.* Lujurioso, lascivo.

líbido *f.* Término que en la psicología profunda significa el impulso de la sexualidad, que abarca mucho más que el campo de lo genital.

libra *f.* Medida antigua de peso, que variaba según las regiones, oscilando en torno al medio kilogramo.

librado -da *m.* y *f.* Persona contra la que se libra o gira una letra de cambio.

librar *tr.* y *prnl.* Sacar o preservar a uno de un trabajo, mal o peligro. **2** *tr.* Poner o fundar la confianza en alguien o algo. **3** Construido con ciertos sustantivos, dar o expedir lo que estos significan: *librar sentencia, carta de pago, decretos,* etc. **4** *prnl.* Quitarse de encima a alguien o algo que molesta.

libre *adj.* Que disfruta de libertad. **2** Osado, atrevido. **3** No sujeto. **4** Vacante, no ocupado.

librecambio *m.* Doctrina económica que propugna la libre circulación de mercancías sin derechos arancelarios.

librepensador -ra *adj.* y *n.* Se dice de la persona que en sus opiniones, incluidas las religiosas, se rige por la luz de su razón y no por criterios, norma o dogma preestablecidos.

librería *f.* Conjunto de libros. **2** Mueble en que se colocan. **3** Tienda donde se venden libros.

libreto *m.* Obra dramática para ser puesta en música parcial o totalmente.

libro *m.* Conjunto de hojas impresas, unidas por uno de los lados y generalmente cubiertas con tapas, que versan sobre algún tema unitario. **2** Legalmente, impreso no periódico de al menos 49 páginas. **3** Cada una de las partes principales en que suele dividirse una obra literaria o científica extensa. **4** Tercera de las cuatro cavidades del estómago de los rumiantes.

libro

licencia *f.* Permiso para hacer algo y documento en que consta. **2** Autorización para ausentarse de un empleo o cuerpo. **3** Contrato por el que una empresa cede a otra alguna patente.

licenciado -da *adj.* y *n.* Que ha quedado libre de algún servicio. **2** *m.* y *f.* Persona que ha obtenido una licenciatura en alguna universidad o escuela superior. **3** *m.* Soldado que ha recibido la licencia absoluta.

licenciar *tr.* Dar permiso o licencia. **2** Despedir a alguien. **3** Dar el grado de licenciatura. **4** *tr.* y *prnl.* Recibir la licencia absoluta del servicio militar. **5** *prnl.* Conseguir una licenciatura.

licenciatura *f.* Grado superior universitario. **2** Acto de recibirlo. **3** Conjunto de estudios necesarios para obtenerlo.

liceo *m.* Escuela aristotélica. **2** Nombre de algunas sociedades literarias o recreativas. **3** En Francia y en algunos países hispanoamericanos, instituto de enseñanza media.

licitar *tr.* Ofrecer precio en una subasta.

lícito -ta *adj.* Permitido por la ley o conforme a razón y justicia.

licor *m.* Sustancia líquida. **2** Se dice especialmente de la que contiene gran cantidad de alcohol mezclada con sustancias aromáticas.

licuadora *f.* Aparato electrodoméstico para licuar frutas y otros alimentos.

licuar *tr.* y *prnl.* Hacer líquida una sustancia sólida o gaseosa. **2** Fundir un metal separándolo de su ganga sólida.

lid *f.* Combate, lucha. **2** fig. Disputa, controversia.

líder *com.* Jefe de una colectividad o de un partido político. **2** El que va primero en una competición deportiva.

liderar *tr.* Dirigir. **2** Ir a la cabeza.

lidiar *tr.* Luchar, combatir. **2** Oponerse a uno, hacerle frente. **3** Tratar con personas que presentan alguna dificultad.

liebre *f.* Mamífero roedor de los lepóridos, de unos 70 cm de largo y 20-25 de alto; tiene la cabeza pequeña y alargada, orejas largas y patas posteriores más largas que las anteriores, lo que le permite ser muy veloz en la carrera. **2** fam. Hombre cobarde.

lienzo *m.* Tela de algodón, cáñamo o lino. **2** Pañuelo de esta tela. **3** Tela para pintar. **4** Pintura sobre esta tela.

liga *f.* Cinta elástica con que se aseguran las medias o los calcetines. **2** Unión o mezcla. **3** Concierto entre individuos, comunidades o Estados con miras a un objetivo común, como la mutua defensa.

ligado *m.* Unión de las letras en la escritura. **2** MÚS Ejecución de varios sonidos formando una frase continua y fluida.

ligadura *f.* Acción y efecto de ligar. **2** Todo lo que en sentido físico sirve para atar algo: *una cinta, una correa, un alambre*. **3** fig. Impedimento o atadura moral que impide hacer algo.

ligamento *m.* Acción y efecto de ligar. **2** Cordón fibroso y resistente que fija los huesos a las articulaciones o sujeta algún órgano. **3** Trama de un tejido.

ligar *tr.* Atar. **2** Mezclar metales. **3** Unir o enlazar. **4** Relacionar mentalmente una cosa con otra. **5** *tr.* y *prnl.* Conseguir algo.

ligereza *f.* Calidad de ligero. **2** Presteza, rapidez. **3** Levedad o escasez de peso. **4** Dicho o hecho irreflexivo.

ligero -ra *adj.* Que pesa poco. **2** Que tiene poca sustancia, fuerza o importancia. **3** Ágil, veloz.

lija *f.* Pez de piel grisácea sin escamas, pero cubierta de granillos córneos muy duros. **2** Papel con arenillas de vidrio o esmeril.

lijar *tr.* Frotar una superficie con papel de lija.

lima[1] *f.* Fruto del limero, de pulpa verdosa en gajos, jugosa y dulce. **2** Limero.

lima[2] *f.* Instrumento de acero templado con superficie estriada, que sirve para alisar metales. **2** Acción de limar. **3** fig. Corrección y pulimento de un escrito.

limar *tr.* Alisar los metales con la lima. **2** fig. Pulir una obra, corregir un escrito. **3** Eliminar asperezas, en sentido figurado.

limbo *m.* Borde, orla. **2** Contorno aparente de un astro. **3** Corona graduada para medir arcos y ángulos. **4** BOT Lámina de las hojas, sépalos o pétalos.

limitar *tr.* Poner límites. **2** Precisar competencias. **3** *tr.* y *prnl.* Reducir gastos, la afluencia de personas a un lugar, etc. **4** *intr.* Lindar.

límite *m.* Término, confín de comarcas, regiones, posesiones, etc. **2** fig. Fin, término.

limítrofe *adj.* Vecino, colindante.

limón *m.* Fruto del limonero, ovoide, de corteza amarilla y pulpa amarillenta ácida y agradable. **2** Limonero, arbusto.

limón

limonado -da *adj.* De color de limón. **2** *f.* Bebida refrescante hecha con zumo de limón, agua y azúcar.

limosna *f.* Lo que se da para socorrer una necesidad. **2** Cantidad insuficiente de algo.

limosnero -ra *adj.* Que da limosna con frecuencia. **2** *adj.* y *n.* Mendigo, pordiosero.

limpiar *tr.* y *prnl.* Quitar la suciedad. **2** fig. Eliminar defectos o imperfecciones. **3** *tr.* Cribar. **4** Desechar lo perjudicial o menos provechoso. **5** fam. Robar.

limpieza *f.* Calidad de limpio. **2** Acción y efecto de limpiar. **3** fig. Pureza, castidad. **4** fig. Integridad en los negocios y conducta.

limpio -pia *adj.* Que no está sucio ni manchado. **2** Sin culpa, casto. **3** Sin impurezas ni mezclas extrañas. **4** fig. Honesto, escrupuloso. **5** fam. Sin dinero.

limpión -na *m. y f.* Persona encargada de la limpieza de una cosa. **2** *m.* Limpiadura ligera. **3** *Amér.* Paño para limpiar.

linaje *m.* Genealogía. **2** fig. Naturaleza, índole.

linchar *tr.* Ajusticiar de forma tumultuaria y sin juicio a un presunto reo.

linde *amb.* Límite o fin de algo. **2** Línea que divide unas heredades o fincas de otras.

lindo -da *adj.* Bonito, grato a la vista. **2** Primoroso, exquisito.

línea *f.* Extensión considerada en una de sus tres dimensiones: *la longitud*. **2** Recta o curva en el plano o en el espacio. **3** Sistema de conductores que permite transferir energía de un punto a otro. **4** Raya imaginaria o visible que separa dos cosas continuas: línea del horizonte. **5** Vía de comunicación o de transporte. **6** Directriz, orientación.

lineal *adj.* Relativo a la línea. **2** Se dice del dibujo que sólo se representa mediante líneas. **3** Se aplica a las cosas y a los fenómenos cuyos resultados se consideran en una única dimensión o dirección.

lingote *m.* Trozo o barra de metal en bruto. **2** Masa sólida que se obtiene vaciando el metal líquido en un molde.

lingual *adj.* Relativo a la lengua. **2** Se dice de los sonidos que, como la *l*, se pronuncian con el ápice o punta de la lengua.

lingüista *com.* Persona versada en lingüística.

lingüística *f.* Ciencia que estudia el lenguaje humano y las distintas lenguas.

lino *m.* Planta herbácea anual de las lináceas, que alcanza un metro de altura. **2** Fibra textil que se saca del tallo. **3** Tela que se hace con ella.

linterna *f.* Farol portátil con una cara de vidrio. **2** Utensilio para proyectar luz formado por una bombilla y unas pilas eléctricas. **3** Faro de costa.

lío *m.* Fardo de ropas u otras cosas envueltas juntas. **2** fam. Embrollo o situación difícil. **3** Intriga, chisme.

liquidación *f.* Acción y efecto de liquidar. **2** Venta de productos a precio rebajado, por causas ajenas a su coste real.

liquidar *tr. y prnl.* Licuar o pasar a líquido una cosa gaseosa o sólida. **2** Dilapidar un patrimonio. **3** *tr.* Poner término a una cosa, o a un estado de cosas. **4** Eliminar a una persona.

liquidez *f.* Calidad de líquido. **2** Calidad del capital financiero por la que fácilmente puede convertirse en dinero efectivo. **3** Relación entre el dinero en caja y los bienes de una empresa fácilmente convertibles en dinero y el total de su activo.

líquido -da *adj. y n.* Se dice del cuerpo no sólido ni gaseoso, cuyas moléculas, por su escasa cohesión, permiten que adopte la forma del recipiente que lo contiene. **2** Se dice del fonema que, como la *l* o la *r*, es a la vez vocálico y consonántico. **3** Bebida. **4** Saldo positivo.

lira *f.* Instrumento antiguo de cuerda. **2** Combinación métrica de cinco versos con siete y once sílabas. **3** fig. Inspiración de un poeta.

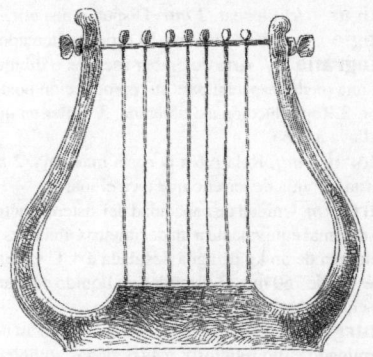

lira

lírico -ca *adj.* Relativo a la lírica. **2** Se aplica a las obras de teatro total o parcialmente cantadas. **3** *f.* Uno de los tres principales géneros en que se divide la poesía, y en el cual el autor expresa sus propios afectos e ideas.

lisiar *tr. y prnl.* Producir una lesión o dejar a alguien lisiado.

liso -sa *adj.* Sin asperezas ni desniveles. **2** Sin realces ni adornos. **3** Se dice del pelo lacio.

lisonja *f.* Alabanza afectada e interesada.

lisonjear *tr.* Adular. **2** *tr. y prnl.* Halagar el amor propio. **3** *intr. y prnl.* Pavonear.

lista *f.* Tira de tela, papel, etc. **2** Franja o línea de color que se forma de modo natural o artificial en una superficie, y especialmente en los tejidos. **3** Enumeración correlativa de palabras, personas o cosas.

listado -da *adj.* Que forma o tiene listas. **2** *adj. y n.* Se dice del papel pautado de la impresora de un ordenador.

listeza *f.* Calidad de listo.

listo -ta *adj.* Expedito, pronto. **2** Inteligente, preparado. **3** Sagaz, avisado.

listón *m.* Tabla estrecha y larga. **2** Cinta de seda angosta. **3** Nivel o rasero para medir la altura.

literal *adj.* Conforme con la letra o sentido directo y explícito de un texto. **2** Se dice de la traducción que se ciñe por completo al original. **3** Se aplica a la magnitud matemática que se expresa con letras.
literalmente *adv. m.* En sentido literal.
literario -ria *adj.* Relativo a la literatura por contraposición a las ciencias exactas o naturales.
literatura *f.* Arte que emplea la palabra, oral o escrita, como vehículo eficaz de belleza. **2** Conjunto de obras literarias de un autor, una época o un país. **3** Conjunto de obras que versan sobre un arte, ciencia o tema específicos.
litigar *tr.* Pleitear. **2** *intr.* Disputar, discutir.
litigio *m.* Pleito judicial. **2** Disputa, altercado.
litografía *f.* Arte de grabar escritos o dibujos en una piedra especial para su reproducción posterior. **2** Reproducción así obtenida. **3** Taller en que se lleva a cabo.
litoral *adj.* Relativo a la costa marítima. **2** *m.* Costa o franja de terreno que toca el mar.
litro *m.* Unidad de capacidad del sistema métrico decimal equivalente a un decímetro cúbico; es el volumen de un kg de agua destilada a 4 °C y a una presión de 760 mm. **2** Cantidad de líquido o de áridos que cabe en tal medida.
liturgia *f.* Conjunto de ritos que forman un determinado culto religioso; más o menos compleja, se da en todas las religiones.
liviano -na *adj.* De poco peso. **2** *fig.* De escasa importancia. **3** *fig.* Inconstante, desleal.
lívido -da *adj.* Amoratado. **2** Muy pálido.
living (ing.) *m.* Sala de estar.
llaga *f.* Úlcera o herida abierta. **2** *fig.* Padecimiento moral. **3** Estigma, huella impresa sobrenaturalmente.
llama[1] *f.* Masa gaseosa que desprende un cuerpo en combustión, produciendo luz y calor. **2** *fig.* Fuerza de una pasión o intensidad de un deseo.
llama[2] *f.* Mamífero artiodáctilo de los camélidos, algo menor que el guanaco salvaje, de aprox. un metro de alto y otro tanto de largo; es fácilmente domesticable. Vive en los Andes por encima de los 3.000 m de altitud. Se utiliza como animal de carga y se aprovechan su carne, cuero, leche y pelo.
llamada *f.* Acción y efecto de llamar. **2** Gesto o voz para llamar la atención de alguien. **3** En un impreso o manuscrito, signo que remite a otro lugar o pasaje.
llamar *tr.* Requerir la atención de alguien con voces o gestos. **2** Nombrar; dar nombre a personas o cosas. **3** Convocar a un sitio.
llamarada *f.* Llama súbita y pasajera. **2** *fig.* Acceso de rubor. **3** *fig.* Arrebato del ánimo.
llamativo -va *adj.* Se dice de lo que llama la atención o choca.

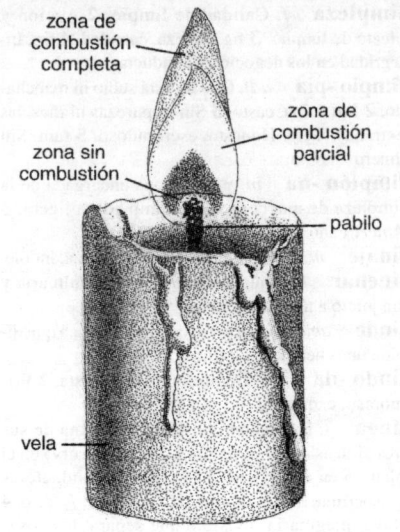

llama

llana *f.* Herramienta de albañil consistente en una plancha de metal y un asa en el centro para extender el yeso o la argamasa. **2** Llanada.
llano -na *adj.* Plano, liso, sin desniveles ni pendientes. **2** *fig.* Sencillo, natural y sin afectación, aplicándose tanto a las personas como a la conducta, estilo, etc. **3** Se dice de la persona que no pertenece a la nobleza, sino al pueblo común. **4** Grave, se dice de la palabra con el acento prosódico en la penúltima sílaba.
llanta *f.* Aro metálico exterior que rodea y refuerza las ruedas de los carros. **2** Aro metálico que sustenta las cámaras neumáticas de coches y bicicletas. **3** *Amér.* Neumático.
llanto *m.* Efusión de lágrimas.
llanura *f.* Terreno liso de cierta extensión y escasa altitud.
llave *f.* Instrumento que, aplicado a la cerradura, sirve para abrirla o cerrarla. **2** Herramienta para ajustar tuercas, tornillos, etc. **3** Mecanismo para disparar las armas de fuego portátiles. **4** Mecanismo con que se controla el paso de un líquido o el de la corriente eléctrica. **5** Corchete o paréntesis cuadrado en un impreso o manuscrito.
llavero -ra *m. y f.* Persona encargada de custodiar las llaves. **2** Anilla, cadenita o cartera para tener las llaves de uso.
llegar *intr.* Venir, arribar de un sitio a otro. **2** Durar hasta época o tiempo determinados. **3** Venir por su orden una cosa o acción. **4** *prnl.* Acercarse, arrimarse,

llenar *tr.* y *prnl.* Ocupar con alguna cosa un espacio vacío. **2** *tr.* fig. Ocupar dignamente un lugar o empleo. **3** fig. Satisfacer una cosa.

lleno -na *adj.* Ocupado o henchido de otra cosa. **2** Dicho de personas, gruesa, metida en carnes. **3** *m.* Plenilunio de la Luna.

llevar *tr.* Trasladar una cosa de un lugar a otro. **2** Ser causa de algo. **3** Tolerar, sufrir. **4** Inducir, persuadir a uno.

llorar *intr.* y *tr.* Derramar lágrimas. **2** fig. Gotear. **3** *tr.* Lamentar algo, sentir vivamente.

lloroso -sa *adj.* Con señales de haber llorado. **2** Que está a punto de llorar. **3** Que causa llanto o tristeza.

llover *intr.* Caer agua de las nubes. **2** fig. Sobrevenir muchas cosas a la vez, como desgracias.

llovizna *f.* Lluvia menuda y suave.

lluvia *f.* Acción de llover. **2** fig. Abundancia de alguna cosa: una lluvia de premios. **3** *Amér.* Ducha.

lo Artículo determinado neutro que se antepone a los adjetivos sustantivándolos. **2** Complemento directo masculino y neutro del pronombre personal de tercera persona.

loable *adj.* Laudable, digno de alabanza.

lobo *m.* Mamífero carnívoro de los cánidos, algo mayor que el perro mastín, de cabeza aguzada, orejas tiesas, cola larga y peluda y color gris oscuro. **2** Pez fluvial de los ciprínidos, de boca saliente. Vive en Europa. **3** fig. Borrachera.

lobo

lóbrego -ga *adj.* Oscuro, tenebroso. **2** fig. Triste, melancólico.

lóbulo *m.* Saliente de un borde en forma de onda. **2** Cada una de las zonas de un órgano delimitada por surcos.

local *adj.* Relativo o perteneciente a un lugar, territorio o país. **2** Municipal, comarcal, etc., por oposición a general o nacional. **3** *m.* Espacio cerrado y cubierto en que se puede trabajar o vivir.

localidad *f.* Pueblo o población. **2** Cada una de las plazas o asientos en los locales públicos. **3** Entrada que da derecho a ocuparla.

localización *f.* Acción y efecto de localizar.

localizar *tr.* Averiguar el punto en que se encuentra una persona o una cosa. **2** *tr.* y *prnl.* Fijar, encerrar en límites determinados.

loción *f.* Acción y efecto de lavar, lavadura. **2** Fricción sobre una parte del cuerpo con un producto de higiene. **3** Líquido con que se efectúa.

loco -ca *adj.* y *n.* Que tiene perturbadas las facultades mentales. **2** fig. Alocado, temerario. **3** *adj.* Que excede en mucho a lo ordinario o presumible.

locomoción *f.* Traslación de un lugar a otro. **2** Facultad de los seres vivos de desplazarse de un punto a otro.

locomotor -ra *adj.* Relativo a la locomoción. **2** *f.* Máquina que arrastra los vagones del tren sobre los raíles.

locuaz *adj.* Que habla mucho o a destiempo y sin reflexión.

locución *f.* Frase hecha, máxima o refrán ya consagrado.

locura *f.* Cualquier tipo de alteración de las facultades mentales. Es un término hoy en desuso, a causa de su imprecisión. **2** Acción insensata o imprudente. **3** fig. Exaltación del ánimo.

locutor -ra *m.* y *f.* Persona que habla ante un micrófono, y especialmente la que lo hace en emisoras de radio o televisión para dar noticias o presentar programas.

lodazal *m.* Sitio cubierto de lodo o barro.

lodo *m.* Mezcla de tierra y agua, especialmente la que se forma al llover. **2** fig. Vergüenza, deshonra.

lógico -ca *adj.* De la lógica. **2** Que sigue el proceso adecuado en el desarrollo del pensamiento. **3** Normal, natural, esperado. **4** *f.* FIL Ciencia que estudia las operaciones de la razón humana.

logos *m.* En la filosofía griega, razón o conocimiento, en cualquiera de sus manifestaciones, lógicas o filosóficas, individuales o cósmicas.

logotipo *m.* Conjunto de letras o abreviaturas que forman el distintivo o símbolo de una empresa.

logro *m.* Acción y efecto de lograr. **2** Usura, lucro.

loma *f.* Altura pequeña o colina alargada.

lombriz *f.* Anélido de los lumbrícidos, de cuerpo cilíndrico y anillado. **2** Gusano nematodo de los oxiúridos, parásito intestinal del hombre y de otros vertebrados.

lomo *m.* En el hombre, parte inferior de la espalda. (Se usa más en plural.) **2** En los cuadrúpedos, el espinazo desde la cruz a las ancas. **3** Carne de esa zona. **4** En un libro, la parte opuesta al corte de las hojas.

lona   *f.* Tela resistente de algodón o cáñamo, para toldos, tiendas de campaña, velas de navío, etc. **2** Cuadrilátero en el que se disputan combates de boxeo y lucha libre.

longevidad   *f.* Cualidad de alcanzar una larga vida.

longitud   *f.* La mayor de las dos dimensiones principales la menor es la latitud de las cosas o superficies planas. **2** Distancia de cualquier punto de la Tierra respecto del meridiano cero, que pasa por Greenwich, medida en grados de paralelo.

lonja[1]   *f.* Trozo delgado y uniforme de alguna cosa de comer, especialmente del jamón.

lonja[2]   *f.* Edificio público para transacciones comerciales. **2** Tienda de ultramarinos.

lontananza   *f.* En una pintura, puntos más distantes del plano principal.

lord   (ing.) *m.* Título nobiliario inglés. **2** Miembro de la cámara de los lores.

loro   *m.* Papagayo. **2** Pez perciforme de los escáridos, que alcanza el medio metro de longitud, con librea de vivos colores. **3** fam. Persona charlatana.

loro

los   Forma masculina plural del artículo determinado. **2** Acusativo masculino plural del pronombre personal de tercera persona, que se antepone o pospone al verbo: *los miró, míralos.*

losa   *f.* Piedra lisa, grande y de escaso grosor, que sirve para pavimentar. **2** Baldosa. **3** Lámina sepulcral y, por extensión, sepulcro.

lote   *m.* Cada una de las partes que se hacen en la distribución de alguna cosa entre varias personas. **2** Conjunto de objetos similares que se presentan en una subasta, sorteo, venta, etc. **3** Cada una de las parcelas en que se divide un terreno destinado a la edificación.

lotería   *f.* Sorteo o rifa pública en que se premian los números sacados al azar. **2** Oficina en que se venden los billetes o números. **3** fig. Negocio o lance en que interviene la suerte.

loza   *f.* Objeto de barro fino cocido y esmaltado. **2** Conjunto de estos objetos.

lozanía   *f.* Frondosidad de las plantas. **2** Vigor en personas y animales. **3** Orgullo, altivez.

lubricante   *adj.* y *m.* Se dice de las grasas y sustancias que disminuyen el rozamiento de las piezas de un mecanismo.

lubricar   *tr.* Dar lubricante, suavizar y hacer resbaladiza alguna cosa.

lucero   *m.* Cualquier astro brillante, y en especial el planeta Venus. **2** Postigo de las ventanas, por donde entra la luz. **3** fig. Lustre, esplendor.

lucha   *f.* Pelea entre dos en que se busca agarrar al contrario para dar con él en tierra. **2** Lid, combate. **3** fig. Turbación interna.

luchar   *intr.* Contender dos personas a brazo partido. **2** En sentido más general, pelear, combatir. **3** Trabajar denodadamente por abrirse paso en cualquier orden de cosas.

lúcido -da   *adj.* Que luce. **2** Se dice de la persona con mente hábil, ideas claras y lenguaje preciso.

luciérnaga   *f.* Insecto coleóptero de cuerpo blando y ojos grandes; sus últimos anillos emiten una luz fosforescente.

lucir   *intr.* Brillar, resplandecer. **2** Verse los resultados positivos de un esfuerzo. **3** *intr.* y *prnl.* Sobresalir, aventajar.

lucrar   *tr.* Conseguir uno lo que deseaba. **2** *prnl.* Beneficiarse de alguna cosa, sacar provecho de ella.

lucro   *m.* Ganancia o provecho que se obtiene de alguna cosa o negocio.

lúdico -ca   *adj.* Relativo al juego.

luego   *adv. t.* Pronto, en seguida. **2** Después, más tarde. **3** *conj. il.* Denota la consecuencia inferida de un antecedente: *pienso, luego existo.*

lugar   *m.* Espacio que está o puede estar ocupado por un cuerpo. **2** Sitio, paraje. **3** Puesto, empleo, dignidad, oficio o ministerio.

lúgubre   *adj.* Triste, funesto, melancólico.

lujo   *m.* Ostentación, opulencia. **2** Derroche de riquezas, medios, tiempo, etc.

lujuria   *f.* Apetito sexual exacerbado. **2** Exceso o demasía en algunas cosas.

lumbre   *f.* Cualquier materia combustible encendida. **2** Luz. **3** Lo que sirve para encender algo.

lumínico -ca   *adj.* Relativo a la luz. **2** *m.* Principio hipotético de los fenómenos luminosos.

luminoso -sa *adj.* Que despide luz. **2** fig. Muy claro o atinado: *una idea luminosa*.

luna *f.* Luz nocturna que refleja la Luna. **2** Lunación. **3** Satélite de cualquier astro. **4** Espejo de un armario.

Luna El único satélite natural de la Tierra.

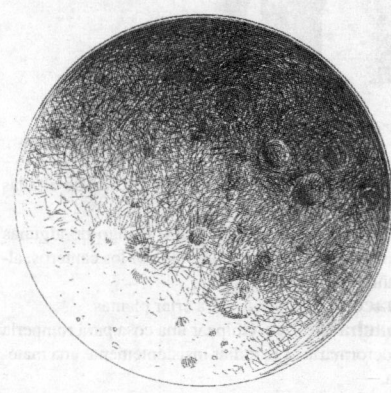

luna

lunar[1] *adj.* Relativo a la Luna.

lunar[2] *m.* Mancha pequeña y redondeada de la piel. **2** Dibujo similar en las telas. **3** fig. Nota o mancha que resulta a uno de haber hecho una cosa vituperable.

lunático -ca *adj.* y *n.* Se dice de la persona un poco tocada o que cambia fácilmente de humor.

lunes *m.* Día segundo de la semana, que sigue al domingo.

lupa *f.* Lente convergente para aumentar los objetos; suele insertarse en un mango.

lustrar *tr.* Dar lustre o brillo a metales, calzado, etc. **2** Purificar los gentiles lo que creían impuro.

lustre *m.* Brillo de las cosas bruñidas o frotadas. **2** fig. Lozanía. **3** fig. Honor, nobleza. **4** Crema para el calzado.

lustro *m.* Período de cinco años.

luto *m.* Situación y estado anímico que sigue a la muerte de un ser querido. **2** Conjunto de signos externos, y especialmente el color de los vestidos, que reflejan esa situación social y psíquica. El color del luto en los pueblos europeos es el negro. **3** fig. Duelo, tristeza.

luxar *tr.* y *prnl.* Dislocar un hueso.

luz *f.* Radiación electromagnética que hace posible la visión de los objetos. **2** Objeto que sirve para iluminar, como la lámpara, la linterna, etc. **3** Ventana o abertura en un muro. **4** Dimensión horizontal interior de un arco, un vano o una habitación. **5** *pl.* fig. Ilustración, cultura: *el siglo de las luces.*

m *f*. Decimotercera letra del abecedario castellano, y décima de sus consonantes. Su nombre es *eme*.

macabro -bra *adj*. Se dice de lo que es feo y desagradable como la muerte.

macaco -ca *m*. y *f*. Nombre dado a varias especies de primates de los cercopitécidos, de 40-80 cm de longitud, cabeza grande con el hocico saliente, cola corta y cuerpo robusto. Viven en grupos de compleja estructura social, y son predominantemente arborícolas. Viven en Europa (Gibraltar), Asia y África. **2** *adj*. y *n*. fam. Niño pequeño. **3** En sentido despectivo, persona de escasa entidad física o moral.

macaco

macarrón *m*. Pasta de harina en forma de tubos alargados. (Se usa más en plural.) **2** Mostachón. **3** Extremo de las cuadernas de un buque que sale fuera de la borda. **4** Macarra.

macerar *tr*. Ablandar algo estrujándolo, golpeándolo o remojándolo. **2** Sumergir una sustancia en un líquido para ablandarla o extraer de ella las partes solubles.

maceta[1] *f*. Empuñadura o mango de algunas herramientas. **2** Martillo usado por los canteros, albañiles y mineros.

maceta[2] *f*. Tiesto para criar plantas.

machacar *tr*. Golpear una cosa para romperla o deformarla. **2** Estudiar insistentemente una materia.

machacón -na *adj*. y *n*. Inoportuno, pesado.

machaquear *tr*. *Amér*. Moler.

machete *m*. Especie de puñal de un solo filo. **2** Cuchillo grande para cortar la caña de azúcar.

machetear *tr*. Golpear con el machete.

machetero -ra *m*. y *f*. Persona que corta caña o desbroza bosques.

machismo *m*. Actitud consistente en considerar al hombre superior a la mujer.

macho *adj*. y *m*. De sexo masculino. **2** Cualquier pieza que entra dentro de otra. **3** Tronco de la cola de los cuadrúpedos. **4** Cada una de las borlas del traje de luces. **5** Estrofa de ciertas coplas de estilo flamenco. **6** Pilar de fábrica que sostiene un techo o un arco, o fortalece una pared. **7** *Amér*. Casulla.

machucar *tr*. Herir, golpear, magullar. **2** *Amér*. Moler, partir.

machucón *m*. *Amér*. Contusión.

macilento -ta *adj*. Flaco, descolorido, triste.

macizo -za *adj*. y *m*. Sólido, firme. **2** *m*. Prominencia rocosa del terreno, o grupo de montañas. **3** Conjunto de edificios contiguos. **4** Parte de una pared entre dos vanos. **5** Masa de arbustos que divide o decora un jardín. **6** Masa de pescado o cereales usada como cebo para pescar.

macrocéfalo -la *adj*. y *n*. Que tiene la cabeza desproporcionadamente grande.

mácula *f*. Mancha. **2** Cosa que deslustra y afea. **3** Engaño, trampa. **4** Cada una de las manchas que se observan en el disco del Sol.

madeja *f*. Hilo enrollado sobre sí mismo, para poder ser devanado fácilmente. **2** fig. Mata de pelo. **3** fam. Persona floja y dejada.

madera *f.* Parte fibrosa y dura de una planta, por donde circula la savia. **2** Materia de que se compone el casco de las caballerías. **3** fig. Talento, habilidad. **4** *pl.* Nombre de los instrumentos musicales de viento que se soplan directamente o por medio de lengüetas.

madero *m.* Tronco cortado y sin ramas. **2** fig. Nave. **3** fam. Necio.

madrastra *f.* Mujer del padre respecto a los hijos que éste tiene de un matrimonio anterior.

madre *f.* Mujer que ha tenido uno o varios hijos. **2** Cauce de un río o arroyo. **3** Acequia o alcantarilla principal. **4** Poso del mosto, vino o vinagre. **5** Madero principal donde se apoya una construcción, una máquina, etc.

madriguera *f.* Guarida de ciertos animales, especialmente conejos.

madrina *f.* Mujer que presenta a alguien que recibe un sacramento. **2** La que favorece o protege a alguien. **3** Poste o puntal de madera. **4** Correa con que se enlazan las bridas de dos caballerías para que marchen con igualdad. **5** Yegua que guía una manada.

madrugada *f.* El alba, el amanecer. **2** Acción de madrugar.

madrugar *intr.* Levantarse al amanecer o muy temprano.

maduración *f.* Acción y efecto de madurar. **2** Proceso de desarrollo intelectual, físico, etc., que lleva a una persona a la madurez. **3** Operación consistente en dejar reposar el vino, la carne, etc., para que adquiera ciertas propiedades.

madurar *tr.* Dar sazón a los frutos. **2** fig. Meditar atentamente una idea, un proyecto, etc. **3** Crecer en juicio y prudencia. **4** Empezar a supurar un tumor.

madurez *f.* Sazón de los frutos. **2** fig. Buen juicio, prudencia. **3** fig. Estado de la persona adulta que ha alcanzado su plenitud vital.

maduro -ra *adj.* Que está en sazón. **2** fig. Prudente, juicioso, sensato. **3** Se dice del asunto, proyecto, etc., planeado atentamente.

maestría *f.* Arte y destreza en enseñar o hacer una cosa. **2** Título y oficio de maestro.

maestro -tra *adj.* Se dice de la obra de relevante mérito entre las de su clase. **2** *m.* y *f.* Persona que enseña una ciencia, arte u oficio. **3** Compositor de música. **4** Torero. **5** *f.* Listón usado como guía por los albañiles. **6** Palo mayor de una nave. **7** Ganzúa.

mafia *f.* Cualquier organización clandestina de criminales.

magazine (ing.) *m.* Revista ilustrada.

magenta *adj.* y *m.* Se dice del color rojo oscuro.

magia *f.* Ciencia o arte que pretende producir determinados efectos con la ayuda de fuerzas sobrenaturales. Puede ser realizada por manipulaciones naturales *(magia blanca)* o a través de ciertas fuerzas maléficas *(magia negra).*

mágico -ca *adj.* Relativo a la magia. **2** Maravilloso, estupendo. **3** *m.* y *f.* Mago. **4** *f.* Ciencia o arte de la magia.

magisterio *m.* Cargo o profesión de maestro.

magistrado *m.* Funcionario de la administración de justicia revestido de autoridad judicial. **2** Miembro de un órgano judicial colegiado. **3** Dignidad o empleo de juez o ministro de justicia.

magistral *adj.* Relativo al maestro o al magisterio. **2** Hecho con maestría. **3** Se dice del tono, modales, etc., afectados. **4** Se dice de los instrumentos de precisión. **5** *m.* Medicamento que se prepara por prescripción facultativa.

magnanimidad *f.* Grandeza de ánimo.

magnate *com.* Persona de gran poder empresarial o financiero. **2** *m.* Miembro de la alta nobleza feudal.

magnético -ca *adj.* Relativo al imán, o con sus propiedades. **2** Que tiene un poder oculto.

magnetismo *m.* Parte de la física dedicada al estudio de las propiedades de los imanes. Se conoce también con el nombre de *magnetostática,* cuando se excluyen de ellas los fenómenos ligados a los campos eléctricos.

magnetizar *tr.* Comunicar a un cuerpo propiedades magnéticas. **2** Hipnotizar.

magneto *m.* Generador de electricidad de alto potencial, usado en los motores de explosión.

magnetófono *m.* Aparato que registra los sonidos en un medio magnético, y los reproduce por medio de altavoces.

magnetoscopio *m.* Aparato que se utiliza para registrar y reproducir imágenes en cinta magnética.

magnetosfera *f.* Zona de la atmósfera en la que actúa el campo magnético terrestre, situada entre la ionosfera y la magnetopausa, donde deja de ser sensible la acción magnética. Contiene dos cinturones de Van Allen.

magnificar *tr.* y *prnl.* Engrandecer, alabar, ensalzar.

magnificencia *f.* Generosidad, esplendidez. **2** Audacia.

magnífico -ca *adj.* Espléndido, suntuoso. **2** Excelente, admirable. **3** Título dado a los rectores universitarios.

magnitud *f.* Tamaño de un cuerpo. **2** Grandeza, importancia de una cosa.

magno -na *adj.* Grande, importante. **2** Se dice de ciertas personas ilustres.

mago -ga *adj.* y *n.* Que ejerce la magia.

magrear tr. Sobar, palpar, manosear a una persona.
magro -gra adj. Flaco, enjuto, sin grasa. **2** m. Carne del cerdo próxima al lomo. **3** f. Loncha de jamón.
magulladura f. Contusión.
magullar tr. y prnl. Causar contusiones en el cuerpo.
mahatma (sánscrito, 'alma grande') m. Título que reciben en la India los dirigentes espirituales o religiosos más importantes.
mahometano -na adj. Relativo a Mahoma. **2** adj. y n. Que profesa la religión de Mahoma.
maître (fr.) m. Jefe de camareros en un restaurante.
maíz m. Planta herbácea anual de las gramíneas, de tallo erecto, raíces abundantes, hojas lanceoladas paralelinervias y flores unisexuales; las masculinas en panículas terminales y las femeninas o mazorcas en espigas axilares. **2** Grano de esta planta.

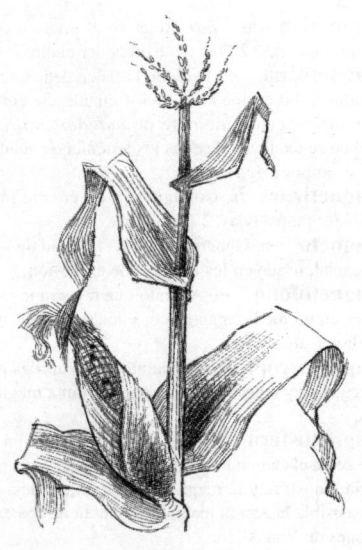

maíz

maizal m. Terreno sembrado de maíz.
majada f. Lugar donde se recoge de noche el ganado y se albergan los pastores. **2** Estiércol de los animales. **3** Excremento.
majadería f. Necedad, tontería.
majadero -ra adj. y n. Necio, molesto. **2** m. Mano de mortero. **3** Bolillo de encaje.
majestad f. Grandeza, superioridad y autoridad de algo o de alguien. **2** Tratamiento dado a Dios y a emperadores y reyes.

majo -ja adj. y n. De trato fino y delicado.
mal¹ adj. Apócope de malo. (Sólo se usa antepuesto al sustantivo masculino.) **2** m. Lo contrario al bien y a la virtud. **3** Daño u ofensa moral o física. **4** Enfermedad, dolencia. **5** Desgracia, calamidad. **6** Inconveniente, dificultad. **7** Amér. Epilepsia.
mal² adv. m. Contrariamente a lo justo o correcto. **2** Contrariamente a lo que se desea. **3** Difícilmente. **4** Poco.
malabarismo m. Arte de juegos de destreza y habilidad. **2** fig. Habilidad para soslayar una dificultad.
malabarista com. Persona que hace juegos malabares.
malacostumbrado -da adj. Que tiene malos hábitos y costumbres, mimado.
malacostumbrar tr. Viciar a alguien haciéndole adquirir malos hábitos. **2** Mimar excesivamente a alguien.
malacrianza f. Amér. Mala educación, falta de respeto.
malandrín -na m. y f. Maligno, perverso, bellaco.
malaria f. Paludismo.
malbaratar tr. Vender a bajo precio. **2** Desperdiciar, malgastar.
malcriado -da adj. y n. Mal educado.
malcriar tr. Educar a los hijos con demasiada condescendencia y mimo.
maldad f. Calidad de malo. **2** Acción mala.
maldecir tr. Echar maldiciones. **2** intr. Hablar mal de alguien. **3** Criticar, murmurar.
maldición f. Expresión de enojo, aversión o condena contra alguien. **2** Deseo de que ocurra algún daño a alguien.
maldito -ta adj. Perverso, de mala intención. **2** De mala calidad, ruin, miserable. **3** adj. y n. Condenado por la justicia divina.
maleable adj. Se dice de los metales que pueden batirse y extenderse en láminas.
maleante adj. y com. Delincuente, malhechor. **2** Burlador, maligno.
malear tr. y prnl. Dañar, echar a perder. **2** Pervertir, corromper.
malecón m. Muro o terraplén para la defensa contra las aguas.
maleducado -da adj. y n. Malcriado. **2** Sin educación, falto de respeto.
maleficio m. Daño causado por arte de hechicería. **2** Hechizo empleado para causarlo.
maléfico -ca adj. y n. Que hace daño con maleficios. **2** Que ocasiona o puede ocasionar daño. **3** m. Persona que practica hechicerías.
malentendido m. Mala interpretación o comprensión de una cosa.

malestar *m.* Desazón, incomodidad indefinible.
maleta *f.* Caja de cuero, lona, plástico, etc., con asas y cerradura, para llevar el equipaje. **2** *Amér.* Lío de ropa. **3** *Amér.* Mochila. **4** *m.* Torero torpe. **5** *com.* Por extensión, persona que practica con torpeza cualquier actividad.
maletín *m.* Maleta pequeña.
malevolencia *f.* Mala voluntad, malquerencia.
malévolo -la *adj. y n.* Inclinado a hacer mal.
maleza *f.* Abundancia de malas hierbas en los campos. **2** Espesura de arbustos en un bosque.
malformación *f.* Deformidad o anomalía congénita en alguna parte del organismo.
malgastar *tr.* Gastar el dinero, el esfuerzo, la paciencia, etc., en cosas malas o inútiles.
malhablado -da *adj. y n.* Desvergonzado o atrevido en el hablar.
malhechor -ra *adj. y n.* Delincuente, facineroso.
malicia *f.* Inclinación a hacer daño.
maliciar *tr. y prnl.* Recelar, sospechar, desconfiar. **2** *tr.* Echar a perder, malear.
malicioso -sa *adj.* Que contiene malicia. **2** *adj. y n.* Que tiene malicia.
maligno -na *adj.* Propenso a obrar o pensar mal. **2** Se dice de las enfermedades que evolucionan de modo desfavorable. **3** *m.* Satán.
malintencionado -da *adj. y n.* De mala intención.
malla *f.* Cada una de las aberturas cuadradas o redondas que se enlazan y constituyen el tejido de la red o la cota. **2** Por extensión, la red o la cota, y cualquier tejido semejante. **3** Vestido de tejido elástico, muy ajustado, usado por los artistas de circo, bailarines, etc. (Se usa más en pl.) **4** *Amér.* Traje de baño.
malo -la *adj.* Que carece de las cualidades o características propias de su naturaleza o función. **2** Que se opone a la razón o a la ley. **3** Difícil, desagradable, molesto.
malograr *tr.* Perder, desperdiciar algo. **2** *prnl.* Frustrarse lo que esperaba conseguirse.
maloliente *adj.* Que exhala mal olor.
malpensado -da *adj. y n.* Se dice de la persona que se inclina a pensar mal.
malquerencia *f.* Mala voluntad, antipatía.
malquistar *tr. y prnl.* Enemistar a una persona con otra.
malta *f.* Cebada germinada artificialmente y tostada, usada para fabricar cerveza. **2** Esa misma cebada, preparada para una infusión. **3** Infusión hecha con malta.
maltratar *tr. y prnl.* Tratar mal a uno de palabra u obra. **2** *tr.* Echar a perder, estropear.

malva *f.* Planta herbácea de hojas lobuladas, flores en racimo, de color morado, y fruto en cápsula. Usada como diurético y laxante. **2** *adj. y m.* Se dice de lo que es de color morado pálido, tirando a rosáceo.
malvado -da *adj. y n.* Muy malo, perverso, inclinado a hacer el mal.
malversación *f.* Acción y efecto de malversar. **2** Apropiación de bienes públicos por parte de un funcionario.
malversar *tr.* Invertir ilícitamente caudales públicos en usos distintos de aquellos para los que están destinados.
malvivir *intr.* Vivir con penalidades o estrecheces.
mama *f.* Voz infantil y cariñosa para designar a la madre. **2** Teta de los mamíferos.

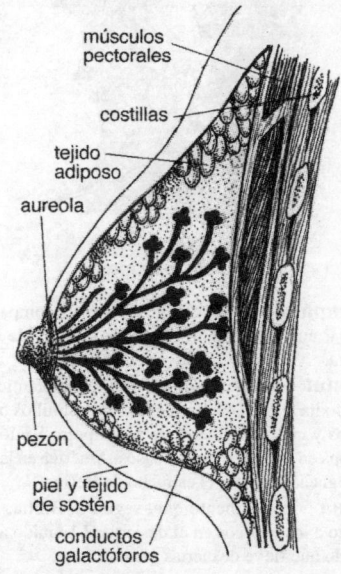

mama

mamá *f.* Mama, madre.
mamar *tr.* Chupar leche de las mamas. **2** *fam.* Comer, engullir. **3** Adquirir una inclinación, cualidad o conocimiento desde la infancia. **4** *tr. y prnl.* Alcanzar algo con facilidad. **5** Emborracharse. **6** *intr.* Aprovecharse, tener un chollo.
mamarracho *m.* Figura defectuosa o ridícula, o dibujo mal hecho. **2** Persona ridícula o extravagante.
mamey *m.* Árbol de unos 15 m de alto, hojas elípticas, flores blancas y olorosas y fruto comestible. Crece en América tropical.

mamíferos *m. pl.* Clase de vertebrados. Constituyen junto con las aves el grupo más evolucionado de los vertebrados. Las tres características más diferenciadoras de los mamíferos son la presencia de pelo (al menos en sus formas embrionarias), la existencia en las hembras de glándulas mamarias (con las que producen leche para alimentar a las crías) y la posesión de un cerebro desarrollado, que ha permitido la aparición de conductas muy complejas. Son animales de sangre caliente, con un sistema regulador de su temperatura interna en el cual el pelo desempeña un papel de gran importancia.

mamífero quiróptero

mampara *f.* Cancel movible para compartimentar un espacio, para reducir la abertura de una puerta.

mamut *m.* Mamífero fósil de los elefántidos, que podía alcanzar 3,5 m de alto, de colmillos muy largos y cuerpo cubierto de largo pelo. Vivió en Europa en el cuaternario, y pasó a América en la última glaciación, por el estrecho de Bering.

maná *m.* Alimento que, según la Biblia, alimentó a los hebreos en el desierto. **2** Líquido azucarado que fluye de ciertas plantas.

manada *f.* Rebaño de ganado al cuidado de un pastor. **2** Grupo de animales de una misma especie. **3** Cuadrilla, pandilla.

manager (ing.) *com.* Persona que se ocupa de la gestión de una empresa.

manantial *adj.* Se dice de las aguas que manan. **2** *m.* Afloramiento de agua. **3** fig. Origen y principio de una cosa.

manar *intr.* y *tr.* Brotar o salir un líquido de alguna parte. **2** *intr.* Abundar.

mancebo -ba *adj.* y *n.* Mozo, muchacho. **2** *m.* Soltero. **3** Aprendiz. **4** Dependiente. **5** *f.* Concubina.

mancha *f.* Señal que una cosa hace en un cuerpo, ensuciándolo. **2** Parte de alguna cosa de distinto color del dominante. **3** Pedazo de terreno distinto de los inmediatos por su calidad, cultivo, etc. **4** Estudio pictórico para observar el efecto de las luces.

manchar *tr.* y *prnl.* Ensuciar.

mancillar *tr.* y *prnl.* Deshonrar. **2** Afear.

manco -ca *adj.* y *n.* Se dice de la persona o el animal a quien falta un brazo o una mano, o que no puede servirse de ellos.

mancomunar *tr.* y *prnl.* Unir personas, fuerzas, intereses, para un fin. **2** *prnl.* Unirse, asociarse.

mandado -da *m.* y *f.* Persona que ejecuta una comisión o un encargo. **2** *m.* Encargo, comisión. **3** Orden, precepto.

mandador *m. Amér.* Látigo de mango de palo.

mandala (sánscrito 'círculo') *m.* Diagrama circular que representa el Universo. Es utilizado por el hinduismo, el budismo y el lamaísmo.

mandamiento *m.* Precepto, orden que hay que cumplir.

mandar *tr.* Ordenar, imponer una cosa. **2** Enviar a una persona para hacer un encargo. **3** Remitir una cosa. **4** Conducir, guiar. **5** *intr.* y *tr.* Regir, gobernar.

mandarín -na *adj.* Se dice de la persona mandona. **2** *adj.* y *m.* El más difundido de los dialectos chinos. **3** *m.* Nombre que se daba en Occidente a los altos funcionarios de la China imperial. **4** *f.* Fruto del mandarino.

mandatario *m.* Persona que, en virtud del contrato de mandato, acepta del mandante la gestión de un negocio. **2** Gobernante.

mandato *m.* Orden o precepto.

mandíbula *f.* Cada una de las dos piezas óseas que limitan la boca de los vertebrados y en las cuales están implantados los dientes.

mandioca *f.* Planta herbácea de hasta 3 m de altura, de raíces tuberosas, hojas grandes muy divididas y fruto en cápsula alada. Originaria de América tropical, también se cultiva en África y Asia. De la raíz se obtiene tapioca, almidón y harina.

mando *m.* Autoridad, poder del superior sobre sus súbditos. **2** Ejercicio de dicha autoridad, y su duración. **3** Persona que posee autoridad. **4** Dispositivo para regular el funcionamiento de ciertos aparatos.

manecilla *f.* Palanca para accionar manualmente ciertos aparatos. **2** Aguja de un reloj o de una brújula. **3** Broche de ciertos objetos. **4** Zarcillo.

manejable *adj.* Fácil de manejar.

manejar *tr.* Usar o traer entre las manos una cosa. **2** Por extensión, usar de alguna cosa. **3** Gobernar los caballos. **4** Administrar un negocio. **5** Tener dominio sobre alguien. **6** Conducir un vehículo. **7** *prnl.* Adquirir agilidad después de haber tenido algún impedimento.

manejo   *m.* Acción y efecto de manejar. **2** Arte de dominar los caballos. **3** Dirección de un negocio. **4** fig. Maquinación, intriga.

manera   *f.* Modo y forma en que se hace u ocurre algo. **2** Calidad o clase de una persona. **3** Modo y carácter que un artista da a sus obras. **4** *pl.* Porte y modales de una persona.

manga   *f.* Parte del vestido en que se mete el brazo. **2** Adorno de tela que cubre la vara de la cruz de algunas parroquias. **3** Tubo largo, de diversos materiales, usado para conducir un líquido. **4** Tubo que pone en comunicación un recinto cerrado con el aire libre. **5** Especie de maletín abierto por los extremos, que se cierran con cordones. **6** Parte del eje de un carruaje, donde voltea la rueda. **7** Colador cónico de tela. **8** Anchura mayor de un buque. **9** Gente que en las batidas forma línea para dirigir la caza hacia un paraje. **10** Red de pescar que se mantiene abierta con un aro. **11** Tela dispuesta en forma cónica para capturar insectos. **12** Cada una de las partes en que se divide una competición deportiva. **13** Utensilio usado en repostería para extender, formando adornos, la mantequilla, crema, etc. **14** fam. Borrachera. **15** Paso para conducir ganado. **16** *Amér.* Grupo de personas o animales, en sentido despectivo.

manglar   *m.* Formación vegetal característica de las costas de las zonas tropicales, cenagosas o inundadas periódicamente por el agua del mar, formada por árboles adaptados al medio.

mango[1]   *m.* Parte por donde se agarra un instrumento o útil. **2** Parte de un instrumento musical en donde se tienden las cuerdas.

mango[2]   *m.* Árbol de 15-30 m de alto, hojas lanceoladas y coriáceas, flores amarillentas y fruto en drupa. Originario de la India. **2** Fruto comestible de este árbol.

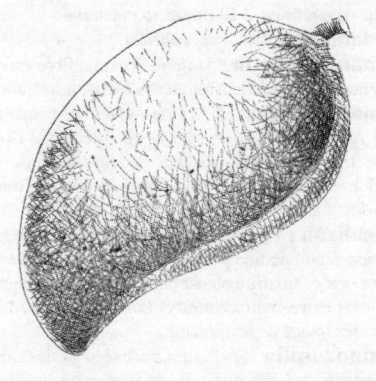

mango

manguera   *f.* Manga de riego. **2** Manga para ventilar un buque. **3** Tubo de lona alquitranada, para sacar el agua de una embarcación. **4** Tromba de agua.

manía   *f.* Psicosis caracterizada por delirio general, euforia, agitación, etc. **2** Obsesión por un tema o cosa determinada. (Se usa también como sufijo: *cleptomanía.*) **3** Atracción desmesurada hacia algo. **4** Ojeriza, tirria.

maniatar   *tr.* Atar las manos.

maniático -ca   *adj.* y *n.* Que tiene manías.

manicomio   *m.* Hospital para enfermos mentales. **2** Lugar donde reina el desorden y el alboroto.

manicuro -ra   *m.* y *f.* Persona que tiene por oficio cuidar las manos, y especialmente las uñas. **2** *f.* Cuidado de las manos y de las uñas.

manifestación   *f.* Acción y efecto de manifestar o manifestarse. **2** Acto público colectivo, generalmente de carácter urbano y al aire libre, para expresar una protesta o reivindicación.

manifestar   *tr.* y *prnl.* Declarar, dar a conocer. **2** *prnl.* Formar parte de una manifestación.

manifiesto -ta   *adj.* Descubierto, patente, claro.

manija   *f.* Mango de ciertos utensilios o herramientas. **2** Manivela de ciertos instrumentos. **3** Manilla para esposar presos. **4** Maniota. **5** Abrazadera para asegurar algo. **6** Guante de protección usado por los segadores.

manilla   *f.* Pulsera, brazalete. **2** Argolla para sujetar las muñecas de un preso. **3** Manecilla de un reloj. **4** Manija, mango.

maniobra   *f.* Cualquier operación ejecutada con las manos.

manipular   *tr.* Hacer algo con las manos. **2** Utilizar un instrumento o un aparato. **3** Manejar uno los negocios a su modo, o mezclarse en los ajenos. **4** Influir en los demás con medios hábiles y engañosos, para servir intereses propios.

maniquí   *m.* Figura humana de plástico, madera, etc., usada para probar o exhibir vestidos. **2** Persona que tiene por oficio exhibir vestidos. **3** fam. Persona débil, manipulable.

manirroto -ta   *adj.* y *n.* Malgastador, despilfarrador. **2** Pródigo, liberal.

manivela   *f.* Manubrio. **2** Cigüeñal.

manjar   *m.* Comestible, alimento. **2** Comida sabrosa.

mano   *f.* Parte más distal del brazo. Comprende el carpo, el metacarpo y los dedos. Es un importante órgano sensorial del tacto. **2** Trompa del elefante. **3** Persona que ejecuta una cosa. **4** Cada uno de los lados, derecho o izquierdo, respecto del que habla. **5** fig. Mujer pretendida por esposa. **6** Número de personas unidas para un fin común. **7** Medio para realizarlo. **8** Tanda, serie. **9** Aguja del reloj. **10** Instrumento para moler, amasar o triturar. **11** Capa de pintura, barniz, cal, etc. **12** Conjunto de cinco cuadernillos (25 hojas) de papel. **13** En la caza, cada una de las vueltas que dan los cazadores para buscarla. **14** En el juego, cada una de las partidas, y el primero en orden de los que juegan. **15** Habilidad, destreza. **16** Poder, mando, facultades. **17** Auxilio, socorro. **18** Represión, castigo. **19** *Amér*. Racimo de plátanos.

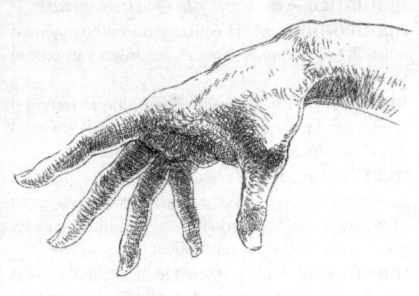

mano

manojo *m*. Hacecillo de cosas que se puede coger con la mano.

manosear *tr*. Tocar repetidamente una cosa. **2** Sobar. **3** *Amér*. Acariciar.

manotear *tr*. Dar manotazos. **2** *R. Plata*. Robar. **3** *intr*. Mover las manos al hablar.

mansalva, a Sin ningún peligro, sobre seguro.

mansarda *f*. Ventana que sobresale del tejado de una buhardilla. **2** *Amér*. Buhardilla.

mansedumbre *f*. Calidad de manso. **2** Suavidad; apacibilidad.

mansión *f*. Morada, albergue. **2** Vivienda. **3** Casa grande y lujosa.

manso¹ *m*. Casa de campo, masía, quinta. **2** Explotación agraria familiar de origen medieval.

manso² -sa *adj*. Benigno, suave, apacible. **2** Se dice de los animales domesticados. **3** *m*. Cabeza de ganado que sirve de guía a un rebaño.

manta *f*. Prenda de lana, algodón, etc., usada para abrigarse como ropa de cama, para cubrir las caballerías, etc. **2** Especie de mantón. **3** Tela ordinaria que se fabrica y usa en México. **4** Cierto juego de naipes. **5** *fig*. Tunda, paliza.

manteca *f*. Producto graso obtenido de la leche. **2** Grasa de los animales, especialmente la del cerdo. **3** Por extensión, grasa obtenida de ciertos vegetales.

mantecada *f*. Rebanada de pan untada con mantequilla y azúcar. **2** Bollo de harina, huevos, azúcar y mantequilla.

mantecado *m*. Bollo de harina, huevos, azúcar y manteca de cerdo. **2** Helado de leche, huevos y azúcar.

mantel *m*. Tela que se pone en la mesa en las comidas. **2** Tela con que se cubre el altar.

mantener *tr*. Sostener algo para que no se caiga o tuerza. **2** Conservar algo en su ser; darle vigor y permanencia. **3** Proseguir en lo que se está ejecutando. **4** Organizar certámenes.

mantenimiento *m*. Acción y efecto de mantener. **2** Sustento, alimento. **3** Serie de operaciones para mantener una maquinaria, un vehículo, etc., en buen estado. **4** *pl*. Provisiones.

mantilla *f*. Especie de pañolón femenino para cubrir la cabeza y los hombros. **2** Manta pequeña para cubrir el lomo de las caballerías. **3** Telas con que se envuelve a los niños pequeños. (Se usa más en plural.)

manto *m*. Prenda que cubre desde la cabeza o los hombros hasta los pies. **2** Parte frontal de la campana de una chimenea. **3** Lo que encubre y oculta algo. **4** Grasa en que nace envuelta una criatura. **5** Repliegue cutáneo del cuerpo de ciertos invertebrados, que segrega la concha. **6** Capa mineral, de poco espesor, situada horizontalmente en la superficie terrestre. **7** Capa de la Tierra, entre la corteza y el núcleo, desde unas docenas de metros de profundidad hasta 2.900 m.

mantón *m*. Especie de chal usado como abrigo.

manual *adj*. Que se ejecuta con las manos. **2** Casero, de fácil ejecución. **3** *m*. Libro en que se compendia lo más esencial de una materia. **4** Cuaderno para hacer anotaciones.

manualidad *f*. Trabajo realizado a mano.

manubrio *m*. Empuñadura o manivela de un instrumento, un mecanismo, etc. **2** Organillo.

manufactura *f*. Proceso de fabricación de productos en serie, generalmente artesanal. **2** Industria, fábrica. **3** El producto obtenido.

manufacturar *tr*. Fabricar.

manuscrito -ta *adj. m*. Texto o libro escrito a mano. **2** Por extensión, texto escrito a máquina.

manutención *f*. Acción y efecto de mantener. **2** Alimento necesario para la subsistencia. **3** Combustible consumido por una máquina. **4** Conservación. **5** Conjunto de operaciones de manejo, transporte y almacenaje de materiales.

manzana *f*. Fruto del manzano, de forma globosa algo hundida por los extremos del eje, de color verde, amarillo o encarnado. **2** Conjunto de edificios entre cuatro calles. **3** Pomo de la espada. **4** *Amér*. Nuez de la garganta.

manzanilla *f*. Planta herbácea de las compuestas, de hojas divididas en segmentos lineales y flores en capítulo con el botón amarillo y la corona blanca. Se usa como sedante y carminativo. **2** Infusión de esta flor. **3** Vino blanco aromático, elaborado en algunas zonas de Andalucía. **4** *Amér.* Nombre de varias especies de plantas de las compuestas.

manzanilla

maña *f.* Destreza, habilidad. **2** Artificio, astucia. (Se usa más en plural.) **3** Manojo.

mañana *f.* Tiempo que transcurre desde que amanece hasta el mediodía. **2** Espacio de tiempo desde la medianoche hasta el mediodía. **3** *m.* Tiempo futuro próximo. **4** *adv. t.* En el día que seguirá al de hoy. **5** Pronto, antes de mucho tiempo.

mapa *m.* Representación gráfica de la Tierra o parte de ella en una superficie plana, según una escala y una proyección dadas.

mapamundi *m.* Mapa que representa la superficie de la Tierra dividida en dos hemisferios.

maqueta *f.* Modelo a escala reducida de un monumento, edificio, máquina, etc. **2** Modelo de un libro o revista que va a ser editado.

maquiavélico -ca *adj.* Relativo al maquiavelismo. **2** Astuto o hábil para algo con engaño y falsedad.

maquillaje *m.* Acción y efecto de maquillar. **2** Sustancia cosmética para maquillar.

maquillar *tr.* y *prnl.* Componer la cara con maquillaje para embellecerla o caracterizarla.

máquina *f.* Conjunto de piezas coordinadas para recibir una forma de energía y transformarla en otra, o para producir un efecto determinado.

maquinación *f.* Asechanza, intriga.

maquinal *adj.* Relativo a los movimientos y efectos de una máquina. **2** Se dice de los actos y movimientos inconscientes.

maquinar *tr.* Tramar algo oculta y artificiosamente. **2** Trabajar una pieza con una máquina.

maquinaria *f.* Arte de enseñar a fabricar máquinas. **2** Conjunto de máquinas para un fin determinado. **3** Mecanismo de una máquina.

maquinizar *tr.* y *prnl.* Emplear maquinaria en el trabajo agrícola.

mar *amb.* Masa de agua salada que cubre el 71% de la superficie de la Tierra. **2** Cada una de las partes en que se considera dividida. **3** fig. Abundancia de algo. **4** fig. Inquietud, agitación interior.

maraña *f.* Maleza. **2** Matorral. **3** Conjunto de las hebras más bastas de los capullos de seda. **4** Tejido hecho con estas hebras. **5** fig. Enredo de los hilos o del cabello. **6** Coscoja, árbol. **7** fig. Embuste. **8** fig. Asunto intrincado.

marasmo *m.* Extremo agotamiento y enflaquecimiento del cuerpo. **2** Paralización física o moral.

maratón *f.* Carrera pedestre de 42,195 km de recorrido, incluida en las olimpiadas desde 1896.

maravilla *f.* Suceso o cosa extraordinarios, asombrosos. **2** Extrañeza, asombro, admiración. **3** Caléndula, planta. **4** Planta compuesta, de flores terminales, cuyo cocimiento se ha usado como antiespasmódico.

maravillar *tr.* Causar admiración. **2** *tr.* y *prnl.* Asombrar.

maravilloso -sa *adj.* Extraordinario, excelente, admirable. **2** Que no obedece a leyes naturales, miraculoso.

marca *f.* Territorio fronterizo. **2** Señal hecha en una persona, animal o cosa, para distinguirla de otra, o para señalar calidad, pertenencia u origen. **3** Instrumento para medir. **4** El mejor resultado en el ejercicio de un deporte. **5** Punto de la costa que sirve de orientación a las naves.

marcación *f.* Cerco en que encajan puertas y ventanas. **2** Conjunto de tales cercos.

marcador -ra *adj.* y *n.* Que marca. **2** *m.* Dechado hecho en cañamazo, para aprender a bordar. **3** Tablero donde se anotan los tantos obtenidos por un jugador o un equipo. **4** El que contrasta monedas, metales y medidas.

marcapasos *m.* Aparato generador de estímulos eléctricos, que se conecta al corazón para mantener la contracción y el ritmo.

marcar *tr.* Señalar con una marca. **2** Herir dejando señal. **3** Situarse un jugador cerca de otro para dificultar su actuación. **4** Mostrar alguna cosa acentuadamente. **5** Dividir espacio. **6** Andar acompasadamente los soldados. **7** *prnl.* Determinar una embarcación su situación. **8** fam. Llevar a cabo. **9** fam. Presumir, jactarse.

marcha *f.* Acción de marchar. **2** Grado de celeridad de un movimiento. **3** Dirección, destino. **4** Pieza musical rítmica, para acompañar el paso de un cortejo o de una tropa. **5** Modalidad atlética consistente en marchar a paso rápido, teniendo siempre apoyado un pie en el suelo. Los recorridos más habituales son de 20 y 50 km, y constituyen pruebas olímpicas.

marchar *intr.* y *prnl.* Caminar, ir de un lugar a otro. **2** *intr.* Funcionar un mecanismo. **3** Caminar, funcionar o desenvolverse una cosa. **4** Caminar con cierto orden y compás.

marchitar *tr.* y *prnl.* Ajar, deslucir, secar. **2** Enflaquecer, debilitar.

marcial *adj.* Relativo a la guerra o al ejército. **2** Bizarro, varonil, apuesto.

marciano -na *adj.* Relativo al planeta Marte. **2** *m.* y *f.* Supuesto habitante de dicho planeta.

marco *m.* Unidad de peso para el oro y la plata, equivalente a unos 23 g. **2** Patrón de pesos y medidas. **3** Nombre de la unidad monetaria de Alemania y Finlandia. **4** Medida determinada que, según sus clases, deben tener los maderos. **5** Recuadro que rodea, ciñe o guarnece algunas cosas. **6** Utensilio para señalar los árboles. **7** En ciertos deportes, portería. **8** Paisaje o ambiente que rodea a alguien o algo.

marea *f.* Movimiento cíclico y alternativo de ascenso y descenso de la superficie del mar, producido por las fuerzas de atracción del Sol y de la Luna. **2** Rocío, llovizna. **3** Cantidad de pesca capturada por una barca en una jornada. **4** fig. Gran afluencia de personas, gentío.

marear *tr.* Dirigir una embarcación. **2** fig. Enfadar, molestar. **3** Llevar una parte a otra sin rumbo fijo. **4** Vender en público las mercaderías. **5** *intr.* Hablar sin parar. **6** *prnl.* Dar vueltas la cabeza; sentir náuseas. **7** Estropearse la pesca. **8** Estar algo ebrio.

maremoto *m.* Agitación violenta de las aguas del mar a consecuencia de movimientos sísmicos.

mareo *m.* Sensación de vómito. **2** fig. Molestia, enfado, ajetreo.

mareógrafo *m.* Instrumento para medir la variación del nivel del mar.

marfil *m.* Dentina de los dientes de los vertebrados, cubierta por el esmalte. Abunda en los incisivos y colmillos de elefantes, morsas, hipopótamos, etc. **2** Color parecido al del hueso = *marfil vegetal* Endospermo, muy duro, del corojo.

margarina *f.* Sustancia grasa vegetal o animal, con los mismos usos que la mantequilla.

margarita *f.* Perla de los moluscos. **2** Nombre de varios moluscos gasterópodos de los buccínidos, de concha en espiral de 1-3 cm, con un sifón largo. **3** Planta herbácea de las compuestas, de hojas divididas y laciniadas y flores con el centro amarillo y la corola blanca. Originaria de Europa y Asia, se usa en jardinería. **4** Flor de esta planta.

margen *amb.* Extremidad y orilla de una cosa. **2** Espacio que queda en blanco a los lados de un papel escrito. **3** Anotación al margen de un texto. **4** fig. Ocasión, oportunidad. **5** Beneficio obtenido en un negocio. **6** Diferencia entre el beneficio obtenido y el neto.

marginado -da *adj.* Se dice de las hojas de las plantas que tienen reborde. **2** *adj.* y *n.* Se dice de la persona que no participa o que no está integrada en la vida social o cultural de la sociedad en que vive.

marginal *adj.* Relativo al margen. **2** Que está a un lado. **3** fig. Secundario, accesorio. **4** Que no se ajusta a las normas establecidas. **5** De poca importancia. **6** Minoritario.

marginar *tr.* Poner anotaciones al margen de un texto. **2** Dejar márgenes al escribir. **3** Dejar a alguien al margen de una actividad. **4** Poner a una persona o a un grupo en condiciones sociales de inferioridad.

mariachi *m.* Música popular mexicana, originaria de Jalisco. **2** Conjunto instrumental que la ejecuta. **3** Miembro de dicho conjunto.

marica *f.* Urraca. **2** *m.* fam. Homosexual.

maricón -na *adj.* y *n.* Homosexual.

marido *m.* Hombre casado, con respecto a su mujer.

marihuana *f.* Cáñamo índico.

marimacho *m.* fam. Mujer de aspecto o acciones parecidas a las del hombre. **2** fam. Mujer muy enérgica. **3** fam. Lesbiana.

marimba *f.* Instrumento musical formado por láminas de madera que se golpean con baquetas. De origen africano, fue incorporado al folclor americano. **2** *R. Plata.* Paliza.

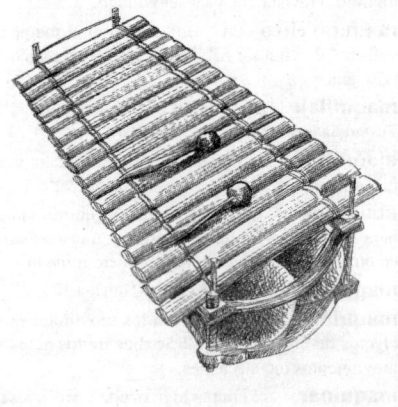

marimba

marina *f.* Parte de la tierra junto al mar, costa. **2** Pintura que representa un paisaje marino. **3** Conjunto de buques de una nación.

marino -na *adj.* Relativo al mar. **2** Se dice de las rocas formadas a partir de sedimentos depositados en el fondo del mar. **3** Se dice de ciertos animales fantásticos con forma de pez. **4** *m.* Hombre de mar, marinero. **5** Miembro de la armada.

marioneta *f.* Títere que se mueve por medio de hilos. **2** fig. Persona sin voluntad, muy manejable. **3** *pl.* Espectáculo teatral con marionetas.

mariposa *f.* Nombre dado a los insectos lepidópteros, en su fase adulta. **2** Candelilla sobre un corcho flotante en aceite, usada para iluminar una imagen. **3** Válvula para regular el paso de un fluido. **4** Estilo y modalidad de natación deportiva.

mariposear *intr.* Andar continuamente de un lado para otro.

mariscal *m.* Nombre dado antiguamente a los que estaban encargados de las caballerías. **2** Veterinario.

marisco *m.* Cualquier animal marino invertebrado, especialmente crustáceos y moluscos comestibles.

marisma *f.* Terreno bajo y pantanoso junto al mar o a un río.

marital *adj.* Relativo al marido o a la vida conyugal.

marítimo -ma *adj.* Relativo al mar.

marmita *f.* Olla de metal, con tapadera ajustada y una o dos asas.

mármol *m.* Roca caliza metamórfica, de estructura cristalina, formada por granos de calcita. De color blanco cuando es puro, a veces contiene cuarzo, silicatos, hierro o grafito, que le dan varias tonalidades, manchas o vetas. Usado en escultura y en construcción. **2** Por extensión, escultura hecha de mármol.

marmota *f.* Nombre de varios mamíferos roedores de los esciúridos, de 50-70 cm, cuerpo redondo y aplastado, cola corta, orejas pequeñas y pelaje espeso. Viven en Europa, América del Norte y Asia.

maroma *f.* Cuerda gruesa de cáñamo o esparto. **2** *Amér.* Espectáculo en que se hacen ejercicios de acrobacia. **3** fig. Cambio, confusión.

marqués -sa *m.* y *f.* Título nobiliario, superior al de conde e inferior al de duque.

marquesina *f.* Alero o protección de cristal, metal, etc., en la entrada de un local público, en un andén de estación, etc. **2** Cubierta sobre la tienda de campaña para resguardarse de la lluvia.

marranear *tr.* Ensuciar.

marrano -na *m.* y *f.* Cerdo. **2** *adj.* y *n.* Se decía del judío o musulmán converso, que continuaba practicando su religión. **3** Sucio, cochino. **4** Que se comporta mal o bajamente.

marrano

marrón *adj.* y *m.* De color castaño.

marrullería *f.* Astucia con que halagando a uno se pretende conseguir su favor.

marrullero -ra *adj.* y *n.* Que usa de marrullerías.

marsupiales *m. pl.* Orden de mamíferos que, si bien paren crías vivas, éstas se encuentran en un estado muy poco maduro, por lo que deben completar su desarrollo dentro de una bolsa especial (marsupio) que llevan las hembras, en cuyo interior se encuentran los pezones a los que se aferran las crías. Las especies más características son los canguros, de Australia, Tasmania y Nueva Guinea. Una especie, casi extinguida, el lobo marsupial, vive en Tasmania y es carnívoro.

Marte Cuarto planeta del sistema solar.

martes *m.* Tercer día de la semana.

martillar *tr.* Dar golpes con el martillo. **2** *tr.* y *prnl.* fig. Oprimir, atormentar.

martillo *m.* Instrumento de percusión, compuesto de una cabeza metálica y un mango. **2** Herramienta con que se templan algunos instrumentos de cuerda. **3** Cruz de la orden de san Juan, que carece del brazo derecho. **4** Lugar donde se hacen subastas públicas. **5** Macillo del piano. **6** Huesecillo del oído, entre el tímpano y el yunque.

mártir *com.* Persona que sufre tormento o que muere a causa de su fe cristiana. **2** Por extensión, persona que muere o padece en defensa de una creencia, convicción o causa. **3** Persona que padece muchas tribulaciones.

martirio *m.* Muerte o tormentos padecidos en defensa de una fe o una causa. **2** Cualquier trabajo largo y muy penoso.

martirizar *tr.* Atormentar o quitar la vida a un mártir. **2** *tr.* y *prnl.* Afligir, atormentar.

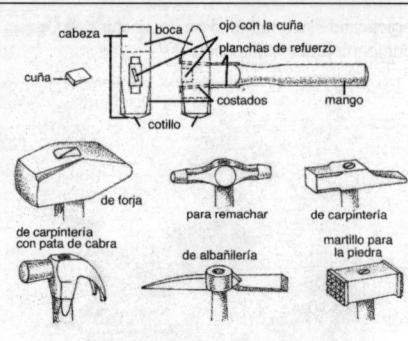

martillos

marzo *m.* Tercer mes del año; tiene treinta y un días.

mas *conj. advers.* Pero.

más *adv. comp.* Denota exceso, aumento, ampliación o superioridad en comparación expresa o sobrentendida. Cuando la comparación es expresa, va acompañado de la conjunción *que*. En otros casos va seguido de la preposición *de* (caso de los numerales). **2** Signo de la suma (+).

masa *f.* Pasta consistente y homogénea resultante de incorporar un líquido a una materia pulverizada, o de ablandar un materia sólida con un líquido. **2** Mayoría de personas, en oposición a una minoría.

masacre *f.* Matanza de personas indefensas.

masaje *m.* Técnica terapéutica que consiste en friccionar, golpear, etc., una parte del cuerpo, manual o instrumentalmente.

mascar *tr.* Masticar. **2** Mascullar. **3** Hacer que alguien comprenda algo sin esfuerzo. **4** *prnl.* Considerarse como inminente un hecho importante. **5** Rozarse un cabo en un buque.

máscara *f.* Pieza de cartón, tela, etc., con que una persona se cubre el rostro para no ser reconocida. **2** Careta protectora. **3** Traje extravagante usado como disfraz. **4** fig. Pretexto, apariencia. **5** *com.* fig. Persona enmascarada o disfrazada. **6** *pl.* Reunión de personas disfrazadas.

mascarada *f.* Baile, fiesta, etc., de personas enmascaradas. **2** fig. Farsa, enredo, patraña.

mascarilla *f.* Máscara que cubre la parte superior del rostro. **2** Tela con que el personal sanitario se protege la cara. **3** Vaciado del rostro de una persona, especialmente de un cadáver. **4** Preparado cosmético para el cuidado del rostro.

mascota *f.* Persona, animal o cosa que se considera que trae buena suerte.

masculino -na *adj.* Se dice del ser que está dotado de órganos para fecundar. **2** Se dice de lo que posee características consideradas como masculinas. **4** *adj.* y *m.* Género gramatical opuesto al femenino.

mascullar *tr.* fam. Masticar. **2** fam. Murmurar.

masivo -va *adj.* Se dice de la dosis de un medicamento que se acerca al límite máximo de tolerancia del organismo. **2** Se dice de lo que se usa o se hace en gran cantidad. **3** Relativo a las masas humanas.

masoquismo *m.* Forma de comportamiento sexual en la cual el placer es provocado por el sufrimiento físico. **2** Por extensión, complacencia en el propio sufrimiento.

masticación *f.* Proceso por el cual los alimentos sólidos introducidos en la boca son triturados por los dientes e insalivados.

masticador -ra *adj.* y *m.* Se dice del aparato bucal apto para la masticación, y del animal que lo tiene. **2** Mastigador. **3** Aparato para triturar la comida.

masticar *tr.* Desmenuzar la comida con los dientes. **2** fig. Rumiar, meditar.

mástil[1] *m.* Palo mayor de una nave. **2** Mastelero. **3** Palo hincado en el suelo, para sostener algo. **4** Tallo de una planta o tronco de un árbol. **5** Parte del astil de una pluma de ave, donde nacen las barbas. **6** Pieza de los instrumentos de cuerda, donde están los trastes.

mástil[2] *m.* Faja ancha que usaban los aztecas en lugar de calzones.

mastín -na *adj.* y *n.* Se dice de varias razas de perros grandes y robustos, utilizados para guardia y defensa.

mastodonte *m.* Nombre de varias especies fósiles de mamíferos de unos 3,5 m de alto, parecidos al elefante, que vivieron hasta el plioceno.

masturbación *f.* Manipulación de los órganos genitales para provocar el orgasmo.

mata *f.* Arbusto de poca altura, abundante en muchas formaciones vegetales. **2** Ramito o pie de una hierba. **3** Porción de terreno poblado con un mismo tipo de vegetación. **4** Matorral.

matachín *m.* Matarife. **2** fam. Hombre pendenciero y camorrista.

matadero *m.* Sitio donde se mata y desuellan los animales destinados al consumo. **2** fam. Trabajo duro y penoso.

matanza *f.* Acción y efecto de matar. **2** Mortandad de personas ejecutada en una batalla, asalto, etc. **3** Operación de matar los cerdos, adobar la carne y elaborar los embutidos. **4** Época del año en que se realiza esta operación. **5** Conjunto de la carne, embutidos, etc., que resultan de la matanza del cerdo.

matar *tr.* y *prnl.* Quitar la vida. **2** Redondear las aristas de un objeto. **3** fig. Rebajar un tono o un color.
matarife *m.* El que mata las reses en un matadero.
match (ing.) *m.* Competición en que se enfrentan dos hombres, dos equipos o dos caballos.
mate¹ *m.* Lance que pone término al juego de ajedrez, al dejar al rey contrario sin poder defenderse. **2** En ciertos juegos de naipes, matador. **3** *adj.* Amortiguado, sin brillo.
mate² *m.* Árbol de hojas elípticas y dentadas, flores pequeñas, blancas, y fruto en drupa. Contiene un alcaloide parecido a la cafeína, y con sus hojas se prepara una infusión. Originario del SE de América del Sur, donde es muy cultivado. **2** Infusión hecha con las hojas del mate. **3** Calabaza seca o vasija donde se toma el mate.

mastín

matemático -ca *adj.* Relativo a las matemáticas. **2** Exacto, preciso. **3** *m.* y *f.* Persona que profesa las matemáticas o tiene en ellas especiales conocimientos. **4** *f.* Ciencia que estudia las propiedades y relaciones de las cantidades y formas. (Se usa más en plural.)
materia *f.* Sustancia de que está hecha una cosa. **2** Pus. **3** Asunto de que se compone una obra literaria o científica. **4** Realidad espacial y perceptible por los sentidos que, con la energía, forma el mundo físico.
material *adj.* Relativo a la materia. **2** Corpóreo. **3** Opuesto a lo espiritual. **4** Cualquiera de los componentes necesarios para construir algo. (Se usa más en plural.) **5** Cuero curtido.
materializar *tr.* Considerar como materia una cosa que no lo es. **2** *tr.* y *prnl.* Dar efectividad y concreción a un proyecto o a una obra. **3** Adquirir una visión materialista de la vida.
maternidad *f.* Estado o calidad de madre. **2** Establecimiento sanitario donde se asiste a las parturientas y a los recién nacidos.
materno -na *adj.* Relativo a la madre.
matinal *adj.* Matutino.

matiné (fr.) *f. Amér.* Matinal, sesión de teatro o cine.
matiz *m.* Unión de diversos colores mezclados con proporción. **2** Cada una de las gradaciones de un mismo color. **3** fig. Rasgo especial que diferencia ligeramente una cosa de otra.
matizar *tr.* Juntar colores con proporción. **2** Dar a un color determinado matiz. **3** Analizar los distintos matices de una cuestión.
matón -na *m.* y *f.* Persona bravucona y pendenciera.
matorral *m.* Formación vegetal formada por matas y arbustos.
matriarcado *m.* Organización social en que el poder reside en las mujeres.
matricidio *m.* Muerte de una madre causada por su hijo.
matrícula *f.* Lista de los nombres de las personas que se inscriben para un fin determinado. **2** Documento en que se acredita esta inscripción. **3** Placa que llevan los vehículos con su número de registro.
matriculado -da *adj.* y *n.* Que se halla inscrito en una matrícula o registro.
matricular *tr.* y *prnl.* Inscribir o inscribirse en una matrícula.
matrimonial *adj.* Relativo al matrimonio.
matrimonio *m.* Unión de un hombre y una mujer, legitimada mediante ciertos ritos o formalidades legales. **2** Sacramento cristiano que legitima esta unión. **3** *fam.* Marido y mujer.
matriz *f.* Útero. **2** Roca en cuyo interior se ha formado un mineral. **3** Cualquier molde con que se da forma a una cosa. **4** Tuerca. **5** En matemáticas, conjunto de símbolos algebraicos colocados en líneas y columnas. **6** *adj.* fig. Principal, generadora.
matrona *f.* En la antigua Roma, mujer casada y noble de nacimiento. **2** Comadrona. **3** Funcionaria de una aduana, una cárcel, etc., encargada de registrar a las mujeres. **4** Mujer madura, o metida en carnes.
matutino -na *adj.* Relativo a las horas de la mañana. **2** Que ocurre por la mañana. **3** *adj.* y *m.* Diario de la mañana.
maullar *intr.* Dar maullidos el gato.
maullido *m.* Voz del gato.
mausoleo *m.* Sepulcro monumental y suntuoso.
maxilar *adj.* y *m.* Relativo a la mandíbula. **2** Se dice de los huesos de la mandíbula.
maximizar *tr.* Buscar el máximo rendimiento de algo.
máximo -ma *adj.* Superlativo de *grande*. **2** Se dice de lo que es mayor que cualquier otro en su especie. **3** *m.* Límite o extremo a que puede llegar algo. **4** El valor mayor de una función matemática.

5 *f.* Sentencia que se toma como norma de conducta.

maya *adj. y com.* Se aplica a un pueblo mesoamericano que desarrolló una civilización propia en la península de Yucatán (México) y a los actuales Estados de Belice, Guatemala y Honduras. **2** *m.* Lengua hablada por este pueblo.

mayo *m.* Quinto mes del año; tiene treinta y un días. **2** Árbol o palo adornado, hincado en un lugar público, junto al cual se baila y canta.

mayonesa *f.* Salsa que se hace batiendo yema de huevo con aceite, sal y limón o vinagre.

mayor *adj.* Comparativo de *grande*. Que excede en una cosa en calidad o cantidad. **2** Que ha llegado a la mayoría de edad. **3** *m.* Superior o jefe de una comunidad o cuerpo. **4** En algunos ejércitos, cargo equivalente al de comandante. **5** Oficial primero de una sección militar.

mayoral *m.* Pastor principal que cuida de un rebaño. **2** Capataz de una ganadería. **3** Capataz de una cuadrilla de cavadores o segadores. **4** Cochero de una diligencia o carroza. **5** Superior, jefe, administrador, en ciertas comunidades.

mayordomo -ma *m. y f.* Criado principal a cuyo cargo está la administración de una mansión. **2** *m.* En ciertas órdenes religiosas, administrador. **3** Miembro de ciertas cofradías religiosas.

mayoría *f.* Calidad de mayor. **2** Calidad de mayor de edad. **3** Mayor cantidad. **4** Oficina del oficial mayor. **5** Mayor número de votos conformes en una votación. Cuando está formada por más de la mitad de los votos, se llama *mayoría absoluta*.

mayorista *com.* Comerciante que vende al por mayor. **2** *adj.* Se dice de este tipo de comercio.

mayúsculo -la *adj.* Algo mayor que lo normal en su especie. **2** Extraordinario. **3** *adj. y f.* Se dice de la letra de mayor tamaño y distinta grafía que las demás.

maza *f.* Arma consistente en un palo recubierto de hierro, con la cabeza gruesa. **2** Insignia de los maceros. **3** Instrumento de madera, con mango y de forma cilíndrica, para machacar o golpear. **4** Extremo más grueso del taco de billar. **5** Trapo o papel que se prende en los vestidos de alguien para burlarse de él. **6** fam. Persona pesada e impertinente. **7** fam. Persona que tiene gran autoridad en lo que dice.

mazacote *m.* Cenizas de la planta llamada barrilla. **2** Cosa que está apretujada, apelotonada. **3** *Amér.* Masa espesa y pegajosa, como la del dulce.

mazamorra *f.* Comida de harina de maíz con azúcar o miel, típica del Perú.

mazapán *m.* Pasta de almendras molidas y azúcar, con la cual suelen hacerse figurillas.

mazmorra *f.* Prisión subterránea. **2** Casa o habitación estrecha y lóbrega.

mazo *m.* Martillo grande de madera. **2** Maza pequeña. **3** Porción de cosas unidas, atadas o no.

mazorca[1] *f.* Husada. **2** Panoja. **3** Espiga densa o apretada de ciertos vegetales.

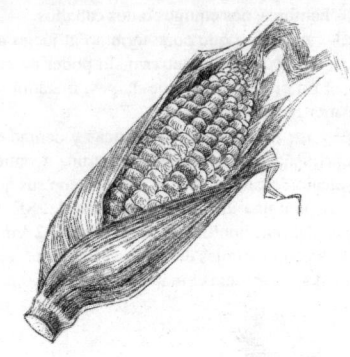

mazorca

mazorca[2] *f.* Banda de delincuentes.

me Dativo o acusativo del pronombre personal de primera persona, en género masculino o femenino y número singular. No admite preposición.

mear *intr. y prnl.* Orinar.

mecánico -ca *adj.* Relativo a la máquina o a la mecánica. **2** Que exige más habilidad manual que intelectual. **3** Hecho sin reflexionar. **4** *m. y f.* Persona que construye, maneja o repara máquinas. **5** *f.* Fís Parte de la física que trata del movimiento de los cuerpos sometidos a cualquier fuerza.

mecanismo *m.* Conjunto de piezas engarzadas entre sí, que tienen una función determinada. **2** Forma de desarrollarse una función o actividad. **3** Estructura de una obra literaria.

mecanizar *tr. y prnl.* Implantar el uso de las máquinas en una actividad. **2** fig. Dar la regularidad de una máquina a las acciones humanas. **3** Someter a elaboración mecánica.

mecanografía *f.* Escritura a máquina.

mecedor -ra *adj.* Que sirve para mecer. **2** *m.* Instrumento para mezclar vino, jabón, etc. **3** Columpio. **4** *f.* Silla de brazos y de base curva, usada para mecerse.

mecenas *com.* Persona rica que patrocina a un artista, una empresa cultural, etc.

mecer *tr.* Mover un líquido para mezclarlo. **2** *tr. y prnl.* Mover una cosa compasadamente de un lado a otro.

mecha *f.* Cuerda retorcida, generalmente de algodón, colocada dentro de una vela, bujía, etc., donde arde. **2** Tubo lleno de pólvora, a propósito para hacer explotar minas y barrenos. **3** Relleno de un ave, empanada, etc. **4** Mechón de cabellos. **5** Porción de gasa, algodón, etc., usados en curas y operaciones quirúrgicas. **6** *Amér.* Broca de un taladro. **7** *Amér.* Burla, chiste.

mechero *m.* Instrumento para dar lumbre, provisto de una mecha y piedra de pedernal. **2** Encendedor. **3** Hueco de los candeleros, donde se coloca la vela. **4** *Col.* y *R. Plata.* Lámpara de aceite o alcohol.

mechón *m.* Porción de pelos, hebras o hilos, separada del conjunto.

medalla *f.* Pieza metálica, generalmente circular, con grabados simbólicos o conmemorativos. **2** Medallón. **3** Moneda antigua fuera de uso.

medalla

medallón *m.* Bajorrelieve de figura redonda o elíptica. **2** Caja pequeña para guardar recuerdos personales.

media¹ *f.* Prenda de punto que cubre el pie y la pierna hasta la rodilla o más arriba. (Se usa más en plural.) **2** Cierta clase de tejido de punto. **3** *Amér.* Calcetín.

media² *f.* Mitad de algunas cosas, en especial de unidades de medida. **2** Promedio, media aritmética.

mediación *f.* Acción y efecto de mediar. **2** Intervención jurídica de carácter facultativo y amistoso entre las dos partes de un conflicto.

mediador -ra *adj.* y *n.* Que media.

medialuna *f.* Cualquier cosa en forma de media luna. **2** Instrumento para desjarretar toros. **3** Fortificación delante de un baluarte, que no cubre totalmente sus caras. **4** *Amér.* Croissant.

medianero -ra *adj.* Que está entre dos cosas. **2** *adj.* y *n.* Que media para que alguien consiga algo. **3** *m.* Dueño de la casa o propiedad vecina. **4** Mediero. **5** *f.* Alcahueta.

medianía *f.* Término medio entre dos extremos. **2** Persona mediocre, vulgar.

mediano -na *adj.* De calidad o tamaño intermedio. **2** Bastante malo. **3** *adj.* y *m.* Se dice del nervio inervador de los músculos del antebrazo.

medianoche *f.* Hora en que el Sol está en el punto opuesto al mediodía. **2** Momento que marca el inicio de un día. **3** Especie de bollo.

mediante *adj.* Que media. **2** *prep.* Por medio de.

mediar *intr.* Llegar a la mitad de algo. **2** Interceder o rogar por uno. **3** Intentar reconciliar a dos o más personas enemistadas.

medicación *f.* Acción de medicar. **2** Conjunto de medicamentos y medios curativos para el tratamiento de una enfermedad.

medicamento *m.* Sustancia que produce efectos terapéuticos.

medicina *f.* Ciencia y arte que estudia los medios para la prevención, el diagnóstico y la curación de enfermedades. **2** Medicamento.

medicinal *adj.* Relativo a la medicina. **2** Se dice de lo que tiene propiedades curativas.

médico -ca *adj.* y *n.* Relativo a la medicina. **2** *m.* y *f.* Persona legalmente autorizada para ejercer la medicina. **3** *f.* Mutua para la asistencia médica.

medida *f.* Acción y efecto de medir. **2** Cualquiera de las unidades usadas para medir longitudes, áreas, volúmenes, etc. **3** Instrumento que tienen indicadas las medidas. **4** Número o clase de sílabas de un verso. **5** Proporción, equivalencia. **6** Disposición, prevención. (Se usa más en plural.) **7** Cordura, prudencia.

medidor -ra *adj.* y *n.* Que sirve para medir. **2** *m.* El que mide el peso en un establecimiento. **3** *Amér.* Contador de agua, gas o electricidad.

medieval *adj.* Relativo a la Edad Media.

medio -dia *adj.* Se dice de la mitad de una cosa. **2** Se dice de lo que está entre dos extremos o en el centro. **3** Se dice de la cantidad que resulta de un promedio. **4** Que corresponde a los caracteres o condiciones más generales de un grupo social, una época, etc. **5** No del todo completo. **6** Lo que sirve para determinado fin. **7** Elemento en que vive o se mueve un organismo. **8** *pl.* Caudal, rentas o hacienda que uno posee.

mediocre *adj.* Mediano. **2** De calidad media o mala. **3** Regular. **4** Torpe.

mediodía *f.* Momento en que el Sol está en el punto más alto sobre el horizonte, que corresponde a las 12 horas de la mañana. **2** Momento en que el día queda dividido en dos partes iguales.

medir *tr.* Averiguar las veces que una cantidad contiene otra segunda. **2** Comparar una cosa con otra, cotejarla. **3** Reflexionar sobre los distintos aspectos de algo. **4** *intr.* Tener determinada dimensión. **5** Contenerse o moderarse en decir o hacer algo.

meditabundo -da *adj.* Que medita o reflexiona en silencio.

meditación *f.* Acción y efecto de meditar. **2** Consideración de algo religioso o moral. **3** Oración mental.

meditar *tr.* Aplicar atentamente la mente en la consideración de una cosa. **2** Pensar.

mediterráneo -a *adj.* Relativo al mar Mediterráneo. **2** Se dice de un tipo de clima suave.

medrar *intr.* Crecer los animales y plantas. **2** Mejorar uno en su posición social.

médula o **medula** *f.* Sustancia blanquecina que se halla dentro de ciertos huesos. **2** Parte interior de las raíces y tallos de las plantas, formada por un tejido parenquimatoso. **3** *fig.* Sustancia principal de algo no material.

medusa *f.* Forma de organización de los cnidarios, formada por individuos sin esqueleto que tienen forma de umbrela.

medusa

megáfono *m.* Aparato para amplificar la voz y enviarla a distancia.

megalito *m.* Monumento funerario o conmemorativo construido con grandes piedras: dolmen, menhir, cromlech, naveta, talayot, tholos. Datan de la Edad del Cobre y del Bronce.

mejilla *f.* Cada una de las dos prominencias que hay en el rostro humano debajo de los ojos. **2** Carrillo.

mejor *adj.* Comparativo de *bueno*. **2** Superior a algo en calidad o virtud. **3** *adv. m.* Comparativo de *bien*. Más conforme a lo conveniente.

mejora *f.* Acción y efecto de mejorar. **2** Aumento, crecimiento de algo. **3** Aumento de precio en una venta o subasta.

mejorana *f.* Planta de 40-50 cm de alto, hojas aovadas, flores pequeñas y blancas y fruto en aquenio. Tiene propiedades tónicas y digestivas.

mejorar *tr.* Adelantar, hacer pasar una cosa a un estado mejor. **2** Pujar.

mejoría *f.* Acción y efecto de restablecerse de una dolencia o padecimiento. **2** Ventaja, superioridad, dominio. **3** Mejora.

melado -da *adj.* De color de miel. **2** *m. Amér.* Jarabe obtenido por evaporación del jugo de la caña de azúcar. **3** *f.* Tostada de pan empapada en miel.

meladura *f.* Melado con que se hace azúcar.

melancolía *f.* Estado anímico caracterizado por una tristeza vaga, profunda y permanente. Propio de la psicosis maniacodepresiva. **2** Abatimiento.

melancólico -ca *adj.* Relativo a la melancolía. **2** *adj.* y *n.* Que tiene melancolía.

melaza *f.* Jarabe viscoso, de color pardo y sabor muy dulce, que queda como residuo de la fabricación del azúcar.

melcocha *f.* Miel muy concentrada y caliente, que se echa en agua fría para reblandecerla. **2** Pasta hecha con esta clase de miel.

melena *f.* Cabellera que cuelga sobre los hombros. **2** Cabello despeinado. **3** Crin del león. **4** Melenera.

melenudo -da *adj.* Que tiene abundante y largo el cabello.

melindre *m.* Dulce de harina y miel frita. **2** Rosquilla de mazapán cubierta de azúcar. **3** Cinta muy estrecha. **4** *fig.* Persona de ademanes y palabras afectados.

mella *f.* Rotura o hendedura en el filo de un cuchillo o herramienta, o en el contorno de un objeto. **2** Vacío que deja una cosa que antes ocupaba un lugar. **3** *fig.* Menoscabo, merma.

mellizo -za *adj.* y *n.* Gemelo. **2** *adj.* Se dice de los órganos de una planta que son iguales.

melocotón *m.* Fruto comestible del melocotonero.

melodía *f.* Dulzura y suavidad de la voz al cantar, o del sonido de un instrumento musical al tocarlo. **2** Composición en que se desarrolla una idea musical, con independencia de su acompañamiento.

melodioso -sa *adj.* Agradable al oído.

melodrama *m.* Obra teatral que se representa acompañada de música. **2** *fig.* Suceso lleno de tensión y de sentimentalismo.

melomanía *f.* Afición apasionada hacia la música.

melómano -na *adj.* y *n.* Amante de la música.

melocotón

melón *m.* Planta herbácea. Originario de Oriente, es objeto de cultivo. **2** Fruto de esta planta, de 20-30 cm, forma elipsoidal, corteza verdusca o amarillenta y pulpa blanquecina. Existen muchas variedades.

meloso -sa *adj.* Que tiene la calidad de la miel.

membrana *f.* Tejido blando y de forma laminar. **2** Hoja delgada. **3** Piel delgada a modo de pergamino.

membranoso -sa *adj.* Compuesto de membranas. **2** Membranáceo.

membrete *m.* Nombre, título, dirección, etc., de una persona, empresa o entidad, impreso en el papel de correspondencia.

membrudo -da *adj.* Fornido y robusto de cuerpo y miembros.

memorable *adj.* Digno de memoria.

memorándum *m.* Escrito en que se resume algo que uno quiere recordar. **2** Agenda.

memoria *f.* Facultad de recordar lo pasado o lo que se ha aprendido. **2** Recuerdo que se tiene de una persona o una cosa del pasado. **3** Inventario. **4** Estudio o disertación escrita sobre una materia. **5** Relación de los gastos, las tareas, etc., de una sociedad, institución, etc. **6** *pl.* Libro o relato en que el autor narra su propia vida.

memorial *m.* Cuaderno de anotaciones. **2** Escrito en que se pide una gracia, alegando los motivos o méritos para ello. **3** Boletín oficial de ciertas entidades.

memorización *f.* Acción y efecto de memorizar. **2** Almacenamiento de datos en la memoria de un ordenador.

memorizar *tr.* Fijar algo en la memoria.

menaje *m.* Conjunto de muebles y utensilios de una casa.

mención *f.* Recuerdo, referencia, cita.

mencionar *tr.* Hacer mención de una persona. **2** Referir, recordar y contar algo.

mendicidad *f.* Estado y situación de mendigo. **2** Acción de mendigar.

mendigar *tr.* Pedir limosna. **2** Pedir algo con excesiva humildad.

mendigo -ga *m.* y *f.* Persona que habitualmente pide limosna.

mendrugo *m.* Pedazo de pan duro.

menear *tr.* y *prnl.* Mover algo de una parte a otra. **2** Manejar, dirigir o guiar un asunto. **3** *prnl.* Moverse.

meneo *m.* Acción y efecto de menear. **2** fam. Vapuleo, paliza.

menester *m.* Necesidad de una cosa. **2** Ejercicio, empleo, tarea. **3** *pl.* Instrumentos o cosas necesarias para hacer algo. **4** Necesidades fisiológicas.

menesteroso -sa *adj.* y *n.* Necesitado, pobre.

menestral -la *m.* y *f.* Persona que ejerce un oficio manual.

menguante *adj.* Que mengua. **2** *f.* Escasez de un río o arroyo por la sequía. **3** Marea baja. **4** Tiempo que dura. **5** fig. Decadencia, descenso.

menguar *intr.* Disminuir o debilitarse física o moralmente. **2** En una labor de punto o ganchillo, ir reduciendo los puntos en cada hilera.

meninge *f.* Cada una de las membranas que envuelve el encéfalo y la médula espinal.

meningitis *f.* Inflamación de las meninges. Existen varios tipos, de origen vírico, bacteriano o protozoario.

menisco *m.* Lente cóncava por una cara y convexa por la otra. **2** Superficie libre, cóncava o convexa, del líquido contenido en un tubo estrecho. **3** Cartílago de forma semilunar de algunas articulaciones, especialmente de la rodilla.

menopausia *f.* Cesación natural de la menstruación en la mujer, que suele tener lugar entre los 45 y los 50 años.

menor *adj.* Comparativo de *pequeño*. Que tiene menos cantidad o volumen. **2** *adj.* y *com.* Menor de edad.

menos *adv. comp.* Indica disminución, restricción o inferioridad de algo en comparación expresa o sobreentendida: *llueve menos*. **2** Indica limitación indeterminada de una cantidad expresa. **3** Indica idea opuesta a la de preferencia. **4** Se usa como sustantivo en ciertas frases. **5** *adv. m.* A excepción de. **6** *m.* Signo de la resta (-).

menoscabar *tr.* y *prnl.* Disminuir algo, quitándole una parte. **2** Deteriorar y deslustrar algo. **3** Desacreditar, deshonrar.

menospreciar *tr.* Tener alguien o algo en menos de lo que merece. **2** Desdeñar, despreciar.

mensaje *m.* Recado oral o escrito enviado a alguien.

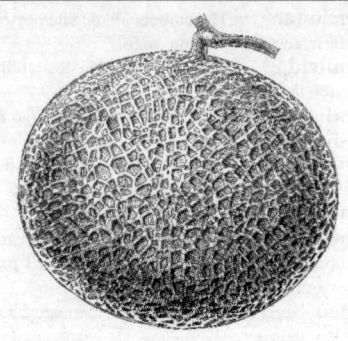
melón

mensajería *f.* Carruaje de servicio público que realizaba viajes periódicos, y empresa que lo regentaba. **2** Agencia transportista.
mensajero -ra *adj.* y *n.* Se dice de la persona, animal o cosa que lleva mensajes. **2** Se dice de lo que comunica algo.
menstruación *f.* Fenómeno fisiológico femenino consistente en un flujo sanguíneo genital que aparece cada 27-30 días. Se inicia en la pubertad y cesa en la menopausia.
mensual *adj.* Que sucede cada mes. **2** Que dura un mes.
mensualidad *f.* Salario que corresponde a un mes de trabajo. **2** Cantidad que se paga cada mes por los servicios de una escuela, un club deportivo, etc.
mensurable *adj.* Que puede ser medido.
mensurar *tr.* Medir.
menta *f.* Nombre de varias plantas de las labiadas. **2** Licor elaborado con estas plantas.
mentado -da *adj.* Famoso, célebre, notable. **2** Que se ha mencionado. **3** *f. Méx.* Insulto.
mental *adj.* Relativo a la mente.
mentalidad *f.* Capacidad, actividad mental. **2** Cultura y modo de pensar de una persona, un pueblo, una generación, etc.
mentalizar *tr.* y *prnl.* Hacer que una persona, grupo, etc., tome conciencia de un problema, situación, etc, y actúe en consecuencia.
mentar *tr.* Nombrar, mencionar.
mente *f.* Potencia intelectual. **2** Propósito, voluntad.
mentecato -ta *adj.* y *n.* Tonto, imbécil, necio. **2** De escaso juicio y falto de entendimiento.
mentir *intr.* Decir mentiras. **2** Errar. **3** Falsificar. **4** Fingir. **5** *tr.* Incumplir una promesa.
mentira *f.* Manifestación contraria a lo que se sabe, cree o piensa. **2** Errata, equivocación. **3** Manchita blanca en las uñas. **4** Falacia. **5** Ilusión.

mentiroso -sa *adj.* y *n.* Que tiene la costumbre de mentir. **2** Engañoso, falso, embustero.
mentón *m.* Barbilla o prominencia de la mandíbula inferior.
mentor *m. fig.* Consejero o guía. **2** Ayo.
menú (fr.) *m.* Lista de platos de una comida, minuta. **2** Lista de platos que se sirven en un restaurante.
menudear *tr.* Hacer una cosa con frecuencia.
menudencia *f.* Cosa muy pequeña. **2** Esmero, escrupulosidad. **3** *pl.* Despojos y partes pequeñas que quedan de la canal de los cerdos. **4** Morcillas, longanizas, etc., del cerdo. **5** *Amér.* Menudillos de ave.
menudeo *m.* Acción de menudear. **2** Venta al por menor.
menudo -da *adj.* Pequeño, chico o delgado. **2** *m. pl.* Vientre, manos y sangre de las reses sacrificadas.
meñique *adj.* y *m.* Se dice del dedo más pequeño de la mano. **2** Muy pequeño.
meollo *m.* Médula. **2** Cerebro. **3** *fig.* Lo esencial de una cosa. **4** *fig.* Lo que está dentro de una cáscara, corteza o envoltura.
mequetrefe *com.* Persona poco formal e insensata. **2** Persona despreciable.
mercadear *intr.* Comerciar.
mercader -ra *m.* y *f.* Antiguamente, comerciante.
mercadería *f.* Mercancía.
mercado *m.* Conjunto de actividades de compraventa en un lugar señalado al efecto y en días establecidos.
mercadotecnia *f.* Conjunto de técnicas dirigidas a obtener más eficacia en la distribución y la venta de un producto.
mercancía *f.* Acción de comprar y vender. **2** Lo que es objeto de trato o venta.
mercantil *adj.* Relativo al comercio o al comerciante.
mercar *tr.* y *prnl.* Comprar.
merced *f.* Dádiva, gracia, favor. **2** Tratamiento de cortesía usado antiguamente, equivalente a *usted*.
mercenario -ria *adj.* y *n.* Se dice de alguien que sirve en un ejército por dinero. **2** *fam.* Asalariado.
mercería *f.* Comercio de cosas menudas y de poco valor, como alfileres, botones, cintas, etc. **2** Conjunto de artículos de esta clase. **3** Tienda en que se venden. **4** *Amér.* Tienda donde se venden telas.
merecer *tr.* Ser digno de premio o castigo. **2** *intr.* Hacer méritos.
merecido *m.* Castigo de que se considera digno a uno.

merendar *intr.* Tomar la merienda. **2** En algunas partes, almorzar. **3** Acechar con curiosidad lo que otro hace. **4** *tr.* Tomar algo en la merienda.
merendero *m.* Establecimiento al aire libre donde se come o merienda.
merengue *m.* Dulce de clara de huevo y azúcar, cocido al horno. **2** Danza popular del Caribe.
meridiano -na *adj.* Relativo al mediodía. **2** fig. Muy claro y luminoso. **3** *m.* Cualquiera de los círculos máximos de la Tierra que pasan por los polos. **4** Línea de intersección de una superficie de revolución con un plano que pasa por su eje. **5** *f.* Camilla, tumbona. **6** Siesta.
meridional *adj.* y *com.* Relativo al mediodía o al sur.
merienda *f.* Comida ligera que se toma por la tarde antes de la cena. **2** En algunas partes, almuerzo. **3** fam. Joroba.
mérito *m.* Acción que hace a la persona digna de premio o castigo. **2** Resultado de una buena acción. **3** Lo que hace tener valor a las cosas.
meritorio -ria *adj.* Digno de premio. **2** *m.* y *f.* Joven empleado de una oficina que hace tareas sencillas.
merma *f.* Acción y efecto de mermar. **2** Porción que se consume, sustrae o sisa de una cosa.
mermar *intr.* y *prnl.* Bajar o disminuirse una cosa o consumirse una parte de lo que antes tenía. **2** *tr.* Quitar a uno lo que le pertenece. **3** Eliminar parte de un todo.
mermelada *f.* Confitura de frutas y azúcar.
mero -ra *adj.* Puro, simple, sin mezcla.
merodear *intr.* Apartarse algunos soldados del cuerpo en que marchan, para robar en las casas y los campos. **2** Vagar viviendo de lo robado. **3** Vagar por las inmediaciones de un lugar, en general con malos fines.
mes *m.* Tiempo que transcurre entre dos lunas nuevas, de duración variable según la referencia. Actualmente se basa en el movimiento de traslación de la Tierra. El valor de los meses del calendario oscila entre 29 días, 20 horas y 29 días, 6 horas. **2** Cada una de las doce partes en que se divide el año. **3** Número de días desde uno señalado hasta otro de igual fecha del mes siguiente. **4** Mensualidad. **5** Menstruación.
mesa *f.* Mueble compuesto de un tablero horizontal asentado sobre uno o varios pies, que sirve para comer, escribir, etc. **2** Cara visible de las piedras preciosas incrustadas. **3** Cualquier plano de las hojas de las armas blancas. **4** Partida de billar. **5** Terreno elevado, llano y muy extenso, rodeado de valles o barrancos. **6** Rellano de una escalera. **7** Relieve oceánico, entre 1.000-2.000 m de profundidad, de origen volcánico.
meseta *f.* Terreno llano y elevado.

mesías *m.* Según el cristianismo, el enviado de Dios a la Tierra; Jesús. **2** Persona en quien hay puesta confianza inmotivada o desmedida.
mesolítico -ca *adj.* y *m.* Se dice del período prehistórico comprendido entre el Paleolítico y el Neolítico. Se inició aprox. el 12000 a.C. en Asia, el 8000 a.C. en Europa septentrional, y concluyó hacia el 4000 a.C.
mesón *m.* Lugar donde se alberga a viajeros. **2** Restaurante típico.
mesosfera *f.* Capa atmosférica que se extiende por encima de la estratosfera.
mesozoico -ca *adj.* y *m.* GEOL Se dice de la era comprendida entre la primaria o paleozoica y la terciaria o cenozoica, con una duración de 165 millones de años. Se divide en tres períodos: triásico, jurásico y cretácico.
mesura *f.* Discreción.
meta *f.* Pilar cónico que en el circo romano señalaba cada uno de los extremos de la espina. **2** Final de una carrera. **3** En ciertos deportes, portería. **4** fig. Finalidad de una persona.
metabolismo *m.* Conjunto de las reacciones que se producen en el interior de los seres vivos, y que, mediante el consumo de energía, producen sustancia propia del cuerpo a partir de materia obtenida del exterior (anabolismo o asimilación) o bien, cediendo energía, degradan la sustancia del organismo y la transforman en compuestos más sencillos (catabolismo o disimilación).
metacarpo *m.* Esqueleto de la parte de la mano comprendida entre el carpo y las falanges de los dedos, formado por cinco huesos.
metáfora *f.* Figura retórica consistente en trasladar el sentido propio de las palabras en otro figurado, en virtud de una comparación tácita.
metal *m.* Nombre dado a los elementos químicos con altos puntos de fusión y ebullición, y que reúnen propiedades como el brillo, la maleabilidad, la conductividad eléctrica y térmica, etc. **2** Latón. **3** fig. Timbre de la voz. **4** fig. Calidad o condición de una cosa. **5** fig. Dinero. **6** Conjunto de instrumentos musicales de viento.
metalenguaje *m.* Sistema de signos usados para estudiar la estructura del propio lenguaje o de otro cualquiera.
metalingüístico -ca *adj.* Relativo al metalenguaje o a la metalingüística. **2** *f.* Estudio de la lengua de un pueblo recurriendo a factores culturales o sociales.
metalurgia *f.* Ciencia y técnica que estudia los metales y su transformación.
metamorfosis o **metamórfosis** *f.* Transformación de una cosa en otra. **2** Cambio que experimenta un organismo durante su desarrollo.

metamorfosis de una oruga en mariposa

metatarso *m.* Esqueleto de la planta del pie, formado por cinco huesos.
meteorito *m.* Fragmento de materia sólida, procedente del espacio, que cae sobre la Tierra.
meteoro o **metéoro** *m.* Fenómeno atmosférico como el viento, la lluvia, la nieve, el arco iris, el rayo, etc. **2** Por extensión, estrella fugaz.
meteorología *f.* Parte de la geofísica dedicada a la observación sistemática y la explicación general de los fenómenos físicos que se producen en la baja atmósfera (hasta una altitud de 80 km).
meter *tr.* y *prnl.* Encerrar, introducir o incluir a alguien o algo en alguna parte.
meticuloso -sa *adj.* y *n.* Temeroso, pusilánime. **2** Escrupuloso, concienzudo.
metódico -ca *adj.* Hecho con método. **2** Que obra con método.
método *m.* Modo de realizar algo con orden. **2** Procedimiento para hallar el conocimiento y enseñarlo. **3** Conjunto de normas, ejercicios, etc., para enseñar o aprender algo.
metodología *f.* Estudio de los métodos que se siguen en una investigación, un conocimiento o una interpretación.
metonimia *f.* Figura retórica que consiste en designar una cosa con el nombre de otra, tomando el efecto por la causa, el autor por sus obras, etc.: *leer a Virgilio.*
metralleta *f.* Arma ligera individual de cañón corto y tiro ametrallador. Designada militarmente con el nombre de *subfusil.*
métrico -ca *adj.* Relativo al metro o a la medida. **2** Relativo a la medida del verso. **3** *f.* Arte que trata de la medida, estructura y clases de los versos.
metro[1] *m.* Medida de un verso. **2** Unidad de longitud, base del sistema métrico decimal. Símbolo m. **3** Instrumento de medición que tiene marcada la longitud del metro.
metro[2] *m.* Abreviatura de metropolitano, ferrocarril.

metrópoli *f.* En las antiguas colonias griegas, la ciudad de origen. **2** Ciudad más importante de un territorio o Estado. **3** Iglesia arzobispal que tiene dependientes otras sufragáneas. **4** La nación con colonias, respecto a éstas.
metropolitano -na *adj.* Relativo a la metrópolis. **2** Arzobispal. **3** *m.* Arzobispo. **4** Ferrocarril urbano, subterráneo o aéreo.
mezcla *f.* Acción y efecto de mezclar. **2** Sustancia obtenida de la mezcla de otras.
mezclar *tr.* y *prnl.* Juntar o incorporar una cosa con otra. **2** Juntar o unir varias cosas. **3** *tr.* Desordenar, desarreglar. **4** Hacer que alguien se inmiscuya en un asunto no deseado. **5** *prnl.* Introducirse en un ambiente social ajeno. **6** Meterse uno entre otros. **7** Emparentarse.
mezquinar *intr.* y *tr. Amér.* Obrar con mezquindad; escasear, negar.
mezquindad *f.* Cosa mezquina. **2** Avaricia.
mezquino -na *adj.* Avaro, escaso, miserable. **2** Pequeño, diminuto. **3** En la Edad Media, siervo cristiano.
mezquita *f.* Edificio islámico destinado a la oración de los fieles.
mi[1] *m.* Tercera nota de la escala musical.
mi[2]**, mis** *adj. pos.* Apócope de *mío, mía, míos, mías.* (Sólo se emplea antepuesto al nombre.)
mí Forma de genitivo, dativo y acusativo del pronombre personal de primera persona en género masculino o femenino y número singular. (Se usa siempre con preposición.)
miasma *m.* Efluvio fétido de cuerpos y sustancias en descomposición. **2** *pl.* Efluvio maligno que se creía que era la causa de enfermedades.
mica *f.* Silicato múltiple que cristaliza en el sistema monoclínico, y forma láminas finas y flexibles, de diversa coloración. Parte integrante de varias rocas, tiene muchas aplicaciones en la industria por su elasticidad, sus propiedades aislantes, su baja conductividad térmica, etc.
micción *f.* Acción de orinar.
mico -ca (cumanagota) *m.* y *f.* Mono de cola larga. **2** fam. Feo. **3** fig. Presumido. **4** fam. Payaso. **5** *m.* fam. Hombre lujurioso.
micra *f.* Medida de longitud, equivalente a la milésima parte del milímetro.
micro *m.* Micrófono. **2** Microordenador. **3** *Amér.* Autobús pequeño.
microbio *m.* Microorganismo.
microbiología *f.* Parte de la biología que estudia los microorganismos.
microbús *m.* Automóvil para el transporte de pasajeros, más pequeño que el autobús.
microcosmos *m.* El hombre, concebido como espejo y compendio del universo.

microfilme *m.* Película donde se reproducen documentos fotográficamente, a tamaño muy reducido, para facilitar su archivo.

micrófono *m.* Transductor electroacústico para hacer ondulatorias las corrientes eléctricas en relación con las vibraciones sonoras.

microonda *f.* Onda electromagnética de menos de un centímetro de longitud.

microordenador *m.* Ordenador pequeño.

microorganismo *m.* Organismo que sólo puede ser observado con el microscopio.

microprocesador *m.* Órgano de tratamiento de la información realizado en forma de microcircuitos electrónicos integrados.

microscópico -ca *adj.* Relativo al microscopio. **2** Visible con la ayuda del microscopio. **3** Por extensión, de dimensiones muy pequeñas.

microscopio *m.* Instrumento óptico para observar de cerca objetos extremadamente diminutos.

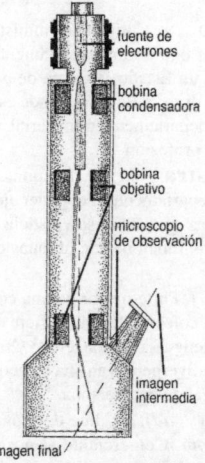

microscopio

microsegundo *m.* Unidad de tiempo que equivale a la millonésima parte de un segundo.

miedo *m.* Perturbación angustiosa del ánimo por un riesgo o mal real o imaginario. **2** Recelo que uno tiene de que le suceda algo no deseado. **3** *pl.* Aprensiones, ansiedades, recelos.

miedoso -sa *adj.* y *n.* Que siente miedo de cualquier cosa.

miel *f.* Sustancia viscosa, amarillenta y dulce, que producen las abejas a partir del néctar de las flores. De gran valor energético. **2** Jarabe obtenido entre dos cocciones de la caña de azúcar.

miembro *m.* Cualquiera de las extremidades articuladas con el tronco. **2** Órgano de la generación. **3** Persona que forma parte de una comunidad. **4** Parte de un todo unida o separada de él. **5** Cualquiera de las dos cantidades de una ecuación separadas por el signo de igualdad (=), o de una desigualdad separadas por los signos (>) o (<).

mientras *adv. t.* Durante el tiempo en que.

miércoles *m.* Cuarto día de la semana.

mierda *f.* Excremento humano o animal. **2** Suciedad, basura.

mies *f.* Planta madura del trigo con la cual se hace el pan. **2** Tiempo de la cosecha de granos. **3** *pl.* Los sembrados.

miga *f.* Migaja. **2** Parte inferior y blanda del pan, cubierta por la corteza. **3** fig. Parte esencial de algo. **4** Intención encubierta de algo que se hace o dice. **5** *pl.* Pan desmenuzado, frito en aceite con ajo y pimentón.

migaja *f.* Porción muy pequeña de algo. **2** *pl.* Pedacitos de pan que caen de la mesa o quedan sobre ella. **3** Desperdicios o sobras de algo. **4** Casi nada.

migración *f.* Desplazamiento de un grupo humano de una zona a otra, por causas económicas o políticas. **2** Desplazamiento periódico colectivo de ciertas especies animales, coincidente con el proceso reproductivo. **3** Desplazamiento de partículas en una sustancia.

migraña *f.* Jaqueca.

mil *adj.* Diez veces ciento. **2** Milésimo. **3** Se dice de una cantidad grande indefinida. **4** *m.* Signo con que se representa el número mil. **5** Millar.

milagro *m.* Suceso extraordinario no debido a causas naturales. **2** Fenómeno extraordinario. **3** Pieza teatral breve, basada en la vida de un santo.

milagroso -sa *adj.* Que excede a las fuerzas de la naturaleza. **2** Que obra milagros. **3** Maravilloso, asombroso, pasmoso.

milicia *f.* Ejercicio o profesión militar. **2** Servicio militar. **3** Fuerza formada por civiles armados, de carácter local y ocasional.

miligramo *m.* Milésima parte del gramo.

mililitro *m.* Milésima parte del litro.

milímetro *m.* Milésima parte del metro.

militar *intr.* Servir en la milicia. **2** Ser miembro activo de un sindicato o un partido.

militarizar *tr.* Infundir la disciplina y el espíritu militar. **2** Dar carácter u organización militar a una colectividad.

milla *f.* Medida itineraria romana que equivalía a 1.000 pasos. **2** Medida itineraria anglosajona, equivalente a 1.609,3 m. **3** Medida de longitud marina, equivalente a 1.852 m.

millón *m.* Mil millares. **2** Número muy grande.

millonario -ria *adj.* y *n.* Que tiene muchos millones. **2** Ricacho, poderoso, acaudalado.

mimar *tr.* Hacer caricias y halagos. **2** Tratar con excesivo regalo y condescendencia.

mimeógrafo *m.* Multicopista que reproduce textos o dibujos grabados en una lámina de papel, a través de cuyas incisiones pasa la tinta.
mimesis *f.* Imitación de los gestos y palabras de una persona, generalmente con afán de burla.
mimetismo *m.* Propiedad de ciertos animales y plantas de adoptar el color y la forma de los objetos y seres que los rodean. **2** Adopción de las actitudes o los gestos de otra persona.
mímico -ca *adj.* Relativo al mimo o a la mímica. **2** Imitativo. **3** *f.* Arte de expresarse por medio de gestos y actitudes.
mimo *m.* En el teatro griego y romano, representación teatral satírica. **2** Actor que usa movimientos y gestos para expresarse. **3** Halago, caricia. **4** Condescendencia excesiva con los niños. (Se usa más en plural.)

mimo

mimoso -sa *adj.* Melindroso, muy dado a caricias, consentido.
mina *f.* Yacimiento de minerales de útil explotación. **2** Excavación subterránea o a cielo abierto, para extraer un mineral. **3** *fig.* Aquello que abunda en cosas valiosas o de que puede sacarse provecho. **4** Galería subterránea abierta para conducir agua, gas, etc. **5** Barrita de grafito del interior del lápiz. **6** Artefacto explosivo oculto bajo tierra o en el mar.
minar *tr.* Abrir galerías bajo tierra. **2** Colocar minas. **3** *fig.* Consumir, debilitar. **4** *fig.* Hacer diligencias para lograr algo.
mineral *adj.* Relativo a las sustancias inorgánicas. **2** *m.* Sustancia natural sólida que forma parte de la corteza terrestre, tiene una composición química característica y posee una disposición atómica fija. **3** Parte útil de una explotación minera.
mineralogía *f.* Parte de la geología que estudia los minerales.
minería *f.* Técnica de prospección, extracción y beneficio de las minas. **2** Conjunto de minas de un país o territorio.

minero -ra *adj.* Relativo a la minería. **2** *m.* y *f.* Persona que trabaja en una mina. **3** Persona que la explota. **4** *m.* Mina, yacimiento.
minestrone (it.) *m.* Sopa de arroz, judías, col, pasta y tocino.
miniatura *f.* Pintura de tamaño pequeño. **2** Por extensión, objeto de pequeñas dimensiones.
minifalda *f.* Falda corta por encima de la rodilla.
minifundio *m.* Finca rústica de pequeña extensión y de baja productividad.
minimizar *tr.* Reducir el volumen de algo. **2** Quitar importancia a una cosa.
mínimo -ma *adj.* Superlativo de *pequeño*. **2** Se dice de lo que no tiene nada más pequeño en su especie. **3** Minucioso. **4** *adj.* y *n.* Se dice del religioso de la orden fundada por san Francisco de Paula. **5** *m.* y *f.* Límite o extremo a que se puede reducir algo. **6** *m.* Valor más pequeño de una función matemática.
ministerio *m.* Conjunto de ministros de un Estado. **2** Cada uno de los departamentos del poder ejecutivo de un Estado. **3** Cargo de un ministro. **4** Tiempo que dura. **5** Edificio donde están las oficinas de cada departamento ministerial. **6** Cargo, empleo, oficio, profesión.
ministro -tra *m.* y *f.* Responsable de cada uno de los departamentos del poder ejecutivo de un Estado. **2** Juez que administra justicia. **3** Responsable de ciertas funciones de algunas comunidades religiosas.
minoría *f.* Parte menor de una colectividad. **2** Parte de una colectividad que difiere de la mayoría por la raza, lengua, religión, etc. **3** Grupo de personas de ideas divergentes en una colectividad. **4** Menor edad legal de una persona.
minorista *adj.* Se dice del comercio al por menor. **2** *com.* Comerciante al por menor. **3** *m.* Clérigo que sólo tiene las órdenes menores.
minucia *f.* Menudencia, cosa pequeña o sin importancia. **2** *pl.* Diezmo que se pagaba a la Iglesia sobre los productos de la huerta.
minucioso -sa *adj.* Que se detiene en las cosas más pequeñas, meticuloso.
minuendo *m.* Cantidad de la que ha de restarse otra.
minúsculo -la *adj.* De muy pequeñas dimensiones. **2** *adj.* y *f.* Se dice de las letras de figura distinta y de menor tamaño que las mayúsculas.
minusválido -da *adj.* y *n.* Se dice de la persona que tiene incapacidad física o psíquica.
minusvalorar *tr.* Subestimar, valorar alguna cosa menos de lo debido.
minuta *f.* Anotación para recordar algo. **2** Borrador o copia de un documento. **3** Relación de em-

místico

pleados. **4** Menú de una comida. **5** Cuenta de los honorarios de los curiales, abogados, etc.

minutero *m*. Manecilla que señala los minutos en el reloj.

minero

minuto *m*. Unidad de tiempo, sexagésima parte de una hora. Símbolo min. **2** Cada una de las sesenta partes iguales en que se divide un grado sexagesimal de circunferencia. Símbolo '.

mío -a, míos -as Pronombre posesivo de primera persona en género masculino y femenino y número singular y plural.

miope *adj*. y *com*. Se dice del ojo o del individuo que padece miopía.

miopía *f*. Defecto de la visión consistente en que los rayos luminosos paralelos convergen en un punto anterior a la retina.

mira *f*. Pieza de un instrumento donde se fija la mirada para asegurar la puntería, medir u observar. **2** Mirador, balcón. **3** fig. Intención, objeto, propósito. **4** *pl*. Cañones de proa de una nave.

mirada *f*. Acción y efecto de mirar. **2** Modo de mirar.

mirador -ra *adj*. Que mira. **2** *m*. Lugar elevado en un edificio o en un paraje, con mucha visibilidad. **3** Balcón cerrado y acristalado.

mirar *tr*. y *prnl*. Fijar la vista en alguien o algo. **2** *tr*. Observar. **3** Inquirir, buscar. **4** Tener una finalidad. **5** Proporcionar, procurar. **6** Cuidar, atender, proteger. **7** Apreciar, atender, estimar. **8** Pensar, juzgar. **9** Estar situado.

miríada *f*. Cantidad grande e indefinida.

mirón -na *adj*. y *n*. Que mira demasiado y con curiosidad. **2** Se dice del que observa el trabajo o el juego de los otros.

mirra *f*. Gomorresina roja y aromática, amarga y frágil, obtenida de varios árboles de las burseráceas. Se usa en medicina y perfumería.

misa *f*. Ceremonia ritual católica, en memoria de la muerte y resurrección de Jesucristo. **2** Composición musical sobre textos de la misa.

misal *m*. Libro que contiene los textos de la misa.

misántropo -pa *m*. y *f*. Persona que aborrece el trato con los demás.

misceláneo -a *adj*. Mixto, vario, compuesto. **2** *f*. Mezcla de cosas diversas. **3** Escrito o sección de un periódico de temas muy diversos.

miserable *adj*. Desdichado, infeliz. **2** Pobre, indigente. **3** *adj*. y *com*. Perverso, abyecto.

miseria *f*. Falta de lo imprescindible, pobreza extremada. **2** Desgracia, infortunio. **3** Avaricia, mezquindad. **4** Plaga de piojos causada por la falta de higiene. **5** fig. Pequeña cantidad.

misericordia *f*. Virtud que inclina el ánimo a compadecerse de las penas ajenas. **2** Compasión. **3** Puñal usado en la Edad Media para dar el golpe de gracia al enemigo. **4** Pieza en los asientos del coro de las catedrales para reposar disimuladamente.

mísero -ra *adj*. Desdichado, infeliz. **2** Avariento. **3** Canalla. **4** De poco valor.

misil *m*. Proyectil aéreo o submarino, provisto de una cabeza explosiva, propulsado por un cohete o reactor, o guiado por un sistema de orientación. Pueden ser nucleares, y tener un alcance de 10.000 km.

misión *f*. Acción de enviar. **2** Facultad que se da a una persona de ir a desempeñar un cometido. **3** Cosa realizada por una persona por creer que es su deber.

misionero -ra *adj*. Relativo a las misiones. **2** *m*. y *f*. Persona que se dedica a propagar una religión o una ideología.

misivo -va *adj*. Se dice de los escritos enviados a alguien. **2** *f*. Carta.

mismo -ma *adj*. y *pron. dem*. Indica igualdad respecto de lo mencionado. **2** Igual, parecido. **3** Por pleonasmo se añade a los pronombres personales y adverbios, para darles énfasis.

misógamo -ma *adj*. y *n*. Enemigo del matrimonio.

misoginia *f*. Aversión a las mujeres.

misterio *m*. Rito y doctrina religiosos reservados a los iniciados. **2** En la religión católica, verdad que debe ser objeto de fe. **3** Cosa incomprensible o inexplicable. **4** Trama oculta. **5** Representación teatral medieval de tema religioso.

misterioso -sa *adj*. Que implica o incluye misterio. **2** Que ve cosas ocultas inexistentes.

místico -ca *adj*. Relativo a la mística. **2** *adj*. y *n*. Que se dedica a la vida espiritual. **3** *f*. Doctrina

que sostiene la posibilidad de unión directa del hombre con la divinidad.
mistificar *tr.* Engañar, embaucar. **2** Falsear.

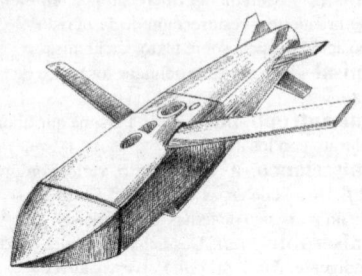

misil

mita *f.* En la América colonial, trabajo forzado, especialmente en una mina.
mitad *f.* Cada una de las dos partes iguales en que se divide un todo. **2** Parte que en una cosa equidista de sus extremos.
mitayo *m. Amér.* Indígena que realizaba trabajos forzados.
mitigar *tr. y prnl.* Moderar, aplacar, calmar.
mitin *m.* Reunión donde se discuten públicamente asuntos políticos o sociales.
mito *m.* Narración de origen oral y de contenido simbólico, que transmite valores y creencias de una determinada cultura. **2** Fábula. **3** Persona, idea, etc., consideradas muy importantes e intocables.
mitología *f.* Conjunto de mitos de un pueblo o de una cultura. **2** Ciencia que estudia los mitos.
mitomanía *f.* Tendencia a inventar hechos fantásticos o falsos.
mitón *m.* Especie de guante sin dedos que cubre la mano y el antebrazo.
mitosis *f.* Proceso de división de los cromosomas y el citoplasma de la célula, que da lugar a la formación de dos células hijas, con la misma dotación cromosómica que la célula madre. Se distinguen cuatro fases: profase, metafase, anafase y telofase.
mitra *f.* Especie de turbante de origen persa. **2** Especie de gorro puntiagudo usado por arzobispos, obispos, etc. **3** Dignidad de arzobispo u obispo. **4** Territorio bajo su jurisdicción. **5** Obispillo de las aves.
mixto -ta *adj.* Mezclado, incorporado a algo. **2** Dicho de un animal o un vegetal, mestizo. **3** *adj. y m.* Compuesto o formado de elementos de varias clases. **4** *m.* Fósforo.
mixtura *f.* Mezcla. **2** Pan de varios cereales. **3** Fórmula farmacéutica formada por varios ingredientes.
mixturar *tr.* Mezclar una cosa con otra.

mobiliario -ria *adj.* Mueble. (Se dice de los efectos públicos al portador o transferibles por endoso.) **2** *m.* Conjunto de muebles de una casa.
mocasín *m.* Calzado usado por los indios norteamericanos, hecho de piel sin curtir. **2** Calzado parecido al anterior.
mocedad *f.* Época de la vida humana que comprende desde la pubertad hasta la madurez.
mocetón -na *m. y f.* Persona joven, alta y corpulenta.
mochila *f.* Especie de saco con correas que se lleva a la espalda, colgado de los hombros, usado para llevar provisiones y enseres por excursionistas, soldados, etc. **2** Zurrón.
mocho -cha *adj.* Que carece de punta, truncado. **2** *fam.* Pelado o con el pelo cortado. **3** *fam.* Melancólico. **4** *m.* Remate grueso de un utensilio largo. **5** Palo con un manojo de tiras o hilos de algodón en un extremo, usado para fregar el suelo.
moción *f.* Acción y efecto de moverse o ser movido. **2** Propuesta hecha en una reunión, asamblea, etc. **3** En las lenguas semíticas, nombre dado a las vocales. **4** Cambio de la terminación de un nombre para indicar el género: *perro, perra*.
moco *m.* Líquido espeso y pegajoso que segregan las membranas mucosas, formado por agua, mucina, sales inorgánicas, células epiteliales y leucocitos. **2** Materia pegajosa y glutinosa. **3** Cera derretida que corre a lo largo de una vela. **4** Escoria del hierro martilleado en la fragua.
mocoso -sa *adj.* Que tiene muchos mocos. **2** *adj. y n.* Se dice del niño o del muchacho que pretende comportarse como una persona mayor.
moda *f.* Uso social, durante un breve período, de una forma de vestir, una tendencia ideológica o artística, etc. **2** Lo que es de uso general durante un determinado período.
modal *adj.* Relativo a los modos gramaticales. **2** *m. pl.* Acciones externas de una persona.
modalidad *f.* Modo de ser o de manifestar algo.
modelado *m.* Procedimiento para realizar el modelo en barro o cera de una escultura. **2** En pintura, relieve, grabado, etc., recurso usado para dar sensación de volumen. **3** Conjunto de formas de un terreno causadas por la erosión.
modelar *tr.* Formar una figura con una materia blanda. **2** En pintura, representar un relieve. **3** *tr. y prnl.* Ajustar a un modelo, educar.
modelo *m.* Lo que se sigue, imita o reproduce. **2** Representación en pequeño de alguna cosa. **3** Objeto de diseño recién patentado. **4** Vestido de moda. **5** Ejemplar perfecto digno de ser imitado. **6** *com.* Persona u objeto que copia el artista. **7** Persona que exhibe prendas de vestir. **8** *adj.* Perfecto.

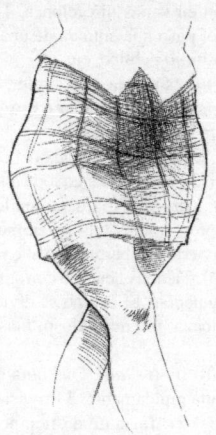
modelo de falda

moderación *m.* Acción y efecto de moderar. 2 Cordura, sensatez, sobriedad.
moderado -da *adj.* Que tiene moderación. 2 Equilibrado. 3 Se dice del partido de ideología conservadora. 4 *adj.* y *n.* Conservador, o miembro de un partido moderado.
moderador -ra *adj.* y *n.* Que modera. 2 *m.* y *f.* Persona que dirige una discusión, una asamblea, etc. 3 *m.* Sustancia, generalmente grafito o agua pesada, usada en los reactores nucleares para frenar los neutrones.
moderar *tr.* y *prnl.* Templar, equilibrar, atemperar.
modernismo *m.* Calidad de moderno. 2 Inclinación hacia lo nuevo.
modernizar *tr.* y *prnl.* Dar aspecto moderno.
moderno -na *adj.* De la época actual, nuevo, reciente. 2 *m.* y *f.* Persona que adopta las modas actuales. 3 Persona recién llegada. 4 *m. pl.* Personas de la época moderna.
modestia *f.* Virtud que modera, templa y regla el juicio de una persona sobre sus cualidades o capacidades. 2 Recato. 3 Pobreza, escasez.
modesto -ta *adj.* y *n.* Que tiene modestia. 2 *adj.* Sencillo, común. 3 De escasa posición económica.
módico -ca *adj.* Moderado, escaso, limitado.
modificable *adj.* Que se puede modificar.
modificación *f.* Acción y efecto de modificar. 2 Cambio en los caracteres de un individuo, a causa de la influencia del medio.
modificar *tr.* y *prnl.* Alterar alguna característica de alguien o algo. 2 Transformar una cosa cambiando alguno de sus accidentes.

modismo *m.* Locución, grupo de palabras que posee un determinado significado.
modista *com.* Persona que hace o diseña vestidos de mujer.
modistería *f. Amér.* Tienda de modas.
modo *m.* Forma variable y determinada que puede recibir un ser, sin que cambie su esencia. 2 Cortesía, amabilidad. (Suele usarse en plural.) 3 Cada una de las categorías gramaticales de la conjugación de un verbo: *indicativo, imperativo, infinitivo, potencial* y *subjuntivo.* 4 Disposición de los sonidos de una escala musical.
modulación *f.* Acción y efecto de modular. 2 Entonación en el habla. 3 Paso de un tono musical a otro. 4 Modificación de las características de una onda para transmitir una señal. Puede ser *de amplitud, de frecuencia* o *de fase.*
modular *intr.* Pasar de una tonalidad musical a otra. 2 Cambiar de tono al hablar o al cantar. 3 Modificar las oscilaciones de una onda.
módulo *m.* Medida tomada como unidad para las proporciones de algo. 2 Modelo, patrón. 3 Aparato para regular una corriente. 4 Diámetro de una medalla o moneda. 5 Cada uno de los pabellones de un edificio. 6 Cada una de las piezas movibles que forman ciertos muebles.
mofa *f.* Burla, escarnio.
mofar *intr.* y *prnl.* Hacer mofa, burlarse.
mogollón *m.* Acción de entremeterse uno en donde no le llaman. 2 *fam.* Multitud. 3 *fam.* Bullicio, alboroto.
mohín *m.* Mueca.
mohíno -na *adj.* Triste, melancólico, disgustado. 2 Se dice del animal hijo de caballo y burra. 3 Se dice de las caballerías y reses vacunas que tienen el pelo y el hocico muy negros. 4 *m.* Rabilargo, pájaro. 5 En el juego, aquel contra quien van todos los demás jugadores. 6 Enojo, ira.
moho *m.* Nombre de varios hongos formados por micelios filamentosos y ramificados, de los cuales salen vástagos terminados por esporangios. Viven sobre materias orgánicas. 2 Capa formada sobre un cuerpo metálico por alteración química de su materia, como la herrumbre o el cardenillo.
mojar *tr.* y *prnl.* Humedecer, empapar. 2 *tr.* Apuñalar. 3 *fam.* Celebrar algo con bebida. 4 *intr.* Tener parte en un negocio.
mojarra *f.* Pez perciforme de los espáridos, de unos 20 cm de largo, cuerpo ovalado, flancos dorados y manchas negras en la cola y en la nuca. Vive en el Mediterráneo. 2 Barca para la pesca de atunes.
mojicón *m.* Bizcocho o pedazo de pan que se toma embebido en leche o chocolate. 2 *fam.* Puñetazo dado en la cara.

mojigato -ta *adj. y n.* Que aparenta humildad o cobardía. **2** Santurrón, beato.

molar *adj.* Relativo a la muela. **2** Apto para moler. **3** *adj. y m.* Se dice de los dientes situados en el fondo de la cavidad bucal.

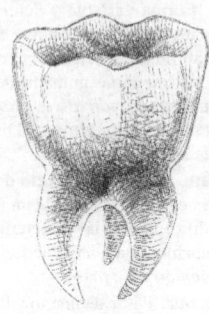

molar

moldar *tr.* Amoldar. **2** Moldurar.

molde *m.* Pieza de la que sale en hueco una figura que se reproduce en una materia derretida o blanda que en él se vacía. **2** Cualquier instrumento que sirve para estampar o para dar forma o cuerpo a algo. **3** Huella. **4** Grupo de letras dispuestas para imprimir. **5** *Amér.* Patrón de una prenda de vestir.

moldear *tr.* Moldurar. **2** Vaciar una materia para conseguir un molde. **3** Echar material derretido o blando en un molde para formar una figura. **4** Dar forma al cabello. **5** Educar.

mole *f.* Cosa de gran tamaño.

molécula *f.* QUÍM Estructura formada por un número determinado de átomos, dispuestos de una forma siempre igual, y que constituye la menor unidad que puede existir de un cuerpo en estado libre.

moler *tr.* Reducir a polvo. **2** Cansar, fatigar. **3** Destruir, maltratar. **4** Molestar, aburrir.

molestar *tr. y prnl.* Causar molestia. **2** *tr.* Fastidiar, enojar.

molestia *f.* Circunstancia o acción que perturba el estado físico o anímico. **2** Enfado, fastidio, desagrado.

molicie *f.* Blandura de las cosas al tacto. **2** Inclinación a la comodidad y al ocio.

molienda *f.* Acción de moler. **2** Porción de cereales, aceitunas, etc., que se muele de una vez. **3** Temporada que dura la operación de moler la aceituna, la caña de azúcar o el trigo.

molinete *m.* En esgrima, movimiento circular hecho con el arma alrededor de la cabeza. **2** Juguete consistente en un palo en cuya punta hay una cruz o una estrella de papel que gira movida por el viento. **3** Danza en que los bailarines, asidos de las manos, giran en varias direcciones. **4** Dispositivo regulador del paso a la entrada de una estación de metro, un edificio público, etc.

molino *m.* Máquina para moler, quebrantar, machacar, elevar agua, laminar o estrujar. **2** Lugar donde hay un molino.

mollera *f.* Parte más elevada del cráneo. **2** Seso, cacumen. **3** Parte de cráneo todavía sin osificar.

moluscos *m. pl.* Tipo de animales metazoos celomados protóstomos (el orificio bucal embrionario se convierte en abertura bucal en el individuo desarrollado). Tienen el cuerpo con simetría bilateral y sin segmentar. El cuerpo se divide en cuatro sectores: cabeza, pie musculoso, masa visceral y manto.

momentáneo -a *adj.* Que dura muy poco. **2** Que se ejecuta rápidamente. **3** Provisional.

momento *m.* Instante de tiempo. **2** Porción muy breve de tiempo.

momia *f.* Cadáver disecado que puede ser conservado indefinidamente. **2** fig. Persona flaca y morena. **3** fig. Persona aturdida.

momificar *tr. y prnl.* Convertir en momia un cadáver. **2** *prnl.* fig. Quedarse anticuado.

monaguillo -lla *m. y f.* Ayudante del sacerdote en la misa y en otras funciones.

monarca *m.* Soberano de una monarquía.

monarquía *f.* Forma de gobierno en que el poder es ejercido por una sola persona.

monasterio *m.* Lugar donde vive una comunidad de monjes o monjas. **2** Por extensión, casa religiosos y religiosas.

mondadientes *m.* Palillo para limpiar los dientes.

mondar *tr.* Quitar lo superfluo. **2** Podar. **3** Quitar la cáscara, la corteza, la piel o la vaina de los frutos. **4** Limpiar el cauce de un río, canal o acequia. **5** Rapar. **6** fam. Robar.

mondongo *m.* Intestinos y panza de las reses, especialmente los del cerdo. **2** Por extensión, los del hombre. **3** *Amér. Central.* Traje ridículo.

moneda *f.* Pieza metálica acuñada, usada para realizar transacciones, con diversas formas, aleaciones y valores. **2** Conjunto de signos representativos del dinero que circula en un Estado. **3** Dinero, caudal.

monedero *m.* Fabricante de moneda. **2** Saquito o cartera para llevar dinero en metálico.

monería *f.* Monada. **2** Acción graciosa de un niño. **3** Acción molesta y estúpida.

monetario -ria *adj.* Relativo a la moneda. **2** Por extensión, relativo al dinero. **3** *m.* Colección de monedas y medallas, y lugar donde se guardan.

monetarismo *m.* Doctrina que defiende la existencia de una relación entre el volumen de la masa monetaria y la economía en general.

mongolismo *m.* Síndrome congénito provocado por la detención del desarrollo embrionario del encéfalo, debida a una alteración cromosómica por la que el individuo posee 47 cromosomas en vez de 46. Se caracteriza por el retraso mental y unos rasgos físicos comunes a todos los individuos afectados. Fue descrito por el británico J. L. H. Down (1866).
monigote *m.* Lego de convento. **2** Persona ignorante e influenciable. **3** Muñeco, títere. **4** Pintura o dibujo mal hecho.
monitor[1] **-ra** *m.* y *f.* Persona que amonesta o avisa. **2** Persona que guía el aprendizaje deportivo, cultural, etc.
monitor[2] *m.* Aparato para verificar la calidad de una señal en cualquier punto de la cadena de transmisión.
monje -ja *m.* y *f.* Individuo de una orden religiosa que vive en un monasterio. **2** Miembro de una orden monacal. **3** *f. pl.* Partículas encendidas que quedan en un papel quemado.
mono -na *adj.* Bonito, lindo y atractivo. Se dice especialmente de los niños y cosas pequeñas. **2** *m.* y *f.* Nombre dado a los primates de los cébidos, cercopitécidos, calitrícidos y póngidos. **3** Persona que hace monerías. **4** *m.* Figura humana o de animal, hecha de cualquier materia, pintada o dibujada, especialmente humorística. **5** Traje de faena de una sola pieza y de tela resistente.
monóculo *m.* Lente para un solo ojo. **2** Vendaje o parche para un solo ojo.
monogamia *f.* Unión entre una sola mujer y un solo hombre.
monógamo -ma *adj.* y *n.* Que tiene sólo un cónyuge. **2** Que se ha casado una sola vez. **3** Se dice de los animales en que el macho sólo se aparea con una hembra.
monografía *f.* Descripción y tratado especial de una ciencia o de algún asunto.
monograma *m.* Dibujo formado con el nombre o las iniciales de una persona, entidad, etc.
monolingüe *adj.* Que habla una sola lengua. **2** Que está escrito en un solo idioma.
monolito *m.* Monumento de piedra de una sola pieza.
monólogo *m.* Soliloquio. **2** Obra dramática en que habla un solo personaje.
monomanía *f.* Locura o delirio sobre una sola idea o un solo orden de ideas. **2** Afición desmedida por algo.
monopatín *m.* Juguete que consta de una tabla con dos o cuatro ruedas.
monopolio *m.* Forma de mercado en que la oferta de un producto se concentra en un solo vendedor. **2** Convenio entre varias empresas competidoras, por el que regulan sus precios. **3** Acaparamiento. **4** Dominio o influencia exclusiva.
monopolizar *tr.* Tener la exclusiva explotación de un negocio.
monosílabo -ba *adj.* y *n.* Se dice de la palabra de una sola sílaba.
monoteísmo *m.* Doctrina teológica que afirma la existencia de un solo Dios.
monotonía *f.* Igualdad de tono en la voz o en la música. **2** Falta de variedad, rutina.
monóxido *m.* Óxido que contiene un solo átomo de oxígeno en su molécula.
monseñor *m.* Tratamiento dado a ciertos cargos o dignidades eclesiásticas o nobiliarias.
monstruo *m.* Ser vivo de conformación anormal en su especie. **2** Cosa grande y extraordinaria. **3** Ser fabuloso de cuentos y leyendas. **4** Persona, animal o cosa muy fea. **5** Persona cruel y perversa. **6** Persona muy dotada, genio.
monstruosidad *f.* Desorden grave en la proporción natural de las cosas. **2** Suma fealdad. **3** Hecho o acción monstruosa.
monstruoso -sa *adj.* Que es contra el orden de la naturaleza. **2** Grande, extraordinario. **3** Muy feo. **4** Perverso, cruel.
monta *f.* Acción y efecto de montar. **2** Lugar o tiempo en que el caballo o asno cubre a la hembra. **3** Suma de varias partidas. **4** Valor, calidad.
montacargas *m.* Ascensor para elevar pesos.
montador -ra *m.* y *f.* Jinete. **2** Persona especializada en el montaje de máquinas y aparatos. **3** Persona especializada en el montaje de una película. **4** *m.* Montadero.
montante *adj.* Que importa, monta o tiene determinada cuantía. **2** *m.* Listón o columnita que divide el vano de una ventana. **3** Pieza vertical donde se asienta algo. **4** Importe, monto, cuantía. **5** *f.* Pleamar.
montaña *f.* Gran elevación natural del terreno. **2** Territorio cubierto de montes. **3** fig. Dificultad, obstáculo.
montañoso -sa *adj.* Relativo a las montañas. **2** Abundante en montañas.
montar *intr.* y *prnl.* Subir encima de una cosa. **2** *intr.* Ser una cosa de importancia. **3** *tr.* Armar las piezas de una máquina. **4** Engastar piedras preciosas. **5** Realizar un espectáculo. **6** Hacer el montaje de una película. **7** Componer un libro o una revista. **8** Abrir un negocio. **9** Cargar un arma de fuego. **10** Batir la clara del huevo.
montaraz *adj.* Que está habituado a andar por el monte o que se ha criado en él. **2** Se dice de la persona agreste, grosera y feroz. **3** *m.* Guarda de montes o heredades.
monte *m.* Montaña. **2** Tierra inculta cubierta de arbustos y matas. **3** fig. Inconveniente grave. **4**

Cartas o fichas que, en ciertos juegos, quedan para robar cuando los jugadores fallan. **5** Juego de envite y azar en el cual se apuestan dos cartas de encima del montón y dos de debajo, y gana el que ha apostado por el naipe extraído del montón.

montería *f.* Partida de caza mayor. **2** Arte de cazar.

montés -sa *adj.* Que anda o vive por el monte.

monto *m.* Suma de varias partidas, monta.

montón *m.* Conjunto desordenado de cosas puestas unas encima de otras. **2** Número considerable de cosas.

montonera *f.* Montón, gran cantidad. **2** *Amér. Merid.* En las guerras civiles, grupo de gente armada a caballo.

montonero -ra *m. y f.* Persona que sólo provoca la pelea cuando está acompañado.

montura *f.* Bestia en que se puede cabalgar. **2** Conjunto de arreos de una caballería. **3** Montaje. **4** Soporte de los instrumentos astronómicos de observación. **5** Armadura en que se colocan los cristales de las gafas.

monumental *adj.* Relativo al monumento. **2** Excelente, señalado en su línea.

monumento *m.* Obra escultórica o arquitectónica, conmemorativa de una persona o un hecho. **2** Cualquier obra arquitectónica notable. **3** Obra científica o literaria de gran valor. **4** Documento de carácter histórico. **5** Lugar donde se expone la eucaristía en Jueves Santo. **6** fam. Persona muy atractiva.

monzón *m.* Cada uno de los vientos que cambian de dirección según la estación, originados por la oscilación de la temperatura. El régimen monzónico rige principalmente en el SE de Asia y E de África, donde las lluvias aportan gran fertilidad al suelo.

moña[1] *f.* Muñeca. **2** Maniquí.

moña[2] *f.* Lazo para adornar la cabeza. **2** Adorno que se coloca en la divisa de los toros. **3** Lazo que se coloca en la coleta del torero.

moño *m.* Ovillo que se hace con el cabello para tenerlo recogido o como adorno. **2** Lazo de cintas. **3** Grupo de plumas de la cabeza de algunas aves. **4** *pl.* Adornos de mal gusto.

moqueta *f.* Tejido fuerte usado para cubrir el suelo o las paredes de una habitación.

mora[1] *f.* Tardanza en cumplir una obligación.

mora[2] *f.* Fruto del moral, de unos 2 cm de largo, formado por la agregación de globulillos carnosos. **2** Fruto de la morera.

morada *f.* Casa o habitación. **2** Residencia continuada en un lugar.

morado -da *adj. y m.* De color violeta. **2** *m.* Moradura.

moral[1] *adj.* Relativo al comportamiento de las personas. **2** Ciencia que trata de la bondad o malicia de las acciones humanas. **3** Conjunto de normas de comportamiento de una sociedad.

moral[2] *m.* Árbol de las moráceas, de 10-15 m de alto, hojas acorazonadas y dentadas, flores unisexuales y fruto en drupas negras.

moraleja *f.* Enseñanza que se deduce de un cuento, fábula o narración.

moralidad *f.* Conformidad de los actos de alguien con sus principios. **2** Moraleja.

moralismo *m.* Actitud que da supremacía a las normas morales sobre cualquier otro valor.

moralista *com.* Profesor de moral. **2** Autor o estudioso de temas de moral. **3** Persona que acostumbra dar consejos morales.

moralizar *tr. y prnl.* Reformar las costumbres, haciéndolas morales. **2** *intr.* Dar consejos morales.

morar *intr.* Habitar habitualmente en un lugar.

morbo *m.* Alteración de la salud del cuerpo, enfermedad.

morboso -sa *adj.* Relativo o perteneciente a la enfermedad. **2** Que causa o denota enfermedad. **3** Que provoca reacciones mentales insanas o que es resultado de ellas.

morcilla *f.* Embutido de sangre cocida, con arroz, cebolla, etc. **2** Añadidura de palabras de un actor en una obra. **3** Cosa deforme.

morcillo[1] *m.* Parte carnosa del brazo, desde el hombro hasta el codo.

morcillo[2] **-lla** *adj.* Se dice del caballo o la yegua de color negro con viso rojizo.

mordaz *adj.* Corrosivo. **2** Áspero, picante. **3** Que critica con acritud e ingenio.

mordaza *f.* Instrumento que se pone en la boca para impedir el hablar. **2** Aparato usado en la castración de animales.

mordedura *f.* Acción y efecto de morder.

morder *tr. y prnl.* Asir y apretar algo con los dientes. **2** *tr.* Mordiscar. **3** Asir fuertemente. **4** Gastar poco a poco o quitar partes pequeñas de algo, limar. **5** Corroer un metal un ácido. **6** fig. Murmurar o criticar con acritud. **7** Clavar el ancla en el fondo. **8** *Amér.* Timar.

mordido -da *adj.* Menoscabo, escaso, limado. **2** *m.* Efecto de la acción de un ácido sobre una lámina. **3** *f. Amér.* Dinero obtenido de un particular por un funcionario, como soborno.

mordisco *m.* Acción y efecto de mordiscar. **2** Mordedura de carácter leve. **3** Pedazo que se saca de una cosa mordiéndola. **4** fig. Parte de beneficio sacada de un negocio o un juego.

moreno -na *adj.* De color oscuro. **2** *adj. y n.* Se dice de la piel y el cabello menos claros en la raza blanca. **3** Mulato, negro. **4** *f.* Riña, pendencia.

morfema *m.* Elemento mínimo de una lengua.

morfina *f.* $C_{17} H_{19} O_3 N$. Alcaloide del opio, muy amargo, blanco y cristalino. Se usa como analgésico, y crea fácilmente dependencia.

morfología *f.* Parte de la biología que estudia la forma de los seres vivos. **2** Parte de la geología que estudia la forma del relieve terrestre. **3** Parte de la lingüística que estudia las palabras como unidad fonética y de significado.

moribundo -da *adj. y n.* Que está muy cercano a morir.

morir *intr. y prnl.* Acabar la vida. **2** Acabar del todo una cosa. **3** Sentir intensamente un afecto, una pasión, etc.: *morir de hambre, de risa.* **4** *intr.* Cesar.

morisco -ca *adj.* Moruno. **2** *adj. y n.* Se dice de los descendientes de musulmanes que permanecieron en la península Ibérica tras la Reconquista.

moro -ra *adj. y n.* De la ant. prov. de Mauritania. **2** Se dice del que no ha sido bautizado. **3** *adj.* Se dice del vino no aguado. **4** Se dice del caballo o yegua calzado, con una estrella blanca en la frente. **5** Se dice del caballo tordo.

morocho -cha *m. y f. R. Plata.* Persona morena o de pelo negro.

morosidad *f.* Lentitud, dilación, pereza. **2** Falta de actividad o puntualidad.

moroso -sa *adj.* Que incurre en morosidad. **2** *m. y f.* Que se retrasa en el pago de una deuda.

morral *m.* Talego que se cuelga de la cabeza de las bestias, para darles de comer. **2** Especie de macuto de pastor.

morrillo *m.* Testuz de las reses. **2** Cogote abultado. **3** Canto rodado.

morro *m.* Hocico de un animal. **2** Saliente que forman los labios, especialmente si son abultados. **3** Cualquier cosa semejante a un hocico. **4** Monte o peñasco que sirve de referencia. **5** Guijarro redondo. **6** Saliente de un malecón o dique. **7** *fam.* Desvergüenza.

morrocotudo -da *adj. fam.* Magnífico, excelente.

morsa *f.* Mamífero carnívoro de más de 5 m de largo, piel gruesa y grandes colmillos. Vive en manadas en el N y E del Atlántico y en el N del Pacífico.

mortadela *f.* Embutido grueso que se hace con carne de cerdo y de vaca.

mortaja *f.* Vestidura en que se envuelve un cadáver. **2** *Amér.* Hoja de papel de fumar.

mortal *adj. y com.* Que ha de morir o sujeto a la muerte. **2** *adj.* Que puede causar la muerte. **3** Se dice de las pasiones que mueven a desear la muerte. **4** *fig.* Fatigoso, abrumador. **5** *fig.* Decisivo.

mortalidad *f.* Calidad de mortal. **2** Número de defunciones en una población, lugar y tiempo determinados.

mortandad *f.* Multitud de muertes causadas por una epidemia, un cataclismo o una guerra.

mortecino -na *adj.* Bajo, apagado, sin vigor.

mortero *m.* Utensilio de madera, piedra, metal, etc., a manera de vaso, para machacar sustancias. **2** Pieza de artillería de gran calibre y corto alcance. **3** Piedra sobre la cual ruedan las muelas de molino. **4** Argamasa usada en albañilería.

mortífero -ra *adj.* Que puede causar la muerte.

mortificar *tr. y prnl.* Privar de vitalidad una parte del cuerpo. **2** Domar las pasiones castigando el cuerpo. **3** Afligir, desazonar. **4** *tr.* Dañar gravemente un órgano o tejido.

mortuorio -ria *adj.* Relativo al muerto o a las honras fúnebres. **2** *m.* Serie de preparativos con motivo de un fallecimiento.

mosaico -ca *adj. y m.* Se dice de la decoración de una superficie mediante la incrustación de trozos de piedra, mármol, etc. **2** Se dice del suelo de baldosas en el piso de los edificios **3** Nombre de varias enfermedades víricas de las plantas, que producen manchas en las hojas.

mosca *f.* Nombre de varios insectos dípteros de los múscidos, que se aplica también a otros insectos de diferentes órdenes. **2** Pelo entre el labio inferior y la barbilla. **3** Mota, mancha. **4** *fam.* Dinero. **5** Categoría más ligera de boxeo, inferior a los 51 kg. **6** Artilugio usado como cebo para pescar. **7** *fam.* Persona molesta y pesada. **8** *pl.* Chispas que saltan de la lumbre. **9** *adj.* Receloso.

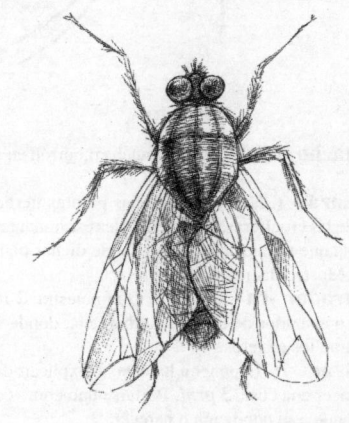

mosca

moscardón *m.* Nombre de varios insectos dípteros de los múscidos, de cuerpo oscuro y velloso, que zumba al volar. **2** Moscarda. **3** Avispa grande. **4** fam. Hombre importuno y pesado.

moscatel   *adj.* y *com.* Variedad de uva de granos aovados y muy dulces. **2** *adj.* Se dice del viñedo que la produce y del vino que se hace de ella.

mosqueador   *m.* Especie de abanico para ahuyentar las moscas. **2** fig. Cola de una caballería o de una res vacuna.

mosquear   *tr.* y *prnl.* Ahuyentar las moscas. **2** *prnl.* fig. Resentirse uno por creerse ofendido. **3** fig. Recelar, sospechar.

mosquete   *m.* Arma de fuego antigua, de mayor calibre que el fusil, que se disparaba apoyándola sobre una horquilla.

mosquitero   *m.* Colgadura de cama, hecha de gasa, para evitar picaduras de mosquitos. **2** Tela de metal o plástico colocada en puertas y ventanas, para evitar la entrada de insectos.

mosquito   *m.* Nombre común a varios insectos dípteros de la familia culícidos y afines. Tienen el abdomen delgado y las alas transparentes. El aparato bucal es de tipo picador-chupador, y la mayoría de las especies son de tamaño pequeño, con las patas más largas que el cuerpo. Entre las especies que pican para chupar sangre, sólo lo hacen las hembras; los machos se alimentan de jugos vegetales.

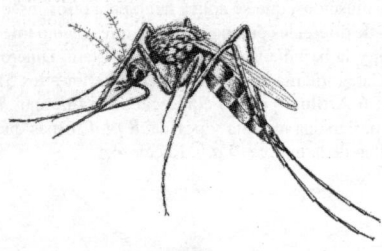

mosquito

mostacho   *m.* Bigote. **2** Mancha o borrón en el rostro.

mostaza   *f.* Nombre de varias plantas herbáceas de las crucíferas, de propiedades estimulantes. **2** Salsa que se hace con la semilla de dichas plantas. **3** Mostacilla, munición.

mostrador -ra   *adj.* y *n.* Que muestra. **2** *m.* Mesa o aparador de una tienda, bar, etc., donde se muestran los géneros.

mostrar   *tr.* Exponer a la vista. **2** Explicar, dar a conocer una cosa. **3** *prnl.* Portarse uno como corresponde a su condición o parecer.

mostrenco -ca   *adj.* Se dice de los bienes sin dueño conocido que se atribuyen al Estado. **2** fam. Se dice del que no tiene casa ni hogar. **3** fam. Ignorante, torpe. **4** fam. Gordo, pesado.

mostacho

mota   *f.* Defecto de un tejido. **2** Partícula de hilo que se pega a los vestidos. **3** Defecto pequeño. **4** Montón de tierra con que se desvía el paso del agua en una acequia. **5** Eminencia de poca altura en un llano.

mote^1 *m.* Sobrenombre. **2** Lema de los caballeros medievales. **3** *Amér.* Error al hablar o escribir.

mote^2 *m. Amér.* Maíz cocido con sal.

motel   *m.* Hotel situado junto a una carretera.

motín   *m.* Levantamiento popular contra una autoridad.

motivación   *f.* Acción y efecto de motivar. **2** Causa que justifica, motivo.

motivar   *tr.* Dar causa o motivo. **2** Explicar las razones por las que se ha hecho algo.

motivo -va   *adj.* Que puede mover. **2** *m.* Causa, razón. **3** Tema de una composición musical. **4** Argumento de un discurso. **5** Adorno repetido.

motocicleta   *f.* Vehículo automóvil de dos ruedas con uno o dos sillines.

motocross   *m.* Especialidad del motociclismo que consiste en una carrera que se disputa en un circuito trazado en un terreno muy accidentado.

motor -ra   *adj.* y *n.* Que produce movimiento. **2** *m.* Máquina que transforma en energía mecánica otra forma de energía. **3** *f.* Embarcación menor con motor.

motorizar   *tr.* y *prnl.* Dotar de medios mecánicos de tracción. **2** *prnl.* Comprarse un automóvil.

motricidad   *f.* Actividad motriz voluntaria del organismo regulada por el sistema nervioso central, que determina la contracción de la musculatura esquelética.

motriz   *adj.* y *f.* Que mueve.

movedizo -za   *adj.* Fácil de moverse. **2** Inseguro, poco firme. **3** Que se mueve o agita.

mover   *tr.* y *prnl.* Trasladar algo de un lugar a otro.

movible *adj.* Que puede moverse o ser movido. **2** Variable, voluble.

móvil *adj.* Movible. **2** Que no tiene estabilidad. **3** *adj.* y *m.* Se dice del sello o timbre que se pega en un documento. **4** *m.* Lo que mueve a una cosa. **5** Objeto formado por varias piezas unidas por cables o alambres, que se mueve mecido por el viento.

movilizar *tr.* Poner en actividad tropas, etc. **2** Incorporar a filas. **3** Poner en pie de guerra. **4** *tr.* y *prnl.* Preparar para un fin.

movimiento *m.* Acción y efecto de mover o moverse. **2** Cambio de lugar o posición. **3** Alteración numérica en una cuenta bancaria, una estadística, etc. **4** Alzamiento, rebelión.

mozo -za *adj.* y *n.* Joven. **2** Soltero. **3** *m.* y *f.* Persona que sirve en oficios modestos. **4** Camarero. **5** *m.* Individuo en período de servicio militar, antes de entrar en caja. **6** Puntal. **7** Perchero. **8** *f.* Pala de las lavanderas.

motocicleta

muchacho -cha *m.* y *f.* Niño o niña que no ha llegado a la adolescencia. **2** Criado joven. **3** *adj.* y *n.* Persona menor de edad.

muchedumbre *f.* Abundancia de personas o cosas.

mucho -cha *adj.* Abundante, numeroso, que excede a lo normal o necesario. **2** *adv. c.* Con abundancia, en gran cantidad; de gran valor. **3** Con el verbo *ser* y seguido de *que*, y en frases exclamativas o interrogativas, indica sorpresa o contrariedad: *mucho será que no llueva hoy*. **4** *adv. af.* fam. Sí, seguro.

mucosidad *f.* Moco. **2** Sustancia viscosa parecida al moco.

muda *f.* Acción de mudar. **2** Ropa que se muda de una vez. **3** Cambio de voz que experimentan los muchachos en la adolescencia. **4** Tiempo o acto de cambiar la pluma o la piel ciertos animales.

mudanza *f.* Acción y efecto de mudar o mudarse. **2** Traslado de los muebles de una casa o habitación a otra. **3** Serie de movimientos que se hacen a compás en un baile. **4** Inconstancia.

mudar *tr.* Dar otra naturaleza, estado y figura a una persona o cosa. **2** Dejar una cosa y tomar en su lugar otra. **3** Variar, cambiar. **4** fam. Defecar.

mudo -da *adj.* y *n.* Privado de la facultad de hablar. **2** *adj.* Muy silencioso o callado.

mueble *adj.* y *n.* Se dice de los objetos que pueden ser trasladados de lugar. **2** *f.* Cada una de las piezas de un mobiliario.

mueca *f.* Contracción del rostro, generalmente burlesca.

muela *f.* Disco de piedra que gira sobre una base, para moler lo que se echa en medio. **2** Piedra usada para afilar. **3** Diente molar. **4** Cerro escarpado y plano. **5** Cerro artificial. **6** Cantidad de agua capaz de mover una rueda de molino. **7** Corro, juego. **8** Almorta.

muelle *m.* Construcción en la orilla del mar, río o lago, para el amarre y refugio de las embarcaciones. **2** Andén de las estaciones de ferrocarril, para carga y descarga.

muerte *f.* Cesación o término de la vida. **2** Separación del cuerpo y del alma. **3** Homicidio.

muerto -ta Participio pasivo irregular de *morir*. **2** Se usa con significado transitivo, como participio pasivo de *matar*. **3** *adj.* y *n.* Sin vida. **4** *adj.* Se dice del yeso o la cal apagados.

muestra *f.* Porción de un producto o mercancía que sirve para conocer su calidad. **2** Modelo que se ha de copiar o imitar. **3** Primer fruto de las plantas. **4** Rótulo a la puerta de un establecimiento comercial. **5** Detención del perro cazador que ha hallado la caza. **6** Esfera del reloj. **7** En algunos juegos de naipes, carta que indica el palo. **8** Revista militar.

muestrario *m.* Colección de muestras de mercaderías.

muestreo *m.* Selección de muestras representativas de la calidad o características medias de un todo. **2** Técnica empleada para esta selección.

mugido *m.* Voz del toro y de la vaca.

mugre *f.* Grasa, suciedad.

mujer *f.* Persona del sexo femenino. **2** La que ha llegado a la pubertad. **3** Esposa.

mujeriego -ga *adj.* Se dice del hombre dado a mujeres. **2** *m.* Mujerío.

muladar *m.* Lugar donde se echa estiércol o basura. **2** Lo que ensucia o mancha.

mulato -ta *adj.* y *n.* Se dice del mestizo de las razas negra y blanca. **2** *adj.* De color moreno. **3** *m. Amér.* Mineral de plata oscuro.

muleta *f.* Palo con un travesaño extremo, en que apoya la axila o el codo el que tiene dificultad de andar. **2** Palo que sostiene una tela roja, usado por el torero para engañar al toro. **3** Cosa donde se apoya algo.

muletilla *f.* Bastón cuyo puño forma travesaño. **2** Botón largo de pasamanería, sujeto con una trencilla. **3** Voz o frase que se repite mucho por hábito.

mullir *tr.* Ahuecar y esponjar una cosa para que esté blanda y suave.

mulo -la *m. y f.* Animal resultante del cruzamiento entre asno y caballo. Puede ser macho o hembra, y ésta casi siempre es infecunda. **2** fam. Persona fuerte. **3** fam. Persona tozuda y torpe. **4** *f. Amér. Central.* Borrachera. **5** *R. Plata.* Embuste. **6** *f. pl. Amér.* Género difícil de vender.

multa *f.* Pena pecuniaria por una infracción.

multar *tr.* Imponer una multa.

multicolor *adj.* De muchos colores.

multifamiliar *adj. y m. Amér.* Se dice del edificio con numerosos apartamentos, cada uno de ellos destinado para una familia.

multiforme *adj.* Que tiene varias figuras o formas.

multimillonario -ria *adj. y n.* Se dice de la persona propietaria de una gran fortuna.

multinacional *adj.* Relativo a varias naciones. **2** *adj. y f.* Se dice de la empresa o grupo de empresas que mantiene actividades en varios países.

múltiple *adj.* Vario, diverso, complejo.

multiplicación *adj.* Acción y efecto de multiplicar. **2** Operación de hallar el producto de dos o más factores, tomando uno de ellos *(multiplicando)* tantas veces por sumando como unidades contiene el otro *(multiplicador)*.

multiplicar *tr. y prnl.* Aumentar considerablemente el número o la cantidad de algo. **2** *tr.* Realizar una multiplicación. **3** *intr. y prnl.* Afanarse, desvelarse.

múltiplo -pla *adj. y n.* Se dice del número que contiene a otro varias veces exactamente.

multitud *f.* Número grande de personas o cosas. **2** El común de la gente, vulgo.

mundano -na *adj.* Relativo al mundo. **2** Se dice de la persona que frecuenta las reuniones sociales.

mundial *adj.* Relativo a todo el mundo.

mundo *m.* Universo. **2** La Tierra, y la esfera que la representa. **3** Parte de la sociedad humana caracterizada por alguna circunstancia común a sus individuos. **4** Género humano. **5** Baúl grande.

munición *f.* Serie de equipos necesarios para un ejército en una guerra. **2** Carga de las armas de fuego. **3** Perdigones para la caza menor.

municipio *m.* División administrativa de un Estado, que comprende un territorio y un núcleo urbano, regidos por un ayuntamiento. **2** Conjunto de habitantes de este territorio. **3** Ayuntamiento.

muñeca *f.* Parte del cuerpo humano, en donde se articula la mano con el antebrazo. **2** Juguete en forma de figura de mujer o de niña. **3** Maniquí para vestidos de mujer. **4** Bolsita de trapo que encierra alguna sustancia. **5** Lío de trapo usado para barnizar o humedecer algo. **6** Hito, mojón.

muñeco *m.* Juguete en forma de figura de hombre o de niño. **2** fam. Hombre manejable. **3** fam. Joven frívolo y afeminado.

muñequero -ra *m. y f.* Persona que fabrica o vende muñecos. **2** *f.* Tira elástica o de cuero para sujetar la muñeca. **3** Pulsera de reloj. **4** Pulsera de adorno.

muñón *m.* Parte de un miembro que queda después de su amputación. **2** Cada una de las piezas que sostiene el cañón sobre la cureña.

mural *adj.* Relativo al muro. **2** Adherido a un muro. **3** *m.* Pintura o decoración aplicada a un muro.

muralla *f.* Obra defensiva que rodea una población, fuerte o territorio.

murciélago *m.* Nombre común de las especies de mamíferos de los quirópteros. Son los únicos mamíferos dotados de la capacidad de vuelo activo. Otra característica peculiar de este grupo es su capacidad de orientarse mediante el eco que producen los ultrasonidos que emiten (este fenómeno se denomina *ecolocación*). De este modo, son capaces de localizar con gran precisión los obstáculos o las presas en la oscuridad. La mayoría de las especies son de vida crepuscular o nocturna.

murmullo *m.* Ruido que se hace hablando, cuando no se percibe lo que se dice. **2** Susurro. **3** Ruido confuso y continuo de algunas cosas.

murmuración *f.* Conversación en perjuicio de un ausente.

murmurar *intr.* Hacer un ruido blando y apacible el agua o el viento. **2** *intr. y tr.* Hablar entre dientes, manifestando disgusto. **3** Censurar las acciones de un ausente.

muro *m.* Pared o tapia. **2** Muralla.

musa *f.* Según la mitología griega, cada una de las hijas de Zeus y Mnemosine que cantaban en el monte Helicón. **2** Ingenio poético propio de cada poeta. **3** Poesía. **4** *pl.* Ciencias y artes humanísticas.

musculatura *f.* Conjunto y disposición de los músculos.

músculo *m.* Cada uno de los órganos formados por fibras contráctiles, que producen o contrarrestan los movimientos, en el hombre y los animales. Pueden ser de contracción voluntaria o involuntaria.

musculoso -sa *adj.* Se dice del miembro que tiene músculos. **2** Que tiene músculos muy abultados y visibles.

músculos

museo *m.* Lugar donde, con finalidades culturales, se guardan y exhiben objetos artísticos, científicos o técnicos. **2** Por extensión, lugar donde hay muchos objetos artísticos.

musgos *m. pl.* Clase de plantas criptógamas briófitas, de protonema desarrollado y filiforme, y gametófitos en forma de cromos. Crecen en las zonas húmedas de todo el mundo.

música *f.* Arte de combinar los sonidos. **2** Obra musical. **3** Ruido desagradable.

musical *adj.* Relativo a la música. **2** *adj.* y *m.* Comedia musical.

músico -ca *adj.* Relativo a la música. **2** *com.* Persona que ejerce, profesa o sabe el arte de la música.

mustio -tia *adj.* Lánguido, marchito. **2** Melancólico, triste.

mutación *f.* Acción y efecto de mudar. **2** Cada una de las variaciones escenográficas de una obra teatral. **3** Variación meteorológica notable. **4** Alteración en la dotación genética de un individuo. **5** Cambio fonético.

mutilar *tr.* y *prnl.* Cercenar un miembro. **2** Quitar una parte de cualquier cosa.

mutismo *m.* Silencio.

mutualidad *f.* Calidad de mutuo. **2** Asociación de personas para cubrir unos riesgos comunes mediante el pago de unas cuotas.

mutuo -tua *adj.* y *n.* Se dice de lo que recíprocamente se hace entre dos o más seres. **2** *m.* Contrato civil por el cual una persona entrega alguna cosa fungible a otra, que se obliga a restituir otra tanta cantidad de género en fecha determinada. **3** *f.* Mutualidad.

muy *adv.* Se antepone a adjetivos y adverbios para indicar superlativo.

my *f.* Letra del alfabeto griego, que equivale a la *eme.*

n *f.* Decimocuarta letra del alfabeto castellano, y undécima de sus consonantes. Su nombre es *ene*.

nabo *m.* Planta bianual de raíz carnosa blanca o amarillenta, hojas oblongas y lanceoladas, flores en espiga terminal y fruto seco en vainillas cilíndricas; se emplea como alimento y como forraje. **2** Cualquier raíz gruesa. **3** fig. Tronco de la cola de las caballerías.

nácar *m.* Parte interna de la concha de los moluscos, formada por conquiolina y carbonato cálcico. Se emplea en la fabricación de botones.

nacer *intr.* Venir al mundo saliendo del seno materno o de un huevo en las especies ovíparas. **2** Brotar el vegetal de su semilla. **3** Tomar principio una cosa de otra.

nacer

naciente *adj.* Que nace. **2** fig. Muy reciente. **3** *m.* Este, punto cardinal. **4** *f. R. Plata.* Lugar donde tiene su nacimiento un curso fluvial.

nacimiento *m.* Acción y efecto de nacer. **2** Sitio en que algo tiene su origen. **3** Manantial, fuente.

nación *f.* Comunidad de personas con historia, cultura y territorio propios, y con una mayor o menor autonomía; la condición de Estado agrega la autonomía.

nacional *adj.* De una nación. **2** *adj.* y *com.* Que es natural de ella.

nacionalidad *f.* Condición y carácter peculiar de los pueblos e individuos que pertenecen a una nación. **2** Estado propio del nacido o nacionalizado en una nación.

nacionalizar *tr.* y *prnl.* Dar un Estado la nacionalidad a un extranjero. **2** Traspasar al Estado bienes que pertenecían a extranjeros o a nativos y empresas privadas de la propia nación.

nada *f.* Ausencia de ser o negación de la existencia. **2** Cosa mínima. **3** *pron. indef.* Ninguna cosa. **4** Muy poca cantidad.

nadar *intr.* Moverse sobre el agua o sumergido en ella mediante ciertos impulsos del cuerpo. **2** Sobrenadar. **3** Flotar en un líquido cualquiera. **4** fig. Abundar en una cosa. **5** fam. Estar una cosa muy holgada dentro de otra.

nadería *f.* Pequeñez, insignificancia.

nadie *pron. indef.* Ninguna persona. **2** *m.* Persona de escasa entidad o calidad.

nafta *f. Amér.* Gasolina.

nailon *m.* Nylon, fibra.

naipe *m.* Cada una de las cartulinas rectangulares que forman la baraja española o francesa. **2** Conjunto de naipes, baraja.

nalga *f.* Cada una de las zonas carnosas y redondeadas que constituyen el trasero.

nana *f.* Canto con que se arrulla a los niños. **2** fam. Abuela. **3** Especie de saco para bebés, con abertura anterior y cierre de cremallera. **4** *Amér.* Niñera.

naranja *f.* Fruto del naranjo, esférico, de 8 a 10 cm de diámetro, de corteza rugosa más o menos gruesa, color entre rojo y amarillo, y pulpa dividida en gajos con las semillas, jugosa y de sabor agridulce. **2** *adj.* y *m.* Se dice del color semejante al de la naranja.

naranjada *f.* Zumo de naranja con agua y azúcar.

naranjo *m.* Árbol de hojas persistentes, flores blancas, aromáticas, y cuyo fruto es la naranja. **2** Madera de este árbol. **3** fig. Hombre rudo e ignorante.

narcisismo *m.* Complacencia excesiva en uno mismo o en las propias obras. **2** Vanidad ingenua.

naranjo

narcisista *com.* Enamorado de sí mismo.
narcosis *f.* Estado de somnolencia producido por un narcótico.
narcótico -ca *adj.* Relativo a la narcosis. **2** *adj.* y *m.* Se dice del fármaco que produce sueño o sopor.
narcotraficante *com.* Persona que negocia con la producción, distribución y venta de narcóticos en un comercio clandestino e internacional.
narcotráfico *m.* Fenómeno socioeconómico moderno motivado por la venta de narcóticos a escala mundial, que mueve cantidades enormes de dinero y constituye una verdadera plaga social.
nariz *f.* Parte saliente del rostro, entre la frente y la boca, con dos orificios que comunican con la membrana pituitaria del olfato y con el aparato de la respiración. **2** Saliente similar en la cabeza de los animales vertebrados. **3** Cualquier forma aguda que sirve para cortar el agua o el aire, como el tajamar de los barcos. **4** Pieza de hierro en que se sustenta el picaporte de puertas y ventanas. **5** Cañón del alambique, de la retorta, etc. **6** fig. Sentido del olfato. **7** fig. Aroma de un buen vino.
narración *f.* Acción y efecto de narrar. **2** Relato de un suceso.
narrar *tr.* Contar, referir alguna cosa.
narrativo -va *adj.* De la narración. **2** *f.* Habilidad para narrar. **3** Género literario que incluye la novela y el cuento.
nasal *adj.* Relativo a la nariz. **2** Se dice del sonido que en todo o en parte se emite por la nariz. **3** *adj.* y *f.* Se dice de la letra que lo representa, como la m, n y ñ.
nata *f.* Película de sustancia cremosa que se forma sobre la superficie de la leche en reposo; al batirla se produce la mantequilla. **2** Sustancia espesa que sobrenada en algunos licores. **3** fig. Lo más selecto de cualquier cosa.
natación *f.* Acción y efecto de nadar. **2** Competición deportiva con diferentes modalidades, según los estilos y distancias.
natal *adj.* Relativo al nacimiento de uno, o al país de origen.
natalicio -cia *adj.* y *m.* Relativo a la fecha del nacimiento.
natalidad *f.* Estadística de nacimientos de un determinado país y en cierto período de tiempo.
natividad *f.* Nacimiento.
nativo -va *adj.* Relativo al país en que se ha nacido. **2** Innato. **3** *adj.* y *n.* Natural. **4** Se dice del metal en estado puro.
nato -ta *adj.* Se dice de las cualidades inherentes a la naturaleza de algo o de las atribuciones que competen a un cargo o empleo.
natural *adj.* Relativo a la naturaleza. **2** Puro, sin mezcla ni manipulación. **3** Espontáneo, sencillo. **4** Conforme con la razón o el uso. **5** Se dice del sonido musical que no está modificado por alteraciones de sostenido o bemol. **6** *adj.* y *com.* Nativo de un país. **7** *m.* Genio, índole de una persona. **8** Instinto de los animales.
naturaleza *f.* Esencia y propiedad característica de cada ser. **2** Estado natural del hombre, por oposición al estado de gracia. **3** Mundo físico. **4** Principio y causa de movimiento o de reposo para una cosa. **5** Virtud, calidad o propiedad de las cosas. **6** Por extensión, calidad, orden y disposición de los negocios y dependencias. **7** Instinto, propensión o inclinación de las cosas. **8** Actividad natural, en contraposición a la sobrenatural. **9** Sexo, especialmente el femenino. **10** Lugar de origen, o ciudadanía concedida. **11** Especie, género, clase. **12** Constitución física.
naturalidad *f.* Calidad de natural. **2** Espontaneidad y sencillez en la conducta o el lenguaje. **3** Conformidad de las cosas con las leyes naturales. **4** Derecho inherente a los naturales de un país.
naturalizar *tr.* Nacionalizar o conceder la ciudadanía a un extranjero. **2** *tr.* y *prnl.* Introducir y aclimatar usos o costumbres de otro país. **3** Adaptar fauna o flora a un medio que les es extraño. **4** *prnl.* Adquirir las personas foráneas los mismos derechos que las nativas de una nación.
naufragar *intr.* Irse a pique una embarcación. **2** Sufrir naufragio una persona. **3** Fracasar alguna empresa o negocio.
naufragio *m.* Acción y efecto de naufragar embarcaciones o las personas que van en ellas. **2** fig. Desastre de grandes proporciones.
náufrago -ga *adj.* y *n.* Se dice de la persona que ha sufrido naufragio. **2** *m.* Tiburón.

náusea *f.* Malestar físico con ganas de vomitar. (Se usa más en plural.) **2** fig. Repugnancia fuerte, de tipo físico o moral, que produce alguna cosa. (Se usa más en plural.)
náutico -ca *adj.* Relativo a la navegación. **2** *f.* Arte de navegar.
navaja *f.* Cuchillo de bolsillo con hoja que se inserta en las cachas del mango. **2** Molusco lamelibranquio de los solénidos, de concha de dos valvas simétricas, marino y comestible. **3** Colmillo de jabalí. **4** Aguijón de algunos insectos. **5** fam. Lengua de persona murmuradora.
naval *adj.* Relativo a las naves y a la navegación.
nave *f.* Barco o buque. **2** Cualquier vehículo que surca el espacio. **3** Cada uno de los espacios de un edificio, y especialmente de una iglesia, divididos por pilastras o columnas en sentido longitudinal.
navegable *adj.* Se dice del río, canal o lago que se puede navegar.

nave

navegación *f.* Acción de navegar. **2** Viaje que se hace en barco, y tiempo que dura. **3** Ciencia y arte de navegar, náutica.
navegar *intr.* Desplazarse por agua o por el aire en barco o en cualquier tipo de vehículo. **2** Moverse dicho vehículo en su medio. **3** Guiarlo. **4** fig. Vacilar en algún asunto por no conocerlo bien.
navidad *f.* Nacimiento de Jesús de Nazaret que se celebra el 25 de diciembre.
naviero -ra *adj.* De las naves o de la navegación. **2** *m.* y *f.* Persona, entidad o sociedad dueña de un barco que puede navegar por alta mar. **3** Persona que avitualla un buque mercante.
navío *m.* Barco grande que dispone de más de una cubierta, y especialmente el de guerra.
neblina *f.* Niebla baja y densa. **2** fig. Todo lo que dificulta la visión o comprensión de algo.
nebuloso -sa *adj.* fig. Falto de claridad. **2** *f.* Masa de materia cósmica celeste, difusa y luminosa, en forma de nube.
necedad *f.* Calidad de necio. **2** Dicho o hecho estúpido y sin sentido.
necesario -ria *adj.* Se dice de lo que es condición indispensable para algún fin, en contraposición a superfluo. **2** Forzoso y no voluntario. **3** Muy conveniente.
neceser *m.* Estuche con objetos de tocador o de costura. **2** Maletín de aseo para viajes.
necesidad *f.* Calidad de necesario. **2** Situación difícil. **3** Falta de lo que el mantenimiento de la vida exige. **4** *pl.* Privaciones. **5** Evacuación corporal por cámara u orina.
necesitado -da *adj.* y *n.* Falto de alguna cosa, indigente.
necesitar *tr.* e *intr.* Precisar de alguien o de algo. **2** *tr.* Obligar a ejecutar una cosa.
necio -cia *adj.* y *n.* Ignorante. **2** Tonto, estúpido. **3** Imprudente, terco o porfiado. **4** *adj.* Se dice también de las cosas que carecen de sentido y lógica.
necrópolis *f.* Cementerio de gran extensión, en que abundan los monumentos fúnebres.
necropsia *f.* Autopsia.
necrosis *f.* Muerte de una o varias células. **2** Destrucción de un tejido orgánico.
néctar *m.* Jugo azucarado que segregan los nectarios de las plantas y que liban las abejas. **2** Licor de los dioses, ambrosía.
nefando -da *adj.* Indigno, infame.
nefasto -ta *adj.* Entre los romanos día festivo, en que no se permitía hacer negocios. **2** fig. Funesto, aciago.
nefritis *f.* Inflamación de los riñones.
negación *f.* Acción y efecto de negar. **2** Carencia o falta total de una cosa. **3** Voz o frase con que se niega algo.
negado -da *adj.* y *n.* Incapacitado, inepto. **2** Se dice de los primitivos cristianos que renegaban de la fe.
negar *tr.* Decir que algo no es verdad o no existe. **2** Decir que no a una petición o solicitud. **3** Prohibir algo. **4** Olvidarse de lo que antes se estimaba. **5** *prnl.* Excusarse de hacer alguna cosa.
negativo -va *adj.* Que implica o contiene algún tipo de negación. **2** Relativo a la negación. **3** Se dice del número menor que cero. **4** *adj.* y *m.* Se dice de la imagen fotográfica en que los tonos aparecen invertidos respecto de la realidad. **5** *f.* Acción de negar. **6** Repulsa o no concesión de lo que se pide.
negligencia *f.* Descuido, omisión. **2** Falta de aplicación.
negociado *m.* Cada una de las secciones en que se divide una organización administrativa. **2** *Amér.* Negocio ilegítimo y escandaloso.
negociante *adj.* y *com.* Que se dedica a los negocios. **2** Se dice de la persona que sólo se preocupa de ganar dinero.
negociar *intr.* Dedicarse a cierto tipo de negocios lucrativos. **2** *tr.* e *intr.* Realizar cualquier operación bancaria o bursátil. **3** Tratar algún asunto, y especialmente si es por vía diplomática.

negocio *m.* Cualquier ocupación o trabajo. **2** Cualquier actividad que persigue una ganancia. **3** Local en que se negocia o comercia.

negrilla *f.* Hongo microscópico que vive parásito en las hojas de algunas plantas.

negro -gra *adj. y n.* Se dice del color totalmente oscuro y de las cosas que tienen dicho color. **2** *f.* Nota musical que vale la mitad de una blanca y la cuarta parte de una redonda.

neófito -ta *m. y f.* Principiante en cualquier actividad.

neolítico -ca *adj. y m.* Se dice del período prehistórico posterior al Mesolítico. Se caracteriza por el pulimento de la piedra y la sustitución de la economía basada en la caza y la recolección por la agricultura y la ganadería. Durante este período se produjo también la aparición de la cerámica, las primeras c., los cultos religiosos y, en su fase final, las primeras sociedades históricas (Mesopotamia).

neologismo *m.* Palabra o giro de introducción reciente en una lengua.

nepote *m.* Pariente y privado del Papa.

nepotismo *m.* Abuso de quien, ostentando un cargo público, lo utiliza para conceder puestos, prebendas o beneficios a parientes y amigos.

nervio *m.* Cada uno de los cordones fibrosos y blanquecinos que comunican los centros nerviosos, como el cerebro o la médula espinal, con los órganos periféricos. **2** Cualquier tendón blanco y resistente. **3** Haz fibroso y saliente por el que circula la savia de las hojas. **4** Cada uno de los salientes transversales en el lomo de un libro. **5** Arco o conjunto de arcos que forman la trama de una bóveda gótica en su intradós. **6** Cabo fijo en la parte alta de la verga de los barcos. **7** fig. Energía, vigor.

nerviosismo *m.* Estado pasajero de excitación nerviosa. **2** Impaciencia.

nervioso -sa *adj.* Relativo a los nervios. **2** Que tiene nervios. **3** *adj. y n.* Que se excita fácilmente. **4** Inquieto, bullicioso. **5** fig. Fuerte y vigoroso.

neto -ta *adj.* Limpio, claro, preciso. **2** Se dice del peso de una mercancía descontada la tara, y del precio de una cosa sin los incrementos debidos a otros conceptos, como transporte, etc. **3** *m.* Pedestal de la columna, sin las molduras y remates de la base y del cimacio.

neumático -ca *adj.* Relativo al aire o los gases, y a los aparatos con que se manejan. **2** Se dice de la notación musical con neumas. **3** *m.* Tubo de goma lleno de aire a presión que llevan las ruedas de automóviles, motocicletas, bicicletas, etcétera.

neumología *f.* Rama de la medicina que estudia las enfermedades de las vías respiratorias.

neumólogo -ga *m. y f.* Especialista en neumología.

neumonía *f.* Proceso inflamatorio agudo del pulmón; suele ser de origen bacteriano, y produce dolor de costado, fiebre y disnea. Llamado vulgarmente pulmonía.

neuralgia *f.* Sensación dolorosa a lo largo de un nervio y de sus ramificaciones.

neurastenia *f.* Estado nervioso que se caracteriza por la falta de rendimiento, la astenia, el cansancio habitual y la depresión.

neuroesqueleto *m.* Esqueleto interno de los animales vertebrados.

neuroléptico -ca *adj. y m.* Que calma la hiperactividad neuromuscular. **2** Se dice de los fármacos que actúan como sedante del sistema nervioso.

neurología *f.* Rama de la medicina interna que estudia el sistema nervioso y sus enfermedades.

neurona *f.* Célula nerviosa con numerosas arborescencias y una prolongación muy larga (cilindroeje o axón).

neuropatología *f.* Ciencia que estudia las enfermedades del sistema nervioso.

neuropsicología *f.* Disciplina que estudia las relaciones entre la actividad mental y el comportamiento, y las estructuras cerebrales.

neurosis *f.* Designación genérica de los trastornos mentales sin lesión orgánica aparente.

neutral *adj. y com.* Que no se inclina a ninguno de los bandos enfrentados.

neutralizar *tr. y prnl.* Hacer neutral o neutro debilitando el efecto de una causa o influencia con otra de signo diferente, o contrarrestando los efectos de un agente físico o moral.

neutro -tra *adj.* Se dice de lo que no participa de ninguno de dos caracteres opuestos. **2** Se aplica al cuerpo físico que posee por igual electricidad positiva y negativa. **3** Se dice de la sustancia química que no es ácido ni base. **4** Se aplica al animal asexuado.

neutrón *m.* Partícula elemental sin carga eléctrica que, junto con el protón, constituye el núcleo de los átomos (excepto el del hidrógeno); una vez libre, es de vida efímera, descomponiéndose en un protón, un electrón y un neutrino.

nevado -da *adj.* Cubierto de nieve. **2** *f.* Acción y efecto de nevar.

nevar *impers. intr.* Caer nieve. **2** *tr.* fig. Poner blanco como la nieve.

nevera *f.* Electrodoméstico para conservar fríos los alimentos. **2** Sitio en que se guarda o conserva nieve.

nexo *m.* Vínculo, lazo o conexión de cualquier orden y tipo.

ni *conj. cop.* Enlaza palabras y oraciones con valor negativo: *ni hizo ni dejó hacer*. **2** *adv. neg.* Y no.

nicho *m.* Hornacina en un muro de forma semicilíndrica y rematada en media esfera, para colocar

alguna estatua o jarrón. **2** En los cementerios, cavidad en alto para colocar los ataúdes.
nidada *f.* Conjunto de huevos puestos en un nido. **2** Conjunto de los polluelos de una puesta.
nido *m.* Sitio abrigado en que las aves ponen sus huevos y crían los polluelos, que puede ser natural o artificial. **2** Nidal. **3** fig. Origen o causa de alguna cosa inmaterial: *nido de discordias.*
niebla *f.* Nube blanquecina o gris formada por gotitas de agua y en contacto con la superficie terrestre. **2** Condensación de vapor de agua o de cualquier otro líquido. **3** Nube en la córnea. **4** Honguillo de los cereales. **5** Perdigones minúsculos para la caza. **6** fig. Confusión en cualquier orden de cosas y cuestiones.
nieto -ta *m.* y *f.* Respecto de una persona, que es el abuelo, un hijo o hija de su hijo o hija. **2** Descendiente directo en cualquier generación a partir de la tercera y sucesivas.
nieve *f.* Precipitación atmosférica en cristalitos hexagonales o estrellados de hielo que caen formando copos. **2** Temporal en que nieva mucho. **3** Blancura suma de alguna cosa.
nimbo *m.* Halo o aureola luminosa. **2** Nube baja, cerrada y oscura. Desde 1932, el término fue reemplazado por el de *nimboestrato.* **3** Prestigio o veneración que rodea a una persona.
ninfa *f.* MIT Cualquiera de las deidades benéficas vinculadas a las aguas, bosques, selvas, etc. **2** fig. Mujer joven y a veces un tanto casquivana. **3** ZOOL Insecto en estado de reposo, entre larva e imago. **4** *pl.* Labios menores de la vulva.
ninfomanía *f.* Deseo sexual exacerbado en la mujer, también llamado furor uterino.
ningún *adj.* Apócope de *ninguno* que se antepone siempre al nombre masculino.
ninguno -na *adj.* Ni uno solo. **2** *pron. indet.* Nulo y sin valor. **3** Nadie, ninguna persona.
niña *f.* Pupila del ojo.
niñería *f.* Acción propia de niños. **2** Acción impropia de adultos. **3** Dicho o hecho sin importancia ni alcance.
niñero -ra *adj.* Que gusta de niños o de niñerías. **2** *f.* Mujer de servicio que cuida de los niños de una casa.
niñez *f.* Período de la vida humana entre la infancia y la pubertad. **2** Niñería. **3** Período inicial de alguna cosa.
niño -ña *adj.* y *n.* Que está en la niñez. **2** fig. Expresión afectiva o de reproche que se dirige a personas adultas. **3** *Amér.* Tratamiento cariñoso que dan los sirvientes a los señores.
niquelar *tr.* Dar un baño de níquel a ciertos metales para evitar la corrosión.
nítido -da *adj.* Limpio, terso. **2** Claro, bien definido y preciso.

nivel *m.* Instrumento con una burbuja de aire o de agua para medir la horizontalidad de una superficie, o su diferencia de altura con respecto a otras. **2** fig. Altura que alcanza algo. **3** fig. Categoría intelectual, social, económica, etc., de una persona. **4** Piso o planta de una construcción.
nivelar *tr.* Comprobar con un instrumento la horizontalidad de una superficie. **2** Allanar un terreno. **3** Poner a la misma altura dos o más cosas.
no *adv. neg.* Sirve para negar hechos o afirmaciones y para rehusar peticiones o demandas.
noble *adj.* y *com.* Se dice de quien pertenece a la clase alta o aristocracia. **2** *adj.* Ilustre, preclaro. **3** Honroso, estimable, por contraposición a vil. **4** Sobresaliente, extraordinario. **5** Aplicado a las cosas y animales, singular en su especie, de alta calidad. **6** Se dice del gas inactivo o del metal que no se oxida, como el oro.
nobleza *f.* Calidad de noble. **2** Grupo social superior o aristocracia, que históricamente perdió importancia militar con la creación de los Estados modernos (ss. XV-XVI), e importancia económica con el afianzamiento de la burguesía (s. XIX).
noche *f.* Tiempo en que falta la luz solar. **2** Tiempo meteorológico durante el período nocturno.

noche

nochebuena *f.* Noche de la vigilia de Navidad.
noción *f.* Idea o conocimiento abstracto que se tiene de una cosa. **2** *pl.* Primeros elementos de una ciencia.
nocivo -va *adj.* Dañoso, perjudicial, pernicioso.
noctámbulo -la *adj.* y *n.* Se dice de la persona que hace vida nocturna.
nocturno -na *adj.* Relativo a la noche, o que se hace en ella.
nodriza *f.* Mujer que amamanta a una criatura ajena. **2** *adj.* Se dice del vehículo que en el agua o en el aire abastece de carburante a otros.
nogal *m.* Árbol de las juglandáceas que puede alcanzar 30 m de altura, de madera muy valiosa,

hojas verdes y caducas, y flores en amentos colgantes o en grupos axiales; su fruto es la nuez.

nómada *adj. y com.* Se dice del individuo, familia o pueblo sin domicilio fijo, y también del ganado que se traslada de un lugar a otro.

nombrar *tr.* Dar nombre a personas o cosas. **2** Mencionar, citar. **3** Designar para algún cargo.

nombre *m.* Palabra que designa a personas, ideas, acciones, sentimientos, animales y cosas. **2** Designación personalizada de alguien con su nombre de pila y sus apellidos. **3** Sobrenombre, apodo, alias. **4** Fama, nombradía. **5** Categoría gramatical que, junto con el verbo, constituye la base del lenguaje; antes se denominaba sustantivo y ahora se prefiere llamarlo sintagma nominal.

nomenclatura *f.* Relación de términos de una ciencia o arte.

nómina *f.* Lista de nombres, y en especial la de empleados de una empresa. **2** Sueldo de cada uno, y documento en que consta.

nominal *adj.* Relativo al nombre. **2** Relativo al nominalismo. **3** Se dice del documento, billete, etc., expedido a nombre de una persona concreta. **4** Que es o existe sólo de nombre, pero no en realidad.

nominativo -va *adj.* Nominal. **2** *m.* Caso gramatical del sujeto del verbo en las lenguas flexivas.

nonada *f.* Pequeñez, cosa insignificante.

nonato -ta *adj.* Que no ha nacido naturalmente, sino mediante la operación cesárea. **2** fig. Se dice de la cosa no acaecida o no existente aún.

noreste *m.* Punto del horizonte entre el norte y el este.

noria *f.* Mecanismo para sacar agua de un pozo, movido por una caballería. **2** Cisterna en que se instala dicho mecanismo. **3** En los parques de atracciones, gran rueda vertical con cabinas en las que viajan dos o cuatro personas. **4** fam. Cosa muy pesada, trabajo duro y penoso.

norma *f.* Escuadra para ajustar piedras, maderos, etc. **2** fig. Pauta o regla a la que ha de ajustarse la conducta en cualquier orden de cosas.

normal *adj.* Ordinario, corriente. **2** Que sirve de norma o regla. **3** Que se ajusta a la norma o regla. **4** *adj. y f.* Escuela normal. **5** *f.* Línea recta perpendicular a otra o a un plano.

normalizar *tr. y prnl.* Hacer normal. **2** Regularizar, poner en buen orden. **3** *tr.* Dar, o fijar, normas. **4** Multiplicar por una constante las cantidades para ajustarlas a un gráfico o a las zonas operativas de un ordenador.

noroeste *m.* Punto del horizonte entre el norte y el oeste.

norte *m.* Punto cardinal del horizonte que tiene ante sí el observador a cuya derecha esté el este u oriente. **2** fig. Meta, máximo ideal.

nos Pronombre personal de primera persona plural, masculino y femenino, complemento directo e indirecto (acusativo y dativo). **2** Con mayúscula, nominativo plural y solemne que designa a una persona con autoridad: *Nos, rey de Castilla y León.*

nosotros -tras Pronombre personal de primera persona del plural, caso nominativo, sin preposición.

nostalgia *f.* Añoranza y tristeza que provoca el alejamiento de lugares entrañables o la ausencia de seres queridos.

nota *f.* Marca o señal que se pone en una cosa. **2** Noticia breve que se inserta en los periódicos. **3** Apunte que se toma para recordar algo. **4** Cada una de las calificaciones que se obtienen en los exámenes. **5** Sonido musical y su representación en el pentagrama.

nota

notable *adj.* Que merece atención, importante. **2** Grande, excesivo. **3** *m.* Calificación intermedia entre aprobado y sobresaliente.

notar *tr.* Señalar, indicar. **2** Reparar, advertir. **3** Apuntar brevemente una cosa para ampliarla o recordarla después. **4** *prnl.* Hacerse manifiesto o perceptible.

notaría *f.* Profesión de notario. **2** Oficina donde despacha el notario.

notario -ria *m. y f.* Persona que oficialmente levanta acta de contratos, testamentos y otros actos extrajudiciales.

noticia *f.* Conocimiento elemental de algo. **2** Suceso reciente y su publicación en los medios de difusión.

noticiario *m.* Emisión de radio o televisión en que se dan noticias. **2** Sección de un periódico en que se dan noticias diversas, generalmente breves. **3** Película corta de carácter informativo.

noticiero -ra *adj.* Que da noticias. **2** *m. y f.* Persona que recoge y redacta noticias, especialmente para los periódicos. **3** *m. Amér.* Noticiario de televisión o cinematográfico.

notificación *f.* Acción y efecto de notificar. **2** Documento legal en que se comunica alguna decisión del juez o de la autoridad.

notificar *tr.* Hacer saber una resolución del juez o de la autoridad. **2** Por extensión, comunicar alguna noticia.

notorio -ria *adj.* Conocido de todos, público. **2** Fácil de observar o de comprender.

novatada *f.* Broma pesada que los veteranos gastan a los novatos y bisoños. **2** Torpeza o contratiempo a causa de inexperiencia en algún asunto.

novato -ta *adj. y n.* Principiante, sin experiencia en alguna ciencia o actividad.

novedad *f.* Calidad de nuevo. **2** Suceso o cosa muy recientes. **3** Cambio introducido o surgido en algo. **4** Extrañeza o admiración que causa lo nuevo. **5** *pl.* Géneros o mercancías de moda.

novel *adj.* Nuevo, inexperto.

novela *f.* Obra literaria en prosa que refiere un hecho de ficción, o un hecho histórico reelaborado por el autor, dándole aires de verosimilitud. Tiene sus antecedentes en los autores clásicos griegos, y sus orígenes en las epopeyas de la Edad Media, culminando como género en el s. XIX. **2** fig. Ficción, fábula, mentira.

novelero -ra *adj. y n.* Amigo de novedades. **2** Aficionado a leer novelas, ficciones y cuentos. **3** Inconstante, variable. **4** Chismoso.

novelístico -ca *adj.* Relativo a la novela o que se le parece. **2** *f.* Rama de la literatura que versa sobre la redacción, estructura y crítica de las novelas. **3** Género novelesco.

noveno -na *adj.* Ordinal y partitivo de nueve. **2** *f.* Ejercicio piadoso que se practica durante nueve días y que suele preceder a una festividad religiosa.

noviazgo *m.* Estado de novio o novia. **2** Tiempo que dura dicho estado.

novicio -cia *m. y f.* Aspirante a la profesión e ingreso en una orden o congregación religiosa. **2** *adj. y n.* Principiante inexperto en cualquier actividad u oficio.

noviembre *m.* Undécimo mes del año, con 30 días.

novillo -lla *m. y f.* Res vacuna de dos a tres años. **2** *m.* fam. Cornudo, marido engañado. **3** *pl.* Novillada.

novio -via *m. y f.* Persona que está en relaciones con otra, generalmente con miras al matrimonio.

novísimo -ma *adj.* Último en una serie, recién llegado.

nubarrón *m.* Nube grande, negruzca y aislada.

nube *f.* Masa de vapor acuoso suspendida en la atmósfera y que puede dar origen a lluvia, nieve o granizo. **2** Aglomeración de cosas, como humo, polvo, insectos, aves, etc., que pueden oscurecer el Sol.

nublado -da *adj.* Cubierto de nubes. **2** *m.* Nube que amenaza tempestad. **3** fig. Abundancia de cosas, por lo general malas. **4** fig. Situación de peligro o enfado.

nublar *tr. y prnl.* Cubrir de nubes. **2** Enturbiar la vista. **3** Oscurecerse la razón.

nubloso -sa *adj.* Cubierto de nubes. **2** fig. Desgraciado, adverso.

nuca *f.* Parte alta de la cerviz, correspondiente al lugar en que se une el espinazo con la cabeza.

núcleo *m.* Parte mollar de los frutos con cáscara dura, como la nuez. **2** Elemento central y básico de una cosa. **3** Parte más densa y luminosa de un astro.

nudillo *m.* Articulación de las falanges de los dedos de la mano. **2** Cada uno de los puntos que forman la costura de las medias. **3** Taco de madera que se empotra en el muro para clavar en él alguna cosa.

nudo *m.* Lazo muy apretado que se hace en un hilo, cinta, etc., o entrelazamiento de dos de esas cosas. **2** En árboles y plantas, punto del tronco o tallo del que salen las ramas y ramificaciones. **3** Bulto o tumor en tendones y huesos. **4** Parte más dura o sobresaliente de cualquier superficie. **5** Ligamen. **6** Punto de intersección de varios caminos o carreteras. **7** Unidad marítima de velocidad equivalente a una milla marina por hora. **8** Punto culminante en el desarrollo de una narración o una obra dramática.

nuera *f.* La mujer del hijo respecto de los padres de éste.

nuestro -tra, nuestros-tras Pronombre posesivo de primera persona en género masculino y femenino y número singular y plural. Expresa la posesión o pertenencia atribuida a dos o más personas, incluida la que habla.

nueva *f.* Noticia novedosa.

nuevo -va *adj.* Que acaba de aparecer, recién hecho. **2** Último de una serie.

nuez *f.* Fruto ovoide del nogal, de unos 3-4 cm, de cáscara dura dividida en dos mitades y con una sola semilla. **2** Núcula. **3** Prominencia cartilaginosa que en la parte anterior del cuello forma la laringe del varón adulto. **4** Pieza movible que en la parte inferior del arco de los instrumentos de cuerda mantiene tensas las cerdas.

nulidad *f.* Calidad de nulo. **2** Vicio o defecto de un acto o documento que disminuye o anula su validez. **3** Incapacidad o ineptitud. **4** Persona inepta, incapaz.

nulo -la *adj.* Ineficaz, sin valor. **2** Incapaz, inepto. **3** Que no tiene efecto legal.

numen *m.* Cualquier divinidad pagana. **2** Inspiración creativa de un artista.

numeración *f.* Acción y efecto de numerar. **2** Sistema para expresar oral o gráficamente todos los números.

numerador -ra *adj.* y *n.* Que numera. **2** *m.* En los números quebrados, término que figura encima de la línea divisoria, que indica el número de partes en que se divide un todo. **3** *m.* y *f.* Aparato que imprime números sucesivos en un mismo ejemplar o en varios.

numeral *adj.* Relativo al número. **2** *adj.* y *n.* Se dice de la categoría lingüística que señala una cantidad numérica. Puede ser cardinal, ordinal, partitivo, colectivo.

numerar *tr.* Marcar con números. **2** Contar por el orden de los números. **3** Expresar numéricamente una cantidad.

número *m.* Expresión de una cantidad respecto a de una unidad determinada. **2** Cantidad indeterminada. **3** Billete de lotería o de una rifa. **4** Cada una de las partes de un espectáculo. **5** En las publicaciones periódicas, cada una de las aparecidas en distinta fecha de edición. **6** Individuo raso de la guardia civil o de la policía. **7** Accidente gramatical por el que las palabras variables indican unidad o pluralidad.

numeroso -sa *adj.* Que contiene muchas unidades o cosas, abundante.

numismático -ca *adj.* Relativo a la numismática. **2** *f.* Ciencia que estudia las monedas y medallas tanto en sus aspectos técnicos como históricos y artísticos. **3** Coleccionismo de monedas.

nunca *adv. t.* En ningún tiempo; ninguna vez.

nupcial *adj.* Relativo a las nupcias o casamiento.

nupcias *f. pl.* Boda, casamiento.

nutria *f.* Mamífero carnívoro que puede alcanzar un metro de longitud, de cabeza aplastada, orejas y patas cortas y piel muy apreciada.

nutria

nutrición *f.* Acción y efecto de nutrir o nutrirse. **2** Conjunto de procesos fisiológicos que aseguran la alimentación del organismo.

nutrir *tr.* y *prnl.* Buscar un organismo lo necesario para su existencia. **2** fig. Fortalecer, en especial moralmente. **3** fig. Suministrar.

nutritivo -va *adj.* Capaz de nutrir.

nylon *m.* Fibra textil sintética, de múltiples aplicaciones.

ñ Decimoquinta letra del abecedario castellano, y decimotercera de sus consonantes. Su nombre es *eñe*.
ña *f. Amér.* Tratamiento que se da a las mujeres del pueblo.
ñacanina *f. Amér. Merid.* Nombre de varias víboras venenosas.
ñame *m.* Planta herbácea de las dioscoreáceas, de rizoma tuberoso, tallos largos y florecillas verdosas en espiga, cuyo tubérculo, comestible, es parecido a la batata. **2** Raíz de esta planta. **3** *adj. Amér.* Muy grande.

ñongo -ga *adj.* fam. *Col.* y *Venez.* Lisiado, contrahecho. **2** *Cuba* y *Chile*. Necio, bobo. **3** *Venez.* Azaroso, fatídico. **4** *Venez.* Tramposo. **5** *Venez.* De mal aspecto, desairado. **6** *Venez.* Quisquilloso.
ñoño -ña *adj.* y *n.* fam. Melindroso, de corto ingenio, quejumbroso. **2** *adj.* Sin gracia, insulso, referido a cosas.
ñu *m.* Mamífero artiodáctilo de los bóvidos, de unos 2 m de largo, cuernos enhiestos y pelaje abundante. De costumbres gregarias, vive en las sabanas del O y S de África.

ñandú

ñandú *m.* Avestruz de América, de los reidos, menor que el africano, con tres dedos y plumaje gris.
ñáñigo -ga *adj.* y *n.* Se decía del individuo de una sociedad secreta formada por negros en Cuba.
ñapa *f. Amér.* Yapa, añadidura, propina.
ñeque *adj. Amér.* Fuerte, vigoroso. **2** *Amér. Central* y *Cuba*. Valiente. **3** *m. Amér.* Fuerza, energía. **4** *Amér. Central* y *Méx.* Bofetada, golpe. **5** *m. pl. Ecuad.* Puños.

ñú

ñulñul *m.* Mamífero carnívoro de los mustélidos, de unos 50 cm de largo y larga cola. Vive en la costa occidental de América del Sur.

o *f.* Decimosexta letra del abecedario castellano, y cuarta de sus vocales. **2** Conjunción disyuntiva que relaciona alternativas o posibilidades y que puede expresar igualdad o equivalencia: *esto o lo otro*, muchas veces con valor explicativo: *el protagonista o personaje principal de la novela*.

oasis *m.* Lugar del desierto con agua y vegetación.

obcecar *tr.* y *prnl.* Cegar, deslumbrar, ofuscar.

obedecer *tr.* Cumplir la voluntad de quien manda o hacer lo que las leyes ordenan.

obediencia *f.* Acción de obedecer. **2** Actitud o cualidad de obediente.

obelisco *m.* Monumento conmemorativo de origen egipcio, de base cuadrada y remate piramidal.

obertura *f.* Pieza orquestal que sirve de introducción a una ópera, un oratorio, una suite, etcétera.

obesidad *f.* Aumento excesivo de peso, que puede ser constitucional o deberse a trastornos endocrinos.

obeso -sa *adj.* Excesivamente gordo.

obispado *m.* Dignidad de obispo. **2** Territorio de su jurisdicción. **3** Residencia del obispo o curia episcopal.

obispo *m.* Prelado cristiano que ejerce el gobierno de una diócesis.

obituario *m.* Registro parroquial de defunciones y entierros. **2** Sección necrológica de un registro civil o de un periódico.

objeción *f.* Argumento o razón con que uno se opone a algo. **2** Reparo que se opone a una afirmación o decisión de otro.

objetivar *tr.* Dar carácter objetivo y concreto a una idea o sentimiento.

objetividad *f.* Calidad de objetivo. **2** Imparcialidad.

objetivo -va *adj.* Relativo al objeto en sí y no a nuestro modo de pensar o de sentir. **2** Imparcial, desapasionado. **3** *m.* Fin, meta. **4** Lente o conjunto de lentes colocadas en el extremo de un instrumento óptico, en la parte dirigida hacia los objetos. **5** Parte de un aparato que deben atravesar los rayos luminosos antes de penetrar en la cámara oscura.

obispo

objeto *m.* Todo lo que puede ser pensado o percibido por el sujeto en cualquier orden de cosas. **2** Fin a que se dirige una acción. **3** Materia y sujeto de una ciencia. **4** Cosa.

objetor -ra *adj.* y *n.* Objetante, que pone reparos o se opone a algo.

oblicuo -cua *adj.* Sesgado, inclinado. **2** Se dice del plano o línea que forma con otro u otra un ángulo que no es recto. **3** Sesgado, desviado de la horizontal. **4** Se dice de tres parejas de músculos situados en el abdomen, la nuca y el ojo.

obligación *f.* Acción y efecto de obligar. **2** Vínculo o necesidad de obrar de una manera deter-

obligado -da *adj.* Forzoso, obligatorio. **2** *m. y f.* Persona que ha contraído una obligación de la que otra se beneficia.
obligar *tr.* Compeler a otro por fuerza o autoridad a obrar de un modo determinado o a realizar alguna cosa. **2** Presionar una ley sobre la voluntad humana en cierta dirección. **3** Solicitar la voluntad de alguien con generosidad y favores.
obligatorio -ria *adj.* Que crea una obligación, que ha de cumplirse.
oblongo -ga *adj.* Más largo que ancho, alargado.
obnubilación *f.* Oscurecimiento mental, ofuscación. **2** Visión confusa, como a través de una nube.
oboe *m.* Instrumento músico de viento de tesitura aguda, formado por una sección cónica, en la que se combinan agujeros y llaves y que termina en forma acampanada, y por una embocadura de doble lengüeta. **2** Persona que lo toca. **3** Sistema de radar entre un avión y dos estaciones de tierra.

oboe

obra *f.* Cosa hecha o producida por alguien. **2** Cualquier producción del entendimiento en letras, ciencias o artes, en especial la importante. **3** Edificio en construcción. **4** Parte estrecha y alta de un alto horno, situada encima del crisol.
obrar *tr.* Hacer algo, llevar a cabo una acción de cualquier tipo. **2** Ejecutar o practicar una cosa no material. **3** Edificar, construir. **4** *intr.* Evacuar el vientre.
obrero -ra *adj.* y *n.* Que trabaja. **2** *adj.* Del trabajador. **3** *m. y f.* Trabajador manual retribuido que se emplea por cuenta ajena.

obsceno -na *adj.* Impúdico, ofensivo al pudor, pornográfico.
obsequio *m.* Agasajo, regalo.
obsequioso -sa *adj.* Que hace regalos. **2** Que es amable y cortés en su trato con los demás.
observación *f.* Acción y efecto de observar. **2** Advertencia. **3** Nota que aclara o precisa determinadas afirmaciones hechas en un texto escrito.
observador -ra *adj.* y *n.* Que observa. **2** *m. y f.* Persona que asiste sin voz ni voto a conferencias o congresos. **3** Periodista experto que informa sobre una guerra o sobre una zona conflictiva.
observar *tr.* Examinar con atención, analizar. **2** Advertir, reparar. **3** Obedecer y cumplir lo mandado.
observatorio *m.* Lugar destinado a hacer observaciones, especialmente científicas y meteorológicas.
obsesión *f.* Idea fija o deseo que embarga el ánimo. **2** Estado psíquico derivado de esa fijación.
obsesionar *tr.* y *prnl.* Producir obsesión.
obsesivo -va *adj.* Que produce obsesión. **2** *adj.* y *n.* Que se obsesiona fácilmente.
obsoleto -ta *adj.* Anticuado, fuera de uso.
obstaculizar *tr.* Poner obstáculos o impedimentos al logro de alguna cosa o al curso de algún proceso.
obstáculo *m.* Estorbo, impedimento
obstetricia *f.* Rama de la ginecología que trata de la gestación, el parto y el puerperio.
obstinación *f.* Pertinacia, porfía, terquedad.
obstinarse *prnl.* Mantenerse terco en una idea o actitud, pese a razones, amonestaciones y ruegos.
obstrucción *f.* Acción y efecto de obstruir u obstruirse. **2** Obliteración de un vaso o conducto del organismo.
obstruir *tr.* Estorbar el paso, cerrar un conducto o camino. **2** Impedir la realización de algo, o frenar la acción de algún agente físico o moral. **3** *prnl.* Cegarse un conducto, una grieta, un canal, etcétera.
obtener *tr.* Conseguir algo que se solicita o pretende. **2** Producir una sustancia o producto de cierta manera o actuando sobre otras sustancias.
obturación *f.* Acción y efecto de obturar.
obturar *tr.* y *prnl.* Tapar o cerrar algún agujero o conducto taponándolo.
obtuso -sa *adj.* Romo, sin punta. **2** fig. Sin agudeza mental, de cortos alcances.
obviar *tr.* Evitar, quitar de en medio obstáculos o inconvenientes. **2** *intr.* Obstar, oponerse.
obvio -via *adj.* Que está delante de los ojos. **2** fig. Claro, evidente.
oca[1] *f.* Ánsar, ganso. **2** Juego con 63 casillas en espiral que se juega con dados. Gana el jugador que llega primero a la meta.

oca² *f.* Planta herbácea de tallo erguido y ramoso, hojas ovales, flores amarillas pedunculadas y tubérculos feculentos y comestibles de sabor parecido al de la castaña. Abunda en América del Sur.

ocarina *f.* Instrumento musical de la familia de las flautas, de forma ovoide más o menos alargada y con ocho agujeros.

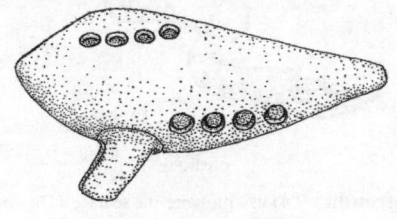

ocarina

ocasión *f.* Oportunidad de tiempo o lugar favorable para la realización de alguna cosa. **2** Causa o motivo de algo. **3** Peligro, riesgo.

ocasionado -da *adj.* Provocativo, molesto. **2** Expuesto a contingencias y peligros.

ocaso *m.* Puesta del Sol o de cualquier astro. **2** Occidente. **3** Decadencia, declive.

occidental *adj.* Perteneciente al occidente o situado en él. **2** Se dice del planeta que se pone después de puesto el Sol.

occidente *m.* Punto cardinal del horizonte por donde se pone el Sol en los días equinocciales.

occipital *adj.* Relativo al occipucio. **2** *adj.* y *n.* Se dice del hueso impar y medio que forma la parte inferior y posterior del cráneo. El agujero que se halla en su parte inferior, asimismo llamado occipital, comunica el endocráneo con el exocráneo.

occiso -sa *adj.* y *n.* Muerto violentamente.

occitano -na *adj.* y *n.* De Occitania, antigua región del mediodía de Francia.

océano *m.* Gran masa de agua salada que cubre la mayor parte de la superficie terrestre (71%). **2** Cada una de las cinco grandes subdivisiones de dicha masa que se extienden entre los continentes, y que son: Atlántico, Pacífico, Índico, Ártico o Boreal y Antártico o Austral.

oceanografía *f.* Ciencia que estudia los océanos y mares, su fauna y su flora.

ocio *m.* Falta de trabajo o actividad, inacción. **2** Tiempo en que una persona no realiza su trabajo habitual; se llama también tiempo libre.

ociosidad *f.* Vicio de no trabajar o de perder inútilmente el tiempo. **2** *pl.* Dichos o hechos ociosos, inútiles.

ocioso -sa *adj.* y *n.* Inactivo, sin trabajar. **2** Desocupado, exento de obligaciones. **3** *adj.* Inútil, superfluo.

ocluir *tr.* y *prnl.* Cerrar o taponar un conducto o una abertura del organismo, como el intestino o el párpado.

oclusión *f.* Acción y efecto de ocluir u ocluirse. **2** Articulación producida por el cierre momentáneo del canal de aire espirado.

oclusivo -va *adj.* Relativo a la oclusión o que la produce.

ocre *m.* Color amarillento.

octubre *m.* Décimo mes del año, con 31 días, que sigue al de septiembre.

ocular *adj.* Perteneciente a los ojos o que se hace por medio de ellos. **2** *m.* Lente o combinación de lentes a que se aplica el ojo del observador en los aparatos ópticos.

oculista *com.* Médico especializado en las enfermedades de los ojos.

ocultación *f.* Acción y efecto de ocultar u ocultarse. **2** Tiempo en que un astro desaparece de la vista del observador por interponerse otro cuerpo celeste en el momento de un eclipse.

ocultar *tr.* y *prnl.* Esconder, encubrir. **2** Callar a propósito alguna cosa. **3** *prnl.* Ponerse el Sol o la Luna.

oculto -ta *adj.* Escondido, tapado. **2** Ignorado, secreto o misterioso.

ocupación *f.* Acción y efecto de ocupar. **2** Trabajo o quehacer en que se emplea el tiempo. **3** Modo natural y originario de adquirir la propiedad de lo que no tiene dueño.

ocupada *adj.* Se dice de la mujer preñada.

ocupante *adj.* y *com.* Que ocupa, especialmente una casa, un vehículo, etcétera.

ocupar *tr.* Tomar posesión, apoderarse de una cosa. **2** Llenar un lugar del espacio de modo que no pueda haber otra cosa en él: *cada uno ocupó su puesto.* **3** Llenar un tiempo con la realización de alguna cosa.

ocurrencia *f.* Salida ingeniosa, dicho agudo.

ocurrir *intr.* Anticiparse o salir al encuentro. **2** Acontecer, suceder una cosa. **3** *intr.* y *prnl.* Venir una idea a la mente.

oda *f.* Poema lírico de tema variado y tono elevado, que suele dividirse en estrofas.

odeón *m.* Teatro griego para espectáculos musicales. Por extensión, nombre de algunos teatros de ópera o de auditorios modernos.

odiar *tr.* Sentir odio, aborrecer.

odio *m.* Antipatía y aversión hacia alguna persona o cosa cuyo mal se desea.

odioso -sa *adj.* Que provoca odio o que lo merece.

odisea *f.* Conjunto de sobresaltos y penalidades que alguien pasa, por analogía con el héroe del poema homérico, Odiseo o Ulises.

odontología *f.* Rama de la medicina que estudia los dientes y sus enfermedades.

odontólogo -ga *m. y f.* Persona que practica la odontología.

oeste *m.* Occidente o poniente, punto cardinal; es el punto en que se pone el Sol en los días equinocciales. **2** Viento que sopla de dicha parte.

ofender *tr.* Hacer daño, injuriar de palabra o de obra.

ofensa *f.* Acción y efecto de ofender. **2** Insulto, agravio. **3** Cosa que ofende o agravia.

ofensivo -va *adj.* Que ofende o puede ofender. **2** *f.* Acción de atacar, especialmente en la guerra.

oferta *f.* Promesa de dar, cumplir o ejecutar una cosa. **2** Don que se presenta a uno para que lo acepte. **3** Propuesta para contratar. **4** Producto que se vende a precio rebajado.

oficial *adj.* Que emana de la autoridad pública. **2** Formal o público, admitido por todos. **3** *m.* Funcionario o empleado. **4** En la administración pública, funcionario con la categoría intermedia entre auxiliar y jefe; en la empresa privada, el operario entre aprendiz y maestro. **5** Militar con graduación de alférez a capitán. **6** Pasante de abogado o de notario. **7** Verdugo.

oficiar *tr.* Celebrar un oficio religioso, y especialmente la misa entre los católicos. **2** Comunicar una cosa oficialmente y por escrito.

oficina *f.* Lugar donde se trabaja, ordena o prepara algo. **2** Departamento o local en que se llevan a cabo trabajos de tipo administrativo. **3** Laboratorio de farmacia.

oficio *m.* Ocupación habitual. **2** Función propia de alguna cosa. **3** Rezo diario de los clérigos. **4** Rito o función religiosa, y en plural, los de Semana Santa.

oficioso -sa *adj.* Hacendoso, cuidadoso. **2** Que se entremete en asuntos que no le incumben. **3** Se aplica al periódico, la noticia, etc., que no es oficial, pero que refleja la ideología o disposición del gobierno.

ofidios *m. pl.* Suborden de reptiles de los escamosos, que corresponde a las llamadas serpientes. Tienen el cuerpo alargado, sin extremidades, mandíbulas móviles y lengua bífida; algunas especies son venenosas. La mayoría son terrestres; existen especies de agua dulce y algunas marinas.

ofiolatría *f.* Culto a las serpientes.

ofrecer *tr.* Regalar, donar. **2** Celebrar una fiesta o banquete en honor de alguien. **3** Dedicar a Dios o a un santo una buena obra o un sufrimiento. **4** Decir lo que se está dispuesto a pagar por algo. **5** *prnl.* Venirse algo a la mente. **6** Suceder, ocurrir algo.

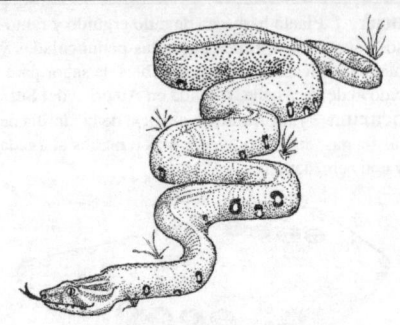

ofidio

ofrenda *f.* Don o presente que se hace a Dios o a sus santos. **2** Dádiva o servicio en muestra de gratitud o amor.

ofrendar *tr.* Ofrecer dones y sacrificios a la divinidad por un beneficio recibido o en señal de rendimiento y adoración. **2** Contribuir con dinero u otros dones para un fin.

oftalmología *f.* Rama de la medicina que trata de las enfermedades de los ojos.

ofuscamiento *m.* Turbación de la vista por un reflejo grande de luz que da en los ojos. **2** fig. Oscuridad de la razón, que confunde las ideas.

ofuscar *tr. y prnl.* Deslumbrar la vista el exceso de luz o brillo. **2** fig. Engañar a uno la apariencia de algo. **3** fig. Trastornar o confundir las ideas; alucinar.

ogro *m.* Monstruo mitológico devorador de personas.

oído *m.* Sentido que permite percibir los sonidos. **2** Órgano perceptor de la audición, y que también regula el equilibrio. **3** Agujero en la recámara de algunas armas de fuego. **4** Orificio para la mecha en el taco de un barreno.

oidor -ra *adj.* Que oye.

oír *tr.* Percibir los sonidos con el oído. **2** Enterarse de lo que se dice. **3** Atender ruegos o advertencias.

ojal *m.* Hendedura reforzada en la tela, para abrochar un botón. **2** Agujero que atraviesa algunas cosas. **3** Lazada en una cuerda para que meta la pierna quien sube o baja por ella.

ojeador -ra *m. y f.* Persona que levanta la caza a voces.

ojear[1] *tr.* Dirigir los ojos y mirar con atención a determinada parte. **2** Echar un vistazo, inspeccionar. **3** Aojar, echar mal de ojo.

ojear[2] *tr.* Espantar la caza con voces, tiros, etc., para que vaya al sitio donde se la ha de cazar o apresar. **2** fig. Ahuyentar.

ojera *f.* Mancha más o menos lívida alrededor de los ojos, y especialmente en la base del párpado inferior.

ojeriza *f.* Antipatía o inquina contra alguien.

ojo *m.* Órgano y aparato sensorial de la visión. **2** Agujero que atraviesa de una parte a otra ciertas cosas, como el de la aguja para enhebrar el hilo. **3** Anillo de las herramientas para encajar el mango. **4** Abertura de la cerradura por la que se introduce la llave. **5** Espacio entre dos estribos de un puente. **6** Manantial que brota en un llano. **7** Cada uno de los huecos de un cuerpo esponjoso, como el pan, el queso, etc. **8** Cada una de las motitas que tiene en las plumas de la cola el pavo real. **9** Gota de aceite o grasa que nada en un líquido. **10** Mano de jabón que se da a la ropa. **11** Atención que se pone en una cosa. **12** Abertura de algunas letras. **13** Relieve de los tipos que produce la impresión.

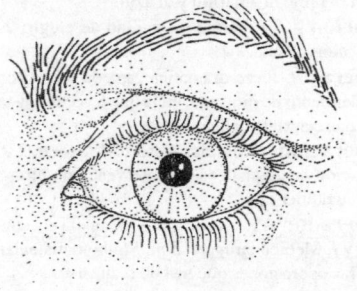

ojo

ola *f.* Onda de gran amplitud en la superficie de las aguas. **2** Fenómeno atmosférico que produce variación repentina en la temperatura. **3** fig. Oleada, aflujo de personas o cosas. **4** Fenómeno de gran amplitud y de duración limitada.

óleo *m.* Aceite de oliva. **2** Por antonomasia, el de la Iglesia católica en los sacramentos y otras ceremonias. (Se usa más en plural.) **3** Pintura con colores disueltos en aceite.

oleoducto *m.* Sistema de tuberías para el transporte del petróleo a grandes distancias.

oler *tr.* Percibir los olores por el olfato. **2** *intr.* Emitir algún olor. **3** Tener aspecto o dar la impresión de algo, generalmente malo.

olfatear *tr.* Oler algo de forma insistente.

olfato *m.* Sentido con que se perciben los olores. En los vertebrados, el órgano sensorial periférico es la mucosa nasal o pituitaria.

oligarquía *f.* Gobierno tiránico en que el poder lo ejercen unos pocos, pertenecientes a familias poderosas. **2** Grupo de personas que ejerce de hecho el poder en política o en economía, mediante camarillas o monopolios.

olimpiada u **olimpíada** *f.* Período de cuatro años comprendido entre dos celebraciones consecutivas de los Juegos Olímpicos. Fue costumbre entre los griegos contar el tiempo por olimpiadas a partir del solsticio de verano del año 776 a.C., en que se fijó la primera. **2** Impropiamente, Juegos Olímpicos.

olímpico -ca *adj.* Perteneciente o relativo al Olimpo. **2** Perteneciente o relativo a Olimpia, a los juegos y fiestas que se celebraban en este centro religioso, y a los juegos deportivos internacionales que se celebran desde 1896. **3** fig. Altanero, despectivo: *con olímpico desdén*.

oliva *f.* Olivo, árbol. **2** Aceituna.

olivo *m.* Árbol de las oleáceas, de tronco torcido y nudoso, copa ramosa, hojas persistentes, lustrosas y puntiagudas, florecillas blancas en ramitos axilares, y fruto en pequeña drupa, que es la aceituna.

olla *f.* Vasija redonda y panzuda con una o dos asas, que sirve para guisar, calentar agua, etc. **2** Guiso de carne, legumbres y hortalizas. **3** Remolino que forman las aguas en las depresiones de un río. **4** fam. Cabeza.

olmo *m.* Árbol muy alto de tronco robusto y derecho, copa ancha, hojas lampiñas por la haz y vellosas por el envés, flores blancas en hacecillos y fruto con semilla oval y aplastada.

olor *m.* Emanación que despiden los cuerpos y que es percibida por el sentido del olfato.

oloroso -sa *adj.* Que emite buen olor. **2** *m.* Vino de Jerez, de color más intenso y de olor más fuerte y aromático que el corriente.

olvidadizo -za *adj.* Que se olvida fácilmente de las cosas u obligaciones.

olvidar *tr.* y *prnl.* No conservar en la memoria. **2** Dejar de tener afecto a una persona.

olvido *m.* Circunstancia de no recordar alguna cosa o no tenerla presente. **2** Cese del afecto que se tenía hacia alguien o algo.

ombligo *m.* Cicatriz circular que queda en el centro del abdomen luego de cortado y seco el cordón umbilical.

ombliguero *m.* Venda con que se faja el vientre de los recién nacidos.

omisión *f.* Acción y efecto de omitir. **2** Falta o delito que deriva de no haber hecho alguna cosa. **3** Olvido, descuido.

omitir *tr.* No hacer alguna cosa. **2** *tr.* y *prnl.* No decir algo, silenciarlo.

omnímodo -da *adj.* Que lo abarca todo; absoluto y total.

omnipotencia *f.* Poder omnímodo, atributo únicamente de Dios.

omnipotente *adj.* Que todo lo puede; es atributo específico de Dios en las religiones monoteístas.

omnipresente *adj.* Que está presente en todas partes.

omnisciente *adj.* Que todo lo sabe. **2** Metafóricamente, se dice de quien tiene amplios conocimientos de muchas materias.

omnívoro -ra *adj.* Se dice del animal que se alimenta de todo tipo de sustancias orgánicas.

omóplato u **omoplato** *m.* Hueso plano y triangular situado en la parte posteroanterior del tórax, que se articula con el húmero y la clavícula.

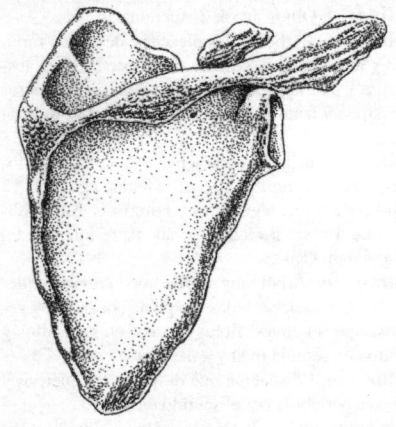

omoplato

onanismo *m.* Masturbación solitaria. **2** Coito interrumpido antes de la eyaculación.

onda *f.* Elevación y depresión que, alternativamente, se forma en la superficie de un líquido, por efecto del viento u otra causa. **2** Cada curva que se forma en algunas cosas flexibles, como el pelo, una tela, etc. **3** Cada recorte, más o menos variado, con que se adornan vestidos y otras prendas.

ondear *intr.* Hacer ondas el agua por la acción del viento. **2** Mecerse alguna cosa en el aire. **3** Formar ondas los dobleces de alguna cosa, como el pelo o una tela.

ondulación *f.* Acción y efecto de ondular. **2** Movimiento que se propaga en el líquido o en un medio elástico sin traslación permanente de sus moléculas. **3** Formación de ondas en una cosa.

ondular *tr.* Hacer ondas en alguna superficie o cosa, como el pelo. **2** *intr.* Moverse algo formando pequeñas curvas o eses. **3** Transformar una corriente continua en alterna.

oneroso -sa *adj.* Pesado, molesto, caro. **2** Que conlleva prestaciones recíprocas, a diferencia de lo que se adquiere a título lucrativo.

onomástico -ca *adj.* Relativo a los nombres, y especialmente a los propios. **2** Día en que una persona celebra su santo.

onomatopeya *f.* Imitación de un sonido con la palabra que lo designa. **2** Vocablo que reproduce o imita un sonido: *borbotón, quiquiriquí, zas*.

onza[1] *f.* Peso equivalente a la decimosexta parte de una libra, o sea, unos 30 g.

onza[2] *f.* Guepardo, mamífero carnívoro.

opacar *tr.* Hacer opaco algo. **2** *tr.* y *prnl.* Oscurecer, nublar.

opaco -ca *adj.* Que no permite el paso de la luz. **2** Oscuro, sombrío.

ópalo *m.* Óxido de silicio hidratado, de lustre resinoso, duro y quebradizo, con irisaciones que van del rojo al amarillo y al azul.

opción *f.* Libertad o facultad de elegir. **2** La elección misma.

ópera *f.* Pieza dramática cantada y con acompañamiento de orquesta, en la que a veces hay también escenas de ballet.

operación *f.* Acción y efecto de operar. **2** Realización de alguna cosa. **3** Intervención quirúrgica de cualquier tipo.

operador -ra *adj.* y *n.* Que opera o actúa. **2** *m.* y *f.* Médico cirujano. **3** *m.* Símbolo matemático de las operaciones que han de realizarse.

operar *tr.* Realizar una intervención quirúrgica. **2** Llevar a cabo actos delictivos. **3** *prnl.* Someterse a una intervención quirúrgica.

operario -ria *m.* y *f.* Obrero de fábrica o taller.

operativo -va *adj.* Que obra y hace su efecto. **2** Que funciona o es válido para algo. **3** *m. Amér.* Acción militar o policial.

opereta *f.* Ópera frívola y desenfadada.

operista *com.* Actor que canta en las óperas. **2** Compositor de óperas.

opinar *intr.* Formar o tener formada opinión de algún asunto. **2** Expresarla de palabra o por escrito.

opinión *f.* Idea o juicio que el hombre se forma de personas o cosas. **2** Concepto en que se tiene a una persona o cosa.

opio *m.* Sustancia narcótica que se obtiene al secarse el jugo de las cabezuelas de adormideras verdes en las que se han practicado incisiones; es de color pardo, sabor amargo y olor fuerte.

opíparo -ra *adj.* Copioso, espléndido, tratándose de comidas y banquetes.

oponente *adj.* y *com.* Que opina de forma contraria a otro.

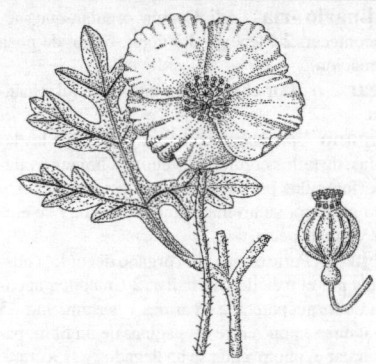

El **opio** se extrae de la amapola

oponer *tr.* y *prnl.* Colocar una cosa frente a otra para impedir o estorbar su acción. **2** Proponer una razón o discurso contra lo que otro dice o siente. **3** *prnl.* Ser una cosa contraria a otra, contradecirla.

oportunidad *f.* Calidad de oportuno. **2** Sazón, coyuntura favorable.

oportunismo *m.* Forma de conducta personal o sociopolítica que se rige por las conveniencias, más que por principios doctrinales.

oposición *f.* Acción y efecto de oponer u oponerse. **2** Disposición de una cosa frente a otra. **3** Situación relativa de dos o más astros cuyas longitudes difieren en 180°.

opositor -ra *m.* y *f.* Persona que se opone a otra en cualquier orden de cosas.

opresión *f.* Acción y efecto de oprimir. **2** Molestia ocasionada por algo que oprime. **3** Congoja de ánimo.

oprimir *tr.* Ejercer presión sobre alguna cosa, apretar, estrujar. **2** Gobernar de forma arbitraria o tiránica.

oprobio *m.* Afrenta, deshonra.

optar *tr.* e *intr.* Escoger una cosa entre varias, elegir entre diversas alternativas. **2** *tr.* Aspirar a conseguir algo.

optativo -va *adj.* Que admite opción, o pendiente de ella. **2** Se dice del modo verbal que sirve para expresar un deseo.

óptico -ca *adj.* Relativo a la visión o a la óptica. **2** Se aplica al par de nervios craneales que penetran en el ojo por su parte posterior. **3** *m.* Fabricante o comerciante de aparatos de óptica. **4** *f.* Rama de la física que estudia los fenómenos luminosos y las leyes por que se rigen. **5** Establecimiento donde se venden gafas y aparatos ópticos. **6** fig. Modo de considerar un asunto u otra cosa.

optimismo *m.* Actitud psicológica que tiende a ver el lado positivo de las cosas.

optimista *adj.* Relativo al optimismo. **2** Confiado, esperanzado.

óptimo -ma *adj.* Superlativo de bueno; que no puede ser mejor.

optometría *f.* Parte de la física que estudia los fenómenos visuales. **2** Graduación científica de la vista, con la finalidad de prescribir lentes.

opuesto -ta *adj.* Enemigo, contrario. **2** Se dice de las ramas, hojas y flores que nacen a pares y contrapuestas.

opulencia *f.* Abundancia o riqueza desmedida.

opulento -ta *adj.* Que vive en la opulencia, persona rica.

opúsculo *m.* Obra científica o literaria de poca extensión.

oquedad *f.* Espacio vacío en un cuerpo sólido.

oración *f.* Discurso. **2** Acto religioso de poner la mente en Dios o las cosas sagradas, que puede ser meramente mental o ir acompañado de palabras. **3** Conjunto de palabras con sentido gramatical completo.

oracional *adj.* Relativo a la oración gramatical. **2** *m.* Libro de oraciones piadosas.

oracionero -ra *adj.* y *n.* Rezador.

oráculo *m.* Respuesta de la divinidad a determinadas consultas o súplicas; en la antigüedad se daba a través de sacerdotes o pitonisas. **2** Lugar en que se daban tales respuestas: *el oráculo de Delfos.* **3** fig. Persona de gran sabiduría y autoridad a la que todos escuchan y obedecen.

orador -ra *m.* y *f.* Persona que habla en público.

oral *adj.* De palabra, por contraposición a lo escrito: *tradición oral, literatura oral,* la que se transmite de boca en boca.

orangután *m.* Mamífero primate antropomorfo de los póngidos, que puede alcanzar dos metros de altura, de cabeza alargada, frente estrecha, nariz chata y extremidades anteriores muy desarrolladas y fuertes.

orar *intr.* Practicar la oratoria en público. **2** *tr.* Rezar.

oratorio[1] *m.* Lugar retirado para hacer oración a Dios. **2** Composición musical de asunto religioso.

oratorio[2] **-ria** *adj.* Relativo a la oratoria. **2** *f.* Arte de hablar en público con elocuencia; es parte de la retórica, una de las artes más importantes del mundo antiguo.

orbe *m.* Redondez o círculo. **2** Pez globo de los plectognatos, de cuerpo casi redondo y muy escamoso.

órbita *f.* Trayectoria que, en el espacio, recorre un cuerpo sometido a la acción gravitatoria ejercida por los astros. **2** Cada una de las cuencas o cavidades que albergan los ojos. **3** fig. Zona o campo de influencia de cualquier agente.

orbital *adj*. Relativo a la órbita. **2** Se dice de los huesos que forman la órbita ocular.

orca *f*. Mamífero cetáceo de los delfínidos, que puede alcanzar 10 m de largo; gran nadador y depredador, se caracteriza por tener cabeza redondeada, boca poderosa y aleta dorsal muy desarrollada.

orca

orden *m*. Colocación o distribución de personas y cosas en el lugar que les corresponde. **2** Organización y buen funcionamiento de una cosa. **3** Unidad taxonómica que en botánica y zoología indica un grupo inferior a la clase y superior a la familia. **4** Sexto de los sacramentos de la Iglesia católica y cada uno de sus grados. **5** *f*. Mandato o disposición.

ordenación *f*. Acción y efecto de ordenar u ordenarse. **2** Ceremonia religiosa en que se confiere el sacramento del orden a un presbítero o a un obispo.

ordenador -ra *adj. y n*. Que ordena. **2** *m. y f*. Jefe de una ordenación de pagos. **3** *m*. Calculadora, máquina electrónica que permite manipular gran cantidad de información y realizar operaciones matemáticas y lógicas con enorme rapidez.

ordenamiento *m*. Acción y efecto de ordenar. **2** Ley, pragmática u ordenanza. **3** Conjunto de normas que regulan una determinada materia.

ordenanza *m*. Soldado a las órdenes de un oficial. **2** Empleado subalterno en algunas oficinas. **3** Arbitrio y voluntad de uno.

ordenar *tr*. Poner en orden una cosa. **2** Mandar o imponer algo. **3** Disponer las cosas o medios para conseguir un fin. **4** Conferir el sacramento del orden. **5** *prnl*. Recibir alguno de los grados del sacramento católico del orden sacerdotal.

ordeñar *tr*. Extraer la leche de las hembras exprimiendo las ubres o mamas manual o mecánicamente.

ordinal *adj*. Relativo al orden. **2** *adj. y m*. Se dice del número que expresa orden o sucesión en una serie: *primero, quinto*.

ordinario -ria *adj*. Común, regular, que suele acontecer. **2** Plebeyo. **3** Vulgar, basto, de poca estimación.

orear *tr*. Dar el viento en una cosa, refrescándola.

orégano *m*. Planta herbácea y vivaz de las labiadas, de tallos erguidos y vellosos, hojitas ovaladas, florecillas purpúreas en espigas terminales y fruto globoso; su aroma es muy intenso, y se emplea como especia.

oreja *f*. Parte externa del órgano del oído, constituida por el pabellón auricular. **2** Cualquier apéndice de forma parecida en armas y herramientas. **3** Señal que se pone entre las páginas de un libro, para marcar el punto a que se ha llegado en la lectura.

orejera *f*. Cada una de las dos piezas de la gorra o montera para proteger las orejas. **2** Cada una de las dos piezas oblicuas al dental del arado, para abrir más el surco. **3** Pieza de la cabezada de las caballerías que protege los ojos.

orfanato *m*. Asilo para huérfanos.

orfandad *f*. Condición de huérfano. **2** Pensión que percibe. **3** Situación de desamparo, falta de ayuda.

orfebre *com*. Persona que labra objetos artísticos de oro y otros metales preciosos.

orfebrería *f*. Conjunto de técnicas para el trabajo artístico del oro, la plata y otros metales preciosos. **2** Conjunto de objetos resultantes de dicho trabajo.

orgánico -ca *adj*. Relativo a los órganos o al organismo. **2** Se aplica especialmente a los seres vivientes. **3** Armonioso, coherente.

organismo *m*. Ser vivo, animal o vegetal, formado por órganos con sus respectivas funciones. **2** fig. Asociación de personas que ejercen unas funciones de interés general en cualquier escala: estatal, regional, municipal, familiar, etc. **3**. fig. Conjunto de oficinas o dependencias de un determinado ministerio o institución.

organista *com*. Músico que toca el órgano.

organización *f*. Acción y efecto de organizar u organizarse. **2** Disposición interna de los órganos animales o vegetales para su adecuado funcionamiento. **3** Asociación o partido político.

organizado -da *adj*. Orgánico. **2** Se dice de la materia o sustancia que tiene la estructura peculiar de los seres vivos.

organizar *tr. y prnl*. Preparar o disponer la realización de algo. **2** Acabar con el desorden.

órgano *m*. Cualquiera de las partes que constituyen un cuerpo animal o vegetal con su función propia. **2** Cualquier instrumento, o parte de una asociación, con una función determinada dentro de un conjunto. **3** Instrumento músico de viento formado por uno o varios teclados, pedales y tubos metálicos. **4** Hoja o periódico que expresa unas determinadas opiniones.

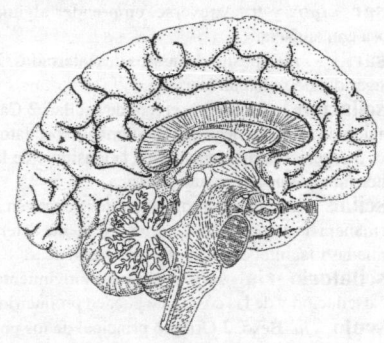

órgano

orgasmo *m.* Punto culminante de la excitación sexual, que en el varón va acompañado de eyaculación.
orgía u **orgia** *f.* Banquete en que se cometen toda clase de excesos.
orgullo *m.* Excesiva estima de uno mismo. **2** Soberbia, arrogancia.
orientación *f.* Acción y efecto de orientar u orientarse. **2** Posición o dirección de una cosa respecto a un punto cardinal.
orientar *tr.* Colocar algo en determinada posición respecto a los puntos cardinales. **2** *tr.* y *prnl.* Informar a uno sobre un asunto o negocio, para que pueda desenvolverse en él convenientemente.
oriente *m.* Punto cardinal del horizonte por el que sale el Sol en los equinoccios. **2** Brillo especial de las perlas.
orífice *com.* Orfebre que trabaja el oro.
orificio *m.* Boca, agujero. **2** Cada una de las aberturas que comunican los órganos internos con el exterior.
origen *m.* Principio, nacimiento, raíz y causa de una cosa.
original *adj.* Relativo al origen. **2** *adj.* y *com.* Que no procede de ninguna otra cosa, que no es copia, imitación o traducción.
originalidad *f.* Calidad de original. **2** Actitud, acción o comportamiento fuera de lo corriente y habitual.
originar *tr.* Ser origen o causa de algo.
originario -ria *adj.* Que da origen a una persona o cosa.
orilla *f.* Término o extremo de una superficie.
orín[1] *m.* Herrumbre, óxido rojizo que se forma en la superficie del hierro a causa de la humedad.
orín[2] *m.* Orina. (Se usa más en plural.)

orina *f.* Líquido amarillento oscuro secretado por los riñones, que pasa por la vejiga y es expulsado por la uretra.
orinal *m.* Recipiente para recoger la orina o los excrementos.
orinar *intr.* Expulsar la orina mediante la micción.
oriundo -da *adj.* y *n.* Que trae su origen de algún lugar.
ornamento *m.* Adorno, atavío. **2** *pl.* Vestiduras sagradas de los sacerdotes y utensilios del culto.
ornitología *f.* Rama de la zoología que estudia las aves.
ornitorrinco *m.* Mamífero monotrema de los ornitorrínquidos, del tamaño de un conejo, con cabeza casi redonda, mandíbulas anchas y cubiertas de una lámina córnea, boca en forma de pico, pies palmeados y pelaje gris; la hembra pone huevos. Vive en aguas dulces de Australia y Tasmania.
oro *m.* (Au) Metal noble, amarillo, el más dúctil y maleable de todos y uno de los más pesados, que se encuentra siempre nativo en la naturaleza. **2** Moneda o monedas de oro. **3** Joyas y otros adornos de este metal. **4** Riquezas. **5** Dinero. **6** Color amarillo propio de dicho metal. **7** *pl.* Uno de los palos de la baraja española, representado por una o varias monedas de oro.
orografía *f.* Parte de la geografía física que estudia las montañas.
orondo -da *adj.* Panzudo, con mucha capacidad, dicho de un recipiente.
oropel *m.* Lámina de latón que imita el oro.
oropéndola *f.* Ave de unos 25 cm desde la punta del pico hasta la extremidad de la cola, con plumaje amarillo y alas y cola negras; cuelga su nido de las ramas horizontales de los árboles.
orquesta *f.* En el teatro clásico griego, lugar entre la escena y las gradas, reservado al coro. **2** Conjunto de instrumentistas que interpretan de manera concertada una obra musical. Sus tres secciones principales se hallan constituidas por la cuerda, la madera y el metal.
orquestación *f.* Adaptación de una pieza musical para que pueda ser interpretada por una orquesta. **2** *fig.* Disposición y ordenación de los distintos elementos necesarios para conseguir un fin.
orquestar *tr.* Instrumentar para orquesta. **2** Organizar, dirigir una manifestación, un estado de opinión, etcétera.
orquídea *f.* Planta ornamental de las orquidáceas.
ortiga *f.* Planta de tallo erguido, hojas elípticas y serradas, y florecillas verdosas en espiga; las hojas segregan un líquido urente muy molesto al tacto.

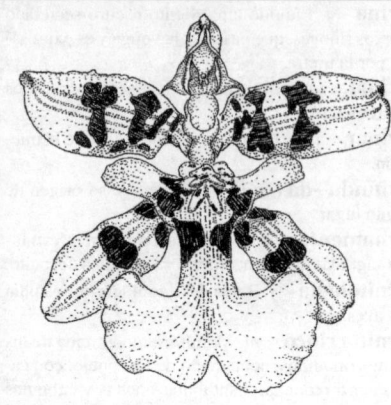

orquídea

ortocentro *m.* Punto de intersección de las tres alturas de un triángulo.
ortodoncia *f.* Rama de la odontología que corrige las deformidades dentarias.
ortodoxia *f.* Calidad de ortodoxo. **2** Conformidad con la doctrina fundamental de una religión o de un sistema filosófico.
ortodoxo -xa *adj.* y *n.* Conforme con el dogma o los principios básicos de una religión o de una ideología.
ortografía *f.* Parte de la gramática normativa que enseña a escribir correctamente una lengua. **2** Dibujo del alzado de un objeto, y en especial de un edificio.
ortología *f.* Arte de pronunciar correctamente y, en sentido más general, de hablar con propiedad.
ortopedia *f.* Rama de la medicina que mediante prótesis corrige las anomalías anatómicas o funcionales del cuerpo humano.
oruga *f.* Larva vermiforme de los insectos lepidópteros, con doce anillos y boca masticadora, de color variable. **2** Planta anual de las crucíferas, de hojas lanceoladas, flores axilares amarillas y fruto en vainilla cilíndrica. **3** Llanta articulada que permite a los vehículos moverse por terrenos escabrosos.
orzuelo[1] *m.* Forúnculo en el borde del párpado.
orzuelo[2] *m.* Trampa o cepo para cazar.
os Pronombre personal de segunda persona, en masculino o femenino, y número plural; ejerce funciones de complemento directo e indirecto (acusativo y dativo). No lleva preposición, y puede ser enclítico *(amaos).*
osadía *f.* Audacia, atrevimiento. **2** Desfachatez, insolencia.
osado -da *adj.* Que tiene osadía.

osamenta *f.* Esqueleto de un hombre o un animal.
osar *intr.* y *tr.* Atreverse, emprender alguna cosa con audacia.
osario *m.* Depósito de huesos desenterrados. **2** Lugar donde se hallan huesos.
oscilación *f.* Acción y efecto de oscilar. **2** Cada uno de los vaivenes de un movimiento oscilatorio. **3** Alteración momentánea de la tensión o de la intensidad de una corriente eléctrica.
oscilar *intr.* Efectuar movimientos de vaivén a la manera de un péndulo. **2** Variar levemente determinadas magnitudes o manifestaciones físicas.
oscilatorio -ria *adj.* Se dice del movimiento de oscilación y de las cosas que pueden producirlo.
ósculo *m.* Beso. **2** Orificio principal de los poríferos o esponjas, a través del cual expulsan el agua que circula por el cuerpo.
oscurantismo *m.* Actitud cerrada y retrógrada, opuesta a la difusión de la cultura entre las clases populares.
oscurecer *tr.* Privar de luz o claridad. **2** fig. Confundir las ideas. **3** *intr.* Ir anocheciendo. **4** fig. Desaparecer algo o alguien.
oscuridad *f.* Calidad de oscuro. **2** Sitio o situación oscuros. Carencia de noticias acerca de algo.
oscuro -ra *adj.* Que no tiene luz o la tiene escasa. **2** Se dice del color que se acerca al negro o que es menos claro que otro. **3** Que está anocheciendo.
óseo -a *adj.* Relativo a los huesos o de naturaleza similar.
osezno *m.* Cachorro del oso.
osificación *f.* Formación de tejido óseo en el embrión.
osificarse *prnl.* Volverse, convertirse en hueso o adquirir la consistencia de tal una materia orgánica.
oso *m.* Mamífero carnívoro que puede alcanzar un metro de altura, de cabeza grande, ojos pequeños, uñas fuertes y pelaje largo de color variable.
ostensible *adj.* Que puede mostrarse o manifestarse. **2** Claro, patente.
ostentación *f.* Acción y efecto de ostentar. **2** Jactancia, alarde de riqueza.
ostentar *tr.* Mostrar o hacer patente alguna cosa. **2** Hacer gala de grandeza, boato, etc. **3** Tener un cargo, beneficio, etc., que confiere poder, ventajas, etcétera.
ostentoso -sa *adj.* Suntuoso, aparatoso. **2** Que se hace o muestra para que los demás lo vean o lo noten.
ostra *f.* Molusco de concha de valvas desiguales y variables, verdosas por fuera y blancas por dentro. **2** Concha de la madreperla.

ostracismo *m.* Entre los antiguos atenienses, destierro político que duraba diez años. **2** fig. Exclusión voluntaria o forzosa de la actividad política.

otear *tr.* Mirar desde lo alto. **2** Escudriñar, registrar o mirar con cuidado.

otero *m.* Cerro aislado que domina una superficie llana.

otitis *f.* Proceso inflamatorio del oído en cualquiera de sus tres sectores.

otología *f.* Rama de la otorrinolaringología que estudia las enfermedades del oído.

otoño *m.* Una de las cuatro estaciones del año, que empieza en el equinoccio homónimo y termina en el solsticio de invierno; en el hemisferio boreal comprende los meses de septiembre, octubre y noviembre. **2** Segunda hierba que producen los prados en esta estación.

otorgamiento *m.* Permiso, consentimiento, parecer favorable.

otorgar *tr.* Conceder algo que se pide o pregunta.

otro -tra *adj.* y *n.* Se dice de la persona o cosa distinta de la que se habla.

ovación *f.* Aplauso ruidoso. **2** Entre los antiguos romanos, honor inferior al triunfo que se otorgaba a los generales victoriosos.

ovado -da *adj.* Se aplica al ave cuyos huevos han sido fecundados por el macho. **2** De figura de huevo. **3** De figura de óvalo.

ovario *m.* Glándula par del aparato genital de la mujer, de forma ovoidea, situada a cada lado del útero. **2** Parte inferior del pistilo, que contiene los óvulos y que tras la fecundación se convierte en el fruto. **3** Moldura adornada con óvalos.

oveja *f.* Mamífero hembra del carnero, que alcanza un metro de longitud, de cuernos dirigidos hacia arriba, cuerpo robusto, recubierto de vellón, y cola corta. Se aprovecha su carne, leche y lana.

overol (ing. *overall*) *m.* *Amér.* Mono o traje de trabajo.

ovillo *m.* Pelota que se forma devanando hilo, lana, alambre, etc. **2** fig. Montón confuso de cosas, revoltijo.

ovino -na *adj.* Se dice del ganado formado por ovejas, moruecos y sus crías.

ovíparo -ra *adj.* y *n.* Se dice de los animales cuyas hembras ponen huevos en los que la segmentación no ha comenzado o no está todavía muy adelantada, como aves, peces, insectos y mamíferos monotremas.

ovni (siglas de *objeto volante no identificado*) *m.* Denominación que se da en castellano a supuestas naves espaciales de origen desconocido. Equivale a la inglesa *ufo* (*Unidentified Flying Object*).

oveja

ovogénesis *f.* Proceso de formación y maduración del óvulo femenino, hasta alcanzar la capacidad de fecundación.

ovovivíparo -ra *adj.* y *n.* Se dice del animal ovíparo cuyos huevos se mantienen en los órganos genitales hasta su eclosión, como en el caso de la víbora.

ovulación *f.* Proceso biológico consistente en el desprendimiento de un óvulo de la pared del ovario, por estar plenamente maduro.

ovular *tr.* Efectuar la ovulación.

óvulo *m.* Gameto sexual femenino que, una vez fecundado por el espermio, se convierte en huevo, que origina un nuevo ser. **2** Gameto sexual femenino de las plantas. En las angiospermas se halla cubierto por el ovario, y en las gimnospermas, por escamas.

oxhídrico -ca *adj.* Se dice de cualquier compuesto formado por hidrógeno y oxígeno. **2** Se dice de la llama producida por la combustión de hidrógeno en una corriente de oxígeno.

oxidación *f.* Acción y efecto de oxidar u oxidarse. **2** Proceso químico en que aumenta el oxígeno y disminuye el hidrógeno.

oxidar *tr.* y *prnl.* Experimentar transformaciones un cuerpo por la acción del oxígeno o de un oxidante.

óxido *m.* QUÍM Compuesto formado por el oxígeno y un metal.

oxigenar *tr.* y *prnl.* Combinar el oxígeno con un cuerpo, formando óxidos. **2** *prnl.* Respirar aire puro.

oxígeno *m.* (O) Elemento químico gaseoso. En estado gaseoso es inodoro, incoloro e insípido; en estado líquido tiene color azul pálido. Se presenta en estado libre en la naturaleza y forma el 20% del aire. Está presente, en forma combinada, tanto en el agua como en numerosos minerales (constituye el 49,5% en peso de la corteza terrestre); es el elemento más abundante en la naturaleza.

oyente   *adj.* y *com.* Que oye. **2** *com.* Alumno que asiste a clase sin estar matriculado.

ozonizar   *tr.* Convertir el oxígeno en ozono. **2** Hacer reaccionar ozono sobre un cuerpo para esterilizarlo o transformarlo: *ozonizar el agua*.

ozono   *m.* (O_3) Es un gas inestable, de olor picante muy característico, incoloro observado en un espesor pequeño, pero de color azulado en capas gruesas. Se encuentra en las capas bajas de la atmósfera, donde se forma gracias a las chispas de las descargas eléctricas de las tempestades, y en la región inferior de la estratosfera (conocida como ozonosfera, comprendida entre los 12 y los 40 km

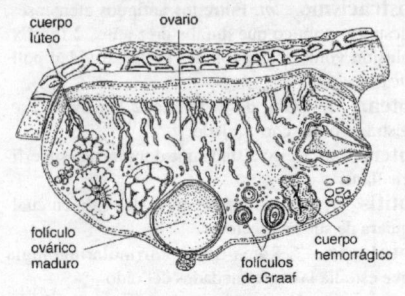

ovogénesis

de altitud), en la que se forma cuando el oxígeno absorbe los rayos ultravioletas procedentes del Sol.

ozonosfera   *f.* Capa de la atmósfera caracterizada por la presencia de ozono.

p *f.* Decimoséptima letra del abecedario castellano, y decimotercera de sus consonantes. Su nombre es pe, y su articulación bilabial, oclusiva y sorda.

pabellón *m.* Tienda de campaña en forma de cono, con un palo grueso en el centro. **2** Bandera nacional. **3** Colgadura que resguarda y adorna una cama, trono, altar, etc. **4** Pirámide truncada que forman las facetas del tallado en las piedras preciosas. **5** Ensanche cónico del extremo de algunos instrumentos de viento. **6** Grupo de fusiles que se forman enlazándolos por las bayonetas y apoyando las culatas en el suelo. **7** Edificio que constituye una dependencia de otro mayor que se halla cerca. **8** Cada construcción o edificio, en un conjunto de varios, como los de una exposición, cuartel, hospital, etc. **9** Cada habitación donde se alojan los oficiales en un cuartel. **10** Nacionalidad de un barco mercante.

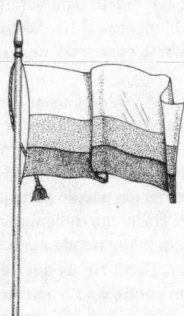

pabellón

paca¹ *f.* Mamífero roedor de los dasipródidos, de pelo espeso, pardo y rojizo, con manchas blancas. Se alimenta de vegetales. Su carne es muy apreciada. Propio de América del Sur.

paca² *f.* Fardo o lío, especialmente de lana o de algodón en rama.

pacer *intr.* y *tr.* Comer el ganado la hierba en el campo.

pachorra *f.* fam. Flema, indolencia, lentitud.

paciencia *f.* Capacidad de resistir sufrimientos o desgracias sin desesperarse. **2** Virtud cristiana, opuesta a la ira. **3** Calma, tranquilidad en la espera de algo. **4** Galleta muy pequeña, redonda y dura. **5** Resalte interior del asiento de una silla de coro, de modo que, levantado aquel, pueda servir de apoyo a quien está de pie.

paciente *adj.* Que tiene paciencia. **2** *adj.* y *m.* Se dice del sujeto gramatical de un verbo en pasivo. **3** *com.* Persona enferma, en tratamiento médico.

pacificar *tr.* Establecer la paz donde había guerra o discordia.

pacífico -ca *adj.* Quieto, amigo de paz y tranquilidad. **2** Sin oposición o alteración.

pacifismo *m.* Movimiento encaminado a mantener la paz, en contra de la guerra.

pacotilla *f.* Cantidad de mercancías vendibles que los pasajeros y marineros pueden llevar.

pactar *tr.* Acordar o convenir algo, obligándose las dos partes a cumplirlo. **2** Contemporizar, hacer concesiones.

pacto *m.* Acuerdo aceptado entre personas o entidades, con el compromiso de cumplirlo. **2** Lo establecido en dicho acuerdo.

padecer *tr.* Sentir física o moralmente un daño, dolor, pena, etc. **2** Soportar, tolerar.

padrastro *m.* Marido de una mujer, respecto de los hijos habidos por ella en otra unión anterior. **2** fig. Pellejo que se levanta en la carne cercana a las uñas de las manos.

padre *m.* Hombre o animal macho que ha engendrado, respecto de sus hijos. **2** Tratamiento respetuoso dado a religiosos y sacerdotes. **3** En mayúscula, primera persona de la Santísima Trinidad.

padrino *m.* El que presenta o acompaña a otra persona que recibe un sacramento, grado, honor, etc., asumiendo respecto a él una cierta responsabilidad. **2** fig. El que favorece o protege a otro en el logro de sus pretensiones.

paella *f.* Plato de arroz seco, con carne, pescado, verduras, etc., típico de la región valenciana.

paga *f.* Acción de pagar. **2** Cantidad de dinero que se recibe, de manera fija, por un trabajo realizado.

pagador -ra *adj.* y *n.* Que paga. **2** *m.* y *f.* Funcionario o empleado que se ocupa de pagar.

pagaduría *f.* Oficina pública donde se paga.

paganismo *m.* Nombre dado por los cristianos al conjunto de creencias que están fuera del cristianismo, exceptuando las de judíos e islámicos, por su carácter monoteísta.

pagano[1] **-na** *adj.* y *n.* fam. Que paga, especialmente por abuso de los demás, o por culpas ajenas.

pagano[2] **-na** *adj.* y *n.* Que pertenece al paganismo. **2** *adj.* Relativo al paganismo.

pagar *tr.* Dar a uno lo que se le debe.

pagaré *m.* Documento en el que alguien se compromete a pagar una cantidad en un tiempo determinado.

página *f.* Cada una de las dos planas de la hoja de un libro o cuaderno. **2** Lo escrito o impreso en ella. **3** Episodio o suceso en el curso de una vida, o de la historia.

paginar *tr.* Numerar las páginas.

pago[1] *adj.* Se dice de lo que está pagado. **2** *m.* Entrega de un dinero o cosa que se debe.

pago[2] *m.* Tierras o heredades, en especial viñas u olivares. **2** Pueblecito o aldea. **3** *pl.* Lugar donde se ha nacido, o está arraigada una persona.

pagoda *f.* Templo oriental budista, en forma de torre de varios pisos escalonados.

paila *f.* Caldero redondo y poco profundo. **2** *Amér.* Sartén.

país *m.* Territorio que constituye una unidad geográfica o política, con fronteras naturales o artificiales. **2** Papel, piel o tela que cubre la parte superior del varillaje de un abanico.

paisaje *m.* Terreno que se ve desde un lugar determinado, considerado en su aspecto artístico. **2** Pintura o dibujo que representa un exterior natural.

paisajismo *m.* Pintura de paisajes.

paisano -na *adj.* y *n.* Que ha nacido en el mismo pueblo que otro. **2** *m.* y *f.* Habitante del campo. **3** Civil, que no es militar.

paja *f.* Caña de las gramíneas, seca y separada del grano. **2** Conjunto de estas cañas. **3** Brizna de hierba seca. **4** Caña fina natural, o tubo artificial, que sirve para sorber líquidos, especialmente refrescos.

pájaro *m.* Nombre genérico dado a las aves, especialmente a las de pequeño tamaño del orden paseriformes.

paje *m.* Joven que acompañaba y servía a un caballero. **2** Muchacho aspirante a grumete. **3** Mueble formado por un espejo con pie alto y una mesilla de tocador.

pajizo -za *adj.* De color de paja. **2** Hecho o cubierto de paja.

pala *f.* Utensilio compuesto de una tabla de madera o una plancha de hierro, de forma rectangular o redonda, y un mango grueso más o menos largo; se usa en diversas tareas, como remover tierra, recoger basura, meter el pan en el horno, etc. **2** Parte ancha de diversos objetos, como la azada, remo, hélice, diente, etc. **3** Asiento de metal en que el orfebre engasta las piedras preciosas. **4** Cuchilla de los curtidores. **5** Parte superior del calzado, que cubre el empeine. **6** Cada uno de los dientes que muda el potro. **7** Cada división del tallo del nopal. **8** Cada chapa de una bisagra. **9** Parte lisa de la charretera en la que cuelgan las insignias.

palabra *f.* Unidad aislable, formada por uno o varios fonemas, plena de significación y provista de función gramatical. **2** Aptitud oratoria. **3** Fidelidad a las promesas.

palabrería *f.* Abundancia de palabras inútiles.

palabrota *f.* Palabra grosera, malsonante.

palaciego -ga *adj.* Relativo a palacio. **2** *adj.* y *n.* Adaptado a las costumbres cortesanas.

palacio *m.* Casa grande y suntuosa, destinada a residencia de grandes personajes o reyes. **2** Edificio de grandes dimensiones con funciones públicas. **3** Casa solariega de familia noble.

palada *f.* Porción que la pala coge de una vez. **2** Golpe en el agua con la pala del remo, o revolución de la hélice.

paladar *m.* Parte superior e interior de la cavidad bucal. **2** *fig.* Gusto para percibir y apreciar el sabor de los alimentos. **3** *fig.* Sensibilidad para valorar y deleitarse con cosas inmateriales o espirituales.

paladear *tr.* y *prnl.* Gustar lentamente una cosa, saborearla. **2** *tr.* Deleitarse, recrearse en algo que gusta o agrada. **3** Limpiar el paladar de un animal para que recobre el apetito. **4** Poner algo dulce en la boca del recién nacido para que se aficione al pecho. **5** *intr.* Hacer movimientos con la boca el recién nacido como queriendo mamar.

palanca *f.* Barra rígida que se apoya y puede girar sobre un punto, y sirve para transmitir fuerza. **2** Palo de madera que sirve para llevar entre dos un gran peso. **3** Plataforma rígida desde la que se realizan los saltos de natación. **4** *fig.* Influencia, apoyo para lograr algún fin.

palanquear *tr. Amér.* Apalancar.

palco *m.* En los teatros, departamento independiente, en forma de balcón, con asientos para varias personas. **2** Tabladillo donde se coloca la gente para ver una función.

paleoceno -na *adj.* y *m.* Se dice del primer período del terciario, anterior al eoceno. En él se desarrollaron mucho los mamíferos.

paleografía *f.* Ciencia que estudia la escritura y signos de los textos antiguos.

paleolítico -ca *adj.* y *m.* Se dice del período prehistórico más antiguo y de mayor duración.

paleología *f.* Conocimiento de las culturas antiguas, y especialmente de las lenguas.

paleontología *f.* Ciencia que estudia los seres orgánicos cuyos restos o vestigios se encuentran fósiles.

paleozoico -ca *adj.* y *m.* GEOL Se dice de la primera era, comprendida entre los orígenes de la Tierra y la era mesozoica o secundaria. Se extendió a lo largo de unos 400 millones de años.

paleta *f.* Utensilio de forma triangular y mango de madera que usan los albañiles para remover o extender la mezcla o mortero. **2** Tabla sin mango y con un agujero en un extremo por donde se mete el dedo pulgar, para sostenerla, y en la que se combinan y mezclan los colores. **3** Omóplato. **4** Cada pieza metálica o plancha plana de un aparato o máquina que gira por propio impulso o bajo la acción de otra fuerza, como las de un ventilador, hélice, etc.

paliar *tr.* Encubrir, disimular. **2** Mitigar o aliviar un sufrimiento físico o moral.

palidecer *intr.* Ponerse pálido.

pálido -da *adj.* Que ha perdido el color natural.

palillo *m.* Mondadientes de madera. **2** Varita redonda para tocar el tambor. **3** Palo de madera dura que emplean los escultores para modelar el barro.

palio *m.* Manto que usaban los griegos sobre la túnica, sujeto al pecho por una hebilla o broche. **2** Paño de seda o tela preciosa dada como premio al vencedor de ciertos juegos. **3** Faja blanca con cruces negras de los arzobispos y algunos obispos, que cuelga de los hombros.

paliza *f.* Zurra de golpes, azotes o palos dados a alguien.

palmada *f.* Golpe dado con la palma de la mano. **2** Ruido producido al golpear una contra otra las palmas de las manos.

palmario -ria *adj.* Claro, patente.

palmo *m.* Medida de longitud equivalente a unos 21 cm, distancia aproximada de la mano abierta y extendida desde el extremo del pulgar hasta el meñique.

palmotear *intr.* Aplaudir. **2** *tr.* Dar palmadas a alguien o algo.

palo *m.* Trozo de madera cilíndrico, más largo que grueso. **2** Golpe dado con él. **3** Madera de árbol. **4** Suplicio último ejecutado en un instrumento de madera, como la horca, el garrote, etc. **5** Pieza heráldica en forma de rectángulo que atraviesa el escudo. **6** Cada una de las cuatro series de naipes en que se divide la baraja. **7** Pedúnculo por donde un fruto cuelga del árbol. **8** Trazo recto que sobresale de algunas letras. **9** Alcándara, percha de las aves. **10** En algunos juegos, como el béisbol, golf, etc., instrumento con el que se golpea la pelota. **11** *pl.* Palillos del billar, y juego que consiste en derribarlos con las bolas.

paloma *f.* Ave columbiforme de los colúmbidos, de plumaje espeso, color generalmente apagado, alas redondeadas, cuerpo rechoncho y pico abultado en la base. Existen numerosas especies, que se diferencian por el tamaño o color. Habitan en todo el mundo, excepto en las zonas polares. **2** Bebida compuesta de agua y aguardiente anisado.

paloma

palomar *m.* Construcción donde se recogen y crían las palomas.

palpable *adj.* Que puede tocarse con las manos. **2** Patente, claro, evidente.

palpar *tr.* Tocar con las manos algo para reconocerlo por el tacto. **2** Percibir algo tan claramente como si fuera real.

palpitar *intr.* Contraerse y dilatarse alternativamente el corazón. **2** fig. Manifestarse claramente un afecto o sentimiento.

pálpito *m.* Presentimiento, corazonada.

palúdico -ca *adj.* Palustre. **2** Propio de terreno pantanoso. **3** Relativo al paludismo.

paludismo *m.* Enfermedad infecciosa transmitida por la picadura de la hembra del mosquito anofeles. Presenta fiebre intermitente y anemia.

palurdo -da *adj.* y *n.* Se dice de la gente tosca, sin trato social ni cultura.

palustre[1] *m.* Paleta de albañil.

palustre[2] *adj.* De las lagunas o pantanos.

pan *m.* Porción de masa de harina, generalmente de trigo, y agua, cocida en horno después de fermentada. **2** Masa muy elaborada y fina, en la que se emplea manteca o aceite, y que se usa para pasteles y empanadas. **3** En general, alimento, sustento. **4** Formación geológica cónica originada por la erosión sobre rocas cristalinas. **5** fig. Hoja muy fina de oro, plata o metal que sirve para dorar o platear.

panacea *f*. Remedio al que se atribuye eficacia para curar todos los males físicos o morales.

panadería *f*. Oficio de panadero y despacho o tienda donde se hace o vende pan.

panal *m*. Conjunto de celdillas prismáticas hexagonales de cera que las abejas forman dentro de la colmena para depositar la miel. **2** Construcción similar que fabrican las avispas. **3** Azucarillo.

páncreas *m*. Glándula situada junto al intestino delgado, con conductos excretores que desembocan en el duodeno. La secreción exocrina elabora un jugo gástrico que contribuye a la digestión, y la endocrina produce la insulina y el glucagón.

pandear *intr. y prnl*. Torcerse o deformarse una pared, viga, etc., al ceder en el medio.

pandilla *f*. Liga o unión. **2** La que forman algunos con fines no lícitos. **3** Grupo de amigos que suelen reunirse para divertirse.

panel[1] *m*. Compartimiento en que se divide un lienzo de pared, una hoja de puerta, etc. **2** Elemento prefabricado que se utiliza para dividir el interior o exterior de edificios. **3** Cartelera de grandes dimensiones, montada sobre una estructura metálica con fines publicitarios. **4** Superficie exterior de la carrocería de un vehículo. **5** Tipo de encuesta consistente en formular las mismas preguntas en distintos momentos a las mismas personas, para averiguar sus cambios de parecer.

panel[2] *m*. Grupo de personas que discute un asunto en público.

panela *f*. Bizcochuelo de figura prismática. **2** *Amér*. Pan de azúcar sin refinar, papelón. **3** *Amér*. Chancaca.

panero -ra *adj*. Se dice de la persona a la que le gusta mucho el pan. **2** Estera pequeña y redonda. **3** *f*. Cámara donde se guardan los cereales, el pan o la harina. **4** Cesta o nasa de pescar.

panfleto *m*. Escrito difamatorio u hoja propagandística de carácter subversivo, que se distribuye a mano y clandestinamente.

pánico -ca *adj. y m*. Se dice del miedo o terror grande, generalmente colectivo.

panificar *tr*. Hacer pan. **2** Arar y cultivar la tierra para sembrar cereales.

panorama *m*. Vista pintada en el interior de un gran cilindro hueco, en cuyo centro hay una plataforma circular para los espectadores. **2** fig. Aspecto global de un tema o asunto.

pantalla *f*. Lámina de diversas formas y tamaños que se pone delante o alrededor de un foco de luz o de otras radiaciones u ondas, para dirigirlas en la dirección conveniente. **2** Superficie sobre la que se proyectan las imágenes fotográficas o cinematográficas. **3** fig. Persona o cosa que oculta o hace sombra a otra.

pantalón *m*. Prenda de vestir que se ciñe a la cintura y baja cubriendo cada pierna por separado. (Suele usarse en plural.) **2** Prenda interior femenina con perneras.

pantano *m*. Tierras cubiertas por aguas estancadas poco profundas y con fondo cenagoso. **2** Embalse artificial de agua.

panteón *m*. En la antigua Roma, templo dedicado al culto de todos los dioses. **2** Monumento funerario dedicado al enterramiento de varias personas.

pantera *f*. Leopardo. **2** Ágata amarilla con manchas, como la piel de este animal.

pantorrilla *f*. Parte carnosa y abultada de la pierna, por debajo de la corva.

panza *f*. Barriga o vientre muy abultado. **2** Parte prominente de algunas vasijas y otros objetos. **3** Primera de las cuatro cavidades del estómago de los rumiantes.

pañal *m*. Pedazo de tela cuadrada en que se envuelve a los niños muy pequeños.

pañete *m*. Paño de inferior calidad y poco cuerpo. **2** *pl*. Cierto tipo de calzoncillos de pescadores y curtidores.

paño *m*. Tela de lana muy tupida y de pelo corto. **2** Cualquier tela o pedazo de tela para limpiar, secar o cualquier otro uso práctico. **3** Capa de yeso que se da a las paredes. **4** Mancha oscura en la piel, especialmente en el rostro. **5** Impureza que disminuye el brillo o transparencia de algunas cosas. **6** Excrecencia membranosa en la córnea. **7** *pl*. Velas desplegadas de un barco.

pañoleta *f*. Prenda triangular que usan las mujeres sobre los hombros como adorno o abrigo. **2** Corbata de nudo del traje torero.

pañuelo *m*. Pedazo de tela pequeño y cuadrado, para sonarse las narices, limpiarse el sudor, las lágrimas, etc. **2** Pieza de tela, cuadrada, usada como complemento, o abrigo.

papa[1] *m*. Autoridad suprema de la Iglesia católica, y cabeza visible de ella, a la cual dirige y gobierna, como sucesor de san Pedro, desde Roma, de donde es obispo. Elegido por cardenales, su mandato es vitalicio.

papa[2] *f*. Patata.

papa[3] *f*. fam. Tontería, paparrucha. **2** *pl*. fig. Cualquier especie de comida. **3** Sopas blandas para niños pequeños. **4** Gachas.

papá *m*. fam. Padre.

papado *m*. Dignidad de Papa. **2** Tiempo que dura.

papagayo *m.* Nombre común a varias aves psitaciformes de los psitácidos, de pico fuerte y encorvado y plumaje vistoso. Algunas especies aprenden a imitar la voz humana. Propios de países tropicales. **2** Pez osteíctio de los serránidos, de color rojo con manchas amarillas y hocico saliente. De carne comestible, vive en el Mediterráneo y Atlántico.

papagayo

papanatas *com. fam.* Persona simple y crédula, o demasiado cándida y fácil de engañar.

papar *tr.* Comer, especialmente cosas blandas, sin masticar. **2** *fam.* No prestar atención, estar distraído.

papaya *f.* Fruto del papayo, comestible, de forma oblonga con semillas, cuya parte carnosa es amarilla y dulce como la del melón.

papel *m.* Hoja delgada hecha con fibras de celulosa, obtenidas de trapos, madera, etc., por procedimientos especiales, que sirve para escribir, envolver y otros muchos usos. **2** Parte de una obra de teatro que representa cada actor. **3** *pl.* Documentos con que se acredita el estado civil, profesión y características de alguien.

papelada *f. Amér.* Farsa, ficción.

papeleo *m.* Acción y efecto de papelear. **2** Exceso de trámites administrativos.

papelería *f.* Tienda en que se vende papel y objetos de escritorio. **2** Conjunto de papeles, rotos y desechados.

papelero -ra *adj. y n.* Que fabrica o vende papel. **2** Ostentoso, presumido. **3** *f.* Fábrica de papel. **4** Cesto o cubo donde se tiran los papeles inservibles.

papeleta *f.* Tarjeta en que se acredita un derecho, o en la que figuran datos de interés, como los de exámenes, votaciones, rifas, etc. **2** *fam.* Asunto difícil de resolver.

papiro *m.* Planta herbácea de las ciperáceas, de hojas radicales, largas y estrechas, y flores pequeñas en umbela. Originaria de Oriente. **2** Lámina obtenida del tallo de esta planta, en la que escribían los antiguos.

paquete *m.* Bulto o envoltorio de uno o varios objetos, bien dispuestos y atados. **2** Paquebote. **3** Trozo de composición tipográfica en que entran mil letras. **4** Persona que va detrás del conductor en las motocicletas o similares.

par *adj.* Igual o semejante totalmente. **2** Se dice del número divisible por dos. **3** Maderos que en una cubierta de armadura tienen la inclinación del tejado. **4** Título de dignidad, con grandes privilegios en algunos estados.

para *prep.* Denota el fin o término a que se encamina una acción; introduce el complemento indirecto. **2** Hacia, indica dirección o movimiento. **3** Lugar o tiempo que se determina para hacer o finalizar algo. **4** Denota la relación de una cosa con otra, o la desproporción, respecto a otra; se usa como partícula adversativa. **5** Aptitud, capacidad, utilidad de algo o alguien. **6** Motivo o causa de algo. **7** Por, a fin de. **8** Seguida de palabras como *colmo, postre o remate*, señala una circunstancia desfavorable que se añade a otras ya enunciadas. **9** Por, todavía sin. **10** Con verbo significa la resolución de hacer lo que el verbo indica, y la inminencia de la acción con el verbo *estar* más infinitivo. **11** Junto con *mí, ti, sí*, etc., y con algunos verbos, indica que la acción del verbo es interior, secreta: *leer para sí*.

parábola *f.* Narración de un hecho irreal, que por comparación o semejanza sirve de enseñanza moral.

parabrisas *m.* Bastidor con cristal que lleva un automóvil en su parte anterior y sirve para resguardar del aire.

paracaídas *m.* Dispositivo hecho de tela resistente que, al abrirse en el aire en forma de sombrilla, amortigua una caída.

parachoques *m.* Pieza de los automóviles y otros vehículos en su parte delantera y trasera, que amortigua los choques. **2** Tope en su punto terminal de la vía férrea.

parada *f.* Acción de parar o detenerse. **2** Lugar o sitio donde se paran o estacionan los vehículos públicos. **3** Fin del movimiento de algo, especialmente de una carrera. **4** Suspensión o pausa en música. **5** En esgrima, quite. **6** Lugar donde se juntan las reses. **7** Cantidad de dinero expuesto en una ju-

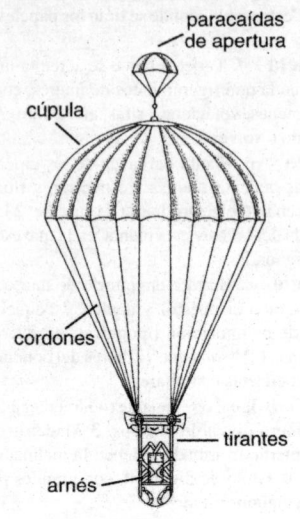

paracaídas

gada. **8** Formación de tropas para pasar revista o desfilar. **9** Desfile. **10** *Amér.* Aspecto vanidoso.

paradero *m.* Lugar donde se para o se va a parar. **2** Fin o término de algo. **3** En América, parada de autobuses, taxis y otros vehículos de transporte.

paradigma *m.* Ejemplo o modelo.

paradisíaco -ca o **paradisiaco -ca** *adj.* Relativo al paraíso. **2** fig. Placentero.

parado -da *adj.* Que no se mueve. **2** Tímido. **3** *adj.* y *n.* Desocupado, sin empleo.

paradoja *f.* Idea opuesta a la general o común. **2** Coincidencia ilógica de hechos. **3** Enunciado lógico de hechos aparentemente contradictorios.

parador -ra *adj.* Que para o se para. **2** Se dice de la caballería que para con facilidad y compostura. **3** *m.* Establecimiento hotelero en zona turística.

paráfrasis *f.* Explicación o interpretación más amplia de un texto. **2** Reproducción libre en verso de un texto en prosa.

paraguas *m.* Utensilio portátil, para resguardarse de la lluvia, compuesto de un mango y un varillaje cubierto de tela.

paraíso *m.* Lugar en donde, según la Biblia, Dios puso a Adán y Eva, después de crearlos. **2** El cielo, lugar de los justos y los ángeles. **3** Gallinero, piso más alto de un teatro. **4** fig. Lugar placentero o tranquilo. **5** *Amér.* Árbol del alcanfor.

paraje *m.* Lugar, sitio, alejado o solitario.

paralela *f.* Trinchera con parapeto, que abre el sitiador paralelamente a las defensas de una plaza. **2** *pl.* Barras paralelas en que se hacen ejercicios gimnásticos.

paralelepípedo *m.* Prisma cuyas bases son paralelogramos.

paralelo -la *adj.* y *n.* Se dice de la línea o plano que cortan a otra recta o plano con el mismo ángulo. **2** *adj.* Semejante o correspondiente. **3** *m.* Comparación, cotejo. **4** Cada uno de los círculos de la esfera terrestre cuyo plano equidista en todos sus puntos del que forma el ecuador.

paralelogramo *m.* Cuadrilátero cuyos lados opuestos son paralelos entre sí.

parálisis *f.* Pérdida o disminución del movimiento de una o varias partes del cuerpo, por afección del propio músculo o por causas neurológicas.

paralítico -ca *adj.* y *n.* Enfermo de parálisis.

paralizar *tr.* y *prnl.* Causar parálisis. **2** Impedir o detener una acción o un movimiento.

paramédico -ca *adj.* Relacionado con la medicina sin pertenecer propiamente a ella.

parámetro *m.* Valor que se expresa como una constante en una ecuación, pero que puede ser fijado a voluntad.

paramilitar *adj.* Se dice de organizaciones civiles con estructura o disciplina militar.

páramo *m.* Terreno yermo, raso y desabrigado. **2** fig. Lugar frío y poco acogedor. **3** *Amér.* Llovizna.

parangón *m.* Comparación o semejanza.

parangonar *tr.* Establecer una comparación. **2** En imprenta, combinar en una línea distintos cuerpos de letras.

parar *intr.* y *prnl.* Cesar en el movimiento o en la acción. **2** *intr.* Llegar a un término o a un fin. **3** Recaer, estar en propiedad de algo que ha sido de otros. **4** Convertirse una cosa en otra distinta de la que se esperaba. **5** Alojarse, hospedarse. **6** *tr.* Detener e impedir un movimiento o acción. **7** Prevenir o preparar. **8** Arriesgar dinero o algo de valor en el juego. **9** *Amér.* Estar de pie. **10** *Amér.* Enriquecerse.

pararrayos *m.* Dispositivo que protege edificios e instalaciones eléctricas de los rayos.

parasitismo *m.* Estado o modo de vida de los organismos parásitos. **2** Asociación biológica entre dos especies en que una (parásito) se aprovecha de la otra (huésped). **3** Condición o calidad de parásito.

parásito- ta *adj.* y *m.* Se dice del animal o vegetal que se alimenta a costa de las sustancias del organismo de otro ser, en contacto con el cual vive temporal o permanentemente. **2** Se dice de la persona que vive a costa ajena, o que no reporta ningún beneficio a la sociedad.

parcamente *adv. m.* Con parquedad o escasez.

parcela *f.* Porción de terreno, generalmente parte de otro mayor. **2** Parte pequeña de algo.

parcelar *tr.* Dividir un terreno en parcelas.

parche *m.* Pedazo de tela, papel, etc., que se pega sobre algo. **2** Trozo de tela o de otro material con ungüento o bálsamo, que se pone en una herida o parte del cuerpo. **3** Cada una de las dos pieles del tambor. **4** fig. Tambor, instrumento. **5** fig. Pegote o retoque mal hecho. **6** fam. Remedio momentáneo de una enfermedad.

parcial *adj.* Relativo a una parte del todo. **2** No completo. **3** Que procede con parcialidad. **4** *adj.* y *com.* Partidario de otro, a su favor.

parco -ca *adj.* Moderado, sobrio. **2** Escaso.

pardo -da *adj.* Se dice del color negro con mezcla de rojo amarillento, más oscuro que el gris. **2** Oscuro, especialmente nublado.

parecer[1] *m.* Opinión, juicio. **2** Orden de las facciones del rostro y disposición del cuerpo.

parecer[2] *intr.* Opinar, creer. **2** Aparecer, manifestarse. **3** Encontrar lo que se tenía por perdido. **4** Tener determinada apariencia o aspecto. **5** *prnl.* Tener semejanza.

pared *f.* Obra de albañilería para cerrar un espacio o sostener la techumbre. **2** Tabique, superficie delgada de ladrillos. **3** Cara o superficie lateral de un cuerpo y de una excavación. **4** Cara vertical de una montaña rocosa.

paredón *m.* Pared que queda en pie de un edificio. **2** MIL Muro contra el que se fusila a los condenados a muerte.

pareja *f.* Conjunto de dos personas, animales o cosas que tienen alguna correlación o semejanza, en especial la formada por macho y hembra de la misma especie. **2** Conjunto de dos guardias civiles o de otros miembros del orden público. **3** Compañero en una relación amorosa, baile, etc.

parejo -ja *adj.* Igual o semejante. **2** Liso.

parentesco *m.* Vínculo, conexión entre personas por consanguinidad o afinidad. **2** fig. Unión, vínculo o liga de las cosas.

paréntesis *m.* Oración o frase incidental que interrumpe un discurso o texto sin alterar su sentido. **2** Signo ortográfico en que se encierra esta oración o frase ( ), también representado por comas o guiones. **3** fig. Suspensión o interrupción de una actividad.

paridad *f.* Comparación, confrontación a modo de símil. **2** Igualdad de las cosas entre sí. **3** Relación entre monedas de varios países, o entre su valor monetario y su peso en metal. **4** En matemáticas, carácter de par o impar.

pariente -ta *adj.* y *n.* Respecto de una persona, se dice de otra de su misma familia, por consanguinidad o afinidad. **2** *m.* y *f.* fam. El marido, o la mujer, respecto a su cónyuge.

parietal *adj.* De la pared. **2** Se dice del hueso par, simétrico y plano, que forma parte de la bóveda craneal.

parir *intr.* y *tr.* Expulsar en el tiempo oportuno una hembra el feto concebido. **2** *intr.* Poner huevos. **3** *tr.* fig. Producir una obra, crear. **4** Salir a la luz lo oculto o ignorado.

parlamento *m.* Institución política formada por una o varias asambleas compuestas por un elevado número de miembros elegidos por sufragio universal, que controla los actos del poder ejecutivo. **2** Relación larga en verso o prosa de un actor de teatro.

parlar *intr.* y *tr.* Hablar con desenvoltura. **2** *intr.* Hablar mucho y sin criterio. **3** Dar su voz algunas aves, cantar las aves.

paro *m.* Suspensión o término de la jornada laboral. **2** Situación del que está sin trabajo por causa ajena a su voluntad. **3** Huelga, cesación voluntaria en el trabajo por parte de los trabajadores.

parodia *f.* Imitación burlesca de una obra de literatura. **2** Cualquier imitación burlesca de una cosa seria. **3** Representación teatral festiva satírica.

paroxismo *m.* Exacerbación o acceso violento de una enfermedad. **2** fig. Exaltación extrema de afectos y pasiones. **3** Fase de máxima intensidad en el curso de un fenómeno sísmico.

parpadear *intr.* Abrir y cerrar repetidamente los párpados. **2** Oscilar la luz.

párpado *m.* Cada uno de los dos repliegues cutáneos móviles que cubren el globo ocular; en su borde libre están implantadas las pestañas.

parque *m.* Terreno cercado con plantas y árboles, público o privado, destinado a recreación. **2** Conjunto de instrumentos, aparatos o materiales destinados a un servicio público. **3** Pequeño recinto protegido de diversas formas, donde los niños que aún no caminan, pueden jugar.

parque

parquear *tr. Amér.* Aparcar, estacionar.

parquedad *f.* Moderación prudente en el uso de las cosas. **2** Parsimonia.

parra[1] *f.* Vid, en especial la que, levantada artificialmente, extiende mucho sus vástagos. **2** *Amér.* Central. Vid trepadora cuyo tallo destila un jugo refrescante.

parra[2] *f.* Vaso de barro bajo y ancho, con asas.

parrafada *f.* Conversación larga y confidencial con alguien. **2** Discurso largo, vehemente y sin pausas.

párrafo *m.* Trozo de un escrito separado del resto por punto y aparte. **2** Signo ortográfico § con que se señala.

parranda *f.* Juerga, fiesta, jarana. **2** Cuadrilla de músicos o aficionados que salen de noche tocando instrumentos de música o cantando para divertirse.

parrilla *f.* Utensilio de hierro en forma de rejilla, que se pone sobre el fuego para asar o tostar alimentos. **2** Armazón de barras de hierro donde se quema el combustible en hornos y calderas. **3** Restaurante en que se preparan asados a la vista de la clientela. **4** Sitio de salida marcado para los pilotos de carreras.

parroquia *f.* Iglesia que tiene bajo su atención espiritual a los fieles de una feligresía. **2** Conjunto de feligreses. **3** Conjunto de personas que acuden a una misma tienda, médico, etc.

parsimonia *f.* Moderación. **2** Lentitud, calma.

parte *f.* Porción determinada o indeterminada de un todo. **2** Cantidad que se da en un reparto o corresponde en una distribución. **3** Sitio o lugar. **4** Cada división principal en una obra científica o literaria. **5** Cada uno de los ejércitos, facciones, etc., que se oponen o luchan. **6** Cada uno de los que contratan o negocian algo. **7** Cada uno de los que contienden, discuten o dialogan. **8** Cada aspecto por el que se puede considerar algo. **9** *m.* Despacho o comunicación transmitida por cualquier medio. **10** Escrito breve que se envía para dar un aviso o noticia urgente u oficial.

partición *f.* División o reparto de una herencia, hacienda o cosa semejante. **2** División matemática.

participar *intr.* Tener o tomar parte en algo. **2** Con de, compartir, tener en común. **3** *tr.* Dar parte, comunicar.

partícipe *adj. y com.* Que tiene o toma parte en algo.

participio *m.* Forma no personal del verbo. Participa de la índole del verbo y de la del adjetivo, y como tal hace las veces de nombre. Se divide en activo, o de presente (terminado en -ante o -iente), y pasivo, de pasado o pretérito (terminado en -ado e -ido y otras desinencias irregulares). Algunos participios pasivos toman carácter activo: atrevido, el que se atreve.

partícula *f.* Parte pequeña de materia. **2** En gramática, parte invariable de la oración que hace de elemento de relación o componente de otros vocablos, como los prefijos, sufijos, preposiciones, conjunciones, etc.

particular *adj.* Propio y exclusivo. **2** Especial, extraordinario en su línea. **3** Singular, individual, contrapuesto a universal o general. **4** Privado, no público. **5** *adj. y com.* Se dice de la persona sin título, cargo o representación oficial. **6** *m.* Punto o materia de que se trata.

particularizar *tr.* Expresar algo con todas sus circunstancias y detalles. **2** Diferenciar del resto con algún matiz concreto. **3** Hacer distinción en el trato. **4** *prnl.* Distinguirse, sobresalir.

partida *f.* Acción de partir o salir de un punto. **2** Registro o asiento de bautismo, confirmación, casamiento o defunción. **3** Cada artículo o cantidad parcial de una cuenta. **4** Cantidad o porción de un género de comercio. **5** Conjunto de personas reunidas con un mismo fin. **6** Cada una de las manos de un juego, o conjunto de ellas ya convenido. **7** Cantidad de dinero que se apuesta en ellas. **8** Conjunto de compañeros que juegan contra otros tantos. **9** fig. Muerte.

partidario -ria *adj. y n.* Simpatizante de una persona o idea. **2** Que sigue un partido o entra a formar parte de él.

partido -da *adj.* Dividido, cortado. **2** Liberal, desprendido. **3** *m.* Conjunto de personas que siguen un mismo ideario y toman parte en la política del país. **4** Conjunto de simpatizantes de una misma causa. **5** Grupo de jugadores del mismo equipo. **6** Competición deportiva. **7** Provecho, ventaja o conveniencia. **8** Trato, convenio. **9** Medio adoptado para conseguir algo. **10** Favor o protección de que se goza. **11** División territorial.

partir *tr.* Dividir algo en dos o más partes. **2** Romper o cascar el hueso o cáscara de una fruta. **3** Repartir, distribuir. **4** fig. Desbaratar, causar un trastorno o contrariedad. **5** Compartir. **6** MAT Dividir. **7** *intr.* Ponerse en camino, empezar a andar. **8** Tomar un hecho, fecha, o antecedente como base de un razonamiento o determinación. **9** Decidirse el que estaba dudoso. **10** *prnl.* Dividirse, romperse.

parto *m.* Acción de parir; comprende tres fases: dilatación, expulsión y alumbramiento. **2** fig. Producción intelectual.

pasable *adj.* Aceptable, medianamente bien.

pasada *f.* Acción de pasar. **2** Cada aplicación, repaso o retoque de un trabajo cualquiera, y en especial planchar. **3** Puntada larga en la ropa, o fila de puntos en labores tejidas. **4** Renta suficiente para vivir. **5** Partida de juego. **6** fig. Acción malintencionada de una persona con otra: *mala pasada.* **7** Sitio por donde se pasa.

pasión

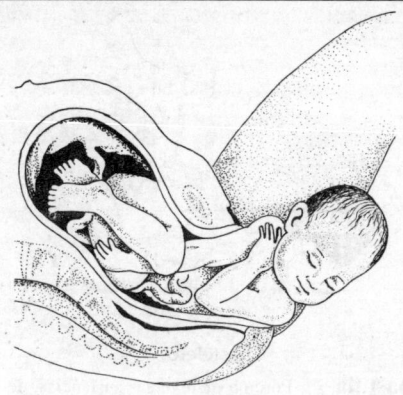

parto

pasadizo *m.* Paso estrecho que sirve para pasar de una parte a otra, atajando camino.

pasado -da *adj.* Transcurrido inmediatamente antes del tiempo presente. **2** Estropeado, ajado. **3** *adj.* y *m.* LING Pretérito. **4** *m.* Tiempo transcurrido y lo que sucedió en él.

pasador -ra *adj.* Que pasa de una parte a otra. **2** *m.* Contrabandista. **3** Barreta de hierro que sirve para cerrar puertas y ventanas, asegurándolas. **4** Varilla de una bisagra. **5** Aguja para recoger el pelo. **6** Broche. **7** Utensilio para colar un líquido. **8** Botón en que se abrochan dos o más ojales.

pasaje *m.* Acción de pasar. **2** Lugar por donde se pasa. **3** Paso público entre dos calles, a veces cubierto. **4** Derecho que se paga por pasar por un sitio. **5** Boleto o billete de barco o avión para un viaje. **6** Totalidad de viajeros de estos medios de transporte. **7** Estrecho de mar. **8** Fragmento de un texto literario o musical. **9** En música, cambio de voz o de tono.

pasajero -ra *adj.* Se dice del lugar por donde pasa continuamente mucha gente. **2** Que pasa rápido o dura poco. **3** *adj.* y *n.* Se dice del que viaja en un vehículo sin tripularlo.

pasaporte *m.* Documento concedido por la autoridad competente para pasar de un país a otro, en el que se acredita la identificación y nacionalidad. **2** Licencia militar para asistencia y hospedaje en los viajes. **3** fig. Licencia, permiso.

pasar *tr.* Llevar, conducir, ir de un lugar a otro. **2** Enviar, transmitir. **3** Penetrar o traspasar. **4** Sufrir, tolerar. **5** Llevar una cosa por encima y tocando a otra: *pasar el peine*. **6** Introducir una cosa por el hueco de otra. **7** Colar, tamizar. **8** Tragar, deglutir. **9** No poner reparo, trabas o censura a algo. **10** Callar u omitir algo de lo que se debía decir o tratar. **11** Disimular o no darse por entendido de algo. **12** Estudiar con uno, o explicar privadamente una ciencia o facultad. **13** Leer, rezar o estudiar sin reflexión. **14** Moverse, trasladarse de un lugar a otro. **15** *tr.* e *intr.* Atravesar, cruzar de una parte a otra. **16** Ir más allá del punto que se indica o determina. **17** Transferir una cosa de un sujeto a otro. **18** *tr.* y *prnl.* Exceder, aventajar. **19** *intr.* Extenderse o comunicarse una cosa de unos en otros, como los contagios. **20** Convertirse una cosa en otra. **21** En algunos juegos de cartas y en el dominó, dejar de poner ficha o carta por no tener la adecuada. **22** Con referencia al tiempo, ocuparlo. **23** Morir, en frases que determinan su significado: *pasar a mejor vida*. **24** Durar algo, estar en condiciones de ser utilizado. **25** *intr.* y *prnl.* Cesar, acabarse algo. **26** *impers.* Acontecer, suceder, ocurrir. **27** Olvidarse o borrarse de la memoria. **28** Empezar a pudrirse las frutas, carnes, etc. **29** Excederse en algo o abundar en ello.

pasatiempo *m.* Entretenimiento del ocio.

pascua *f.* Conmemoración hebrea de la salida de Egipto. **2** Fiesta solemne de la Iglesia católica en memoria de la resurrección de Cristo. Se celebra el domingo en que finaliza la Semana Santa. **3** *f. pl.* Tiempo desde la Navidad hasta el día de Reyes inclusive.

pase¹ *m.* Acción y efecto de pasar. **2** Lance de capa o de muleta en que el torero, después de incitar al toro, lo esquiva con un quiebro. **3** Desfile de modas.

pase² *m.* Permiso o licencia para usar de un privilegio o favor. **2** Cada movimiento que hace con las manos un hipnotizador o un mago. **3** En un juego o deporte, acción y efecto de pasar un balón, carta, etc., a un compañero de equipo.

pasear *intr., tr.* y *prnl.* Andar por ejercicio o distracción. **2** *intr.* y *prnl.* Ir con los mismos fines a caballo, en coche, barco, etc. **3** *intr.* Andar el caballo al paso. **4** fig. Llevar o hacer algo de un lado a otro. **5** *prnl.* Discurrir vagamente acerca de una materia. **6** fig. Andar vagando.

paseo *m.* Acción y efecto de pasear o pasearse. **2** Lugar público apropiado para pasear. **3** Distancia corta.

pasillo *m.* Pieza de paso larga y estrecha de un edificio o vivienda. **2** Puntada larga sobre la que van los ojales y algunos bordados. **3** Paso, pieza teatral breve. **4** Baile y música popular colombianos.

pasión *f.* Acción de padecer. **2** Sufrimientos pasados por Cristo en los días anteriores a su muerte, narrados en los Evangelios. **3** Sermón sobre estos padecimientos y muerte de Cristo que se predica el Jueves y Viernes Santo. **4** Sentimiento intenso que perturba el ánimo. **5** Inclinación o preferencia muy vivas por alguien o algo.

pasivo -va *adj*. Se dice del sujeto que recibe la acción, por oposición al agente que la realiza. **2** Se dice del que deja obrar a otros y permanece inactivo. **3** Se dice del haber o pensión de que disfrutan algunas personas. **4** *adj*. y *f*. Se dice de las oraciones y construcciones verbales en que actúa como sujeto el objeto de la acción. **5** *m*. Importe total de deudas y obligaciones que tiene una persona o entidad.

pasmar *tr*. y *prnl*. Enfriar mucho o bruscamente. **2** Secar las plantas la helada. **3** Producir un desmayo. **4** fig. Asombrar en extremo. **5** *prnl*. Contraer un pasmo. **6** Empañarse los colores o barnices.

paso *m*. Movimiento de cada uno de los pies al andar. **2** Espacio recorrido con este movimiento. **3** Manera de andar. **4** Movimiento seguido con que se camina. **5** Mudanza o postura de un baile. **6** Forma de desplazarse un cuadrúpedo, levantando sus extremidades una tras otra. **7** Huella impresa al andar. **8** Acción de pasar. **9** Lugar por donde se pasa de una parte a otra. **10** Licencia para pasar sin estorbo. **11** Adelantamiento o progreso en algo. **12** Diligencia, trámite. **13** Escalón o peldaño. **14** Cada ritmo diferente de marcha de las tropas. **15** *adv*. *m*. Quedo, en voz baja.

pasta *f*. Masa hecha de una o diversas sustancias machacadas. **2** Masa trabajada con manteca, aceite, azúcar, huevo, etc., para hacer pasteles, empanadas, etc. **3** Masa de harina de trigo, de la que se hacen fideos, macarrones, canelones, etc. **4** Pieza pequeña de pastelería recubierta, a veces, de mermelada, chocolate, etc. **5** Masa preparada para fabricar papel. **6** Cartón hecho de papel machacado. **7** Metal fundido sin labrar. **8** fam. Dinero. **9** fam. Forma de ser, carácter de las personas.

pastar *tr*. Llevar el ganado al pasto. **2** *intr*. Pacer el ganado el pasto.

pastel *m*. Masa de harina y manteca rellena de crema o dulce, y a veces de carne, fruta o pescado, que se cuece al horno. **2** Preparado de cualquier vianda hecho en molde. **3** Pastelillo de dulce. **4** Lápiz de materia colorante y agua de goma. **5** Pintura hecha con este lápiz sobre una superficie áspera, en la que el color se difumina en distintas tonalidades.

pastelería *f*. Tienda donde se hacen o venden pasteles, pastas y otros dulces. **2** Arte de elaborarlos. **3** Conjunto de pasteles o pastas.

pastelero -ra *m*. y *f*. Persona que hace o vende pasteles. **2** fam. Persona acomodadiza en demasía.

pasteurización *f*. Procedimiento al que se someten algunas bebidas, como la leche, el vino, etc., esterilizando las bacterias patógenas por medio de altas temperaturas, sin alterar su estructura o composición.

pastelero

pastilla *f*. Porción de diversas sustancias, de forma y tamaño variables: *pastilla de jabón*, *pastilla de chocolate*. **2** Porción pequeña de una sustancia medicinal o simplemente agradable. **3** Pieza pequeña cuadrangular y plana que se emplea en diversos usos: *pastilla de un neumático*.

pasto *m*. Acción de pastar. **2** Hierba que come el ganado en los terrenos donde crece. **3** Cualquier alimento que sirve de sustento al ganado. **4** Sitio en que pasta el ganado. **5** fig. Lo que sirve para fomentar algo. **6** *Amér*. Césped.

pastor -ra *m*. y *f*. Persona que apacienta el ganado. **2** *m*. Sacerdote o prelado que tiene fieles encomendados.

pastoreo *m*. Acción de pastorear el ganado.

pastoso -sa *adj*. Que es suave y moldeable, como la masa. **2** Se dice de la voz agradable al oído, sin resonancias metálicas. **3** Pegajoso: *boca pastosa*. **4** fam. Que tiene pasta, dinero.

pata *f*. Pie y pierna de los animales. **2** Pieza de un mueble u objeto que le sirve de apoyo. **3** Hembra del pato. **4** En prendas de vestir, pieza que cubre una abertura. **5** fam. Pierna de persona.

patada *f*. Golpe dado con el pie o con la pata. **2** fam. Paso o gestión.

pataleo *m*. Acción de patalear. **2** Ruido producido al golpear los pies contra el suelo.

pataleta *f*. Manifestación desproporcionada de rabia o de nervios ante una contrariedad.

patán *adj*. y *m*. Grosero, ignorante.

patata *f*. Planta herbácea de las solanáceas, originaria de América, de raíces fibrosas con gruesos tubérculos redondeados y carnosos, que sirven de alimento, flores blancas o moradas y fruto en baya. **2** Tubérculo de esta planta.

patatús *m*. fam. Desmayo, ataque de nervios. **2** fam. Susto.

patear *tr*. Dar golpes con los pies. **2** fam. Tratar a alguien con desconsideración. **3** fam. Golpear el público con los pies el suelo en señal de desaprobación. **4** *intr*. fam. Patalear, dar patadas por rabia o enojo. **5** Andar de un lado a otro haciendo gestiones. **6** *Amér*. Marearse, subirse un licor a la cabeza.

patentar *tr*. Conceder u obtener una patente.

patente *f*. Título o documento concedido por una autoridad para acreditar el ejercicio de un empleo o privilegio. **2** *adj*. Manifiesto, visible, evidente. **3** fig. Lo que testimonia una cualidad o mérito.

paternal *adj*. Propio del afecto o actitud de padre.

paternidad *f*. Estado o circunstancia de ser padre. **2** Tratamiento de ciertos religiosos a sus superiores, o de los seglares a los religiosos.

patético -ca *adj*. Se dice de lo que infundiendo dolor, angustia o tristeza, impresiona o conmueve profundamente.

patíbulo *m*. Tablado o lugar donde se ejecuta la pena de muerte. **2** Horca.

patilla *f*. Porción de barba que se deja crecer por delante de cada oreja. **2** Pieza accesoria de la gafa que la sujeta a la oreja. **3** Hierro en punta que sujeta dos maderos. **4** Saliente de un madero que encaja en otro. **5** Brújula. **6** Pata de una prenda de vestir. **7** *Amér*. Sandía.

patín *m*. Objeto consistente en una plancha adaptable a la suela del zapato, con una especie de cuchilla para patinar sobre hielo, o con dos pares de ruedas para hacerlo sobre una superficie lisa y llana. **2** Patinete. **3** Embarcación sostenida por dos flotadores paralelos que puede avanzar con la ayuda de un remo, llevar una vela o ser impulsada mediante pedales.

patinar *intr*. Deslizarse con patines. **2** Deslizarse o resbalar las ruedas de un vehículo sin rodar y sin poder frenarlas. **3** Resbalar un elemento de un aparato mecánico, obstaculizando su funcionamiento.

patinazo *m*. Acción y efecto de patinar bruscamente.

patio *m*. Espacio cerrado con paredes o galerías, que queda al descubierto en el interior de las casas o edificios. **2** En los teatros, planta baja que ocupan las butacas, platea.

pato *m*. Nombre común a diversas especies de aves anseriformes de los anátidos, de forma y tamaño variables, pico ancho y plano, cuello y patas cortas, y cuerpo rechoncho. Son por lo general nadadores, pero también hay especies buceadoras. **2** *Amér*. Botella para recoger la orina del hombre enfermo que se encuentra en cama. **3** *adj*. y *m*. Patoso.

patógeno -na *adj*. Que origina o desarrolla enfermedades; se dice en especial de bacterias o virus.

pato

patología *f*. Parte de la medicina que estudia las enfermedades y los trastornos que las bacterias o virus ocasionan en el organismo.

patológico -ca *adj*. Relativo a la patología. **2** Que constituye una enfermedad, morboso.

patraña *f*. Mentira, invención complicada.

patria *f*. Estado o nación en cuanto unidad histórica, a la que se sienten vinculados los nacidos en ella.

patriarca *m*. Nombre dado en el Antiguo Testamento a los jefes de las tribus de Israel. **2** fig. Persona de edad y experiencia con autoridad moral en una familia o colectividad.

patriarcal *adj*. Relativo al patriarca o al patriarcado. **2** Se dice de la autoridad y gobierno ejercido familiarmente. **3** *f*. Iglesia y territorio del patriarca.

patricio -cia *adj*. De los patricios. **2** *adj*. y *n*. Descendiente o miembro de la más alta nobleza en la antigua Roma. **3** Que sobresale por nacimiento, riqueza o virtudes.

patrimonio *m*. Conjunto de bienes heredados. **2** Cualesquiera bienes propios. **3** Patrimonialidad. **4** fig. Lo que constituye herencia común de una colectividad.

patriota *com*. Persona que ama a su patria y procura su bien.

patriotismo *m*. Calidad y actitud de patriota.

patrocinar *tr*. Amparar, favorecer. **2** Ayudar a una empresa con fines publicitarios, un programa o espectáculo.

patrón -na *m*. y *f*. Defensor, protector. **2** Miembro de un patronato. **3** Santo bajo cuya protección está una iglesia, ciudad, etc., o del que se lleva el nombre. **4** Dueño de la casa donde uno se aloja u hospeda. **5** Lo que sirve de muestra para sacar otra cosa igual, dechado. **6** Persona que emplea y tiene a su cargo obreros en trabajos y oficios. **7** Modelo que se toma como referencia para medir o comparar otros de la misma especie. **8** Planta en que se hace un injerto.

patronal *adj.* Del patrono o del patronato. **2** *adj.* y *f.* Se dice del grupo de empresarios unidos para defender sus intereses.

patrulla *f.* Grupo reducido de gente armada, o de aviones o barcos en misión de vigilancia o con algún servicio especial. **2** fig. Grupo pequeño de personas, cuadrilla.

paulatino -na *adj.* Que se produce lentamente.

pauperización *f.* Empobrecimiento de una población o de un país.

pausa *f.* Breve interrupción de una actividad. **2** Lentitud, tardanza. **3** MÚS Breve intervalo en que se deja de tocar o cantar, y signo que lo representa.

pausado -da *adj.* Tranquilo, lento. **2** Que se hace o produce con calma, sin apresuramiento.

pauta *f.* Instrumento para rayar el papel. **2** Raya o conjunto de ellas hechas con este instrumento, como guía para escribir. **3** fig. Lo que sirve de guía, modelo o norma.

pavimento *m.* Suelo, piso artificial.

pavo *m.* Nombre común a varias especies de aves galliformes, de los faisánidos. Se crían distintas razas domésticas, y su carne es apreciada. **2** *Amér.* Guajolote. **3** *adj.* y *m. fam.* Se dice del hombre soso o ingenuo.

pavo real

pavonear *intr.* y *prnl.* Presumir de algo.

pavor *m.* Temor intenso, terror.

pavoroso -sa *adj.* Que causa pavor.

payasada *f.* Acción o dicho de payaso.

payaso -sa *m.* y *f.* Artista de circo o ambulante que hace reír con su traje, ademanes y dichos extravagantes. **2** fig. Persona propensa a hacer reír a los demás o de poca seriedad.

paz *f.* Tranquilidad y sosiego de espíritu. **2** Pública tranquilidad de los Estados, en contraposición a la guerra o lucha. **3** Buena convivencia de unos con otros. **4** Temperamento tranquilo y sosegado. **5** Tratado o convenio que pone fin a una guerra.

peaje *m.* Pago efectuado por derecho de tránsito. **2** Por extensión, lugar donde se recauda dicho derecho.

peatón -na *m.* y *f.* Persona que circula a pie. **2** *m.* Cartero que distribuye a pie la correspondencia entre pueblos cercanos.

peca *f.* Mancha cutánea de color oscuro, que se intensifica con el sol y el aire. **2** Lunar.

pecado *m.* Lo que quebranta la ley divina. **2** Lo que se aparta de lo recto y justo, o falta a lo debido. **3** Exceso, defecto o despilfarro. **4** fig. El diablo.

pecaminoso -sa *adj.* Relativo al pecado o al pecador. **2** fig. Censurable, deshonesto.

pecar *intr.* Quebrantar la ley de Dios. **2** Faltar a una obligación o regla. **3** Dejarse llevar por una afición, ceder a una tentación. **4** Cometer una falta.

pecho *m.* Parte del cuerpo, desde el cuello hasta el vientre, en cuya cavidad se hallan el corazón y los pulmones. **2** Lo exterior y anterior de esta parte. **3** En los cuadrúpedos, parte del tronco entre el cuello y las patas anteriores. **4** Cada una de las mamas de la mujer, o ambas. **5** fig. Interior del hombre, en cuanto emociones y sentimientos.

pechuga *f.* Pecho del ave, que está como dividido en dos. **2** Cada una de estas partes. **3** *fam.* Pecho de persona, en especial el de la mujer, sobre todo la parte que el escote deja al descubierto.

pechugón -na *adj.* y *f.* De pecho voluminoso, dicho especialmente de la mujer. **2** *m.* Manotazo en el pecho de otro. **3** Caída de bruces o choque frontal. **4** Impulso fuerte, gran esfuerzo. **5** *Amér.* Sinvergüenza.

pécora *f.* Res o cabeza de ganado lanar. **2** *fam.* Persona mala y astuta.

pecuario -ria *adj.* Relativo al ganado.

peculado *m.* Delito que consiste en el hurto de caudales del erario público por su administrador.

peculiar *adj.* Propio o característico.

peculio *m.* Dinero o bienes particulares. **2** En la antigua Roma, bienes que el señor daba en vida al hijo o al esclavo.

pecunia *f. fam.* Moneda, dinero.

pecuniario -ria *adj.* Del dinero efectivo.

pedagogía *f.* Ciencia de la educación y la enseñanza. **2** Lo que enseña y educa.

pedagogo -ga *m.* y *f.* Persona que se dedica a la educación y enseñanza, o experto en pedagogía. **2** Maestro, educador.

pedal *m.* Palanca que pone en movimiento un mecanismo, accionándola con el pie. **2** En armonía, sonido prolongado sobre el que se suceden diferentes acordes. **3** Mecanismo del arpa, órgano o piano que se acciona con el pie. **4** Dispositivo que, al paso de las ruedas de la locomotora por los raíles, desbloquea un circuito que dispara una señal.

pedalear *intr.* Mover los pedales.

pedante *adj.* y *com.* Se dice del engreído que se complace en alardear de conocimientos.

pedazo *m.* Parte o porción de algo separada del todo. **2** Parte de un todo físico o moral.

pedernal *m.* Variedad de sílex, compacto, lustroso y por lo general de color gris amarillento. Da chispas por frotamiento, y afila y pule. **2** *fig.* Dureza.

pedestal *m.* Cuerpo macizo que sostiene una columna, estatua, etc. **2** *fig.* Apoyo o medio utilizado para alcanzar algo ventajoso.

pedestre *adj.* Que se hace a pie: *carrera pedestre.* **2** *fig.* Vulgar, inculto.

pediatría *f.* Especialidad médica que trata del desarrollo del niño y de sus enfermedades.

pedido -da *m.* y *f.* Petición. **2** *m.* Encargo hecho a un fabricante o vendedor. **3** *f.* Petición de mano formal.

pedigrí *m.* Genealogía de un animal de raza. **2** Documento en que consta.

pedigüeño -ña *adj.* y *n.* Que pide con frecuencia e importunidad.

pedir *tr.* Decir a alguien que dé o haga algo. **2** Mendigar. **3** Reclamar o querellarse ante el juez. **4** Poner un vendedor precio a la mercancía. **5** Requerir, exigir algo como conveniente. **6** Querer, desear, apetecer. **7** Hablar con los padres o parientes de una mujer para que la concedan en matrimonio. **8** Solicitar carta en el juego de naipes.

pedo *m.* Ventosidad expulsada por el ano. **2** *vulg.* Borrachera.

pedrada *f.* Acción de arrojar con impulso una piedra. **2** Golpe dado con la piedra tirada y señal que deja. **3** *fig.* Indirecta con intención de molestar.

pedrea *f.* Acción de apedrear o apedrearse. **2** Lucha a pedradas. **3** Pedrisco.

pegajoso -sa *adj.* Que se pega espontáneamente con lo que se pone en contacto. **2** Que se contagia o transmite con facilidad. **3** *fam.* Que por exceso de caricias o amabilidad se hace cargante, fastidioso.

pegamento *m.* Sustancia propia para pegar.

pegar *tr.* y *prnl.* Adherir una cosa con otra con goma, pega, etc. **2** Pasar algo a otro por contacto, trato, etc., contagiar. **3** *fig.* Dar determinados golpes. **4** *tr.* Unir una cosa con otra, atándola o cosiéndola. **5** Arrimar una cosa a otra sin dejar espacio entre ambas. **6** *fig.* Castigar o maltratar con golpes. **7** *intr.* Asir o prender. **8** Impresionar el ánimo. **9** Caer bien algo, ser oportuno. **10** Dar o tropezar en algo con fuerza. **11** *fam.* Rimar. **12** Asirse o unirse por naturaleza una cosa a otra. **13** *prnl.* Quemarse un guiso por haberse adherido a la cazuela. **14** *fig.* Introducirse o agregarse uno a donde no es llamado, entremeterse.

pegote *m.* Emplasto pegajoso. **2** Cualquier cosa que está espesa y se pega. **3** *fam.* Persona pesada por su asiduidad. **4** *fam.* Lo que se añade a algo con desacierto.

peinado *m.* Forma de peinarse, arreglo del cabello. **2** Operación de selección de fibras, previa al hilado.

peinador -ra *adj.* y *n.* Que peina. **2** *m.* Prenda de tela ligera que, ajustada al cuello, cubre el cuerpo del que se peina o afeita. **3** *Amér.* Tocador, mueble con espejo.

peinar *tr.* y *prnl.* Desenredar o arreglar el cabello. **2** *tr.* Desenredar o limpiar el pelo o la lana de los animales o de las fibras vegetales. **3** *fig.* Quitar piedra o tierra de una roca o montaña. **4** Rozar ligeramente una cosa a otra.

peine *m.* Utensilio de madera, concha u otra materia con muchas púas o dientes espesos, con el que se desenreda, alisa y arregla el pelo. **2** Cualquier pieza de forma o función similar. **3** Carda para la lana.

pelada *f.* Piel de oveja o carnero a la que se le arranca la lana después de muerta la res. **2** Zona de piel o cuero cabelludo sin pelo. **3** *fam.* Corte de pelo. **4** *Amér. fam.* Calva.

pelado -da *adj.* Sin pelo. **2** Que no tiene piel. **3** Que carece de lo que naturalmente lo adornaba, cubría o rodeaba. **4** Escueto, sin añadidos. **5** *adj.* y *n.* Sin dinero, pobre.

pelaje *m.* Naturaleza y calidad del pelo o de la lana de un animal. **2** *fam.* Calidad de una persona o cosa, o aspecto que presenta.

pelambre *m.* Porción de pieles que se pelambran. **2** Conjunto de pelo en todo el cuerpo, o en parte de él. **3** Mezcla de agua y cal en que se sumergen las pieles para pelarlas.

pelar *tr.* y *prnl.* Cortar, arrancar, quitar o raer el pelo. **2** *tr.* Despellejar un animal; quitar las plumas a un ave, o la piel, corteza, vaina, etc., a una fruta o vegetal. **3** Desvalijar, quitar los bienes a alguien. **4** *fam.* Dejar a alguien sin dinero, en especial en el juego. **5** *fam.* Criticar, murmurar. **6** *prnl.* Perder el pelo. **7** Desprenderse la piel por exceso del sol, o por rozadura.

peldaño *m.* Cada una de las partes de un tramo de escalera, que sirve para apoyar el pie al subir o bajar por ella.

pelea *f.* Combate, batalla. **2** Riña particular, sin armas. **3** *fig.* Riña de animales. **4** *fig.* Fuerza o voluntad en vencer los apetitos y pasiones. **5** *fig.* Afán, trabajo en conseguir o realizar algo.

pelear *intr.* y *prnl.* Batallar, reñir, combatir con armas o sólo de palabra. **2** *fig.* Luchar los animales entre sí. **3** *fig.* Estar en oposición las cosas unas a otras. **4** *fig.* Afanarse, trabajar para conse-

peleón

guir algo. **5** *prnl.* Enfadarse, enemistarse una persona con otra.

peleón -na *adj.* Pendenciero, camorrista. **2** *adj.* y *m.* Se dice del vino barato y de baja calidad. **3** *f.* fam. Pendencia, riña.

peletería *f.* Oficio y tienda del peletero. **2** Comercio de pieles finas y conjunto de ellas.

peliagudo -da *adj.* Se dice del animal de pelo largo y delgado. **2** Difícil de resolver. **3** fam. Mañoso, dispuesto.

pelícano o **pelicano** *m.* Nombre común a varias aves pelecaniformes, de gran tamaño, con plumaje blanco y pico muy largo y ancho, que en la mandíbula inferior lleva una membrana grande y rojiza, la cual forma una especie de bolsa donde deposita los alimentos.

película *f.* Piel delgada y delicada. **2** Telilla o capa delgada que se forma sobre cualquier cosa. **3** Hollejo de ciertas frutas y legumbres. **4** Cinta de celuloide sobre la que se extiende una emulsión fotosensible, en la que se impresionan imágenes fotográficas o cinematográficas. **5** fig. Narración detallada y cronológica de un hecho.

peligro *m.* Riesgo o contingencia inminente de que suceda algún mal. **2** Paraje, obstáculo u ocasión en que aumenta la inminencia del daño.

peligroso -sa *adj.* Que implica peligro. **2** Se dice de quien puede dañar o cometer actos violentos.

pellejo *m.* Piel de un animal, generalmente separada del cuerpo. **2** Odre para contener líquidos. **3** Piel de algunas frutas.

pellizcar *tr.* y *prnl.* Coger entre el pulgar y otro dedo un poco de piel y carne, y apretar de forma que cause dolor. **2** Asir y herir levemente una cosa. **3** Tomar o quitar una pequeña cantidad de una cosa.

pelo *m.* Formación epidérmica filamentosa de los mamíferos. **2** Conjunto de estos filamentos. **3** Cabello. **4** Plumón de las aves. **5** Vello que cubre algunas frutas y vegetales. **6** Hebra delgada de lana, seda, etc. **7** Brizna o raspilla que se agarra en la punta de la pluma de escribir. **8** Parte fibrosa de la madera que se separa del resto al cortarla. **9** Seda en crudo. **10** Raya opaca en las piedras preciosas que les quita valor. **11** fig. Cualquier cosa mínima o de poca importancia.

pelota *f.* Bola u objeto de forma esférica, generalmente de materia blanda, con el que se practican diversos deportes. **2** Bola de materia blanda que se amasa fácilmente. **3** Bala de piedra o metal con que se cargaban las antiguas armas de fuego. **4** Acumulación de deudas o tristezas. **5** *com.* Adulador hipócrita. **6** *pl.* Testículos.

pelotear *intr.* Jugar a la pelota por entretenimiento. **2** Arrojar algo de una parte a otra. **3** fig. Reñir dos o más personas entre sí.

pelotera *f.* fam. Riña, pelea.

pelotón[1] *m.* Conjunto de pelos unidos o enredados. **2** Conjunto de personas, corredores, etc., sin orden y en tropel.

pelotón[2] *m.* Pequeña unidad de infantería que forma parte de una sección, a las órdenes de un cabo o de un sargento.

peluca *f.* Cabellera postiza. **2** fam. Represión severa.

peluche *m.* Felpa, tela aterciopelada.

peluquear *tr.* y *prnl. Amér.* Cortarse y arreglarse el cabello.

pelusa *f.* Vello muy tenue de la cara o de algunas frutas. **2** Pelo menudo que se desprende de las telas. **3** Aglomeración de polvo y otras materias que se forma debajo de los muebles.

pelvis *f.* Cavidad ósea de los vertebrados, situada en la parte inferior del tronco y delimitada por los huesos sacro, cóccix e innominados. Contiene la parte final del tubo digestivo, la vejiga urinaria y algunos órganos del aparato genital.

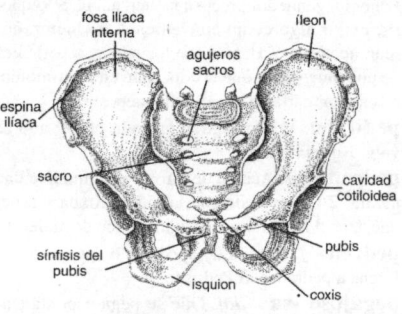

pelvis

pena *f.* Castigo por un delito o falta impuesta por autoridad legítima. **2** Gran sentimiento de tristeza, angustia o aflicción. **3** Dolor, padecimiento físico. **4** Lástima. **5** Dificultad, trabajo. **6** *Amér.* Vergüenza, cortedad.

penable *adj.* Que puede recibir pena o ser penado.

penacho *m.* Grupo de plumas en la parte superior de la cabeza de algunas aves. **2** Adorno de plumas en los cascos, tocados, etc. **3** fig. Lo que tiene esta forma o figura.

penado -da *adj.* Penoso, lleno de penas. **2** *m.* y *f.* Delincuente condenado a una pena.

penal *adj.* Relativo a la pena o que la incluye. **2** Criminal. **3** *m.* Lugar en donde los penados cumplen sus condenas.

penalidad *f.* Trabajo molesto, aflicción, incomodidad. **2** Calidad de penable. **3** Sanción impuesta por la ley penal.

penalista *adj.* y *com.* Especialista en derecho penal.

penalizar *tr.* Imponer alguna sanción o castigo.

penar *tr.* Imponer pena. **2** Señalar la ley el castigo para un acto u omisión. **3** *intr.* Sufrir, padecer un dolor o pena. **4** Agonizar mucho tiempo. **5** *prnl.* Afligirse, acongojarse.

pendejo *m.* Pelo del pubis y las ingles. **2** fam. Cobarde, pusilámide, estúpido.

pendenciero -ra *adj.* y *n.* Que es propenso a riñas o pendencias, camorrista.

pender *intr.* Estar colgada o suspendida una cosa. **2** Depender.

pendiente *adj.* Que pende. **2** fig. Que está por resolverse o terminarse. **3** *m.* Joya o adorno que se cuelga en el lóbulo de la oreja o en la nariz. **4** Inclinación de las armaduras de los techos. **5** Talud. **6** *f.* Cuesta o declive de un terreno.

pendón *m.* Bandera o estandarte que se usaba en la milicia para distinguir las diversas unidades de un ejército en la guerra. **2** Divisa o insignia que tienen las iglesias y cofradías para guiar las procesiones. **3** fam. Persona muy alta y desaliñada. **4** Persona de vida irregular y desordenada. **5** *pl.* Riendas para gobernar las mulas de guías.

péndulo *adj.* Que pende, pendiente. **2** *m.* Cuerpo suspendido de un eje situado por encima de su centro de gravedad y que puede girar libremente en torno a él. **3** Péndola del reloj.

pene *m.* Órgano masculino de la copulación y de las funciones urinarias.

penetrable *adj.* Que se puede penetrar. **2** fig. Que fácilmente se entiende.

penetrar *tr.* Introducir un cuerpo en otro por sus huecos o poros. **2** Introducirse en el interior de un espacio, aunque haya dificultad. **3** Sentir con violencia el frío, los gritos, etc. **4** fig. Afectar profundamente algún sentimiento. **5** *tr., intr.* y *prnl.* fig. Comprender el interior de uno, profundizar.

penicilina *f.* Antibiótico extraído de los cultivos del hongo Penicillium notatum. Fue descubierto por A. Fleming en 1928, y H. W. Florey y E. B. Chain estudiaron sus aplicaciones terapéuticas en 1938.

península *f.* Tierra cercada de agua, y que sólo por una parte relativamente estrecha está unida y tiene comunicación con otra tierra de extensión mayor.

penitencia *f.* Sacramento por el cual el sacerdote perdona los pecados en nombre de Cristo. **2** Pena que impone el confesor al penitente como expiación. **3** Serie de ejercicios penosos con que uno se mortifica para expiar sus pecados. **4** fam. Penalidad o cosa desagradable que uno debe hacer o sufrir.

penitenciaría *f.* Cargo y dignidad de penitenciario. **2** Cárcel, prisión.

penitente *adj.* Perteneciente a la penitencia. **2** Que tiene penitencia. **3** *com.* Persona que se confiesa sacramentalmente. **4** Persona que hace penitencia. **5** En las procesiones, persona que viste túnica en señal de penitencia.

penoso -sa *adj.* Que causa pena, trabajoso. **2** Que padece una aflicción o pena.

pensador -ra *adj.* y *n.* Que piensa. **2** *m.* y *f.* Persona dedicada a estudios muy elevados y profundos.

pensamiento *m.* Facultad de pensar. **2** Acción y efecto de pensar. **3** Cosa pensada. **4** Conjunto de ideas propias de uno o de una colectividad. **5** Cada una de las ideas o sentencias notables de un escrito. **6** fig. Proyecto, intención. **7** fig. Malicia, recelo.

pensar *tr.* Formar y relacionar ideas y conceptos. **2** Meditar, reflexionar. **3** Opinar. **4** Discurrir, tramar, inventar. **5** *tr.* e *intr.* Tener intención de hacer una cosa.

pensión *f.* Renta anual que se impone sobre una finca. **2** Cantidad periódica que se asigna a uno por méritos o servicios. **3** Casa donde se reciben huéspedes, u hotel de categoría inferior. **4** Precio que se paga por este alojamiento. **5** Beca, ayuda pecuniaria para estudios. **6** *Amér.* Pena, pesar.

pensionado -da *adj.* y *n.* Que tiene o cobra una pensión. **2** *m.* Colegio para alumnos pensionistas.

pentagonal *adj.* Que tiene cinco ángulos.

pentágono -na *adj.* y *m.* Se dice del polígono de cinco lados.

pentasílabo -ba *adj.* y *n.* Que consta de cinco sílabas.

pentatlón *m.* Especialidad olímpica compuesta de cinco pruebas. El pentatlón masculino consta de carreras de 200 y 1.500 m, lanzamiento de jabalina y disco y salto largo. El femenino, de 200 m lisos, carrera de vallas, salto alto y largo y lanzamiento de disco.

penúltimo -ma *adj.* y *n.* Inmediatamente anterior al último.

penumbra *f.* Sombra débil entre la luz y la oscuridad. **2** Sombra parcial en los eclipses.

penuria *f.* Escasez, falta de las cosas más precisas o de alguna de ellas.

peña *f.* Roca de gran tamaño, según la produce la naturaleza. **2** Monte o cerro peñascoso. **3** Grupo de amigos que se reúnen habitualmente. **4** Nombre que toman algunas entidades artísticas, culturales o recreativas.

peón *m.* Obrero no especializado que realiza trabajos materiales. **2** Soldado de infantería. **3** Juguete de madera, de figura cónica y terminado en una púa de hierro, al cual se arrolla una cuerda para lanzarlo y hacerlo bailar. **4** Cada una de las piezas del juego de damas y de otros de tablero. **5** Cada una de las ocho piezas, blancas o negras, del ajedrez.

peor *adj.* Que es más malo que aquello con lo que se le compara; grado comparativo de superioridad de malo.

pepino *m.* Planta herbácea de las cucurbitáceas, de tallos rastreros, hojas pecioladas, flores amarillas y fruto pulposo en pepónide. **2** Fruto de esta planta. **3** fam. Cosa insignificante y de poco o ningún valor.

pequeñez *f.* Calidad de pequeño. **2** Nimiedad, cosa sin importancia. **3** Mezquindad, ruindad. **4** Niñez.

pequeño -ña *adj.* De poco tamaño, edad, extensión o altura. **2** Nimio, de poca importancia. **3** Humilde o de poca categoría. **4** *m.* y *f.* Niño.

pera *f.* Fruto del peral. **2** Recipiente de goma en forma de pera, que se usa para impulsar líquidos, aire, etc. **3** Interruptor de luz o llamador de timbre en forma de pera.

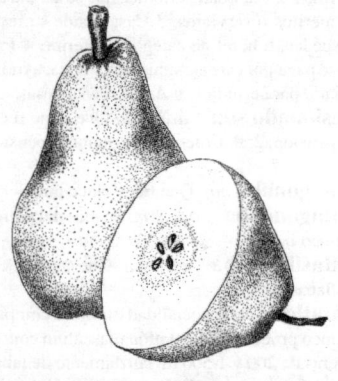

pera

per cápita *loc. lat.* Por cabeza, individualmente.

percance *m.* Contratiempo, perjuicio imprevisto.

percatar *intr.* y *prnl.* Advertir, darse cuenta.

percepción *f.* Acción y efecto de percibir. **2** Sensación interior que resulta de una impresión material hecha en nuestros sentidos. **3** Conocimiento, idea.

percha *f.* Madera o estaca larga y delgada, que sirve para sostener algo. **2** Pieza o mueble con ganchos que se coloca pegado a una pared o en lo alto de un trípode, para colgar vestidos, sombreros, etc. **3** Cada uno de dichos ganchos.

percibir *tr.* Cobrar, recibir. **2** Recibir impresiones por los sentidos. **3** Comprender o conocer una cosa.

percudir *tr.* Penetrar la suciedad en alguna cosa, deslustrar.

percusión *f.* Acción y efecto de percutir. **2** Grupo de instrumentos musicales en que el sonido se obtiene por choque de distintas partes entre sí, o golpeando con varillas, baquetas, mazos, escobillas, etc., o con las manos.

percutir *tr.* Golpear, dar repetidos golpes. **2** Efectuar una exploración clínica, golpeando con los dedos alguna parte del organismo.

perder *tr.* Dejar de tener, o no hallar, algo que se poseía. **2** Verse privado de alguien querido a causa de su muerte. **3** No conseguir lo que se espera, desea o ama. **4** Quedar vencido en una batalla, juego, oposición, pleito, etc. **5** Ocasionar daño o ruina. **6** Padecer un daño o disminución en lo material, inmaterial o espiritual. **7** Faltar a la obligación, al deber. **8** Desteñirse una tela. **9** Dejar escapar su contenido un recipiente. **10** *prnl.* Equivocar uno el camino o dirección que llevaba, o no hallar camino ni salida. **11** No superar una dificultad. **12** Distraerse, sufrir un lapsus de memoria. **13** Dejar de percibirse algo por los sentidos. **14** Desaprovechar la utilidad de algo. **15** Enamorarse o apasionarse ciegamente por alguien o por algo.

pérdida *f.* Privación de lo que se poseía. **2** Daño o menoscabo que se recibe en una cosa. **3** Cantidad o cosa perdida. **4** Escape de algún fluido. **5** *pl.* Flujo, especialmente sanguíneo, procedente de la matriz.

perdido -da *adj.* Que no lleva o no tiene un rumbo determinado. **2** *m.* y *f.* Persona viciosa y libertina. **3** *m.* Cantidad sobrante de ejemplares impresos.

perdigón *m.* fam. Persona que pierde mucho en el juego. **2** fam. Joven que malbarata su patrimonio.

perdiz *f.* Ave galliforme de los faisánidos, de unos 38 cm de longitud, cuerpo grueso, cabeza pequeña, plumaje ceniciento rojizo y cuello con manchas negras. Es abundante en España, y su carne es muy apreciada.

perdón *m.* Acción y efecto de perdonar. **2** Indulgencia, remisión de los pecados. **3** Gota de aceite, cera, etc., que cae ardiendo.

perdurar *intr.* Durar mucho, continuar, persistir.

perecer *intr.* Dejar de existir, morir. **2** fig. Padecer un daño, trabajo, molestia, etc., que reduce al último extremo. **3** *prnl.* Sentir o desear con fuerza y ardientemente.

peregrinar *intr.* Recorrer tierras extrañas. **2** Ir de romería a un santuario por devoción o por voto. **3** fam. Ir de un sitio a otro para gestionar algo.
peregrino -na *adj.* y *n.* Se dice del que, por devoción o por voto, viaja a algún santuario. **2** *adj.* Que anda por tierras extrañas. **3** Se dice de las aves que pasan de un lugar a otro. **4** fig. Extraño, raro, insólito.
perejil *m.* Planta herbácea de las umbelíferas, de hojas pecioladas y aromáticas que se usan como condimento.

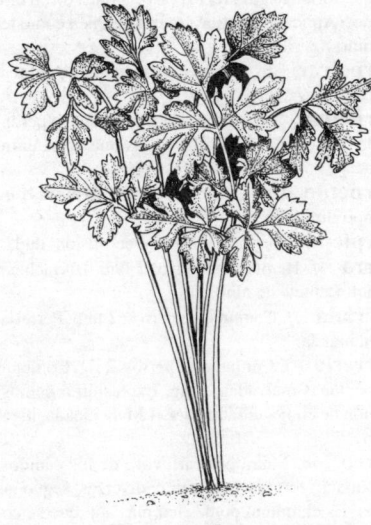

perejil

perenne *adj.* Se dice de las plantas que viven más de dos años. **2** Perpetuo, incesante.
perentorio -ria *adj.* Urgente, apremiante. **2** Concluyente, decisivo. **3** Se dice del último plazo que se concede, o de la final resolución que se toma en cualquier asunto.
pereza *f.* Falta de ganas de hacer algo que supone algún esfuerzo. **2** Lentitud o descuido en las acciones o movimientos.
perezoso -sa *adj.* y *n.* Que tiene o siente pereza. **2** Que se levanta tarde de la cama, o lo hace sin ganas. **3** *m.* Nombre común a varias especies de mamíferos desdentados de los bradipódidos, de cabeza pequeña, pelaje pardo y patas con garras robustas. Son de andar muy lento, y viven en la América tropical.
perfección *f.* Acción y efecto de perfeccionar o perfeccionarse. **2** Calidad de perfecto.
perfeccionar *tr.* y *prnl.* Acabar enteramente algo, dándole el mayor grado de bondad o excelencia. **2** Mejorar una cosa en calidad.

perfeccionismo *m.* Tendencia a mejorar indefinidamente un trabajo sin decidirse a considerarlo acabado.
perfecto -ta *adj.* Que tiene todas las cualidades propias de su naturaleza y condición. **2** Completo, acabado. **3** *adj.* y *m.* Se dice de los tiempos verbales que indican acción acabada.
perfidia *f.* Deslealtad, traición.
perfil *m.* Contorno, línea que limita cualquier cuerpo. **2** Postura en que sólo se ve una de las dos mitades laterales del cuerpo. **3** Trazo delgado que se hace con la pluma. **4** Aspecto peculiar o característico de algo que se presenta ante la vista o la mente. **5** Dibujo que representa un corte perpendicular de algo. **6** *pl.* Complementos y retoques finales de una obra. **7** Rasgos que la definen.
perfilar *tr.* Dar, presentar el perfil o sacar los perfiles a una cosa. **2** fig. Afinar, completar con esmero algo. **3** *prnl.* Colocarse de perfil. **4** Empezar a verse algo con aspecto definido.
perforador -ra *adj.* y *n.* Que perfora. **2** *f.* Máquina para excavaciones mineras. **3** INF Máquina de teclado utilizada para perforar de forma manual información sobre tarjetas adecuadas, con el fin de introducir datos.
perforar *tr.* Agujerear, horadar.
perfumar *tr.* y *prnl.* Aromatizar una cosa, quemando materias olorosas. **2** Esparcir perfume. **3** *intr.* Exhalar perfume, fragancia.
perfume *m.* Sustancia volátil, líquida o sólida, que desprende olor agradable. **2** Olor que exhalan las sustancias aromáticas. **3** fig. Cualquier olor bueno o muy agradable.
pergamino *m.* Piel de la res, debidamente tratada, que sirve para escribir en ella y para otros usos. **2** Documento escrito en pergamino.
pericia *f.* Habilidad, experiencia, destreza en una ciencia o arte.
periferia *f.* Circunferencia. **2** Contorno de una figura curvilínea. **3** fig. Espacio que rodea un núcleo cualquiera.
perigeo *m.* Punto en que la Luna se halla más próxima a la Tierra.
perihelio *m.* Punto en que un planeta se halla más cerca del Sol.
perímetro *m.* Contorno de una figura geométrica o de una superficie.
periódico -ca *adj.* Que sucede o se hace con regularidad y frecuencia. **2** *adj.* y *m.* Se dice de la publicación impresa de periodicidad regular, especialmente diaria, con noticias o informaciones.
periodismo *m.* Profesión y estudios del periodista. **2** Cualquier actividad relacionada con la selección, clasificación y elaboración de la información que se transmite a través de los medios masivos de comunicación.

período o **periodo** *m.* Tiempo que una cosa tarda en volver al estado o posición que tenía al principio. **2** Espacio de tiempo que incluye toda la duración de una cosa. **3** Menstruación. **4** Serie de años que sirve para el cómputo del tiempo. **5** Cifra o grupo de cifras que se repiten indefinidamente en las divisiones inexactas. **6** Conjunto de oraciones relacionadas entre sí por coordinación o subordinación.

peripecia *f.* En el drama, obra de ficción, etc., cambio repentino de situación. **2** fig. Suceso imprevisto.

perito -ta *adj.* y *n.* Experto o hábil en una ciencia o arte. **2** *m.* y *f.* Ingeniero técnico.

perjudicar *tr.* y *prnl.* Ocasionar daño material o moral.

perjuicio *m.* Efecto de perjudicar o perjudicarse.

perjurio *m.* Juramento en falso. **2** Quebrantamiento del juramento hecho. **3** Delito cometido por el que emite falso testimonio en un proceso.

perla *f.* Concreción brillante, dura, generalmente esférica y de color claro, que se forma en ciertos moluscos, en especial en las ostras, y que es muy apreciada en joyería. **2** fig. Persona o cosa muy valiosa o excelente. **3** Píldora llena de sustancia alimenticia o medicamentosa.

permanecer *intr.* Mantenerse sin mutación en un mismo lugar, estado o calidad.

permanencia *f.* Duración firme, perseverancia, estabilidad.

permeable *adj.* Que puede ser penetrado por el agua u otro fluido.

permiso *m.* Licencia o consentimiento para hacer o decir una cosa. **2** Autorización para cesar temporalmente en un trabajo, servicio u obligación.

permitir *tr.* y *prnl.* Autorizar a alguien para que pueda hacer o decir algo, o no impedir algo, teniendo la posibilidad de hacerlo. **2** *tr.* Hacer posible alguna cosa.

permuta *f.* Acción y efecto de permutar. **2** Contrato por el que una de las partes se obliga a dar una cosa a cambio de otra.

pernicioso -sa *adj.* Gravemente dañoso y perjudicial.

pernil *m.* Anca y muslo del animal, especialmente del cerdo. **2** Pernera.

perno *m.* Pieza metálica, cilíndrica, alargada, que por un extremo termina en una cabeza y en el otro tiene una rosca en que se atornilla una tuerca.

pero[1] *m.* Variedad de manzano cuyo fruto es más largo que grueso. **2** Fruto de este árbol.

pero[2] *conj. advers.* Expresa oposición o contradicción de un concepto a otro enunciado anteriormente. **2** Se emplea a principio de cláusula para dar énfasis o fuerza de expresión a lo que se dice.

perol *m.* Vasija semiesférica de metal, que sirve para guisar.

peroné *m.* Hueso largo y delgado de la pierna, detrás de la tibia, con la cual se articula.

perorar *intr.* Pronunciar un discurso. **2** Hablar uno como si estuviera pronunciando un discurso.

perorata *f.* Discurso o razonamiento molesto e inoportuno.

perpendicular *adj.* Se dice de la línea o plano que forma ángulo recto con otra línea o con otro plano. (Aplicado a la línea se usa también como femenino.)

perpetrar *tr.* Cometer o consumar un delito o culpa grave.

perpetuar *tr.* y *prnl.* Hacer perpetua o perdurable una cosa. **2** Dar a las cosas una larga duración.

perpetuo -tua *adj.* Que dura siempre o un tiempo ilimitado.

perplejidad *f.* Irresolución, confusión, duda.

perra *f.* Hembra del perro. **2** fam. Borrachera. **3** fam. Rabieta de niño.

perrada *f.* Conjunto de perros. **2** fam. Perrería, mala jugada.

perrería *f.* Conjunto de perros. **2** fig. Conjunto de personas malvadas. **3** fig. Expresión o demostración de enojo, enfado o ira. **4** Mala jugada, jugarreta.

perro *m.* Mamífero carnívoro de los cánidos, de tamaño, forma y pelaje muy diversos, según las razas. Es el animal doméstico más ant. que se conoce, muy inteligente y muy leal al hombre. **2** fig. Persona muy fiel y leal. **3** fig. Persona despreciable y malvada. **4** *adj.* fig. Pésimo, muy malo.

perro

persa *m.* Lengua que se habla hoy en Persia.

persecución *f.* Acción de perseguir. **2** fig. Instancia enfadosa y continua con que se acosa a las personas.

perseguir *tr.* Seguir al que huye, con ánimo de alcanzarle. **2** fig. Hacer sufrir a uno, infligirle daño.

pesar

3 fig. Tratar de alcanzar algo con insistencia o molestia.
perseverar *intr.* Mantenerse constante en una actitud, opinión, etc. **2** Durar permanentemente o por mucho tiempo.
persiana *f.* Especie de celosía, contraventana, etc., formada de tablillas fijas o movibles de forma que dejen paso al aire y no al sol. **2** Tela de seda con dibujos de grandes flores.
persignar *tr.* y *prnl.* Hacer la señal de la cruz. **2** *prnl.* fam. Manifestar, haciéndose cruces, sorpresa, admiración o extrañeza.
persistir *intr.* Mantenerse firme o constante en una cosa. **2** Durar por largo tiempo.
persona *f.* Individuo de la especie humana. **2** Hombre o mujer cuyo nombre se ignora o se omite. **3** Individuo recto y de cualidades morales.
personaje *m.* Persona importante o afamada. **2** Cada uno de los entes humanos, sobrenaturales o simbólicos, que toman parte en la acción de una obra literaria, película, etc.
personal *adj.* Perteneciente a la persona o propio y particular de ella. **2** *m.* Conjunto de personas que pertenecen a un mismo organismo o trabajan en una misma empresa o fábrica. **3** fam. Gente, público.
personalidad *f.* Conjunto de características de cada persona que la diferencian de las demás. **2** Persona destacada en una actividad o en el ambiente social.
personero *m.* El constituido procurador para entender o solicitar negocios ajenos.
personificar *tr.* Atribuir acciones o cualidades propias de una persona a los animales o cosas inanimadas o abstractas. **2** Representar una persona determinada un suceso, sistema, opinión, etc. **3** Aludir en los discursos o escritos a personas determinadas.
perspectiva *f.* Arte de representar en una superficie los objetos, en la forma y disposición con que aparecen a la vista. **2** Obra o representación ejecutada con este arte. **3** Conjunto de objetos, especialmente lejanos, que desde un punto determinado se presentan a la vista del espectador. **4** fig. Apariencia o representación engañosa de las cosas. **5** fig. Forma favorable o desfavorable con que se enfocan las cosas que se prevén para el futuro. **6** fig. Alejamiento, distancia con que se analizan o ven las cosas para apreciarlas en su valor.
perspicaz *adj.* Se dice de la vista, mirada, etc., muy aguda y que percibe a largas distancias. **2** fig. Se dice del ingenio agudo y sagaz y de quien lo tiene.
persuadir *tr.* y *prnl.* Convencer a uno con razones para que haga o crea algo.

persuasión *f.* Acción y efecto de persuadir o persuadirse. **2** Juicio que se forma en virtud de un fundamento. **3** Capacidad de persuadir.
persuasivo -va *adj.* Hábil y eficaz para persuadir. **2** *f.* Facultad para hacerlo.
pertenecer *intr.* Ser algo propiedad de uno. **2** Ser una cosa parte integrante de otra o formar parte una persona de alguna sociedad o corporación.
pertenencia *f.* Acción o derecho que alguien tiene a la propiedad de algo. **2** *pl.* Efectos personales que son propiedad de alguien.
pértiga *f.* Vara larga.
pertinaz *adj.* Obstinado, terco, tenaz. **2** fig. Muy duradero o persistente.
pertinente *adj.* Perteneciente a una cosa. **2** Oportuno, adecuado.
pertrechar *tr.* Abastecer de pertrechos. **2** *tr.* y *prnl.* Preparar lo necesario para la ejecución de una cosa.
pertrechos *m. pl.* Municiones, armas, máquinas, etc., necesarios para un ejército. **2** Por extensión, instrumentos necesarios para cualquier operación.
perturbación *f.* Acción y efecto de perturbar o perturbarse.
perturbar *tr.* y *prnl.* Inmutar, trastornar el orden de las cosas. **2** Producir inquietud o intranquilidad a alguien. **3** Impedir el orden del discurso al que va hablando.
perversidad *f.* Maldad enorme.
perversión *f.* Acción y efecto de pervertir o pervertirse. **2** Estado de error o corrupción de costumbres.
pervivencia *f.* Persistencia, continuidad.
pesa *f.* Pieza de determinado peso, que sirve para comprobar y medir el que tienen otras cosas. **2** Pieza que, colgada de una cuerda, se emplea para dar movimiento a ciertos relojes, o de contrapeso para subir y bajar ciertas cosas.
pesadez *f.* Calidad de pesado. **2** fig. Obesidad, gordura. **3** fig. Terquedad, impertinencia. **4** Gravedad terrestre. **5** fig. Molestia, fatiga, exceso. **6** Sensación de malestar en la cabeza o en el estómago.
pesado -da *adj.* Que pesa mucho. **2** fig. Obeso. **3** fig. Se dice del sueño intenso, profundo. **4** fig. Tardo, muy lento. **5** fig. Molesto, impertinente. **6** fig. Difícil de hacer mover o girar. **7** Se dice de aquello que cuesta digerir.
pesadumbre *f.* Calidad de pesado. **2** fig. Disgusto, padecimiento físico o moral y su causa.
pésame *m.* Manifestación de condolencia hacia alguien, especialmente por el fallecimiento de algún familiar o allegado.
pesar[1] *m.* Sentimiento o dolor que aflige el ánimo. **2** Dicho o hecho que causa sentimiento o dis-

gusto. **3** Arrepentimiento por algo dicho o por alguna cosa mal hecha.

pesar[2] *intr.* Tener peso o un peso determinado. **2** Tener mucho peso. **3** fig. Valer, tener importancia o estimación. **4** fig. Causar arrepentimiento o dolor. **5** *tr.* y *prnl.* Determinar el peso o la masa de una cosa. **6** *tr.* fig. Examinar con atención y prudencia las razones de una cosa.

pesaroso -sa *adj.* Arrepentido o disgustado de lo dicho o hecho. **2** Con pesadumbre.

pesca *f.* Acción y efecto de pescar. **2** Oficio y arte de pescar. **3** Lo que se pesca o se ha pescado.

pescadería *f.* Sitio, puesto o tienda donde se vende pescado.

pescado *m.* Pez comestible sacado del agua por cualquiera de los procedimientos de pesca.

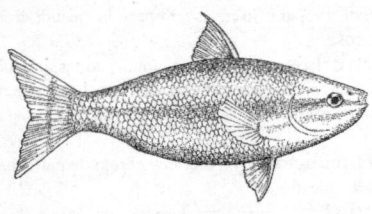

pescado

pescar *tr.* Sacar del agua peces u otros animales acuáticos mediante cualquier procedimiento. **2** Sacar algo del fondo del mar, de un río, o de un líquido. **3** fam. Coger, agarrar o tomar cualquier cosa. **4** fig. Coger a uno en una falta o error por sorpresa. **5** fig. Entender o percatarse de algo con agudeza.

pescuezo *m.* Parte del cuerpo de los animales desde la nuca hasta el tronco. **2** fam. Cuello de las personas.

pesebre *m.* Especie de cajón donde comen los animales. **2** Sitio destinado para este fin. **3** Belén, nacimiento.

pesimismo *m.* Propensión a ver y juzgar las cosas en su aspecto más desfavorable.

pésimo -ma *adj.* Sumamente malo.

peso *m.* Fuerza con que un cuerpo es atraído hacia el centro de la Tierra. **2** El que por ley o convenio debe tener una cosa. **3** El de la pesa o conjunto de pesas que se necesitan para equilibrar en la balanza un cuerpo determinado. **4** Objeto que sirve para hacer presión o para equilibrar una carga. **5** Balanza u otro utensilio para pesar. **6** Unidad monetaria de América. **7** fig. Entidad e importancia de una cosa. **8** fig. Fuerza y eficacia de las cosas no materiales. **9** fig. Carga o gravamen que uno tiene a su cuidado.

pesquería *f.* Acción de pescar. **2** Sitio donde se pesca frecuentemente. **3** Trato o ejercicio de los pescadores.

pesquero -ra *adj.* De la pesca. **2** *m.* Barco de pesca. **3** *f.* Sitio donde se pesca frecuentemente. **4** Dique u obra de contención en un río, arroyo, etc.

pesquisa *f.* Indagación que se hace de algo para averiguarlo.

pestaña *f.* Cada uno de los pelos del borde de los párpados. **2** Parte saliente y angosta en el borde de una cosa. **3** Orilla de la tela que sobresale por fuera de la costura. **4** Parte de la cubierta de un libro que se dobla por la parte interior de las tapas.

pestañear *intr.* Parpadear. **2** fig. Tener vida.

peste *f.* Enfermedad infecciosa muy grave, padecida por algunos roedores que la transmiten al hombre y a otros animales. **2** Por extensión, cualquier enfermedad que causa gran mortandad. **3** Mal olor. **4** fam. Cualquier persona o cosa nociva o que puede ocasionar daño grave. **5** fig. Corrupción de las costumbres. **6** *pl.* Insultos, palabras de enojo o amenaza.

pesticida *m.* Producto utilizado para controlar o destruir las plagas de parásitos de los animales o vegetales.

pestífero -ra *adj.* Que puede ocasionar peste. **2** Que tiene muy mal olor.

pestilencia *f.* Enfermedad contagiosa y grave que origina gran mortandad. **2** fig. Peste, mal olor.

pestillo *m.* Pasador con que se asegura una puerta, corriéndolo a modo de cerrojo.

petaca *f.* Estuche de cuero, metal u otra materia, para llevar cigarros o tabaco picado. **2** *Amér.* Corcova, joroba.

pétalo *m.* Cada una de las piezas que forman la corola de la flor.

petardo *m.* Morterete que se hace estallar para derribar obstáculos. **2** Canuto de cualquier materia, que se llena de pólvora u otro explosivo y que provoca detonaciones. **3** fam. Estafa, engaño. **4** fam. Persona o cosa muy fea o inútil.

petición *f.* Acción de pedir. **2** Cláusula o palabras con que se pide. **3** Escrito que se presenta ante un juez.

pétreo -a *adj.* De piedra, roca o peñasco. **2** Cubierto de piedras. **3** De la calidad de la piedra.

petrificar *tr.* y *prnl.* Convertir en piedra. **2** *tr.* fig. Dejar a uno inmóvil de asombro.

petrodólar *m.* Nombre dado a las reservas de dólares acumuladas por los países productores de petróleo.

petroglifo *m.* Grabado rupestre, propio de pueblos prehistóricos.

petrografía *f.* Parte de la historia natural, que trata del estudio de las rocas.

petróleo *m.* Aceite mineral natural de color generalmente pardo o negro, inflamable, de menor densidad que el agua y olor penetrante, constituido por una mezcla de hidrocarburos. Se encuentra en el subsuelo, en zonas de origen sedimentario, donde la materia orgánica, depositada en la superficie, se fue cubriendo de sedimentos; la transformación de hidrocarburos se desarrolló en profundidad. Mediante el procedimiento del refino, pueden obtenerse del petróleo diversos productos, desde aceites ligeros (gasolinas, fuel-oil, queroseno, gasoil) hasta los residuos de petróleos refinados (vaselina, parafina, asfalto, betunes, aceites lubricantes). También se obtienen gases (propano, butano).

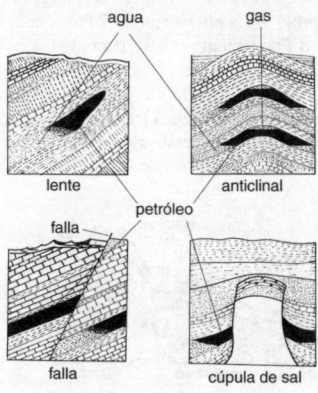

petróleo

petrolero -ra *adj.* Relativo al petróleo. **2** *adj. y n.* Persona que con fines subversivos, incendia por medio del petróleo. **3** *m.* Buque cisterna destinado al transporte del petróleo. **4** *m. y f.* Persona que vende petróleo al por menor.

petroquímico -ca *adj.* Que utiliza el petróleo o el gas natural como materias primas para la obtención de productos químicos. **2** *f.* Ciencia e industria de los productos derivados del petróleo o del gas natural.

petulancia *f.* Insolencia, presunción, descaro.

peyorativo -va *adj.* Que expresa una idea desfavorable o censurable.

pez[1] *m.* Animal vertebrado acuático poiquilotermo de la superclase peces, de respiración branquial, provisto de extremidades en forma de aletas, con la piel generalmente cubierta de escamas y de generación ovípara. **2** Pescado de río.

pez[2] *f.* Sustancia resinosa, sólida, lustrosa y de color pardo, que se obtiene del residuo de la trementina.

pezón *m.* Ramita que sostiene la hoja o el fruto en las plantas. **2** Parte central, eréctil y más prominente de la glándula mamaria. **3** Cualquier saliente por donde se agarra algo, o que tiene una protuberancia, como el extremo del eje de un carruaje, el de ciertas frutas, un cabo de tierra, etc.

pezuña *f.* Conjunto de los pesuños de una misma pata en los animales de pata hendida.

piadoso -sa *adj.* Religioso, devoto. **2** Misericordioso, inclinado a la piedad y a la conmiseración.

piafar *intr.* Dar patadas el caballo, rascando el suelo, cuando está inquieto.

pianista *com.* Que profesa o ejercita el arte de tocar el piano. **2** Fabricante de pianos.

piano *m.* Instrumento musical de cuerdas percutidas, mediante pequeños martillos, accionados por una teclas. **2** *adv. m.* Con sonido suave y poco intenso. **3** Despacio.

pianola *f.* Piano que puede tocarse mecánicamente por pedales o por medio de una corriente eléctrica.

piar *intr.* Emitir las aves su sonido característico, representado por la onomatopeya de pío, pío. **2** *fam.* Solicitar algo con insistencia.

piara *f.* Manada de cerdos, y también de otros animales.

pica[1] *f.* Lanza larga, formada por un asta que termina en un hierro pequeño y agudo. **2** Soldado que usaba esta lanza. **3** Garrocha del picador de toros. **4** *pl.* Uno de los cuatro palos de la baraja francesa, con dibujos en forma de corazón invertido con pie triangular.

pica[2] *f.* Afición del apetito a comer materias no alimentarias.

picada *f.* Acción y efecto de picar un ave, un pez, un reptil, un insecto, etc. **2** *Amér.* Camino o senda abierto a través de la espesura de un monte.

picado -da *adj.* Se dice de lo que tiene en su superficie, por defecto o adorno, picaduras o pequeños agujeros. **2** *fam.* Resentido, ofendido. **3** *Amér.* Achispado. **4** *m. y f.* Picotazo, picadura. **5** *m.* Acción y efecto de picar. **6** Descenso rápido de un avión con el morro muy inclinado hacia abajo.

picadura *f.* Acción y efecto de picar. **2** Pinchazo que se hace con un instrumento agudo o provocado por un aguijón, parásito, etc. **3** Tabaco picado para fumar. **4** Principio de caries en la dentadura. **5** Agujeros, grietas, etc., en una superficie.

picaflor *m.* Pájaro mosca. **2** *Amér.* Tenorio, galanteador.

picante *adj.* Que pica. **2** Licencioso sin llegar a obsceno. **3** *m.* Sabor fuerte o que pica al paladar. **4** Mordacidad o acritud al hablar.

picapleitos *m. fam.* Pleitista. **2** *fam.* Abogado, especialmente el enredador y rutinario.

picaporte *m.* Aldaba, llamador. **2** Instrumento para cerrar de golpe las puertas y ventanas. **3** Llave con que se abre.

picar *tr.* e *intr.* Herir leve y superficialmente con un instrumento punzante. **2** Punzar o morder las aves, los insectos y ciertos reptiles. **3** Ennardecer el paladar ciertas cosas de sabor acerbo o fuerte. **4** Tomar una ligera porción de un manjar comestible, especialmente la uva, grano a grano. **5** fig. Enojar, incitar, provocar. **6** fig. Dejarse engañar. **7** Tomar las aves la comida con el pico. **8** Morder el pez el cebo puesto en el anzuelo. **9** Dividir algo en trozos muy pequeños, desmenuzar. **10** Agujerear papel o tela haciendo dibujos. **11** Cortar a golpe de hacha. **12** Seguir al enemigo que se retira, atacando su retaguardia. **13** fig. Desazonar, inquietar. **14** *intr.* Calentar mucho el sol. **15** Experimentar cierto ardor, escozor o desazón alguna parte del cuerpo. **16** Carearse un diente, una muela, etc. **17** Empezar a pudrirse algunos alimentos o bebidas. **18** Agitarse la superficie del mar formando olas pequeñas. **19** fig. Enojarse, enfadarse a causa de alguna palabra o acción ofensiva. **20** Dejarse llevar de la vanidad, creyendo poder realizar lo mismo o más que otro.

picardía *f.* Astucia, disimulo. **2** Ruindad, vileza. **3** Dicho o hecho astuto, pícaro. **4** Travesura. **5** Intención o acción deshonesta o impúdica.

picaresco -ca *adj.* Perteneciente o relativo a los pícaros. **2** *adj.* y *f.* Se dice del género narrativo del Siglo de Oro español, en que se relata la vida de un pícaro como personaje central de la obra.

pícaro -ra *adj.* y *n.* Astuto, taimado, pillo. **2** *adj.* Dañoso o malicioso en su línea. **3** *m.* y *f.* Tipo de persona descarada, traviesa y de mal vivir, protagonista de las novelas picarescas.

picazón *f.* Desazón y molestia que causa una cosa que pica en alguna parte del cuerpo. **2** fig. Enojo, disgusto.

pichón -na *m.* y *f.* Apelativo cariñoso. **2** *m.* Pollo de la paloma casera.

pico[1] *m.* Parte de la cabeza de las aves que comprende las mandíbulas y su recubrimiento córneo. **2** Parte puntiaguda que sobresale en la superficie o en el borde de alguna cosa. **3** Punta acanalada que tienen en el borde algunas vasijas, para verter mejor el líquido que contienen. **4** Herramienta compuesta de una pieza puntiaguda de hierro o de acero unida a un mango largo de madera. **5** Cúspide aguda de una montaña. **6** Montaña de cumbre puntiaguda. **7** Parte pequeña de una cantidad que excede a un número redondo. **8** Cantidad indeterminada de dinero. **9** fam. Boca.

pico[2] *m.* Nombre común a diversas especies de aves piciformes de los pícidos, de pico largo y potente, patas cortas y fuertes uñas para trepar por los árboles. Poseen una lengua larga que puede proyectarse mucho fuera de la boca. Viven en los bosques de todo el mundo.

picotear *tr.* Golpear o herir las aves con el pico. **2** Picar, comer de diversas cosas y en ligeras porciones. **3** fig. Hablar mucho y de cosas inútiles.

pictografía *f.* Escritura ideográfica que consiste en representar los objetos mediante dibujos.

pictograma *m.* Signo de la escritura de figuras o símbolos, ideograma.

pictórico -ca *adj.* Perteneciente o relativo a la pintura. **2** Adecuado para ser pintado.

pie *m.* Extremidad del miembro inferior que sirve para sostener el cuerpo y andar. **2** Parte análoga en muchos animales. **3** Base o parte en que se apoya algo. **4** En los calcetines, medias, zapatos, etc., parte que cubre el pie. **5** Tallo de las plantas y tronco del árbol. **6** La planta entera. **7** Poso, hez, sedimento. **8** Fundamento o base para alguna cosa. **9** Explicación o comentario breve que se pone debajo de un grabado, fotografía, etc. **10** Ocasión o motivo de hacerse o decirse algo. **11** Palabras con que termina lo que dice un personaje en una representación dramática, cada vez que le toca hablar a otro.

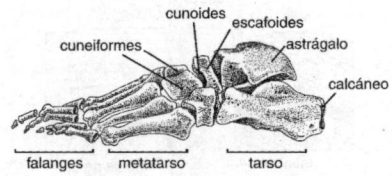

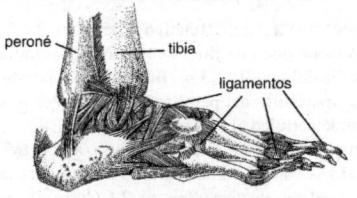

pie

piedad *f.* Compasión ante una persona desgraciada o que sufre. **2** Devoción y respeto dedicado a las cosas sagradas o a los padres.

piedemonte *m.* GEOL Llanura formada al pie de un sistema montañoso por acumulación de materiales de erosión.

piedra *f.* Sustancia mineral, más o menos dura y compacta, que no es terrosa ni de aspecto metálico. **2** Roca labrada, o losa con alguna inscripción. **3** Granizo grueso. **4** Muela de molino. **5** fig. Gran resistencia o fuerza de algo. **6** fig. Insensibilidad de una persona.

piel *f.* Tegumento externo del cuerpo, formado por una capa externa o epidermis y otra interna o dermis. **2** Cuero curtido, especialmente el que conserva por fuera su pelo natural.

piélago *m.* Parte del mar que dista mucho de la tierra. **2** fig. Gran cantidad de algo.

pienso *m.* Porción de alimento seco que se da al ganado.

pierna *f.* En las personas, parte del miembro inferior comprendida entre la rodilla y el pie. **2** Por extensión, todo el miembro inferior. **3** En los cuadrúpedos y aves, muslo. **4** Cada una de las dos piezas que forman el compás.

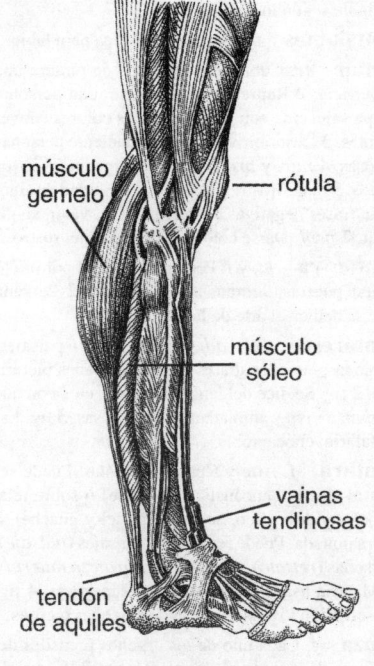

pierna

pieza *f.* Cada parte, cada elemento de un todo o de una maquinaria. **2** Cada unidad de los elementos que componen una misma especie o género. **3** Cada una de las fichas o figuras de determinados juegos. **4** Moneda de metal. **5** Trozo de tela con que se remienda una prenda de vestir. **6** Cualquier habitación o aposento de una vivienda. **7** Animal capturado o pescado. **8** Composición musical u obra dramática. **9** Porción de tejido o papel que se fabrica de una vez. **10** Objeto, cosa cualquiera. **11** Cada unidad de una colección.

pigmentar *tr.* y *prnl.* Dar color. **2** Producir coloración anormal y prolongada en la piel y otros tejidos, por diversas causas.

pigmento *m.* Materia colorante que se encuentra en el protoplasma de muchas células vegetales y animales. **2** Sustancia natural o artificial que se usa como colorante.

pigmeo -a *adj.* y *n.* Se dice de ciertos grupos humanos distribuidos por África central y SE de Asia, que se caracterizan por su baja estatura (entre 1,30 y 1,50 m) y por su economía cazadora y recolectora. **2** Muy pequeño.

pignorar *tr.* Dejar en prenda, empeñar.

pijama *m.* Conjunto de chaqueta y pantalón de tela fina, que se usa para dormir.

pila^1 *f.* Conjunto de cosas superpuestas. **2** Montón, gran cantidad. **3** Conjunto de toda la lana esquilada por un dueño en un año.

pila^2 *f.* Recipiente hondo de piedra o de otra materia donde cae el agua para varios usos. **2** Dispositivo que transforma la energía química en eléctrica.

pilar^1 *m.* Mojón, poste que señala un camino. **2** ARQ Elemento vertical de soporte, circular o poligonal.

pilar^2 *m.* Pilón de una fuente.

pilar^3 *tr.* Pelar los granos en el pilón, golpeándolos o machacándolos.

pilastra *f.* Pilar adosado a un muro.

píldora *f.* Bolita que se hace mezclando uno o varios medicamentos con un excipiente y que se administra por vía oral. **2** fig. Noticia mala o desagradable.

pillaje *m.* Hurto, latrocinio. **2** Saqueo hecho por los soldados en país enemigo.

pillar *tr.* Hurtar, robar. **2** Coger, agarrar, contraer. **3** Encontrar, sorprender a alguien en determinada situación, o cogerle desprevenido. **4** *tr.* y *prnl.* Aprisionar con daño a una persona o cosa.

pillo -lla *adj.* y *n.* Pícaro, travieso, que engaña sin intención de dañar. **2** fam. Sagaz, astuto.

pilón^1 *m.* Mojón, poste, pilar. **2** Montón, gran cantidad. **3** Pesa de la balanza romana. **4** Pan de azúcar de figura cónica.

pilón^2 *m.* Receptáculo de piedra que se construye en las fuentes para que sirva de abrevadero, lavadero, etc. **2** Mortero de madera o de metal, que sirve para majar granos u otras cosas.

pilotaje^1 *m.* Acción de pilotar. **2** Ciencia y oficio del piloto.

pilotaje^2 *m.* Conjunto de pilotes hincados en tierra para consolidar los cimientos.

pilotar *tr.* Dirigir, maniobrar un buque. **2** Dirigir cualquier vehículo, como un automóvil, avión, etc.

piloto *com.* Persona que gobierna y dirige la navegación de un buque. **2** Persona que dirige un automóvil, avión o motocicleta en competiciones. **3** fig. Persona que dirige la marcha de un asunto. **4** *m.* Luz de posición de un vehículo. **5** Lo que sirve de modelo o referencia.

piltrafa *f.* Parte de carne flaca que casi no tiene más que el pellejo. **2** Residuos o desechos de algunas cosas. **3** fam. Persona de poca consistencia física o moral.

pimentón *m.* Polvo que se obtiene moliendo pimientos encarnados secos. **2** En algunos lugares, pimiento, fruto.

pimienta *f.* Fruto del pimentero. Es una baya redonda, rojiza, que, cuando está seca, toma color pardo o negruzco.

pimiento *m.* Planta anual de las solanáceas, de hojas lanceoladas, flores blancas y fruto en baya hueca. Procede de América. **2** Fruto de esta planta.

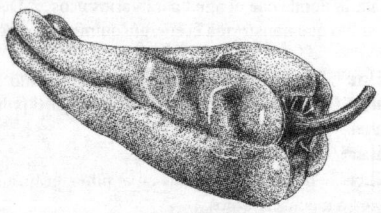

pimiento

pimpollo *m.* Pino nuevo. **2** Vástago o tallo nuevo de las plantas. **3** Capullo de rosa. **4** *com.* fam. Persona joven y de aspecto atractivo. **5** fam. Persona que no aparenta los años que tiene.

pinacoteca *f.* Galería o museo de pinturas.

pincel *m.* Instrumento para pintar, consistente en un mango con pelos sujetos en un extremo. **2** fig. Modo de pintar.

pincelada *f.* Trazo o golpe dado con el pincel. **2** fig. Expresión breve de una idea o rasgo.

pinchar *tr.* y *prnl.* Punzar, herir con algo agudo. **2** fig. Picar, estimular. **3** Enojar, zaherir. **4** *intr.* Referido a los ocupantes de un vehículo, sufrir un pinchazo una rueda.

pinche -cha *m.* y *f.* Persona que presta servicios auxiliares en una cocina.

pingajo *m.* Harapo, jirón que cuelga de alguna parte.

pingar *intr.* Pender, colgar. **2** Brincar, saltar. **3** Gotear lo que está empapado en algún líquido. **4** *tr.* Inclinar.

ping-pong *m.* Pimpón, tenis de mesa.

pingüe *adj.* Abundante, copioso.

pingüino *m.* Género de aves palmípedas, de alas muy cortas, que habitan los mares polares.

pino[1] *m.* Nombre de varios árboles gimnospermos de las pináceas, de hojas aciculares persistentes en hacecillos de dos a cinco y flores unisexuales estróbilas. Producen un falso fruto, la piña, que contiene las semillas o piñones. **2** Madera de estos árboles.

pino[2] **-na** *adj.* Muy pendiente o empinado.

pinta[1] *f.* Mancha o señal pequeña en el plumaje, pelo o piel de los animales y en la masa de los minerales. **2** Adorno en forma de lunar o mota. **3** Señal que tienen los naipes en sus extremos, que identifica su palo. **4** fig. Aspecto o facha de algo o de alguien. **5** Enfermedad infecciosa de la piel, caracterizada por la presencia de manchas.

pinta[2] *f.* Medida para líquidos, de capacidad variable según los países.

pintalabios *m.* Barrita cosmética para labios.

pintar *tr.* Cubrir con una capa de pintura una superficie. **2** Representar un objeto, una persona, un paisaje, etc., con las líneas y los colores convenientes. **3** Describir viva y animadamente personas o cosas. **4** *intr.* y *prnl.* Empezar a madurar ciertos frutos. **5** fam. Mostrar la cantidad o calidad de algo. **6** En frases negativas o interrogativas, valer, significar. **7** *prnl.* Darse colores y afeites en el rostro.

pintor -ra *m.* y *f.* Persona que tiene por oficio pintar puertas, ventanas, paredes, etc. **2** Persona que se dedica al arte de la pintura.

pintoresco -ca *adj.* Se dice de los paisajes, personas, etc., peculiares y con cualidades pictóricas. **2** fig. Se dice del lenguaje, estilo, etc., con que se pintan viva y animadamente las cosas. **3** fig. Estrafalario, chocante.

pintura *f.* Arte y técnica de pintar. Puede ser mural (fresco, encáustica y temple) o sobre tela, papel y vidrio (óleo, acuarela, pastel y guache). **2** Obra pintada. Puede representar paisajes (*paisaje*), personas (*retrato*), u objetos (*naturaleza muerta*). **3** Materia usada para pintar una superficie. **4** fig. Descripción viva y animada de personas o cosas.

pinza *f.* Cada uno de los órganos prensiles del extremo de las patas de los crustáceos. **2** Pliegue de una tela terminado en punta. **3** Cualquier instrumento, a modo de tenacillas, que sirve para agarrar cosas menudas. (Se usa también en plural.)

piña *f.* Falso fruto del pino. **2** Ananás. **3** Masa esponjosa de plata que queda en los moldes donde se funde el mineral argentífero. **4** fig. Conjunto de personas o cosas unidas o agregadas estrechamente. **5** Trompada, puñetazo.

piñata *f.* Olla. **2** Recipiente lleno de dulces que en en las fiestas infantiles se cuelga en alto para jugar a romperlo con los ojos vendados y la ayuda de un palo.

piñón¹ *m.* Semilla del pino contenida en la piña. **2** Parte comestible de dicha semilla. **3** Burro trasero de la recua.

piñón² *m.* Cada una de las plumas pequeñas que los halcones tienen debajo de las alas.

piñón³ *m.* Rueda pequeña del engranaje de una máquina.

pío¹ *m.* Voz que imita la del pollo de ciertas aves. **2** fam. Deseo vivo y ansioso.

pío²-a *adj.* Devoto, piadoso.

pío³-a *adj.* Se dice de la caballería de piel cubierta de manchas de varios colores.

piojo *m.* Nombre dado a diversos insectos del orden anopluros. El más conocido es el piojo común, de cuerpo aplanado, antenas cortas y boca chupadora con un potente aparato perforador. Incluye dos subespecies, el piojo de la cabeza y el de los vestidos.

pionero -ra *m. y f.* Persona que abre camino en la exploración de nuevas tierras, en la investigación de una ciencia, etc.

pipa¹ *f.* Pepita de frutas. **2** Pepita del girasol.

pipa² *f.* Utensilio para fumar tabaco, consistente en un cañón terminado en un recipiente. **2** Tonel para guardar o transportar líquidos. **3** Espoleta de un explosivo. **4** fam. Pistola, arma.

pipí *m.* En lenguaje infantil, orina.

pique *m.* Resentimiento por una disputa o cosa semejante. **2** Empeño en el logro de algo por amor propio o por rivalidad. **3** Acción y efecto de poner señales en un libro. **4** Pulga, nigua.

piquete *m.* Agujero pequeño. **2** Grupo pequeño de soldados destinado a un servicio extraordinario. **3** Grupo de personas que intenta mantener una consigna de huelga.

pira *f.* Hoguera en que antiguamente se quemaban los cuerpos de los difuntos y las víctimas de los sacrificios.

piragua *f.* Embarcación larga y estrecha, hecha con un tronco vaciado de árbol, de corteza o bien con piezas ensabladas. Puede navegar a remo o a vela.

pirámide *f.* Poliedro cuya base es un polígono, y cuyas caras son triángulos que se juntan en un punto llamado vértice, formando un ángulo poliedro. **2** ARQ Monumento en forma de pirámide del ant. Egipto y de la América precolombina.

piraña *f.* Nombre de varios peces cipriniformes de los carácidos, de 20-30 cm de largo y dientes afilados. Viven en las aguas dulces de América del Sur, y son muy voraces. En Venezuela se les da el nombre de caribe.

pirata *adj.* Relativo a la piratería. **2** com. Persona que practica la piratería. **3** fig. Persona que usurpa las ideas o el derecho ajeno. **4** *adj. y n.* Se dice de la edición ilegal de un libro, o de la copia no autorizada de una película, de una grabación musical, etc.

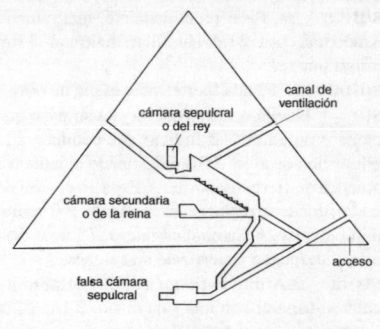

pirámide

piratear *intr.* Apresar o robar embarcaciones mientras navegan. **2** *intr. y tr.* fig. Usurpar una idea, un derecho, etc.

piratería *f.* Oficio de pirata. **2** Robo o presa que hace el pirata. **3** Robo o destrucción de los bienes ajenos.

pirograbado *m.* Grabado en madera por medio de una punta de metal incandescente.

piromanía *f.* Tendencia patológica a la provocación de incendios.

piropear *tr.* Decir piropos.

piropo *m.* Variedad de granate, de color rojo, muy apreciada como piedra fina. **2** Rubí. **3** fam. Lisonja, requiebro.

pirotecnia *f.* Arte de preparar explosivos y fuegos artificiales a base de pólvora.

pirueta *f.* Cabriola, brinco. **2** Voltereta. **3** Vuelta rápida del caballo estando alzado de manos. **4** fam. Lo que permite sortear una dificultad.

pisada *f.* Acción de pisar. **2** Huella que deja el pie en el suelo.

pisar *tr.* Poner el pie sobre alguna cosa. **2** Apretar, estrujar una cosa con los pies o con el pisón o la maza. **3** Cubrir en parte una cosa a otra. **4** Apretar con los dedos una tecla o cuerda de un instrumento musical. **5** fig. Tratar mal, humillar. **6** fig. Transgredir, conculcar. **7** fam. Anticiparse a otro en el logro de algo.

pisciforme *adj.* De forma de pez.

piscina *f.* Estanque en un jardín donde se tienen peces. **2** Estanque destinado al baño, a la natación o a otros deportes acuáticos. **3** Lugar en que se echan y sumen algunas materias sacramentales.

piso *m.* Pavimento, suelo. **2** Cada uno de los niveles de un edificio. **3** Conjunto de habitaciones que forman una vivienda independiente. **4** Estrato, capa. **5** Suela del zapato.

pisotear *tr.* Pisar repetidamente, maltratando o ajando una cosa. **2** fig. Humillar, maltratar. **3** fig. Infringir una ley.

pisotón *m.* Pisada fuerte sobre el pie de otro.

pista *f.* Huella o rastro que deja a su paso una persona o un animal. **2** Indicio que conduce a la averiguación de algo. **3** Sitio destinado al baile o a la práctica de ciertos deportes. **4** Espacio central de un circo, donde se realiza el espectáculo. **5** Circuito automovilístico. **6** Camino carretero. **7** Lugar destinado al despegue y aterrizaje de aviones.

pistola *f.* Arma de fuego corta, que permite apuntar y disparar con una sola mano. **2** Utensilio que proyecta pintura pulverizada.

pistolera *f.* Funda de cuero en que se lleva la pistola.

pistolero -ra *m. y f.* Persona que realiza actos delictivos armada de pistola.

pistón *m.* Émbolo. **2** Pieza central de la cápsula, donde está el fulminante. **3** Llave en forma de émbolo de ciertos instrumentos musicales de viento.

pita[1] *f.* Voz que se usa repetidamente para llamar a las gallinas. **2** Nombre de varias aves paseriformes de los pítidos, de 20-25 cm de largo y plumas de variados colores. Viven en Europa.

pita[2] *f.* Planta acaule de las amarilidáceas, de hojas grandes lanceoladas y flores amarillas en racimo. Originaria de México, se cultiva en Europa. **2** Fibra de las hojas de esta planta.

pita[3] *f.* Bolita de cristal, canica. **2** Juego de las canicas.

pita[4] *f.* Silba, pitada.

pitahaya *f. Amér.* Planta trepadora de las cactáceas, de flores rojas o blancas. Es propia de América Tropical. Su fruto es comestible.

pitar[1] *intr.* Tocar o sonar un pito o silbato. **2** *tr.* Manifestar desagrado o desaprobación mediante silbidos. **3** fam. Tener una situación de autoridad. **4** *Amér.* Fumar. **5** *tr.* e *intr.* En los deportes, indicar el árbitro una falta.

pitar[2] *tr.* Distribuir las pitanzas.

pitido *m.* Silbido de un pito o de los pájaros.

pito[1] *m.* Instrumento pequeño que, soplándolo, produce un sonido agudo. **2** Cualquier cosa que produzca el mismo efecto por acción del aire. **3** Claxon, bocina. **4** Especie de chinche. **5** Cigarrillo. **6** Cosa insignificante.

pito[2] *m.* Pájaro carpintero.

pitón[1] *m.* Nombre común a diversos ofidios de los pitónidos, de dimensiones muy variables. Se nutren de mamíferos y aves usando su musculatura para asfixiarlos. Viven en las zonas tropicales de América, Asia y África. **2** Adivino, hechicero.

pitón[2] *m.* Cuerno que empieza a salir a ciertos animales. **2** Punta del cuerno del toro. **3** Brote nuevo de un árbol. **4** fig. Bulto pequeño en una superficie.

pitonisa *f.* Mujer que adivina el porvenir.

pivote *m.* Extremo cilíndrico o puntiagudo de una pieza donde se apoya o inserta otra. **2** fig. Base, punto de apoyo.

piyama *f.* Pijama.

pizarra *f.* Roca metamórfica de grano fino, que se divide en láminas delgadas. **2** Trozo pulimentado de esta roca, en que se escribe con tiza o con el que se cubren tejados. **3** Por extensión, cualquier tablero sobre el cual se puede escribir.

pizarrón *m. Amér.* Pizarra, encerado.

pizca *f.* fam. Porción minúscula de una cosa.

pizpireta *adj.* fam. Se dice de la mujer viva, pronta y aguda.

pizza *f.* Especie de torta de harina de trigo, cocida al horno, aderezada con queso, anchoas, tomate, etc., y que se sirve caliente.

pizzería *f.* Restaurante donde se sirven pizzas y otros platos italianos.

placa *f.* Insignia de ciertas órdenes de caballerías, que se bordaba en el vestido. **2** Insignia de policía. **3** Lámina con el nombre y ocupación de una persona, empresa, etc., que se coloca a la puerta de una casa. **4** Lámina, plancha o película superpuesta en un objeto.

placenta *f.* Órgano redondeado y aplastado, intermediario durante la gestación entre la madre y el feto, a través del cual se realiza el intercambio de oxígeno y de sustancias nutritivas.

placer[1] *m.* Banco de arena o piedra en el fondo del mar, llano y extenso. **2** Arenal donde se hallan partículas de oro.

placer[2] *m.* Satisfacción del ánimo por la idea o la posesión de algo. **2** Sensación agradable. **3** Diversión, entretenimiento. **4** Voluntad, consentimiento.

placer[3] *tr.* Agradar, contentar. (Usado por lo general sólo en tercera persona del singular.)

placero -ra *adj.* Relativo a la plaza. **2** *adj.* y *n.* Que vende en una parada de una plaza o mercado.

placidez *f.* Calidad de plácido, tranquilo.

plácido -da *adj.* Quieto, sosegado. **2** Grato.

plaga[1] *f.* Calamidad grande que aflige a una persona o a un pueblo. **2** fig. Cualquier infortunio o pena. **3** Abundancia de algo nocivo o molesto. **4** Daño que ciertos animales causan en los cultivos y en las plantas.

plaga[2] *f.* Espacio entre dos paralelos, clima. **2** Dirección importante del horizonte, rumbo.

plagar *tr. y prnl.* Llenar a una persona o cosa de algo nocivo o no conveniente.

plagiar *tr.* Copiar en lo sustancial obras ajenas, dándolas como propias. **2** *Amér.* Secuestrar a una persona para obtener un rescate.

plan *m.* Altitud o nivel. **2** Intento, proyecto, estructura. **3** Serie de materias, trabajos, etc., en que se divide una actividad. **4** Serie de cosas que uno quiere hacer y modo de realizarlas. **5** Plano.

plana[1] *f.* Llana de albañil.

plana[2] *f.* Cada una de las dos caras de una hoja de papel. **2** Dicha cara escrita o impresa. **3** Territorio llano y extenso. **4** Escrito que hacen los niños en un papel para aprender a escribir. **5** Conjunto de líneas ajustadas de una página de imprenta.

plancha *f.* Lámina de metal. **2** Utensilio de hierro, triangular y liso, con un mango en su parte superior, que, calentado, se usa para planchar la ropa. **3** Acción y efecto de planchar la ropa. **4** Conjunto de ropa para planchar o planchada. **5** Postura horizontal del cuerpo en el aire, con las manos asidas a una barra, o bien al saltar al agua o flotando de espaldas sobre ella. **6** Cualquier tabla que sirve de puente entre la tierra y una embarcación, entre dos embarcaciones, etc.

planchar *tr.* Pasar la plancha caliente sobre la ropa para desarrugarla.

planear *tr.* Trazar el plan o proyecto para realizar algo. **2** Hacer planes. **3** *intr.* Descender un avión en planeo. **4** Volar las aves con las alas extendidas sin moverlas.

planeo *m.* Vuelo de un planeador o de un avión con el motor parado, o de un ave sin aletear.

planeta *m.* Cuerpo sólido celeste que gira alrededor de una estrella, visible por la luz que refleja. En particular, los que giran alrededor del Sol: Mercurio, Venus, la Tierra, Marte, Júpiter, Saturno, Urano, Neptuno y Plutón.

planetario -ria *adj.* Relativo a los planetas. **2** *m.* Dispositivo que reproduce el firmamento y el movimiento de los astros. **3** Por extensión, edificio en que está instalado.

planicie *f.* Terreno llano y extenso.

planificar *f.* Trazar los planos para la ejecución de una obra. **2** Hacer plan o proyecto de una acción. **3** Someter a planificación.

planilla *f.* Impreso para hacer una petición, una declaración, etc., a la administración pública. **2** Nómina. **3** Estado de cuentas, liquidación, nota de gastos.

planisferio *m.* Plano en que está representada la esfera celeste o la terrestre.

plano -na *adj.* Llano, liso. **2** Sin estorbos ni tropiezos. **3** Representación gráfica en una superficie plana y mediante procedimientos técnicos, de un terreno, un edificio, etc. **4** Fragmento de una película tomado de una sola vez. **5** Superficie imaginaria de un objeto, figura, etc., en un cuadro, fotografía, etc.

planta *f.* Parte del pie con que se pisa. **2** Cualquier vegetal. **3** Lugar plantado de árboles y otras plantas. **4** Plano de la sección horizontal de un edificio, una máquina, etc. **5** Diseño, maqueta. **6** Proyecto o disposición para lograr algo. **7** Cada uno de los pisos o niveles de un edificio. **8** Instalación industrial o central energética. **9** *fam.* Aspecto, apariencia. **10** Plantilla laboral.

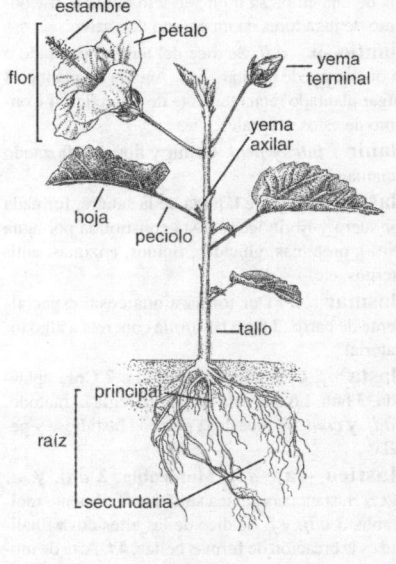

planta

plantación *f.* Acción de plantar. **2** Conjunto de lo plantado. **3** Cultivo extensivo de una planta con fines industriales.

plantar[1] *adj.* Relativo a la planta del pie.

plantar[2] *tr.* Meter en tierra una planta, un esqueje, una semilla, etc., para que arraigue. **2** Poblar de plantas o árboles un terreno. **3** Poner derecha una cosa. **4** Colocar una cosa en el lugar conveniente. **5** *fig.* Fundar, establecer. **6** *fam.* Poner a uno en algún lugar contra su voluntad. **7** *fam.* Dejar a uno burlado o abandonarle. **8** *prnl.* Ponerse de pie firmemente en un lugar. **9** Mantenerse en una idea o actitud. **10** *intr.* y *prnl.* En algunos juegos de cartas, no querer más de las que se tienen.

planteamiento *m.* Acción y efecto de plantear.

plantear *tr.* Tantear o estudiar la realización de una cosa. **2** Exponer un tema, un problema, etc.

plantel *m.* Criadero de plantas, vivero. **2** fig. Lugar en que se forman personas hábiles o capaces en una ciencia, oficio, etc. **3** Dichas personas.

plantificar *tr.* Establecer sistemas, instituciones, reformas, etc. **2** Plantar un insulto, un golpe, etc. **3** Poner algo o a alguien en alguna parte.

plantilla *f.* Suela sobre la cual se arma el calzado. **2** Pieza con que interiormente se cubre la planta del calzado. **3** Remiendo en medias y calcetines. **4** Patrón sobre el que se cortan o labran ciertas cosas. **5** Relación por categorías de los empleados de una empresa o un servicio público. **6** Conjunto de jugadores de un equipo deportivo.

plantío -a *adj.* Se dice del terreno plantado o en que se puede plantar. **2** *m.* Acción de plantar. **3** Lugar plantado recientemente de vegetales. **4** Conjunto de estos vegetales.

plañir *intr.* y *prnl.* Gemir y llorar, sollozando o clamando.

plasma *m.* Parte líquida de la sangre, formada por suero y fibrinógeno. Está constituida por agua (90%), proteínas, glúcidos, lípidos, enzimas, anticuerpos, etc.

plasmar *tr.* Dar forma a una cosa, especialmente de barro. **2** fig. Dar forma concreta a algo inmaterial.

plasta *f.* Cualquier cosa blanda. **2** Cosa aplastada. **3** fam. Lo que está hecho sin regla ni método. **4** *adj.* y *com.* Se dice de la persona fastidiosa y pesada.

plástico -ca *adj.* Moldeable. **2** *adj.* y *m.* TÉCN Sustancia orgánica sintética fácilmente moldeable. **3** *adj.* y *f.* Se dice de las artes cuya finalidad es la creación de formas bellas. **4** *f.* Arte de modelar, escultura.

plastificar *tr.* Añadir un producto plástico a una materia. **2** Recubrir con plástico.

plata *f.* (Ag) Metal blanco, brillante, dúctil y maleable, más pesado que el cobre y menos que el plomo. Es uno de los metales preciosos. Se utiliza en la fabricación de monedas, en odontología, en joyería, en la industria fotográfica, etc. **2** fig. Moneda o monedas de plata. **3** Dinero en general, riqueza. **4** fig. Lo que sin ser costoso es de utilidad.

plataforma *f.* Tablero horizontal, descubierto y elevado sobre el suelo, donde se colocan personas o cosas. **2** Vagón descubierto y con bordes de poca altura. **3** Parte de un autobús, tranvía, etc., junto a la puerta, donde van los pasajeros de pie. **4** Azotea de torres, reductos, etc. **5** fig. Programa de un partido político.

platanar *m.* Lugar poblado de plátanos.

plátano *m.* Nombre de varios árboles de las platanáceas, de hojas caducas y palmeadas. **2** Planta herbácea de las musáceas, de hojas grandes, flo-

plátano

res en espiga y fruto comestible. **3** Fruto de esta planta.

plateado -da *adj.* Bañado en plata. **2** Parecido a la plata. **3** *m.* Acción de platear.

platear *tr.* Cubrir de plata una cosa.

platillo *m.* Pieza pequeña parecida a un plato. **2** Cada una de las dos piezas, generalmente en forma de plato, de una balanza. **3** Guiso de carne y verduras picadas. **4** fig. Asunto de murmuración. **5** *pl.* Instrumento músico de percusión formado por dos discos metálicos que se golpean uno contra otro.

platina *f.* Parte del microscopio en que se coloca el objeto que se observa. **2** Disco de vidrio deslustrado o de metal, sobre el cual se coloca el recipiente de la máquina neumática. **3** Mesa de trabajo de una máquina herramienta.

plato *m.* Vasija baja y redonda, con una cavidad en medio y borde generalmente plano, para servir los alimentos y comer en ella. **2** Comida que se sirve en dicha vasija. **3** Platillo de la balanza. **4** Comida del día o lo que se gasta en ella. **5** fig. Tema de murmuración.

platón *m. Amér.* Recipiente de gran tamaño y de diversos usos, jofaina, cazuela, fuente.

plausible *adj.* Digno de aplauso. **2** Admisible, recomendable.

playa *f.* Ribera del mar, de un río o de un lago, formada de arenales de superficie casi plana.

plaza *f.* Lugar espacioso en una población, donde suelen confluir varias calles. **2** Lugar donde se celebran ferias y mercados. **3** Cualquier lugar fortificado. **4** Espacio, sitio, lugar. **5** Puesto, empleo. **6** Gremio o reunión de comerciantes de una población.

plazo *m.* Término o tiempo señalado para una cosa. **2** Vencimiento del término. **3** Cada parte de una cantidad pagadera en varias veces.
plazoleta *f.* Plaza pequeña, en especial la que se halla en un jardín o una alameda.
pleamar *f.* Estado más alto de la marea. **2** Tiempo que dura.
plebe *f.* Clase social más baja. **2** Populacho.
plebiscito *m.* Resolución tomada por todo un pueblo mediante una votación.
plegado *m.* Acción y efecto de plegar una cosa.
plegar *tr.* y *prnl.* Hacer pliegues en una cosa. **2** *tr.* Doblar los pliegos de un libro que se ha de encuadernar. **3** *prnl.* Doblarse, ceder, someterse.
plegaria *f.* Súplica humilde y ferviente. **2** Toque de campanas al mediodía, para llamar a los fieles a oración.
pleitear *tr.* Litigar o contender judicialmente sobre una cosa.
pleito *m.* Contienda, disputa, litigio. **2** Asunto criminal o civil que se tramita ante un juez.
plenitud *f.* Totalidad, estado o calidad de pleno. **2** Apogeo.
pleno -na *adj.* Completo, lleno. **2** *m.* Reunión o junta general de una corporación.
pleonasmo *m.* Figura consistente en usar palabras innecesarias para la comprensión de la frase, pero con las cuales se le confiere más vigor. **2** Por extensión, exceso y redundancia de palabras.
pléyade *f.* Grupo de personas destacadas en alguna actividad en una misma época.
pliego *m.* Hoja de papel impresa que se dobla según el formato del libro. **2** Hoja de papel que se usa o vende sin doblar. **3** Conjunto de papeles contenidos en un sobre o carpeta.
pliegue *m.* Doblez, arruga en una cosa flexible que deja de estar lisa.
plisar *tr.* Hacer que una tela forme pliegues.
plomada *f.* Lápiz o barra de plomo usada en ciertos oficios para señalar o reglar una cosa. **2** Conjunto de plomos de la red de pescar.
plomar *tr.* Poner un sello de plomo en un documento o diploma.
plomero -ra *m.* y *f.* Persona que trabaja o fabrica objetos de plomo. **2** Fontanero.
plomo *m.* (Pb) Metal pesado, dúctil, maleable, blando, fusible, de color gris azulado, que se oxida fácilmente y es tóxico. Se encuentra actualmente entre los metales que poseen más aplicaciones en la industria. **2** Plomada, pesa. **3** Bala de un arma de fuego. **4** *fam.* Persona o cosa pesada y molesta.
pluma *f.* Cada una de las formaciones epidérmicas que recubren el cuerpo de las aves. **2** Conjunto de plumas. **3** Pluma de ave usada como adorno o para escribir. **4** Instrumento de metal usado para escribir. **5** *fig.* Escritor. **6** *fig.* Estilo literario. **7** Categoría de boxeo, entre 54 y 57 kg de peso.
plumaje *m.* Conjunto de plumas de un ave. **2** Penacho de plumas que se pone en los sombreros, cascos, etc.
plumero *m.* Mazo de plumas atadas a un mango, usado para quitar el polvo. **2** Caja o estuche para plumas, lápices, etc. **3** Penacho de plumas. **4** *Amér.* Portaplumas.
plumilla *f.* Pequeña pieza metálica usada para escribir.
plumón *m.* Pluma muy delgada y suave que tienen las aves debajo del plumaje exterior. **2** Colchón relleno de esta pluma.
plural *adj.* y *m.* Se dice del número gramatical que indica una cantidad superior a la unidad, en contraposición a singular. **2** Múltiple.
pluralidad *f.* Multitud, número grande de algunas cosas. **2** Calidad de ser más de uno.
pluscuamperfecto *adj.* y *m.* Se dice de los tiempos verbales (pluscuamperfecto de indicativo y de subjuntivo) que expresan anterioridad en relación con una acción pasada.
plusvalía *f.* Aumento del valor de una cosa por causas extrínsecas a ella.
plutocracia *f.* Sistema político en que el poder reside en el grupo social económicamente más poderoso. **2** Conjunto de miembros de este grupo social.
pluvial *adj.* Relativo a la lluvia. **2** Se dice de un período del cuaternario muy lluvioso.
pluviosidad *f.* Cantidad de lluvia que cae en un lugar durante un año.
población *f.* Acción y efecto de poblar. **2** Conjunto de personas que habitan la Tierra o un área geográfica. **3** Conjunto de individuos de una misma especie que viven en un área o en un medio determinado. **4** Ciudad, pueblo, villa, poblado.
poblado *m.* Población, ciudad, villa o lugar.
poblar *tr.* e *intr.* Fundar uno o más pueblos. **2** *tr.* Ocupar con gente un sitio para que viva en él. **3** Habitar o vivir en un sitio. **4** Ocupar con animales o árboles un determinado lugar. **5** *intr.* Procrear mucho.
pobre *adj.* y *n.* Falto de lo necesario para vivir. **2** *adj.* Escaso, incompleto. **3** Humilde. **4** Desdichado, triste. **5** *com.* Mendigo.
pobreza *f.* Estado del que carece de lo necesario para vivir. **2** Falta, escasez. **3** *fig.* Carencia de magnanimidad, de nobleza de ánimo. **4** Situación de subdesarrollo de un país o territorio.
pocilga *f.* Establo para ganado de cerda. **2** *fam.* Lugar sucio y hediondo.
pocillo *m.* Recipiente empotrado en tierra para recoger un líquido. **2** Jícara para el chocolate. **3** *Amér.* Taza de café.

pócima *f.* Cocimiento medicinal de materias vegetales. **2** fig. Cualquier bebida medicinal. **3** fam. Bebida de sabor desagradable.

poción *f.* Cualquier líquido que se bebe. **2** Líquido compuesto que se bebe, especialmente medicinal.

poco -ca *adj.* Escaso, limitado en cantidad o calidad. **2** *adv. c.* Con escasez, en reducido número o cantidad, menos de lo necesario.

podar *tr.* Cortar las ramas superfluas de los árboles, vides, etc., para que fructifiquen con más vigor.

poder[1] *m.* Facultad y jurisdicción que uno tiene para mandar o ejecutar algo. **2** Acto o instrumento en que consta la facultad que uno da a otro para ejecutar algo en su representación. **3** Capacidad, fuerza, vigor, poderío.

poder[2] *tr.* Tener la facultad o potencia de hacer algo.

poderío *m.* Facultad de hacer o impedir algo. **2** Vigor, gran fuerza. **3** Conjunto de bienes y riquezas. **4** Poder, dominio, imperio.

podredumbre *f.* Putrefacción o corrupción material de las cosas. **2** fig. Corrupción moral.

poema *m.* Obra en verso, o de estilo o temática poéticos. **2** fam. Escena, suceso extravagante, raro o curioso.

poesía *f.* Expresión artística por medio de la palabra, sujeta a la medida y cadencia del verso. **2** Arte de componer obras poéticas. **3** Género literario cuyo fin es la expresión de la belleza. **4** Cada una de las variedades de este género: *poesía lírica, épica, dramática, bucólica, religiosa, heroica, profana.* **5** Conjunto de los poetas y de la actividad poética. **6** Cualidad que tienen las personas, las obras de arte o las cosas de deleitar.

poeta *com.* Persona que escribe versos o que está dotado de las facultades para hacerlo.

poético -ca *adj.* De la poesía o propio de ella. **2** *f.* Arte de componer poesías. **3** Conjunto de principios y reglas de la poesía.

polar *adj.* Relativo a los polos.

polaridad *f.* Propiedad de los agentes físicos de acumularse en los polos de un cuerpo y de polarizarse. **2** Condición de lo que tiene propiedades o potencias opuestas, como los polos.

polea *f.* Rueda móvil alrededor de un eje, que tiene una cuerda o un cable para transmitir movimiento.

polémico -ca *adj.* Relativo a la polémica. **2** *f.* Arte que enseña el modo de atacar o defender una plaza. **3** Controversia sobre cualquier materia, en especial la que se hace por escrito.

polen *m.* Conjunto de granos diminutos contenidos en las anteras de las flores. Cada uno de ellos está constituido por dos células protegidas por dos membranas; una de estas células, en el momento de la fecundación, da origen a dos células hijas, que son gametos masculinos o espermatozoides.

policía *f.* Organización y normas internas para mantener el orden en una colectividad. **2** Cuerpo o fuerza que vela por el cumplimiento de estas normas. **3** *com.* Persona perteneciente a un cuerpo de policía.

policía

policromo -ma o **polícromo -ma** *adj.* De varios colores.

polideportivo -va *adj. y m.* Se dice del lugar donde se practican varios deportes.

poliedro *m.* Figura geométrica constituida por polígonos planos llamados caras. Es convexo si está en un mismo lado del plano que contiene cualquiera de sus caras, y cóncavo, en caso contrario. Cuando es convexo y sus caras son polígonos regulares iguales, se llama regular.

poligamia *f.* Estado del hombre casado a la vez con dos o más mujeres. **2** Sistema social que lo practica.

polígamo -ma *adj. y m.* Se dice del hombre que practica la poligamia. **2** *adj.* Se dice de la planta que tiene flores hermafroditas y unisexuales. **3** Se dice del animal que se acopla con varias hembras de su especie.

polígloto -ta o **poligloto -ta** *adj.* Escrito en varias lenguas. **2** *adj. y n.* Se dice de la persona versada en varias lenguas.

polígono -na *adj.* Poligonal. **2** *m.* Figura geométrica plana limitada por una línea poligonal cerrada. Los segmentos de dicha línea se llaman lados, y los puntos de enlace, vértices.

poligrafía *f.* Arte de escribir y descifrar escritos en clave.

polilla *f.* Nombre de varios insectos lepidópteros, cuyas larvas destruyen los tejidos y los vegetales.

polimorfo -fa *adj.* Que adopta varias formas.

polinización *f.* Transporte del polen desde la antera hasta el estigma, en las angiospermas, o directamente al óvulo, en las gimnospermas. Es directa si el polen proviene de la misma flor, y cruzada si procede de flores distintas.

polinomio *m.* Expresión de varios términos algebraicos unidos por los signos más o menos.

poliomielitis *f.* Enfermedad vírica infecciosa que afecta a la médula espinal, causando parálisis. Es contagiosa y propia de la infancia, y se previene mediante vacunación.

pólipo *m.* Tumor benigno en una mucosa.

polis *f.* Ciudad estado de la ant. Grecia. Su soberanía se extendía al territorio circundante (tierras de cultivo, pastos comunales y terrenos forestales). El régimen político inicial de estas comunidades fue la monarquía, pronto desplazada por las tiranías oligárquicas, aunque en algunas, como Atenas, se conoció la democracia igualitaria.

polisílabo -ba *adj.* y *n.* Se dice de la palabra que consta de varias sílabas.

politécnico -ca *adj.* y *m.* Se dice de los centros de enseñanza que abarcan varias ciencias o artes.

politeísmo *m.* Doctrina religiosa que reconoce la existencia de varias divinidades.

política *f.* Ciencia, actividad, arte, doctrina, etc., referente al gobierno de los estados. **2** Actividad del ciudadano cuando participa en los asuntos públicos con su oposición, su voto, etc. **3** Arte con que se conduce un asunto.

político -ca *adj.* y *n.* De la política. **2** Se dice de la persona que se dedica profesionalmente a la política. **3** *fig.* Hábil para manejar un asunto. **4** *adj.* Se dice del parentesco por afinidad.

politiquear *intr.* Intervenir o moverse en política. **2** Tratar de política con ligereza. **3** Hacer política de intrigas.

polivalente *adj.* Que tienen varias valencias.

póliza *f.* Sello suelto con que se satisface el impuesto del timbre en determinados documentos. **2** Documento que acredita un contrato de seguro.

polizón *com.* Persona que se embarca clandestinamente.

polla *f.* Gallina joven. **2** *fam.* Jovencita. **3** En ciertos juegos de naipes, puesta, cantidad que pone el que pierde.

pollería *f.* Comercio donde se venden aves comestibles y caza.

pollo *m.* Cría que nace de un huevo. **2** Ave que no ha mudado aún la pluma. **3** Gallo joven. **4** *fam.* Joven.

pollo

polo¹ *m.* Cualquiera de los dos extremos del eje de rotación de una esfera o cuerpo redondeado. **2** Cada uno de los dos extremos N (polo Norte, ártico o boreal) y S (polo Sur, antártico o austral) del globo terrestre. **3** Extremidad de un circuito. **4** Aquello en que estriba una cosa y sirve como fundamento a otra.

polo² *m.* Juego que se practica a caballo, consistente en introducir en una portería una pelota de madera que se golpea con un mazo.

poltrón -na *adj.* y *n.* Flojo, perezoso, haragán. **2** *f.* Butacón confortable.

polución *f.* Efusión de semen que se produce durante el sueño o de manera involuntaria. **2** Galicismo por contaminación. **3** *fig.* Corrupción, profanación.

polvareda *f.* Cantidad de polvo que se levanta de la tierra. **2** *fig.* Efecto causado entre las gentes por una noticia o un suceso.

polvo *m.* Parte más menuda y deshecha de tierra seca, que se levanta en el aire. **2** Lo que queda de las cosas sólidas al molerlas. **3** Porción de cualquier sustancia reducida a polvo. **4** *pl.* Los cosméticos que se aplican sobre el cutis.

pólvora *f.* Mezcla explosiva de varias sustancias. Se usa para impulsar proyectiles en las armas de fuego, para fabricar fuegos artificiales, etc. **2** Conjunto de fuegos artificiales que se disparan en una fiesta. **3** *fig.* Mal genio de uno que con ligero motivo se irrita o enfada. **4** *fig.* Viveza, actividad y vehemencia.

polvorín *m.* Pólvora menuda y otros explosivos para cebar las armas de fuego. **2** Estuche en el que se llevaba. **3** Lugar o edificio para guardar explosivos y municiones.

poma *f.* Manzana, fruto. **2** Clase de manzanas pequeñas y chatas, verdosas y sabrosas. **3** Vaso en que se queman perfumes.

pomada *f.* Mixtura de una sustancia grasa y otros ingredientes, usada como afeite o medicamento.

pomo *m.* Fruto esférico y carnoso, que contiene varias semillas o pepitas. **2** Frasco o vasija pequeña que contiene y conserva un perfume. **3** Extremo de la guarnición de la espada que está encima del puño. **4** Pieza redondeada usada como tirador en puertas, cajones, etc.

pompa *f.* Acompañamiento suntuoso, numeroso y aparatoso de ciertas ceremonias. **2** Fausto, vanidad, grandeza. **3** Hueco que se forma en la ropa cuando toma aire.

pomposo -sa *adj.* Ostentoso, magnífico, grave. **2** Se dice del estilo, lenguaje, etc., altisonante.

pómulo *m.* Hueso de la mejilla. **2** Parte del rostro que lo cubre.

ponche *m.* Bebida caliente de ron u otro licor con agua, limón y azúcar.

ponchera *f.* Vasija en que se prepara el ponche. **2** *Amér.* Palangana, jofaina.

ponderable *adj.* Que se puede pesar. **2** Digno de ponderación.

ponderación *f.* Atención y cuidado con que se dice o hace una cosa. **2** Alabanza.

ponderar *tr.* Pesar. **2** Contrapesar, equilibrar. **3** Alabar.

ponencia *f.* Propuesta sobre un tema que se somete a una asamblea. **2** Persona o comisión que la realiza.

poner *tr.* y *prnl.* Colocar una persona o cosa en el lugar que debe tener. **2** Disponer una cosa de un modo determinado para algún fin. **3** Con la preposición a y un infinitivo, empezar la acción que indica el verbo. **4** Con ciertos calificativos o frases calificativas, adquirir la condición o estado que indican. **5** *tr.* Soltar el huevo las aves. **6** Admitir un supuesto o hipótesis. **7** Inducir a uno a ejecutar algo contra su voluntad. **8** Dejar una cosa al arbitrio de otro. **9** Apostar. **10** Pagar cierta cantidad a escote, entre varios. **11** Cursar un telegrama, una carta, etc. **12** Representarse una obra de teatro o proyectarse una película. **13** Aplicar una cualidad o facultad. **14** Exponer a algo desagradable o malo. **15** Exponer algo a la acción de un agente natural. **16** Aplicar un nombre o mote. **17** Trabajar para un fin determinado. **18** Equipar a alguien con determinada vestimenta. **19** Añadir algo a una narración. **20** Ocultarse un astro bajo el horizonte.

poniente *m.* Occidente, punto cardinal. **2** Viento que sopla de dicha parte.

ponqué *m.* En América, especie de torta hecha con harina, manteca, huevos y azúcar.

pontificar *intr.* Celebrar funciones litúrgicas con rito pontifical. **2** Presentar como innegables dogmas o principios discutibles.

pontífice *m.* Prelado supremo de la Iglesia católica. (Suele usarse precedido de sumo o romano.)

pontocón *m.* Puntapié.

ponzoña *f.* Sustancia nociva o destructiva. **2** fig. Doctrina o práctica nociva.

pop *adj.* Se dice de lo relacionado con la cultura de masas y el consumismo, y especialmente de la música ligera que está en boga.

popa *f.* Parte posterior de una nave.

populachero -ra *adj.* Relativo al populacho. **2** Propio para halagarlo.

popular *adj.* Relativo al pueblo. **2** Que es aceptado y valorado por la gente.

popularidad *f.* Aceptación y aplauso que uno tiene en el pueblo.

popularizar *tr.* y *prnl.* Acreditar a una persona o cosa públicamente. **2** Dar carácter popular a una cosa.

populismo *m.* Doctrina o tendencia política que se dice defensora de los intereses populares.

populoso -sa *adj.* Poblado, lleno, especialmente de gente humilde.

poquedad *f.* Escasez, cortedad, miseria. **2** Cosa de poco valor. **3** Timidez, falta de ánimo.

por *prep.* Indica la persona agente en las oraciones en pasiva. **2** Determina el tránsito por un lugar. **3** Determina el tiempo o lugar aproximados. **4** Denota también el lugar concreto. **5** Indica la causa de algo. **6** Indica el medio y el modo de ejecutar algo. **7** Denota precio o cuantía. **8** Indica multiplicación de factores. **9** Denota que se da o reparte con igualdad una cosa. **10** Se usa para comparar dos o más cosas iguales. **11** Con el infinitivo de ciertos verbos, para. **12** Indica finalidad. **13** En favor o en defensa de algo. **14** Tras *estar* y el infinitivo de ciertos verbos, denota una acción que ha de ser realizada: *está por venir*. **15** Seguido de ciertos adjetivos o adverbios más la conjunción *que*, tiene matiz concesivo.

porcelana *f.* Loza fina y transparente. **2** Vasija o figura de este material.

porcentaje *m.* Tanto por ciento.

porche *m.* Soportal, cobertizo. **2** Espacio alto y enlosado delante de ciertos edificios.

porcino -na *adj.* Relativo al cerdo: *ganadería porcina*. **2** *m.* Cerdo pequeño.

porcino

porción *f.* Parte de una cosa. **2** Cantidad considerable e indeterminada. **3** Cantidad de comida que se reparte en una comunidad.

porfía *f.* Acción de porfiar.

porfiar *intr.* Disputar y altercar obstinadamente y con terquedad. **2** Trabajar con tenacidad para el logro de algo.

pormenor *m.* Reunión de circunstancias menudas y particulares de algo. (Se usa más en plural.) **2** Cosa o circunstancia secundaria en un asunto.

pormenorizar *tr.* Describir o enumerar minuciosamente.

pornografía *f.* Tratado acerca de la prostitución. **2** Carácter obsceno de obras literarias, artísticas, etc.

poro *m.* Espacio entre las moléculas de los cuerpos. **2** Orificio, invisible a simple vista, que hay en la superficie del cuerpo de animales y vegetales.

porosidad *f.* Calidad de poroso.

porque *conj. causal.* Por causa o razón de. **2** *conj. final.* Para que.

porqué *m.* fam. Causa, razón, motivo.

porquería *f.* Suciedad, inmundicia, basura. **2** Grosería, desatención. **3** Golosina o comida apetitosa, pero poco nutritiva. **4** Cosa de poco valor.

porra *f.* Cachiporra. **2** Cilindro de caucho, usado como arma por ciertos cuerpos de policía. **3** Martillo de bocas iguales y mango largo y flexible. **4** fig. Vanidad, jactancia. **5** *Amér.* Cabello largo y fuerte.

portaaviones *m.* Buque de guerra dotado de las instalaciones necesarias para el transporte, despegue y aterrizaje de aviones.

portada *f.* Fachada principal de ciertos edificios. **2** Ornato de arquitectura que se hace en dicha fachada. **3** Primera plana de los libros impresos, donde consta el título, el nombre del autor, la fecha y lugar de impresión.

portador -ra *adj.* y *n.* Que lleva o trae algo de una parte a otra. **2** *m.* y *f.* Tenedor de efectos o valores no nominativos. **3** Persona o animal que propaga el germen de una enfermedad.

portaequipaje *m.* Lugar en un vehículo para llevar el equipaje, maletero. (Se usa más en plural.)

portaestandarte *m.* El que lleva la bandera de un regimiento, asociación, etc.

portafolios *m.* Cartera para llevar documentos.

portal *m.* Vestíbulo, atrio de un edificio. **2** Puerta principal de una casa.

portalápiz *m.* Estuche o tubo de metal para resguardar la punta de los lápices.

portalibros *m.* Correas que usan los escolares para sujetar y llevar sus libros y cuadernos.

portaminas *m.* Utensilio que contiene minas de lápiz, usado para escribir o dibujar.

portamonedas *m.* Bolsa o cartera para llevar dinero a mano.

portante *adj.* Que sostiene o sustenta algo. **2** *adj.* y *m.* Se dice del paso de las caballerías que mueven a un tiempo la mano y el pie del mismo lado. **3** Empuñadura, asa.

portar *tr.* Transportar. **2** Traer el perro la pieza cobrada. **3** *prnl.* Con los adverbios bien, mal, etc., obrar o comportarse de determinado modo: *se ha portado como un amigo*.

portarretrato *m.* Marco para colocar una fotografía.

portátil *adj.* Movible, fácil de transportar.

porte *m.* Acción de portear. **2** Cantidad que se paga por el transporte de algo. **3** Modo de comportarse y de actuar. **4** Apariencia, aspecto de una persona. **5** Tamaño o capacidad de un edificio, barco, etcétera.

portento *m.* Cosa o suceso singular o extraño que causa admiración o terror.

portería *f.* Oficio de portero. **2** Lugar donde se halla el portero en el vestíbulo de un edificio. **3** En ciertos juegos, marco rectangular por el cual ha de entrar el balón para marcar tantos.

portero -ra *adj.* y *n.* Se dice del ladrillo que no se ha cocido bastante. **2** *m.* y *f.* Persona que vigila un edificio y tiene a su cargo diversos servicios. **3** Guardameta.

pórtico *m.* Construcción cubierta y con columnas en la entrada de ciertos edificios. **2** Galería con columnas a lo largo de una fachada o un patio.

portillo *m.* Abertura en una muralla, pared o tapia. **2** Abertura de desagüe en una acequia. **3** Puerta pequeña en otra mayor. **4** Paso angosto entre montañas. **5** Mella o grieta en un plato, escudilla, etc.

portón *m.* Puerta grande que da a la calle.

portuario -ria *adj.* Relativo al puerto.

porvenir *m.* Tiempo futuro.

pos *prep.* Detrás, después de.

posadero -ra *m.* y *f.* Persona encargada de una posada.

posar *tr.* Soltar la carga. **2** Con mirada, ojos, vista, mirar, observar. **3** *intr.* Morar, habitar. **4** Descansar, reposar. **5** Servir de modelo a un artista. **6** *intr.* y *prnl.* Asentarse un ave, avión, etc., en un lugar tras el vuelo. **7** *prnl.* Depositarse en el fondo de un líquido las partículas sólidas, o las motas de polvo sobre los objetos.

posdata *f.* Lo que se añade a una carta ya concluida y firmada.

pose *f.* Postura intencionada para retratarse o para impresionar.

poseer *tr.* Tener uno algo en su poder. **2** Conocer profundamente.

poseído -da *adj.* y *n.* Poseso. **2** Que está fuera de sí, furioso.

posesión *f.* Acción de poseer o poseerse. **2** Tenencia o disfrute de un bien amparados por la ley. **3** Forma de delirio en que el individuo se cree poseído por una fuerza oculta. **4** *pl.* Bienes de que dispone una persona. **5** Territorios fuera de la frontera de un Estado, que pertenecen a éste, colonias.

posesivo -va *adj.* De la posesión, o que la denota. **2** *adj.* y *m.* Se dice de los adjetivos y pronombres que indican posesión o pertenencia.

posfecha *f.* Fecha posterior a la verdadera.

posguerra *f.* Tiempo inmediato a la terminación de una guerra y durante el cual subsisten las perturbaciones causadas por ella.

posibilidad *f.* Aptitud, potencia u ocasión para ser o existir. **2** Aptitud o facultad para hacer o no hacer algo. **3** Conjunto de medios adecuados para conseguir un fin. (Se usa más en plural.)

posible *adj.* Que puede ser o suceder. **2** *m.* Posibilidad, facultad. (Se usa más en plural.) **3** *pl.* Bienes, rentas, medios de vida.

posición *f.* Acción de poner. **2** Situación o disposición. **3** Actitud. **4** Categoría o condición social. **5** Punto fortificado o estratégico para el ataque.

positivismo *m.* Filosofía de A. Comte que sostiene que el hombre debe renunciar a conocer el ser mismo de las cosas y contentarse con las verdades sacadas de la observación y la experiencia.

positivista *adj.* Del positivismo. **2** *adj.* y *n.* Partidario de dicha doctrina.

positivo -va *adj.* Cierto, efectivo, verdadero. **2** Afirmativo, en oposición a negativo. **3** Práctico, útil. **4** *m.* Copia o prueba fotográfica obtenida de un negativo.

posmeridiano -na *adj.* Relativo a la tarde; posterior al mediodía.

posponer *tr.* Poner a una persona o cosa detrás de otra. **2** Postergar. **3** Apreciar a una persona o cosa menos que a otra.

posta *f.* Conjunto de caballerías apostadas en el recorrido de una diligencia, para servir de refresco. **2** Lugar donde estaban. **3** En ciertos juegos, apuesta.

postal *adj.* Relativo a correos. **2** *adj.* y *f.* Se dice de la tarjeta postal.

poste *m.* Madero, piedra o columna vertical para servir de apoyo o señal. **2** En ciertos deportes, cada uno de los palos verticales de una portería.

postergar *tr.* Tener en menos o apreciar a una persona o cosa menos que a otra. **2** Hacer sufrir atraso, dejar atrasada una cosa.

posteridad *f.* Descendencia o generación venidera. **2** Futuro.

posterior *adj.* Que fue o viene después, o está o queda detrás.

postigo *m.* Puerta pequeña abierta en otra mayor. **2** Puertecilla que cierra los cristales de una ventana o balcón. **3** Puerta de una sola hoja.

postizo -za *adj.* Que no es natural ni propio, sino superpuesto. **2** Imitado, fingido. **3** *m.* Añadido o tejido de pelo que suple la falta o escasez de éste.

postoperatorio *adj.* y *m.* Se dice del período que sigue a una intervención quirúrgica.

postor *m.* El que ofrece precio en una subasta, licitador.

postrar *tr.* Rendir, humillar, derribar. **2** *tr.* y *prnl.* Enflaquecer, debilitar. **3** *prnl.* Hincarse de rodillas humillándose, o ponerse a los pies de otro en señal de veneración o ruego.

postre *m.* Fruta, dulce, etc., que se sirve al final de una comida.

postrero -ra *adj.* y *n.* Último. **2** Siguiente.

postulación *f.* Acción y efecto de postular. **2** Colecta.

postulado *m.* Proposición cuya verdad se admite sin pruebas, y que se toma como base de ulteriores razonamientos.

postulante -ta *adj.* y *n.* Que postula. **2** Se dice de la persona que pide la admisión en una orden religiosa.

póstumo -ma *adj.* Que nace o sale a la luz después de la muerte del padre o del autor. **2** Se dice de los honores tributados a un difunto.

postura *f.* Modo de estar puesto. **2** Actitud ante un asunto, problema, ideología, etc. **3** En ciertos juegos, cantidad que se arriesga. **4** Precio establecido.

potable *adj.* Que se puede beber sin daño para la salud. **2** *fam.* Aceptable, admisible.

pote *m.* Vaso de diversos materiales y formas, para beber, guardar licores, etc. **2** Vasija metálica para cocer alimentos. **3** *fam.* Gesto que precede al llanto.

potencia *f.* Capacidad para hacer algo o producir un efecto. **2** Persona o entidad poderosa. **3** País o Estado soberano. **4** Cualquiera de las facultades del espíritu (entendimiento, voluntad y memoria). **5** Capacidad de ser. **6** Producto que resulta de multiplicar una cantidad por sí misma un número determinado de veces.

potenciación *f.* Acción y efecto de potenciar. **2** MAT Elevación a una potencia.

potencial *m.* Que tiene potencia, o relativo a ella. **2** Que puede suceder o existir. **3** *m.* Poderío. **4** Modo verbal que indica la posibilidad condicionada de que se realice una acción; también llamado condicional.

potentado -da *m.* y *f.* Persona poderosa y opulenta.

potente *adj.* Que tiene poder, eficacia o virtud. **2** Capaz de engendrar. **3** Fuerte, robusto. **4** Se dice de la máquina grande o de mucha potencia.

potestad *f.* Dominio, poder, jurisdicción. **2** *pl.* Espíritus bienaventurados que forman el sexto coro angélico.

potosí *m.* Riqueza extraordinaria.

potra *f.* Yegua joven.

potranco -ca *m.* y *f.* Caballo o yegua que no tiene más de tres años.

potrero -ra *m.* y *f.* Persona que cuida de los potros. **2** *m.* Sitio destinado a la cría y pasto de ganado caballar. **3** En América, terreno sin edificar donde suelen jugar los muchachos.

potro -tra *m.* y *f.* Caballo o yegua de unos cuatro años y medio. **2** *m.* Aparato gimnástico formado por un cilindro forrado de cuero, sostenido por cuatro patas. **3** Aparato usado para torturar a los reos. **4** Aparato para sujetar una caballería al herrarla o curarla. **5** Sillón donde se colocaba a las parturientas para dar a luz. **6** fig. Cosa que molesta o estorba gravemente.

pozo *m.* Hoyo que se excava verticalmente en la tierra, hasta encontrar agua. **2** Sitio más profundo de un río. **3** Hoyo profundo, aunque esté seco. **4** Depresión en el fondo marino. **5** Hoyo profundo para bajar a las minas. **6** Depósito de un barco pesquero donde se conservan vivos los peces.

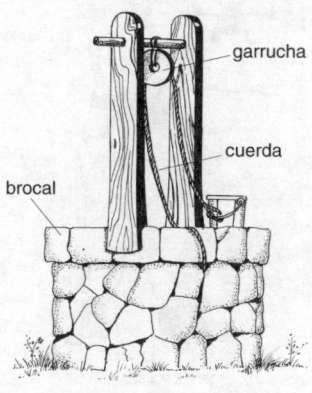

pozo

práctica *f.* Ejercicio de cualquier arte o facultad, conforme a unas reglas. **2** Destreza adquirida con este ejercicio. **3** Uso continuado, costumbres o estilo de una cosa. **4** Modo o método de obrar. **5** Aplicación de una ciencia o doctrina.

practicable *adj.* Que se puede practicar o poner en práctica.

practicar *tr.* Ejercitar, poner en práctica lo que se ha aprendido. **2** Usar o ejercer continuadamente una cosa. **3** Abrir camino o dejarlo expedito. **4** *Amér.* Probar, entrenar.

práctico -ca *adj.* Relativo a la práctica. **2** Útil, que da buenos resultados. **3** Se dice de los conocimientos que enseñan cómo hacer algo. **4** *adj.* y *n.* Experimentado, versado, diestro en una cosa.

pradera *f.* Lugar del campo llano y cubierto de hierba. **2** Conjunto de prados. **3** Prado grande.

prado *m.* Tierra húmeda o de regadío, donde crece hierba para pasto. **2** Sitio agradable que sirve de paseo en ciertas poblaciones.

pragmático -ca *adj.* Relativo a la práctica y no a la teoría. **2** *adj.* y *n.* Relativo al pragmatismo o seguidor de él.

praxis *f.* Práctica, en oposición a teoría.

preámbulo *m.* Prólogo, aquello que se dice antes de dar principio a una narración, una orden, etc. **2** Rodeo antes de entrar en materia.

preaviso *m.* Obligación de cada una de las partes de un contrato de avisar a la otra la finalización de éste.

prebenda *f.* Renta aneja a ciertos oficios eclesiásticos. **2** Dote o beca. **3** *fam.* Oficio o tarea lucrativa y poco trabajosa.

precalentamiento *m.* En ciertos deportes, serie de ejercicios con que el deportista se prepara antes de iniciar una competición.

precario -ria *adj.* De poca estabilidad o duración.

precaución *f.* Reserva, cautela para evitar o prevenir un daño, riesgo o peligro.

precaver *tr.* y *prnl.* Prevenir un riesgo, daño o peligro, para guardarse de él y evitarlo.

precedente *adj.* Que precede. **2** *m.* Antecedente.

preceder *tr.* e *intr.* Ir delante en tiempo, orden o lugar. **2** Tener una persona o cosa preferencia, primacía o superioridad sobre otra.

preceptivo -va *adj.* Que incluye o encierra en sí preceptos. **2** *f.* Conjunto de preceptos aplicables a una materia.

precepto *m.* Mandato u orden de un superior. **2** Norma o regla establecida para el conocimiento o manejo de algo.

preceptor -ra *m.* y *f.* Persona encargada de la educación de un niño.

preces *f. pl.* Oraciones a Dios, a la Virgen o a los santos. **2** Ruego.

precesión *f.* Movimiento del eje de rotación de un sólido, causado por la acción de dos fuerzas externas.

preciado -da *adj.* Precioso, excelente, de gran estima. **2** Jactancioso, vanidoso.

precio *m.* Valor pecuniario en que se estima una cosa. **2** fig. Estimación, importancia, crédito. **3**

fig. Esfuerzo, pérdida o sufrimiento con que se consigue una cosa.

precioso -sa *adj.* Excelente, exquisito, primoroso, digno de estima. **2** Muy caro. **3** fig. Hermoso.

precipicio *m.* Despeñadero, pendiente vertical de un terreno. **2** fig. Caída, ruina precipitada moral o material. **3** fig. Peligro.

precipitación *f.* Acción y efecto de precipitar o precipitarse. **2** Agua procedente de la atmósfera, y que en forma sólida o líquida se deposita sobre la tierra.

precipitado -da *adj.* Alocado, inconsiderado. **2** Hecho apresuradamente.

precipitar *tr.* y *prnl.* Arrojar desde lo alto. **2** *tr.* Atropellar, acelerar. **3** fig. Incitar al vicio. **4** *prnl.* Hacer o decir algo sin reflexionar. **5** Acudir con presteza a un sitio.

precisar *tr.* Determinar de modo preciso. **2** Necesitar. **3** Obligar, forzar. **4** *intr.* Ser necesario o imprescindible.

precisión *f.* Cualidad de preciso. **2** Exactitud, puntualidad, concisión. **3** Necesidad indispensable.

preciso -sa *adj.* Puntual, fijo, exacto, cierto, determinado. **2** Distinto, claro, formal. **3** Conciso. **4** Necesario, indispensable.

preclaro -ra *adj.* Ilustre, famoso, insigne.

precolombino -na *adj.* Se dice de lo relativo a América anterior a los viajes de Cristóbal Colón; arte precolombino, culturas precolombinas.

preconcebir *tr.* Pensar o proyectar con anticipación.

preconizar *tr.* Elogiar públicamente. **2** Recomendar.

precoz *adj.* Que madura o se desarrolla prematuramente. **2** Se dice del niño cuyo desarrollo intelectual o físico es superior al de los niños de su edad.

precursor -ra *adj.* y *n.* Que precede o va delante. **2** Que profesa doctrinas o acomete empresas muy avanzadas para su época.

predecir *tr.* Anunciar el futuro.

predefinir *tr.* Determinar el tiempo en que han de existir las cosas, según el decreto de Dios. **2** Prefinir.

predestinar *tr.* Destinar anticipadamente una cosa para un fin.

predeterminar *tr.* Determinar o resolver una cosa con anticipación.

predial *adj.* Relativo al predio.

predicable *adj.* Que se puede decir o afirmar de un sujeto. **2** Propio del sermón.

predicado *m.* Elemento de una oración que afirma o niega algo del sujeto, y que forma con éste una oración.

predicar *tr.* Publicar, hacer patente y clara una cosa. **2** Pronunciar un sermón. **3** Amonestar o hacer observaciones. **4** Decir algo de un sujeto.

predicción *f.* Acción y efecto de predecir. **2** Palabras con las que se predice.

predilecto -ta *adj.* Preferido por amor o afecto especial.

predio *m.* Heredad, hacienda, bien inmueble.

predisponer *tr.* y *prnl.* Preparar anticipadamente. **2** Disponer el ánimo de las personas para un fin.

predominar *tr.* e *intr.* Exceder mucho en altura, cantidad, poder, etc., una cosa respecto de otra. **2** Prevalecer, preponderar.

preeminencia *f.* Privilegio, ventaja, preferencia.

preescolar *adj.* y *m.* Se dice de la educación de los niños que precede a la obligatoria.

preescolar

preestablecer *tr.* Establecer por adelantado.

preexistir *intr.* Existir antes del momento que se trata.

prefabricar *tr.* Fabricar por separado las diferentes partes de un edificio, un barco, etc., para montarlas posteriormente.

prefacio *m.* Prólogo, introducción.

prefecto *m.* Persona que cuida del correcto desempeño de ciertos cargos. **2** Superior de una comunidad religiosa.

preferencia *f.* Primacía, ventaja o mayoría que uno tiene sobre otros. **2** Predilección. **3** Localidad preferente en un teatro, cine, etc.

preferir *tr.* y *prnl.* Dar la preferencia. **2** Anteponer. **3** *prnl.* Gloriarse, jactarse.

prefigurar *tr.* y *prnl.* Representar anticipadamente una cosa.

prefijar *tr.* Determinar, señalar o fijar anticipadamente una cosa.

prefijo -ja *adj.* y *m.* Se dice del afijo antepuesto a ciertas palabras, que modifica el significado de éstas. **2** *m.* Clave territorial que se antepone a un número telefónico.

pregonar *tr.* Publicar en voz alta. **2** fig. Publicar lo que debía callarse. **3** fig. Alabar a alguien públicamente.

pregunta *f.* Demanda o interrogación para hallar una respuesta. **2** *pl.* Cuestionario.

preguntar *tr.* y *prnl.* Interrogar, hacer preguntas. **2** Examinar.

prehispánico -ca *adj.* Se dice de las culturas y el arte de la América anterior a la colonización española.

prehistoria *f.* Período de la historia que abarca desde los orígenes del hombre hasta la aparición de documentos escritos. Coincide con la llamada Edad de Piedra y se divide en tres períodos: Paleolítico, Mesolítico y Neolítico. **2** Ciencia que estudia este período. **3** Obra que versa acerca de ese período. **4** En una actividad humana determinada, período que antecede a un momento de especial significación.

prejuicio *m.* Juicio u opinión sobre algo sin tener verdadero conocimiento de ello. **2** Idea preconcebida o discriminatoria sobre las personas o sus acciones.

prejuzgar *tr.* Juzgar con anticipación o sin conocimiento de causa.

prelación *f.* Preferencia con que una cosa debe ser atendida respecto de otra.

prelado -da *m.* y *f.* Superior de una comunidad religiosa. **2** *m.* Dignidad eclesiástica.

preliminar *adj.* y *n.* Que sirve de preámbulo o proemio para tratar una materia. **2** Que antecede o se antepone a una acción. **3** *m.* Cada uno de los artículos de un tratado de paz. (Se usa más en plural.)

preludio *m.* Lo que precede y sirve de entrada, preparación o principio a una cosa. **2** Lo que se toca o canta para ensayar la voz, probar los instrumentos o fijar el tono, antes de comenzar la ejecución de una obra musical. **3** Composición musical que sirve de introducción a una ópera, fuga, etcétera.

prematuro -ra *adj.* Que aún no está maduro. **2** Que ocurre antes de tiempo. **3** Se dice del niño que nace antes de tiempo o que pesa menos de 2.500 gramos.

premeditar *tr.* Proponerse cometer un delito. **2** Pensar reflexivamente algo antes de ejecutarlo.

premiar *tr.* Conceder un premio.

premio *m.* Recompensa, galardón por un mérito o servicio. **2** Cantidad que se añade al precio o valor convenido, como recompensa o incentivo. **3** Cantidad de dinero o cosa sorteada en una rifa, lotería o tómbola.

premolar *adj.* y *m.* Se dice de la pieza dentaria situada entre los molares y los caninos.

premonición *f.* Presentimiento, presagio.

premura *f.* Aprieto, apuro, prisa, urgencia.

prenatal *adj.* Anterior al nacimiento.

prenda *f.* Cosa mueble que sirve de garantía del cumplimiento de una obligación. **2** Lo que se hace en señal, prueba o demostración de algo. **3** Cualquier cosa que se da a vender. **4** Cualquier pieza del vestido. **5** *pl.* Juego en que hay que pagar algo cuando se pierde.

prendar *tr.* Tomar una prenda como garantía de un préstamo o como satisfacción de un daño recibido. **2** Ganar la voluntad de uno. **3** *prnl.* Aficionarse, enamorarse de una persona o cosa.

prendedor -ra *adj.* y *n.* Que prende o sujeta. **2** *m.* Cualquier cosa que sirve para prender.

prender *tr.* Asir, agarrar, sujetar. **2** Coser, enganchar. **3** Privar de la libertad a alguien, apresar. **4** *tr.* e *intr.* Encender, incendiar. **5** *intr.* Arraigar la planta en la tierra. **6** Extenderse una moda, una idea, etc.

prendería *f.* Tienda en que se venden objetos usados; casa de empeños.

prensa *f.* Máquina para comprimir. **2** Imprenta. **3** Conjunto de publicaciones periódicas, especialmente las diarias. **4** fig. Conjunto de periodistas y actividad que desarrollan.

prensar *tr.* Comprimir en la prensa. **2** Por extensión, apretujar.

prensil *adj.* Que sirve para asir o sujetar.

preñado -da *adj.* Se dice de la mujer o la hembra que va a tener un hijo. **2** Lleno, cargado. **3** Abombado.

preñez *f.* Embarazo. **2** Tiempo que dura. **3** fig. Estado de un asunto que aún no se ha resuelto.

preocupar *tr.* y *prnl.* Prevenir el ánimo de uno, de modo que dificulte el asentir a otra opinión. **2** Mantener el ánimo fijo en una ansiedad o un temor. **3** *prnl.* Desvelarse por alguien, cuidarle. **4** Dedicarse de lleno a algo.

preparación *f.* Acción y efecto de preparar o prepararse. **2** Conocimientos que se tienen de una materia. **3** Preparado farmacológico. **4** Porción de una sustancia dispuesta para su observación microscópica.

preparar *tr.* Prevenir o disponer algo para un fin. **2** Estudiar. **3** Instruir, entrenar. **4** Fabricar un producto farmacológico. **5** Prevenir, predisponer a alguien para algo. **6** *prnl.* Disponerse, prevenirse. **7** Darse las condiciones necesarias para que ocurra algo o suceda de determinada manera.

preparatorio -ria *adj.* Que prepara o dispone. **2** *adj.* y *m.* Se dice del curso preliminar de ciertos estudios.

preponderar *intr.* Pesar más una cosa respecto de otra. **2** Prevalecer una opinión sobre otra.

preposición *f.* Parte de la oración que relaciona un elemento sintáctico con su complemento.

prepotencia *f.* Poder superior al de otros.

prepucio *m.* Pliegue musculocutáneo que recubre el glande.

presa *f.* Acción y efecto de prender o agarrar. **2** Cosa apresada o robada. **3** Porción pequeña de algo comestible. **4** Colmillo o pezuña de ciertos animales. **5** Acequia o zanja. **6** Muro grueso construido a través de un río, arroyo o canal, para almacenar el agua a fin de producir energía hidroeléctrica, canalizar el agua para el riego, etc.

presagiar *tr.* Prever una cosa a través de presagios.

presbítero -ra *adj.* Clérigo que administra sacramentos. **2** Sacerdote protestante.

prescindir *intr.* Dejar a un lado, omitir. **2** Evitar, olvidar.

prescribir *tr.* Ordenar, determinar, fijar. **2** Extinguirse un derecho, una acción, una responsabilidad o una obligación por el transcurso del tiempo.

preseleccionado -da *adj.* y *n.* Se dice de la persona que ha sido previamente seleccionada para participar en algo.

presencia *f.* Asistencia personal en el lugar donde ocurre algo. **2** Aspecto externo. **3** Pompa, boato, fastuosidad.

presenciar *tr.* Hallarse presente en un acontecimiento, una actuación, etcétera.

presentación *f.* Acción y efecto de presentar o presentarse. **2** Montaje teatral. **3** Modo en que el feto se encaja en la pelvis en el momento del parto.

presentar *tr.* y *prnl.* Manifestar, hacer presente, mostrar. **2** *tr.* Dar a alguien un regalo. **3** Tener algo las características que se especifican. **4** Proponer para un oficio o cargo. **5** Introducir a uno en una casa o en el trato de otro. **6** Dar comienzo y conducir un espectáculo público o un programa de televisión. **7** Ofrecer respetos o excusas. **8** Ofrecerse voluntariamente para un servicio.

presente *adj.* Que está delante o en presencia de uno, o concurre con él en el mismo sitio. **2** *adj.* y *m.* Se dice del tiempo en que actualmente está quien habla. **3** Se dice del tiempo verbal que indica la acción simultánea al acto del habla. Puede ser de indicativo o de subjuntivo. **4** *m.* Don, regalo.

presentir *tr.* Tener la impresión o la intuición de algo que va a ocurrir, por ciertos indicios o señales.

preservar *tr.* y *prnl.* Poner a cubierto a alguien o algo de un daño o peligro.

preservativo -va *adj.* y *m.* Que tiene virtud de preservar. **2** *m.* Anticonceptivo masculino consistente en un capuchón de caucho que se coloca en el pene.

presidencia *f.* Dignidad o cargo de presidente. **2** Acción de presidir. **3** Lugar que ocupa el presidente, o su oficina o morada. **4** Tiempo que dura su cargo.

presidente -ta *m.* y *f.* Persona que preside. **2** En los regímenes republicanos, jefe del Estado. **3** Dirigente de ciertos grupos religiosos.

presidiario -ria *m.* y *f.* Persona que cumple una condena en prisión, recluso.

presidio *m.* Guarnición de soldados que defienden una fortaleza. **2** Establecimiento penitenciario donde cumplen condena los penados. **3** Pena de privación de libertad.

presidir *tr.* Tener el primer lugar en una asamblea, una entidad, etc. **2** Dirigir, gobernar. **3** Tener mucha influencia.

presión *f.* Acción y efecto de presionar o comprimir. **2** *fig.* Coacción.

preso -sa *adj.* y *n.* Que sufre prisión. **2** Recluso.

preso

prestamista *com.* Persona que presta dinero a interés.

préstamo *m.* Acción y efecto de prestar o tomar prestado. **2** Empréstito. **3** Contrato por el que una persona o institución deja a otra algo que se compromete a devolver.

prestar *tr.* Dejar algo a alguien con el compromiso de devolverlo. **2** Ayudar, asistir, colaborar. **3** Junto con *atención, paciencia, silencio*, etc., tener u observar lo que estos nombres significan. **4** *intr.* Dar de sí, extenderse. **5** *prnl.* Ofrecerse, avenirse. **6** Dar ocasión para algo.

presteza *f.* Prontitud, diligencia, brevedad.

prestidigitador -ra *m. y f.* Persona que hace juegos de manos.

prestigio *m.* Influencia, autoridad. **2** Estimación, renombre, buena fama.

presto -ta *adj.* Pronto, diligente, raudo. **2** Pronto, preparado, dispuesto. **3** *adv. t.* Al instante, con gran prontitud. **4** *adv. m.* MÚS Con movimiento rápido.

presumir *tr.* Tener indicios para conjeturar algo. **2** *intr.* Vanagloriarse, tener alto concepto de sí mismo. **3** Arreglarse en exceso.

presunto -ta *adj.* Supuesto, aunque no probado. **2** Probable heredero de un trono u otra cosa.

presuponer *tr.* Dar por sentada una cosa, para pasar a tratar de otra. **2** Hacer un presupuesto.

presupuesto -ta Participio pasivo irregular de presuponer. **2** *adj.* Supuesto previamente. **3** *m.* Motivo, causa o pretexto por el que se hace algo. **4** Cálculo anticipado de los gastos e ingresos previstos para un tiempo determinado.

presurizar *tr.* Mantener a presión constante la cabina de un avión, de una nave espacial, etc.

pretender *tr.* Querer conseguir algo. **2** Hacer lo necesario para conseguirlo. **3** Aspirar a un empleo. **4** Cortejar.

pretensión *f.* Acción y efecto de pretender. **2** Aspiración, empeño. **3** Derecho que uno juzga poseer sobre algo. **4** Presunción, petulancia.

pretérito -ta *adj.* Se dice de lo que ya ha pasado o sucedido. **2** *adj. y m.* Se dice de las formas verbales que indican una acción pasada. Puede ser indefinido, perfecto, imperfecto, pluscuamperfecto y anterior.

pretexto *m.* Motivo o causa simulada o aparente que se alega para hacer algo o para dejar de hacerlo.

pretina *f.* Cinturón. **2** Cintura del cuerpo o de una pieza de ropa. **3** fig. Lo que ciñe o rodea algo. **4** Broche para ceñir ciertas ropas a la cintura.

pretor *m.* En la antigua Roma, magistrado que administraba justicia.

preuniversitario -ria *adj. y m.* Se dice de la enseñanza preparatoria para el ingreso en la Universidad.

prevalecer *intr.* Sobresalir, tener superioridad. **2** Conseguir, obtener algo en oposición a otros. **3** Arraigar las plantas; ir creciendo y desarrollándose. **4** fig. Crecer y aumentar una cosa no material.

prevaricar *intr.* Delinquir un funcionario público dictando o proponiendo una resolución de manifiesta injusticia. **2** Por extensión, faltar al cumplimiento de un deber.

prevención *f.* Acción y efecto de prevenir o prevenirse. **2** Conjunto de disposiciones tomadas para evitar un riesgo. **3** Concepto desfavorable que se tiene de una persona o cosa.

prevenir *tr.* Preparar, disponer con anticipación las cosas necesarias para un fin. **2** Prever, conocer de antemano un daño o perjuicio. **3** Precaver, evitar, estorbar o impedir una cosa. **4** Advertir, informar, avisar. **5** Inducir a otros a prejuzgar personas o cosas. **6** Afrontar un inconveniente o dificultad. **7** Mostrarse reservado o a la defensiva.

prever *tr.* Ver con anticipación. **2** Conjeturar, pronosticar.

previo -via *adj.* Anticipado, que va delante o sucede primero.

prima *f.* Primera de las cuatro partes en que los romanos dividían el día artificial. **2** En ciertos instrumentos de cuerda, la primera y más delgada de todas, de sonido muy agudo. **3** Precio que el asegurado paga al asegurador. **4** Cantidad suplementaria que se paga por algo. **5** Premio concedido por el Estado para estimular operaciones de interés público.

primacía *f.* Superioridad, ventaja o excelencia de una persona o cosa sobre otras.

primar *intr.* Prevalecer, predominar, sobresalir.

primario -ria *adj.* Principal o primero en orden o grado. **2** Fundamental, básico. **3** *adj. y n.* Inculto, tosco. **4** *adj. y f.* Se dice de la primera enseñanza. **5** GEOL Paleozoico.

primate *m.* Personaje distinguido o importante. **2** *pl.* Orden de mamíferos placentarios, pentadáctilos y cuadrúpedos, con el dedo pulgar casi siempre oponible, cerebro lobular y vista frontal. La mayor parte de las especies son arborícolas y viven en zonas tropicales.

primavera *f.* Estación del año que empieza en el equinoccio homónimo y termina en el solsticio de verano. **2** fig. Tiempo en que algo está en su mayor vigor o hermosura. **3** Nombre de varias plantas herbáceas de las primuláceas, de hojas oblongas y flores multicolores. **4** *adj. y com.* Cándido, simple.

primero -ra *adj. y n.* Se dice de la persona o cosa que precede a las demás de su especie. **2** *adj.* Que sobresale y excede a otros. **3** Antiguo, que ya se había poseído o logrado. **4** Urgente, prioritario. **5** *adv. t.* Primeramente. **6** Antes, más bien, con más o mayor gusto.

primicia *f.* Fruto primero de cualquier cosa. **2** *pl.* fig. Primeros frutos de algo no material.

primitivo -va *adj.* Primero en su línea, originario. **2** Se dice de los pueblos de civilización poco desarrollada y de los individuos que los componen. **3** Rudimentario, elemental, tosco. **4** Se dice de la palabra que no deriva de otra.
primo -ma *adj.* Primero. **2** Se dice del número entero que no admite más divisores que él mismo y la unidad. **3** *adj.* y *n.* Incauto. **4** *m.* y *f.* Respecto de una persona, hija o hijo de su tía o tío.
primogénito -ta *adj.* y *n.* Se dice del hijo que nace primero.
primor *m.* Destreza, habilidad, esmero en hacer o decir algo. **2** Perfección o belleza de la obra así realizada.
primordial *adj.* Primero, fundamental, esencial.
primoroso -sa *adj.* Excelente, delicado, perfecto. **2** Diestro, experimentado, hábil.
principal *adj.* Que tiene el primer lugar en estimación o importancia. **2** Ilustre, noble. **3** Esencial, fundamental, primero. **4** *adj.* y *m.* Se dice del piso situado sobre la planta baja. **5** *adj.* y *f.* Se dice de la oración que no depende de ninguna otra y que rige oraciones subordinadas. **6** *m.* Jefe, capataz. **7** El que da poder a otro para que le represente.
príncipe *adj.* Se dice de la primera edición de una obra. **2** *m.* El primero y más excelente, superior y aventajado en algo. **3** Hijo primogénito del rey, heredero de la corona. **4** Soberano de un Estado. **5** Persona perteneciente a una familia real. **6** Título que otorgan los reyes.
principio *m.* Acción de principiar. **2** Primer instante en la existencia de algo. **3** Base, fundamento, sobre el que se apoya algo. **4** Punto que se considera como primero en una extensión o cosa. **5** Fase inicial de un fenómeno o acción determinados. **6** Cualquiera de los manjares que se sirven en una comida entre el primer plato y los postres. **7** Razonamiento lógico considerado origen de los fenómenos físicos. **8** *pl.* Normas o fundamentos de una ciencia. **9** IMPR Todo lo que precede al texto de un libro.
prioridad *f.* Anterioridad en tiempo o en orden. **2** Precedencia, primacía.
prisa *f.* Prontitud y rapidez con que se hace algo. **2** Ansia, premura para hacer algo.
prisión *f.* Acción de prender, asir o retener. **2** Pena de privación de libertad. **3** Cárcel o sitio donde se encierra a los presos. **4** Estado del que está preso. **5** fig. Cualquier cosa que ata o detiene.
prisma *f.* Poliedro con dos caras iguales y paralelas (bases) y tantos paralelogramos (caras laterales) como lados tienen las bases. **2** Cuerpo transparente de caras planas no paralelas, usado para producir la reflexión, refracción y descomposición de la luz.

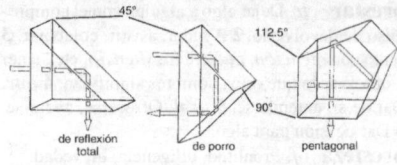

prisma

prismático -ca *adj.* De figura de prisma. **2** *adj.* y *m. pl.* Se dice de cierto tipo de anteojos para mirar a distancia.
privación *f.* Acción y efecto de privar. **2** Carencia de algo en un sujeto capaz de tenerlo. **3** Pena con que se desposee a uno de su empleo, derecho o dignidad. **4** Ausencia de algo deseado. **5** Renuncia voluntaria a algo. **6** *pl.* Penalidades, fatigas.
privado -da *adj.* Que se realiza en la intimidad. **2** Particular y personal de cada uno. **3** *m.* El que tiene privanza, favorito.
privar *tr.* Despojar a uno de algo que poseía. **2** Prohibir, vedar. **3** Destituir de un empleo, cargo, etc. **4** Complacer o gustar extraordinariamente. **5** *intr.* Tener privanza. **6** Tener general aceptación alguien o algo. **7** *prnl.* Renunciar voluntariamente a algo.
privatizar *tr.* Confiar al sector privado una actividad del sector público.
privilegio *m.* Gracia o prerrogativa concedida a una persona o colectividad. **2** Documento en que consta la concesión de un privilegio. **3** Don natural.
pro *prep.* En favor de.
proa *f.* Parte delantera de una nave.
probable *adj.* Verosímil, creíble. **2** Que se puede probar. **3** Que puede suceder.
probar *tr.* Examinar y experimentar las cualidades de alguien o algo. **2** Examinar si algo guarda las debidas proporciones. **3** Saborear una pequeña porción de una comida o bebida. **4** Demostrar la certeza de algo. **5** Intentar. **6** *intr.* Con la preposición a más un infinitivo, ensayar, hacer prueba de algo.
probeta *f.* Tubo de cristal graduado para medir volúmenes. **2** Muestra de cualquier sustancia para probar sus cualidades.
probidad *f.* Bondad, honradez.
problema *m.* Duda o dificultad que se quiere resolver. **2** Cualquier causa que dificulta el logro de un fin. **3** Cuestión en que ha de hallarse un resultado partiendo de unos datos. **4** Asunto complicado o con más de una solución. **5** Enigma.
procaz *adj.* Desvergonzado, atrevido.
procedencia *f.* Origen, principio de donde nace o se deriva alguien o algo.
procedente *adj.* Que procede de una persona o cosa. **2** Conforme a la razón o el fin que se persigue.

proceder[1] *m.* Modo, forma y orden de comportarse una persona.
proceder[2] *intr.* Seguirse, nacer, originarse. **2** Tener como punto de origen. **3** Portarse una persona de determinado modo. **4** Ejecutar algo después de ciertas diligencias.
procedimiento *m.* Acción de proceder. **2** Método de ejecutar algunas cosas. **3** Actuación por trámites judiciales o administrativos. **4** Pleito.
prócer *adj.* Alto, eminente, elevado. **2** *m.* Persona famosa y de alto prestigio.
procesar *tr.* Formar autos y procesos. **2** Declarar y tratar a una persona como presunto reo de delito. **3** Someter algo a un proceso de transformación.
procesión *f.* Desfile ordenado y solemne de personas, de carácter religioso. **2** *fam.* Hilera de personas, animales o vehículos que se trasladan de un lugar a otro.
proceso *m.* Conjunto de fases sucesivas de un fenómeno o una operación. **2** Método o sistema que debe seguirse. **3** Transcurso del tiempo. **4** Causa criminal.
proclamar *tr.* Notificar pública y solemnemente algo. **2** Dar señales inequívocas de un afecto, pasión, etc. **3** Publicar, sacar a la luz. **4** *prnl.* Investirse uno mismo de un cargo, autoridad o mérito.
proclive *adj.* Inclinado o propenso a algo.
procrear *tr.* Engendrar, multiplicar una especie.
procurador -ra *m.* y *f.* Persona que en virtud del poder o facultad que le concede otra actúa en su nombre. **2** Administrador de ciertas órdenes religiosas.
procuraduría *f.* Oficio o cargo de procurador. **2** Oficina donde despacha.
procurar *tr.* Trabajar y esforzarse para conseguir algo. **2** Ejercer el oficio de procurador. **3** *tr.* y *prnl.* Proporcionar o facilitar una cosa a alguien.
prodigar *tr.* Disipar, malgastar. **2** Dar con profusión y abundancia. **3** Dispensar profusa y repetidamente elogios, favores, etc. **4** *prnl.* Esforzarse, mostrarse agradable.
prodigio *m.* Suceso sobrenatural. **2** Milagro. **3** Cosa especial, rara o primorosa. **4** Persona con alguna cualidad extraordinaria.
producción *f.* Acción y efecto de producir. **2** Cosa producida. **3** Modo de producirse.
producir *tr.* Engendrar, procrear. **2** Elaborar obras del entendimiento. **3** Fabricar, elaborar cosas útiles. **4** Rendir interés, utilidad o beneficio una cosa. **5** Ocasionar.
producto *m.* Cosa producida. **2** Ganancia, beneficio. **3** Resultado de la multiplicación.
proemio *m.* Prólogo, introducción.

proeza *f.* Hazaña, acción valerosa.
profanar *tr.* Tratar una cosa sagrada como profana. **2** Deshonrar, faltar al respeto.
profecía *f.* Don sobrenatural que permite conocer el futuro. **2** Predicción hecha en virtud de este don. **3** Por extensión, conjetura, pronóstico.
proferir *tr.* Pronunciar palabras de queja o enojo.
profesar *intr.* Pronunciar los votos de una orden religiosa. **2** *tr.* Seguir, defender una idea o doctrina. **3** Sentir afecto, inclinación o interés hacia alguien. **4** Enseñar. **5** Ejercer un arte u oficio.
profesión *f.* Acción y efecto de profesar. **2** Empleo, tarea o cargo que una persona ejerce.
profesor -ra *m.* y *f.* Persona que enseña una ciencia, arte u oficio.
profeta *m.* Hombre que posee el don de profecía. **2** Adivino.
profetizar *tr.* Anunciar o predecir el futuro, en virtud del don de profecía.
profiláctico -ca *adj.* Se dice del que y de lo que puede preservar de la enfermedad. **2** *m.* Preservativo. **3** *f.* Higiene, profilaxis.
prófugo -ga *adj.* y *n.* Que anda huyendo, fugitivo. **2** *m.* Mozo que intenta eludir el servicio militar.
profundo -da *adj.* Que tiene el fondo muy distante del orificio o borde. **2** Que penetra mucho o va hasta muy adentro. **3** Muy hondo. **4** *fig.* Que llega hasta el fondo del alma. **5** *fig.* Difícil de penetrar o de comprender.
profusión *f.* Abundancia. **2** Prodigalidad.
progenie *f.* Casta o familia de la cual desciende una persona. **2** *fam.* Prole.
progenitor -ra *m.* y *f.* Pariente en línea recta ascendente de una persona. **2** *m. pl.* Padre y madre.
progenitura *f.* Progenie. **2** Calidad de primogénito. **3** Derecho de primogénito.
programa *f.* Declaración de lo que se piensa hacer. **2** Tema que se da para un discurso, diseño, cuadro, etc. **3** Proyecto ordenado de actividades. **4** Relación de materias de un curso o asignatura. **5** Anuncio o exposición de las partes de ciertos actos o espectáculos. **6** Impreso en que constan. **7** Cada una de las veces en que se emite o presenta un espectáculo.
programar *tr.* Hacer un programa. **2** En informática, realizar una programación.
progresión *f.* Acción de avanzar o de proseguir una cosa.
progresista *adj.* Que procura el progreso político de la sociedad. **2** *adj.* y *com.* Se dice de la persona de ideas políticas y sociales avanzadas.
progreso *m.* Acción y efecto de avanzar, crecer o mejorar. **2** Proceso de transformación de la

sociedad humana hacia una situación mejor. **3** Aumento, adelantamiento, perfeccionamiento.

prohibir *tr.* Vedar o impedir el uso o la ejecución de una cosa.

prójimo *m.* Cualquier persona respecto de otra. **2** Los demás. **3** En sentido despectivo, tipo, individuo.

prole *f.* Linaje, descendencia.

proletariado *m.* Clase social formada por aquellos que, al no disponer de medios propios de producción, venden su fuerza de trabajo a cambio de un salario. Surgió durante la revolución industrial.

proliferar *intr.* Reproducirse por proliferación. **2** fig. Multiplicarse abundantemente.

prolijo -ja *adj.* Largo, dilatado. **2** Impertinente, pesado, molesto. **3** Esmerado en exceso.

prólogo *m.* Texto antepuesto al cuerpo de una obra, para presentarla o comentarla. **2** fig. Lo que sirve como presentación o inicio de algo.

prolongar *tr.* y *prnl.* Alargar, dilatar o extender. **2** Hacer que una cosa dure más.

promediar *tr.* Repartir una cosa en dos partes iguales o casi iguales. **2** Hallar el promedio. **3** *intr.* Llegar a su mitad un determinado espacio de tiempo.

promesa *f.* Acción y efecto de prometer o prometerse. **2** Ofrecimiento a Dios, a la Virgen o a un santo de ejecutar una obra piadosa. **3** fig. Señal favorable, buen augurio. **4** Ofrecimiento solemne, de carácter no religioso, de desempeñar correctamente un cargo.

prometer *tr.* Obligarse a cumplir algo. **2** Asegurar la certeza de algo. **3** Predecir o augurar. **4** Comprometerse a desempeñar bien un cargo. **5** *prnl.* Esperar una cosa, tener gran confianza de lograrla. **6** *recíproco* Darse mutuamente palabra de casamiento.

prominente *adj.* Que se levanta sobre lo que está a su inmediación o alrededores. **2** Se dice de la persona destacada, importante.

promiscuo -cua *adj.* Mezclado, desordenado, confuso.

promoción *f.* Acción de promover o promocionar. **2** Conjunto de individuos que han obtenido al mismo tiempo un cargo, o de estudiantes titulados el mismo año. **3** Mejora de las condiciones de vida, laborales, etc. **4** Torneo deportivo para acceder a una categoría superior.

promontorio *m.* Altura muy considerable del terreno. **2** Peñasco que se interna en el mar. **3** Cosa muy voluminosa y que estorba.

promover *tr.* Gestionar una actividad. **2** Impulsar algo. **3** Ascender de categoría a alguien.

promulgar *tr.* Publicar algo solemnemente. **2** Publicar formalmente una ley o disposición, a fin de que sea cumplida y se haga cumplir.

pronombre *m.* Clase de palabras de carácter ocasional, que pueden tener función de sustantivo, adjetivo o adverbio. Sin una función sintáctica propia, la mayoría tienen flexión nominal, y su significado depende del contexto y de su situación en el texto.

pronóstico *m.* Predicción del futuro, especialmente de los fenómenos meteorológicos, basándose en ciertas señales. **2** Juicio del médico respecto a la probable evolución de una enfermedad.

prontitud *f.* Celeridad, presteza o velocidad en ejecutar algo. **2** Viveza de ingenio.

pronto -ta *adj.* Veloz, ligero. **2** Dispuesto, preparado. **3** *m.* Reacción súbita del ánimo frente a un acontecimiento. **4** Con anticipación, temprano.

pronunciar *tr.* Emitir y articular sonidos para hablar. **2** Publicar una sentencia. **3** *prnl.* Expresar una opinión. **4** Por extensión, elegir. **5** Sublevarse, rebelarse.

propaganda *f.* Acción o efecto de dar a conocer algo. **2** Serie de medios para propagar un ideario político, un producto, un espectáculo, etc., entre los cuales el más importante es la publicidad.

propaganda

propagar *tr.* y *prnl.* Multiplicar por reproducción. **2** Difundir. **3** Esparcir, difuminar.

propalar *tr.* Divulgar una cosa oculta.

propasar *tr.* y *prnl.* Llegar más lejos de lo previsto. **2** *prnl.* Extralimitarse. **3** Faltar al respeto a alguien.

propender *intr.* Inclinarse, tener tendencia hacia alguien o algo.

propiciar *tr.* Hacer propicio. **2** Ganar el favor de alguien. **3** Favorecer, patrocinar.
propiedad *f.* Calidad de propio. **2** Derecho o facultad de disponer de un bien. **3** Atributo o cualidad esencial de alguien o algo. **4** Significado peculiar de una palabra o frase.
propina *f.* Gratificación pequeña con que se recompensa un servicio.
propinar *tr.* Recetar, administrar una medicina. **2** Dar propina. **3** fam. Pegar, maltratar.
propio -pia *adj.* Perteneciente a uno en exclusiva. **2** Característico, peculiar. **3** Conveniente, adecuado. **4** Referente a la misma persona que habla o de que se habla. **5** Natural, no postizo ni accidental. **6** Se dice del uso o significado original de las palabras. **7** Se dice de una clase de nombre.
proponer *tr.* Manifestar algo a alguien para que lo conozca o lo adopte. **2** Presentar a alguien para un empleo u oficio. **3** Hacer una propuesta, o una proposición.
proporción *m.* Armonía, correspondencia entre las partes de una cosa. (Se usa más en plural.) **2** Correspondencia entre varias cosas. **3** Dimensión, intensidad, importancia. (Se usa más en plural.) **4** Coyuntura, conveniencia.
proposición *f.* Acción y efecto de proponer. **2** Enunciación de una verdad demostrada o que se quiere demostrar. **3** Unidad lingüística constituida por sujeto y predicado, que se une a otra u otras como ella por coordinación o subordinación, formando una oración compuesta.
propósito *m.* Ánimo o intención de hacer o de no hacer algo. **2** Objetivo, mira. **3** Materia en que se entiende o de que se trata. **4** *pl.* Decisión de mantener determinada conducta.
propuesta *f.* Proposición. **2** Consulta de un asunto o negocio a la persona, organismo, etc., que lo ha de resolver. **3** Presentación de un aspirante a un cargo o empleo.
propugnar *tr.* Defender, apoyar.
propulsión *f.* Acción de provocar un movimiento en un cuerpo sobre el que se ejerce fuerza.
prorrogar *tr.* Continuar, dilatar, extender una cosa por un tiempo determinado. **2** Suspender, aplazar.
prorrumpir *intr.* Salir con ímpetu una cosa. **2** fig. Proferir súbitamente una voz, un suspiro, etcétera.
prosa *f.* Estructura del lenguaje que no está sujeta, como el verso, a medida y cadencia determinadas. **2** fam. Exceso de palabras sin mucho contenido.
prosaico -ca *adj.* Relativo a la prosa o al prosaísmo. **2** Se dice de las obras poéticas sin musicalidad, o vulgares. **3** fig. Falto de ideales, insulso, vulgar.

proscribir *tr.* Expulsar a alguien del territorio de un Estado, por causas políticas. **2** fig. Excluir, prohibir.
proseguir *tr.* e *intr.* Seguir, continuar lo que se tenía empezado.
prosélito *m.* Persona recién convertida a una religión. **2** fig. Persona que se gana para una causa.
prosificar *tr.* Poner en prosa una composición poética.
prosista *com.* Persona que escribe obras en prosa.
prospección *f.* Exploración del subsuelo para la localización de yacimientos minerales, petrolíferos, etc. **2** Exploración de posibilidades futuras basada en indicios.
prospecto *m.* Impreso, folleto informativo o de propaganda sobre un producto, un espectáculo, etc.
prosperar *tr.* Ocasionar prosperidad. **2** *intr.* Gozar de prosperidad. **3** Imponerse una idea o teoría.
próstata *f.* Glándula de secreción externa del aparato genital masculino. Segrega el líquido prostático, que contribuye a formar el semen.
prosternarse *prnl.* Arrodillarse, postrarse por respeto.
prostitución *f.* Acto por el cual una persona, generalmente una mujer, mantiene habitualmente relaciones sexuales con un número indeterminado de personas, a cambio de remuneración. **2** Acción y efecto de prostituir o prostituirse.
protagonista *com.* Personaje principal de una obra literaria, cinematográfica, etc. **2** Persona que tiene la parte principal en un asunto o suceso.
protección *f.* Acción y efecto de proteger. **2** Amparo, auxilio. **3** Cosa que protege.
proteger *tr.* y *prnl.* Amparar, favorecer, defender. **2** *tr.* Cubrir algo para resguardarlo de un posible daño. **3** *prnl.* Ponerse a cubierto.
prótesis *f.* Procedimiento quirúrgico por el cual se repara artificialmente la falta de un órgano. **2** Pieza artificial que sustituye a un órgano.
protesta *f.* Acción y efecto de protestar. **2** Promesa de ejecutar algo. **3** Documento, manifestación, etc., con que se muestra disconformidad.
protestante *adj.* Que protesta. **2** Relativo al protestantismo y a sus seguidores.
protestar *tr.* Declarar el propósito que uno tiene de hacer algo. **2** Confesar públicamente determinada fe religiosa. **3** *intr.* Con las preposiciones *de*, *contra* y *por*, indica disconformidad o disgusto.
protocolario -ria *adj.* Relativo al protocolo. **2** Que se hace con solemnidad.
protocolo *m.* Serie ordenada de documentos que un notario autoriza, registra y custodia. **2** Acta

sobre un acuerdo, conferencia o congreso diplomático. **3** Regla ceremonial diplomática establecida por decreto o costumbre.
protohistoria *f.* Período de la historia posterior a la prehistoria y anterior a la historia, basado en tradiciones o inducciones.
protoplasma *m.* Conjunto de la materia que forma la célula, integrado por el citoplasma y el núcleo.
prototipo *m.* Ejemplar original o primer molde en que se fabrica algo. **2** fig. Modelo de una virtud, vicio o cualidad.
protozoos *m. pl.* Tipo de organismos, generalmente microscópicos y unicelulares, con características intermedias entre las de los animales y las de los vegetales. La forma es muy variable. Los protozoos pueden ser libres, pueden formar colonias en el suelo y en las aguas dulces y marinas o bien pueden vivir como parásitos.
protuberancia *f.* Prominencia redondeada.
provecho *m.* Beneficio o utilidad de algo. **2** Efecto positivo de la comida o bebida. **3** Aprovechamiento o adelantamiento en algo.
proveer *tr.* y *prnl.* Prevenir, tener dispuesto lo necesario para algo. **2** Facilitar lo necesario para un fin.
provenir *intr.* Proceder, originarse una cosa de otra.
proverbial *adj.* Relativo al proverbio o que lo incluye. **2** fig. Muy notorio, conocido, consabido.
proverbio *m.* Sentencia, adagio, refrán.
providencia *f.* Disposición anticipada o prevención para el logro de un fin. **2** Disposición que se toma para componer un hecho o remediar un daño. **3** Por antonomasia, la divina.
provincianismo *m.* Apego excesivo a la mentalidad o costumbres particulares de una provincia o sociedad, con exclusión de las demás.
provisión *f.* Acción y efecto de proveer. **2** Provisión de lo necesario para un fin. **3** *pl.* Víveres y cosas imprescindibles que se llevan en un viaje o se almacenan por precaución.
provisional *adj.* Dispuesto o mandado interinamente.
provocar *tr.* Incitar, inducir a uno a que haga algo. **2** Irritar, exasperar. **3** Incitar, mover a un estado anímico y a la manifestación de éste: *provocar a risa.*
próximo -ma *adj.* Cercano en el espacio o en el tiempo. **2** Inmediatamente después en el espacio o en el tiempo.
proyección *f.* Acción y efecto de proyectar. **2** Cosa proyectada. **3** Acción de proyectar una película.
proyectar *tr.* Lanzar, arrojar con fuerza y hacia delante. **2** Trazar el plan y los medios para un fin. **3** Reflejar sobre una pantalla una diapositiva, una película, etc.
proyectil *m.* Cualquier objeto arrojadizo, como saeta, bala, bomba.
proyecto -ta *adj.* Representado en perspectiva. **2** *m.* Intención de hacer algo y plan trazado para ello.
proyector -ra *adj.* Que sirve para proyectar. **2** *m.* Dispositivo para proyectar el sonido en una dirección. **3** Aparato para proyectar imágenes sobre una pantalla.

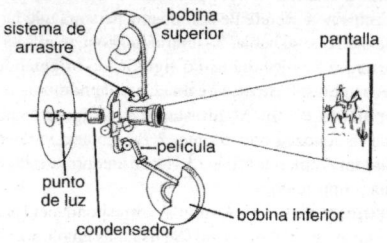

proyector

prudencia *f.* Discernimiento, buen juicio. **2** Cautela, precaución.
prueba *f.* Acción y efecto de probar. **2** Razón, argumento, hecho que muestra la verdad o falsedad de algo. **3** Ensayo o experiencia que se hace de algo. **4** Cata. **5** Indicio o señal de algo. **6** Cantidad pequeña de un género que sirve para demostrar su calidad. **7** Operación matemática para averiguar la exactitud de otra. **8** Competición deportiva. **9** Acto, indicio, documento, etc., que se aportan en un juicio para demostrar algo.
psicoanálisis *m.* Método de tratamiento de los trastornos mentales basado en el análisis del inconsciente. Elaborado por S. Freud, además de las terapéuticas, tiene aplicaciones en todas las ciencias humanas.
psicología *f.* Ciencia que estudia el comportamiento y los estados de conciencia. **2** Manera de ser de un individuo o una colectividad. **3** Hablando de pueblos o naciones, síntesis de sus caracteres espirituales y morales. **4** Diplomacia, perspicacia.
psicólogo -ga *m.* y *f.* Persona que practica la psicología como profesión, o que tiene de ella grandes conocimientos.
psicópata *com.* Persona que padece desequilibrios mentales, especialmente si son de carácter criminal.
psicosis *f.* Grupo de enfermedades mentales caracterizadas por una alteración de la personalidad.
psicoterapia *f.* Tratamiento de las enfermedades mentales por medios psicológicos. Iniciada

por F. A. Mesmer, las principales técnicas son el psicodrama, el psicoanálisis, la sugestión y la terapia de grupo.

psique *f.* Alma humana, inteligencia.

psiquiatra *m.* Médico especialista en enfermedades mentales.

psiquiatría *f.* Ciencia que trata del diagnóstico y el tratamiento de las enfermedades mentales. Iniciada en el s. XVIII, las diferentes tendencias han desembocado en la psiquiatría moderna y en la antipsiquiatría.

psiquiátrico -ca *adj.* Perteneciente o relativo a la psiquiatría. **2** Hospital Psiquiátrico.

psíquico -ca *adj.* Relativo al alma.

púa *f.* Cuerpo delgado, rígido y puntiagudo. **2** Diente de un peine. **3** Espina o aguijón de ciertos animales. **4** Lámina triangular con que se tocan ciertos instrumentos de cuerda.

púber -ra *adj.* y *n.* Que ha llegado a la pubertad.

pubertad *f.* Época de la vida en la que se producen una serie de modificaciones endocrinas que conducen a la madurez sexual.

pubis *m.* Hueso. **2** Parte inferior del abdomen, que se cubre de vello en la pubertad.

publicar *tr.* Hacer patente y manifiesta al público una cosa. **2** Editar un artículo, un anuncio, etc., en un medio de difusión escrita. **3** Revelar un secreto.

publicidad *f.* Calidad o estado de público. **2** Conjunto de medios usados para divulgar una noticia, un mensaje, etc. **3** Divulgación de las excelencias de un producto de consumo, de la imagen de un candidato político, etc., para lograr su aceptación por el público.

público -ca *adj.* Notorio, patente, manifiesto, visto o sabido por todos. **2** Se dice de la potestad, jurisdicción y autoridad para hacer algo, como contrapuesto a privado. **3** *m.* Conjunto de personas que forman una colectividad. **4** Conjunto de asistentes a un espectáculo, a una prueba deportiva, etc.

puchero *m.* Vasija de barro o de otros materiales, de panza abultada, cuello ancho y una asa junto a la boca, usada para cocer en ella la comida. **2** Especie de cocido. **3** *fam.* Alimento diario. **4** *fam.* Gesto o movimiento que precede al llanto.

pudor *m.* Recato, timidez, vergüenza hacia el sexo. **2** Honestidad, rectitud. **3** Vergüenza de la propia fealdad o imperfección.

pudrir *tr.* y *prnl.* Corromper o dañar una materia orgánica, convertirla en podredumbre. **2** *fig.* Consumir, molestar, impacientar. **3** *intr.* Haber muerto, estar sepultado.

pueblerino -na *adj.* y *n.* Aldeano. **2** *fam.* Que se asombra y escandaliza ante la vida moderna.

pueblo *m.* Villa o población, especialmente la que no tiene consideración de ciudad. **2** Conjunto de habitantes de un territorio. **3** Gente común y humilde de un lugar. **4** País con gobierno independiente.

puente *m.* Construcción sobre un río, una vía férrea, etc., para el paso de vehículos, del ferrocarril o de personas. **2** Plataforma estrecha y con baranda, a cierta altura sobre cubierta, desde la cual el oficial de guardia da sus órdenes. **3** Cada una de las cubiertas de un buque. **4** Cualquier madero colocado horizontalmente entre otros dos, o entre un madero y una pared. **5** Suelo que se hace poniendo tablas sobre barcas, odres, etc., para pasar un río. **6** *fam.* Día laborable entre dos festivos y al que se hace extensible la fiesta. **7** *fig.* Lo que sirve de vehículo, medio, etc., para un fin.

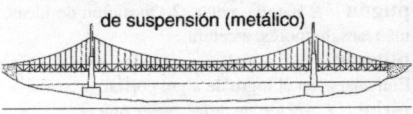

puente

puerco -ca *m.* y *f.* Cerdo. **2** Jabalí. **3** *adj.* y *n.* *fam.* Desaliñado, sucio, grosero. **4** Ruin, interesado.

puericultura *f.* Rama de la medicina que trata de los cuidados necesarios para el correcto desarrollo del niño.

pueril *adj.* Relativo a la puericia. **2** Por extensión, propio del niño. **3** *fig.* Fútil, trivial.

puerilidad *f.* Calidad de pueril. **2** Hecho o dicho propio de niños.

puerta *f.* Abertura regular en una pared, verja, valla, etc., de dimensiones suficientes para entrar y salir fácilmente. **2** Cualquier agujero que sirve para entrar y salir por él, especialmente en cuevas. **3** Armazón de madera, metal, etc., que engoznada o puesta en el quicio y asegurada con llave, cerrojo, etc., sirve para impedir la entrada y salida por una abertura. **4** En ciertos deportes, portería. **5** *fig.* Camino, medio para lograr algo.

puerto *m.* Lugar de la costa o de la ribera, natural o artificial, donde fondean las embarcaciones y se realiza el embarque y desembarque de pasajeros y la carga y descarga de mercancías. **2** Ciudad edificada en torno a él. **3** *fig.* Asilo, amparo.

pues *conj.* Indica causa, motivo o razón. **2** Se usa como condicional, continuativa, consecuencia, o ilativa. **3** *fam.* Con interrogación y sola equivale a ¿cómo?, ¿por qué? **4** Se usa al principio de una frase para enfatizarla. **5** En exclamaciones, indica afirmación. **6** Se usa al principio de una respuesta para indicar duda.

puesta *f.* Acción de ponerse un astro. **2** En ciertos juegos de naipes, lo que se apuesta en una mano. **3** Acción de poner sus huevos las aves. **4** Cantidad de huevos puestos de una vez.

puesto -ta Participio pasivo irregular de poner. **2** *adj.* Con bien y mal, bien vestido, ataviado o arreglado, o al contrario. **3** *m.* Sitio o espacio que ocupa una persona o cosa, o que le corresponde. **4** Lugar señalado para la realización de algo. **5** Tiendecilla o armazón en una calle o mercado, para vender cosas. **6** Empleo, dignidad, oficio. **7** Lugar ocupado por una tropa, un destacamento de policía o de guardia civil.

púgil *m.* Gladiador que combatía a puñetazos. **2** Boxeador.

pugilato *m.* Contienda o pelea entre púgiles. **2** fig. Disputa porfiada.

pugna *f.* Batalla, pelea. **2** Oposición de ideas, intereses, humores, etcétera.

pugnar *intr.* Batallar, contender, pelear. **2** fig. Empeñarse en el logro de algo, porfiar.

puja[1] *f.* Acción de pujar, hacer fuerza.

puja[2] *f.* Acción y efecto de pujar en una subasta.

pujante *adj.* Que está en alza o crece.

pujar[1] *tr.* Hacer fuerza para vencer un obstáculo.

pujar[2] *tr.* Aumentar los licitadores de una subasta el precio ofrecido.

pulcritud *f.* Aseo, limpieza. **2** Delicadeza, esmero en la conducta.

pulga *f.* Nombre de varios insectos dípteros, muy pequeños, de cuerpo comprimido, boca chupadora y picadora y antenas cortas.

pulgada *f.* Medida de longitud que es la duodécima parte del pie y equivale a unos 23 mm.

pulgar *adj.* y *m.* Se dice del dedo primero y más grueso de la mano, con sólo dos falanges. **2** Por extensión, se dice del dedo más grueso del pie.

pulido -da *adj.* Hecho con mucho esmero, bien acabado. **2** *m.* Acción y efecto de pulir.

pulir *tr.* Alisar, dar lustre a una superficie. **2** Dar el acabado final a algo. **3** *tr.* y *prnl.* Derrochar, dilapidar. **4** Adornar, aderezar, componer. **5** fig. Instruir, educar a alguien.

pulla[1] *f.* Dicho obsceno o aquel con que se zahiere a alguien. **2** Expresión aguda e ingeniosa.

pulla[2] *f.* Planga, ave.

pulmón *m.* Órgano del aparato respiratorio del hombre y de los vertebrados terrestres, en el que se realiza la oxigenación de la sangre. Los pulmones se hallan situados en la cavidad torácica, en número par. Son esponjosos, blandos y dilatables, están divididos en lóbulos y cubiertos por una membrana (pleura).

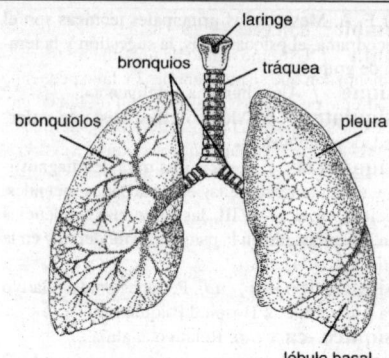

pulmones

pulpa *f.* Carne sin grasa ni huesos. **2** Carne de la fruta. **3** En la industria conservera, fruta fresca deshuesada y triturada. **4** En la industria azucarera, residuo de la remolacha usado como pienso.

pulpo *m.* Molusco cefalópodo de los octópidos, de cabeza grande, boca con fuertes mandíbulas, ojos aparentes y ocho largos tentáculos prensores y locomotores. Vive en fondos litorales del Atlántico y el Mediterráneo.

pulsación *f.* Acción de pulsar. **2** Latido arterial.

pulsar *tr.* Accionar un pulsador. **2** Tocar o golpear las teclas o cuerdas de un instrumento musical. **3** Tomar el pulso a un enfermo. **4** Tantear el estado de un asunto o la opinión de alguien.

pulsera *f.* Aro, cadena, etc., que se lleva en la muñeca como adorno o para otro fin. **2** Aro, cadena, etc., que sujeta el reloj a la muñeca.

pulso *m.* Latido rítmico arterial, producido por la contracción sistólica, que se siente en varias partes del cuerpo. La frecuencia media en un adulto es de 60-80 pulsaciones por minuto. **2** Parte del cuerpo, especialmente la muñeca, donde se siente dicho latido. **3** Seguridad o firmeza en la mano para ejecutar algo. **4** fig. Tiento o cuidado en un negocio.

pulular *intr.* Empezar a brotar y echar vástagos una planta. **2** Abundar en un sitio los insectos y sabandijas. **3** Abundar, proliferar personas, animales o cosas.

pulverizar *tr.* y *prnl.* Reducir a polvo una cosa. **2** Esparcir un líquido en partículas tenues, a manera de polvo. **3** fig. Destruir, asolar.

puma *m.* Mamífero carnívoro de los félidos, de 1,50 m. de longitud y pelaje amarillento. Vive en zonas montañosas de América.

punción *f.* Operación quirúrgica consistente en abrir los tejidos con un instrumento punzante y cortante a la vez.

pundonor *m.* Amor propio, autoestima.

punible *adj.* Que merece castigo.

punta *f.* Extremo agudo de un arma u otro instrumento con que se puede herir. **2** Clavo pequeño. **3** Extremo de una cosa. **4** Colilla. **5** Porción de ganado que se separa del hato. **6** Lengua de tierra que penetra en el mar. **7** Sabor que va tirando a agrio en una cosa. **8** Pequeña cantidad de algo, especialmente de una cualidad. **9** Saliente de algo. **10** *pl.* Encaje, puntilla. **11** Primeros afluentes de un río. **12** Manantiales donde nace un río.

puntada *f.* Cada uno de los agujeros hechos al coser. **2** Espacio que media entre dos de ellos. **3** Porción de hilo que ocupa este espacio. **4** fig. Dolor penetrante, punzada. **5** fig. Alusión, insinuación.

puntal *m.* Madero hincado en tierra, que sostiene alguna cosa. **2** Prominencia, punta de un terreno. **3** fig. Apoyo, fundamento. **4** *Amér.* Tentempié, refrigerio.

puntapié *m.* Golpe que se da con la punta del pie.

puntear *tr.* Marcar puntos en una superficie. **2** Dibujar, pintar o grabar con puntos. **3** Tocar un instrumento musical hiriendo cada cuerda con un dedo. **4** Comprobar detalladamente una lista, una cuenta, etc. **5** *Amér.* Marchar a la cabeza de un grupo de personas o animales.

puntería *f.* Acción de apuntar con un arma arrojadiza o de fuego. **2** Dirección de dicha arma. **3** Destreza de un tirador para dar en el blanco.

puntero -ra *adj.* Que tiene buena puntería. **2** *adj.* y *n.* Que descuella en alguna actividad. **3** *m.* Palo o vara que se usa para señalar. **4** Punzón de acero usado para abrir agujeros. **5** *Amér.* Persona o animal que encabeza un grupo.

puntiagudo -da *adj.* Que tiene aguda la punta.

puntilla *f.* Encaje hecho de puntas que se cose en el borde de pañuelos, sábanas, etc. **2** Instrumento usado en carpintería para clavar la madera. **3** Puñal corto para rematar las reses.

punto *m.* Señal pequeña y redondeada, perceptible en una superficie. **2** Señal ortográfica que se pone sobre la i y la j. **3** Signo de puntuación (.). **4** Puntada que da el cirujano para unir los bordes de una herida. **5** Cada una de las puntadas de una labor de costura. **6** Cada uno de los agujeros practicados en un cinturón, un arado, etc., para asegurarlos y ajustarlos. **7** Sitio, lugar. **8** Señalización en un mapa, enclave. **9** Unidad de calificación o tanteo en ciertos juegos, en los exámenes, oposiciones, etc. **10** Cosa muy corta, parte mínima de una cosa. **11** Instante, porción muy pequeña de tiempo. **12** Cada uno de los asuntos o materias de un programa. **13** Cuestión de que trata un libro, un artículo, etc. **14** Cada una de las partes o problemas de una ciencia. **15** Lo sustancial o principal de algo. **16** Estado perfecto que llega a tomar una cosa mediante un proceso. **17** Hablando de cualidades morales, extremo o grado a que pueden llegar. **18** Punzada de dolor. **19** Signo de multiplicar. **20** Grado de temperatura necesario para que se produzcan determinados fenómenos físicos. **21** fam. Sinvergüenza, bribón. **22** fam. Campana, fiesta.

puntuación *f.* Acción y efecto de puntuar. **2** Conjunto de signos y reglas que sirven para puntuar y forma de utilizarlos.

puntual *adj.* Pronto, diligente en hacer las cosas. **2** Que llega o se cumple a la hora o día convenidos. **3** Indudable, cierto. **4** Conveniente, adecuado. **5** Provisional, transitorio.

puntuar *tr.* Poner en la escritura los signos de puntuación necesarios para la correcta lectura del texto. **2** Obtener puntos en ciertos juegos. **3** *intr.* Entrar en el cómputo de los puntos una prueba o competición.

punzada *f.* Herida o picada de punta. **2** Dolor agudo, repentino y pasajero, que suele repetirse de tiempo en tiempo. **3** Aflicción.

punzar *tr.* Herir con una punta. **2** *intr.* Avivarse un dolor. **3** fig. Sentir una gran aflicción.

punzón *m.* Instrumento metálico terminado en punta, que sirve para abrir agujeros y otros usos. **2** Instrumento de acero, con una figura de realce en el extremo, usado para labrar monedas, medallas, etc. **3** Pitón, cuerno.

puñado *m.* Lo que se puede contener en un puño. **2** Cantidad pequeña de algo de lo que debería o suele haber mucho.

puñal *m.* Arma corta y ofensiva, de acero, que sólo hiere de punta.

puñalada *f.* Golpe que se da de punta con el puñal u otra arma semejante. **2** Herida que resulta de este golpe. **3** fig. Pesadumbre grande e inesperada.

puño *m.* Mano cerrada. **2** Lo que cabe en ella. **3** Puñado. **4** Parte de la manga de una camisa, una bata, etc., que rodea la muñeca. **5** Adorno que se pone en la bocamanga. **6** Mango de algunas armas blancas. **7** Parte por donde se agarra el bastón, el paraguas o la sombrilla. **8** Parte por la que se ase un útil, recipiente, etc. **9** *pl.* Fuerza, valor.

pupila *f.* Abertura circular del centro del iris del ojo y que da paso a la luz. **2** fam. Viveza, inteligencia.

pupilo -la *m.* y *f.* Niño o joven menor de edad que se halla bajo la responsabilidad de un tutor. **2** Huérfano que está al cuidado de alguien. **3** Persona que se hospeda en una pensión, casa particular, etc. **4** Alumno o alumna que está interno o a media pensión en un colegio.

pupitre *m.* Mueble de madera, con la tapa formando plano inclinado, sobre el cual se escribe.

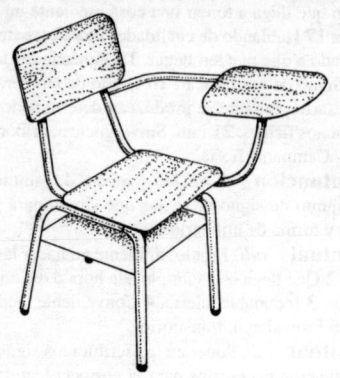

pupitre

purga *f*. Acción y efecto de purgar. **2** Medicamento purgante. **3** Residuos de algunas operaciones industriales.

purgante *adj.* y *m*. Se dice del medicamento que purga.

purgar *tr*. Limpiar, purificar una cosa, quitándole lo que no le conviene. **2** Satisfacer con una pena una culpa o delito. **3** Desvanecer los indicios, sospechas o cargos que hay contra una persona. **4** Sufrir. **5** fig. Purificar, acrisolar. **6** *tr*. y *prnl*. Administrar un medicamento purgante. **7** Evacuar el vientre. **8** *prnl*. Liberarse de una opresión no material.

purgatorio -ria *adj.* y *m*. Purgante. **2** *m*. Lugar donde, según la teología católica, las almas de los justos purgan sus culpas antes de ser admitidos en el cielo. **3** fig. Lugar donde se vive con trabajo y penalidades.

purificación *f*. Acción y efecto de purificar o purificarse. **2** Lavatorio con que en la misa se purifica el cáliz. **3** Ablución practicada por diversas religiones.

purificar *tr*. y *prnl*. Quitar de una cosa lo que le es extraño y nocivo. **2** Limpiar de imperfecciones una cosa no material.

puritano -na *adj.* y *n*. Seguidor del puritanismo. **2** Se dice de la persona que alardea de profesar con rigor las virtudes públicas o privadas; rígido, austero.

puro -ra *adj.* Exento de toda mezcla. **2** Casto. **3** Libre de imperfecciones, especialmente morales. **4** Que procede con rectitud y desinterés en el desempeño de un empleo o en la administración de justicia. **5** Que no traiciona sus principios y lucha contra los que le son contrarios. **6** Mero, solo, no acompañado de otra cosa. **7** Se dice del lenguaje o estilo correctos, exentos de voces extrañas, y de la persona que así habla o escribe. **8** *adj.* y *m*. Cigarro puro.

púrpura *f*. Cañadilla. **2** Nombre de varias especies de moluscos gasterópodos marinos, de los cuales se extraía un colorante. **3** Dicho colorante. **4** Color rojo subido que tira a violado. **5** Prenda de vestir o tela de dicho color. **6** Dignidad imperial, real, consular, cardenalicia, etc. **7** En poesía, sangre.

purulento -ta *adj*. Que tiene o segrega pus.

pus[1] *m*. Líquido espeso producido como consecuencia de una inflamación.

pus[2] *adj*. *Amér*. Se dice del color marrón claro.

pusilánime *adj.* y *com*. Falto de ánimo y valor.

pústula *f*. Lesión elemental de la piel, consistente en una ampolla que contiene pus.

puta *f*. Ramera, prostituta.

putrefacción *f*. Acción y efecto de pudrir o pudrirse. **2** Proceso de descomposición de las sustancias orgánicas muertas.

puya *f*. Punta acerada de las varas o garrochas de los picadores y vaqueros. **2** fam. Frase o dicho malintencionado o que mortifica.

q *f.* Decimoctava letra del abecedario castellano, decimocuarta de sus consonantes. Su nombre es *cu*. Se usa sólo ante *e* o *i*, mediante interposición de una *u* muda, para representar gráficamente la consonante oclusiva, velar y sorda.

que Pronombre relativo en masculino, femenino y neutro, y en singular y plural. Con el artículo, concuerda con el antecedente. **2** Equivale a otros pronombres precedidos de preposición: *el día que llegaste*. **3** Inquiere o pondera la naturaleza, cantidad, intensidad, etc. Se emplea con acento prosódico y ortográfico: *¿Qué casas son aquellas?; ¿Qué buscan?; no sé qué decir*. **4** Agrupado con sustantivos, o seguido de la preposición *de* y un sustantivo, encarece la naturaleza, cantidad, intensidad, etc. Usado con acento prosódico y ortográfico: *¡Qué tiempo más desapacible! ¡Qué de flores hay en este jardín!* **5** Agrupado con adjetivos, adverbios y locuciones adverbiales, encarece la calidad o intensidad: *¡Qué bien lo hiciste!* **6** En oraciones interrogativoexclamativas, de naturaleza afirmativa o negativa, desempeña varias funciones, agrupado con diversas clases de palabras. Se emplea con acento prosódico y ortográfico: *¡Qué ha de ser una broma! = no es una broma*. **7** *conj. copul.* Enlaza un verbo con otro, o un verso con otra parte de la oración: *quiero que estudies; ¡ojalá que todo acabe bien!* **8** Forma parte de frases adverbiales: *a menos que*. **9** Se emplea como conjunción comparativa: *eres más listo que yo*. **10** Se usa como conjunción causal: *lo hará, que ha prometido hacerlo*. **11** Se usa en vez de la conjunción copulativa *y*, denotando sentido adversativo: *suya es la culpa, que no mía*. **12** Se usa como conjunción disyuntiva: *que quiera, que no quiera*. **13** Se usa como conjunción final: *dio voces al chófer, que les preparase el coche*. **14** Toma carácter de conjunción ilativa, enunciando la consecuencia de lo anteriormente expuesto: *tal estaba, que no le conocí; hablaba de modo que nadie le entendía*. **15** Seguida del adverbio *no*, equivale a *sin que*: *no salgo a la calle; que no tropiece con algún conocido*. **16** Después de los adverbios *sí* o *no,* da fuerza a lo enunciado: *sí, que lo haré; no, que no lo haré*. **17** Después de frases de aseveración o juramento sin verbo expreso, precede al verbo que indica que se asevera o jura: *¡Vive Dios, que no puede decir nada!* **18** Se usa con sentido frecuentativo: *dale que dale*. **19** Como conjunción causal o copulativa antes de otro *que*, equivale a *cuál* o *qué cosa: Que ¿qué persona hay más pobre en el mundo?* **20** Como interjección, indica asombro, pesar o duda. Se usa con acento prosódico y ortográfico. **21** Precedida y seguida de la tercera persona de indicativo de un mismo verbo, indica progreso o eficacia en la acción de dicho verbo: *corre que corre*. **22** En ocasiones sustituye a una frase adverbial modal.

quebrada *f.* Abertura estrecha y abrupta entre montañas. **2** Quiebra honda en un terreno. **3** *Amér.* Arroyo que corre por una quiebra.

quebrada

quebrado -da *adj.* Quebrantado, debilitado. **2** *adj.* y *n.* Que ha hecho quiebra o suspensión de pagos. **3** Que padece hernia. **4** Se dice del terreno, camino, etc., desigual y tortuoso. **5** *adj.* y *m.* MAT Fracción.

quebrantamiento *m.* Acción y efecto de quebrantar o quebrantarse. **2** Omisión o violación de garantías en un procedimiento.

quebrantar *tr.* Romper, separar violentamente las partes de un todo. **2** Reducir algo sólido a fragmentos, sin triturarlo. **3** fig. Violar un lugar sagrado o neutral. **4** Forzar, romper los impedimentos que embarazan la libertad de uno. **5** fig. Causar lástima. **6** Persuadir, ablandar la ira. **7** *prnl.* Sufrir malestar o dolor por el trabajo, la edad, etcétera.

quebrar *tr.* Romper, separar con violencia las partes de un todo. **2** Violar una ley u obligación. **3** Interrumpir o estorbar la continuidad de una cosa no material. **4** Vencer una dificultad u opresión. **5** *tr.* y *prnl.* Torcer, doblar. **6** Ajar, deslucir el color natural del rostro. **7** Cerrar una empresa por no poder pagar las obligaciones contraídas. **8** *prnl.* Herniarse. **9** Interrumpirse la continuidad de una cordillera, superficie, etcétera.

quechua *adj.* y *com.* Se dice del individuo de un grupo de pueblos amerindios de los Andes que, dominados por los incas, desarrollaron y extendieron la cultura incaica. Sus descendientes viven en la región central de los Andes (el Ecuador, el Perú, S de Colombia, N de Argentina, N de Chile), en pequeñas comunidades rurales regidas por un alcalde. Conservan de su tradición métodos de cultivo (terrazas) y prácticas artesanales (cerámica, tejidos, orfebrería). Aunque sus antepasados fueron evangelizados por los españoles, en sus manifestaciones religiosas perviven muchos de los elementos de sus ant. ritos. La lengua quechua es su nexo principal. **2** *adj.* Relativo a estos pueblos. **3** *m.* Lengua originaria de la región de Cusco, adoptada por los incas como lengua imperial y oficial, y llevada a otros territorios por los misioneros españoles. Sus dialectos son escasos y poco diferenciados. Se mantiene entre los actuales quechuas desde el Ecuador al N de Argentina (unos 13 millones de hablantes). Es oficial en el Perú, junto con el español.

quedar *intr.* y *prnl.* Estar, detenerse en un lugar. **2** Permanecer en un estado. **3** Hospedarse. **4** Subsistir, permanecer o restar parte de algo. **5** Pasar de un estado a otro menos estable. **6** *intr.* Seguido de *por,* conseguir algo merecido, o un cargo, obligación o derecho que no se tenía. **7** Cesar, terminar, convenir en una cosa. **8** *prnl.* Retener alguna cosa, sea propia o ajena. **9** Engañar a uno, abusar de su buena fe. **10** Faltar un tiempo o determinada acción.

quehacer *m.* Ocupación, faena, trabajo.

queja *f.* Expresión de dolor, pena o sentimiento. **2** Resentimiento. **3** Querella.

quejarse *prnl.* Expresar con la voz un dolor o una pena. **2** Manifestar uno resentimiento contra alguien o algo. **3** Querellarse.

quejido *m.* Voz lastimosa que expresa dolor o pena.

quema *f.* Acción y efecto de quemar o quemarse. **2** Incendio, fuego, combustión.

quemado -da *m.* y *f.* Extensión pequeña de monte consumido por el fuego. **2** Cosa quemada o que se quema.

quemadura *f.* Lesión en un tejido orgánico, a causa de la acción del fuego o de una sustancia muy caliente o cáustica. **2** Señal, llaga o ampolla que deja. **3** Lesión en un vegetal, debida al calor, la sequía o una bacteria.

quemar *tr.* Consumir con fuego. **2** Calentar con mucha virulencia. **3** Secar una planta el excesivo calor o frío. **4** Causar sensación de ardor algo caliente o picante. **5** Producir llagas o ampollas. **6** Destilar vinos. **7** *tr.* y *prnl.* Impacientar, desazonar. **8** *intr.* Estar algo demasiado caliente. **9** *intr.* y *prnl.* Gastar todos los recursos para intentar lograr algo sin éxito. **10** Dar por concluido un asunto, estar harto de preocupaciones y molestias. **11** *prnl.* Padecer o sentir mucho calor. **12** fig. Padecer la fuerza de una pasión o afecto. **13** fam. Estar muy cerca de acertar o hallar algo. **14** fam. Excederse, pasarse.

quena *f.* Flauta de los indígenas de los Andes.

quepis *m.* Gorra cilíndrica, con visera horizontal, usada por militares y policías.

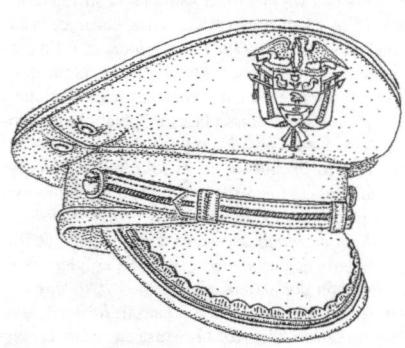

quepis

querella *f.* Queja. **2** Riña, disputa. **3** Acusación ante los tribunales contra los presuntos responsables de un delito.

querencia *f.* Acción de amar o querer. **2** Inclinación del hombre y de ciertos animales a volver al lugar donde se han criado o tienen costumbre de acudir. **3** Este mismo sitio. **4** Tendencia de un ser animado hacia algo.

quimera

querer *tr.* Desear, apetecer. **2** Amar, tener inclinación a alguien o algo. **3** Tener voluntad de hacer algo. **4** Resolver, determinar. **5** Conformarse al deseo de otro. **6** Ser conveniente una cosa a otra; requerirla. **7** Pretender, intentar o procurar. **8** Estar próxima a ser o verificarse una cosa. **9** Pedir o preguntar algo de alguien. **10** Exigir una cantidad de dinero u otra cosa por algo.
querido -da *m.* y *f.* Amante.
queroseno *m.* Mezcla de hidrocarburos, incolora o ligeramente amarillenta, que se obtiene del petróleo.
querubín *m.* Cada uno de los ángeles que forman el segundo coro. **2** fig. Persona joven o niño de singular belleza.
quesería *f.* Tiempo a propósito para hacer queso. **2** Lugar donde se fabrica o vende queso.
quesero -ra *adj.* Relativo al queso. **2** *m.* y *f.* Persona que hace o vende queso. **3** *f.* Lugar donde se fabrica. **4** Mesa a propósito para hacerlo. **5** Vasija donde se guarda. **6** Plato con tapa de cristal en que se sirve.
queso *m.* Alimento obtenido por fermentación de la cuajada de la leche, con nombres y características propias para cada uno de los tipos, según su origen o método de fabricación.
quiché *adj.* Perteneciente o relativo a los quichés. **2** *adj.* y *com.* Se dice del individuo de un grupo indígena de la familia lingüística maya-quiché que habita en el centro de Guatemala, al O y al N del lago Atitlán. En la época precolombina desarrollaron una cultura propia, con centro en Utatlán, cerca de la actual Santa Cruz del Quiché. Su historia se recoge en el *Popol-Vuh*. Fueron sometidos por P. de Alvarado en 1524.
quicio *m.* Parte de las puertas o ventanas en que se afirma el quicial. **2** Ángulo que forma la puerta al abrirse con el muro y dicha parte.
quid *m.* Esencia, razón, porqué de una cosa.
quiebra *f.* Rotura o abertura de algo por alguna parte. **2** Hendedura o abertura de la tierra en los montes, o la que causa el exceso de lluvias en los valles. **3** Pérdida o menoscabo. **4** Cierre de una empresa. **5** Riesgo.
quien Pronombre relativo que con esta sola forma conviene a los géneros masculino y femenino, y que en plural hace *quienes*. Suele referirse a personas: *mi madre, a quien quiero*. En ocasiones puede referirse en singular a un antecedente en plural: *Las personas de quien he recibido favores*. No puede construirse con el artículo. **2** Se refiere a un antecedente implícito, equivaliendo a «la persona que», «aquel que»: *quien mal anda, mal acaba*. (Se usa más en singular.) **3** Dependiendo de un verbo con negación, equivale a «nadie que»: *no hay quien pueda con él*. (Se usa más en singular.)

4 Con acento prosódico y ortográfico, hace funciones de pronombre interrogativo o exclamativo: *¿Quién mató al comendador? ¡Quién pudiera volar!* **5** También con acento prosódico y ortográfico y repitiéndose frente a dos cláusulas, adquiere valor de pronombre indefinido: *quién prefiere el campo, quién la playa*.
quieto -ta *adj.* Que no tiene o no hace movimiento. **2** fig. Pacífico, sosegado, imperturbable.
quietud *f.* Carencia de movimiento. **2** fig. Sosiego, reposo, descanso.
quijada *f.* Cada una de las dos mandíbulas de los vertebrados que tienen dientes.
quijotada *f.* Acción noble y desinteresada, pero de poco fruto. **2** Locura.
quijote *com.* Persona soñadora e idealista en exceso. **2** Persona muy seria y grave.
quila *f.* Especie de bambú, originario de América del Sur, usado en construcción.
quilate *m.* Unidad de peso para las perlas y piedras preciosas, que equivale a 205 mg. **2** Pesa que tiene dicha magnitud. **3** fig. Grado de perfección de algo no material. (Se usa más en plural.)
quimbayas *m. pl.* Grupo de tribus amerindias precolombinas que habitaban en el territorio comprendido entre los ríos Cauca y Magdalena (Colombia). Su economía estaba basada en la agricultura, los tejidos y la minería. Desarrollaron una cultura propia (ss. V-XV). En las tumbas, formadas por un pozo y una cámara, se han descubierto piezas de cerámica y de orfebrería (de oro puro o en combinación con cobre) de extraordinaria perfección artística y técnica. Se destaca la colección conservada en el Museo del Oro de Santa Fe Bogotá.

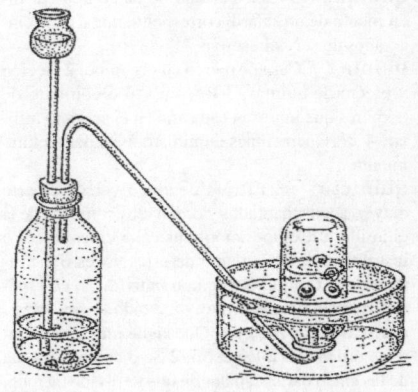

química

quimera *f.* Monstruo de la mitología griega, de cuerpo de cabra, cabeza de león y cola de dragón, que vomitaba llamas. **2** Lo que se propone a la

imaginación como posible o verdadero, no siéndolo. **3** Pendencia, riña.
quimérico -ca   *adj.* Fabuloso, fingido o imaginado sin fundamento.
química   *f.* Ciencia experimental que estudia la naturaleza, composición y propiedades de las sustancias materiales, así como las reacciones que se producen entre ellas. Asimismo, formula las leyes, principios y teorías que permiten la correcta interpretación de dichas reacciones.
quimioterapia   *f.* Tratamiento de las enfermedades mediante el uso de sustancias químicas.
quimo   *m.* Pasta homogénea y agria en que los alimentos se transforman en el estómago por la digestión.
quimono   *m.* Túnica larga de mangas anchas, cruzada por delante y ceñida con una faja, usada en Japón por hombres y mujeres.
quince   *adj.* Diez y cinco. **2** *adj.* y *com.* Decimoquinto, ordinal. **3** *m.* Conjunto de cifras o signos con que se representa el número quince.
quincena   *f.* Espacio de quince días. **2** Paga que se recibe cada quince días. **3** Acertijo que se ha de adivinar mediante quince preguntas.
quinientos -tas   *adj.* Cinco veces ciento. **2** *adj.* y *n.* Quingentésimo, ordinal. **3** *m.* Signo o conjunto de signos o cifras con que se representa el número quinientos.
quinina   *f.* Alcaloide de la corteza de la quina, usado como antipalúdico. Es una sustancia blanca, amorfa, sin olor y muy amarga.
quinqué   *m.* Lámpara alimentada con petróleo y provista de un tubo de cristal que resguarda la llama.
quinquenio   *m.* Período de cinco años. **2** Incremento de un salario correspondiente a cada cinco años de servicio activo.
quinta   *f.* Casa de recreo en el campo. **2** Acción y efecto de quintar. **3** Reemplazo o conjunto de hombres que ingresan cada año en el servicio militar. **4** *pl.* Operaciones administrativas del reclutamiento.
quinteto   *m.* Estrofa de cinco versos de arte mayor, aconsonantados y ordenados como los de la quintilla. **2** Composición musical a cinco voces o instrumentos. **3** Conjunto de estas voces o instrumentos. **4** Conjunto de cinco individuos, en especial en lenguaje deportivo.
quinto -ta   *adj.* y *n.* Que sigue inmediatamente en orden al o a lo cuarto. **2** Se dice de cada una de las cinco partes iguales en que se divide un todo. **3** *m.* Recluta, soldado que aún no ha jurado bandera. **4** Derecho de 20 por 100.

quíntuplo -pla   *adj.* y *n.* Que contiene un número cinco veces exactamente.
quiñar   *tr. Amér.* Herir con la púa del trompo la cabeza de otro. **2** *Amér.* Dar empellones.
quiosco   *m.* Templete de estilo oriental, abierto por todos los lados, que se construye en azoteas, jardines, etc. **2** Pabellón o caseta en una calle, plaza, etc., donde se venden periódicos, revistas, flores, etcétera.
quirófano   *m.* Local acondicionado para realizar operaciones quirúrgicas.
quirópteros   *m. pl.* Orden de mamíferos que vuelan gracias a una membrana alar (patagio). De vida nocturna o crepuscular y tamaño muy diverso, tienen el cuerpo cubierto de pelo y emiten ultrasonidos. Comprende los murciélagos.

quiróptero

quisquilloso -sa   *adj.* y *n.* Que se para en quisquillas, insignificancias. **2** Demasiado delicado en el trato. **3** Susceptible.
quiste   *m.* Tumoración formada por una vejiga membranosa que se desarrolla en varias zonas del cuerpo y que contiene sustancias líquidas o semilíquidas.
quitar   *tr.* Separar, apartar una cosa del lugar donde estaba. **2** Robar, hurtar. **3** Impedir, estorbar. **4** Suprimir un empleo u oficio. **5** Despojar o privar de una cosa. **6** Desempeñar una cosa. **7** *prnl.* Dejar una cosa o apartarse de ella. **8** Irse de un lugar.
quite   *m.* Acción de quitar o estorbar. **2** En esgrima, movimiento defensivo con que se detiene o evita el ofensivo. **3** Suerte que ejecuta un torero para librar a otro de la embestida del toro.
quórum   *m.* Número de individuos necesarios para que los votos de una asamblea sean válidos. **2** Proporción de votos favorables que requiere un acuerdo.

r *f.* Decimonona letra del abecedario castellano y decimoquinta de sus consonantes. Su nombre es erre.

rabadilla *f.* Extremidad de la columna vertebral, formada por la última pieza del hueso sacro y por todas las del cóccix. **2** En las aves, extremidad movible en donde están las plumas de la cola.

rábano *m.* Planta herbácea anual, de raíz carnosa comestible. **2** Raíz de esta planta.

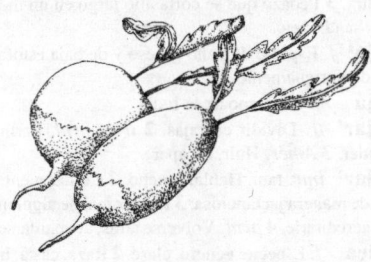

rábano

rabia *f.* Enfermedad infecciosa, muy grave, que ataca a algunos animales, como el perro, el lobo, el gato, etc., y que se transmite por mordedura a otros animales o al hombre. **2** fig. Ira, enojo, enfado grande. **3** fig. Violencia al actuar o realizar algo.

rabiar *intr.* Padecer la enfermedad de la rabia. **2** fig. Desear una cosa con vehemencia. **3** fig. Enojarse, irritarse.

rabieta *f.* Enfado o enojo grande, generalmente por causas insignificantes.

rabino *m.* Maestro hebreo que interpreta la Sagrada Escritura.

rabo *m.* Cola, especialmente la de los cuadrúpedos. **2** Rabillo de las hojas y frutos. **3** fam. Cosa que cuelga a semejanza de la cola de un animal.

rábula *m.* Abogado necio y charlatán.

racha[1] *f.* Ráfaga de aire. **2** fig. Período breve de fortuna o desgracia.

racha[2] *f.* Raja. **2** Astilla grande de madera.

racial *adj.* Relativo a la raza. **2** Con las características más comunes y viscerales que se atribuyen a un pueblo.

racimo *m.* Conjunto de granos o de frutos que penden del mismo tallo. **2** fig. Conjunto de cosas pequeñas dispuestas de este modo. **3** fig. Conjunto de cosas o personas.

raciocinar *intr.* Usar de la razón para conocer y juzgar.

raciocinio *m.* Facultad de raciocinar. **2** Razonamiento, argumento.

ración *f.* Cantidad de alimento que se da o se asigna a una persona o animal. **2** Porción de algo, especialmente de comida, que se vende a un determinado precio. **3** Copa, medida de líquidos.

racional *adj.* Relativo a la razón. **2** *adj.* y *com.* Dotado de razón. **3** Se dice del número que puede expresarse como cociente de dos números enteros, es decir, el que es entero o fraccionario.

racionalizar *tr.* Reducir a conceptos racionales. **2** Organizar la producción de manera que aumente el rendimiento y se reduzcan los costos con el mínimo esfuerzo. **3** Organizar una cosa con razonamientos lógicos.

racionar *tr.* y *prnl.* Distribuir raciones o proveer de ellas. **2** Someter los artículos de primera necesidad en caso de escasez a una distribución fijada por las autoridades.

racismo *m.* Exacerbación del sentido racial de un grupo étnico. **2** Doctrina que afirma la superioridad de una raza sobre las demás.

racista *adj.* Relativo al racismo. **2** *com.* Partidario de él.

rada *f.* Bahía, ensenada donde pueden anclar las naves.

radar (ing. radio detection and ranging, 'detección y puesta en posición por radio') *m.* Sistema que permite descubrir la presencia y determinar la posición de objetos no visibles, mediante la emisión de ondas radioeléctricas que, al reflejarse en dichos objetos, vuelven al punto de emisión. **2** Aparato para aplicar este sistema.

radiación *f.* Acción y efecto de radiar, despedir rayos. **2** Emisión de ondas electromagnéticas o de partículas por un cuerpo.

radiactividad *f.* Propiedad que poseen determinados núcleos atómicos de desintegrarse espontáneamente con emisión de partículas o radiaciones electromagnéticas.

radiador *m.* Aparato de calefacción que transmite o genera calor por radiación. **2** Serie de tubos por los cuales circula el agua destinada a refrigerar los cilindros de algunos motores de explosión.

radial *adj.* Perteneciente o relativo al radio. **2** Se dice de la dirección del rayo visual. **3** Se dice de las arterias, venas y nervios del antebrazo.

radiante *adj.* Brillante, resplandeciente. **2** Que siente y manifiesta gozo y alegría grandes.

radicación *f.* Acción y efecto de radicar o radicarse. **2** Operación matemática en la que se extrae la raíz de un orden cualquiera de una cantidad.

radical *adj.* Relativo a la raíz. **2** *adj.* y *com.* Se dice de la persona tajante, intransigente. **3** *adj.* y *m.* Se dice del signo (√) que indica la operación de extraer raíces.

radicar *intr.* y *prnl.* Echar raíces, arraigar. **2** *intr.* Estar o hallarse en determinado lugar. **3** Estribar, basarse una cosa en otra.

radio[1] *m.* En la circunferencia, línea recta que une cualquiera de sus puntos y el centro. **2** Cada una de las varillas que une el eje de una rueda con la llanta. **3** Hueso largo y contiguo al cúbito que forma el antebrazo.

radio[2] *f.* Apócope de radiodifusión. **2** Apócope de radioemisora. **3** Aparato radiorreceptor. (En la mayoría de los países de América se utiliza como masculino.)

radioaficionado -da *adj.* y *n.* Aficionado a emitir y recibir mensajes radiados.

radiodifusión *f.* Emisión radiofónica de discursos, noticias, música, etc. **2** Conjunto de procedimientos o instalaciones destinadas a esta emisión.

radioescucha *com.* Persona que oye las emisiones radiotelefónicas y radiotelegráficas.

radiografía *f.* Procedimiento para hacer fotografías por medio de los rayos X. **2** Fotografía obtenida por este procedimiento.

radiología *f.* Parte de la medicina que estudia las radiaciones, especialmente los rayos X, y sus aplicaciones en el diagnóstico y tratamiento de enfermedades.

radiotelefonía *f.* Sistema de comunicación telefónica por medio de ondas radioeléctricas.

radiotelegrama *m.* Telegrama transmitido por radio.

radiotransmisión *f.* Transmisión efectuada por medio de ondas de radio.

radioyente *com.* Persona que escucha las emisiones de radio.

raer *tr.* Raspar una superficie con un instrumento áspero o cortante. **2** Igualar con el rasero. **3** fig. Suprimir, eliminar.

ráfaga *f.* Corriente violenta de viento. **2** Golpe de luz vivo o instantáneo. **3** Serie de disparos de un arma automática.

raído -da *adj.* Se dice del vestido muy gastado por el uso. **2** fig. Desvergonzado, descarado. **3** *Par.* Se dice de la persona rústica.

raigambre *f.* Conjunto de raíces de los vegetales. **2** fig. Conjunto de antecedentes, hábitos, afectos, etc., que ligan a uno a un sitio.

raíl *m.* Carril de las vías férreas.

raíz *f.* Órgano de las plantas que crece en dirección inversa a la del tallo, carece de hojas, y sirve para asegurar la fijación de las plantas en el suelo y absorber las materias nutritivas para su crecimiento. **2** Origen o principio de una cosa. **3** fig. Parte de una cosa sobre la que se fija o basa otra.

raja[1] *f.* Parte de un leño que resulta de abrirlo con hacha, cuña, etc. **2** Hendedura, abertura, resquebrajadura. **3** Pedazo que se corta a lo largo en un melón, sandía, etc.

raja[2] *f.* Especie de paño grueso y de baja estofa, usado antiguamente.

rajá *m.* Soberano de la India.

rajar[1] *tr.* Dividir en rajas. **2** *tr.* y *prnl.* Partir, hender. **3** *Amér.* Huir, escapar.

rajar[2] *intr.* fam. Hablar mucho. **2** Contar mentiras de manera jactanciosa. **3** Hablar mal de alguien, desacreditarle. **4** *prnl.* Volverse atrás, acobardarse.

ralea *f.* Especie, género, clase. **2** Raza, casta, linaje. **3** Ave preferida como presa por el halcón, el gavilán o el azor.

rallar *tr.* Desmenuzar con el rallador. **2** fig. Molestar, importunar.

rama[1] *f.* Cada una de las partes que nacen del tronco o tallo principal de una planta. **2** fig. Conjunto de personas que tienen su origen en un tronco familiar común. **3** fig. Cada parte en que se subdivide una disciplina, actividad, etc.

rama[2] *f.* Cerco de hierro cuadrangular con que se ciñe el molde que se ha de imprimir.

ramada *f.* Ramaje. **2** Enramada.

ramaje *m.* Conjunto de ramas y o ramos.

ramal *m.* Cada uno de los cabos de que se compone una cuerda, soga, etc. **2** Parte que arranca de la línea principal de un camino, cordillera, etc. **3** División que resulta de una cosa con relación y dependencia de ella.

ramificarse *prnl.* Esparcirse y dividirse en ramas una cosa. **2** fig. Propagarse las consecuencias de un hecho o suceso.

ramo *m.* Rama de segundo orden que sale de la principal. **2** Rama cortada del árbol. **3** Manojo de flores, ramas o hierbas.
rampa[1] *f.* Calambre de los músculos.
rampa[2] *f.* Plano inclinado dispuesto para subir y bajar por él.
rampante *adj.* Se dice de la construcción en declive, como el arco y la bóveda, que tiene sus impostas oblicuas o a distinto nivel.
ramplón -na *adj.* Se dice del calzado tosco y de suela muy gruesa y ancha. **2** fig. Vulgar, chabacano.
rana *f.* Anfibio de los ránidos, que puede alcanzar 15 cm de largo y vive en aguas corrientes o estancadas. **2** Juego que consiste en introducir una chapa por la boca abierta de una figura de rana o por otras ranuras.

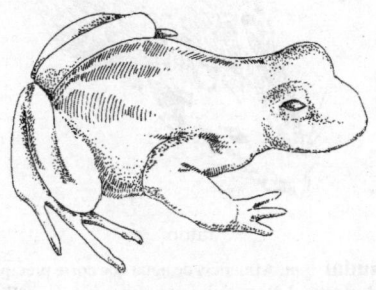

rana

ranchero -ra *adj.* Perteneciente al rancho. **2** *m. y f.* Persona que guisa el rancho. **3** Persona que gobierna un rancho o trabaja en él.
rancho *m.* Comida hecha para muchos en común, y que generalmente se reduce a un solo guisado. **2** Choza o casa pobre. **3** *Amér.* Hacienda donde se crían caballos y otros cuadrúpedos.
rancio -cia *adj.* Se dice del vino y de algunos comestibles grasientos que con el tiempo adquieren sabor y olor más fuertes, mejorándose o echándose a perder. **2** fig. Pasado de moda, anticuado.
rango *m.* Índole, clase, categoría, calidad. **2** Situación social elevada. **3** *Amér.* Rumbo, esplendidez.
ranura *f.* Canal estrecho y largo que se abre en un madero, piedra u otro material.
rapar *tr. y prnl.* Afeitar las barbas. **2** Cortar el pelo al rape. **3** *tr.* fam. Hurtar, robar con violencia.
rapaz[1] *adj.* Inclinado al robo o al hurto. **2** *adj. y f.* Se dice de las aves con pico y uñas muy robustos, encorvados y puntiagudos.
rapaz[2] **-za** *m. y f.* Muchacho o muchacha de corta edad.
rape[1] *m.* fam. Afeitado hecho de prisa y sin cuidado.

rape[2] *m.* Pez osteíctio de unos 50 cm de longitud, cabeza enorme y aplanada y grandes ojos. Es carnívoro y voraz.
rapidez *f.* Calidad de rápido. **2** Velocidad, aceleración.
rápido -da *adj.* Que actúa, evoluciona, se mueve o se hace de forma veloz o en poco espacio de tiempo. **2** *m.* Rabión, corriente del río impetuosa y violenta.
rapiña *f.* Robo o saqueo con violencia. **2** *adj.* Se dice del ave rapaz.
raposo -sa *m. y f.* Zorro, animal. **2** fam. Persona astuta.
rapsoda *m.* El que en la antigua Grecia iba de pueblo en pueblo recitando y cantando poesías. **2** *com.* Recitador de versos.
rapsodia *f.* Fragmento de un poema que recitaban los rapsodas. **2** Pieza musical formada con fragmentos de aires populares o de otras obras.
raptar *tr.* Llevarse a una mujer consigo utilizando la violencia o el engaño, para fines deshonestos. **2** Secuestrar a una persona con la finalidad de conseguir un rescate.
rapto *m.* Impulso, acción de arrebatar. **2** Acción y efecto de raptar. **3** Éxtasis.
raqueta *f.* Bastidor de madera o de metal ligero con mango, que sujeta una red o pergamino y que se emplea como pala en diversos juegos de pelota. **2** Calzado con esta forma para andar por la nieve.
raquitismo *m.* Enfermedad de la nutrición ósea, caracterizada por deformaciones localizadas sobre todo en los miembros y en el tronco.
rareza *f.* Calidad de raro. **2** Cosa rara. **3** Acción característica de la persona rara o extravagante.
raro -ra *adj.* Poco común o frecuente. **2** Escaso en su especie. **3** Sobresaliente, extraordinario.
ras *m.* Igualdad en la superficie o la altura de las cosas.
rasa *f.* Abertura que se hace en las telas endebles, sin que se rompa la urdimbre. **2** Raso, llano, plano.
rasante *adj.* Que pasa rasando. **2** *f.* Inclinación de la línea de un camino respecto del plano horizontal.
rasca *f. Amér.* Borrachera. **2** vulg. Charla, palique, conversación.
rascacielos *m.* Edificio de gran altura y de muchos pisos.
rascador *m.* Instrumento para rascar. **2** Instrumento de hierro para desgranar el maíz y otros frutos.
rascar *tr. y prnl.* Refregar la piel con algo agudo, especialmente con las uñas. **2** Arañar, rasgar. **3** Limpiar con rascador o rasqueta.

rasgado -da *adj.* Que se abre mucho y tiene mucha luz. **2** Se dice de los ojos y la boca muy prolongados horizontalmente. **3** *m.* Rotura, desgarrón.

rasgar *tr.* y *prnl.* Romper o hacer pedazos. **2** Rasguear la guitarra.

rasgo *m.* Línea o trazo, generalmente de adorno, que se hace al escribir o dibujar. **2** Peculiaridad, nota distintiva. **3** *pl.* Facción del rostro. **4** Carácter de letra.

raso -sa *adj.* Plano, liso, sin estorbos. **2** Se dice del asiento sin respaldo. **3** Se dice del que no tiene un título o categoría que lo distinga.

raspar *tr.* Raer ligeramente una cosa, quitando la parte superficial. **2** Hurtar, quitar una cosa. **3** *tr.* e *intr.* Producir una cosa daño o aspereza al rozar.

rastrear *tr.* Seguir el rastro de una persona o cosa. **2** Indagar, averiguar. **3** *intr.* Hacer alguna labor con el rastro.

rastrero -ra *adj.* Que va arrastrando. **2** Se dice del tallo de una planta que crece horizontalmente. **3** fig. Vil, despreciable.

rastrillar *tr.* Limpiar con el rastrillo o rastro. **2** Limpiar el lino o cáñamo de la arista y estopa. **3** *Amér.* Disparar un arma de fuego.

rastrillo *m.* Tabla con muchos dientes de alambre grueso, sobre los que se pasa el lino o cáñamo para apartar la estopa y separar bien las fibras. **2** Puerta de hierro que defiende una fortaleza o prisión. **3** Rastro, instrumento de labranza. **4** Herramienta para extender piedra.

rastro *m.* Instrumento agrícola compuesto de un travesaño armado de dientes o púas y provisto de un mango largo, que sirve para recoger hierba, paja, allanar piedras, etc. **2** Vestigio, señal, indicio. **3** Pista, huella que queda de alguna cosa.

rastrojo *m.* Residuo de las cañas de la mies, después de la siega. **2** fig. Residuo o resto de algo. **3** *Col.* Bosque de arbustos.

rasurar *tr.* y *prnl.* Afeitar, raer el pelo o la barba.

rata¹ *f.* Mamífero roedor de los múridos, con cabeza pequeña, hocico puntiagudo, cuerpo grueso, patas cortas, cola delgada y pelaje gris oscuro. **2** Hembra del ratón. **3** *m.* Ratero, ladrón.

rata² *f.* Parte proporcional. **2** FÍS Variación por unidad de tiempo.

ratear¹ *tr.* Disminuir a proporción o prorrata. **2** Distribuir, repartir proporcionalmente una cosa.

ratear² *tr.* Hurtar con habilidad cosas pequeñas.

ratería *f.* Hurto de cosas de poco valor. **2** Acción de hurtarlas con destreza.

ratero -ra *adj.* y *n.* Se dice del ladrón que hurta con maña y cautela cosas de poco valor.

raticida *adj.* y *m.* Se dice del veneno que se emplea contra ratas y ratones.

rato¹ *m.* Espacio de tiempo, generalmente de poca duración.

rato² *m.* Macho de la rata, mamífero.

rato³ *adj.* Se dice del matrimonio contraído legítima y solemnemente, y que no ha llegado a consumarse.

ratón *m.* Mamífero roedor de los múridos, de unos 15 cm de longitud, con pelaje generalmente gris.

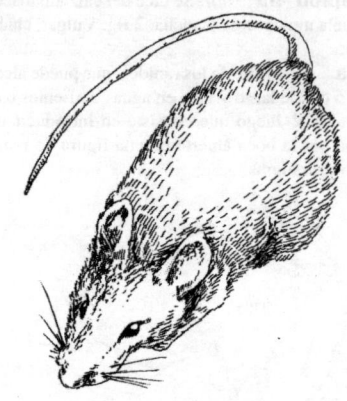

ratón

raudal *m.* Afluencia de agua que corre precipitadamente. **2** Parte del curso de un río donde las aguas son más turbulentas, a causa de la fuerte pendiente. **3** fig. Abundancia de cosas que ocurren o surgen de repente.

raudo -da *adj.* Rápido, veloz.

raviolis (it.) *m. pl.* Pequeños emparedados de pasta, rellenos de carne picada o verdura, que se sirven cocidos y condimentados.

raya¹ *f.* Señal larga y estrecha que se hace en una superficie. **2** Término o límite de una nación, provincia, etc. **3** Término de una cosa, en lo físico o en lo moral.

raya² *f.* Nombre común a las especies de peces condroíctios rayiformes de la familia ráyidos. Tienen el cuerpo aplanado, en forma de disco romboidal, las aletas pectorales muy desarrolladas y las dorsales situadas en la cola, muy larga y delgada. Su carne es comestible.

rayano -na *adj.* Que confina o linda con una cosa. **2** Que está en la raya que divide dos territorios. **3** fig. Próximo, semejante.

rayar *tr.* Hacer rayas. **2** Tachar lo escrito o impreso con rayas. **3** Subrayar.

rayo *m.* Cada una de las líneas que parten del punto en que se produce una determinada forma de energía y señalan la dirección en que ésta se propaga. **2** Radiación electromagnética que propaga esta energía. **3** Línea de luz que procede de un cuerpo luminoso, y especialmente las que vienen del Sol. **4** Chispa eléctrica de gran intensidad producida por descarga de una nube a la tierra.

rayuela *f.* Juego que consiste en tirar monedas o tejos a una raya hecha en el suelo. **2** Juego consistente en recorrer, empujando con un pie un tejo, unas divisiones hechas en el suelo. **3** *Amér.* Tejo.

raza *f.* Grupo de seres humanos que presentan un conjunto de rasgos físicos comunes y hereditarios. **2** Casta o calidad del origen o linaje. **3** Cada uno de los grupos en que se subdividen algunas especies animales.

razón *f.* Facultad de discurrir. **2** Palabras o frases con que se expresa el pensamiento. **3** Argumento con que se justifica o prueba una cosa. **4** Causa o motivo. **5** fam. Mensaje, noticia, aviso.

razonable *adj.* Conforme a la razón. **2** Prudente, sensato. **3** fig. Que es suficiente en cantidad o calidad.

razonamiento *m.* Acción y efecto de razonar. **2** Serie de conceptos encaminados a demostrar algo.

razonar *intr.* Valerse de la razón para justificar algo. **2** *tr.* Exponer, aducir las razones o documentos en que se apoyan dictámenes, cuentas, etc.

reacción *f.* Acción que resiste o se opone a otra acción, obrando en sentido contrario a ella. **2** Respuesta a un estímulo.

reacio -cia *adj.* Desobediente, remolón. **2** Que rechaza o muestra resistencia a hacer algo o a dejar que se ejerza una acción sobre él.

reactor *m.* Motor de reacción. **2** Avión que usa motor de reacción. **3** Reactor nuclear. **4** Aparato en el que se produce una reacción química.

readaptar *tr.* y *prnl.* Adaptar de nuevo a una persona o cosa.

reagrupar *tr.* y *prnl.* Agrupar de nuevo o de modo diferente.

reajustar *tr.* Volver a ajustar. **2** Hablando de precios, salarios, etc.

real[1] *adj.* Que tiene existencia verdadera y efectiva.

real[2] *adj.* Perteneciente al rey o a la realeza. **2** Regio, grandioso, suntuoso. **3** fam. Muy bueno.

realce *m.* Adorno o labor que sobresale de una cosa. **2** fig. En pintura, parte de un dibujo o cuadro más iluminada. **3** fig. Estimación, grandeza, esplendor.

realeza *f.* Dignidad o soberanía real. **2** El rey y su familia, o gente aristócrata emparentada con él.

realidad *f.* Calidad de lo que posee una existencia real y efectiva. **2** Cosa o hecho real. **3** Cosa o hecho efectivo y con valor práctico.

realizar *tr.* y *prnl.* Hacer real y efectiva una cosa. **2** Ejecutar, llevar a cabo una acción. **3** Vender, convertir en dinero mercaderías u otros bienes, especialmente a bajo precio.

realzar *tr.* y *prnl.* Elevar o levantar una cosa más de lo que estaba. **2** fig. Engrandecer, destacar.

reanimar *tr.* y *prnl.* Dar vigor, restablecer las fuerzas. **2** fig. Infundir ánimo y valor al que está abatido.

reanudar *tr.* y *prnl.* Continuar algo que se había interrumpido.

reaparecer *intr.* Volver a aparecer o a mostrarse.

rebaja *f.* Disminución o descuento de algo, especialmente de precios.

rebajar *tr.* Hacer más bajo el nivel o la altura de algo. **2** Disminuir o reducir el precio de una cosa. **3** *tr.* y *prnl.* fig. Humillar, abatir.

rebanada *f.* Porción delgada, especialmente de pan, que se corta en toda su anchura.

rebaño *m.* Hato grande de ganado, especialmente del lanar.

rebaño

rebasar *tr.* Pasar o exceder de cierto límite. **2** Dejar algo atrás en una marcha, camino, etc. **3** Pasar navegando cualquier estorbo o peligro.

rebatir *tr.* Rechazar la fuerza o la violencia de uno. **2** fig. Refutar los argumentos o razones de un contrario. **3** Rechazar tentaciones, sugerencias o propuestas.

rebelde *adj.* y *com.* Que se rebela o subleva contra la autoridad. **2** Desobediente, indócil. **3** Que se resiste a algo.

rebeldía *f.* Calidad de rebelde. **2** Acción propia del rebelde.

reblandecer *tr.* y *prnl.* Ablandar una cosa, ponerla tierna.

rebobinar *tr.* Hacer que un hilo o cinta se desenrolle de un carrete para enrollarse en otro. **2** En un circuito eléctrico, sustituir el hilo de una bobina por otro.

reborde *m.* Faja estrecha y saliente a lo largo del borde de alguna cosa.

rebosar *intr.* y *prnl.* Derramarse un líquido por encima de los bordes de un recipiente. **2** *intr.* y *tr.* fig. Abundar en exceso una cosa.

rebotar *intr.* Botar repetidamente un cuerpo elástico. **2** Botar la pelota en el punto en que ya ha ido a dar un primer bote. **3** *tr.* Rechazar un cuerpo a otro, forzándole a retroceder.

rebozar *tr.* y *prnl.* Cubrir casi todo el rostro con una prenda, como el manto o la capa. **2** *tr.* Bañar un alimento en huevo batido, harina, pan rallado, etc.

rebrote *m.* Nuevo brote.

rebullir *intr.* y *prnl.* Empezar a moverse lo que estaba quieto. **2** *intr.* Bullir una cosa más de lo necesario.

reburujar *tr.* fam. Revolver una cosa haciendo con ella un burujón o bulto.

rebuscado -da *adj.* Se dice del lenguaje o de la expresión que muestra rebuscamiento, afectación.

rebuscar *tr.* Buscar con mucho cuidado. **2** Recoger el fruto que queda en los campos, después de la cosecha.

recabar *tr.* Conseguir con instancias y súplicas lo que se desea. **2** Pedir, reclamar alegando un derecho.

recado *m.* Mensaje o respuesta que de palabra se envía a otro. **2** Provisión que para el surtido de la casa se compra diariamente. **3** Diligencia, compra, encargo o trámite que uno ha de hacer.

recaer *intr.* Volver a caer. **2** Caer nuevamente enfermo el que convalecía o había recobrado la salud. **3** Reincidir en los vicios, errores, etc.

recalcar *tr.* Apretar mucho una cosa con otra o sobre otra. **2** Llenar un recipiente con la mayor cantidad posible de algo. **3** fig. Decir algo con mucho énfasis o con gran lentitud, para atraer la atención sobre ello.

recámara *f.* Cuarto después de la cámara, destinado a guardar vestidos o joyas. **2** Lugar en el interior de una mina, destinado a contener los explosivos. **3** *Amér.* Alcoba o aposento.

recapacitar *tr.* e *intr.* Pensar detenidamente acerca de alguna cosa.

recapitular *tr.* Resumir breve y ordenadamente algo dicho o escrito con anterioridad.

recargar *tr.* Volver a cargar. **2** Aumentar la carga. **3** Hacer nuevo cargo o reconvención.

recato *m.* Cautela, reserva. **2** Honestidad, modestia.

recaudar *tr.* Cobrar o percibir dinero o efectos. **2** Guardar, poner o tener en custodia.

recebo *m.* Arena o piedra menuda que se extiende sobre el firme de una carretera para igualarlo.

recelar *tr.* y *prnl.* Desconfiar, sospechar.

recepción *f.* Acción y efecto de recibir. **2** Admisión en un empleo, oficio o sociedad. **3** Reunión con carácter de fiesta que se celebra en algunas casas particulares. **4** En hoteles, congresos, etc., dependencia u oficina donde se recibe y atiende a los clientes.

receptáculo *m.* Cavidad en que se contiene o puede contenerse una cosa. **2** Extremo de la flor donde descansan los diversos verticilos. **3** fig. Asilo, refugio.

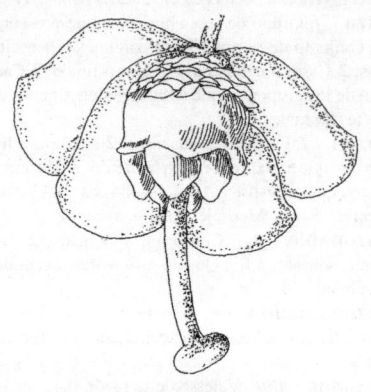

receptáculo

receptor -ra *adj.* y *n.* Que recepta o recibe.

recesión *f.* Período posterior a una fase de prosperidad económica, en el que hay una disminución de la producción y de la actividad. **2** Alejamiento progresivo de un cuerpo respecto a un observador o posición determinados.

receso *m.* Separación, desvío. **2** *Amér.* Vacación, suspensión temporal de actividades, y tiempo que dura.

receta *f.* Escrito que contiene una prescripción médica y, en ocasiones, instrucciones sobre su preparación. **2** Nota que indica el modo de hacer una cosa.

recetar *tr.* Prescribir un medicamento. **2** fig. Pedir alguna cosa de palabra o por escrito.

rechiflar *tr.* Silbar con insistencia. **2** *prnl.* Burlarse, mofarse de uno ridiculizándole.

rechinar *tr.* Hacer o causar una cosa un sonido desapacible, por frotar con otra. **2** fig. Estar furioso.

recibir *tr.* Tomar, aceptar uno lo que le dan o envían. **2** Padecer un daño. **3** Admitir, aceptar, aprobar.

recibo *m.* Acción y efecto de recibir. **2** Escrito o resguardo en que se declara haber recibido dinero u otra cosa.

reciclar *tr.* Someter repetidamente una materia a un mismo ciclo, para ampliar los efectos de éste. **2** Transformar o aprovechar algo para nuevo uso o destino.

recién *adv. t.* Recientemente. Se usa antepuesto a participios pasivos: recién llegado; en América, también acompañando a formas verbales personales (recién lo vi) y a adverbios de tiempo (recién ahora) o de lugar (recién aquí).
reciente *adj.* Nuevo, fresco o acabado de hacer. **2** Que acaba de suceder.
recinto *m.* Espacio comprendido dentro de ciertos límites.
recio -cia *adj.* Fuerte, robusto, vigoroso. **2** Grueso, gordo. **3** Áspero, de mal carácter.
recipiente *adj.* Que recibe. **2** *m.* Cavidad o vasija en que puede contenerse algo.
reciprocidad *f.* Correspondencia mutua de una persona o cosa con otra.
recital *m.* Concierto a cargo de un solo artista o de un grupo musical. **2** Lectura o recitación de composiciones de un poeta.
recitar *tr.* Decir de memoria y en voz alta un fragmento literario, versos, etc.
reclamar *intr.* Clamar contra una cosa, oponerse a ella. **2** Llamar con insistencia. **3** Pedir o exigir con derecho o con instancia una cosa.
reclinar *tr. y prnl.* Inclinar el cuerpo, o parte de él, apoyándose sobre algo. **2** Inclinar una cosa apoyándola sobre otra.
recluir *tr. y prnl.* Encerrar o poner en reclusión.
recluso -sa Participio pasivo irregular de recluir. **2** *adj. y n.* Preso.
recluta *f.* Reclutamiento. **2** *m.* El que se alista voluntariamente en el ejército. **3** Mozo alistado por sorteo para el servicio militar.
reclutar *tr.* Alistar reclutas. **2** Buscar adeptos para un fin o propósito determinado.
recobrar *tr.* Volver a tener o adquirir lo que antes se tenía o poseía. **2** *prnl.* Desquitarse, reintegrarse de lo perdido.
recodo *m.* Ángulo o revuelta que forman las calles, caminos, ríos, etc.
recoger *tr.* Volver a coger, especialmente algo que se ha caído. **2** Hacer la recolección de la cosecha. **3** Coger una cosa y guardarla, ponerla en custodia. **4** Juntar o reunir personas o cosas separadas o dispersas. **5** *prnl.* Retirarse a una parte.
recolección *f.* Acción y efecto de recolectar. **2** Recopilación, resumen. **3** Cosecha de los frutos.
recomendación *f.* Acción y efecto de recomendar o recomendarse. **2** Encargo o súplica que se hace a otro.
recomendar *tr.* Aconsejar a alguien cierta cosa por su bien. **2** Encargar, pedir a alguien que tome a su cuidado una persona o cosa.
recompensa *f.* Acción y efecto de recompensar. **2** Lo que sirve para recompensar.

recompensar *tr.* Compensar. **2** Retribuir o remunerar un servicio. **3** Premiar.
reconcentrar *tr. y prnl.* Introducir, internar una cosa en otra. **2** Aumentar la concentración de una cosa, hacerla más densa. **3** *prnl.* Abstraerse, ensimismarse.
reconciliar *tr. y prnl.* Hacer que vuelvan a ser amigos los que estaban desunidos.
recóndito -ta *adj.* Escondido, muy reservado y oculto.
reconducir *tr.* Prorrogar tácita o expresamente un contrato de arrendamiento. **2** Dirigir de nuevo una cosa al lugar donde se hallaba.
reconocer *tr.* Identificar. **2** Examinar con cuidado a una persona o cosa para establecer su identidad, naturaleza y circunstancias. **3** Considerar, contemplar. **4** Confesar la certeza de lo que otro dice.
reconquistar *tr.* Volver a conquistar una plaza, provincia o reino. **2** fig. Recuperar el afecto, el honor, la confianza, etc.
reconsiderar *tr.* Volver a considerar un asunto, tema, etc. **2** Someter algo a un examen crítico, o tratarlo según nuevos puntos de vista.
reconstituir *tr. y prnl.* Volver a constituir, rehacer. **2** Dar o devolver a la sangre y al organismo sus condiciones normales.
reconstruir *tr.* Volver a construir. **2** Volver a evocar el desarrollo de un hecho, suceso, etc., para completar su conocimiento.
reconvenir *tr.* Censurar, reprender a alguien por sus actos o palabras.
recopilación *f.* Compendio, resumen de una obra o discurso. **2** Colección de escritos diversos.
recopilar *tr.* Juntar, recoger o reunir, diversas cosas, especialmente escritos literarios.
récord (ing.) *m.* Marca deportiva constatada oficialmente y que supera las anteriores en el mismo género y en idénticas condiciones. **2** fig. Acción que supera a una anterior.
recordar *tr.* Traer algo a la memoria. **2** Mover a uno a que tenga presente aquello de que se hizo cargo. **3** Retener alguna cosa en la mente.
recordatorio -ria *adj.* Que sirve para recordar. **2** *m.* Aviso, advertencia, comunicación u otro medio para hacer recordar una cosa.
recorrer *tr.* Atravesar un lugar por completo, en toda su extensión. **2** Registrar cuidadosamente para averiguar lo que se desea. **3** Reparar lo deteriorado.
recortar *tr.* Cortar lo que sobra de una cosa. **2** Cortar el papel u otra cosa, formando figuras diversas. **3** fig. Disminuir o empequeñecer una cosa.
recostar *tr. y prnl.* Reclinar la parte superior del cuerpo o la cabeza el que está de pie o sentado. **2** Inclinar una cosa sobre otra.

recoveco *m.* Vuelta y revuelta de un callejón, pasillo, arroyo, etc. **2** fig. Fingimiento, rodeo de que uno se vale para conseguir un fin. **3** fig. Sitio escondido.

recrear *tr.* Crear o producir de nuevo alguna cosa. **2** *tr.* y *prnl.* Divertir, alegrar, deleitar. **3** *prnl.* Disfrutar haciendo algo o hacerlo poco a poco.

recreo *m.* Acción de recrearse o divertirse. **2** Espacio de tiempo entre clases, en el que los niños juegan o descansan.

recriminar *tr.* Responder a cargos o acusaciones con otros u otras. **2** Reprochar, censurar a alguien por sus acciones o sentimientos. **3** *prnl.* Acriminarse dos o más personas.

recrudecer *intr.* y *prnl.* Incrementarse un mal físico o moral que ya había empezado a remitir.

rectángulo -la *adj.* Que tiene ángulos rectos; se dice especialmente del triángulo y del paralelepípedo. **2** *m.* Paralelogramo que tiene cuatro ángulos rectos y los lados contiguos desiguales.

rectificar *tr.* Corregir lo inexacto o equívoco. **2** Aclarar uno los dichos o hechos que se le atribuyen. **3** Poner recta una cosa.

rectilíneo -a *adj.* Que se compone de líneas rectas. **2** fig. Se dice del carácter de las personas excesivamente rectas.

rectitud *f.* Calidad de recto. **2** fig. Justo, moral.

recto -ta *adj.* Que no se inclina ni a un lado ni a otro, ni se desvía. **2** fig. Justo, severo, firme en sus resoluciones. **3** fig. Honrado, honesto. **4** *m.* Segmento terminal del tubo digestivo que se extiende hasta el ano. **5** *adj.* y *f.* En el espacio ordinario, se dice de la serie de puntos, en la misma dirección, que se puede definir como la distancia más corta entre dos puntos dados.

rector -ra *adj.* y *n.* Que rige o gobierna. **2** *m.* y *f.* Persona que gobierna un colegio, hospital, universidad, etc.

recuadro *m.* Compartimiento o división en forma de cuadro. **2** En los periódicos, espacio encerrado por líneas para hacer resaltar una noticia.

recubrir *tr.* Volver a cubrir. **2** Retejar, reponer las tejas que faltan.

recuerdo *m.* Acción y efecto de recordar. **2** Memoria que se hace en la mente de algo dicho u ocurrido con anterioridad.

recular *tr.* Cejar, retroceder, andar hacia atrás. **2** fig. Ceder uno en su dictamen u opinión.

recuperar *tr.* y *prnl.* Volver a tomar o a adquirir lo que antes se tenía. **2** *prnl.* Volver en sí después de un desvanecimiento.

recurrente *adj.* Que recurre. **2** Se dice de lo que vuelve a ocurrir o aparecer, especialmente después de un intervalo.

recurrir *tr.* Acudir a un juez o autoridad con una demanda o petición. **2** Buscar la ayuda o el favor de alguien o de algo en una necesidad. **3** Volver una cosa al lugar de donde salió.

recurso *m.* Acción y efecto de recurrir. **2** Medio al que se recurre, o se puede recurrir, en caso de necesidad o para lograr algo. **3** *pl.* Bienes, medio de subsistencia.

recusar *tr.* No querer admitir o aceptar una cosa. **2** Poner tacha al juez, oficial o perito que con carácter público interviene en un procedimiento o juicio, para que no actúe en él.

red *f.* Aparejo hecho con hilos, cuerdas o alambres, en forma de mallas, y que se usa para pescar, cazar, etc. **2** fig. Ardid o engaño. **3** Organización con ramificaciones en varios lugares y con comunicación entre ellos.

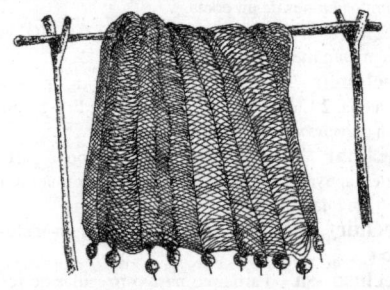

red

redacción *f.* Acción y efecto de redactar. **2** Lugar u oficina donde se redacta. **3** Conjunto de redactores de una publicación periódica, casa editorial, etc.

redactar *tr.* Poner por escrito cosas sucedidas, acordadas o pensadas.

redada *f.* Lance de red. **2** fam. Conjunto de personas o cosas que se toman o cogen de una vez. **3** fam. Operación policial que consiste en apresar de una vez a un conjunto de delincuentes.

redención *f.* Acción y efecto de redimir o redimirse. **2** Liberación de una cosa que se había vendido, hipotecado, etc.

redil *m.* Aprisco vallado para el ganado.

redimir *tr.* y *prnl.* Rescatar o sacar de esclavitud mediante precio. **2** Librar de una obligación o extinguirla. **3** Poner término a un dolor, penuria o adversidad.

redistribuir *tr.* Distribuir algo de nuevo. **2** Distribuir algo de forma diferente a como estaba.

rédito *m.* Renta, utilidad o beneficio que rinde un capital.

redoblar *tr.* y *prnl.* Hacer doble, duplicar una cosa. **2** *tr.* Repetir, reiterar. **3** *intr.* Tocar redobles en el tambor.

redondear *tr.* y *prnl.* Hacer o poner redonda una cosa. **2** *tr.* Completar algo de modo satisfactorio. **3** fig. Sanear un caudal, un negocio o una finca, liberándolos de gravámenes o deudas.

redondel *m.* fam. Círculo o circunferencia. **2** Ruedo de la plaza de toros.

redondo -da *adj.* De figura circular o esférica, o semejante a ella. **2** Se dice del terreno adehesado y que no es común. **3** fig. Claro, completo, sin rodeo. **4** Se dice de la cantidad o del número cuya parte fraccionaria se aumenta o disminuye para convertirlos en unidades enteras.

reducción *f.* Acción y efecto de reducir o reducirse. **2** Proceso químico que se produce en una reacción química y que se caracteriza por la aceptación de electrones por parte de una de las sustancias reaccionantes. **3** Cada uno de los pueblos de indígenas que las autoridades españolas crearon en América, puestos bajo el gobierno del clero.

reducir *tr.* Devolver una cosa a su estado o lugar primitivo. **2** Disminuir, menguar. **3** Mudar una cosa en otra equivalente. **4** Resumir, sintetizar.

reducto *m.* Fortificación cerrada que consta de un parapeto.

redundancia *f.* Sobra o demasiada abundancia de cualquier cosa. **2** Repetición innecesaria de la información contenida en un mensaje.

redundar *intr.* Rebosar, salirse una cosa de sus límites. **2** Venir a parar una cosa en beneficio o daño de alguno.

reduplicar *tr.* Aumentar una cosa al doble. **2** Repetir, reiterar.

reemplazar *tr.* Sustituir una cosa por otra. **2** Suceder a uno en un empleo.

refacción *f.* Comida ligera que se toma para reparar las fuerzas. **2** *Amér.* Reparación.

referencia *f.* Narración o relato. **2** Relación o dependencia de una cosa respecto de otra. **3** Informe que se da o se tiene sobre las aptitudes, cualidades o solvencia de alguien o de algo.

referéndum *m.* Procedimiento jurídico por el que se somete al voto popular una medida constitucional o legislativa.

referir *tr.* Narrar un suceso. **2** Remitir. **3** *tr.* y *prnl.* Poner en relación personas o cosas.

refinar *tr.* Hacer más pura o fina una cosa. **2** fig. Perfeccionar una cosa adecuándola a un fin determinado. **3** *prnl.* fig. Suprimir la vulgaridad en los modales, hacerse fino.

refinería *f.* Instalación industrial donde se refinan productos como el petróleo, el azucar, etc.

reflector -ra *adj.* y *n.* Se dice del cuerpo que refleja. **2** *m.* Aparato para reflejar los cuerpos luminosos, el calor u otra radiación.

reflejar *intr.* y *prnl.* Cambiar la dirección de la luz, el calor, el sonido o algún cuerpo elástico,

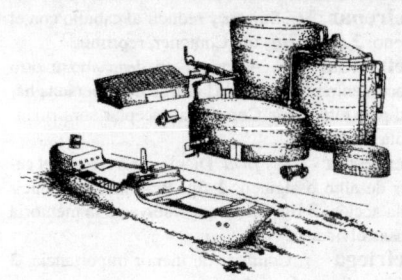

refinería

oponiéndoles una superficie lisa. **2** *tr.* fig. Manifestar, hacer patente una cosa. **3** *prnl.* Dejarse ver una cosa en otra.

reflejo -ja *adj.* Reflejado. **2** fig. Se dice del conocimiento o consideración que se forma de una cosa para reconocerla mejor. **3** *m.* Representación, imagen, muestra. **4** Respuesta motriz, secretora, etc., de carácter involuntario frente a un estímulo determinado.

reflexión *f.* Acción y efecto de reflejar o reflejarse. **2** Acción y efecto de reflexionar. **3** fig. Advertencia o consejo con que uno intenta persuadir a otro o a sí mismo.

reflexivo -va *adj.* Que refleja o reflecta. **2** Que habla y piensa con reflexión. **3** *adj.* y *m.* Se dice del verbo pronominal en el que la acción desarrollada por el sujeto recae directa o indirectamente sobre él mismo. **4** *adj.* y *f.* Se dice de la oración caracterizada por la presencia de un sujeto que es, al mismo tiempo, complemento del verbo.

refluir *intr.* Retroceder un líquido. **2** fig. Redundar una cosa en beneficio o daño de alguno.

reforestar *tr.* Repoblar un terreno con plantas forestales.

reforma *f.* Acción y efecto de reformar o reformarse. **2** Lo que se propone, proyecta o ejecuta como una innovación o mejora.

reformar *tr.* Volver a formar, rehacer. **2** Reparar, restaurar, restablecer. **3** Corregir, poner en orden.

reforzar *tr.* Añadir nuevas fuerzas a una cosa, ponerle un refuerzo. **2** Fortalecer o reparar lo que padece ruina.

refractario -ria *adj.* Se dice de la persona que rehúsa cumplir una promesa u obligación. **2** Opuesto, rebelde a aceptar una idea, opinión o costumbre. **3** Resistente a la acción de un fenómeno determinado o inmune a una enfermedad.

refrán *m.* Dicho agudo y sentencioso de uso común.

refregar *tr.* y *prnl.* Frotar una cosa con otra. **2** *tr.* fam. Echar en cara a uno una cosa que le ofende o avergüenza.

refrenar *tr.* Sujetar y reducir al caballo con el freno. **2** *tr.* y *prnl.* fig. Contener, reprimir.
refrendar *tr.* Autorizar un despacho u otro documento por medio de la firma de la persona hábil para ello. **2** fig. Corroborar, aceptar confirmándola una cosa.
refrescar *tr.* y *prnl.* Disminuir o rebajar el calor de algo o alguien. **2** fig. Renovar, reproducir una acción. **3** fig. Hacer que vuelvan a la memoria cosas olvidadas.
refriega *f.* Combate de menor importancia. **2** Riña o discusión violenta.
refrigerar *tr.* Disminuir la temperatura de algo. **2** Enfriar en cámaras especiales alimentos, productos, etc., para su conservación.
refrigerio *m.* Alivio que se siente con una cosa fresca. **2** fig. Alimento ligero que se toma para reparar las fuerzas. **3** fig. Alivio o consuelo en cualquier apuro o pena.
refrito *m.* Comida o condimento que vuelve a freírse en la sartén. **2** Cosa rehecha de nuevo.
refuerzo *m.* Mayor grueso o volumen que se da a una cosa para hacerla más resistente. **2** Apuntalamiento o reparación que se hace para fortalecer una cosa que amenaza ruina. **3** Socorro o ayuda que se presta en ocasión o necesidad.
refugiar *tr.* y *prnl.* Acoger o amparar a uno, sirviéndole de resguardo y asilo.
refugio *m.* Asilo, acogida o amparo. **2** Lugar adecuado para refugiarse o protegerse. **3** Albergue situado en la alta montaña.
refulgir *intr.* Resplandecer, emitir fulgor.
refundir *tr.* Volver a fundir los metales. **2** fig. Dar nueva forma y disposición a una obra literaria, discurso, etc. **3** *prnl. Amér.* Perderse, extraviarse.
refunfuñar *intr.* Emitir voces confusas o palabras mal articuladas, en señal de enojo o desagrado.
refutar *tr.* Rebatir con argumentos o razones lo que otros dicen.
regadera *f.* Vasija o recipiente portátil que sirve para regar. **2** Acequia, reguera.
regalar *tr.* Dar una cosa en muestra de afecto, consideración o por otro motivo. **2** Halagar, acariciar, o hacer expresiones de afecto. **3** *tr.* y *prnl.* Recrear, deleitar.
regalía *f.* Prerrogativa o derecho privativo de un soberano. **2** Privilegio o excepción privativa que alguien disfruta. **3** *pl. Amér.* Derechos pecuniarios que percibe un autor o inventor por la explotación de una obra o patente por un tercero.
regalo *m.* Cosa que se ofrece a alguien gratuitamente y como muestra de afecto o consideración. **2** Gusto o complacencia que se recibe.
regañar *intr.* Dar muestras de enfado con palabras y gestos. **2** Reñir con otro.

regar *tr.* Esparcir agua sobre una superficie, una planta, la tierra, etc. **2** fig. Atravesar un río o canal una comarca o territorio. **3** fig. Esparcir, derramar alguna cosa.
regata *f.* Competición entre dos o más embarcaciones, para llegar antes a un punto dado.

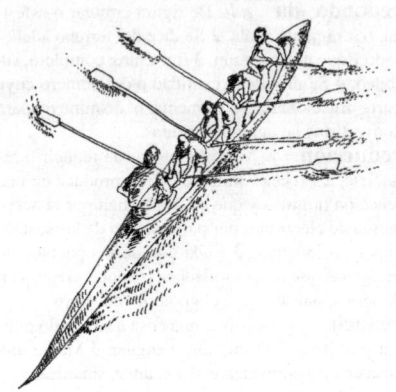

regata

regatear[1] *tr.* Debatir el comprador con el vendedor el precio de una cosa para que lo rebaje. **2** fam. Escatimar, rehusar hacer un esfuerzo, dar una ayuda, etc.
regatear[2] *intr.* Disputar regatas dos o más embarcaciones.
regazo *m.* Cavidad que hace la falda desde la cintura hacia la rodilla, cuando la mujer está sentada. **2** Parte del cuerpo que corresponde a esta cavidad.
regencia *f.* Acción de regir o gobernar. **2** Cargo de regente. **3** Gobierno de un Estado durante la menor edad, ausencia o incapacidad de su legítimo príncipe.
regenerar *tr.* y *prnl.* Restablecer algo que estaba gastado o destruido. **2** Enmendar los vicios o malas costumbres de alguien.
regicida *adj.* y *com.* Se dice de la persona que mata a un rey o a una reina, o que atenta contra la vida del soberano.
regidor -ra *adj.* Que rige o gobierna. **2** *m.* y *f.* Concejal.
régimen *m.* Conjunto de instituciones o reglamentos que constituyen una forma de gobierno. **2** Modo habitual de producirse o suceder una cosa. **3** Conjunto de condiciones habituales y regulares que provocan o acompañan un fenómeno determinado.
región *f.* Porción de territorio determinada por características étnicas, climáticas, administrativas, históricas, etc. **2** fig. Todo espacio que se supone ser de gran amplitud.

registro *m.* Acción de registrar o registrarse. **2** Lugar donde se registra o ve algo. **3** Libro donde se registran noticias o datos.

regla *f.* Instrumento que sirve para trazar líneas rectas. **2** Modo de ejecutar una cosa. **3** Precepto o principio en las ciencias o artes.

reglamento *m.* Conjunto de reglas o preceptos que se dan para la ejecución de una ley, el régimen de una corporación, una actividad profesional o deportiva, etc.

regocijo *m.* Alegría, júbilo. **2** Acto con que se manifiesta.

regodearse *prnl.* fam. Deleitarse o complacerse en lo que gusta o se goza. **2** Alegrarse con un daño o apuro de otro. **3** *Amér.* Mostrarse con remilgos.

regresar *intr.* Volver al lugar de donde se partió. (En América se utiliza en forma pronominal.)

reguero *m.* Corriente o chorro muy delgado de un líquido que se desliza sobre una superficie. **2** Línea o señal que queda de una cosa que se va vertiendo.

regular¹ *adj.* Ajustado y conforme a regla. **2** Comedido, moderado en las acciones y modo de vivir. **3** Mediano, de calidad o tamaño intermedio. **4** Se dice del polígono y del poliedro cuyos lados y ángulos son iguales entre sí.

regular² *tr.* Medir, ajustar o computar una cosa por comparación o deducción. **2** Ajustar, poner en regla u orden una cosa.

rehabilitar *tr.* y *prnl.* Habilitar de nuevo o restituir una persona o cosa a su antiguo estado.

rehén *com.* Persona retenida en poder de alguien, como garantía o fianza. **2** Cualquier cosa que se pone por fianza o seguro.

rehuir *tr., intr.* y *prnl.* Evitar, esquivar una cosa por algún temor, sospecha o recelo. **2** Eludir el contacto o relación con alguien. **3** *tr.* Rehusar o excusar el admitir algo.

reina *f.* Esposa del rey. **2** Mujer que ejerce la potestad real, por derecho propio. **3** Pieza del juego del ajedrez.

reinar *intr.* Regir, gobernar un rey o una reina un Estado. **2** Dominar o tener predominio una persona o cosa sobre otra.

reincidir *intr.* Volver a incurrir en un error, falta o delito.

reino *m.* Territorio o Estado sujeto al gobierno de un rey. **2** Territorio de un Estado que antiguamente tuvo su rey propio. **3** Cada uno de los tres grandes grupos, animal, vegetal y mineral, en que se consideran divididos todos los seres naturales por razón de sus caracteres comunes.

reinserción *f.* Acción de devolver al lugar de origen a una persona o cosa que había sido separada de él.

reintegrar *tr.* Restituir íntegramente una cosa. **2** Devolver a uno lo que éste había prestado anteriormente. **3** *tr.* y *prnl.* Reincorporarse a una colectividad, actividad o situación social o económica.

reír *tr.* y *prnl.* Manifestar alegría y regocijo con la expresión de la mirada y con determinados movimientos de la boca y otras partes del rostro. **2** *tr., intr.* y *prnl.* Hacer burla o mofa.

reiterar *tr.* y *prnl.* Repetir, volver a decir o ejecutar una cosa.

reivindicar *tr.* Reclamar, exigir uno aquello a que tiene derecho. **2** Rehabilitar la fama o el buen nombre de alguien o de algo. **3** DER Recuperar uno lo que de derecho le pertenece.

reja¹ *f.* Instrumento de hierro, que es parte del arado y sirve para romper y revolver la tierra. **2** fig. Labor o vuelta que se da a la tierra con el arado.

reja² *f.* Conjunto de barrotes de varias formas que se ponen en las ventanas y otras aberturas para seguridad o adorno.

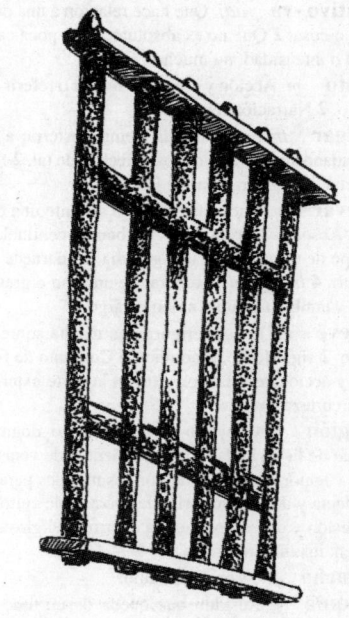

reja

rejilla *f.* Celosía fija o movible, red de alambre, tela metálica, etc.

rejo *m.* Punta o aguijón de hierro o de otra especie. **2** Hierro que se pone en el cerco de las puertas. **3** Tira de cuero. **4** *Amér.* Azote, látigo.

rejuvenecer *tr., intr.* y *prnl.* Dar a uno la fortaleza, el vigor, ideales, etc., de la juventud. **2** *tr.*

Renovar, modernizar o actualizar lo desusado u olvidado.

relación *f.* Acción y efecto de relatar o referir un hecho, o de dirigir algo a cierto fin. **2** Lista, enumeración de personas o cosas. **3** Conexión, correspondencia de una cosa con otra.

relajar *tr.* y *prnl.* Aflojar, laxar o ablandar. **2** *fig.* Distraer el ánimo con algún descanso. **3** *fig.* Hacer menos rigurosa la observancia de las leyes, reglas, estatutos, etc.

relámpago *m.* Resplandor vivísimo e instantáneo producido entre dos nubes por una descarga eléctrica. **2** *fig.* Cualquier fuego o resplandor repentino. **3** *fig.* Cosa que pasa fugaz o velozmente, o persona que es rápida en sus acciones.

relatar *tr.* Referir o narrar un hecho. **2** Hacer relación de un proceso o pleito.

relatividad *f.* Calidad de relativo. **2 Fís** Conjunto de las teorías formuladas por A. Einstein entre 1905 y 1917 sobre la estructura del tiempo y el espacio.

relativo -va *adj.* Que hace relación a una persona o cosa. **2** Que no es absoluto. **3** En poca cantidad o intensidad, no mucho.

relato *m.* Acción y efecto de relatar o referir un hecho. **2** Narración, cuento.

relegar *tr.* En la antigua Roma, desterrar a un ciudadano sin privarle de los derechos de tal. **2** *fig.* Apartar, posponer, dejar de lado.

relevar *tr.* Hacer de relieve o saliente una cosa. **2** Absolver, perdonar. **3** Cambiar un centinela o cuerpo de tropa que da una guardia, o guarnece un puesto. **4** *tr.* y *prnl.* Exonerar de un peso o gravamen y también de un empleo o cargo.

relieve *m.* Labor o figura que resalta sobre el plano. **2** *fig.* Mérito, renombre. **3** Conjunto de formas y accidentes que constituyen la parte exterior de la corteza terrestre.

religión *f.* Conjunto de creencias o dogmas acerca de la divinidad, de sentimientos de veneración y temor hacia ella, de normas morales para la conducta y de prácticas rituales para darle culto. **2** Profesión y observancia de la doctrina religiosa. **3** Orden, instituto religioso.

relincho *m.* Voz del caballo.

reliquia *f.* Residuo que queda de un todo. **2** Parte del cuerpo de un santo o de cosas que han estado en contacto con él. **3** *fig.* Vestigio de cosas pasadas.

rellano *m.* Porción horizontal en que termina cada tramo de escalera. **2** Llano que interrumpe la pendiente de un terreno.

rellenar *tr.* y *prnl.* Volver a llenar o llenar enteramente. **2** *fam.* Hartar de comida. **3** *tr.* Llenar con algunos ingredientes un ave u otro manjar.

relleno -na *adj.* Muy lleno. **2** *m.* Acción y efecto de rellenar o rellenarse. **3** Picadillo con que se rellenan aves, hortalizas, etc. **4** *fig.* Parte superflua que alarga un texto o escrito.

reloj *m.* Instrumento o máquina para medir el tiempo o dividir el día en horas, minutos y segundos.

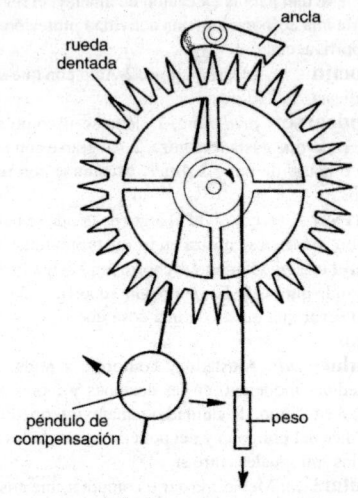

reloj mecánico

relucir *intr.* Despedir o reflejar luz una cosa. **2** Lucir mucho, resplandecer. **3** *fig.* Sobresalir o destacar una persona en alguna cualidad o hecho loable.

relumbrar *intr.* Dar viva luz o alumbrar con exceso.

remachar *tr.* Machacar la punta o cabeza de un clavo ya clavado, para mayor firmeza. **2** Sujetar con remaches. **3** *fig.* Recalcar, afianzar lo dicho o hecho.

remanente *m.* Residuo de una cosa.

remangar *tr.* y *prnl.* Levantar, recoger hacia arriba las mangas o la ropa. **2** *prnl. fam.* Tomar enérgicamente una resolución.

remanso *m.* Detención o suspensión de la corriente del agua o de otro líquido. **2** Paraje tranquilo. **3** *fig.* Flema, tranquilidad, lentitud.

remar *intr.* Impeler, mover los remos para impulsar la embarcación en el agua. **2** *fig.* Trabajar con mucho afán en una cosa.

rematar *tr.* Dar fin o remate a una cosa. **2** Poner fin a la vida de una persona o animal agonizante.

remate *m.* Acción y efecto de rematar. **2** Fin o extremidad de una cosa. **3** En arquitectura, adorno que corona una construcción.

remedar *tr.* Imitar a una persona o cosa. **2** Hacer uno las mismas acciones, gestos y ademanes que otro por broma o burla.

remediar *tr.* Apartar o separar de un riesgo. **2** Evitar que suceda algo de que pueda derivarse un daño o molestia. **3** *tr.* y *prnl.* Poner remedio a algo.

remedio *m.* Medio que se toma para reparar un daño o inconveniente. **2** Enmienda o corrección. **3** Medicamento, todo aquello que sirve para curar una enfermedad.

remendar *tr.* Reforzar con remiendo lo que está viejo o roto. **2** Corregir, o aplicar soluciones a una cosa.

remero -ra *m.* y *f.* Persona que rema. **2** *f.* Cada una de las plumas grandes con que terminan las alas de las aves.

remesa *f.* Remisión de una cosa de una parte a otra. **2** La cosa enviada en cada vez.

remiendo *m.* Pedazo de paño u otra tela, que se cose a lo que está viejo o roto. **2** Arreglo o reparación que se hace en cualquier cosa. **3** Mancha de otro color en la piel de los animales.

remilgo *m.* Pulidez o delicadeza exagerada o afectada.

reminiscencia *f.* Recuerdo vago o incompleto. **2** Facultad de traer a la memoria algo que se tenía olvidado. **3** En literatura y música, lo que tiene influencia o semejanza con otro autor.

remisión *f.* Acción y efecto de remitir o remitirse. **2** Indicación en un escrito, del lugar de éste o de otro escrito al que se remite al lector.

remitir *tr.* Enviar una cosa a determinada persona de otro lugar. **2** Perdonar una pena o libertar de una obligación. **3** Diferir o suspender.

remo *m.* Instrumento formado por una pala larga y estrecha, que sirve para mover las embarcaciones haciendo fuerza en el agua. **2** Deporte que consiste en competiciones de embarcaciones impulsadas con este instrumento.

remodelar *tr.* Modificar, transformar, mejorar. **2** Reorganizar, reestructurar.

remojo *m.* Acción de remojar, empapar en agua una cosa. **2** Convidar con motivo de algún estreno o festejo. **3** *Amér.* Propina.

remolcar *tr.* Arrastrar una embarcación u otra cosa sobre el agua, tirando de ella. **2** Arrastrar por tierra un vehículo. **3** fig. Mover a una persona a hacer una cosa que no quiere.

remolino *m.* Movimiento giratorio y rápido del aire, el agua, el polvo, etc. **2** fig. Amontonamiento desordenado de personas.

remontar *tr.* Ahuyentar, especialmente la caza. **2** Proveer de nuevos caballos. **3** Poner nuevos pies o suelas al calzado. **4** Subir una pendiente, sobrepasarla. **5** Navegar aguas arriba en una corriente.

remorder *tr.* Morder reiteradamente. **2** Exponer por segunda vez a la acción del ácido partes determinadas de la lámina que se graba al agua fuerte. **3** fig. Sentir remordimientos.

remoto -ta *adj.* Distante o apartado. **2** Poco verosímil o probable.

remover *tr.* y *prnl.* Mudar una cosa de un lugar a otro. **2** Alterar o revolver una cosa o asunto. **3** *tr.* Quitar, apartar un inconveniente. **4** Apartar a uno de su empleo o destino.

remunerar *tr.* Pagar con dinero un trabajo, favor o servicio. **2** Producir un beneficio un trabajo o una acción.

renacer *intr.* Volver a nacer. **2** Tomar nuevas energías y fuerzas.

renacuajo *m.* Larva de los anfibios anuros. Carece de patas, posee cola y respira por branquias. **2** fig. Muchacho enclenque y molesto.

rencilla *f.* Cuestión o riña que queda de algún encono.

renco -ca *adj.* y *n.* Rengo, cojo. **2** *adj.* Se dice del animal que tiene un solo testículo.

rencor *m.* Resentimiento arraigado y tenaz.

rendir *m.* Vencer, obligar a las tropas, plaza, etc., enemigas a que se entreguen. **2** Dar a uno lo que le toca o restituirle aquello de que se le había desposeído. **3** Dar fruto o utilidad una persona o cosa.

renegar *tr.* Negar con instancia una cosa. **2** Detestar, abominar. **3** *intr.* Pasarse de una religión o culto a otro.

renegociar *tr.* Negociar con el fin de introducir modificaciones en algo ya acordado.

renglón *m.* Serie de palabras o caracteres escritos o impresos en línea recta. **2** fig. Parte de renta, utilidad o beneficio que uno tiene, o del gasto que hace. **3** *pl.* fam. Cualquier escrito o impreso.

reno *m.* Mamífero rumiante cérvido, con astas muy ramosas y pelaje espeso. Sirve como animal de tiro para los trineos y se aprovechan su carne, su piel y sus huesos.

renombre *m.* Apellido o sobrenombre de alguien. **2** Epíteto de fama que adquiere uno por sus actos gloriosos, talento, etc. **3** Fama y celebridad.

renovar *tr.* y *prnl.* Hacer como de nuevo una cosa. **2** Restablecer o reanudar una relación o actividad interrumpida. **3** Iniciar la naturaleza un ciclo nuevo.

renta *f.* Utilidad o beneficio que rinde anualmente una cosa, o lo que de ella se cobra. **2** Lo que paga en dinero o en frutos un arrendatario.

rentable *adj.* Que produce renta buena o suficiente.

renuencia *f.* Repugnancia que se muestra a hacer una cosa.

reno

renunciar *tr*. Hacer dejación voluntaria de una cosa que se tiene, o del derecho y acción que se puede tener. **2** Abandonar, desistir o dejar de hacer algo por voluntad, obligación, sacrificio, etc.

reñir *intr*. Contender, disputar. **2** Luchar con armas. **3** *tr*. Reprender, regañar.

reo -a *adj*. Culpado, acusado. **2** *com*. Persona que por haber cometido una culpa merece castigo. **3** Persona demandada en juicio civil o criminal.

reordenar *tr*. Ordenar de nuevo.

reorganizar *tr*. y *prnl*. Volver a organizar una cosa.

reparar *tr*. Componer o enmendar algo roto o averiado. **2** Mirar con cuidado, advertir. **3** Atender, reflexionar.

reparo *m*. Obra que se hace para reconstruir un edificio deteriorado. **2** Advertencia, observación sobre una cosa. **3** Duda, dificultad, inconveniente que se encuentra para hacer algo.

repartir *tr*. Distribuir una cosa dividiéndola en partes, por lugares distintos o entre personas diferentes. **2** Clasificar, ordenar.

repasar *tr*. e *intr*. Volver a pasar por un mismo sitio o lugar. **2** *tr*. Volver a mirar o examinar una cosa. **3** Dar los últimos toques a una cosa para corregirla, completarla o perfeccionarla.

repatriar *tr*., *intr*. y *prnl*. Hacer que uno regrese a su patria.

repeler *tr*. Arrojar o lanzar fuera de sí algo con impulso o violencia. **2** Rechazar o contradecir una idea, proposición, etc. **3** Causar repugnancia o aversión.

repentino -na *adj*. Imprevisto, impensado, no prevenido.

repercutir *intr*. Retroceder o mudar de dirección un cuerpo al chocar con otro. **2** Producir eco el sonido. **3** Trascender, causar efecto una cosa en otra.

repertorio *m*. Libro abreviado en que se mencionan cosas notables de forma ordenada para que sea fácil encontrarlas. **2** Conjunto de obras de teatro o musicales que una compañía, actor, músico, etc., tiene preparadas para representarlas o ejecutarlas.

repetir *tr*. y *prnl*. Volver a hacer o decir lo que ya se había hecho o dicho. **2** *intr*. y *prnl*. Suceder varias veces una misma cosa.

repicar *tr*. Picar mucho una cosa o reducirla a partes muy menudas. **2** Volver a picar o a punzar. **3** *tr*. e *intr*. Tañer o sonar repetidamente las campanas u otros instrumentos de percusión.

repisa *f*. Elemento arquitectónico que sirve para sostener un objeto de adorno, un balcón, una estatua, etc. **2** Anaquel, estante.

replantear *tr*. y *prnl*. Volver a plantear un problema o asunto de diferente manera. **2** *tr*. Trazar en el terreno o sobre el plano de cimientos la planta de una obra ya proyectada.

réplica *f*. Acción de replicar. **2** Argumento o discurso con que se replica. **3** Copia de una obra artística que reproduce con igualdad la original.

repoblar *tr*. y *prnl*. Volver a poblar un lugar con plantas, animales, habitantes, etc.

reponer *tr*. Volver a poner o colocar a una persona o cosa en el empleo, lugar o estado que antes tenía. **2** Reemplazar lo que falta o lo que se había sacado de alguna parte. **3** Responder, replicar. (Se usa sólo en pretérito indefinido e imperfecto de subjuntivo.)

reportaje *m*. Trabajo periodístico de carácter informativo, referente a un personaje, suceso o cualquier otro tema. **2** Filme documental sobre un tema de actualidad.

reportar[1] *tr*. y *prnl*. Refrenar o moderar una pasión o al que la tiene. **2** *tr*. Conseguir, lograr, obtener algún beneficio.

reportar[2] *tr*. *Amér*. Informar, notificar. (Es galicismo.) **2** *prnl*. Presentarse una persona en un determinado lugar por mandato de un superior.

reposar *intr*. Descansar de la fatiga o el trabajo. **2** *intr*. y *prnl*. Descansar, durmiendo un breve sueño. **3** Permanecer en quietud y en paz.

repostería *f*. Arte y oficio del repostero. **2** Productos de este arte. **3** Establecimiento donde se hacen y venden dulces, pastas y algunas bebidas.

reprender *tr*. Censurar, amonestar a uno por lo que ha dicho o hecho.

represa *f*. Acción de represar. **2** Obra, generalmente de cemento armado, para contener o regular el curso de las aguas para fines de riego o industriales.

represalia *f*. Derecho que se toman los enemigos para causarse recíprocamente igual o mayor daño que el que han recibido. **2** Mal que uno causa a otro, en venganza o satisfacción de un agravio.

representación *f.* Acción y efecto de representar o representarse. **2** Dignidad, carácter de la persona. **3** Figura, imagen o idea que sustituye a la realidad.

representar *tr.* y *prnl.* Hacer presente una cosa con palabras o figuras que la imaginación retiene. **2** *tr.* Recitar o ejecutar en público una obra dramática. **3** Sustituir a uno o hacer sus veces.

represión *f.* Acción y efecto de reprimir o reprimirse. **2** Acción y efecto de represar o represarse. **3** Conjunto de actos realizados desde el poder, para contener o castigar con violencia actuaciones políticas o sociales.

reprobar *tr.* No aprobar, dar por malo.

reprochar *tr.* y *prnl.* Reconvenir, echar en cara.

reproducción *f.* Acción y efecto de reproducir o reproducirse. **2** Cosa reproducida. **3** Fenómeno propio de los seres vivos, cuya finalidad es perpetuar la especie.

reptar *intr.* Andar arrastrando el cuerpo sobre una superficie, como algunos reptiles.

reptil o **réptil** *adj.* y *m.* De los reptiles. **2** Se dice de la persona mezquina y vil. **3** *pl.* Clase de animales vertebrados, ovíparos u ovovivíparos, de sangre fría y respiración pulmonar, con patas cortas o sin ellas (se mueven mediante reptación); su piel está cubierta de escamas córneas y de tamaño variable.

república *f.* Forma de gobierno representativo en que el poder reside en el pueblo, personificado éste por el jefe del Estado, elegido en votación por todos o parte de los ciudadanos. **2** Cuerpo político de una nación.

repudiar *tr.* Rechazar algo, no aceptarlo. **2** Rechazar a la mujer propia de un modo legal. **3** Desechar lo que se considera repugnante o condenable.

repuesto -ta Participio pasivo irregular de reponer. **2** *adj.* Apartado, retirado, escondido. **3** *m.* Provisión de comestibles u otras subsistencias. **4** Recambio, pieza dispuesta para sustituir a otra.

repugnar *tr.* y *prnl.* Ser opuesta una cosa a otra. **2** *tr.* Contradecir, negar una cosa. **3** Rehusar, hacer de mala gana una cosa o admitirla con dificultad.

repulsión *f.* Acción y efecto de repeler. **2** Acción y efecto de repulsar. **3** Repugnancia, aversión.

repuntar *intr.* Empezar a ascender o descender la marea. **2** *Amér.* Volver a subir un río que estaba bajando. **3** *Amér.* Empezar a manifestarse alguna cosa.

reputación *f.* Opinión que los demás tienen de una persona, especialmente como sobresaliente en una ciencia, arte o profesión.

requerir *tr.* Intimar o hacer saber una cosa con autoridad pública. **2** Examinar el estado de algo. **3** Solicitar, pretender, explicar uno su deseo o pasión amorosa. **4** *tr.* y *prnl.* Necesitar o hacer necesario algo.

requisa *f.* Revista o inspección de las personas o de las dependencias de un establecimiento. **2** Embargo de cosas necesarias en tiempo de guerra por las fuerzas de ocupación.

requisito -ta Participio pasivo irregular de requerir. **2** *m.* Circunstancia o condición necesaria para una cosa.

res *f.* Cualquier animal cuadrúpedo doméstico o salvaje.

res

resabio *m.* Sabor desagradable que deja una cosa. **2** Vicio o mala costumbre que se toma o adquiere.

resaca *f.* Movimiento en retroceso de las olas después de llegar a la orilla. **2** Malestar que el que ha bebido con exceso padece al día siguiente. **3** Letra de cambio que gira el tenedor de otra que ha sido protestada.

resaltar *intr.* Rebotar. **2** Saltar, desprenderse. **3** Sobresalir sobre una superficie. **4** fig. Sobresalir o destacarse mucho una cosa de otra.

resanar *tr.* Cubrir con oro las partes defectuosas de un dorado. **2** Reparar los desperfectos de una superficie.

resarcir *tr.* y *prnl.* Indemnizar, compensar un daño, perjuicio o agravio.

resbalar *intr.* y *prnl.* Escurrirse, deslizarse sobre una superficie. **2** No interesar o no importar algo a alguien. **3** fig. Incurrir en un desliz.

rescatar *tr.* Recobrar por precio o por fuerza lo que el enemigo ha cogido o cualquier cosa que pasó a mano ajena. **2** Liberar del trabajo, peligro, contratiempo, etc.

rescoldo *m* Brasa menuda resguardada por la ceniza. **2** fig. Resentimiento, recelo o escrúpulo.

reseco -ca *adj.* Demasiado seco. **2** Flaco, enjuto.

resentirse *prnl.* Empezar a flaquear o sentirse una cosa. **2** Sentir molestia o dolor por una herida o enfermedad ya curadas. **3** Tener resentimiento.
reseña *f.* Revista de la tropa. **2** Nota que se toma de los rasgos distintivos de una persona, animal o cosa para su identificación. **3** Descripción sucinta de una cosa por escrito.
reserva *f.* Guarda o custodia de una cosa o prevención de ella para que sirva a su tiempo. **2** Discreción, comedimiento. **3** Prevención o cautela para no descubrir algo que se sabe o se piensa. **4** *pl.* Recursos, elementos disponibles para resolver una necesidad o llevar a cabo una empresa.
reservación *f.* Acción y efecto de reservar. **2** *Amér.* Reserva de plaza en un hotel, espectáculo, medio de transporte, etc. **3** *Amér.* Reserva de indios.
reservado -da *adj.* Cauteloso, reacio en manifestar su interior. **2** Comedido, discreto. **3** Que se reserva o debe reservarse.
reservar *tr.* Guardar algo para lo futuro. **2** Guardar o pedir plaza con antelación en un hotel, avión, espectáculo, etc. **3** Ocultar, callar una cosa. **4** *prnl.* Conservarse para mejor ocasión.
resfriado *m.* Inflamación aguda de las mucosas de las vías respiratorias superiores.
resguardo *m.* Guarda, seguridad que se pone en una cosa. **2** Documento donde consta esta seguridad. **3** Guarda o custodia de un paraje o una frontera para que no se introduzca contrabando.
residencia *f.* Acción y efecto de residir. **2** Lugar en que se reside.
residir *intr.* Vivir habitualmente en un lugar. **2** Estar uno personalmente en determinado lugar por razón de su empleo, dignidad, etc. **3** *fig.* Radicar en un punto o en una cosa el quid de aquello de que se trata.
residuo *m.* Parte o porción que queda de un todo. **2** Lo que resulta de la descomposición o destrucción de una cosa. **3** Resultado de la operación de restar.
resignar *tr.* Renunciar a un beneficio eclesiástico a favor de un sujeto determinado. **2** Entregar una autoridad el mando a otra en determinadas circunstancias. **3** *prnl.* Conformarse, condescender.
resina *f.* Sustancia orgánica sólida o pastosa, transparente e insoluble en el agua, con poca tendencia a cristalizarse. Se obtiene de las plantas, principalmente las coníferas, o por procedimientos químicos.
resistencia *f.* Acción y efecto de resistir o resistirse. **2** Capacidad para resistir. **3** Causa que se opone a la acción de una fuerza. **4** Elemento que se intercala en un circuito para dificultar el paso de la corriente o para hacer que ésta se transforme en calor.

resistir *intr.* y *prnl.* Oponerse un cuerpo o una fuerza a la acción o violencia de otra. **2** *intr.* Rechazar, repeler. **3** *tr.* Tolerar, aguantar.
resma *f.* Conjunto de veinte manos de papel.
resolución *f.* Acción y efecto de resolver o resolverse. **2** Ánimo, valor para realizar algo. **3** Decisión de una duda o solución que se da a algo.
resolver *tr.* Tomar determinación fija y decisiva. **2** Dar solución a una duda, problema, etc., o superar una dificultad. **3** *prnl.* Decidirse a hacer o decir una cosa.
resollar *intr.* Respirar, especialmente haciendo ruido. **2** *fam.* Dar noticia de sí la persona ausente.
resonar *intr.* y *tr.* Hacer sonido por repercusión. **2** Sonar mucho. **3** *fig.* Reproducirse un sonido en la memoria.
resorte *m.* Muelle, pieza generalmente de metal, que puede recobrar su posición después de haber sido doblada, estirada o comprimida. **2** Fuerza elástica de una cosa.
respaldar¹ *m.* Respaldo de un asiento. **2** Derrame de jugos de los troncos de los árboles por golpes violentos.
respaldar² *tr.* Anotar algo en el respaldo de un escrito. **2** *tr.* y *prnl.* Proteger, amparar. **3** *prnl.* Inclinarse de espaldas o arrimarse al respaldo de un asiento.
respaldo *m.* Parte de la silla, banco, etc., en que descansan las espaldas. **2** Pared para resguardar las plantas. **3** Vuelta del papel o escrito, en que se anota alguna cosa.
respectivo -va *adj.* Que corresponde o atañe a persona o cosa determinada.
respeto *m.* Acatamiento, veneración que se tiene a uno. **2** Miramiento, consideración que se tiene en el trato. **3** *fam.* Miedo.
respiración *f.* Acción y efecto de respirar. **2** Entrada y salida libre del aire en un lugar cerrado. **3** Función biológica por la cual se producen reacciones de oxidación que liberan la energía que se utiliza en el metabolismo.
◻ ZOOL El proceso respiratorio tiene como función principal aportar oxígeno a las células del organismo, para que puedan llevar a cabo sus procesos metabólicos. La oxidación de los materiales para producir energía es, por tanto, la respiración celular.
respirar *intr.* y *tr.* Absorber el aire los seres vivos, por pulmones, branquias, tráquea, etc., tomando parte de las sustancias que lo componen, y expelerlo modificado. **2** *intr.* Despedir de sí un olor. **3** *fig.* Animarse, cobrar aliento.
resplandecer *intr.* Despedir rayos de luz una cosa. **2** *fig.* Sobresalir, destacar. **3** *fig.* Demostrar satisfacción o alegría el rostro de alguien.

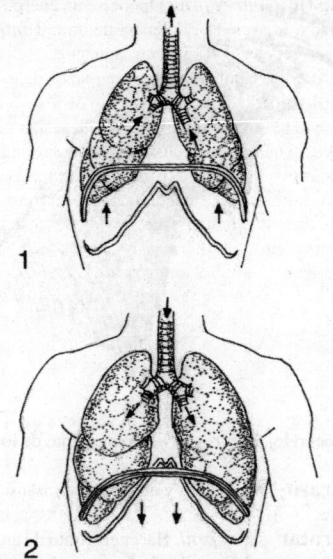

respiración. 1. Espiración. 2. Inspiración

responder *tr*. Contestar, satisfacer a lo que se pregunta o propone. **2** Satisfacer al argumento, duda, dificultad o demanda.

responsable *adj.* y *com*. Obligado a responder o a rendir cuenta de alguna cosa o por alguna persona. **2** Que es consciente y formal en sus palabras, decisiones o actos. **3** Que es culpable de alguna cosa.

responso *m*. Oración que se reza por los difuntos.

resquebrajar *tr*. y *prnl*. Hender, hacer grietas en un cuerpo duro.

resquicio *m*. Abertura que hay entre el quicio y la puerta. **2** fig. Ocasión, oportunidad favorable para hacer o decir algo. **3** *Amér*. Rastro, señal.

resta *f*. Operación consistente en, dados dos números, hallar otro número que, sumado al menor (sustraendo), dé como resultado el mayor (minuendo). **2** Residuo, resultado de la operación de restar.

restablecer *tr*. Volver a establecer una cosa o ponerla en el estado que antes tenía. **2** *prnl*. Recuperarse de una dolencia, enfermedad o daño.

restallar *intr*. Chasquear, producir un sonido seco y agudo en el aire, como el látigo o la honda. **2** Crujir, hacer ruido fuerte.

restauración *f*. Acción y efecto de restaurar. **2** Restablecimiento en un país del régimen político que existía y que había sido sustituido por otro.

restaurante *m*. Establecimiento donde se sirven comidas en mesas atendidas por camareros.

restaurar *tr*. Recuperar o recobrar. **2** Restablecer, volver a poner una cosa en el estado que antes tenía. **3** Reparar una obra de arte, edificio, etc., de un deterioro sufrido.

restituir *tr*. Devolver una cosa a quien antes la tenía. **2** Restablecer una cosa en su estado anterior. **3** *prnl*. Volver uno al lugar de origen.

resto *m*. Parte que queda de un todo. **2** Resultado de la operación de restar. **3** *pl*. Desechos, desperdicios.

restregar *tr*. y *prnl*. Frotar con ahínco.

restricción *f*. Acción y efecto de restringir. **2** Limitación o reducción.

restringir *tr*. Ceñir, reducir a menores límites. **2** Apretar, constreñir.

resucitar *tr*. Volver la vida a un muerto. **2** fig. Restablecer, poner de nuevo en uso o vigencia algo que había decaído o desaparecido. **3** fig. Levantar el ánimo del abatido.

resultado *m*. Efecto y consecuencia de un hecho, operación o deliberación.

resultar *intr*. Venir a parar una cosa en provecho o daño de una persona o de algún fin. **2** Originarse o venir una cosa de otra. **3** Aparecer, manifestarse o comprobarse una cosa. **4** *unipersonal*. Acaecer, ocurrir repentinamente.

resumen *m*. Acción y efecto de resumir o resumirse. **2** Exposición resumida de un asunto o materia, reducida a lo esencial.

resurgir *intr*. Surgir de nuevo, volver a aparecer. **2** Volver a la vida.

retablo *m*. Conjunto de figuras pintadas o de talla, que representan una historia o suceso. **2** Pequeño escenario de títeres. **3** Representación teatral de tema religioso.

retaguardia *f*. Tropa más retrasada o alejada del enemigo, o que se mantiene y avanza en último lugar. **2** En una zona ocupada por una fuerza militar, la parte más alejada del enemigo o en la que no se combate directamente.

retal *m*. Pedazo sobrante de una tela, piel, chapa, etc.

retar *tr*. Desafiar; provocar a duelo, batalla o pelea. **2** *Amér*. Dar una reprimenda, regañar.

retardar *tr*. y *prnl*. Entorpecer, diferir, dilatar.

retazo *m*. Retal o pedazo de una tela. **2** Fragmento de un razonamiento o discurso.

retén *m*. Repuesto o provisión de alguna cosa. **2** Tropa más o menos numerosa que se tiene de refuerzo en un cuartel, plaza militar, etc.

retener *tr*. Detener, conservar, guardar en sí. **2** Conservar algo en la memoria. **3** *tr*. y *prnl*. fig. Reprimir o refrenar un sentimiento, pasión, etc.

reticencia *f*. Efecto de decir una cosa sólo en parte, o de decirla de manera indirecta y con malicia. **2** Figura retórica que consiste en dejar incompleta una frase dando a entender el sentido de lo que no se dice.

retina *f.* Membrana interior del ojo constituida por varias capas de células de forma y función muy variadas, y de la cual parten las fibras componentes del nervio óptico.

retirar[1] *tr. y prnl.* Apartar o separar a una persona o cosa de otra o de un sitio. **2** *tr.* Apartar una cosa de la vista, ocultar. **3** Obligar a uno a que se aparte, o rechazarle. **4** Desdecirse, retractarse.

retirar[2] *tr.* Estampar por el revés el pliego que ya lo está por la cara.

reto *m.* Acción y efecto de retar. **2** Amenaza. **3** Dicho o hecho con que se amenaza. **4** *Amér.* Regañina.

retocar *tr.* Volver a tocar o tocar repetidamente. **2** Dar a un dibujo, cuadro o fotografía, ciertos toques de pluma o pincel para quitarle imperfecciones. **3** Dar la última mano a algo.

retoñar *intr.* Volver a echar vástagos la planta. **2** *fig.* Reproducirse o reiniciarse lo que había dejado de ser o estaba amortiguado.

retorcer *tr. y prnl.* Torcer mucho una cosa, dándole vueltas alrededor. **2** *tr.* Dirigir un argumento o raciocinio contra el mismo que lo hace. **3** *fig.* Tergiversar, interpretar en sentido erróneo.

retórico -ca *adj.* Perteneciente a la retórica. **2** *adj. y n.* Versado en retórica. **3** *f.* Arte de bien decir, de embellecer la expresión de los conceptos, o de utilizar el lenguaje con elocuencia.

retornar *tr.* Devolver, restituir. **2** Hacer que una cosa retroceda o vuelva atrás. **3** *intr. y prnl.* Volver al lugar o a la situación en que se estuvo.

retortijón *m.* Ensortijamiento de una cosa. **2** Dolor intestinal muy fuerte, característico de los cólicos.

retozar *intr.* Saltar y brincar alegremente. **2** Travesear unos con otros, personas o animales. **3** *fig.* Excitarse en lo interior algunas pasiones.

retractar *tr. y prnl.* Desdecirse expresamente de lo que se ha dicho.

retráctil *adj.* Que puede avanzar o adelantarse y, después, retraerse o esconderse. **2** ZOOL Que puede encogerse o retroceder quedando oculto al exterior, como las uñas del gato.

retraer *tr.* Volver a traer. **2** *tr. y prnl.* Apartar o disuadir de un intento. **3** Recoger un miembro u órgano, encogiéndolo hacia el cuerpo. **4** *prnl.* Refugiarse, guarecerse.

retransmitir *tr.* Volver a transmitir. **2** Transmitir desde una emisora de radiodifusión lo que se ha transmitido a ella desde otro lugar.

retrasar *tr. y prnl.* Atrasar, diferir o suspender la ejecución de una cosa. **2** Retroceder las agu-

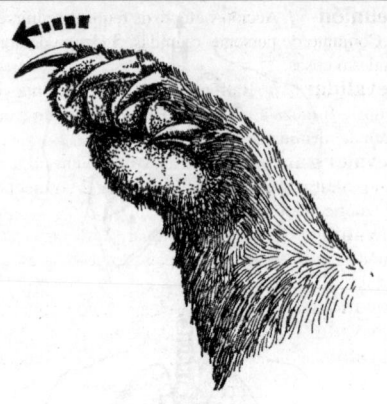

retráctil

jas del reloj. **3** *intr. y prnl.* Ir más lento de lo debido.

retraso *m.* Acción y efecto de retrasar o retrasarse.

retratar *tr. y prnl.* Hacer el retrato de una persona o cosa. **2** Describir la figura o el carácter de una persona. **3** Imitar, asemejarse.

retrechero -ra *adj. y n.* Hábil o ingenioso para evitar el hacer o decir algo. **2** Que tiene mucho atractivo.

retrete *m.* Habitación dotada de las instalaciones necesarias para orinar y evacuar el vientre. **2** Estas instalaciones.

retribuir *tr.* Recompensar o pagar un servicio, favor, etc. **2** *Amér.* Corresponder al favor o al obsequio que uno recibe.

retroactivo -va *adj.* Que obra o tiene fuerza sobre un tiempo pasado.

retroceso *m.* Acción y efecto de retroceder. **2** Golpe que da un arma de fuego al dispararla. **3** Recrudecimiento de una enfermedad que había empezado a declinar.

retrógrado -da *adj.* Que retrograda. **2** *adj. y n.* Reaccionario, partidario de instituciones políticas o sociales anticuadas.

retrospectivo -va *adj.* Que se refiere a tiempo pasado.

retrotraer *tr. y prnl.* Fingir, a efectos legales, que un hecho sucedió en un tiempo anterior al verdadero. **2** Retroceder a un tiempo o época pasada, por lo general como punto de arranque de un relato, suceso, etc.

reumatismo *m.* Nombre genérico que reciben diversas enfermedades que afectan al tejido conectivo y se caracterizan por dolores articulares, musculares, óseos, etc.

reunificar *tr. y prnl.* Volver a unir personas o cosas.

reunión *f.* Acción y efecto de reunir o reunirse. **2** Conjunto de personas reunidas. **3** Grupo de animales o cosas.

revalidar *tr.* Ratificar, confirmar o dar nuevo valor y firmeza a una cosa. **2** *prnl.* Hacer un examen de reválida.

revalorizar *tr.* y *prnl.* Devolver a una cosa el valor o estimación que había perdido. **2** Aumentar el valor económico de algo.

revaluar *tr.* Volver a evaluar. **2** Elevar el valor de una moneda de un país, respecto a la de otros.

revancha *f.* Desquite, venganza, represalia.

revejido -da *adj.* Envejecido antes de tiempo.

revelar *tr.* y *prnl.* Descubrir o manifestar lo ignorado o secreto. **2** *tr.* Hacer visible la imagen impresa en la placa o película fotográfica.

revender *tr.* Volver a vender, especialmente lo que se ha comprado con ese intento.

reventar *tr., intr.* y *prnl.* Abrirse una cosa por impulso interior. **2** *tr.* Deshacer o desbaratar una cosa aplastándola con violencia. **3** Destruir o estropear algo, por haberlo usado en exceso.

reverberar *intr.* Reflejarse la luz o el sonido en una superficie.

reverdecer *intr.* y *tr.* Cobrar nuevo verdor los campos o plantíos que estaban mustios o secos. **2** *fig.* Renovarse o tomar nuevo vigor.

reverencia *f.* Respeto o veneración que tiene una persona a otra. **2** Inclinación del cuerpo en señal de respeto o veneración.

reverendo -da *adj.* Digno de reverencia. **2** *fam.* Demasiado circunspecto.

reversa *f. Amér.* Marcha atrás de un vehículo.

reversible *adj.* Que puede volver a su anterior estado o condición. **2** Se dice de la prenda de vestir que puede usarse por el derecho o por el revés.

reverso *m.* Revés, parte opuesta. **2** En las monedas y medallas, parte opuesta al anverso.

revés *m.* Espalda o parte opuesta de una cosa. **2** Golpe que con la mano vuelta da el jugador de pelota. **3** *fig.* Infortunio, desgracia o contratiempo.

revestir *tr.* y *prnl.* Vestir una ropa sobre otra. **2** *tr.* Cubrir con un revestimiento. **3** Disfrazar la realidad de una cosa presentándola distinta de lo que es.

revirar *tr.* Torcer, desviar. **2** *intr.* Volver a virar.

revisar *tr.* Examinar detenidamente una cosa para corregirla o enmendarla. **2** Ver con atención y cuidado.

revista *f.* Segunda vista, o examen hecho con cuidado. **2** Inspección que un jefe hace de las personas o cosas sometidas a su cuidado. **3** Publicación periódica, generalmente ilustrada, sobre una o varias materias.

revitalizar *tr.* Dar nueva vida o fuerza a algo.

revivir *intr.* Resucitar, volver a la vida. **2** Volver en sí el que parecía muerto. **3** *fig.* Recobrar actividad o intensidad una cosa pasada.

revocar *tr.* Dejar sin efecto una concesión, mandato o resolución. **2** Enlucir o pintar de nuevo la fachada de un edificio o cualquier paramento. **3** Disuadir a uno de un propósito.

revolcar *tr.* Derribar a uno y maltratarle. **2** *fam.* Vencer al adversario. **3** *prnl.* Echarse sobre una cosa, restregándose en ella.

revolear *intr.* Volar haciendo giros.

revoltijo *m.* Conjunto de muchas cosas desordenadas.

revolución *f.* Acción y efecto de revolver. **2** Cambio violento en las instituciones políticas de una nación. **3** Alboroto, sedición. **4** Movimiento de un astro en todo el curso de su órbita.

revolucionar *tr.* Perturbar el orden, la tranquilidad o normalidad. **2** Producir un cambio o alteración en cualquier cosa. **3** Acelerar, imprimir más o menos revoluciones a un motor.

revolver *tr.* Menear una cosa de un lado a otro; moverla alrededor o de arriba abajo. **2** Inquietar, enredar, causar disturbios. **3** Alterar el buen orden y disposición de las cosas.

revólver *m.* Arma de fuego, de corto alcance, provista de un tambor en el que se colocan las balas.

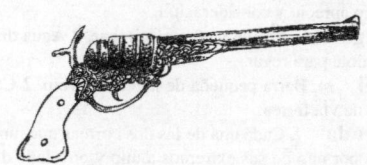

revólver

revuelo *m.* Vuelta y revuelta del vuelo. **2** *fig.* Vuelo rápido y confuso de las aves u otras cosas. **3** *fig.* Agitación o turbación que produce algún acontecimiento.

revuelto -ta Participio pasivo irregular de revolver. **2** *adj.* Enredador, travieso. **3** Difícil, intrincado. **4** Se dice del tiempo inseguro, variable.

revulsivo -va *adj.* y *m.* Que provoca revulsión, especialmente los vomitivos o purgantes. **2** *fig.* Se dice de lo que, aun causando padecimiento, es beneficioso por la reacción que provoca.

rey *m.* Monarca o príncipe soberano de un reino. **2** Pieza principal del ajedrez, la cual camina en todas direcciones, pero sólo de una casa a otra contigua.

rezagar *tr.* y *prnl.* Dejar o quedarse atrás. **2** *tr.* Suspender por algún tiempo la ejecución de alguna cosa.

rezar *tr.* Dirigir a Dios, o a los santos, de palabra o mentalmente, alabanzas o súplicas. **2** Recitar la misa, una oración, etc., en contraposición a cantarla. **3** *fam.* Decir o decirse algo en un escrito.

riachuelo *m.* Río pequeño y de poco caudal.

riada *f.* Crecida del caudal de un río e inundación que provoca.

ribazo *m.* Porción de tierra con alguna elevación y declive. **2** Talud entre dos fincas que están a distinto nivel. **3** Caballón que divide dos fincas o cultivos.

ribera *f.* Margen y orilla del mar o río. **2** Tierra cercana a los ríos, aunque no esté a su margen. **3** Huerto cercado que linda con un río.

ribete *m.* Cinta o cosa análoga con que se guarnece y refuerza la orilla del vestido, calzado, etc. **2** Añadidura, aumento. **3** Adorno que se añade en la conversación.

rico -ca *adj.* y *n.* Adinerado, acaudalado. **2** *adj.* Abundante, opulento. **3** Gustoso, sabroso. **4** Se dice del terreno fértil.

rictus *m.* Contracción de los músculos faciales que estira los labios y da a la boca el aspecto de la risa. **2** *fig.* Aspecto fijo o transitorio del rostro al que se atribuye la manifestación de un determinado estado de ánimo.

ridículo -la *adj.* Que por su rareza o extravagancia mueve a risa. **2** Insignificante, escaso. **3** De poco aprecio y consideración.

riego *m.* Acción y efecto de regar. **2** Agua disponible para regar.

riel *m.* Barra pequeña de metal en bruto. **2** Carril de vía férrea.

rienda *f.* Cada una de las dos correas que, unidas por uno de sus extremos a uno y otro lado del freno, sirven para conducir la caballería. (Se usa más en plural.) **2** *fig.* Moderación en acciones o palabras. **3** *pl. fig.* Gobierno, dirección de una cosa.

riesgo *m.* Contingencia o proximidad de un daño. **2** Cada una de las contingencias que puede cubrir un seguro.

rifa *f.* Juego que consiste en sortear una cosa por medio de billetes o cédulas de corto valor.

rifle *m.* Fusil rayado y de repetición.

rigidez *f.* Calidad de rígido. **2** *fig.* Rectitud, integridad. **3** Resistencia que opone un cuerpo a cambiar de forma al aparecer fuerzas exteriores.

rigor *m.* Severidad estricta e inflexible. **2** Aspereza e intolerancia de carácter. **3** Último extremo a que pueden llegar las cosas.

rima[1] *f.* Consonancia o consonante. **2** Asonancia o asonante. **3** Composición en verso, del género lírico. (Se usa más en plural.)

rima[2] *f.* Rimero, montón.

rimar *intr.* Componer en verso. **2** Ser una palabra asonante o consonante de otra. **3** *tr.* Hacer el poeta una palabra asonante o consonante de otra.

rimbombante *adj.* Que retumba o resuena. **2** *fig.* Ostentoso, llamativo.

rincón *m.* Ángulo entrante que se forma en el encuentro de dos paredes o de dos superficies. **2** Escondrijo o lugar retirado. **3** Espacio pequeño.

rinitis *f.* Inflamación de la mucosa de las fosas nasales.

rinoceronte *m.* Nombre común a varias especies de mamíferos perisodáctilos, de cuerpo muy grueso y de gran tamaño, piel recia y negruzca y uno o dos cuernos cortos y encorvados en la línea media de la nariz.

rinoceronte

riña *f.* Acción de reñir, pendencia, pelea.

riñón *m.* Órgano par situado en la parte posterior de la cavidad abdominal, encargado de eliminar de la sangre las sustancias nocivas a través de la orina. **2** *fig.* Interior o centro de un terreno, sitio, asunto, etc.

río *m.* Corriente de agua continua que va a desembocar en otra, en un lago o en el mar. **2** *fig.* Gran abundancia de algo. **3** *fig.* Afluencia de personas.

ripio *m.* Residuo de una cosa. **2** Fragmentos de ladrillo u otro material desechados o quebrados. **3** Guijarro.

riqueza *f.* Abundancia de bienes y cosas preciosas. **2** Cualidad de rico. **3** Conjunto de cualidades o atributos excelentes.

risa *f.* Movimiento de la boca o de alguna parte del rostro que demuestra alegría.

risotada *f.* Carcajada estrepitosa o impetuosa.

risueño -ña *adj.* Que muestra risa en el semblante. **2** Que se ríe con facilidad. **3** *fig.* Deleitable, que infunde gozo o alegría.

ritmo *m.* Repetición periódica de una serie de elementos sonoros que poseen cierta armonía. **2** Metro o verso. **3** fig. Orden acompasado en la sucesión de las cosas.

rito *m.* Acto ceremonial de un culto religioso, con arreglo a normas prescritas. **2** Ceremonial, costumbre, hábito invariable.

ritornelo *m.* Fragmento musical antes o después de un canto. **2** Repetición, estribillo.

ritual *adj.* Relativo al rito. **2** *m.* Conjunto de ritos de una religión o de una iglesia.

rivalidad *f.* Calidad de rival. **2** Enemistad.

rivera *f.* Arroyo, riachuelo.

rizar *tr.* Formar artificialmente en el pelo rizos, bucles, etc. **2** Hacer en las telas, papel, etc., dobleces menudos. **3** *tr.* y *prnl.* Mover el viento la mar, formando olas pequeñas.

robar *tr.* Tomar para sí lo ajeno con violencia o engaño. (En América se usa como pronominal.) **2** Raptar a una persona. **3** Arrastrar los ríos la tierra por donde pasan.

roble *m.* Nombre común a varios árboles de las fagáceas, de hojas perennes y lobuladas y fruto en bellota. **2** Madera de este árbol. **3** fig. Persona o cosa fuerte y de gran resistencia.

robo *m.* Acción y efecto de robar. **2** Cosa robada. **3** Delito contra la propiedad que consiste en apoderarse, con ánimo de lucro, de bienes muebles ajenos.

robot *m.* Ingenio electrónico que puede ejecutar automáticamente operaciones o movimientos muy variados. **2** Autómata.

robusto -ta *adj.* Fuerte, vigoroso, firme. **2** Se dice de la persona de buena salud y fuertes miembros.

roca *f.* Agregado natural de minerales que se encuentra en la corteza terrestre. **2** Piedra, o vena de ella, muy dura y sólida. **3** fig. Persona o cosa muy dura, firme y constante.

□ **GEOL** La roca constituye un material sólido, resultado de diversos procesos, endógenos o exógenos, producidos en el interior de la Tierra o en su corteza. Por regla general, las rocas están formadas por minerales de diversos tipos (iguales o distintos).

roce *m.* Acción y efecto de rozar o rozarse. **2** fig. Trato frecuente con algunas personas. **3** fig. Enfado o desacuerdo de poca importancia.

rociar *intr.* Caer sobre la tierra el rocío o la lluvia menuda. **2** Esparcir en gotas menudas el agua u otro líquido. **3** fig. Arrojar cosas de modo que queden esparcidas.

rocío *m.* Vapor que se condensa en la atmósfera en muy menudas gotas, que aparecen sobre la superficie de la tierra. **2** Lluvia corta y pasajera.

rocoso -sa *adj.* Se dice del paraje lleno de rocas.

rodadero -ra *adj.* Rodadizo. **2** Que está en disposición o figura para rodar. **3** *m.* Terreno pedregoso en el que se producen fácilmente desprendimientos.

rodaja *f.* Pieza circular y plana de cualquier material. **2** Tajada circular de algunos alimentos.

rodaje *m.* Acción de rodar. **2** Conjunto de ruedas. **3** Acción de impresionar una película cinematográfica.

rodar *intr.* Dar vueltas un cuerpo alrededor de su eje. **2** Moverse una cosa por medio de ruedas. **3** Caer dando vueltas o resbalando por una pendiente.

rodear *intr.* Andar alrededor. **2** Dar un rodeo para ir a alguna parte. **3** fig. Usar de circunloquios al hablar.

rodeo *m.* Acción de rodear. **2** Camino más largo o desvío del camino derecho. **3** Vuelta o regate para librarse de quien persigue. **4** Conjunto de ganado reunido. **5** fig. Manera de decir una cosa valiéndose de términos indirectos.

rodete *m.* Rosca que se hace con las trenzas del pelo. **2** Rosca de lienzo o paño que se pone en la cabeza para cargar y llevar un peso. **3** Parte de la cerradura donde se ajustan las guardas para que pueda girar la llave.

rodilla *f.* Zona situada en la extremidad inferior del cuerpo humano y que comprende la articulación del fémur y la tibia. **2** En los cuadrúpedos, unión del antebrazo con la caña. **3** Rodete para llevar pesos en la cabeza.

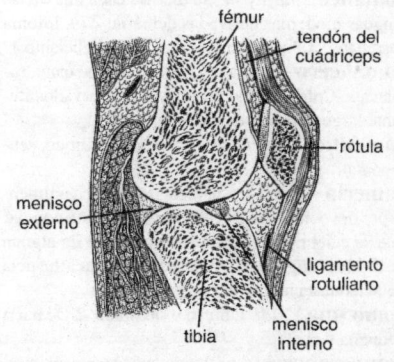

rodilla

rodillo *m.* Pieza de metal cilíndrica y giratoria, que forma parte de determinados mecanismos. **2** Cilindro que se emplea para dar tinta en las imprentas, litografías, etc. **3** Cilindro.

roedor -ra *adj.* Que roe. **2** fig. Que conmueve o agita el ánimo. **3** *m. pl.* Orden de mamíferos euterios, generalmente pequeños, con un par de incisivos largos y fuertes, de crecimiento continuo. Son muy prolíficos, gregarios y voraces, y de alimentación omnívora o herbívora. Comprenden las ardillas, las marmotas, los lirones, las ratas y ratones, etc.
roer *tr.* Cortar o desmenuzar con los dientes parte de una cosa dura. **2** Gastar algo superficialmente y por partes menudas. **3** fig. Molestar, atormentar interiormente y con frecuencia.
rogar *tr.* Pedir por gracia una cosa. **2** Instar con súplicas.
roído -da *adj.* Corto, despreciable, con miseria.
rojo -ja *adj.* y *m.* Encarnado muy vivo. Es el primer color del espectro solar. **2** *adj.* De color rubio, casi colorado.
rol *m.* Rollo de papel u otra materia. **2** Lista o nómina. **3** Lista oficial que posee el capitán o patrón de un buque y en la cual consta la marinería que lleva. **4** Papel que representa un actor. (Es galicismo.) **5** Cometido o función que desempeña alguien en un asunto. (Es galicismo.)
rollizo -za *adj.* En figura de rollo. **2** Robusto y grueso. **3** *m.* Madero en rollo.
rollo *m.* Cualquier materia que toma forma cilíndrica por rodar o dar vueltas. **2** fig. Discurso, exposición o charla larga y fastidiosa. **3** fam. Persona pesada y aburrida.
romana *f.* Balanza para pesar, compuesta de una palanca de brazos muy desiguales, con el fiel sobre el punto de apoyo.
romance *adj.* y *m.* Se dice de cada una de las lenguas modernas derivadas del latín. **2** *m.* Idioma castellano. **3** Aventura amorosa. (Es anglicismo.)
romancero -ra *m.* y *f.* Persona que canta romances. Colección de romances, conservados durante largo tiempo por tradición oral.
romanticismo *m.* Calidad de romántico, sentimental.
romería *f.* Viaje o peregrinación, generalmente por devoción, a algún santuario. **2** Fiesta popular que se celebra en el campo con motivo de alguna festividad religiosa del lugar. **3** fig. Gran afluencia de personas a un lugar.
romo -ma *adj.* Obtuso y sin punta. **2** De nariz pequeña y chata.
rompecabezas *m.* Juego consistente en componer determinada figura combinando cierto número de pedacitos, en cada uno de los cuales hay una parte de la figura. **2** fam. Problema o acertijo de difícil solución.
rompehielos *m.* Buque para abrir camino en los mares helados.

rompeolas *f.* Dique avanzado en el mar, para proteger un puerto o rada.
romper *tr.* y *prnl.* Separar con más o menos violencia las partes de un todo. **2** Quebrar o hacer pedazos una cosa. **3** Causar una abertura en un cuerpo. **4** fig. Interrumpir la continuidad de algo.
rompiente *adj.* Que rompe. **2** *m.* Bajo, escollo o costa donde rompen las olas o una corriente marina.
ron *m.* Aguardiente obtenido por destilación de la melaza o del jugo de la caña de azúcar.
roncar *intr.* Producir algún sonido ronco al respirar, mientras se duerme. **2** fig. Hacer un ruido sordo o bronco ciertas cosas. **3** Llamar el gamo a la hembra, cuando está en celo.
roncero -ra *adj.* Tardo y perezoso. **2** Refunfuñón, regañón. **3** Que usa de roncerías para conseguir alguna cosa.
roncha[1] *f.* Bulto enrojecido sobre la piel. **2** Cardenal, equimosis.
roncha[2] *f.* Tajada o rodaja delgada y redonda.
ronco -ca *adj.* Que padece o tiene ronquera. **2** Voz o sonido áspero y bronco.
ronda *f.* Acción de rondar. **2** Grupo de personas que rondan. **3** Paseo nocturno de jóvenes para tocar y cantar por las calles.
rondar *intr.* y *tr.* Recorrer de noche una población, campamento, etc., para vigilar e impedir desórdenes. **2** Andar de noche paseando por las calles. **3** fig. Ir detrás de alguien continuamente, para conseguir algo.
ronquera *f.* Afección de la garganta que vuelve ronca la voz.
ronquido *m.* Ruido que se hace al roncar. **2** fig. Ruido o sonido bronco.
ronronear *intr.* Emitir el gato cierto sonido ronco en señal de satisfacción.
ronzal *m.* Cuerda que se ata a la cabeza o cuello de las caballerías para sujetarlas o para conducirlas caminando.
roña *f.* Sarna del ganado lanar. **2** Porquería y suciedad que se pega fuertemente. **3** Orín de los metales. **4** Animadversión, ojeriza.
roñoso -sa *adj.* Que tiene o padece roña. **2** Sucio, asqueroso. **3** *adj.* y *n.* fam. Mezquino, tacaño.
ropa *f.* Cualquier prenda de tela, especialmente de vestir. **2** Vestidura distintiva de cargos o profesiones.
ropaje *m.* Vestido o adorno exterior del cuerpo, especialmente vestido suntuoso usado en ceremonias solemnes. **2** Conjunto de ropas. **3** Modo de expresión, lenguaje.
ropero -ra *m.* y *f.* Persona que vende ropa confeccionada. **2** Persona que cuida la ropa de una comunidad. **3** *m.* Armario o cuarto donde se guarda la ropa.

BIOLOGÍA

Evolución

Especies marinas

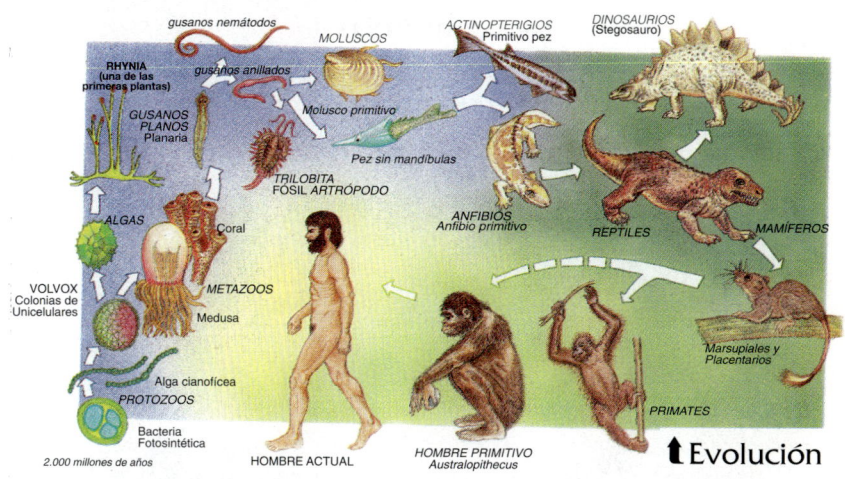

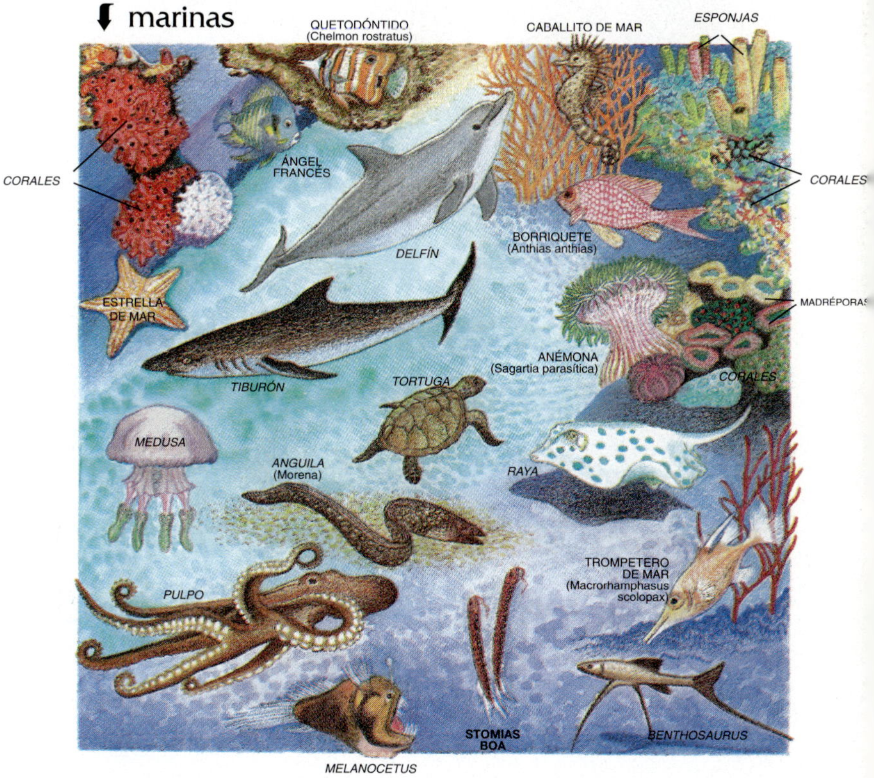

Cadena alimenticia

Tipos de hojas

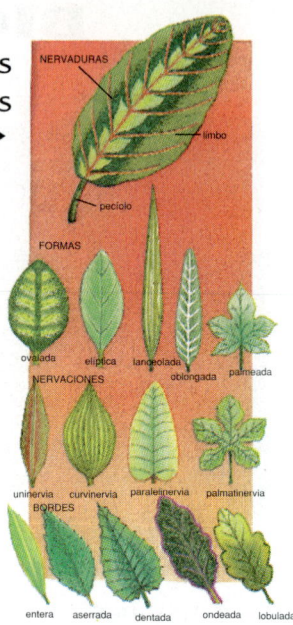

Fotosíntesis

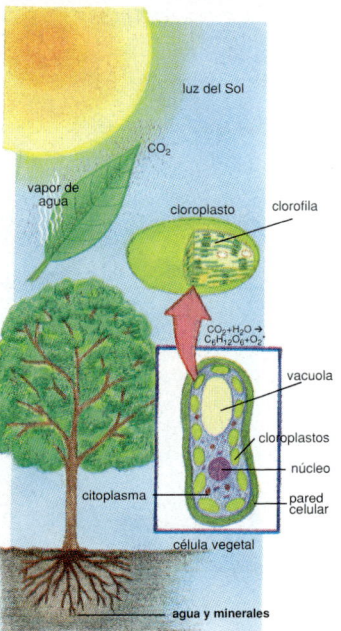

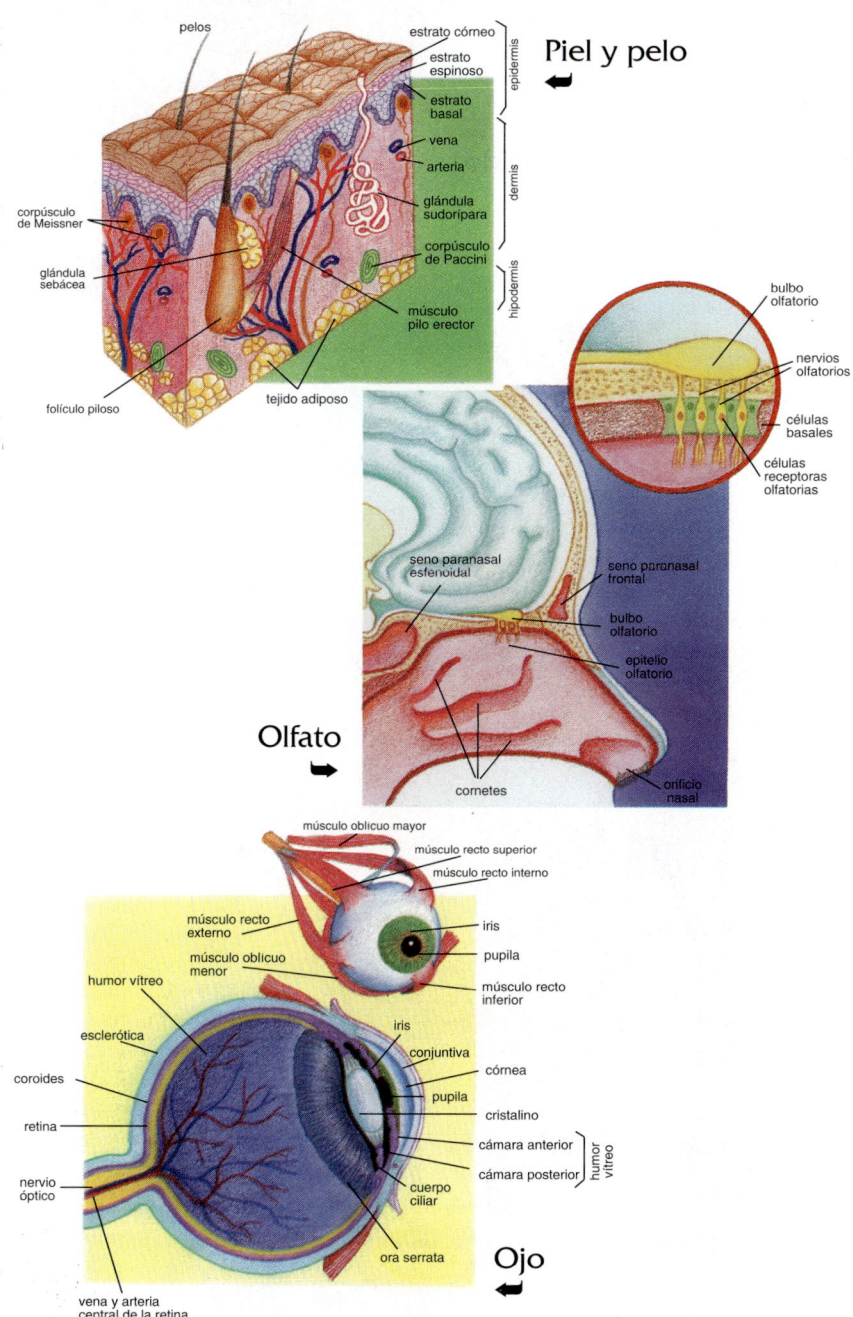

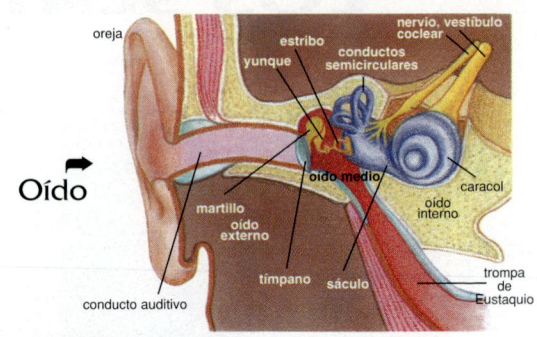

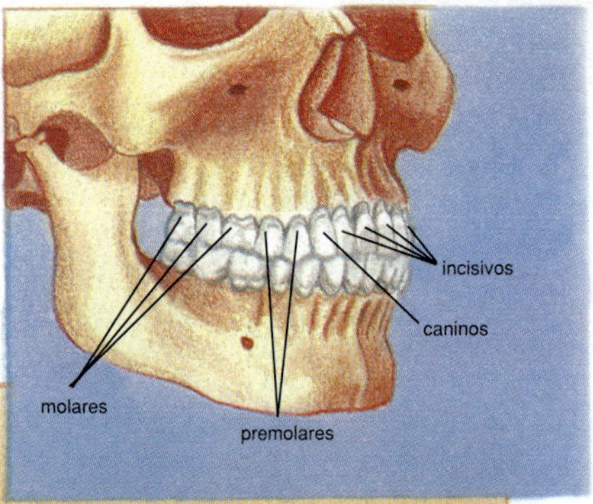

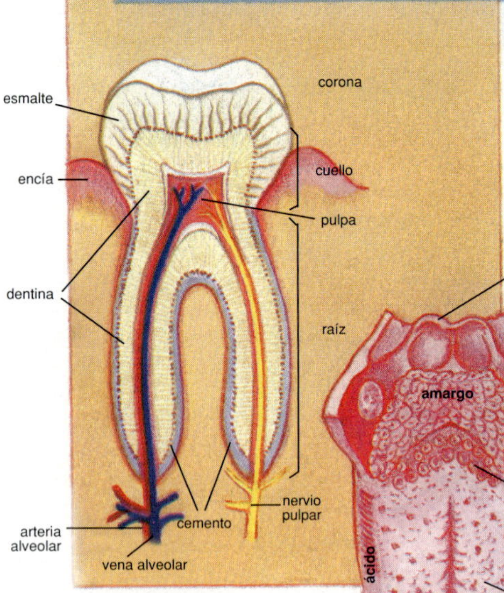

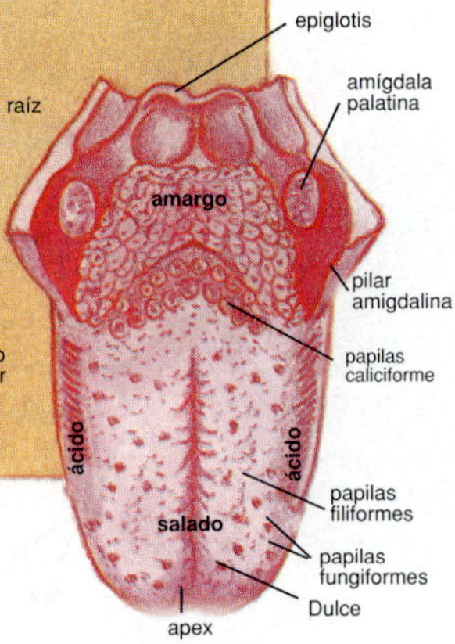

CUERPO HUMANO

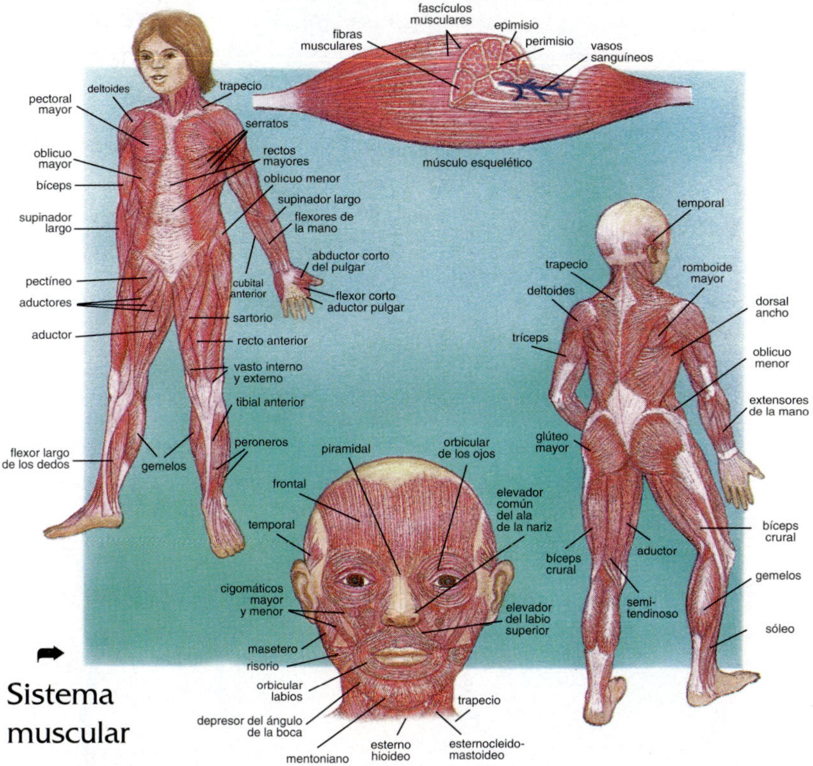

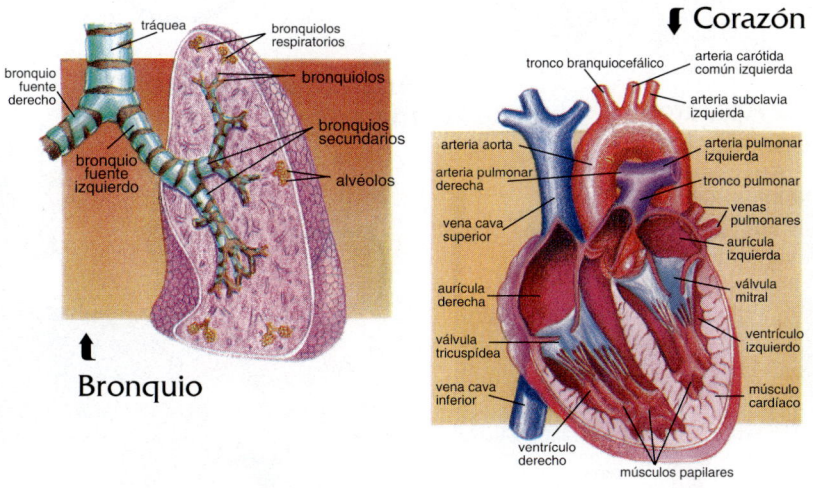

Sistema muscular

Bronquio

Corazón

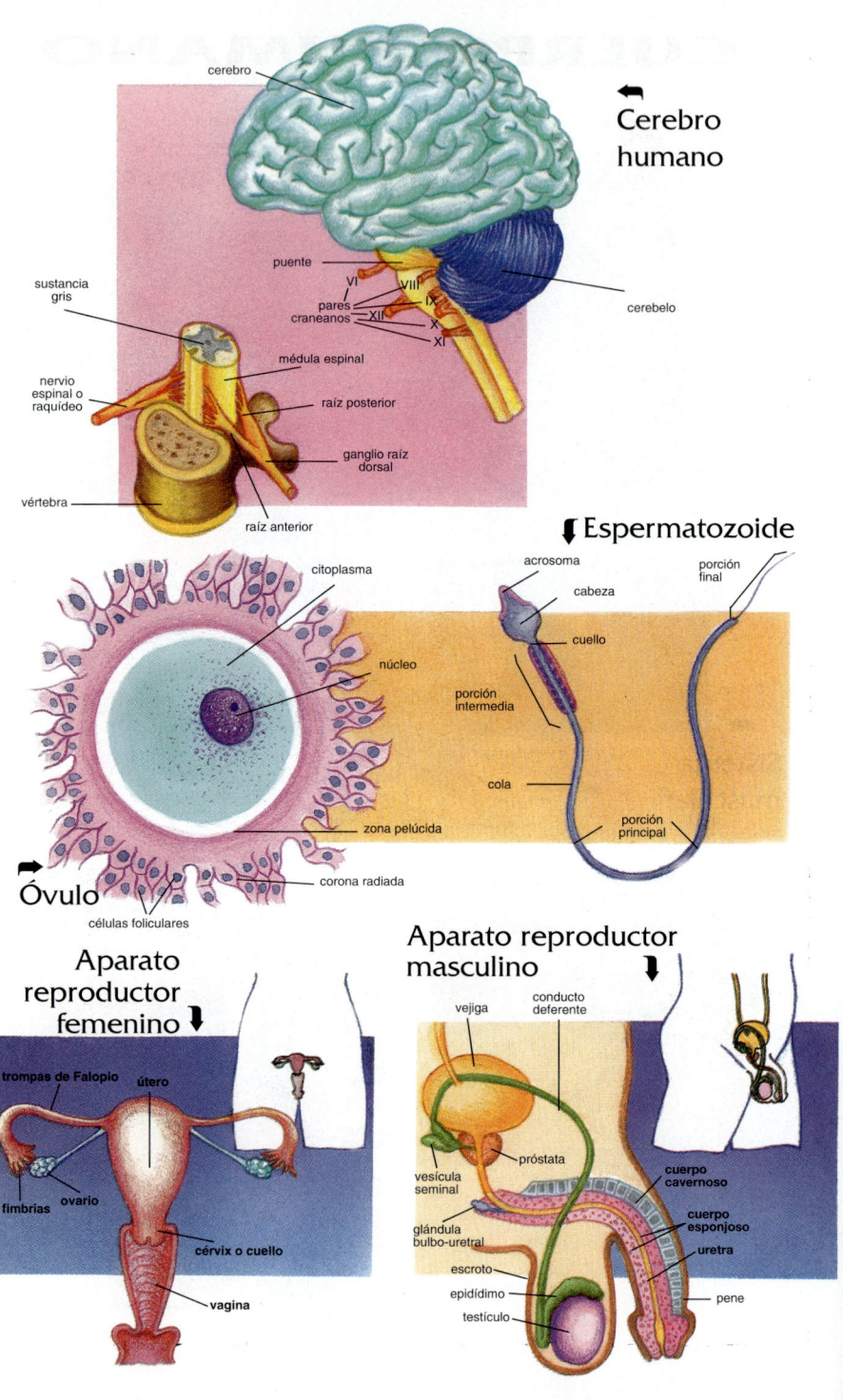

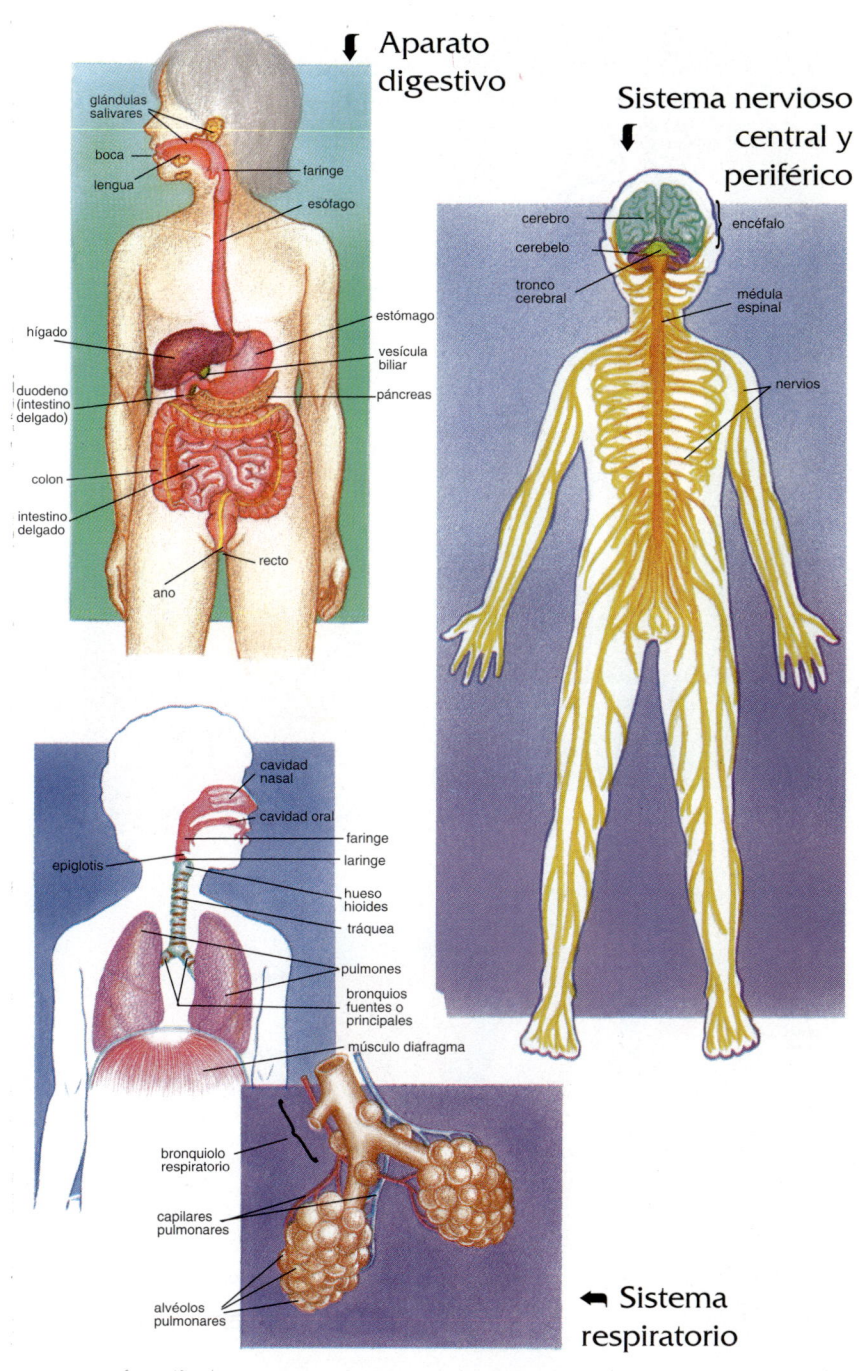

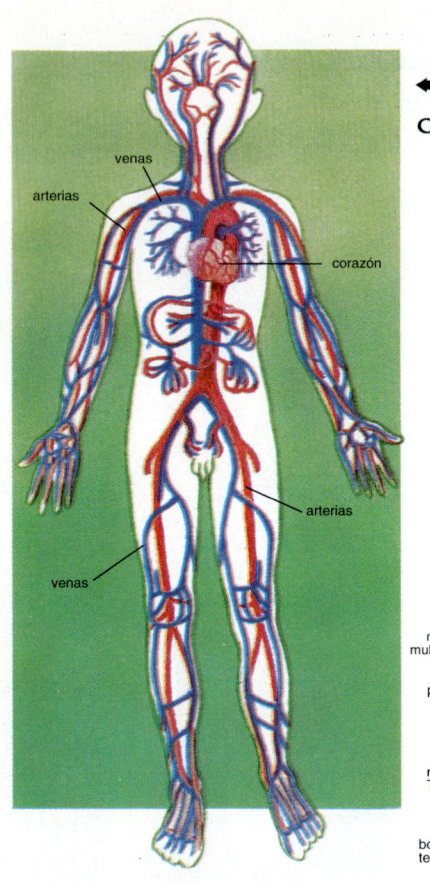

← Sistema circulatorio

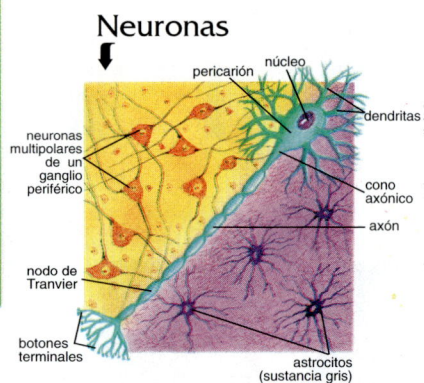

Neuronas

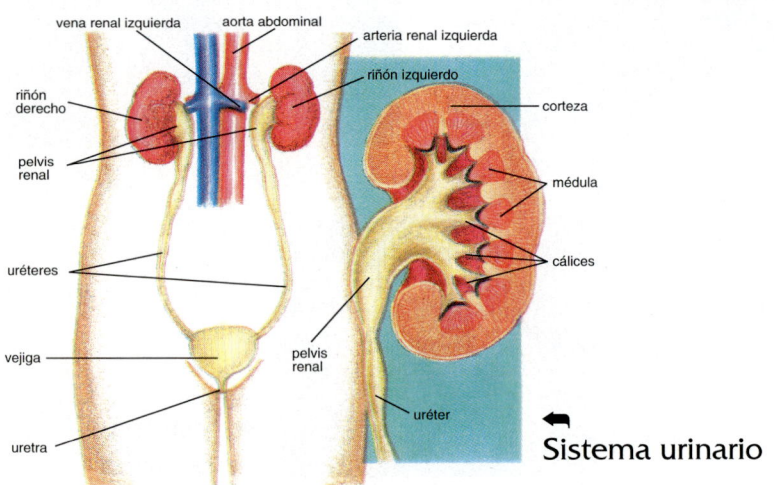

← Sistema urinario

rosa *f.* Flor del rosal. **2** Lazo, nudo, etc., que se asemeja a esta flor. **3** *m.* Color rosa.

rosal *m.* Nombre común a varias plantas arbustivas de las rosáceas, con hojas alternas, flores con numerosos estambres y por fruto una baya carnosa con muchas semillas menudas.

rosario *m.* Rezo de la Iglesia católica. **2** Objeto de devoción consistente en una sarta de cuentas. **3** fig. Serie o sucesión de cosas.

rosca *f.* Mecanismo compuesto de tornillo y tuerca. **2** Cualquier cosa redonda y cilíndrica que, al cerrarse, forma un círculo dejando en medio un espacio vacío. **3** Pan o bollo que tiene esta forma.

rosquilla *f.* Dulce en forma de rosca pequeña. **2** Larva de insecto que se enrosca con facilidad y al menor peligro.

rostro *m.* Pico del ave. **2** Cara, cabeza de una persona. **3** Espolón de una nave.

rotación *f.* Acción y efecto de rodar o rotar.

rotativo -va *adj.* Que da vueltas. **2** *adj.* y *f.* Se dice de la máquina de imprimir que con movimiento seguido y a gran velocidad imprime.

roto -ta Participio pasivo irregular de romper. **2** *adj.* y *n.* Andrajoso, harapiento. **3** *adj.* Se dice de la persona licenciosa y de su modo de vida y costumbres.

rotonda *f.* Edificio, sala, plaza, etc., de forma circular o semicircular.

rotor *m.* Parte giratoria de una máquina electromagnética o de una turbina.

rótula *f.* Hueso en la parte anterior de la articulación de la tibia con el fémur.

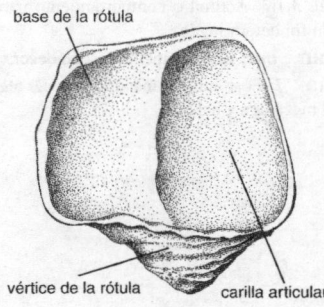

base de la rótula
vértice de la rótula
carilla articular

rótula

rotular[1] *tr.* Poner un rótulo a algo o en alguna parte.

rotular[2] *adj.* Relativo a la rótula.

rótulo *m.* Título de un escrito o de una parte suya. **2** Letrero o cartel anunciador o indicador. **3** Cartel público para dar noticia o aviso de una cosa.

rotundo -da *adj.* Redondo. **2** Se dice del lenguaje sonoro y expresivo. **3** fig. Completo, preciso, categórico.

rotura *f.* Acción y efecto de romper o romperse. **2** Raja o quiebra de un cuerpo sólido.

roturar *tr.* Arar por primera vez las tierras incultas.

roza *f.* Acción y efecto de rozar. **2** Tierra rozada para sembrar en ella. **3** Hierbas o matas que se obtienen de rozar un campo.

rozagante *adj.* Vistoso, ufano, próspero.

rozar *tr.* Limpiar las tierras de las matas y hierbas inútiles antes de labrarlas. **2** Cortar los animales con los dientes la hierba para comerla. **3** Raer la superficie de una cosa. **4** *tr.* e *intr.* Tocar una cosa ligeramente con otra.

roznido[1] *m.* Ruido que se hace al quebrar algo con los dientes.

roznido[2] *m.* Rebuzno.

rubéola *f.* Enfermedad infectocontagiosa caracterizada por una erupción de la piel y por infartos ganglionares. Es peligrosa si afecta a las embarazadas.

rubicundo -da *adj.* Rubio que tira a rojo. **2** Se dice de la persona de buen color y aspecto saludable. **3** Se dice del pelo que tira a rojo.

rubio -bia *adj.* y *n.* De color oro o del trigo maduro. **2** Se dice especialmente del cabello de este color y de quien lo tiene. **3** Se dice del tabaco de color claro, sabor suave y alto contenido en nicotina.

rubor *m.* Color encarnado o rojo muy encendido. **2** Color que, por una afluencia de la sangre, sube al rostro. **3** fig. Empacho y vergüenza.

rúbrica *f.* Rasgo distintivo que, como parte de la firma, se suele añadir al nombre. **2** Epígrafe, título, frase, etc., que precede a un escrito.

rudimento *m.* Embrión o estado primordial informe de un ser orgánico. **2** Parte de un ser orgánico imperfectamente desarrollada. **3** *pl.* Primeros conocimientos de una ciencia o profesión.

rudo -da *adj.* Tosco, sin pulimento. **2** Descortés, grosero, sin educación. **3** Duro, costoso, arduo.

rueca *f.* Instrumento para hilar. **2** fig. Vuelta o torcimiento de una cosa.

rueda *f.* Pieza de forma circular que puede girar sobre su eje. **2** Corro, círculo de personas o cosas.

ruedo *m.* Acción de rodar. **2** Círculo que rodea algo o a alguien. **3** Corro de personas. **4** Contorno o borde de algo redondo.

ruego *m.* Súplica, petición.

rufián *m.* El que trafica con prostitutas. **2** fig. Hombre sin honor, que vive del engaño y del fraude.

rugido *m.* Voz del león y otros felinos salvajes. **2** fig. Grito del hombre colérico y furioso.

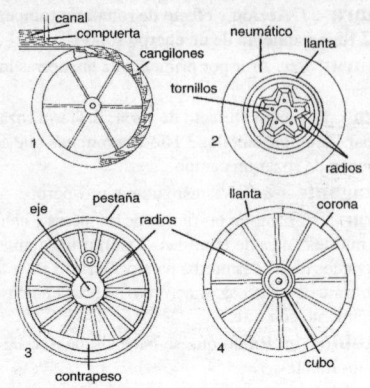

rueda: 1, hidráulica; 2, de automóvil; 3, de locomotora; 4, de carruaje

rugir *intr.* Bramar un felino. **2** Emitir grandes gritos una persona enojada. **3** Hacer un ruido fuerte el mar, el viento, etc.

rugoso -sa *adj.* Que tiene arrugas.

ruido *m.* Sonido inarticulado y confuso más o menos fuerte. **2** fig. Alboroto, pendencia. **3** fig. Importancia exagerada que se da a algo.

ruin *adj.* Vil, despreciable. **2** Mezquino, avaro. **3** Se dice de la persona de malas costumbres y procedimientos, y de estas mismas costumbres.

ruina *f.* Acción de caer o destruirse una cosa. **2** fig. Pérdida grande de los bienes de fortuna. **3** fig. Decadencia y perdición de una persona, familia, comunidad, etc. **4** *pl.* Restos de un edificio, ciudad, etc.

ruiseñor *m.* Ave paseriforme de unos 16 cm de longitud, plumaje de color pardo rojizo y gris claro en el vientre, y cola larga. Se alimenta de insectos.

ruleta *f.* Juego de azar, que consiste en hacer girar una bola por encima de un plato giratorio hasta que se detiene en uno de los compartimentos numerados de éste, determinando así la suerte.

rulo *m.* Bola gruesa u otra cosa redonda que rueda fácilmente. **2** Rodillo para allanar o triturar. **3** Rizo del cabello.

rumbo[1] *m.* Dirección, camino, derrotero, especialmente el que se sigue al navegar. **2** fig. Comportamiento o actitud que alguien sigue o se propone seguir en lo que intenta.

rumbo[2] *m.* fam. Pompa, ostentación. **2** Generosidad, esplendidez.

rumiantes *m. pl.* Suborden de mamíferos artiodáctilos, que se alimentan de vegetales, carecen de dientes incisivos en la mandíbula superior y tienen el estómago compuesto de cuatro cavidades: panza, redecilla, libro y cuajar.

rumiar *tr.* Volver a la boca y masticar otra vez los alimentos los rumiantes. **2** fig. Cavilar mucho sobre algo. **3** fam. Gruñir, refunfuñar.

ruptura *f.* Acción y efecto de romper o romperse. **2** Rompimiento de relaciones entre personas, entidades, etc.

rural *adj.* Propio del campo o de las labores que se hacen en él. **2** fig. Inculto, tosco.

rústico -ca *adj.* Relativo al campo. **2** fig. Tosco, grosero. **3** *m.* y *f.* Persona del campo.

ruta *f.* Rumbo o derrota de un viaje. **2** Itinerario para él. **3** fig. Actitud o comportamiento para lograr un fin determinado.

rutilar *intr.* Brillar mucho, resplandecer.

rutina *f.* Costumbre o manera de hacer algo de forma mecánica y usual.

s *f.* Vigésima letra del alfabeto español y decimosexta de sus consonantes. Su nombre es *ese*. Representa un sonido fricativo sordo, y en español tiene dos variedades de pronunciación: una es alveolar, la propiamente castellana; otra es predorsal, más usual del andaluz y de la mayor parte del español de América. **2** En mayúscula, abreviatura de sur, punto cardinal (S).

sábado *m.* Séptimo y último día de la semana. **2** Día festivo judío durante el cual está prohibido cualquier trabajo.

sabana *f.* Formación vegetal compuesta por plantas herbáceas (en general gramíneas y a menudo muy altas), característica de las regiones tropicales con una estación seca prolongada. Pueden aparecer algunos árboles aislados (*sabana arbolada*). **2** *Amér.* Llanura extensa cubierta de sabana.

sábana *f.* Cada una de las dos piezas de tela que se usan como ropa de cama y que sirven para colocar el cuerpo entre ellas.

sabandija *f.* Cualquier reptil pequeño o insecto, especialmente repugnante, como el escarabajo, la salamanquesa, etc. **2** fig. Persona despreciable.

saber[1] *m.* Sabiduría, conocimiento. **2** Ciencia o facultad.

saber[2] *tr.* Tener conocimiento de algo. **2** Tener habilidad o destreza para hacer algo. **3** *tr.* e *intr.* Tener noticias de alguien o de algo. **4** *intr.* Ser astuto, listo, sagaz. **5** Seguido de la preposición a, tener algo determinado sabor. **6** Ser capaz de adaptarse a algo o comportarse de determinada manera: *saber ahorrar, callar*. **7** Seguido de verbos como andar, ir, venir, etc., conocer por dónde se debe ir. **8** *prnl.* Con adverbios como bien, mal, etc., gustar o no algo: *le saben mal las bromas*.

sabiduría *f.* Posesión de amplios y profundos conocimientos sobre determinadas materias. **2** Prudencia y sensatez para actuar en la vida.

sabio -bia *adj.* y *n.* Que posee sabiduría. **2** Prudente, equilibrado, sensato. **3** *adj.* Se dice del animal que tiene muchas habilidades.

sable *m.* Arma blanca de hoja algo curva, generalmente con un solo corte, semejante a la espada. **2** fig. Habilidad para sacar dinero a alguien o vivir a su costa.

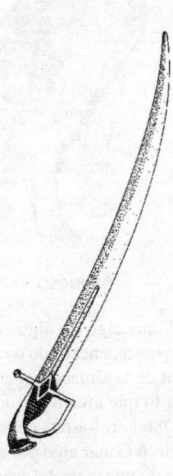

sable

sabor *m.* Sensación que se produce en el sentido del gusto. **2** Cualidad que tienen muchas cosas de producir dicha sensación. **3** fig. Impresión que ciertas cosas o situaciones producen en el ánimo. **4** fig. Semejanza de una cosa con otra, a la que recuerda de algún modo: *un vestido de sabor romántico*.

saborear *tr.* y *prnl.* Apreciar o sentir con detenimiento y placer el sabor de lo que se come o se bebe. **2** fig. Recrearse y disfrutar de aquello que agrada: *saborear el paisaje*. **3** *tr.* Dar sabor y gusto a las cosas.

sabotaje *m.* Daño o desperfecto que se hace en instalaciones, maquinaria, productos o servicios públicos como medio de lucha en conflictos sociales o políticos. **2** Dificultad que se pone para entorpecer proyectos e ideas.

sabroso -sa *adj.* Grato al sentido del gusto. **2** Agradable al ánimo, sustancioso: *una recompen-*

sa sabrosa. **3** Divertido, gracioso, malicioso: *un comentario sabroso.* **4** Ligeramente salado.

sabueso -sa *adj.* y *n.* Se dice de una variedad de perro podenco, de tamaño algo mayor que el común, y de olfato y oído muy desarrollados. **2** *m.* fig. Detective, policía. **3** fig. Persona con habilidad para investigar, descubrir y averiguar algo.

sabueso

sacar *tr.* Poner algo o a alguien fuera del lugar donde estaba puesto, encerrado o retenido. **2** Hacer salir a alguien de la situación o condición en que está. **3** Quitar lo que afea o perjudica: *sacar una mancha.* **4** Obtener, lograr, conseguir. **5** Averiguar, descubrir. **6** Ganar algo por suerte. **7** Alargar o hacer sobresalir una parte del cuerpo. **8** Alargar el dobladillo o ensanchar las costuras de una prenda de vestir. **9** Extraer o separar de algo alguna de las partes que lo componen o lo constituyen. **10** Fabricar, producir. **11** Idear, inventar y difundir un producto, una moda, etc. **12** Atribuir o aplicar a alguien apodos, defectos, motes, etc. **13** Hacer manifiesto, exteriorizar: *sacar el genio.* **14** Resolver una cuenta o un problema. **15** Elegir por sorteo o por votos. **16** Nombrar, citar, traer a la conversación. **17** Apuntar por escrito, extraer notas o referencias de un texto o libro. **18** Hacer una fotografía. **19** Comprar billetes, entradas o localidades. **20** En muchos juegos, empezar la jugada al comenzar o reanudar el juego.

sacarificar *tr.* Convertir por hidratación las sustancias sacarígenas en azúcar.

sacerdote *m.* Persona consagrada y dedicada al servicio de la comunidad religiosa. **2** En la Iglesia católica, persona que ha sido ordenada para celebrar la misa.

sacerdotisa *f.* Mujer dedicada a ofrecer sacrificios a ciertos dioses de determinados cultos paganos y a cuidar de sus templos.

saciar *tr.* y *prnl.* Satisfacer plenamente el hambre o la sed, hartar. **2** fig. Satisfacer ambiciones, deseos o necesidades no materiales.

saco *m.* Receptáculo de materia flexible, como tela, plástico, papel o cuero, generalmente de forma rectangular o cilíndrica, abierto por arriba. **2** Lo que contiene dicho receptáculo. **3** Vestidura tosca y áspera de paño burdo. **4** Prenda de abrigo holgada. **5** fig. Cualquier cosa que en sí incluye otras muchas. **6** Estructura del organismo en forma de saco. **7** fig. Persona que tiene en extremo la cualidad o defecto que se expresa: *ser un saco de mentiras.* **8** Saqueo de algún lugar. **9** En el juego de pelota, saque. **10** *Amér.* Chaqueta.

sacramental *adj.* Perteneciente o relativo a los sacramentos. **2** Habitual por el uso o por la costumbre. **3** Se dice del conjunto de medios instituidos por la Iglesia católica, como el agua bendita y las indulgencias para obtener un efecto espiritual. **4** *f.* Cofradía dedicada al culto del Santísimo Sacramento.

sacramentar *tr.* En el sacramento de la eucaristía, convertir el pan en el cuerpo de Jesucristo. **2** Administrar a un enfermo el viático y la extremaunción.

sacramento *m.* Signo sagrado instituido por Jesucristo, que concede o aumenta la gracia. En la religión católica son siete: bautismo, confirmación, penitencia, eucaristía, orden sacerdotal, matrimonio y extremaunción.

sacrificar *tr.* Hacer sacrificios u ofrendas a la divinidad. **2** Matar reses para el consumo. **3** fig. Poner a alguien o algo en un riesgo o esfuerzo para obtener algún beneficio. **4** fig. Renunciar a algo para conseguir otra cosa que se considera más conveniente o provechosa. **5** *prnl.* Dedicarse, ofrecerse a Dios. **6** fig. Renunciar voluntariamente a algo o privarse de ello. **7** fig. Sujetarse con resignación a una cosa desagradable.

sacrificio *m.* Ofrenda a una divinidad en señal de homenaje o expiación. **2** Acto mediante el cual el sacerdote ofrece en la misa el cuerpo de Jesucristo bajo las especies de pan y de vino. **3** fig. Acto de abnegación o renuncia voluntaria a algo. **4** fig. Acción a que uno se sujeta con gran esfuerzo por consideraciones propias o ajenas.

sacrilegio *m.* Profanación de una cosa, de una persona o de un lugar sagrados.

sacristán -na *m.* y *f.* Persona que ayuda al sacerdote en el servicio del altar y cuida de los ornamentos y de la limpieza y aseo de la iglesia y sacristía.

sacristía *f.* En las iglesias, lugar donde se guardan los ornamentos y se revisten los sacerdotes.

sacro -cra *adj.* Sagrado. **2** Referente a la región en que está situado el hueso sacro, desde el lomo hasta el cóccix. **3** *adj. y m.* Se dice de un hueso impar y plano, formado por cinco vértebras, situado en la región lumbar sobre el cóccix y que forma la pelvis.

sacudir *tr.* Golpear algo o agitarlo en el aire con violencia, para quitarle el polvo, airearlo o ahuecarlo. **2** Golpear, pegar. **3** *fam.* Dar dinero, pagar. **4** *tr. y prnl.* Arrojar o apartar bruscamente algo de sí, o quitárselo de encima. **5** *prnl.* *fig.* Apartar de sí con aspereza o astucia a alguien o algo que molesta o fastidia.

sádico -ca *adj.* Perteneciente o relativo al sadismo. **2** *adj. y n.* Cruel, malvado.

sadismo *m.* Perversión sexual de la persona que provoca su propio placer cometiendo actos de crueldad en otra persona. **2** *fig.* Crueldad refinada con que se trata a alguien.

saeta *f.* Arma arrojadiza que consiste en un asta delgada y ligera, con punta afilada, generalmente de hierro, que se dispara con arco. **2** Manecilla del reloj o de la brújula.

sagacidad *f.* Calidad de sagaz.

sagaz *adj.* Astuto, perspicaz, sutil. **2** Se dice del animal, especialmente del perro, que saca por el rastro la caza o que la presiente.

sagradamente *adv. m.* Con respeto a lo divino.

sagrado -da *adj.* Que está dedicado a Dios y al culto divino. **2** Que es digno de respeto y veneración. **3** *m.* Lugar o recurso que asegura de un peligro.

sahumar *tr. y prnl.* Quemar aromas para perfumar o purificar.

sal *f.* Sustancia mineral que se extrae del agua del mar o de los lagos salados (sal marina), o de yacimientos (sal gema), y que se emplea para sazonar los alimentos. **2** *fig.* Gracia, agudeza, ingenio. **3** *fig.* Garbo, desenvoltura en los ademanes. **4** *pl.* Sustancia cristaloide perfumada que se mezcla con el agua del baño. **5** Sustancia que se hace respirar a alguien para que vuelva en sí.

sala *f.* Pieza principal de la casa, donde se reciben las visitas. **2** Mobiliario de dicha pieza. **3** Aposento de grandes dimensiones que se destina a un fin determinado. **4** Pieza donde se reúne un tribunal de justicia para celebrar audiencia.

salar *tr.* Poner en sal carnes, pescados u otras sustancias, para su conservación. **2** Sazonar con sal la comida. **3** Echar más sal de la necesaria. **4** *tr. y prnl. Amér.* Estropear, echar a perder.

sala

salario *m.* Remuneración de un trabajo o servicio realizado.

saldar *tr.* Liquidar o pagar una cuenta o una deuda. **2** Vender a bajo precio una mercancía. **3** Poner fin a alguna cosa o situación.

saldo *m.* Liquidación o pago de una deuda u obligación. **2** Cantidad que de una cuenta resulta a favor o en contra de alguien. **3** Resto de mercancías que se venden a bajo precio.

salida *f.* Acción y efecto de salir o salirse. **2** Excursión o paseo. **3** Sitio por donde se sale de un lugar. **4** Lugar desde donde empieza una carrera. **5** Parte que sobresale de algo. **6** Mayor o menor posibilidad de venta de las mercancías. **7** *fig.* Medio con que se vence un argumento, una dificultad o un peligro. **8** *fig.* Pretexto o recurso con que se elude algo. **9** *fig.* Dicho agudo, ocurrencia.

salina *f.* Mina de sal. **2** Explotación o instalación para obtener sal mediante la evaporación del agua del mar o de los lagos salinos.

salino -na *adj.* Que participa de los caracteres de la sal. **2** Que contiene sal.

salir *intr. y prnl.* Pasar de la parte de adentro a la de afuera. **2** Cesar en un cargo u oficio, o dejar de pertenecer a un partido o a una asociación. **3** Con la preposición con y ciertos nombres, conseguir o lograr algún asunto o propósito. **4** Con la preposición de y determinados nombres, apartarse o ponerse fuera de lo que éstos significan. **5** *intr.* Irse, desplazarse de un lugar a otro. **6** Mantener un trato frecuente con otra persona. **7** Aparecer, manifestarse, mostrarse. **8** Nacer, brotar. **9** Aparecer, encontrar algo que se había perdido. **10** Desaparecer las manchas al limpiarlas. **11** Sobresalir, estar algo más alto o más afuera que otras cosas. **12** Proceder, tener una cosa su origen o causa en otra. **13** Resultar alguien o algo de una determinada manera. **14** Tratándose de una operación o problema, dar el resultado debido. **15** Resultar algo a un precio determinado. **16** En un reparto, resultar una cantidad para cada persona. **17** Parecerse a otra persona. **18** Presentársele a alguien una oportunidad o una ocasión. **19** Ser elegido por sorteo o votación. **20** Desembocar, ir a parar, tener salida a un punto determinado. **21** Con la preposición con, decir o hacer algo inesperado. **22** Con la preposición por, responder de cierta cosa o por una determinada persona. **23** En ciertos juegos, ser el primero en iniciarlos. **24** *prnl*. Rebosar o derramarse un líquido al hervir, o escaparse por alguna rendija o rotura del recipiente que lo contiene.

saliva *f*. Líquido alcalino, claro y algo viscoso, segregado por las glándulas cuyos conductos excretores se abren en la boca. Reblandece los alimentos cuando se mastican, y facilita su deglución y digestión.

salón *m*. Sala, pieza principal de la casa, donde se reciben las visitas. **2** En edificios públicos, residencias u hoteles, pieza de grandes dimensiones para fiestas, recepciones, juntas u otros actos. **3** Mobiliario de estas piezas. **4** Exposición periódica de distintas industrias u obras de arte. **5** Nombre dado a determinados establecimientos públicos.

salpicar *tr*. e *intr*. Lanzar o saltar un líquido o una sustancia pastosa en gotas pequeñas. **2** *tr*. fig. Diseminar, difundir una cosa. **3** fig. Pasar de una cosa a otra sin continuidad ni orden. **4** *tr*. y *prnl*. Mojar o ensuciar con las gotas que se desprenden de algún líquido o sustancia pastosa.

salpullido *m*. Erupción cutánea, urticaria.

salsa *f*. Mezcla de varios ingredientes, de consistencia más o menos fluida, que se usa como base de algunos guisos o para acompañar determinados platos. **2** fig. Cualidad o condición que da gracia o atractivo a la persona o la cosa que lo posee. **3** Género musical compuesto de varios ritmos caribeños de origen africano.

saltador -ra *adj*. Que salta. **2** *m*. y *f*. Acróbata o atleta que practica el salto. **3** *m*. Cuerda para saltar o jugar.

saltamontes *m*. Insecto ortóptero de color verde o amarillento, con antenas largas, alas amplias y patas posteriores muy largas, con las que puede dar grandes saltos. Vive en los prados.

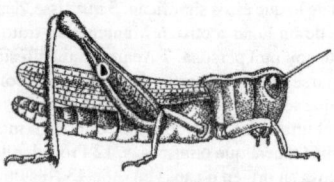

saltamontes

saltar *intr*. Levantarse alguien o algo del suelo o donde está con impulso, para dejarse caer en el mismo lugar o para pasar a otro. **2** Arrojarse desde una altura para caer de pie. **3** Abalanzarse sobre alguien para acometerle. **4** Salir un líquido hacia arriba con fuerza. **5** Romperse o resquebrajarse algo por excesiva tirantez, dilatación u otras causas. **6** Desprenderse algo de donde estaba unido o fijo. **7** fig. Hacerse notar o sobresalir mucho algo. **8** fig. Manifestar bruscamente enfado o irritación. **9** fig. Presentarse repentinamente algo a la imaginación o a la memoria. **10** fig. Irrumpir inesperadamente en una conversación. **11** Ascender a un cargo o puesto superior sin haber pasado por los intermedios. **12** *tr*. Pasar por encima de algo dando un salto. **13** *tr*. y *prnl*. Omitir parte de un escrito al leerlo o copiarlo.

salteador -ra *m*. y *f*. Ladrón que asalta o roba en lugares despoblados y solitarios.

saltear *tr*. Asaltar o acometer a alguien en lugares despoblados para robarle. **2** Hacer algo sin continuidad ni orden, o dejando parte de ello sin hacer. **3** Apoderarse de algo adelantándose a otro. **4** fig. Causar una impresión fuerte en el ánimo. **5** Sofreír a fuego vivo algún alimento, con mantequilla, aceite o grasa.

salto *m*. Acción y efecto de saltar. **2** Distancia o espacio que se salta. **3** Despeñadero muy profundo. **4** Caída de un caudal importante de agua, especialmente en una instalación industrial. **5** Palpitación violenta del corazón. **6** fig. Variación imprevista, cambio rápido o paso directo de una posición a otra superior sin pasar por estados intermedios. **7** fig. Omisión de una parte de un escrito, al leerlo o copiarlo. **8** Prueba deportiva de atletismo que consiste en saltar una determinada altura o una longitud. **9** En natación, acción de lanzarse al agua desde una altura determinada.

salud *f*. Estado en que el ser orgánico ejerce con normalidad todas sus funciones. **2** Condiciones físicas de un organismo en un determinado momento. **3** fig. Estado de una colectividad o de algo abstracto: *la salud del país, de la economía*. **4** Usada como interjección, expresión para saludar o para brindar.

salvación *f*. Acción y efecto de salvar o salvarse. **2** Obtención de la gloria y bienaventuranza eternas.

salvado *m*. Cáscara del grano de los cereales triturada, rica en celulosa, grasas y proteínas, que se usa como alimento seco para el ganado y en dietética.

salvaje *adj*. Se dice de la planta silvestre. **2** Se aplica al animal que no es doméstico. **3** Se dice del terreno no cultivado y abrupto. **4** *adj*. y *com*. Se dice del pueblo y del individuo de este pueblo al que todavía no ha llegado la civilización y vive en estado primitivo. **5** fig. Terco, necio.

salvajismo *m*. Modo de ser o de obrar propio de los salvajes. **2** Calidad de salvaje.

salvamento *m*. Acción y efecto de salvar o salvarse. **2** Lugar en que alguien está protegido de algún peligro.

salvar *tr.* y *prnl*. Librar de algún peligro o riesgo. **2** *tr*. Evitar dificultades, impedimentos, obstáculos, peligros o riesgos. **3** Vencer un obstáculo pasando por encima o a través de él. **4** Recorrer la distancia que media entre dos lugares. **5** Probar jurídicamente la inocencia de alguien o de algo.

salvavidas *m*. Objeto que sirve para mantener a alguien a flote, como medio de salvamento o para aprender a nadar.

salve *interj*. Voz que se emplea para saludar. **2** *f*. Oración a la Virgen.

salvedad *f*. Razonamiento o advertencia que se emplea como condición o excusa de lo que se va a decir o hacer.

salvoconducto *m*. Documento expedido por una autoridad para poder transitar libremente por una zona o un territorio determinados. **2** fig. Libertad para hacer algo sin temor de ser castigado.

samba *f*. Baile o ritmo de origen brasileño, parecido a la rumba, pero más rápido y dinámico que ésta.

samurai *m*. En el antiguo sistema feudal japonés, individuo de una clase inferior de la nobleza, constituida por los militares, que servía como guerrero a un señor feudal.

san *adj*. Apócope de santo.

sanamente *adv. m*. Con sanidad. **2** Sinceramente, sin malicia.

sanar *tr*. Hacer que alguien recobre la salud que había perdido. **2** *intr*. Recuperar la salud.

sanatorio *m*. Establecimiento destinado a la cura o convalecencia de enfermos que, generalmente, padecen del mismo tipo de enfermedad.

sanción *f*. Estatuto o ley. **2** Confirmación solemne de una ley por el jefe del Estado. **3** Pena que la ley establece para el que la infringe. **4** Castigo que procede de una acción mal hecha. **5** Aprobación dada a cualquier acto, uso o costumbre.

sancionar *tr*. Dar fuerza de ley a una disposición. **2** Aprobar cualquier acto, uso o costumbre. **3** Aplicar una sanción o castigo.

sandez *f*. Tontería, simpleza, necedad.

sandía *f*. Planta herbácea anual, de las cucurbitáceas, de tallo flexible y rastrero, que se cultiva por su fruto comestible, oloroso, refrescante y de gran tamaño, de corteza verde y pulpa de color rojo. **2** Fruto de esta planta.

sandwich (ing.) *m*. Bocadillo, emparedado, panecillo con una tajada de jamón, queso, etc., dentro.

saneado -da *adj*. Se dice de los bienes, los ingresos o las rentas libres de cargas o descuentos, o que producen grandes beneficios.

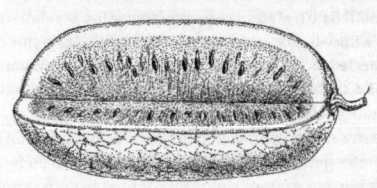

sandía

sanear *tr*. Dar condiciones de higiene y sanidad a un terreno, un edificio, etcétera. **2** Librar de cargas o gravámenes y equilibrar la economía, los bienes o las rentas. **3** Reparar o remediar algo. **4** Asegurar o dar garantía del daño o perjuicio que puede sobrevenir.

sangrar *tr*. Abrir una vena a alguien y extraerle sangre. **2** Dar salida a un líquido abriendo un conducto por donde corra. **3** Hacer cortes en el tronco de los árboles para extraer resina. **4** fam. Hurtar, sisar en pequeñas cantidades. **5** En un escrito, empezar una línea más adentro que las otras de la plana, como suele hacerse con la primera de cada párrafo. **6** *intr*. Salir sangre. **7** fig. Sufrir los efectos de un desengaño, un disgusto o un daño moral.

sangre *f*. Líquido rojo, algo espeso y viscoso, que se encuentra en el interior del aparato circulatorio de los vertebrados, y que se mueve por él impulsado por la actividad del corazón. Se compone de una parte líquida o plasma, y de elementos celulares en suspensión: hematíes, leucocitos y plaquetas. Algunas de sus funciones son: respiratoria, nutritiva, de regulación térmica e inmunizante. **2** fig. Linaje, familia o parentesco.

sangría *f*. Acción y efecto de sangrar. **2** Parte de la articulación del brazo opuesta al codo. **3** Salida que se da al agua de un cauce. **4** Corte que se hace en los árboles para que fluya la resina. **5** fig. Hurto que se hace en pequeñas cantidades. **6** fig. Gasto continuo de algo por extracciones sucesivas. **7** Bebida refrescante compuesta de vino tinto, agua carbónica, azúcar, limón y, a veces, pedazos de otras frutas. **8** Espacio que queda en blanco al sangrar una línea. **9** En los hornos de fundición, chorro de metal líquido que sale del horno.

sangriento -ta *adj*. Que echa sangre. **2** Que causa derramamiento de sangre. **3** Sanguinario, cruel. **4** fig. Que ofende gravemente. **5** De color parecido al de la sangre.

sanguinario -ria *adj*. Cruel, feroz, que tiende a matar o a herir. **2** *f*. Piedra semejante al ágata, de color rojo, a la que se atribuía la virtud de contener las hemorragias.

sanidad *f*. Calidad de sano o de saludable. **2** Conjunto de servicios administrativos encargados de la salud pública.

sanitario -ria *adj.* Perteneciente o relativo a la sanidad. **2** *m.* y *f.* Empleado de los servicios de sanidad. **3** *m.* Retrete, váter. **4** *pl.* Conjunto de aparatos de higiene y limpieza instalados en cuartos de baño y retretes.

sano -na *adj.* y *n.* Que goza de buena salud. **2** Bueno para la salud, saludable. **3** Que está en buen estado, sin daño ni alteración: *fruta, madera sana.* **4** Entero, que no está roto ni estropeado. **5** fig. Exento de vicios o de malicia. **6** fig. Sincero, de buena intención.

santidad *f.* Calidad de santo. **2** Tratamiento honorífico que se da al Papa.

santidad

santificar *tr.* Hacer santo a alguien por medio de la gracia. **2** Dedicar a Dios alguna cosa. **3** Convertir algo en santo, purificarlo. **4** Rendir culto a los santos o a lo que es santo. **5** Observar las fiestas religiosas, según los preceptos de la Iglesia católica.

santiguar *tr.* y *prnl.* Hacer, sobre sí mismo o sobre otra persona, la señal de la cruz desde la frente al pecho y desde el hombro izquierdo al derecho. **2** *prnl.* fig. Admirarse o extrañarse de algo, haciendo generalmente la señal de la cruz.

santísimo -ma *adj.* Superlativo de santo. **2** Se aplica al Papa como tratamiento honorífico. **3** En la religión católica, y en mayúscula, Cristo en la eucaristía.

santo -ta *adj.* Perfecto y libre de toda culpa. **2** Se dice de lo que está especialmente dedicado o consagrado a Dios. **3** Se aplica a lo que es sagrado y venerable por algún motivo de religión. **4** Se dice de lo que produce un efecto beneficioso o un provecho especial: *un santo consejo.* **5** Con ciertos nombres, da un énfasis especial a su significado: *todo el santo día.* **6** Se dice de cada uno de los días de la Semana Santa. **7** *adj.* y *n.* Se dice de la persona a la que la Iglesia y los fieles rinden culto público, como consecuencia de una canonización. **8** Se dice de la persona virtuosa. **9** *m.* y *f.* Imagen de un santo. **10** Respecto de alguien, festividad o celebración del santo cuyo nombre lleva.

santuario *m.* Templo en que se venera la imagen o la reliquia de algún santo de especial devoción. **2** Lugar de carácter sagrado en que se venera a alguna divinidad o a algún espíritu de los antepasados o de la naturaleza. **3** fig. Lugar reservado a alguien por motivos determinados para: mantener su intimidad, como lugar de trabajo o de seguridad, etc.

santurrón -na *adj.* y *n.* Beato, hipócrita o exagerado en los actos de devoción.

saña *f.* Furor o rabia con que se ataca a alguien o algo. **2** Intención rencorosa y cruel.

sapiencia *f.* Sabiduría.

sapiente *adj.* y *com.* Sabio.

sapo[1] *m.* Anfibio anuro, de los bufónidos, de cuerpo rechoncho, ojos saltones, con la cabeza directamente unida al tronco, y extremidades bien desarrolladas, de las cuales las posteriores están adaptadas al salto y a la natación. Es de costumbres nocturnas y se alimenta de presas vivas, desde insectos hasta pequeños vertebrados. **2** fig. Cualquier animal semejante, cuyo nombre se ignora. **3** *Amér.* Juego de la rana.

sapo[2] **-pa** *adj. Amér.* Astuto, disimulado. **2** *m. Amér.* Erupción de la boca, especie de afta.

saque *m.* Acción de sacar, particularmente en el juego de pelota. **2** Raya o lugar desde el cual se saca la pelota. **3** El que saca la pelota.

saquear *tr.* Apoderarse los soldados de lo que hallan al entrar en algún lugar enemigo, causando devastación. **2** Robar todo o la mayor parte de lo que se encuentra en algún lugar.

sarampión *m.* Enfermedad infecciosa y contagiosa, más frecuente en la infancia, que se manifiesta por catarro de las vías respiratorias altas, seguido de una erupción de gran cantidad de manchas rojizas en la piel y acompañada de fiebre.

sarcasmo *m.* Ironía o burla mordaz y cruel con que se ofende, se humilla o se maltrata. **2** Figura retórica en que se emplea esta especie de ironía o burla.

sarcástico -ca *adj.* Que denota o implica sarcasmo o es concerniente a él. **2** Se dice de la persona propensa a emplearlo.

sarcófago *m.* Sepulcro, generalmente de piedra.

sardina *f.* Pez teleósteo de los clupeidos, de cuerpo alargado y comprimido, afilado en la parte ventral, con el dorso de color azulado o verdoso y los flancos plateados. Es comestible y vive, en grandes bandadas, en el Mediterráneo y el Atlántico europeo.

sargento *m*. Persona que tiene el grado inferior en la categoría de suboficiales, encargada del orden, la disciplina y la administración de una compañía, o parte de ella, y que manda un pelotón.

sarna *f*. Enfermedad contagiosa de la piel que se manifiesta por la aparición de llagas que causan picazón intensa, más acentuada por la noche, producida por un animal parásito. Su causa principal es la falta de higiene.

sarro *m*. Sedimento que dejan en el recipiente algunos líquidos que llevan sustancias en suspensión o disueltas. **2** Sustancia amarillenta y calcárea que se adhiere al esmalte de los dientes. **3** Saburra de la lengua. **4** Roya de los vegetales.

sarta *f*. Serie de cosas sujetas o unidas una tras otra con un hilo, cuerda, etc. **2** fig. Serie de sucesos o cosas no materiales, iguales o análogas. **3** fig. Grupo de personas o de cosas puestas en fila unas tras otras.

sartén *f*. Utensilio de cocina, generalmente de metal, de forma redonda, más ancho que hondo, de fondo plano y con mango largo, que sirve para freír.

sastre -tra *m*. y *f*. Persona que tiene por oficio confeccionar trajes, especialmente de hombre.

sastrería *f*. Oficio de sastre. **2** Taller y tienda del sastre.

satánico -ca *adj*. Perteneciente o relativo a Satanás. **2** fig. Muy perverso.

satélite *m*. Cuerpo celeste, opaco, que sólo brilla por la luz que se refleja en él, y que gira alrededor de un planeta, como la Luna respecto a la Tierra. **2** fig. Persona que acompaña continuamente a otra o que depende de ella. **3** *adj*. y *m*. Se dice del estado o país sometido, política, económica o militarmente, a otro estado o país más poderoso. **4** *adj*. Se dice de la ciudad o la población situadas fuera del recinto de una capital importante, pero vinculadas a ésta en determinados aspectos.

sátira *f*. Escrito, discurso o dicho mordaz en que se censura o se ridiculiza a alguien o algo.

sátiro *m*. Monstruo mitológico o semidiós que solía representarse con cuernos, patas y rabo de macho cabrío. **2** fig. Hombre lascivo.

satisfacer *tr*. Pagar lo que se debe. **2** Complacer o realizar completamente algún deseo, apetito o pasión. **3** Solucionar o resolver alguna dificultad, alguna duda o alguna pregunta. **4** Desagraviar, reparar con hechos o palabras el agravio, la ofensa o el daño causados. **5** Ser alguna cosa conforme a determinadas condiciones o reglas. **6** Premiar algún hecho, alguna actitud, etc. **7** *intr*. y *prnl*. Gustar, agradar o estar conforme con alguien o algo. **8** *prnl*. Vengarse de algún agravio o de alguna ofensa, o exigir el desagravio del que ha ofendido.

satisfecho -cha *adj*. Contento, complacido.

saturar *tr*. Saciar. **2** Llenar completamente, colmar.

sauna *f*. Baño de vapor, a muy alta temperatura, que produce abundante sudoración, y que se toma con fines higiénicos y terapéuticos. **2** Local donde se toman estos baños.

savia *f*. Líquido que circula por los vasos conductores de las plantas y del que toman las sustancias necesarias para su nutrición. **2** fig. Lo que infunde energía y da vitalidad.

saxofón *m*. Instrumento musical de viento, de metal, con boquilla de madera y caña, y un tubo con un sistema de llaves. Es de invención moderna, y los hay de varias formas y tamaños.

saxofón

sazón *f*. Punto de madurez o perfección de algo. **2** Ocasión o tiempo oportuno para hacer algo. **3** Sabor que se da a los alimentos.

sazonar *tr*. Dar sazón a los alimentos. **2** *tr*. y *prnl*. Poner algo en la sazón o en el punto de madurez que debe tener.

scout (ing. "explorador") *adj*. Relativo al escultismo. **2** *com*. Explorador, muchacho o muchacha que practica el escultismo.

script (ing.) *com*. Persona que auxilia a un director cinematográfico, anotando todos los detalles relativos a cada escena filmada.

se¹ Forma reflexiva del pronombre personal de tercera persona. Se usa en dativo y acusativo en ambos géneros y números, no admite preposición y puede usarse antes o después del verbo: *se tira, tírase*. También se usa para formar oraciones impersonales y de pasiva refleja.

se² Dativo en ambos géneros y números del pronombre personal de tercera persona en combinación con el acusativo lo, la, etc.: *díselo, se lo dijo.*

sebo *m.* Grasa sólida y dura que se obtiene de los animales herbívoros y que, derretida, se usa en la fabricación de jabones, velas, etc. **2** Gordura o exceso de grasa. **3** Suciedad grasienta, mugre.

secador -ra *adj.* Que seca. **2** *m.* y *f.* Aparato o máquina para secar algo. **3** *m. Amér.* Lugar para secar la ropa.

sección *f.* Separación hecha en algún cuerpo con un instrumento cortante. **2** Cada una de las partes en que se divide un todo continuo o un conjunto de cosas. **3** Cada uno de los grupos en que se divide un conjunto de personas. **4** Dibujo de perfil o figura que resultaría si se cortara un terreno, un edificio, una máquina, etc., por un plano. **5** En geometría, figura que resulta de la intersección de una superficie o de un sólido con otra superficie.

secesión *f.* Acto de separarse de alguna nación parte de su población o territorio para formar un estado independiente. **2** Acción de separarse un grupo de personas de algún organismo público.

seco -ca *adj.* Que carece de humedad, que no está mojado. **2** Se dice del río, lago, manantial, etc., faltos de agua. **3** Se dice del guiso sin caldo. **4** Se dice de la planta marchita o sin vida. **5** Se dice del fruto de cáscara dura, como la nuez, o del que se extrae la humedad para que se conserve, como la pasa. **6** Se dice del país o del clima faltos de lluvia o de humedad. **7** Flaco, muy delgado. **8** Sin accesorios ni complementos. **9** fig. Falto de amabilidad, desabrido en el trato. **10** Riguroso, estricto, sin rodeos. **11** Se dice del aguardiente puro. **12** fig. Se dice del sonido ronco y áspero. **13** fig. Se dice del golpe fuerte, rápido y sin resonancia.

secreción *f.* Apartamiento, separación. **2** Acción y efecto de secretar. **3** Sustancia o producto secretados.

secretar *tr.* Producir su secreción las glándulas, las membranas o las células.

secretaría *f.* Cargo o empleo de secretario. **2** Oficina donde trabaja. **3** En un organismo, una empresa o una corporación, sección administrativa. **4** *Amér.* Ministerio.

secretario -ria *m.* y *f.* Persona encargada de escribir la correspondencia, extender las actas, custodiar los documentos, etc., en una oficina, asamblea o corporación. **2** Persona al servicio de algún particular, que se encarga en especial de redactarle la correspondencia. **3** Funcionario público encargado de dar fe de las actuaciones y diligencias del tribunal al que está adscrito. **4** *Amér.* Ministro. **5** *m.* Ave falconiforme de las sagitáridas, de 1,20 m de longitud y patas muy largas; posee un vistoso penacho eréctil. Se alimenta de reptiles. Vive en las sabanas de África.

secreto -ta *adj.* Oculto, escondido, ignorado por los demás. **2** Confidencial, reservado, silencioso. **3** *m.* Lo que se mantiene oculto y no se quiere revelar a los demás. **4** Cautela, discreción, reserva. **5** Conocimiento exclusivo de alguien sobre las propiedades de algo que sirve para alcanzar un resultado determinado: *secreto de fabricación*. **6** Misterio, cosa incomprensible o difícil de entender. **7** Escondrijo de algunos muebles para guardar algo de valor. **8** Mecanismo oculto de algunas cerraduras. **9** Tabla armónica del órgano, del piano y de otros instrumentos semejantes.

secta *f.* Conjunto de seguidores de una misma doctrina religiosa o ideológica. **2** Doctrina religiosa o ideología que se diferencia e independiza de la comunión principal.

sectario -ria *adj.* y *n.* Fanático, intransigente, especialmente de algún partido político, de una secta religiosa o filosófica.

sector *m.* Superficie plana, limitada por dos segmentos y por un arco de curva. **2** Parte delimitada de un todo. **3** fig. Parte de una colectividad o de una agrupación que presenta caracteres peculiares o que desarrolla una determinada actividad.

sectorizar *tr.* Dividir en varios sectores.

secuaz *adj.* y *com.* Que sigue el partido, la doctrina o la opinión de alguien.

secuela *f.* Consecuencia o resultado de algo.

secuencia *f.* Sucesión ordenada y continuada de cosas. **2** Serie o sucesión de cosas que guardan entre sí cierta relación.

secuestrar *tr.* Aprehender a alguien por la fuerza y contra su voluntad para exigir dinero o alguna condición determinada por su rescate. **2** Apoderarse con violencia de algún vehículo, como avión, barco, etcétera, para exigir algo por su rescate.

secular *adj.* Seglar. **2** Que sucede o se repite cada siglo. **3** Que dura un siglo, o desde hace siglos.

secularizar *tr.* y *prnl.* Convertir en secular lo que era eclesiástico. **2** *tr.* Autorizar a un religioso a vivir fuera del convento.

secundario -ria *adj.* Segundo en orden, que no es principal, de menor importancia. **2** *adj.* y *m.* GEOL Mesozoico.

sed *f.* Gana y necesidad de beber. **2** Necesidad de agua o de humedad que tienen especialmente las plantas o la tierra. **3** fig. Ansia o deseo vehemente de algo.

seda *f.* Sustancia viscosa que segregan algunos animales, como la araña y la oruga, particularmente el llamado gusano de seda, y que en contacto con el aire se solidifica formando hebras muy finas. **2**

Hilo formado con varias de estas hebras convenientemente preparadas. **3** Tejido fabricado con este hilo. **4** Cerda de algunos animales, especialmente del jabalí.

sedal *m*. Hilo muy resistente de la caña de pescar. **2** Hilo, cinta o gasa que se introduce en una herida para facilitar el drenaje.

sedante *adj. y m*. Que seda. **2** Se dice del medicamento que calma el dolor o que disminuye la excitación nerviosa.

sede *f*. Asiento o trono de un dignatario eclesiástico. **2** Capital de una diócesis. **3** Diócesis. **4** Lugar donde tiene su residencia una entidad política, económica, literaria, deportiva, etc.

sedentario -ria *adj*. Se dice de la actividad, del oficio o del tipo de vida de poco movimiento. **2** Se dice de la población que permanece siempre en su país de origen. **3** Se dice del animal que durante toda su vida permanece en el mismo lugar en que ha nacido.

sedición *f*. Alzamiento colectivo y violento contra la autoridad, el orden público o la disciplina militar.

sediento -ta *adj. y n*. Que tiene sed. **2** Que desea algo con vehemencia. **3** *adj*. Se dice de la planta o de la tierra que necesita agua.

sedimentar *tr*. Depositar sedimento algún líquido. **2** *prnl*. Formar sedimento las materias suspendidas en un líquido. **3** Sosegarse el ánimo o los ánimos.

sedimento *m*. Materia o sustancia que, habiendo estado en suspensión en algún líquido, se posa en el fondo por su mayor gravedad. **2** fig. Huella o señal que queda de algún sentimiento o de algún acontecimiento en el ánimo de alguien.

seducir *tr*. Persuadir o incitar a alguien a que haga algo. **2** fig. Cautivar el ánimo, atraer, fascinar.

segar *tr*. Cortar la mies o la hierba con hoz, con guadaña o con máquina segadora. **2** Cortar lo que sobresale o la parte más alta de algo. **3** fig. Impedir o cortar bruscamente el desarrollo de algo, generalmente inmaterial: *segar las esperanzas, las ilusiones*.

seglar *adj. y com*. Que no es eclesiástico ni religioso, laico.

segmentación *f*. División en segmentos. **2** En biología, división reiterada de la célula huevo de animales y plantas, que es la primera fase del embrión.

segmento *m*. Parte o porción cortada o separada de algo. **2** Cada una de las partes dispuestas en serie de que está formado el cuerpo de los gusanos, de los crustáceos e insectos.

segregar *tr*. Separar o apartar una cosa de otra o de otras. **2** Secretar, expeler.

segueta *f*. Sierra de marquetería.

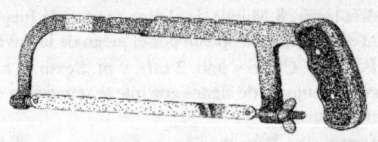

segueta

seguir *tr. e intr*. Ir después o detrás de alguien o de algo. **2** *tr*. Dirigir la vista hacia alguien o hacia algo que se mueve y mantener la visión en él. **3** Ir según una dirección determinada, dirigirse hacia alguien o hacia algo. **4** Proseguir o continuar en lo que se ha empezado. **5** Acompañar, ir con alguien. **6** Ejercer una determinada carrera o estudios. **7** Observar atentamente el curso de algún negocio o asunto, o los movimientos de alguien o de algo. **8** Tratar o manejar algún negocio o asunto, haciendo las diligencias necesarias para su logro. **9** Estar conforme, coincidir con las ideas o el parecer de alguien. **10** Perseguir, acosar o molestar a alguien. **11** Imitar, hacer algo según el ejemplo o el modo de obrar de alguien. **12** Dirigir algo según el método más adecuado. **13** *prnl*. Ser alguna cosa consecuencia de otra o derivarse de ella. **14** Suceder una cosa a otra por orden, turno o número, o ser continuación de ella.

según *prep*. Conforme o con arreglo a. **2** Con valor de adverbio, denota relaciones de conformidad, correspondencia, simultaneidad, modo, semejanza, etc. **3** Cuando precede a nombres o pronombres personales, significa conforme o con arreglo a la opinión o al parecer de la persona de que se trate. **4** Con carácter adverbial y en frases elípticas indica eventualidad o contingencia.

segundero -ra *adj*. Se dice del segundo fruto que dan ciertas plantas dentro del año. **2** *m*. Manecilla que señala los segundos en el reloj.

segundo -da *adj*. Que sigue inmediatamente en orden al o a lo primero. **2** *m. y f*. Persona que en una institución, empleo o cargo sigue en importancia a la principal. **3** *m*. Cada una de las sesenta partes iguales en que se divide el minuto de tiempo. Símbolo s. **4** Por extensión, período muy breve de tiempo.

seguridad *f*. Calidad de seguro. **2** Fianza o garantía que se da a alguien en la realización de algún acuerdo.

seguro -ra *adj*. Libre y exento de todo daño, peligro o riesgo. **2** Cierto, sin ninguna duda, infatigable. **3** Firme, constante, estable. **4** Convencido, confiado, que lo sabe con certeza. **5** Lugar libre de todo peligro. **6** *m*. Contrato por el que una persona se obliga a resarcir pérdidas o daños que ocurran en aquello que corre un riesgo. **7** Licencia o permiso que se concede para realizar lo que sin ello no se podría hacer. **8** Muelle de algunas armas de fuego para evitar que se disparen por el juego de la llave.

seis *adj*. Cinco y uno. **2** *adj*. y *m*. Sexto. **3** *m*. Signo o conjunto de signos con que se representa el número seis.

seísmo *m*. Perturbación, en forma de sacudida o movimiento brusco, de la corteza terrestre. Los seísmos, llamados también sismos o terremotos, se originan en el interior del globo terráqueo, como consecuencia de choques o desplazamientos de masas causados por distintos fenómenos (hundimiento de cavidades subterráneas, vulcanismo, ajuste de la tectónica de placas, etc.).

selección *f*. Acción y efecto de seleccionar. **2** Conjunto de personas o cosas seleccionadas.

seleccionar *tr*. Elegir o escoger entre varias personas o cosas aquella o aquellas que se consideran más adecuadas o mejores para un fin determinado.

selectivo -va *adj*. Que implica selección. **2** *adj*. y *m*. Se dice del curso previo o primer curso de ciertas carreras.

selecto -ta *adj*. Que es o se considera mejor que otras cosas de su especie o personas de su condición. **2** *f. pl*. Colección de trozos escogidos de obras literarias.

sellar *tr*. Imprimir el sello a algo. **2** fig. Dejar la señal de una cosa en otra o imprimirle determinado carácter. **3** fig. Poner fin a algo, concluir. **4** fig. Cerrar, tapar, cubrir.

sello *m*. Utensilio, de metal o caucho, para estampar el dibujo, las letras o las cifras en él grabados. **2** Lo que queda estampado, impreso o señalado con este utensilio. **3** Trozo pequeño de papel, con timbre oficial y emitido por una administración postal, que se pega en las cartas, documentos o paquetes que se envían por correo, o en determinados documentos oficiales. **4** Oficina donde se estampan y se sellan algunos documentos para autorizarlos. **5** Persona que sella. **6** fig. Carácter peculiar o distintivo de alguna persona o de alguna cosa. **7** Anillo con una placa grabada con las iniciales de alguna persona o con el escudo de su apellido. **8** *Amér*. Cruz o reverso de las monedas.

selva *f*. Bosque extenso y muy poblado de árboles. **2** fig. Abundancia desordenada y confusa de algo.

semáforo *m*. Telégrafo óptico establecido en las costas para comunicarse con los buques por medio de señales. **2** Aparato eléctrico de señales luminosas para regular la circulación.

semana *f*. Serie de siete días naturales consecutivos, empezando por el domingo y acabando por el sábado. **2** Período de tiempo que media entre cualquier día de la semana y el igual de la siguiente.

selva

semanal *adj*. Que sucede o se repite cada semana. **2** Que dura una semana.

semanario -ria *adj*. Semanal. **2** *m*. Publicación periódica semanal.

semántico -ca *adj*. Relativo al significado de las palabras. **2** *f*. Estudio del significado de los signos lingüísticos y de sus combinaciones, desde un punto de vista sincrónico o diacrónico.

semblante *m*. Representación de algún afecto del ánimo en el rostro. **2** Cara o rostro humano. **3** fig. Apariencia o aspecto que presenta algo.

semblanza *f*. Descripción física o moral de alguien.

semejanza *f*. Calidad de semejante. **2** Símil retórico.

semen *m*. Líquido más o menos espeso que segregan las glándulas genitales masculinas y en el que se encuentran los espermatozoides. **2** Semilla de los vegetales.

semental *adj*. Perteneciente o relativo a la siembra. **2** *adj*. y *m*. Se dice del animal macho destinado a la reproducción.

sementera *f*. Acción y efecto de sembrar. **2** Tierra sembrada. **3** Cosa sembrada. **4** Tiempo a propósito para sembrar. **5** fig. Aquello de lo que se originan o se propagan algunas cosas.

semestral *adj*. Que sucede o se repite cada semestre. **2** Que dura un semestre o a él corresponde.

semidiós *m*. Héroe mitológico inmortal o personaje famoso por sus hazañas.

semidiosa *f*. Heroína que, según los ant. griegos, descendía de alguno de sus dioses.

semifinal *f*. Cada una de las dos penúltimas competiciones de un campeonato o concurso, que se gana por eliminación del contrario y no por puntos.

semilla *f*. Cada uno de los cuerpos que forman parte del fruto de los vegetales y que, cuando germinan en condiciones adecuadas, reproducen la planta. **2** fig. Lo que es causa u origen de una cosa, un hecho o un suceso. **3** *pl.* Granos que se siembran, exceptuados el trigo y la cebada.

semillero *m.* Lugar donde se siembran y se crían las plantas que después han de trasplantarse. **2** Lugar donde se conservan para el estudio las semillas. **3** fig. Lo que es causa u origen de que sucedan o se realicen algunas cosas.

seminal *adj.* Relativo al semen. **2** Relativo a la semilla.

seminario *m.* Semillero de plantas. **2** Casa destinada a la formación de los que aspiran al sacerdocio. **3** Clase en que se reúne el profesor con los alumnos para realizar trabajos de investigación. **4** fig. Origen de la propagación de algunas cosas.

semiología *f.* Estudio de los signos en la vida social. **2** Semiótica, estudio de los signos. **3** MED Estudio de la sintomatología en un proceso patológico.

semiótico -ca *adj.* Perteneciente o relativo a la semiótica, y al punto de vista adoptado por ésta. **2** *f.* Parte de la medicina que trata de los signos de las enfermedades desde el punto de vista del diagnóstico y del pronóstico. **3** Estudio lógico de la significación, en el que cabe distinguir tres ramas: semántica, sintaxis y pragmática. **4** Teoría general de los signos.

semivocal *adj.* y *f.* Se dice de las vocales *i* o *u* cuando forman diptongo con una vocal precedente: *paisaje, aceite, auge, deuda*. **2** Se dice de la consonante que puede pronunciarse sin que se perciba directamente el sonido de una vocal; como la *f*.

semoviente *adj.* y *m.* Que se mueve por sí.

sempiterno -na *adj.* Eterno, que dura siempre. **2** *f.* Tela de lana, basta y muy tupida. **3** Perpetua, planta.

senado *m.* Nombre que se da a ciertas asambleas políticas. **2** Cuerpo que interviene en la formación de las leyes, integrado por personas cualificadas, elegidas o designadas por razón de su cargo, posición, título, etc. **3** Lugar donde los senadores celebran las asambleas.

sencillo -lla *adj.* Simple. **2** Que tiene menos cuerpo o volumen que otras cosas de su especie. **3** Que carece de adornos y ostentación. **4** Se dice del estilo exento de artificio o afectación. **5** Que no ofrece dificultad. **6** fig. Se dice de la persona de carácter natural y espontáneo. **7** Dinero suelto.

senda *f.* Camino estrecho, formado por el paso de personas y animales. **2** fig. Procedimiento o medio para hacer o lograr algo.

sendos -das *adj. pl.* Se dice de las cosas de las que corresponde una para cada una de otras dos o más personas o cosas.

senectud *f.* Edad senil.

senil *adj.* Perteneciente o relativo a las personas viejas o a la vejez.

senil

sénior *adj.* Se aplica a la persona de más edad de las dos que llevan el mismo nombre. Se escribe a continuación del apellido. **2** *adj.* y *m.* Se dice de la categoría, por edad o por méritos, que puede considerarse la máxima en determinados deportes.

seno *m.* Concavidad o hueco. **2** Concavidad que forma una cosa curva. **3** Pecho, mama de la mujer. **4** Matriz, útero. **5** fig. Regazo, amparo, consuelo, protección. **6** fig. Parte interna de algo. **7** Ensenada.

sensación *f.* Impresión que producen las cosas en el ánimo por medio de los sentidos. **2** Emoción producida en el ánimo por un suceso o una noticia de importancia.

sensato -ta *adj.* Prudente, moderado, de buen juicio.

sensibilidad *f.* Facultad de sentir, propia de los seres animados. **2** Propensión natural de la persona a dejarse llevar por los afectos. **3** Calidad de lo que es sensible. **4** Grado o medida de la eficacia de ciertos aparatos o utensilios.

sensible *adj.* Que tiene sensibilidad. **2** Perceptible por medio de los sentidos. **3** Que se deja llevar fácilmente de los sentimientos. **4** Se dice de lo que cede fácilmente a la acción de ciertos agentes naturales.

sensitivo -va *adj.* Perteneciente o relativo a los sentidos corporales. **2** Capaz de tener sensibilidad. **3** Que tiene la virtud de estimular la sensibilidad.

sensorial *adj.* Perteneciente o relativo a la sensibilidad o a las sensaciones.

sensual *adj.* Perteneciente o relativo a las sensaciones. **2** Se dice de lo que proporciona placer o satisfacción a los sentidos, de la persona inclinada a estos placeres y de estos mismos placeres.

sentado -da *adj.* Juicioso, prudente, sensato. **2** Se dice del pan algo correoso. **3** Se dice de las hojas, flores y frutos de las plantas que carecen de pedúnculo.

sentar *tr.* y *prnl.* Colocar o colocarse en algún sitio o sobre algo de manera que uno quede apoyado y descansando sobre las nalgas. **2** *tr.* Colocar firmemente una cosa, asentarla. **3** Alisar, aplanar una cosa. **4** fig. Dar por supuesta o por cierta alguna cosa. **5** fig. Fundamentar una teoría, doctrina, etc., en unos datos, un razonamiento, etc. **6** *Amér.* Parar un caballo con el freno, haciendo que levante las manos y se apoye sobre los cuartos traseros. **7** *intr.* Digerir bien o mal algún alimento. **8** fig. Ser algo provechoso o perjudicial para la salud del cuerpo. **9** Caer o ir bien o mal algo a alguien. **10** *prnl.* Establecerse o sentarse en algún lugar. **11** Producir una herida algo que se lleva puesto. **12** Posarse un líquido.

sentencia *f.* Dictamen o parecer que alguien tiene o sigue. **2** Dicho o frase corta que contiene algún principio moral o consejo de la sabiduría popular. **3** Declaración del juicio y resolución del juez.

sentenciar *tr.* Dar o pronunciar sentencia. **2** Condenar por sentencia en materia penal. **3** fig. Expresar un parecer o juicio. **4** fam. Destinar o aplicar algo para algún fin.

sentido -da *adj.* Que incluye o expresa sentimiento. **2** Se dice del que se resiente u ofende con facilidad. **3** *m.* Órgano fisiológico especializado, capaz de recibir y transmitir las impresiones externas. **4** Facultad para apreciar, entender o juzgar. **5** Facultad para sentir preocupación por las cosas o para actuar. **6** Razón de ser, finalidad. **7** Significación, manera como se ha de entender algo. **8** Significado, cada una de las acepciones de las palabras. **9** Dirección desde un determinado punto a otro.

sentimental *adj.* Que expresa o provoca sentimientos de ternura y afecto. **2** *adj.* y *com.* Propenso a estos sentimientos.

sentimiento *m.* Acción y efecto de sentir o sentirse. **2** Estado afectivo del ánimo provocado por alguna impresión externa. **3** Parte afectiva de la persona, por oposición a razón.

sentir[1] *m.* Sentimiento del ánimo. **2** Opinión, parecer.

sentir[2] *tr.* Experimentar alguna sensación física o moral. **2** Percibir con los sentidos. **3** Lamentar algún suceso triste o doloroso. **4** Juzgar, opinar, creer. **5** Presentir algo que ha de suceder. **6** Tener determinada capacidad o disposición de experimentar ciertas emociones o sensaciones: *sentir la música*. **7** *prnl.* Seguido de algunos adjetivos, hallarse o estar como éstos expresan. **8** Seguido de ciertos adjetivos, considerarse, reconocerse.

seña *f.* Detalle o indicio por el que se reconoce o diferencia algo. **2** Lo que se acuerda entre dos o más personas para entenderse. **3** Señal para acordarse luego de algo. **4** Vestigio que queda de alguna cosa y la recuerda. **5** *pl.* Indicación del paradero y domicilio de alguien.

señal *f.* Marca que hay o se pone en alguna cosa para darla a conocer o distinguirla de otras. **2** Hito o mojón que se pone para marcar un término. **3** Signo o medio que se emplea para acordarse luego de algo. **4** Signo, cosa que evoca en el entendimiento la idea de otra. **5** Indicio o muestra inmaterial de algo. **6** Vestigio o impresión que queda de algo. **7** Cicatriz. **8** Imagen o representación de algo. **9** fig. Prodigio o cosa extraordinaria y fuera de lo natural. **10** Cantidad de dinero que se entrega antes de saldar el precio total como garantía de lo que se ha encargado o comprado. **11** Aviso que se comunica o se da para concurrir a un lugar determinado o para realizar algo. **12** Síntoma del que se deduce el estado de una enfermedad.

señal

señalar *tr.* Hacer o poner alguna señal en algo. **2** Rubricar, firmar. **3** Llamar la atención hacia alguien o algo, designándolo con la mano o de otro modo. **4** Determinar el día, la hora, el lugar, el precio, etc., para algún fin. **5** Fijar la cantidad que debe pagarse por un servicio o trabajo determinado. **6** Producir alguna herida o señal en el cuerpo, particularmente en el rostro. **7** Hacer un gesto como si se fuera a realizar algo sin hacerlo. **8** En algunos juegos de cartas, tantear los puntos que cada uno va ganando. **9** *Amér.* Marcar el ganado. **10** *prnl.* Distinguirse o sobresalir en algo.

señor -ra *adj.* y *n.* fam. Que tiene distinción y señorío. **2** *adj.* fam. Antepuesto a algunos nombres, encarece el significado de éstos. **3** *m.* y *f.* Dueño de un feudo. **4** En el régimen feudal, título de nobleza. **5** Tratamiento de respeto y cortesía que se aplica a alguien. **6** Persona dotada de importancia, autoridad y distinción natural. **7** *m.* Por antonomasia, Dios. **8** Jesús en el sacramento eucarístico. **9**

Hombre, en contraposición a mujer. **10** *f.* Mujer casada, en oposición a mujer soltera. **11** Mujer, esposa. **12** Mujer, en contraposición a hombre.

señuelo *m.* Figura de ave en que se pone carne como cebo para atraer al halcón. **2** Cualquier cosa que sirve para atraer a otras aves. **3** fig. Lo que sirve para atraer, persuadir o seducir con engaño.

separar *tr.* y *prnl.* Establecer distancia, o aumentarla, entre algo o alguien y una persona, lugar o cosa que se toman como punto de referencia. **2** *tr.* Formar grupos homogéneos de cosas que estaban mezcladas con otras. **3** Considerar aisladamente cosas que estaban juntas o unidas. **4** Privar a alguien del empleo, cargo o condición que tenía. **5** Apartar a quienes se pelean o riñen. **6** *prnl.* Tomar caminos distintos personas, animales o vehículos que iban juntos. **7** Interrumpir los cónyuges la vida en común. **8** Romper profesional o ideológicamente con alguna persona, grupo o entidad. **9** Dejar el empleo, cargo u ocupación que se tenía.

separata *f.* Impresión por separado de algún artículo u otro texto publicado en alguna revista o libro.

sepelio *m.* Acción de enterrar los cadáveres con la ceremonia religiosa correspondiente.

septentrión *m.* Norte, punto cardinal. **2** Viento del norte.

septiembre *m.* Noveno mes del año, que consta de treinta días.

sepulcro *m.* Obra que se construye levantada del suelo, para enterrar en ella los restos de una o varias personas. **2** Urna o andas cerradas con una imagen de Jesucristo difunto. **3** Hueco del altar donde están depositadas las reliquias.

sepultar *tr.* Enterrar a un difunto. **2** fig. Cubrir a alguien o algo de modo que desaparezca totalmente. **3** *tr.* y *prnl.* fig. Ocultar o esconder algo inmaterial. **4** fig. Abatir o hundir el ánimo.

sepulturero -ra *m.* y *f.* Persona que entierra a los muertos en los cementerios.

sequedad *f.* Calidad de seco. **2** fig. Expresión o actitud áspera y dura.

sequía *f.* Tiempo seco de larga duración.

séquito *m.* Grupo de gente que acompaña a alguna persona célebre o ilustre. **2** Conjunto de los partidarios o seguidores de un personaje, una idea, doctrina, etc.

ser[1] *m.* Esencia o naturaleza. **2** Cualquier cosa creada, especialmente las dotadas de vida. **3** Persona. **4** Valor, precio, estimación de las cosas. **5** Modo de existir.

ser[2] Verbo copulativo que afirma del sujeto lo que significa el atributo. **2** Verbo auxiliar que sirve para formar la voz pasiva de los verbos. **3** *intr.* Haber o existir. **4** Servir, valer, ser de utilidad. **5** Estar en lugar o situación. **6** Suceder, acontecer. **7** Valer, costar. **8** Pertenecer, ser propiedad de alguien. **9** Corresponder, concernir. **10** Formar parte de alguna corporación o comunidad. **11** Tener origen, naturaleza o principio en algún lugar, como país, región, ciudad, etc. **12** Sirve para afirmar o negar en lo que se dice o pretende. **13** Junto con sustantivos, adjetivos o participios, tener el empleo, cargo, profesión, condición etc., que tales palabras significan.

serenar *tr., intr.* y *prnl.* Aclarar, calmar, sosegar algo. **2** *tr.* y *prnl.* Enfriar agua al sereno. **3** Aclarar los licores que están turbios. **4** fig. Apaciguar disturbios o tumultos. **5** fig. Moderar o cesar del todo en el enojo o la ira.

sereno[1] *m.* Humedad de la atmósfera en la noche. **2** Vigilante nocturno que ronda las calles para seguridad del vecindario.

sereno[2] **-na** *adj.* Claro, despejado de nubes o nieblas. **2** fig. Apacible, sosegado.

serial *adj.* Perteneciente o relativo a una serie. **2** *m.* Obra radiofónica o televisiva que se emite en sucesivas emisiones.

serie *f.* Conjunto de cosas relacionadas entre sí y que se suceden unas a otras. **2** Gran número de ciertas cosas.

serigrafía *f.* Procedimiento de impresión mediante una pantalla de seda, de fibra sintética o de tela metálica muy fina. Se usa para imprimir sobre cualquier clase de material.

serio -ria *adj.* Sensato, formal, responsable en el obrar y proceder. **2** Severo en el semblante, en la mirada o en el hablar. **3** Importante, digno de consideración.

sermón *m.* Discurso religioso que pronuncian en público los sacerdotes. **2** fig. Represión, reprimenda.

serosidad *f.* Líquido que segregan ciertas membranas en estado normal o patológico. **2** Líquido que se acumula en las ampollas por quemaduras, ventosas, etc.

serpiente *f.* Nombre que se da a los reptiles ofidios, especialmente a los de gran tamaño.

serrado -da *adj.* Que tiene dientes como la sierra.

serranía *f.* Terreno extenso cruzado por sierras y montañas de poca altura.

serrano -na *adj.* Perteneciente o relativo a la sierra o a la serranía. **2** *m.* Pez osteíctio de los serránidos, de unos 25 cm de longitud, cuerpo oblongo y cabeza en forma de cuña.

serrar *tr.* Cortar con sierra madera u otra cosa.

serruchar *tr. Amér.* Serrar madera con serrucho.

serrucho *m.* Sierra de hoja ancha, generalmente con una sola manija.

serpiente

servicial *adj*. Que sirve con cuidado y diligencia. **2** Dispuesto a complacer y a prestar ayuda. **3** *m*. Lavativa.

servicio *m*. Acción y efecto de servir. **2** Mérito que se hace sirviendo al Estado o a otra entidad o persona. **3** Utilidad o provecho que resulta a alguien de lo que otro realiza en atención suya. **4** Conjunto de cubierto y vajilla que se pone en la mesa para cada comensal. **5** Lavativa. **6** Retrete. **7** Organización y personal destinados a cuidar intereses públicos o satisfacer necesidades colectivas o de alguna entidad. **8** Prestación desempeñada por estas organizaciones y su personal.

servidor -ra *m*. y *f*. Persona que sirve como criado. **2** Fórmula de cortesía que se da alguien a sí mismo respecto de otro.

servidumbre *f*. Conjunto de criados que sirven en una casa, o que sirven a un tiempo. **2** Sujeción u obligación inexcusable de hacer algo.

servil *adj*. De poca estimación, ruin, bajo. **2** Que obra con servilismo.

servilismo *m*. Sumisión excesiva y ruin a la autoridad o voluntad de alguien.

servir *intr*. y *tr*. Estar al servicio de alguien o de algo. **2** Ejercer algún empleo o cargo. **3** *intr*. Prestar ayuda o hacer algún favor a alguien. **4** Valer, ser útil para algo. **5** Estar empleado en la realización de algo por mandato de otro. **6** Sustituir a otro en algún oficio u ocupación. **7** En algunos deportes, sacar. **8** Poner en la mesa o repartir a cada uno de lo que se ha de comer o beber. **9** *tr*. Dar culto a Dios o a los santos, o dedicarse a la vida religiosa. **10** Hacer algo en favor o beneficio de alguien. **11** Suministrar mercancía a algún cliente. **12** *prnl*. Querer o tener a bien hacer algo. **13** Utilizar a alguien o algo para algún fin.

sesgo -ga *adj*. Torcido, oblicuo, cruzado. **2** fig. Serio en el semblante. **3** *m*. fig. Curso, rumbo que toma algún asunto.

sesión *f*. Cada una de las reuniones de una junta, asamblea o tribunal. **2** Consulta entre varios para determinar algo. **3** Acto, representación o proyección en que se exhibe algún espectáculo íntegro, generalmente de cine.

seso *m*. Cerebro, encéfalo. **2** fig. Sensatez, prudencia. **3** *pl*. Masa de tejido nervioso contenida en la cavidad del cráneo.

sesquicentenario -ria *adj*. Relativo a lo que tiene una centena y media. **2** *m*. Período de ciento cincuenta años. **3** Día o año en que se celebra este período.

seta[1] *f*. Seda, cerda.

seta[2] *f*. Cualquier especie de hongo en forma de sombrero o casquete sostenido por un pedicelo. **2** Moco de la vela.

seto *m*. Cercado de palos o varas entretejidas.

seudo *adj*. Supuesto, falso.

seudónimo -ma *adj*. Se dice del autor que oculta su nombre con otro falso. **2** Se dice de la obra de este autor. **3** *m*. Nombre empleado por un autor en vez del suyo.

severidad *f*. Calidad de severo.

severo -ra *adj*. Riguroso, duro en el trato. **2** Exacto y rígido en la observancia de una ley, precepto o regla. **3** Serio, grave. **4** Se dice del clima riguroso.

sevicia *f*. Crueldad excesiva. **2** Trato cruel.

sexagesimal *adj*. Se dice del sistema de contar o de subdividir de sesenta en sesenta.

sexo *m*. Condición orgánica que distingue al macho de la hembra. **2** Conjunto de seres pertenecientes a un mismo sexo. **3** Órganos sexuales. **4** Sexualidad.

sexología *f*. Estudio del sexo y de lo relacionado con él.

sexual *adj*. Relativo al sexo. **2** Relativo a la sexualidad.

sexy (ing.) *adj*. De gran atractivo físico.

shock (ing.) *m*. Choque, estado depresivo.

shorts (ing.) *m*. *pl*. Pantalón corto.

si[1] *conj*. Denota condición o suposición en virtud de la cual un concepto depende de otro u otros. **2** A veces denota aseveración terminante. **3** Introduce oraciones interrogativas indirectas, a veces con matiz de duda. **4** En ciertas expresiones, indica ponderación o encarecimiento. **5** A principio de frase suele dar énfasis a las expresiones de duda o aseveración. **6** Introduce oraciones desiderativas. **7** Precedida del adverbio *como* o de la conjunción *que*, se emplea en conceptos comparativos. **8** Se emplea como conjunción adversativa y equivale a aunque. **9** Con el adverbio de negación no, forma expresiones elípticas que equivalen a: de otra suerte o en caso diverso.

si² *m*. Séptima nota de la escala musical.

sí¹ Forma reflexiva del pronombre personal de tercera persona. Se emplea en ambos géneros y números y lleva siempre preposición; cuando ésta es *con*, se dice *consigo*.

sí² *adv. af.* Se emplea, generalmente, para responder a preguntas. **2** Se usa para denotar especialmente aseveración en lo que se dice o se cree, o para ponderar algo. **3** *m*. Consentimiento, permiso.

sibaritismo *m*. Vida regalada y sensual.

sic *adv*. Se usa en castellano para indicar que lo que está escrito es textual por extraño o incorrecto que parezca.

sicario -ria *m*. y *f*. Asesino asalariado.

sicología *f*. Psicología.

sida (siglas de *síndrome de inmunodeficiencia adquirida*) *m*. Enfermedad vírica contagiosa caracterizada por una profunda alteración del sistema inmunitario celular humano, que da lugar a la aparición de infecciones graves.

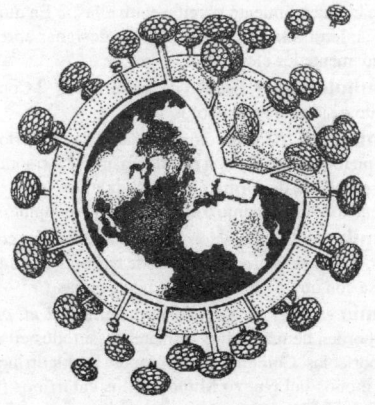

sida. Estructura del virus y su propagación.

sideral *adj*. Perteneciente o relativo a las estrellas o a los astros.

siderurgia *f*. Conjunto de procedimientos y técnicas para la obtención y el tratamiento del hierro. La siderurgia se ocupa de la obtención de ferritas, aceros y fundiciones, así como de su transformación industrial (forja, laminación, estampado, etc.).

siega *f*. Acción y efecto de segar. **2** Tiempo en que se siega. **3** Mieses segadas.

siembra *f*. Acción y efecto de sembrar. **2** Tiempo en que se siembra. **3** Tierra sembrada.

siempre *adv. t*. En todo o en cualquier tiempo. **2** En todo caso, cuando menos. **3** Cada vez que se da una situación determinada.

sien *f*. Parte lateral de la cabeza comprendida entre la frente, la oreja y la mejilla.

sierra *f*. Herramienta que consiste en una hoja de acero con el borde dentado, sujeta a un mango o a un armazón adecuado, y que sirve para cortar madera u otros cuerpos duros. **2** Cordillera de poca extensión. **3** Terreno montañoso, por oposición al llano o campiña.

siervo -va *m*. y *f*. fam. Persona que está bajo el despotismo de otra. **2** fig. Nombre que, como cortesía, uno se da a sí mismo para mostrar adhesión a otro. **3** Miembro de algunas órdenes o congregaciones religiosas.

siesta *f*. Tiempo después del mediodía en que hace más calor. **2** Tiempo destinado para dormir o descansar después de comer. **3** Sueño después de comer.

siete *adj*. Seis más uno. **2** Séptimo. **3** *m*. Signo o conjunto de signos con que se representa el número siete. **4** Instrumento de carpintería para sujetar en el banco los materiales. **5** Rotura en forma de ángulo que se hace en trajes, telas, etc. **6** *Amér*. Ano.

sífilis *f*. Enfermedad infecciosa crónica, endémica. Es transmisible por vía sexual, por simple contacto o por herencia.

sifón *m*. Tubo encorvado que sirve para sacar líquidos del recipiente que los contiene, haciéndolos pasar por un punto superior a su nivel. **2** Botella cerrada herméticamente con una tapa por la que pasa dicho tubo, y que contiene agua carbónica a presión. **3** Tubo doblemente acodado en que el agua detenida dentro de él impide la salida de los gases de las cañerías al exterior. **4** Cada uno de los dos tubos que tienen ciertos moluscos lamelibránquios.

sigilo *m*. Sello o tampón para imprimir. **2** Secreto que se guarda de algo o de alguna noticia. **3** Silencio o disimulo para pasar inadvertido.

sigla *f*. Letra inicial que se usa como abreviatura de una palabra. **2** Denominación formada con varias de estas letras, como ONU. **3** Cualquier signo que sirve para abreviar en la escritura.

siglo *m*. Período de cien años. **2** Seguido de la preposición *de*, época caracterizada por algún fenómeno histórico o cultural. **3** fig. Mucho tiempo.

signar *tr*. Imprimir el sello. **2** Firmar. **3** *tr*. y *prnl*. Hacer la señal de la cruz sobre algo o alguien, o sobre sí mismo.

significación *f*. Acción y efecto de significar. **2** Sentido de una palabra o frase. **3** Importancia, influencia, trascendencia.

significado -da *adj*. Conocido, importante. **2** *m*. Sentido de las palabras y frases. **3** Concepto que, como tal, o asociado con determinadas connotaciones, se une al significante para formar un signo lingüístico.

significante *adj.* Que significa. **2** *m.* Fonema o serie de fonemas o letras que, unidos a un significado, forman un signo lingüístico.

significar *tr.* Ser alguna cosa signo o representación de otra. **2** Ser una palabra o frase expresión de una idea o de algo material. **3** Manifestar o hacer saber algo. **4** *intr.* Representar, tener importancia, valer. **5** *prnl.* Hacerse notar, distinguirse.

significativo -va *adj.* Que significa con claridad algo. **2** Que tiene un especial valor expresivo.

signo *m.* Aquello que representa, significa o sustituye la idea de alguna cosa. **2** Cualquiera de los caracteres que se emplean en la escritura y en la imprenta. **3** Señal o representación convencional de algo: *el signo de la cruz*. **4** Destino, sino de alguien. **5** Cada una de las doce partes en que se divide el zodiaco.

siguiente *adj.* Que sigue. **2** Posterior.

sílaba *f.* Sonido o sonidos articulados que se pronuncian con una sola emisión de voz.

silábico -ca *adj.* Relativo a la sílaba.

silbar *intr.* Dar o producir silbidos. **2** *intr.* y *tr.* fig. Manifestar agrado o desagrado el público con silbidos.

silbido *m.* Sonido agudo que se produce al hacer pasar con fuerza el aire por la boca, con los labios o con los dedos colocados en ella de forma determinada. **2** Sonido agudo que produce el aire o un objeto al rozar con el aire. **3** Sonido agudo que se hace soplando con fuerza en un cuerpo hueco, como en un silbato. **4** Voz aguda y penetrante de algunos animales.

silenciador *m.* En los motores de explosión, dispositivo que se aplica al tubo de escape para amortiguar el ruido que producen los gases expulsados. **2** Dispositivo que se aplica en algunas armas de fuego para disminuir el ruido del disparo.

silencio *m.* Hecho de abstenerse de hablar. **2** Falta de ruido. **3** Efecto de no hablar por escrito. **4** Pausa musical.

silencioso -sa *adj.* Que calla o tiene costumbre de callar. **2** Se dice del lugar o del tiempo en que hay o se guarda silencio. **3** Que no hace ruido.

silla *f.* Asiento individual con respaldo y patas. **2** Sede del Papa o de otros dignatarios eclesiásticos. **3** Aparejo para montar a caballo.

sillón *m.* Asiento de brazos, mullido, más o menos amplio y cómodo.

silo *m.* Lugar subterráneo y seco, o depósito sobre el terreno, donde se guarda el trigo u otros granos, semillas o forrajes. **2** fig. Cualquier lugar subterráneo, profundo y oscuro.

silueta *f.* Dibujo hecho sólo con el contorno de algún objeto o de alguien. **2** Contorno de alguien o de algún objeto al recortarse sobre un fondo más claro. **3** Línea del contorno de una figura.

silvestre *adj.* Criado de forma natural y sin cultivo en bosques o campos. **2** Rústico.

sima[1] *f.* Cavidad natural, grande y profunda en la tierra.

sima[2] *m.* Capa inferior de la corteza terrestre en la que predominan minerales de sílice y magnesio.

simbolismo *m.* Sistema de símbolos con que se representan conceptos, creencias o sucesos. **2** En sentido amplio, cualquier forma de arte que se expresa mediante símbolos. **3** Movimiento literario surgido en Francia a fines del s. XIX, como reacción contra el parnasianismo. Propugnaba una expresión más alusiva, y en consecuencia simbólica, basada en la autonomía de la palabra, despojada de todo rigor lógico y gramatical, y en la musicalidad del verso. Sus principales representantes fueron Ch. Baudelaire, S. Mallarmé, A. Rimbaud y P. Verlaine.

símbolo *m.* Imagen o figura que se toma como signo figurativo de una cosa por alguna analogía que el entendimiento percibe entre ellas. **2** En química, letra o letras adoptadas para designar abreviadamente los elementos.

simbología *f.* Estudio de los símbolos. **2** Conjunto o sistema de símbolos.

simetría *f.* Proporción adecuada de las partes de un todo entre sí y con el todo mismo. **2** Armonía de posición, de forma o de medida entre los elementos de un conjunto o entre dos o más conjuntos.

símil *m.* Comparación, semejanza entre dos cosas. **2** Figura retórica que consiste en comparar una cosa con otra para dar idea de una de ellas.

simio -mia *m.* y *f.* Mono, mamífero. **2** *m. pl.* Suborden de mamíferos primates, casi todos ellos arborícolas. Comprende dos grupos: los platirrinos (o monos del Nuevo Mundo) y los catarrinos (o monos del Viejo Mundo).

simpatía *f.* Inclinación afectiva entre personas, generalmente espontánea y mutua. **2** Inclinación análoga hacia animales o cosas. **3** Modo de ser y carácter de alguien que lo hacen atractivo y agradable a los demás.

simpático -ca *adj.* Que inspira simpatía. **2** En música, se dice de la cuerda que suena cuando se hace sonar otra. **3** *adj.* y *m.* Se dice de una de las dos partes del sistema nervioso neurovegetativo.

simple *adj.* Sencillo, poco complicado, sin refuerzos. **2** Se dice de la copia de una escritura sin firma ni autorización. **3** Insípido, sin sabor. **4** *adj.* y *com.* fig. Cándido, incauto. **5** *m.* Medicamento que no está mezclado con otro.

simio

simpleza *f*. Cosa insignificante o de poco valor.

simplificar *tr*. Hacer más sencillo o más fácil algo.

simplón -na *adj*. y *n*. fam. Simple. **2** Sencillo, ingenuo.

simposio *m*. Conferencia o reunión en que se examina y discute un tema determinado.

simulacro *m*. Imagen, estatua. **2** Visión, aparición. **3** Ficción, imitación, falsificación. **4** Representación, acción simulada.

simular *tr*. Representar algo fingiendo lo que no es.

simultáneo -a *adj*. Que se hace o sucede al mismo tiempo.

sin *prep*. Denota privación o carencia. **2** Fuera de o además de. **3** Seguida de un infinitivo, equivale a no.

sincero -ra *adj*. Ingenuo, veraz, sin doblez.

síncope *m*. Síncopa gramatical. **2** Pérdida repentina del conocimiento y de la sensibilidad, desmayo.

sincrónico -ca *adj*. Que ocurre, sucede o se realiza al mismo tiempo que otra cosa.

sincronizar *tr*. Hacer sincrónicas dos o más cosas, movimientos, hechos o fenómenos.

sindicado -da *adj*. Que pertenece a un sindicato. **2** Hecho por varias entidades o personas. **3** *m*. Junta de síndicos.

sindicar *tr*. Agrupar en un sindicato a trabajadores de la misma profesión. **2** *prnl*. Afiliarse a algún sindicato.

sindicato *m*. Asociación de trabajadores para la defensa de los intereses económicos, políticos y sociales que les son comunes.

síndrome *m*. Conjunto de síntomas característicos de una afección o enfermedad.

sinfín *m*. Infinidad, sinnúmero.

sinfonía *f*. Composición musical para orquesta, de tres o cuatro movimientos de gran extensión, de los que los rápidos tienen la forma de la sonata. **2** Conjunto de voces, de instrumentos, o de ambas cosas, que suenan acordes a la vez. **3** Pieza de música instrumental que precede a las óperas y otras obras teatrales. **4** fig. Colorido acorde, armonía de los colores.

singular *adj*. Solo, único. **2** Extraordinario, excelente, raro. **3** *adj*. y *m*. Se dice del número gramatical que indica la unidad.

singularizar *tr*. Distinguir una cosa entre otras. **2** Dar número singular a palabras que normalmente no lo tienen. **3** *prnl*. Distinguirse o apartarse de lo común.

sinnúmero *m*. Número incalculable de personas o cosas.

sino[1] *m*. Destino, hado.

sino[2] *conj. advers*. Contrapone a un concepto negativo otro afirmativo. **2** Denota a veces idea de excepción: *nadie lo sabe, sino tú*. **3** Precedida de negación, equivale a *solamente* o *tan sólo*. **4** Precedida del adverbio *no sólo*, denota adición de otro u otros miembros a la cláusula.

sinonimia *f*. Circunstancia de ser sinónimas dos o más palabras. **2** Figura retórica que consiste en el uso de voces sinónimas para reforzar la expresión de un concepto.

sinónimo -ma *adj*. y *m*. Se dice de las palabras y expresiones de igual o parecida significación.

sinsabor *m*. Aspereza del paladar. **2** fig. Insipidez de lo que se come. **3** fig. Pesar, disgusto.

sintagma *m*. Grupo de elementos lingüísticos que funciona como una unidad en una oración.

sintaxis *f*. Parte de la gramática que enseña a coordinar y unir las palabras para formar las oraciones y expresar conceptos.

síntesis *f*. Composición de un todo por la reunión de sus partes. **2** Resumen o compendio de alguna materia o asunto. **3** Proceso químico por el que se combinan cuerpos simples para formar compuestos, o cuerpos compuestos para formar otros más complejos.

sintético -ca *adj*. Perteneciente o relativo a la síntesis. **2** Se dice de los productos industriales, que pueden reemplazar a productos naturales, obtenidos por síntesis química.

síntoma *m*. Fenómeno que revela una enfermedad. **2** fig. Señal, indicio de algo que está sucediendo o va a suceder.

sintonía *f*. Ajuste de distintas transmisiones radiofónicas de diferente frecuencia mediante mandos adecuados. **2** Fragmento musical que sirve para distinguir el comienzo o el fin de un programa radiofónico o televisivo.

sintonizar   *tr*. Regular el circuito oscilante de un radiorreceptor para que su frecuencia coincida con la de la emisora que se quiere captar. **2** fig. Adaptarse a las características de alguien, de un medio, ambiente, etc.

sinvergüenza   *adj*. y *com*. Que comete acciones reprochables o despreciables. **2** Desvergonzado, descarado, granuja.

siquiatra   *com*. Psiquiatra.

siquiera   *conj. advers*. Equivale a *aunque*. **2** *conj. disy*. Equivale a *tal vez*. **3** *adv. c*. y *m*. Equivale a *por lo menos* o *tan sólo*.

sirena   *f*. Ninfa marina con busto de mujer y cuerpo de pez o de ave. **2** Aparato generador de sonidos de gran intensidad, usado como señal en buques y locomotoras, como llamada en las fábricas, como toque de alarma en ambulancias, edificios, etcétera.

sirviente -ta   *adj*. y *n*. Que se dedica al servicio doméstico, criado.

sismo   *m*. Seísmo, terremoto.

sismógrafo   *m*. Aparato que registra la intensidad, duración y extensión de los seísmos.

sismología   *f*. Ciencia que trata de los seísmos.

sistema   *m*. Conjunto ordenado de normas y reglas acerca de determinada materia. **2** Conjunto de elementos relacionados entre sí, entre los que existe cierta cohesión y unidad de propósito: *sistema solar, sistema nervioso*. **3** Modo de gobierno, de administración o de organización social. **4** Medio o procedimiento para hacer algo.

sistemático -ca   *adj*. Que sigue o se ajusta a un sistema. **2** Que procede por principio y sin variar en su ritmo de vida, opiniones, etc.

sistematizar   *tr*. Reducir a sistema u organizar o estructurar en sistema.

sístole   *f*. Recurso poético que consiste en usar una sílaba larga como breve. **2** Movimiento de contracción del corazón y de las arterias para empujar la sangre que contienen.

sitial   *m*. Asiento de ceremonia.

sitiar   *tr*. Cercar un lugar enemigo para atacarlo o apoderarse de él. **2** fig. Cercar a uno tomándole o cerrándole todas las salidas para cogerle o rendir su voluntad.

sitio[1]   *m*. Espacio que es o puede ser ocupado. **2** Cargo, puesto. **3** Paraje o lugar a propósito para algo. **4** Casa campestre o finca de recreo.

sitio[2]   *m*. Acción y efecto de sitiar.

situación   *f*. Acción y efecto de situar. **2** Disposición de algo respecto del lugar que ocupa. **3** Salario, sueldo. **4** Estado o condición de alguien en relación a su categoría, a sus bienes y a sus intereses. **5** Conjunto de las circunstancias presentes en un momento determinado. **6** Estado de alguien o de algo en cualquier aspecto.

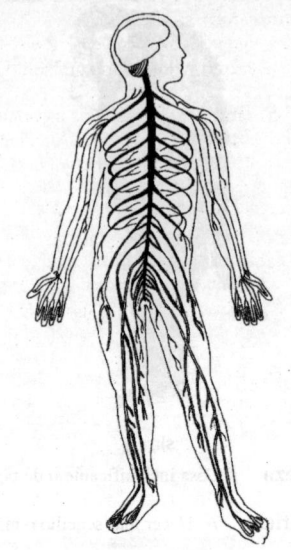

sistema nervioso

situado -da   *adj*. Se dice de la persona de situación económica o social estable. **2** *m*. Salario, sueldo o venta señalados sobre algunos bienes productivos.

situar   *tr*. Poner, colocar, localizar.

slalom   (noruego) *m*. En esquí, carrera de habilidad a lo largo de un trazado en el que están señalados unos pasos obligados.

smog   (ing.) *m*. Niebla baja con hollín y otras materias en suspensión, formada por acumulación de partículas de polvo, humos industriales y gases de los motores.

so[1]   *m*. fam. Seguido de adjetivos despectivos, se usa en expresiones de insulto.

so[2]   *prep*. Bajo, debajo de: *so pena de*.

so[3]   *interj*. Se usa para hacer que se detengan las caballerías.

sobaco   *m*. Concavidad que forma el arranque del brazo con el cuerpo. **2** Axila.

sobado -da   *adj*. Muy usado o gastado. **2** *adj*. y *n*. Se dice del bollo o torta a cuya masa se ha agregado aceite o manteca. **3** *m*. Acción y efecto de sobar.

sobar   *tr*. Tocar y oprimir algo repetidamente para que se ablande o suavice. **2** Manosear mucho algo estropeándolo. **3** fig. Tocar o manosear a alguien. **4** fig. Molestar a alguien.

soberanía   *f*. Calidad de soberano. **2** Autoridad suprema del poder público.

soberano -na *adj.* y *n.* Que ejerce o posee la autoridad suprema e independiente. **2** *adj.* fig. Excelente, supremo y no superado. **3** fig. Grande, enorme.

soberbio -bia *adj.* Que tiene un orgullo desmedido o se deja llevar por él. **2** De grandes proporciones. **3** *f.* Estimación excesiva de sí mismo con menosprecio de los demás. **4** Cólera o ira expresadas de forma descompuesta.

sobornar *tr.* Corromper a alguien con dinero, regalos u otro medio para conseguir algo de él.

sobra *f.* Demasía o exceso de algo. **2** Agravio, injuria. **3** *pl.* Restos, parte que queda de algo tras haber utilizado lo necesario. **4** Desechos, desperdicios.

sobrado -da *adj.* Que sobra, demasiado. **2** Atrevido, audaz. **3** *m.* Desván.

sobrante *adj.* y *m.* Que sobra o está de más. **2** *adj.* Excesivo, demasiado, sobrado.

sobrar *intr.* Haber más de lo que se necesita para algo. **2** Estorbar, estar de más. **3** Quedar, restar.

sobre[1] *prep.* Encima de. **2** Además de. **3** Acerca de. **4** Cerca de otra cosa, con más altura que ella y dominándola. **5** Con superioridad o dominio. **6** Garantía de una cosa. **7** A o hacia. **8** Precedida y seguida de un mismo sustantivo, indica reiteración. **9** Como prefijo aumenta la significación o añade la suya al nombre o verbo con que se junta.

sobre[2] *m.* Cubierta de papel que sirve para contener cartas u otros escritos, y en la que se suele escribir el nombre y la dirección del destinatario.

sobre

sobrecama *f.* Colcha.

sobrecarga *f.* Exceso de carga. **2** Soga para asegurar la carga. **3** fig. Molestia, pena, sufrimiento excesivos.

sobrecargo *m.* Oficial que cuida del cargamento en los buques mercantes. **2** Tripulante de avión que supervisa funciones auxiliares.

sobrecoger *tr.* Coger de repente y desprevenido. **2** *tr.* y *prnl.* Asustar, causar mucho miedo.

sobredosis *f.* Dosis excesiva de algún medicamento o de alguna droga.

sobrehumano -na *adj.* Que excede las posibilidades humanas, superior a lo humano.

sobrellevar *tr.* Llevar alguien a cuestas un peso para aliviar a otro. **2** Aguantar o soportar un dolor, enfermedad, desgracia u otra molestia, o resignarse a ellos. **3** fig. Disimular y suplir los defectos o descuidos de otro.

sobrenatural *adj.* Que excede lo natural.

sobrenombre *m.* Nombre que se añade o sustituye al apellido o nombre de alguien y que, en general, alude a algún rasgo característico de su persona o de su vida. **2** Apodo con que se designa a una persona.

sobreponer *tr.* Añadir alguna cosa o ponerla sobre otra. **2** *tr.* y *prnl.* Anteponer, dar preferencia. **3** *prnl.* Dominar los impulsos del ánimo o no dejarse abatir por las adversidades.

sobrepuesto -ta Participio pasivo irregular de sobreponer. **2** *m.* Adorno de materia distinta de aquella a que se sobrepone. **3** Panal muy blanco y de miel más delicada que forman las abejas sobre el primero. **4** Vasija que se pone boca abajo en las colmenas para que las abejas hagan el segundo panal.

sobresaliente *adj.* y *n.* Que sobresale. **2** *m.* Nota superior a la de notable en la calificación de exámenes.

sobresalir *intr.* Exceder en figura, tamaño, etc. **2** Aventajar a otros, destacar, distinguirse.

sobresaltar *tr.* y *prnl.* Asustar, causar sobresalto. **2** *intr.* Resaltar.

sobresalto *m.* Alteración del ánimo por algún suceso repentino. **2** Tumor o susto repentino.

sobresueldo *m.* Retribución o consignación que se añade al sueldo fijo.

sobretodo *m.* Abrigo ligero.

sobrevenir *intr.* Suceder una cosa después de otra. **2** Suceder algo de improviso o repentinamente.

sobrevivir *intr.* Seguir viviendo después de la muerte de otro o después de un desastre.

sobrevolar *tr.* Volar sobre algún lugar, ciudad, territorio, etc.

sobriedad *f.* Calidad de sobrio.

sobrino -na *m.* y *f.* Respecto de una persona, hijo de un hermano o de un primo.

sobrio -bria *adj.* Moderado, especialmente en comer y beber. **2** Sin adornos superfluos.

socarronería *f.* Astucia, bellaquería con que uno procura su interés o disimula su intento. **2** Calidad de socarrón o burlón.

socavar *tr.* Excavar por debajo de algo dejándolo sin apoyo. **2** fig. Debilitar algo física o moralmente.

sociable *adj.* Inclinado al trato y relación con la gente, o que gusta de ello.

social *adj.* Perteneciente o relativo a la sociedad humana, o a las relaciones entre las clases de la sociedad. **2** Perteneciente o relativo a una compañía o sociedad y a sus socios o afiliados. **3** Se dice de los animales que habitan en colonias.

socializar *tr*. Transferir al Estado, u otro órgano colectivo, las propiedades particulares agrícolas, industriales o financieras, para que sus beneficios reviertan sobre toda la sociedad. **2** Promover las condiciones sociales que favorezcan en los seres humanos el desarrollo integral de su persona.

sociedad *f*. Reunión permanente de personas, pueblos o naciones que conviven y se relacionan bajo unas formas de comportamiento y leyes comunes. **2** Agrupación de individuos con el fin de cumplir las finalidades de la vida mediante la cooperación mutua. **3** Reunión de personas con fines culturales, recreativos, deportivos o benéficos. **4** Relación o trato de unos con otros. **5** Entidad social formada con fines privados y lucrativos.

socio -cia *m. y f*. Persona asociada con otra u otras para algún fin. **2** Persona que es miembro de alguna asociación. **3** fam. Amigo, compañero.

socioeconómico -ca *adj*. Relativo a lo económico y social a la vez.

sociología *f*. Ciencia que trata de las condiciones de existencia, desenvolvimiento y relaciones de las sociedades humanas.

socorrer *tr*. Ayudar en una necesidad o peligro apremiante.

socorrismo *m*. Organización y adiestramiento para socorrer en caso de accidente o peligro.

socorrista *com*. Persona adiestrada para prestar socorro en caso de accidente o peligro.

socorro *m*. Acción y efecto de socorrer. **2** Lo que sirve para socorrer, como víveres, dinero u otras cosas. **3** Tropa que acude en auxilio de otra.

soda *f*. Agua gaseosa con ácido carbónico que se usa como bebida.

soez *adj*. Grosero, indigno, vil.

sofá *m*. Asiento mullido, con respaldo y brazos, para dos o más personas.

sofisticar *tr*. Falsificar o modificar algo en general. **2** Quitar naturalidad a algo o actuar uno de manera excesivamente afectada o refinada.

sofocación *f*. Acción y efecto de sofocar. **2** Disgusto importante. **3** Asfixia causada por dificultad respiratoria.

sofocar *tr. y prnl*. Ahogar, impedir la respiración. **2** fig. Avergonzar, sonrojar. **3** *tr*. Dominar, extinguir, apagar. **4** fig. Acosar, importunar. **5** *prnl*. Disgustarse, enfadarse por algo.

sofoco *m*. Efecto de sofocar o sofocarse. **2** fig. Sofocón.

software *m*. INFOR Conjunto de programas de una computadora u ordenador, que le permiten realizar las funciones asignadas por el usuario.

soga *f*. Cuerda gruesa de esparto. **2** Medida agraria cuya extensión varía según las regiones. **3** *m*. fam. Hombre astuto.

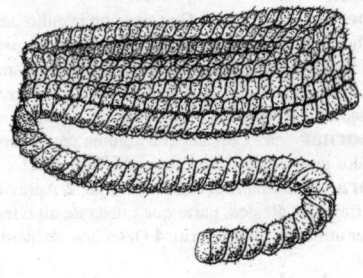

soga

sol¹ *m*. Luz, calor o influjo del Sol. **2** fig. Tiempo que el Sol emplea aparentemente en dar una vuelta alrededor de la Tierra. **3** fig. Apelativo cariñoso o de alabanza.

sol² *m*. Quinta nota de la escala musical.

solapa *f*. Parte del borde de la abertura delantera de una prenda de vestir, que se dobla hacia afuera sobre el mismo delantero. **2** Prolongación lateral de la cubierta de los libros que se dobla hacia adentro. **3** Parte del sobre de las cartas que sirve para cerrarlo. **4** fig. Ficción con que se disimula algo.

solapado -da *adj*. Que oculta con malicia y cautela sus pensamientos.

solapar *tr*. Poner solapas a alguna prenda de vestir. **2** *tr. y prnl*. fig. Disimular u ocultar algo por malicia o por cautela. **3** Cubrir del todo o en parte una cosa a otra.

solaz *m*. Descanso, esparcimiento y alivio de los trabajos.

soldado *m*. El que sirve en la milicia. **2** Militar sin graduación. **3** fig. Partidario o defensor de algo.

soldador -ra *m. y f*. Persona que tiene por oficio soldar. **2** *f*. Instrumento con que se suelda.

soldar *tr. y prnl*. Unir entre sí dos caras o dos partes de una cosa, especialmente metales.

soledad *f*. Carencia de compañía. **2** Lugar solitario o tierra no habitada. **3** Pesar que se siente por la ausencia o falta de alguien o algo.

solemne *adj*. Que se celebra con mucho ceremonial, esplendor y pompa. **2** Formal, serio, acompañado de circunstancias importantes. **3** Ceremonioso, majestuoso, imponente. **4** Aplicado a ciertos nombres, intensifica su significado.

solemnizar *tr*. Celebrar o festejar de manera solemne algún suceso.

soler *intr*. Tener costumbre o ser frecuente.

solfear *tr*. Cantar marcando el compás y pronunciando los nombres de las notas. **2** fam. Dar una paliza a alguien, golpearle. **3** fam. Reprender o censurar a alguien.

solicitar *tr*. Pretender algo haciendo las diligencias necesarias. **2** Gestionar los asuntos propios o ajenos. **3** Tratar de conseguir la amistad, el amor o la atención de alguien.

solicitud *f*. Calidad de solícito. **2** Acción de pedir algo con diligencia y cuidado. **3** Instancia con que se solicita algo.

solidaridad *f*. Asociación y comunidad de intereses y responsabilidades. **2** Adhesión circunstancial a la causa o empresa de otros.

solidario -ria *adj*. Que implica o tiene solidaridad.

solidez *f*. Calidad de sólido. **2** Volumen de los cuerpos.

sólido -da *adj*. Firme, fuerte, macizo. **2** Que no se altera o destruye con facilidad. **3** fig. Establecido con razones fundamentales y verdaderas. **4** *adj*. y *m*. Se dice del cuerpo cuyas moléculas tienen entre sí mayor cohesión que la de los líquidos. **5** *m*. Objeto material de tres dimensiones.

soliloquio *m*. Habla o monólogo de alguna persona consigo misma.

solista *adj*. y *com*. Se dice de la persona o instrumento que interpreta un solo o varios en una pieza instrumental o vocal.

solitario -ria *adj*. Desierto, desamparado. **2** Solo, sin compañía. **3** *adj*. y *n*. Que ama la soledad o vive solo. **4** *m*. Diamante grueso que se engasta solo en una joya. **5** Juego de naipes que realiza una sola persona. **6** Ermitaño, crustáceo. **7** *f*. Tenia, gusano intestinal.

sollozar *intr*. Llorar produciendo varias inspiraciones bruscas, entrecortadas, seguidas de una espiración.

solo -la *adj*. Único en su especie. **2** Sin compañía. **3** Sin añadir otra cosa. **4** Que no tiene quien le ayude o consuele. **5** *m*. Composición musical o parte de ella que ejecuta una sola persona. **6** Paso de danza realizado sin pareja.

soltero -ra *adj*. y *n*. Que no está casado.

soltura *f*. Acción y efecto de soltar. **2** Agilidad, facilidad o desenvoltura con que se hace algo.

soluble *adj*. Que se puede disolver o desleír. **2** fig. Que se puede resolver.

solución *f*. Acción y efecto de disolver. **2** Acción y efecto de resolver algún asunto. **3** Desenlace de algún asunto o de la trama de una obra dramática. **4** Explicación de un problema o resultado de una operación matemática.

solucionar *tr*. Resolver algún asunto o hallar solución o término a algún proceso.

solvencia *f*. Acción y efecto de resolverse. **2** Calidad de solvente.

solvente *adj*. Libre de deudas. **2** Capaz de satisfacerlas. **3** Capaz de cumplir debidamente algún cargo u obligación. **4** *adj*. y *m*. Se dice del disolvente químico.

sombra *f*. Oscuridad, falta de luz, más o menos completa. **2** Proyección oscura que un cuerpo lanza en el espacio en dirección opuesta a los rayos del Sol o de otro foco luminoso. **3** Imagen oscura que proyecta un cuerpo opaco sobre una superficie. **4** Espectro o aparición. **5** Apariencia o semejanza de algo. **6** Mácula, defecto. **7** fig. Ignorancia. **8** Color oscuro con que se representa la falta de luz en pintura y dibujo. **9** Cosmético que se aplica en los párpados. **10** fam. Cantidad pequeña o muestra de algo. **11** fam. Clandestinidad, desconocimiento público.

sombrear *tr*. Dar o producir sombra. **2** Poner sombra en una pintura o dibujo.

sombrero *m*. Prenda de vestir para cubrir la cabeza, que consta de copa y ala. **2** Techo que cubre el púlpito de las iglesias.

sombrilla *f*. Quitasol.

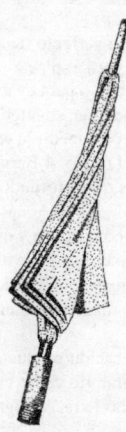

sombrilla

sombrío -a *adj*. Se dice del lugar oscuro o en el que hay sombra. **2** fig. Triste, melancólico.

somero -ra *adj*. Muy inmediato a la superficie. **2** fig. Superficial, ligero, poco detallado.

someter *tr*. y *prnl*. Poner a alguien bajo la autoridad o dominio de otro u otros, generalmente por la fuerza o la violencia. **2** Subordinar el juicio, decisión o afecto propios a los de otra u otras personas. **3** Proponer a la consideración de alguien razones o reflexiones propias. **4** Encomendar a alguien la decisión de algún asunto o negocio. **5** Hacer que una cosa reciba la acción de otra.

somnífero -ra *adj*. y *m*. Que da o causa sueño.

somnolencia *f.* Pesadez física causada por el sueño. **2** Ganas de dormir. **3** fig. Pereza.

son *m.* Sonido agradable, especialmente el musical. **2** fig. Estilo, manera. **3** fig. Noticia, rumor.

sonado -da *adj.* Famoso. **2** Divulgado con espectacularidad. **3** Que ha perdido facultades mentales.

sonador -ra *adj.* y *n.* Que suena o hace ruido.

sonámbulo -la *adj.* y *n.* Que durante el sueño realiza actos de un modo automático, sin recordarlos cuando se despierta.

sonar[1] *intr.* Hacer o causar ruido algo. **2** Mencionarse, citarse. **3** Tener alguna cosa apariencia o aspecto de algo. **4** Recordar algo vagamente como oído con anterioridad. **5** Tener una letra valor fónico. **6** *Amér.* Fracasar. **7** *tr.* Hacer que suene algo con armonía. **8** *tr.* y *prnl.* Limpiar la nariz de mocos.

sonar[2] *m.* Aparato de detección submarina mediante ondas ultrasonoras.

sonata *f.* Composición musical ejecutada por uno o dos instrumentos, en tres o cuatro movimientos.

sonda *f.* Acción y efecto de sondar. **2** Instrumento quirúrgico para explorar cavidades o conductos del organismo, o para evacuar su contenido o introducir sustancias en su interior. **3** Cuerda con un peso de plomo, para medir la profundidad de las aguas y explorar el fondo. **4** Barrena para perforar y explorar terrenos muy profundos.

sondear *tr.* Sondar las aguas o el subsuelo. **2** Intentar averiguar con cautela y disimulo las intenciones de alguien o el estado de algo.

soneto *m.* Composición poética de catorce versos endecasílabos distribuidos en dos cuartetos y dos tercetos.

sonido *m.* Sensación producida en el oído por el movimiento vibratorio de los cuerpos. **2** Valor y pronunciación de las letras. **3** Significación y valor de las palabras.

sonoridad *f.* Calidad de sonoro. **2** Calidad de la sensación auditiva que permite calificar los sonidos de fuertes y débiles.

sonorizar *tr., intr.* y *prnl.* Convertir una consonante sorda en sonora. **2** *tr.* Incorporar sonido a una cinta cinematográfica. **3** Aumentar el sonido de un foco emisor mediante altavoces o amplificadores electrónicos.

sonoro -ra *adj.* Que suena o puede sonar. **2** Que suena mucho o con ruido agradable. **3** Que emite o refleja bien el sonido. **4** *adj.* y *f.* Se dice del sonido que se articula con vibración de las cuerdas vocales. **5** *adj.* y *m.* Se dice del cine, filme, etc., con sonido incorporado.

sonreír *intr.* y *prnl.* Reírse levemente sin emitir sonido. **2** fig. Tener algo una expresión o aspecto alegre. **3** fig. Ser favorable a alguien algún asunto o suceso.

sonrisa *f.* Acción y efecto de sonreír o sonreírse. **2** Gesto de sonreír.

sonrojar *tr.* y *prnl.* Hacer salir los colores al rostro por rubor o vergüenza.

sonsacar *tr.* Lograr de alguien algo con habilidad. **2** Averiguar con habilidad que alguien diga lo que sabe sobre algo que interesa. **3** Intentar conseguir que alguien deje el trabajo que tiene y pase a prestarlo en otra parte.

sonsonete *m.* Sonido repetido y monótono. **2** Entonación monótona al hablar, leer o recitar. **3** Modo especial en la risa o al hablar que denota ironía.

soñador -ra *adj.* y *n.* Que sueña mucho. **2** Idealista, romántico.

soñar *tr.* e *intr.* Representar en la imaginación sucesos o escenas durante el sueño. **2** fig. Imaginar como real y verdadero lo que no lo es. **3** *intr.* Desear mucho algo.

soñoliento -ta *adj.* Que tiene sueño. **2** Que está dormitando. **3** Que causa sueño. **4** fig. Perezoso.

sopa *f.* Pedazo de pan empapado en algún líquido. **2** Plato compuesto de rebanadas de pan bañadas o cocidas en algún líquido alimenticio. **3** Plato cocido en caldo de fécula, arroz, fideos, verduras, etc. **4** *pl.* Rebanadas de pan para echarlas en el caldo.

sopero -ra *adj.* Se dice del plato hondo o de la cuchara grande usados para tomar la sopa. **2** *adj.* y *n.* Aficionado a la sopa.

sopetón *m.* Golpe fuerte dado con la mano.

soplete *m.* Aparato que produce y proyecta una llama, utilizado para obtener temperaturas elevadas o para fundir metales.

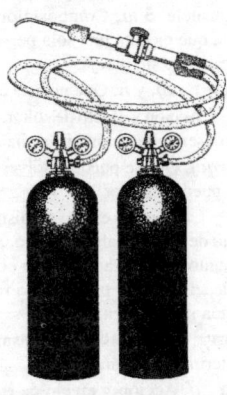

soplete

soplo *m.* Acción y efecto de soplar. **2** Instante o tiempo muy breve. **3** Aviso dado en secreto y con cautela.

soplón -na *adj.* y *n.* fam. Que acusa o denuncia en secreto y con cautela.

soponcio *m.* fam. Desmayo, síncope.

sopor *m.* Estado de sueño profundo que precede al estado de coma. **2** fig. Somnolencia.

soporífero -ra *adj.* Que produce sueño. **2** fig. Aburrido, pesado.

soportar *tr.* Sostener o llevar alguna carga o peso. **2** fig. Sufrir, aguantar, tolerar.

soporte *m.* Apoyo o sostén.

soprano *m.* La voz más aguda de mujer o de niño. **2** *com.* Persona con voz de soprano.

sor *f.* Tratamiento dado a algunas religiosas.

sorber *tr.* Beber aspirando. **2** Atraer hacia sí algo material o inmaterial. **3** Recibir o esconder una cosa esponjosa o hueca a otra, dentro de sí o en su masa. **4** fig. Absorber, tragar: *el mar sorbe los restos del naufragio.* **5** fig. Escuchar algo muy atentamente o prestarle mucha atención.

sorbete *m.* Refresco helado de consistencia pastosa a base de zumo de frutas, agua o leche, o yemas de huevo azucaradas y aromatizadas con esencias. **2** *Amér.* Paja para sorber líquidos.

sorbo *m.* Acción y efecto de sorber. **2** Cantidad de líquido que se sorbe de una vez. **3** fig. Cantidad pequeña de algún líquido.

sordera *f.* Privación o disminución de la facultad de oír.

sórdido -da *adj.* Miserable, sucio. **2** fig. Avaro, mezquino. **3** fig. Indecente, escandaloso.

sordo -da *adj.* y *n.* Que no oye o no oye bien. **2** *adj.* Que suena poco o con un ruido apagado. **3** fig. Insensible a las súplicas o al dolor ajeno, o rebelde a los consejos o avisos. **4** Se dice del sonido que se articula sin vibración de las cuerdas vocales, como la p, la t, y la c.

sordomudo -da *adj.* y *n.* Privado de la facultad de hablar por sordera nativa.

sorna *f.* fig. Ironía o tono burlón con que se dice algo.

soroche *m.* En América, mal de montaña.

sorprender *tr.* Coger desprevenido. **2** Descubrir lo que otro ocultaba o disimulaba. **3** *tr.* y *prnl.* Causar impresión, conmover o maravillar con algo imprevisto, raro o incomprensible.

sorpresa *f.* Acción y efecto de sorprender o sorprenderse. **2** Lo que da motivo para que alguien se sorprenda.

sortear *tr.* Someter a la decisión de la suerte la adjudicación de algo. **2** Evitar con habilidad algún obstáculo, peligro, dificultad, conflicto o riesgo.

sortija *f.* Anillo que se pone como adorno en los dedos de la mano. **2** Rizo de cabello en forma de anillo. **3** Anilla. Juego que consiste en adivinar a quién ha dado un jugador una sortija que lleva entre las manos y que hace además de dejar a cada uno de los que juegan.

sortijero *m.* Platillo o cajita en que se depositan o guardan las sortijas.

sortilegio *m.* Adivinación que se hace por suertes supersticiosas. **2** fig. Influencia o atractivo irresistible que alguien o algo ejerce sobre alguna persona.

sosegar *tr.* y *prnl.* Aplacar, apaciguar, tranquilizar las pasiones o alteraciones del ánimo. **2** *intr.* y *prnl.* Descansar, reposar, cesar la turbación o el movimiento. **3** Dormir o reposar.

sosería *f.* Falta de gracia y de viveza. **2** Dicho o hecho sin gracia.

sosiego *m.* Quietud, serenidad, tranquilidad.

sospechar *tr.* Imaginar o creer que existe o ha sucedido algo por alguna apariencia o indicio. **2** *intr.* Desconfiar, recelar de alguien.

sospechoso -sa *adj.* Que da motivos para sospechar. **2** *adj.* y *n.* Que inspira sospechas por su conducta o antecedentes.

sostén *m.* Acción de sostener. **2** Persona o cosa que sostiene. **3** fig. Apoyo moral, protección. **4** Prenda interior femenina para sujetar el pecho.

sostener *tr.* y *prnl.* Mantener firme alguna cosa, sujetar. **2** *tr.* Defender o mantener una idea, opinión, promesa, etc. **3** Prestar ayuda o apoyo físico o moral a alguien. **4** Dar a alguien lo necesario para su manutención. **5** Realizar cierta acción durante algún tiempo o seguir en determinada actitud. **6** *prnl.* Guardar el equilibrio un cuerpo.

sostenido -da *adj.* Se dice de la nota musical cuya entonación excede en un semitono a la de su sonido natural. **2** *m.* Signo musical que representa la alteración del sonido natural de la nota o notas a que se refiere.

sostenimiento *m.* Acción y efecto de sostener o sostenerse. **2** Mantenimiento, sustento.

sotana *f.* Vestidura talar negra, abrochada por delante de arriba abajo, que usan los eclesiásticos y los clérigos. **2** fam. Zurra, paliza.

sótano *m.* En un edificio o casa, piso o pieza subterráneos.

sotavento *m.* Costado de la nave opuesto al barlovento. **2** Parte que cae hacia este lado.

soterrar *tr.* Enterrar, poner algo bajo tierra. **2** fig. Esconder o guardar algo de modo que no aparezca.

spray (ing.) *m.* Envase de ciertos líquidos mezclados con un gas a presión, de modo que al oprimir una válvula salga el líquido pulverizado.

squash (ing.) *m.* Deporte parecido al frontón, que se practica con raquetas, bajo techo, en peque-

sotana

ñas salas cuadradas. Los jugadores pueden impulsar la pelota contra las cuatro paredes de la cancha.

staff (ing.) *m.* Conjunto de personas que forman un cuerpo o gabinete de estudio e información.

stand (ing.) *m.* Instalación para la venta o exhibición de productos, montada en una feria, exposición, mercado, etc.

su, sus Posesivo de tercera persona, en ambos géneros y números, que se utiliza antepuesto al nombre.

suave *adj.* Liso y blando al tacto. **2** Grato a los sentidos. **3** fig. Tranquilo, quieto. **4** fig. Lento, moderado.

suavizante *adj.* y *n.* Que suaviza. **2** *m.* Líquido que se añade al aclarar la ropa para que ésta quede esponjosa.

subacuático -ca *adj.* Que se realiza debajo del agua.

subalterno -na *adj.* y *n.* Que está subordinado a otra persona. **2** Se dice del empleado de categoría inferior.

subasta *f.* Venta pública consistente en ofrecer algo que se adjudica a quien ofrece más por ello. **2** Adjudicación hecha en la misma forma de los contratos de servicio público.

subconjunto *m.* Conjunto de elementos integrados en otro conjunto más amplio. **2** Parte de un conjunto.

subconsciente *adj.* Perteneciente o relativo a la subconsciencia, o que no llega a ser consciente. **2** *m.* Estrato de la personalidad cuya actividad se mantiene por debajo de los niveles conscientes.

subdesarrollado -da *adj.* De economía pobre y atrasada y bajo nivel de vida.

subdesarrollo *m.* Desarrollo incompleto o deficiente respecto a las propias posibilidades o al desarrollo alcanzado por otros. **2** Situación económica y social propia de los países subdesarrollados.

subdirector -ra *m.* y *f.* Persona que ayuda o sustituye al director en sus funciones.

súbdito -ta *adj.* y *n.* Sujeto a la autoridad de un superior con obligación de obedecerle.

subdividir *tr.* y *prnl.* Dividir algo que ya estaba dividido.

subestimar *tr.* Dar a alguien o algo menos importancia o valor de la que tiene.

subida *f.* Acción y efecto de subir o subirse. **2** Camino o pendiente por donde se sube.

subido -da *adj.* Se dice de lo más fino, puro y sin mancha en su especie. **2** Se dice del color o del olor muy intensos. **3** Muy elevado, que excede al término ordinario.

subir *intr.* Ir de un lugar a otro que está más alto. **2** Cabalgar; entrar en un vehículo o montarse encima de él. **3** Aumentar el nivel o altura de algo. **4** Llegar una cuenta, deuda, etc., a determinada cantidad. **5** fig. Ascender en un cargo o empleo, o mejorar en posición económica o social. **6** fig. Aumentar el número, cantidad o intensidad de algo. **7** *intr.* y *tr.* Hacer la voz o el tono de un instrumento más alto. **8** Aumentar el precio o valor de algo. **9** *tr.* Recorrer hacia arriba algo que está en pendiente. **10** Enderezar algo que estaba inclinado hacia abajo: *subir la cabeza.* **11** Aumentar algo hacia arriba: *subir una pared.* **12** *tr.* y *prnl.* Llevar a un lugar más alto.

súbito -ta *adj.* Inesperado, repentino. **2** Impetuoso, precipitado o violento en las obras o palabras. **3** *adv. m.* De forma súbita.

subjetivo -va *adj.* Perteneciente o relativo al sujeto. **2** Relativo al modo de pensar o de sentir de uno, y no al objeto en sí mismo.

subjuntivo -va *adj.* Que se adjunta como elemento subordinado. **2** *adj.* y *m.* Se dice del modo del verbo que expresa duda, deseo, posibilidad, etc.

sublevar *tr.* y *prnl.* Alzar en motín o rebeldía. **2** fig. Provocar indignación, promover sentimientos de ira o protesta.

sublimar *tr.* y *prnl.* Exaltar, enaltecer, ensalzar. **2** Pasar directamente un cuerpo del estado sólido al gaseoso, o viceversa.

sublime *adj.* De gran valor moral o intelectual, admirable, excelente, extraordinario.

submarino -na *adj.* Que está o se efectúa bajo la superficie del mar. **2** *m.* Buque construido para navegar y combatir bajo el agua.

suboficial *m.* Categoría militar comprendida entre las de oficial y sargento.

subordinado -da *adj.* y *n.* Que está sujeto a otra persona o bajo su dependencia. **2** Se dice del elemento gramatical o de la oración regido o gobernado por otro.

subordinar *tr.* y *prnl.* Poner a alguien o algo bajo la dependencia de otro u otros. **2** Establecer una subordinación gramatical.

subrayado -da *adj.* Que en lo impreso va en letra cursiva. **2** *m.* Acción y efecto de subrayar.

subrayar *tr.* Señalar por debajo con una raya alguna letra, palabra o frase escrita, para llamar la atención sobre ella. **2** fig. Recalcar, pronunciar con énfasis las palabras.

subrepticio -cia *adj.* Que se hace u obtiene de forma oculta y con disimulo.

subrogar *tr.* y *prnl.* Sustituir a alguien o algo en una relación jurídica.

subsanar *tr.* Disculpar un desacierto o delito. **2** Reparar o arreglar un defecto, o resarcir un daño. **3** Resolver o solucionar una dificultad.

subsidio *m.* Ayuda económica, generalmente de carácter oficial, que se concede a una persona o una entidad.

subsiguiente *adj.* Que viene inmediatamente después del siguiente.

subsistencia *f.* Permanencia, estabilidad y conservación de algo. **2** Conjunto de lo necesario para el sustento de la vida humana. **3** Acción de vivir, vida.

subsistir *intr.* Permanecer, perdurar o conservarse algo. **2** Vivir o seguir viviendo.

subsuelo *m.* Terreno que está debajo de la capa laborable o, en general, debajo de una capa de tierra.

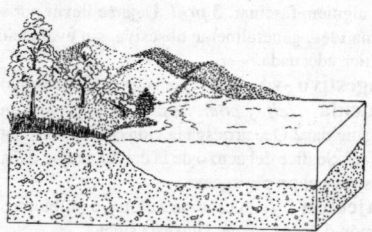

subsuelo

subterfugio *m.* Escapatoria, evasiva, pretexto.

subterráneo -a *adj.* Que está debajo de tierra. **2** *m.* Lugar o espacio bajo tierra.

subtítulo *m.* Título secundario que se añade a otro principal. **2** En las películas proyectadas en versión original, rótulo que aparece en la parte inferior de la imagen con la traducción del diálogo de los actores.

suburbio *m.* Barrio en la periferia de la ciudad, especialmente el habitado por personas con condiciones económicas difíciles.

subvencionar *tr.* Asignar, especialmente el Estado, una cantidad para costear, sufragar o contribuir al pago o sostenimiento de alguna institución, trabajo, estudios, etc.

subversivo -va *adj.* Que subvierte o pretende subvertir, especialmente el orden establecido.

subvertir *tr.* Trastornar, alterar, perturbar, destruir.

subyugar *tr.* y *prnl.* Dominar, avasallar, someter. **2** Gustar en extremo.

succionar *tr.* Chupar, absorber, sorber.

suceder *intr.* Ocupar el lugar de alguien o algo, o sustituir a alguien en algún cargo, empleo o dignidad. **2** Heredar a alguien. **3** Descender, proceder, provenir. **4** *impers.* Producirse espontáneamente algún hecho o suceso.

sucesión *f.* Acción y efecto de suceder. **2** Herencia. **3** Descendencia de alguien. **4** Conjunto de cosas en que una sigue a otra.

sucesivo -va *adj.* Que sucede o sigue a algo.

suceso *m.* Cosa de interés que sucede. **2** Éxito, resultado bueno de algún asunto.

sucesor -ra *adj.* y *n.* Que sucede a alguien en un cargo, empleo, dignidad o herencia.

suciedad *f.* Cualidad de sucio. **2** Porquería, inmundicia. **3** fig. Dicho o hecho deshonesto u obsceno.

sucinto -ta *adj.* Breve, conciso, resumido.

sucio -cia *adj.* Que tiene manchas o impurezas. **2** Que se ensucia con facilidad. **3** fig. Deshonesto, obsceno, tramposo, sin escrúpulos. **4** fig. Contrario a la justicia, al honor y a la moral. **5** fig. Se dice del color confuso y turbio. **6** fig. Con daño, infección o contagio. **7** *adv. m.* Sin respetar las reglas.

suculento -ta *adj* y *n.* Sabroso, nutritivo. **2** BOT Se dice de las hojas, tallos, etc., o de la planta entera, cuando son muy carnosos, gruesos y jugosos, como numerosos cactos.

sucumbir *intr.* Ceder, rendirse, someterse. **2** Morir. **3** DER Perder un pleito.

sucursal *adj.* y *f.* Se dice del establecimiento mercantil o industrial que depende de otro principal.

sudar *intr.* y *tr.* Expeler sudor por los poros de la piel. **2** fig. Destilar las plantas algún líquido. **3** fig. Destilar líquido a través de sus poros algunas cosas impregnadas de humedad. **4** fam. Trabajar con fatiga y esfuerzo físico o moral. **5** *tr.* Empapar en sudor.

sudario *m.* Lienzo que se pone sobre el rostro de los difuntos o en que se envuelve el cadáver.

sudor *m.* Líquido de aspecto acuoso, sabor salado y olor particular, que segregan las glándulas sudoríparas de la piel. **2** fig. Jugo que segregan las plantas. **3** fig. Gotas en la superficie de algo que despide humedad. **4** fig. Trabajo, esfuerzo, fatiga.

sudoroso -sa *adj.* Que está sudando mucho. **2** Muy propenso a sudar.

suegro -gra *m.* y *f.* Con respecto a una persona, padre o madre del cónyuge. **2** *f.* Parte más delgada y cocida del pan.
suela *f.* Parte del calzado que toca el suelo. **2** Cuero vacuno curtido. **3** Pedazo de cuero que se pega a la punta del taco con que se juega al billar. **4** Lenguado, pez.
sueldo *m.* Moneda antigua de distinto valor según los tiempos y países. **2** Remuneración periódica asignada a las personas por un trabajo realizado.
suelo *m.* Porción superficial de la superficie terrestre alterada por la acción de los meteoros y de los seres vivos en la cual están enraizadas las plantas. **2** Superficie por la que se anda. **3** fig. Superficie inferior de algunas cosas, como la de las vasijas o la del pan. **4** Solar, terreno. **5** Piso, pavimento de las casas. **6** Territorio, país. **7** fig. Tierra o mundo. **8** *pl.* Paja o grano que queda de un año para otro en los pajares o graneros.
suelto -ta Participio pasivo irregular de soltar. **2** *adj.* Ligero, veloz. **3** Poco compacto, disperso. **4** Ágil o hábil en la realización de algo. **5** Atrevido, osado. **6** Se dice del lenguaje, estilo, etc., fácil y ágil. **7** Separado, que no hace juego o colección con otras cosas. **8** Flojo, holgado, no ajustado o ceñido. **9** Se dice del verso que no rima con otro. **10** No envasado o no empaquetado. **11** Que padece diarrea. **12** *adj.* y *m.* Se dice del dinero en moneda fraccionaria. **13** *m.* Escrito poco extenso y sin firma impreso en un periódico.
sueño *m.* Acto de dormir. **2** Acción de imaginar escenas o sucesos mientras se duerme. **3** Serie de escenas o sucesos que se representan mientras se duerme. **4** Ganas de dormir. **5** Deseo, esperanza o proyecto.

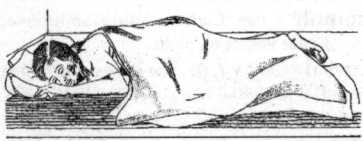

sueño

suerte *f.* Serie de sucesos encadenados, considerados como fortuitos o casuales. **2** Circunstancia de ser favorable o adverso por casualidad lo que ocurre o sucede; fortuna en general. **3** Casualidad a que se confía la resolución de algo. **4** Condición, estado o situación en que alguien se encuentra. **5** Lo que reserva el futuro. **6** Clase, especie o género de personas o cosas. **7** Manera determinada de hacer algo.
suéter *m.* Jersey.
suficiencia *f.* Capacidad, aptitud. **2** Presunción, engreimiento, pedantería.

suficiente *adj.* Bastante para lo que se necesita. **2** Apto o idóneo. **3** *m.* Calificación que indica la suficiencia del alumno.
sufijo *adj.* y *m.* Se dice del elemento gramatical que se coloca al final de algunas palabras modificando su significado.
sufragar *tr.* Ayudar, favorecer. **2** Costear, pagar, satisfacer. **3** *intr.* *Amér.* Votar a un candidato.
sufragio *m.* Ayuda, favor. **2** Voto, acción y efecto de votar. **3** Sistema electoral para la provisión de cargos.
sufrido -da *adj.* Que sufre con resignación. **2** Se dice del color que disimula lo sucio.
sufrimiento *m.* Conformidad con que se sufre algo. **2** Dolor, pena.
sufrir *tr.* Padecer alguna enfermedad o trastorno físico. **2** Sentir algo desagradable, soportar condiciones no favorables. **3** *intr.* Padecer o tener algún daño o dolor físico o moral. **4** Aguantar, soportar, tolerar.
sugerencia *f.* Insinuación, inspiración, idea o cosa que se sugiere.
sugerir *tr.* Provocar en alguien alguna idea. **2** Insinuar a alguien lo que debe hacer o decir. **3** Evocar, traer algo a la memoria.
sugestionar *tr.* Influir sobre una persona en el modo de enjuiciar o de percibir las cosas, ejerciendo sobre ella cierto poder. **2** Dominar la voluntad de alguien, fascinar. **3** *prnl.* Dejarse llevar por alguna idea, generalmente obsesiva, sin evaluación crítica adecuada.
sugestivo -va *adj.* Que sugiere. **2** Atractivo.
suicida *adj.* y *com.* Se dice de la persona que se suicida. **2** Que arriesga la vida conscientemente. **3** *adj.* Se dice del acto o de la conducta que daña o destruye al propio agente.
sujeción *f.* Acción de sujetar o sujetarse. **2** Unión o cosa con que algo está sujeto.
sujetador -ra *adj.* y *n.* Que sujeta. **2** *m.* Sostén, prenda interior femenina.
sujetar *tr.* y *prnl.* Dominar o someter a alguien. **2** Agarrar o retener a alguien o algo con fuerza. **3** Afirmar, aplicar a algo un objeto para que no se caiga o se mueva.
sujeto -ta Participio pasivo irregular de sujetar. **2** Expuesto o propenso a algo. **3** *m.* Individuo, persona de la que no se dice el nombre. **4** Asunto sobre el que se habla o escribe. **5** GRAM En la oración, persona o cosa de la cual se dice algo, a diferencia del predicado.
suma *f.* Acción y efecto de sumar. **2** Conjunto o reunión de varias cosas, especialmente cantidad de dinero. **3** Recopilación de todas las partes de alguna ciencia o saber.
sumando *m.* Cada una de las cantidades que se añaden unas a otras para formar la suma.

sumar *tr*. Recopilar o reunir ciertas cosas. **2** Reunir varias cantidades homogéneas en una sola. **3** Componer varias cantidades una total. **4** *prnl*. Agregarse a un grupo o adherirse a alguna doctrina u opinión.

sumario -ria *adj*. Reducido a poca extensión, breve. **2** Se dice del juicio civil en que se prescinde de algunas formalidades o trámites del juicio ordinario. **3** *m*. Resumen, compendio. **4** Conjunto de actuaciones encaminadas a preparar un juicio criminal.

sumergible *adj*. Que se puede sumergir. **2** *m*. Embarcación capaz de navegar bajo el agua.

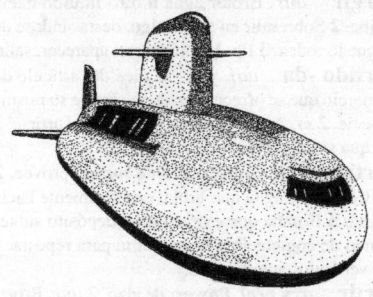

sumergible

sumergir *tr*. y *prnl*. Introducir algo dentro de algún líquido de forma que quede cubierto por él. **2** fig. Abstraer, concentrar la atención en algo.

suministrar *tr*. Proveer a alguien de algo que necesita.

sumir *tr*. y *prnl*. Hundir o meter algo bajo el agua o la tierra. **2** fig. Hacer caer o caer en cierto estado de desgracia, de inferioridad o de reflexión. **3** *prnl*. Hundirse o formar una concavidad anormal alguna parte del cuerpo.

sumisión *f*. Acción y efecto de someter. **2** Actitud sumisa.

sumiso -sa *adj*. Rendido, subyugado.

sumo[1] -ma *adj*. Supremo, superior a todos.

sumo[2] *m*. Modalidad de lucha tradicional japonesa en la que los dos adversarios se enfrentan cuerpo a cuerpo dentro de un pequeño círculo trazado en el suelo. La victoria es para el que consigue derribar al contrincante o sacarlo fuera del círculo.

suntuoso -sa *adj*. Magnífico, costoso, ostentoso. **2** Elegante y majestuoso en la actitud o en el porte.

supeditar *tr*. Sujetar, oprimir, dominar. **2** fig. Avasallar, sojuzgar. **3** fig. Subordinar una cosa a otra o a alguna condición. **4** *prnl*. Someterse a alguien o a algo.

superable *adj*. Que se puede superar o vencer.

superar *tr*. Ser superior a alguien o algo. **2** Pasar, vencer, dejar atrás: superar una dificultad. **3** *prnl*. Hacer algo mejor que otras veces.

superchería *f*. Engaño realizado con algún fin.

superdotado -da *adj*. y *n*. Que posee cualidades, especialmente intelectuales, excepcionales.

superficial *adj*. Perteneciente o relativo a la superficie. **2** Poco profundo. **3** fig. Aparente, sin solidez. **4** fig. Frívolo, sin fundamento.

superficie *f*. Contorno o límite de los cuerpos que delimita el espacio que ocupan y los separa del espacio circundante. **2** Lugar geométrico de los puntos que limitan una porción de espacio. **3** fig. Aspecto exterior o apariencia de algo.

superfluo -flua *adj*. Que no es necesario, que sobra.

superhombre *m*. Hombre de cualidades superiores a las de los demás.

superintendente *com*. Persona que dirige o cuida de una cosa.

superior[1] *adj*. Que está en lugar más alto con respecto a algo. **2** fig. Excelente, muy bueno.

superior[2] -ra *m*. y *f*. Persona que dirige una comunidad o congregación, especialmente religiosa.

superioridad *f*. Excelencia o ventaja de una persona o cosa respecto de otra.

superlativo -va *adj*. Muy grande o excelente en su línea. **2** Grado de comparación de los adjetivos y adverbios, que expresa la máxima intensidad, modalidad o estado.

supernova *f*. Estrella que aumenta extraordinariamente su brillo a causa de una explosión interna.

superponer *tr*. y *prnl*. Sobreponer, añadir alguna cosa o ponerla sobre otra. **2** Anteponer, dar más importancia a una cosa que a otra.

supersónico -ca *adj*. Se dice de la velocidad superior a la del sonido. **2** Se dice de los cuerpos que se mueven a esta velocidad.

superstición *f*. Creencia ajena a la fe religiosa y contraria a la razón.

supervisar *tr*. Ejercer la inspección general o superior de algo.

supervivencia *f*. Acción y efecto de sobrevivir. **2** Lo que sobrevive al paso del tiempo. **3** Renta o pensión de gracia concedida después del fallecimiento de quien la obtuvo.

suplantar *tr*. Falsificar un escrito con palabras o frases que alteren su sentido. **2** Sustituir ilegalmente a otro, usurpar su personalidad o sus derechos. **3** Quitar a alguien de algún sitio contra su voluntad y ocuparlo en vez de él.

suplementario -ria *adj*. Que sirve para suplir, completar, reforzar o aumentar algo.

suplemento *m*. Acción y efecto de suplir. **2** Lo que se añade a algo para complementarlo o perfeccionarlo. **3** Hoja o cuaderno que publican los periódicos o revistas y cuyo texto es independiente del número ordinario.

suplicar *tr*. Rogar, pedir algo con humildad, sumisión o insistencia. **2** Recurrir contra la sentencia de vista del tribunal superior ante él.

suplicio *m*. Daño corporal muy doloroso aplicado como castigo, que puede ocasionar la muerte. **2** fig. Lugar donde se padece este castigo. **3** fig. Dolor físico o moral, cosa insoportable o enojosa.

suplir *tr*. Completar lo que falta en algo, o remediar la carencia de ello. **2** Sustituir provisionalmente a alguien o algo.

suponer[1] *tr*. Dar por sentado, cierto o existente algo. **2** Significar, traer consigo, implicar.

suponer[2] *m*. fam. Suposición, conjetura.

suprarrenal *adj*. Situado encima de los riñones: *glándulas suprarrenales.*

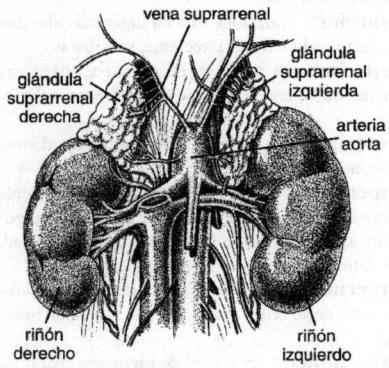

suprarrenal

supremacía *f*. Grado supremo en cualquier línea. **2** Preeminencia, superioridad jerárquica.

supremo -ma *adj*. Situado en lo más alto o por encima de todos y de todo. **2** Que no tiene superior en su línea. **3** Que tiene el grado máximo de algo: *bondad suprema.* **4** Último, que llega a su fin: *hora suprema.* **5** *m*. Tribunal supremo.

supresión *f*. Acción y efecto de suprimir.

suprimir *tr*. y *prnl*. Hacer desaparecer, anular, eliminar. **2** Omitir, callar, pasar por alto.

supuesto -ta Participio pasivo irregular de suponer. **2** *adj*. Pretendido, fingido, falso. **3** *m*. Aquello, no expresado en la proposición, de que depende, o en que consiste o se funda, la verdad de ella. **4** Hipótesis, suposición.

supurar *intr*. Formar o expulsar pus.

sur *m*. Punto cardinal del horizonte, opuesto al norte. **2** Polo antártico. **3** Lugar de la Tierra o de la esfera celeste situado en dirección a este punto cardinal. **4** Viento que sopla de la parte austral del horizonte.

surcar *tr*. Hacer surcos. **2** Trazar rayas parecidas a los surcos. **3** fig. Ir volando por el espacio o navegar por el mar.

surco *m*. Hendedura que se hace en la tierra al ararla. **2** Señal o hendedura que deja alguna cosa al pasar sobre otra. **3** Arruga en el rostro o en otra parte del cuerpo.

surf (ing.) *m*. Deporte que consiste en dejarse llevar sobre la cresta de una ola, de pie sobre una plancha.

surgir *intr*. Brotar agua u otro líquido hacia arriba. **2** Sobresalir en altura algo, destacándose de lo que lo rodea. **3** fig. Manifestarse, aparecer, salir.

surtido -da *adj*. y *m*. Se dice del artículo de comercio que se ofrece variado dentro de su misma especie. **2** *m*. Acción y efecto de surtir o surtirse. **3** Lo que sirve para surtir.

surtidor -ra *adj*. y *n*. Que surte o provee. **2** *m*. Chorro de agua que brota, especialmente hacia arriba. **3** Bomba que extrae de un depósito subterráneo de combustible la necesaria para repostar a los vehículos automóviles.

surtir *tr*. y *prnl*. Proveer de algo. **2** *intr*. Brotar el agua, especialmente hacia arriba.

susceptible *adj*. Capaz de recibir modificación o impresión. **2** Propenso a ofenderse con facilidad o de forma exagerada.

suscitar *tr*. Provocar, causar, promover.

suscribir *tr*. Firmar al pie o final de un escrito. **2** Comprometer la compra de ciertas acciones o valores bursátiles. **3** Adherirse al dictamen de alguien, acceder a él. **4** *adj*. y *prnl*. Abonar a alguna publicación periódica o a alguna asociación.

suspender *tr*. Levantar, colgar, o sostener algo en alto. **2** fig. Privar a alguien por algún tiempo de su empleo o sueldo. **3** Declarar a alguien no apto en un examen u oposición. **4** *tr*. y *prnl*. Detener o aplazar temporalmente alguna acción u obra. **5** Causar admiración, embelesar.

suspensión *f*. Acción y efecto de suspender o suspenderse. **2** Censura eclesiástica que priva a un sacerdote de ciertos derechos. **3** Privación total o parcial de un empleo. **4** En los vehículos automóviles, conjunto de elementos mecánicos destinados a hacer elástico el apoyo de la carrocería sobre los ejes de las ruedas. **5** Estado de un cuerpo sólido dividido en partículas muy finas y mezclado en un fluido, sin disolverse en él y sin depositarse en el fondo. **6** FON Mantenimiento de la entonación al final de un texto o discurso.

suspenso -sa Participio pasivo irregular de suspender. **2** *adj*. fig. Admirado, perplejo. **3** *m*. Nota de haber sido suspendido en un examen.

suspensorio -ria *adj.* Que sirve para suspender en alto o en el aire. **2** *m.* Vendaje para sostener el escroto, u otro miembro.

suspicaz *adj.* Propenso a desconfiar o a sospechar.

suspirar *intr.* Dar suspiros.

suspiro *m.* Aspiración fuerte y prolongada seguida de una espiración, que suele denotar pena, fatiga, anhelo, alivio o deseo. **2** Golosina hecha con harina, azúcar y huevo. **3** Pito pequeño de vidrio.

sustancia *f.* Lo esencial de cualquier cosa, que constituye la parte más importante. **2** Ser, esencia, naturaleza de las cosas. **3** Materia en general. **4** Elemento nutritivo de los alimentos. **5** Valor y estimación que tienen las cosas.

sustancial *adj.* Perteneciente o relativo a la sustancia. **2** Se dice de lo esencial y más importante de algo.

sustancioso -sa *adj.* Que tiene sustancia o que la tiene en abundancia.

sustantivo -va *adj.* Que tiene existencia real, independiente, individual. **2** *adj.* y *m.* Se dice de la categoría gramatical que expresa sustancia, es decir, seres o cosas que pueden ser sujeto u objeto de cualquier acción, estado o accidente expresable con un verbo.

sustentar *tr.* y *prnl.* Proveer del alimento necesario. **2** Sostener algo para que no se caiga o se tuerza. **3** Conservar algo en su ser o estado. **4** Defender o sostener determinada opinión.

sustento *m.* Mantenimiento, alimento. **2** Lo que sirve para dar vigor y permanencia a algo. **3** Sostén, apoyo.

sustitución *f.* Acción y efecto de sustituir. **2** Nombramiento de heredero o legatario que se hace en reemplazo de otro nombramiento de la misma índole.

sustituir *tr.* Poner a alguien o algo en lugar de otro, hacer las veces de otro.

susto *m.* Impresión repentina causada en el ánimo por sorpresa, miedo, espanto o pavor. **2** *fig.* Preocupación vehemente por alguna adversidad o daño que se teme.

sustraer *tr.* Apartar, sacar, extraer. **2** Robar con fraude. **3** Restar. **4** *prnl.* Eludir el cumplimiento de alguna obligación o proyecto, o evitar algo que molesta o perjudica.

sustrato *m.* Lugar que sirve de asiento a las plantas o animales fijos. **2** Terreno geológico situado debajo del que se considera. **3** Estrato lingüístico constituido por la lengua indígena que cede su lugar a una lengua que se extiende, dejando en ésta algunas peculiaridades fonéticas, léxicas o sintácticas. **4** FIL Esencia de una cosa.

sutil *adj.* Delgado, delicado, tenue. **2** *fig.* Suave, agradable. **3** *fig.* Ingenioso, perspicaz, agudo.

suyo, suya, suyos, suyas Pronombre posesivo de tercera persona en masculino y femenino, y en singular y plural. Puede usarse en forma absoluta o precedido del artículo definido: *esta casa es suya; esta casa es la suya.*

T t

t *f*. Vigésima primera letra del alfabeto castellano y decimoséptima de sus consonantes. Su nombre es *te*, y representa un sonido de articulación dental, oclusiva y sorda.

tabacalero -ra *adj*. Perteneciente o relativo al tabaco. **2** *adj*. y *n*. Que cultiva el tabaco o comercia con él.

tabaco *m*. Planta de las solanáceas, de raíz fibrosa, hojas alternas, grandes y lanceoladas, flores en racimo con cáliz tubular y corola de color rojo purpúreo o amarillo pálido, y fruto en cápsula cónica con muchas semillas. Tiene olor fuerte, es narcótica y de sus hojas se obtiene el tabaco para fumar, mascar o tomar como rapé. **2** Producto obtenido de las hojas de esta planta. **3** Cigarro, cigarrillo. **4** Rapé. **5** Enfermedad de algunos árboles, que consiste en descomponerse la parte inferior del tronco, convirtiéndose en un polvo de color rojo pardusco o negro.

tabaco

tabaquero -ra *adj*. y *n*. Que trabaja el tabaco o comercia con él. **2** *f*. Caja, estuche o petaca para tabaco. **3** Cajita o recipiente con agujeros para aspirar el tabaco en polvo.

tabaquismo *m*. Intoxicación crónica producida por el abuso del tabaco.

taberna *f*. Local público de carácter popular, en que se vende y consume vino y otras bebidas alcohólicas, y donde también se suelen servir comidas.

tabernáculo *m*. Lugar donde los hebreos tenían el arca de la Alianza. **2** Tienda en que habitaban los antiguos hebreos. **3** Sagrario donde se guarda la eucaristía.

tabique *m*. Pared delgada que separa especialmente las habitaciones de las casas. **2** División plana y delgada que separa dos huecos.

tabla *f*. Pieza de madera o de alguna otra materia rígida, plana, más larga que ancha, de caras paralelas entre sí y poco gruesa con relación a su anchura. **2** Cara más ancha de un madero. **3** Estante para sostener cosas en un armario. **4** Parte que se deja sin plegar en algunas prendas de vestir o de ornamentación. **5** Doble pliegue ancho y plano que se hace como adorno en alguna tela. **6** Tablilla en que se comunica algo. **7** Índice que se pone en los libros, generalmente por orden alfabético. **8** Lista o catálogo en que están dispuestas por orden sucesivo o relacionadas entre sí ciertas materias. **9** Serie ordenada de valores numéricos con los números comprendidos desde el cero hasta el diez, para las operaciones aritméticas. **10** Bancal de un huerto o campo. **11** Pintura, cuadro, sobre tabla. **12** *pl*. En el juego de ajedrez y de damas, situación en que ningún jugador puede ganar la partida. **13** Empate en cualquier juego. **14** Estado de cualquier asunto que queda indeciso. **15** Valla que forma la barrera del ruedo de las plazas de toros. **16** fig. Escenario del teatro.

tablado *m*. Suelo plano de tablas unidas por los cantos. **2** Suelo de tablas construido en alto sobre un armazón. **3** Pavimento del escenario de los teatros. **4** Conjunto de tablas de la cama sobre el que se tiende el colchón. **5** Patíbulo.

tablero *adj*. Se dice del madero a propósito para hacer tablas. **2** *m*. Tabla o conjunto de tablas unidas por los cantos, con una superficie plana y alisada y barrotes atravesados por la cara opuesta. **3** Tabla o plancha de material rígido. **4** Tabla cuadrada con cuadritos de dos colores alternados, para jugar al ajedrez o a las damas, o con otras figuras para jugar a diversos juegos de mesa. **5** Mostrador de las tiendas.

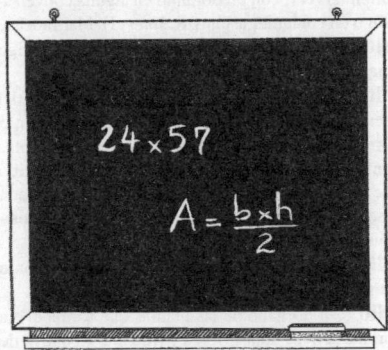

tablero

tableta *f.* Comprimido, pastilla. **2** Placa de chocolate dividida en porciones. **3** En América, golosina formada con dos piezas de masa y adheridas entre sí con algún dulce.

tabú *m.* Prohibición basada en ciertos prejuicios, conveniencias o actitudes sociales. **2** Lo que es objeto de esta prohibición.

tabulador -ra *adj.* y *n.* Que tabula. **2** *m.* Dispositivo de la máquina de escribir que permite hacer cuadros y listas con facilidad conservando los espacios.

tabular *tr.* Expresar valores, magnitudes u otros datos por medio de tablas. **2** En una máquina de escribir, fijar previamente el espacio automático del carro.

taburete *m.* Asiento individual, sin brazos ni respaldo, que puede emplearse también para apoyar los pies. **2** Silla con el respaldo muy estrecho.

tacaño -ña *adj.* y *n.* Miserable, avaro, ruin.

tacha *f.* Falta, defecto. **2** Clavo mayor que la tachuela común.

tachadura *f.* Acción y efecto de tachar. **2** Tachón.

tachar *tr.* Atribuir a alguien o algo alguna falta o tacha. **2** Borrar lo escrito. **3** fig. Culpar, censurar.

tachón *m.* Raya con que se tacha lo escrito.

tachuela *f.* Clavo corto de cabeza grande.

tácito -ta *adj.* Callado, silencioso. **2** Que no se expresa formalmente porque se sobreentiende o supone.

taciturno -na *adj.* Callado, silencioso. **2** Triste, melancólico, apesadumbrado.

taco *m.* Pedazo de madera u otra materia que se encaja en algún hueco para sostener o equilibrar algo, o para apretar el contenido de algo. **2** Palo del juego de billar, más grueso por un extremo que por el otro y con uno de sus extremos revestido de cuero, que sirve para impulsar las bolas. **3** Conjunto de hojas de papel superpuestas que forman un bloc de calendario, de notas, de billetes de vehículos, entradas, etc. **4** fam. Cada uno de los pedazos en que se cortan algunos alimentos para aperitivo o merienda. **5** fam. Confusión, embrollo, lío. **6** fam. Palabra malsonante o soez, juramento. **7** *Amér.* Tacón.

tacón *m.* Pieza semicircular, más o menos alta, unida exteriormente a la suela del calzado en la parte que corresponde al talón.

taconear *intr.* Hacer ruido con los tacones al andar. **2** fig. Pisar con arrogancia. **3** fam. Ir de un lugar a otro realizando gestiones.

táctico -ca *adj.* Perteneciente o relativo a la táctica. **2** *m.* y *f.* Persona experta en táctica. **3** *f.* Conjunto de procedimientos y reglas para la realización de las operaciones militares. **4** fig. Sistema pensado y empleado hábilmente para lograr algún fin. **5** fig. Habilidad para poner en práctica dicho sistema.

táctil *adj.* Relativo al tacto.

tacto *m.* Sentido corporal extendido por todo el cuerpo, con el que se perciben las sensaciones de contacto, de presión, de calor y de frío. **2** Acción de tocar o palpar. **3** Manera que tiene algo de impresionar el sentido del tacto: *tela de tacto suave*. **4** Método de exploración digital de alguna superficie orgánica, cutánea o mucosa. **5** fig. Habilidad, destreza, acierto, tino.

tahúr -ra *adj.* y *n.* Jugador profesional. **2** Jugador que hace trampas en el juego.

taimado -da *adj.* y *n.* Astuto, malicioso, maligno.

taironas *m. pl.* Pueblo amerindio precolombino de lengua chibcha, del NE de Colombia, establecido entre el mar Caribe y la Sierra Nevada de Santa Marta. Desarrollaron una cultura propia, que alcanzó su plenitud a partir del s. XI.

taita *m.* Voz que los niños aplican al padre. **2** En América, tratamiento que se da al padre o jefe de la familia y a personas de respeto.

tajada *f.* Porción cortada de algo, especialmente comestible. **2** fam. Cuchillada, herida.

tajante *adj.* Que taja. **2** fig. Contundente, concluyente, terminante. **3** Sin término medio. **4** *m.* Carnicero, cortador.

tajar *tr.* Dividir algo en dos o más partes con algún instrumento cortante.

tajo *m.* Corte hecho con un instrumento cortante. **2** Lugar hasta donde ha llegado trabajando alguna cuadrilla de operarios o trabajadores. **3** Tarea, trabajo, ocupación. **4** Escarpa alta y vertical.

tal *adj.* Se aplica a las cosas indefinidamente, para determinar en ellas lo que por su correlativo se denota. **2** Expresa algún matiz ponderativo o despectivo. **3** Igual, semejante o de la misma forma. **4** Aplicado a un nombre propio, indica que la persona es poco conocida. **5** Puede usarse en los dos términos de una comparación y equivale a de igual modo o asimismo: *de tal palo, tal astilla*. **6** Se usa también como pronombre demostrativo: *tal origen tuvo su ruina*. **7** Se usa también como pronombre indeterminado: *tal habrá que lo haga*. **8** *adv. m.* Así, de esta manera. **9** Precedido de los adverbios sí o no en la réplica, refuerza su significado.

tala *f.* Acción y efecto de talar. **2** Poda de árboles.

talabartero -ra *m.* y *f.* Guarnicionero que hace talabartes, guarniciones para caballerías y otros objetos de cuero.

taladrar *tr.* Agujerear algo con un taladro u otra herramienta. **2** fig. Herir los oídos con un sonido fuerte y agudo. **3** fig. Comprender, percibir algo dudoso.

taladro *m.* Taladradora. **2** Instrumento giratorio con filo cortante para agujerear materiales duros. **3** Agujero hecho con este instrumento.

tálamo *m.* Cama conyugal. **2** Extremo ensanchado del pedúnculo de las flores en que se insertan los elementos florales.

talante *m.* Modo o manera de realizar algo. **2** Disposición de ánimo, generalmente reflejada en el semblante, en que se encuentra alguien para tratar con él. **3** Voluntad, deseo, gusto.

talar *tr.* Cortar los árboles por la base para dejar rasa la tierra. **2** Destruir, arrasar, devastar campos, casas, poblaciones, etc.

talco *m.* Mineral suave al tacto, de textura hojosa, blando y de color verdoso. **2** Polvo extraído de este mineral, usado en higiene personal y en farmacia.

talega *f.* Bolsa ancha y corta, de tela fuerte y basta, usada para llevar o guardar cosas. **2** fam. Dinero, fortuna.

talento *m.* Moneda imaginaria de griegos y romanos. **2** fig. Capacidad intelectual, inteligencia. **3** fig. Aptitud o capacidad para desempeñar o ejercer alguna ocupación.

talismán *m.* Objeto al que se supone dotado de algún poder sobrenatural.

talla *f.* Escultura, especialmente en madera. **2** Estatura o altura de las personas. **3** Instrumento para medir la estatura de las personas o la alzada de algunos animales. **4** fig. Grado o capacidad moral o intelectual de alguien. **5** Tamaño estándar de las prendas de vestir confeccionadas. **6** En algunos juegos de cartas, nombre que se le da a la persona que dirige el juego.

tallar *tr.* Labrar esculturas cortando el material que se trabaja. **2** Labrar piedras preciosas. **3** Grabar en hueco, dibujar con cortes en el metal. **4** Medir la estatura de alguien. **5** Apreciar, tasar, valuar. **6** Llevar la baraja en algunos juegos de cartas. **7** *intr. fam.* Intervenir con predominio en alguna conversación o en cualquier asunto. **8** *Amér.* Hablar mucho.

tallarín *m.* Pasta alimenticia de harina de trigo amasada, en forma de tira muy estrecha.

talle *m.* Proporción o conformación general del cuerpo humano. **2** Cintura del cuerpo humano. **3** Forma que se da a las prendas de vestir, cortándolas y proporcionándolas al cuerpo. **4** Parte del vestido que corresponde a la cintura. **5** Medida tomada desde los hombros hasta la cintura. **6** fig. Disposición, traza.

taller *m.* Lugar donde se realiza algún trabajo manual.

tallo *m.* Órgano de las plantas que forma el eje portador de las hojas, flores y frutos. **2** Renuevo de las plantas. **3** Germen que ha brotado de una semilla, bulbo o tubérculo.

tallo

talón *m.* Parte posterior del pie humano. **2** Parte del calzado, calcetín o media que corresponde a esta parte. **3** Parte del arco del violín, y de otros instrumentos semejantes, inmediata al mango.

talvez *adv. d. Amér.* Tal vez, acaso.

tamal *m. Amér.* Especie de empanada de harina de maíz, arroz, etc., envuelta en hojas de plátano o de la mazorca del maíz y cocida al vapor o en el horno. Las hay de diversas clases, según el manjar que se pone en su interior y los ingredientes que se le agregan. **2** fig. *Amér.* Lío, embrollo, intriga.

tamaño -ña *adj.* Tan grande o tan pequeño. **2** Semejante, muy grande o muy pequeño. **3** *m.* Magnitud o volumen de algo.

tamarindo *m.* Árbol de las papilionáceas, de tronco grueso, copa extensa, hojas gruesas y pecioladas, flores amarillentas en espiga y fruto en forma de legumbre pulposa de una sola semilla. Originario de Asia, se cultiva en países cálidos por su fruto, con el que se elaboran bebidas y confituras. **2** Fruto de este árbol.

tambalear *intr.* y *prnl.* Moverse algo o alguien de un lado a otro por falta de equilibrio. **2** fig. Perder firmeza: *tambalearse el poder, un negocio*.

también *adv. m.* Se usa para afirmar la igualdad, conformidad, semejanza o relación de una cosa con otra ya nombrada. **2** Tanto, así.

tambo *m. Amer. Merid.* Posada, parador, venta.

tambor *m.* Instrumento musical de percusión, formado por un cilindro hueco y cerrado por sus dos bases por una membrana cuya tensión puede regularse. Se toca con palillos, mazos, baquetas o con las manos. **2** El que toca este instrumento. **3** Tamiz para cernir el azúcar. **4** Bastidor compuesto de dos aros concéntricos de madera que se encajan, y entre los que se coloca la tela para bordarla. **5** Recipiente cilíndrico que forma parte de diversas máquinas. **6** Cilindro giratorio donde se ponen las balas del revólver. **7** Tímpano del oído. **8** *Amér.* Recipiente de metal para almacenar líquidos.

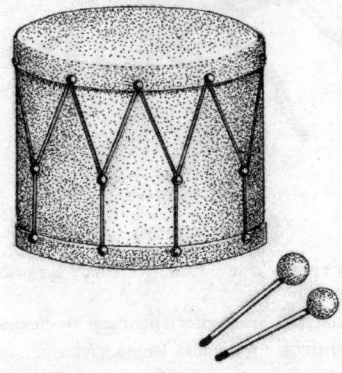
tambor

tamborilero -ra *m.* y *f.* Persona que toca el tamboril o el tambor.

tamiz *m.* Cedazo muy tupido.

tamizar *tr.* Pasar algo por el tamiz. **2** fig. Seleccionar o depurar algo: *tamizar las palabras*.

tampoco *adv. neg.* Se usa para negar algo después de haber negado otra cosa.

tan *adv. c.* Apócope de tanto cuando se antepone a un adjetivo o a otro adverbio.

tanda *f.* Alternativa o turno. **2** Tarea, cada uno de los trabajos que han de hacerse. **3** Cada grupo en que se divide un total de personas, animales o cosas que se emplean en una operación o trabajo. **4** Número indeterminado de ciertas cosas del mismo género que se dan o hacen sin interrupción. **5** Partida de juego. **6** *Amér.* Sección de una representación teatral.

tanga *m.* Bañador de dimensiones muy reducidas.

tangente *adj.* y *f.* Se dice de las líneas y superficies que se tocan o tienen puntos comunes sin cortarse. **2** Se dice de la recta que toca a una curva o a una superficie.

tangible *adj.* Que se puede tocar. **2** fig. Que se puede percibir de forma precisa, real.

tango *m.* Baile argentino, difundido internacionalmente, de ritmo lento, forma binaria y compás de dos por cuatro. **2** Música y letra de este baile.

tanque *m.* Carro de combate. **2** Vehículo cisterna en que se transporta agua, gasolina, petróleo u otro líquido. **3** Depósito de agua, gasolina o petróleo.

tantear *tr.* Calcular de forma aproximada el valor, tamaño, peso o cantidad de algo. **2** Ensayar algo con lo que debe efectuarse una operación antes de realizarla de modo definitivo, para asegurarse del resultado. **3** fig. Examinar las cosas para conocer sus cualidades. **4** fig. Explorar el ánimo o la intención de alguien antes de aventurarse a proponerle, pedirle o exponerle algo, para poder prever la respuesta. **5** Trazar las primeras líneas de un dibujo.

tanteo *m.* Acción y efecto de tantear. **2** En un juego o competición deportiva, proporción de tantos entre los jugadores o competidores.

tanto -ta *adj.* Se aplica a la cantidad, número o porción de una cosa indeterminada o indefinida. **2** En correlación con *como*, indica igualdad o equivalencia: *tiene tanta suerte como tú*. **3** Tan grande o muy grande. **4** Se usa como pronombre demostrativo, y en este caso equivale a *eso*, con idea de calificación o ponderación: *a tanto arrastra la codicia*. **5** *m.* Cantidad o número determinado de algo: *pregunté qué tanto le costaría*. **6** Unidad de cuenta en muchos juegos o competiciones deportivas: *ganar por diez tantos*. **7** Ficha, moneda u otro objeto con que se señalan los puntos que se ganan en el juego. **8** Cantidad proporcional respecto de otra, según lo estipulado. **9** *adv. c.* Hasta tal punto; tal cantidad. **10** *adv. m.* De tal modo o en tal grado. **11** Con verbos de tiempo, denota una relativa larga duración. **12** En correlación con *cuanto*, expresa igualdad.

tañer *tr.* Tocar algún instrumento musical de percusión o de cuerda. **2** Tocar las campanas. **3** *intr.* Tamborilear con los dedos sobre algo. **4** Corresponder, pertenecer.

tapa *f.* Pieza que cierra por la parte superior algún recipiente. **2** Cada una de las dos partes de la cubierta de los libros. **3** Cada una de las capas de suela de que se compone el tacón del calzado, en especial la que está en contacto con el suelo. **4**

Compuerta de una presa. **5** Pequeña cantidad de comida que se sirve para acompañar a alguna bebida, generalmente en aperitivos. **6** pl. Conjunto de mantas y colchas de la cama.

tapado -da   adj. Escondido, oculto. **2** adj. y n. Se dice de la persona que se tapa la cara con el manto o el pañuelo. **3** m. Amér. Abrigo o capa de señora o de niño.

tapar   tr. Cubrir o cerrar lo que está descubierto o abierto. **2** Estar delante o encima de algo ocultándolo o protegiéndolo, o poner algo de modo que oculte o proteja a alguien o algo. **3** fig. Encubrir, disimular, ocultar o callar algún defecto o alguna acción reprochable. **4** tr. y prnl. Abrigar o cubrir con ropa, especialmente la de la cama.

taparrabo   m. Trozo de tela o prenda muy reducida que se utiliza para cubrirse los órganos sexuales.

tapete   m. Alfombra pequeña. **2** Cubierta de tela u otro material con que se cubre la superficie de las mesas u otros muebles.

tapia   f. Pieza de tierra amasada y apisonada en una horma. **2** Pared hecha de estas piezas. **3** Muro o cerca de albañilería.

tapiar   tr. Cerrar o tapar con tapia o tabique.

tapicería   f. Conjunto de tapices. **2** Arte y técnica de hacer tapices. **3** Establecimiento del tapicero. **4** Tejido que se emplea para decoración, como tela para cortinas, tapizado de muebles, etc.

tapiz   m. Tejido grueso ornamental, con características figurativas y técnicas particulares, que se suele colgar en las paredes.

tapizar   tr. Cubrir las paredes o el suelo con tapices o algo semejante. **2** Forrar o cubrir muebles con tela de tapicería.

tapón   m. Pieza de corcho, metal, madera, cristal o plástico, que tapa la boca de vasijas u otro orificio semejante. **2** Acumulación de cerumen en el oído. **3** Entorpecimiento que retrasa o dificulta el desarrollo normal de alguna actividad. **4** Embotellamiento de vehículos. **5** Masa de hilas o de algodón con que se obstruye una herida o alguna cavidad del cuerpo. **6** fam. Persona baja y rechoncha.

taponar   tr. Cerrar algún orificio con tapón u otra cosa. **2** Obstruir con tapones una herida o alguna cavidad del cuerpo.

tapujo   m. Embozo o disfraz con que alguien se tapa para no ser conocido. **2** fig. Disimulo, engaño o enredo para disfrazar u ocultar la verdad. **3** fig. Embrollo o asunto poco claro.

taquicardia   f. Aumento de la frecuencia del ritmo cardíaco.

taquigrafía   f. Sistema de escritura a base de abreviaturas y signos convencionales.

taquilla   f. Armario con casillas para clasificar y guardar papeles, especialmente billetes de ferrocarril, entradas de espectáculos, etc. **2** Despacho en que se expenden billetes, entradas, etc. **3** Dinero que en dicho despacho se recauda. **4** Armario pequeño o casilla donde se guardan ropas, herramientas u otros instrumentos en talleres, centros deportivos o de enseñanza, etc.

taquímetro   m. Instrumento que sirve para medir distancias y ángulos horizontales y verticales.

tara   f. Parte del peso de las mercancías o géneros, que se rebaja por razón del envase en que están contenidos. **2** Peso de los vehículos vacíos, destinados al transporte. **3** Defecto que disminuye el valor de alguien o algo. **4** Peso que se pone en uno de los platillos de la balanza para equilibrar el peso del cuerpo que se ha puesto en el otro.

tarántula   f. Especie de araña de los licósidos, de dorso negro y vientre rojizo, tórax velloso, patas fuertes y abdomen casi redondo. Vive entre las piedras y su picadura es venenosa. Se alimenta de insectos que caza al atardecer.

tarántula

tararear   tr. Cantar en voz baja y sin articular palabras.

tarascar   tr. Morder o herir con los dientes.

tardanza   f. Demora, lentitud, retraso.

tardar   intr. y prnl. Ocupar más tiempo del acostumbrado o previsto en realizar algo o en llegar a algún lugar. **2** intr. Emplear un tiempo determinado en hacer algo.

tarde   f. Tiempo que hay desde el mediodía hasta el anochecer. **2** Últimas horas del día. **3** adv. t. A hora avanzada del día o de la noche. **4** Después del momento acostumbrado, conveniente, debido, necesario o previsto.

tardío -a   adj. Se dice del fruto que tarda más en madurar. **2** Se dice de lo que llega tarde o aparece más tarde de lo acostumbrado, debido, o previsto. **3** Tardo, lento, pausado. **4** m. Sembrado o plantío de fruto tardío. (Se usa más en plural.)

tarea   f. Obra, ocupación, trabajo. **2** Trabajo que debe hacerse en un tiempo limitado.

tarifa *f.* Tabla o catálogo de precios, derechos o impuestos que se deben pagar por algo.

tarima *f.* Plataforma, generalmente movible, a poca altura del suelo y de varias dimensiones, según el uso a que se destine, en particular como estrado del profesor en centros de enseñanza.

tarjeta *f.* Cartulina en que van impresos el nombre, la dirección, el teléfono y la actividad de alguien o de alguna empresa. **2** Cartulina en que va impresa o escrita alguna invitación, felicitación o participación. **3** Membrete de los mapas y cartas.

tarot *m.* Juego de naipes usado para adivinar el porvenir. De origen italiano, existen diversas variedades.

tarro *m.* Recipiente, generalmente cilíndrico y más alto que ancho.

tarso *m.* Conjunto de huesos de la parte posterior del pie. **2** Parte más delgada de las patas de las aves, que une los dedos con la tibia. **3** Corvejón, articulación.

tarta *f.* Pastel grande, hecho generalmente de masa de harina y relleno de frutas, crema, etc.

tartamudear *intr.* Hablar o leer con pronunciación entrecortada y repitiendo sílabas.

tartamudez *f.* Calidad de tartamudo.

tartamudo -da *adj.* y *n.* Que tartamudea.

tártaros *m. pl.* Nombre de una tribu nómada de la actual Mongolia, aniquilada por Gengis Kan en 1202.

tarugo *m.* Trozo de madera corto y grueso. **2** Clavija gruesa de madera. **3** Pedazo de pan grueso e irregular. **4** Persona pequeña y gorda. **5** fam. Persona inculta o torpe.

tasa *f.* Acción y efecto de tasar. **2** Documento en que consta la tasa o precio. **3** Precio fijado oficialmente para un artículo determinado. **4** Medida, regla.

tasar *tr.* Poner tasa a las cosas vendibles. **2** Graduar el valor o precio de las cosas. **3** Poner límite a algo para evitar excesos. **4** fig. Reducir o limitar por tacañería lo que hay obligación de dar.

tatarabuelo -la *m.* y *f.* Padre o madre del bisabuelo o de la bisabuela.

tataranieto -ta *m.* y *f.* Hijo o hija del biznieto o de la biznieta.

tatuaje *m.* Grabado de dibujos en el cuerpo humano, introduciendo materias colorantes bajo la epidermis mediante punzadas.

tatuar *tr.* y *prnl.* Hacer tatuajes.

tauromaquia *f.* Arte y técnica de lidiar toros.

tautología *f.* Repetición de un mismo pensamiento expresado de distintas maneras, en especial repetición inútil o viciosa.

taxativo -va *adj.* Limitado y reducido al sentido estricto de la palabra o a determinadas circunstancias.

taxi *m.* Automóvil de alquiler con chófer, generalmente provisto de taxímetro.

taxímetro *m.* Aparato de que van provistos especialmente los taxis, que indica el precio devengado en función de la distancia recorrida y del tiempo transcurrido. **2** Taxi.

taxonomía *f.* Ciencia que trata de los principios de la clasificación. **2** Aplicación de estos principios a la botánica y a la zoología.

taza *f.* Vasija pequeña con asa en que se toman líquidos. **2** Lo que cabe en ella. **3** Receptáculo donde cae el agua de las fuentes. **4** Receptáculo del retrete.

tazar *tr.* y *prnl.* Rozar o romper la ropa por los dobleces, generalmente por el uso.

te¹ *f.* Nombre de la letra t.

te² *f.* Dativo o acusativo del pronombre personal de segunda persona en género masculino o femenino y número singular. No preposición y funciona como complemento directo e indirecto.

té *m.* Arbusto de las teáceas de gran longitud, de hojas perennes, alternas, elípticas, dentadas, coriáceas y puntiagudas, flores blancas, pedunculadas y axilares, y fruto en cápsula con tres semillas negruzcas. Originario del Extremo Oriente, sus hojas se emplean como infusión. **2** Hoja de este arbusto, seca, arrollada y tostada ligeramente. **3** Infusión hecha con estas hojas, que se toma como bebida estimulante, estomacal y alimenticia. **4** Reunión de personas que se celebra por la tarde y durante la cual se sirve algún refrigerio y se toma té.

té

teatral *adj.* Perteneciente o relativo al teatro. **2** fig. Exagerado, espectacular, a propósito para llamar la atención.

teatralidad *f.* Calidad de teatral.

teatralizar *tr.* Dar forma teatral o representable a algún tema o asunto. **2** Dar carácter espectacular o efectista a alguna actitud o expresión.

teatro *m.* Edificio o local destinado a la representación de obras dramáticas o musicales y a otros espectáculos de variedades. **2** Arte de componer obras dramáticas o de representarlas. **3** Conjunto de actividades relativas al mundo teatral. **4** Literatura dramática como género literario o como conjunto de producciones dramáticas de un autor, de una época, de un país, etc. **5** Público que asiste a alguna representación. **6** fig. Lugar en que suceden o se desarrollan ciertos acontecimientos o sucesos: *teatro de operaciones.*

techar *tr.* Cubrir con techo los edificios.

techo *m.* Parte interior y superior de un edificio, que lo cubre y cierra, o de cualquiera de las estancias o pisos que lo componen. **2** fig. Casa, habitación, domicilio. **3** Capacidad máxima de algo.

tecla *f.* Cada una de las piezas de un instrumento musical o de cualquier mecanismo que, pulsadas con la presión de los dedos, hacen sonar el instrumento o funcionar el mecanismo. **2** fig. Materia delicada que debe tratarse con cuidado.

técnica *f.* Conjunto de procedimientos y recursos de que se sirve una ciencia, arte, oficio o actividad. **2** Habilidad o pericia para utilizar dichos procedimientos o recursos. **3** Cada uno de dichos procedimientos o recursos. **4** fig. Medio o sistema para conseguir algo.

técnico -ca *adj.* Perteneciente o relativo a la aplicación de las ciencias y las artes. **2** Se dice del término o de la expresión propios del lenguaje de una ciencia, arte u oficio.

tecnología *f.* Conjunto de los conocimientos propios de un oficio mecánico o un arte industrial. **2** Tratado de los términos técnicos. **3** Lenguaje propio, exclusivo y técnico de una ciencia o arte.

tectónico -ca *adj.* Perteneciente o relativo a los edificios u otras obras de arquitectura. **2** Perteneciente o relativo a la estructura de la corteza terrestre. **3** *f.* Parte de la geología que trata de dicha estructura en relación con las fuerzas internas que actúan sobre ella.

tedio *m.* Aburrimiento, fastidio, desinterés.

teflón *m.* Marca registrada de un plástico muy resistente a los agentes químicos y al calor, usado como revestimiento aislante.

tegua *adj.* y *com.* Se dice del profesional o del artesano torpe, inhábil.

teja *f.* Pieza de barro cocido en forma acanalada, que se emplea para cubrir los tejados. **2** Pasta de harina, azúcar y otros ingredientes, cocida al horno, de forma parecida a la de la teja. **3** Sombrero de los eclesiásticos. **4** Cada una de las dos piezas iguales de acero que envuelven el alma de la espada. **5** Peineta grande.

tejado *m.* Parte superior y exterior de un edificio, cubierta generalmente de tejas o pizarras. **2** Afloramiento, por lo general ferruginoso, que forma la parte alta de las vetas o filones metalíferos.

tejemaneje *m.* fam. Agilidad y destreza con que se hace algo o se maneja algún asunto. **2** fam. Intriga, manejos poco claros u honestos.

tejer *tr.* Formar en el telar la tela con la trama y la urdimbre. **2** Entrelazar hilos, cordones, esparto u otro material para formar trencillas, esteras u otros tejidos semejantes. **3** Hacer alguna labor de punto, de ganchillo, etc. **4** Formar ciertos animales articulados sus telas, capullos y formaciones filamentosas. **5** fig. Componer, ordenar y elaborar algo con método y disposición. **6** fig. Discurrir, maquinar, tramar, urdir.

tejido *m* Disposición de los hilos de las telas. **2** Manufacturado textil, de estructura laminar flexible, obtenido por entrecruzamiento ordenado de hilos. **3** Asociación organizada de células de la misma naturaleza, generalmente con funciones semejantes o relacionadas: *tejido muscular, nervioso, óseo.* **4** fig. Lo que se forma al entrelazar varios elementos: *tejido de aventuras.*

tela *f.* Obra hecha de muchos hilos que, entrecruzados alternativa y regularmente en toda su longitud, forman como una hoja o lámina. Se usa especialmente hablando de la obra tejida en el telar. **2** Obra parecida a la anterior, pero formada por series alineadas de puntos o pequeñas lazadas hechas con un mismo hilo, especialmente la de punto elástico tejida a máquina. **3** Membrana. **4** Tejido que forman la araña común y otros animales de su clase. **5** Cualquier estructura delgada y flexible, en especial la que se forma en la superficie de los líquidos. **6** Lienzo, cuadro pintado. **7** fig. Asunto o materia para tratar, discutir o estudiar.

telar *m.* Máquina para tejer. **2** Parte superior del escenario, oculta a la vista del público, desde donde se hacen bajar o subir los telones y bambalinas. **3** Aparato en que los encuadernadores colocan los pliegos para coserlos.

telaraña *f.* Tela que forma la araña. **2** fig. Cosa sutil y de poca importancia. **3** Defecto en la vista que produce la sensación de tener una nube delante del ojo.

telecomunicación *f.* Transmisión a distancia de sonidos, señales, palabras o imágenes mediante distintos sistemas. **2** *f. pl.* Conjunto de medios de comunicación a distancia.

telediario *m.* Información de los acontecimientos más sobresalientes del día, transmitida por televisión.

teleférico *m.* Sistema de transporte en que los vehículos van suspendidos de uno o varios cables de tracción. Se emplea principalmente para salvar diferencias de altitud.

telefonear *tr.* Llamar a alguien por teléfono. **2** Comunicar algo por teléfono a alguien.

teléfono *m.* Conjunto de mecanismos eléctricos que transmiten y reproducen la palabra a distancia. **2** Por extensión, aparato con el que se establece la comunicación telefónica, el teléfono está formado básicamente por un micrófono, un altavoz y los dispositivos que permiten enviar y recibir los sonidos.

telégrafo *m.* Dispositivo que permite transmitir gráficamente avisos, despachos o noticias con rapidez y a larga distancia. **2** *pl.* Administración de la que depende tal sistema de comunicación. **3** Edificio destinado a este servicio.

telegrama *m.* Despacho telegráfico o comunicación transmitida por telégrafo. **2** Papel en que va escrito el comunicado telegráfico y que se entrega al destinatario.

telemática *f.* Conjunto de técnicas que asocian las posibilidades de la informática con las de los sistemas de telecomunicación.

teleobjetivo *m.* Objetivo especial para fotografiar objetos distantes.

telepatía *f.* Coincidencia de pensamientos o sensaciones entre personas generalmente distantes entre sí, sin la intervención de los sentidos ni el empleo de medios habituales de comunicación.

telescópico -ca *adj.* Que sólo se puede ver con el telescopio. **2** Realizado con ayuda del telescopio. **3** Se dice del objeto cuyos elementos se insertan unos en otros.

telescopio *m.* Instrumento óptico que permite la observación de cuerpos lejanos, utilizado principalmente en astronomía.

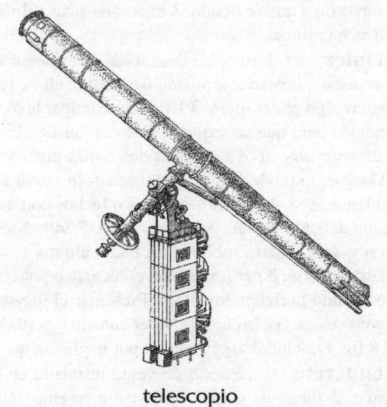

telescopio

televisión *f.* Sistema de transmisión y reproducción simultánea de imágenes en movimiento y sonidos a distancia, mediante ondas electromagnéticas o a través de corrientes eléctricas transmitidas por cable. **2** Televisor.

televisor *m.* Aparato receptor de televisión.

télex *m.* Sistema de transmisión de mensajes por teletipo a través de una red conmutada. **2** Mensaje transmitido por este sistema.

telón *m.* Lienzo grande que se pone en el escenario de los teatros, de modo que pueda bajarse y subirse, para que forme parte principal de la decoración o para ocultar al público la escena.

telúrico -ca *adj.* Perteneciente o relativo a la Tierra como planeta.

tema *m.* Asunto o materia de que se trata en un discurso, escrito o exposición en general. **2** Asunto de un trabajo escolar. **3** Motivo argumental de una obra artística o de un conjunto de obras, especialmente literarias. **4** Idea musical, formada por una melodía o fragmento melódico, que sirve de base a una composición musical. **5** *f.* Obstinación, contumacia, porfía. **6** Oposición caprichosa.

temario *m.* Conjunto de temas propuestos para su estudio o discusión en una conferencia, congreso, examen, etc.

temblar *intr.* Agitarse con movimiento frecuente e involuntario. **2** Moverse con rapidez algo a uno y otro lado de su lugar o posición. **3** *fig.* Tener mucho miedo o estar asustado por algo.

temblor *m.* Movimiento involuntario, repetido y frecuente del cuerpo o de algunas de sus partes. **2** Terremoto.

temer *tr.* Tener miedo. **2** *tr.* y *prnl.* Recelar, sospechar. **3** *intr.* Sentir temor.

temerario -ria *adj.* Imprudente, atrevido, que se expone a los peligros sin un examen premeditado de ellos. **2** Que se dice, hace o piensa sin fundamento, motivo o razón.

temeroso -sa *adj.* Que causa temor. **2** Medroso, cobarde, irresoluto. **3** Que recela algún daño o siente temor de algo.

temible *adj.* Capaz de causar temor.

temor *m.* Miedo, sentimiento que hace rehusar o evitar lo que se considera peligroso, perjudicial o arriesgado. **2** Recelo, sospecha.

témpano *m.* Pedazo o plancha flotante de hielo. **2** Fragmento de forma plana de algo, generalmente duro. **3** Timbal, instrumento musical.

témpera *f.* Variedad de pintura.

temperamento *m.* Forma de ser dominante en un individuo, que depende de factores constitucionales, emocionales y afectivos. **2** Cualidad de la persona emprendedora que no se deja vencer por las dificultades. **3** Capacidad expresiva y vigorosa de los artistas, autores o creadores.

temperar *tr.* y *prnl.* Atemperar, mitigar. **2** Templar o calmar el exceso de excitación por medio de calmantes. **3** *intr. Amér.* Cambiar temporalmente alguien de clima.

temperatura *f.* Grado de calor o de frío de los cuerpos. **2** Grado de calor o de frío de la atmósfera.

tempestad *f.* Perturbación fuerte de la atmósfera, con viento, lluvia, nieve o granizo y, sobre todo, relámpagos y truenos. **2** Perturbación del agua del mar, causada por el ímpetu y fuerza del viento. **3** fig. Acción impetuosa de alguien con que se aprueba o desaprueba algo. **4** fig. Agitación violenta del ánimo.

tempestuoso -sa *adj.* Que causa o constituye una tempestad. **2** Expuesto o propenso a tempestades.

templado -da *adj.* Moderado, prudente, mesurado, sobrio. **2** Que no está frío ni caliente, sin extremos de frío ni de calor. **3** fam. Valiente, con serenidad y entereza.

templanza *f.* Virtud que consiste en moderar los deseos y el uso excesivo de los sentidos, sujetándolos a la razón. **2** Moderación, sobriedad, cordura. **3** Benignidad del clima o la temperatura. **4** En pintura, armonía de los colores.

templar *tr.* Moderar o suavizar la fuerza de algo. **2** Quitar el frío de algo, calentarlo ligeramente. **3** Apretar o atirantar algo, con un muelle, tornillo, tuerca, etc. **4** Mezclar una cosa con otra para suavizar su fortaleza. **5** fig. Moderar, aplacar la cólera o el ímpetu de alguien. **6** Afinar un instrumento musical. **7** Disponer la pintura de modo que armonicen los colores. **8** *intr.* Perder el frío algo, especialmente amainar el frío. **9** *prnl.* Moderarse, evitar cualquier exceso. **10** *Amér.* Enamorarse.

temple *m.* Estado de la atmósfera. **2** Grado mayor o menor de calor. **3** Punto de dureza o elasticidad que se da a los metales, cristales u otros materiales templados. **4** Acción y efecto de templar los metales, el vidrio u otro material. **5** fig. Humor, estado circunstancial o disposición del ánimo de alguien. **6** fig. Valentía y fortaleza serena para afrontar dificultades y peligros. **7** Disposición y acuerdo armónico de los instrumentos musicales. **8** fig. Término medio o partido que se toma entre dos cosas diferentes. **9** Técnica pictórica que utiliza diversas materias (cola, yemas de huevos, cera, etc.) como aglutinante de los colores.

templete *m.* Armazón pequeña, en figura de templo, que sirve para cobijar una imagen, o forma parte de un mueble o alhaja. **2** Pabellón o quiosco con cúpula sostenida por columnas.

templo *m.* Edificio o lugar destinado a un culto religioso. **2** fig. Lugar en que se cultiva con especial devoción algo importante: *templo de sabiduría*.

temporada *f.* Espacio de varios días o meses que se consideran aparte, formando un conjunto. **2** Tiempo durante el cual se realiza habitualmente alguna actividad.

temporal *adj.* Perteneciente o relativo al tiempo. **2** Que dura sólo cierto tiempo, que no es duradero ni permanente. **3** Secular, profano, no religioso. **4** *adj.* y *n.* Relativo al tiempo del verbo. **5** *m.* Tempestad. **6** Tiempo de lluvia persistente.

temprano -na *adj.* Que sucede, aparece o se produce pronto, o es el primero en aparecer entre los de su especie o clase. **2** *m.* Sembrado o plantío de fruto temprano. **3** *adv. t.* En tiempo anterior al acostumbrado, convenido u oportuno para algún fin.

tenacidad *f.* Calidad de tenaz. **2** Resistencia de los cuerpos al alargamiento, especialmente de los metales.

tenaz *adj.* Que se pega o adhiere con fuerza al sitio donde está o es difícil de quitar. **2** Que opone mucha resistencia a romperse o deformarse. **3** fig. Firme, perseverante y pertinaz en los propósitos.

tenaza *f.* Instrumento, generalmente de metal, compuesto de dos piezas cruzadas, móviles y articuladas por un clavo o pasador, que rematan en mordazas que se pueden cerrar para coger o sujetar con fuerza los objetos o cosas. (Se usa más en plural.) **2** Pinza de las patas de algunos crustáceos e insectos.

tenaza

tendencia *f.* Propensión, inclinación, dirección o fin a que se tiende. **2** Ideas artísticas, filosóficas o políticas.

tender *tr.* Extender, desdoblar o desplegar lo que estaba doblado, arrugado o amontonado. **2** Esparcir algo por el suelo. **3** Extender o colgar la ropa mojada para que se seque. **4** Colocar, suspender o construir algo apoyándolo en dos o más puntos. **5** Alargar, extender algo aproximándolo hacia alguien o algo. **6** Revestir paredes o techos con una capa delgada de cal, yeso o mortero. **7** *intr.* Mostrar o tener cierta inclinación hacia alguna cosa, persona o fin. **8** *prnl.* Echarse, colocarse o ponerse extendido horizontalmente. **9** Presentar el jugador todas sus cartas, seguro de haber ganado o perdido. **10** fig. Descuidar algún asunto por negligencia.

tenderete *m.* Puesto de venta instalado en la calle. **2** Juego de naipes consistente en emparejar las cartas que se tienen en la mano con las extendidas en la mesa. **3** fam. Conjunto de cosas que se dejan tendidas en desorden.

tendido -da *adj*. Se dice del galope del caballo cuando éste se tiende, o de la carrera violenta del hombre, o de cualquier animal. **2** *m*. Acción de tender. **3** Conjunto de ropa lavada que se tiende de una vez. **4** Masa en panes dispuesta para meterla en el horno. **5** Gradería descubierta de las plazas de toros.

tendón *m*. Estructura fibrosa que realiza la inserción de una masa muscular en un hueso o une un músculo a otra estructura.

tenebroso -sa *adj*. Oscuro, sombrío, negro, tétrico.

tenedor -ra *m*. y *f*. Persona que tiene o posee algo. **2** *m*. Utensilio de mesa en forma de horca, con dos o más púas, que sirve especialmente para comer alimentos sólidos.

teneduría *f*. Cargo y oficina del tenedor de libros.

tenencia *f*. Ocupación y posesión de una cosa. **2** Cargo, oficio y oficina de teniente.

tener *tr*. Asir o mantener asida una cosa. **2** Disfrutar, gozar. **3** Contener o comprender en sí. **4** Poseer, dominar, sujetar. **5** Guardar, cumplir: *tener la palabra*. **6** Hospedar o recibir en su casa. **7** Poseer, estar dotado de algo: *tener habilidad*. **8** Estar en precisión de hacer algo u ocuparse en ello. **9** Con algunos nombres de tiempo, emplear, pasar algún espacio de él en un lugar o de cierta manera. **10** Con ciertos nombres, hacer o padecer lo que el nombre significa: *tener calor, cuidado, hambre, nervios, vergüenza*. **11** Con nombres que significan tiempo, expresa la duración o edad de las personas o cosas de que se habla: *tener años, días, siglos*. **12** *tr*. y *prnl*. Mantener, sostener. **13** Detener, parar. **14** Juzgar, considerar: *tener a alguien por sabio; tenerse por rico; tener a gala*. **15** Con la preposición *en* y adjetivos como *poco* o *mucho*, apreciar, estimar. **16** Asentarse un cuerpo sobre otro. **17** Dominarse, contenerse. **18** Como verbo auxiliar, *haber*. **19** Con la conjunción *que* y el infinitivo de otro verbo, denota la necesidad, determinación u obligación de hacer lo que el verbo significa: *tener que salir*.

tenia *f*. Gusano platelminto de los cestodos, en forma de cinta y de color blanco. Consta de innumerables anillos y puede alcanzar varios metros de longitud. En fase adulta, vive parásito en el intestino de los vertebrados o de las personas.

teniente *adj*. Que tiene o posee algo. **2** Se dice de la fruta no madura. **3** *com*. Oficial de los ejércitos de tierra y aire, de grado intermedio entre el de alférez y el de capitán. **4** Persona que ejerce el cargo o ministerio de otro, y es como sustituto suyo.

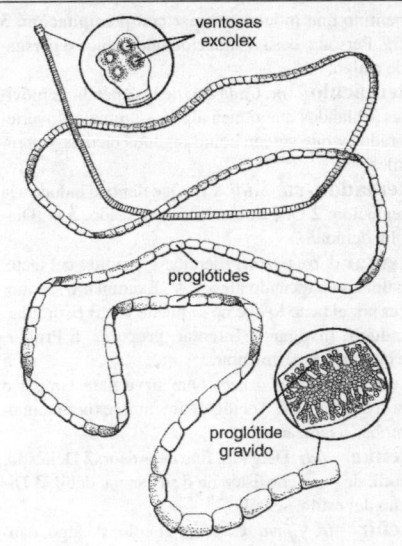

tenia

tenis *m*. Juego de pelota que se practica, con la ayuda de una raqueta, en un terreno de juego rectangular dividido en dos mitades por una red. Un partido se compone de tres o cinco sets. Los jugadores, uno o dos por cada bando, han de hacer pasar la pelota sobre la red, haciéndola botar dentro del terreno de juego del contrario; éste debe devolverla después del primer bote.

tenor *m*. Voz media entre la de contralto y la de barítono, la más aguda de las voces masculinas. **2** Persona que tiene esta voz.

tensar *tr*. Poner tenso algo, como cuerda, cable, etc.

tensión *f*. Estado de un cuerpo, estirado por la acción de determinadas fuerzas. **2** Fuerza que impide que las partes de un cuerpo se separen cuando éste está en dicho estado. **3** Voltaje. **4** Presión que ejerce la sangre sobre la pared de las arterias, que depende del volumen de la sangre, de la intensidad de las contracciones cardíacas y de la resistencia que oponen los vasos periféricos a la circulación. **5** Estado anímico de excitación, impaciencia, esfuerzo o exaltación producido por determinadas circunstancias o actividades, como la angustia, intranquilidad, espera, temor, o a causa de un fuerte estado emocional. **6** Situación o estado conflictivo en las relaciones entre personas o comunidades, que conlleva el riesgo de una ruptura violenta.

tenso -sa *adj*. Sometido a tensión. **2** En estado de tensión moral o espiritual.

tentación *f*. Impulso o estímulo que induce a realizar algo que no se debería hacer. **2** Impulso repentino que induce a actuar con precipitación. **3** fig. Persona, cosa o situación que induce o persuade a algo.

tentáculo   *m*. Cada uno de los apéndices móviles y blandos que tienen algunos animales invertebrados y que actúan como órganos táctiles y prensiles.

tentador -ra   *adj*. y *n*. Que tienta o induce a la tentación. **2** Que es atractivo o deseado. **3** *m*. Diablo, demonio.

tentar   *tr*. y *prnl*. Ejercitar el sentido del tacto, palpando o tocando algo. **2** *tr*. Examinar o reconocer por el tacto lo que no se puede ver. **3** Estimular, inducir, instigar. **4** Intentar, procurar. **5** Probar, examinar, experimentar.

tentativo -va   *adj*. Que sirve para tantear o probar algo. **2** *f*. Acción de intentar, experimentar, probar o tantear algo.

tenue   *adj*. Delgado, fino de grosor. **2** Delicado, sutil, de poca consistencia o sustancia, débil. **3** Dicho del estilo, sencillo.

teñir   *tr*. y *prnl*. Cambiar el color de algo, dándole uno distinto del que tenía o avivándolo. **2** fig. Dar a algo un aspecto, carácter o apariencia determinados. **3** Rebajar un color con otros más oscuros.

teorema   *m*. Proposición científica que puede ser demostrada.

teoría   *f*. Conocimiento especulativo considerado con independencia de toda aplicación. **2** Conjunto de leyes y reglas que sirven para relacionar y explicar un determinado orden de fenómenos. **3** Hipótesis cuyas consecuencias se aplican a toda una ciencia o a parte muy importante de ella.

teórico -ca   *adj*. Perteneciente o relativo a la teoría. **2** *adj*. y *n*. Que conoce las cosas o las considera tan sólo especulativamente. **3** *f*. Teoría, conocimiento especulativo.

tequila   *f*. Bebida alcohólica de fuerte graduación, que se extrae de una especie de maguey que se cultiva especialmente en el altiplano mexicano.

terapéutico -ca   *adj*. Perteneciente o relativo a la terapéutica. **2** *f*. Parte de la medicina que se ocupa del estudio y tratamiento de las enfermedades.

tercer   *adj*. Apócope de tercero, que se usa siempre antepuesto al sustantivo.

tercermundismo   *m*. Conjunto de problemas y fenómenos del Tercer Mundo. **2** Doctrina política que otorga una consideración privilegiada a la cuestión del atraso del Tercer Mundo.

tercero -ra   *adj*. y *n*. Que sigue inmediatamente en orden al o a lo segundo. **2** Que interviene o aparece en algún asunto además de las dos personas o cosas que figuran en él. **3** Se dice de cada una de las tres partes iguales en que se divide un todo.

terceto   *m*. Estrofa métrica de tres versos endecasílabos que riman el primero con el tercero, y el segundo de cada terceto con el primero y el tercero del terceto siguiente. Forma parte del soneto. **2** Composición musical para tres voces o instrumentos. **3** Conjunto de tres personas o cosas.

terciar   *tr*. Poner algo atravesado en diagonal o al sesgo, o ladearlo. **2** Dividir algo en tres partes. **3** Equilibrar la carga repartiéndola por igual a los dos lados de la acémila. **4** *intr*. Interponerse o mediar para arreglar o evitar algún desacuerdo, discusión, desavenencia o disputa. **5** Intervenir en algún asunto, particularmente en una conversación. **6** Tomar parte igual en la acción de otros. **7** *prnl*. Presentarse algo casualmente o la oportunidad de hacer o decir algo.

tercio -cia   *adj*. Que sigue al segundo. **2** *m*. Cada una de las tres partes iguales en que se divide un todo. **3** Cada una de las dos mitades de la carga de una acémila, cuando va en fardos. **4** En las carreras de caballos, cada uno de sus tres tiempos, que son: arrancar, correr y empezar a parar. **5** Cada una de las tres partes en que se divide el rosario. **6** *pl*. Miembros fuertes y robustos del hombre.

terciopelo   *m*. Tejido de superficie velluda, formado por dos urdimbres y una trama.

terco -ca   *adj*. y *n*. Obstinado, pertinaz, testarudo. **2** fig. Difícil de trabajar, duro, tosco.

tergiversar   *tr*. Alterar o desfigurar hechos, acontecimientos o palabras, dando una interpretación errónea. **2** Trastocar, trabucar.

térmico -ca   *adj*. Relativo al calor o la temperatura.

terminación   *f*. Acción y efecto de terminar. **2** Extremo, parte final de algo. **3** Letra o letras finales de las palabras, como el sufijo o la desinencia.

terminal   *adj*. Final, que pone término a algo. **2** Se dice de lo que está en el extremo de cualquier parte de las plantas. **3** *adj*. y *f*. Se dice del lugar de origen o final de las líneas de transportes aéreos, de tierra o marítimos. **4** *m*. Extremo de un conductor eléctrico preparado para facilitar su conexión con un aparato.

terminar   *tr*. Poner o dar término a algo, acabarlo. **2** Acabar, rematar con esmero. **3** *intr*. Entrar en su último período una enfermedad. **4** *intr*. y *prnl*. Tener término una cosa, acabar. **5** *prnl*. Dirigirse una cosa a otra como a su fin y objeto.

término   *m*. Último punto hasta donde llega o se extiende algo. **2** Último momento de la duración o existencia de algo. **3** fig. Límite o extremo de algo inmaterial. **4** Mojón en campos y heredades. **5** Línea divisoria de Estados, provincias, distritos, etc. **6** Tiempo determinado, límite de tiempo, plazo fijo. **7** Objetivo, finalidad. **8** Palabra, vocablo. **9** Estado o situación en que se halla alguien o algo. **10** Punto final de las líneas de transportes. **11** Cada una de las partes que integran una proposición o un silogismo. **12** Punto o tono musical. **13** Plano en que se representa algún objeto en un cuadro. **14** *pl*. Locución, expresión verbal. **15** Condición o carácter de alguna situación.

terminología *f*. Conjunto de términos o palabras propios de determinada profesión, ciencia o materia.

termo *m*. Vasija aislante de doble pared con vacío intermedio, provista de cierre hermético, que conserva los líquidos durante mucho tiempo a una determinada temperatura.

termómetro *m*. Instrumento que sirve para medir la temperatura. El más usual se compone de un tubo de vidrio, uno de cuyos extremos contiene un líquido, por lo común mercurio, alcohol o azogue, que se dilata o se contrae a lo largo del tubo por el aumento o disminución de la temperatura, señalando en una escala los grados de temperatura.

termostato o **termóstato** *m*. Dispositivo regulador que se conecta con una fuente de calor e impide que la temperatura suba o baje del grado conveniente.

terna *f*. Conjunto de tres personas propuestas para que se designe entre ellas la que ha de desempeñar un determinado cargo o empleo. **2** En el juego de dados, pareja de tres puntos. **3** Cada conjunto de dados con que se juega.

ternero -ra *m*. y *f*. Ejemplar de ganado vacuno con dentición de leche. **2** *f*. Carne de este ejemplar.

ternero

ternura *f*. Calidad de tierno. **2** Actitud cariñosa y afable. **3** Requiebro, dicho lisonjero.

terquedad *f*. Calidad de terco. **2** Actitud terca.

terraplén *m*. Macizo de tierra con que se rellena un hueco, o que se levanta sobre el nivel del terreno para construir un camino u otra obra semejante.

terráqueo -a *adj*. Compuesto de tierra y agua. Se aplica únicamente al globo o esfera terrestre.

terrateniente *com*. Propietario de tierras o fincas rurales de gran extensión.

terraza *f*. Azotea. **2** En las casas y en los pisos de un edificio, espacio descubierto o parcialmente cubierto. **3** Terreno acotado delante de un bar, café, restaurante, etc., para poderse sentar al aire libre. **4** Cada uno de los espacios de terreno llano dispuestos en forma de escalones en la ladera de un terreno elevado. **5** Zona estrecha junto a las paredes para plantas de adorno.

terremoto *m*. Seísmo. **2** Movimiento de la tierra por causa de fuerzas que actúan al interior del globo.

terrenal *adj*. Perteneciente o relativo a la tierra, en contraposición de lo que pertenece al cielo.

terreno -na *adj*. Terrestre. **2** Terrenal. **3** *m*. Suelo terrestre. **4** Espacio de tierra destinado a un uso concreto. **5** *fig*. Campo o esfera de acción en que se ejerce el poder o la influencia de alguien o de algo. **6** Conjunto de actividades, conocimientos o ideas de una clase determinada. **7** En fútbol y otros deportes, campo de juego.

terrestre *adj*. Perteneciente o relativo a la Tierra. **2** Que vive, se desarrolla o se da en la tierra, en oposición al cielo, al mar o al aire. **3** *com*. Habitante de la Tierra.

terrible *adj*. Capaz de ser temido, que causa, inspira o puede inspirar terror. **2** *fig*. Atroz, desmesurado, extraordinario. **3** *fig*. Áspero y duro de genio o condición.

terrícola *adj*. y *com*. Que vive en la Tierra.

territorialidad *f*. Característica especial que adquieren las cosas en cuanto están dentro del territorio de un Estado. **2** Condición de ciertas cosas, como buques, aviones y residencias de los diplomáticos, por la que, donde quiera que estén, se consideran como si formasen parte del territorio de su propia nación.

territorio *m*. Parte de la superficie terrestre perteneciente a una nación, provincia, región, etc. **2** Término que comprende una jurisdicción, un cometido oficial, etc.

terrón *m*. Masa pequeña y compacta de tierra. **2** Masa pequeña y apretada de cualquier sustancia. **3** *pl*. Hacienda rústica.

terror *m*. Miedo intenso, pánico, pavor. **2** Persona o cosa que provoca este sentimiento.

terrorismo *m*. Dominación por el terror. **2** Sucesión de actos de violencia realizados para infundir terror. **3** Forma violenta de lucha política que crea un clima de terror e inseguridad capaz de intimidar al adversario.

terruño *m*. Terrón o trozo de tierra. **2** Comarca o tierra, especialmente el país natal. **3** Tierra que se trabaja y de la que se vive.

terso -sa *adj*. Limpio, claro, resplandeciente. **2** Liso, sin arrugas, tirante. **3** *fig*. Se dice del lenguaje, estilo, etc., fluido, limado, puro.

tertulia *f.* Reunión de personas que se juntan habitualmente para conversar. **2** En los antiguos teatros, corredor en la parte más alta. **3** En los cafés, lugar destinado a mesas de juego de billar, cartas, dominó, etc.

tesis *f.* Conclusión o proposición que se enuncia y se mantiene con razonamientos. **2** Trabajo de investigación inédito y original que se presenta en las facultades para obtener el grado de doctor universitario.

tesón *m.* Firmeza, constancia, perseverancia.

tesorería *f.* Cargo u oficio de tesorero. **2** Oficina o despacho del tesorero.

tesorero -ra *m. y f.* Persona encargada de guardar y contabilizar los fondos de una dependencia pública o particular. **2** *m.* Encargado de la custodia de las reliquias y alhajas de una catedral o colegiata.

tesoro *m.* Cantidad de dinero, joyas, valores u objetos preciosos, reunida y guardada. **2** Erario de la nación. **3** Abundancia de caudal guardado. **4** fig. Persona o cosa de mucho valor o digna de estimación. **5** fam. Apelativo cariñoso.

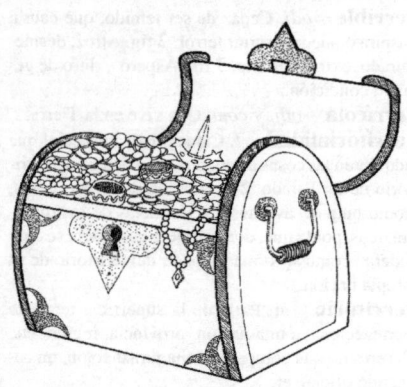

tesoro

test *m.* Prueba consistente en poner a la persona ante una situación determinada, para obtener un resultado que se pueda objetivar y comparar con los resultados obtenidos por otros individuos ante la misma prueba.

testa *f.* Cabeza de las personas y de los animales. **2** Cara o parte anterior de algunas cosas. **3** fam. Entendimiento, capacidad, prudencia.

testaferro *m.* Persona que presta su nombre en algún contrato, pretensión o negocio que es de otra persona.

testamento *m.* Acto jurídico consistente en una declaración de voluntad por la que una persona ordena el destino de sus bienes e intereses para después de su fallecimiento. **2** Documento en que consta esta declaración.

testar *intr.* Hacer testamento. **2** *m.* Tachar, borrar.

testarudo -da *adj. y n.* Obstinado, tenaz.

testículo *m.* Cada una de las dos glándulas sexuales masculinas que producen los espermatozoos.

testigo *com.* Persona que da testimonio de algo, o lo atestigua. **2** Persona que presencia algo o adquiere directo y verdadero conocimiento de algo. **3** *m.* Lo que sirve para demostrar la verdad de algún hecho, o para indicar o recordar algo. **4** En las carreras de relevos, objeto que intercambian los corredores de un mismo equipo para dar fe de que la sustitución ha sido realizada correctamente.

testimoniar *tr.* Atestiguar o servir de testigo para algo.

testimonio *m.* Aseveración o atestación de algo. **2** Instrumento autorizado por notario, en que se da fe de algún hecho, se traslada un documento o se resume por vía de relación. **3** Prueba, comprobación y justificación de la certeza o verdad de algo.

testuz *amb.* En algunos animales, frente, y en otros, nuca.

teta *f.* Cada uno de los órganos glandulares y salientes que, en las hembras de los mamíferos, segregan leche. **2** Pezón. **3** Mama de la mujer. **4** Montículo aislado, cónico y romo.

tétanos *m.* Enfermedad infecciosa producida por un bacilo que penetra generalmente por las heridas y ataca el sistema nervioso. Sus principales síntomas son la contracción dolorosa y permanente de los músculos, y la fiebre.

tetera *f.* Vasija con tapadera, asa y un pico vertedor, que se utiliza para hacer y servir el té. **2** *Amér.* Tetilla, mamadera.

tetilla *f.* Cada una de las tetas de los animales mamíferos machos. **2** Especie de pezón de goma, plástico u otro material, que se pone al biberón para que el niño chupe de él. **3** Planta de las compuestas, de flores azules. Crece en la península Ibérica.

tetraedro *m.* Sólido formado por cuatro caras.

tetrasílabo -ba *adj. y m.* Cuatrisílabo.

tétrico -ca *adj.* Triste, lúgubre, deprimente.

textil *adj.* Perteneciente o relativo a los tejidos o al arte de tejer. **2** *adj. y m.* Se dice de la materia que puede tejerse.

texto *m.* Conjunto de palabras que componen un escrito. **2** Obra escrita, libro. **3** Conjunto de palabras que forman la parte original de una obra, en oposición a las notas, comentarios o traducción adjuntos. **4** Pasaje citado de una obra literaria. **5** Libro que se utiliza como guía y auxiliar en los centros de enseñanza para estudiar una asignatura. **6** Grado de letra de imprenta de 14 puntos.

textual *adj*. Perteneciente o relativo al texto. **2** Que es exacto: *palabras textuales*. **3** Se aplica al que autoriza sus pensamientos y los prueba con lo literal de los textos, o expone un texto con otro.

textura *f*. Disposición y orden de los hilos en una tela. **2** Operación de tejer. **3** Estructura, disposición de las partes de un cuerpo o de una obra.

tez *f*. Superficie del rostro, cutis.

ti Forma del pronombre personal de segunda persona de singular, común a los casos genitivo, dativo, acusativo y ablativo. Funciona como complemento con preposición.

tibia *f*. Flauta, instrumento musical. **2** Hueso largo que forma, junto con el peroné, el esqueleto de la pierna.

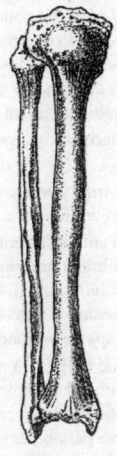

tibia

tibio -bia *adj*. Templado, entre caliente y frío. **2** fig. Indiferente, poco afectuoso.

tiburón *m*. Pez condroíctio de los escualiformes, de gran tamaño, cuerpo fusiforme con hendiduras branquiales laterales y morro puntiagudo. Se caracterizan por su voracidad. Viven en mares cálidos y templados; algunas especies de agua dulce pueblan los ríos y lagunas de África y América tropical. Las dos aberturas nasales se abren en la parte inferior de la cabeza, donde se encuentra también la boca. Los dientes se disponen en varias filas sobre las mandíbulas. Los ojos están dotados de escasa capacidad visual, pero el olfato está muy desarrollado. Carecen de vejiga natatoria, por lo que han de nadar activamente para no hundirse. Suelen ser excelentes nadadores.

tic *m*. Movimiento convulsivo producido por contracciones involuntarias de uno o varios músculos, que se repite con frecuencia.

tiempo *m*. Duración de las cosas sujetas a cambios. **2** Parte de esta duración. **3** Sucesión continuada de momentos que constituye el devenir de lo existente. **4** Parte de la vida de un individuo comprendida entre límites más o menos indeterminados. **5** Período o espacio más o menos largo. **6** Parte del día establecida o disponible para una acción determinada. **7** Momento oportuno, ocasión favorable y propicia. **8** Período, época que se caracteriza por registrarse alguna cosa o por condiciones determinadas. **9** Refiriéndose a niños, edad. **10** Período de la vida de un pueblo, época histórica. **11** Estado de la atmósfera en cuanto a la temperatura, humedad, precipitaciones, etc., en un momento y lugar determinados. **12** Cada una de las partes o cada uno de los movimientos que componen una acción más o menos compleja. **13** Cada una de las partes en que se dividen algunas competiciones deportivas por equipos. **14** Cada una de las formas verbales que permiten expresar el momento a que se refiere la acción. **15** Cada una de las partes de igual duración en que se divide el compás musical.

tienda *f*. Establecimiento comercial donde se venden artículos, generalmente al por menor. **2** Cubierta de lona, tela o piel que se monta al aire libre sobre un armazón de palos hincados en tierra y que se utiliza como alojamiento. **3** Toldo que se pone en algunas embarcaciones y carros para resguardarse del sol o de la lluvia.

tiento *m*. Ejercicio del sentido del tacto. **2** Palo que usan los ciegos para guiarse. **3** Balancín de los equilibristas. **4** Pulso, seguridad y firmeza de la mano. **5** Floreo que hace el músico antes de empezar a tocar, para ver si está bien templado el instrumento. **6** fig. Consideración prudente, cordura en lo que se hace o dice. **7** Tentáculo de algunos animales. **8** fig. Golpe.

tierno -na *adj*. Blando, delicado, flexible, que cede fácilmente a la presión. **2** fig. Reciente, de poco tiempo. **3** fig. Afectuoso, amable, cariñoso. **4** fig. Se dice de la edad de la niñez. **5** fig. Propenso al llanto. **6** *Amér*. Se dice del fruto verde, que aún no ha madurado.

tierra *f*. Parte sólida del planeta Tierra, en oposición al mar. **2** Materia inorgánica desmenuzable de que principalmente se compone el suelo natural. **3** Parte extensa del globo terrestre, país, región. **4** Conjunto de los países habitados y de sus habitantes. **5** Patria. **6** Piso, suelo. **7** Terreno cultivable o cultivado, posesión rural.

tieso -sa *adj*. Duro, firme, rígido, que se dobla o rompe con dificultad. **2** Tenso, tirante. **3** fig. Valiente, animoso, esforzado. **4** fig. Que tiene un comportamiento grave, frío y circunspecto. **5** Engreído, soberbio. **6** *adv. m*. Con fuerza.

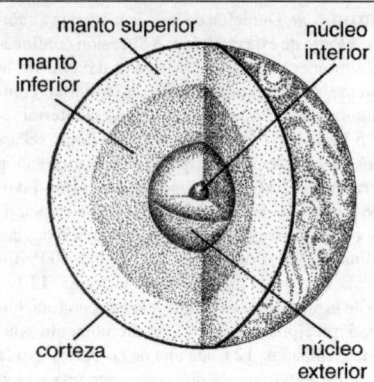

tierra

tiesto *m.* Maceta, recipiente de barro cocido. **2** Pedazo de cualquier vasija de barro.

tifón *m.* Huracán en el mar de la China.

tigre *m.* Mamífero carnívoro, de pelaje amarillento listado transversalmente de negro, de gran fuerza muscular, gran agilidad y alta velocidad en la carrera. Vive en Asia. **2** fig. Persona cruel y sanguinaria. **3** *Amér.* Jaguar.

tigrillo *m.* Mamífero carnívoro de tamaño parecido al del gato, de pelaje amarillo con manchas y cola larga. Vive en América del Sur.

tijera *f.* Instrumento para cortar, compuesto de dos hojas o cuchillas de acero de un solo filo, cruzadas y articuladas en un eje. (Se usa más en plural.) **2** Aspa que sirve para apoyar un madero que se ha de aserrar o labrar. **3** Zanja que se hace en la tierra húmeda, para desaguarla. **4** Lengua de la culebra. **5** fam. Persona que murmura.

tila *f.* Tilo. **2** Flor del tilo. **3** Bebida o infusión preparada con flores de tilo, usada como tranquilizante.

tildar *tr.* Poner tilde a las letras. **2** Tachar lo escrito. **3** Aplicar a alguien alguna falta o defecto.

tilde *f.* Signo ortográfico que se coloca sobre algunas letras, como en la ñ. **2** fig. Falta, defecto, tacha. **3** *f.* Cosa insignificante.

timar *tr.* Quitar o robar algo con engaño. **2** Engañar a alguien con promesas o esperanzas. **3** *prnl.* fam. Entenderse con la mirada, hacerse guiños o señas los enamorados.

timbal *m.* Especie de tambor de un solo parche, con caja semiesférica de metal. Generalmente se tocan dos a la vez, templados en tono diferente. **2** Tamboril que suele tocarse en fiestas públicas. **3** Especie de empanada hecha de harina y mantequilla, que se rellena de carne, pescado u otros alimentos.

timbrar *tr.* Poner el timbre en un escudo de armas. **2** Estampar un timbre, sello o membrete en un papel o documento.

timbre *m.* Insignia que se coloca en la cima del escudo de armas, para distinguir los grados de nobleza. **2** Sello que se pega en ciertos documentos y mercancías, con el que se justifica haber pagado el impuesto correspondiente. **3** Sello que se estampa en un papel o documento. **4** Aparato para llamar o avisar. **5** Cualidad que permite distinguir un sonido de otro, aunque ambos sean de igual intensidad y tono. **6** *fig.* Acción, circunstancia o cualidad personal que ennoblece y ensalza.

tímido -da *adj.* y *n.* Falto de seguridad y de confianza en sí mismo, temeroso, medroso.

timo *m.* Acción y efecto de timar. **2** Dicho o frase que se repite a modo de muletilla.

timón *m.* Palo recto de la cama del arado, al que se engancha la caballería de tiro. **2** Lanza o pértiga del carro. **3** Varilla del cohete. **4** Pieza de madera o de hierro, a modo de gran tablón, que se articula sobre goznes en el codaste de cohetes, submarinos, aviones, etc. y sirve para manejarlos. **5** fig. Dirección o gobierno de un asunto.

timonel *m.* Marinero que gobierna el timón de los barcos.

timorato -ta *adj.* y *n.* De moralidad o recato exagerados. **2** Tímido, indeciso.

tímpano *m.* Tambor, atabal. **2** Cavidad del oído medio. **3** Membrana que separa el oído medio del conducto auditivo externo. **4** Instrumento musical de cuerdas percutidas, de la familia de las cítaras. **5** Fondo o tapa de un tonel.

tina *f.* Tinaja de barro. **2** Vasija de madera, de forma de media cuba. **3** Recipiente grande, de forma de caldera, usado para diversos usos industriales. **4** Pila que sirve para bañarse.

tinaja *f.* Vasija grande de cerámica, de forma abultada en el centro y boca ancha, que se utiliza para guardar agua, aceite, vino u otros líquidos, o para alimentos en salazón. **2** Líquido que cabe en una tinaja.

tinieblas *f. pl.* Oscuridad, falta o insuficiencia de luz. **2** Ignorancia, confusión, ofuscamiento.

tino *m.* Habilidad, destreza. **2** Acierto y destreza para dar en el blanco al disparar. **3** Cordura, prudencia.

tinta *f.* Preparación fluida que se usa para escribir, dibujar, imprimir o reproducir figuras y textos sobre papel u otro material. **2** Secreción producida por una glándula que se abre al final del intestino de ciertos moluscos que tienen el cuerpo envuelto en una especie de saco, la cabeza rodeada de tentáculos y pico semejante a un cuerno. El animal usa la tinta como elemento defensivo. **3** *pl.* Matices del color.

tinte *m.* Acción y efecto de teñir. **2** Color o sustancia con que se tiñe. **3** Color dado a una materia al teñirla. **4** Tintorería. **5** fig. Aspecto, matiz o rasgo que da a algo un carácter determinado.

tinterillo *m.* fam. Oficinista. **2** fam. *Amér*. Picapleitos, charlatán.

tintero *m.* Recipiente en que se pone la tinta de escribir. **2** En las máquinas de imprimir, depósito que recibe la tinta para impregnar de ella los cilindros que realizan la impresión.

tinto -ta Participio pasivo irregular de *teñir*. **2** *adj.* Rojo oscuro. **3** *adj.* y *m.* Se dice del vino de color rojo oscuro.

tintorería *f.* Establecimiento donde se tiñen o limpian las telas y prendas de vestir.

tintura *f.* Acción y efecto de teñir. **2** Sustancia con que se tiñe. **3** Líquido en que se ha disuelto una sustancia que le comunica color: *tintura de yodo*.

tinturar *tr*. Tintar, teñir. **2** *tr*. y *prnl*. fig. Instruir o informar sumariamente.

tiña *f.* Nombre dado a las orugas que dañan las colmenas. **2** Enfermedad contagiosa de la piel, causada por un hongo. **3** fig. Miseria, escasez, mezquindad.

tío -a *m.* y *f.* Respecto de una persona, hermano o primo de su padre o madre. **2** En algunos lugares, tratamiento que se da a la persona casada o de cierta edad. **3** fam. Persona de quien se pondera algo bueno o malo. **4** fam. Persona cuyo nombre y condición se ignoran o no se quieren decir.

típico -ca *adj.* Característico o representativo de un tipo. **2** Peculiar de un grupo, época, país, profesión, situación, etc.

tipificación *f.* Acción y efecto de tipificar.

tipificar *tr*. Adaptar algo a un tipo o norma común, o incluirlo en él. **2** Representar alguien o algo el tipo de modelo del género, clase, especie, etc., a que pertenece.

tiple *m.* La más aguda de las voces humanas. **2** Guitarra muy aguda. **3** *com*. Persona, especialmente mujer, que tiene voz de tiple. **4** Persona que toca el tiple.

tipo *m.* Modelo, ejemplar. **2** Símbolo representativo de algo figurado. **3** Pieza de metal de la imprenta que lleva en realce una letra u otro signo. **4** Clase, categoría, modalidad. **5** Conjunto de los caracteres distintivos o de los rasgos característicos de una raza. **6** Figura, silueta, configuración del cuerpo de las personas. **7** Representación artística de alguien, que acentúa caracteres relevantes y que pueden pertenecer a otras muchas personas. **8** Persona, individuo, a veces con matiz despectivo. **9** Cada uno de los grupos taxonómicos en que se dividen los reinos animal y vegetal, y que, a su vez, se subdividen en clases.

tipografía *f.* Imprenta, técnica de imprimir y lugar donde se imprime.

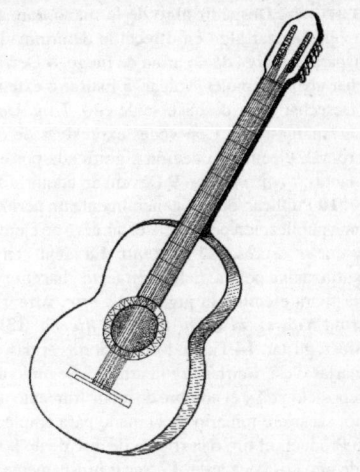

tiple

tipología *f.* Ciencia que estudia los distintos tipos raciales en que se divide la especie humana. **2** Ciencia que estudia los distintos tipos de la morfología humana en relación con sus funciones vegetativas y psíquicas.

tiquete *m. Amér*. Billete.

tira *f.* Trozo largo, delgado y estrecho de tela, papel u otra materia. **2** Serie de dibujos que aparece en los periódicos y en la que se cuenta alguna historia o parte de ella. **3** Reunión de gente pesada.

tirada *f.* Acción de tirar. **2** Distancia grande que hay entre dos lugares. **3** Espacio largo de tiempo. **4** Serie ininterrumpida de cosas que suceden, se hacen o dicen. **5** Acción y efecto de imprimir. **6** Número de ejemplares de que consta una edición. **7** En imprenta, lo que se tira en un solo día de trabajo.

tiranía *f.* Gobierno ejercido por un tirano. **2** fig. Abuso de autoridad, fuerza o superioridad. **3** fig. Dominio excesivo de una pasión sobre la voluntad.

tirano -na *adj.* y *n.* Que obtiene contra derecho el gobierno de un Estado. **2** Que gobierna con despotismo, injusticia y crueldad. **3** Que trata con tiranía. **4** *adj.* Se dice de la pasión o afecto que domina el ánimo o perturba el entendimiento.

tirante *adj.* Que tira. **2** Tenso, estirado. **3** fig. Se dice de las relaciones de amistad frías y próximas a romperse. **4** Se dice de la situación o actitud embarazosa o violenta. **5** *m.* Cada una de las dos tiras de tela, piel u otro material, a veces elásticas, que sostienen desde los hombros ciertas prendas de vestir, como el pantalón o la falda. **6** Cuerda o correa asida a las guarniciones de las caballerías, que sirve para tirar de un carruaje.

tirar *tr*. Despedir algo de la mano, lanzar. **2** Arrojar, lanzar algo en dirección determinada. **3** Disparar la carga de un arma de fuego. **4** Derribar, echar abajo, demoler, volcar. **5** Estirar o extender. **6** Desechar algo, deshacerse de ello. **7** fig. Derrochar, malgastar. **8** Con voces expresivas de daño corporal, ejecutar la acción significada por estas palabras: *tirar una coz*. **9** Devengar, adquirir o ganar. **10** Publicar, editar, generalmente un periódico o una publicación periódica, el número de ejemplares que se expresa. **11** *tr*. e *intr*. En juegos en que se utiliza una pelota, ficha, carta, etc., hacer uso de ellas para efectuar la jugada. **12** *intr*. Atraer por virtud natural: *el imán tira del hierro*. **13** fig. Atraer, gustar. **14** Tratándose de ciertas armas, manejarlas o esgrimirlas según arte. **15** Seguido de la preposición *de* y el nombre de un instrumento u objeto, sacarlo o tomarlo en la mano para emplearlo. **16** Producir el tiro o corriente de aire de un hogar, o de otra cosa que arde. **17** Sacar bruscamente una cosa de un sitio. **18** fig. Marchar en cierta dirección. **19** fig. Atraer una persona o cosa la voluntad y afecto de otra persona. **20** fig. Tender, propender: *tirar a gris*. **21** fig. Estar en camino de ser cierta cosa: *tirar para médico*. **22** Apretar, ser algo demasiado estrecho o corto. **23** Seguir viviendo o prestando servicio, aunque de forma precaria. **24** *prnl*. Precipitarse a decir o hacer algo. **25** Abalanzarse, arrojarse, dejarse caer. **26** Echarse, tenderse en el suelo o encima de algo. **27** fam. Transcurrir o dejar transcurrir el tiempo de cierta manera: *tirarse el día durmiendo*.

tiritar *intr*. Temblar o estremecerse de frío o por efecto de la fiebre.

tiro *m*. Acción y efecto de tirar. **2** Señal, impresión o herida que hace lo que se tira. **3** Disparo de un arma de fuego. **4** Estampido que éste produce. **5** Carga de un arma de fuego. **6** Dirección que se da al disparo de las armas de fuego. **7** Lugar donde se tira al blanco. **8** En el fútbol, baloncesto y otros deportes de equipo, lanzamiento con fuerza de la pelota. **9** Corriente de aire que se forma en las chimeneas y que favorece la combustión. **10** Seguido de la preposición *de* y el nombre del arma disparada o del objeto arrojado, se usa como medida de distancia: *estar a un tiro de piedra*. **11** Holgura entre las perneras del pantalón. **12** fig. Indirecta o alusión desfavorable contra alguien. **13** fig. Chasco o burla con que se engaña a alguien.

tiroides *adj*. y *m*. Se dice de la glándula endocrina que se halla adosada a la tráquea y a la laringe. Su principal producto hormonal es la tiroxina. Interviene en los fenómenos del crecimiento.

tirón *m*. Acción y efecto de tirar con fuerza y bruscamente de algo. **2** Acción y efecto de estirar o

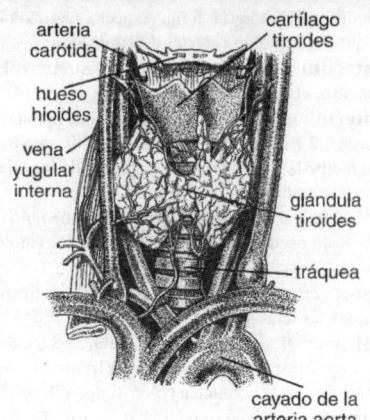

tiroides

aumentar de tamaño en poco tiempo. **3** Agarrotamiento de un músculo.

tironear *tr*. Dar tirones.

tirotear *tr*. y *prnl*. Disparar repetidamente tiros contra alguien o algo. **2** *prnl*. fig. Andar de dimes y diretes.

tirria *f*. fam. Antipatía injustificada, ojeriza.

tisana *f*. Infusión de hierbas medicinales que se toma como bebida.

tisis *f*. Tuberculosis.

titán *m*. fig. Persona que descuella por ser excepcional en algún aspecto. **2** fig. Grúa gigantesca para mover pesos grandes.

títere *m*. Muñeco que se mueve por medio de hilos o introduciendo las manos en su interior. **2** fig. Sujeto de figura ridícula o insignificante. **3** fig. Persona necia o petulante. **4** fam. Persona que carece de energía o voluntad. **5** *pl*. Espectáculo público hecho con muñecos o realizado por acróbatas circenses.

titilar *intr*. Agitarse con ligero temblor alguna parte del cuerpo. **2** Centellear alguna luz o algún cuerpo luminoso.

tito -ta *m*. y *f*. fam. Tío, hermano o hermana del padre o madre de una persona.

titubear *intr*. Oscilar, tambalearse, perder estabilidad. **2** Vacilar en la elección o pronunciación de las palabras al hablar. **3** fig. Mostrarse indeciso, dudar.

titulado -da *adj*. y *n*. Se dice de la persona que posee un título académico. **2** Se dice de la persona que tiene derecho a una dignidad nobiliaria. **3** *Amér*. Supuesto, pretenso.

titular *adj*. Que posee algún título. **2** Que da su propio nombre por título a otra cosa. **3** *adj*. y *com*. Se dice de la persona que ocupa un cargo teniendo el título o nombramiento correspondiente. **4** *m. pl.* Encabezamiento de una información periodística.

título *m.* Nombre, palabra o frase con que se enuncia un texto, una de sus partes, o una obra de creación artística o intelectual. **2** Letrero con que se indica el contenido o destino de una cosa o la dirección de un envío. **3** Nombre de profesión, grado o categoría que alguien tiene derecho a usar por los estudios que ha realizado. **4** Documento en que se acredita el derecho a este apelativo. **5** Dignidad adquirida o heredada, que confiere un derecho u honor. **6** Persona que goza de esta dignidad. **7** Documento que acredita un derecho, especialmente la posesión de bienes. **8** Cualidad o mérito que da derecho a algo.

tiza *f.* Arcilla terrosa blanca usada para escribir en los encerados y, pulverizada, para limpiar metales. **2** Compuesto de yeso y greda que se usa en el billar para untar los tacos. **3** Asta de ciervo calcinada.

tiznar *tr.* y *prnl.* Manchar con tizne u otra materia semejante. **2** *tr.* fig. Manchar o deshonrar la fama u opinión de alguien.

tizne *amb.* Humo que se pega a los recipientes que han estado a la lumbre. **2** *m.* Tizón, palo a medio quemar.

tizón *m.* Palo a medio quemar. **2** fig. Mancha o deshonra en la fama o estimación. **3** Hongo pequeño que vive parásito en el trigo y otros cereales.

toalla *f.* Lienzo, o tejido de felpa o rizo, que se utiliza para secarse después de lavarse. **2** Cubierta que se pone sobre las almohadas.

tobillero -ra *adj.* Que llega hasta los tobillos. **2** *f.* Venda, generalmente elástica, con que se sujeta el tobillo.

tobillo *m.* Parte inferior de la pierna, junto a la garganta del pie, caracterizada por dos protuberancias óseas, una interna y otra externa.

tobogán *m.* Especie de trineo bajo, formado por una armadura de acero montada sobre dos patines largos y cubierta por una tabla o plancha acolchada. **2** Pista hecha en la nieve, por la que se deslizan a gran velocidad estos trineos especiales. **3** Pista deslizante, en declive, por la que las personas se dejan resbalar, sentadas o tendidas por diversión.

toca *f.* Prenda de tela, de diferentes hechuras, según los tiempos y países, para cubrirse la cabeza. **2** Prenda de tela blanca que utilizan algunas monjas para cubrirse la cabeza. **3** Sombrero femenino con ala pequeña.

tocadiscos *m.* Aparato que reproduce los sonidos grabados en un disco.

tocado *m.* Prenda con que se cubren o adornan la cabeza las mujeres. **2** Peinado, forma de arreglarse el cabello las mujeres. **3** Arreglo personal, particularmente de las mujeres.

tobogán

tocador *m.* Especie de toca antigua. **2** Mueble provisto de espejo ante el cual se maquillan y peinan las mujeres. **3** Habitación destinada a este fin.

tocar *tr.* Entrar en contacto alguna parte del cuerpo, especialmente la mano, con otra cosa, de manera que ésta impresione el sentido del tacto. **2** Estar en contacto, mediante algún objeto, con algo o alguien: *tocar el hombro con una vara.* **3** Avisar haciendo seña o llamada. **4** Tropezar ligeramente una cosa con otra. **5** Hacer sonar, según arte, algún instrumento musical, o sonar dicho instrumento. **6** Poner una cosa en contacto con otra. **7** Hacer alguna modificación, corrección o variación a algo. **8** Sufrir o experimentar las consecuencias o resultados de algo. **9** fig. Aludir, mencionar, hablar o tratar superficialmente de algún asunto o tema. **10** fig. Estimular, persuadir. **11** fig. Llegar el momento de ejecutar algo. **12** Corresponder, ser de la obligación o cargo de alguien. **13** Tener relación, referirse, concernir. **14** Importar, ser conveniente, de interés o provecho. **15** Corresponder algo a alguien en un reparto. **16** Caer en suerte. **17** Sucederle a alguien una desgracia, contrariedad o incidente.

tocayo -ya *m.* y *f.* Respecto de una persona, otra que tiene su mismo nombre.

tocino *m.* Carne grasa del cerdo, especialmente la salada. **2** La grasa de esta carne. **3** Arbusto trepador.

todavía *adv. t.* Expresa la duración de una acción o de un estado hasta un determinado momento. **2** *adv. m.* No obstante, sin embargo. **3** Tiene sentido concesivo corrigiendo una frase anterior. **4** Denota encarecimiento o ponderación.

todo -da *adj.* Se dice de una medida o cantidad, o de algo en general, considerados en su integridad o en el conjunto de todas sus partes. **2** Se usa también para indicar el exceso de alguna calidad o circunstancia. **3** Seguido de un sustantivo, toma y da a este sustantivo valor de plural. **4** En plural equivale a veces a cada. **5** *m*. Cosa íntegra, o que consta de la suma y conjunto de sus partes integrantes. **6** *pl*. Conjunto de personas consideradas sin excluir ninguna.

todopoderoso -sa *adj*. Que todo lo puede. **2** *m*. Por antonomasia, Dios.

toga *f*. Especie de manto ancho y largo que constituía la prenda principal del vestido de los romanos. **2** Traje usado por los magistrados y abogados en el ejercicio de su profesión, y por los profesores universitarios en ciertas ceremonias. **3** Sistema de marcar el pelo que consiste en enrollarlo alrededor de la cabeza, para alisarlo.

toldo *m*. Cubierta de tela, lona, encerado o plástico, que se extiende para dar sombra o resguardar de la intemperie. **2** Entalamadura. **3** fig. Engreimiento, pompa o vanidad. **4** En América, tienda indígena, hecha de ramas y cueros.

tolerancia *f*. Acción y efecto de tolerar. **2** Respeto y consideración hacia las opiniones o prácticas de los demás. **3** Capacidad del organismo para soportar dosis cada vez más elevadas de una droga que se ingiere habitualmente.

tolerante *adj*. Dado a la tolerancia.

tolerar *tr*. Sufrir, soportar, llevar con paciencia. **2** Aceptar, soportar a alguien que resulta molesto o desagradable. **3** Permitir algo sin aprobarlo expresamente. **4** Admitir ideas u opiniones distintas de las propias.

toma *f*. Acción de tomar o recibir una cosa. **2** Porción de algo que se toma de una vez. **3** Asalto, conquista u ocupación por las armas de una plaza o ciudad. **4** Abertura por donde se desvía parte de un caudal de agua o de un embalse. **5** Lugar por donde se deriva una corriente de fluido o electricidad. **6** CINEM Acción de fotografiar o filmar. **7** *Amér*. Presa, muro para desviar el agua de un cauce.

tomacorriente *m*. *Amér*. Toma de corriente eléctrica.

tomar *tr*. Coger o asir algo con la mano o por un medio cualquiera. **2** Aceptar, admitir o recibir algo. **3** Recibir una cosa y encargarse de ella. **4** Contraer, adquirir: *tomar un vicio*. **5** Conquistar, ocupar o adquirir por la fuerza una fortaleza o ciudad. **6** Comer o beber. **7** Adoptar alguna decisión, emplear, poner por obra. **8** Adquirir, contraer. **9** Calcular con el instrumento adecuado una medida, magnitud o temperatura. **10** Contratar a una o varias personas para prestar un servicio. **11** Entender, juzgar e interpretar una cosa en determinado sentido. **12** Ocupar un sitio para cerrar el paso o interceptar la entrada o salida. **13** Quitar o hurtar. **14** Recibir en sí los efectos de algo, consintiéndolos o padeciéndolos. **15** Emprender una cosa, o encargarse de una dependencia o negocio. **16** Elegir una cosa entre varias. **17** Con un nombre de instrumento, ponerse a realizar la acción o el trabajo para el cual sirve el instrumento. **18** *intr*. Encaminarse, empezar a seguir una dirección determinada. **19** Arraigar las plantas en la tierra. **20** *Amér*. Beber alcohol en cantidades excesivas. **21** *prnl*. Emborracharse. **22** Oscurecerse, nublarse la atmósfera.

tomate *m*. Fruto de la tomatera, que es una baya casi roja, de superficie lisa y brillante, en cuya pulpa hay numerosas semillas, algo aplastadas y amarillas. **2** Tomatera. **3** fam. Lío, barullo.

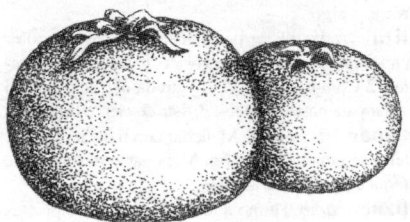

tomate

tomillo *m*. Planta perenne de las labiadas, muy olorosa, de forma achaparrada, tallo rastrero, hojas opuestas, pequeñas y lanceoladas, y flores blancas o rosadas. Se utiliza en perfumería y como condimento.

tomo *m*. Cada una de las partes con paginación propia y encuadernadas por separado, en que se divide una obra de cierta extensión. **2** fig. Importancia, valor y estima.

tonada *f*. Composición métrica destinada a ser cantada. **2** Música de esta canción. **3** *Amér*. Dejo, modo de acentuar las palabras al final.

tonalidad *f*. Sistema de sonidos que sirve de fundamento a una composición musical. **2** PINT Conjunto o sistema de colores y tonos.

tonel *m*. Cuba grande en que se echa el vino u otro líquido. **2** fam. Persona muy gorda.

tonelada *f*. Unidad de masa en el sistema métrico decimal, que equivale a 1.000 kg.

tónico -ca *adj*. Relativo al tono o tonicidad. **2** Se dice del fármaco que entona o vigoriza. **3** Se dice del cosmético que tonifica el cutis o vigoriza el cabello. **4** *adj*. y *f*. Se dice de la vocal o sílaba que recibe el impulso del acento prosódico. **5** MÚS Se aplica al primer grado de la escala diatónica o a una tonalidad. **6** *f*. Tendencia general, estilo, tono. **7** Bebida a base de quinina, refrescante y gaseosa.

tonificar *tr*. Entonar, dar fuerza y vigor al organismo o al sistema nervioso.

tonillo *m.* Tono monótono y desagradable de la voz. **2** Dejo peculiar, propio de una persona o de una región. **3** Entonación reticente o burlona al hablar.

tono *m.* Intensidad, grado de elevación de un sonido. **2** Inflexión, modo particular de decir una cosa, según la intención o el estado de ánimo del que habla. **3** Sentido en que se usa una expresión. **4** Carácter o estilo de un escrito, discurso, obra literaria, etc. **5** Texto y música de una canción. **6** PINT Grado de intensidad de los colores. **7** Capacidad del organismo, o alguna de sus partes, para ejercer las funciones que le corresponden. **8** Energía, fuerza, vigor. **9** Cada una de las escalas que se forman para las composiciones musicales. **10** fig. Clase, distinción.

tonsura *f.* Acción y efecto de tonsurar.

tonsurar *tr.* Cortar el pelo a las personas o la lana a los animales. **2** Cortar el pelo de la coronilla a los que recibían las órdenes sacerdotales.

tontería *f.* Calidad de tonto. **2** Dicho o hecho tonto. **3** fig. Dicho, hecho o cosa de poco valor o importancia. **4** fig. Remilgo, melindre.

tonto -ta *adj.* y *n.* Se dice de la persona poco inteligente o escasa de entendimiento. **2** fam. Que obra con ingenuidad o sin malicia y que no se aprovecha de las ocasiones, actuando en ellas sin habilidad. **3** fam. Que fastidia por falta de discreción u oportunidad, o por insistir demasiado en algún asunto. **4** *adj.* Se dice del acto, dicho o pensamiento propio del tonto. **5** Se dice de lo que se hace, se piensa o se dice falto de sentido, finalidad o sensatez. **6** Referido al tiempo, inestable. **7** *m.* El que en ciertas representaciones hace el papel de tonto. **8** *Amér.* Juego de la mona.

topar *tr.* Chocar una cosa con otra. **2** *Amér.* Echar a pelear los gallos por vía de ensayo. **3** *tr.* e *intr.* Hallar o encontrar lo que se andaba buscando. **4** *tr., intr.* y *prnl.* Hallar o encontrar casualmente o sin querer. **5** fig. Tropezar.

tope[1] *m.* Parte por donde una cosa puede topar con otra. **2** Pieza que en algunas armas e instrumentos sirve para impedir que se pase de un punto determinado con su acción o con su movimiento. **3** Material duro, por lo general de suela, que se pone por dentro en la punta del calzado, para que no se arrugue. **4** fig. Obstáculo o impedimento que detiene el proceso de algo.

tope[2] *m.* Extremo a que se puede llegar en una cosa.

tópico -ca *adj.* Perteneciente o relativo a un lugar determinado. **2** Perteneciente o relativo a un lugar común. **3** *adj.* y *m.* Se dice del medicamento de uso externo. **4** *m.* Expresión vulgar o trivial. **5** Lugar común, asunto o tema de conversación muy utilizado o al que se recurre habitualmente al hablar o escribir. **6** *Amér.* Tema de conversación en general.

topo *m.* Mamífero insectívoro casi ciego, de pequeño tamaño, cuerpo rechoncho, cola corta, pelaje negruzco, suave y tupido, y hocico afilado. Carece de pabellón auditivo, vive en madrigueras subterráneas y se alimenta de gusanos y larvas de insectos. **2** Lunar de una tela. **3** *adj.* y *m.* fam. Se dice de la persona que tropieza en cualquier cosa, por ser corta de vista o por torpeza.

topografía *f.* Arte de describir y delinear con detalle la superficie de un terreno o territorio de poca extensión. **2** Conjunto de particularidades que presenta un terreno en su configuración superficial.

topónimo *m.* Nombre propio de lugar.

toque *m.* Acción de tocar algo. **2** Sonido de las campanas o de otro instrumento musical, que sirve para avisar o anunciar algo. **3** fig. Advertencia, amonestación. **4** Golpe, topetazo. **5** Pincelada ligera. **6** fig. Detalle o matiz determinados que posee alguien o algo y que lo caracteriza: *toque de distinción*. **7** fig. Punto delicado, difícil o importante en algún asunto y que requiere una atención mejor.

tórax *m.* Pecho del hombre y de los animales. **2** Cavidad del pecho. **3** Región media de las tres en que se divide el cuerpo de los insectos, arácnidos y crustáceos.

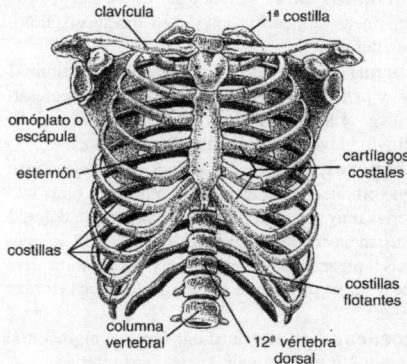

tórax

torbellino *m.* Remolino de viento o de polvo. **2** fig. Concurrencia o abundancia de cosas que generalmente causa confusión y aturdimiento. **3** fig. Persona vivaz, activa e inquieta en exceso.

torcedura *f.* Acción y efecto de torcer. **2** Distensión de las partes blandas que rodean una articulación. **3** Desviación de un miembro u órgano de su dirección normal.

torcer *tr.* y *prnl.* Dar vueltas a una cosa sobre sí misma, de modo que tome forma helicoidal, retorcer. **2** Encorvar o doblar algo recto. **3** Inclinar o poner sesgado algo. **4** Obligar a un miembro u otra cosa a un movimiento violento o brusco. **5** fig.

torcido

Cambiar la dirección, curso o posición de algo, o la voluntad de alguien. **6** *tr*. Desviar algo de su posición o dirección habitual. **7** Dicho del semblante, gesto, etc., expresar enojo o desagrado. **8** fig. Interpretar mal, tergiversar. **9** Frustrarse o malograrse algo que iba por buen camino. **10** fig. Desviarse del camino recto de la razón.

torcido -da *adj*. Que no es recto. **2** Se dice de la persona que no obra con rectitud, y de su conducta. **3** Rollo de pasta de ciruela u otras frutas en dulce. **4** *f*. Mecha de algodón o trapo torcido, que se pone en los velones, candiles, velas, etc.

tormenta *f*. Perturbación atmosférica violenta. **2** fig. Manifestación impetuosa y violenta del estado de ánimo de alguien, provocada por alguna excitación. **3** fig. Adversidad, desgracia.

tormento *m*. Acción y efecto de atormentar o atormentarse. **2** Dolor físico muy intenso. **3** Antigua máquina de guerra para disparar balas u otros proyectiles. **4** fig. Preocupación, aflicción, congoja. **5** fig. Persona o cosa que la ocasiona.

tormentoso -sa *adj*. Que ocasiona tormenta. **2** Se dice del tiempo en que hay o amenaza tormenta. **3** Se dice del buque que trabaja mucho con la mar y el viento.

tornado *m*. En África y en América del Norte, fenómeno tormentoso con viento impetuoso giratorio, huracán.

tornar *tr*. Devolver algo a alguien, restituir. **2** *tr*. y *prnl*. Cambiar, transformar. **3** *intr*. Regresar, volver. **4** Seguido de la preposición a y de un infinitivo, volver a hacer lo que éste expresa.

tornasol *m*. Girasol, planta. **2** Reflejo o viso que produce la luz en algunas telas o en otras materias muy tersas, haciéndolas cambiar de color. **3** Sustancia colorante azul violácea extraída de algunos líquenes y de otras plantas y cuya tintura sirve de reactivo para reconocer los ácidos, que la tornan roja.

tornear *tr*. Labrar o dar forma a algo con el torno. **2** *intr*. Combatir o pelear en el torneo.

torneo *m*. Espectáculo y entretenimiento caballeresco que consistía en una lucha entre dos bandos de caballeros armados que combatían en un cercado, bajo la presidencia y arbitraje de uno o varios caballeros experimentados. **2** Competición deportiva.

tornillo *m*. Pieza cilíndrica o cónica, generalmente de metal, con fileteado o resalto helicoidal, que entra y juega en la tuerca. **2** En algunos países de América, como Venezuela y México, arbusto de las esterculiáceas, de flores rojas y fruto en cápsula, retorcido en forma de hélice. Se usa en medicina.

torniquete *m*. Aparato formado por dos brazos iguales en cruz, por lo común giratorios alrededor de un eje vertical, y que suele instalarse para re-

tornillo

gular o impedir la entrada en lugares públicos. **2** Instrumento quirúrgico para contener mecánicamente las hemorragias de las extremidades.

torno *m*. Máquina herramienta que trabaja por arranque de viruta mediante un útil que realiza un movimiento de avance sobre la pieza trabajada, que se mantiene en rotación alrededor de un eje. **2** Aparato que sirve para la tracción o elevación de cargas mediante una soga, cable o cadena que se enrolla en un cilindro horizontal. **3** En conventos y monasterios, armario cilíndrico empotrado en el muro, que gira sobre un eje y permite introducir y extraer objetos sin ver el interior. **4** Disco que gira horizontalmente y que lleva en su eje una mesita horizontal, sobre la que se coloca la pieza de arcilla que se ha de trabajar.

toro *m*. Mamífero rumiante, de cabeza gruesa armada de dos cuernos, piel dura, pelo corto y cola larga. Es fiero, principalmente cuando se le irrita; pero cuando se vuelve buey por castración, se domestica y sirve para las labores del campo. **2** fig. Hombre muy fuerte y robusto. **3** *pl*. Fiesta o corrida de toros.

toronja *f*. Cidra de forma globosa como la naranja.

toronjil *m*. Hierba vivaz de las labiadas, de hojas ovales, festoneadas y opuestas, flores blancas o rosadas, y fruto seco, capsular, con cuatro semillas menudas. Es común en España, y se usa como remedio tónico.

torpe *adj*. Lento en el movimiento, difícil de mover o de moverse. **2** Falto de habilidad y destreza física. **3** Rudo, tardo en comprender. **4** Indecoroso, infame, impúdico.

torpedo *m*. Pez selacio de los ráyidos, provisto de órganos eléctricos, de cuerpo en forma de disco aplanado y redondeado, cola corta y dos pequeñas aletas dorsales. Es carnívoro y vive en los fondos arenosos submarinos. **2** Proyectil explosivo submarino, autodirigido y automóvil.

torre *f*. Edificio fuerte, más alto que ancho, de planta cuadrada, circular o poligonal. **2** Casa de campo o de recreo, chalet. **3** Pieza del juego de ajedrez que se sitúa en los cuatro ángulos del tablero. **4** Reducto acorazado y guarnecido con uno o más cañones en la cubierta de los buques de guerra. **5** En las líneas de transporte de energía eléctrica, estructura metálica que soporta los cables conductores. **6** Columna de destilación de una refinería de petróleo.

torrencial *adj*. Perteneciente o relativo a los torrentes. **2** Parecido al torrente. **3** Que cae a torrentes.

torrente *m*. Corriente o avenida impetuosa de agua que sobreviene en tiempos de muchas lluvias o de rápidos deshielos. **2** Curso de la sangre en el aparato circulatorio. **3** fig. Abundancia de algo o gran concurrencia de personas que afluyen a un lugar.

tórrido -da *adj*. Muy caliente, ardiente o quemado. **2** Se dice de la zona geográfica que se extiende a ambos lados del ecuador.

torso *m*. Tronco del cuerpo humano. **2** Estatua falta de cabeza, brazos y piernas.

torta *f*. Masa de harina, de forma redonda o alargada, que se cuece a fuego lento. **2** fig. Cualquier masa parecida en tamaño o forma. **3** fam. Bofetada. **4** En América, tarta, pastel grande.

tortícolis o **torticolis** *m*. Espasmo doloroso de los músculos del cuello que obliga a tener éste torcido e inmóvil.

tortilla *f*. Fritada de huevo batido, a la que se le da una forma determinada y en la que se incluye a veces algún otro ingrediente. **2** *Amér*. Pan ázimo de harina al que se da forma de torta fina y circular, que se cuece en el comal.

tórtola *f*. Ave migratoria de los colúmbidos, pequeña y esbelta, de dorso rojizo y pecho rosado suave, pico agudo y negruzco, y cola larga en abanico, de color negro y bordes blancos. Es común en España, donde se presenta en primavera, y pasa a África en otoño.

tortolito -ta *adj*. Atolondrado, inexperto. **2** *m. pl.* fam. Tórtolos, pareja de enamorados.

tortuga *f*. Reptil terrestre o acuático, de los quelonios, provisto de un caparazón que recubre la mayor parte de su cuerpo y donde el animal puede esconderse por completo. Carece de dientes, y posee en su lugar un pico córneo. Las extremidades terminan en garras provistas de cinco uñas, aunque en las especies acuáticas son palmeadas (tortugas de río) o transformadas en aletas natatorias (tortugas marinas). Se reproduce mediante huevos que deposita en nidos excavados en tierra o en la arena. Algunas especies pueden vivir más de 100 años. Su carne es comestible. **2** Testudo.

tortuoso -sa *adj*. Que tiene vueltas, curvas y rodeos. **2** fig. Cauteloso, que obra con astucia para engañar.

tortura *f*. Acción y efecto de torturar o atormentar. **2** fig. Dolor, angustia, pena o aflicción grandes. **3** Desviación de lo recto, curvatura, oblicuidad, inclinación.

torturar *tr*. y *prnl*. Dar tortura, atormentar.

tortuga

tos *f*. Movimiento convulsivo y ruidoso del aparato respiratorio del hombre y de algunos animales.

tosco -ca *adj*. Basto, sin pulimento, hecho sin cuidado y con materiales de escaso valor. **2** *adj*. y *n*. fig. Inculto, rústico, sin educación.

toser *intr*. Tener o padecer tos.

tosquedad *f*. Calidad de tosco o grosero.

tostadero -ra *adj*. y *n*. Que tuesta. **2** *m*. Instalación industrial para la torrefacción del café en grano. **3** fig. Lugar donde hace mucho calor.

tostado -da *adj*. Se dice del color subido y oscuro. **2** *m*. Acción y efecto de tostar. **3** *f*. Rebanada de pan tostada, por lo común untada con mantequilla o mermelada. **4** fig. Lata, tabarra.

tostar *tr*. y *prnl*. Exponer algo a la acción del fuego hasta que tome color dorado, sin llegar a quemarse. **2** fig. Calentar demasiado. **3** Curtir, poner morena o bronceada, al sol o al aire, la piel del cuerpo.

total *adj*. General, entero, completo, absoluto, que comprende todo. **2** *m*. Suma, resultado de una adición. **3** *adv. m*. En suma, en conclusión, en resumen.

totalidad *f*. Calidad de total. **2** Todo, cosa íntegra. **3** Conjunto de todas las personas o cosas que forman una clase o especie.

totalitario -ria *adj*. Perteneciente o relativo al totalitarismo. **2** Que abarca o incluye la totalidad de las partes o atributos de algo sin ninguna merma.

totalizar *tr*. Determinar el total que forman varias cantidades.

tótem *m*. Entidad natural, como un animal, un vegetal o un fenómeno de la naturaleza, que es objeto de culto por ciertas sociedades. **2** Emblema que representa esta entidad.

totuma *f*. *Amér*. Fruto del totumo o güira. **2** *Amér*. Vasija hecha con este fruto.

tóxico -ca *adj*. y *m*. Se dice de las sustancias venenosas.

toxicología *f*. Parte de la medicina que estudia los venenos.

toxina *f*. Sustancia producida por organismos vivos, en especial microbios, que obra como veneno aun en pequeñas proporciones.

traba *f*. Acción y efecto de trabar. **2** Instrumento con que se junta, une y sujeta una cosa con otra.

3 fig. Lo que dificulta la realización de algo o impide la libertad de acción de alguien.

trabajado -da *adj.* Cansado o agotado por exceso de trabajo en su vida. **2** Elaborado con mucho cuidado y minuciosidad.

trabajador -ra *adj.* Que trabaja. **2** Que le gusta el trabajo. **3** *m.* y *f.* Persona que trabaja bajo dependencia y por cuenta ajena.

trabajar *intr.* Ejercer un oficio o profesión, tener una ocupación estable. **2** Intentar algo con eficacia, actividad y cuidado. **3** Realizar un esfuerzo físico o intelectual en una actividad determinada. **4** fig. Ejercitar sus fuerzas naturales la tierra y las plantas para que éstas se desarrollen. **5** fig. Soportar una máquina, un buque, un edificio u otra cosa, la acción de los esfuerzos a que se hallan sometidos. **6** *tr.* Disponer, formar o realizar algo con método y orden. **7** Gestionar algún asunto. **8** fig. Intentar conseguir algo de alguien, insistiendo o influyendo sobre él.

trabajo *m.* Acción y efecto de trabajar. **2** Obra, producto que resulta de una actividad física o intelectual. **3** Ocupación retribuida. **4** Esfuerzo humano aplicado a la producción de riqueza. **5** Dificultad, impedimento, perjuicio. **6** Penalidad, molestia o suceso infeliz. **7** *pl.* Pobreza, miseria, apuros.

trabalenguas *m.* Palabra o frase difícil de pronunciar.

trabar *tr.* Juntar o unir una cosa con otra, para darles mayor fuerza o resistencia. **2** *tr.* e *intr.* Prender, agarrar, coger. **3** *tr.* Poner trabas. **4** fig. Iniciar algo, especialmente una conversación o relación. **5** fig. Impedir el desarrollo de algo. **6** *prnl.* Entorpecérsele a alguien la lengua al hablar. **7** Pelear, discutir. **8** Quedar uno enredado en algo.

trabazón *f.* Enlace de dos o más cosas que se unen entre sí. **2** Conexión de una cosa con otra o dependencia que tienen entre sí.

tracción *f.* Acción y efecto de tirar de algo para arrastrarlo. **2** Acción de arrastrar un vehículo o de hacerlo andar por algún procedimiento mecánico.

tractor *m.* Máquina que produce tracción. **2** Vehículo automotor cuyas ruedas o cadenas se adhieren con fuerza al terreno, y se emplea para arrastrar arados, remolques u otras máquinas o vehículos, o para tirar de ellos.

tradición *f.* Transmisión, generalmente oral, efectuada de generación en generación, de hechos históricos, obras literarias, costumbres, leyes, doctrinas y leyendas. **2** Costumbre o norma transmitida de esta manera. **3** Costumbre, doctrina, hábito establecido.

tradicional *adj.* Perteneciente o relativo a la tradición. **2** Que es de uso común, acostumbrado o usual.

tractor

tradicionalismo *m.* Doctrina que afirma la necesidad de apoyar el régimen político y social del Estado en las tradiciones institucionales.

traducción *f.* Acción y efecto de traducir. **2** Texto traducido. **3** Sentido que se da a un texto o escrito.

traducir *tr.* Expresar en una lengua lo que está escrito o se ha expresado antes en otra. **2** Convertir, transformar, mudar. **3** fig. Explicar, interpretar, expresar, representar.

traer *tr.* Conducir o trasladar algo desde el lugar en que se halla a otro más próximo. **2** Atraer o tirar hacia sí, como el imán al acero. **3** Causar, ocasionar. **4** Tener o ser causa de que alguien padezca alguna alteración de ánimo. **5** Llevar, tener puesto o usar un vestido o alhaja. **6** Alegar razones o autoridades. **7** fig. Obligar. **8** fig. Persuadir. **9** Hablando de escritos y, en especial, de periódicos, contener lo que se expresa, informar. **10** *tr.* y *prnl.* Estar empleado en la realización de algo.

traficar *intr.* Comerciar, negociar. **2** Hacer negocio de algo de forma indebida. **3** Viajar, correr mundo.

tráfico *m.* Acción y efecto de traficar. **2** Circulación, concurrencia y movimiento de vehículos por calles, carreteras, puertos, aeropuertos o estaciones.

tragaluz *m.* Ventana abierta en el techo o en una parte alta de la pared.

tragar *tr.* Hacer que algo pase de la boca al aparato digestivo por la faringe. **2** fig. Comer con voracidad. **3** *tr.* y *prnl.* fig. Embeber, absorber un cuerpo a otro. **4** fig. Dar crédito a algo, generalmente engañoso. **5** fig. Soportar o tolerar algo desagradable u ofensivo. **6** fig. Disimular, fingir.

tragedia *f.* Género dramático, en verso o en prosa, con un tema extraído por lo general de la historia o la leyenda, en el que intervienen personajes nobles o heroicos que han de enfrentarse a conflictos provocados por las pasiones humanas y que tienen un desenlace fatal. **2** Obra de este género. **3** fig. Suceso desgraciado de la vida real, de consecuencias irregulares y terribles.

trágico -ca *adj*. Perteneciente o relativo a la tragedia. **2** fig. Infausto, muy desgraciado, funesto. **3** *adj*. y *n*. Se dice del autor de tragedias. **4** Se dice del actor que se dedica a la tragedia.
tragicomedia *f*. Género dramático en que se alternan elementos trágicos y cómicos. **2** Obra de este género. **3** fig. Suceso de la vida real en que se mezclan lo trágico y lo cómico.
trago *m*. Porción de líquido que se bebe o se puede beber de una vez. **2** Copa de licor; por extensión, licor, bebida alcohólica. **3** fam. Adversidad, disgusto, pena.
traición *f*. Delito de violación de la lealtad y fidelidad debidas. **2** Delito que atenta contra la seguridad de la patria.
traicionar *tr*. Hacer traición. **2** *tr*. y *prnl*. Delatar.
traidor -ra *adj*. y *n*. Que comete traición. **2** *adj*. Se dice del animal que falta a la obediencia, enseñanza o lealtad que de él esperaban sus dueños. **3** fig. Que implica o denota traición o falsedad. **4** fig. De apariencia inofensiva, pero dañino. **5** fig. Que delata lo que se quería ocultar.
traje *m*. Vestido exterior completo de hombre o de mujer. **2** Vestido de hombre, compuesto de chaqueta, pantalón y, a veces, chaleco. **3** Vestido de mujer, de una o dos piezas. **4** Vestido peculiar de un grupo de personas, de una época determinada o de los naturales de un país o región.
trajín *m*. Acción de trajinar. **2** Ajetreo.
trajinar *tr*. Transportar o llevar géneros o mercancías de un lugar a otro. **2** *intr*. Moverse de un lugar a otro trabajando, con cualquier ocupación o gestión.
trama *f*. Conjunto de hilos cruzados con los de la urdimbre y colocados a lo ancho de los tejidos. **2** Conjunto de líneas que constituyen la imagen que se debe transmitir o que se recibe en televisión. **3** fig. Disposición interna, ligazón entre las partes de un asunto, en especial el enredo de una obra dramática o novelesca. **4** fig. Intriga o confabulación para perjudicar a alguien. **5** fig. Florecimiento y flor de los árboles, especialmente el olivo.
tramar *tr*. Atravesar los hilos de la trama por entre los de la urdimbre, para tejer las telas. **2** fig. Preparar con astucia y sigilo algún engaño, enredo o traición. **3** Disponer con habilidad la ejecución de cualquier cosa complicada o difícil. **4** *intr*. Florecer los árboles, especialmente el olivo.
tramitación *f*. Acción y efecto de tramitar. **2** Serie de trámites prescritos para algún asunto.
tramitar *tr*. y *prnl*. Hacer que pase un asunto o negocio por los trámites necesarios.
trámite *m*. Paso de una parte o cosa a otra. **2** Cada una de las diligencias necesarias para la conclusión de un asunto o negocio.

tramo *m*. Trozo de terreno separado de los demás por una señal cualquiera. **2** Parte de una escalera comprendida entre dos rellanos. **3** Parte en que está dividido un andamio, camino, etc. **4** fig. Trozo literario en el cual domina la misma idea.
tramoyista *com*. Persona que idea, construye o maneja las tramoyas de los teatros. **2** *adj*. y *com*. fig. Se dice de la persona mentirosa, que usa de engaños y enredos.
trampa *f*. Artificio para cazar o matar animales. **2** Puerta en el suelo que pone en comunicación cualquier parte de un edificio con otra inferior. **3** Tablero horizontal, movible por medio de goznes, que suelen tener los mostradores de las tiendas para entrar y salir con facilidad. **4** Contravención disimulada a una ley, convenio o regla, con miras al propio provecho. **5** Engaño para conseguir beneficios en el juego. **6** fig. Ardid para engañar o perjudicar a alguien.
trampolín *m*. Tabla inclinada y elástica que permite a los gimnastas y nadadores aumentar la altura o longitud de su salto. **2** fig. Persona, cosa o suceso que ayuda a conseguir cierto propósito o a ascender de posición.
tramposo -sa *adj*. y *n*. Que hace trampas, especialmente en el juego. **2** Embustero, que engaña, mal pagador.
tranca *f*. Palo grueso y fuerte que se emplea como bastón o como arma de ataque o defensa, o que se pone atravesado detrás de las puertas o ventanas cerradas para mayor seguridad. **2** fam. Borrachera, embriaguez.
trancar *tr*. Atrancar, asegurar. **2** *intr*. Dar trancos, pasos largos.
trance *m*. Momento crítico, decisivo y difícil de algún suceso y acción. **2** Con los adjetivos *último, postrer* y *mortal,* último estado o tiempo de la vida, próximo a la muerte.
tranquilidad *f*. Calidad o estado de tranquilo.
tranquilo -la *adj*. Quieto, sosegado, pacífico. **2** Despreocupado, que no le importa no cumplir sus compromisos o quedar mal con los demás.
transacción *f*. Acción y efecto de transigir. **2** Trato, convenio, acuerdo comercial.
transatlántico -ca *adj*. Se dice de las regiones situadas al otro lado del Atlántico. **2** Perteneciente o relativo a ellas. **3** Se dice del tráfico y medios de locomoción que atraviesan el Atlántico. **4** *m*. Barco de grandes dimensiones destinado a hacer la travesía del Atlántico o de otro mar.
transbordador -ra *adj*. Que transborda. **2** *m*. Embarcación grande y plana que transporta viajeros, mercancías o automóviles entre las dos orillas de un río o un canal.
transbordar *tr*. y *prnl*. Trasladar efectos o personas de un barco a otro. **2** *tr*. Trasladar efectos

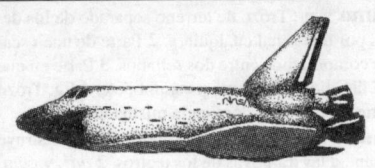
transbordador

o personas de un vehículo a otro, especialmente de un tren a otro en un trayecto de ferrocarril.

transcribir *tr*. Copiar, escribir en una parte lo escrito en otra. **2** Poner por escrito algo que se oye. **3** Expresar por escrito sentimientos o impresiones. **4** Arreglar para un instrumento la música escrita para otro.

transcripción *f*. Acción y efecto de transcribir. **2** Pieza musical que resulta de transcribir otra.

transculturación *f*. Recepción y asimilación de formas de cultura ajenas a la propia.

transcurrir *intr*. Pasar, correr el tiempo. **2** Pasar, emplear un período de tiempo de cierta manera.

transcurso *m*. Paso del tiempo. **2** Cierto espacio de tiempo que se especifica.

transeúnte *adj. y com*. Que transita o pasa por algún lugar. **2** Que está de paso, que sólo reside transitoriamente en un lugar.

transexual *adj. y com*. Se dice de la persona que adquiere los caracteres sexuales propios del sexo opuesto, mediante tratamiento hormonal e intervención quirúrgica.

transferencia *f*. Acción y efecto de transferir. **2** Operación por la que se transfiere una cantidad de una cuenta bancaria a otra.

transferir *tr*. Pasar o llevar algo de un lugar a otro. **2** Extender o trasladar el sentido de una voz a que signifique figuradamente otra cosa distinta. **3** Traspasar a otro el derecho que se tiene sobre algo. **4** Realizar una transferencia bancaria.

transfiguración *f*. Acción y efecto de transfigurar o transfigurarse.

transfigurar *tr. y prnl*. Hacer cambiar de figura o aspecto a alguien o algo.

transformador -ra *adj. y n*. Que transforma. **2** *m*. Aparato eléctrico que transforma el voltaje de una corriente eléctrica.

transformar *tr. y prnl*. Hacer cambiar de forma o cualidad a alguien o algo. **2** Transmutar una cosa en otra. **3** Cambiar de manera de ser, de costumbres o de hábitos.

transfusión *f*. Acción y efecto de transfundir. **2** Técnica terapéutica consistente en administrar, por vía intravenosa, sangre de una persona sana a un enfermo o herido.

transgredir *tr*. Quebrantar, infringir, violar un precepto, ley, orden o estatuto.

transición *f*. Acción y efecto de pasar de un modo de ser o estar a otro distinto. **2** Paso más o menos rápido de una prueba, idea o materia a otra, en discursos o escritos. **3** Estado intermedio entre uno del que se parte y otro al que se llega en un cambio.

transido -da *adj*. Fatigado, afectado, especialmente por un dolor físico o moral muy intenso. **2** fig. Tacaño.

transigir *intr. y tr*. Consentir en parte con lo que no se considera justo; ceder a los deseos u opiniones de alguien, en contra de los propios.

transistor *m*. Nombre que se da a los receptores de radio equipados con transistores.

transitar *intr*. Ir por una vía pública. **2** Viajar, circular.

transitivo -va *adj*. Que pasa o se transfiere de uno a otro. **2** Se dice del verbo que admite complemento directo.

tránsito *m*. Acción de transitar. **2** Movimiento, paso, circulación por calles y carreteras. **3** Sitio por donde se pasa. **4** Lugar determinado para hacer alto y descanso en una marcha. **5** Muerte, paso de esta vida a la otra.

transitorio -ria *adj*. Pasajero, temporal, que no es definitivo. **2** Caduco, perecedero.

transmigrar *intr*. Pasar a vivir a otro país, en especial todo un pueblo o la mayor parte de él.

transmisión *f*. Acción y efecto de transmitir. **2** Dispositivo mecánico que transmite el movimiento de las máquinas.

transmisor -ra *adj. y m*. Que transmite o puede transmitir. **2** *m*. Aparato para transmitir las señales eléctricas, telegráficas o telefónicas.

transmitir *tr. y prnl*. Trasladar, transferir, traspasar. **2** Contagiar a alguien una enfermedad transmisible. **3** Comunicar un sentimiento o un estado de ánimo. **4** Propagar, ser el medio por el que se mueve la electricidad, la luz o el sonido. **5** *tr*. Imprimir un movimiento aplicando una fuerza. **6** Comunicar noticias o mensajes por encargo de otro. **7** Comunicar o difundir a través de la radio o la televisión.

transmutar *tr. y prnl*. Convertir una cosa en otra.

transoceánico -ca *adj*. Que está situado al otro lado del océano o que lo atraviesa.

transparencia *f*. Calidad de transparente. **2** Diapositiva, fotografía positiva transparente.

transparentar *intr. y prnl*. Permitir un cuerpo que se deje ver la luz u otra cosa a través de él. **2** Ser transparente un cuerpo. **3** fig. Manifestar o insinuar pensamientos o sentimientos de forma más o menos clara. **4** *prnl*. Estar muy delgado. **5** Estar muy desgastada una prenda.

transparente *adj*. Se dice del cuerpo que deja atravesar la luz y a través del cual pueden verse los objetos con claridad. **2** Traslúcido. **3** fig. Que se deja adivinar o vislumbrar, comprensible. **4** *m*. Tela, papel u otro material que, colocado a modo de cortina delante de balcones o ventanas, sirve para atenuar la luz.

transpirar *intr*. y *prnl*. Segregar un cuerpo a través de sus poros un líquido o humor en forma de vapor o de gotas minúsculas. **2** *intr*. fig. Sudar.

transponer *tr*. y *prnl*. Poner a alguien o algo más allá, en lugar diferente del que ocupaba. **2** Ocultarse a la vista de uno una persona o cosa, doblando una esquina, un cerro u otra cosa semejante. **3** *tr*. Trasplantar. **4** Ocultarse de nuestro horizonte el Sol u otro astro.

transportar *tr*. Llevar personas o cosas de un lugar a otro. **2** Llevar de una parte a otra por el precio o porte convenido. **3** MÚS Trasladar una composición de un tono a otro. **4** *prnl*. Embelesarse, olvidarse de todo por algo que causa placer.

transporte *m*. Acción y efecto de transportar. **2** Medio o vehículo destinado al traslado de personas o cosas.

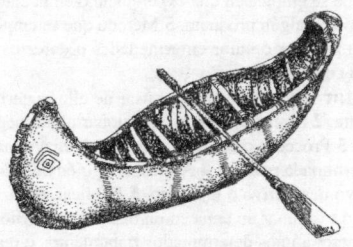

transporte

transposición *f*. Acción y efecto de transponer o transponerse. **2** Figura retórica que consiste en alterar el orden normal de las voces en la oración. **3** Alteración en la disposición normal de algún órgano o víscera.

transversal *adj*. Que se halla o se extiende atravesado de un lado a otro. **2** Que se aparta o desvía de la dirección principal o recta. **3** Que se cruza en dirección perpendicular con la cosa de que se trata.

tranvía *m*. Vehículo público que circula sobre raíles dentro de una población o de sus cercanías.

trapear *tr*. *Amér*. Limpiar el piso de una casa.

trapecio *m*. Palo horizontal suspendido de dos cuerdas por sus extremos, que sirve para ejercicios gimnásticos y circenses. **2** Cuadrilátero en el que dos lados, sus bases, son desiguales y paralelos. **3** Cada uno de los dos músculos situados en la parte dorsal del cuello y anterior de la espalda.

trapecista *com*. Acróbata o equilibrista que hace ejercicios en el trapecio.

trapezoide *m*. Cuadrilátero irregular que no tiene ningún lado paralelo a otro.

trapiche *m*. Molino para extraer el jugo de algunos frutos de la tierra, en especial de la caña de azúcar.

trapo *m*. Trozo de tela viejo, roto o inútil. **2** Paño, bayeta para limpiar o secar. **3** Vela de una embarcación. **4** Capa o muleta de torear. **5** Copo grande de nieve. **6** *pl*. fam. Prendas de vestir, especialmente de mujer.

tráquea *f*. Parte de las vías respiratorias, en forma de conducto cilíndrico formado por anillos cartilaginosos, que va desde la laringe a los bronquios. **2** Pequeño tubo ramificado que forma el aparato respiratorio de la mayor parte de los animales artrópodos, como los crustáceos e insectos. **3** Vaso de una planta.

traquetear *intr*. Hacer ruido, estruendo o estrépito. **2** *tr*. Mover o agitar algo de una parte a otra. **3** fam. Manejar mucho una cosa.

tras *prep*. Después de, a continuación de, aplicado al espacio o al tiempo. **2** Además, fuera de esto. **3** fig. En busca, en seguimiento de. **4** Detrás de, en situación posterior.

trasbocar *tr*. *Amér*. Vomitar.

trascender *intr*. Exhalar un olor tan intenso y penetrante que se percibe a distancia. **2** Empezar a conocerse o a saberse algo que estaba oculto. **3** Extenderse los efectos o las consecuencias de unas cosas a otras. **4** Superar un determinado límite. **5** *tr*. Comprender o averiguar algo que está oculto.

trasegar *tr*. Desordenar, revolver cosas. **2** Cambiar cosas de un lugar a otro, especialmente cambiar de recipiente los líquidos. **3** fam. Beber mucho vino.

trasero -ra *adj*. Que está, se queda o viene detrás. **2** *m*. Parte posterior del animal. **3** fam. Nalgas. **4** *f*. Parte de atrás o posterior de un coche, una casa, una puerta, etc.

trasfondo *m*. Lo que está detrás de la apariencia o intención de alguna cuestión, asunto o acción.

trashumancia *f*. Migración estacional del ganado para acceder a nuevos pastizales.

traslación *f*. Acción y efecto de trasladar. Se aplica especialmente al movimiento de la Tierra alrededor del Sol. **2** Metáfora. **3** GRAM Figura de construcción, que consiste en usar un tiempo del verbo fuera de su natural significación, como *mañana es*, por *mañana será, sábado*.

trasladar *tr*. y *prnl*. Cambiar de lugar. **2** *tr*. Hacer pasar a alguien de un empleo o cargo a otro de la misma categoría. **3** Variar la fecha en que debía verificarse un acto, junta, reunión, etc. **4** Traducir de una lengua a otra. **5** Copiar un escrito.

traslúcido -da *adj*. Se dice del cuerpo a través del cual pasa la luz y que permite ver confusamente lo que hay detrás de él.

traslucir *tr*. y *prnl*. Conjeturarse o inferirse una cosa en virtud de algún antecedente o indicio. **2** *prnl*. Ser traslúcido un cuerpo.

trasluz *m*. Luz que pasa a través de un cuerpo traslúcido.

trasnochar *intr*. Pasar la noche, o gran parte de ella, velando o sin dormir. **2** Pasarla en lugar distinto del propio domicilio.

traspapelar *tr*. y *prnl*. Perder o extraviar algún papel por colocarlo, entre otros, en lugar distinto del que le corresponde.

traspasar *tr*. Pasar o llevar algo de una parte a otra. **2** Volver a pasar por el mismo sitio. **3** Ceder a otro el alquiler de un local o vender a otro un negocio. **4** Exceder de lo debido, contravenir lo razonable. **5** fig. Afectar mucho, afligir, producir gran impresión. **6** *tr*. y *prnl*. Atravesar de parte a parte con algún arma o instrumento penetrante.

traspaso *m*. Acción y efecto de traspasar. **2** Cosa o conjunto de cosas traspasadas. **3** Precio por el que se traspasa o vende algo. **4** Ardid, astucia.

traspatio *m*. *Amér*. Segundo patio de las viviendas, que suele estar detrás del principal.

traspié *m*. Resbalón o tropezón. **2** Zancadilla hecha para derribar a alguien. **3** fig. Error o indiscreción.

trasplantar *tr*. Trasladar plantas del lugar en que están plantadas a otro. **2** Realizar un trasplante. **3** *tr*. y *prnl*. fig. Hacer salir un lugar o país a personas arraigadas en él, para asentarlas en otros. **4** fig. Introducir en un país o lugar ideas, costumbres, instituciones, etc., procedentes de otro.

trasplante *m*. Acción y efecto de trasplantar. **2** Aplicación de una parte de tejido o de un órgano. **3** Órgano trasplantado.

trasquilar *tr*. y *prnl*. Cortar mal el pelo a alguien, sin orden ni arte. **2** *tr*. Esquilar. **3** fig. Disminuir una cosa, quitando o separando algo de ella.

trastabillar *intr*. Dar traspiés o tropezones. **2** Tambalear, vacilar. **3** Tartamudear.

trastada *f*. Acción perjudicial e inesperada contra alguien. **2** Travesura.

traste *m*. *Amér*. Trasto.

trastear *intr*. Mover o revolver cosas de un sitio para otro. **2** Discurrir con ingenio. **3** *tr*. Dar el torero series de pases de muleta.

trastienda *f*. Habitación o cuarto que está detrás de las tiendas. **2** fam. Cautela o astucia en el modo de proceder o de hacer las cosas.

trasto *m*. Cualquiera de los muebles o utensilios de una casa. **2** Mueble, objeto o utensilio, que se tiene arrinconado por inútil o roto. **3** Cada uno de los bastidores pintados usados en la decoración teatral. **4** fam. Persona inútil o informal. **5** *pl*. Utensilios o herramientas propios de cualquier actividad.

trastocar *tr*. Alterar el orden establecido o la buena marcha de algo. **2** *prnl*. Sufrir un trastorno mental, trastornarse.

trastornar *tr*. Desordenar o revolver las cosas. **2** Alterar el orden regular de algo, producir un cambio perjudicial. **3** fig. Inquietar, intranquilizar, perturbar. **4** fam. Gustar mucho alguien o algo.

trastorno *m*. Acción y efecto de trastornar o trastornarse. **2** Alteración de la salud de carácter leve.

trasvasar *tr*. Pasar un líquido de un recipiente a otro.

tratable *adj*. Que se puede o deja tratar con facilidad. **2** Cortés, amable, de trato llano, razonable.

tratado *m*. Acuerdo, convenio o conclusión en algún asunto o negocio. **2** Escrito firmado por las partes contendientes en que constan los acuerdos tomados. **3** Obra escrita que comprende o explica todo lo concerniente a una materia determinada.

tratamiento *m*. Trato, acción y efecto de tratar o tratarse. **2** Modo de tratar o ser tratado. **3** Título honorífico de cortesía que se da a las personas por su dignidad, autoridad o cargo. **4** Procedimiento que se emplea en una experiencia o en la elaboración de algún producto. **5** Método que se emplea para mejorar o curar enfermedades o defectos, o para combatir plagas.

tratar *tr*. Manejar algo; usar de ello materialmente. **2** Manejar, dirigir o gestionar algún negocio. **3** Proceder o comportarse con alguien de una determinada manera. **4** Aplicar a alguien un calificativo despectivo o injurioso. **5** Explicar, desarrollar o examinar un tema en un discurso o escrito. **6** Someter a unos determinados tratamientos o reactivos. **7** Curar, someter a cuidados médicos, cosméticos, etc. **8** *tr*. e *intr*. Tener conversaciones para llegar a algún acuerdo o solución. **9** Tener amistad o relaciones amorosas con alguien. **10** *intr*. Con la preposición *de*, intentar el logro de algún fin. **11** *prnl*. Ser cierta cosa lo que constituye el objeto de lo que se habla, se hace o se intenta: *de eso se trata*.

trato *m*. Acción y efecto de tratar o tratarse. **2** Tratamiento, título de cortesía o manera de dirigirse a alguien. **3** Tratado, acuerdo, convenio.

trauma *m*. Traumatismo. **2** Trastorno, perturbación o sentimiento emocional.

traumatismo *m*. Lesión de los tejidos orgánicos producida por agentes mecánicos, físicos o químicos.

traumatizar *tr*. y *prnl*. Causar trauma.

través *m*. Inclinación o torcimiento de una cosa hacia algún lado. **2** fig. Desgracia, fatalidad o suceso infeliz.

travesaño *m*. Pieza de madera, hierro u otro material, que une dos partes opuestas de algo. **2** Almohada larga que ocupa toda la cabecera de la cama. **3** En el fútbol, larguero horizontal de la portería.

travesear *intr*. Andar haciendo travesuras. **2** Comportarse bulliciosamente.

travesía *f*. Camino transversal entre otros dos. **2** Callejuela que atraviesa entre calles principales. **3** Parte de una carretera comprendida dentro del casco de una población. **4** Distancia entre dos puntos de tierra o de mar. **5** Viaje por mar o por aire.

travestí o **travesti** *com*. Persona vestida con ropas del sexo contrario, que forma parte, por lo general, de un espectáculo. **2** Dicho espectáculo.

travesura *f*. Acción realizada particularmente por niños, para divertirse o burlarse de alguien, sin que haya malicia en el hecho, aunque puede ocasionar algún peligro o trastorno.

trayecto *m*. Espacio que dista de un punto a otro. **2** Parte de un camino o de una línea de ferrocarril. **3** Camino que se recorre a pie o por medio de cualquier transporte.

trayectoria *f*. Línea descrita en el espacio por un punto que se mueve. **2** Curva que sigue el proyectil lanzado por un arma de fuego. **3** Curso de un huracán o tormenta giratoria. **4** fig. Orientación o conducta en lo que se hace.

traza *f*. Planta, diseño o proyecto de un edificio u otra obra de construcción. **2** fig. Apariencia o aspecto de alguien o algo. **3** fig. Huella, vestigio, señal.

trazado -da *adj*. Precedido de bien, o mal, de buena o mala conformación de cuerpo. **2** *m*. Acción y efecto de trazar. **3** Traza, plano o diseño de una obra o de un edificio. **4** Recorrido o dirección de un camino, canal, carretera, etc., sobre el terreno.

trazar *tr*. Dibujar o hacer trazos o líneas. **2** Diseñar el plano de un edificio u otra obra. **3** fig. Representar en líneas esenciales, describir sumariamente.

trazo *m*. Línea trazada sobre una superficie. **2** Cada una de las partes de la escritura en que se considera dividida la letra. **3** Línea o raya del rostro.

trébol *m*. Planta herbácea anual de las papilionáceas, de tallo velloso, hojas casi redondas y trifoliadas, flores agrupadas en cabezuelas redondeadas y fruto en vainillas con semillas menudas. Es muy apreciada como planta forrajera. **2** Uno de los cuatro palos de la baraja francesa.

trece *adj*. Diez y tres. **2** *adj*. y *n*. Decimotercero. **3** *m*. Conjunto de signos con que se representa este número.

treceavo -va *adj*. y *n*. Se dice de cada una de las trece partes iguales en que se divide un todo.

trecho *m*. Espacio o distancia de lugar o tiempo.

tregua *f*. Cesación de hostilidades, por determinado tiempo, entre enemigos que están en guerra. **2** fig. Descanso temporal, intermisión en cualquier actividad.

treintavo -va *adj*. y *n*. Se dice de cada una de las treinta partes iguales en que se divide un todo.

tremebundo -da *adj*. Espantoso, horrendo, terrible, que causa terror.

tremendo -da *adj*. Terrible y formidable, digno de ser temido. **2** Digno de respeto. **3** fam. Muy grande o extraordinario. **4** fam. Que hace o dice cosas sorprendentes. **5** fam. Se dice del niño travieso.

trémolo *m*. Sucesión rápida de muchas notas musicales iguales, de la misma duración.

trémulo -la *adj*. Que tiembla. **2** Se dice de lo que tiene un movimiento semejante al temblor.

tren *m*. Conjunto de una locomotora y de los vagones arrastrados por ella. **2** Conjunto de aparatos, máquinas o instrumentos necesarios para realizar una operación o servicio determinado en una industria. **3** Marcha, velocidad en las carreras a pie. **4** Comodidades y lujo con que se vive.

trenza *f*. Conjunto de tres o más ramales que se entretejen, cruzándolos alternativamente, para formar un mismo cuerpo alargado. **2** Peinado que se hace con el cabello largo entretejido y cruzado.

trenzar *tr*. Hacer trenzas. **2** *intr*. Hacer trenzados o saltos de danza o equitación.

trepa *f*. Acción y efecto de trepar o subir. **2** Media voltereta que se da sobre la cabeza. **3** fam. Astucia, trampa.

trepador -ra *adj*. Que trepa, sube. **2** Se dice de la planta que trepa o sube adhiriéndose a los árboles, a las paredes o a otros objetos. **3** *m*. Lugar o sitio por donde se trepa o se puede trepar. **4** Cada uno de los garfios que se sujetan a los pies y que sirven para trepar a los árboles, a los postes de telégrafos o de teléfonos y otros análogos. **5** *f. pl*. Nombre común a diversas aves paseriformes de los sítidos, que tienen el pico débil o recto, y el dedo externo unido al de en medio, o versátil, o dirigido hacia atrás para trepar con facilidad.

trepanación *f*. Acción de horadar la cavidad craneal.

trepar *intr*. y *tr*. Subir a un lugar alto o poco accesible, ayudándose de los pies y de las manos. **2** *intr*. Crecer las plantas adhiriéndose a los árboles, a las paredes o a otros objetos. **3** fam. Escalar, intentar subir a una posición económica, social, etc., más elevada.

trepidar *intr*. Temblar fuertemente, agitarse algo con rapidez. **2** *Amér*. Dudar, vacilar.

tres *adj*. Dos y uno. **2** *adj*. y *n*. Tercero, que sigue en orden a este número. **3** *m*. Signo con que se representa este número.

treta *f.* Engaño sutil, sagaz y hábil, empleado para conseguir algo.
tríada *f.* Conjunto o grupo de tres.
triangular *adj.* De figura de triángulo o semejante a él.
triángulo -la *adj.* De figura de triángulo. **2** *m.* Figura geométrica formada por tres rectas que se cortan mutuamente. **3** Instrumento de percusión en forma de triángulo abierto, construido con varilla cilíndrica de acero. **4** fig. Convivencia de marido, mujer y amante de uno de los cónyuges.
triásico *adj.* y *m.* Se dice del primer período del mesozoico, comprendido entre el pérmico y el jurásico. Duró unos cuarenta millones de años, y a lo largo de él aparecieron los primeros mamíferos.
tribal *adj.* Perteneciente o relativo a la tribu.
tribu *f.* Cada una de las agrupaciones en que algunos pueblos antiguos estaban divididos. **2** Unidad de carácter político constituida por individuos de distintos linajes o clanes. **3** fam. Familia numerosa o grupo numeroso de gente.
tribulación *f.* Pena, disgusto, aflicción, preocupación.
tribuna *f.* Plataforma o lugar elevado, generalmente con antepecho, desde donde se habla al público. **2** Plataforma elevada para presenciar algún acto o espectáculo público, generalmente al aire libre. **3** fig. Oratoria, principalmente la política. **4** En las pistas deportivas, espacio que ocupan los espectadores de localidad preferente, generalmente cubierto y con graderíos.
tribunal *m.* Lugar donde actúan los jueces para administrar justicia. **2** Órgano del Estado encargado de velar por la garantía del orden jurídico, juzgando sus alteraciones con arreglo a unas normas preexistentes o produciendo su propio derecho. **3** Conjunto de personas preparadas en cierta materia, ante el que se realizan exámenes, oposiciones, concursos u otros certámenes, para que valoren la calidad o valía de los presentados.
tributar *tr.* Pagar un tributo o cierta cantidad como tributo. **2** fig. Ofrecer un obsequio o manifestar veneración y respeto para demostrar admiración o gratitud hacia alguien.
tributo *m.* Contribución, impuesto u otra obligación fiscal. **2** Carga u obligación que se impone a alguien por el disfrute de algo. **3** fig. Cualquier carga permanente. **4** fig. Dedicación, expresión de cierto sentimiento favorable hacia alguien.
tricentenario *m.* Tiempo de trescientos años. **2** Fecha en que se cumplen trescientos años de algún suceso famoso.
tríceps *adj.* y *m.* Se dice del músculo que tiene tres cabezas o tendones.
triciclo *m.* Vehículo de tres ruedas.
tricolor *adj.* De tres colores: *bandera tricolor*.
tridimensional *adj.* De tres dimensiones.
triedro *m.* Poliedro de tres caras.
trienio *m.* Período de tres años. **2** Incremento económico del sueldo o salario correspondiente a cada tres años de servicio activo.
trifásico -ca *adj.* Se dice de la corriente eléctrica formada por tres corrientes alternas y desplazadas mutuamente en un tercio de período.
trifulca *f.* Aparato formado con tres palancas ahorquilladas en sus extremos, para mover los fuelles de los hornos metalúrgicos. **2** fig. Pelea, disputa o riña con alboroto entre varias personas.
trigal *m.* Campo o terreno sembrado de trigo.
trigésimo -ma *adj.* y *n.* Que ocupa el último lugar en una serie ordenada de treinta. **2** Se dice de cada una de las treinta partes iguales en que se divide un todo.
trigo *m.* Planta herbácea de las gramíneas, de tallo hueco y flores en espiga, de cuyas semillas se extrae la harina, de la que se elabora el pan. Es uno de los cereales más cultivados. **2** Grano y conjunto de granos de esta planta. **3** fig. Dinero, caudal.

trigo

trigueño -ña *adj.* De color de trigo, entre moreno y rubio.
trilingüe *adj.* Que tiene tres lenguas. **2** Que habla tres lenguas. **3** Escrito en tres lenguas.
trillar *tr.* Triturar la mies y separar el grano de la paja. **2** fig. Usar o manejar mucho una cosa. **3** fig. Maltratar, molestar.
trillizo -za *adj.* y *n.* Se dice de cada uno de los tres hermanos nacidos en un parto triple.
trillón *m.* Un millón de billones.
trilogía *f.* Conjunto de tres obras literarias de un autor que constituyen una unidad.
trimestre *adj.* Trimestral. **2** *m.* Período de tres meses. **3** Cantidad que se cobra o se paga cada tres

meses. **4** Conjunto de cosas que corresponden a tres meses.
trinar *intr*. Hacer trinos musicales. **2** Gorjear los pájaros. **3** fam. Estar muy enfadado, rabiar.
trincar *tr*. Atar fuertemente. **2** Sujetar a uno con los brazos o las manos como amarrándole.
trinchar *tr*. Cortar o partir en trozos la comida, especialmente la carne, para servirla. **2** fam. Disponer de una cosa; disponer en algún asunto con aire de autoridad.
trinchera *f*. Posición de defensa consistente en una zanja que permite moverse y disparar a cubierto del enemigo. **2** Desmonte en el terreno para el paso de una vía de comunicación, con taludes a ambos lados. **3** Prenda de abrigo impermeable.
trineo *m*. Vehículo con patines o esquís, en lugar de ruedas, que se desliza sobre el hielo o la nieve.

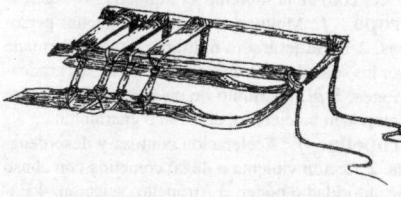

trineo

trinidad *f*. En la religión católica, distinción de tres personas divinas en una sola y única esencia.
trino *m*. Gorjeo de los pájaros. **2** Sucesión rápida y alternada de dos notas musicales de igual duración.
trinquete *m*. Palo de proa en las embarcaciones de dos o más palos. **2** fam. Persona muy alta.
trío *m*. Conjunto de tres. **2** Composición musical para tres voces o instrumentos.
tripa *f*. Conjunto de intestinos o parte de intestino. **2** Vientre, parte donde se encuentran los intestinos. **3** Vientre abultado, en especial el de la mujer embarazada. **4** Parte abultada de algunos objetos, particularmente de las vasijas. **5** Partes interiores de algunas frutas. **6** Conjunto de documentos que componen un expediente administrativo.
triple *adj*. y *m*. Se dice del número o cantidad que es tres veces mayor. **2** Se dice de lo que va acompañado de otras dos cosas semejantes para un mismo fin.
triplicar *tr*. y *prnl*. Multiplicar por tres. **2** *tr*. Hacer tres veces la misma cosa.
trípode *m*. Mesa o banquillo de tres pies. **2** Armazón de tres pies, para sostener ciertos instrumentos.
triptongo *m*. Unión de tres vocales en una sola sílaba.

tripulación *f*. Conjunto de personas encargadas en una embarcación o un aparato de locomoción aérea de su maniobra y servicio.
tripulante *com*. Miembro de una tripulación.
tripular *tr*. Conducir una embarcación o un aparato de locomoción aérea, o prestar servicio en ellos.
triquiñuela *f*. Artimaña, ardid o medio astuto para conseguir o eludir algo, generalmente con engaño.
trisílabo -ba *adj*. y *m*. De tres sílabas.
triste *adj*. Afligido, apesadumbrado. **2** De carácter o genio melancólico. **3** fig. Que causa o provoca pesadumbre o melancolía. **4** fig. Deplorable, funesto. **5** fig. Doloroso, difícil de soportar. **6** fig. Insignificante, ineficaz, insuficiente. **7** fig. Pálido, descolorido, sin vivacidad. **8** *m*. Canción popular de Argentina, Perú y otros países suramericanos, por lo general amorosa y triste, que se acompaña con la guitarra.
tristeza *f*. Calidad de triste. **2** Estado de ánimo triste y afligido. **3** Hecho, motivo o suceso que provoca pena o melancolía.
triturador -ra *adj*. y *n*. Que tritura. **2** *f*. Máquina que sirve para triturar.
triturar *tr*. Moler, desmenuzar una materia sólida sin reducirla a polvo. **2** Mascar, desmenuzar la comida con los dientes. **3** fig. Maltratar a alguien física o moralmente. **4** fig. Rebatir, censurar, criticar algo.
triunfalismo *m*. Actitud de la persona que demuestra o aparenta tener seguridad en sí mismo o superioridad respecto a los demás.
triunfar *intr*. Quedar victorioso. **2** Conseguir con esfuerzo algo que se pretende.
triunfo *m*. Acción de triunfar, victoria. **2** Trofeo. **3** fig. Éxito en algún empeño.
triunvirato *m*. Asociación o junta de tres personas para cualquier asunto o empresa.
trivial *adj*. Sin importancia, interés, novedad o trascendencia.
trivializar *tr*. Quitar, o no dar, importancia a algo, minimizar.
trocar *tr*. Cambiar una cosa por otra. **2** Cambiar, mudar, variar, alterar. **3** Vomitar lo que se ha comido. **4** Equivocar, tomar, hacer o decir una cosa por otra. **5** *prnl*. Cambiar de vida. **6** Cambiarse o mudarse por entero alguna cosa: *trocarse la suerte*.
trocha *f*. Camino que sirve de atajo para ir a alguna parte. **2** Camino abierto en la maleza. **3** *Amér*. Anchura de la vía ferroviaria: *trocha ancha, trocha angosta*.
trofeo *m*. Objeto, insignia o señal de una victoria. **2** Despojo obtenido en la guerra. **3** fig. Triunfo o victoria conseguidos. **4** Cabeza disecada de algún animal de caza.

troglodita *adj.* y *com.* Que habita en cavernas. **2** fig. Bárbaro, cruel, rudo. **3** fig. Que come demasiado.

trombón *m.* Instrumento musical de viento, especie de trompeta grande, cuyos sonidos responden, según la clase, a las voces del tenor, contralto o bajo. **2** *com.* Músico que toca este instrumento.

trombosis *f.* Proceso de formación de un coágulo de sangre en el interior de un vaso sanguíneo.

trompa *f.* Instrumento musical de viento, consistente en un tubo de metal enroscado circularmente que va ensanchándose desde la boquilla al pabellón. **2** Prolongación muscular, hueca y prensil de la nariz de algunos mamíferos, capaz de absorber fluidos. **3** Aparato chupador de algunos insectos. **4** *com.* Músico que toca la trompa.

trompada *f.* fam. Trompazo, porrazo. **2** fam. Encontrón de dos personas cara a cara. **3** fam. Puñetazo, golpazo. **4** Embestida de un buque contra otro o contra tierra.

trompeta *f.* Instrumento musical de viento, consistente en un tubo de metal que va ensanchándose desde la boquilla al pabellón y produce diversos sonidos, según la fuerza con que la boca impele el aire. **2** *com.* Músico que toca este instrumento. **3** fam. Persona despreciable y de escaso mérito.

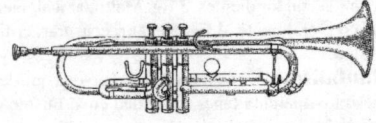

trompeta

trompetista *com.* Músico que toca la trompeta.

trompo *m.* Peón o peonza. **2** Molusco gasterópodo marino, con tentáculos cónicos en la cabeza, pie corto y franjeado en el contorno, y concha cónica, gruesa y deprimida transversalmente. Abunda en las costas de España. **3** fig. Persona torpe.

tronar *impers.* Haber o sonar truenos. **2** *intr.* Producir o causar ruido o estampido, parecido al del trueno o al del disparo de las armas de fuego. **3** fam. Hablar o escribir violentamente contra alguien o algo. **4** fam. Blasfemar.

troncar *tr.* Truncar, cortar.

tronco *m.* Tallo principal de los árboles y arbustos. **2** Parte del cuerpo humano o de los animales, prescindiendo de la cabeza y las extremidades. **3** Cuerpo truncado. **4** Ascendiente común de dos o más ramas, líneas o familias. **5** Conducto o canal principal del que salen o al que concurren otros menores. **6** *com.* fig. Persona insensible o inútil.

tronchar *tr. prnl.* Partir o romper con la mano el tronco, tallo o ramas de las plantas, o cualquier cosa semejante. **2** fig. Truncar, impedir que llegue a realizarse algo. **3** fam. Rendir a uno de cansancio. **4** *prnl.* fam. Reírse sin poder contenerse, mondarse de risa.

tronera *f.* Abertura en el costado de los buques, en el parapeto de las murallas o en el espaldón de las baterías, para disparar con seguridad y acierto los cañones. **2** Ventana pequeña y estrecha por donde entra escasamente la luz. **3** Juguete de papel plegado de modo que produce chasquidos al sacudirlo con fuerza. **4** Cada uno de los agujeros o aberturas que hay en las mesas de billar, para que por ellos entren las bolas.

trono *m.* Asiento con gradas y dosel, en el que se sientan los monarcas y otras personas de alta dignidad, especialmente en ceremonias. **2** fig. Dignidad de rey o soberano. **3** *pl.* En teología católica, tercer coro de la suprema jerarquía de los ángeles.

tropa *f.* Multitud o reunión de muchas personas. **2** En la jerarquía militar, categoría formada por los soldados, marinos y aviadores y sus graduaciones. **3** *pl.* Conjunto de cuerpos militares que componen un ejército, división o guarnición.

tropelía *f.* Aceleración confusa y desordenada. **2** Acción violenta o ilegal cometida con abuso de autoridad o poder. **3** Atropello, vejación. **4** Engaño, embaucamiento.

tropezar *intr.* Dar con los pies en algún obstáculo al caminar, perdiendo el equilibrio. **2** Encontrar algún obstáculo o dificultad que detiene o impide avanzar a alguien en un intento. **3** fig. Reñir con alguien u oponerse a su criterio. **4** fig. Cometer una falta, equivocación o desacierto. **5** *intr.* y *prnl.* Encontrar por casualidad una persona a otra.

tropical *adj.* Perteneciente o relativo a los trópicos: *clima tropical*. **2** Característico de la zona comprendida entre los trópicos. **3** fig. Ampuloso, frondoso, exagerado.

trópico -ca *adj.* Perteneciente o relativo al tropo; figurado. **2** *m.* Cada uno de los dos círculos menores de la esfera celeste, paralelos al ecuador, que pasan por los puntos solsticiales: *trópico de Cáncer* (en el hemisferio boreal) y *trópico de Capricornio* (en el hemisferio austral).

tropiezo *m.* Aquello en que se tropieza. **2** Lo que sirve de estorbo o impedimento. **3** fig. Falta, equivocación o indiscreción que alguien comete. **4** fig. Causa de dicha falta. **5** Desliz o culpa en materia de honestidad. **6** fig. Riña, pelea.

tropo *m.* Figura retórica que consiste en usar una palabra en un significado no habitual.

troposfera *f.* Zona inferior de la atmósfera, donde se desarrollan la mayoría de los fenómenos atmosféricos.

troquel *m.* Molde metálico empleado en la acuñación de monedas, medallas, etc. **2** Instrumento análogo, de mayores dimensiones, para el estampado de piezas metálicas.

troquelar *tr.* Imprimir y sellar una pieza de metal por medio del troquel. **2** Hacer monedas de este modo.

trotamundos *com.* Persona aficionada a viajar y recorrer países.

trotar *intr.* Ir las caballerías al trote. **2** Cabalgar alguien sobre un caballo que va al trote. **3** fam. Andar mucho o con mucha prisa alguien.

trote *m.* Modo de caminar entre el paso y el galope, en el que las caballerías posan alternativamente en el suelo ambos bípedos diagonales. **2** fig. Trabajo o actividad muy intensa, apresurada y fatigosa.

trova *f.* Verso, poesía. **2** Composición métrica formada a imitación de otra, siguiendo su estilo, método o consonancia. **3** Composición métrica escrita para canto. **4** Canción amorosa cantada o compuesta por los trovadores.

trovador -ra *adj.* y *n.* Que trova. **2** *m.* y *f.* Poeta. **3** *m.* Poeta lírico en lengua de oc, de los ss. XI-XIV.

trovar *intr.* Hacer versos. **2** Componer trovas. **3** *tr.* Imitar una composición métrica, aplicándola a otro asunto. **4** fig. Dar a una cosa diverso sentido del que lleva la intención con que se ha dicho o hecho.

trozar *tr.* Destrozar, romper. **2** Dividir en trozas el tronco de un árbol.

trozo *m.* Pedazo o parte de algo separado del todo.

trucha *f.* Pez osteíctio clupeiforme, de los salmónidos, con cuerpo fusiforme de color pardo con pintas rojizas o negras, según los casos, cabeza pequeña, cola con una pequeña escotadura y carne blanca o rosada, sabrosa y delicada. De agua dulce, abunda en España. **2** *com.* fam. Persona astuta.

trucha

truco *m.* Cada una de las habilidades que se adquieren en el ejercicio de un arte, oficio, profesión, etc. **2** Suerte del juego del billar, que consiste en echar con la bola propia la del contrario por alguna de las troneras o por encima de la barandilla. **3** Medio o habilidad de que se sirve alguien para obtener una apariencia engañosa. **4** *pl.* Juego parecido al billar, en una mesa con troneras y distintos obstáculos.

trueno *m.* Estampido o estruendo producido en las nubes por una descarga eléctrica. **2** Ruido semejante al anterior que causa el tiro de cualquier arma o artificio de fuego. **3** Cohete o artificio pirotécnico que produce un gran ruido. **4** fam. Joven alborotador, atolondrado y de mala conducta.

trueque *m.* Acción y efecto de trocar o trocarse.

truhán -na *adj.* y *n.* Que vive de engaños y estafas, granuja, sirvengüenza. **2** fam. Que divierte a otros con bromas, bufonadas o gestos.

truncado -da *adj.* Cortado, disminuido, incompleto. **2** GEOM Se dice del poliedro cortado por uno o más planos.

truncar *tr.* Cortar una parte de algo. **2** Cortar la cabeza al cuerpo del hombre o de un animal. **3** fig. Omitir frases o pasajes de algún texto, o dejar incompleto el sentido de lo que se escribe o lee. **4** fig. Impedir que llegue a realizarse por completo o a desarrollarse algo.

trusa *f.* Gregüescos o calzones acuchillados que llegaban hasta medio muslo.

tú Pronombre personal de segunda persona en el género masculino o femenino y número singular. Funciona como sujeto.

tu, tus Apócope de tuyo, tuya, tuyos, tuyas. Sólo se utiliza antepuesto al nombre.

tubérculo *m.* Parte engrosada del tallo de las plantas, generalmente subterránea y rica en sustancias de reserva.

tuberculosis *f.* Enfermedad infecciosa y contagiosa, producida por el bacilo de Koch. Según el órgano atacado y la intensidad de la afección, adopta formas muy diferentes. Su lesión habitual es un tumor duro y redondeado llamado tubérculo. Los órganos o tejidos más afectados son los pulmones, huesos, riñones y piel. El tratamiento con distintos fármacos suele ser eficaz.

tubería *f.* Conjunto de tubos o cañerías que sirve para conducir el agua u otro fluido, o un producto reducido a polvo, en una instalación.

tubo *m.* Pieza hueca, generalmente cilíndrica y abierta por ambos extremos, que se utiliza como medio de conducción de fluidos o de productos reducidos a polvo. **2** Recipiente cilíndrico y oblongo, de metal maleable o de plástico, destinado a contener sustancias viscosas. **3** Recipiente cilíndrico y rígido, generalmente de cristal.

tubular *adj.* Perteneciente o relativo al tubo. **2** En forma de tubo o formado de tubos.

tuerto -ta Participio pasivo irregular de torcer. **2** *adj.* y *n.* Falto de la vista en un ojo. **3** *m.* Agravio, ofensa. **4** *pl.* Entuertos, dolores después del parto.

tuétano *m.* Médula, sustancia blanca contenida dentro de los huesos. **2** Parte interior de la raíz o del tallo de las plantas. **3** fig. Meollo, fondo de algo.

tufo *m.* Emanación gaseosa que se desprende de las fermentaciones y de las combustiones imperfectas. **2** fam. Olor desagradable que despide de sí algo o alguien. **3** fam. Orgullo, soberbia, vanidad.
tugurio *m.* Choza de pastores. **2** fig. Habitación, vivienda o establecimiento miserables.
tul *m.* Tejido de seda, algodón o hilo, que forma malla, generalmente en octágonos.
tulipán *m.* Planta herbácea de las liliáceas, de hojas anchas y grandes, flor única de seis pétalos de diversos colores y fruto en cápsula con muchas semillas. **2** Flor de esta planta.

tulipán

tullido -da *adj.* y *n.* Imposibilitado de mover el cuerpo o alguno de sus miembros.
tullir *tr.* Dejar tullido a alguien. **2** fig. Rendir a uno la fatiga. **3** *intr.* Arrojar el excremento las aves de rapiña. **4** *prnl.* Quedarse tullido.
tumba *f.* Sepulcro, sepultura. **2** Armazón en forma de ataúd ante el que se celebran las honras fúnebres. **3** Cubierta arqueada de ciertos carruajes. **4** fig. Persona muy reservada.
tumbar *tr.* Hacer caer o derribar a alguien o algo. **2** fam. Perturbar o quitar el sentido a alguien algo que le ha producido una fuerte impresión física o moral. **3** fam. Suspender a alguien en un examen, prueba o ejercicio. **4** *intr.* Caer al suelo, rodar por tierra. **5** *prnl.* fam. Echarse, tenderse, especialmente para dormir. **6** Aflojar en un trabajo o desistir de él.
tumbo *m.* Vaivén, traqueteo, sacudida violenta. **2** Caída violenta, vuelco o voltereta. **3** Ondulación de la ola del mar, y especialmente la ola grande. **4** Ondulación del terreno.
tumefacción *f.* Hinchazón de alguna parte del cuerpo.
tumor *m.* Alteración patológica, con aumento de volumen, de los tejidos orgánicos, por crecimiento autónomo y parasitario.
túmulo *m.* Sepulcro levantado sobre el suelo. **2** Montecillo artificial con que se cubría una sepultura. **3** Armazón de madera, cubierta de paños fúnebres, en la que se coloca el ataúd y que se erige para celebrar exequias.
tumulto *m.* Alboroto, confusión o disturbio producido por una multitud. **2** fig. Confusión agitada, desorden ruidoso, vocerío.
tumultuoso -sa *adj.* Que causa o produce tumultos. **2** Confuso, alborotado, desordenado.
tuna[1] *f.* Nopal. **2** Higo que produce dicha planta.
tuna[2] *f.* Vida holgazana y vagabunda. **2** Orquestina formada por estudiantes, estudiantina.
tunda *f.* Acción y efecto de tundir a golpes. **2** Esfuerzo que produce agotamiento.
tundir *tr.* fam. Dar a alguien golpes, palos o azotes.
tundra *f.* Terreno abierto y llano, de clima subglacial y subsuelo helado, sin vegetación arbórea, cubierto fundamentalmente por musgos, líquenes y pequeñas hierbas. Se extiende por Siberia, Alaska y el N de Canadá.
túnel *m.* Paso subterráneo abierto artificialmente para establecer comunicaciones.
túnica *f.* Vestidura sin mangas que usaban los antiguos y les servía de camisa. **2** Vestidura en forma de camisa, larga y holgada, generalmente sin mangas. **3** Membrana fina que cubre algunas partes del cuerpo. **4** Membrana que envuelve por completo el cuerpo de los tunicados.
tupido -da *adj.* Espeso, que tiene sus elementos juntos o muy próximos unos a otros. **2** Se dice del entendimiento y los sentidos obtusos, torpes.
tupí-guaraní *m. pl.* Grupo de pueblos amerindios establecidos antiguamente desde el NE de Argentina y Paraguay hasta la costa atlántica y el S de la Guayana. La familia lingüística tupí-guaraní es la más extendida de las autóctonas de América del Sur. La presión de los conquistadores obligó a las tribus brasileñas a refugiarse en la cuenca del Amazonas, donde el tupí se convirtió en lengua del comercio, mientras que los guaraníes tendieron a desarrollar una cultura particular, cuyo foco estuvo en las misiones jesuíticas del NE de Argentina y Paraguay. La búsqueda de una «tierra sin mal» explica sus incesantes migraciones, que los llevaron incluso a entrar en contacto con los incas.
tupir *tr.* y *prnl.* Hacer algo más tupido. **2** fig. *prnl.* Hartarse de comer o beber. **3** Ofuscarse la mente impidiendo pensar con lucidez.
turba[1] *f.* Combustible fósil formado de residuos vegetales carbonizados, negruzco, ligero y de aspecto terroso.
turba[2] *f.* Muchedumbre de gente confusa, desordenada y tumultuosa.
turbación *f.* Acción y efecto de turbar o turbarse. **2** Confusión, desorden, desconcierto.
turbante *m.* Tocado oriental que consiste en una tira larga de tela que se enrrolla en la cabeza.

turbar *tr.* y *prnl.* Alterar el orden o el estado o curso natural de algo. **2** Enturbiar. **3** fig. Sorprender o aturdir a alguien, alterar su ánimo o ponerle en un estado de fuerte emoción. **4** fig. Interrumpir la quietud de forma violenta.

turbina *f.* Máquina motriz rotativa capaz de transformar en energía mecánica la energía de una corriente continua de un fluido. **2** Centrifugadora que separa los cristales de azúcar de otros componentes de la melaza.

turbio -bia *adj.* Mezclado o alterado por algo que oscurece o quita la claridad natural o transparencia. **2** fig. Confuso, poco claro, dudoso. **3** *m. pl.* Hez de un líquido, principalmente del aceite o del vino.

turbulencia *f.* Calidad de turbio, o de turbulento. **2** Formación de remolinos producida por variaciones irregulares y rápidas de la dirección y velocidad del viento.

turbulento -ta *adj.* Turbio. **2** fig. Alborotado, agitado. **3** Que provoca disturbios, discusiones, etc.

turco -ca *adj.* Relativo a un grupo de pueblos nómadas asiáticos, probablemente originarios de la cordillera del Altai, que después de someter el N de China y Mongolia (s. VI) se extendieron por todo el continente asiático. Una parte de ellos adoptó el islam a partir del s. VIII. El Imperio constituido por los turcos otomanos a principios del s. XIV fue el origen de la actual Turquía. **2** *adj.* y *f.* Se dice de la cama baja y estrecha.

turífero -ra *adj.* Que produce o lleva incienso.

turismo *m.* Acción de viajar por placer, deporte o instrucción. **2** Conjunto de actividades puestas en práctica para realizar este tipo de viajes. **3** Industria cuya finalidad es satisfacer las necesidades del turista. **4** Automóvil de uso particular.

turista *com.* Persona que viaja por distracción y recreo.

turma *f.* Testículo.

turnar *intr.* y *prnl.* Alternar ordenadamente con otras personas en el disfrute de un beneficio, en el desempeño de un cargo o en cualquier trabajo.

turno *m.* Orden alternado que se observa entre varias personas para realizar una cosa, o en la sucesión de estas cosas. **2** Momento, espacio de tiempo, vez en que corresponde a alguien actuar o recibir una cosa o acción basándose en un orden establecido.

turrón *m.* Dulce hecho a base de almendras, piñones, avellanas, nueces u otros ingredientes, tostado todo y mezclado con miel o azúcar.

tutear *tr.* y *prnl.* Hablar a alguien de tú.

tutela *f.* Institución ordenada por la ley cuyo fin es la protección y asistencia de alguien que, por razón de edad o de incapacidad, no puede valerse por sí mismo ni proveer a la administración de sus bienes. **2** Cargo de tutor. **3** fig. Protección, amparo, defensa.

tutelar[1] *tr.* Ejercer la tutela sobre alguien.

tutelar[2] *adj.* y *n.* Que guía, ampara o protege.

tuteo *m.* Acción y efecto de tutear o tutearse.

tutor -ra *m.* y *f.* Persona que ejerce la tutela de alguien. **2** Defensor, protector. **3** Profesor privado que tiene a su cargo la educación general de un alumno.

tutoría *f.* Autoridad o cargo de tutor. **2** Tiempo dedicado por el profesor a ejercer de tutor.

tuya *f.* Árbol de las cupresáceas, siempre verde, de madera muy resistente y fruto en piñas pequeñas y lisas.

tuyo, tuya, tuyos, tuyas *adj.* y *pron.* Posesivos de segunda persona en masculino y femenino, y en singular y plural, que establece una relación de posesión o pertenencia entre el término al que determina o se refiere y la persona.

u *f.* Vigesimosegunda letra del abecedario castellano y última de sus vocales, la más velar. Es muda en *gue, gui* y *que, qui* cuando no lleva diéresis.

uadi *m.* Cauce casi siempre seco de algún arroyo o torrentera, frecuente en las zonas desérticas del N de África y de Arabia.

uadi

ubicar *intr.* y *prnl.* Estar en un lugar determinado. **2** *tr. Amér.* Poner, localizar.

ubicuo -cua *adj.* Que está en todas partes. **2** fig. Se dice de la persona que desea enterarse de todo y que todo lo quiere presenciar.

ubre *f.* Teta o tetas de la hembra de los mamíferos.

ufano -na *adj.* Arrogante, engreído. **2** fig. Satisfecho. **3** fig. Que procede con resolución y desembarazo en la ejecución de algo.

uitoto *m. pl.* Pueblo amerindio que habita en las selvas de la Amazonia colombiana, entre el alto Yapurá y el Putumayo. Da nombre a un grupo lingüístico que comprende lenguas y dialectos hablados por varias tribus.

ujier *m.* Portero de estrados de un palacio o tribunal. **2** Empleado subalterno de algunos tribunales y cuerpos del Estado.

úlcera *f.* Lesión de la piel o de las mucosas que exuda y no tiende a cerrarse espontáneamente.

uliginoso -sa *adj.* Se dice de los terrenos húmedos y de su vegetación.

ulterior *adj.* Se dice de lo que está más allá de un punto de referencia. **2** Que se dice, sucede o se realiza después de otra cosa.

ultimar *tr.* Dar fin a una cosa, concluirla. **2** *Amér.* Matar.

ultimátum *m.* Nota diplomática con carácter definitivo. **2** fam. Resolución tajante.

último -ma *adj.* Que viene detrás o después de los demás. **2** Se dice de la persona o cosa que cierra una serie. **3** Se dice de lo más remoto, retirado o escondido. **4** Se aplica al recurso, medio o acuerdo eficaz y definitivo que se toma en algún asunto. **5** Se dice de lo extremado en su línea. **6** Se aplica al fin a que deben dirigirse nuestras acciones y designios. **7** *adj.* y *n.* Se dice del precio que se pide como mínimo o del que se ofrece como máximo.

ultra *adv.* Además de. **2** En composición con algunas voces, más allá de, al otro lado de: *ultramar*. **3** Antepuesta como partícula inseparable a algunos adjetivos, expresa idea de exceso: *ultrafamoso*. **4** *adj.* y *com.* Se dice de la persona o de la ideología que radicalizan sus opiniones.

ultracorrección *f.* Error de lenguaje consistente en suponer incorrecta una palabra por analogía con otras: *bacalado* por *bacalao*.

ultrajar *tr.* Ofender gravemente de palabra o de obra. **2** Despreciar o humillar.

ultramar *m.* Lugar, país o conjunto de países que están al otro lado del mar; se decía especialmente de los territorios coloniales.

ultrasonido *m.* Onda sonora no perceptible, con una frecuencia superior a 20 Khz. Se emplea en medicina, metalurgia y exploración submarina.

ultravioleta *adj.* y *m.* Se dice de la radiación electromagnética que corresponde al intervalo que va desde la luz visible hasta la región de los rayos X. Se usa en fotografía, y como esterilizante y germicida, en medicina.

ulular *intr.* Dar gritos o alaridos. **2** Hacer el viento un sonido semejante.

umbral *m.* Parte inferior de la puerta de una casa, contrapuesta al dintel. **2** Viga travesera sobre un vano, que hace de soporte del muro. **3** fig. Primer paso o entrada de cualquier cosa. **4** Elevación suave que separa dos valles o cuencas, tanto terrestres como oceánicas.

umbrío -a *adj.* Se dice de la parte en que da poco el sol. **2** *f.* Parte del terreno que por su orientación está siempre o casi siempre en sombra.

un, una Según algunas teorías gramaticales, artículo indeterminado en género masculino y femenino y número singular. **2** *adj.* Uno.

unánime *adj.* Se dice de las personas que están de acuerdo sobre algún punto. **2** Se aplica también a la opinión o sentimiento en que concuerdan dos o más personas.

unción *f.* Acción de ungir. **2** Sacramento cristiano también llamado unción de enfermos y extremaunción. **3** Fervor, recogimiento.

ungir *tr.* Aplicar aceite u otra materia grasa a una cosa. **2** Signar con óleo sagrado a una persona.

ungüento *m.* Cualquier sustancia con que se unge o unta **2** Medicamento de una cierta densidad que se aplica externamente. **3** fig. Cosa que suaviza el ánimo o la voluntad.

único -ca *adj.* Solo en su especie. **2** fig. Singular, extraordinario.

unicornio *m.* Animal fabuloso de figura de caballo y con un cuerno en mitad de la frente. **2** Rinoceronte.

unicornio

unidad *f.* Cualidad por la que personas, animales y cosas se mantienen en el ser distinto y separado de los demás. **2** Singularidad en número o calidad. **3** Cada una de las cosas completas y diferenciadas de otras que se hallan en un conjunto. **4** El número uno. **5** Cantidad que se toma por medida o término de comparación de las demás de su especie. **6** Unión, acuerdo.

unido -da *adj.* Que tiene unión. **2** Que tiene avenencia o compenetración con otra persona.

unificar *tr.* y *prnl.* Hacer de varias cosas una o un todo.

uniformar *tr.* y *prnl.* Hacer uniformes dos o más cosas. **2** Hacer que los individuos de un cuerpo vistan el mismo traje o uniforme.

uniforme *adj.* Se dice de dos o más cosas que tienen la misma forma. **2** Siempre igual. **3** fig. Que procede de un modo constante. **4** *m.* Traje que llevan todos los miembros de un cuerpo, institución, etc.

unión *f.* Acción y efecto de unir o unirse. **2** Correspondencia y conformidad de una cosa con otra. **3** Conformidad de ánimos, voluntades, etc. **4** Casamiento. **5** Composición que resulta de la mezcla de algunas cosas entre sí. **6** Alianza, confederación, compañía. **7** Concordia, sortija doble. **8** Contigüidad de una cosa a otra.

unir *tr.* Juntar dos o más cosas de modo que formen un todo. **2** Atar una cosa con otra. **3** Acercar una cosa a otra, para que formen un conjunto o concurran al mismo fin. **4** Agregar un beneficio o prebenda eclesiástica a otra. **5** fig. Concordar criterios o voluntades. **6** Consolidar o cerrar una herida. **7** *prnl.* Asociarse personas o países entre sí. **8** Juntarse uno a la compañía de otro. **9** *tr.* y *prnl.* Casarse.

unísono -na *adj.* Se dice de la voz o instrumento que emite el mismo tono y sonido que otro. **2** *m.* Pieza musical en que voces e instrumentos cantan a la vez los mismos sonidos.

unitario -ria *adj.* Relativo a la unidad. **2** Que propende a la unidad o desea conservarla. **3** Que toma por base una unidad determinada.

universal *adj.* Relativo al universo. **2** De todos los lugares y tiempos: *historia universal, geografía universal.* **3** General, común a todos los seres de una especie.

universidad *f.* Institución de enseñanza superior dividida en facultades, que abarcan la totalidad de ramas del saber, con una gran división en letras y ciencias. **2** Conjunto de personas que constituyen esa institución. **3** Edificio o edificios en que desarrolla sus actividades de enseñanza y aprendizaje.

universo -sa *adj.* Universal. **2** *m.* Mundo como conjunto de todos los seres existentes, con el espacio en que están y se mueven. ☐ **ASTRON** El universo engloba todo lo que existe, tanto en forma de materia visible como de energía invisible. Aunque desde épocas remotas se han formulado innumerables teorías acerca de su procedencia, en la actualidad el estudio del origen, estructura y evolución del universo, desde el punto de vista científico, constituye el campo de la *cosmología.*

uno -na *adj.* Que no está dividido en sí mismo. **2** Se dice de la persona o cosa identificada o unida, física o moralmente, con otra. **3** Idéntico, lo mis-

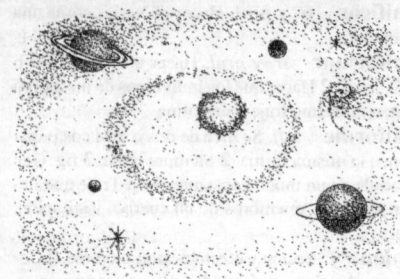

universo

mo: *esa razón y la que yo digo es una*. **4** Con sentido distributivo se usa contrapuesto a *otro*. **5** Antepuesto a un número cardinal, poco más o menos. **6** Numeral ordinal. **7** Pronombre indeterminado. En singular, se aplica a algo cuyo nombre se ignora o no quiere decirse; en plural equivale a algunos. **8** *m.* Unidad, cantidad que sirve de medida. **9** Nombre del primero de los números naturales.

untar *tr.* Aplicar aceite u otra materia grasa a una superficie. **2** *fam.* Sobornar, corromper con dinero. **3** *prnl.* Mancharse con una materia untuosa o sucia.

uña *f.* Lámina córnea que se forma en las extremidades de los dedos del hombre y de algunos animales, en los que puede transformarse en garra. **2** Punta corva en que remata la cola del alacrán. **3** Espina corva de algunas plantas. **4** Pedazo de rama que queda unida al tronco al podarla. **5** Garfio o punta de algunos instrumentos de metal. **6** Muesca que se hace en ciertos objetos para empujarlos con el dedo.

uñada *f.* Impresión que se deja apretando el corte de la uña. **2** Arañazo.

urbanidad *f.* Cortesía, buenos modos.

urbanismo *m.* Conjunto de conocimientos y normas que regulan la creación, el desarrollo y el funcionamiento de las ciudades.

urbanización *f.* Acción y efecto de urbanizar. **2** Terreno acotado en campo abierto y provisto de infraestructura para construir un conjunto residencial. **3** Conjunto residencial.

urbanizar *tr.* y *prnl.* Hacer urbano y sociable a uno. **2** Dotar a un terreno en campo abierto de las infraestructuras necesarias para construir un conjunto residencial con todos los servicios.

urbano -na *adj.* Relativo a la urbe o ciudad. **2** *fig.* Cortés y con buenos modales. **3** *adj.* y *n.* Se dice del guardia que regula el tráfico en las ciudades.

urbe *f.* Ciudad populosa.

uréter *m.* Cada uno de los conductos por los que desciende la orina desde los riñones a la vejiga.

uretra *f.* Conducto del sistema urogenital que transporta la orina desde la vejiga al exterior; en el varón sirve también de canal deferente del semen.

urgencia *f.* Calidad de urgente. **2** Necesidad o falta apremiante de alguna cosa.

urgente *adj.* Que urge. **2** Se aplica a las cartas, telegramas, etc., que se expiden con más rapidez que los ordinarios.

urgir *intr.* Ser urgente, apremiar alguna cosa.

urinario -ria *adj.* Relativo a la orina. **2** *m.* Lugar público que se destina a orinar.

urna *f.* Recipiente de formas y materiales diversos, que se conoce desde la Edad del Bronce, y que en ciertas culturas servía para conservar las cenizas de los muertos. **2** Arquita en que se meten las papeletas para los sorteos, las votaciones, etc. **3** Caja de cristal que sirve para exponer algún objeto.

urología *f.* Rama de la medicina que estudia el aparato urinario.

urraca *f.* Ave paseriforme de los córvidos, de unos 40 cm de longitud, con pico robusto, cola larga y plumaje blanco y negro; es parlera, recoge todo tipo de objetos y se domestica con facilidad. **2** *fam.* Persona que todo lo guarda.

urraca

usanza *f.* Ejercicio o práctica de una cosa. **2** Uso, costumbre en boga.

usar *tr.* Hacer servir una cosa para algo, utilizarla. **2** Ejecutar algo habitualmente o por costumbre. **3** *intr.* Tener costumbre. **4** *prnl.* Estar algo de moda, ser de uso corriente.

uso *m.* Acción y efecto de usar. **2** Ejercicio o práctica general de una cosa. **3** Moda. **4** Modo de obrar. **5** Empleo continuado y habitual de una persona o cosa.

usted Pronombre personal de segunda persona, que concierta con el verbo en tercera persona; es contracción de *vuestra merced* y se emplea como tratamiento de respeto o de cortesía. En el habla popular andaluza y de buena parte de Hispanoamérica, *ustedes* ha sustituido a *vosotros* como plural de *tú*.

usual *adj*. De uso corriente o habitual; común, general. **2** Que se puede usar con facilidad. **3** Relativo al sujeto sociable y de buen genio.

usuario -ria *adj*. Que usa habitualmente alguna cosa. **2** Se dice de la persona con derecho a utilizar alguna cosa dentro de ciertas limitaciones.

usufructo *m*. Derecho a disfrutar de bienes ajenos con la obligación de conservarlos. **2** Provecho que se obtiene de una cosa.

usufructuar *tr*. Tener el usufructo de algo. **2** *intr*. Fructificar, producir utilidad una cosa.

usufructuario -ria *adj*. y *n*. Que posee y disfruta una cosa. **2** Se dice de la persona que posee derecho real de usufructo sobre alguna cosa.

usura *f*. Interés que se lleva por el dinero o el género en el contrato de mutuo o préstamo. **2** Interés excesivo en un préstamo. **3** fig. Ganancia o provecho excesivo que se saca de una cosa.

usurero -ra *m*. y *f*. Prestamista con interés excesivo o ilegal. **2** Persona que abusa en cualquier negocio.

usurpación *f*. Acción y efecto de usurpar.

usurpar *tr*. Apoderarse de bienes o derechos ajenos. **2** Arrogarse una dignidad o empleo pertenecientes a otra persona.

utensilio *m*. Objeto o útil de uso manual y frecuente: *utensilios de afeitar, utensilios de cocina*. **2** Herramienta de un oficio o arte.

útero *m*. Órgano en forma de pera del aparato genital de las hembras de los mamíferos, destinado a recibir el óvulo fecundado; es un saco muscular revestido interiormente de una mucosa.

útil[1] *adj*. Que produce provecho, fruto, interés o comodidad. **2** Se dice del tiempo o de los días hábiles por ser laborales o por entrar en el plazo establecido. **3** Apto para alguna cosa o servicio.

útil[2] *m*. Utensilio o herramienta. (Se usa más en plural.)

utilería *f*. *Amér*. Conjunto de herramientas de un oficio. **2** Conjunto de objetos que constituyen la escenografía en una obra teatral o cinematográfica.

utilero -ra *m*. y *f*. Persona encargada de la utilería.

utilidad *f*. Calidad de útil. **2** Provecho, beneficio que se obtiene de una persona o cosa.

utilitario -ria *adj*. Que antepone la utilidad a cualquier otro valor. **2** *adj*. y *m*. Se dice del coche pequeño y de poco consumo.

utilitarismo *m*. Sistema filosófico anglosajón que identifica lo útil con lo bueno y trata de extender el bienestar al mayor número posible de personas.

utilizable *adj*. Que puede o debe utilizarse.

utilización *f*. Acción y efecto de utilizar.

utilizar *tr*. y *prnl*. Servirse de algo o de alguien en general o para un fin preciso.

utopía *f*. Idea o proyecto hermoso y halagüeño pero irrealizable.

uva *f*. Fruto de la vid, que es una baya o grano globoso y jugoso, el cual nace en racimos. Contiene unos granillos duros, que constituyen la semilla; es comestible y, triturada, produce el mosto, que, fermentado, da el vino. **2** Fruto del agracejo. **3** Enfermedad de la úvula, que consiste en un tumorcillo de la figura de una uva. **4** fam. Vino o cualquier bebida alcohólica.

uve *f*. Nombre de la letra *v*.

úvula *f*. Lóbulo carnoso que pende de la parte media y posterior del velo del paladar.

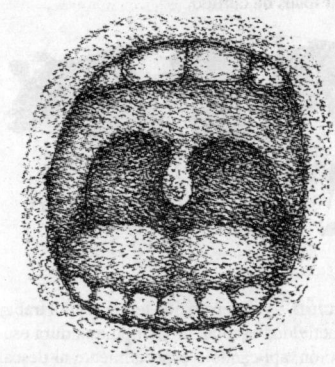

úvula

uvular *adj*. Relativo a la úvula. **2** Se dice del sonido en cuya emisión interviene la úvula.

uxoricidio *m*. Delito del marido que mata a su mujer.

v *f.* Vigesimotercera letra del abecedario castellano, y decimoctava de sus consonantes. Su nombre es *ve* o *uve*. Actualmente presenta el mismo sonido que la b en todos los países de lengua castellana. Su articulación, por lo tanto, es bilabial y sonora, oclusiva en posición inicial absoluta o después de nasal (*venid, envío*) y fricativa en los demás casos (*ave, arveja*). **2** Letra numeral que tiene el valor de cinco en la numeración romana.

vaca *f.* Hembra del toro. **2** Carne de vaca o de buey, que se emplea como alimento. **3** Cuero de la vaca después de curtido.

vaca

vacación *f.* Interrupción temporal del trabajo o de la actividad escolar. **2** Tiempo que dura esa interrupción, aplicándolo especialmente al descanso veraniego. (Se usa más en plural.) **3** Acción de vacar un cargo.

vacante *adj.* y *f.* Se dice del cargo, empleo o dignidad que no tiene quien lo ocupe.

vaciar *tr.* y *prnl.* Dejar vacía alguna cosa. **2** Sacar, verter o arrojar el contenido de un recipiente. **3** *tr.* Formar un objeto echando en un molde hueco metal derretido u otra materia blanda. **4** Formar un hueco en alguna cosa. **5** Sacar filo a un instrumento cortante. **6** *intr.* Desaguar una corriente de agua. **7** Menguar el agua en el mar, los ríos, etc. **8** *prnl.* fam. Decir uno sin reparo lo que debía callar o mantener secreto.

vacilar *intr.* Moverse personas o cosas sin dirección precisa por falta de equilibrio. **2** No tener estabilidad en la posición o estado. **3** fig. Carecer de firmeza en convicciones o sentimientos. **4** *tr.* fam. Divertirse a costa de alguien. **5** *intr.* fam. Conversar con humor e ironía.

vacío -a *adj.* Falto de contenido o sustancia. **2** En los ganados, se dice de la hembra que no tiene cría. **3** Vano, sin fruto, malogrado. **4** Se aplica a las casas o pueblos sin habitantes, o a los sitios que están sin la gente que suele ir a ellos. **5** Imperfecto en su línea, o para el efecto que se pretende. **6** Hueco, o sin la solidez requerida. **7** fig. Presuntuoso, inmaduro. **8** Concavidad o hueco de algunas cosas. **9** Vacante de un empleo, dignidad, cargo, etc. **10** fig. Ausencia sensible de una persona o cosa.

vacuna *f.* Enfermedad vírica del ganado vacuno y equino, caracterizada por la aparición de pústulas en la piel. **2** Humor o linfa de dichas pústulas, que se utiliza para inocular la enfermedad. **3** Preparado con cuerpos antígenos que se inocula en el organismo para inmunizar contra determinada enfermedad o atenuar sus efectos patógenos. **4** fig. Cualquier experiencia que contribuye a inmunizar contra algún riesgo o peligro.

vacunar *tr.* y *prnl.* Inocular un virus o vacuna con fines preventivos. **2** *tr.* Inocular el virus vacuno a la vaca o a la ternera, para conservarlo.

vacuno -na *adj.* Perteneciente al ganado bovino. **2** De cuero de vaca. **3** *m.* Animal bovino.

vacuo -cua *adj.* Vacío, hueco, sin contenido ni sustancia. **2** *m.* Hueco, concavidad.

vadear *tr.* Pasar un río u otra corriente de agua por un vado o por cualquier sitio donde se pueda hacer pie. **2** fig. Vencer una grave dificultad. **3** *prnl.* Manejarse, portarse, conducirse.

vado *m.* Paraje poco profundo de un río por el que se puede pasar a pie, cabalgando o en carruaje. **2** Parte rebajada de una acera para facilitar la entrada y salida de vehículos.

vagabundear *intr.* Hacer vida de vagabundo.

vagabundo -da *adj.* Que anda errante. **2** *adj.* y *n.* Ocioso u holgazán que anda de un lugar a otro sin oficio ni beneficio.

vagancia *f.* Acción de vagar o estar sin oficio u ocupación. **2** Calidad de vago, poco trabajador. **3** Pereza.

vagar[1] *m.* Tiempo desocupado o libre. **2** Lentitud, tranquilidad, pausa.

vagar[2] *intr.* Andar de una parte a otra sin especial detención en ninguna. **2** Andar por un sitio sin hallar camino o lo que se busca. **3** Andar libre y suelta una cosa sin el orden que debe tener.

vagina *f.* Conducto muscular y membranoso que en las hembras de los mamíferos une el cuello del útero con la vulva.

vaginitis *f.* Inflamación aguda o crónica de la mucosa vaginal.

vago -ga *adj.* Que anda de un lado a otro, sin detenerse en ningún lugar. **2** Se aplica a las cosas que no tienen objeto o fin determinado. **3** Indeciso, indeterminado.

vagón *m.* Cada uno de los coches de un tren. **2** Carro grande de mudanzas que se transporta sobre una plataforma de ferrocarril.

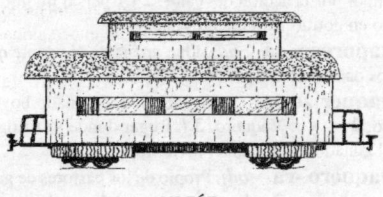

vagón

vaguear *intr.* Vagar, andar errante.

vaguedad *f.* Calidad de vago, errante. **2** Expresión o frase vaga.

vahído *m.* Desvanecimiento.

vaho *m.* Vapor que despiden los cuerpos en determinadas condiciones. **2** *pl.* Método curativo consistente en respirar vapor de un agua con alguna sustancia balsámica.

vaina *f.* Funda en que se guardan y protegen algunas armas y otros instrumentos. **2** Cáscara tierna y alargada en que están encerradas algunas simientes, como las de las leguminosas. **3** Judía verde. **4** Ensanchamiento del peciolo o de la hoja que envuelve el tallo. **5** Estructura laminar que envuelve un órgano anatómico. **6** *adj.* y *m. Amér.* Fastidioso.

vaivén *m.* Movimiento alternativo de un cuerpo en dos sentidos opuestos. **2** Variedad e inconstancia de la suerte.

vajilla *f.* Conjunto de platos, fuentes, vasos y tazas para el servicio de la mesa.

vale[1] *m.* Bono o tarjeta que sirve para adquirir comestibles u otros artículos. **2** Documento en que se reconoce una deuda u obligación. **3** Nota que se da al que ha de entregar una cosa para que acredite la entrega y cobre el importe. **4** Entrada gratuita para un espectáculo.

vale[2] *m. Amér.* Valedor, compañero.

valedero -ra *adj.* Que vale por alguna otra cosa o para un determinado período.

valentía *f.* Esfuerzo, vigor. **2** Hazaña heroica. **3** Expresión arrogante o jactancia de las acciones de valor y esfuerzo. **4** Gallardía, arrojo.

valentón -na *adj.* y *n.* Matón, bravucón; persona que alardea de guapo o de valiente. **2** *f. fam.* Valentonada, jactancia.

valer *tr.* Amparar, proteger. **2** Redituar, fructificar o producir. **3** Sumar o importar. **4** Tener las cosas un precio determinado para la compra o la venta. **5** Equivaler a otra cosa, especialmente hablando de monedas. **6** *intr.* Equivaler, ser igual una cosa a otra. **7** Ser de naturaleza, o tener alguna calidad, que merezca aprecio y admiración. **8** Tener una persona poder, autoridad o fuerza. **9** Correr o pasar las monedas. **10** Ser una cosa de importancia o utilidad para el logro de otra. **11** Con hacer, prevalecer una cosa en oposición a otra. **12** Ser o servir de defensa o amparo una cosa. **13** Tener la fuerza o valor que se requiere para la subsistencia o firmeza de algún efecto. **14** *prnl.* Servirse de personas, circunstancias o cosas para conseguir algo.

valeroso -sa *adj.* Valiente, con coraje físico y moral.

valía *f.* Estimación, valor o aprecio de una cosa. **2** Valimiento, privanza. **3** Facción, parcialidad.

validación *f.* Acción y efecto de validar. **2** Fuerza, constancia o validez de algún acto.

validar *tr.* Dar fuerza o firmeza a una cosa; hacerla válida.

válido -da *adj.* Que vale o debe valer legalmente, o que tiene poder para producir un efecto. **2** Robusto, fuerte o esforzado.

valiente *adj.* Fuerte, robusto. **2** Eficaz, activo. **3** Destacado, sobresaliente. **4** Grande o excesivo, en sentido irónico: ¡*valiente amigo*! **5** *adj.* y *com.* Que tiene valor. **6** fam. Valentón, arrogante.

valija *f.* Maleta. **2** Bolsa de cuero para llevar las cartas. **3** *Amér.* Maletero de un coche.

valioso -sa *adj.* Que tiene mucho valor o precio. **2** Rico, adinerado.

valla *f.* Cerco o estacada para cerrar, proteger, defender o señalar un lugar. **2** Cada uno de los obstáculos que han de saltarse en algunas competiciones deportivas. **3** fig. Límite o freno que se pone a cualquier actividad.

vallado *m.* Valla, estacada, cerco.

valle *m.* Terreno entre dos montañas o alturas. **2** Cuenca de un río. **3** Conjunto de lugares, caseríos o aldeas situadas en un valle.

valor *m.* Grado de calidad, mérito, utilidad o precio que tienen personas y cosas. **2** Significación y alcance de algo. **3** Resolución de ánimo para acometer empresas difíciles o peligrosas. **4** fam. Osadía o desvergüenza. **5** Firmeza y eficacia de una decisión. **6** Eficacia o virtud de las cosas para producir sus efectos. **7** Precio equivalente de una cosa. **8** Persona que posee cualidades positivas para aquello que se expresa. **9** Duración de un sonido según la notación musical. **10** *pl.* Títulos mercantiles del dinero invertido en una empresa estatal o privada.

valorar *tr.* Señalar precio de una cosa. **2** Atribuir determinado valor o estima a personas y cosas. **3** Hacer que aumente el valor de una cosa.

valorizar *tr.* Valorar, evaluar. **2** Aumentar el valor de una cosa.

vals *m.* Música de ritmo ternario y baile por parejas que se mueven en sentido giratorio.

valuar *tr.* Valorar, poner precio a una cosa.

válvula *f.* Pieza o mecanismo que, en una máquina, instrumento o conductor, sirve para interrumpir alternativa o permanentemente la comunicación entre dos de sus órganos, o entre éstos y el exterior, moviéndose a impulsos de fuerzas contrarias. **2** Pliegue membranoso que impide el retroceso del flujo que circula por los vasos del organismo. **3** Tubo electrónico que sólo permite el paso de la corriente en un sentido y la rectifica.

vamos Forma verbal exhortativa con valor de interjección, que incita a obrar o moverse en cualquier orden de cosas.

vampiro *m.* Mamífero quiróptero de los desmodóntidos, del tamaño de un ratón, que bebe la sangre de sus víctimas y es de costumbres nocturnas. **2** fig. Persona codiciosa que explota a los demás.

vampiro

vanagloriarse *prnl.* Jactarse de la propia valía.
vanarse *prnl. Amér.* Malograrse algo, especialmente un fruto antes de madurar.
vándalo -la *adj.* y *n.* De los vándalos. **2** *m.* y *f.* fig. Persona que comete acciones vandálicas. **3** *m. pl.* Pueblo bárbaro de origen escandinavo, establecido en Europa septentrional y central (ss. I-III).
vanguardia *f.* Tropa que precede al grueso de un ejército. **2** fig. Avanzadilla de cualquier movimiento político, artístico o literario. **3** *pl.* Puntos de arranque en las obras de construcción de un puente o una presa.

vanidad *f.* Calidad de vano. **2** Estima excesiva de sí mismo; jactancia. **3** Palabra vana o insustancial.

vanidoso -sa *adj.* y *n.* Que tiene y muestra vanidad.

vano -na *adj.* Que carece de entidad o sustancia. **2** Hueco, falto de solidez. **3** Se dice del fruto de cáscara cuando su semilla está seca o podrida. **4** Inútil, infructuoso o sin efecto. **5** Arrogante, presuntuoso. **6** Poco durable o estable. **7** Sin fundamento, razón o prueba. **8** *m.* Hueco de una abertura en un muro o una pared.

vapor *m.* Gas en que se transforma un líquido o sólido absorbiendo calor; por antonomasia, el de agua. **2** Especie de vértigo o desmayo. **3** Buque de vapor. **4** *pl.* Eructos.

vaporizador *m.* Aparato que sirve para vaporizar. **2** Pulverizador para líquidos.

vaporizar *tr.* y *prnl.* Convertir un líquido en vapor por la acción del calor. **2** Dispersar un líquido en gotitas sumamente finas.

vaporoso -sa *adj.* Que arroja de sí vapores o los ocasiona. **2** fig. Tenue, ligero.

vaquerizo -za *adj.* Relativo al ganado bovino. **2** *m.* y *f.* Vaquero. **3** *f.* Lugar donde se recoge el ganado vacuno en el invierno.

vaquero -ra *adj.* Propio de los pastores de ganado bovino. **2** *adj.* y *m.* Se dice del pantalón tejano. (Se usa más en plural.) **3** *m.* y *f.* Pastor o pastora de reses vacunas.

vara *f.* Rama larga, delgada y sin hojas. **2** Palo largo y delgado. **3** Bastón de mando. **4** Medida castellana de longitud que equivale a 835,9 mm. **5** Barra de madera o metal, que tiene esa longitud y sirve para medir. **6** Bohordo con flores de algunas plantas: *una vara de nardos*.

varado -da *adj.* y *n.* En América, se dice de la persona sin recursos económicos.

varar *tr.* Poner en seco una embarcación para resguardarla o carenarla. **2** *intr.* Encallar un buque en algún banco de arena o en algún arrecife. **3** fig. Estancarse un asunto. **4** *Amér.* Averiarse un vehículo.

variable *adj.* Que varía o puede variar. **2** Inconstante, mudable. **3** GRAM Se dice de la palabra cuya desinencia puede variar. **4** *adj.* y *f.* Se dice de la cantidad que puede tomar cualquiera de los valores de un conjunto determinado, explícita o implícitamente expresado.

variación *f.* Acción y efecto de variar. **2** Cada una de las exposiciones y desarrollos de un mismo tema musical. **3** MAT Cambio de valor de una magnitud o de una cantidad.

variante *adj.* Que varía. **2** *f.* Cada una de las diferencias que se dan entre las realizaciones sonoras u ortográficas de un fonema: *varice-várice-variz*. **3** Cada una de las hablas de una misma lengua: *castellano-andaluz-americano*, etc. **4** Cada una de las diferencias que se observan en las distintas ediciones del mismo texto. **5** Variación o diferencia entre diversas clases o formas de una cosa. **6** Desviación provisional de un trecho de una carretera o camino.

variar *tr.* Volver diferente alguna cosa. **2** Dar variedad. **3** *intr.* Cambiar personas o cosas de ideas, situación, estado, etc. **4** Diferir una cosa de otra.

varice o **várice** *f.* Dilatación permanente de una vena, con deformación o ruptura de sus paredes, que se da sobre todo en las piernas.

varicela *f.* Enfermedad infecciosa que suele darse en los niños, y que se caracteriza por fiebre, astenia y erupciones vesiculosas.

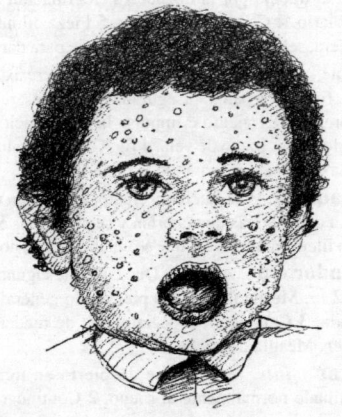

varicela

variedad *f.* Calidad de vario. **2** Diferencia dentro de la unidad. **3** Inconstancia, mutabilidad de las cosas. **4** Mudanza o alteración en la sustancia de las cosas o en su uso. **5** Acción y efecto de variar o variarse. **6** *pl.* Espectáculo ligero en que alternan números musicales, cómicos, etcétera.

varilla *f.* Barra larga y delgada. **2** Cada una de las piezas que forman la armazón de objetos como los paraguas o abanicos.

vario -ria *adj.* Diverso o diferente. **2** Mudable, inconstante. **3** Indiferente o indeterminado. **4** Compuesto de diversos adornos, elementos, colores, etc. **5** *pl.* Algunos, unos cuantos. **6** *m. pl.* Conjunto de documentos, folletos, etc., de diferentes autores, materias o tamaños, reunidos en tomos, legajos o cajas.

varón *m.* Criatura racional del sexo masculino. **2** Hombre que ha llegado a la edad viril. **3** Hombre de respeto, autoridad u otras prendas.

varonil *adj.* Relativo al varón. **2** Esforzado, valeroso.

vasallaje *m.* Vínculo de dependencia y fidelidad que una persona tenía respecto de otra. **2** Tributo que el vasallo pagaba a cambio de tierras y protección. **3** fig. Rendimiento, sumisión.

vasallo -lla *adj.* y *n.* En la Europa feudal, persona vinculada a otra por lazos de dependencia y fidelidad. **2** *m.* y *f.* Súbdito de un soberano o de cualquier otro gobierno supremo e independiente. **3** fig. Persona que se somete a otra o la reconoce como superior.

vascular *adj.* Relativo a los vasos que contienen o conducen los humores en plantas y animales.

vascularización *f.* Disposición de los vasos sanguíneos o linfáticos. **2** Aparición patológica de vasos sanguíneos.

vaselina *f.* Sustancia semilíquida, blanca e insoluble en agua, que se obtiene de la parafina y del petróleo y que se emplea en farmacia, perfumería y como lubricante.

vasija *f.* Recipiente pequeño, de forma y material variables, que se emplea para contener líquidos o alimentos. **2** Por extensión, la de tamaño grande o mediano.

vaso *m.* Recipiente o vasija de cualquier material, de tamaño pequeño y de forma generalmente cilíndrica, que se usa para beber. **2** Cantidad de líquido que contiene. **3** Bacín, orinal. **4** Conducto tubular que en animales y plantas sirve para el transporte de los líquidos o humores. **5** Escultura, en forma de jarrón o florero, que, colocada sobre un zócalo o peana, decora edificios o jardines. **6** Receptáculo o depósito que contiene algún líquido.

vástago *m.* Renuevo de una planta, especialmente los más vigorosos que brotan junto al suelo. **2** Conjunto de tallo y hojas. **3** fig. Persona descendiente de otra. **4** *Amér.* Tallo del plátano.

vasto -ta *adj.* Espacioso, dilatado.

vate *m.* Adivino. **2** Poeta.

vaticinar *tr.* Predecir, pronosticar.

vaticinio *m.* Predicción, pronóstico.

vecindad *f.* Calidad de vecino; cercanía, proximidad. **2** Conjunto de vecinos de una casa, un barrio o población. **3** Contorno o cercanías de un lugar.

vecindario *m.* Conjunto de vecinos de un municipio, o de una población o de parte de ella. **2** Calidad de vecino.

vecino -na *adj.* y *n.* Que habita con otros en un mismo pueblo, barrio o casa, en piso independiente. **2** Que tiene vivienda y residencia en un pueblo, y contribuye a las cargas o repartimientos de éste. **3** Que ha ganado los derechos legales de vecindad en un pueblo. **4** fig. Cercano, inmediato o próximo. **5** fig. Semejante, parecido.

vector   *m*. Agente que transporta alguna cosa de un lugar a otro, transmisor.

veda   *f*. Acción y efecto de vedar. **2** Período en que está prohibida la caza o la pesca.

vedado -da   *adj*. Prohibido. **2** *m*. Superficie o terreno acotado, y especialmente aquel en que se prohíbe cazar o pescar.

vedar   *tr*. Prohibir alguna cosa por ley o mandato. **2** Impedir, estorbar.

vedette   *f*. Artista principal de un espectáculo de variedades. **2** Estrella de cine. **3** Figura más importante de un deporte, equipo, reunión, etcétera.

veedor -ra   *adj*. Que ve o mira con curiosidad las acciones de los otros. **2** *m*. Antiguo inspector o visitador.

vega   *f*. Tierra baja, llana y fértil.

vegetación   *f*. Acción y efecto de vegetar. **2** Conjunto de plantas que constituyen la flora de una región o zona geográfica.

vegetal   *adj*. Que vegeta. **2** Relativo a las plantas. **3** *m*. Organismo vivo que brota, crece y se desarrolla, pero carece de sistema nervioso y no puede trasladarse de un sitio a otro por propio impulso. **4** fig. Persona que ha perdido el conocimiento y lleva una vida puramente vegetativa.

vegetar   *intr*. y *prnl*. Germinar y desarrollarse las plantas. **2** *intr*. Llevar una vida meramente orgánica, equiparable a la de las plantas. **3** fam. Disfrutar voluntariamente de una vida tranquila, sin trabajos ni cuidados.

vegetarianismo   *m*. Sistema dietético en que entran exclusivamente los productos vegetales, con exclusión de carnes y pescados; admite los huevos y los productos lácteos.

vegetariano -na   *adj*. y *n*. Relativo al vegetarianismo. **2** Que practica este régimen alimenticio.

vehemente   *adj*. Se dice de la persona que actúa o se expresa con ímpetu y pasión. **2** Se aplica a lo que se siente de este modo.

vehicular   *tr*. Ser vehículo o medio de algo.

vehículo   *m*. Máquina o utensilio que sirve para transportar personas o cosas. **2** fig. Lo que sirve para transmitir fácilmente una cosa, como el sonido, los gérmenes, etcétera.

vejamen   *m*. Vejación. **2** Represión festiva o satírica.

vejar   *tr*. Maltratar, zaherir a una persona, humillándola de palabra o de hecho.

vejestorio   *m*. Persona muy vieja, en sentido despectivo.

vejez   *f*. Calidad de viejo. **2** Senectud o edad senil.

vejiga   *f*. Cualquier bolsa membranosa del cuerpo, y especialmente la que en los mamíferos recoge

vehículo

la orina de los riñones. **2** Cualquier levantamiento de la piel que se llena de serosidad. **3** Bolsa de aire que tienen algunos peces junto al tubo digestivo y que los ayuda a flotar.

vejigoso -sa   *adj*. Lleno de vejigas.

vela[1]   *f*. Acción y efecto de velar, no dormir. **2** Tiempo que se vela, y especialmente el que se dedica al trabajo por la noche. **3** Peregrinación a un santuario. **4** Centinela nocturno. **5** Pieza cilíndrica de cera, sebo, etc., con pabilo en el eje para dar luz.

vela[2]   *f*. Pieza de lona o de otro tejido resistente que, fija en los palos y asegurada con vergas, recibe la presión del viento e impulsa la embarcación. **2** Toldo. **3** fig. Barco de vela. **4** fig. Oreja del caballo, mula u otro animal cuando la ponen erguida.

velada   *f*. Vela, acción y efecto. **2** Reunión nocturna de personas que charlan y se divierten. **3** Sesión literaria o musical que se celebra por la noche.

velador -ra   *adj*. y *n*. Que cuida de alguna cosa. **2** *m*. Mesita de un solo pie, por lo general, redonda. **3** Candelero, especialmente de madera. **4** *Amér*. Mesilla de noche.

velar   *intr*. Mantenerse despierto en tiempo destinado normalmente al sueño. **2** Continuar trabajando después de haber cesado la jornada ordinaria. **3** fig. Cuidar solícitamente de algo o de alguien. **4** *tr*. Hacer centinela o guardia por la noche. **5** fig. Observar atentamente una cosa.

velatorio   *m*. Acción de velar a un difunto.

veleidad   *f*. Ligereza de ánimo, inconstancia. **2** Capricho.

veleta   *f*. Pieza metálica que se pone sobre la parte alta de los edificios y que al girar sobre un eje señala la dirección del viento. **2** Plumilla que ponen sobre el corcho los pescadores de caña para saber cuándo pican los peces. **3** *com*. fam. Persona inconstante y mudadiza.

vello   *m*. Pelo más suave y corto que el de la cabeza, que sale en algunas partes del cuerpo. **2** Pelusilla que cubre algunos frutos y plantas.

vellorí   *m*. Paño entrefino, de color grisáceo o de lana sin teñir.

vellosidad *f*. Vello abundante. **2** Superficie mucosa o serosa del organismo, con prominencias digitiformes que recuerdan, por su aspecto, al vello.

velo *m*. Tela o cortina que cubre una cosa. **2** Prenda de tul o gasa con que se cubre el rostro. **3** Manto con que las religiosas se cubren la cabeza. **4** Banda blanca con que se cubre a los novios en la ceremonia nupcial. **5** fig. Cualquier cosa delgada, ligera y flotante, que encubre más o menos otra. **6** fig. Excusa, pretexto. **7** fig. Confusión u oscuridad del entendimiento.

velocidad *f*. Rapidez, ligereza en el movimiento. **2** MEC Relación entre el espacio recorrido y el tiempo empleado en recorrerlo. **3** Cualquiera de las posiciones motrices en la caja de cambios de un vehículo.

velocímetro *m*. Artefacto que mide la velocidad.

velocípedo *m*. Nombre antiguo de la bicicleta u otro vehículo de una, dos o tres ruedas, movido por pedales.

velódromo *m*. Pista cerrada para ciertas pruebas en bicicleta.

velomotor *m*. Motocicleta de escasa potencia.

velón *m*. Lámpara de metal con uno o varios mecheros, pie en forma de platillo y remate superior en asa.

velorio *m*. Reunión para esparcimiento celebrada durante la noche en las casas de los pueblos. **2** Velatorio, especialmente si el difunto es un niño. **3** *Amér*. Fiesta poco concurrida.

veloz *adj*. Ágil, ligero, que se traslada con rapidez de un sitio a otro.

vena *f*. Cada uno de los vasos o conductos por los que en el organismo vuelve la sangre al corazón. **2** Filón metálico. **3** Conducto natural y subterráneo por el que circula el agua. **4** Nervio de una hoja. **5** Fibra de la vaina de ciertas legumbres. **6** Cada lista ondulada o ramificada de ciertas piedras y maderas. **7** fig. Disposición de ánimo o humor.

venablo *m*. Dardo o lanza arrojadiza.

venado *m*. Ciervo.

venaje *m*. Conjunto de manantiales que dan origen a un río.

vencer *tr*. Rendir o derrotar al enemigo. **2** Aventajar en una competición. **3** Superar las dificultades o estorbos. **4** Prevalecer una cosa sobre otra, aun las inmateriales. **5** Atraer o reducir una persona a otra, de modo que siga su dictamen o deseo. **6** Llevar con paciencia y constancia un dolor, trabajo o calamidad. **7** Coronar una altura. **8** Rendir a uno cosas físicas o morales. **9** *intr*. Expirar un término o plazo. **10** Ganar, triunfar. **11** *intr*. y *prnl*. Dominarse, reprimirse.

venado

vencido -da *adj*. Superado por alguien o algo. **2** *Amér*. Gastado por el uso. **3** *f*. Acto de vencer o de ser vencido.

vencimiento *m*. Acción de vencer, o de ser vencido. **2** fig. Cumplimiento del plazo de una deuda, obligación, etcétera.

venda *f*. Tira de gasa o lienzo con que se cubre una herida o se fijan los apósitos. **2** Faja que, rodeada a las sienes, servía a los reyes de adorno distintivo y como corona.

vendaje *m*. Técnica terapéutica basada en la correcta aplicación de vendas. **2** Venda o vendas que sostienen un apósito.

vendar *tr*. Cubrir con venda alguna herida. **2** fig. Poner un impedimento o estorbo al conocimiento o a la razón.

vendaval *m*. Viento fuerte del S, con tendencia al O. **2** Por extensión, viento duro que no llega a ser temporal declarado.

vendedor -ra *adj*. y *n*. Se dice de la persona que se dedica a vender.

vender *tr*. Traspasar a otro por el precio convenido la propiedad de lo que uno posee. **2** Exponer u ofrecer mercaderías, propias o ajenas, para el que las quiera comprar. **3** *prnl*. Dejarse sobornar. **4** fig. Seguido de *por*, atribuirse uno una calidad o condición que no tiene.

vendible *adj*. Que se puede vender o que está para venderse.

vendido -da *adj*. y *n*. *Amér*. Traidor, desleal.

vendimia *f*. Recolección y cosecha de la uva. **2** Tiempo en que se hace. **3** fig. Provecho o fruto abundante que se saca de una cosa.

vendimiar *tr*. Recoger la uva de las viñas. **2** fig. Disfrutar una cosa o aprovecharse de ella, especialmente cuando es con violencia o injusticia. **3** fam. Matar o quitar la vida.

veneno *m.* Sustancia tóxica, de naturaleza biológica o química. **2** fig. Cualquier cosa nociva a la salud. **3** fig. Cualquier cosa que puede causar un daño moral. **4** fig. Rencor o resentimiento que va oculto en lo que se dice.

venenoso -sa *adj.* Que contiene veneno. **2** fig. Mal intencionado.

venerable *adj.* Digno de veneración y respeto. **2** Título dado a los prelados.

venerar *tr.* Tributar culto a personas o cosas santas. **2** Tener en gran estima a una persona por sus cualidades morales.

venéreo -a *adj.* y *m.* Se aplica a las enfermedades que se transmiten por contacto sexual, como la sífilis.

venganza *f.* Satisfacción que se toma del agravio o daño recibido.

vengar *tr.* y *prnl.* Tomar satisfacción de un agravio o daño.

vengativo -va *adj.* Se dice de la persona dispuesta a tomar venganza por el daño recibido.

venia *f.* Perdón o remisión de la ofensa o culpa. **2** Licencia o permiso: *con la venia, señoría*. **3** Inclinación de cabeza como signo de saludo cortés.

venial *adj.* Se dice del acto o pecado que contraviene levemente una ley y que se perdona fácilmente.

venida *f.* Acción de venir. **2** Regreso, vuelta. **3** Avenida de un río o arroyo. **4** fig. Ímpetu, prontitud o acción inconsiderada.

venidero -ra *adj.* Futuro, que está por venir o suceder. **2** *m. pl.* Sucesores. **3** Los que han de nacer después.

venir *intr.* Caminar una persona o moverse una cosa de allá hacia acá. **2** Llegar una persona o cosa a donde está el que habla. **3** Comparecer una persona ante otra. **4** Ajustarse, acomodarse una cosa a otra: *ese pantalón no le viene*. **5** Avenirse o conformarse en lo que antes se dificultaba o resistía. **6** Reanudar un tema interrumpido: *pero vengamos al caso*. **7** Seguido de *en*, decidir, decretar: *vengo en nombrar*. **8** Deducirse o ser consecuencia una cosa de otra. **9** Pasar el dominio o uso de una cosa de unos a otros. **10** Darse o producirse una cosa en un terreno. **11** Acercarse el tiempo en que ha de ocurrir algo. **12** Proceder o tener dependencia una cosa de otra en lo físico o en lo moral. **13** Acudir algo a la mente: *me viene el recuerdo*. **14** Manifestarse o iniciarse una cosa. **15** Con *a* y un infinitivo, suceder finalmente lo que se esperaba o se temía. **16** Con a y ciertos nombres, estar pronto a la ejecución, o ejecutar lo que éstos significan: *venir a cuentas*. **17** Con *a* y los verbos *ser, tener, decir* y otros, denota equivalencia aproximada. **18** Con *en* y un sustantivo, toma la significación del verbo correspondiente a dicho sustantivo: *venir en conocimiento*. **19** Con *sobre*, caer. **20** Figurar, aparecer algo en un libro, periódico, etc.; estar incluido o mencionado en él. **21** Persistir en una acción o estado que se indica mediante un gerundio, un nombre o un adjetivo. **22** *intr.* y *prnl.* Llegar uno a conformarse, transigir o avenirse.

venta *f.* Acción y efecto de vender. **2** Conjunto de cosas vendidas. **3** Contrato por el que se transfiere el dominio de una cosa mediante un precio. **4** Hospedería en caminos o despoblados.

ventaja *f.* Hecho de ir por delante de otro en alguna actividad o competición. **2** Circunstancia de ser una persona o cosa mejor que otra.

ventajear *tr. Amér.* Obtener ventaja, y especialmente por procedimientos abusivos.

ventana *f.* Abertura de forma y tamaño variables, que se deja en un muro y sobre el nivel del suelo para dar luz y ventilación. **2** Hoja u hojas de madera y de cristales con que se cierra esa abertura. **3** Cada uno de los orificios nasales.

ventarrón *m.* Viento muy fuerte.

ventear *impers.* Soplar el viento o hacer aire fuerte. **2** *tr.* Olfatear el viento los animales. **3** Poner, sacar o arrojar una cosa al viento para enjugarla o limpiarla. **4** *prnl.* Agrietarse una cosa. **5** Adulterarse algunas cosas por la acción del aire.

ventilación *f.* Acción y efecto de ventilar o ventilarse. **2** Abertura para ventilar un aposento. **3** Corriente de aire que se establece al ventilarlo.

ventilador *m.* Aparato que remueve el aire de una habitación. **2** Abertura al exterior que permite la renovación del aire sin abrir puertas o ventanas.

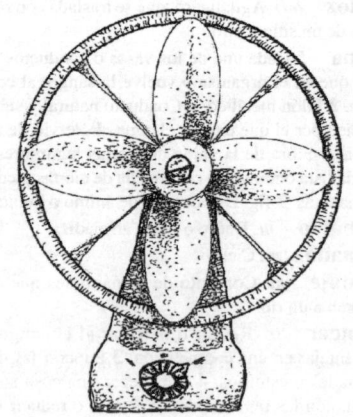

ventilador

ventilar *tr.* y *prnl.* Hacer penetrar el aire en algún sitio. **2** Agitar una cosa en el aire. **3** Renovar el aire de un aposento o pieza cerrada. **4** Exponer una cosa al viento. **5** fig. Hacer que transcienda al público un asunto privado. **6** Resolver con alguien una cuestión.

ventisca *f.* Borrasca de viento, o de viento y nieve. **2** Viento fuerte.

ventosidad *f.* Calidad de ventoso o flatulento. **2** Gases intestinales, especialmente cuando se expelen.

ventrículo *m.* Estómago del hombre y de los animales. **2** Cada una de las dos cavidades que hay entre las cuerdas vocales. **3** Cada una de las dos cavidades inferiores del corazón, a las que afluye la sangre desde las respectivas aurículas, impulsándola hacia la arteria pulmonar y la aorta. **4** Cada una de las cuatro cavidades del encéfalo que contienen el líquido cefalorraquídeo.

ventrílocuo -cua *adj.* y *n.* Se dice de la persona que puede modificar su voz hasta dar la impresión de que hablan diferentes personas.

ventura *f.* Felicidad, buena suerte. **2** Contingencia, azar. **3** Riesgo, peligro.

ver *tr.* Percibir por los ojos los objetos mediante la acción de la luz. **2** Observar, considerar una cosa. **3** Reconocer con cuidado y atención una cosa, leyéndola y examinándola. **4** Visitar a una persona o estar con ella para tratar de algún asunto. **5** Ir con cuidado y tiento en lo que se hace. **6** Experimentar o reconocer por el hecho. **7** Prevenir lo futuro o deducirlo de lo que sucede en el presente. **8** Conocer, juzgar. **9** Usado en futuro o en pretérito, sirve para remitir a otra ocasión, a algo que ya se trató, o indica un tema que se toca de paso: *como en su lugar veremos*. **10** Examinar o reconocer si una cosa está en el lugar que se cita. **11** Seguido de la preposición *de* y de un infinitivo, tratar de realizar lo que éste expresa. **12** *prnl.* Estar en sitio o postura a propósito para ser visto. **13** Hallarse constituido en algún estado o situación: *verse pobre, abatido, agasajado*. **14** Representarse material o inmaterialmente la imagen o semejanza de una cosa: *verse al espejo*. **15** Darse una cosa a conocer, o conocerse tan clara o potentemente como si se estuviera viendo.

veranear *intr.* Pasar el verano o las vacaciones de verano en algún sitio, fuera de la residencia habitual.

verano *m.* Estación más calurosa del año, que en el hemisferio boreal se extiende del 21 de junio al 21 de septiembre, y en el austral, del 21 de diciembre al 21 de marzo. **2** En la zona ecuatorial, la estación seca y calurosa del año, que se prolonga seis meses.

veras *f. pl.* Realidad, verdad en las cosas que se dicen o hacen. **2** Eficacia, fervor con que se ejecutan o desean las cosas.

veraz *adj.* Que dice, usa o profesa siempre la verdad.

verbal *adj.* Que se refiere a la palabra, o se sirve de ella. **2** Que se hace o estipula sólo de palabra, y no por escrito. **3** Perteneciente al verbo. **4** *adj.* y *m.* Se aplica a las palabras que se derivan de un verbo.

verbalismo *m.* Forma de razonamiento que atiende más a las palabras que a los conceptos. **2** Procedimiento de enseñanza en que se cultiva con preferencia la memoria verbal. **3** Verborrea.

verbalizar *tr.* Expresar mediante palabras.

verbena *f.* Planta anual de las verbenáceas, de tallo cuadrangular, hojas ásperas y flores variopintas en espigas largas. Posee propiedades medicinales. **2** Fiesta popular nocturna que se celebra durante el verano, al aire libre y en la víspera de algunas fiestas, como san Juan y san Pedro.

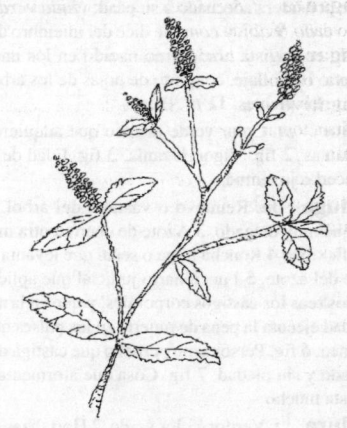

verbena

verbo *m.* En la fe cristiana, segunda persona de la Santísima Trinidad. **2** Sonido o sonidos que expresan una idea. **3** Voto, juramento. **4** Parte de la oración que expresa la existencia, acción y estado de los seres; es la única palabra que puede indicar el tiempo y el aspecto de la acción: pasada, presente, futura, durativa, incoada, terminada, completa, etc. El conjunto de personas, números, tiempos y modos se llama conjugación. Según la terminación del infinitivo, se divide en tres conjugaciones: *-ar, -er, -ir*. Las irregularidades en su radical o en sus desinencias dan lugar a la división en verbos regulares y verbos irregulares.

verborrea *f. fam.* Verbosidad excesiva.

verbosidad *f.* Abundancia de palabras en la elocución.

verdad *f.* Conformidad del pensamiento o idea con la realidad de las cosas; o conformidad del pensamiento con sus propias leyes. **2** Adecuación de lo que se dice con lo que se piensa o siente. **3** Propiedad que tiene una cosa de mantenerse siempre la misma sin mutación alguna. **4** Calidad de veraz. **5** Existencia real de una cosa: *la verdad de una noticia.*

verdadero -ra *adj.* Que contiene verdad. **2** Real y efectivo. **3** Ingenuo, sincero. **4** Veraz.

verde *adj.* y *m.* Se dice del cuarto color del espectro solar, entre el amarillo y el azul. **2** *adj.* Por contraposición a seco, se dice del árbol o la planta vivos, con alguna savia. **3** Se dice de la leña recién cortada del árbol vivo. **4** Se dice de lo que aún no está maduro. **5** Se dice de las legumbres que se consumen frescas. **6** fig. Se dice de las cosas que principian y les falta mucho para su perfección. **7** fig. Obsceno, indecente. **8** Se aplica a la persona con inclinaciones galantes que no corresponden a lo que se considera adecuado a su edad: *viuda verde, viejo verde.* **9** *adj.* y *com.* Se dice del miembro del partido ecologista homónimo nacido en los años ochenta. **10** Follaje, conjunto de hojas de los árboles y de las plantas. **11** *pl.* Pastos.

verdor *m.* Color verde intenso que adquieren las plantas. **2** fig. Vigor, lozanía. **3** fig. Edad de la mocedad o juventud.

verdugo *m.* Renuevo o vástago del árbol. **2** Estoque muy delgado. **3** Azote de cuero u otra materia flexible. **4** Roncha larga o señal que levanta el golpe del azote. **5** Funcionario judicial que aplicaba a los reos los castigos corporales, y que en la actualidad ejecuta la pena de muerte en los países que la tienen. **6** fig. Persona muy cruel o que castiga demasiado y sin piedad. **7** fig. Cosa que atormenta o molesta mucho.

verdura *f.* Verdor, color verde. **2** Hortalizas en general, y especialmente las de hoja verde. **3** Follaje que se pinta en lienzos y tapicerías.

vereda *f.* Senda estrecha formada por el paso de peatones y ganados. **2** Cañada. **3** *Amér.* Acera.

veredicto *m.* Sentencia de un jurado. **2** Por extensión, dictamen emitido por un experto.

verga *f.* Miembro genital de los mamíferos. **2** Arco de acero de la ballesta. **3** Palo delgado.

vergonzoso -sa *adj.* Que causa vergüenza. **2** *adj.* y *n.* Que se avergüenza con facilidad. **3** *m.* Especie de armadillo.

vergüenza *f.* Sentimiento penoso debido a timidez, pudor o humillación, que condiciona la actitud anímica y que a veces se refleja en el color del rostro, la postura del cuerpo, etc. **2** Pundonor, estimación de la propia honra: *es un hombre de vergüenza.* **3** Acción indecorosa, o que deja en mala opinión a quien la ejecuta. **4** Pudor sexual que impide mostrarse desnudo, sobre todo ante personas del sexo opuesto.

verídico -ca *adj.* Que dice verdad. **2** Se aplica también a lo que la incluye.

verificar *tr.* Probar que una cosa que se dudaba es verdadera. **2** Comprobar la verdad de una cosa, la exactitud de un resultado o el funcionamiento de un aparato. **3** *tr.* y *prnl.* Efectuar, realizar. **4** *prnl.* Salir cierto y verdadero lo que se dijo o se pronosticó.

verja *f.* Estructura de barras de hierro, a veces con valor artístico notable, que sirve de puerta, ventana o cerca.

vernáculo -la *adj.* Propio del país; se aplica a las costumbres, la cultura y muy especialmente a la lengua.

verosímil *adj.* Con apariencia de verdadero. **2** Creíble por no ofrecer carácter alguno de falsedad.

verraco *m.* Cerdo padre.

verruga *f.* Excrecencia cutánea de origen vírico, tamaño variable, forma redonda y carácter benigno. **2** Abultamiento en una superficie vegetal. **3** fam. Persona o cosa que causa fastidio.

versado -da *adj.* Instruido, práctico en alguna ciencia o arte.

versar *intr.* Girar. **2** Con *sobre* o *acerca de,* tratar de tal o cual materia un libro, discurso o conversación. **3** *prnl.* Hacerse práctico en el ejercicio de una cosa.

versátil *adj.* Que puede volverse con facilidad; flexible, acomodaticio. **2** Voluble, veleidoso e inconstante.

versículo *m.* Cada una de las breves divisiones de los capítulos de algunos libros sagrados, como la Biblia o el Corán. **2** Cada uno de los versos en poemas de ritmo y rima libres, especialmente cuando tiene sentido completo.

versificar *intr.* Componer versos. **2** *tr.* Poner en verso.

versión *f.* Traducción de una lengua a otra. **2** Modo que tiene cada uno de referir un mismo suceso. **3** Cada una de las formas que adopta la relación de un suceso, el texto de una obra, la interpretación de un tema, etc.

verso[1] *m.* Palabra o serie de palabras sujetas a medida y cadencia, o sólo a cadencia. **2** Se emplea también en sentido colectivo, por contraposición a prosa. **3** fam. Composición en verso. (Se usa más en plural.) **4** Versículo de la Biblia.

verso[2] *adj.* Se dice de la página izquierda de un libro, con numeración impar.

vertebra *f.* Cada una de las piezas óseas, cortas y articuladas entre sí, que forman el espinazo de los vertebrados; con su acoplamiento forman el conducto raquídeo, que alberga la médula espinal.

vertebrado -da *adj.* Que tiene vértebras. **2** fig. Estructurado, organizado. **3** *m. pl.* ZOOL Grupo de cordados que tienen esqueleto con columna vertebral y cráneo, y sistema nervioso central constituido por médula espinal y encéfalo; forman el

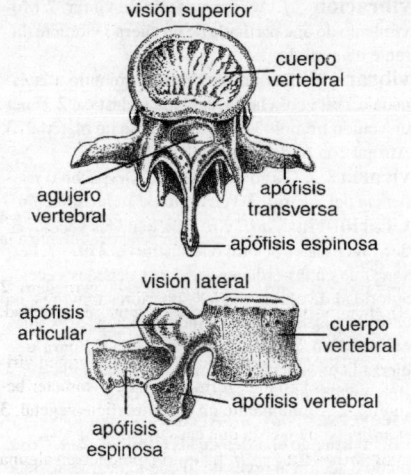
vértebra

grupo animal más evolucionado y complejo. Tradicionalmente, los vertebrados se han dividido en cinco grandes clases: peces, anfibios, reptiles, aves y mamíferos.

vertedero *m.* Sitio adonde o por donde se vierte algo. **2** Lugar donde se vierten escombros y basuras. **3** Conducto para dar salida al exceso de agua en depósitos, presas, etc.

verter *tr.* y *prnl.* Derramar o vaciar líquidos o cosas menudas, como la sal. **2** Inclinar un recipiente o volverlo boca abajo para vaciar su contenido. **3** *tr.* Traducir de una lengua a otra.

vertical *adj.* y *f.* Se dice de la recta o del plano perpendicular al horizonte. **2** En figuras, impresos, etc., se dice de la línea, disposición o dirección que va de la cabeza al pie.

vértice *m.* Punto en que se cortan los dos lados de un ángulo o las caras de un ángulo poliedro. **2** Cúspide del cono o de la pirámide. **3** fig. Parte más elevada de la cabeza humana.

vertiente *adj.* Que vierte. **2** *amb.* Declive por donde corre o puede correr el agua. **3** *f.* Pendiente de un tejado. **4** fig. Aspecto, punto de vista. **5** *Amér.* Manantial, fuente.

vertiginoso -sa *adj.* Relativo al vértigo o que lo produce. **2** Que padece vértigos. **3** Se dice del movimiento muy rápido, o de la velocidad muy grande.

vértigo *m.* Perturbación del sentido del equilibrio por una sensación de movimiento rotatorio del cuerpo o de las cosas que lo rodean. **2** fig. Intensificación desmesurada de la actividad de una empresa o de una persona. **3** fig. Sensación semejante al mareo producida por una impresión muy fuerte, la altura, etcétera.

vesícula *f.* Ampolla que se forma en la epidermis, llena de aire o de líquido seroso. **2** Cavidad o saco anatómico lleno de líquido. **3** Ampolla de aire en los tallos o en las hojas de algunas plantas acuáticas.

vespertino -na *adj.* Relativo a la tarde o al atardecer. **2** *adj.* y *m.* Se dice del diario de la tarde.

vestíbulo *m.* Portal o atrio de entrada a un edificio. **2** Recibidor.

vestido *m.* Ropa que cubre el cuerpo humano. **2** Conjunto de piezas que sirven para este uso. **3** Prenda femenina de cuerpo entero.

vestidura *f.* Vestido en general. **2** *pl.* Prendas litúrgicas con que se reviste el sacerdote para el culto divino.

vestigio *m.* Pisada o huella de hombre o animal. **2** Memoria o noticia de algo antiguo o pasado. **3** fig. Indicio por el que se colige o conoce algo. **4** *pl.* Restos arqueológicos de otras culturas.

vestimenta *f.* Vestido. **2** Vestidura sacerdotal.

vestir *tr.* Cubrir o adornar el cuerpo con el vestido. **2** Guarnecer o cubrir una cosa con otra para su protección o adorno. **3** Facilitar a alguien el vestido o el dinero para comprarlo. **4** Ser una prenda o la materia o el color de ella especialmente a propósito para el lucimiento: *el terciopelo viste mucho*. **5** fig. Hacer los vestidos para otro: *le viste un sastre caro*. **6** fig. Revestir una idea con figuras literarias. **7** *intr.* y *prnl.* Ponerse un vestido. **8** Adoptar cierta actitud, simular cierto estado anímico: *se vistió de serenidad*.

vestuario *m.* Conjunto de ropas de vestir, vestido. **2** Uniforme militar completo. **3** Conjunto de trajes para una representación teatral o el rodaje de una película. **4** En los teatros, sitio donde se visten los artistas. **5** En los campos de deportes, talleres, etc., lugar para cambiarse de ropa.

veta *f.* Vena, faja o lista de una materia que por su color, calidad, etc., se distingue de la masa en que se halla interpuesta. **2** Filón metálico. **3** Lista de ciertas piedras y maderas. **4** Cuerda o hilo. **5** fam. Aptitud de uno para una ciencia o arte.

vetar *tr.* Poner veto a una proposición o medida.

veterano -na *adj.* y *n.* Se dice del militar con largos servicios, y por tanto experto. **2** fig. Antiguo y experimentado en cualquier oficio o profesión.

veterinario -ria *adj.* y *n.* Relativo a la veterinaria. **2** *m.* y *f.* Persona preparada y autorizada para ejercer la veterinaria. **3** *f.* Ciencia y arte de precaver y curar las enfermedades de los animales.

veto *m.* Derecho o facultad de una persona o corporación para impedir alguna cosa. **2** Cualquier tipo de prohibición.

vetusto -ta *adj.* Muy antiguo o de mucha edad.

vez *f.* Alternación de las cosas por turno u orden sucesivo. **2** Tiempo u ocasión de hacer una cosa por turno u orden. **3** Tiempo u ocasión determinada. **4** Realización de un suceso o una acción en momentos y circunstancias distintos. **5** *pl.* Con hacer, ministerio, autoridad o jurisdicción que una persona ejerce supliendo a otra o representándola.

vía *f.* Camino por donde se transita. **2** Espacio entre los carriles que señalan las ruedas de los carruajes. **3** El mismo carril. **4** Raíl del ferrocarril y suelo en que descansa. **5** Cualquier conducto del cuerpo humano o del organismo animal. **6** Itinerario que pasa por determinados lugares o que lleva a uno concreto. **7** fig. Procedimiento para hacer o conseguir algo. **8** fig. En complementos circunstanciales sin preposición, indica la ruta que se sigue en un viaje o el camino o medio de transmisión de mensajes e imágenes.

viable *adj.* Que puede vivir. **2** Se dice del asunto con probabilidad de salir adelante.

via crucis *m.* Práctica piadosa de los cristianos consistente en recordar el camino de Jesús hacia el Calvario a lo largo de catorce estaciones, intercalando rezos y cantos. **2** Conjunto de 14 cruces o de 14 cuadros que representan los pasos del Calvario, y se colocan en las paredes de las iglesias. **3** fig. Sufrimiento prolongado de una persona.

viaducto *m.* Puente que salva una hondonada.

viajar *intr.* Trasladarse de un sitio a otro con algún medio de locomoción.

viaje *m.* Acción y efecto de viajar. **2** Jornada de un punto a otro de un país, o de un país a otro. **3** Ida de un sitio a otro, especialmente cuando se lleva una carga.

vianda *f.* Sustento y comida de las personas. **2** Comida que se sirve a la mesa, especialmente carne o pescado. **3** En América, comida para llevar.

viático *m.* Provisiones para un viaje en dinero o en especie. **2** Comunión que en la religión católica se da a los moribundos.

víbora *f.* Ofidio de los vipéridos, que puede alcanzar medio metro de largo; tiene dos dientes huecos en la mandíbula superior, por los que al morder inyecta el veneno. **2** fig. Persona mordaz, que le gusta denigrar.

víbora

vibración *f.* Acción y efecto de vibrar. **2** Movimiento de una partícula de un cuerpo vibrante durante un período.

vibrar *tr.* Dar un movimiento trémulo a la espada o a otra cosa larga, delgada y elástica. **2** Tener un sonido trémulo la voz u otra cosa no material. **3** Arrojar con ímpetu algo que vibra.

vicaría *f.* Cargo de vicario. **2** Despacho o residencia del vicario. **3** Territorio de su jurisdicción.

vicario -ria *adj.* y *n.* Que tiene las veces, poder y facultades de otro o le sustituye. **2** *m.* y *f.* Persona que en las órdenes regulares tiene las veces y autoridad de alguno de los superiores mayores, en caso de ausencia, falta o indisposición. **3** *m.* Juez eclesiástico nombrado por el prelado, para que ejerza la jurisdicción ordinaria. **4** *f.* Segunda superiora en algunos conventos de monjas.

viceversa *adv. m.* Al contrario, por lo contrario; invirtiendo el orden de los términos. **2** *m.* Cosa, dicho o acción al revés de lo que lógicamente debe ser o suceder.

viciar *tr.* y *prnl.* Corromper física o moralmente. **2** Pervertir o corromper las buenas costumbres o el modo de vida. **3** Falsificar un escrito, introduciendo o enmendando algo. **4** Anular o quitar valor a un acto. **5** fig. Tergiversar el sentido de algo. **6** *prnl.* Entregarse a los vicios.

vicio *m.* Mala calidad, defecto o daño físico en las cosas. **2** Falta de rectitud o defecto moral en las acciones. **3** Hábito de obrar mal. **4** Defecto o exceso que como propiedad o costumbre tienen algunas personas. **5** Afición excesiva a alguna cosa.

vicioso -sa *adj.* y *n.* Entregado a los vicios. **2** *adj.* Que tiene algún vicio o defecto.

vicisitud *f.* Orden sucesivo o alternativo de alguna cosa. **2** Inconstancia o alternativa de sucesos prósperos y adversos. **3** Accidente, contrariedad, suceso adverso que puede afectar la marcha o desarrollo de algo. (Se usa más en plural.)

víctima *f.* Persona o animal sacrificado o destinado al sacrificio. **2** fig. Persona que se expone a un grave riesgo en favor de otra. **3** fig. Persona que padece daño por culpa de otros.

victoria *f.* Acción de superar al enemigo en la lucha o al adversario en la disputa o competición. **2** Triunfo en cualquier orden de cosas: *la victoria sobre el apetito de venganza.*

victorioso -sa *adj.* y *n.* Se dice de la persona que ha conseguido la victoria en cualquier línea. **2** *adj.* Se aplica a las acciones en que se consigue.

vid *f.* Planta trepadora de las vitáceas, de tronco retorcido, vástagos flexibles y nudosos, hojas alternas y partidas en cinco lóbulos, y flores verdosas en racimo, cuyo fruto es la uva.

vida *f.* Estado de actividad de los seres orgánicos que se manifiesta en el crecimiento, la capacidad de renovarse, relacionarse y reproducirse. **2** Actividad de un ser vivo o de un organismo social. **3** Tiempo que media entre el nacimiento de un ser vivo y su muerte. **4** Duración de las cosas en el ser. **5** Modo de vivir y de comportarse. **6** Alimento o medios necesarios para vivir. **7** Biografía de una persona. **8** Lo que produce gran complacencia o bienestar: *¡esto es vida!* **9** Expresión, viveza, especialmente de los ojos. **10** Animación de un cuadro plástico o de una escena literaria.

vidente *adj.* Que ve. **2** *adj.* y *com.* Capaz de predecir el futuro. **3** *m.* Profeta.

vídeo *m.* Aparato para grabar y reproducir imágenes y sonidos por medios electrónicos.

videocasete *f.* Casete en la que se pueden grabar y reproducir imágenes.

videocinta *f.* Cinta magnética en que se graban imágenes con los mismos sistemas que se utilizan en la televisión.

videodisco *m.* Disco en el que además del sonido se ha grabado la imagen.

videojuego *m.* Aparato que permite simular sobre una pantalla diversos juegos y entretenimientos. **2** Juego presentado a través de dicho aparato.

videoteléfono *m.* Sistema telefónico dotado de una pantalla de televisión en la que aparece la imagen de los interlocutores.

vidriar *tr.* Dar a las piezas de barro o loza un barniz que, fundido al horno, toma la transparencia y lustre del vidrio. **2** *prnl.* Ponerse vidrioso algún objeto.

vidrio *m.* Sustancia transparente o traslúcida, dura y frágil a la temperatura ordinaria, que se obtiene fundiendo una mezcla de sílice con potasa o sosa y pequeñas cantidades de otras bases, y a la cual pueden darse distintas coloraciones mediante la adición de óxidos metálicos. **2** Objeto de vidrio. **3** fig. Cosa muy delicada y quebradiza. **4** *Amér.* Cristal de las ventanillas del automóvil.

viejo -ja *adj.* Antiguo o del tiempo pasado. **2** Deslucido, estropeado por el uso. **3** *adj.* y *n.* Se dice de la persona o animal de mucha edad. **4** *m.* y *f.* Padre y madre. **5** *Amér.* Por extensión, mote cariñoso que se aplica a una persona amiga.

viento *m.* Corriente de aire producida en la atmósfera por las diferencias de presión. **2** Aire atmosférico. **3** fig. Cualquier cosa que agita el ánimo con violencia. **4** fig. Vanidad y jactancia. **5** Rumbo de un barco.

vientre *m.* Abdomen, cavidad que en hombres y animales contiene el estómago, los intestinos y demás vísceras. **2** Conjunto de las vísceras contenidas en esa cavidad. **3** Parte del cuerpo humano entre la cintura y las ingles.

viernes *m.* Sexto día de la semana, que sigue al jueves.

viejo

viga *f.* Madero largo y grueso que se emplea como sostén en las construcciones. **2** En la construcción moderna, hierro de doble T que hace las funciones de la viga de madera.

vigente *adj.* Se dice de las leyes, costumbres y estilos de vida en uso y vigor.

vigesimal *adj.* Se dice del sistema numeral que tiene como base el veinte.

vigía *f.* Persona que vigila, y especialmente desde un sitio alto. **2** Atalaya, torre. **3** Acción de vigiar. **4** Escollo que sobresale algo sobre la superficie del mar.

vigilancia *f.* Acción y efecto de vigilar. **2** Persona u organización que se encarga de hacerlo.

vigilar *tr.* e *intr.* Velar cuidadosamente sobre personas o cosas. **2** Atender, cuidar de algo o de alguien.

vigilia *f.* Acción de estar en vela o despierto. **2** Falta de sueño o dificultad en conciliarlo. **3** Trabajo intelectual que se realiza durante la noche. **4** Víspera de una festividad. **5** Oficio de difuntos. **6** Abstinencia de carne en la comida: *comer de vigilia*.

vigor *m.* Fuerza de las cosas animadas o inanimadas. **2** Vitalidad, pujanza en hombres, animales y plantas. **3** Vigencia de leyes y costumbres. **4** fig. Viveza de lenguaje o estilo.

vigorizar *tr.* y *prnl.* Dar vigor. **2** Animar, esforzar.

vigoroso -sa *adj.* Que tiene vigor.

vil *adj.* Bajo o despreciable. **2** Indigno, torpe, infame. **3** *adj.* y com. Se dice de quien falta o corresponde mal a la confianza en él depositada.

vilipendio *m.* Desprecio, falta de estima, denigración de una persona o cosa.

villa *f.* Casa con jardín, y especialmente la que está en el campo. **2** Población con algunos privilegios, por lo general menor que una ciudad y mayor que un pueblo.

villanía *f.* Condición social de villano. **2** fig. Bajeza moral, acción ruin. **3** fig. Expresión indecorosa.

villano -na *adj.* y *n.* fig. Rústico o descortés.

vinagre *m.* Líquido agrio resultante de la fermentación ácida de líquidos alcohólicos, como el vino o la sidra, que se emplea como condimento de ensaladas. **2** fig. Persona de genio malhumorado y desapacible.

vinagreta *f.* Salsa para carnes y pescados, que se prepara con aceite, vinagre y cebolla.

vincular *tr.* Sujetar o gravar los bienes a vínculo para perpetuarlos en empleo o familia determinados por el fundador. **2** fig. Hacer depender una cosa de otra, fundarla en ella. **3** *prnl.* fig. Perpetuar o continuar una cosa o el ejercicio de ella.

vínculo *m.* Lazo o ligadura entre personas o cosas. (Se usa más en sentido figurado.)

vindicar *tr.* y *prnl.* Vengar. **2** Defender, especialmente por escrito, al calumniado, injuriado o injustamente notado.

vinícola *adj.* Relativo a la elaboración del vino. **2** *com.* Viticultor.

vino *m.* Bebida alcohólica que se obtiene por fermentación del zumo de la uva. **2** Por extensión, zumo de otras plantas o frutos que se cuece y fermenta al modo del de las uvas.

viña *f.* Terreno plantado de vides.

viñeta *f.* Adorno gráfico (originariamente en forma de viña) que ilustra el comienzo y final de una página, un capítulo o un libro. **2** Dibujo o escena humorística impresa en un libro, periódico, etc., que se acompaña de un texto o comentario. **3** Dibujo que una empresa o entidad utiliza como distintivo o etiqueta. **4** IMPR Plancha o grabado de medias tintas, en las que el fondo va difuminándose.

viola *f.* Instrumento de cuerda, algo mayor que el violín y afinado una quinta más grave. **2** *com.* Persona que toca este instrumento.

violación *f.* Acción y efecto de violar una ley, un lugar sagrado, etc. **2** Delito de abuso carnal contra una persona, ejerciendo violencia física sobre ella, o sin tal violencia si se trata de menor de 12 años.

violar *tr.* Infringir o quebrantar una ley o precepto. **2** Cometer una violación, delito. **3** Profanar un lugar sagrado.

violencia *f.* Calidad de violento. **2** Acción y efecto de violentar. **3** fig. Acción violenta o contra el natural modo de proceder.

violentar *tr.* Forzar la resistencia de personas o cosas con medios violentos. **2** fig. Penetrar en vivienda o propiedad ajena contra la voluntad de su dueño. **3** fig. Dar interpretación o sentido violento a lo dicho o escrito. **4** *prnl.* Vencer uno su repugnancia a hacer alguna cosa.

viola

violento -ta *adj.* Que está fuera de su natural estado, situación o modo. **2** Que actúa con ímpetu y fuerza. Se dice también de este tipo de acción. **3** Se dice de la acción hecha a disgusto, por ciertos respetos y consideraciones. **4** Se dice de quien se halla en una situación incómoda o embarazosa. **5** fig. Se aplica al genio arrebatado e impetuoso y que se deja llevar fácilmente de la ira. **6** fig. Que se ejecuta ahora contra el modo regular o fuera de razón y justicia.

violeta *adj.* y *m.* Se dice del color morado claro; es el séptimo color del espectro luminoso, con la menor longitud de onda. **2** *f.* Planta vivaz de las violáceas, de tallos rastreros, hojas acorazonadas con pecíolo muy largo, y flores moradas (o blancas) de cabillo largo y olor suavísimo. **3** Flor de esta planta.

violín *m.* Instrumento músico de cuerda y arco, en forma de óvalo estrechado cerca del medio, con cuatro cuerdas fijas a cuatro clavijas; equivale al tiple. **2** *com.* Persona que toca este instrumento.

violonchelo *m.* Instrumento músico de cuerda y arco, intermedio entre el violín y el contrabajo; consta de cuatro cuerdas que se afinan por quintas; corresponde al barítono entre los de su clase.

virgen *adj.* y *com.* Se dice de la persona que no ha tenido relaciones sexuales. **2** *adj.* Se aplica a la tierra no cultivada. **3** Se dice de las cosas que mantienen su entereza originaria, o no han sido manipuladas. **4** Se dice de lo que no ha tenido artificio en su formación. **5** *f.* Por antonomasia, María, madre de Dios. **6** Imagen que la representa.

virginidad *f.* Estado y condición de virgen.

viril *adj.* Relativo al varón, varonil.

virrey *m.* El que gobernaba en nombre y con la autoridad del rey.

virtual *adj*. Con capacidad para hacer o producir algo, aunque no lo produzca de hecho. **2** Tácito, implícito.

virtud *f*. Actividad o fuerza de las cosas para producir o causar sus efectos. **2** Eficacia de una cosa para conservar o restablecer la salud corporal. **3** Fuerza, vigor o valor. **4** Poder o potestad de obrar. **5** Integridad de ánimo y bondad de vida. **6** Hábito y disposición de la voluntad para las acciones conformes a la ley moral. **7** *pl*. Espíritus bienaventurados que forman el quinto coro.

viruela *f*. Enfermedad aguda, contagiosa y febril, esporádica o epidémica, que se caracteriza por cefaleas, vómitos y erupción de gran número de pústulas. **2** Cada una de las pústulas que produce. **3** fig. Granillo que sobresale en la superficie de ciertas cosas; como plantas, papel, etc.

virus *m*. Microorganismo, generalmente patógeno, que sólo puede vivir en el interior de una célula viva, y que únicamente es visible con el microscopio electrónico. Los virus son agentes causantes de diversas enfermedades (rubéola, herpes, sarampión, hepatitis, poliomielitis, etc.), y más resistentes a los tratamientos que las bacterias. **2** Humor maligno. **3** fig. En sentido moral, lo que es origen de contagio.

viruta *f*. Tira fina y en espiral que se saca al labrar la madera o los metales con el cepillo u otra herramienta.

visa *f*. *Amér*. Visado, pasaporte.

visar *tr*. Autorizar la autoridad competente un pasaporte. **2** Examinar y dar el visto bueno a un documento. **3** Dirigir la visual o la puntería.

víscera *f*. Entraña, cada uno de los órganos contenidos en las grandes cavidades del cuerpo humano y de los animales.

viscosa *f*. Materia que se emplea como fibra textil.

viscoso -sa *adj*. Pegajoso. **2** Se dice del fluido o líquido que posee viscosidad.

visera *f*. Parte delantera saliente de la gorra y otras prendas similares, que protege la vista contra el sol. **2** Ala movible colocada sobre el cristal delantero de un automóvil, para proteger del sol.

visibilidad *f*. Calidad de visible. **2** Grado de distancia a que puede verse una cosa, según las condiciones atmosféricas.

visibilizar *tr*. Hacer visible una cosa, que no lo es a simple vista, mediante procedimientos ópticos o electrónicos.

visible *adj*. Que se puede ver. **2** Patente, manifiesto. **3** Se dice de la persona notable que llama la atención por alguna singularidad.

visión *f*. Acción y efecto de ver. **2** Contemplación inmediata y directa sin percepción sensible. **3** Objeto de la vista, especialmente si es ridículo o espantoso. **4** Punto de vista particular sobre un asunto. **5** Producto de la fantasía o imaginación que no tiene realidad y se toma como verdadero.

visionario -ria *adj. y n*. Se dice de la persona que, a causa de su fantasía exaltada, se figura y cree con facilidad cosas quiméricas.

visita *f*. Acción de visitar. **2** Persona o grupo de personas que acuden a ver a alguien o algo: *una visita conjunta al museo*. **3** Inspección; reconocimiento.

visitar *tr*. Ir a ver a alguien a su casa por cortesía, amistad u otro motivo. **2** Acudir a un lugar, monumento, etc., para conocerlo. **3** Ir a un templo o santuario por devoción o por ganar indulgencias. **4** Ir el médico a casa del enfermo para asistirle. **5** Acudir con frecuencia a un lugar con objeto determinado.

vislumbrar *tr*. Ver algo de forma imprecisa o confusa por la mucha distancia o la poca luz. **2** fig. Conjeturar por indicios.

vislumbre *f*. Reflejo de la luz, o tenue resplandor, por la distancia o falta de luz. **2** fig. Indicio, conjetura.

viso *m*. Eminencia, lugar alto. **2** Reflejo de color o de luz de una superficie brillante. **3** Destello que despiden algunas cosas heridas por la luz. (Se usa más en plural.) **4** Reflejo de color distinto del que uniformemente tiene una cosa. (Se usa más en plural.) **5** fig. Apariencia de las cosas.

víspera *f*. Día inmediatamente anterior a otro, especialmente si éste es festivo.

vista *f*. Sentido por el que se percibe la luz y las formas y colores de los objetos. **2** Acción y efecto de ver. **3** Apariencia, aspecto. **4** Extensión que se descubre desde un punto, paisaje. **5** Ojo humano. **6** Conjunto de ambos ojos. **7** Visión, aparición. **8** Pintura, dibujo, grabado o fotografía que representa un lugar o monumento tomado del natural. **9** Conocimiento claro de las cosas. **10** Intento o propósito. **11** Mirada superficial o ligera, vistazo. **12** fig. Acierto o sagacidad para percibir algo, o para comprenderlo y valorarlo.

vista

vistazo *m*. Mirada rápida o superficial.

vistoso -sa *adj*. Se dice de lo que llama la atención por su aspecto y colorido agradables o por su brillantez.

visual *adj.* Relativo a la vista. **2** *f.* Línea recta que se considera tirada desde el ojo del espectador hasta el objeto.

visualidad *f.* Efecto agradable que producen varios objetos vistosos.

visualizar *tr.* Visibilizar. **2** Representar de forma gráfica fenómenos que no son específicos de la vista, como el sonido, la corriente eléctrica, etc. **3** Ilustrar ideas o conceptos con dibujos.

vital *adj.* Relativo a la vida. **2** fig. De gran importancia.

vitalicio -cia *adj.* Que dura de por vida, aplicándose a cargos, seguros, pensiones y rentas. **2** *m.* Póliza de seguro sobre la vida.

vitalidad *f.* Calidad de tener vida. **2** Capacidad para vivir de un recién nacido. **3** Energía.

vitalizar *tr.* Comunicar fuerza o vigor.

vitamina *f.* Cada una de las sustancias orgánicas presentes en pequeñas cantidades en materias nutritivas, y que sin tener valor nutritivo son indispensables para los procesos vitales del organismo. Su falta o deficiencia provoca numerosas enfermedades (avitaminosis), dado que no pueden completarse los procesos metabólicos. La vitamina A se encuentra en la leche, el hígado, la yema de huevo, las espinacas, la zanahoria, etc., y su falta provoca lesiones epiteliales y de las mucosas, diarreas, etc. Las vitaminas del grupo B se hallan en la carne, los cereales, el hígado y algunas frutas y verduras, y son esenciales para la asimilación de los glúcidos; se utilizan para tratar la diabetes. La vitamina C es característica de la fruta y los vegetales frescos, y su carencia provoca escorbuto. La vitamina D se encuentra principalmente en el hígado de los peces, y su carencia provoca raquitismo y alteraciones en la asimilación del calcio, si bien, administrada en grandes cantidades, tiene efectos tóxicos.

vitamínico -ca *adj.* Relativo a las vitaminas. **2** Que contiene vitaminas.

vitral *m.* Vidriera de colores.

vitrificar *tr.* y *prnl.* Convertir una sustancia en vidrio. **2** Hacer que algo adquiera las apariencias del vidrio.

vitrina *f.* Escaparate, armario o caja con puertas o tapas de cristales, para exponer objetos artísticos o científicos o para exhibir mercancías.

vituperar *tr.* Hablar mal de una persona, censurarla o reprenderla.

viudez *f.* Estado de viudo o viuda.

viudo -da *adj.* y *n.* Se dice de la persona a la que se le ha muerto el cónyuge y no ha vuelto a casarse. **2** *adj.* Se aplica a aves, como la tórtola, que han perdido su pareja.

vivaracho -cha *adj.* fam. De genio vivo, inquieto, travieso.

vivaz *adj.* Que vive mucho tiempo. **2** Se dice de la planta que vive más de dos años. **3** De ingenio pronto o agudo.

vivenciar *tr.* Vivir, experimentar.

víveres *m. pl.* Alimentos necesarios para abastecer a un grupo de personas. **2** Comestibles, provisiones.

vivero *m.* Semillero en que se cultivan las plantas hasta su trasplante definitivo. **2** Criadero de peces o moluscos. **3** fig. Origen de alguna cosa.

viveza *f.* Prontitud o celeridad en las acciones, o agilidad en la ejecución. **2** Energía en las palabras. **3** Agudeza de ingenio. **4** Dicho agudo, pronto o ingenioso. **5** Propiedad y semejanza en la representación de algo. **6** Esplendor y lustre de algunas cosas, especialmente de los colores. **7** Gracia particular de los ojos en el modo de mirar o de moverse.

vivienda *f.* Morada, habitación. **2** Género de vida o modo de vivir.

vivificar *tr.* Dar vida. **2** Reanimar, confortar.

vivíparo -ra *adj.* y *n.* Se dice de los animales, como los mamíferos, cuyas hembras paren fetos ya desarrollados, a diferencia de los ovíparos.

vivir *intr.* Tener vida, estar vivo. **2** Durar las cosas. **3** Pasar y mantener la vida: *tiene con qué vivir*. **4** Habitar en un lugar o en un país. **5** Llevar cierto género de vida. Se junta con los adverbios bien o mal. **6** fig. Durar en la fama o en la memoria de la gente después de muerto. **7** fig. Permanecer en uno cierto recuerdo. **8** fig. Acomodarse uno a las circunstancias o aprovecharlas para sus propias conveniencias. **9** fig. Existir uno con cierta permanencia en un lugar o en un estado o condición. **10** *tr.* Experimentar una vivencia: *hemos vivido días de angustia*.

vivo -va *adj.* y *n.* Que tiene vida. **2** *adj.* Intenso, fuerte. **3** En actual ejercicio de su empleo. **4** Sutil, ingenioso. **5** Listo, que sabe actuar en beneficio propio. **6** Demasiadamente pronto, o poco considerado, en las expresiones o acciones. **7** fig. Que dura y subsiste en toda su fuerza y vigor. **8** fig. Durable en la memoria. **9** fig. Diligente, pronto y ágil. **10** fig. Muy expresivo o persuasivo. **11** fig. Se aplica a interés, deseo, sentimiento, etc., grande. **12** fig. Se dice del color brillante, luminoso.

vizconde *m.* En la época feudal, quien sustituía al conde en su ausencia. **2** Título nobiliario inferior al de conde.

vocablo *m.* Palabra, sonido o sonidos articulados que expresan una idea. **2** Representación gráfica de estos sonidos.

vocabulario *m.* Conjunto de palabras de un idioma. **2** Diccionario, libro en que se contiene dicho conjunto. **3** Léxico de una ciencia o arte.

vocación *f.* Inspiración con que Dios llama a algún estado, especialmente al de religión. **2** fam. Inclinación a cualquier estado, profesión o carrera. **3** Advocación.

vocal *adj.* Relativo a la voz. **2** Que se expresa con la voz. **3** *adj.* y *f.* Se dice del sonido de una lengua que se produce por la aspiración del aire, generalmente con vibración laríngea, y que adquiere un timbre determinado, sin oclusión ni estrechez, según la posición de los órganos movibles de la boca. **4** Letra que lo representa. En castellano son cinco: *a, e, i, o, u*. Se dividen en *abiertas (a), medias (e, o)* y *cerradas (i, u),* según la mayor o menor proximidad de la lengua al paladar; *palatales o anteriores (e, i)* y *velares o posteriores (o, u),* según su punto de articulación; largas y breves, según la duración del sonido; *fuertes (a, e, o)* y *débiles (i, u),* según su intensidad, etcétera. **5** *com.* Persona con voz en un consejo o junta.

vocalización *f.* Transformación histórica de una consonante en vocal. **2** Acción y efecto de vocalizar. **3** MÚS Pieza compuesta para vocalizar.

vocalizar *intr.* Articular de forma precisa y correcta los sonidos. **2** Hacer ejercicios de canto con una vocal en vez de con las notas musicales. **3** *prnl.* Convertirse históricamente una consonante en vocal: *cabdal-caudal.*

vocear *intr.* Vociferar, dar voces. **2** *tr.* Pregonar alguna cosa. **3** Llamar a voces a una persona. **4** fam. Jactarse o alabarse públicamente.

vocero *m.* Portavoz, el que habla en nombre de otro. **2** *Amér.* Vendedor de periódicos.

vociferar *tr.* Jactarse de algo. **2** *intr.* Vocear o dar grandes voces.

volante *adj.* Que vuela. **2** Sin asiento o sede fija: *embajador volante.* **3** *m.* Adorno de una prenda de vestir en forma de rizo, pliegue o fruncido. **4** Pantalla movible y ligera. **5** Hoja de papel en que se manda un aviso, orden, etc. **6** Parte de una hoja de talonario o de un libro matriz, destinada a ser arrancada.

volar *intr.* Moverse por el aire, sosteniéndose con las alas. **2** Elevarse en el aire y moverse en él mediante un aparato propulsado por un motor. **3** fig. Elevarse una cosa en el aire y moverse algún tiempo por él. **4** fig. Ir por el aire una cosa arrojada con violencia. **5** fig. Caminar o ir con gran prisa y aceleración. **6** fig. Desaparecer rápida e inesperadamente una cosa. **7** fig. Hacer las cosas con gran prontitud. **8** fig. Propagarse con celeridad una información, noticia, etc. **9** fig. Pasar muy de prisa el tiempo. **10** fig. Llegar lejos, triunfar. **11** fam. Huir de un lugar. **12** *tr.* fig. Hacer saltar con violencia o elevar en el aire alguna cosa, especialmente mediante explosivos. **13** fig. Irritar, enfadar.

volátil *adj.* y *n.* Que vuela o puede volar. **2** *adj.* Se dice de las cosas que fácilmente se elevan en el aire. **3** fig. Inconstante, mudable. **4** Se aplica a la sustancia que se volatiliza en condiciones de temperatura y presión normales.

volatilizar *tr.* y *prnl.* Convertir un cuerpo sólido o líquido en gaseoso. **2** *prnl.* fam. Disiparse, desaparecer.

volcán *m.* Abertura en la superficie terrestre por la que salen materiales procedentes del interior (sólidos, líquidos y gaseosos) a temperatura muy elevada. **2** fig. Ardor o fuego muy violento. **3** fig. Pasión ardiente. **4** *Amér.* Torrente de verano, aludes de agua, barro, árboles y cantos rodados.

☐ GEOL Un volcán puede surgir tanto en el área continental como en la parte submarina de la corteza terrestre. La salida al exterior de materiales magmáticos (cenizas, lava, etc.) y gases se produce a través de cráteres (erupción central) o de grietas (erupción lineal). Las erupciones dan lugar a elevaciones del terreno, llamadas también volcanes, constituidas por la acumulación de dichos materiales magmáticos. El proceso de salida del material se produce gracias al ascenso, por el interior de la chimenea, de materia líquida (magma), que es proyectada al exterior en forma de lava, cenizas (partículas de tamaño inferior a 2 mm), lapilli (fragmentos de varios milímetros o centímetros de tamaño), *bombas volcánicas* (de forma ahusada) y *bloques* (que llegan a alcanzar un tamaño de varios metros).

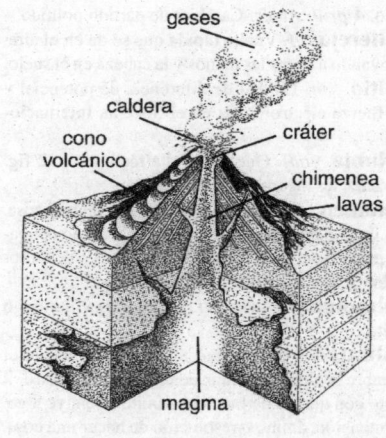

volcán

volcar *tr.* e *intr.* Torcer o invertir un recipiente de modo que se vacíe en parte o en todo su contenido. **2** *tr.* Turbar a uno la cabeza una cosa de olor o fuerza eficaz, de modo que le ponga en riesgo de caer. **3** fig. Hacer cambiar de parecer a uno a fuerza de razonamientos. **4** *prnl.* fig. Poner uno cuanto puede en favor de alguien o de algo. **5** fig. Ser amable en extremo con alguien.

voleibol *m.* Balonvolea, juego.

voleibol

voltaje *m.* Tensión de una corriente eléctrica medida en voltios.

voltear *tr.* y *prnl.* Dar o hacer dar vueltas en el aire a una persona o cosa. **2** Volver una cosa de una parte a otra hasta ponerla al revés de como estaba. **3** *tr.* Trastrocar o mudar una cosa a otro estado o sitio. **4** *prnl.* *Amér.* Cambiar de partido político.

voltereta *f.* Vuelta rápida que se da en el aire, apoyando a veces las manos y la cabeza en el suelo.

voltio *m.* Unidad de diferencia de potencial y de fuerza electromotriz en el Sistema Internacional.

voluble *adj.* Que se enrolla fácilmente. **2** fig. De carácter inconstante y mudadizo.

volumen *m.* Corpulencia o bulto de una cosa. **2** Libro, ejemplar encuadernado. **3** Espacio ocupado por un cuerpo. **4** Intensidad de la voz o de un sonido.

voluminoso -sa *adj.* De mucho volumen o bulto.

voluntad *f.* Facultad anímica por la que el hombre se decide a obrar de un modo o de otro. **2** Acto con que dicha facultad admite o rehúye algo. **3** Intención, ánimo o resolución de hacer una cosa. **4** Libre albedrío o libre determinación. **5** Gana o deseo de hacer una cosa. **6** Disposición o mandato de una persona. **7** Inclinación o afecto a las personas.

voluntario -ria *adj.* Se dice del acto que nace de la voluntad. **2** Que se hace por propia voluntad y no por coacción u obligación. **3** *m.* y *f.* Persona que se presta a hacer algo por propia decisión.

volver *tr.* Dar vuelta o vueltas a una cosa. **2** Corresponder, pagar. **3** Dirigir, encaminar una cosa a otra, material o inmaterialmente. **4** Traducir de una lengua a otra. **5** Devolver, restituir. **6** Poner nuevamente a una persona o cosa en el estado que tenía. **7** Dar o tomar otro ser, estado, figura, etc. **8** Rehacer una prenda de vestir de modo que el revés de la tela quede como derecho. **9** Vomitar. **10** Entornar o cerrar una puerta o ventana. **11** Despedir o rechazar, enviar por repercusión o reflexión. **12** Hacer cambiar a alguien de idea. **13** *intr.* y *prnl.* Regresar al punto de partida. **14** *intr.* Reanudar el hilo de una historia, tema, etc. **15** Torcer o dejar el camino o línea recta. **16** Con *a* y otro verbo en infinitivo, repetir lo que antes se ha hecho. **17** Con *por*, defender o patrocinar. **18** Inclinar el cuerpo o el rostro en señal de atención, o dirigir la conversación a determinados sujetos.

vomitar *tr.* Arrojar por la boca lo contenido en el estómago con mayor o menor violencia. **2** fig. Arrojar de sí violentamente una cosa algo que tiene dentro. **3** fig. Lanzar injurias o dicterios. **4** fam. Revelar un secreto.

vómito *m.* Acción de vomitar. **2** Lo vomitado.

voracidad *f.* Calidad de voraz.

voraz *adj.* Se dice de la persona o animal que come mucho o con mucha avidez. **2** fig. Que destruye o consume rápidamente, por ejemplo, el fuego.

vos Pronombre personal de segunda persona, en género masculino y femenino, y número singular y plural, que fue tratamiento respetuoso y que ahora sólo se conserva en el lenguaje religioso (*Vos, Dios mío*) o en fórmulas de cortesía; se construye con el verbo en plural y se anticipa al verbo en la forma de *os*: *os decía, don Pedro*. En el habla popular de gran parte de América sustituye al pronombre *tú*, como tratamiento de confianza, o alterna con él. La desinencia verbal empleada también cambia: *vos tenés* (por *tú tienes*).

vosotros -tras Pronombre personal de segunda persona en número plural, masculino y femenino para el sujeto y el vocativo.

votación *f.* Acción y efecto de votar. **2** Conjunto de votos emitidos. **3** Sistema de emisión de votos.

voto *m.* Parecer o dictamen de cada una de las personas que deciden en la elección de un candidato o en la aprobación o rechazo de una propuesta. **2** Opinión dada sobre una materia. **3** Votante. **4** Cada una de las promesas que constituyen el estado religioso: *pobreza, obediencia y castidad*. **5** Ruego con que se pide a Dios una gracia. **6** Deseo: *hago votos por su prosperidad*. **7** Juramento, maldición.

voz *f.* Sonido que produce el aire expelido por los pulmones al hacer vibrar las cuerdas vocales de la laringe. **2** Calidad, timbre o intensidad de este sonido. **3** Sonido que forman algunas cosas inanimadas, heridas del viento o hiriendo en él. **4** Palabra o vocablo. **5** fig. Músico que canta. **6** Cada una de las líneas melódicas que forman una composición polifónica. **7** Sonido particular o tono correspondiente a las notas y claves, en la voz del que canta o en los instrumentos. **8** fig. Voto, opinión. **9** fig. Facultad de hablar, aunque no de votar, en una asamblea. **10** fig. Opinión, fama, rumor. **11** Accidente gramatical del verbo que expresa si el sujeto es agente (*voz activa*) o paciente (*voz pasiva*).

vuelco *m.* Acción y efecto de volcar o volcarse. **2** Movimiento con que una cosa se vuelve o trastorna enteramente.

vuelo *m.* Acción de volar. **2** Espacio que se recorre volando sin posarse. **3** Conjunto de plumas que en el ala del ave sirven principalmente para volar. (Se usa más en plural.) **4** Por extensión, toda el ala. **5** Amplitud o extensión de una vestidura en la parte que no se ajusta al cuerpo. **6** Vuelo en avión u otra aeronave.

vuelta *f.* Movimiento de un cuerpo sobre sí mismo, o alrededor de un punto, con giro de 180 o de 360 grados. **2** Curvatura en una línea, o apartamiento del camino recto. **3** Regreso al punto de partida. **4** Paseo, caminata. **5** En ciclismo y otros deportes, carrera en etapas en torno a un país, región, comarca, etc. **6** Dinero que se devuelve a quien paga con una moneda o billete superior al coste de lo comprado.

vuestro -tra, -tros, -tras Pronombre y adjetivo posesivos de segunda persona, en género masculino, femenino y neutro; plural en cuanto a los poseedores y singular y plural en cuanto a la cosa poseída: *vuestro padre; las obras vuestras; estos libros son los vuestros; he visto a vuestra hermana.*

vulgar *adj.* Relativo al vulgo. Aplicado a persona, se usa alguna vez como sustantivo. **2** Común o general, por contraposición a especial o técnico. **3** Se aplica a las lenguas que se hablan actualmente, en contraposición a las lenguas sabias.

vulgarismo *m.* Palabra o frase usada por el vulgo.

vulgarizar *tr.* y *prnl.* Hacer vulgar o común una cosa. **2** Hacer algo asequible al vulgo, trivializarlo. **3** Traducir un escrito de otra lengua a la común y vulgar. **4** Tener trato con gente vulgar, o portarse como ella.

vulgo *m.* El común de la gente popular. **2** Conjunto de personas no iniciadas en algún arte, ciencia o tema.

vulnerable *adj.* Que puede ser herido o recibir algún daño físico o moral.

vulnerar *tr.* Violar, transgredir una ley, un mandato. **2** Dañar, perjudicar: *con sus indirectas vulneró mi honra.*

vulva *f.* Partes que rodean y constituyen la abertura externa de la vagina.

w *f*. Vigesimocuarta letra del abecedario castellano y decimonona de sus consonantes. Su nombre es uve doble, y su sonido coincide con el de la v (que en general no se distingue del sonido de la b), empleándose únicamente en palabras de origen extranjero, en las que a veces conserva la pronunciación de u semiconsonante (Washington). **2** En mayúscula, símbolo internacional de Oeste (ing. West).

wahhabismo *m*. Doctrina integrista islámica surgida de la reforma de Muhammad ibn Abd al-Wahhab (s. XVIII), que predicaba una interpretación literal y rigurosa del Corán. Adoptada por el jeque beduino Muhammad ibn Saud y sus sucesores, dio origen al reino de Arabia Saudí (1932), del que es religión oficial. Prohíbe el culto a los santos, los adornos en las mezquitas, etc.

walkie-talkie *m*. Radioteléfono portátil para comunicaciones a corta distancia.

walkman *m*. Reproductor estereofónico portátil de casetes, que se oye mediante auriculares.

wat *m*. Nombre del vatio en la nomenclatura internacional.

waterpolista *com*. Jugador de waterpolo.

waterpolo *m*. Deporte que se practica en una piscina, entre dos equipos de siete jugadores cada uno, que deben introducir un balón en la portería contraria impulsándolo con las manos.

western *m*. Género cinematográfico cuya acción se sitúa en la época de la conquista y co-

walkman

lonización del Oeste norteamericano. **2** Filme que pertenece a este género.

whiskería *f*. Bar en que se expende whisky.

whisky *m*. Bebida alcohólica que se fabrica con cereales (cebada, avena) malteados o ya germinados; se pronuncia güisqui, grafía castellanizada que ha logrado imponerse.

wigwam *m*. Tienda de diversas tribus indias norteamericanas, de forma cónica, formada por una armazón cubierta de ramas o pieles.

windsurf *m*. Tabla especial con una vela triangular que maneja el deportista con ambas manos, para deslizarse sobre el agua.

windsurfing *m*. Deporte náutico del windsurf.

wolfram *m*. Nombre del volframio en la nomenclatura internacional.

x *f.* Vigesimoquinta letra del abecedario castellano, y vigésima de sus consonantes. Su nombre es *equis*. **2** Signo con que se suple el nombre de una persona que no se quiere mencionar. **3** En álgebra, signo que representa la incógnita, o la primera de ellas, si son dos o más. **4** En la numeración romana, signo del 10.

xenofilia *f.* Simpatía hacia los extranjeros.

xenofobia *f.* Odio a los extranjeros.

xerocopia *f.* Copia obtenida por el procedimiento de la xerografía.

xerocopiar *tr.* Reproducir por xerografía.

xerófago -ga *adj.* Se dice de los organismos que se nutren de sustancias pobres en agua.

xerófilo -la *adj.* Se aplica a las plantas que se adaptan a la vida en un medio seco.

xerografía *f.* Sistema de impresión en seco que utiliza la fotoconductibilidad y la atracción eléctrica, fijando la imagen por la acción del calor. **2** Fotocopia así obtenida.

xerografiar *tr.* Reproducir textos o imágenes por xerografía.

xerográfico -ca *adj.* Relativo a la xerografía. **2** Obtenido mediante xerografía.

xerosis *f.* PAT Estado de sequedad de un órgano o estructura corporal.

xerostomía *f.* Sequedad de la boca por falta de secreción salival.

xerotérmico -ca *adj.* Se dice del clima seco y cálido a la vez. **2** Por extensión, se dice de la fauna y la flora que se desarrolla en dicho clima.

xilema *f.* Conjunto de elementos leñosos que contiene una planta.

xilófono *m.* Instrumento músico de percusión consistente en una serie de láminas de madera dura o de metal, que se tocan con dos macillos de madera.

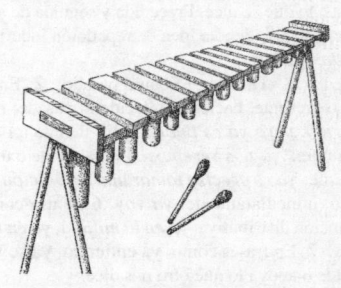

xilófono

xilografía *f.* Arte de grabar en madera. **2** Impresión tipográfica que se hace con planchas de madera grabadas.

xilología *f.* Ciencia que estudia las propiedades físicas y químicas de la madera.

xoanon *m.* Escultura arcaica griega de madera. Conserva la forma natural del tronco del árbol.

xóchtl *m.* Día vigésimo y último del mes azteca.

y[1] *f.* Vigesimosexta letra del abecedario castellano y vigesimoprimera de sus consonantes. Su nombre es *i griega*, sin que se haya impuesto el moderno de *ye*. Representa un sonido palatal sonoro y generalmente fricativo. Al final de palabra, se pronuncia como semivocal.

y[2] *conj. cop.* Une palabras o cláusulas en concepto afirmativo. A principio de frase, da énfasis o fuerza a lo que se dice. Precedida y seguida de una misma palabra, denota idea de repetición indefinida: *días y días*.

ya *adv. t.* Denota el tiempo pasado. **2** En el tiempo presente, haciendo relación al pasado: *era muy rico, pero ya es pobre*. **3** En tiempo u ocasión futura: *ya nos veremos*. **4** Finalmente o últimamente: *ya es preciso tomar una resolución*. **5** Luego, inmediatamente: *ya voy*. **6** Se usa como conjunción distributiva: *ya en la milicia, ya en las letras*. **7** En frases como *ya entiendo, ya se ve*, concede o apoya lo que otro nos dice.

yacer *intr.* Estar echada o tendida una persona. **2** Estar un cadáver en la fosa o en el sepulcro. **3** Existir o estar real o figuradamente una persona o cosa en algún lugar. **4** Tener trato carnal con una persona. **5** Pacer de noche las caballerías.

yacija *f.* Lecho o cama en que se está acostado. **2** Sepultura, hoyo y monumento.

yacimiento *m.* Sitio donde se halla naturalmente una roca, un mineral o un fósil.

yacio *m.* Árbol de las euforbiáceas, que puede alcanzar 30 m de altura, de hojas elípticas trifoliadas, flores en panojas y fruto en cápsula, que proporciona un tipo de gomorresina.

yámbico -ca *adj.* Relativo al yambo.

yambo[1] *m.* Pie de la poesía clásica formado por una sílaba breve y una larga.

yambo[2] *m.* Árbol corpulento de las mirtáceas, de hojas lanceoladas, inflorescencia en cima y fruto en baya que es la pomarrosa.

yantar *m.* Manjar o vianda. **2** Comida del mediodía o almuerzo.

yarda *f.* Medida de longitud anglosajona equivalente a 0,914 mm.

yate *m.* Embarcación de recreo, de motor o de vela.

yegua *f.* Hembra del caballo.

yeísmo *m.* Defecto lingüístico por el que se pronuncia la *ll* como *ye: gayina* por *gallina*.

yelmo *m.* Parte de la armadura que protegía cabeza y rostro, y estaba formada por morrión, visera y babera.

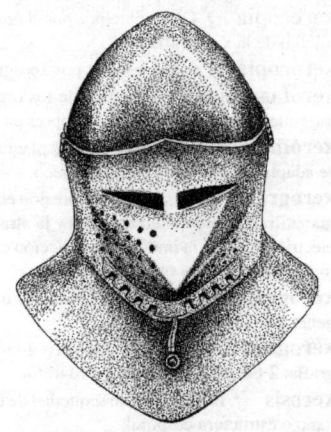

yelmo

yema *f.* Brote inicial de una planta, de aspecto escamoso, que da origen a tallos o flores. **2** Parte central del huevo en los vertebrados ovíparos, que contiene el embrión; en las aves es de color amarillo, y está rodeada de la clara y la cáscara. **3** Pequeña porción del cuerpo de ciertos animales que se desarrolla hasta constituir un nuevo individuo.

yerba *f.* Hierba.

yermo -ma *adj.* Inhabitado. **2** Inculto, no cultivado. **3** *m.* Terreno inhabitado.

yerno *m.* El marido de la hija respecto de los padres de ésta.

yerro *m.* Error o falta, aunque no sea consciente.

yérsey *m. Amér.* Jersey. **2** *Amér.* Tejido fino de punto.
yerto -ta *adj.* Tieso, rígido, agarrotado.
yesca *f.* Material muy seco, preparado para que resulte inflamable. **2** fig. Lo que está sumamente seco, y por consiguiente dispuesto a encenderse o abrasarse. **3** fig. Incentivo de cualquier pasión o afecto.
yeso *m.* Sulfato de calcio hidratado, que al perder el agua por la acción del fuego se endurece rápidamente al amasarse. Se emplea en la construcción.
yiddish *m.* Lengua hablada por los judíos no sefardíes, que sobre la base del hebreo antiguo mezcla elementos de numerosas lenguas.
yin *m.* En la filosofía china, principio femenino y pasivo de la energía universal.
yo Caso nominativo del pronombre personal de primera persona, género masculino o femenino y número singular. **2** *m.* FIL Con el artículo el, lo que constituye la personalidad de cada individuo. **3** FIL Sujeto pensante y consciente de las propias modificaciones, en oposición al mundo o naturaleza exterior en general.
yoga *f.* Doctrina filosófica hindú, que se basa en las prácticas ascéticas, el éxtasis, la contemplación y la inmovilidad absoluta, para llegar al estado perfecto. **2** Sistemas que se practican modernamente para obtener mayor eficacia en la concentración anímica mediante procedimientos análogos a los que usan los yoguis en la India.
yogui *adj.* Relativo al yoga. **2** *com.* Adepto al sistema filosófico del yoga. **3** Persona que practica algunos o todos los ejercicios físicos del yoga.
yogur *m.* Leche cuajada y sometida a la acción de un fermento llamado maya.
yóquey (ing. *jockey*) *m.* Jinete profesional de carreras de caballos.
yo-yo *m.* Marca registrada que da nombre a un juguete de origen chino, consistente en un pequeño disco acanalado que sube y baja a lo largo de un hilo.
yubarta *f.* Especie de ballena de los mares del Norte.
yuca *f.* Planta tropical de las liliáceas, de tallo arborescente y cilíndrico rematado en un penacho de hojas largas y ensiformes y flores blancas y colgantes; de su raíz se extrae una harina alimenticia. **2** Nombre vulgar de algunas especies de mandioca.

yudo *m.* Ant. sistema de lucha japonés, que hoy se practica como deporte, y que tiene por objeto defenderse sin armas. Supone el triunfo de la destreza contra la fuerza mediante llaves y golpes aplicados en los puntos más vulnerables del cuerpo.
yudoka *com.* Persona que practica el yudo.
yugada *f.* Terreno que puede arar una yunta en un día. **2** Yunta, especialmente la de bueyes.
yugo *m.* Útil agrícola en forma de madero transversal con dos entrantes en los extremos, a los que se uncen las caballerías para arar o tirar del carro. **2** Dominio despótico: *el yugo de la opresión*. **3** fam. Cualquier carga pesada, prisión o atadura.
yugular[1] *adj.* y *f.* Se dice de cada una de las cuatro venas que recogen la sangre de la cabeza y del cuello y que desembocan en la cava superior.
yugular[2] *tr.* Degollar, cortar el cuello. **2** fig. Cortar de raíz una enfermedad o una determinada actividad.
yunque *m. pl.* Prisma cuadrangular de hierro acerado, terminado en punta por uno o ambos extremos, sobre el que se trabajan los metales a golpe de martillo. **2** Huececillo del oído medio que se articula con el martillo y el estribo. **3** fig. Persona de gran aguante.

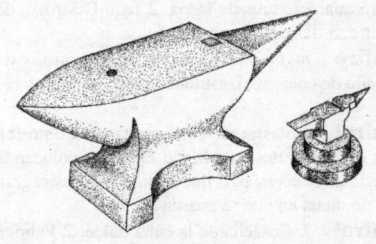

yunque

yunta *f.* Par de bueyes, mulas u otras caballerías que se emplean en la labranza o en el acarreo.
yute *m.* Fibra textil que se saca de la corteza interior de varias plantas de las tiliáceas. **2** Hilado o tejido de esta materia.
yuxtaponer *tr.* y *prnl.* Poner una cosa junto a otra o inmediata a ella.
yuxtaposición *f.* Acción y efecto de yuxtaponer o yuxtaponerse.

z *f.* Vigesimoséptima y última letra del abecedario castellano, y vigesimosegunda de sus consonantes. Su nombre es zeta o zeda, y su articulación, interdental, fricativa y sorda. Se considera asimismo correcta la pronunciación predorsal seseante característica de casi toda Andalucía, Canarias e Hispanoamérica.

zafar *tr.* y *prnl.* MAR Desembarazar, quitar los estorbos de una cosa. **2** *prnl.* Esconderse para evitar un encuentro o riesgo. **3** fig. Excusarse de hacer una cosa. **4** fig. Librarse de una molestia.

zafarrancho *m.* Acción y efecto de desembarazar y dejar expedita una parte de la embarcación, para una determinada faena. **2** fam. Destrozo, desastre. **3** fam. Riña, chamusquina.

zafiro *m.* Corindón u óxido de aluminio cristalizado de color azul, estimado como piedra preciosa.

zafra[1] *f.* Vasija de metal ancha y poco profunda, con agujeritos en el fondo, en que se colocan las medidas de aceite para que escurran. **2** Vasija grande de metal en que se guarda aceite.

zafra[2] *f.* Cosecha de la caña dulce. **2** Fabricación del azúcar de caña, y por extensión, del de remolacha. **3** Tiempo que dura esta fabricación.

zafra[3] *f.* Escombro de una mina.

zafrero *m.* Trabajador temporal.

zaga *f.* Parte posterior de una cosa. **2** Carga que se acomoda en la trasera de un carruaje. **3** *m.* El postrero en el juego.

zagal -la *m.* y *f.* Muchacho o muchacha que ha alcanzado la adolescencia. **2** Pastor o pastora joven. **3** *f.* Muchacha soltera.

zaguán *m.* Portal o vestíbulo cubierto de una casa inmediato a la calle.

zaguero -ra *adj.* Que va en zaga. **2** Se dice del carro excesivamente cargado en la parte de atrás. **3** *m.* En el juego de pelota, el que juega atrás. **4** En el fútbol y otros juegos, defensa.

zaherir *tr.* Reprender a alguien echándole en cara algo. **2** Humillar o maltratar a una persona de palabra.

zaino -na *adj.* Falso, traidor, aplicado a personas; resabiado, dicho de animales. **2** Se dice de la caballería de color castaño oscuro. **3** Se dice de la res vacuna totalmente negra.

zalamería *f.* Demostración de cariño afectada y empalagosa.

zamarra *f.* Chaleco o chaqueta hechos con piel de oveja que conserva su lana. **2** Vellón de carnero.

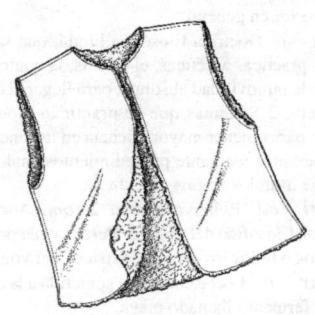

zamarra

zamarrear *tr.* Sacudir violentamente el perro o la fiera la presa que tiene cogida con los dientes, para rematarla. **2** fam. Zarandear a alguien golpeándole. **3** fam. Acosar a alguien en una disputa o pendencia, poniéndole en apuro.

zamarro *m.* Zamarra, prenda. **2** Piel de cordero. **3** fam. Hombre tosco, rústico, pesado. **4** fam. Hombre astuto, pillo. **5** *pl. Amér.* Zahones para montar a caballo.

zamba *f.* Samba, canción y baile argentinos.

zambo -ba *adj.* y *n.* Patizambo. **2** *Amér.* Hijo de negra e indio o viceversa. **3** *m.* Mono americano de cola larga y prensil, hocico negro y mancha blanca en la frente; su pelaje es pardo amarillento.

zambomba *f.* Instrumento musical rústico formado por un cilindro de barro o metal, abierto por un extremo y cerrado por el otro con una piel muy tirante que tiene en el centro un carrizo a manera de mástil, el cual, frotado de arriba abajo y de abajo arriba con la mano humedecida, produce un sonido fuerte, ronco y monótono.

zambra *f.* Fiesta gitana. **2** fam. Algazara, bulla. **3** Canción y baile andaluces.

zambullir *tr.* y *prnl.* Sumergir bruscamente en el agua o en cualquier otro líquido. **2** *prnl.* fig. Esconderse o meterse en alguna parte, o cubrirse con algo. **3** fig. Introducirse de súbito en alguna actividad o asunto.

zampar *tr.* Meter una cosa en otra de prisa y de suerte que no se vea. **2** Asestar, propinar. **3** *tr.* y *prnl.* Comer mucho y apresuradamente. **4** *prnl.* Meterse de golpe en una parte.

zanahoria *f.* Planta bienal de las umbelíferas, de raíz fusiforme, amarilla y comestible, tallos estriados y pelosos y flores en umbela. **2** Raíz de esta planta.

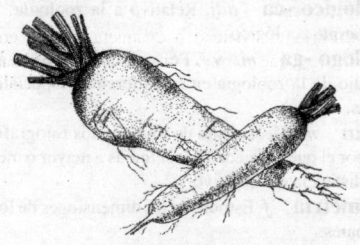

zanahorias

zanca *f.* Pierna larga de las aves. **2** fam. Pierna larga y delgada de hombre o animal. **3** Madero inclinado en que se apoyan los peldaños de una escalera.

zancadilla *f.* Acción de cruzar uno su pierna con la de otro para derribarle. **2** fig. Engaño o trampa.

zancajo *m.* Hueso del pie, que forma el talón. **2** Parte del pie, donde sobresale el talón. **3** fig. Zancarrón, hueso. **4** fig. Parte del zapato, media, calcetín, etc., que cubre el talón, especialmente si está rota. **5** fam. Persona de mala figura o demasiado pequeña.

zanco *m.* Cada uno de los dos palos altos con horquillas en que se apoyan los pies, para andar con ellos.

zancudo -da *adj.* Que tiene las zancas largas. **2** *m.* Mosquito. **3** *f. pl.* Antiguo orden de aves que comprendía especies caracterizadas por sus largas patas, como la cigüeña o la grulla.

zanganear *intr.* fam. Andar vagando de una parte a otra sin trabajar. **2** fam. Decir o hacer cosas inconvenientes o inoportunas.

zángano -na *m.* y *f.* fam. Persona holgazana y que no da golpe. **2** fam. Persona desmañada y torpe. **3** *m.* Macho de la abeja reina.

zangolotear *tr.* y *prnl.* fam. Mover continua y violentamente una cosa. **2** *intr.* fam. Moverse una persona de una parte a otra sin concierto ni propósito. **3** *prnl.* fam. Moverse una cosa por estar floja o mal encajada.

zanja *f.* Excavación larga y estrecha que se hace en la tierra para echar los cimientos, conducir las aguas, etc. **2** *Amér.* Surco producido por el agua corriente.

zapallo *m. Amér.* Güira, árbol. **2** *Amér.* Nombre de numerosas especies de calabazas.

zapateado *m.* Baile español para un solo bailarín, que golpea el suelo de forma rítmica con los pies. **2** Música de este baile.

zapatería *f.* Taller donde se hacen zapatos. **2** Tienda en que se venden.

zapatero -ra *adj.* Se dice de las legumbres que no se ablandan con la cocción, o de los alimentos que se han quedado correosos. **2** *m.* y *f.* Persona que hace, compone o vende zapatos. **3** *m.* Armario para guardar el calzado. **4** Insecto hemíptero de patas largas que se desliza con soltura sobre la superficie del agua.

zapatilla *f.* Zapato ligero y de suela muy delgada, para estar por casa. **2** Calzado para el ballet clásico. **3** Suela del taco de billar. **4** Pieza de ante o terciopelo que en los instrumentos músicos de viento se pone debajo de las llaves, para que se adapten bien a sus agujeros. **5** Uña o casco de los animales de pata hendida.

zapato *m.* Calzado de cuero o fieltro, que no pasa del tobillo, lleva piso de suela o goma y tiene tacón.

zar *m.* Título que llevaban los emperadores rusos y los reyes búlgaros.

zarandear *tr.* Zarandar. **2** *Amér.* Hacer oscilar algo. **3** *tr.* y *prnl.* Mover una cosa de un lado a otro con energía, o sacudir vivamente a una persona. **4** *prnl.* Contonearse.

zarcillo *m.* Pendiente, arete. **2** Cada uno de los tallos largos y volubles de las plantas. **3** Marca que se le hace en la oreja al ganado lanar.

zarco -ca *adj.* De color azul claro; se dice especialmente de los ojos.

zarigüeya *f.* Mamífero marsupial de los didélfidos, que vive en América; es nocturno, de movimientos tardos y buen trepador. Apreciado por su piel.

zarina *f.* Emperatriz de Rusia. **2** Esposa del zar.

zarismo *m.* Forma de gobierno absoluto, propio de los zares.

zarista *adj.* Relativo al zar o a la época de los zares. **2** *adj.* y *com.* Partidario del zar o del zarismo.

zarpa *f.* Acción de zarpar. **2** Garra mano con uñas fuertes y afiladas de algunos mamíferos, como el león. **3** fam. Mano.

zarrapastroso -sa *adj.* y *n.* fam. Se dice de la persona andrajosa y desaliñada.

zarza *f.* Planta arbustiva de las rosáceas, de tallos espinosos, hojas de cinco hojuelas elípticas, flores blancas o rosáceas en racimos, y fruto en infrutescencias, que son las zarzamoras.

zarzamora *f.* Fruto de la zarza, que es una baya parecida a la mora, aunque menor y redonda.

zarzo *m.* Tejido plano hecho con cañas, varas o mimbres.

zarzuela *f.* Obra dramática y musical en la que alternan el canto y la declamación; es género típicamente español desde el s. XVII. **2** Letra o música de la misma obra. **3** Plato consistente en varias clases de pescado y marisco condimentado con una salsa.

zen *adj.* y *m.* Se dice de la modalidad japonesa del budismo, basada en la renuncia a toda especulación intelectual y en la profundización cognoscitiva.

zepelín *m.* Dirigible aerostático de estructura metálica rígida y cubierta de algodón.

zepelín

zigoto *m.* Cigoto, óvulo fecundado.

zigzag *m.* Línea quebrada que forma alternativamente ángulos entrantes y salientes.

zócalo *m.* Cuerpo inferior del exterior de un edificio, que sirve para elevar los basamentos a un mismo nivel. **2** Friso o franja que se pinta o coloca en la parte inferior de una pared. **3** Especie de pedestal. **4** Plataforma cristalina de la corteza terrestre.

zoco *m.* Plaza de una población.

zodíaco o **zodiaco** *m.* Faja celeste por cuyo centro pasa la eclíptica; tiene de 16 a 18 grados de ancho total, y contiene las doce casas o constelaciones que aparentemente recorre el Sol en su curso anual: Aries, Tauro, Géminis, Cáncer, Leo, Virgo, Libra, Escorpión, Sagitario, Capricornio, Acuario y Piscis.

zombi *com.* Dios serpiente del culto vudú, capaz de resucitar a los muertos. **2** Muerto dotado de vida aparente. **3** *adj.* y *com.* fam. Chalado, atontado.

zona *f.* Lista o faja. **2** Extensión de terreno que tiene forma de franja. **3** Terreno cuyos límites están determinados por razones administrativas, políticas, etc. **4** Cada una de las cinco partes en que se considera dividida la superficie de la Tierra por los trópicos y los círculos polares. **5** En baloncesto, área del campo cercana a la canasta.

zoncera *f. Amér.* Tontería, estupidez.

zonificar *tr.* Dividir un terreno en zonas.

zonzo -za *adj.* y *n.* Soso, insulso. **2** Simple, mentecato.

zoogeografía *f.* Parte de la biogeografía que estudia la distribución de los animales en la superficie terrestre.

zoografía *f.* Parte de la zoología que se ocupa de la descripción de los animales.

zoolatría *f.* Culto supersticioso de los animales como encarnación o manifestación de la divinidad.

zoología *f.* Parte de la biología que estudia los animales.

zoológico -ca *adj.* Relativo a la zoología. **2** *m.* Parque zoológico.

zoólogo -ga *m.* y *f.* Persona que se dedica al estudio de la zoología en sus diferentes especialidades.

zoom *m.* Mecanismo de los aparatos fotográficos por el que se pueden hacer tomas a mayor o menor distancia del objetivo.

zoometría *f.* Estudio de las dimensiones de los animales.

zoomorfismo *m.* Acción de dar a algo forma de animal.

zoonosis *f.* Designación genérica de cualquier enfermedad infecciosa que los animales, especialmente los domésticos, pueden transmitir al hombre.

zooplancton *m.* Plancton animal o fracción de plancton constituida por animales.

zootecnia *f.* Rama de la zoología que estudia la cría y mejora de los animales domésticos.

zopilote *m. Amér.* Ave falconiforme de los catártidos, de plumaje negro y patas rojas; es parecido al buitre de cuello rojo o aura, pero mayor.

zoquete *m.* Trozo de madera que sobra al labrar un madero. **2** fig. Tarugo, trozo de pan. **3** *com.* fam. Persona fea y rechoncha. **4** fam. Persona ruda y de escasas luces.

zorra[1] *f.* Mamífero carnicero de los cánidos, de algo más de metro y medio de largo, cabeza ancha, hocico agudo, orejas empinadas y extremidades cortas; su pelaje es pardorrojizo con el vientre ceniciento. **2** Hembra de esta especie. **3** fam. Persona astuta y solapada. **4** fam. Borrachera.

zorra[2] *f.* Carro bajo y fuerte para transportar grandes pesos.

zorrera *f.* Madriguera de zorros. **2** fig. Habitación con la atmósfera irrespirable por el humo.

zorro *m*. Macho de la zorra. **2** Piel de zorra, curtida y con pelo. **3** fam. Hombre taimado y astuto. **4** fam. El que afecta simpleza o insulsez, especialmente para no trabajar **5** *pl*. Utensilio para sacudir el polvo, consistente en un haz de tiras de piel u otro material unidas a un mango.

zozobrar *intr*. Peligrar la embarcación por la fuerza y contraste de los vientos. **2** fig. Estar en gran riesgo y muy cerca de perderse una cosa. **3** fig. Sentir gran vacilación y acongojarse en un trance difícil. **4** *intr*. y *prnl*. Perderse o irse a pique. **5** *tr*. Hacer zozobrar: *el gerente zozobró la empresa*.

zueco *m*. Zapato de madera de una pieza, que usan los campesinos en zonas lluviosas. **2** Zapato de cuero con suela de corcho o de madera.

zulú *adj*. Relativo al pueblo de los zulúes. **2** *m*. *pl*. Pueblo negroafricano de lengua bantú, que habita en la Rep. Surafricana (bantustán de Kwazulu y prov. de Natal y Transvaal). Originariamente eran agricultores y ganaderos, organizados en clanes patriarcales. Establecidos en la región desde el s. XV, lucharon contra los bóers y fueron sometidos por los británicos (1879), que en 1897 incorporaron Zululandia a Natal.

zumbador -ra *adj*. Que zumba. **2** *m*. Aparato electromagnético que por vibración produce un sonido sordo.

zumbar *intr*. Hacer una cosa ruido continuado y bronco. **2** Producirse un zumbido dentro de los oídos. **3** fam. Estar una cosa tan próxima que falte poco para llegar a ella. **4** *tr*. fam. Atizar un golpe o dar una paliza. **5** *tr*. y *prnl*. Dar un chasco.

zumo *m*. Jugo que se extrae de las flores, frutas y vegetales en general. **2** fig. Utilidad y provecho que se saca de una cosa.

zunchar *tr*. Poner zunchos para reforzar alguna cosa.

zuncho *m*. Abrazadera metálica y resistente que se emplea para reforzar o sujetar fuertemente distintas piezas.

zurcido *m*. Unión o costura de las cosas zurcidas.

zurcir *tr*. Coser la rotura de una tela, juntando los pedazos con puntadas ordenadas. **2** Suplir con puntadas muy juntas y entrecruzadas los hilos que faltan en el agujero de un tejido. **3** fig. Unir y juntar sutilmente una cosa con otra. **4** fam. Combinar varias mentiras para dar apariencia de verdad a lo que se relata.

zurdo -da *adj*. y *n*. Que usa de la mano izquierda en lugar de la derecha. **2** *f*. fig. Mano izquierda. **3** *adj*. Relativo a la mano zurda.

zuro[1] *m*. Corazón o raspa de la mazorca del maíz después de desgranada.

zuro[2] **-ra** *adj*. Se dice del palomo o la paloma silvestres.

zuro

zurra *f*. Acción de zurrar las pieles. **2** fam. Paliza, serie de golpes que recibe una persona. **3** fam. Continuación del trabajo en cualquier materia. **4** Reyerta, pendencia, riña.

zurrar *tr*. Curtir y adobar las pieles quitándoles el pelo. **2** fig. Castigar a alguien, especialmente con azotes o golpes. **3** fig. Traer a uno a mal traer en una disputa o riña. **4** fig. Criticar severamente a una persona.

zurrarse *prnl*. Irse de vientre uno involuntariamente. **2** fam. Estar poseído de un gran temor o miedo.

zurriago *m*. Látigo de cuero o de cordel. **2** Correa para hacer bailar el trompo o peonza.

zurrón *m*. Morral de cuero, que usan los pastores para guardar o llevar su comida u otras cosas. **2** Cualquier bolsa de cuero. **3** Cáscara primera y más tierna en que están encerrados algunos frutos.

zurumbático -ca *adj*. Lelo, pasmado.

zutano -na *m* y *f*. Alguien innominado; se contrapone a fulano y mengano, en la misma acepción que éstos y siempre después del primero y antes o después del segundo.